상법판례 백선

[제10판]

강대섭 | 권재열 | 김병연
김선광 | 김성탁 | 김순석
김재범 | 김태진 | 김홍기
노혁준 | 맹수석 | 박수영
박인호 | 양기진 | 윤성승
윤은경 | 장덕조 | 정경영
정대익 공저

法 文 社

제9판 머리말

제8판 출간 이후 회사법 관련 중요한 대법원 판례들이 많이 나왔다. 주주간 주식양도 제한 약정의 효력, 계약에 의한 주식매수청구권, 대표이사 해임을 위한 소수주주의 임시주주총회 소집, 회계장부 열람·등사청구권의 이유 기재 정도, 퇴임이사의 해임 불가, 신용공여금지에 위반한 행위의 효력 등 많은 중요 판결들이 나왔다.

제9판은 이러한 판례들을 분석·검토하여 상법을 공부하는 학생들로 하여금 최신의 판례에 대한 정확한 이해를 할 수 있도록 돕고자 하였다. 물론 학생들로 하여금 최신 판례뿐만 아니라 전체적인 상법 판례의 흐름이나 중요한 쟁점들을 파악하여 기초 이론을 보다 명확히 이해할 수 있도록 하였다.

제9판의 작업부터는 제주대학교 윤은경 교수님께서 새로이 필진으로 참여해 주셨다. 훌륭한 식견을 가지고 계신 윤은경 교수님께서 참여해 주셔서 이 책이 보다 튼튼하고 알찬 내용으로 구성될 수 있었고, 앞으로도 많은 기여를 해주시리라 기대한다. 그리고 본서의 개정작업에 강대섭, 김태진, 김홍기, 박수영 교수님께서 바쁘신데도 불구하고 참여를 해주셨고 깊이 감사드린다. 끝으로, 어려운 출판 환경에서도 이 책을 출간해 주시고 많은 도움을 주시는 법문사 사장님과 관계자분, 특히 편집부 김제원 이사님과 기획영업부 권혁기 차장님께 감사드린다.

2023년 7월
공저자 드림

제10판 머리말

제9판 출간 이후 회사법 관련 중요한 대법원 판례들이 많이 나왔으며, 주주평등의 원칙, 이사해임에 따른 손해배상책임과 정당한 이유, 자기거래에 관한 사후승인의 효력, 분할로 승계되는 권리의무 범위, 주주 자격 상실을 규정한 정관 규정의 효력, 주식 전자등록의 효력 등이 그것이다. 최근 이사 충실의무의 대상에 관한 범위 등에서의 중요한 상법 개정이 있었고, 추가하여 코리아디스카운트라 불리는 지배구조 개혁을 위하여 추가적 상법 개정 작업도 한창이다.

제10판은 최신 판례들은 물론 과거의 중요한 상법 판례들을 분석 검토하여 변호사 시험 준비 등을 비롯한 상법을 공부하는 학생들로 하여금 정확한 이해를 할 수 있도록 집필하였다. 제10판의 작업부터는 전남대학교 법학전문대학원의 박인호 교수님께서 새로운 필진으로 참여하여 주셨다. 훌륭한 다수의 논문으로 뜻있고 깊은 연구에 앞장서고 계신 박인호 교수님께서 최신 판례 다수를 작업하여 주셨다. 깊이 감사드린다. 또한 박수영 교수님께서 제10판의 개정작업에서도 바쁘신데도 불구하고 참여를 해주셨고 깊이 감사드린다.

끝으로, 어려운 출판 환경에서도 이 책을 출간해 주시고 많은 도움을 주시는 법문사 사장님과 관계자분, 특히 김제원 이사님과 권혁기 차장님께 감사드린다.

2025년 8월

공저자 드림

제8판 머리말

이번에 발간하는 제8판에서는 제7판 이후 새로이 선고된 중요한 대법원 판례들을 추가하였다. 그 추가된 판례들은 여태까지 다루지 않았던 쟁점들을 비롯하여, 대법원이 전원합의체를 통하여 기존 입장을 변경한 것들도 있다. 예컨대 이사회결의 없는 대표이사의 대표권 제한에서 거래상대방의 경과실을 보호하는 방향으로 바뀐 것 등은 중요한 판례 변경이다. 이러한 추가 및 변경된 판례들을 분석검토하고 기존 내용들 중에서도 오류를 보완하였으며, 폐기된 판결들을 삭제하여 그 분량이 늘어나지 않도록 노력하였다. 앞으로도 이 책이 상법을 공부하는 학생들로 하여금 판례의 흐름이나 중요한 쟁점들을 파악하여 그 이론을 보다 명확하게 이해할 수 있도록 하는 좋은 책이 될 수 있도록 최선을 다하겠다는 약속을 드린다.

제8판부터는 훌륭하신 두 분 교수님께서 새로이 필진으로 참여해 주셨다. 고려대학교 법학전문대학원 김태진 교수님, 전북대학교 법학전문대학원 박수영 교수님이시다. 두 교수님은 활발한 연구활동을 통하여 학계에 큰 기여를 하고 계시고, 법률전문가로서의 사회활동도 활발하시다. 필진으로 참여해 주신 두 분 교수님들께 다시 한번 감사드린다. 끝으로, 어려운 출판환경에서도 이 책을 출간해 주시고 많은 도움을 주시는 법문사 사장님과 관계자분, 특히 김제원 이사님과 권혁기 과장님께 감사드린다.

2021년 7월

공저자 드림

제7판 머리말

작년인 2018년 여름경 제6판을 출간한 이후 1년이 경과한 올해 다시 개정 제7판을 출간한다. 제6판까지의 평석 대상이 되었던 대법원 판결 이후에도 상법 관련 다수의 중요한 대법원 판결들이 나왔고, 그 판결들을 추가로 평석하면서 의의를 찾아보고자 한 것이 제7판의 목적이다. 본래 이 책의 출간 의도는 상법 관련의 대법원 판결들 중 중요한 것들을 엄선하여 평석하고 그 의의를 정리하고자 한 것이었는데, 지금 이 책은 상법학에서 중요한 교재와 자료로서 자리잡았다. 변호사시험에서도 본서가 다루는 판례들이 대부분 출제되고 있다. 우리 공저자들은 이 책이 조금이라도 더 훌륭한 교재가 될 수 있도록 항상 최선을 다하고 있으며, 그 일환으로 매년 판례들을 추록 보강하면서 새로운 판을 해마다 출간하고자 한다.

이 책의 공저자들은 상법을 활발하게 연구하면서 우리나라 상법학계를 이끌어 가는 훌륭한 교수진으로 구성되어 있을 뿐만 아니라, 변호사시험의 방향을 잡아나가는 데에 있어서도 중요한 역할을 담당하고 있다. 앞으로도 공저자들은 이 책이 상법을 익히고 습득함에 있어 중요한 교재가 될 수 있도록 최선의 노력을 다할 것을 약속드리며, 책의 출간에 도움을 주신 법문사 편집부 김제원 이사님께 깊이 감사드린다.

2019년 7월

공저자 드림

제6판 머리말

2009년 법학전문대학원의 출범과 더불어 상법 분야의 판례 교육을 위한 신뢰할 수 있는 교재의 필요성이 제기되었고, 13인의 법학전문대학원 교수님들이 힘을 모아 2011년 상법판례 백선 초판을 출간하였다. 초판 출간 이후 7년이 지나는 동안 거의 매년 개정판이 발행되었고, 2명의 교수님이 새로이 참여하여 집필진은 15명으로 확충되었다. 최근에는 법학전문대학원생뿐만 아니라 학부생들도 이 책을 통하여 상법의 기본이론과 판례를 공부하고 있다는 소식을 듣고 있다. 기쁘지만 책임감을 함께 느낀다.

한편 실무 및 변호사시험에서 판례의 중요성이 더욱 커지고 중요한 판례들이 수시로 선고되면서 꾸준한 개정이 필요하게 되었다. 이를 반영하여 제6판에서는 2017년 선고된 상총 1개, 회사법 6개, 보험 4개의 중요한 판례가 추가되었다. 1개 판례평석의 분량은 가급적 줄였고 수험적합성이 낮거나 중복되는 판례는 삭제하였다. 문장의 정서와 오탈자 교정에도 신경을 썼다. 나름 애써서 개정작업을 진행했지만 능력의 부족함 때문인지 여러 가지 아쉬움이 남는다. 이제 큰 틀이 잡혔으므로 차후에 발행되는 7판에서는 좀더 정리가 되었으면 한다.

이 책의 편집을 마치는 2018년 7월 중순경에는 수십 년 만의 폭염이 계속되고 있는데 더위 속에서도 열심히 공부하고 있을 학생들의 건강이 걱정된다. 끝으로 어려운 출판환경 속에서도 사명감을 가지고 이 책의 출간에 도움을 주신 법문사 사장님, 편집에 애써주신 김제원 이사님 그리고 관계 직원들께 감사드린다.

2018년 7월
공저자 드림

제5판 머리말

이 책의 4판 출간 후 2년 만에 제5판을 내게 되었다. 2년간의 시차를 두다보니 중요한 새로운 판례가 제법 쌓이게 되었다. 이번 제5판에서는 2015년과 2016년 및 2017년 초까지 나온 판례 중 상법총칙 · 상행위편 판례 5개를 추가하고, 회사편 판례 4개를 추가하는 대신 수험적합성이 낮거나 중복된 판례 3개를 삭제하였으며, 어음 · 수표편에 1개의 판례를 추가하고, 보험편에는 2개의 판례를 추가하였다. 2015년 12월에 있었던 회사법 분야의 개정사항을 반영하였고, 참고문헌도 업데이트하였으며, 문장의 정서와 오탈자 교정에 신경을 썼다. 이번 개정작업에서도 법학전문대학원 학생들에 대한 판례 교재로서의 역할이라는 초판 이래의 목표를 지키고자 수험적합성과 교육효과가 높은 판례 위주로 추가 선정하였다. 특히, 최근 변호사 시험의 사례형과 기록형에 상법총칙 · 상행위 분야의 문제가 점점 비중이 높아지는 경향에 맞추기 위해 상법총칙 · 상행위편 판례를 5개 추가하였다. 회사법 판례 중 2017년 3월 하순에 나온 명의개서와 관련된 대법원 전원합의체 판결(대법원 2017.3.23. 선고 2015다248342 판결)의 직접 영향을 받은 기존 판례평석에 대해서는 세심하게 개정작업을 하였다. 새로운 필진으로 서울대학교 법학전문대학원의 노혁준 교수님께서 개정작업에 참여하여 다수의 판례를 평석하였다. 본서의 질을 높이는 데 큰 기여를 하였으리라 확신한다.

본서가 판례학습을 위한 교재로서 확고한 지위를 차지하고 있음에 보람과 동시에 부담을 느낀다. 더 효율적이고 흥미를 유발하는 교재가 될 수 있도록 부단한 노력을 기울일 것을 독자 여러분에게 약속드린다. 독자 여러분의 질책과 비판, 제안은 본서의 질을 담보하는 소중한 역할을 하므로 언제나 환영이다.

개정작업을 마치고 나면 늘 그러하듯이 아쉬운 점이 없지 않다. 계속 추가되는 판례로 교재가 다소 두꺼워진 점, 내용이 중복되거나 수험적합성이 낮은 판례를 일부 정리하지 못한 점, 의미와 적용범위에 관한 명확한 입장이 아직 없어 명의개서와 관련된 대법원 전원합의체 판결을 직접 평석대상으로 하지 못한 점 등이 특히 아쉽다. 아쉬운 점은 제6판 개정작업에서 반영할 예정이다.

폭염 속에서도 무한한 인내심을 가지고 출간작업에 큰 도움을 주신 법문사 편집부 김제원 이사님과 관계자 여러분께 감사드린다.

2017년 8월

공저자 드림

제4판 머리말

이 책의 초판이 출간된 지 4년 만에 제4판을 내게 되었다. 거의 매년 개정 작업을 하는 이유는 상법의 개정과 새로운 판례를 반영하는 데 있다. 이번 제4판에서는 제3판에서 반영하지 못한 2014년 상법 회사편과 보험편의 개정 내용을 반영하였다. 그리고 기존의 판례 중 2개를 삭제하고 2013년에 나온 대법원 판례 중에서 중요성이 인정되는 판례 3개 및 2014년과 2015년 초에 나온 대법원 판례 7개를 추가하였으며, 다수의 최근 판례를 관련판례로 소개하였다. 또한 이번 개정에서는 참고문헌을 업데이트하였고, 그동안 책 속에 숨겨져 있던 내용상의 오류와 단순한 오탈자를 바로잡았다.

이 책이 다수의 법학전문대학원에서 상법 교재로 사용되고 상법 판례를 공부하는 학생들의 필독서가 되고 있다는 사실에서 저자들은 연구와 저술의 즐거움을 누리고 있다. 그러나 한편으로는 독자들이 이 책을 통하여 상법을 쉽게 이해하고 상사문제의 해결 능력을 기를 수 있도록 책의 체계와 내용을 다듬고, 중요한 새 판례를 찾아내 평석하는 작업을 멈추어서는 아니 되겠다는 책무를 느끼게 된다. 앞으로도 이 책이 판례를 통하여 상법을 익히려는 독자들로부터 좋은 평가를 받을 수 있도록 개정 작업을 계속해 나가고자 한다.

출판계의 어려운 여건 속에서도 이 책을 발간해 주신 법문사 사장님과 출간작업에 큰 도움을 주신 편집부 김제원 부장님께 감사드린다.

2015년 8월
공저자 드림

제3판 머리말

이 책의 출간 의도는 상법 관련의 대법원 판례들 중 이정표가 될 만한 중요한 것들을 엄선하여 평석하고 그 의미를 찾아보고자 한 것이었고, 그 취지가 적중하였던 탓인지 많은 사랑을 받고 있다. 국내 다수의 법학전문대학원에서 상법 과목의 교재로 사용되고 있는 등, 상법 공부에서 중요한 일익을 담당하고 있다. 특히 상법 관련의 모든 중요한 판례들을 엄선한 만큼, 몇 년째 시행되고 있는 변호사시험에서도 본서가 다루는 판례들이 대부분 출제되고 있다.

이번 개정에서는 인하대학교 법학전문대학원의 김성탁 교수님께서 필진으로 새로이 참여하게 되었다. 김성탁 교수님의 명성과 노력이 이 책에 덧붙여져 보다 훌륭한 판례 평석집으로 탄생하였다. 김성탁 교수님께서 새로이 추가한 판례 평석이 8개이며, 특히 회사법 분야에서 최근 이슈가 되었던 중요한 판례들을 추려서 평석해 주었다.

그리고 금번의 개정 과정에서는 기존의 중복되는 판례들 중 몇 개를 제외하였으며, 2012년 8월 이후 나온 중요한 대법원 판례들을 추록하여 반영하였다.

끝으로 공저자들은 이 책이 앞으로도 상법을 익히고 습득함에 있어 중요한 교재가 될 수 있도록 끊임없이 노력을 다할 것을 약속드리며, 책의 출간에 도움을 주신 법문사 편집부 김제원 부장님께 깊이 감사드린다.

2014년 7월

공저자 드림

제2판 머리말

이 책이 세상에 나온 지 1년 만에 제2판을 내게 되었다. 2012년 4월 시행된 개정상법에서 제3편(회사법)이 거의 전면 개정되다시피 하였기에 이를 성실하게 반영할 필요가 있기 때문이다. 무엇보다도 작년에 출간된 초판이 단기간 내에 매진되어 공저자들은 즐거운 마음으로 개정작업을 할 수 있었다.

제2판에 수록된 판례평석의 총 개수는 129개이다. 이 책의 제목이 「상법판례백선」이기 때문에 100개의 평석을 넘어가는 것에 대하여 부담이 들지 않은 것은 아니지만, "백선"이라는 의미에 많은 것을 고른 것이라는 뜻이 들어 있다고 보아 기존의 제목을 그대로 유지하기로 하였다. 그러나 세부적으로는 많이 손질하였다. 초판과 비교하여 개선되거나 달라진 점을 정리하면 다음과 같다.

첫째, 초판이 출간된 이후부터 2012년 7월까지 나온 대법원의 판례 중에서 중요하다고 생각되는 판례에 대한 평석을 추가하였으며, 2012년 시행된 개정상법에 따라 관련 내용을 업데이트하였다. 공저자들은 독자들이 이 책을 통독하기만 하면 변호사 시험의 상법 선택형 문제도 쉽게 풀 수 있도록 하기 위하여 상법총칙 · 상행위법, 어음법 · 수표법, 보험법 영역에서 평석한 판례의 수를 많이 늘렸다.

둘째, 독자 여러분 중에는 상법교과서를 먼저 읽은 후에 관련된 판례평석을 이 책에서 찾아보는 식으로 상법지식을 배가하는 분이 많기 때문에 이 책에서의 판례평석의 게재순서를 시중에 나와 있는 주요 상법 교과서의 목차에 가급적 일치시키려고 노력하였다.

셋째, 특정한 사안에 관련해서는 복수의 판례를 평석하기도 하였다. 어느 분야에서 중요한 대법원 판례가 많다는 것은 그만큼 논쟁거리가 많다는 이야기가 될 것이며, 이는 독자들이 좀 더 많은 관심을 두어야 할 것이기 때문이다. 동일한 사안에 대하여 여러 분들이 평석한 경우 독자가 그 중에 몇 개를 선별하여 읽을 수도 있지만, 그렇게 하기보다는 각각의 평석을 다 정독하여 동일한 사안을 바라보는 시각이 다양하게 존재한다는 것을 실감하기 바란다.

넷째, 독자들의 가독성을 높이기 위하여 노력하였다. 예컨대, 초판에서는 본문 중에 판례번호가 나오는 경우도 있었으나 이번에는 각주로 처리하였으며, 특별한 경우가 아니면 한문을 쓰지 않았고 꼭 한문을 써야 하는 경우에도 괄호 안에 병기하는 방식을 취하였다. 또한 사실관계를 도식화하여 독자들의 이해를 도우려고 노력한 부분도 있다.

이번의 개정작업을 통해 이 책의 품격이 더욱 높아졌다고 자부한다. 이러한 자부에도 불구하고 공저자의 배움과 재주가 얕아 아직도 부족하고 때로는 틀린 부분도 있으리라고 생각한다. 교수님들과 학생들, 그리고 일반 독자들께서 많이 깨우쳐 주시기를 앙청한다.

제2판이 나오기까지 많은 분들의 도움을 받았다. 먼저 그동안 제안과 비판, 질문을 해 주시고 격려와 관심을 베풀어 주신 전국 여러 대학의 교수님들과 학생들, 고시반 수험생들에게 감사드린다. 너무 많은 분들이기에 일일이 거명하지 않음을 양해해 주시기 바란다. 끝으로 이 책의 출간에 많은 도움을 주신 법문사 편집부 김제원 부장님, 기획영업부 전영완 씨, 그리고 관계자 여러분께도 심심한 사의를 표한다.

2012년 8월
공저자들을 대표하여
권재열 드림

머 리 말

현재 시중에는 여러 종류의 상법사례집 혹은 상법판례를 소개한 저서들이 나름대로의 특성을 지니고 출간되어 있다. 이 때문에 새로운 작품을 세상에 선보이는 것이 오히려 독자들의 선택을 어렵게 만들지 않을까 걱정이 있었다. 그럼에도 불구하고 전국의 여러 법학전문대학원에서 후학에게 법학을 강의하는 13명의 학자들이 의기투합하여 본서의 출간을 결심한 것은 법학전공 학생들의 공부부담을 덜어주어야 한다는 사명감 때문이다.

본서를 집필함에 있어서 저자들이 공통적으로 설정한 목표는 다음과 같다.

첫째, 본서는 상법을 심층적으로 살펴보고자 하는 많은 법학전공자를 위한 자료로 사용될 것을 목표로 하였다. 따라서 법학전문대학원 및 법학부 고학년에서 개설되는 '상법연습,' '상법응용,' 혹은 '상법세미나' 등 다양한 이름으로 이루어지는 강의에 주교재로 쓰였으면 하는 바람이 있다.

둘째, 본서를 통해 법학전문대학원에 개설된 상법관련 연습 혹은 세미나 과목에서 학생들이 꼭 다루어야 하는 상법판례의 범위를 확정하는 데 미력이나마 도움이 되었으면 한다. 본서는 상법에 관한 다수의 판례 중에서 이론상 · 실무상으로 중요한 대표적인 판례 100개를 선정하고 그 각각에 대하여 일일이 사실관계와 판결요지 및 평석 등으로 구분하고 검토함으로써 해당 판례를 체계적으로 쉽게 파악할 수 있도록 하였다.

셋째, 본서에서 상법관련 판례 100개를 선정하고 검토하고 평석을 하는 과정에서 독자들에게 균형있는 이해를 돕기 위해 가급적이면 저자들 각각의 개인적인 견해를 반영하는 것을 지양하였다. 그러므로 어느 특정한 판례에 대해 보다 깊이 있는 연구를 하기 위해서는 일단 본서의 해당 판례의 평석을 통독한 후에 그 판례를 대상으로 학술지 등에 발표된 심층적인 판례평석을 참조할 것을 권하고자 한다.

넷째, 저자들은 일선에서 강의를 하면서 수강생으로부터 받은 다양한 질문들에 대하여 그 답을 쉽게 찾을 수 있는 길을 안내하여야 한다는 의무감을 항상 염두에 두고 원고를 집필하였다. 그 결과 본서는 상법전반의 이해는 물론 여러 상법문제를 해결하는 데 있어서 단서를 제공하는 유용한 참고서가 될 것으로 믿는다.

이상과 같은 목표를 달성하기 위해 각 저자들이 많은 노력을 하였음에도 불구하고 여기저기 부족한 점이 있으리라 생각한다. 앞으로 판을 거듭하면서 상법학에 대한 친절하고도 좋은 길잡이로서의 역할을 할 수 있도록 저자 모두가 계속 노력하고자 한다. 끝으로 출판사정이 여러 가지로 어려운 가운데에도 불구하고 본서의 출판을 맡아주신 법문사의 배효선 사장님과 영업부의 이선욱 과장님 그리고 편집부의 김제원 부장님에게 감사의 말씀을 드린다.

2011년 8월

공저자들을 대표하여

권재열 · 장덕조 드림

차　례

제 1 편　상법총칙 · 상행위법

제2편 회 사 법

제 3 편 어음법 · 수표법

제4편 보 험 법

제1편

상법총칙 · 상행위법

상인의 자격과 상행위

대법원 2012.4.13. 선고 2011다104246 판결

Ⅰ. 판결개요

1. 사실관계

Y는 1997. 8. 13.부터 대전 중구 목동 소재 건물의 일부를 임차하여 학원설비를 갖추고 학원생들로부터 수강료를 받으며 '○○○○입시학원'을 운영하여 왔다. Y는 ○○○○입시학원을 폐업한 후 2000. 7.경 대전 중구 용두동에 '△△△△△△학원'을 설립하는 과정에서 그 영업준비자금으로 X로부터 이 사건 대여금을 차용하였으며, X는 Y를 통하여 이러한 사정을 인식하고 있었다. Y는 '△△△△△△학원' 설립후 2001. 8. 31.까지 위 학원을 운영하였으나 X로부터 차입한 대여금을 상환하지 못하자, X는 2006. 1.에 이르러 대여금상환을 청구하고 그 이행청구의 소를 제기하였다. Y는 상사소멸시효 5년이 경과하였다고 주장한다.

2. 판결요지

상법은 점포 기타 유사한 설비에 의하여 상인적 방법으로 영업을 하는 자는 상행위를 하지 아니하더라도 상인으로 보면서(상법 제5조 제1항), 제5조 제1항에 의한 의제상인의 행위에 대하여 상사소멸시효 등 상행위에 관한 통칙 규정을 준용하도록 하고 있다(상법 제66조). 한편 영업의 목적인 상행위를 개시하기 전에 영업을 위한 준비행위를 하는 자는 영업으로 상행위를 할 의사를 실현하는 것이므로 준비행위를 한 때 상인자격을 취득함과 아울러 개업준비행위는 영업을 위한 행위로서 최초의 보조적 상행위가 되는 것이고, 이와 같은 개업준비행위는 반드시 상호등기·개업광고·간판부착 등에 의하여 영업의사를 일반적·대외적으로 표시할 필요는 없으나 점포구입 · 영업양수 · 상업사용인의 고용 등 준비행위의 성질로 보아 영업의사를 상대방이 객관적으로 인식할 수 있으면 당해 준비행위는 보조적 상행위로서 여기에 상행위에 관한 상법의 규정이 적용된다. 그리고 영업자금 차입 행위는 행위 자체의 성질로 보아서는 영업의 목적인 상행위를 준비하는 행위라고 할 수 없지만, 행위자의 주관적 의사가 영업을 위한 준비행위이었고 상대방도 행위자의 설명 등에 의하여 그 행위가 영업을 위한 준비행위라는 점을 인식하였던 경우에는 상행위에 관한 상법의 규정이 적용된다고 봄이 타당하다.

Y가 학원 설립과정에서 영업준비자금으로 X에게서 돈을 차용한 후 학원을 설립하여 운영한 사안에서, 제반 사정에 비추어 Y가 운영한 학원업은 점포 기타 유사한 설비에 의하여 상인적 방법으로 영업을 하는 경우에 해당하여 Y는 상법 제5조 제1항에서 정한 '의제상인'에 해당하는데, Y의 차용행위는 학원영업을 위한 준비행위에 해당하고 상대방인 X도 이러한 사정을 알고 있었으므로 차용행위를 한 때 Y는 상인자격을 취득함과 아울러 차용행위는 영업을 위한 행위로서 보조적 상행위가 되어 상법 제64조에서 정한 상사소멸시효가 적용된다.

3. 관련판례

(1) 대법원 2012.11.15. 선고 2012다47388 판결

준비행위가 보조적 상행위로서 상법의 적용을 받기 위해서는 그 행위를 하는 자가 장차 상인자격을 취득하는 것을 당연한 전제로 하므로, 그 행위자의 어떤 행위가 상인자격을 취득할 주관적 의사 아래 영업을 위한 준비행위로서 이루어진 것이라는 점에 대한 입증이 없다면 이는 그 행위자의 보조적 상행위라고 볼 수 없다.

(2) 대법원 1999.1.29. 선고 98다1584 판결

영업의 목적인 기본적 상행위를 개시하기 전에 영업을 위한 준비행위를 하는 자는 영업으로 상행위를 할 의사를 실현하는 것이므로 그 준비행위를 한 때 상인자격을 취득함과 아울러 이 개업준비행위는 영업을 위한 행위로서 그의 최초의 보조적 상행위가 되는 것이고, 이와 같은 개업준비행위는 반드시 상호등기 · 개업광고 · 간판 부착 등에 의하여 영업의사를 일반적 · 대외적으로 표시할 필요는 없으나 점포구입 · 영업양수 · 상업사용인의 고용 등 그 준비행위의 성질로 보아 영업의사를 상대방이 객관적으로 인식할 수 있으면 당해 준비행위는 보조적 상행위로서 여기에 상행위에 관한 상법의 규정이 적용된다.

(3) 대법원 1962.3.29. 선고 4294민상962 판결

점포의 임차명의인이 부인의 명의로 되어 있고 납세명의인은 남편의 명의로 되어 있을 뿐, 본건 영업이 남편 또는 부인의 누구에 속하는지 분명하지 아니한 경우에는 민법〈개정전〉 제830조 제2항에 의하여 남편을 상인으로 추정한다.

(4) 대법원 2023.7.27. 선고 2023다227418 판결

변호사는 상법상 당연상인으로 볼 수 없고, 변호사의 영리추구 활동을 엄격히 제한하고 그 직무에 관하여 고도의 공공성과 윤리성을 강조하는 변호사법의 여러 규정과 제반 사정을 참작하여 볼 때, 변호사를 상법 제5조 제1항이 규정하는 '상인적 방법에 의하여 영업을 하는 자'라고도 볼 수 없어 위 조항에서 정하는 의제상인에 해당하지 아니하며, 이는 법무법인도 마찬가지이다.

한편 상법 제5조 제2항은 회사는 상행위를 하지 아니하더라도 상인으로 본다고 규정하고, 상법 제169조는 회사는 상행위나 그 밖의 영리를 목적으로 하여 설립한 법인을 말한다고 하고 있다. 그런데 법무법인은 변호사가 그 직무를 조직적·전문적으로 수행하기 위하여 변호사법에 따라 설립하는 것으로서 변호사법과 다른 법률에 따른 변호사의 직무를 업무로서 수행할 수 있다(변호사법 제40조, 제49조). 변호사법은 법무법인에 관하여 변호사법에 정한 것 외에는 상법 중 합명회사에 관한 규정을 준용하도록 하고 있을 뿐(제58조) 이를 상법상 회사로 인정하고 있지 않으므로 법무법인이 상법 제5조 제2항에서 정하는 의제상인에 해당한다고 볼 수도 없다.

따라서 변호사가 소속 법무법인에 대하여 갖는 급여채권은 상사채권에 해당한다고 할 수 없다.

Ⅱ. 판결의 평석

1. 판결의 의의

대상판결은 상인자격의 취득시점을 다룬 것으로 일부 변경된 입장을 취한 것이다. 과거에는 ① 자연인은 영업의 준비행위를 통하여 '영업의사가 객관적으로 나타났을 때' 상인자격을 취득한다고 보았으나,[1] ② 대상판결은 이를 보다 확대하여 '행위자의

주관적 의사가 영업을 위한 준비행위이었고 상대방도 행위자의 설명 등에 의하여 그 행위가 영업을 위한 준비행위라는 점을 인식하였던 경우' 상인자격을 취득한다는 것이다. 이런 점에서 대상판결은 중요한 의의가 있다.

2. 상 인

(1) 상인의 의의

상법상 상인에는 영업활동의 내용에 따라 당연상인(상법 제4조)과 의제상인(상법 제5조)이 있고, 기업규모의 대소에 따라 완전상인과 소상인(상법 제9조)이 있다.

(2) 당연상인

당연상인이란 "자기명의로 상행위를 하는 자"이다(상법 제4조).

1) 자기명의

자기명의란 "자기가 그 상행위에서 생기는 권리의무의 귀속의 주체가 된다"는 뜻으로, 이는 「영업행위의 담당자」와 구별된다. 그 행위의 결과 발생하는 권리의무의 주체이면 되는 것이지 스스로 영업행위를 하지 않고 타인에게 대리시켜도 무방하다. 그리고 상인은 「행정관청에 대한 신고인」이나 「납세명의인」 등과도 구별된다. 이들도 권리의무의 주체가 되지 않는 이상 상인이 되지 못한다.

2) 상행위

상행위란 "상법 제46조에 규정된 기본적 상행위에서 상행위로 인정한 것"을 말한다. 그리고 상법 제46조의 상행위가 되기 위하여는 「영업성」과 「기업성」이 있어야 한다. 영업성의 요건으로는 영리성, 계속성, 영업의사가 있어야 한다.

(3) 의제상인(상법 제5조)

1) 설비상인

설비상인이란 "점포 기타 유사한 설비에 의하여 상인적 방법으로 상행위 이외의 영업을 하는 자"를 말한다(상법 제5조 제1항). 점포 기타 유사한 설비는 상인적 설비를 일컫고 이는 영업소나 상호 등의 물적 설비와 상업사용인 등의 인적 설비를 포함한다. 상인적 방법이란 사회통념상 상인이 보통 이용하는 영업방법을 의미한다. 판례에 의하면 변호사는 상인적 방법에 의하여 영업을 하는 자가 아니므로 의제상인이

1) 대법원 1999.1.29. 선고 98다1584 판결.

되지 못한다.[2)]

2) 민사회사

민사회사란 "상행위 이외의 행위를 영리의 목적으로 하는 회사"를 말한다(상법 제5조 제2항). 민사회사의 대표적인 예는 농업·축산업·수산업 등 원시산업을 목적으로 하는 회사를 말한다.

(4) 소상인

소상인이란 "자본금액이 1,000만원에 미달하는 상인으로서 회사가 아닌 자"인데(상법 시행령 제2조), 이러한 소상인에 대하여는 상법 중 지배인·상호·상업장부 및 상업등기에 관한 규정이 적용되지 않는다(상법 제9조).

3. 상인 자격의 취득

(1) 법 인

법인 중 회사는 영리성의 유무가 권리능력 부여의 기초가 되고 있으므로(상법 제169조) 상인자격은 권리능력의 시기 및 종기와 일치한다. 그러나 공익법인 및 일반공법인이 부수적으로 영업을 함으로써 상인자격을 취득하고 상실하는 시기는 자연인인 상인의 경우와 같다.

(2) 자연인

자연인은 모두 상인능력이 있는데, 상법 제4조와 제5조의 요건을 구비함으로써 상인자격을 취득한다. 상인자격은 앞에서 본 바와 같이 영업행위의 담당자와 구별되므로 상인자격을 취득한 자가 스스로 유효한 영업활동을 할 수 있는 영업능력을 갖는 것은 아니다. 이러한 영업능력과 관련하여 상법은 무능력자 또는 이의 법정대리인이 영업을 하는 때에는 거래의 안전을 위하여 상업등기부에 등기하도록 하고 있다(상법 제6조, 제8조).

자연인의 상인자격의 취득시점에 대하여는 대외적으로 개업의사를 표백하여야 한다는 설, 특별한 개업의사의 표백이 없다고 하더라도 개업의사를 주관적으로 실현하는 행위가 있어야 한다는 설, 개업준비행위에 의하여 개업의사가 주관적으로 실현되는 것만으로는 부족하고 상대방에 대하여 개업의사가 객관적으로 인식될 수 있어야

---

2) 대법원 2007.7.26. 자 2006마334 결정.

한다는 견해 등이 있다. 판례는 영업행위란 영업의 목적 자체인 행위를 의미하는 것이 아니라 그 준비행위를 의미하고, 자연인은 영업의 준비행위를 통하여 '영업의사가 객관적으로 나타났을 때'에 상인자격을 취득한다고 보고 있었으나, 대상판결에 이르러서는 그 시기가 보다 앞당겨진 것으로 볼 수 있다. 과거에는 일반적으로 영업의사 대외적 인식가능설이 판례의 입장이라고 보았으나, 대상판결은 거래상대방이 행위자의 설명 등에 의하여 그 행위가 영업을 위한 준비행위라는 점을 인식하였던 경우라면 상인자격을 취득한다는 것이다.

또한 그 이후의 판례에서는 이러한 준비행위가 보조적 상행위로서 상법의 적용을 받기 위해서는 그 행위를 하는 자가 장차 상인자격을 취득하는 것을 당연한 전제로 하므로, 그 행위자의 어떤 행위가 상인자격을 취득할 주관적 의사 아래 영업을 위한 준비행위로서 이루어진 것이라는 점에 대한 입증이 없다면 이는 그 행위자의 보조적 상행위라고 볼 수 없다고 하였다.[3] 따라서 그 상인자격의 취득시기를 앞당기면서도 행위자가 영업을 위한 준비행위로서 하였다는 점을 입증하도록 한 것이다.

결국 판례에 의한다면 '영업의사' + '영업의사가 객관적으로 인식가능한 경우 또는 거래상대방이 그 영업을 위한 준비행위라는 점에 대한 인식'이 있으면 상인자격을 취득하게 된다.

4. 상 행 위

(1) 의 의

상행위란 실질적으로는 영리의 목적을 달성하기 위한 기업활동을 말하고, 형식적으로는 상법과 특별법에서 상행위로 정한 것을 의미한다. 그 입법주의로는 다음이 있다.

1) 객관주의

행위의 주체가 누구인지를 묻지 않고 행위의 객관적 성질에 의하여 상행위를 정하는 입법주의로서 객관주의(상행위법주의)라 칭한다. 이러한 입법주의는 상행위를 상법전에 제한적으로 규정하게 되는데, 경제사회발전에 적합하지 않는 문제가 있다.

2) 주관주의

상인의 개념을 먼저 정하고 그 상인의 영업상의 행위를 상행위로 정하는 입법주

---

3) 대법원 2012.11.15. 선고 2012다47388 판결.

의로서 주관주의(상인법주의)라 칭한다. 상인의 개념만 명확히 정의되어진다면 장점이 있으나, 행위의 내용이나 성질이 고려되지 않는 한계가 있다.

3) 절충주의

위를 병용하는 입법주의로서 절충주의이다.

(2) 상 법

우리 법은 주관주의로 봄이 다수의 견해이다. 우리 상법 제46조가 상행위에 관한 제한적인 열거를 하고는 있으나 이러한 행위는 행위의 주체와는 무관하게 상행위가 되는 것이 아니라 영업성을 인정받아야만 상행위가 되기 때문이다.

(3) 상행위의 종류

상법은 상행위의 종류로 기본적 상행위, 보조적 상행위, 준상행위를 규정하고 있다. 기본적 상행위와 준상행위는 상인이 영업으로 하는 상행위로서 영업적 상행위라고 칭한다.

1) 기본적 상행위

기본적 상행위는 당연상인이 영업으로 하는 상행위를 말한다(상법 제46조). '영업으로'의 의미는 '영리의 목적으로 동종행위를 반복하는 것'을 의미한다. 오로지 임금을 받을 목적으로 물건을 제조하는 등의 행위는 기업성이 없으므로 상행위가 될 수 없다.

2) 준상행위

준상행위는 의제상인이 영업으로 하는 상행위를 말한다(상법 제66조). 상행위를 하지 아니하더라도 점포 기타 이와 유사한 설비에 의하여 상인적 방법으로 영업을 하는 자나 상행위 이외의 행위를 목적으로 하는 회사도 상인이므로(상법 제5조), 이들이 영업으로 하는 상행위를 준상행위라 한다. 이러한 준상행위는 기본적 상행위와 함께 영업적 상행위가 된다.

3) 보조적 상행위

보조적 상행위란 상인이 '영업을 위하여' 하는 상행위를 말하는 것으로(상법 제47조 제1항) 부속적 상행위 또는 부수적 상행위라고도 부른다. 보조적 상행위는 영업을 위하여 하는 행위라는 점에서 영업으로 하는 행위인 영업적 상행위와 구별된다.

(4) 보조적 상행위

1) 의 의

보조적 상행위란 상인이 '영업을 위하여' 하는 상행위이다. 보조적 상행위는 당연상인이든, 의제상인이든, 소상인이든 불문한다. 보조적 상행위는 법률행위에 한하지 않고 준법률행위 및 사실행위에도 성립될 수 있다. 그리고 사무관리, 부당이득 및 불법행위에도 성립할 수 있다고 본다. 불법행위에 대하여는 적용되지 않는다고 하는 소수의 견해가 있긴 하나 기업활동에 관한 특칙인 상행위법은 기업의 행위의 적법성과는 관계없이 적용되어야 하고, 보조적 상행위는 고유한 의미의 상행위가 아니고 상행위로 의제되는 점 등을 보면 불법행위에도 적용된다고 봄이 옳다.

2) 영업을 위하여 하는 행위

영업을 위하여 하는 행위는 영업과 관련된 모든 재산법상의 행위를 의미하며 유상이든 무상이든 불문한다. 그리고 영업을 위하여 하는 행위인지의 여부는 외관에 의하여 객관적으로 판단하여야 하고 상인의 주관적인 내심적 의사를 기준으로 하지 않는다. 영업을 위하여 하는 행위인 것이 분명하다면 상인자격을 반드시 취득하고 있어야 하는 것도 아니다. 이 경우는 최초의 보조적 상행위가 될 것이고, 그 행위의 성질로 보아 거래의 상대방이 영업의사를 객관적으로 인식할 수 있다면 당해 행위는 보조적 상행위로서 상법의 규정이 적용된다. 이 사건이 이에 관한 것으로 Y의 준비행위는 보조적 상행위로서 상법의 적용대상이 되는 것이다.

3) 추 정

상법은 어느 행위가 영업을 위하여 하는 행위인지 여부가 불분명한 경우를 대비하고 거래의 안전을 위하여 상인의 행위는 영업을 위하여 하는 것으로 추정한다고 규정한다(상법 제47조 제2항). 이는 추정(推定)의 규정이므로 상인은 영업을 위하여 하는 행위가 아님을 입증하여 상행위성을 배제할 수 있다.

5. 판결의 의의

대상판결은 상인자격의 취득시점과 관련하여 영업행위란 영업의 목적 자체인 행위를 의미하는 것이 아니라 그 준비행위를 의미하고, 자연인은 영업의 준비행위를 통하여 '영업의사가 객관적으로 나타났을 때'에 상인자격을 취득한다고 본다. 또한 상인의 행위는 영업행위를 하는 것으로 추정한다.

(장덕조)

2 다른 상인의 영업준비행위의 보조적 상행위성

대법원 2012.7.26. 선고 2011다43594 판결

Ⅰ. 판결개요

1. 사실관계

A의 아들 B는 2003년경 C 등과 함께 시각장애인용 인도블록을 제조하는 공장을 운영하기로 하였다. B는 2004. 4. 12. D로부터 위 사업자금을 차용하기 위하여 C가 D에게 부담하는 7천만원의 채무에 대하여 연대보증하고, 3천만원을 추가로 차용하여 위 연대보증금 및 차용금 합계 1억원을 차용금액으로 하는 금전차용증서를 작성하여 주었다. A가 이에 연대보증을 하고 이를 담보하기 위하여 자신의 목장용지에 근저당권을 설정하여 주었다. B가 위 금전차용증서에서 자신의 채무로 편입시킨 C의 D에 대한 7천만원의 채무는 C가 2002년 말경과 2003년 초경 D로부터 개인적으로 부담한 차용금채무일 뿐 시각장애인용 인도블록 사업과는 아무런 관계없는 채무였다.

B는 2004. 4. 16. 시각장애인용 점자블록 제조를 목적으로 하는 법인을 설립하고 대표이사로 취임하였다. B와 C는 D에게 시각장애인용 인도블록 관련 사업계획서를 교부하면서 위 사업에 참여할 것을 권유하기도 하였다. 그러나 B가 C와 함께 운영하기로 하였다는 시각장애인용 인도블록을 제조하는 공장이나 D에게 보여주었다는 사업계획서는 B가 D로부터 금원을 차용하기 이전에 이미 설립되어 있던 X주식회사의 공장과 사업계획서였다.

B는 D로부터 금원을 차용하여 그 자신이 상인으로 사업을 한 바 없고 Y주식회사를 설립하였다. B가 D로부터 차용금을 송금받은 날 이후의 지출내역만으로는 B가 자기 명의로 상인자격을 취득하고자 하는 준비행위에 그 차용금을 사용한 것으로 보기에 충분하지 아니하다.

A와 B는 D에게 2005. 8. 25. 1천 5백만원, 같은 해 11. 22. 2천 5백만원 합계 4천만원을 변제하였다. 그러나 이후 A는, 위 차용금채무는 주채무자인 B가 시각장애인용 인도블록제조 관련 사업자금으로 사용하기 위하여 차용한 것으로서 상사채무이므로 상법 제64조에 의하여 5년의 소멸시효기간이 적용된다 할 것이어서 근저당권의 피담보채무인 차용금채무는 최종 변제일인 2005. 11. 22.로부터 5년이 경과하여 소멸되었다고 주장한다.

2. 판결요지[1)2)]

① 영업자금의 차입행위는 행위 자체의 성질로 보아서는 영업의 목적인 상행위를 준비하는 행위라고 할 수 없지만, 행위자의 주관적 의사가 영업을 위한 준비행위이고 상대방도 행위자의 설명 등에 의하여 그 행위가 영업을 위한 준비행위라는 점을 인식한 경우에는 상행위에 관한 상법의 규정이 적용된다.

② 영업을 준비하는 행위가 보조적 상행위로서 상법의 적용을 받기 위해서는 행위를 하는 자 스스로 상인자격을 취득하는 것을 당연한 전제로 한다. 따라서 어떠한 자가 자기 명의로 상행위를 함으로써 상인자격을 취득하고자 준비행위를 하는 것이 아니라 다른 상인의 영업을 위한 준비행위를 하는 것에 불과하다면, 그 행위는 행위를 한 자의 보조적 상행위가 될 수 없다. 여기에 회사가 상법에 의해 상인으로 의제된다고 하더라도 회사의 기관인 대표이사 개인은 상인이 아니어서 비록 대표이사 개인이 회사 자금으로 사용하기 위해서 차용한다고 하더라도 상행위에 해당하지 아니하여 차용금채무를 상사채무로 볼 수 없는 법리를 더하여 보면, 회사 설립을 위하여 개인이 한 행위는 그것이 설립중 회사의 행위로 인정되어 장래 설립될 회사에 효력이 미쳐 회사의 보조적 상행위가 될 수 있는지는 별론으로 하고, 장래 설립될 회사가 상인이라는 이유만으로 당연히 개인의 상행위가 되어 상법 규정이 적용된다고 볼 수는 없다.

---

1) 원심(대구지방법원 2011.5.12. 선고 2010나20172 판결)의 판단: B의 위 차용행위를 그 자신의 보조적 상행위로서 사업준비행위에 해당한다고 보아 이 사건 차용금채무를 상사채무로 인정함으로써 그 소멸시효기간은 상법 제64조에 의해 5년이라 판단하였다.

2) 그러나 대법원은 위 원심의 판단이 상법에서 정하는 상인과 보조적 상행위에 관한 법리를 오해하고 자유심증주의의 한계를 벗어나 사실을 잘못 인정하여 판결에 영향을 미친 위법이 있다고 하여 원심을 파기하여 환송하였다. 즉, "B는 직접 자신의 명의로 시각장애인용 인도블록 제조 공장이나 그에 관한 사업을 운영하기 위한 목적이 아니라 X주식회사 또는 설립이 예정된 Y주식회사의 사업과 관련하여 필요한 자금을 마련하기 위해서 D로부터 금원을 차용한 것이라 할 수 있고, 이러한 사정만으로는 B를 자기 명의로 시각장애인용 인도블록 사업을 하는 상인으로 볼 수 없으므로 위 X, Y 회사들의 행위가 아닌 B의 위 차용행위를 보조적 상행위로서 개업준비행위 등에 해당한다고 볼 수 없고, 달리 C의 D에 대한 채무 내지는 이에 대한 연대보증채무를 포함한 B의 이 사건 차용금채무를 상사채무로 볼 만한 사정이 부족하다."

3. 관련판례

(1) 대법원 2018.4.24. 선고 2017다205127 판결

상인은 상행위에서 생기는 권리·의무의 주체로서 상행위를 하는 것이고, 영업을 위한 행위가 보조적 상행위로서 상법의 적용을 받기 위해서는 행위를 하는 자 스스로 상인 자격을 취득하는 것을 당연한 전제로 한다. 회사가 상법에 의해 상인으로 의제된다고 하더라도 회사의 기관인 대표이사 개인이 상인이 되는 것은 아니다. 대표이사 개인이 회사의 운영 자금으로 사용하려고 돈을 빌리거나 투자를 받더라도 그것만으로 상행위에 해당하는 것은 아니다. 또한 상인이 영업과 상관없이 개인 자격에서 돈을 투자하는 행위는 상인의 기존 영업을 위한 보조적 상행위로 볼 수 없다.[3)]

(2) 대법원 2012.4.13. 선고 2011다104246 판결

① 영업의 목적인 상행위를 개시하기 전에 영업을 위한 준비행위를 하는 자는 영업으로 상행위를 할 의사를 실현하는 것이므로 준비행위를 한 때 상인자격을 취득함과 아울러 개업준비행위는 영업을 위한 행위로서 최초의 보조적 상행위가 된다. 이와 같은 개업준비행위는 반드시 상호등기·개업광고·간판부착 등에 의하여 영업의사를 일반적·대외적으로 표시할 필요는 없으나 점포구입·영업양수·상업사용인의 고용 등 준비행위의 성질로 보아 영업의사를 상대방이 객관적으로 인식할 수 있으면 당해 준비행위는 보조적 상행위로서 여기에 상행위에 관한 상법의 규정이 적용된다.

② 甲이 학원 설립과정에서 영업준비자금으로 乙에게서 돈을 차용한 후 학원을 설립하여 운영한 사안에서, 제반 사정에 비추어 甲이 운영한 학원업은 점포 기타 유사한 설비에 의하여 상인적 방법으로 영업을 하는 경우에 해당하여 甲은 상법 제5조 제1항에서 정한 '의제상인'에 해당하는데, 甲의 차용행위는 학원영업을 위한 준비행위에 해당하고 상대방인 乙도 이러한 사정을 알고 있었으므로 차용행위를 한 때 甲은 상인자격을 취득함과 아울러 차용행위는 영업을 위한 행위로서 보조적 상행위가 되어 상법 제64조에서 정한 상사소멸시효가 적용된다.

(3) 대법원 2012.11.15. 선고 2012다47388 판결

개업준비행위가 보조적 상행위로서 상법의 적용을 받기 위해서는 그 행위를 하는 자가 장차 상인자격을 취득하는 것을 당연한 전제로 하므로, 그 행위자의 어떤 행위

3) 대법원 1992.11.10. 선고 92다7948 판결; 대법원 2012.3.29. 선고 2011다83226 판결; 대법원 2012.7.26. 선고 2011다43594 판결; 대법원 2015.3.26. 선고 2014다70184 판결 참조.

가 상인자격을 취득할 주관적 의사 아래 영업을 위한 준비행위로서 이루어진 것이라는 점에 대한 입증이 필요하다. 이에 관한 입증이 없다면 그 행위자의 보조적 상행위라고 볼 수 없다.

(4) 대법원 2024.3.12. 선고 2021다309927 판결

[1] 당사자 쌍방에 대하여 모두 상행위가 되는 행위로 인한 채권뿐만 아니라 당사자 일방에 대하여만 상행위에 해당하는 행위로 인한 채권도 상법 제64조에서 정한 5년의 소멸시효기간이 적용되는 상사채권에 해당하고, 그 상행위에는 상법 제46조 각호에 해당하는 기본적 상행위뿐만 아니라 상인이 영업을 위하여 하는 보조적 상행위도 포함된다. 또한 상법 제5조, 제47조에 의하면, 회사는 상행위를 하지 않더라도 상인으로 보고, 상인이 영업을 위하여 하는 행위는 상행위로 보며, 상인의 행위는 영업을 위하여 하는 것으로 추정된다. 그러므로 회사가 한 행위는 그 영업을 위하여 한 것으로 추정되고, 회사가 그 영업을 위하여 하는 행위는 상행위로 보아야 한다. 이와 같은 추정을 번복하기 위해서는 회사의 행위가 영업을 위하여 한 것이 아니라는 사실을 주장하는 사람이 이를 증명할 책임이 있다.

[2] 갑 주식회사가 도시개발사업의 사업시행대행자 및 시공사로 선정된 을 주식회사로부터 사업권 일부를 얻을 목적으로 을 회사의 대표이사 병에게 위 사업의 사업비로 사용할 금전을 대여하였다가 을 회사가 부도로 사업에서 배제된 후 파산선고를 받자, 병 및 을 회사의 공동대표이사 정과 위 대여금 채권의 정산에 관한 내용이 포함된 금전소비대차계약을 체결하고, 병, 정이 무 신탁회사에 신탁한 부동산에 관하여 갑 회사 명의의 근저당권설정등기를 마친 사안에서, 갑 회사가 병, 정과 금전소비대차계약을 체결한 행위는 영업을 위하여 한 것으로 추정되고, 위 계약이 기존 대여금 채권의 원금과 이자를 확정하고 이를 다시 갑 회사가 병에게 대여하는 것으로 정하고 있다는 등의 사정만으로는 그러한 추정이 번복된다고 보기 부족하므로, 위 근저당권의 피담보채권인 금전소비대차계약에 기한 정산금 채권에는 5년의 상사 소멸시효기간이 적용된다고 보아야 하는데도, 금전소비대차계약 체결행위가 영업을 위하여 한 것임을 정이 증명하여야 한다는 그릇된 전제에서 갑 회사가 상행위 또는 영업으로 금전소비대차계약을 체결하였다고 인정할 증거가 부족하다는 이유로 위 근저당권의 피담보채권은 상사채권이 아닌 민사채권으로서 소멸시효기간이 10년이라고 본 원심판단에 법리오해 등의 잘못이 있다고 한 사례.

Ⅱ. 판결의 평석

1. 쟁점사항

위 사안에서 B의 자금차용행위는 장차 설립될 회사를 위하여 이루어졌다. 이러한 경우 A가 주장하는 바와 같이 상사소멸시효의 적용을 받으려면, 상법 제64조에 따라 '상행위로 인한 채권'이어야 한다. 이에 해당하는지의 여부를 판단하기 위해서는, ① B의 영업자금 차입행위에 보조적 상행위에 관한 상법 제47조를 적용할 수 있는 경우에 해당하는지, 그리고 ② 회사 설립을 위하여 개인이 한 행위가 장래 설립될 회사가 상인이라는 이유만으로 당연히 그 개인의 보조적 상행위가 되어 상법 규정이 적용되는지를 판단하여야 한다.

2. B의 자금차용이 개업준비행위로 보조적 상행위가 되는지 여부

(1) 회사인 경우라면 설립등기에 의하여 법인격과 상인자격을 동시에 취득하게 되나,[4] 자연인 상인인 경우라면 개업준비에 착수할 때에 상인자격을 취득하는 것으로 보는 것이 판례와 통설의 입장이다. 개업을 준비하기 위한 영업자금 차용행위가 상행위로 되기 위해서는, 일단 상인자격이 인정되어야 하고, 이에 기하여 그 영업자금 차용행위가 영업을 위한 상행위(상법 제47조)로 인정되어야 한다.

(2) 영업의 목적인 상행위를 개시하기 전에 영업을 위한 준비행위를 하는 자는 영업으로 상행위를 할 의사를 실현하는 것이므로 그 준비행위를 한 때에 상인자격을 취득하고, 아울러 개업준비행위는 영업을 위한 행위로서 그의 최초의 보조적 상행위가 된다는 것이 판례의 입장이다. 이와 같은 개업준비행위는 반드시 상호등기・개업광고・간판부착 등에 의하여 영업의사를 일반적・대외적으로 표시할 필요는 없으나 점포구입・영업양수・상업사용인의 고용 등 그 준비행위의 성질로 보아 영업의사를 상대방이 객관적으로 인식할 수 있어야 비로소 그 준비행위는 보조적 상행위로서 상행위에 관한 상법의 규정이 적용된다.[5] 거래상대방이 상인과 거래한다고 인식할 수 있는 상태이었는지가 기준이 된다.

---

4) 이는 발기인의 회사 설립을 위한 행위가 설립중 회사의 행위로 되어 설립등기후의 성립된 회사에 그 효력이 당연히 생기는 것과는 다른 문제이다.

5) 대법원 1999.1.29. 선고 98다1584 판결.

3. B 자신이 상인이 되는 영업을 위하여 차용한 것인지의 여부

(1) 개업준비행위가 보조적 상행위로서 상법의 적용을 받기 위해서는 그 행위를 하는 자 스스로 상인자격을 취득하는 것을 당연한 전제로 한다. 기본적 상행위(상법 제46조)이든, 준상행위(상법 제66조)이든, 보조적 상행위(상법 제47조)이든 상인이 자기의 명의로 하는 경우에만 비로소 상행위가 될 수 있기 때문이다. 위 사안의 경우 B의 영업자금 차용행위는 자신이 상인이 되는 영업을 위하여 차용한 것인지의 여부가 문제된다.

(2) 위 대법원 판결에서 밝히고 있는 바와 같이, "어떠한 자가 자기 명의로 상행위를 함으로써 상인자격을 취득하고자 준비행위를 하는 것이 아니라 다른 상인의 영업을 위한 준비행위를 하는 것에 불과하다면, 그 행위는 그 행위를 한 자의 보조적 상행위가 될 수 없다. 여기에, 회사가 상법에 의해 상인으로 의제된다고 하더라도 회사의 기관인 대표이사 개인은 상인이 아니어서 비록 대표이사 개인이 회사 자금으로 사용하기 위해서 차용한다고 하더라도 상행위에 해당하지 아니하여 그 차용금채무를 상사채무로 볼 수 없으며,"[6] "회사 설립을 위하여 개인이 한 행위는, 그것이 설립중 회사의 행위로 인정되어 장래 설립될 회사에 효력이 미쳐 회사의 보조적 상행위가 될 수 있는지 여부는 별론으로 하고, 장래 설립될 회사가 상인이라는 이유만으로 당연히 그 개인의 상행위가 되어 상법의 규정이 적용된다고 볼 수는 없다."[7] 위 사안의 경우 B의 D로부터의 자금차용행위는 B 자신이 상인으로 되는 것이 아니라 다른 회사(Y회사)를 위한 것이므로 B에 대하여 보조적 상행위가 될 수 없다. 따라서 위 채무는 상행위로 인한 채무(상법 제64조)가 아니기 때문에 일반 민사소멸시효기간인 10년이 적용된다고 위 대법원 판결은 결론짓고 있다(민법 제162조 제1항).

4. 그 밖의 검토사항

만일 B가 Y주식회사 설립의 발기인으로 Y회사의 영업에 필요한 자금을 D로부터 차용하고 A가 이를 보증한 경우라면 어떠할까? 발기인은 회사 설립을 위하여 법률적 · 경제적으로 필요한 행위를 할 수 있을 뿐만 아니라, 나아가 개업준비행위도 발기인의 권한범위에 속한다는 것이 판례의 입장이다. B의 자금차용행위는 발기인의 권한범위에 속하는 개업준비행위로서 이를 설립중 회사의 명의로 한 것이라면, 그 효과

6) 대법원 1992.11.10. 선고 92다7948 판결; 대법원 2012.3.29. 선고 2011다83226 판결 등.
7) 대법원 2012.7.26. 선고 2011다43594 판결.

는 설립중 회사에 귀속하고, 설립등기 이후에는 성립된 회사 Y에 자동적으로 그 효과가 이전된다.

(김성탁)

3 상인자격의 취득시기와 상사소멸시효의 적용범위

대법원 2018.4.24. 선고 2017다205127 판결

Ⅰ. 판결개요

1. 사실관계

Y는 甲주식회사 대표이사였고, A는 ○○라는 상호로 콘테이너 제조·판매·대여 사업을 하였다. Y는 1999. 2. 8.(Y가 작성한 확인서에는 2000. 1.경이라고 기재되어 있음) 乙주식회사의 공장설립자금으로 사용하기 위하여 자신과 같은 고향 선·후배 관계로 친분이 두터운 A로부터 4억 5천만 원을 지급받았다. A의 자금 지급과 관련하여 투자약정서가 작성되거나 자금투자에 따른 이익이나 손실의 배분, 투자금의 반환에 관한 사항 등 구체적인 약정이 없었다. 이후 Y는 乙회사의 대표이사로 취임한 뒤 위 공장을 완공하였다. 2003. 7. A가 사망하면서 그의 처 X_1과 자녀인 X_2와 X_3가 A의 재산을 상속하였다. 2004. 12. 29. Y는 X_1, X_2, X_3에게 "Y가 A로부터 공장 설립과 관련하여 투자금 4억 5천만 원을 지급받았으나 A가 사망하여 쌍방 계약이 상실되었으니 위 4억 5천만 원을 2005. 5. 31. 시흥시에 있는 주상복합공사와 관련하여 B로부터 지급받을 예정인 금액을 받으면 받은 금액의 1/3을 지급하고, 부족분은 피고의 사업 재기시에 지급한다"는 확인서를 작성하여 주었다. X_1은 원고들(X_1, X_2, X_3)을 대표하여 2015. 2. 27. Y에게 내용증명으로 위 돈의 반환을 촉구하고, 2015. 8. 21. 소를 제기하였다. 다만, Y가 2007. 1. 5.부터 2015. 8. 21.까지 X_1에게 채무를 일부 변제하고 2015. 8. 21. X_1에게 4억 3천만 원의 채무가 남아 있음을 인정함으로써, 그 무렵 소멸시효 중단사유인 '승인'이 있었다.

원심[1]은 Y와 A가 모두 상인으로서 Y가 乙회사 공장의 설립자금으로 사용하기 위

1) 서울고등법원 2016.12.22. 선고 2016나2039604 판결.

해 A로부터 투자금 4억 5천만 원을 지급받았다고 보이고, A가 Y에게 위 투자금을 지급한 것이 Y와 A의 영업을 위한 보조적 상행위에 해당하므로, 원고들의 투자금 반환채권은 상사채권으로서 5년의 소멸시효기간이 적용된다고 판단하였다. 이에 원고들이 원심에 불복하여 상고하였다.

2. 판결요지

상인은 상행위에서 생기는 권리·의무의 주체로서 상행위를 하는 것이고, 영업을 위한 행위가 보조적 상행위로서 상법의 적용을 받기 위해서는 행위를 하는 자 스스로 상인 자격을 취득하는 것을 당연한 전제로 한다. 회사가 상법에 의해 상인으로 의제된다고 하더라도 회사의 기관인 대표이사 개인이 상인이 되는 것은 아니다. 대표이사 개인이 회사의 운영 자금으로 사용하려고 돈을 빌리거나 투자를 받더라도 그것만으로 상행위에 해당하는 것은 아니다. 또한 상인이 영업과 상관없이 개인 자격에서 돈을 투자하는 행위는 상인의 기존 영업을 위한 보조적 상행위로 볼 수 없다. 이 사건에서 Y는 甲회사나 乙회사의 대표이사가 아닌 개인 자격으로 A로부터 돈을 지급받았다. A가 상인이었다고 해도 그의 지급한 돈은 콘테이너 제조·판매·대여업이라는 자신의 영업과 상관없이 이루어졌다. 따라서 A 또한 개인 자격에서 Y에게 자금을 투자하거나 지급한 것으로 볼 수 있어 보조적 상행위로 볼 수도 없다. 이에 A가 Y에게 4억 5천만 원을 지급한 것은 Y의 상행위로 인한 것이라거나 A의 보조적 상행위로 인한 것으로 볼 수 없다. 결국 원고들의 Y에 대한 채권은 민사채권으로서 10년의 소멸시효가 적용된다고 보아야 한다. 다만, Y가 B로부터 받기로 한 돈은 얼마이고, 그 1/3은 얼마인지, Y가 실제 B로부터 돈을 받았는지 여부와 그 액수, 만일 B로부터 받기로 한 돈을 확정적으로 받지 못하였다면 그 사유와 시기, 2004. 12. 29. 약정 당시 '피고의 사업 재기 시'라는 불확정기한을 정하게 된 경위와 Y의 당시 사업 현황이나 사업 재기를 준비한 사항이 있었는지, 사업 재기 여부 등을 추가로 심리해서 Y의 원고들에 대한 금전지급채무의 변제기를 확정할 필요가 있다. 이에 원고들의 상고는 이유 있어 원심판결을 파기하고 사건을 다시 심리·판단하도록 원심법원에 환송한다.

3. 관련판례

(1) 대법원 1992.11.10. 선고 92다7948 판결

원고가 회사의 대표이사이던 甲의 상속인 중 일부를 피고로 삼아 甲에게 건축자금을 대여하였다고 주장하는 경우 회사는 상법상 상인으로 의제된다 하더라도 甲 개인의 상인으로 볼 수 없으므로 甲 개인에 대한 대여금채권은 상사채권이 아니다.

(2) 대법원 1997.8.26. 선고 97다9260 판결

당사자 쌍방에 대하여 모두 상행위가 되는 행위로 인한 채권뿐만 아니라 당사자 일방에 대하여만 상행위에 해당하는 행위로 인한 채권도 상법 제64조 소정의 5년의 소멸시효기간이 적용되는 상사채권에 해당하는 것이고, 그 상행위에는 상법 제46조 각 호에 해당하는 기본적 상행위뿐만 아니라, 상인이 영업을 위하여 하는 보조적 상행위도 포함된다.

(3) 대법원 2008.12.11. 선고 2006다54378 판결

상법 제47조 제1항은 "상인이 영업을 위하여 하는 행위는 상행위로 본다"고 규정하고 있고, 같은 조 제2항은 "상인의 행위는 영업을 위하여 하는 것으로 추정한다"고 규정하고 있으므로, 영업을 위하여 하는 것인지 아닌지가 분명치 아니한 상인의 행위는 영업을 위하여 하는 것으로 추정되고 그와 같은 추정을 번복하기 위해서는 그와 다른 반대사실을 주장하는 자가 이를 증명할 책임이 있다. 그런데 금전의 대여를 영업으로 하지 아니하는 상인이라 하더라도 그 영업상의 이익 또는 편익(便益)을 위하여 금전을 대여하거나 영업자금의 여유가 있어 이자 취득을 목적으로 이를 대여하는 경우가 있을 수 있으므로, 이러한 상인의 금전대여행위는 반증이 없는 한 영업을 위하여 하는 것으로 추정된다.

Ⅱ. 판결의 평석

1. 주요 검토사항

상행위로 인한 채권, 즉 상사채권은 상법에 다른 규정이 없는 때에는 5년간 행사하지 아니하면 소멸시효가 완성한다(상법 제64조). 일반민사채권이 10년의 소멸시효가 적용되는 것(민법 제162조)에 비하여 상사채권의 소멸시효가 단기에 그친다는 점에서 채무자에게 유리하지만 채권자에게 불리하게 작용한다. 대법원은 오래 전부터 상법 제64조는 상행위로 생긴 채권이면 적용하고 있으며, 여기의 상행위에는 상법 제46조 각 호에 해당하는 기본적 상행위와 상인이 영업을 위하여 하는 보조적 상행위도 포

함된다고 판시하고 있다.[2)]

대상판결에서는 A의 Y에 대한 자금대출행위가 상행위에 해당하는지가 문제되었다. 보다 구체적으로는 회사의 기관인 대표이사 개인이 회사의 운영 자금으로 사용하려고 돈을 빌리거나 투자를 받은 경우 그것만으로 상행위에 해당하는지 여부와 상인이 영업과 상관없이 개인 자격에서 돈을 투자하는 행위를 상인의 기존 영업을 위한 보조적 상행위로 볼 수 있는지 여부가 주된 쟁점이었다.

2. 대표이사 개인 행위의 상행위성 유무

회사(영리법인)에는 상행위를 영업으로 하는 상사회사와 상행위이외의 행위를 영업으로 하는 민사회사가 있다. 상사회사는 상법 제4조에 따라 당연상인으로 되나, 민사회사는 상사회사와 달라서 당연상인은 아니지만 회사라는 기업경영형태를 가지고 있다는 점에서 상인성을 인정하여 상인으로 의제한다(상법 제5조 제2항). 영리법인은 상사회사 또는 민사회사인가의 여부를 불문하고 설립등기한 때부터 상인인 이른바 태생적 상인이므로 회사는 상인자격과 분리하여 존재할 수 없다. 상인자격은 회사의 설립등기를 함으로써 취득하므로 법인격의 취득시기와 일치하며, 청산의 종료에 의하여 상실한다. 그러나 주식회사의 대표이사는 주식회사의 대표기관이기는 하지만, 그의 개인적 행위가 주식회사를 대표하는 것으로 볼 수 없다. 따라서 대표이사의 행위가 단순히 개인적인 행위에 머무르는 경우에는 그 행위의 결과가 대표이사 자신에게 귀속되는 만큼 주식회사와 별개로 보아야 한다. 이처럼 주식회사의 대표이사는 상인이 아니며, 그가 개인적으로 회사 자금으로 사용하기 위해서 차용한다고 하더라도 상행위에 해당하지 않는다.

3. 보조적 상행위의 요건

보조적 상행위는 상인이 영업을 위하여 하는 행위를 말하며, 이는 영리를 목적으로 하는 기본적 상행위나 준상행위는 아니지만, 기본적 상행위와 준상행위의 수행을 위해서 직접적·간접적 필요에서 하는 행위라고 할 수 있다. 예컨대 사업자금을 위하여 은행에서 자금을 차입하는 행위가 이에 해당되며, 이러한 보조적 상행위로 인하여 발생한 채권·채무에는 상법이 적용된다.[3)] 보조적 상행위는 법률행위에 한하지 않고,

2) 대법원 1997.8.26. 선고 97다9260 판결; 대법원 1998.7.10. 선고 98다10793 판결; 대법원 2000.5.12. 선고 98다23195 판결; 대법원 2002.9.24. 선고 2002다6760,6777 판결; 대법원 2005.5.27. 선고 2005다7863 판결; 대법원 2006.4.27. 선고 2006다1381 판결.

준법률행위(사무관리, 최고, 통지), 사실행위(지급, 수령)를 포함한다. 거래의 안전을 위하여 개인상인의 행위는 그 영업을 위하여 하는 것으로 추정되므로(상법 제47조 제2항), 상행위임을 부정하는 자가 상행위가 아님을 입증하여야 한다. 석탄채굴을 위하여 근로계약을 맺는 경우와 개업준비행위 등이 이에 속한다. 그러나 상인의 신분적 행위나 세무서에 대한 신고와 같은 공법상의 행위는 이에 해당되지 않는다.

4. 대상판결의 검토

대상판결에서 Y가 甲회사와 乙회사의 대표이사의 지위에 있기는 하지만 A로부터 투자금을 받은 것이 아니라 순전히 개인적으로 돈을 차입한 행위인 것으로서 이는 상인이 아닌 자의 행위에 해당하여 상행위의 범주 속에 포섭될 수 없다. A가 자신의 영업과 상관없이 개인 자격에서 Y에게 돈을 지급한 행위는 보조적 상행위로 볼 수 없다. 따라서 대상판결이 Y의 행위와 A의 행위 모두가 상행위에 속하지 않는 만큼 민사소멸시효가 적용되어야 한다고 판단한 것에 쉽게 수긍할 수 있다.

(권재열)

---

3) 대법원 1976.6.22. 선고 76다28 판결; 대법원 1999.1.29. 선고 98다1584 판결; 대법원 1999.1.29. 선고 98다1584 판결; 대법원 2012.7.26. 선고 2011다43594 판결.

지배인의 권한남용

대법원 1999.3.9. 선고 97다7721,7738 판결

Ⅰ. 판결개요

1. 사실관계

X은행의 명동지점장 A는 지배인으로서 그 지점의 영업에 관한 포괄적인 대리권한을 갖고 있고, 어음 등 유가증권의 할인은 은행이 행하는 업무로서 위 지점의 영업에 해당한다. A는 I투자금융 주식회사(이하 'I투금'으로 줄임)에 CD를 발행금리보다 높은 이자율로 매도한 후, 그 내역을 기재한 '받을어음추심수탁통장'만을 교부하고 그 CD를 I투금을 위하여 보관하면서, 임의로 위 CD를 D증권 등에 재매도 하는 방법으로 CD를 이중매매하여 그 대금을 개인적인 자금거래에 유용하여 오던 중, I투금이 종전과 달리 만기에 이른 CD대금으로 새로운 CD를 매입하지 아니하고 그 지급을 요구하게 되어 심한 자금압박을 받게 되자, 그 자금을 마련하기 위하여 개인적으로 빌린 H철강 어음 등을, 또 나아가 X은행 명동지점이 담보어음으로 보관 중인 이 사건 제1어음을 임의로 유출시켜 Y에게 각 할인하고, 그 할인금을 자신이 유용한 CD대금의 지급에 사용하고, 이와 같이 개인적으로 빌리거나 유용한 위 각 어음상의 채무를 담보하기 위하여 다시 X은행 명동지점이 담보어음으로 보관 중인 이 사건 제2어음을 임의로 유출시켜 Y에게 교부하였다. A는 X은행의 지배인으로서 한 이 사건 제1어음의 할인과 이 사건 제1, 2어음의 배서·양도는 그 진의가 영업주 본인인 X은행의 이익과 의사에 반하여 자신의 이익을 위하여 한 배임적인 것이었다. 이에 X는 민법 제107조 제1항을 유추적용하여 Y의 악의 또는 과실을 전제로 A의 행위는 영업주인 X에 대한 관계에서 무효라고 주장하였다.

이에 내하여 원심이 X의 청구를 인용하게 되면서 Y가 상고한 것이다. 대법원은 Y의 상고를 기각하면서 원심을 확정하였다.

2. 판결요지

지배인은 영업주에 갈음하여 그 영업에 관한 재판상 또는 재판외의 모든 행위를 할 수 있고, 지배인의 대리권에 대한 제한은 선의의 제3자에게 대항하지 못한다고 할 것인데, 여기서 지배인의 어떤 행위가 영업주의 영업에 관한 것인가의 여부는 지배인의 행위 당시의 주관적인 의사와는 관계없이 그 행위의 객관적 성질에 따라 추상적으로 판단되어야 할 것이다. 그러나 지배인의 행위가 영업에 관한 것으로서 대리권한 범위 내의 행위라 하더라도 영업주 본인의 이익이나 의사에 반하여 자기 또는 제3자의 이익을 도모할 목적으로 그 권한을 행사한 경우에 그 상대방이 지배인의 진의를 알았거나 알 수 있었을 때에는 민법 제107조 제1항 단서의 유추해석상 그 지배인의 행위에 대하여 영업주 본인은 아무런 책임을 지지 않는다고 보아야 할 것이고, 그 상대방이 지배인의 표시의사가 진의 아님을 알았거나 알 수 있었는가의 여부는 표의자인 지배인과 상대방 사이에 있었던 의사표시 형성 과정과 그 내용 및 그로 인하여 나타나는 효과 등을 객관적인 사정에 따라 합리적으로 판단하여야 할 것이다.

3. 관련판례

(1) 대법원 1984.7.10. 선고 84다카424,425 판결

상업사용인이 영업과 관계없는 일에 관하여 상인의 행위를 대행한 경우에 특별한 수권이 있다고 믿을 만한 사정이 없는 한 상업사용인이라는 이유만으로 그 대리권이 있는 것으로 믿을 만한 정당한 이유가 있다고 보기 어렵다.

(2) 대법원 1987.3.24. 선고 86다카2073 판결

지배인의 행위가 영업주의 영업에 관한 것인가의 여부는 지배인의 행위 당시의 주관적 의사와는 관계없이 그 행위의 객관적 성질에 따라서 추상적으로 판단되어야 하고, 지배인이 그 대리권에 관한 제한에 위반하여 한 행위에 대하여는 그 상대방이 악의인 경우에 한하여 영업주는 그 상대방에게 대항할 수 있다.

(3) 대법원 2000.8.22. 선고 2000다13320 판결

회사의 지휘 · 감독 아래 판매와 관련된 일정한 업무만을 보조적으로 처리하고 있었으므로 상법상의 영업소인 본점 · 지점에 준하는 영업장소라고 볼 수 없고 따라서 표현지배인으로 볼 수 없다.

Ⅱ. 판결의 평석

1. 판결의 의의

이 사건은 지배인의 지배권남용행위에 관한 것이다. 원칙적으로는 지배인의 권한남용행위라도 유효한 것이나 다만 거래상대방이 지배권의 남용을 알고 있거나 알 수 있었을 경우에는 영업주가 무효를 주장할 수 있다는 것이고, 대상판결은 이 사건의 거래상대방은 알고 있거나 알 수 있었던 경우에 해당한다고 보았다.

대상판결은 그 근거로서 (ⅰ) Y가 장기간에 걸쳐 CD 매매의 알선과 어음의 할인 등으로 A의 개인적인 자금거래에 관여한 점, (ii) A가 타인으로부터 빌린 H철강 등의 어음을 개인적인 거래로서 Y에게 할인하였고, 그에 즈음하여 이 사건 제1어음을 할인한 점, (iii) 이 사건 제1어음은, 은행이 매출의 대상으로 삼는 상업어음과는 달리, 그 표면에 횡선이 그어져 있고 지급보증의 문언이 기재되어 그 유통성에 의문을 가질 수 있다는 점, (iv) 이 사건 제2어음은 A에 의한 금융사고가 우려되는 시점에 Y가 그 정을 알면서 취득하였고, 정상적인 은행거래에서는 있을 수 없는 방식인 이미 할인하여 준 어음에 대한 담보로서 취득한 점 등을 근거로 하여 Y는 지배인 A의 위 어음할인이 개인적인 자금거래로서 지급의 행위가 자기 또는 제3자의 이익을 위하여 배임적인 의도에서 영업주인 X은행을 위한 진의 없이 하는 것임을 충분히 알 수 있었음이 분명하여, 위 어음할인 및 배서·양도행위는 X은행과의 관계에 있어서는 무효로서 그 효력이 없다고 하였다.

2. 지 배 인

(1) 상업사용인

상업사용인이란 특정한 상인에 종속하여 대외적인 영업상의 업무에 종사하는 자이다. 이러한 상업사용인은 기업의 내부에서 특정한 상인에 종속되어 활동하는 자이므로, 기업의 외부에서 독립된 상인으로 특정한 상인을 위하여 활동하는 대리상(상법 제87조)과 구별되고, 또한 회사의 경영담당자인 기관과 구별된다.

상업사용인은 대외적인 영업상의 업무를 대리하는 자이므로, 대외적인 영업상의 업무가 아닌 생산과정에 참여하는 기술적 보조자나 대리권이 없는 자 등은 상업사용인이 아니다. 상법상 상업사용인은 대리권의 유무·광협에 따라 지배인, 부분적 포괄대리권을 가진 상업사용인 및 물건판매점포사용인(의제상업사용인)으로 분류된다.

(2) 지배인

지배인이란 "영업주에 갈음하여 그 영업에 관한 재판상 또는 재판외의 모든 행위를 할 수 있는 대리권을 가진 상업사용인"이다(상법 제11조 제1항).

1) 지배인의 선임과 종임

지배인을 선임할 수 있는 자는 상인 또는 그 대리인이다(상법 제10조). 이때 상인이 회사인 경우에는 내부절차상 일정한 제한을 받고(상법 제203조, 제274조, 제393조, 제564조), 상인의 대리인에는 법정대리인과 임의대리인 모두를 포함하는데 다만 지배인은 다른 지배인을 선임할 수 없다(상법 제11조 제2항 반대해석). 또한 지배인은 영업을 전제로 하여 선임되므로 청산중의 회사나 파산중의 회사는 지배인을 선임할 수 없다.

지배인은 의사능력을 가진 자연인이어야 하지만, 반드시 행위능력자가 아니라도 무방하다(민법 제117조). 또 직무의 성질상 감사와의 겸임은 허용되지 않지만(상법 제411조, 제570조), 업무집행사원이나 이사는 지배인을 겸할 수 있다. 지배인의 선임행위는 대리권(지배권)의 수여행위라고 볼 수 있는데, 선임계약에 따라 이 외에 고용계약이나 위임계약을 수반하는 경우도 많다. 따라서 지배인의 지위는 그 선임계약의 내용에 따라 그 계약의 종료 또는 대리권의 소멸에 의하여 종료된다.

2) 등기사항

지배인의 선임과 종임은 등기사항인데(상법 제13조), 이러한 등기는 대항요건에 불과하다(상법 제37조). 따라서 지배인은 선임의 사실만으로 즉시 상법에 규정된 지배권을 취득한다.

3) 공동지배인

영업주는 수인의 지배인이 공동으로만 지배권을 행사하게 할 수 있는데(상법 제12조 제1항), 이때 능동대리는 공동으로만 하여야 하나(상법 제12조 제1항), 수동대리는 지배인 중 1인에 대하여만 하여도 무방하다(상법 제12조 제2항). 공동지배인을 둔 경우에는 이에 관한 사항과 그 변경 또는 소멸에 관한 사항은 등기사항이다(상법 제13조 제2문).

4) 표현지배인

표현지배인이란 "본점 또는 지점의 본부장, 지점장, 그 밖에 지배인으로 인정될 만한 명칭을 사용하는 사용인"을 말하는데, 이는 민법상의 표현대리(민법 제125조, 제126조, 제129조), 상법상의 명의대여자의 책임(상법 제24조) 및 표현대표이사(상법 제395조) 등과 같이 선의의 거래상대방을 보호하기 위하여 인정된 것이다. 표현지배인이 성립하기 위하여는 영업주가 표현지배인에게 지배인으로 믿을 만한 명칭사용을 허락하여야 하고, 표현지배인은 그러한 명칭을 사용하여 영업에 관한 행위를 하여야 하며, 표현지배인의 영업은 영업소로서의 실질을 갖추고 있어야 하고, 표현지배인과 거래하는 상대방은 선의이어야 한다(상법 제14조 제2항).

3. 지배인의 권한

(1) 지배인의 권한

지배인의 권한은 "영업주에 갈음하여 그 영업에 관한 재판상 또는 재판외의 모든 행위를 할 수 있는 권한"이다(상법 제11조 제1항). 이러한 지배권은 추상적이고 포괄·정형적인 성질을 갖는 점에서 민법상의 대리권이 구체적이고 개별적인 점과 구별되고, 지배권은 개인법상의 대리관계로서 그 범위는 특정 영업소의 영업활동에 한정되는 점에서 대표권은 단체법상의 대표관계로서 그 범위가 영업전반에 미치는 점과 구별된다.

1) 포괄성과 정형성

지배인의 대리권은 임의대리에 해당하지만, 그 범위는 그 영업에 관한 모든 재판상·재판외의 행위에 미친다는 점(상법 제11조 제1항)에서 포괄성과 정형성을 갖는다. 즉 지배권은 그 영업에 관한 영업전반에 미치는 점에서 포괄성이 있고, 지배권의 범위는 상법의 규정에 의하여 정하여지는 점에서 정형성이 있다. 지배권은 영업주의 영업에 관한 행위이어야 하므로 영업주의 신분상의 행위나 영업 자체의 양도나 폐지를 할 권한 등은 이에 해당하지 않는다. 영업에 관한 행위인가 아닌가는 그 행위의 객관적 성질에 따라 추상적으로 판단하여야 한다.

2) 불가제한성

지배인의 대리권은 그 범위가 객관적으로 법률에 의하여 정형화되어 있으므로, 거래의 안전을 위하여 그 획일성이 요구된다. 즉 지배권에 대한 제한은 선의의 제3자에게 대항하지 못한다(상법 제11조 제3항). 이때 제3자의 악의 또는 중과실에 대한 입증책임은 영업주가 부담한다.

(2) 지배권의 남용

대상판결의 쟁점이기도 하다. 객관적으로는 지배인의 권한범위 내에 속하는 것이나 주관적으로는 지배인이 자기의 이익이나 제3자의 이익을 위하여 행위한 경우이다. 판례는 비진의표시설에 의하여 민법 제107조 규정을 유추적용한다. 따라서 지배인의 행위가 객관적으로 지배권의 범위 내의 행위인 이상 그 대외적 효력은 거래의 안전을 위하여 원칙적으로 당연히 유효로 본다. 다만, 거래의 상대방이 지배권의 남용을 알고 있거나 알 수 있었을 경우에는 영업주는 그 무효를 주장할 수 있다.

(장덕조)

표현지배인

대법원 1998.10.13. 선고 97다43819 판결

Ⅰ. 판결개요

1. 사실관계

甲은 Y주식회사의 주주로서 자금조달 업무에 종사함과 아울러 대구연락사무소장으로서 Y회사로부터 세화, 송당지구의 토지를 분양받은 대구, 경북지역 투자자들과의 연락 업무와 투자중개 업무를 담당하여 왔다. 甲은 X와 Y회사가 온천개발사업 중인 지구 내의 토지 3,000평의 매매계약을 체결하고서 그 대금으로 지급받은 합계 금 210,000,000원을 Y회사에 입금하지 않았으며, 오히려 乙이 Y회사의 대표이사에서 사임한 것을 알고 있으면서도 乙에게 송금하여 횡령하도록 하였다. 이에 X는 Y회사에 대하여 甲이 표현지배인에 해당하므로 위 매매계약은 Y회사에 대하여 효력이 있다는 주장을 하였다.

2. 판결요지

상법 제14조 제1항 소정의 표현지배인이 성립하려면 당해 사용인의 근무 장소가 상법상의 영업소인 '본점 또는 지점'의 실체를 가지고 어느 정도 독립적으로 영업 활동을 할 수 있는 것임을 요하고, 본·지점의 기본적인 업무를 독립하여 처리할 수 있는 것이 아니라 단순히 본·지점의 지휘·감독 아래 기계적으로 제한된 보조적 사무만을 처리하는 영업소는 상법상의 영업소인 본·지점에 준하는 영업장소라고 볼 수 없다.

甲은 Y회사의 주주로서 자금조달 업무에 종사함과 아울러 지방 연락사무소장으로서 그 회사로부터 토지를 분양받은 자들과의 연락 업무와 투자중개 업무를 담당해 온 경우, 회사를 위하여 독립적으로 영업활동을 할 수 있는 지위에 있었다고 단정할 수 없다는 이유로 표현지배인이 아니다.

3. 관련판례

(1) 대법원 1978.12.13. 선고 78다1567 판결

단순히 본·지점의 지휘감독 아래 기계적으로 제한된 보조적 사무만을 처리하는 영업소는 상법상의 영업소라 볼 수 없으므로 동 영업소의 소장을 상법 제14조 제1항 소정의 표현지배인으로 볼 수 없다.

(2) 대법원 1994.9.30. 선고 94다20884 판결

건설업을 목적으로 하는 건설회사의 업무는 공사의 수주와 공사의 시공이라는 두 가지로 크게 나눌 수 있는데, 건설회사 현장소장은 일반적으로 특정된 건설현장에서 공사의 시공에 관련한 업무만을 담당하는 자이므로 특별한 사정이 없는 한 상법 제14조 소정의 본점 또는 지점의 영업주임 기타 유사한 명칭을 가진 사용인 즉 이른바 표현지배인이라고 할 수는 없고, 단지 상법 제15조 소정의 영업의 특정한 종류 또는 특정한 사항에 대한 위임을 받은 사용인으로서 그 업무에 관하여 부분적 포괄대리권을 가지고 있다고 봄이 상당하다.

(3) 대법원 1993.12.10. 선고 93다36974 판결

지점 차장이라는 명칭은 그 명칭 자체로서 상위직의 사용인의 존재를 추측할 수 있게 하는 것이므로 상법 제14조 제1항 소정의 영업주임 기타 이에 유사한 명칭을 가진 사용인을 표시하는 것이라고 할 수 없고, 따라서 표현지배인이 아니다.

(4) 대법원 2007.8.23. 선고 2007다23425 판결

상법 제14조 제1항은, 실제로는 지배인에 해당하지 않는 사용인이 지배인처럼 보이는 명칭을 사용하는 경우에 그러한 사용인을 지배인으로 신뢰하여 거래한 상대방을 보호하기 위한 취지에서, 본점 또는 지점의 영업주임 기타 유사한 명칭을 가진 사용인은 표현지배인으로서 재판상의 행위에 관한 것을 제외하고는 본점 또는 지점의 지배인과 동일한 권한이 있는 것으로 본다고 규정하고 있으나, 부분적 포괄대리권을 가진 사용인의 경우에는 상법은 그러한 사용인으로 오인될 만한 유사한 명칭에 대한 거래상대방의 신뢰를 보호하는 취지의 규정을 따로 두지 않고 있는바, 그 대리권에 관하여 지배인과 같은 정도의 획일성, 정형성이 인정되지 않는 부분적 포괄대리권을 가진 사용인들에 대해서까지 그 표현적 명칭의 사용에 대한 거래상대방의 신뢰를 무조건적으로 보호한다는 것은 오히려 영업주의 책임을 지나치게 확대하는 것이 될 우려가 있으며, 부분적 포괄대리권을 가진 사용인에 해당하지 않는 사용인이 그러한 사용인과 유사한 명칭을 사용하여 법률행위를 한 경우 그 거래상대방은 민법 제125조의 표현대리나 민법 제756조의 사용자책임 등의 규정에 의하여 보호될 수 있다고 할 것이므로, 부분적 포괄대리권을 가진 사용인의 경우에도 표현지배인에 관한 상법 제14조의 규정이 유추적용되어야 한다고 할 수는 없다.

Ⅱ. 판결의 평석

1. 표현지배인의 의의

지배인은 영업주에 갈음하여 그 영업에 관한 재판상 또는 재판외의 모든 행위를 할 수 있다(상법 제11조 제1항). 상법은 더 나아가 민법상의 표현대리(민법 제125조, 제126조, 제129조)를 제도적으로 강화하여 정형화시켜 표현지배인을 인정하고 있다. 표현지배인이라 함은 지배인이 아닌 자가 본점 또는 지점의 본부장, 지점장, 그 밖에 지배인으로 인정될 만한 명칭을 가짐으로써 본점 또는 지점의 지배인과 동일한 권한이 있는 것으로 의제되는 사용인으로 정의된다(상법 제14조 제1항). 이는 거래의 안전(선의의 제3자 보호)을 위해서 영미법상의 금반언의 법리나 독일법상의 외관주의의 정신에 따라 영업주로부터 지배권을 부여받지 않았으면서도 사실과 다른 외관을 작출한 자에게 책임을 부담시키기 위한 제도이다.

2. 표현지배인의 요건

(1) 외관에 관한 요건

1) 표현적 명칭

먼저 본점 또는 지점의 본부장, 지점장, 그 밖에 지배인으로 인정될 만한 명칭을 가진 사용인이어야 한다.[1] 여기서의 명칭을 정형화하는 것은 쉽지 않지만, 적어도 그

1) 2010년 개정상법에서 이 부분이 개정되었으므로, 현재는 '본점 또는 지점의 본부장, 지점장 그 밖의 지배인으로 인정될 만한 명칭을 가진 사용인'으로 표현되어야 한다.

영업소의 책임자임을 표시하는 것이어야 한다. 따라서 실제 거래계에서의 본점의 영업부장, 영업소장 등의 명칭은 대표적인 예라 하겠다. 지점차장이나 지점장대리 등은 영업소의 영업을 책임지는 지위가 아니라는 점에서 영업주임을 나타내는 명칭이 될 수 없다. 대법원도 "지점차장이라는 명칭은 그 명칭 자체로써 상위직의 사용인의 존재를 추측할 수 있게 하는 것이므로 상법 제14조 제1항의 소정의 영업주임 기타 이에 유사한 명칭을 가진 사용인을 표시하는 것이라고 할 수 없고, 따라서 표현지배인이 아니라고 할 것이다"[2]라는 입장이다.

2) 영업소의 실질

상법 제14조 제1항의 '본점 또는 지점'의 인정방법에 대하여 견해가 나누어진다. 이 경우 영업소지배인이 근무하는 본점이나 지점이 형식적으로 본점 또는 지점의 외관을 갖추면 그 실질에 관계없이 영업소로 보아야 한다는 견해가 있다(형식설 · 외관설). 이 견해는 거래안전의 보호라는 측면에서 장점이 있다. 하지만 형식설을 따를 경우 외관의 작출에 귀책사유가 없는 경우에도 영업주에게 책임을 귀속시키는 불합리가 생겨난다.

우리나라 다수 학자들의 견해이자 대법원 판례의 태도[3]는 형식적 명칭이나 등기의 유무와는 상관없이 상법상의 영업소의 실질을 구비하여야 한다는 입장이다(실질설). 예컨대, 단순히 본 · 지점의 지휘감독 아래 기계적으로 제한된 보조적 사무만을 처리하는 영업소의 소장의 경우 그 영업소가 진정한 지배인을 둘 만한 영업소의 실제를 가지고 있지 못하다는 점에서 설령 표현지배인의 성립에 필요한 다른 요건을 갖추더라도 표현지배인으로 될 수 없다.[4]

(2) 지배인의 권한내 행위 요건

사용인이 표현적 명칭을 사용하여 한 행위가 지배인의 권한내에 속하여야 한다. 지배인의 행위가 영업주의 영업에 관한 것인지의 여부는 지배인의 행위 당시의 주관적인 의사와는 관계없이 그 행위의 객관적 성질에 따라 추상적으로 판단하여야 한다.[5]

---

2) 대법원 1993.12.10. 선고 93다36974 판결.

3) 대법원 1971.5.24. 선고 71다656 판결; 대법원 1978.12.13. 선고 78다1567 판결; 대법원 1998.10.13. 선고 97다43819 판결; 대법원 2000.8.22. 선고 2000다13320 판결.

4) 대법원 1967.9.26. 선고 67다1333 판결; 대법원 1978.12.13. 선고 78다1567 판결; 대법원 1983.10.25. 선고 83다107 판결.

5) 대법원 1997.8.26. 선고 96다36753 판결.

(3) 주관적 요건

1) 영업주의 귀책사유

영업주는 사용인에게 명칭을 부여하고 그 사용을 명시적 또는 묵시적으로 허락하여야 한다. 이것이 바로 사용인의 표현적 명칭사용에 대한 영업주의 귀책사유이다.

2) 상대방의 선의

표현적 명칭을 사용하는 사용인과 거래하는 상대방은 선의여야 한다(상법 제14조 제2항). 상대방이 악의인 경우에는 표현지배인제도에 의해 보호받지 못한다. 여기서의 '선의'라 함은 특정한 거래에 있어서 대리권이 없음을 모른 것으로 봐야 한다는 견해가 있으나, 표현적 명칭을 사용한 당해 사용인이 지배인이 아님을 모르는 것으로 풀이하여야 한다. 왜냐하면 표현지배인제도는 표현적 명칭으로 인하여 외관을 신뢰한 자를 보호하기 위한 것이기 때문이다.

선의에 경과실이 있는 경우에도 선의로서 보호를 받는다. 하지만 선의에 중과실이 있는 경우에는 악의로 보아 보호받지 못한다. 상대방의 선의유무는 거래시를 기준으로 판단하며, 이에 대한 증명책임은 영업주가 부담한다.

3. 표현지배인 성립의 효과

상법 제14조 제1항에 따라 본점 또는 지점의 지배인과 동일한 권한이 있는 것으로 본다. 결과적으로 지배권이 없는 자의 행위를 지배권이 있는 자의 행위로 의제된다. 즉, 무권대리행위가 진정한 지배권의 행위인 유권대리행위로 취급되므로 영업주가 이에 대하여 책임을 부담하여야 한다. 표현지배인의 어음행위의 경우에도 상법의 규정에 의하여 영업주가 어음상의 책임을 부담한다. 그러나 표현지배인제도는 거래의 상대방을 보호하기 위하여 지배인으로 의제할 뿐, 표현지배인이 지배인으로 되는 것은 아니다. 이러한 영업주의 책임은 지배인이 아닌 자의 행위에 대하여 부담하는 책임이므로 지배인이 내부적으로 제한된 지배권의 범위를 넘어서 선의의 제3자에게 한 행위에 대하여 영업주가 책임을 지는 상법 제11조 제3항의 경우와는 구별되어야 한다.

표현지배인제도는 재판외의 행위에만 적용된다. 재판상의 행위에 대하여는 표현지배인 규정이 적용되지 않는다(상법 제14조 제1항 단서). 이는 재판상의 행위는 거래도 아니며, 실체적 진실의 발견이 외관주의보다 더 중요하다는 데 그 이유가 있다.

4. 대상판결의 검토

대법원은 대상판결에서 甲이 Y회사의 주주로서 자금조달 업무에 종사하면서 아울러 지방 연락사무소장으로서 그 회사로부터 토지를 분양받은 자들과의 연락 업무와 투자중개 업무를 담당해 온 것에 비추어 표현지배인의 성립에 필요한 요건의 하나인 상법상의 영업소로서의 실질을 구비하지 못하였다고 판단하였다. 말하자면, 영업소의 실질을 갖추지 못한 경우에는 거래상대방의 선의 여부 등 다른 요건을 충족하는지의 여부와 관계없이 어떤 경우라도 표현지배인으로 될 수 없다는 것이다. 결과적으로 대상판결은 표현지배인을 광범위하게 인정하는 경우 진정한 영업주에 대한 보호가 미흡하게 된다는 점을 의식적으로 고려한 것으로 보인다.

(권재열)

상호전용권

대법원 2004.3.26. 선고 2001다72081 판결

Ⅰ. 판결개요

1. 사실관계

X가 먼저 서울시에서 '주식회사 유니텍'으로 상호를 등기하고 컴퓨터 관련 영업을 하고 있었다. 그런데 그 후 Y가 서울시에서 '주식회사 유니텍전자'로 상호를 등기하고 영업을 하였다. X와 Y의 상호는 그 주요 부분이 '유니텍'으로서 일반인이 확연히 구별할 수 없을 정도로 동일하며, X와 Y의 법인등기부상 설립목적에 컴퓨터 주변기기 제조 및 판매업이나 전자부품·컴퓨터부품 제조 판매업이 포함되어 있고 X의 전체 매출액의 30%가량이 Y와 같은 컴퓨터 하드웨어의 조립·판매업에서 발생하고 있어 X의 영업과 Y의 영업은 사회통념상 동종영업에 해당한다.

X는 Y에게 상호의 말소등기를 청구하였고 Y는 '유니텍'이라는 단어가 컴퓨터 관련 업계에서 흔히 사용되는 상호이고 현재 Y의 자본금 또는 매출액이 X보다 월등히 커지고 Y의 주식이 코스닥시장에 등록되었다는 사정을 들면서 상법 제23조 제4항의 부정한 목적이 없다고 주장하였다. 또한 X가 Y의 설립등기가 경료된 지 8년이 경과한 후 비로소 Y에게 이 사건 상호등기의 말소 및 상호사용의 금지를 구하는 사정만으로 이 사건 청구가 권리남용에 해당하고 또한 X의 상호전용권이 실효의 원칙에 따라 소멸하였다고 주장하였다.

원심은 Y가 상호에 관한 말소등기절차를 이행할 의무가 있다는 취지로 판단하였다. 이에 Y가 상고하였으나, 대법원은 상고를 기각하면서 원심을 확정하였다.

2. 판결요지

상법 제22조는 "타인이 등기한 상호는 동일한 특별시 · 광역시 · 시 · 군에서 동종영업의 상호로 등기하지 못한다"고 규정하고 있는바, 위 규정의 취지는 일정한 지역 범위 내에서 먼저 등기된 상호에 관한 일반 공중의 오인 · 혼동을 방지하여 이에 대한 신뢰를 보호함과 아울러, 상호를 먼저 등기한 자가 그 상호를 타인의 상호와 구별하고자 하는 이익을 보호하는 데 있고, 한편 비송사건절차법 제164조에서 "상호의 등기는 동일한 특별시 · 광역시 · 시 또는 군 내에서는 동일한 영업을 위하여 타인이 등기한 것과 확연히 구별할 수 있는 것이 아니면 이를 할 수 없다"고 규정하여 먼저 등기된 상호가 상호등기에 관한 절차에서 갖는 효력에 관한 규정을 마련하고 있으므로, 상법 제22조의 규정은 동일한 특별시 · 광역시 · 시 또는 군 내에서는 동일한 영업을 위하여 타인이 등기한 상호 또는 확연히 구별할 수 없는 상호의 등기를 금지하는 효력과 함께 그와 같은 상호가 등기된 경우에는 선등기자가 후등기자를 상대로 그와 같은 등기의 말소를 소로써 청구할 수 있는 효력도 인정한 규정이라고 봄이 상당하다.

상법 제23조 제1항은 "누구든지 부정한 목적으로 타인의 영업으로 오인할 수 있는 상호를 사용하지 못한다"고 규정하고 있고, 같은 조 제4항은 "동일한 특별시 · 광역시 · 시 · 군에서 동종영업으로 타인이 등기한 상호를 사용하는 자는 부정한 목적으로 사용하는 것으로 추정한다"고 규정하고 있는바, 위 조항에 규정된 '부정한 목적'이란 어느 명칭을 자기의 상호로 사용함으로써 일반인으로 하여금 자기의 영업을 그 명칭에 의하여 표시된 타인의 영업으로 오인시키려고 하는 의도를 말한다.

실권 또는 실효의 법리는 신의성실의 원칙에 바탕을 둔 파생적인 원리로서 이는 본래 권리행사의 기회가 있음에도 불구하고 권리자가 장기간에 걸쳐 그 권리를 행사하지 아니하였기 때문에 의무자인 상대방이 이미 그의 권리를 행사하지 아니할 것으로 믿을 만한 정당한 사유가 있게 됨으로써 새삼스럽게 그 권리를 행사하는 것이 신의성실의 원칙에 위반되는 결과가 될 때 그 권리행사를 허용하지 않는 것을 의미한다.

3. 관련판례

(1) 대법원 2011.12.27. 선고 2010다20754 판결

2009. 5. 28. 법률 제9749호로 개정된 상업등기법 시행 전에 선등기자가 후등기자를 상대로 상법 제22조에 의한 상호등기말소청구의 소를 제기하였으나 개정 상업

등기법 시행 후에 사실심 변론이 종결된 경우, 상법 제22조에 의하여 등기의 말소를 소로써 청구할 수 있는 효력 범위는 동일한 상호로 국한된다. 선등기자인 '동부주택건설 주식회사'가 후등기자인 '동부건설 주식회사' 등을 상대로 상법 제22조에 의한 상호등기말소청구소송을 제기하였는데, 원심 변론종결 전에 2009. 5. 28. 법률 제9749호로 개정된 상업등기법이 시행된 사안에서, 먼저 등기한 상호인 '동부주택건설 주식회사'와 나중에 등기한 상호인 '동부건설 주식회사' 등이 동일하지 않음이 외관·호칭에서 명백하므로, 동부주택건설 주식회사에 상법 제22조의 등기말소청구권이 없다.

(2) 대법원 1964.4.28. 선고 63다811 판결

허바허바 사장을 양도한 자가 '뉴서울사장'이라는 상호 옆에 혹은 아래에 작은 글씨로 '전 허바허바 개칭'이라고 기재한 것은 '허바허바 사장'으로 오인시키기 위한 부정목적이 있다.

(3) 대법원 1996.10.15. 선고 96다24637 판결

'합동공업사'와 '충주합동레카'는 그 칭호와 외관 및 관념을 일반수요자의 입장에서 전체적·객관적으로 관찰할 때, 서로 유사하지 아니하여 영업주체에 대한 오인·혼동의 우려가 없다.

(4) 대법원 1976.2.24. 선고 73다1238 판결

수원에 개설된 '수원 보령약국'이 서울에 있는 '보령제약주식회사'의 영업으로 혼동·오인하게 된다는 것은 좀처럼 있을 수 없다.

(5) 대법원 2002.2.26. 선고 2001다73879 판결

'주식회사 파워콤'은 전자부품·전자제품·반도체부품의 도소매업 및 수출입업 등을 목적으로 1995. 6. 20.에 서울에 설립한 '파워컴 주식회사'의 영업으로 오인할 수 있는 상호를 사용하고 있는 것으로 볼 수 없다.

Ⅱ. 판결의 평석

1. 판결의 의의

대상판결은 상법 제23조의 요건을 분명히 하였다. 또한 상법 제22조는 등기소가

먼저 등기된 상호와 동일·유사한 상호의 후등기를 하지 못하도록 하는 등기법상 효력을 규정한 것일 뿐 아니라, 먼저 등기된 상호와 동일·유사한 상호가 등기된 경우 선등기자의 실체법적 권리를 인정함으로써, 선등기자가 상법 제22조에 기하여 후등기자를 상대로 그 후등기에 관한 말소청구권을 행사할 수 있음을 인정한 최초의 판결이라는 점에서 본 판결의 의의를 찾을 수 있다.

X와 Y의 상호는 그 주요 부분이 서로 동일하여 일반 거래에서 오인·혼동할 우려가 있는 동일 또는 유사한 상호에 해당한다. 그리고 X의 법인등기부상 목적은 컴퓨터 주변기기 제조 및 판매업, 방송기기 제조 및 판매업 등이고, Y의 법인등기부상 목적은 전자부품 제조 및 판매업, 컴퓨터 부품 제조 및 판매업, 소프트웨어 개발업 및 용역업, 정보통신업, 부가통신업, 인터넷 방송 및 온라인광고 대행서비스업 등으로서, Y의 영업중 전자부품과 컴퓨터 부품의 제조 및 판매업은 X의 영업중 컴퓨터 주변기기 제조 및 판매업과 중복되므로, X와 Y의 영업은 동종영업에 해당한다. 그리고 서울시라는 동일한 지역에 해당한다. 따라서 Y의 상호등기는 상법 제22조에 위반하여 이루어진 것이므로, 상법 제22조에 의하여 Y는 X에게 Y의 설립등기 중 상호 "주식회사 유니텍전자"의 말소등기절차를 이행할 의무가 있다.

2. 상 호 권

(1) 상 호

1) 상 호

상호는 상인이 영업상 자신을 표시하기 위하여 사용하는 명칭을 말하며, 원칙적으로 상인이 자유롭게 선정할 수 있다(상법 제18조). 다만 개인은 회사임을 표시하는 문자를 사용하지 못하고, 회사는 반드시 회사의 표시를 하도록 되어 있다(상법 제19조, 제20조). 개인기업의 경우 동일한 영업에는 단일상호를 사용하여야 하므로(상호단일의 원칙)(상법 제21조 제1항), 수개의 영업을 영위하는 경우에는 원칙적으로 각 영업별로 수개의 상호를 사용하여야 하나 하나의 상호를 수개의 영업에 공통적으로 사용할 수도 있다. 그러나 회사기업의 경우에는 회사의 상호는 회사의 전인격을 표시하는 유일한 명칭이므로 회사가 수개의 영업을 하더라도 한 개의 상호만을 사용할 수 있다. 지점의 상호에는 동일한 영업의 상호를 사용하여야 하는데, 다만 본점과의 종속관계를 표시하여야 한다(상법 제21조 제2항).

2) 등기사항

개인기업의 경우 상호등기는 상대적 등기사항이나 상호를 등기하면 그 보호가 더욱 강화되고, 상호를 일단 등기하면 그 변경과 소멸의 등기는 절대적 등기사항이다(상법 제40조). 그러나 회사기업의 경우 상호는 유일한 회사의 명칭이므로 회사의 상호는 절대적 등기사항이다.

(2) 상호권

1) 상호권의 의의

상인은 적법하게 선정한 상호를 타인의 방해를 받지 않고 사용할 수 있는 권리인 상호사용권과, 타인이 부정한 목적으로 자기가 사용하는 상호와 동일 또는 유사한 상호를 사용하는 경우에 이를 배척할 수 있는 권리인 상호전용권을 갖는데, 이 두 권리를 합하여 상호권이라 한다. 상인의 영업상 명칭인 상호는 영업활동에서 상인 자신을 다른 상인과 구별시키는 개별화 기능을 하며, 상인의 신용의 기초로서 사회적 · 경제적 가치를 지닌다. 따라서 상인의 입장에서는 영업상 자기를 표시하는 명칭인 동시에 신용이 결합한 재산적 가치가 인정되는 상호를 유지하고 타인의 상호와 구별하기 위한 법적 보호를 받는 것이 필요하다. 한편, 일반 공중의 입장에서도 상호에 의해 상인과 그 영업을 다른 것과 식별하고 상호를 신뢰하여 거래하기 때문에 어떤 상호에 관하여 다른 상호와 오인 · 혼동하지 않도록 보호를 받는 것이 필요하다.

2) 상호전용권

상호전용권은 상호의 등기 유무와는 무관하게 생기는 권리이고 다만 등기에 의하여 상호전용권의 배타성이 더욱 강화될 뿐이다(상법 제23조 제2항 후단 · 제4항 참조). 등기전의 상호전용권은 부정한 목적으로 자기의 영업으로 오인할 수 있는 상호를 사용한 자에 대하여 그로 인하여 손해를 받을 염려가 있는 자가 사용폐지청구권(상법 제23조 제1항 · 제2항 전단)과 손해배상청구권(상법 제23조 제3항)을 갖고 가해자는 200만원 이하의 과태료의 처벌을 받는 것(상법 제28조)을 말한다.

등기후의 상호전용권은 상호전용권의 내용에 실질적인 차이가 있다는 것을 의미하는 것이 아니라, 배타성의 주장이 쉬워진다는 의미이다. 피해자인 상호권자가 일정한 경우에 가해자의 부정목적을 입증할 필요가 없다는 점(상법 제23조 제4항)과 피해자가 손해를 받을 염려가 있음을 입증하지 않아도 당연히 상호전용권을 행사할 수 있는 점(상법 제23조 제2항 후단)이다. 등기상호권자는 위와 같이 상호전용권의 행사가 쉬워질 뿐만 아니라, 사전등기배척권(상법 제22조)도 갖는다. 또한 가등기상호권자에게도 이러한 사전등기배척권이 인정되고 있다(상법 제22조의2).

3) 부정한 목적의 추정

상법 제23조의 부정한 목적이란 '어느 명칭을 자기의 상호로 사용함으로써 일반인으로 하여금 자기의 영업을 그 명칭에 의하여 표시된 타인의 영업으로 오인시키려고 하는 의도'를 말한다. X와 Y의 상호는 동일 · 유사한 상호에 해당하고, 그 지역은 서울특별시로서 동일하다. X와 Y가 영위하는 영업은 동종영업에 해당한다. 그렇다면 상법 제23조 제4항에 의하여 피고는 그 상호를 부정한 목적으로 사용하는 것으로 추정된다.

그렇다면 이 사건에서는 부정한 목적의 추정을 번복할 만한 사정이 있는지 여부가 문제된다. Y가 설립등기를 할 무렵 Y의 대표이사는 X의 상호가 등기되어 있다는 사실을 인식하고 있었으며, 그 '유니텍' 상호로 운영하기 시작한 때도 X의 설립등기 이후인 점, X와 Y의 영업에 있어서도 유사성이 있으며 그 수요자층도 차별화되어 있다고 보기 어려운 점 등을 감안하면, 현재 Y가 코스닥시장에 등록되어 있고 그 자본금이나 매출액이 X보다 월등히 많아 X와 Y회사의 규모에 차이가 있는 점만으로는 상법 제23조 제4항의 부정한 목적의 사용에 관한 추정이 번복되었다고 보기 어렵다고 보았다. X는 Y에게 상법 제23조에 의하여 피고의 상호의 사용금지를 청구할 수 있다고 보았다.

3. 등기상호권자의 사전등기배척권(상법 제22조)

(1) 상법 제22조의 요건

첫째, 타인이 등기한 상호와 동일한 상호로 국한되는가 아니면 유사한 상호도 포함되는지의 여부이다. 이 쟁점에 대하여는 대상판결 이후의 판례의 입장이 변경되었다. (i) 대상판결에서는 '타인이 등기한 상호'에는 타인이 먼저 등기한 상호와 완전히 동일한 상호뿐만 아니라, 그것과 확연히 구별할 수 없는 상호나 일반인이 상호의 주체를 혼동할 수 있는 유사 상호도 포함한다고 본다. 그리하여 선등기 상호와 동일한 상호뿐만 아니라 이와 오인 · 혼동의 우려가 있는 유사한 상호도 그 등기를 허용하지 아니하는 취지라고 해석한다. (ii) 그러나 2009년 상업등기법이 개정되어 제30조에서[1] "제30조(등기할 수 없는 상호) 동일한 특별시 · 광역시 · 시 또는 군 내에서는 동일

1) 상업등기법이 2014. 5. 20. 개정되어 현재는 상업등기법 제29조에 규정되어 있는데, 동조에 따르면.

한 영업을 위하여 다른 사람이 등기한 것과 동일한 상호는 등기할 수 없다"고 규정하여 동일한 상호로 한정하고 있다. 이 규정에 의한 대법원 판례는 상법 제22조에 의하여 선등기자가 후등기자를 상대로 등기의 말소를 소로써 청구할 수 있는 효력이 미치는 범위는 먼저 등기된 상호와 동일한 상호에 한정된다고 보아야 한다고 판결하였다.[2]

둘째, '동일한 특별시·광역시·시·군'은 설립등기를 한 행정구역을 표준으로 한다.

셋째, '동종영업'이다.

회사의 상호의 등기에 있어서 동종영업인지 여부는, 현실적으로 영위하는 영업이 아니라, 등기부상 '영업의 목적'을 기준으로 판단한다. 선등기된 회사의 등기부에 기재된 '회사의 목적'과, 등기신청서에 기재된 등기하고자 하는 '회사의 목적'을 대비하여, 쌍방의 영업이 완전히 일치되는 경우뿐만 아니라, 어느 한쪽의 영업목적이 다른 쪽의 영업목적에 포함되거나 일부가 중복되는 경우도 이에 해당한다고 본다.

(2) 상법 제22조의 효력

1) 쟁 점

동일한 특별시·광역시·시 또는 군 내에서 동일한 영업을 위하여 타인이 등기한 것과 확연히 구별할 수 없는 상호의 등기신청이 있는 경우, 등기관은 비송사건절차법 제164조 규정에[3] 따라 이유를 기재한 결정으로 신청을 각하하여야 한다(비송사건절차법 제159조 제13호). 그런데 이 경우, 만일 등기관이 선등기의 존재를 간과하거나, 형식 심사의 결과 판단을 잘못하여 후등기의 신청을 수리하였을 때, 선등기자는 후등기의 말소신청을 할 수 있는지 여부가 문제된다. 그렇다면 선등기자가 상법 제22조를 근거로 후등기자를 상대로 그 상호등기의 말소청구소송을 제기하는 것은 허용할 것인가? 이에 관하여는 등기법상의 효력 이외에 실체법상의 효력이 있다는 견해와 단지

"동일한 특별시, 광역시, 특별자치시, 시(행정시를 포함한다. 이하 같다) 또는 군(광역시의 군은 제외한다. 이하 같다)에서는 동종의 영업을 위하여 다른 상인이 등기한 상호(商號)와 동일한 상호를 등기할 수 없다."

2) 대법원 2011.12.27. 선고 2010다20754 판결.

3) 비송사건절차법 관련 부분(제164조를 포함한 제2관)은 2007. 7. 27. 삭제되고, 2007. 8. 3. 제정된 상업등기법이 관련부분을 담아 2008. 1. 1. 시행됨. 제정 시의 상법등기법 제30조는 비송사건절차법 제164조와 같이 "동일한 특별시·광역시·시 또는 군 내에서는 동일한 영업을 위하여 다른 사람이 등기한 것과 확연히 구별할 수 있는 상호가 아니면 등기할 수 없다"고 하였으나 2009. 5. 28. 개정된 상업등기법 제30조(2014. 5. 20. 개정을 통해 상법등기법 제30조에 규정된 내용이 현재는 제29조에 규정됨)는 "동일한 특별시, 광역시, 특별자치시, 시(행정시를 포함한다. 이하 같다) 또는 군(광역시의 군은 제외한다. 이하 같다)에서는 동종의 영업을 위하여 다른 상인이 등기한 상호(商號)와 동일한 상호를 등기할 수 없다"고 하여 종전의 비송사건절차법 제164조 및 제정 당시의 상업등기법 제30조와는 그 내용을 달리하고 있음.

등기법상의 효력만이 있는 것으로 보는 견해로 나뉜다.

2) 실체법상 효력설

실체법상 효력설로서 다수설의 입장이다. 상법 제22조의 규정은, 한편으로는 등기소가 동일 · 유사한 상호의 등기를 하지 못하도록 하는 등기법상 효력을 가지며, 다른 한편으로는 상호를 먼저 등기한 자의 사법상의 권리를 인정하여 그 후에 이루어진 동일 · 유사한 상호등기에 관한 말소청구권을 부여한 것으로 보는 입장이다. 근거는 다음과 같다.

첫째, 비송사건절차법 제159조 제13호가 타인이 등기한 것과 확연히 구별할 수 없는 상호의 각하를 별도로 규정하고 있는 점, 상법 제23조는 부정한 목적을 요구하고 있는 점에 비추어, 상법 제22조는 부정한 목적이 없는 경우에도 등기된 상호의 말소를 구할 수 있는 사법상의 효력까지 규정하여 상호권자의 보호를 꾀한 것으로 볼 수 있다.

둘째, 상법 제22조는 등기법상의 효력을 규정함과 동시에 등기상호권자의 보호에도 입법목적이 있는데, 상법 제22조에 의한 등기상호권자의 등기배척권은 선등기자가 후등기자에 대한 상호등기의 말소청구를 할 수 없다고 하는 경우에는 별 의미가 없다.

셋째, 등기법상 효력설에 따르면, 상법 제22조와 비송사건절차법 제164조는 동일한 취지의 규정을 중복하여 둔 것이 되는데, 이는 형식적으로 불합리할 뿐 아니라 실질적으로도 무의미하다.

3) 등기법상 효력설

상법 제22조는 등기법상의 효력을 규정한 것일 뿐이고 먼저 상호를 등기한 자에게 등기배척권을 부여하는 사법상 효력은 인정할 수 없다는 입장이다. 그 근거는 다음과 같다.

첫째, 상법 제22조에 의한 사전등기 배척권은 상호권의 침해에 따른 배타적인 권리라고 볼 수 없고, 또한 타인이 등기한 상호와 동일 또는 유사한 상호를 등기하여 상호권을 현실적으로 침해한 경우에는 상호권자는 상법 제23조의 사용폐지 청구권을 행사하여 그 등기를 말소할 수 있어 상호권자는 충분히 보호되며, 등기배척에 관한 상법 제22조는 실제로 아무 의미가 없다.

둘째, 우리 상법은 개인기업의 상호에 관해 등기를 강요하지 아니하므로 부정한 목적이 없는 한 타인의 등기 상호와 동일 · 유사한 상호를 선정하여 사용할 수 있으며, 이 점을 고려할 때 상법 제22조는 등기법상의 효력만을 가지는 것으로 풀이하는 것이 타당하다.

셋째, 등기는 상호를 공시하는 것일 뿐 등기에 의해 상호가 창설되는 것은 아니므로, 등기의 말소는 상호 사용의 금지 또는 폐지 문제에 부수하여 판단되는 것이 옳다. 따라서 선등기자는 상법 제23조 제1항에 해당하는 후등기를 마친 자를 상대로 같은 조 제4항의 추정 아래 같은 조 제2항에 의한 상호 폐지 청구를 하면서 그 일환으로 후등기의 말소를 구할 수 있을 뿐이다.

4) 판　례

대상판결에서와 같이 판례는 상법 제22조의 규정은 동일한 특별시·광역시·시 또는 군 내에서는 동일한 영업을 위하여 타인이 등기한 상호 또는 확연히 구별할 수 없는 상호의 등기를 금지하는 효력과 함께 그와 같은 상호가 등기된 경우에는 선등기자가 후등기자를 상대로 상호등기의 말소를 소로써 청구할 수 있는 효력도 인정한 규정이라고 본다. 상법 제22조의 취지를 먼저 상호를 등기한 자의 이익 및 등기된 상호에 관한 일반 공중의 신뢰를 보호함으로써 상호등기제도의 실효성을 확보하는데 있다고 본다면 실체적 효력설을 인정하는 것이 타당하다. 다만 이후의 판례에 의하여 제22조가 적용되는 대상은 동일한 상호로 국한되었음을 유의하여야 한다.

물론 타인이 등기하지 아니하고 사용중인 상호와 오인할 수 있는 상호를 부정한 목적으로 먼저 등기를 하는 경우, 그 선등기자를 상대로 상법 제23조에 의하여 그 등기된 상호의 사용폐지 및 등기말소를 구할 수 있다. 또한, 타인이 등기하지 아니하고 사용중인 상호가 주지상호인 경우에는, 부정경쟁방지 및 영업보호에 관한 법률에 의하여 그 등기된 상호의 사용폐지 및 등기말소 등을 구할 수도 있다.

(장덕조)

7 부정한 목적의 의미와 오인의 판단주체

대법원 2016.1.28. 선고 2013다76635 판결

Ⅰ. 판결개요

1. 사실관계

대성그룹은 X와 Y로 계열분리를 하였다. X는 대구도시가스(주)의 분할존속회사로 2009. 10. 1. 사업목적에 '지주사업'을 추가하며, 정관상 상호를 "대성홀딩스(주)(DAESUNG HOLDINGS CO., LTD.)"로 변경하는 등기를 마쳤다. Y는 대성산업(주)의 분할존속회사로 2010. 6. 30. 사업목적을 '지주사업, 자회사에 대한 자금 및 업무지원사업'으로 하면서, 상호를 대성지주(주)(DAESUNG GROUP HOLDINGS CO., LTD.)로 변경하는 등기를 마쳤다. X는 상법 제23조 제1항에 의하여 Y에 대하여 상호사용의 금지를 구하는 소를 제기하였다.

2. 판결요지

상법 제23조 제1항은 "누구든지 부정한 목적으로 타인의 영업으로 오인할 수 있는 상호를 사용하지 못한다."라고 규정하고 있는데, 위 규정의 취지는 일반거래시장에서 상호에 관한 공중의 오인·혼동을 방지하여 이에 대한 신뢰를 보호함과 아울러 상호권자가 타인의 상호와 구별되는 상호를 사용할 수 있는 이익을 보호하는 데 있다. 위와 같은 입법 취지에 비추어 볼 때 어떤 상호가 '타인의 영업으로 오인할 수 있는 상호'에 해당하는지를 판단할 때에는 양 상호 전체를 비교 관찰하여 각 영업의 성질이나 내용, 영업 방법, 수요자층 등에서 서로 밀접한 관련을 가지고 있는 경우로서 일반인이 양 업무의 주체가 서로 관련이 있는 것으로 생각하거나 또는 타인의 상호가 현저하게 널리 알려져 있어 일반인으로부터 기업의 명성으로 견고한 신뢰를 획득한 경우에 해당하는지를 종합적으로 고려하여야 한다.

또한 위 조항에 규정된 '부정한 목적'이란 어느 명칭을 자기의 상호로 사용함으로써 일반인으로 하여금 자기의 영업을 명칭에 의하여 표시된 타인의 영업으로 오인하게 하여 부당한 이익을 얻으려 하거나 타인에게 손해를 가하려고 하는 등의 부정한 의도를 말하고, 부정한 목적이 있는지는 상인의 명성이나 신용, 영업의 종류·규모·방법, 상호 사용의 경위 등 여러 가지 사정을 종합하여 판단하여야 한다.

Ⅱ. 판결의 평석

1. 상호전용권의 의의

상호전용권은 상호의 등기 유무와는 무관하게 생기는 권리이고 다만 등기에 의하여 상호전용권의 배타성이 더욱 강화될 뿐이다(제23조 제2항 후단·제4항 참조). 등기전의 상호전용권은 부정한 목적으로 자기의 영업으로 오인할 수 있는 상호를 사용한 자에 대하여 그로 인하여 손해를 받을 염려가 있는 자가 상호사용폐지청구권(제23조 제1항·제2항 전단)과 손해배상청구권(제23조 제3항)을 갖고 가해자는 200만원 이하의 과태료의 처벌을 받는 것(제28조)을 말한다. 상법은 상호전용권을 상호사용폐지청구권의 형태로 규정하고 있다. 제23조의 상호전용권은 지역적인 제한이 없음을 유의하여야 한다.

2. 상호등기전의 상호전용권

(1) 요 건

부정한 목적으로 상호권자의 영업으로 오인할 수 있는 상호를 사용하여야 한다(제23조 제1항).

① 「부정목적」이란 어느 명칭을 자기의 상호로 사용함으로써 일반인으로 하여금 자기의 영업을 명칭에 의하여 표시된 타인의 영업으로 오인하게 하여 부당한 이익을 얻으려 하거나 타인에게 손해를 가하려고 하는 등의 부정한 의도를 말하고, 부정한 목적이 있는지는 상인의 명성이나 신용, 영업의 종류·규모·방법, 상호 사용의 경위 등 여러 가지 사정을 종합하여 판단하여야 한다.[1] 부정목적은 여러 사정을 고려하여

---

1) 대법원 2016.1.28. 선고 2013다76635 판결.

종합적으로 판단하나 문제된 상호의 사용시기의 선후도 중요한 판단요소가 된다. Y회사가 1984년 설립되어 '동성'이라는 상호로 아파트공사를 하였다면 X회사가 '주식회사 동성'이라는 상호로 1990년경부터 아파트건설업을 한 경우 Y회사는 부정목적이 없고,[2] X는 1959년 '고려당'이라는 상호를 등기하고 마산시에서 영업을 하던 중 Y가 1991년 '주식회사 고려당'과 마산대리점계약을 체결하고 'SINCE 1945 신용의 양과 서울 고려당 마산분점'이라는 간판으로 같은 마산시에서 제과점을 경영한 경우 Y는 주식회사 고려당과의 관계를 나타내기 위한 것에 불과하고 부정목적이 없다고 하였다.[3] 미등기상호의 경우에는 가해자의 부정목적에 대한 입증책임은 피해자(미등기상호권자)가 부담한다.

② 이 경우 영업의 종류 및 지역성, 상호의 유사성 등을 고려하게 된다. 지역적인 제한은 없으나 영업주체의 혼동을 판단함에 있어 지역성 등을 고려할 수 있다. (i) 「허바허바 사장」(사진관)을 양도한 자가 「뉴서울사장」이라는 상호 옆에 작은 글씨로 「전 허바허바 개칭」이라고 기재한 것은 「허바허바 사장」으로 오인시키기 위한 부정목적이 있다고 하였다.[4] (ii) '주식회사 유니텍'과 그 후에 등기한 상호인 '주식회사 유니텍전자'는 등기된 지역이 모두 서울특별시이고 그 주요부분이 '유니텍'으로서 일반인이 확연히 구별할 수 없을 정도로 동일하다고 하였고,[5] (iii) '주식회사 파워콤'을 전기통신회선설비 임대사업·종합유선방송 분배망 및 전송망 사업 등을 목적으로 설립한 경우, 이는 전자부품·전자제품·반도체부품의 도소매업 및 수출입업 등을 목적으로 설립한 '파워컴 주식회사'의 영업으로 오인할 수 있는 상호를 사용하고 있는 것으로 볼 수 없다고 하였다.[6] 이 판례는 영업의 종류가 다르다고 판단한 것이다.

③ 피해자(상호권자)는 그로 인하여 손해를 받을 염려가 있어야 한다. (i) 피해자

---

2) 대법원 1995.9.29. 선고 94다31365,31372 판결(상법 제23조 제1항·제4항 소정의 「부정한 목적」이란 '어느 명칭을 자기의 상호로 사용함으로써 일반인으로 하여금 자기의 영업을 그 명칭에 의하여 표시된 타인의 영업으로 오인시키려는 의도'를 말하므로, Y회사가 1984년 법인설립 이래 경남지역에서 '동성'이라는 상호로 아파트공사를 시작하였다면 Y회사는 피혁제품의 제조·판매를 사업목적으로 하는 주식회사 '동성'을 1984년에 흡수합병하고 1990년경부터 아파트건설업을 한 X회사에 대하여 「부정한 목적」이 없다고 한 경우).

3) 대법원 1993.7.13. 선고 92다49492 판결(Y가 그의 간판에 'SINCE 1945 신용의 양과 서울 고려당 마산분점'이라고 표시한 것이 주식회사 고려당과의 관계를 나타내기 위하여 위 회사의 상호를 표시한 것이라면, Y에게 X의 상호인 마산의 '고려당'이 가지는 신용 또는 경제적 가치를 자신의 영업에 이용하고자 하는 의도는 없었다. 또한 이때 위 상호의 사용과 관련하여 부정경쟁의 목적이 있는가를 판단함에 있어서 Y가 아닌 위 회사와 X의 명성과 신용을 비교한 것은 옳으나, 주식회사 고려당은 이미 1944년부터 이 상호를 사용하여 왔으므로 동 회사에 이러한 목적이 있다고도 볼 수 없다. 따라서 X의 청구를 배척한 원심은 타당하고, 논지는 이유 없다).

4) 대법원 1964.4.28. 선고 63다811 판결.

5) 대법원 2004.3.26. 선고 2001다72081 판결.

6) 대법원 2002.2.26. 선고 2001다73879 판결.

는 상인에 한하지 않으며, 또한 자기의 명칭사용을 허락하지 않았어야 한다. 피해자가 자기의 명칭사용을 허락하면 피해자는 상호전용권을 행사할 수 없음은 물론, 오히려 명의대여자로서 명의차용자와 거래한 제3자에 대하여 책임을 지는 경우가 발생한다(제24조). (ii) 손해는 상호권자의 재산 및 인격에 관하여 발생하는 일체의 불이익을 말한다. (iii) 상호권자는 손해를 「받을 염려」가 있어야 하므로, 현재에 손해가 발생한 경우뿐만 아니라 장래에 불이익을 입을 염려가 있는 경우도 포함한다. 미등기상호의 경우에는 피해자가 이러한 손해를 받을 염려가 있음을 입증하여야 하나, 등기상호의 경우에는 이를 입증할 필요가 없다.

(2) 효 과

① 피해자(상호권자)는 가해자에 대하여 「상호사용폐지청구권」을 갖는다(제23조 제2항). 이는 상호권자의 손해발생을 방지하기 위한 사전의 구제책이다. 이때 사용폐지청구란 현재의 사용금지청구뿐만 아니라 앞으로의 사용금지청구를 포함한다. 미등기상호권자도 현재의 사용금지청구의 하나로 가해자에 대하여 등기말소청구권을 행사할 수는 있으나(제23조 제2항), 사전등기배척권(제22조)은 없다. ② 피해자(상호권자)는 가해자에 대하여 손해가 발생한 경우 상호사용폐지청구권과는 별도로 「손해배상청구권」을 갖는다(제23조 제3항). 이는 상호권자에게 발생한 손해를 배상하도록 하기 위한 사후의 구제책이다. ③ 상호권자의 위와 같은 권리와는 별도로 가해자는 상법상 200만원 이하의 과태료의 처벌을 받는다(제28조).

3. 판결의 의의

이 사건의 쟁점은 상법 제23조 제1항에서 ① 영업오인의 판단주체를 일반 수요자로 볼 것인지 아니면 일반인으로 볼 것인지, ② '부정한 목적'의 의미가 무엇을 뜻하는 것인지 하는 점이었다.

(1) 영업오인의 판단주체

종래 대법원 판례는 그 기준에 있어 "어떤 상호가 일반 수요자들로 하여금 영업주체를 오인·혼동시킬 염려가 있는 것인지를 판단함에 있어서는, 양 상호 전체를 비교 관찰하여 각 영업의 성질이나 내용, 영업방법, 수요자층 등에서 서로 밀접한 관련을 가지고 있는 경우로서 일반 수요자들이 양 업무의 주체가 서로 관련이 있는 것으로 생각하거나 또는 그 타인의 상호가 현저하게 널리 알려져 있어 일반 수요자들로부터 기업의 명성으로 인하여 절대적인 신뢰를 획득한 경우에 해당하는지 여부를 종합적으로 고려하여야 한다"고 함으로써[7] 영업오인의 판단주체를 '일반 수요자'로 보고 있었다. 그런데 대상판결[8]은 영업오인의 판단주체를 종래 대법원 판례[9]의 '일반 수요자'라 하지 않고, '일반인'이라고 판단하였다. 종래 대법원 판례에 대하여는 수요자 외의 자, 예컨대 공급자가 영업주체를 오인하는 경우는 제외되는 등의 문제가 있었고, 상법 제23조의 취지에서 볼 때 동조가 수요자의 영업주체 오인만을 규율대상으로 하는 것으로 해석할 근거가 없으며, 상호 유사성의 판단주체와 영업오인의 주체가 동일하여야 한다는 등의 이유로 비판이 있었다. 따라서 대상판결은 상법 제23조 제1항의 '부정한 목적'의 판단주체를 일반인으로 보고 있는 점과 일반 공중의 이익도 보호하려는 상법 제23조의 입법취지 등에 비추어 영업오인의 판단주체를 '일반인'으로 판단한 것이다.

(2) 부정한 목적

「부정목적」의 의미에 대하여 과거 판례는 '부정한 목적이란 어느 명칭을 자기의 상호로 사용함으로써 일반인으로 하여금 자기의 영업을 그 명칭에 의하여 표시된 타인의 영업으로 오인시키려고 하는 의도'를 말하는 것으로 판시하였으나,[10] 그 문구로만 보면 부정경쟁행위의 범위 내로 좁게 해석하는 것처럼 보인다는 비판이 있었다. 이에 최근 판결은 어느 명칭을 자기의 상호로 사용함으로써 일반인으로 하여금 자기의 영업을 명칭에 의하여 표시된 타인의 영업으로 오인하게 하여 부당한 이익을 얻으려 하거나 타인에게 손해를 가하려고 하는 등의 부정한 의도를 말한다고 하였다.[11] 요컨대 '부정목적'의 의미를 보다 넓히고자 한 점에서 의의가 있다.

(장덕조)

---

7) 대법원 2002.2.26. 선고 2001다73879 판결.
8) 대법원 2016.1.28. 선고 2013다76635 판결.
9) 대법원 2002.2.26. 선고 2001다73879 판결.
10) 대법원 2004.3.26. 선고 2001다72081 판결.
11) 대법원 2016.1.28. 선고 2013다76635 판결.

8 명의대여자의 책임

대법원 1996.5.10. 선고 95다50462 판결

Ⅰ. 판결개요

1. 사실관계

Y는 소외 A가 채석허가를 받아놓고 개발을 하지 아니하고 있던 임야 17,000평을 그로부터 매수하고 화강암을 채취하기 전 그 위에 덮인 보조기층과 쇄석기층을 걷어내기 위하여, 1992. 8. 19. 제1심 공동피고인 Y_2와의 사이에 위 보조기층과 쇄석기층의 채석작업을 하기로 함에 있어서 Y는 관할관청으로부터 토석채취허가 및 기타 석산개발에 필요한 각종 허가와 도로 및 동력, 주민의 민원 등 개발현장에서의 제반 문제를 해결하기로 하고, 위 Y_2는 위 현장에 크러셔 등 일체의 장비를 투입하고 보조기층, 쇄석, 석분 등 잡석을 발파 등의 방법으로 채취하고서 판매·수금·관리 등을 하기로 하되, 그 출고량에 대하여 m^3당 보조기층은 400원, 쇄석기층은 600원으로 정하여 Y에게 지급하기로 약정한 사실, Y는 위 사업수행을 위하여 핀시와 같이 위 소외 A의 채석허가를 자신이 승계받는 허가를 받고 사업자등록을 한 후 화약류 사용허가를 받았으며, 한편 위 Y_2는 중장비 등을 구입 임차하여 위 석산개발 현장에 투입하고 X로부터 임차한 발전기 등을 사용하여 작업을 진행하였는데, 1993. 2. 20. 위 Y_2가 고용한 직원이 발파작업을 하다가 석산이 무너져 내리면서 X 소유의 위 발전기가 돌더미에 깔려 크게 파손되었다. X가 Y에 대하여 손해배상책임을 청구하였다.

원심은 X의 청구를 인용하였고, Y가 이에 상고하였다. 대법원은 상고를 기각하면서 원심을 확정하였다.

2. 판 결

Y는 Y_2에게 Y 명의의 사업자등록과 채석허가 및 화약류 사용허가를 사용할 것을 허용하여 위 작업을 하게 하였다 할 것이어서 그 사업이 내부관계에 있어서는 위 Y의 고용인이 아니라 하더라도 외부에 대한 관계에 있어서는 그 사업이 명의자인 Y의 사업이고, 또 위 Y_2가 Y의 종업원임을 표명한 것과 다름이 없을 뿐만 아니라, 총포도검화약류등단속법이 화약류 사용으로 인한 위험과 재해를 미리 방지함으로써 공공의 안전을 유지하는 데 이바지하고자 그 사용허가에 관하여 엄격하게 규정하고 있는 취지에 맞추어 보더라도 화약류사용허가 명의를 사용하여 위 작업을 하도록 허용한 Y가 실제로 위 작업을 지휘 · 감독하였느냐의 여부에 관계없이 객관적으로 보아 위 Y_2를 지휘 · 감독할 지위에 있었다 할 것이므로, Y는 위 Y_2의 과실로 인하여 발생한 이 사건 사고로 인하여 X가 입은 손해를 배상할 책임이 있다고 판단하였다.

3. 관련판례

(1) 대법원 1993.3.26. 선고 92다10081 판결

숙박업허가 명의대여자에 대하여 명의사용자에 대한 지휘 · 감독의무를 시인하기는 어렵다고 하여 숙박업허가 명의대여자에게 사용자책임을 물은 원심을 파기한 사례.

(2) 대법원 2008.1.24. 선고 2006다21330 판결

명의자가 타인과 동업계약을 체결하고 공동 명의로 사업자등록을 한 후 타인으로 하여금 사업을 운영하도록 허락하였고, 거래상대방도 명의자를 위 사업의 공동사업주로 오인하여 거래를 하여온 경우에는, 그 후 명의자가 동업관계에서 탈퇴하고 사업자등록을 타인 단독 명의로 변경하였다 하더라도 이를 거래상대방에게 알리는 등의 조치를 취하지 아니하여 여전히 공동사업주인 것으로 오인하게 하였다면 명의자는 탈퇴 이후에 타인과 거래상대방 사이에 이루어진 거래에 대하여도 상법 제24조에 의한 명의대여자로서의 책임을 부담한다.

그리고 상법 제24조에서 규정한 명의대여자의 책임은 명의자를 사업주로 오인하여 거래한 제3자를 보호하기 위한 것이므로 거래상대방이 명의대여사실을 알았거나 모른 데 대하여 중대한 과실이 있는 때에는 책임을 지지 않는바, 이때 거래의 상대방이 명의대여사실을 알았거나 모른 데 대한 중대한 과실이 있었는지 여부에 대하여는 면책을 주장하는 명의대여자가 입증책임을 부담한다.

(3) 대법원 2008.10.23. 선고 2008다46555 판결

건설업 면허를 대여받은 자는 특별한 사정이 없는 한 그 면허를 사용하여 면허를 대여한 자의 명의로 하도급거래를 하는 것도 허락하였다고 봄이 상당하므로, 면허를 대여한 자를 영업의 주체로 오인한 하수급인에 대하여도 명의대여자로서의 책임을 지고, 면허를 대여받은 자를 대리 또는 대행한 자가 면허를 대여한 자의 명의로 하도급거래를 한 경우에도 마찬가지라고 한 경우.

(4) 대법원 1998.3.24. 선고 97다55621 판결

불법행위에 대하여는 상법 제24조의 명의대여자의 책임이 인정되지 않는다고 한 경우.

Ⅱ. 판결의 평석

1. 판결의 의의

대상판결에 있어서와 같은 화약류 사용허가 명의가 필요한 채석사업, 건설관계사업, 자동차운송사업과 같이 사업의 성질상 타인에게 위험을 미칠 우려가 있으므로 그 사업을 업무로 하려면 국가나 공공단체의 허가 또는 면허를 필요로 하는 사업에 관하여 자기의 허가 또는 면허를 대여하여 타인으로 하여금 사업을 하게 한 자는 외부에 대하여는 그 사업이 명의자의 사업임을 표시한 것이고, 또한 그 사업을 감독할 의무가 있다는 이유에서 명의를 빌린 자가 사업을 운영함에 있어 타인에게 준 손해에 대하여는 사용자책임이 있다고 하여 명의대여자의 사용자책임을 넓게 해석하려는 경향인 것 같으나, 숙박업허가명의와 같이 사업의 성질상 타인에게 위험을 미칠 우려가 상대적으로 적은 경우에는 그러하지 아니한 것으로 보인다.

2. 명의대여자의 책임

(1) 의 의

상법 제24조는 타인에게 자기의 성명 또는 상호를 사용하여 영업을 할 것을 허락한 자는 자기를 영업주로 오인하여 거래한 제3자에 대하여 그 타인과 연대하여 변제할 책임이 있다고 규정하여, 명의대여자의 책임에 대하여 규정하고 있다. 이는 민법

상 표현대리(민법 제125조, 제126조, 제129조), 상법상 표현지배인(상법 제14조) 및 표현대표이사(상법 제395조) 등과 같이 선의의 제3자를 보호하기 위한 것이다.

(2) 명의대여자의 책임 발생의 요건

1) 영업할 것을 허락

명의대여자는 타인(명의차용자)에게 '자기의 성명 또는 상호를 사용하여 영업할 것을 허락'하여야 한다. 이 점에서 명의대여자에게 귀책사유가 있게 된다. 이때 명의대여자는 상인임을 요하지 않고, 명의차용자가 영업을 하므로 명의차용자가 상인이 된다.

명의대여의 유형으로는 위법한 명의대여, 적법한 명의대여, 또는 영업의 임대차가 있다. 그리고 위법한 명의대여의 경우에도 동 대여행위가 당사자 사이에는 위법행위로서 무효이나 선의의 거래상대방에 대한 관계에서는 명의대여자의 책임이 인정되는 것이다.

명의대여자의 명의사용의 허락은 명시적 허락뿐만 아니라 묵시적 허락도 포함되는데, 단순한 부작위만으로는 묵시적 허락이 될 수 없고 이에 부가적 사정이 추가되어야 한다고 본다. 예를 들면 자기 사무실의 사용허락, 수입의 일부를 받는 것 등이다.

2) 외관의 존재

명의차용자의 영업이 명의대여자의 영업인 듯한 외관이 존재하여야 한다. 이때 명의차용자는 명의대여자로부터 직접 명의대여를 받은 자뿐만 아니라 직접 명의대여를 받은 자로부터 명의대여자의 명의로 영업할 것을 허락받은 자도 포함되고, 명의대여자가 영업을 하는 경우에는 명의의 동일성뿐만 아니라 영업외관의 동일성까지 인정되어야 한다.

3) 거래상대방의 선의

명의차용자의 거래상대방은 '명의대여자를 영업주로 오인하여' 거래하였어야 한다. 이 경우 '오인'이 무엇이냐에 대하여 명의대여자는 상대방이 악의인 경우에만 면책된다는 오인설과, 상대방이 경과실이 있는 경우에도 면책된다는 경과실면책설도 있으나, 상대방이 악의 또는 중과실이 있는 경우에만 면책된다는 '중과실면책설'이 타당하고 판례도 그러하다.[1] 이 경우 상대방의 악의 또는 중과실의 입증책임은 명의대여자

1) 대법원 2008.1.24. 선고 2006다21330 판결.

가 부담한다.

(3) 효 과

위의 요건이 구비되면 명의대여자는 명의차용자와 연대하여 변제할 책임이 있다. 즉 명의대여자와 명의차용자는 부진정연대채무의 관계가 된다. 이때 명의대여자가 변제한 경우에는 명의차용자에게 구상할 수 있다. 명의대여자가 책임을 지는 채무는 명의대여자가 허락한 영업범위 내의 채무로서 명의차용자의 영업상의 거래와 관련하여 생긴 채무에 한하고, 불법행위 등으로 인하여 생긴 채무에 대하여는 그 책임을 지지 않는다.

그리고 명의대여자는 그 명의를 빌린 자의 피용자의 업무상 불법행위에 대하여도 역시 사용자책임이 있다.[2)]

3. 민법 제756조의 사용자배상책임

(1) 쟁 점

명의대여자와 명의차용자 사이에 사실상 사용관계(사실상 지휘·감독의 존재)가 존재하면 명의대여자는 민법 제756조의 사용자배상책임도 부담한다. 즉 영업상의 명의를 대여하고 있는 경우에 명의대여자는 사용자책임을 진다고 하는 것이 판례의 일관된 입장이다. 다만 그 명의대여로 인한 사용관계의 여부 즉 객관적으로 보아 사용자가 그 불법행위자를 지휘·감독할 지위에 있었느냐의 여부를 구체적으로 어떻게 결정하느냐가 문제라고 하겠다.

(2) 사용관계

민법 제756조에서 규정한 사용자책임이 성립하려면, 사용자와 불법 행위자와의 사이에 어떤 사무에 종사하게 하는 사용·피용의 사용관계가 있어야 하는데, 사용관계라 함은 보상책임설의 입장에서는 사용자와 피용자의 사이에 실질적으로 지휘·감독의 관계가 있어야 한다고 하고 있다.

대법원은 1985.8.13. 선고 84다카979 판결에서 민법이 사용자책임을 인정한 것은 “많은 사람을 고용하여 스스로의 활동영역을 확장하고 그에 상응하는 많은 이익을 추구하는 사람은 … 그 많은 피용자의 행위가 타인에게 손해를 가하게 하는 경우도

---

2) 대법원 1982.4.27. 선고 81다카957 판결; 대법원 1983.11.22. 선고 83다카1153 판결 등.

상대적으로 많아질 것이므로 이러한 손해를 이익귀속자인 사용자로 하여금 부담케 하는 것이 공평의 이상에 합치된다"는 보상책임의 원리에 입각하고 있음을 명백히 밝히고 있다. 이러한 사용관계는 고용계약에 의하여 성립하는 것이 보통이겠지만, 위임, 조합, 도급 기타 어떤 관계라도 좋고,[3] 또한 보수의 유무나 기간의 장기도 묻지 않으며, 실질적으로 사용관계가 있으면 되므로 그 관계가 법률적으로 존재하거나 유효하여야 하는 것도 아니다.[4]

그런데 사용자책임의 입법근거인 보상관계를 엄격히 적용하면 이러한 사용관계는 사용자와 피용자와의 사이에 실질적인 지휘 · 감독관계가 인정되는 경우이어야 함이 원칙일 것이다. 그러나 지휘 · 감독관계를 엄격하게 해석하여 예컨대 구체적인 지휘 · 감독관계를 요구하는 것처럼 좁게 인정하다 보면, 사용자책임을 정한 민법규정의 존재의의마저 부정하고 거래의 안전을 도모하려는 입법취지마저 도외시하는 결과를 초래할 우려가 있다. 따라서 지휘 · 감독관계는 사실상 지휘 · 감독하고 있었느냐의 여부에 의하여 결정되는 것이 아니라, 객관적으로 지휘 · 감독을 하여야 할 관계가 있었느냐의 여부에 의하여 결정된다고 보는 판례와 학설의 입장은 타당하다.[5]

(3) 명의대여자의 책임

영업상의 명의를 대여하고 있는 경우에 명의대여자는 사용자책임을 진다고 하는 것이 판례의 일관된 입장이고 학설도 이를 긍정한다. 그런데 어떠한 경우에 명의대여자와 불법행위자 사이에 이러한 지휘 · 감독관계가 인정될 수 있느냐는 어려운 문제라고 하겠다. 지휘 · 감독관계에 관하여 사용자책임에서의 업무집행 관련성에 관한 외형이론에서 보는 바와 같이 그 관계의 외형으로 보아 마치 지휘 · 감독관계가 있는 것같이 보이는 경우도 포함된다고 보는 견해가 있을 수 있으나 이와 같은 외형이론을 채택하면 불법행위자와 명의대여자 사이에 지휘 · 감독관계가 없음을 피해자 자신이 알거나, 또는 중대한 과실로 알지 못한 경우에는 사용자책임을 물을 수 없다는 결론에 도달할 수 있다.[6] 그러나 명의대여자와 불법행위자 사이의 지휘 · 감독관계는 사용자책임의 입법취지를 살리기 위하여 사실상 지휘 · 감독을 하였느냐가 아니라 그 구체적 사건에서 명의대여자가 불법행위자를 지휘 · 감독할 의무와 책임을 부담하느

---

3) 대법원 1979.7.10. 선고 79다644 판결; 대법원 1982.9.14. 선고 81다447 판결; 대법원 1983.1.22. 선고 83다카1153 판결 등.

4) 대법원 1979.2.14. 선고 78다2245 판결 등.

5) 대법원 1961.11.23. 선고 4293민상745 판결; 대법원 1987.4.14. 선고 86다카899 판결 등.

6) 대법원 1983.6.28. 선고 83다카217 판결.

냐, 바꾸어 말하자면 객관적으로 지휘·감독할 관계가 있었느냐의 여부에 따라 결정될 문제라고 할 것이고, 따라서 이는 피용자 등의 주관적 인식과는 별개라고 할 것이다.

(장덕조)

9 상업등기의 의의와 부실등기의 효력

대법원 1975.5.27. 선고 74다1366 판결

Ⅰ. 판결개요

1. 사실관계

(1) A회사의 등기상황

A주식회사의 등기부에는 甲이 1963. 6. 26. 대표이사를 퇴임하고, 같은 날 乙이 대표이사로 선임되어 1966. 2. 26.과 1970. 3. 1.에 각 중임한 것으로 등기되어 있다. A회사는 1955년경부터 영업부진으로 임직원들이 출근도 아니하고 대표이사 직인도 회사사무실에 보관되는 등 사실상 휴업상태였다.

A회사의 감사 丙은 대표이사 직인을 도용하여 1963. 6. 26.자로 임시주주총회와 이사회가 개최되어 乙이 대표이사로 선임된 것처럼 주주총회의사록과 이사회의사록을 위조하였고, 이를 이용하여 乙을 A회사의 대표이사로 등기하였다.

(2) X의 근저당권설정등기말소청구

X는 1969. 12. 27. A회사의 대표이사로 등기되어 있던 乙로부터 A회사 소유의 이 사건 부동산을 매수하고 소유권이전등기를 경료하였다. X는 이 사건 부동산 위에 설정된 Y명의의 근저당권설정등기의 말소를 구하는 소송을 제기하였다.

(3) 원심법원의 판결요지[1]

원심법원은 상법 제39조는 "고의 또는 과실로 인하여 사실과 상위한 사항을 등기한 자는 그 상위를 선의의 제3자에게 대항하지 못한다"고 규정하고 있는바, 이러한

1) 서울고등법원 1974.7.9. 선고 72나1289 판결.

부실등기는 적법한 대표이사의 등기신청에 의한 등기가 아니라도 이와 비견되는 정도의 회사 책임에 기한 신청으로 등기된 경우이거나 또는 이미 이루어진 부실등기의 존속에 관하여 회사에서 이를 알고도 묵인한 경우에 비견되는 중대한 과실이 있는 경우도 포함한다고 해석할 것인데, A회사의 주주와 이사들은 감사 丙이 이 사건 부실등기를 하도록 6년여에 걸쳐 회사를 방치하였고, 특히 대표이사인 甲은 인장보관상태를 한 번도 점검하지 아니한 잘못 등 과실의 정도가 크고, … 이러한 과실은 그 자신이 부실등기를 하거나 묵인한 경우에 비견할 수 있는 정도의 중대한 과실이라 볼 것이므로 A회사는 상법 제39조에 의하여 등기의 상위로서 선의의 제3자인 원고(X)에게 대항할 수 없다고 판단하였다.[2] Y는 대법원에 상고하였다.

대법원 1975.5.27. 선고 74다1366 판결【근저당권설정등기말소등】

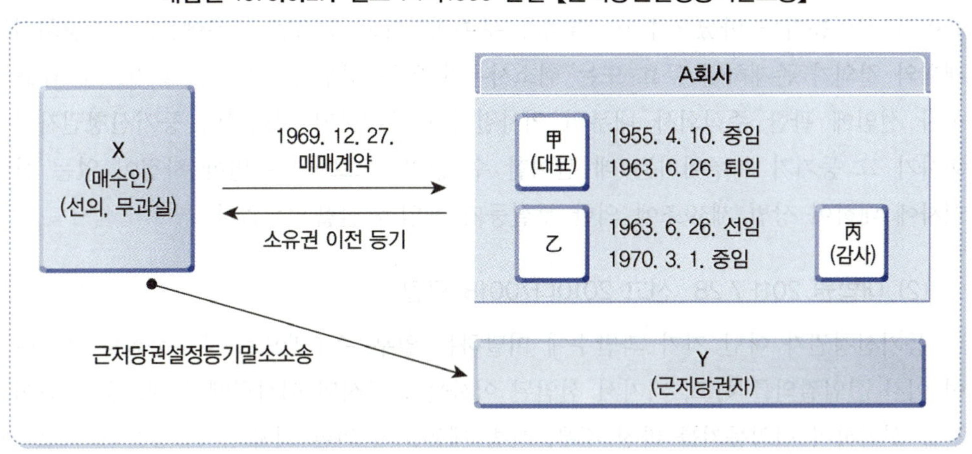

2. 판결요지

대법원은 원심판결을 파기환송하였다.

부실등기의 효력을 규정한 상법 제39조는 등기신청권자 아닌 제3자의 문서위조등의 방법으로 이루어진 부실등기에 있어서는 등기신청권자에게 그 부실등기의 경료 및 존속에 있어서 그 정도가 어떠하건 과실이 있다는 사유만 가지고는 회사가 선의의 제3자에게 대항할 수 없음을 규정한 취지가 아니다.

2) 원심법원은 이 사건 부동산의 매도행위가 유효하다는 또 다른 이유로서 상법 제395조(표현대표이사의 행위와 회사의 책임)를 근거로 들고 있다. X는 乙이 A회사의 대표이사인 것으로 믿고 이 사건 부동산을 매수하였는바, 제반사정을 고려할 때 상법 제395조(표현대표이사)의 보호를 받아야 할 것이라고 판단하였다.

상법 제395조 표현대표자의 행위에 대하여 회사가 책임을 지는 것은 회사가 표현대표자의 명칭 사용을 명시적으로나 묵시적으로 승인할 경우에만 한하는 것이고 회사의 승인 없이 임의로 명칭을 잠칭한 자의 행위에 대하여 비록 그 명칭사용을 알지 못하고 제지하지 못한 점에 있어서 회사에게 과실이 있다고 할지라도 이를 회사의 책임으로 돌려 선의의 제3자에 대하여 책임을 지게하는 취지가 아니다.

3. 관련판례

[부실등기책임을 부정한 사례]

(1) 대법원 2014.11.13. 선고 2009다71312,71329,71336,71343 판결

대표이사가 아닌 자가 주주총회결의 등의 외관을 만들고 이에 터 잡아 새로운 대표이사 선임등기를 마쳤으나 … 결의가 부존재한다고 인정될 경우에는, 주주총회의 개최와 결의가 존재하나 무효 또는 취소사유가 있는 경우와는 달리, 그 새로운 대표이사 선임에 관한 주식회사 내부의 의사결정이 존재하지 아니하여 등기신청권자인 회사가 그 등기가 이루어지는 데 관여할 수 없었으므로 … 특별한 사정이 없는 한 회사에 대하여 상법 제39조에 의한 부실등기 책임을 물을 수 없다.

(2) 대법원 2011.7.28. 선고 2010다70018 판결

등기신청권자 아닌 자가 과반수에 미달하는 일부 주주만으로 주주총회를 개최하여 이사 선임결의를 하고, 거기서 선임된 이사들로 구성된 이사회에서 새로운 대표이사를 선임하여 선임등기를 마친 경우, 상법 제39조에 의한 회사(등기신청권자)의 고의 또는 과실로 부실등기를 한 것과 동일시할 수는 없다(허위의 주주총회결의 등의 외관을 만들어 부실등기를 마친 자가 회사에 상당한 지분을 가진 주주인 사례).

(3) 대법원 2008.7.24. 선고 2006다24100 판결

등기신청권자 아닌 자가 주주총회의사록 및 이사회의사록 등을 허위로 작성하여 주주총회결의 및 이사회결의 등의 외관을 만들고 이에 터잡아 대표이사 선임등기를 마친 경우에는, 회사가 부실등기의 존재를 알고 있음에도 시정하지 않고 방치하는 등 회사의 고의 또는 과실로 부실등기를 한 것과 동일시할 수 있는 특별한 사정이 없는 한 상법 제39조의 부실등기책임을 물을 수 없다(허위의 주주총회결의 등의 외관을 만들어 부실등기를 마친 자가 회사의 50%에 상당하는 지분을 가진 주주인 사례).

(4) 대법원 1981.1.27. 선고 79다1618,1619 판결

합명회사에 있어서 상법 제39조 소정의 부실등기에 대한 고의 과실의 유무는 그 대표사원을 기준으로 판정하여야 하고 대표사원의 유고로 회사정관에 따라 업무를 집행하는 사원이 있다고 하더라도 그 사원을 기준으로 판정하여서는 아니 된다.

[부실등기책임을 긍정한 사례]

(5) 대법원 2013.9.26. 선고 2011다870 판결

회사의 적법한 대표이사가 그 불실등기가 이루어지는 것에 협조·묵인하는 등의 방법으로 관여하였다거나 회사가 그 불실등기의 존재를 알고 있음에도 시정하지 않고 방치하였다면 이를 회사의 고의 또는 과실로 불실등기를 한 것과 동일시할 수 있는 특별한 사정에 해당한다.

(6) 대법원 2004.2.27. 선고 2002다19797 판결

이사 선임의 주총결의에 대한 취소판결이 확정되어 그 결의가 소급하여 무효가 된다고 하더라도 그 선임결의가 취소되는 대표이사와 거래한 상대방은 상법 제39조의 적용 내지 유추적용에 의하여 보호될 수 있다. 회사는 대표자를 통하여 법인등기를 신청하지만 등기신청권자는 회사 자체이므로 취소되는 주주총회결의에 의하여 이사로 선임된 대표이사가 마친 이사 선임등기는 제39조의 부실등기에 해당된다.

Ⅱ. 판결의 평석

1. 상업등기 일반론

(1) 의의 및 절차

상업등기는 상법의 규정에 의하여 상업등기부에 하는 등기를 말한다(상법 제34조, 상업등기법 제5조). 상법의 규정에 의한 등기이므로 민법 기타의 법률에 의하여 하는 부동산등기, 농협협동조합등기 등은 상업등기가 아니다. 상법의 규정에 의한 등기라도 상업등기부에 하지 않는 등기, 예를 들어 선박등기부에 하는 선박등기(상법 제743조)는 상업등기가 아니다.

상업등기는 당사자의 신청에 의하여 영업소의 소재지를 관할하는 법원의 상업등

기부에 한다(상법 제34조). 다만, 법원의 직권에 의한 등기촉탁 또는 등기공무원의 직권으로 등기를 하는 경우도 있다(상업등기법 제17조, 제115조). 등기공무원이 등기신청의 적법 여부를 결정함에 있어서 어느 정도까지 심사할 수 있는 권한 내지 의무를 가지는가에 관해서는 견해가 대립한다.

(2) 상업등기의 효력

등기는 제3자가 알 수 있도록 일정한 사실을 공시하는 제도이므로 제3자가 등기사항을 이미 알고 있다면 등기 전에도 대항할 수 있는 것이 당연하다. 따라서 상법 제37조의 "등기할 사항은 이를 등기하지 아니하면 선의의 제3자에게 대항하지 못한다"는 의미는 등기를 하면 제3자가 등기사항을 알지 못한 경우(선의)에도 대항할 수 있다는 것에 있다. 이를 상업등기의 일반적 효력(공시적 효력)이라고 한다.

한편 상법 제37조는 등기할 사항이 실제로 존재하는데 그 사실을 등기하거나 등기하지 않은 경우에 제3자에 대한 효력을 다루는 것이다. 즉, 상업등기는 등기할 사항의 존재를 전제로 하고 등기할 사항이 실제로 존재하지 않는다면 등기가 있더라도 그 등기한 내용대로의 효력은 인정되지 않는다. 예를 들어, 합자회사 사원의 지분등기가 사실과 상위한 경우 그 불실등기를 믿고 지분을 양수하였다고 하더라도 실제 지분을 양수한 것이 될 수는 없다.

그러나 등기의 공신력을 전적으로 부정하면 등기제도의 효용이 감소될 수 있다. 이와 관련하여 상법 제39조는 "고의 또는 과실로 인하여 사실과 다른 사항을 등기한 자는 그 상위를 선의의 제3자에게 대항하지 못한다"고 하면서, 고의나 과실에 의하여 사실과 다른 사항이 등기된 경우에는 등기내용을 신뢰하고 거래한 선의의 제3자에게 대항할 수 없도록 하고 있다. 따라서 이 범위 내에서는 상업등기의 공신력이 인정된다고 볼 수 있다. 아래에서는 상법 제39조의 적용범위를 살펴본다.

2. 상법 제39조(부실의 등기)의 적용범위

(1) 의의 및 요건

상법 제39조는 고의 또는 과실로 인하여 사실과 상위한 사항을 등기한 자는 그 상위를 선의의 제3자에게 대항하지 못한다고 하면서 부실등기에 대한 책임을 인정하고 있다. 이러한 상법 제39조는 금반언의 법리 내지 외관이론의 법리가 반영된 것이다. 상법 제39조가 적용되기 위해서는 ① 부실등기가 등기신청인의 고의 또는 과실

(경과실도 포함)로 인한 것이어야 하고, ② 제3자는 그 등기가 부실하다는 것을 알지 못하고 거래를 하였어야 한다.

(2) 등기신청권자의 등기신청

상법 제39조는 "등기신청권자가 등기신청을 함에 있어서 고의나 과실로 인하여 사실과 상위한 사항을 등기한 경우"에 적용된다(상법 제39조).[3] 즉 상대방이 사실과 상위한 등기내용을 믿고서 거래하였다고 하더라도 언제나 상법 제39조의 책임이 인정되는 것이 아니고, 그러한 부실등기가 등기신청권자의 등기신청에 의하여 이루어진 것이어야 하고, 등기신청에 등기신청권자의 고의나 과실이 있어야 한다.

판례는 대표이사 아닌 자가 주주총회결의 등 허위의 외관을 만들어 선임된 대표이사와 거래한 경우,[4] 과반수에 미달하는 주주가 허위의 주주총회결의 등 외관을 만들어 선임된 대표이사와 거래한 경우,[5] 주요주주가 주주총회의사록 등을 위조하는 방법으로 허위로 외관을 만들이 선임된 대표이사와 거래한 경우[6]에는 등기신청권자(회사)의 등기신청이 없다고 보고, 부실등기책임을 부정하였다.

그러나 취소사유 있는 주주총회결의에 의해서 선임되어 등기된 대표이사와 거래한 경우에는 등기신청권자의 등기신청이 있다고 보았다. 또한 적법한 대표이사가 불실등기에 협조·묵인하는 등의 방법으로 관여하였다거나 불실등기의 존재를 알고 있음에도 시정하지 않고 방치한 경우에는 회사의 신청으로 불실등기를 한 것과 동일시할 수 있는 특별한 사정에 해당한다고 보았다.[7]

(3) 적용범위

상업등기제도는 상인의 거래상의 중요한 사항을 공시하고 거래상대방을 보호하기 위한 것이므로, 등기당사자와 제3자간에 이루어진 통상적인 거래관계에는 당연히 적용된다. 그렇다면 불법행위, 부당이득, 사무관리 등 거래 아닌 법률관계에도 상법 제39조가 적용되는가? 이에 대하여는 적용을 긍정하는 견해도 있으나, 상업등기제도는 거래상의 중요한 사항을 공시하고 이를 신뢰한 제3자를 보호하기 위한 것이므로 거래관계에만 적용되고 비거래관계에는 적용되지 않는다고 본다.

---

3) 대법원 1975.5.27. 선고 74다1366 판결.
4) 대법원 2014.11.13. 선고 2009다71312,71329,71336,71343 판결.
5) 대법원 2011.7.28. 선고 2010다70018 판결.
6) 대법원 2008.7.24. 선고 2006다24100 판결.
7) 대법원 2013.9.26. 선고 2011다870 판결.

3. 대상판결의 검토

상법 제39조(부실의 등기)의 책임은 독일법상 외관이론, 영미법상 금반언의 법리에 기초한 것이다. 따라서 부실등기 책임이 인정되기 위해서는 ① 외관의 존재(사실과 상위한 사항의 등기), ② 외관에 대한 귀책사유, ③ 거래상대방의 선의 또는 무과실 등 외관책임에서 요구되는 일반적인 요건을 갖추어야 한다.

이 사건에서는 乙의 대표이사 등기와 적극적인 활동 등 외관이 존재하고, 매수인 X도 선의나 무과실로 보여진다. 따라서 등기신청인 A회사의 외관에 대한 귀책사유만이 문제가 되는데, 대법원은 상법 제39조를 적용하기 위해서는 '등기신청권자의 등기신청에 있어서 고의나 과실'을 요구하면서, 등기신청권자에게 잘못이 있다고 하더라도 그것이 등기신청에 있어서의 고의나 과실에 관련되지 않은 이상 상법 제39조의 적용을 부정하고 있다.

대법원의 판단에 찬성한다. 이 사건에서는 매수인 X가 乙의 대표이사 등기를 믿은 것에 선의 또는 무과실이라고 하더라도 A회사에게 상법 제39조의 책임을 묻는 것은 곤란하다. 만일 원심과 같이 등기신청에 있어서 등기신청권자의 고의나 과실이 없음에도 불구하고 그에 비견되는 정도의 잘못이 있다는 사정을 들어서 상법 제39조를 적용한다면, 외관보호에 치우쳐서 사실상 상업등기에 공신력을 인정하는 결과를 초래할 수 있기 때문이다. 즉, 외관보호의 법리와 구체적 타당성도 중요하지만, 등기의 공신력을 인정하지 않는 우리나라의 법체계상 상법 제39조는 제한적으로 운용할 수밖에 없다. A회사 또는 감사 丙의 잘못에 대해서는 회사나 이사 · 감사의 손해배상책임 등을 통해서 해결하면 된다.

다만, 등기신청인에게 커다란 잘못이 있음에도 불구하고 상법 제39조의 책임을 언제나 배제시킬 것인지는 고민해 볼 문제이다. 대법원도 회사의 고의 또는 과실로 부실등기를 한 것과 동일시할 수 있는 '특별한 사정'이 있는 경우에는 책임을 인정할 수 있다는 뜻을 내비치고 있다.[8)]

(김홍기)

8) 대법원 2008.7.24. 선고 2006다24100 판결.

영업양도인의 경업금지의무

대법원 2015.9.10. 선고 2014다80440 판결

Ⅰ. 판결개요

1. 사실관계

A는 피고(Y)로부터 양수한 영업을 영위할 목적으로 A의 관계회사인 B와 그 자회사인 X를 통하여 2009년 5월 19일 축산물 종합처리업체인 C를 설립하였다. 2011년 1월 3일 C는 원고(X)에 흡수합병되었고, 그 후 현재의 X 상호로 변경하였다.

Y는 1968년 6월경 설립되어 서울사옥, 광주사옥 및 중부공장을 비롯하여 지방에 여러 영업소를 두고 농수축산물 및 관련 제품의 생산, 수매, 냉동, 운송, 처리 및 가공과 판매 등을 하는 회사였다. Y는 중부공장(소재지: 충북 청원군 ○○○)에서 생산된 제품 외에도 서울 사업장의 영업본부를 통해 제3의 업체로부터 별도로 국내산 소·돼지고기를 납품받아 각 영업소의 특판사업팀, 온라인팀으로 하여금 판매·유통하게 하는 사업도 함께 영위하였다. 이 회사의 당초 상호는 D였으나, 2011년 2월 8일 현재 Y 상호로 변경하였다.

2009년 5월 4일 Y는 A와 사이에 A가 Y로부터 단지 중부공장과 그에 관련된 영업권을 양수하기로 하는 내용의 자산·부채 및 영업권양수도 계약을 체결하였다. 이에 X는 당초 Y가 전국을 대상으로 하여 국내산 소·돼지의 수매, 도축, 가공 및 유통 사업을 영위하고 있었지만 위의 계약을 통해 X에게 위 사업 부분의 영업을 모두 양도하였으므로 위 각각의 영업에 대하여 상법 제41조 제1항에 따른 경업금지의무를 부담한다고 주장하였다. Y는 설령 스스로가 경업금지의무를 부담한다 하더라도 이 사건 계약에 의한 영업양도의 대상은 중부공장에 관련된 영업, 즉 국내산 소·돼지의 도축·가공을 위한 수매, 수매한 국내산 소·돼지의 도축·가공, 도축·가공한 소·

돼지고기의 유통에 한정될 뿐 다른 업체로부터 소·돼지고기를 공급받아 가공, 유통하는 영업은 해당하지 아니하므로, 후자의 영업에 대해서는 경업금지의무를 부담하지 않으며, 경업금지의무의 지역적 범위 또한 중부공장이 위치한 충북 청원군 및 그 인접한 군(郡)에 한정되어야 한다고 주장하였다.

2. 판결요지

상법 제41조 제1항은 다른 약정이 없으면 영업양도인이 10년간 동일한 특별시·광역시·시·군과 인접 특별시·광역시·시·군에서 양도한 영업과 동종인 영업을 하지 못한다고 규정하고 있다. 위 조문에서 양도대상으로 규정한 영업은 일정한 영업 목적에 의하여 조직화되어 유기적 일체로서 기능하는 재산의 총체를 말하는데, 여기에는 유형·무형의 재산 일체가 포함된다. 영업양도인이 영업을 양도하고도 동종 영업을 하면 영업양수인의 이익이 침해되므로 상법은 영업양수인을 보호하기 위하여 영업양도인의 경업금지의무를 규정하고 있다. 위와 같은 상법의 취지를 고려하여 보면, 경업이 금지되는 대상으로서의 동종영업은 영업의 내용, 규모, 방식, 범위 등 여러 사정을 종합적으로 고려하여 볼 때 양도된 영업과 경쟁관계가 발생할 수 있는 영업을 의미한다고 보아야 한다. Y의 매입후 유통·판매영업이 비록 소·돼지를 수매하여 도축하는 과정이 없는 등 양도대상인 중부공장의 영업과 일부 차이가 있기는 하지만 국내산 소·돼지고기를 유통·판매한다는 점에서는 차이가 없으므로, Y의 영업은 양도대상인 중부공장 영업과 경쟁관계가 발생할 수 있는 영업인 까닭에 중부공장 영업과 동종영업에 해당한다고 판단하였다.

상법 제41조 제1항은 영업양도인의 경업금지의무를 규정하면서 경업금지지역을 동일한 특별시·광역시·시·군과 인접 특별시·광역시·시·군으로 규정하고 있다. 위 조문에서 양도대상으로 규정한 영업은 일정한 영업 목적에 의하여 조직화되어 유기적 일체로서 기능하는 재산의 총체를 가리킨다는 점과 상법이 경업금지의무를 규정하고 있는 취지는 영업양수인을 보호하기 위한 것인 점을 고려하여 보면, 경업금지지역으로서의 동일 지역 또는 인접 지역은 양도된 물적 설비가 있던 지역을 기준으로 정할 것이 아니라 영업양도인의 통상적인 영업활동이 이루어지던 지역을 기준으로 정하여야 한다. 이때 통상적인 영업활동인지 여부는 해당 영업의 내용, 규모, 방식, 범위 등 여러 사정을 종합적으로 고려하여 판단하여야 한다. 이에 대법원은 원심이 영업양도 당시 중부공장이 국내육을 전국적으로 유통·판매하여 온 사실을 인정한 다음 중부공장의 통상적인 영업활동이 전국적으로 이루어졌다는 점을 근거로 하여 경업금지지역을 판단하였는데, 이러한 원심의 판단은 설시한 이유가 다소 불충분하지만 수긍할 수 있고, 거기에 상고이유 주장과 같이 영업양도인의 경업금지의무의 지역적 범위에 관한 법리를 오해하고 필요한 심리를 다하지 않은 잘못이 없다고 보았다.

3. 관련판례

(1) 대법원 2009.9.14. 자 2009마1136 결정

소규모 미용실의 상호와 시설 일체를 양도한 자가 그 미용실에서 70m가량 떨어진 곳에 새로운 미용실을 개업하여 운영하자 양수인이 경업금지가처분을 신청한 사안에서, 양수인이 미용실을 인수하면서 임차인의 지위를 승계하고 추가로 금원을 지급하여 양도인이 사용하던 상호, 간판, 전화번호, 비품 등 일체를 인수받은 다음 이를 변경하지 아니한 채 그대로 사용하면서 미용실을 운영하고 있는 점에 비추어, 비록 그 미용실이 특별히 인계·인수할 종업원이나 노하우, 거래처 등이 존재하지 아니하여 이를 인수받지 못하였다 할지라도, 양수인은 양도인으로부터 유기적으로 조직화된 수익의 원천으로서의 기능적 재산을 이전받아 양도인이 하던 것과 같은 영업적 활동을 계속하고 있으므로 위 미용실의 영업을 양수하였다고 판단된다.

(2) 대법원 2020.12.10. 선고 2020다245958 판결

계약인수가 이루어지면 그 계약관계에서 이미 발생한 채권·채무도 이를 인수 대상에서 배제하기로 하는 특약이 있는 등 특별한 사정이 없는 한 인수인에게 이전된다. 계약인수는 개별 채권·채무의 이전을 목적으로 하는 것이 아니라 다수의 채권·채무를 포함한 계약당사자로서의 지위의 포괄적 이전을 목적으로 하는 것으로서 계약당사자 3인의 관여에 의해 비로소 효력을 발생하는 반면, 개별 채권의 양도는 채권양도인과 양수인 2인만의 관여로 성립하고 효력을 발생하는 등 양자가 그 법적인 성질과 요건을 달리하므로, 채무자 보호를 위해 개별 채권양도에서 요구되는 대항요건은 계약인수에서는 별도로 요구되지 않는다. 그리고 이러한 법리는 상법상 영업양도에 수반된 계약인수에 대해서도 마찬가지로 적용된다.

(3) 대법원 2022.11.30. 선고 2021다227629 판결

영업양도인이 영업을 양도한 후에도 인근에서 동종영업을 한다면 영업양도는 유명무실해지고 영업양수인은 부당한 손실을 입게 되므로, 영업양도의 실효성을 높이고 영업양수인을 보호하기 위해서는 영업양도인의 경업을 제한할 필요가 있다. 상법 제41조 제1항은 이러한 취지에서 영업을 양도한 경우에 다른 약정이 없으면 영업양도인은 10년간 동일한 특별시 · 광역시 · 시 · 군과 인접 특별시 · 광역시 · 시 · 군에서 동종영업을 하지 못한다고 규정하고 있다. 한편 영업이 동일성을 유지한 채 전전양도된 경우에도 최초 영업양도인이 인근에서 동종영업을 한다면 영업양도의 실효성이 크게 제한되어 영업양수인뿐만 아니라 전전 영업양수인들이 부당한 손실을 입게 되는 것은 마찬가지이므로, 최초 영업양도인과 전전 영업양수인들 사이에서도 위와 같은 상법 제41조 제1항의 취지가 참작되어야 한다.

그렇다면 영업양도계약에서 경업금지에 관하여 정함이 없는 경우 영업양수인은 영업양도인에 대해 상법 제41조 제1항에 근거하여 경업금지청구권을 행사할 수 있고, 나아가 영업양도계약에서 경업금지청구권의 양도를 제한하는 등의 특별한 사정이 없다면 위와 같이 양도된 영업이 다시 동일성을 유지한 채 전전양도될 때 영업양수인의 경업금지청구권은 영업재산의 일부로서 영업과 함께 그 뒤의 영업양수인에게 전전양도되고, 그에 수반하여 지명채권인 경업금지청구권의 양도에 관한 통지권한도 전전이전된다고 보는 것이 타당하다.

Ⅱ. 판결의 평석

1. 영업양도의 의의

상법상 영업은 이를 구성하는 유형 · 무형의 재산과 경제적 가치를 가지는 사실관계가 서로 유기적으로 결합하여 수익의 원천으로 기능하며, 하나의 재화처럼 거래의 객체가 된다.[1] 영업양도는 영업의 동일성을 유지하면서 일체로서 이전하는 것을 의미한다. 상법상 영업양도에 해당하기 위해서는 그것이 회사 내지 자연인 사이에서 행해지더라도 양도인은 반드시 상인이어야 한다.[2] 이 같은 영업양도인의 영업양도와 영업양수인의 영업양수를 총칭하는 영업양수도는 수익이 나지 않는 사업부분을 철수시키거나 사업전환을 위해, 사업규모의 확대 · 사업의 다각화 · 제조공정의 일관화에 의한 효율화 및 신사업 분야에의 효율적인 진출을 위하여 사용되는 기업의 구조조정

1) 대법원 1997.11.25. 선고 97다35085 판결; 대법원 2015.12.10. 선고 2013다84162 판결.
2) 대법원 1969.3.25. 선고 68다1560 판결.

을 위한 수단으로 알려져 있다. 이 밖에도 경영위기상태에 놓인 회사가 새로운 회사로 탈바꿈하기 위하여 사용되거나 회사가 파산하는 경우 청산의 목적으로 회사를 정리하기 위해서도 영업양도가 행해지기도 한다.[3)]

상법은 영업양도를 둘러싸고 형성될 수 있는 다음과 같은 3개의 관계에 관련하여 체계적으로 규정하고 있다. 영업양도인과 영업양수인 사이의 관계에 관한 규정과 영업양도당사자와 그 채권자 내지 채무자와의 관세에 관한 규정을 비롯하여 영업양도당사자가 회사인 경우에는 그 내부적 절차에 관한 규정이 바로 그것이다.[4)] 이들 중에서 앞의 2가지에 관해서는 상법총칙에서 찾아볼 수 있지만, 세 번째 것은 회사편(상법 제374조)에 규정되어 있다.

2. 영업양도인의 경업금지의무

(1) 경업금지의무의 취지

영업양도는 영업양도인이 영업양수인에게 물적 시설은 물론이고 종래의 거래처관계, 구입처 관계, 그 외의 사실관계를 양도함으로써 영업양도인이 하던 것과 같은 영업을 그대로 계속할 수 있도록 하는 것을 전제로 한다. 따라서 영업양도인이 스스로의 행위에 의하여 영업양도의 실효성을 파괴하는 것은 허용되지 않는다.[5)] 이에 상법 제41조에서 부작위의무로서 경업금지의무를 부과하고 있는 것이다.[6)] 그리고 이 의무는 인계·인수할 종업원이나 노하우, 거래처 등이 존재하지 아니하는 소규모 자영업의 경우에도 동일하게 적용된다.[7)]

경업을 무제한적으로 금지하는 것은 헌법상 인정되는 직업선택의 자유(영업의 자유)를 침해할 여지가 있다. 영업양도인의 경업금지의무를 직업선택의 자유와 조화롭게 규정하는 것은 극히 어려운 과업이다. 이에 상법은 영업양도의 실효성을 확보하면서도 직업선택의 자유까지 함께 고려한 결과 제한된 기간동안 제한된 지역에서 영업양도인의 기존의 영업과 동종의 영업을 금지하는 의무를 규정하고 있다.[8)]

---

3) 原秀六,「合併シナジー分配の法理」(中央経済社, 2000), 122頁.
4) 강희철, "영업양수도의 법률관계," 「BFL」 제38호(서울대학교, 2009), 39면.
5) 헌법재판소 1996.10.4. 94헌가5 결정.
6) 대법원 1996.12.23. 선고 96다37985 판결.
7) 대법원 2009.9.14. 자 2009마1136 결정.
8) 임중호, 「상법총칙·상행위법」 개정판(법문사, 2015), 251면.

(2) 경업금지의무의 요소

첫째, 상법 제41조 제1항은 임의규정이다. 영업양도인은 영업을 양도하기 전에 스스로 동종영업을 계속할 계획이 있다면 영업양수인과 협의하여 상법상 경업금지의무를 배제하거나 제한하는 구체적인 별도의 약정을 할 수 있다. 이 같은 별도의 약정이 반드시 명시적이어야 하는 것은 아니다.[9)]

둘째, 경업금지에 관하여 특약이 없으면 영업양도인은 상법에 따라 10년 간 동종영업을 하지 못하도록 되어 있고(상법 제41조 제1항), 특약이 있는 경우에는 약정에 따르는 것이 원칙이지만 그 약정은 20년을 초과하지 않는 범위 내에서 효력이 있다(상법 제41조 제2항).

셋째, 영업양도인은 "동종영업"에 한하여 경업금지의무를 부담한다. 국내의 학자들은 대체적으로 동종영업을 동일한 영업뿐만 아니라 널리 양도한 영업과 경쟁관계 · 대체관계가 있는 영업으로 넓게 이해한다. 법원의 판례도 학설과 매우 유사하다. 법원은 "상법 제41조에서 정한 동종의 영업이라 함은 반드시 동일한 영업뿐만 아니라 경쟁관계를 유발하는 영업 또는 대체관계 있는 영업까지 포함하는 넓은 의미에서의 동종영업을 의미한다"고 판시하고 있으며,[10)]

넷째, 상법상 영업양도인의 경업금지의무는 지역적으로 동일 내지 인접 특별시 · 광역시 · 시 · 군에 적용된다. 이와 같은 지역적 적용범위를 특약에 의하여 좁히는 것은 가능하지만 확대하는 것은 불가능하다. 대상판결은 상법 제41조 제1항의 경업금지의무의 지역적 적용범위를 문리적 해석을 초월하여 인정한다는 점이 특징이다.

3. 대상판결의 검토

Y는 중부공장을 양도한 후에도 서울사옥을 중심으로 매입후 유통 · 판매영업을 계속하였다. 대법원은 중부공장이 하는 도축후 유통 · 판매영업과 Y가 전국적 유통망을 가지고 하는 매입후 유통 · 판매영업이 경쟁관계가 발생할 수 있는 동종영업으로 판단하였다. 또한 대법원은 A가 양수한 중부공장의 통상적인 영업활동이 전국적으로 이루어졌기에 Y의 도축후 유통 · 판매영업에 관한 경업금지의무는 경업금지지역을 중부공장의 인근지역에 한정되는 것으로 해석할 수는 없다고 판단하였다. 이 판결에 따라 Y는 영업양도 계약체결일로부터 10년간인 2019년 5월 3일까지 국내에서는 도축

---

9) 수원지방법원 2011.2.10. 선고 2010가합14646 판결.

10) 대구지방법원 2008.11.19. 자 2008카합481 결정.

후 유통·판매영업을 할 수 없게 되었다. 즉, 대상판결에서 대법원은 상법 제41조 제1항에서 경업이 금지되는 대상으로서의 동종영업은 양도된 영업과 경쟁관계가 발생할 수 있는 영업을 의미한다고 보아야 하며, 경업금지지역은 영업양도인의 통상적인 영업활동이 이루어지던 지역을 기준으로 정하여야 한다고 판시하였다. 따라서 대상판결은 영업양도인의 경업금지의무를 넓게 적용함으로써 외견적으로는 영업양수인의 보호에 경도되어 있다.

(권재열)

영업양도와 상호속용인의 책임

대법원 2010.9.30. 선고 2010다35138 판결

Ⅰ. 판결개요

1. 사실관계

소외 A회사는 1999. 5. 13.경 설립된 회사로서 '문화, 예술 이벤트, 기획 및 설치, 경영관리업'과 '평생교육 및 지식, 인력 개발사업' 등을 사업목적으로 하고 있다. 소외 회사는 2008. 4. 이전부터 X로부터 부동산을 임차하여 그곳에서 2008. 7.경까지 "서울종합예술원"이라는 명칭으로 평생교육법상 평생교육시설을 운영하였는데, 2009. 3. 10. 기준으로 X에 대하여 2008. 5. 1.부터 2008. 6. 13.까지의 임대료 및 연체이자 58,458,340원 및 2008. 4., 5., 6. 관리비 및 연체이자 57,410,510원 등 합계 115,868,850원을 지급하지 아니하고 있다. 그러던 중 A회사는 2008. 10. 1. Y회사와 사이에 Y회사가 A회사의 전·현직 교수 및 교직원들에 대한 급여 등 총 2,193,644,040원의 채무를 변제하는 조건으로 이 사건 교육시설을 Y회사에 양도하기로 하는 내용의 사업양도양수계약을 체결하였다. Y회사는 이 사건 계약 이후 위 그 장소에서 계속 "서울종합예술원"이라는 명칭을 사용하여 이 사건 교육시설을 운영하다가 2009. 3. 5.경 그 명칭을 "한국공연예술교육원"으로 바꾸어 운영하고 있다.

X는 Y회사가 A회사의 X에 대한 임대료 및 관리비 등 채무 115,868,850원 상당을 인수하였고, 그렇지 않더라도, Y회사는 소외회사로부터 영업을 양수하면서 "서울종합예술원"이라는 상호를 속용하였으므로 상법 제42조 제1항에 따라 이 사건 채무를 변제하여야 한다고 주장한다. Y는 이에 대하여 A의 채무를 인수한 사실이 없고 또한, 이 사건 교육시설은 영리를 목적으로 하지 아니하는 평생교육시설이므로 상법상 영업양도 규정이 적용될 수는 없다고 주장한다. 원심은 상호속용에 따른 Y의 책임을 인정하였고 Y가 상고하였다. 대법원은 상고를 기각하였다.

2. 판결요지

영업양도가 있다고 볼 수 있는지의 여부는 양수인이 유기적으로 조직화된 수익의 원천으로서의 기능적 재산을 이전받아 양도인이 하던 것과 같은 영업적 활동을 계속하고 있다고 볼 수 있는지의 여부에 따라 판단되어야 한다. 교육시설의 양도계약이 체결된 시점에 영업양도가 있었던 것이 아니라 양수인이 관할 교육청에 위 교육시설의 설치자 지위를 승계하였음을 이유로 한 설치자 변경신고를 하여 그 변경신고가 수리된 시점에 위 교육시설을 양도받아 양도인이 하던 것과 같은 영업적 활동을 개시하였다고 봄이 상당하다. 상법 제42조 제1항에 의하여 상호를 속용하는 영업양수인이 변제책임을 지는 양도인의 제3자에 대한 채무는 양도인의 영업으로 인한 채무로서 영업양도 전에 발생한 것이면 족하고, 반드시 영업양도 당시의 상호를 사용하는 동안 발생한 채무에 한하는 것은 아니다.

양수인에 의하여 속용되는 명칭이 상호 자체가 아닌 옥호(屋號) 또는 영업표지인 때에도 그것이 영업주체를 나타내는 것으로 사용되는 경우에는 영업상의 채권자가 영업주체의 교체나 채무승계 여부 등을 용이하게 알 수 없다는 점에서 일반적인 상호속용의 경우와 다를 바 없으므로, 양수인은 특별한 사정이 없는 한 상법 제42조 제1항의 유추적용에 의하여 그 채무를 부담한다. 교육시설인 '서울종합예술원'의 영업을 양도받아 그 명칭을 사용하여 같은 영업을 계속한 양수인에 대하여 상법 제42조 제1항의 유추적용에 의한 책임을 인정한다.

3. 관련판례

(1) 대법원 2008.4.11. 선고 2007다89722 판결

물적 설비 및 인적 조직으로 구성된 영업조직을 그대로 양수한 것을 이 부분에 관한 영업양수로 본 것은 정당하다고 한 경우.

(2) 대법원 2005.7.22. 선고 2005다602 판결

유기적으로 조직화된 수익의 원천으로서의 기능적 재산을 그 동일성을 유지시키면서 일체로서 양도받았다고 볼 수 없으므로, 상법상 영업양도를 인정할 수 없다고 한 경우.

(3) 대법원 1991.11.12. 선고 91다12806 판결

영업양도의 경우 양도인과 종업원 사이의 근로계약관계는 포괄적으로 양수인에게 승계된다고 한 경우.

(4) 대법원 2023.12.7. 선고 2020다225138 판결

상법 제42조 제1항에 기한 영업양수인의 책임은 당사자의 의사나 인식과 관계없이 발생하는 법정 책임으로서, 상호를 속용하는 영업양수인은 상법 제42조 제1항에 의하여 영업양도인의 채권자에 대한 영업상 채무를 중첩적으로 인수하게 된다. 영업양도인의 영업으로 인한 채무와 상호를 속용하는 영업양수인의 상법 제42조 제1항에 따른 채무는 같은 경제적 목적을 가진 채무로서 서로 중첩되는 부분에 관하여는 일방의 채무가 변제 등으로 소멸하면 다른 일방의 채무도 소멸하는 이른바 부진정연대의 관계에 있다.

따라서 채권자가 영업양도인을 상대로 소를 제기하여 확정판결을 받아 소멸시효가 중단되거나 소멸시효 기간이 연장된 뒤 영업양도가 이루어졌다면 그와 같은 소멸시효 중단이나 소멸시효 연장의 효과는 상호를 속용하는 영업양수인에게 미치지만, 채권자가 영업양도가 이루어진 뒤 영업양도인을 상대로 소를 제기하여 확정판결을 받았다면 영업양도인에 대한 관계에서 소멸시효가 중단되거나 소멸시효 기간이 연장된다고 하더라도 그와 같은 소멸시효 중단이나 소멸시효 연장의 효과는 상호를 속용하는 영업양수인에게 미치지 않는다.

(5) 대법원 2022.4.28. 선고 2021다305659 판결

[1] 상호를 속용하는 영업양수인의 책임을 정하고 있는 상법 제42조 제1항은, 일반적으로 영업상 채권자의 채무자에 대한 신용은 채무자의 영업재산에 의하여 실질적으로 담보되어 있는 것이 대부분인데도 실제 영업양도가 이루어지면서 채무인수가 제외된 경우에는 채권자의 채권이 영업재산과 분리되게 되어 채권자를 해치게 되는 일이 일어나므로 채권자에게 채권추구의 기회를 상실시키는 것과 같은 영업양도의 방법, 즉 채무를 인수하지 않았음에도 불구하고 상호를 속용함으로써 영업양도의 사실이 대외적으로 판명되기 어려운 방법 또는 영업양도에도 불구하고 채무인수가 이루어지지 않은 사실이 대외적으로 판명되기 어려운 방법 등이 채용된 경우에 양수인에게도 변제의 책임을 지우기 위하여 마련된 규정이다. 양수인에 의하여 속용되는 명칭이 상호 자체가 아닌 옥호 또는 영업표지인 때에도 그것이 영업주체를 나타내는

것으로 사용되는 경우에는 채권자가 영업주체의 교체나 채무인수 여부 등을 용이하게 알 수 없다는 점에서 일반적인 상호속용의 경우와 다를 바 없으므로, 양수인은 특별한 사정이 없는 한 상법 제42조 제1항의 유추적용에 의하여 그 채무를 부담한다.

[2] 상호를 속용하는 영업양수인의 책임은 어디까지나 채무인수가 없는 영업양도에 의하여 채권추구의 기회를 빼앗긴 채권자를 보호하기 위한 것이므로, 영업양도에도 불구하고 채무인수 사실이 없다는 것을 알고 있는 악의의 채권자에 대하여는 상법 제42조 제1항에 따른 책임이 발생하지 않고, 채권자가 악의라는 점에 대한 주장·증명책임은 그 책임을 면하려는 영업양수인에게 있다. 나아가 채권자 보호의 취지와 상법 제42조 제1항의 적용을 면하기 위하여 양수인의 책임 없음을 등기하거나 통지하는 경우에는 영업양도를 받은 후 지체 없이 하도록 규정한 상법 제42조 제2항의 취지를 종합하면, 채권자가 영업양도 당시 채무인수 사실이 없음을 알고 있었거나 그 무렵 알게 된 경우에는 영업양수인의 변제책임이 발생하지 않으나, 채권자가 영업양도 무렵 채무인수 사실이 없음을 알지 못한 경우에는 특별한 사정이 없는 한 상법 제42조 제1항에 따른 영업양수인의 변제책임이 발생하고, 이후 채권자가 채무인수 사실이 없음을 알게 되었다고 하더라도 이미 발생한 영업양수인의 변제책임이 소멸하는 것은 아니다.

Ⅱ. 판결의 평석

1. 판결의 의의

대상판결은 상법 제42조 제1항이 정한 상호속용 영업양수인의 책임과 관련하여 문제되는 영업, 영업의 양도, 상호속용의 개념과 관련하여 종전의 입장을 확인하고 있다. 영업양도는 양수인이 유기적으로 조직화된 수익의 원천으로서의 기능적 재산을 이전받아 양도인이 하던 것과 같은 영업적 활동을 계속하고 있다고 볼 수 있는지의 여부에 따라 판단되어야 한다고 하면서, 교육시설의 영업양수도 영업양도의 개념에 포함시킨다. 또한 양수인이 양도인의 상호가 아니라 영업표지나 옥호 등을 사용하는 경우에도 영업양수인의 책임을 인정한다. 대상판결은 타당한 것으로 보인다.

2. 영업양도

(1) 영업양도의 의의

영업양도에서의 영업은 객관적 의의의 영업을 의미한다. 객관적 의의의 영업이란 "영업을 위하여 조직화된 한 덩어리의 재산으로서 이와 관련된 재산적 가치 있는 사실관계를 포함한다"고 볼 수 있다. 따라서 객관적 의의의 영업은 영업에 바쳐진 개개의 재산 또는 그 전체를 말하는 영업용 재산과 구별된다.

(2) 영업양도의 법적 성질

영업양도의 법적 성질에 대하여는, 영업양도의 대상을 영업재산 등 물적 요소에 중점을 두는 양도처분설(이는 다시 영업양도의 대상을 객관적 의의의 영업이라고 보는 영업재산양도설, 재산적 가치 있는 사실관계라고 보는 영업조직양도설 및 유기체로 보는 영업유기체양도설이 있음), 인적 요소에 중점을 두는 지위교체설 및 물적 요소와 인적 요소의 양자에 중점을 두는 절충설이 있다.

그런데 통설은 양도처분설 중 영업재산양도설인데, 이 설에 의하여 영업양도를 정의하면 "영업의 동일성을 유지하면서 객관적 의의의 영업(영업용 재산과 가치 있는 사실관계가 합하여 이루어진 조직적 · 기능적 재산으로서의 영업재산의 일체)의 이전을 목적으로 하는 채권계약"이라고 볼 수 있다.[1] 따라서 영업양도는 개개의 영업용 재산 또는 단순한 영업용 재산의 전부의 양도와 구별된다. 또한 영업양도는 소유관계에 변동을 가져오는 것이므로, 영업의 소유관계에 변동을 가져오지 않고 경영관계에서만 변동을 가져오는 영업의 임대차나 경영위임과는 구별된다. 또한 영업양도는 양도인과 양수인의 두 당사자가 체결하는 채권계약인 점(개인법상의 법현상)에서 상법의 특별규정에 의하여 그 법률상의 효력이 발생하는 회사의 합병(단체법상의 법현상)과는 근본적으로 구별된다.

판례는 일반적으로 영업양도가 있다고 볼 수 있는지의 여부는 양수인이 유기적으로 조직화된 수익의 원천으로서의 기능적 재산을 이전받아 양도인이 하던 것과 같은 영업적 활동을 계속하고 있다고 볼 수 있는지의 여부에 따라 판단되어야 한다고 본다.[2]

---

1) 정찬형, 상법강의(상), 박영사, 2011, 165면. 따라서 영업양도는 개개의 영업용 재산 또는 단순한 영업용 재산의 전부의 양도와 구별된다. 또한 영업양도는 소유관계에 변동을 가져오는 것이므로, 영업의 소유관계에 변동을 가져오지 않고 경영관계에서만 변동을 가져오는 영업의 임대차나 경영위임과는 구별된다.

2) 대법원 1998.4.14. 선고 96다8826 판결; 대법원 2005.7.22. 선고 2005다602 판결 등. 영업양도가 아니라고 하였던 판례들을 보면 대법원 1995.7.25. 선고 95다7987 판결에서는 이러한 입장에서 운수업자가 운수업을 폐지하는 자로부터 그 소속 종업원들에 대한 임금 및 퇴직금 등 채무를 청산하기로 하고 그 운수사업의

(3) 상법총칙과 회사법의 영업양도의 의의

상법총칙과 회사법에서의 영업양도의 의의가 동일한지 여부에 대하여, 양자의 입법목적이 다르므로 동일하게 해석할 필요가 없다고 보는 실질설(영업용 재산 또는 중요재산만의 양도가 영업양도에 해당되지 않을지라도 주주총회의 특별결의를 요한다고 보는 설)도 있으나, 법해석의 통일성·안정성에서 양자를 동일하게 해석하여야 한다고 보는 형식설(영업양도에 해당하지 않는 영업용 재산 또는 중요재산만의 양도에는 주주총회의 특별결의를 요하지 않는다고 보는 설)이 있는데, 형식설은 주주 등의 보호에 문제가 있고 실질설은 같은 상법상의 영업양도의 개념을 다르게 해석한다는 점에서 문제가 있다고 본다. 따라서 원칙적으로 형식설에 의하여 주주 등의 이익을 보호하기에 적당하지 않는 영업용 재산 또는 중요재산만의 양도라 하더라도 그것이 '영업을 양도하거나 폐지한 것과 같은 결과를 가져오는 경우'에는 영업양도에 관한 규정을 유추적용하여야 할 것으로 본다(절충설).

그러나 회사법에서 규정하고 있는 영업의 일부양도의 개념은 상법총칙에서는 인정되지 않는다고 보아야 할 것이다.

(4) 교육시설의 승계가 영업양도에 해당하는지 여부

판례가 말하는 유기적 일체로서의 기능적 재산이란 영업을 구성하는 유형·무형의 재산과 경제적 가치를 갖는 사실관계가 서로 유기적으로 결합하여 수익의 원천으로 기능한다는 것과 이와 같이 유기적으로 결합한 수익의 원천으로서의 기능적 재산이 마치 하나의 재화와 같이 거래의 객체가 된다는 것을 뜻하는 것이므로, 영업양도가 있다고 볼 수 있는지의 여부는 "양수인이 유기적으로 조직화된 수익의 원천으로서의 기능적 재산을 이전받아 양도인이 하던 것과 같은 영업적 활동을 계속하고 있다고 볼 수 있는지의 여부에 따라 판단되어야 한다"는 판단기준이 가장 적확한 것이라고 볼 수 있다.

그렇다면 영업시설이 아닌 교육시설의 승계가 영업양도의 대상이 될 수 있는가? Y는 회사로서 교육시설을 운영하는 행위 또한 회사가 하는 행위로서, 상법 제5조 제

면허 및 운수업에 제공된 물적시설을 양수한 후, 폐지전 종업원 중 일부만을 고용한 경우, 그러한 사정만으로는 영업양도라고 볼 수 없다고 하였으며, 대법원 1988.1.19. 선고 87다카1295 판결에서 상인이 거액의 부도로 영업이 폐지된 후에 상호만을 양수한 후 동일한 영업장소에서 일부 종업원을 계속 고용하여 영업을 하였을 뿐 영업설비 등 유체동산을 제3자로부터 새로이 매수하고 공장건물에 대한 임대차계약을 별도로 체결하였으며, 영업조직체로서 가장 중요한 기존의 내리점도 새로이 각 대리점계약을 체결하여 구축한 경우에는 그 영업은 유기적 일체로서 동일성을 유지하며 이른바 영업양도의 방식에 의하여 양수한 것으로 볼 수 없고 그 영업이 폐지된 후 재산적 가치가 기대되는 상호만을 양수한 것으로 봄이 상당하다고 판시하였다.

2항은 회사는 상행위를 하지 아니하더라도 상인으로 본다고 규정하고, 상법 제47조 제1항은 상인이 영업을 위하여 하는 행위는 상행위로 본다고 규정하고 있으며, 같은 조 제2항은 상인의 행위는 영업을 위하여 하는 것으로 추정한다고 규정하는 점에 비추어 보면, Y회사가 교육시설을 운영하는 행위는 최소한 상인이 영업을 위하여 하는 것으로 추정되는 보조적 상행위이므로 그 교육시설은 영업용 재산에 해당하고, 따라서 이를 양도하는 것은 영업양도에 해당한다고 보는 대상판결은 옳다.

3. 영업양도와 상호속용인의 책임

(1) 의 의

상법은 영업양도가 있은 후에 양도인의 채권자 및 채무자를 보호하기 위하여 양수인에게 일정한 책임을 부과하는 규정을 두고 있다(상법 제42조 내지 제45조). 그리고 양도인의 채권자를 보호하는 규정에서는 양수인이 양도인의 상호를 속용하는 경우와 속용하지 않는 경우로 나누어 규정하고 있다. 양도인이 영업을 양수인에게 양도하는 경우에는 당연히 양도인의 제3자(채권자)에 대한 채무도 이전되어야 하는데, 실제로 채무이전을 하지 않았으면서 채무이전을 한 것과 같은 외관을 야기한 경우에는 외관법리에 의하여 양수인의 변제책임을 인정하고 있다(상법 제42조 제1항, 제44조). 즉 양수인이 양도인의 상호를 속용하는 경우에는 양도인의 영업으로 인한 제3자의 채권에 대하여 양수인도 변제할 책임이 있다(상법 제42조 제1항). 다만 양도인과 양수인 간에 면책적 채무인수를 한 경우에는 상법 제42조는 적용될 여지가 없고 당사자들의 변제책임은 그 약정에 의한다. 이 경우 양수인이 양도인의 채권자에 대하여 변제책임을 부담하는 경우에는, 양도인의 채무는 영업양도 또는 광고후 2년이 경과하면 소멸한다(상법 제45조).[3)]

(2) 취 지

상호를 속용하는 영업양수인에게 양도인의 영업으로 인한 채무에 대하여도 변제할 책임이 있다고 규정하는 것은, 일반적으로 채무자의 영업상 신용은 채무자의 영업재산에 의하여 실질적으로 담보되는 것이 대부분인데 채무가 승계되지 아니함에도 상호를 계속 사용함으로써 채무의 승계가 이루어지지 않은 사실이 대외적으로 판명되기 어렵게 되어 채권자가 채권 추구의 기회를 상실하는 경우 양수인에게도 변제의

3) 하지만 양도인과 양수인 간에 중첩적 채무인수가 있은 경우에는 당사자의 의사를 존중하여 양도인의 채무가 2년의 경과로 인하여 소멸되지 않는다고 본다.

책임을 지우기 위한 것이라 한다.[4)]

(3) 상호가 아니라 옥호 또는 영업표지를 속용한 경우

이 사건에서 영업양수인에 해당하는 Y회사는 A회사의 상호인 A를 속용한 것이 아니라 교육시설에 해당하는 영업표지 또는 옥호인 '서울종합예술원'이라는 명칭만을 속용한 것으로 이 경우에도 상호속용인으로서의 상법 제42조의 책임을 부담하는가의 문제이다. 과거 판례는 영업양도인이 사용하던 상호와 양수인이 사용하는 상호가 동일할 것까지는 없고, 다만 전후의 상호가 주요 부분에 있어서 공통되기만 하면 상호를 계속 사용한다고 보아, 상호 속용에 따른 영업양수인의 책임을 인정하였다.[5)] 같은 취지에서 상법 제42조 제1항에서 말하는 상호의 계속사용은 일반적으로 영업양도인이 사용하던 상호와 그 양수인이 사용하는 상호가 전혀 동일할 필요까지는 없고, 다만 전후의 상호가 주요부분에 있어서 공통되기만 하면 된다고 보았다.[6)] 이러한 점에서 양수인에 의하여 속용되는 명칭이 상호가 아니어도 영업주체를 나타내는 것으로 사용되는 경우 영업상의 채권자가 영업주체의 교체나 채무승계 여부 등을 쉽게 알 수 없다는 점에서 상호속용의 경우와 다를 바 없으므로, 양수인은 상법 제42조 제1항의 유추적용에 의하여 그 채무를 부담한다고 보는 판례의 입장은 정당한 것으로 평가한다.

(4) 효 과

영업양수인이 일단 상호를 계속 사용한다고 인정되면 그것으로 곧 상법 제42조 제1항에 의한 영업양수인의 책임이 확정적으로 발생하게 되고, 그 속용의 기간이 단기라거나 또는 일단 영업양수인의 책임이 생긴 이상, 후에 상호속용을 중지하였다 하더라도 그 책임이 소멸되는 것은 아니다. 대상판결에서도 교육시설의 설치자 변경신고가 수리된 2008. 11. 19.경에는 Y가 A로부터 교육시설을 양도받아 영업적 활동을 개시하였다고 보고, X의 Y에 대한 채권이 그 이전에 발생한 것인 이상 상법 제42조 제1항에 의하여 청구할 수 있다는 판례의 입장은 정당하다. 이 경우 Y는 A의 영업으로 인하여 발생된 채무에 대하여 책임을 지는 것인데, 이 채무는 영업상 활동과 관련

---

4) 대법원 1989.12.26. 선고 88다카10128 판결; 대법원 1998.4.14. 선고 96다8826 판결 등.

5) 대법원 1989.12.26. 선고 88다카10128 판결에서 영업양도인이 사용하던 상호인 '주식회사 파주레미콘'과 영업양수인이 사용한 상호인 '파주콘크리트 주식회사'는 주요 부분에서 공통된다고 보아 양수인의 책임을 인정하였다.

6) 대법원 1989.12.26. 선고 88다카10128 판결.

하여 발생한 모든 채무 기타 부담을 의미하는 것으로 대상 채권은 이에 포함된다. 또한 그러한 채무 이면 계약 당시 변제기에 도래하지 않은 것에 대하여도, 또한 양수인 Y가 그 존재를 알지 못하였던 채무에 대하여도 책임을 지게 되는 것이다.[7)]

(장덕조)

7) 대법원 1989.3.28. 선고 88다카12100 판결; 대법원 1995.8.22. 선고 95다12231 판결. 영업양도인이 자연인인 상인인 경우에도 그의 채무는 상법 제47조 제2항에 의하여 일응 영업상의 채무라고 추정된다.

상호속용 영업임차인에 대한 상법 제42조 유추 여부

대법원 2016.8.24. 선고 2014다9212 판결

Ⅰ. 판결개요

1. 사실관계

Y는 주식회사 도암녹천골프센터("도암녹천골프")로부터 이 사건 골프연습장의 영업을 임차하였다. 구체적으로 Y는 자신을 사업주로 하여 '도암녹천골프 아카데미'라는 상호로 사업자등록을 하고, 스스로 골프연습장 운영에 필요한 자금을 조달하고 비용, 세금, 공과금을 지급하며, 비용 등을 공제한 후의 잔액을 Y의 수익으로 하고, 도암녹천골프에 대하여는 매월 5,000만원을 지급하였다.

X는 도암녹천골프에 대한 채권자인바, Y를 상대로 상법 제42조 제1항 소정의 상호속용 영업양수인의 책임을 묻는 본건 소를 제기하였다.

원심은 영업임대차의 경우에도 영업양도에 관한 상법 제42조 제1항의 유추적용된다고 보아 원고의 청구를 인용하였다. 반면 대법원은 아래와 같이 원심을 파기하였다.

2. 판결요지

타인의 채무에 대한 변제책임이 인정되는 것은 채무인수와 같이 당사자가 스스로의 결정에 따라 책임을 부담할 의사를 표시한 경우에 한정되는 것이 원칙이고, 예외적으로 법률의 규정에 의하여 당사자의 의사와 관계없이 타인의 채무에 대한 변제책임이 인정될 수 있으나, 그러한 법률규정을 해석·적용할 때에는 가급적 위와 같은 원칙들이 훼손되지 않도록 배려하여야 하고 특히 유추적용 등의 방법으로 그 법률규정들을 확대적용하는 것은 신중히 하여야 한다.

상법 제42조 제1항은, 일반적으로 영업상의 채권자의 채무자에 대한 신용은 채무자의 영업재산에 의하여 실질적으로 담보되어 있는 것이 대부분인데도 실제 영업의 양도가 이루어지면서 채무의 승계가 제외된 경우에는 영업상의 채권자의 채권이 영업재산과 분리되게 되어 채권자를 해치게 되는 일이 일어나므로, 이러한 채권자를 보호하기 위하여 양도인의 상호를 계속 사용함으로써 대외적으로 영업양도 사실이나 채무의 승계가 이루어지지 아니한 사실을 알기 어렵게 하여 양도인의 채권자로 하여금 채권추구의 기회를 상실하도록 한 양수인에게 책임을 물어 타인인 양도인의 채무에 대한 변제의 책임을 지우기 위하여 마련한 규정이다.

그런데 영업임대차의 경우에는 상법 제42조 제1항과 같은 법률규정이 없을 뿐만 아니라, 영업상의 채권자가 제공하는 신용에 대하여 실질적인 담보의 기능을 하는 영업재산의 소유권이 재고상품 등 일부를 제외하고는 모두 임대인에게 유보되어 있고 임차인은 사용 · 수익권만을 가질 뿐이어서 임차인에게 임대인의 채무에 대한 변제책임을 부담시키면서까지 임대인의 채권자를 보호할 필요가 있다고 보기 어렵다. 여기에 상법 제42조 제1항에 의하여 양수인이 부담하는 책임은 양수한 영업재산에 한정되지 아니하고 그의 전 재산에 미친다는 점 등을 더하여 보면, 영업임대차의 경우에 상법 제42조 제1항을 그대로 유추적용할 것은 아니다.

3. 관련판례

(1) 대법원 1989.12.26. 선고 88다카10128 판결

상호를 속용하는 영업양수인의 책임은 어디까지나 채무승계가 없는 영업양도에 의하여 자기의 채권추구의 기회를 빼앗긴 채권자를 보호하기 위한 것이므로 영업양도에도 불구하고 채무인수의 사실 등이 없다는 것을 알고 있는 악의의 채권자가 아닌 한 당해 채권자가 비록 영업의 양도가 이루어진 것을 알고 있었다 해도 보호의 적격자가 아니라고 할 수는 없다.

(2) 대법원 2020.2.6. 선고 2019다270217 판결

상법 제42조 제1항은 영업양수인이 양도인의 상호를 계속 사용하는 경우 양도인의 영업으로 인한 제3자의 채권에 대하여 양수인도 변제할 책임이 있다고 규정함으로써 양도인이 여전히 주채무자로서 채무를 부담하면서 양수인도 함께 변제책임을 지도록 하고 있으나, 위 규정이 영업양수인이 양도인의 영업자금과 관련한 피보증인의 지위까지 승계하도록 한 것이라고 보기는 어렵고, 영업양수인이 위 규정에 따라

책임지는 제3자의 채권은 영업양도 당시 채무의 변제기가 도래할 필요까지는 없다고 하더라도 그 당시까지 발생한 것이어야 하고, 영업양도 당시로 보아 가까운 장래에 발생될 것이 확실한 채권도 양수인이 책임져야 한다고 볼 수 없다.

Ⅱ. 판결의 평석

1. 사안의 쟁점

사안에서 먼저 문제된 것은 Y가 골프연습장을 경영하게 된 법적 형태가 영업임대차인지 경영위임인지 여부였다. 법원은 이를 영업임대차로 판단하였는바, 그 다음으로 문제된 것이 상호속용 영업양수인의 책임에 관한 상법 제42조 제1항이 영업임대차에 유추적용될 것인지의 문제였다. 위 쟁점들을 순차로 살펴보기로 한다.

2. 경영위임과 영업임대차

경영위임과 영업임대차는 경영을 맡기는 회사(사안에서는 도암녹천골프)의 입장에서 볼 때 주주총회의 특별결의를 필요로 한다는 점에서 유사한 점이 있다(상법 제374조 제1항). 원래의 영업주체가 영업을 처분하는 것은 아니라는 점도 동일하다. 다만 경영위임은 수임인이 위임자로부터 포괄적인 대리권을 수여받아 위임자의 명의로 대외적인 행위를 하는 것이지 자신의 영업을 하는 것은 아니라는 점에서 영업임대차와 구분된다.[1] 이에 따라 영업활동의 손익이 모두 위임회사에 귀속된다.

본건이 경영위임으로 구성된다면 본인인 위임회사의 기존 채무에 대하여 대리인인 Y의 책임을 물을 수 없는 것은 자명하다. 얼핏 보면 영업임대차는 임차인 스스로의 이익을 위하여 해당 영업을 인수, 운영하는 것이므로 영업양수도와 유사하게 보일 수도 있다.

대법원은 Y가 골프연습장 운영에 필요한 자금을 조달하고, 비용, 세금, 공과금을 지급하며, 비용 등을 공제한 후의 잔액을 피고의 수익으로 하는 대신, 도암녹천골프에 매월 5,000만원을 지급하기로 한 점과 피고 스스로 사업주로 사업자등록을 한 점을 들어 단순한 경영위임이 아니라 영업임대차에 해당한다고 보았다.

다만 아래에서 보듯이 영업임대차로 보더라도 임차인에게 상법 제42조 제1항의

---

1) 권기범, 기업구조조정법(제4판), 삼영사, 2011, 590면.

유추적용되지 않는 것이 되어, 결과적으로 경영위임인지 영업임대차인지 여부가 Y의 책임 유무에 큰 영향을 미치지는 않았다.

3. 상호속용 영업임차인의 책임

사안에서 영업임대인의 상호인 "주식회사 도암녹천골프센터"와 Y가 사용한 "도암녹천골프 아카데미"라는 상호는 중요한 부분에서 동일하기 때문에[2] 상호의 속용이 있다는 점에는 큰 다툼이 없었다. 또한 이전의 대상이 영업이라는 점, 즉 영업목적을 위하여 조직화된 유기적 일체로서의 기능재산의 동일성을 유지하면서 일괄이전되었다는 점에 대하여도 큰 다툼이 없었다. 문제는 상호속용자의 책임의 관점에서 볼 때 영업양수와 영업임대차를 유사하게 취급할 것인지의 문제이다.

(1) 상호속용 영업양수인 책임의 이론적 근거

상법 제42조 제1항의 법적 성격에 관하여는 크게 ① 외관책임설과 ② 책임재산설의 두 이론이 있다.[3] 외관책임설은 영업양수인이 채무를 인수한 외관을 창출한 점에 대하여 부진정연대책임을 부담한다고 본다. 반면 책임재산설은 영업상 채무는 영업재산에 의해 담보되는 것이므로 상호와 함께 영업을 양도받은 양수인이 그 양수받은 재산으로 양도인의 채무에 대해 책임져야 한다고 본다.

대법원은 영업양도 사실을 알았음에도 채무불인수 사실은 몰랐던 채권자인 경우 여전히 상법 제42조 제1항을 주장할 수 있다고 본다.[4] 이러한 법원의 태도는 외관책임설과 책임재산설 어느 쪽에 의하더라도 설명이 가능하다.

(2) 영업임대차의 경우: 사안의 검토

외관책임설에서 볼 때 영업임차인의 부진정연대책임이 인정될 소지가 있다. 외부에서 볼 때 영업양도와 영업임대차는 구분하기 어렵고 따라서 마찬가지의 외관법리가 적용되어야 한다는 접근이 가능한 것이다. 반면 책임재산설에 의하면 결론은 간단하다. 영업임대차의 경우 책임재산이 축소되는 일 자체가 발생하지 않으므로 상법 제42조 제1항과는 무관한 것이 된다.

---

2) 대법원 1989.12.26. 선고 88다카10128 판결은 "상호의 계속사용은 일반적으로 영업양도인이 사용하던 상호와 그 양수인이 사용하는 상호가 전혀 동일할 필요까지는 없고, 다만 전후의 상호가 주요부분에 있어서 공통되기만 하면 된다"고 판시한 바 있다.

3) 상세한 설명에 관하여는 김정호, 상법총칙 · 상행위(제2판), 홍문사, 2016, 168면.

4) 대법원 1989.12.26. 선고 88다카10128 판결.

원심판결은 상법 제42조 제1항을 유추적용함으로써 외관책임설에 기우는 듯한 판단을 하였다. 대법원은 이를 파기하면서 영업재산의 담보기능을 강조함으로써 일응 책임재산설에 터 잡은 듯한 설시를 하였다. 다만 상법 제42조 제1항의 보호범위를 명확히 한정한 부분은 외관책임설에 의하면서 그 한계를 설정한 것으로 이해될 수 있어서, 선뜻 두 학설 중 어느 학설에 의했다고 단정하기는 어렵다.

4. 판결의 의의

이 판결은 상법 제42조 제1항의 적용범위를 명확히 한 점에서 의의가 있다. 영업임대차의 경우 그 적용범위 밖이라고 본 결론은 타당하다. 일반론으로서 판례가 지적하였듯이 당사자의 의사와 무관하게 채무를 부담시키는 법조항은 제한적으로 해석하여야 한다. 구체적인 측면으로, 영업양수인도 아니고 영업임차인의 입장에서 단순히 상호를 그대로 사용했다는 이유로 영업임대인의 기존채무에 대해 (무제한적으로) 연대책임을 부담하라는 것은 지나치게 가혹한 결과가 될 것이다.

(노혁준)

영업출자에 대한 영업양수인의 변제책임조항의 유추적용

대법원 1995.8.22. 선고 95다12231 판결

Ⅰ. 판결개요

1. 사실관계

비법인 사업체인 '협성산업'(X)의 대표이던 A는 산재사고 발생 후에 협성산업의 영업을 현물출자하여 '주식회사 협성'(Y)을 설립하고 그 대표이사가 되었다. 산재사고의 피해자인 B는 주식회사 협성(Y)을 상대로 사용자책임의 이행을 구하였다.

2. 판결요지

영업을 출자하여 주식회사를 설립하고 그 상호를 계속 사용하는 경우에는, 영업의 양도는 아니지만 출자의 목적이 된 영업의 개념이 동일하고 법률행위에 의한 영업의 이전이란 점에서 영업의 양도와 유사하며 채권자의 입장에서 볼 때는 외형상의 양도와 출자를 구분하기 어려우므로, 새로 설립된 법인은 상법 제42조 제1항의 규정의 유추적용에 의하여 출자자의 채무를 변제할 책임이 있다.

3. 관련판례

(1) 대법원 1996.7.9. 선고 96다13767 판결

상법 제42조 제1항의 규정의 유추적용에 의하여 출자자의 채무를 변제할 책임이 있고, 여기서 말하는 영업의 출자라 함은 일정한 영업목적에 의하여 조직화된 업체 즉 인적·물적 조직을 그 동일성을 유지하면서 일체로서 출자하는 것을 말한다.

(2) 대법원 2009.9.10. 선고 2009다38827 판결

영업을 출자하여 주식회사를 설립하고 그 상호를 계속 사용함으로써 상법 제42조 제1항의 규정이 유추적용되는 경우에는 상법 제45조(영업양수인의 책임의 존속기간)의 규정도 당연히 유추적용된다.

Ⅱ. 판결의 평석

1. 쟁점사항

위 사안에서 B에 대하여 사용자책임(민법 제756조)을 져야 할 자는 원래 X인데, 그 책임을 이행하지 않은 채 그 영업을 현물출자하여 Y주식회사를 설립한 경우, B는 Y를 상대로 상법 제42조에 기하여 그 책임을 물을 수 있는지가 다투어지고 있다. 이에 대하여 상법 제42조가 적용되는지의 여부를 판단하기 위해서는, ① Y가 X로부터 그 책임을 인수하였는지, ② 영업을 양도하는 것이 아니라 영업을 출자하는 경우에도 영업양도에 관한 상법 제42조와 관련 조항(상법 제45조 등)을 적용(유추적용)할 수 있는지, ③ 상호의 속용으로 인정될 수 있는지, ④ Y가 면책조치를 취하였는지, ⑤ 채무가 인수되지 않는 사실에 대하여 B의 선의를 요하는지, ⑥ 거래책임이 아닌 사용자책임에 관해서도 상법 제42조를 적용할 수 있는지, ⑦ X와 Y의 B에 대한 책임부담관계를 따져 보아야 한다. 위 판례에서는 ②가 주된 쟁점사항이다.

2. 책임인수 여부

상법상 영업양도는 유기적 일체로서의 기능적 영업재산을 그 동일성을 유지하면서 양도하는 것으로 보는 것이 통설과 판례의 입장이다. 영업의 동일성이 인정되는 한 채무인수나 상호속용의 여부에 상관없이 영업양도로 인정된다. 영업양도의 경우는 특정승계의 방식을 취한다. 따라서 영업양도가 있다고 하여 영업상 채무가 영업양수인에게 당연히 승계되는 것은 아니며, 이를 승계하기 위해서는 민법상 채무인수의 절차(민법 제453조 이하)를 밟아야 한다. 이 점이 적극재산과 소극재산이 포괄적으로 승계되는 합병과 다른 점이다. 위 사안에서는 이러한 채무인수절차를 밟지 않은 것으로 보인다.

3. 영업출자에 대한 상법 제42조의 적용 가부

(1) 상법 제42조에 의한 상호속용 영업양수인의 변제책임

상법 제42조 제1항에서는 영업을 양수하는 자가 양도인의 상호를 속용하는 때에는 영업양도인의 영업상 채무를 인수하지 않는 경우에도 동조 제2항의 면책조치를 취하지 않는 한 영업양도인과 영업양수인이 양도인의 영업양도 전 영업상 채무에 대하여 부진정연대책임을 지는 것으로 하고 있다. 판례와 통설은 이를 외관법리에 의하여 이론구성을 한다. (필자는 상법 제42조의 책임을 전통적인 외관법리에 입각하여 구성하는 것은 옳지 않다고 보고 있으나, 이하에서는 판례와 통설에 따라 서술한다.)

(2) 단순적용인지, 유추적용인지?

① 판례는 영업의 양도가 아닌 영업을 출자하는 경우에도 상법 제42조의 유추적용이 가능하다고 한다. 그 논거로, 영업을 출자하여 상호를 속용하는 경우에는 영업의 양도는 아니지만 출자의 목적이 된 영업의 개념이 동일하고, 법률행위에 의한 영업의 이전이라는 점에서 영업의 양도와 유사하며, 채권자의 입장에서 볼 때 외형상의 양도와 출자를 구분하기 어렵다는 점을 들고 있다.

② 학설은 나뉜다.

(i) 적용부정설은 상법 제42조에 대해 채권자보호를 위해 양수인에게 법률규정에 의해 책임을 확장시키는 예외적인 제도로 보아, 예외적인 규정을 확대해석하는 것은 가급적 피하는 것이 바람직하다는 것을 그 논거로 한다.

(ii) 적용긍정설은 다시 단순적용설과 유추적용설로 구분된다. 단순적용설은 영업을 현물로 출자하는 것은 영업양도에 유사한 것이 아니라 바로 영업양도에 해당하기 때문이라는 것을 그 논거로 들고 있다. 유추적용설은 양도와 출자는 그 법적 성격이 다르므로 상법 제42조의 적용의 필요성이 인정되더라도 단순적용이 아니라 유추적용이라고 한한다.

(iii) 생각건대, 유추적용설이 타당하다고 본다. 그 논거는, '양도'와 '출자'를 준별하는 것이 상법의 기본입장이고, 양도가 개인법적 행위라면 출자는 단체법적 행위로서 그 법적 성격이 다르고, 양도인은 양도의 대가로 금전 등을 받지만 출자자는 신주를 취득하게 되어 그 법적 지위가 상이하여 이에 대한 채권자의 지위에도 영향을 미치게 되므로 양자를 동일한 차원으로 볼 수 없기 때문이다.

4. 상호속용으로 인정되는지 여부

(1) 상법 제42조가 적용 또는 유추적용되기 위해서는 양수인이 양도인의 상호를 속용하여야 한다. 상호의 속용 여부에 관하여, 판례는 사회통념의 관점에서 판단하고, 주요부분에 있어서 공통하기만 하면 된다고 함으로써 상법 제23조에서의 상호의 오인가능성을 판단하는 기준과 동일한 방식에 의하고 있다. 판례는 상호의 동일 여부를 판단함에 있어서 명칭, 영업목적, 영업장소, 이사의 구성이 동일한지 등을 종합하여 영업의 동일성 여부를 판단한다고 한다.[1] 상호가 아닌 옥호나 영업표지를 속용하는 경우에도 그것이 사실상 상호에 유사한 기능을 수행하는 때에는 상법 제42조의 유추적용을 긍정하고 있다.[2]

(2) 위 사안에서 종전 상호인 '협성산업'과 이후의 상호인 '주식회사 협성'은 주요부분인 '협성'에서 공통되므로 사회통념의 관점에서 상법 제42조 제1항에서 요구하는 상호의 속용이 인정된다.

5. Y의 면책의 항변

(1) 상법 제42조 제2항에서는 상호를 속용하는 양수인의 면책방법을 규정하고 있다. 즉, 양수인이 영업양수를 받은 후 지체 없이 양도인의 채무에 대한 책임이 없음을 등기하면 양수인은 면책되고(대세적 면책), 양도인과 양수인이 함께 지체 없이 제3자에 대하여 그 뜻을 통지한 경우 양수인은 그 통지를 받은 제3자에 대하여 면책된다(대인적 면책).

(2) 위 사안에서 Y는 면책의 등기나 면책의 통지를 한 바가 없다. 따라서 Y는 상법 제42조 제2항에 의한 면책의 항변은 허용되지 않는다.

6. 채권자 B의 선의문제

(1) 상법 제42조에서는 상법 제43조에서와는 달리 채권자의 선의에 관하여 아무런 규정이 없어 이를 요하는지 문제된다. 판례와 다수설은 상법 제42조의 책임을 외관법리에 따라 구성함으로써 (i) 상호속용이라는 외관의 존재, (ii) 채권자의 선의의 존재, (iii) 외관에 대한 귀책사유의 존재를 요하고 있다.[3] 여기서 채권자의 선의는 영

---

1) 대법원 1989.3.28. 선고 88다카12100 판결.
2) 대법원 2010.9.30. 선고 2010다35138 판결.
3) 대법원 1989.12.26. 선고 88다카10128 판결(방론부분).

업양도의 사실을 알지 못한 경우와 영업양도의 사실은 알고 있었지만 채무인수가 없었다는 사실을 알지 못한 경우를 포함한다.[4] (그러나 상법 제42조의 책임을 외관책임이 아니고 영업양도에 있어서 채권자 보호와 양도인 · 양수인 · 양수인의 채권자간 강행적 이익조정규범으로서의 기능을 발휘하도록 하기 위한 법정책임이라고 보는 필자의 견해에 의하면, 채권자의 선의는 상법 제42조의 적용요건이 아니라고 본다.)

(2) 판례와 다수설에 의하면, 위 사안에서 Y가 X의 영업상 채무를 인수하지 않은 것에 대하여 B의 선의를 요하고, 채권자가 악의라는 점에 대한 주장 · 증명책임은 상법 제42조 제1항에 의한 책임을 면하려는 양수인(Y)에게 있다고 한다.[5]

7. 사용자책임이 상법 제42조의 적용대상이 될 수 있는지 여부

(1) 상법 제42조 제1항에 의하여 양수인이 변제책임을 지는 대상은 양도인의 영업양도 전 영업으로 인한 채무이다. 영업과 관련성이 있는 것이라면, 거래로 인한 책임에 한하지 않고 불법행위로 인한 손해배상채무나 부당이득으로 인한 반환책임도 그 대상이 된다고 보고 있다.[6]

(2) 위 사안에서 사용자책임은 거래상의 책임은 아니지만 영업출자 전 영업으로 인한 것이기 때문에 상법 제42조의 적용대상이 된다. (원래 외관책임은 거래안전의 보호를 취지로 하기 때문에 그 보호의 대상도 거래상의 책임으로 한정하는 것이 논리적인데도, 판례와 다수설은 상법 제42조에 있어서 거래상의 책임에 한정하지 않고 있다.)

8. X와 Y의 책임부담관계

(1) 상법 제42조의 책임요건을 충족하면 양도인과 양수인은 양도인의 영업상의 채권자에 대하여 부진정연대책임을 진다는 것이 판례와 통설의 입장이다. 양수인이 지는 책임범위는 양수한 재산의 가액으로 한정되는 것이 아니고 양도인과 마찬가지로 무한책임을 진다. 양수인은 양도인이 채권자에 대하여 항변할 수 있는 사유로 대항할 수 있음은 물론이다. 상법 제42조에 의하여 양수인이 채권자에 대하여 변제책임을 지는 경우, 양도인은 영업양도 후 2년이 경과하면 소멸함으로써(상법 제45조), 이후에는 양수인만이 변제책임을 지는 자로 남게 된다.

(2) 위 사안에서 X의 사용자책임은 원래 불법행위가 있은 날로부터 10년 또는 피

---

4) 대법원 2009.1.15. 선고 2007다17123 판결.
5) 대법원 2009.1.15. 선고 2007다17123 판결.
6) 대법원 1989.3.28. 선고 88다카12100 판결.

해자나 그 법정대리인이 그 손해 및 가해자를 안 날로부터 3년의 경과에 의하여 소멸하게 되지만(민법 제766조), 이 기간이 경과하기 이전에도 영업출자 후 2년이 경과하면 출자자의 책임은 소멸한다(상법 제45조). 그 후에는 민법 제766조의 시효기간이 경과하기 전까지 Y만이 책임을 지게 된다.

9. 그 밖의 검토사항

다음 사항에 대해서도 추가적으로 검토해보도록 하자.

(1) 법인격부인론의 적용 가부

(2) 민법상 채권자취소권(민법 제406조)의 행사 가부

판례는 사해적 영업양도의 경우 이는 채권자취소권 행사의 대상이 될 수 있다고 한다.[7] 영업출자의 경우 채권자취소권 행사의 대상이 될 수 있는가에 대해서는 추가적인 검토가 필요하다.

(3) 영업임대차의 경우 상법 제42조의 유추적용 여부

판례는 영업임대차에 대해서는 영업을 출자하는 경우와는 달리 상법 제42조의 유추적용을 부정하고 있다.[8]

(김성탁)

7) 대법원 2015.12.10. 선고 2013다84162 판결.
8) 대법원 2016.8.24. 선고 2014다9212 판결.

영업양도와 채권자취소권

대법원 2015.12.10. 선고 2013다84162 판결

Ⅰ. 판결개요

1. 사실관계[1]

X는 A에 대하여 2011. 6. 7.부터 7. 25.까지 금 2억 5천만원을 대여한 채권자이다. A는 X에 대한 채무를 포함하여 합계 약 6억원의 채무를 부담하고 있었고, 이 사건 마트 영업 외에 별다른 재산이 없었다.

A는 2011. 7. 11. Y와의 사이에 이 사건 마트의 시설물, 비품 일체 및 영업권을 4억원에 양도하는 이 사건 영업양도 계약을 체결하였고, Y는 2011. 8. 1.부터 이 사건 마트를 운영하고 있다.

X는 Y를 상대로 이 사건 영업양도 계약을 X의 피보전채권액인 2억 5천만원의 한도 내에서 취소할 것과 그에 따른 가액배상을 구하는 민법 제406조에 의한 채권자취소소송을 제기하였다. 1심과 원심은 모두 이 사건 영업양도 계약이 사해행위에 해당한다고 보아 원고의 청구를 인용하였다. 대법원도 아래와 같은 근거로 상고를 기각하였다.

2. 판결요지

영업은 일정한 영업 목적에 의하여 조직화된 유기적 일체로서의 기능적 재산이므로, 영업을 구성하는 유형・무형의 재산과 경제적 가치를 가지는 사실관계가 서로 유기적으로 결합하여 수익의 원천으로 기능하고, 하나의 재화와 같이 거래의 객체가 된

1) 상세는 방웅환, "영업양도계약에 대한 사해행위취소 및 원상회복의 범위와 방법", 대법원판례해설 제105호, 법원도서관, 2016, 108면 참조.

다. 그리고 여러 개의 부동산, 유체동산, 그 밖의 재산권에 대하여 일괄하여 강제집행을 할 수 있으므로(민사집행법 제98조 제1항, 제2항, 제197조 제1항, 제251조 제1항 참조), 영업재산에 대하여 일괄하여 강제집행이 될 경우에는 영업권도 일체로서 환가될 수 있다. 따라서 채무자가 영업재산과 영업권이 유기적으로 결합된 일체로서의 영업을 양도함으로써 채무초과상태에 이르거나 이미 채무초과상태에 있는 것을 심화시킨 경우, 영업양도는 채권자취소권 행사의 대상이 된다.

영업양도 후 종래의 영업조직이 전부 또는 중요한 일부로서 기능하면서 동일성을 유지한 채 채무자에게 회복되는 것이 불가능하거나 현저히 곤란하게 된 경우, 채권자는 사해행위취소에 따른 원상회복으로 피보전채권액을 한도로 하여 영업재산과 영업권이 포함된 일체로서의 영업의 가액을 반환하라고 청구할 수 있다.

3. 관련판례

(1) 대법원 1997.11.25. 선고 97다35085 판결

상법 제42조의 영업인 경우 유기적으로 결합한 수익의 원천으로서의 기능적 재산이 마치 하나의 재화와 같이 거래의 객체가 된다는 것을 뜻한다고 봄. 슈퍼마켓의 매장 시설과 비품 및 재고 상품 일체를 매수한 것이 영업양도에 해당한다고 판단함.

(2) 대법원 2014.5.16. 선고 2013다36453 판결

민사집행법리에 의하면 화물자동차 운송사업의 물적시설인 화물자동차가 일괄하여 강제집행될 경우 그에 관한 허가 역시 일체로서 환가될 수 있는바, 화물자동차 운송사업자가 채무초과 상태에서 화물자동차 운송사업을 양도하였다면 이는 특별한 사정이 없는 한 사해행위라고 판단함.

Ⅱ. 판결의 평석

1. 채권자취소권의 행사대상과 범위

(1) 채권자취소권의 행사대상

민법 제406조 제1항의 채권자취소권은 채무자의 일반재산을 부당하게 감소시킨 채무자의 행위 효력을 부인하고 그 행위에 기하여 채무자의 책임재산으로부터 일탈한 것을 원상회복시키는 채권자의 권리이다.[2] 그 요건으로서 ① 취소채권자의 채권이 사해행위 이전에 발생한 것이어야 하고, ② 취소대상은 채무자의 재산권을 목적으로 한 법률행위이고, ③ 위 채무자의 법률행위가 채권자를 해하는 것이어야 하며, ④ 사해행위에 대하여 채무자 및 수익자 또는 전득자의 악의가 있어야 한다. 사안에서 문제된 것은 위 ②의 측면이다.

위 '재산권을 목적으로 한 법률행위' 요건은 채권자취소권의 기능, 즉 채무자의 일반재산 보전에서 볼 때 당연한 것이다. 다만 구체적으로 어떠한 행위가 '재산권'을 목적으로 한 법률행위인지 판단하는 것이 용이하지만은 않다. 일반적으로 대법원은 "사해행위취소권은 채무자와 수익자 간의 사해행위를 취소함으로써 채무자의 책임재산을 보전하는 데 그 목적이 있으므로, 공법상의 허가권 등의 양도행위가 사해행위로서 채권자 취소권의 대상이 되기 위해서는, 행정관청의 허가 없이 그 허가권 등을 자유로이 양도할 수 있는 등으로 그 허가권 등이 독립한 재산적 가치를 가지고 있어 민사집행법 제251조 소정의 '그 밖의 재산권'에 대한 집행방법에 의하여 강제집행할 수 있어야" 한다고 설시하고 있다.[3] 즉 판단기준으로서 강제집행에 따른 환가가능성에 상당한 비중을 두고 있다.

(2) 취소의 범위

사해행위 취소에 따른 원상회복은 목적물 자체를 반환하는 원물반환이 원칙이지만, 그것이 불가능하거나 현저히 곤란한 경우에는 가액배상, 즉 채권자의 피보전채권액 한도에서 취소하고 그 피보전채권액 상당으로 배상하는 방식이 적용된다. 원물반환이 불가능하거나 현저히 곤란한 경우라 함은 사회생활상의 경험법칙 또는 거래상의 관념에 비추어 채권자가 수익자나 전득자로부터 이행의 실현을 기대할 수 없는 경우를 가리킨다.[4]

2. 사안에의 적용: 영업양도에 대한 채권자 취소의 문제점

(1) 채권자취소권의 대상으로서의 영업양도

먼저 문제되는 것은 영업양도를 채권자 취소의 대상으로 삼을 수 있는지 여부이다. 영업양도가 채무자의 재산권을 목적으로 한 법률행위임은 분명하다. 영업양도가

---

2) 양창수 · 김형석, 민법 III: 권리의 보전과 담보, 제2판, 박영사, 2015, 182면.
3) 대법원 2010.4.29. 선고 2009다105734 판결.
4) 대법원 1998.5.15. 선고 97다58316 판결.

개별자산 양도와 다른 점은 유기적으로 결합한 수익의 원천으로서 기능적 재산인 영업이 거래 대상이 된다는 점이다. 하지만 이러한 차이점만을 들어 영업양도를 채권자취소의 대상이 아니라고 보는 것은 부당하다.

첫째로 (자산, 부채의 포괄승계가 이루어지는) 합병과 달리 영업양도의 구체적 절차는 자산, 부채의 개별 이전에 의하게 된다. 영업권이 감안된다는 점에서 약간의 특색이 있을 뿐 일반 민사상 거래와 크게 달리 취급할 이유가 없는 것이다.

둘째로 2002. 7. 1.부터 시행된 민사집행법에 따르면 부동산이 아닌 재산에 대한 일괄매각 및 다른 종류의 재산에 대한 일괄매각도 허용된다.[5] 따라서 영업을 구성하는 다양한 재산들을 일괄하여 강제집행할 수 있다. 채권자취소권 대상에 관해 판례가 중시하는 강제집행에 따른 환가가능성 관점에서 볼 때, 영업양도는 독자적인 취소의 실익이 있다고 하겠다.

한편 원래 취소대상 행위가 가분적인 경우 취소채권자는 자신의 채권액을 넘어서까지 취소를 구할 수 없다.[6] 그러나 영업양도의 경우 개념 자체에서 유기적으로 결합한 일체로서의 영업재산을 전제로 한다. 따라서 채권자는 피보전채권액을 넘어서 영업양도 전체를 취소할 수 있다고 볼 것이다.

(2) 영업양도에 대한 채권자 취소와 영업권

영업양도가 채권자 취소의 대상이 된다고 볼 때, 영업권을 어떻게 취급하여야 할 것인지 문제된다. 특히 영업양도 계약 중 영업권에 관한 부분 역시 취소대상인지가 쟁점이다. 본건 상고이유에서 Y는 (설사 영업양도가 채권자 취소의 대상이라 하더라도) 영업을 통해 미래에 얻을 수 있다고 기대되는 추상적 이익은 채무자의 책임재산이 아니므로 이 부분에 대해 채권자취소권이 적용되지 않는다고 주장하였다. 이러한 주장은 가액배상방식을 염두에 둔 것으로 보인다. 예컨대 영업양수인의 입장에서 영업재산을 80, 영업권을 20으로 평가하여 양수했던 경우, 가액배상방식 하에서 (i) 영업권이 취소대상이라면 100 전액이 배상대상인 반면 (ii) 영업권이 취소대상이 아니라면 80의 범위에서만 가액배상의무를 부담하기 때문이다.

원물반환방식이든 가액배상방식이든 영업권 역시 다른 영업재산과 마찬가지로 취소 또는 배상범위에 포함된다고 보아야 할 것이다. Y의 상고이유는 영업권이 독립적으로 압류, 환가 등 강제집행의 대상이 될 수 없다는 점에 착안한 것으로 보인다. 하

5) 민사집행법 제98조 제1항, 제2항, 제197조 제1항, 제251조 제1항.

6) 대법원 2010.5.27. 선고 2007다40802 판결.

지만 영업권이 다른 영업재산과 함께 일체로서 강제집행, 환가될 수는 있는 것이므로 영업권만을 영업양도 계약으로부터 분리하여 취급할 것은 아니다. 이러한 논리는 원물반환의 범위와 원칙적으로 동일해야 할 가액배상에도 마찬가지로 적용된다고 할 것이다. 본건 판례도 "영업재산과 영업권이 포함된 일체로서의 영업의 가액을 반환하라"고 하여 같은 취지를 명시하였다.

3. 판결의 의의

이 판결은 영업양도를 대상으로도 민법상 채권자취소권을 행사할 수 있음을 명시한 최초의 판단이다. 실제 영업양도가 이루어진 경우, 기존 양도인 및 양수인의 사업 포트폴리오가 크게 변화하면서 조직의 변동이 나타나게 된다. 채권자취소권의 요건이 충족된다 하더라도 사후적으로 원물반환하는 것이 불가능하거나 현저하게 곤란한 경우가 많을 것이다. 이때에는 가액배상 방식에 따르게 된다. 대법원은 이렇듯 가액배상 방식에 의하는 경우, 채권자의 피보전채권액을 한도로 하여 '영업재산과 영업권'이 포함된 일체로서의 영업의 가액을 반환하여야 한다는 법리를 밝히고 있다.

사안에서 문제되지는 않았지만 향후 이른바 조직법적 거래, 예컨대 채무초과회사의 분할 등에 대하여도 채권자취소권 행사가 가능한지에 대하여는 논란이 될 수 있을 것이다.

(노혁준)

상사채무의 연대성

대법원 2018.4.12. 선고 2016다39897 판결

Ⅰ. 판결개요

1. 사실관계

영농조합법인 Y는 2003. 1. 20. 축산물 공동생산 및 유통업, 농축산물 식자재 도·소매업 등을 목적으로 구 「농업·농촌기본법」 제15조에 따라 설립되었다. X는 양계장을 운영하는 자로 Y에게 계란을 공급하였고, 그 대금 중 21,026,700원을 지급받지 못하였다. X는 Y를 상대로 위 금원의 지급을 구하는 소를 제기하였는데 승소하였고 위 판결은 그대로 확정되었다. Y_1, Y_2, Y_3은 X가 Y에게 계란을 공급한 시기에 Y의 조합원이었다. 이에 X는 법인 Y의 조합원인 Y_1, Y_2, Y_3들을 상대로 하여 Y와 연대하여 물품대금의 지급을 구하는 소를 제기하였다.

> 구 농어업경영체법
>
> 제16조(영농조합법인 및 영어조합법인의 설립)
>
> ① 협업적 농업경영을 통하여 생산성을 높이고 농산물의 출하·유통·가공·수출 등을 공동으로 하려는 농업인 또는 「농어업·농어촌 및 식품산업 기본법」 제3조 제4호에 따른 농업 관련 생산자단체는 5인 이상을 조합원으로 하여 영농조합법인을 설립할 수 있다.
>
> ③ 영농조합법인은 법인으로 하며, 그 주된 사무소의 소재지에서 설립등기를 함으로써 성립한다.
>
> ⑦ 영농조합법인에 관하여 이 법에서 규정한 사항 외에는 「민법」 중 조합에 관한 규정을 준용한다.

2. 판결요지

원심[1)]은 "'조합의 채무는 조합원의 채무'라는 법리는 조합원과 별개의 인격체로서 독자적인 권리의무의 주체가 되는 영농조합법인의 법률관계에는 준용되지 않는다고 봄이 타당하고, 상법 제212조와 같은 별도의 명문 규정이 없는 한 영농조합법인의 채무를 그 조합원의 채무로 볼 수는 없다고 할 것"이라고 판시하였으나, 대법원은 원심을 파기하면서 다음과 같이 판결하였다.

"어떤 단체에 법인격을 줄 것인지 여부는 입법정책의 문제라는 점 등을 종합하여 보면, 구 농어업경영체법은 영농조합법인의 실체를 민법상의 조합으로 보면서 협업적 농업경영을 통한 농업생산성의 향상 등을 도모하기 위해 일정한 요건을 갖춘 조합체에게 특별히 법인격을 부여한 것이라고 이해된다. 따라서 영농조합법인에 대하여는 구 농어업경영체법 등 관련 법령에 특별한 규정이 없으면 법인격을 전제로 한 것을 제외하고는 민법의 조합에 관한 법리가 적용된다"고 하면서, "조합의 채무는 조합원의 채무로서 특별한 사정이 없는 한 조합의 채권자는 각 조합원에 대하여 지분의 비율에 따라 또는 균일적으로 변제의 청구를 할 수 있을 뿐이나, 조합채무가 특히 조합원 전원을 위하여 상행위가 되는 행위로 인하여 부담하게 된 것이라면 상법 제57조 제1항을 적용하여 조합원들의 연대책임을 인정함이 상당하다"고 하였다.

3. 관련판례

(1) 대법원 2016.7.14. 선고 2015다233098 판결

공동이행방식의 공동수급체는 민법상 조합의 성질을 가지는데, 조합의 채무는 조합원의 채무로서 특별한 사정이 없는 한 조합채권자는 각 조합원에 대하여 지분의 비율에 따라 또는 균일적으로 권리를 행사할 수 있지만, 조합채무가 조합원 전원을 위하여 상행위가 되는 행위로 인하여 부담하게 된 것이라면 상법 제57조 제1항을 적용하여 조합원들의 연대책임을 인정함이 타당하므로, 공동수급체의 구성원들이 상인인 경우 탈퇴한 조합원에 대하여 잔존 조합원들이 탈퇴 당시의 조합재산상태에 따라 탈퇴 조합원의 지분을 환급할 의무는 구성원 전원의 상행위에 따라 부담한 채무로서 공동수급체의 구성원들인 잔존 조합원들은 연대하여 탈퇴한 조합원에게 지분환급의무를 이행할 책임이 있다.

---

1) 의정부지방법원 2016.8.12. 선고 2015나8422 판결.

(2) 대법원 1966.11.29. 선고 66다1741 판결

Y들이 양말제조업을 공동으로 경영하며 X로부터 계속적으로 원사구입을 하여 왔을 경우에 현재까지 지급하지 못한 외상대금이 남아 있다면 이는 Y들의 기본적 상행위로 인하여 부담하게 된 것이므로 Y들은 연대하여 X에 대하여 이 채무를 변제할 책임이 있다.

(3) 대법원 1991.3.27. 선고 90다7173 판결

공동경영자로서 상법 제57조에 따른 상행위가 되는 행위로 인하여 물품대금채무를 부담한 경우에는 이를 연대하여 부담할 책임이 있다.

(4) 대법원 1998.3.13. 선고 97다6919 판결

조합의 채무는 조합원의 채무로서 특별한 사정이 없는 한 조합채권자는 각 조합원에 대하여 지분의 비율에 따라 또는 균일적으로 변제의 청구를 할 수 있을 뿐이나, 조합채무가 특히 조합원 전원을 위하여 상행위가 되는 행위로 인하여 부담하게 된 것이라면 상법 제57조 제1항을 적용하여 조합원들의 연대책임을 인정함이 상당하다

(5) 대법원 1987.6.23. 선고 86다카633 판결

그룹내에 설치된 조달본부의 물품구매행위에 대하여 상법 제57조 제1항에서 규정하고 있는 연대채무관계가 발생하지 않는다.

(6) 대법원 1959.8.27. 선고 4291민상407 판결

상법 제511조 제2항(현 상법 제57조 제2항)에 소위 보증의 상행위라 함은 보증이 보증인에 있어서 상행위인 경우뿐 아니라 채권자에 있어서 상행위성을 가진 경우를 포함한다고 해석함이 타당하다 할 것이다. 본건에 있어서 일건 기록과 원 판결에 의하면 X조합은 금융기관으로서 은행거래를 영업으로 하는 자로서 1951년 7월 20일 소외인을 X조합 서기로 고용하고 Y를 동 소외인의 신원보증인으로 하였다는 주장이므로 Y가 동 소외인을 위하여 X조합과 체결한 해당 보증행위는 상행위라 할 것이며 따라서 Y 등은 별단의 의사표시가 없는 한 주 채무자 소외인과 연대하여 동인의 손해를 배상할 의무가 있다 할 것이다.

Ⅱ. 판결의 평석

1. 판결의 쟁점

대상판결의 쟁점은 영농조합법인의 채무를 조합원의 채무와 동일시하여 상법 제57조 제1항을 적용할 수 있는지 여부였다. 영농조합법인에 대하여는 민법 중 조합에 관한 규정을 준용하고 있으므로 그 실체는 민법상 조합에 해당하게 되고, 대법원은 상법 제57조 제1항의 연대채무에 관한 규정이 적용되어 조합원들의 연대책임을 인정하였다.

2. 연대채무

(1) 의 의

민법에서는 공동채무가 원칙인데 상법에서는 연대채무가 원칙이다. 그 취지는 상거래의 채무이행을 확실하게 하여 거래의 안전을 기하기 위한 것으로 본다. 민법에서는 채무자가 수인인 경우에 특별한 의사표시가 없으면 각 채무자는 분할채무관계에 서게 되는 데 반하여(민법 제408조), 상법에서는 수인이 그 1인 또는 전원에게 상행위가 되는 행위로 인하여 채무를 부담한 때에는 연대하여 변제할 책임이 있는 것이다(제57조 제1항).

(2) 요 건

연대채무가 성립하기 위한 요건은 다음과 같다. ① 채무자 1인 또는 전원에 대하여 상행위가 되어야 한다. 또한 채권자가 상인일 필요는 없으나 **채권자만 상인일 경우 적용되지 않는다.** 연대채무가 발생하기 위하여는 채무발생원인이 되는 행위가 채무자의 1인 또는 전원에게 상행위가 되어야 한다. 따라서 채권자는 상인일 필요가 없고, 채권자에게만 상행위가 되는 경우에도 이 규정이 적용되지 않는다.[2] ② 최소한 채무자 1인 이상에게는 상행위로 인한 것이어야 한다.

③ 수인의 채무자가 **하나의 행위**에 의하여 채무를 공동으로 부담하여야 한다. 관

---

2) 대법원 1966.11.29. 선고 66다1741 판결(피고들이 양말제조업을 공동으로 경영하며 원고로부터 계속적으로 원사구입을 하여 왔을 경우에 현재까지 지급하지 못한 외상대금이 남아 있다면 이는 피고들의 기본적 상행위로 인하여 부담하게 된 것이므로 피고들은 연대하여 원고에 대하여 이 채무를 변제할 책임이 있는 것이다).

련된 판례를 보면, (i) 조합재산은 조합원의 합유에 속하므로 **동업자들이 공동으로 또는 대표자를 통하여 거래하면, 그로 발생한 채무에 대하여 전조합원은 연대하여 책임을 지게 된다.**[3] (ii) 동업자들이 업무를 분담하는 경우라 하더라도 그들은 동업자로서 연대책임을 부담하며,[4] (iii) **공동경영자로서 상법 제57조에 따른 상행위가 되는 행위**로 인하여 물품대금채무를 부담한 경우에는 이를 연대하여 부담할 책임이 있다.[5] (iv) 공동수급체의 구성원들이 상인인 경우 도급인에게 하자보수를 이행할 의무는 구성원 전원의 상행위에 의하여 부담한 채무로서 공동수급체 구성원들은 연대하여 도급인에게 하자보수를 이행할 의무가 있다.[6] **(v) 동일인의 지배를 받는 수개의 기업의 다수 계열회사가 중간조정기구를 통하여 집단적으로 구매거래를 하는 경우 그 공동성을 인정할 수 있을 것인가?** 판례는 동 거래는 계열회사들이 조달본부에 위임하여 이루어지는 개별거래이므로 본조의 적용대상이 아니라고 하였다.[7] 하지만 이 판결에 대하여는 비판의 여지가 있다. 대외거래의 책임과 효과의 귀속은 다르다는 점, 각 계열회사가 통합관리기구를 창설하였다는 것은 대외거래를 공동으로 하겠다는 합의가 있어 조합으로 볼 수 있다는 점, 그리고 거래상대방도 그룹 전체의 신용을 토대로 거래한 것으로 그 신뢰를 보호할 필요가 있다는 점에서 **공동성을 인정**할 수 있기 때문이다.

(3) 적용범위

적용범위는 기본적 상행위나 준상행위뿐 아니라 보조적 상행위로 인하여 발생한 것도 본조의 적용대상이 된다. 또한 직접 상행위로 인하여 생긴 채무만이 아니라, 상

---

3) 대법원 1991.11.22. 선고 91다30705 판결(조합의 채무는 조합원의 채무로서 특별한 사정이 없는 한 조합채권자는 각 조합원에 대하여 지분의 비율에 따라 또는 균일적으로 변제의 청구를 할 수 있을 뿐임은 소론과 같으나, 조합채무가 특히 조합원 전원을 위하여 상행위가 되는 행위로 인하여 부담하게 된 것이라면 그 채무에 관하여 조합원들에 대하여 상법 제57조 제1항을 적용하여 연대책임을 인정함이 상당하다); 대법원 1998.3.13. 선고 97다6919 판결(조합의 채무는 조합원의 채무로서 특별한 사정이 없는 한 조합채권자는 각 조합원에 대하여 지분의 비율에 따라 또는 균일적으로 변제의 청구를 할 수 있을 뿐이나, 조합채무가 특히 조합원 전원을 위하여 상행위가 되는 행위로 인하여 부담하게 된 것이라면 상법 제57조 제1항을 적용하여 조합원들의 연대책임을 인정함이 상당하다); 대법원 1976.12.14. 선고 76다2212 판결도 같은 취지이다.

4) 대법원 1976.1.27. 선고 75다1606 판결("갑"과 "을"은 시멘트가공보도부록 등을 제조판매하는 "병" 회사로부터 물품을 구입하여 동업으로 "정"에 공사자재납품을 하는 사업 및 도로포장 공사를 하되 "갑"은 주로 "정"에 대한 교섭과 사업자금을 제공하고 "을"은 물품의 구입과 납품 및 금전출납 등 업무를 분담 종사한 경우에는 "갑"과 "을"은 동업자로서 "병"에 대하여 상법 57조에 따른 상행위로 인하여 위 물품대금채무를 부담한 것이므로 연대하여 이를 변제할 책임이 있다).

5) 대법원 1991.3.27. 선고 90다7173 판결.

6) 대법원 2015.3.26. 선고 2012다25432 판결; 대법원 2013.5.23. 선고 2012다57590 판결 등.

7) 대법원 1987.6.23. 선고 86다카633 판결.

행위의 계약해제로 인한 원상회복채무, 상사채무의 불이행을 원인으로 한 손해배상채무 등도 포함한다.

(4) 효 과

연대채무의 효력은 민법의 규정에 의하고(민법 제414조 내지 제427조), 이때 수인의 채무자 중 1인만이 상인인 경우에도 채무자 및 채권자 전원에 대하여 상법이 적용되어, 채무자 전원은 채권자에 대하여 연대채무를 부담한다. 다만, 상법 제57조 제1항의 규정은 임의규정이므로 당사자간에 이와 다른 약정을 할 수 있다.

(5) 보론 – 연대보증

민법상으로는 당사자간에 특약이 없는 한 보증채무는 주채무에 대하여 보충성을 가지고 그에 따라 최고와 검색의 항변을 할 수 있다(민법 제437조). 그런데 상법에서는 보증인이 있는 경우에 그 보증이 상행위이거나 주채무가 상행위로 인한 것인 때에는, 보증인이 연대보증을 한다는 의사표시를 하지 않은 경우에도 그 보증은 연대보증이 된다(제57조 제2항). 이는 연대채무에서와 같이 상거래상 발생한 채무에 대하여 그 이행을 확실하게 하여 거래의 안전을 기하기 위한 것이다. 상법의 규정에 의하면 보증이 상행위이거나 주채무가 상행위로 인하여 생긴 때에는 주채무자와 보증인은 연대하여 변제할 책임이 있다. 이때 상행위란 쌍방적 상행위뿐만 아니라 **일방적 상행위도 포함**한다.

주채무가 상행위로 인한 것인 때라 함은 주채무의 발생원인이 상행위라는 것을 말한다. 그런데 **채권자에게만 상행위가 되는 경우도 포함하는 것인가**에 대하여 견해의 대립이 있다. **불포함설**로서 채권자에게만 상행위가 되는 경우는 연대보증이 되지 않는다는 견해가 있으나, 판례[8]는 채권자에게만 상행위가 되는 일방적 상행위로 인한 채무도 포함한다고 본다. 따라서 채권자만 상인이고 주채무자와 보증인이 비상인인 경우에도 연대책임을 진다는 것이다. 그 근거는 법문을 중심으로 판단하며, 상법 제57조 제2항에서 주채무가 상행위로 인한 때는 쌍방적 상행위나 채권자 또는 채무자의 상행위로 인하여 생긴 행위를 의미하는 것으로 본다.

---

8) 대법원 1959.8.27. 선고 4291민상407 판결(구 상법 제511조 제2항에 보증이 상행위라 함은 보증이 보증인에 있어서 상행위인 경우뿐 아니라 채권자에 있어서 상행위성을 가진 경우를 포함한다).

3. 판결의 의의

대상판결은 상법 제57조 제1항이 요구하는 요건을 모두 충족하는 것으로 보았다. 즉, Y는 Y_1, Y_2, Y_3들을 비롯한 Y의 조합원 전원을 위하여 상행위가 되는 행위로 인하여 위 물품대금채무를 부담하게 된 것이라고 봄이 상당하므로, Y_1, Y_2, Y_3들은 상법 제57조 제1항에 따라 연대하여 원고에게 위 물품대금을 지급할 의무가 있다고 하였다.

(장덕조)

16

상사유치권의 성립요건

대법원 2010.7.2. 자 2010그24 결정

Ⅰ. 결정개요

1. 사실관계

甲 부선(艀船, barge) 사용계약 당시 Y주식회사는 이미 1,000여만원 상당의 부선 사용료가 미지급된 상태였으며, 2008년 9월 22일부터 2008년 12월 31일까지 甲 부선의 약정 사용기간 동안 월 사용료를 한번도 제대로 지급하지 않았다. 그 이후에도 계속 연체하여 2008년 2월경부터 2009년 3월경까지의 연체된 사용료가 총 259,600,000원에 이르렀다. Y회사는 2008년 10월경 甲 부선에 선박블록 3조(組)를 싣고 부산 감천항 소재 조선소로 운송한 후 그곳에 있던 선박블록 3조를 추가로 실었는데 이후 2009년 1월경까지 그중 1조만을 건조 중인 선박에 탑재하였을 뿐 나머지 선박블록 5조는 위 감천항 소재 구평방파제에 정박한 甲 부선에 실어둔 채 그대로 방치하여 왔다. 이후 Y회사는 甲 부선을 선박블록의 운송용으로 사용한 적이 없었고 일체의 선박건조작업을 중단하였으며, 지급불능 상태에 이르렀다는 이유로 2009년 4월경 파산신청을 하여 2009년 6월 16일 파산선고결정을 받았다. 한편, X회사는 2008년 10월경 소속 직원 乙을 甲 부선에 승선시켜 계속하여 甲 부선을 관리해 왔고, 2009년 5월경에는 '甲 부선에 적재된 선박블록 5조가 처분될 때까지 월 5,000만원의 사용료를 계속 부과하겠다'는 취지의 내용증명을 보내고, 2009년 7월경에는 태풍의 북상에 따른 위의 선박블록 5조의 고정작업 및 甲 부선의 피항비용에 대한 책임을 문의하였으나 매번 아무런 답변이 없었다.

위 파산선고 사건의 2009년 6월 2일자 검증조서에는 '2009년 6월 2일 15:30~16:30경 사이에 위 감천항 소재 조선소에서 선박건조작업을 하고 있는 근로자들의 모습은 없었다'는 내용이 기재되어 있다. 이처럼 Y회사는 甲 부선 사용계약상의 사용기간이 만료되고 그 사용료가 상당기간 계속 연체된 상태에서 甲 부선을 그 원래의 사용목적인 선박블록의 운송용이 아닌 단순한 임시보관 장소로만 활용하는 데 그치고 일체의 선박건조작업을 중단한 2009년 1월경부터는 위의 선박블록 5조의 점유를 상실한 대신 X회사가 이를 포함한 甲 부선 전체를 직접 점유·지배해 왔다. X회사가 甲 부선에 실려 있는 위의 선박블록 5조에 대한 상사유치권을 주장하며 상사유치권에 기한 유체동산경매를 신청한 데 대하여, 원심은 상사유치권의 요건으로서 X회사의 위의 선박블록 5조에 대한 점유가 인정되고 나아가 그 상사유치권도 인정된다고 판단하였다.

2. 결정요지

X회사가 원심 판시와 같이 2009년 1월경부터 이 사건 선박블록 5조를 직접 점유·지배해 온 것이라 하더라도, Y회사에 대한 상행위로 인하여 이 사건 선박블록 5조를 점유하게 되었다고 볼 만한 사정은 없으므로, 원심으로서는 X가 이 사건 선박블록 5조를 점유하게 된 시기, 경위, 방법 등을 좀더 살펴 Y회사에 대한 상행위로 인하여 이 사건 선박블록 5조를 점유하게 되었는지 여부를 판단하였어야 할 것이다.

그럼에도 위와 같은 조치를 취하지 않은 채 X회사가 이 사건 선박블록 5조를 점유·지배해 왔다는 판단만으로 바로 이 사건 선박블록 5조에 대한 X회사의 상사유치권을 인정한 것은 상사유치권의 요건인 점유에 관한 법리를 오해하여 결과에 영향을 미친 위법이 있다 할 것이다. 이에 원심결정을 파기하고, 사건을 원심법원에 환송한다.

3. 관련판례

(1) 대법원 2013.5.24. 선고 2012다39769,39776 판결

상사유치권은 민사유치권의 성립요건을 변경·완화하여 채권자보호를 강화함으로써 계속적 신용거래를 원활·안전하게 하기 위하여 당사자 사이의 합리적인 담보설정의사를 배경으로 하여 추인된 법정담보물권으로, 민사유치권과 달리 목적물과 피담보채권 사이의 개별적인 견련관계를 요구하지 않는 대신 유치권의 대상이 되는 물건을 '채무자 소유의 물건'으로 한정하고 있어 이러한 제한이 없는 민사유치권과는 차이가 있으나,[1] 민사유치권과 마찬가지로 그 목적물을 동산에 한정하지 않고 '물건 또

1) 대법원 2013.2.28. 선고 2010다57350 판결 참조.

는 유가증권'으로 규정하고 있는 점에 비추어 보면 상사유치권의 대상이 되는 '물건'에는 부동산도 포함된다고 보아야 한다.

(2) 대법원 2013.2.28. 선고 2010다57350 판결

채무자 소유의 부동산에 관하여 이미 선행(先行)저당권이 설정되어 있는 상태에서 채권자의 상사유치권이 성립한 경우, 상사유치권자는 채무자 및 그 이후 채무자로부터 부동산을 양수하거나 제한물권을 설정받는 자에 대해서는 대항할 수 있지만, 선행저당권자 또는 선행저당권에 기한 임의경매절차에서 부동산을 취득한 매수인에 대한 관계에서는 상사유치권으로 대항할 수 없다.

(3) 대법원 2011.12.22. 선고 2011다84298 판결

채무자 甲주식회사 소유의 건물 등에 관하여 乙은행 명의의 1순위 근저당권이 설정되어 있었는데, 2순위 근저당권자인 丙주식회사가 甲회사와 건물 일부에 관하여 임대차계약을 체결하고 건물 일부를 점유하고 있던 중 乙은행의 신청에 의하여 개시된 경매절차에서 유치권신고를 한 사안에서, 경매개시결정 기입등기가 마쳐지기 전에 임대차계약이 체결되어 丙회사가 건물 일부를 점유하고 있으며, 丙회사의 甲회사에 대한 채권은 상인인 丙회사와 甲회사 사이의 상행위로 인한 채권으로서 임대차계약 당시 이미 변제기에 도달하였고 상인인 丙회사가 건물 일부를 임차한 행위는 채무자인 甲회사에 대한 상행위로 인한 것으로 인정되므로, 丙회사는 상사유치권자로서 甲회사에 대한 채권 변제를 받을 때까지 유치목적물인 건물 일부를 점유할 권리가 있으나, 위 건물 등에 관한 저당권 설정 경과, 丙회사와 甲회사의 임대차계약 체결 경위와 내용 및 체결 후의 정황, 경매에 이르기까지의 사정 등을 종합하여 보면, 丙회사는 선순위 근저당권자인 乙은행의 신청에 의하여 건물 등에 관한 경매절차가 곧 개시되리라는 사정을 충분히 인식하면서 임대차계약을 체결하고 그에 따라 유치목적물을 이전받았다고 보이므로, 丙회사가 선순위 근저당권자의 신청에 의하여 개시된 경매절차에서 유치권을 주장하는 것은 신의칙상 허용될 수 없다.

(4) 대법원 2000.10.10. 자 2000그41 결정

채무자에게 자신의 외국 현지법인을 통하여 채무자에 대한 사전통지 또는 동의 없이 주간사에 대한 등록절차만으로 금융기관간의 채권양도를 예정하고 있는 양도성 대출계약에 따른 대출을 실행하였다가 그 현지법인이 폐지되면서 그 대출금채권의

관리를 채권양도 형식으로 이관받은 금융기관이 채무자로부터 별개의 대출금채무의 상환유예에 대한 담보로 질권을 설정받은 유가증권을 그 대출금채무가 변제된 이후에도 채무자의 요청에 따른 별도의 채권발행보증에 대한 담보로 계속하여 점유하고 있은 경우, 그 금융기관은 그 유가증권에 관하여 그 양도성 대출계약에 따른 대출금채권을 피담보채권으로 하는 상사유치권을 가진다.

(5) 대법원 2009.12.10. 선고 2009다61803,61810 판결

약관의 규제에 관한 법률은 제6조 제1항에서 "신의성실의 원칙에 반하여 공정을 잃은 약관조항은 무효이다."라고 규정하고, 제11조에서 "고객의 권익에 관하여 정하고 있는 약관의 내용 중 다음 각 호의 1에 해당되는 내용을 정하고 있는 조항은 이를 무효로 한다"고 규정하면서 그 제1호에 '법률의 규정에 의한 고객의 항변권, 상계권 등의 권리를 상당한 이유 없이 배제 또는 제한하는 조항'을 들고 있다. 따라서 공평의 관점에서 창고업자에게 인정되는 권리인 유치권의 행사를 상당한 이유 없이 배제하는 내용의 약관 조항은 고객에게 부당하게 불리하고 신의성실의 원칙에 반하여 공정을 잃은 것으로서 무효라고 보아야 한다.

Ⅱ. 결정의 평석

1. 상사유치권의 의의

유치권이라 함은 점유하고 있는 타인의 물건 또는 유가증권에 관하여 생긴 채권의 이행을 담보하기 위하여 형평의 관념에서 그 물건 또는 유가증권을 유치할 수 있는 권리를 말한다(민법 제320조 제1항). 상인간에는 계속적인 거래관계로 인하여 주로 신용거래를 하는 것이 일반적인 현상이므로 담보를 상호 취득하게 하는 것이 편리하다. 이에 상법은 민법상의 유치권, 즉 민사유치권보다 성립요건을 완화 내지 변경하여 채무자의 변제를 간접적으로 강제함으로써 채권자의 이익을 보호하고 거래의 원활을 도모할 수 있는 상사유치권에 관하여 규정하고 있다(상법 제58조).

2. 상사유치권의 성립요건

(1) 상법 제58조의 규정

상법에 따르면 상인간의 상행위로 인한 채권이 변제기에 있는 때에는 채권자는

변제를 받을 때까지 그 채무자에 대한 상행위로 인하여 자기가 점유하고 있는 채무자소유의 물건 또는 유가증권을 유치할 수 있다(상법 제58조 본문). 그러나 당사자간에 다른 약정이 있으면 그러하지 않다(상법 제58조 단서).

(2) 당사자

유치권 성립시에 당사자 쌍방이 상인이어야만 한다. 즉, 피담보채권의 성립시와 유치물의 점유가 개시된 시점에 상인자격이 있어야 한다. 당연상인이란 자기명의로 상행위를 하는 자를 말한다(상법 제4조). 설령 상행위를 하지 않더라도 영업의 형식에 따라 상인으로 취급되는 의제상인의 일종인 설비상인(상법 제5조)도 있다. 따라서 주식회사는 상법 제46조에 규정된 상행위를 하는지의 여부를 불문하고 인정되는 태생적인 상인이다.

(3) 피담보채권

피담보채권은 상인간의 쌍방적 상행위로 인하여 발생한 것이어야 한다. 이러한 상행위는 기본적 상행위(상법 제46조)이든 보조적 상행위(상법 제47조)이든 불문한다. 피담보채권은 변제기가 도래한 것이어야 한다.

(4) 목적물

채권자가 유치할 수 있는 목적물은 채권자가 채무자에 대한 상행위로 인하여 자기가 점유하고 있는 채무자소유의 물건 또는 유가증권이다. 이를 나누어 살펴보면 다음과 같다.

첫째, 목적물의 점유를 취득한 원인이 채권자가 채무자와의 상행위로 인하여야 한다. 유치권의 발생에 점유의 요건이 필요한 것은 그것에 의해서 피담보채권의 변제를 심리적으로 강제하기 위한 것이기 때문에 점유는 사실상의 지배로써 충분하다(민법 제192조 제1항).

둘째, 목적물은 채무자가 소유권을 갖는 것이어야 한다. 채무자의 소유권은 유치권의 행사시가 아니라 유치권의 성립시에 있으면 충분하다.

셋째, 유치의 목적물은 물건 또는 유가증권에 한한다. 이 경우 물건에는 부동산도 포함되는지의 여부에 관하여 견해가 나누어진다. 즉, 불포함설은 부동산에 대해서는 등기의 전후(前後)에 따라 우선권이 결정되는 저당권제도가 존재하고 있음에도 불구하고 상사유치권을 인정한다면 저당권과의 경합이 발생하여 부동산 거래의 안전을 해한다는 견해이다. 포함설은 물건의 문리적 해석을 하는 경우는 물론이고 상사유치권의 취지가 채권담보에 있다는 점을 고려할 때 부동산도 포함된다는 견해이다. 이들 견해 중에서 부동산의 상품화(商品化)라는 현상을 감안한다면 상인간의 부동산을 둘러싼 계속적인 거래에서의 채권담보를 위해서는 부동산도 물건에 포함된다고 해야 할 것이다. 판례도 상사유치권의 대상이 되는 물건에 부동산이 포함된다고 본다.[2)]

(5) 목적물과 피담보채권의 견련성 불요

상법 제58조는 상사유치권의 성립을 위해 피담보채권과 목적물 사이의 견련성(牽連性)을 요구하지 않고 있다. 우연히 점유하게 된 물건 또는 유가증권도 피담보채권을 위하여 유치할 수 있을 정도로 담보목적물의 범위가 확대되고 유동적이므로, 목적물과 피담보채권의 견련성 불요 요건은 상사유치권이 성립하는지의 여부에 대해서는 영향을 미치지 못한다. 요컨대, 피담보채권이 그 목적물에 관하여 발생할 필요가 없다.

(6) 유치권배제 특약의 부존재

당사자간에 유치권의 발생을 배제하는 특약이 있으면 그 특약은 유효하다(상법 제58조 단서). 특약은 명시 또는 묵시에 의해서도 성립될 수 있다. 따라서 그러한 특약이 없어야 유치권이 성립될 수 있다.

3. 대상결정의 검토

대상결정에서 X주식회사와 Y주식회사는 상인이므로 상사유치권의 당사자로서의 요건을 충족하고 있다. 원심에서는 상법 제58조의 상사유치권의 성립에 필요한 기타의 요건을 다 충족한다고 보았지만 대법원은 X회사가 Y회사의 선박블록 5조의 점유를 취득한 원인이 상행위로 인한 것인지가 불분명하다는 이유를 들어서 원심을 파기환송하였다. 이처럼 대법원은 원심이 X회사가 목적물의 점유를 취득하게 된 시기, 경위, 방법 등을 살펴서 그것이 Y회사에 대한 상행위로 인하여야 한다는 것을 제대로 판단하지 못하였다고 본 것이다.

(권재열)

2) 대법원 2013.5.24. 선고 2012다39769,39776 판결.

17 유질계약 허용의 요건

대법원 2017.7.18. 선고 2017다207499 판결

Ⅰ. 판결개요

1. 사실관계

X회사는 빌딩의 인수 및 매각 사업을 위해 설립된 주식회사이다. X회사의 자본금은 5천만 원으로 발행주식총수는 5,000주이다. Y는 X회사의 발행주식 전부를 보유하고 있고 X회사의 대표이사직을 맡고 있었다. X회사는 위 사업에 필요한 자금조달을 위해 Z은행에 대하여 3,800억원의 채무를 부담하였다. Y는 X회사의 위 채무를 연대보증하고 자신이 보유하고 있던 X회사 발행주식 전부인 5,000주에 대해 근질권을 설정하여 주었다. 근질권설정계약에는 "근질권을 실행할 수 있는 경우에 근질권자는 일반적으로 적당하다고 인정하는 방법, 시기, 가격 등에 의하여 담보주식을 임의처분하고 그 취득금을 충당하거나, 일반적으로 적당하다고 인정되는 방법, 시기, 가격 등에 의하여 피담보채무의 전부 또는 일부의 변제에 갈음하여 담보주식을 취득할 수 있다. 후자의 경우 근질권자는 담보주식의 취득사실을 그 취득 후 즉시 근질권설정자들에게 통지하기로 한다. 근질권설정자들은 근질권자가 담보주식에 대한 근질권을 실행하기 위하여 본 항에서 정한 방법에 이의를 제기하지 아니하기로 한다."는 내용이 포함되어 있었다.

X회사는 만기일까지 위 채무를 변제하지 못하였다. Y는 자신이 보유하고 있던 위 담보 주식 전부인 5,000주에 대하여 Z은행을 X회사의 주주총회 소집 및 참석, 주주총회 의안에 대하여 보유주식에 대한 의결권행사의 권한을 가진 대리인으로 선임하는 위임장을 작성하여 주었다. Z은행은 위임받은 권한에 따라 X회사의 임시주주총회를 개최하여 Y를 대표이사와 이사에서 해임하는 결의를 하였다. 위 주주총회결의에

대하여 Y는 X회사를 상대로 주주총회결의 부존재 확인의 소를 제기하였으나 패소 확정판결을 받았다.[1] 이후 Z은행은 위 담보 주식에 대한 근질권 실행을 위한 조치를 취하였다.

Y(원고)는 상행위로 생긴 채권을 담보하기 위한 질권의 경우 예외적으로 유질계약을 허용하는 상법 제59조는 질권설정자가 상인이 아닌 경우에는 적용되지 않는다고 주장하였다. 또한 Y는, 주식 근질권설정계약에서 근질권자가 일반적으로 적당하다고 인정되는 방법, 시기, 가격 등에 따라 담보주식을 임의로 처분하고 그 취득금을 충당하도록 정한 것은 신의성실의 원칙에 위배될 뿐만 아니라 질권설정자인 Y에게 부당하게 불리하여 공정성을 잃은 조항으로서 「약관의 규제에 관한 법률」에 따라 무효이라고 주장하였다. Y는 이러한 무효를 이유로 자신이 X회사의 주주임을 확인해 줄 것과 그 주식에 관하여 명의개서의 이행을 청구하였다.

2. 판결요지

질권설정계약에 포함된 유질약정이 상법 제59조에 따라 유효하기 위해서는 질권설정계약의 피담보채권이 상행위로 인하여 생긴 채권이면 충분하고, 질권설정자가 상인이어야 하는 것은 아니다. 또한 상법 제3조는 "당사자 중 그 1인의 행위가 상행위인 때에는 전원에 대하여 본법을 적용한다."라고 정하고 있으므로, 일방적 상행위로 생긴 채권을 담보하기 위한 질권에 대해서도 유질약정을 허용한 상법 제59조가 적용된다.

3. 관련판례

(1) 대법원 2021.11.25. 선고 2018다304007 판결

비상장주식에 대하여 유질약정이 포함된 질권설정계약이 적법하게 체결된 경우, 질물인 비상장주식의 가격이나 그 산정방식에 관하여 질권설정계약에서 정한 바가 없고 또 객관적으로 형성된 시장가격이 없거나 이를 확인하기 어려운 형편이라면, 채권자가 유질약정을 근거로 처분정산의 방법으로 질권을 실행할 때 일반적으로 허용된 여러 비상장주식 가격 산정방식 중 하나를 채택하여 그에 따라 처분가액을 산정한 이상, 설령 나중에 그 가격이 합리적인 가격이 아니었다고 인정되더라도, 다른 특

1) 서울중앙지방법원 2013.2.1. 선고 2012가합64609 판결; 서울고등법원 2013.6.27. 선고 2013나19559 판결; 대법원 2014.1.23. 선고 2013다56839 판결.

별한 사정이 없는 한 유질약정의 내용에 따라 채권자와 채무자 사이에서 피담보채무의 소멸 범위나 초과액의 반환 여부, 손해배상 등이 문제 될 여지가 있을 뿐이고 채권자와 처분 상대방 사이에서 채권자의 처분행위 자체가 무효로 된다고 볼 수는 없다.

(2) 대법원 2008.3.14. 선고 2007다11996 판결

상행위로 인하여 생긴 채권을 담보하기 위하여 설정한 질권의 경우에는 이른바 유질계약이 허용된다고 할 것이나(상법 제59조, 민법 제339조), 그렇다고 하여 모든 상사질권설정계약이 당연히 유질계약에 해당한다고 할 수는 없는 것이고, 상사질권설정계약에 있어서 유질계약의 성립을 인정하기 위하여서는 그에 관하여 별도의 명시적 또는 묵시적인 약정이 성립되어야 할 것이다.

Ⅱ. 판결의 평석

1. 주요 쟁점사항

위 사안의 쟁점은 질권설정계약에 포함된 유질약정이 상법 제59조에 따라 유효하려면 질권설정자가 상인이어야 하는지 여부 및 일방적 상행위로 생긴 채권을 담보하기 위한 질권에 대하여 상법 제59조가 적용되는지 여부이다.

이 밖에서도, ① Y와 Z 사이의 계약이 질권계약 또는 양도담보계약에 해당하는지의 여부, ② Y의 지위(대표이사로서의 권한, 물상보증인으로서의 지위), ③ 1인 주주와 법인격부인론의 적용 여부, ④ 주주총회의 결의에서 주주의 의사에 반하는 대리인의 의결권행사의 효과, ⑤ 주주총회결의 부존재 확인의 소의 대상이 될 수 있는지 여부, ⑥ 주식 질권자의 지위, ⑦ 근질권의 경우 상법 제59조의 적용 여부, ⑧ 약관에 관한 효력통제를 받는지 여부 등이 법적 문제로 될 수 있겠으나, 위 대상판결에서 이러한 점들은 크게 다투어지지 않았다.

2. 민법 제339조에 의한 유질계약 금지

(1) 민법 제339조에서는 유질계약을 금지하고 있다. 금지되는 유질계약은 "채무변제기 전의 계약으로 질권자에게 변제에 갈음하여 질물의 소유권을 취득하게 하거나 법률에 정한 방법에 의하지 아니하고 질물을 처분할 것을 약정하는 것"으로 그 개념이 법정되어 있다. 이는 동산질권에 관한 조항인데, 권리질권에 준용하고 있다(민법

제355조). 민법 제339조의 입법취지는 채무자의 궁박상태를 이용하여 채권자가 폭리를 위하는 것을 막음으로써 경제적 약자를 보호하기 위함이다. 민법 제339조는 강행규정으로 보는 것이 민법학계의 통설이다.

(2) 유질계약 금지의 입법은 원래 소액의 자금융통을 위하여 소비생활에 긴요한 물품을 담보로 제공하는 채무자를 보호하여야 한다는 인도주의 정신에 뿌리를 두고 있다. 그러나 질물이 초창기의 소비용품에 의한 서민금융의 수단으로부터 상품이나 유가증권 등의 권리질권으로 확대되고 질권이용의 상화현상이 뚜렷해졌다. 그에 따라 민법 제339조에 의하여 유질약정을 일반적으로·획일적·사전적으로 금지하는 입법태도에 대해서는 비판이 제기되고 있다.

3. 상법 제59조에 의한 유질계약 허용

(1) 취 지

상법 제59조에서는 "민법 제339조의 규정은 상행위로 인하여 생긴 채권을 담보하기 위하여 설정한 질권에는 적용하지 아니한다"고 규정하고 있다. 상법 제59조의 입법취지에 관해서는, 상인은 대등한 입장에서 자위능력을 가지고 있으므로 법의 후견적 보호의 필요성이 적고 또한 상인에게는 유질계약을 허용함으로써 금융의 편의와 상거래의 신속한 종결을 가능하게 하고 법정방식에 구애받지 않고 질권을 실행할 수 있는 편의를 위함이라는 것이 현재의 다수설이다.

(2) 요 건

상법 제59조가 적용되기 위해서는 다음의 요건을 충족하여야 한다.

첫째, 피담보채권이 상행위로 인하여 발생한 것이어야 한다. 이때의 상행위에는 기본적 상행위(상법 제46조), 준상행위(상법 제66조)뿐만 아니라 보조적 상행위(상법 제47조)를 포함한다.

둘째, 질권의 유효한 성립을 전제로 한다. 근질권도 상관없다.

셋째, 질권설정계약과는 별도로 유질의 약정이 명시적이건 묵시적이건 있어야 한다.[2] 상사채권을 담보하기 위하여 질권을 설정한 때에도 유질의 약정이 없으면 질권실행의 일반적 방식(민법 제338조)에 따라야 한다.

---

2) 대법원 2008.3.14. 선고 2007다11996 판결.

(3) 효 과

상법 제59조의 요건을 충족하면 민법 제339조의 적용이 배제됨으로써 유질계약의 금지가 해제된다. 이로 인하여 유질약정이 유효한 것으로 확정되는 것은 아니다. 당해 유질약정의 유효 여부에 대해서는 별도의 판단을 하여야 한다(예컨대, 민법 제103조와 제104조, 약관의 규제에 관한 법률 제6조 이하의 무효 등 참조).

(4) 적용대상

상법 제59조의 적용대상에 관해서는 동조의 문언해석에 그치지 않고 제한적 해석이 가능한지 문제된다.

1) 일방적 상행위의 경우

피담보채권이 쌍방적 상행위로 인하여 생긴 경우는 물론이고 일방적 상행위로 인하여 생긴 경우에도 상법 제59조의 적용대상이 된다는 일반원칙에 대해서는 이견이 없다(상법 제3조 참조).

2) 비상인인 채무자가 질권설정자인 경우

상인인 채권자와 비상인인 채무자 사이에 일방적 상행위로 인하여 생긴 채권에 채무자가 질권설정자로서 유질의 약정을 한 경우, 이것이 상법 제59조의 적용대상이 될 수 있는가에 관해서는 견해가 나뉜다. (i) 적용긍정설은 상사채권의 특성에 착안하여 상법 제59조의 문언해석을 중시하는 입장이다. (ii) 적용부정설은 채무자의 상인성을 중시하여 유질계약을 금지하는 민법 제339조의 채무자보호의 입법취지를 상법 제59조의 해석에 있어서도 고려하여야 한다는 입장이다. (iii) 하급심 판결 중에는 적용긍정설의 입장을 취한 것이 있고,[3] 대법원 판결도 – 비록 제3자가 질권설정자인 경우의 사안이지만 – 질권설정자는 상인이어야 하는 것은 아니라고 함으로써 적용긍정설을 취하고 있는 것으로 보인다.[4]

3) 비상인인 제3자가 질권설정자인 경우

상행위로 인하여 생긴 채권에 비상인인 제3자가 질권설정자(물상보증인)인 경우, 대법원 판결은 피담보채권이 상행위로 인하여 생긴 것이면 상법 제59조의 적용요건을 충족한 것이고 질권설정자의 상인성 여부는 상법 제59조의 적용요건이 아니라고

3) 의정부지법 고양지원 2011.10.7. 선고 2011가합1439 판결(확정).
4) 대법원 2017.7.18. 선고 2017다207499 판결.

함으로써 동조의 적용을 긍정하는 입장을 취하고 있다.[5)]

4. 대상판결의 검토

민법 제339조의 기능축소와 질권이용의 질적 변화를 감안하면, 대상판결의 상법 제59조에 대한 해석론은 기본적으로 타당하다. 이를 정리하면 아래와 같다.

첫째, 상법 제59조의 적용 여부는 '상행위로 인하여 생긴 채권을 담보하기 위하여 생긴 질권'이라는 문언요건의 충족 여부에 달려 있다. 이때의 상행위는 쌍방적 상행위는 물론이고 일방적 상행위를 포함한다(상법 제3조).

둘째, 민법 제339조의 채무자보호의 취지를 감안하여 상법 제59조를 제한적으로 해석하는 것을 허용할 것인가에 관하여, 대상판결은 원칙적으로 소극적인 입장을 취하고 있다.

셋째, 피담보채권이 일방적 상행위를 포함하여 상행위로 인하여 생긴 것이면 질권설정자의 상인성 여부를 불문하고 상법 제59조의 적용요건을 충족한 것으로 보아야 한다. 대상판결의 사안은 질권설정자가 비상인인 제3자(물상보증인)인 경우이지만, 비상인인 채무자가 질권설정자인 경우에도 이러한 법리가 동일하게 적용된다는 의미를 내포하고 있다.

한편, 상법 제59조의 적용요건을 충족하면 그 효과로서 민법 제339조의 적용이 배제된다는 의미이지, 그로 인하여 당해 유질약정이 유효한 것으로 확정되는 것은 아니다. 유질약정의 효력에 관해서는, 예컨대 민법 제103조와 제104조, 약관의 규제에 관한 법률 제6조 이하의 무효사유 등에 의한 별도의 판단을 하여야 한다.

(김성딕)

---

5) 대법원 2017.7.18. 선고 2017다207499 판결.

18 상사법정이율의 적용범위

대법원 2018.2.28. 선고 2013다26425 판결

Ⅰ. 판결개요

1. 사실관계

X는 2008. 2. 22. Y신탁과 사이에, Y의 서울지점에 10억원을 신탁기간 1년, 이율 연 9.2%로 정하여 신탁하는 내용의 특정금전신탁 계약(이하 '이 사건 신탁계약')을 체결하였다. Y는 이 사건 신탁계약에 따라 주식회사 A에 대한 대출채권을 신탁자산으로 편입하기로 하고, 2008. 3. 3.경 A와 사이에 Y가 X의 위 신탁계약의 신탁금 10억원으로 A의 신주인수권부사채를 인수하는 내용의 계약(이하 '이 사건 사채인수계약')을 체결하였다. Y는 이 사건 사채인수계약 체결일인 2008. 3. 3. 주식회사 B와 사이에, A가 Y조기상환청구권 행사에 따른 의무를 이행하지 아니하거나 사채만기일에 사채대금을 상환하지 아니하는 경우 등에는 B가 Y로부터 이 사건 신주인수권부사채를 매입하기로 하는 내용의 사채매입 약정을 체결하였다. 또한 Y는 같은 날 A의 대표이사인 甲 및 유한회사 C와 사이에, Y가 이 사건 신주인수권부사채 중 신주인수권증권을 분리하여 甲 및 C에게 팔 수 있는 권리(풋옵션)를 Y에게 부여하는 내용의 풋옵션 계약을 체결하였다. 한편 Y는 2009. 3. 5. Y를 질권자로, 설정자를 甲, 乙로, 채무자 겸 발행회사를 A로 하여 甲이 보유하는 A주식 146,000주 및 乙이 보유하는 A주식 30,600주 합계 176,600주에 대하여 근질권을 설정하였다.

한편, Y는 2009. 1. 30. A에게 이 사건 사채인수계약 제10조에서 정한 바에 따라 사채원금의 조기상환을 청구하였으나, A는 이를 이행하지 아니하던 중 2009. 3. 31. 폐업하였다. 이 사건 신주인수권부사채를 매입하기로 약정한 B는 2008. 7. 9. 부산지방법원 2008회합3호로 회생절차개시결정을 받았고, 2009 1. 29. 위 법원으로부터 회생계획인가결정을 받았다. X는 이 사건 신탁계약의 신탁만기일인 2009. 2. 20. Y에게 신탁금의 반환을 요청하였으나, Y는 이를 반환하지 않고 있던 중 2010. 8. 16. X에게 A로부터 위 사채원금을 회수하는 것이 곤란하다는 이유로 이 사건 신탁계약 제17조에 따라 채권에 대한 권리이전 등 운용신탁재산의 현상대로 교부하겠다고 통보하였다. 그러나 X는 이를 거절하면서 2010. 10. 27.경 Y에게 이 사건 신탁계약에 따른 법적절차를 진행하겠다고 통보하였다. X는 2010. 10. 18. Y를 상대로 하여 이 사건 신탁계약을 체결함에 있어 편입할 신탁재산에 대한 심사의무와 신탁재산의 운용에 따라 발생할 수 있는 신탁재산의 위험성에 대한 설명의무를 게을리함으로써 X로 하여금 충분한 정보를 바탕으로 한 합리적인 투자판단을 하지 못하게 하여 발생한 손해의 배상을 청구하였다.

2. 판결요지

원심은 Y의 심사의무와 설명의무 위반이 원고에 대한 "채무불이행이 된다"고 판단하였고, 나아가 이 사건 손해배상 원금에 대하여 상사법정이율인 연 6%의 지연손해금을 가산하였다.[1] 그러나 이 부분에 대하여 대법원은 원심을 파기하고 다음과 같이 판결하였다.

신탁회사 Y가 신탁계약의 체결을 권유하면서 합리적인 투자판단을 할 수 있도록 고객을 보호하여야 할 주의의무를 위반함으로써 고객이 본래 체결하지 않았을 신탁계약을 체결하게 된 경우, 신탁회사는 그 신탁계약 체결로 고객이 입게 된 손해에 관하여 불법행위로 인한 손해배상책임을 지고, 다른 특별한 사정이 없는 한 계약상의 채무불이행에 의한 손해배상책임을 지지는 않는다. 그리고 상법 제54조의 상사법정이율은 상행위로 인한 채무나 이와 동일성을 가진 채무에 관하여 적용되는 것이고, 상행위가 아닌 불법행위로 인한 손해배상채무에는 적용되지 아니한다.

3. 관련판례

(1) 대법원 2019.5.30. 선고 2016다205243 판결

상법 제724조 제2항에 의하여 피해자에게 인정되는 직접청구권의 법적 성질은 보험자가 피보험자의 피해자에 대한 손해배상채무를 병존적으로 인수한 것으로서 피해자가 보험자에 대하여 가지는 손해배상청구권이고, 피보험자의 보험자에 대한 보험금

1) 서울고등법원 2013.2.8. 선고 2011나93683 판결.

청구권의 변형 내지는 이에 준하는 권리가 아니므로(대법원 2019.1.17. 선고 2018다245702 판결 참조), 이에 대한 지연손해금에 관하여는 연 6%의 상사법정이율이 아닌 연 5%의 민사법정이율이 적용된다.

(2) 대법원 2004.3.26. 선고 2003다34045 판결

상법 제54조의 상사법정이율은 상행위로 인한 채무나 이와 동일성을 가진 채무에 관하여 적용되는 것이고, 상행위가 아닌 불법행위로 인한 손해배상채무에는 적용되지 아니한다.

(3) 대법원 1985.5.28. 선고 84다카966 판결

상법 제54조의 상사법정이율은 상행위로 인한 채무나 이와 동일성을 가진 채무에 관하여 적용되는 것이고 상행위가 아닌 불법행위로 인한 손해배상채무에는 적용되지 아니한다. 상법 제812조에 의하여 준용되는 같은법 제121조 제1항, 제2항의 단기소멸시효의 규정은 운송인의 운송계약상의 채무불이행으로 인한 손해배상청구에만 적용되고 일반불법행위로 인한 손해배상청구에는 적용되지 아니하는 것이고 또한 상법 제64조의 일반상사시효 역시 상행위로 인한 채권에만 준용되고 상행위 아닌 불법행위로 인한 손해배상채권에는 적용되지 아니한다.

(4) 대법원 2016.6.10. 선고 2014다200763,200770 판결

국가계약의 본질적인 내용은 사인 간의 계약과 다를 바가 없어 법령에 특별한 규정이 있는 경우를 제외하고는 사법의 규정 내지 법원리가 그대로 적용된다. 한편 상법 제54조의 상사법정이율이 적용되는 '상행위로 인한 채무'에는 상행위로 인하여 직접 생긴 채무뿐만 아니라 그와 동일성이 있는 채무 또는 변형으로 인정되는 채무도 포함되고, 당사자 쌍방에 대하여 모두 상행위가 되는 행위로 인한 채무뿐만 아니라 당사자 일방에 대하여만 상행위에 해당하는 행위로 인한 채무도 포함된다.

(5) 대법원 2000.10.27. 선고 99다10189 판결

주택건설사업 등을 목적으로 하는 영리법인인 주택건설업자의 아파트분양계약은 그의 영업을 위하여 하는 상행위라 할 것이고, 당사자 쌍방에 대하여 모두 상행위가 되는 행위로 인한 채권뿐만 아니라 당사자 일방에 대하여만 상행위가 되는 행위로 인한 채권도 상사법정이율이 적용되는 상사채권에 해당한다고 할 것인바, 그 주택건

설업자의 아파트 입주 지연에 따른 지체상금은 상행위인 분양계약의 불이행으로 인한 손해배상채권으로서 그 지연손해금에 대하여도 상법 제54조 소정의 연 6푼의 상사법정이율을 적용하여야 한다.

(6) 대법원 2023.6.15. 선고 2023다220882 판결

공사 도급계약이 상행위에 해당하는 경우 도급계약에 기한 수급인의 하자담보책임도 상행위로 인한 채무이고(대법원 2011.12.8. 선고 2009다25111 판결 등 참조), 건설산업기본법 제32조 제1항에 의한 하수급인의 책임은 수급인이 발주자와 체결한 도급계약에 기한 의무와 동일한 것이다. 한편 상사법정이율은 상행위로 인한 채무나 이와 동일성을 가진 채무에 적용된다(대법원 2009.10.15. 선고 2009다44839 판결 등 참조).

Ⅱ. 판결의 평석

1. 쟁점사항

이 사건 쟁점은 ① Y가 신탁계약을 체결하면서 고객보호의무로서의 설명의무를 위반한 경우에 부담하는 손해배상책임이 채무불이행으로 인한 손해배상책임인지 또는 불법행위로 인한 손해배상책임인지 여부가 문제되고, 이에 대하여 대법원은 불법행위로 인한 손해배상책임으로 보았다. ② 상법 제54조에 규정된 상사법정이율이 불법행위로 인한 손해배상청구권에도 적용되는지 여부가 쟁점이 되었고, 대법원은 이를 부정하였다.

2. 고객보호의무로서의 설명의무

금융투자상품의 투자권유에 있어서의 고객에 대한 설명의무는 투자계약의 성립 이전에 금융투자업자가 일반투자자에게 부담하는 의무이다. 설명의무는 금융투자계약의 성립에 따른 금융투자업자의 급부의무와 직접적인 관련이 없으며, 금융투자업자에게 금융투자계약 체결 이전에 성실하게 계약체결 교섭을 하여야 할 의무 중의 하나로서 신의칙에 근거하여 법이 특별히 정하고 있는 고객보호의무의 한 유형에 해당하고, 이를 위반하여 고객에게 손해가 발생한 경우에는 '불법행위로 인한 손해배상책임'을 부담한다.[2)]

3. 상사법정이율

(1) 의 의

상행위로 인한 채무의 법정이율은 연 6分이다(제54조). 민사채권의 이율이 연 5分으로 되어 있음에 비하여 보다 높인 이유는 기업거래에서는 보통 자금의 수요가 크다고 보고, 이러한 자금의 이용에 의하여 발생하는 이익이 크기 때문이다. 상사법정이율은 당사자간에 약정이율이 없는 경우에 적용되며, 상행위에 의하여 발생된 채무라도 다른 특별법에 의하여 법정이율이 정하여진 경우에는 그 규정을 따른다.

(2) 적용범위

① **일방적 상행위**도 포함한다. 상행위로 인한 채무란 쌍방적 상행위뿐만 아니라 일방적 상행위로 인한 채무를 포함한다.[3] 문제는 채무자만이 비상인인 경우이다. **비상인인 채무자**에 대하여도 적용하는가 하는 점이다. 판례는 없다. 상인과 비상인 간의 거래에서 채무자가 비상인이라도 상사법정이율이 적용된다는 견해도 있으나, 제57조 규정의 취지상 비상인이 채무자인 경우에도 이를 적용하는 것은 가혹할 수 있다는 점에서 적용하지 않는 것이 옳다고 본다. ② 다만 이러한 채무는 상행위로 인한 채무와 **실질적으로 동일한 채무**, 즉 채무불이행으로 인한 손해배상채무,[4] 계약해제로 인한 원상회복채무 등을 포함한다. ③ 상행위로 인하여 생긴 채무에는 **보조적 상행위**를 포함한다.[5] ④ 상사법정이율은 상행위가 아닌 **불법행위로 인한 손해배상채무에는 적용되지 않는다**(통설, 판례).[6] 이는 상사시효가 불법행위로 인하여 발생한 손해배상

---

2) 대법원 2003.7.11. 선고 2001다11802 판결.

3) 대법원 2000.10.27. 선고 99다10189 판결.

4) 대법원 2016.6.10. 선고 2014다200763,200770 판결(상법 제54조의 상사법정이율이 적용되는 '상행위로 인한 채무'에는 상행위로 인하여 직접 생긴 채무뿐만 아니라 그와 동일성이 있는 채무 또는 그 변형으로 인정되는 채무도 포함되고, 당사자 쌍방에 대하여 모두 상행위가 되는 행위로 인한 채무뿐만 아니라 당사자 일방에 대하여만 상행위에 해당하는 행위로 인한 채무도 포함된다. 위와 같은 법리와 기록에 비추어 살펴보면, 이 사건 계약은 상인인 원고가 영업으로 하는 상행위에 해당하고, 피고는 이 사건 계약상 원고의 채무불이행을 원인으로 한 손해배상청구권을 행사하고 있으므로, 그 지연손해금에 관해서는 상사법정이율인 연 6%를 적용하여야 한다); 대법원 2000.10.27. 선고 99다10189 판결(주택건설사업 등을 목적으로 하는 영리법인인 주택건설업자의 아파트분양계약은 그의 영업을 위하여 하는 상행위라 할 것이고, 당사자 쌍방에 대하여 모두 상행위가 되는 행위로 인한 채권뿐만 아니라 당사자 일방에 대하여만 상행위가 되는 행위로 인한 채권도 상사법정이율이 적용되는 상사채권에 해당한다고 할 것인바, 그 주택건설업자의 **아파트 입주 지연에 따른 지체상금은 상행위인 분양계약의 불이행으로 인한 손해배상채권으로서** 그 지연손해금에 대하여도 상법 제54조 소정의 연 6푼의 상사법정이율을 적용하여야 한다).

5) 대법원 1992.7.28. 선고 92다10173, 92다10180(병합) 판결(위 정산약정은 상인인 피고 반도건설이 그 **영업을 위하여 한 상행위로 추정된**다고 할 것이어서 연 6푼의 상사법정이율에 의하여야 할 것으로 보이는바 이에 이르지 아니한 원심판결에는 법정이율에 대한 법리오해의 위법이 있다고 할 것).

채권에 대하여는 적용되지 않는다는 판례의 입장과 그 맥락을 같이하는 것이다.

(장덕조)

6) 대법원 2004.3.26. 선고 2003다34045 판결(상법 제54조의 상사법정이율은 상행위로 인한 채무나 이와 동일성을 가진 채무에 관하여 적용되는 것이고, 상행위가 아닌 불법행위로 인한 손해배상채무에는 적용되지 아니한다); 대법원 1985.5.28. 선고 84다카966 판결(불법행위로 인한 손해배상채무에 대하여 상사법정이율의 적용을 배제한 경우).

19 상사소멸시효와 민사소멸시효

대법원 2008.12.11. 선고 2008다47886 판결

Ⅰ. 판결개요

1. 사실관계

(1) X보험회사(주)는 1997. 1. 24. A회사의 공장 등에 관하여 보험금액 70억원의 화재보험계약을 A회사와 체결하였다. Y은행은 A회사에 대한 대출금 채권을 담보하기 위해서 보험금 채권에 채권최고액 60억원의 질권설정계약을 체결하였다.

그런데 1997. 10. 10. A회사의 공장에 화재(보험사고)가 발생하여, X보험회사는 1997. 12. 2.경 Y은행(질권자)에게 약 40억원의 보험금을 지급하였으나, 약 7년이 경과한 2004. 4.경 화재가 보험금을 노린 A회사의 대표이사인 B에 의한 방화라는 사실이 드러났고, 2004. 5. 7. B에 대한 기소가 이루어져 2005. 3. 25. 유죄판결이 확정되었다. 이에 X보험회사는 2004. 8. 4. Y은행을 상대로 지급한 보험금에 대하여 부당이득반환청구를 제기하였다.[1)]

(2) 1심법원은 X보험회사의 부당이득반환청구권을 민사채권으로 보고 X의 청구를 일부 인용하였다(민사시효설). 원심법원은 X보험회사의 부당이득반환청구권을 상사채권으로 보고 소멸시효기간이 경과하였다고 보았다(상사시효설).

X보험회사는 대법원에 상고하였다.

1) 저자 주: 보험금액, 지급일자 등 일부 사실관계는 수정하였음.

대법원 2008.12.11. 선고 2008다47886 판결 【손해배상(기)】

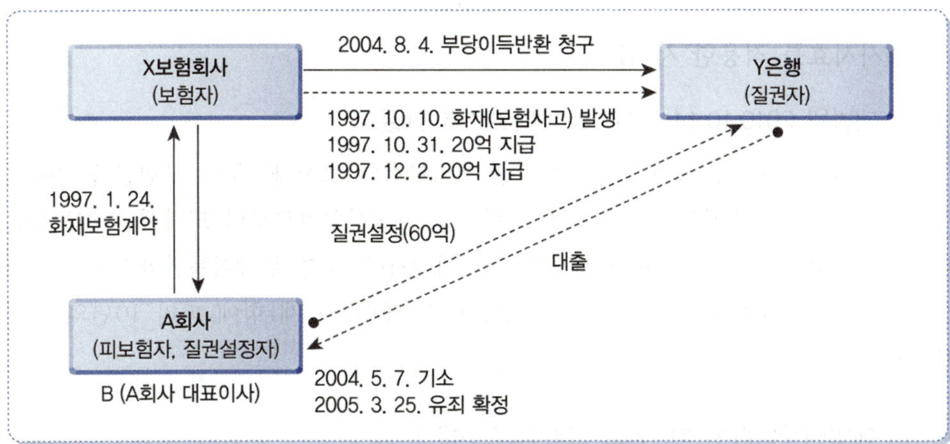

2. 판결요지

대법원은 X보험회사의 상고를 기각하였다(상사시효설).

(1) 소멸시효기간에 대하여

이 사건 보험계약은 상인인 X보험회사와 A회사 간에 체결된 것으로서, X보험회사가 주장하는 부당이득반환청구권은 기본적 상행위에 해당하는 이 사건 보험계약에 따른 급부에 따라 발생한 것일 뿐만 아니라, 채권 발생의 경위나 원인, 당사자 간의 관계, 시간이 경과하면 질권자인 Y은행의 질권설정자인 A회사에 대한 대출채권의 보전 내지 행사가 곤란하게 되는 점 등에 비추면 법률관계를 상거래 관계와 같은 정도로 신속하게 해결할 필요성이 있다. 따라서 5년의 소멸시효기간을 정한 상법 제64조가 적용된다.

(2) 소멸시효기간의 기산점에 대하여

소멸시효는 객관적으로 권리가 발생하여 그 권리를 행사할 수 있는 때부터 진행하고 그 권리를 행사할 수 없는 동안은 진행하지 않는바, 여기서 '권리를 행사할 수 없는' 경우란 그 권리행사에 법률상의 장애사유, 예컨대 기간의 미도래나 조건불성취 등이 있는 경우를 말하고, 사실상 권리의 존재나 행사 가능성을 알지 못하였고 알지 못함에 과실이 없다고 하여도 이는 법률상 장애사유에 해당하지 않는다.[2)]

2) 대법원 1992.3.31. 선고 91다32053 전원합의체 판결 등.

3. 관련판례

[민사시효를 적용한 사례]

(1) 대법원 2010.10.14. 선고 2010다32276 판결

교통사고 피해자가 가해차량이 가입한 책임보험의 보험자로부터 보험금을 수령하였음에도 자동차손해배상 보장사업을 위탁받은 보험사업자로부터 또다시 피해보상금을 수령한 것을 원인으로 한 보험사업자의 피해자에 대한 부당이득반환청구권에 관하여는 상법 제64조가 적용되지 아니하고, 민법 제162조 제1항에 따라 10년의 소멸시효가 적용된다.

(2) 대법원 2005.11.10. 선고 2004다22742 판결

상인이 그의 영업을 위하여 근로자와 체결하는 근로계약은 보조적 상행위에 해당한다고 하더라도, 근로자의 근로계약상의 주의의무 위반으로 인한 손해배상청구권은 상거래 관계에 있어서와 같이 정형적으로나 신속하게 해결할 필요가 있다고 볼 것은 아니므로 특별한 사정이 없는 한 10년의 민사시효기간이 적용된다.

(3) 대법원 2003.4.8. 선고 2002다64957,64964 판결

주식회사가 의료법인으로부터 부동산을 매수하고 그 대금을 지급하였으나, 매도인인 의료법인 대표자의 무권한을 이유로 매매계약이 무효가 되어 매매대금을 부당이득으로 반환하게 된 경우라면, 상거래 관계와 같은 정도로 신속하게 해결할 필요성이 있다고 볼 근거가 없으므로 위 부당이득반환청구권에는 상법 제64조가 적용되지 아니하고, 그 소멸시효기간은 민법 제162조 제1항에 따라 10년이다.

[상사시효를 적용한 사례]

(4) 대법원 2018.6.15. 선고 2017다248803,248810 판결

상행위로부터 생긴 채권뿐 아니라 '상행위에 준하는 채권'에도 상법 제64조(상사시효)가 적용될 수 있다.

가맹본부인 甲회사가 가맹점사업자인 乙 등을 상대로 가맹계약상 근거를 찾을 수 없는 'SCM Adm' 항목으로 매출액의 일정 비율에 해당하는 금액을 지급받은 것은 부당이득에 해당하며, 이에 대한 부당이득반환채권은 상법 제64조에 따라 5년간 행사하지 않으면 소멸시효가 완성된다.

(5) 대법원 2021.7.22. 선고 2019다277812 전원합의체 판결

보험계약자가 다수의 계약을 통하여 보험금을 부정 취득할 목적으로 보험계약을 체결하여 그것이 민법 제103조에 따라 선량한 풍속 기타 사회질서에 반하여 무효인 경우 보험자의 보험금에 대한 부당이득반환청구권은 상법 제64조를 유추적용하여 5년의 상사소멸시효기간이 적용된다고 봄이 타당하다.

(6) 대법원 2015.9.10. 선고 2015다212220 판결

상행위로부터 생긴 채권에 준하는 채권에도 상법 제64조가 적용 또는 유추적용될 수 있는지 여부(적극) / 공공건설 임대주택의 임대사업자인 甲회사가 일률적인 산정방식에 따라 정한 분양전환가격으로 분양계약을 체결한 乙 등이 납부한 분양대금과 정당한 분양전환가격의 차액 상당의 부당이득반환을 구한 사안에서, 위 부당이득반환채권은 5년의 상사소멸시효가 적용된다.

(7) 대법원 2002.6.14. 선고 2001다47825 판결

주식회사가 은행과 체결한 외국환거래약정에 포함된 손해배상금 지급약정에 따라 손해배상금을 지급하였으나, 손해배상금 지급약정 부분이 약관의 규제에 관한 법률에 위반되어 무효로 밝혀져 부당이득반환채권을 취득한 경우, 그 채권은 근본적으로 상행위에 해당하는 외국환거래약정을 기초로 하여 발생한 것으로, 발생의 경위나 원인 등에 비추어 그로 인한 거래관계를 신속하게 해결할 필요가 있으므로 5년의 상사소멸시효에 걸리게 된다.[3)]

(8) 대법원 2007.5.31. 선고 2006다63150 판결

상행위에 해당하는 보증보험계약이 무효인 경우, 보증보험계약에 기초한 급부가 이루어짐에 따라 발생한 부당이득반환청구권은 그 채권 발생의 경위나 원인, 원고와 피고의 지위와 관계 등에 비추어 그 법률관계를 상거래 관계와 같은 정도로 신속하게 해결할 필요성이 있다고 보이므로 이에 대하여는 5년의 소멸시효를 정한 상법 제64조가 적용된다.

3) 동지: 대법원 2014.7.24. 선고 2013다214871 판결(근저당권설정계약 중 채무자비용부담조항의 무효로 인한 지출비용의 부당이득반환채권을 취득한 경우).

(9) 대법원 2023.2.23. 선고 2022다274738 판결

부당이득반환청구권이라도 그것이 상행위인 계약에 기초하여 이루어진 급부자체의 반환을 구하는 것으로서, 그 채권의 발생경위나 원인, 당사자의 지위와 관계 등에 비추어 그 법률관계를 상거래관계와 같은 정도로 신속하게 해결할 필요성이 있는 경우 등에는 5년의 소멸시효를 정한 상법 제64조가 적용된다(대법원 2014.8.20. 선고 2013다210152 판결 등 참조). 피고들이 원고로부터 지급받은 돈은 피고들이 원고를 인수하고 자신들이 조달한 자금으로 원고를 통하여 동양디앤지와 공동으로 사업에 투자를 한 다음, 원고와 동양디앤지의 정산결과에 따라 원고에게 귀속된 수익금을 피고들이 회수하기로 하는 약정, 즉 상인인 원고와 피고들 사이의 투자계약에 따른 것이다. 원고가 피고들에게 구하는 부당이득반환청구도 위 투자계약에 기초하여 이루어진 급부자체의 반환을 구하는 것이다. 원고가 피고들에게 구하는 부당이득반환청구는 그 본질이 위 투자계약의 정산에 관한 문제로서 투자금반환과 마찬가지로 신속하게 해결할 필요성이 있다. 그럼에도 이와 달리 본 원심의 판단에는 소멸시효에 관한 법리를 오해하여 판결에 영향을 미친 잘못이 있다. 이를 지적하는 취지의 상고이유는 이유 있다.

Ⅱ. 판결의 평석

1. 상사시효 일반

(1) 상법 제64조의 특칙성

상행위로 인한 채권은 상법에 다른 규정이 있거나 또는 다른 법령에서 이보다 단기의 시효기간의 정함이 있는 경우를 제외하고는 5년간 행사하지 않으면 소멸시효가 완성한다(상법 제64조). 이는 채권의 소멸시효기간을 10년으로 규정한 민법의 원칙(민법 제162조 제1항)에 대한 특칙이다. 상사시효를 5년으로 정한 것은 상인이 다수인을 상대로 집단적 · 반복적으로 거래관계를 맺는 상거래의 경우에는 법률관계를 신속히 종결시킬 필요가 있기 때문이다.

(2) 상행위로 인한 채권의 범위

5년의 상사시효는 '상행위로 인한 채권'에 적용된다(상법 제64조). 쌍방적 상행위로 인한 채권뿐만 아니라 일방적 상행위로 인한 채권도 상행위로 인한 채권에 포함

되고, 기본적 상행위, 보조적 상행위, 준상행위로 인한 채권도 상행위로 인한 채권에 포함된다. 채권의 발생원인은 상행위이어야 하지만, 상행위로 인한 채권의 변형으로서 원래 채권과 실질적으로 동일성이 인정되는 채권도 포함된다.

이와 관련하여 민사거래와 상거래가 혼합되어 있거나 채권의 발생원인은 상행위이지만 민법상의 청구원인에 근거하여 소송을 제기하는 경우에, 상사시효 또는 민사시효 중 어느 것을 적용할 것인가? 대법원은 ① 상행위인 계약의 해제로 인한 원상회복청구권, ② 상행위로 인한 채무불이행으로 인한 손해배상청구권에 대하여는 상사시효를 적용하지만,[4] ③ 상거래와 관련한 불법행위로 인한 손해배상청구권에는 민사시효를 적용하는 경우가 많다.

2. 상거래와 관련한 부당이득반환청구권에 상사시효를 적용할 것인지

(1) 학설의 태도

대상판결의 사례에서처럼 상행위(보험계약)에 관련된 부당이득반환청구권은 상사시효나 민사시효 중 어느 것을 적용하여야 하는가? 이에 대해서 “민사시효설”은 상인과 관련하여 발생한 채권이라도 상행위와는 전혀 무관한 불법행위, 부당이득, 사무관리 채권 등은 상사시효의 대상이 아니라고 한다.[5] 반면에 “상사시효설”은 상행위로 인하여 발생한 법률관계의 청산을 위한 것인 점에서 계약해제로 인한 원상회복청구권과 다를 바 없고, 법률관계의 신속한 종결을 도모하기 위한 상사시효 제도의 취지를 감안하여 상사시효가 적용되어야 한다고 한다.[6]

(2) 판례의 태도

우리나라의 판례는 상거래에 관련된 채권의 소멸시효기간을 정함에 있어서는 ‘상거래와 같은 정도로 신속하게 해결할 필요성’이 있는지를 기준으로 민사시효 또는 상사시효의 적용 여부를 결정하고 있다.[7] 대법원은 이 사건에서 문제된 상거래와 관련한 부당이득반환청구권에서도 ‘상거래와 같은 정도로 신속하게 해결할 필요성’이 있

---

4) 다만 판례는 주식회사의 이사 또는 감사의 회사에 대한 선관의무해태로 인한 손해배상책임의 소멸시효기간은 일반 채무의 경우와 같이 10년이라 하고(대법원 1985.6.25. 선고 84다카1954 판결), 근로자의 근로계약상 주의의무 위반으로 인하여 회사가 근로자에 대하여 갖는 손해배상채권의 경우도 10년의 민사시효가 적용된다고 한다(대법원 2005.11.10. 선고 2004다22742 판결).

5) 정찬형, 상법강의(상), 제18판, 박영사, 2015, 208면.

6) 김홍기, 상법강의, 제4판, 박영사, 2019, 149면.

7) 대법원 2002.6.14. 선고 2001다47825 판결; 대법원 2007.5.31. 선고 2006다63150 판결 등.

는지의 기준을 그대로 유지하고 있다.

(3) 대상판결의 검토

이 사건에서는 민사시효와 상사시효가 적용될 수 있는 측면이 모두 존재하고 있다.

민사시효를 적용할 측면으로는 ① 이 사건 화재는 A회사의 고의적인 방화에 의하여 생긴 것으로 보험금을 지급할 사안이 아니고, ② 보험금에 대한 질권설정은 A회사와 Y은행 간에 이루어진 것으로 A회사의 방화로 인하여 발생한 위험을 질권설정에 관여하지 않은 X보험회사가 인수하는 것은 부당하며, ③ X보험회사는 민법상 부당이득에 근거하여 보험금 반환을 청구하고 있으므로 민사시효를 적용하여야 한다는 견해가 있을 수 있다.

상사시효를 적용할 측면으로는 ① 상거래 당사자 사이의 계약을 바탕으로 이루어진 재화의 이전과 회복에 관해서는 그것이 계약에 기초하거나, 무효 · 취소 · 해제에 기초하거나 간에 상거래의 신속한 해결이 필요하다는 점에서 차이가 없고, ② 보험금청구권에 채권 질권을 설정하는 방식은 확실한 채권보전수단으로서 이용되는데 이 사건에서도 선의의 질권자인 Y은행을 보호하기 위해서는 신속한 해결을 도모할 필요가 있으며, ③ Y은행(질권자)의 A회사(질권설정자)에 대한 대출금 채권은 5년의 상사시효가 적용되므로, 만일 X보험회사의 Y은행에 대한 부당이득반환청구권에 10년의 민사시효를 적용하면, Y은행은 부당이득을 반환한 후에도 대출금을 회수하지 못하게 되는 문제점이 있으므로 상사시효를 적용하여야 한다는 견해가 있을 수 있다.

생각건대 이 사건에는 민사시효를 적용할 측면도 있지만, '상거래와 같은 정도로 신속하게 해결할 필요성'이 보다 크므로 상사시효를 적용하는 것이 타당하다. 이 사건 화재는 보험계약자인 A회사의 대표이사 B가 고의로 일으킨 것이므로 보험계약의 상대방인 X보험회사와 A회사의 질권자인 Y은행 모두가 피해자라고 볼 수 있지만, 굳이 선택하자면 보험사고 발생에 대해서 더 잘 알 수 있고 접근과 통제가 가능한 X보험회사가 위험을 부담하는 것이 옳다. 대상판결에 찬성한다.

3. 상사소멸시효기간의 기산점에 대하여

(1) 학설과 판례

일반적으로 소멸시효는 객관적으로 권리가 발생하여 그 권리를 행사할 수 있는 때부터 진행하고 그 권리를 행사할 수 없는 동안은 진행하지 않는데, 여기서 '권리를 행사할 수 없는' 경우란 기간의 미도래나 조건의 불성취 등 그 권리행사에 법률상의 장애사유가 있는 경우를 말하고, 권리의 존재나 권리행사 가능성을 알지 못하였다는 등의 사실상의 장애사유는 소멸시효의 중단사유에 해당하지 않는다.[8] 이러한 법리는 상사소멸시효에 대해서도 동일하게 적용된다.

판례는 하자가 있으나 아직 취소되지 아니한 행정처분이 있는 경우,[9] 법률에 의하여 면직처분을 받았는데 후에 그 법률이 위헌으로 결정된 경우,[10] 건물에 관한 소유권이전등기청구권의 소멸기산점과 관련하여 건물이 완공되지 아니한 경우[11] 등은 법률상의 장애사유에 해당하는 것으로 보고 있다.

(2) 대상판결의 검토

X보험회사는 Y은행이 보험금을 지급받은 1997. 12. 2.경부터 부당이득반환청구권을 행사할 수 있었고, 이 사건 소송은 그로부터 5년이 경과한 2004. 8. 4. 제기되었으므로 상사시효가 완성되었다고 볼 것이다.

A회사의 대표이사인 B 등의 방화사실이 명확히 밝혀질 때까지 X보험회사가 Y은행을 상대로 부당이득반환청구를 하는 것이 어려웠다는 사정은 법률상의 장애사유라기보다는 사실상의 장애사유에 불과하다.

(김홍기)

8) 대법원 1992.3.31. 선고 91다32053 전원합의체 판결 등.
9) 대법원 1986.3.25. 선고 85다카748 판결.
10) 대법원 1996.7.12. 선고 94다52195 판결.
11) 대법원 2007.8.23. 선고 2007다28024,28031 판결.

공동채무자의 일부가 상인인 경우 전원에 대한 상사소멸시효 적용

대법원 2014.4.10. 선고 2013다68207 판결

Ⅰ. 판결개요

1. 사실관계

A주식회사의 대표이사인 B는 A회사가 공장을 매입하는데 계약금으로 사용하기 위하여 X(원고)와 소비대차계약을 맺고 차용금을 차용하였으며 Y(피고)가 이 차용금 채무를 연대보증하였다. 위의 소비대차계약에 관하여 작성된 차용금증서의 작성자란에는 부동문자로 "(주) A"가 인쇄되어 있고 그 옆에 "대표 : B"라는 서명과 함께 A 회사의 법인도장이 날인되어 있다. 그리고 그 바로 아래 줄에 부동문자로 "위 채무자인"이라고 인쇄되어 있고 그 옆에 "B"라는 서명과 함께 B의 개인도장이 날인되어 있다. 한편 Y를 비롯한 위 차용금채무의 연대보증인들은 모두 차용금증서 중 "연대보증인"이라고 인쇄된 부동문자 옆에 서명·날인하였다. X가 B를 주채무자로 하여 차용금 등의 반환을 청구한 대전지방법원 2011가합14989 대여금 사건에서 B가 전부 패소하였으나, B가 항소하지 아니하여 위 판결이 그대로 확정되었다. A 회사는 2006. 5. 30. 위 차용금 등의 반환을 담보하는 의미로 X에게 그 명의의 양도담보부 금전소비대차계약 공정증서를 작성하여 주었다. 위의 소비대차계약 당시 X를 대리하였던 C는 원심[1]에서 "이 사건 차용금채무의 채무자는 개인 B인데 A 회사도 됩니다." 라고 증언하였다. 원심에서 Y는 위의 차용금채무의 변제기인 2005. 7. 11.부터 5년이 지난 2011. 6. 13.에서야 소가 제기되었으므로 이미 위 차용금채무가 상사소멸시효의 완성으로 소멸되어 Y의 연대보증채무도 소멸되었다고 항변하였으나, 법원은 위의 차용금의 주채무자는 A 회사가 아니라 B 개인뿐이고, Y는 B의 위 차용금 채무에 관하

1) 대전고등법원 2013.7.24. 선고 2012나1571 판결.

여 연대보증하였다고 판단하여 Y의 항변을 받아들이지 아니하였다. 이에 Y가 상고하였다.

2. 판결요지

대법원은 원심판결을 파기하고, 사건을 대전고등법원에 환송하였다. 대법원 판결의 주요내용은 다음과 같다. 즉, 계약의 당사자가 누구인지는 계약에 관여한 당사자의 의사해석의 문제에 해당한다. 법률행위의 해석은 당사자가 그 표시행위에 부여한 객관적인 의미를 명백하게 확정하는 것으로서, 사용된 문언에만 구애받는 것은 아니지만, 어디까지나 당사자의 내심의 의사가 어떤지에 관계없이 그 문언의 내용에 의하여 당사자가 그 표시행위에 부여한 객관적 의미를 합리적으로 해석하여야 하는 것이고, 당사자가 표시한 문언에 의하여 그 객관적인 의미가 명확하게 드러나지 않는 경우에는 그 문언의 형식과 내용 그 법률행위가 이루어진 동기 및 경위, 당사자가 그 법률행위에 의하여 달성하려는 목적과 진정한 의사, 거래의 관행 등을 종합적으로 고려하여 사회정의와 형평의 이념에 맞도록 논리와 경험의 법칙, 그리고 사회일반의 상식과 거래의 통념에 따라 합리적으로 해석하여야 한다. 그리고 회사는 상행위를 하지 아니하더라도 상인으로 보고, 상인이 영업을 위하여 하는 행위는 상행위로 보며(상법 제5조 제2항, 제1항, 제47조 제1항), 그 상행위에는 상법 제46조 각 호에 해당하는 기본적 상행위뿐만 아니라 상인이 영업을 위하여 하는 보조적 상행위도 포함된다. 또한 상법 제3조에 따라 당사자 중 그 1인의 행위가 상행위인 때에는 전원에 대하여 상법이 적용되므로, 당사자의 일방이 수인인 경우에 그중 1인에게만 상행위가 되더라도 전원에 대하여 상법이 적용된다고 해석된다.

3. 관련판례

(1) 대법원 2012.7.26. 선고 2011다43594 판결

영업을 준비하는 행위가 보조적 상행위로서 상법의 적용을 받기 위해서는 행위를 하는 자 스스로 상인자격을 취득하는 것을 당연한 전제로 하므로, 어떠한 자가 자기 명의로 상행위를 함으로써 상인자격을 취득하고자 준비행위를 하는 것이 아니라 다른 상인의 영업을 위한 준비행위를 하는 것에 불과하다면, 그 행위는 행위를 한 자의 보조적 상행위가 될 수 없다. 여기에 회사가 상법에 의해 상인으로 의제된다고 하더라도 회사의 기관인 대표이사 개인은 상인이 아니어서 비록 대표이사 개인이 회사자금으로 사용하기 위해서 차용한다고 하더라도 상행위에 해당하지 아니하여 차용금 채무를 상사채무로 볼 수 없는 법리를 더하여 보면, 회사 설립을 위하여 개인이 한 행위는 그것이 설립중 회사의 행위로 인정되어 장래 설립될 회사에 효력이 미쳐 회사의 보조적 상행위가 될 수 있는지는 별론으로 하고, 장래 설립될 회사가 상인이라는 이유만으로 당연히 개인의 상행위가 되어 상법 규정이 적용된다고 볼 수는 없다.

(2) 대법원 2014.6.26. 선고 2014다14122 판결

계약당사자간에 어떠한 계약 내용을 처분문서인 서면으로 작성한 경우, 그 문언의 객관적인 의미가 명확하다면 특별한 사정이 없는 한 그 문언대로의 의사표시의 존재와 내용을 인정하여야 할 것이지만, 그 문언의 객관적인 의미가 명확하게 드러나지 않는 경우에는 당사자의 내심의 의사 여하에 관계없이 그 문언의 내용과 그 계약이 이루어지게 된 동기 및 경위, 당사자가 그 계약에 의하여 달성하려고 하는 목적과 진정한 의사, 거래의 관행 등을 종합적으로 고찰하여 사회정의와 형평의 이념에 맞도록 논리와 경험의 법칙, 그리고 사회일반의 상식과 거래의 통념에 따라 당사자 사이의 계약의 내용을 합리적으로 해석하여야 하는 것이고, 특히 당사자 일방이 주장하는 계약의 내용이 상대방에게 중대한 책임을 부과하거나 그가 보유하는 소유권 등 권리의 중요한 부분을 침해 내지 제한하게 되는 경우에는 그 문언의 내용을 더욱 엄격하게 해석하여야 한다.

(3) 대법원 2000.5.12. 선고 98다23195 판결

당사자 쌍방에 대하여 모두 상행위가 되는 행위로 인한 채권뿐만 아니라 당사자 일방에 대하여만 상행위에 해당하는 행위로 인한 채권도 상법 제64조에서 정한 5년의 소멸시효기간이 적용되는 상사채권에 해당하는 것이고, 그 상행위에는 상법 제46조 각 호에 해당하는 기본적 상행위뿐만 아니라 상인이 영업을 위하여 하는 보조적 상행위도 포함된다.

(4) 서울고등법원 2013.4.10. 선고 2012나22640 판결[2)]

상법 제3조는 "일방적 상행위"라는 표제 아래 "당사자 중 그 1인의 행위가 상행위인 때에는 전원에 대하여 본법을 적용한다"고 규정하고 있는바, 위 규정에 대하여

2) 이 판결에 불복하여 대법원에 상고하였으나 상고이유서를 제출하지 않은 것을 이유로 하여 대법원 2013.7.25. 선고 2013다38954 판결로 기각되었다.

당사자 일방에 대해서만 상행위이고 상대방에 대해서는 상행위가 아닌 경우에만 적용되고, 당사자의 일방이 수인인 경우 그 1인 또는 일부에 대하여 상행위이지만 나머지 사람에 대하여는 상행위가 아닌 경우 비상인(非商人)을 보호하기 위하여 위 규정을 적용할 수 없다는 견해도 있다. 그러나 위 규정의 본문은 "당사자 중 그 1인의 행위가 상행위인 때에는 전원에 대하여 본법을 적용한다"고 규정하고 있어 문언상 다수당사자 중 1인의 행위가 상행위이면 같은 방면의 당사자이든 반대 당사자이든 불문하고 상법을 적용한다는 것으로 읽히는 점, 위 규정의 취지가 다수당사자의 법률관계를 획일적으로 처리하려는 데 있는 것으로 보이는 점, 상법을 적용한다고 하여 비상인에게 반드시 불리하다고 할 수 없는 점, 상법 제57조 제1항이 "수인이 그 1인 또는 전원에게 상행위가 되는 행위로 인하여 채무를 부담한 때에는 연대하여 변제할 책임이 있다"고 규정하여 같은 방면의 당사자인 비상인에 대해서도 연대책임을 부담시켜 다수당사자의 법률관계를 획일적으로 처리하려고 하는 점 등을 종합할 때, 상법 제3조는 그 문언대로 다수당사자 중 1인의 행위가 상행위인 때에는 같은 방면의 당사자이든 반대 당사자이든 전원에 대하여 상법을 적용한다는 취지로 봄이 상당하다. 따라서 피고의 원고에 대한 채무에 대해서도 상법이 적용되어 변제기로부터 5년이 경과하면 소멸시효가 완성된다고 할 것이다.

Ⅱ. 판결의 평석

1. 판결의 의의

이 사건 판결은 소비대차계약의 주채무자가 누구인지와 공동채무자 일부가 상인인 경우 상사소멸시효를 적용할 수 있는지를 다루고 있다. 이 사건에서는 대표이사 B를 주채무자로 본다면 민법상 채권소멸시효인 10년이 도과하지 않았으므로 연대보증인인 Y의 채무는 소멸하지 않은 것으로 되는 반면에 A 회사를 주채무자로 보게 되면 상인에 대해 적용되는 상사소멸시효가 완성되어 Y의 채무가 소멸한 것으로 볼 여지가 있다. 이에 대법원은 법률행위의 해석에 관한 기존의 법리를 바탕으로 하여 주채무자를 A 회사와 B 모두를 이 사건 소비대차계약의 주채무자로 보았다. 또한 당사자의 일방이 수인(數人)인 경우에 그 1인에 대하여는 상행위지만 나머지에 대하여는 상행위가 아닌 경우 상법 제3조를 적용하여 그 전원에 대하여 상법이 적용된다는 것을 명확히 하고 있다.

2. 소비대차계약의 주채무자 확정

대법원은 법률행위의 해석에 관한 법리를 바탕으로 하여 합리적인 해석을 하여 이 사건 소비대차계약의 주채무자는 A 회사와 그 대표이사 B 모두라고 판단하였다. 그 근거로서는 제시한 것은 다음의 3가지이다. 첫째, B가 굳이 "대표 : B"와 "B"로 별도로 기재를 하고 법인도장과 개인도장을 모두 날인한 것은 당사자가 A 회사와 그 대표이사 B 중 1인만을 차주로 하려는 의사가 있었다고 볼 수 없다. 둘째, 이 사건 차용금채무의 연대보증인들은 차용금증서 중 "연대보증인"이라고 인쇄된 부동문자 옆에 서명날인하였으며, B의 서명날인은 "채무자인"이라고 인쇄된 부동문자 옆에 위치하고 있어 B를 연대보증인이라고 볼 수도 없다. 셋째, 이 사건 소비대차계약 당시 원고를 대리한 C가 원심에서 한 증언에 따를 경우에도 양자를 모두 주채무자로 보아야 한다.

3. 공동채무자 일부가 상인인 경우 상사소멸시효의 적용

(1) 쟁 점

공동채무자 중 일부만이 상인인 경우 그의 채무가 상사시효의 도과로 소멸되었다면 상인이 아닌 나머지 공동채무자에게도 그 효력이 미치는지가 문제된다. 일본의 경우 상법이 "당사자의 일방이 2인 이상 있는 경우에 있어서 그 1인을 위하여 상행위가 되는 행위에 대해 이 법률을 그 전원에 적용한다."(일본 상법 제3조 제2항)라는 명문의 규정을 두어 입법적으로 해결하지만, 우리나라의 경우에는 이와 같은 명문의 규정이 없기 때문에 상법 제3조의 유추적용 가부에 따라 해결하는 수밖에 없다.

(2) 상법 제3조의 유추적용 가부

1) 학 설

국내의 학설은 법률관계의 획일적 처리를 위하여 전원에 대하여 상법 제3조를 유추적용해야 한다는 견해(유추적용긍정설)와 이러한 경우에 상법 제3조를 유추적용한다는 취지의 명문규정이 없으므로 상인이 아닌 자를 보호하기 위해서는 상법 제3조의 적용을 배제하여야 한다는 견해(유추적용부정설)로 나누어져 있다.

2) 판 례

서울고등법원 2013.4.10. 선고 2012나22640 판결은 상법 제3조가 당사자의 일방이 수인인 경우 그 1인 또는 일부에 대하여 상행위이지만 나머지 사람에 대하여는 상행위가 아닌 경우에도 적용될 수 있음을 명확히 밝히고 있다. 위 서울고등법원 판결에서는 다음과 같은 점을 논거로 들고 있다. 첫째, 상법 제3조의 "당사자 중 그 1인의 행위가 상행위인 때에는 전원에 대하여 본법을 적용한다."는 문언상 다수당사자 중 1인의 행위가 상행위이면 같은 방면의 당사자이든 반대 당사자이든 불문하고 상법을 적용한다는 것으로 읽힌다. 둘째, 상법 제3조의 취지가 다수당사자의 법률관계를 획일적으로 처리하려는 데 있는 것으로 보인다. 셋째, 상법을 적용한다고 하여 비상인에게 반드시 불리하다고 할 수 없다. 넷째, 상법 제57조 제1항이 "수인이 그 1인 또는 전원에게 상행위가 되는 행위로 인하여 채무를 부담한 때에는 연대하여 변제할 책임이 있다"고 규정하여 같은 방면의 당사자인 비상인에 대해서도 연대책임을 부담시켜 다수당사자의 법률관계를 획일적으로 처리하려고 한다는 점을 보더라도 상법 제3조는 그 문언대로 다수당사자 중 1인의 행위가 상행위인 때에는 같은 방면의 당사자이든 반대 당사자이든 전원에 대하여 상법을 적용한다는 취지로 봄이 상당하다.

3) 평 가

상법 제3조의 '당사자 중 그 1인의 행위가 상행위인 때'라 함은 '당사자의 일방이 수인인 경우에 그 1인의 행위가 상행위인 때'를 배제하는 것으로 읽을 수는 없다. 상법 제3조의 입법취지가 법률관계의 획일적 처리에 있다는 데 있음에 비추어 볼 때 당사자의 일방이 수인인 경우에 법률관계의 획일적 처리에 대한 필요성이 더 크므로 그 경우에 상법 제3조를 유추적용할 수 있어야 한다. 특히 당사자 쌍방 모두 1인인 경우에만 상법 제3조를 적용한다면 상법 제3조의 입법취지를 무색하게 할 뿐만 아니라 법률관계를 복잡하게 만들 우려가 있다는 점에서 더욱 더 유추적용긍정설이 타당하다. 더 나아가 상법 제3조를 유추적용하는 경우 이 사건에서는 상사소멸시효가 민법상 채권소멸시효보다 단기라는 점에서는 채권자 보호를 위해 취약한 것으로 볼 여지가 있지만, 이는 다른 한편으로 비상인 채무자에게는 유리한 측면도 있다. 법정이율과 관련해서도 이와 유사한 상황에 놓일 수 있다. 이처럼 비상인이 채권자 혹은 채무자인지의 여부 또는 소멸시효에 관련된 것인지 혹은 법정이율에 관련된 것인지에 따라 유리하거나 불리할 수도 있으므로 유추적용부정설이 반드시 비상인을 보호하는 견해라고 풀이할 수 없다. 그러므로 상법 제3조가 유추적용된다는 견해가 타당한 까닭에 그러한 취지의 위의 서울고등법원의 판시사항도 수용할 수 있다.

4. 대상판결의 검토

A 회사 및 B가 위의 차용금증서에 채무자로 각각 서명 · 날인하였으므로 이 사건 차용금 채무에 관한 공동차주로 해석한 것은 타당하다. 또한 A 회사가 공장매입자금 일부를 마련하기 위하여 X 사이에 이 사건 소비대차계약을 체결한 것은 그 영업을 위하여 한 보조적 상행위이며, 비록 B가 상인이 아니라 하더라도 A 회사에 대하여 상행위가 되는 이 사건 소비대차계약을 A 회사와 함께 체결하여 공동차주로서 이 사건 차용금채무를 부담하였으므로 B에 대하여도 상법이 적용된다. 따라서 A 회사 및 B의 이 사건 차용금 채무는 모두 상사채무로서 5년의 상사소멸시효가 적용되며, 이 사건에서는 그 상사소멸시효가 완성되어 주채무인 그들의 차용금 채무가 소멸되었으므로 특별한 사정이 없는 한 부종성의 법리에 따라 Y의 연대보증채무도 소멸된다고 판시한 것은 타당하다.

(권재열)

익명조합의 법률관계

대법원 2011.11.24. 선고 2010도5014 판결

Ⅰ. 판결개요

1. 사실관계

A(피해자)와 Y(피고인)는 2002. 9.경 ○○소재 3필지의 토지(이하 '이 사건 토지'라 함)를 매수하여 이를 전매한 후 그 전매이익금을 정산하기로 약정하였다. Y는 2002. 11.경 A가 조달한 금원 등을 합하여 이 사건 토지를 매수하였으나 그 소유권이전등기는 자신과 B와 C의 명의로 경료하였다. A는 이 사건 토지 매수와 그 전매를 Y에게 전적으로 일임하였고 그에 따라 토지를 매수하는 과정에 전혀 관여하지 않았음은 물론이고 2007. 4.경 위 토지를 매도할 때에도 전혀 관여하지 않았다. 그럼에도 불구하고 Y는 위 토지를 제3자에게 임의로 매도한 후 A에게 전매이익금 반환을 거부한 것에 대하여 이를 횡령하였다는 내용으로 기소되었다. 제1심에서 검사는 Y의 전매이익금의 반환거부는 횡령죄를 구성한다고 주장하였으며, 법인도 이를 인정하였다.[1] 그러나 제2심(원심)법원은 제1심 판결을 직권으로 파기하여 공소사실 중에서 횡령죄를 인정하지 않았다.[2] 이에 검사는 대법원에 상고하였으나 기각되었다. 대법원은 Y가 타인의 재물을 보관하는 자의 지위에 있지 않다고 보아 횡령죄 성립을 부정하였다.

2. 판결요지

조합재산은 조합원의 합유에 속하는 것이므로 조합원 중 한 사람이 조합재산의 처분으로 얻은 대금을 임의로 소비하였다면 횡령죄의 죄책을 면할 수 없고, 이러한 법리는 내부적으로는 조합관계에 있지만 대외적으로는 조합관계가 드러나지 않는 이

1) 의정부지방법원 2009.12.17. 선고 2008고단3079 판결.
2) 의정부지방법원 2010.4.2. 선고 2009노2899 판결.

른바 내적 조합의 경우에도 마찬가지이다. 그러나 이러한 조합 또는 내적 조합과는 달리 익명조합의 경우에는 익명조합원이 영업을 위하여 출자한 금전 기타의 재산은 상대편인 영업자의 재산으로 되는 것이므로 그 영업자는 타인의 재물을 보관하는 자의 지위에 있지 않고 따라서 영업자가 영업이익금 등을 임의로 소비하였다고 하더라도 횡령죄가 성립할 수는 없다. 한편 어떠한 법률관계가 내적 조합에 해당하는지 아니면 익명조합에 해당하는지는, 당사자들의 내부관계에 있어서 공동사업이 있는지, 조합원이 업무검사권 등을 가지고 조합의 업무에 관여하였는지, 재산의 처분 또는 변경에 전원의 동의가 필요한지 등을 모두 종합하여 판단하여야 할 것이다. 비록 A(피해자)가 이 사건 토지의 전매차익을 얻을 목적으로 일정 금원을 출자하였다고 하더라도 이후 업무감시권 등에 근거하여 업무집행에 관여한 바도 전혀 없을 뿐만 아니라 Y(피고인)가 아무런 제한 없이 그 재산을 처분할 수 있었음이 분명하므로, 피해자와 피고인 사이의 약정은 조합 또는 내적 조합에 해당하는 것이 아니라 익명조합과 유사한 무명계약에 해당하는 것으로 보아야 할 것이다. Y가 타인의 재물을 보관하는 자의 지위에 있지 않다고 보아 횡령죄의 성립을 부정한 것은 정당하다.

3. 관련판례

(1) 대법원 1962.12.27. 선고 62다660 판결

상법 제78조는 익명조합계약은 당사자의 일방이 상대방의 영업을 위하여 출자를 하고 그 영업에서 발생하는 이익을 분배할 것을 약속함으로 인하여 그 효력이 생긴다고 규정하였으므로 당사자의 일방이 상대방의 영업을 위하여 출자를 하는 경우라 할지라도 그 영업에서 이익이 난 여부를 따지지 않고 상대방이 정기적으로 일정한 금액을 지급하기로 약정한 경우에는 가령 이익이라는 명칭을 사용하였다 하더라도 그것은 상법상의 익명조합계약이라고 할 수 없는 것이다.

(2) 대법원 2009.4.23. 선고 2007도9924 판결

상법 제78조가 규정하는 익명조합관계는 당사자의 일방이 상대방의 영업을 위하여 출자하고 상대방은 그 영업으로 인한 이익을 분배할 것을 약정함으로써 그 효력이 생기는 것이므로, 당사자 사이에 영업으로 인한 이익을 분배할 것이 약정되어 있지 않는 이상 그 법률관계를 익명조합관계라고 할 수 없다. 또한 형법 제355조 제1항 소정의 '반환의 거부'라 함은 보관물에 대하여 소유자의 권리를 배제하는 의사를 표시하는 행위를 뜻하므로 타인의 재물을 보관하는 자가 단순히 반환요구에 불응한 사실만으로 횡령죄를 구성하는 것은 아니며, 횡령죄를 구성한다고 하려면 그 반환불응의 이유와 주관적인 의사 등을 종합하여 그 행위가 횡령행위와 같다고 볼 수 있을 정도이어야만 한다.

(3) 대법원 2000.7.7. 선고 98다44666 판결

이른바 '내적조합'이라는 일종의 특수한 조합으로 보기 위하여는 당사자의 내부관계에서는 조합관계가 있어야 할 것이고, 내부적인 조합관계가 있다고 하려면 서로 출자하여 공동사업을 경영할 것을 약정하여야 하며, 영리사업을 목적으로 하면서 당사자 중의 일부만이 이익을 분배받고 다른 자는 전혀 이익분배를 받지 않는 경우에는 조합관계(동업관계)라고 할 수 없다.

Ⅱ. 판결의 평석

1. 주요 검토사항

형법상 횡령죄는 타인의 재물을 보관하는 자가 보관하고 있는 재물을 횡령하거나 그 재물의 소유인이 반환을 요구함에도 불구하고 반환을 거부함으로써 성립한다(형법 제355조 제1항). 즉, 타인의 재물을 점유하는 자가 그 점유를 자기를 위한 점유로 바꾸려고 하는 의사를 가지고 그러한 영득의 의사가 외부에 인식될 수 있는 객관적 행위를 하였을 때 그 재물 전체에 대한 횡령죄가 성립하는 것이다.[3] 그러므로 보관물에 대하여 소유자의 권리를 배제하는 의사표시를 하는 행위인 '반환의 거부'가 횡령죄를 구성하려면 "타인의 재물을 보관하는 자가 단순히 그 반환을 거부한 사실만으로는 부족하고 그 반환거부의 이유와 주관적인 의사들을 종합하여 반환거부행위가 횡령행위와 같다고 볼 수 있을 정도"이어야 한다.[4]

대법원의 판례에 따르면 익명조합의 경우 영업자는 타인의 재물을 보관하는 자의 입장에 서지 아니하므로 횡령죄의 주체가 되지 못한다고 일관되게 판시하고 있다.[5] 그렇다면 본 사건에서 A와 Y간의 내부적 동업계약을 어떻게 보아야 할 것인가? 만약

3) 대법원 1998.2.24. 선고 97도3282 판결.
4) 대법원 2006.2.10. 선고 2003도7487 판결.
5) 대법원 1971.12.28. 선고 71도2032 판결; 대법원 2009.4.23. 선고 2007도9924 판결.

본 사건에서 Y가 익명조합의 영업자가 아니라서 타인(A)의 재물을 보관하는 자의 지위에 있다면 형법상 횡령죄의 주체가 될 수 있는 여지가 있다. 따라서 A와 Y 사이의 내부적인 동업관계 또는 이를 포함한 계약의 법적 성질을 어떻게 판단하느냐가 본 사건에서 가장 핵심적인 사항이며, 이에 관하여 대법원은 일응의 판단기준을 제시하고 있다.

2. 상법상 익명조합제도

(1) 익명조합의 의의

익명조합이라 함은 당사자의 일방(익명조합원)이 상대방(영업자)의 영업을 위하여 출자하고, 상대방은 그 영업으로 인한 이익을 분배할 것을 약정하는 계약을 의미한다(상법 제78조). 익명조합은 실질적으로는 익명조합원과 영업자의 동업계약이지만 대외적으로 영업자만이 활동하는 까닭에 영업자의 개인기업으로 취급된다. 이 경우 익명조합원의 자격에는 법률상 제한이 없으나 영업자는 성질상 상인이어야 한다.

(2) 익명조합의 경제적 기능

익명조합에서는 출자자가 경영능력, 사회적 신분, 법률적 제한 등의 이유로 직접 영업자로 나서기가 어려운 경우 익명조합원으로 참가할 수 있으며 동시에 영업자는 자신의 경영에 간섭을 받지 않고서도 자금을 조달할 수 있다.

(3) 익명조합의 내부관계

1) 익명조합원의 영업자에 대한 권리와 의무

익명조합원은 영업자에 대하여 다음과 같은 권리와 의무를 부담한다. 첫째, 익명조합원은 출자의무를 진다. 익명조합원은 영업자를 위하여 계약에서 정한 대로 출자하여야 하는데, 그 출자의 목적은 금전 기타 재산에 한하므로 신용이나 노무를 출자할 수 없다(상법 제86조, 제272조). 익명조합원이 출자한 금전 기타의 재산은 영업자의 재산으로 본다(상법 제79조). 둘째, 손실분담의무를 부담한다. 익명조합원의 출자가 손실로 인하여 감소된 때에는 그 손실을 전보한 후가 아니면 이익배당을 청구하지 못한다(상법 제82조 제1항). 손실이 출자액을 초과한 경우에도 익명조합원은 이미 받은 이익의 반환 또는 증자할 의무가 없다(상법 제82조 제2항). 손실분담이 익명조합계약의 요소는 아닌 까닭에 익명조합원과 영업자 사이에 다른 약정이 있으면 그 약정에 따른다(상법 제82조 제3항). 따라서 익명조합원이 손실을 전혀 부담하지 않는다는 약정도 가능하다. 셋째, 지위불양도의무를 진다. 익명조합원의 출자는 영업자에 대한 고도의 인적 신뢰관계를 바탕으로 하므로 익명조합원은 물론이고 영업자는 상대방의 동의가 없는 한 그 지위를 타인에게 양도·상속할 수 없다. 넷째, 익명조합원은 영업자에 대하여 업무감시권을 가진다. 익명조합원은 합자회사의 유한책임사원처럼 감시권이 있다(상법 제86조, 제277조). 이에 익명조합원은 영업년도말에 있어서 영업시간내에 한하여 회사의 회계장부·대차대조표 기타의 서류를 열람할 수 있고 회사의 업무와 재산상태를 검사할 수 있으며, 중요한 사유가 있는 때에는 언제든지 법원의 허가를 얻어 그 열람과 검사를 할 수 있다.

2) 영업자의 익명조합원에 대한 의무

영업자는 계약의 정함에 따라 선량한 관리자의 주의로써 영업을 수행하여야 한다. 또한 영업자는 영업으로 인한 이익을 분배할 의무도 부담한다(상법 제79조). 영업자는 익명조합이 동업계약의 성격을 지니고 있다는 점과 영업자의 주의의무부담, 그리고 영업자가 합자회사의 무한책임사원과 같은 지위에 있다는 점 등 때문에 경업금지의무를 부담한다.

(4) 익명조합의 외부관계

익명조합원이 출자한 재산은 법률상 모두 영업자의 영업재산으로 편입되어 영업자의 대외적인 책임재산을 형성한다(상법 제79조). 따라서 익명조합원과 제3자는 상호간 아무런 관계가 없다.[6]

(5) 익명조합의 종료

익명조합은 계약의 유형 중의 하나이므로 계약의 일반적인 종료사유로 인하여 당연히 종료하지만, 상법은 다음과 같은 종료사유를 부가하고 있다. 첫째, 익명조합계약으로 조합의 존속기간을 정하지 아니하거나 어느 당사자의 종신까지 존속할 것을 약정한 때에는 각 당사자는 영업연도말에 계약을 해지할 수 있다. 그러나 이 해지는 6월전에 상대방에게 예고하여야 한다(상법 제83조 제1항). 조합의 존속기간의 약정의 유무에 불구하고 부득이한 사정이 있는 때에는 각 당사자는 언제든지 계약을 해지할 수 있다(상법 제83조 제2항). 둘째, 이 밖에도 영업의 폐지 또는 양도, 영업자의 사망 또는 금치산, 영업자 또는 익명조합원의 파산으로 종료한다(상법 제84조).

---

6) 서울고등법원 1967.2.15. 선고 66나400 판결.

3. 익명조합과 민법상의 조합 및 내적 조합과의 구별

(1) 논의의 실익

상법상 익명조합의 법적 성질과 관련하여 통설적인 견해는 익명조합원과 영업자의 내부적인 관계는 내적 조합의 관계에 있으므로 민법상의 조합에 관한 규정을 유추적용하는 것으로 풀이하고 있다.[7)] 즉, 국내의 통설에 따르면 익명조합은 민법상의 조합과는 흡사한 점은 많지만 엄밀하게 보면 전적으로 동일하지는 않다고 하면서 그 내부적으로는 내적 조합으로 보고 있다. 이에 반하여 소수의 견해는 민법상의 조합과 내적 조합 및 상법상 익명조합을 상호 구별되는 것으로 이해하고 있다. 대상판결도 통설보다는 소수설의 입장에서 위의 3자를 구분하고 있다. 이하에서는 국내의 소수설과 대상판결에 따른 3자의 구분에 관한 기준을 살펴보기로 한다.

(2) 3자 구별론

국내 소수의 학설[8)]에 따라 민법상 조합, 내적 조합, 익명조합을 구분하면 다음과 같다. 민법상 조합은 2인 이상이 서로 출자하여 공동사업을 경영할 것을 약정함으로써 성립하는 계약을 뜻한다. 조합에는 공동사업과 조합재산이 있으며, 그 조합재산의 소유형태를 합유라 한다. 모든 조합원이 출자의무를 부담하고 업무집행권을 가진다. 조합은 법인격이 없는 관계로 대외적 행위는 조합대리의 형식, 즉 조합원 전원 또는 업무집행자가 다른 조합원을 대리하여 행한다(민법 제703조 이하). 조합채무는 출자액의 비율에 따라 각 조합원이 부담한다. 사업의 손익은 각 조합원에 귀속하고, 그 분배내용 및 비율은 조합원 사이의 약정에 따른다. 이에 반하여 익명조합은 내부적인 공동사업이 존재하지 않을 뿐만 아니라 출자의무는 익명조합원만이 부담하며, 대외적으로는 영업자의 단독기업이어서 영업자만이 책임을 진다.

내적 조합은 당사자간의 내부관계에 공동사업이 있어 조합관계가 성립되지만, 대외적으로는 일부 당사자의 개인사업으로 표시되는 것을 의미한다. 즉, 조합의 대외관계는 조합원 중의 한 사람의 이름으로 대외적 활동을 할 수 있다는 것이다. 이때문에 외부관계에 있어서 그 조합원만이 책임을 부담한다. 따라서 민법상의 조합의 경우와는 다른 형식에 의한 대리행위만이 인정되는 것이다. 조합재산이 존재하지 않

---

7) 이 때문에 익명조합이 내적 조합에 속하는 것으로 풀이하는 학자도 있다. 김상용, 채권각론, 화산미디어, 2009, 411면.

8) 배호근, "익명조합, 민법상의 조합 및 내적 조합의 구별," 상사판례연구 제Ⅰ권 (박영사, 1996), 188－199면; 이상원, "내적조합과 민법 제713조의 유추적용 여부," 대법원판례해설 제2호(법원도서관, 1988), 22－23면.

으므로 어느 조합원의 출자는 대외적으로 다른 조합원에게 명의신탁되는 것으로 풀이된다.

내적 조합은 조합의 일종인 까닭에 조합에 관한 규정 중 내부관계에 관한 것의 적용을 받는다. 그러나 내부적으로 공동사업(공동목적)이 있고 모든 조합원이 공동사업에 참여한다는 점에서 그러하지 않는 익명조합과는 구별되지만, 대외적으로는 영업자가 아닌 조합원과 제3자와 사이에는 원칙적으로 아무런 권리의무가 발생하지 않는 단독기업으로 인식된다는 점에서 익명조합과 동일하다. 이상과 같이 민법상의 조합과 내적 조합을 상법상의 익명조합과 구별되는 점을 정리하면 다음과 같다.

민법상 조합, 내적 조합, 익명조합의 상호비교: 학설

구별사항	민법상 조합	익명조합	내적 조합
내부적 공동사업 유무	○	×	○
조합재산 유무	○	×	×
조합대리 가부	○	×	×
대외적 단독기업 표시 여부	×	○	○

(3) 대상판결의 구별기준

대법원의 기존 판례에 따르면 민법상 조합, 내적 조합 또는 익명조합에 해당하는지의 판단기준으로서 첫째, 대표자 명의가 1인으로 되어 있는 것과는 상관없이 공동의 출자 및 공동으로 경영하는 경우에는 민법상의 조합에 해당한다.[9] 둘째, 이른바 '내적 조합'이라는 일종의 특수한 조합으로 보기 위하여는 당사자의 내부관계에서는 조합관계가 있되,[10] 대외적으로는 합유인 조합재산이 없어야 한다.[11] 셋째, 당사자의 일방이 상대방의 영업을 위하여 출자를 하는 경우이더라도 그 영업에서 이익이 발생하는지의 여부를 따지지 않고 상대방이 정기적으로 일정한 금액을 지급하기로 약정하였다면 익명조합이라 할 수 없다.[12] 그러한 출자금은 소비대차계약에 의한 출자금

9) 대법원 1968.9.30. 선고 68다1504 판결.

10) 내부적인 조합관계가 있다고 하려면 서로 출자하여 공동사업을 경영할 것을 약정하여야 한다. 대법원 2000.7.7. 선고 98다44666 판결; 대법원 2009.10.15. 선고 2009도7423 판결.

11) 대외적으로 합유인 조합재산이 없는 것－예컨대, 명의신탁을 한 경우－이 내적 조합 또는 그와 유사한 특수한 조합에 해당하기 위한 요건으로 판시한 대법원 판결이 다수 있다. 대법원 1983.5.10. 선고 81다650 판결; 대법원 1984.12.11. 선고 83다카1996 판결; 대법원 1988.10.25. 선고 86다카175 판결; 대법원 1997.9.26. 선고 96다14838,14845 판결. 이와 같은 입장의 평석으로는 배호근, 전게논문이 있다.

12) 대법원 1962.12.27. 선고 62다660 판결; 대법원 1968.9.30. 선고 68다1504 판결; 대법원 1983.5.10. 선

에 지나지 않기 때문이다.[13)]

대상판결은 어떠한 법률관계가 내적 조합 혹은 익명조합에 해당하는지는 당사자들의 내부관계에 공동사업이 있는지의 여부, 조합원이 업무검사권 등을 가지고 조합의 업무에 관여하였는지의 여부, 재산의 처분 또는 변경에 전원의 동의가 필요한지의 여부 등을 모두 종합하여 판단하여야 한다고 판시하고 있다. 이에 대법원은 민법상 조합과 내적 조합의 경우에는 출자된 재산이 어느 특정한 조합원에게 단독으로 귀속되지 않는 것으로 본다. 상법상의 익명조합의 경우에 한하여 영업자가 타인의 재물을 보관하는 자의 위치에 있지 않으므로 횡령죄의 주체가 될 수 없다. 따라서 대상판결은 이른바 3자 구별론과 입장을 같이하고 있다.

민법상 조합, 내적 조합, 익명조합의 상호비교: 대상판결

동업관계의 유형	출자의 귀속	타인의 재물 보관자의 지위 유무	횡령죄 성립 가부
조합	모든 조합원(합유)	○(조합원)	○
내적 조합	모든 조합원(합유)	○(조합원)	○
익명조합	영업자	×(영업자)	×

4. 대상판결의 검토

상법상 익명조합은 익명조합원이 출자한 재산은 영업자의 재산으로 보고, 대외적으로도 영업자의 개인영업(단독영업)으로 된다. 익명조합원과 제3자 사이에는 아무런 법률관계가 발생하지 않으며, 익명조합원은 영업감시권은 가지지만 영업자의 영업에 관여할 수는 없다. 따라서 익명조합의 핵심적인 사항은 공동사업 내지 공동재산이라는 것이 존재하지 않으므로 영업자는 타인의 재물을 보관하는 자의 지위를 가지지 않으며, 그 결과 횡령죄의 주체가 되지 않는다. 대법원 판례도 일관되게 익명조합의 영업자가 설령 "그 영업의 이익금을 함부로 자기용도에 소비하였다 하여도 횡령죄가 되지 아니한다"는 입장을 취하고 있으며,[14)] 대상판결도 그러한 판례의 연장선상에서 벗어나지 않고 있다.

아울러 대상판결은 민법상 조합, 내적 조합 및 상법상 익명조합을 구별하는 일응

고 81다650 판결; 대법원 2009.4.23. 선고 2007도9924 판결.

13) 대구고등법원 1975.4.3. 선고 74나764 판결.

14) 대법원 1971.12.28. 선고 71도2032 판결; 대법원 2009.4.23. 선고 2007도9924 판결.

의 기준을 제시하고 있다는 점에서 큰 의의가 있다. 다만, 대상판결은 내적 조합의 출자가 모든 조합원의 합유에 속한다고 판시하고 있는데, 이는 익명조합의 내부관계를 내적 조합의 그것과 동일하게 판단하고 있는 국내의 통설과는 입장을 달리하고 있다. 그러나 익명조합의 존재의의를 고려할 때 통설보다는 대상판결이 제시한 기준이 더 설득력이 있다고 생각한다.

(권재열)

22 상법 제69조 제1항과 불완전이행으로 인한 손해배상책임청구의 관계

대법원 2015.6.24. 선고 2013다522 판결

Ⅰ. 판결개요

1. 사실관계

피고 Y는 2005.6.10.자로 원고 X에게 토지를 매도하고 2005.11.30.자로 이전등기를 마쳐주었다. 2008.4.25.자로 X는 A공사에게 토지를 다시 매매하고 이전등기 역시 경료하여 주었고 A공사는 그 직후 B주식회사에게 아파트 건설공사에 관한 도급을 주었다. 도급을 받은 B회사는 2009.8.12. 아파트 건설공사 중에 해당 토지가 유류성분과 중금속 등으로 오염된 것을 발견하였다. 이에 2010.2.12. A공사는 X에 대하여 오염 정화에 필요한 비용을 지급하라는 소송을 제기하였고, 이에 따라 2010.5.18.자로 X는 자신에게 토지를 매도한 Y에 대하여 오염사실 및 책임 있음을 통지하고 소송고지도 행하였다. 2010.6.23.자로 X는 Y를 상대로 소송을 제기하였다.

2. 판결요지

상법 제69조 제1항은 상인간의 매매에서 매수인이 목적물을 수령한 때에는 지체없이 이를 검사하여 하자 또는 수량의 부족을 발견한 경우에는 즉시, 만일 즉시 발견할 수 없는 하자가 있는 경우에는 6개월 내에 매수인이 매도인에게 그 통지를 발송하도록 하고, 통지를 발송하지 아니하면 그로 인한 계약해제, 대금감액 또는 손해배상을 청구하지 못하도록 규정하고 있다. 이러한 상법 제69조 제1항은 민법상 매도인의 담보책임에 대한 특칙으로서, 채무불이행에 해당하는 이른바 불완전이행으로 인한 손해배상책임을 묻는 청구에는 적용되지 않는다.

이 사안은 X가 Y를 상대로 Y가 유류, 중금속 등으로 오염된 토지를 매도하였다는 이유로 매도인의 하자담보책임 또는 불완전이행으로 인한 손해배상을 구하는 사안으로, X와 Y의 매매계약은 상인간의 매매로 X가 토지를 인도받아 소유권이전등기를 마친 때로부터 6개월이 훨씬 경과한 후에야 토지에 토양 오염 등의 하자가 있음을 통지하였으므로 하자담보책임에 기한 손해배상청구는 인용될 수 없다. 반면에 Y가 오염된 토양을 정화하지 않은 채 X에게 토지를 인도한 것은 불완전이행에 해당하므로 오염된 토양을 정화하는 데 필요한 비용 상당의 손해배상책임을 인정할 수 있다.

3. 관련판례

(1) 대법원 2008.5.15. 선고 2008다3671 판결

상인간의 매매에 있어서 … 상법 제69조 제1항은 민법상의 매도인의 담보책임에 대한 특칙으로 전문적 지식을 가진 매수인에게 신속한 검사와 통지의 의무를 부과함으로써 상거래를 신속하게 결말짓도록 하기 위한 규정으로서 그 성질상 임의규정으로 보아야 할 것이고 따라서 당사자간의 약정에 의하여 이와 달리 정할 수 있다.

(2) 대법원 1987.7.21. 선고 86다카2446 판결

상법 제69조 제1항의 매수인의 목적물의 검사와 하자통지의무에 관한 규정의 취지는 상인간의 매매에 있어 그 계약의 효력을 민법 규정과 같이 오랫동안 불안정한 상태로 방치하는 것은 매도인에 대하여는 인도 당시의 목적물에 대한 하자의 조사를 어렵게 하고 전매의 기회를 잃게 될 뿐만 아니라, 매수인에 대하여는 그 기간중 유리한 시기를 선택하여 매도인의 위험으로 투기를 할 수 있는 기회를 주게 되는 폐단 등이 있어 이를 막기 위하여 하자를 용이하게 발견할 수 있는 전문적 지식을 가진 매수인에게 신속한 검사와 통지의 의무를 부과함으로써 상거래를 신속하게 결말짓도록 한 것이다.

Ⅱ. 판결의 평석

1. 판결의 의의

대상판결은 그간 논란이 있어 왔던 사항인 상인간의 매매에서 매수인이 목적물을 수령한 때에는 지체 없이 이를 검사하여 하자 또는 수량의 부족을 발견한 경우에는 즉시, 즉시 발견할 수 없는 하자가 있는 경우에는 6개월 내에 매수인이 매도인에게

그 통지를 발송하지 아니하면 그로 인한 계약해제, 대금감액 또는 손해배상을 청구하지 못하도록 그 통지를 발송하여야 그로 인한 계약해제, 대금감액 또는 손해배상을 청구할 수 있도록 하는 상법 제69조 제1항은 민법상 매도인의 담보책임에 대한 특칙으로서, 채무불이행에 해당하는 이른바 불완전이행으로 인한 손해배상책임을 묻는 청구에는 적용되지 않음을 명백히 하였다.

따라서 원고가 피고를 상대로 피고가 지하 또는 지중의 토양이 유류, 중금속 등으로 오염된 이 사건 각 토지를 원고에게 매도하였다고 주장하면서 매도인의 하자담보책임 또는 불완전이행으로 인한 손해배상책임을 묻는 이 사건에서, 원고와 피고 사이의 이 사건 매매계약은 상인간의 매매인데 원고가 피고로부터 이 사건 각 토지를 인도받아 그 소유권이전등기를 마친 때로부터 6개월이 훨씬 경과한 후에야 피고에게 이 사건 각 토지에 토양 오염 등의 하자가 있음을 통지하였다는 이유로 하자담보책임에 기한 손해배상청구는 배척하고, 피고가 위와 같이 오염된 토양을 정화하지 않은 채 이 사건 각 토지를 인도한 것은 불완전이행에 해당한다는 이유로 오염된 토양을 정화하는 데 필요한 비용 상당의 손해배상책임을 인정하였다.

2. 하자담보책임의 성격

(1) 상법 제69조 성질론: 채무불이행책임에의 적용 가부

채무불이행책임에 대하여 하자담보책임이 독자적 위치를 갖는지에 관한 논의는 다음과 같다.

1) 학 설

(가) 법정책임설

하자담보책임의 독자성을 인정하는 입장으로, 담보책임은 거래의 동적 안전을 보장하고(거래신용의 보장), 등가적 균형관계(급부와 반대급부 사이의 불균형의 시정)를 유지하기 위하여 귀책사유의 유무를 불문하고 매도인에게 인정되는 법정책임이다.

(나) 채무불이행책임설

매도인은 특정물 또는 종류물에 관계없이 권리상 또는 물질상의 흠이 없는 물건을 인도할 의무를 부담하므로 담보책임은 그 본질에 있어서 채무불이행책임이나, 그럼에도 불구하고 담보책임은 일반적인 채무불이행책임과 병존적으로 법이 특별히 매수인의 보호를 위하여 인정하는 별도의 구제수단이다.

2) 판 례

그간 대법원은 하자담보책임과 채무불이행책임 양자의 본질이 다르다는 입장에 서 있는 판시가 다수였으나 일부는 본질상 같다는 입장에서 설시하여 그 태도가 명확하지 않았다.

(가) 하자담보책임과 채무불이행책임 이질설

민법의 하자담보책임 규정은 매매라는 유상·쌍무계약에 의한 급부와 반대급부 사이의 등가관계를 유지하기 위하여 민법의 지도이념인 공평의 원칙에 입각하여 마련된 것이다.[1] 민법 제581조, 제580조에 기한 매도인의 하자담보책임은 법이 특별히 인정한 무과실책임이므로 이에 민법 제396조의 과실상계 규정이 준용될 수 없다.[2]

(나) 하자담보책임과 채무불이행책임 동질설

양도목적물의 숨은 하자로부터 손해가 발생한 경우에 양도인이 양수인에 대하여 부담하는 하자담보책임은 그 본질이 불완전이행책임으로서 본 계약내용의 이행과 직접 관련된 책임이라고 본다.[3]

(2) 상법 제69조 성질론: 채무불이행책임에의 상법 제69조 적용 가부

하자담보책임이 채무불이행책임에 대하여 독자적 성격을 갖는지에 대해 학설과 판례가 명확한 입장을 갖고 있지 않은 상황에서 상법 제69조의 성격을 보는 시각에 따라서 동조의 적용범위가 갈릴 수 있다.

1) 하자담보책임 특칙설

상법 제69조는 민법의 하자담보책임에 대한 특칙이므로 하자담보책임에 한정하여 적용된다. 하자담보책임은 유상·쌍무계약의 등가성 유지라는 별도 목적에 의하여 마련된 것으로, 유·무상, 쌍무·편무를 불문하고 모든 거래에 대하여 적용가능한 채무불이행책임과 동일하게 취급할 수 없다.

2) 채무불이행책임 일유형설

상법 제69조는 매매 목적물에 관한 하자에 대한 책임을 추궁하는 일반채무불이행책임에도 적용된다.

1) 대법원 1995.6.30. 선고 94다23920 판결.
2) 대법원 1995.6.30. 선고 94다23920 판결.
3) 대법원 1992.4.14. 선고 91다17146, 91다17153(반소) 판결.

3) 검 토

채무불이행책임 일유형설은 채무자에게 일반채무불이행책임을 추궁할 때에 채권자의 책임추궁권을 왜 상법 제69조가 규정한 기간 내로 제한시켜야 하는지에 관한 납득할 만한 논거를 제시하지 못하고 있다. 이 점에서 상법 제69조가 민법상 불법행위책임에는 적용되지 않는다고 하는 대상판결의 입장은 수긍할 만하다.

비교법적 견지[4)]에서 하자담보책임이 채무불이행책임으로 일원화되는 추세에 있다고 하더라도, 상법 제69조가 매수인(내지 채권자)에게 가혹한 입장을 취하는 이상 동조를 합리적으로 개정하지 않은 상태에서 동조를 채무불이행책임에 일률적으로 적용시키기 곤란하다. 우리 상법 제69조와 유사한 조항을 두고 있는 일본 상법 제526조[5)]에 관하여 일본 판례(1986년 하급심)는 채무불이행책임에 대하여는 상법 제526조가 적용되지 않는다고 한 바 있다.[6)]

(양기진)

---

4) 상법 제69조는 게르만법에서 유래한 '매수인은 주의하라(caveat emptor)'라는 원칙에 그 연혁을 두고 있는 반면(정동윤 편집대표, 「주석 상법」 [총칙 · 상행위(1)](제4판), 한국사법행정학회, 2013, 448-449면), 민법상 담보책임은 로마법이 그 기원으로 양자의 기원이 다르다. 그러나 오늘날의 국제적 동향은 하자담보책임과 채무불이행책임에 관하여 채무불이행책임을 중심으로 입법이 일원화되는 추세에 있으며, 이에 관한 소개로, 김성연, "하자담보책임과 채무불이행책임의 관계에 관한 비교법적 동향," 법학연구 제26권 제2호, 연세대학교 법학연구원, 2016.

5) 일본 상법 제526조(매수인에 의한 목적물의 검사 및 통지) ① 상인간의 매매에서 매수인은 그 매매의 목적물을 수령한 때에는 지체 없이 그 물건을 검사해야 한다.

② 제1항에 규정하는 경우에 매수인은 동항의 규정에 의한 검사를 통해 매매의 목적물에 하자가 있는 것 또는 그 수량에 부족이 있는 것을 발견한 때에는 즉시 매도인에게 그 취지의 통지를 발송하지 않는다면 그 하자 또는 수량의 부족을 이유로 계약 해제 또는 대금 감액 또는 손해 배상의 청구를 할 수 없다. 매매의 목적물에 즉시 발견할 수 없는 하자가 있는 경우에 매수인이 6월 이내에 그 하자를 발견한 경우에도 같다.

③ 전항의 규정은 매도인이 그 하자 또는 수량의 부족에 대해 악의인 경우에는 적용하지 아니한다.

6) 昭和61年2月14日／大阪地方裁判所／判決／昭和59年 (ワ) 1789号; 일본 判例時報1196, 132면 및 判例タイムズ597, 58면; 반면 일본 통설적 견해는 불완전이행에 대하여도 일본 상법 제526조가 적용된다는 입장이라고 한다. 蓮井良憲 · 森 淳二朗 編, 상게서, 213-124면; 한편 일본 최고재판소는 상인간의 매매에서는 특정물 매매는 물론 불특정물 매매에 관하여도 일본 상법 제526조가 적용된다고 확인하였다. 最高裁 1972년 1월 25일 판시, 662호 85면; 今井 熏 외 5인, 「總則 · 商行爲法」(改訂版), 三省堂, 1996, 180면; 蓮井良憲 · 森 淳二朗 編, 「商法總則 · 商行爲法」(제2판), 法律文化社, 1998, 213면.

23 특약점에 대한 대리상의 보상청구권 규정의 유추적용 여부

대법원 2013.2.14. 선고 2011다28342 판결

Ⅰ. 판결개요

1. 사실관계

X주식회사(피고, 피상고인)는 제품의 판매를 위하여 인천지역을 관할하는 광역지역 단위의 대리점계약을 Y주식회사(원고, 상고인)와 체결하였다. X회사는 위생용 종이제품의 판매를 목적으로 외국계 회사가 국내에 설립한 회사이며, Y회사는 생활용품의 도소매업을 목적으로 하는 회사이다.

위 대리점계약에는 X회사가 기준가격에서 일정한 할인율을 적용하여 Y회사에게 제품을 매도하면 Y회사는 X회사에게 해당 제품의 대금을 지급하고, Y회사는 자신의 판단에 기하여 거래처에 대한 판매가격을 책정하여 자신의 명의와 계산으로 재판매하고, 제품공급 이후 제품과 관련된 일체의 위험과 비용을 Y회사가 부담하는 내용을 담고 있었다. Y회사는 X회사로부터 무반품수수료로 제품의 기준가격의 0.4%를 지급받는 대신 X회사로부터 제품을 인수한 후 일정 기간이 경과한 이후에는 해당 상품을 X회사에게 반품하지 않으며, 서로 독립된 계약당사자로서 스스로를 대표하도록 약정하였다.

위와 같은 내용의 대리점계약은 매년 갱신되어 2008. 12. 31.까지 연장되던 중, X회사는 2008. 10. 17. Y회사에게 위 대리점계약이 2008. 12. 31.자로 종료되면 계약을 갱신하거나 새로운 대리점계약을 체결할 의사가 없음을 통지하였다. 이에 Y회사는 2008. 11. 27. X회사에게 약 10여 년간 계속된 대리점계약을 뚜렷한 이유 없이 갱신을 거절하는 이유와 계약이 종료될 때의 정산에 관하여 문의하였다. Y회사가 대리점을 운영하면서 2000년경 약 903개였던 거래처가 2005년경에는 7,161개로 증가되었고 위 계약 종료 후에도 X회사가 이익을 얻고 있었다.

2. 판결요지

(1) 상법 제87조는 일정한 상인을 위하여 상업사용인이 아니면서 상시 그 영업부류에 속하는 거래의 대리 또는 중개를 영업으로 하는 자를 대리상으로 규정하고 있는데, 어떤 자가 제조자나 공급자와 사이에 대리점계약이라고 하는 명칭의 계약을 체결하였다고 하여 곧바로 상법 제87조의 대리상으로 되는 것은 아니고, 그 계약내용을 실질적으로 살펴 대리상에 해당하는지 여부를 판단하여야 한다.

(2) 제조자나 공급자로부터 제품을 구매하여 그 제품을 자기의 이름과 계산으로 판매하는 영업을 하는 자에게도, ① 예를 들어 특정한 판매구역에서 제품에 관한 독점판매권을 가지면서 제품판매를 촉진할 의무와 더불어 제조자나 공급자의 판매활동에 관한 지침이나 지시에 따를 의무 등을 부담하는 경우처럼 계약을 통하여 사실상 제조자나 공급자의 판매조직에 편입됨으로써 대리상과 동일하거나 유사한 업무를 수행하였고, ② 자신이 획득하거나 거래를 현저히 증가시킨 고객에 관한 정보를 제조자나 공급자가 알 수 있도록 하는 등 고객관계를 이전하여 제조자나 공급자가 계약 종료 후에도 곧바로 그러한 고객관계를 이용할 수 있게 할 계약상 의무를 부담하였으며, ③ 아울러 계약체결 경위, 영업을 위하여 투입한 자본과 그 회수 규모 및 영업 현황 등 제반 사정에 비추어 대리상과 마찬가지의 보호필요성이 인정된다는 요건을 모두 충족하는 때에는, 상법상 대리상이 아니더라도 대리상의 보상청구권에 관한 상법 제92조의2를 유추적용할 수 있다고 보아야 한다.

3. 관련판례

대법원 1999.2.5. 선고 97다26593 판결

대리점 총판 계약이라고 하는 명칭의 계약을 체결하였다고 하여 곧바로 상법 제87조의 대리상으로 되는 것은 아니고, 그 계약 내용을 실질적으로 살펴 대리상인지의 여부를 판단하여야 하는바, 제조회사와 대리점 총판 계약을 체결한 대리점이 제조회사로부터 스토어(노래방기기 중 본체)를 매입하여 대리점 스스로 10여 종의 주변기기를 부착하여 노래방기기 세트의 판매가격을 결정하여 노래방기기 세트를 소비자에게 판매한 경우에는 위 대리점을 제조회사의 상법상의 대리상으로 볼 수 없다.

Ⅱ. 판결의 평석

1. 쟁점사항

대리상의 보상청구권에 관한 상법 제92조의2의 규정이 다른 유통계약에 대해서도 유추적용될 수 있는지 문제된다. 위 사안에서는 ① 제조자나 공급자와 대리점계약이라는 명칭의 계약을 체결한 자가 상법 제87조의 대리상이 되는지 여부, ② 상법 제92조의2에서 대리상의 보상청구권을 인정하는 취지 및 제조자나 공급자에게서 제품을 구매하여 자기의 이름과 계산으로 판매하는 영업을 하는 자에게 대리상의 보상청구권에 관한 상법 제92조의2를 유추적용할 수 있는지의 여부 등이 쟁점으로 다투어지고 있다.

2. 상법상의 대리상인지의 여부에 대한 판단기준

(1) 상법 제87조는 대리상에 관하여 일정한 상인을 위하여 상업사용인이 아니면서 상시 그 영업부류에 속하는 거래의 대리 또는 중개를 영업으로 하는 자로 그 개념정의를 하고 있다. 대리상은 그 자신이 독립된 상인이라는 점에서 상업사용인(상법 제10조 이하)과 구분되고, 특정 상인의 영업부류에 속하는 행위를 계속적으로 보조한다는 점에서 중개인(상법 제93조 이하)과 위탁매매인(상법 제101조 이하)과 구분된다. 또한 대리상은 타인을 위해서가 아니라 자기의 명의와 자기의 계산으로 영업을 하는 가맹상(상법 제168조의6 이하)과 차이가 있다. 대리상은 그 자체가 독립된 상인이지만 본인의 판매조직에 편입되어 본인을 위하여 계속적으로 거래를 대리 또는 중개하는 특징을 가진다.

(2) 상법상의 대리상은 비전형 특약점과도 구분된다. 특약점은 공급자로부터 상품을 매입하여 자기의 명의와 계산으로 판매하는 자로서 상법에 규정되어 있지 않은 비전형의 중간유통상이다. 특약점은 대리상과는 달리 판매수수료가 아닌 판매차익을 수익의 원천으로 하며, 재판매되는 상품의 가격을 결정할 수 있는 권한을 갖고, 판매되지 않은 재고에 대한 위험을 부담한다. 특약점은 대리상에 비하여 법률적으로나 경제적으로 독립성이 강하다. 그러나 이는 어디까지나 상대적인 것으로, 양자의 구분에 관해서는 명칭에 의해서가 아니라 계약의 내용과 효과를 중심으로 하여 실질적으로 판단하여야 한다는 것이 통설과 판례의 입장이다. 이러한 실질적 판단기준에 의하면,

위 사안에서 Y회사는 상법상의 대리상이 아니고, 중개인·위탁매매인·가맹상도 아니며, 비전형 유통상의 하나인 특약점에 해당한다.

3. 보상청구권 규정의 취지 및 적용요건

(1) 보상청구권은 대리상의 활동으로 인한 이익이 대리상계약이 종료한 후에도 계속되는 경우 대리상이 본인에 대하여 상당한 보상을 청구할 수 있는 권리이다(상법 제92조의2 제1항). 보상청구권의 본질이 손해배상청구권이나 부당이득반환청구권이 아니라는 점에 대해서는 견해가 일치한다. 그러나 보상청구권의 취지와 권리의 성격을 이해하는 입장에 다소간 차이가 있다.[1)] 보수청구권으로서의 성질을 강조하는 견해가 있는가 하면, 형평의 원리에 입각한 것이므로 순수한 보수청구권이라 할 수 없다는 견해도 있다.[2)] 보상청구권은 대리상계약이 존속되었다면 대리상이 받았을 보수청구권의 연장으로서의 성격을 갖는 한편, 대리상의 노력으로 얻은 과실을 대리상계약의 종료를 기화로 본인이 독점하는 것을 방지함으로써 대리상을 보호하고 본인과 대리상의 이익분배의 형평을 기하는 것을 그 취지로 한다. 위 판례는 상법 제92조의2에 대하여 형평의 원칙상 대리상 보호를 위한 필요성을 그 취지로 한다고 한다. 아울러 동조는 대리상에 의한 시장개척효과가 불확정적인 상태에서 정해진 대리상계약기간 중의 보수를 사후 정산하는 청산의 의미를 갖기도 한다.

(2) 보상청구권이 인정되기 위해서는 대리상의 책임 없는 사유로 대리상계약이 종료되고 난 이후에도 대리상계약 기간 중의 대리상의 활동으로 인하여 본인이 이익을 얻고 있어야 한다(상법 제92조의2 제1항 본문). 상법 제92조의2 제1항 본문에서 "대리상의 활동으로 본인이 '새로운 고객을 획득하거나 영업상의 거래가 현저하게 증가하고'"라는 부분은 대리상계약 종료 후에도 본인이 이익을 얻게 된 사유의 예시에 불과하고 이에 한정하는 것은 아니다. 요건 충족에 대한 증명책임은 이를 주장하는 대리상에게 있다. 보상청구액은 대리상계약 존속 중 5년간의 평균연보수액을 한도로 하며(상법 제92조의2 제2항), 구체적인 보상금액은 제반 사정을 고려하여 상당한 금액으로 하여야 한다. 보상청구권은 대리상계약이 종료한 날부터 6월이 경과하면 소멸

---

1) 보상청구권의 법적 성질에 관해서는 종료된 대리상계약에 그 근거를 두고 있는 계약상의 권리로 이해하는 견해가 있는가 하면(임중호, 상법총칙·상행위법, 개정판, 법문사, 2015, 407면), 상법 제92조의2가 없더라도 당연히 행사할 수 있는 권리가 아니라는 점에서 법정청구권으로서 성격을 가진다는 견해가 있다(송옥렬, 상법강의, 제7판, 홍문사, 2017, 152면).

2) 김정호, 상법총칙·상행위법, 제2판, 법문사, 2014, 305면; 최기원, 상법학신론(상), 제20판, 박영사, 2014, 290면.

한다(상법 제92조의2 제3항). 이는 제척기간이다.

4. 보상청구권의 유추적용 여부

상법 제92조의2의 보상청구권 규정을 대리상이 아닌 다른 유통상에 대해서도 적용(유추적용)할 수 있는지 문제된다.

(1) 학 설

학설은 긍정설과 부정설로 나뉜다. 전면적 긍정설은 없고, 부분적 긍정설 또는 부분적 부정설(이하의 제1설, 제2설, 제3설)과 전면적 부정설(이하의 제4설)이 있다.

(i) 제1설 – 주선대리상과 경제적으로 종속적인 프랜차이즈, 특약점 등에 대해서도 상법 제92조의2의 유추적용이 가능하다는 견해가 있다.[3] 경제적 종속관계가 인정되면 널리 유추적용을 긍정하는 입장이다.

(ii) 제2설 – 대리상과 비슷하게 자기 명의로 타인의 계산으로 영업을 보조하는 위탁매매인에 대해서는 유추적용할 수 있으나, 자기명의와 자기의 계산으로 독립된 사업을 하는 특약점의 경우에는 유추적용이 곤란하다는 견해가 있다.[4] 계산의 주체가 본인, 즉 경제적 효과의 본인 귀속을 중시하는 입장이다.

(iii) 제3설 – 특약점에 대한 유추적용을 원칙적으로 부정하면서, 다만 "상품공급자가 지정하는 가격에 구속되고 일정한 판매구역을 보장받고 있는 등 상품공급자의 판매조직에 편입되고 그가 취득한 고객권의 정보를 이전할 의무를 부담하여 대리상에 가까운 지위를 가지는 경우에만" 유추적용이 가능하다는 견해가 있다.[5] 법형식보다는 실질적으로 대리상에 유사한 지위에 있는지의 여부를 중시한다.

(iv) 제4설 – 명문의 근거규정이 없는 한 대리상 이외의 유통계약에 대해서는 유추적용을 전면적으로 부정하는 견해가 있다. 그 논거로, 보상청구권은 정책적 이유에서 예외적으로 인정되는 권리라는 점, 대리상과 유사한 영업의 범위가 넓어서 보상청구권의 인정 여부가 사전적으로 불확실해진다는 점을 들고, 이를 긍정하는 판례에 대해서는 법해석의 범위를 넘는 판단이라고 비판하고 있다.[6] 보상청구권이 예외적인

---

3) 김정호, 상게서, 309–311면.

4) 최준선, 상법총칙·상행위법, 제9판, 삼영사, 2015, 323면.

5) 정동윤, 상법(상), 제6판, 법문사, 2012, 221면.

6) 송옥렬, 전게서, 154면. 그 외에도 유추적용설에 대한 비판으로, 대리상은 경제적 약자라고 단정할 수 없고 상법상의 상인상(商人像)에 반한다는 점, 대리상과 유사 유통계약은 법리적 개념이 다르다는 것, 다른 계약방식을 선택한 당사자의 의사에 반한다는 점, 강행규정으로 해석할 경우 대등한 당사자간에도 유추적용을 배제할 수 없다는 점, 제한적 적용설도 예측가능성이 없기는 마찬가지라는 점을 그 논거로 들고 있다(최영홍,

것이라는 점에서 그 적용대상을 가급적 엄격하게 제한적으로 해석하려는 입장이다.

(2) 판 례

판례는 제조자나 공급자로부터 제품을 구매하여 그 제품을 자기의 이름과 계산으로 판매하는 영업을 하는 자(특약점)에 대해서 원칙적으로 상법 제92조의2의 보상청구권 규정을 유추적용할 수 없다고 한다. 그러나 (a) 계약을 통하여 사실상 제조자나 공급자의 판매조직에 편입됨으로써 대리상과 동일하거나 유사한 업무를 수행하고 있을 것, (b) 고객관계를 이전하여 제조자나 공급자가 계약 종료 후에도 곧바로 그러한 고객관계를 이용할 수 있게 할 계약상 의무를 부담할 것, (c) 대리상과 마찬가지의 보호필요성이 인정될 것 등의 세 가지 요건을 모두 충족하는 때에는 상법상의 대리상이 아니더라도 보상청구권 규정을 유추적용할 수 있다고 한다. 경제적 종속 여부는 불문한다.

판례는 (a)에 해당하는 예로 특정한 판매구역에서 제품에 관한 독점판매권을 가지면서 제품판매를 촉진할 의무와 더불어 제조자나 공급자의 판매활동에 관한 지침이나 지시에 따를 의무 등을 부담하는 경우를 들고, (b)에 해당하는 고객이전의 방법의 예로 자신이 획득하거나 거래를 현저히 증가시킨 고객에 관한 정보를 제조자나 공급자가 알 수 있도록 하는 것을 들고, (c)에 관한 판단을 위하여 고려할 사항의 예로 계약체결 경위, 영업을 위하여 투입한 자본과 그 회수 규모 및 영업 현황 등 제반 사정을 들고 있다. 이는 위 학설 중 제3설과 상당히 유사하다(제한적 유추적용긍정설).

5. 대상판결의 검토

위의 대상판결은 상법상의 대리상이 아닌 유통상에 대해서도 상법 제92조의2의 유추적용 가능성을 긍정한 국내 최초의 판결이다. 다만 이를 위하여 갖추어야 할 요건을 구체적으로 제시함으로써 그 대상을 한정하고 있다.

이에 대해서는 거래의 법형식을 중시하는 관점에서 상이한 법적 효과를 위하여 상이한 법적 형식을 취하는 당사자의 의사에 반하고, 법적용의 명확성과 예측가능성을 해치고 있다는 비판이 있다. 그러나 위 판례는 다양한 형태로 존재하는 유통계약에 대하여 명칭이나 형식에 의해서가 아니라 계약의 내용과 효과와 같은 실질에 입각하여 적용법조를 정하고자 하는 판례의 종전 접근방식과 일맥상통한다. 판례가 밝

"대리상의 보상청구권의 유추적용 여부 – 대법원 2013.2.14. 선고 2011다28342 판결에 대한 평석 –," 상사법연구 제32권 제2호(한국상사법학회, 2013. 8.), 229–231면).

히고 있는 바와 같이 상법 제92조의2의 보상청구권을 형평의 원리에 뿌리를 둔 제도라고 본다면, 그 적용 가부를 판단함에 있어서 법형식뿐만 아니라 실질까지 고려하는 접근방식은 기본적으로 타당하다. 그에 의하여 초래될 수 있는 법적용상의 다소간의 불명확성은 감수할 수밖에 없을 것이다. 해당 법리에 대한 연구와 향후의 사례 집적에 의하여 점차 명확성을 확보하게 될 것이다.

이러한 판례의 법리를 위 사안에 적용해보면, Y회사는 자신의 명의와 계산으로 도소매업을 영위함으로써 상법상의 대리상과는 다른 법형식을 취하고 있을 뿐만 아니라, Y회사 자신이 재판매가격의 결정 권한을 보유하고 재고 위험을 인수함으로써 X회사와는 독립적으로 판매조직을 운영하여 상법상의 대리상 또는 그와 유사한 것으로 취급할 수 있는 실질조차 지니고 있지 않다. 따라서 위 사안의 경우 유추적용부정설에 의하는 경우는 물론이고 설령 위 판례와 같은 제한적 유추적용긍정설에 의하더라도 Y회사는 상법 제92조의2의 보상청구권을 가질 수 없다는 결론에 이르게 된다.

(김성탁)

24 위탁매매업

대법원 1995.12.22. 선고 95다16660 판결

Ⅰ. 판결개요

1. 사실관계

X자동차주식회사는 1992. 10. 23. 춘천시 효자3동에서 '광장오토바이센터'를 운영하는 A와의 사이에 계약기간을 3년으로 하여 X회사가 제조한 오토바이의 위탁판매계약을 체결하였다. Y는 A가 위 위탁판매거래로 X회사에게 부담하게 될 일체의 민사상 채무를 연대보증하였다. 이후 A는 1993. 3.경 위 광장오토바이센터를 B에게 양도하고, 자신은 춘천시 석사동에 '태양오토바이부속'이라는 상호로 새로운 사업자등록으로 오토바이 부품을 판매하기 시작하였고, 위 위탁판매계약에 기하여 X회사로부터도 종전과 같이 오토바이를 공급받아 왔다. X회사와 A 사이의 위 위탁판매계약은 1993. 12. 17.경 종료되었다.

X회사는 A가 위 위탁판매계약으로 인한 채무를 변제하지 아니하자 연대보증인인 Y를 상대로 그 지급을 구하는 소송을 제기하였다. 이에 대하여 Y는 위 위탁판매계약이 1993. 3.경 해지되었으며, 그렇지 않다고 하여도 Y의 연대보증은 A가 상호와 영업장소를 변경한 후의 거래에 대해서는 미치지 않는다고 항변하였다.

원심[1]은 Y의 연대보증책임을 인정하였다. Y는 대법원에 상고하였으나, 대법원은 상고를 기각하였다.

2. 판결요지

위탁판매계약이 수탁판매인의 영업점포의 상호 변경이나 영업장소의 변경으로 당

1) 서울고등법원 1995.2.24. 선고 94나36096 판결.

연히 해지된다고 볼 수 없고, 또한 위탁판매점 계약에서 상품 전시시설이 계약의 중요 요소가 된다고 볼 수 있는 것도 아니므로 소외 A가 영업장소를 이전한 태양오토바이부속이라는 상호의 점포에 전시시설이 있는지를 심리하여야 한다거나 그 유무에 따라 계약의 해지 여부에 관한 판단이 달라진다고 볼 수 없다.

3. 관련판례

(1) 대법원 1982.2.23. 선고 81도2619 판결

위탁판매에 있어서 위탁물의 소유권은 위탁자에게 속하고, 그에 대한 판매대금도 다른 특약이나 특별한 사정이 없는 이상 위탁자에게 귀속한다고 한 경우.

(2) 대법원 1995.3.24. 선고 94다17826 판결

계속적 계약은 당사자 상호간의 신뢰관계를 그 기초로 하는 것이므로, 당사자의 일방이 그 계약상의 의무를 위반하고 그로 인하여 계약의 기초가 되는 신뢰관계가 파괴되어 계약관계를 그대로 유지하기 어려운 정도에 이르게 된 경우에는 상대방은 그 계약관계를 해지할 수 있다고 한 경우.

(3) 대법원 1994.4.29. 선고 94다2688 판결

증권거래에 있어서 위탁계약은 직무상 권한이 있는 직원이 고객으로부터 금원이나 주식을 수령하면 곧바로 성립하고, 이후 그 직원의 금원수납에 관한 처리는 위탁계약의 성립에 영향이 없다고 한 경우.

Ⅱ. 판결의 평석

1. 판결의 의의

위탁매매계약의 해지는 명시적 또는 묵시적으로도 가능하다. 이 사건의 경우에 대법원은 A(위탁판매인)가 영업점포의 상호나 영업장소를 변경한 것만으로는 위탁판매계약이 당연히 또는 묵시적으로 해지되었다고 볼 수 없다고 판단하였다. 또한 위탁판매계약에서는 상품전시시설이 계약의 중요요소가 된다고 볼 수 있는 것도 아니므로 A가 영업장소를 이전한 태양오토바이부속이라는 상호의 점포에 전시시설이 있는지를 심리하여야 한다거나 그 유무에 따라 계약의 해지 여부에 관한 판단이 달라진

다고 볼 수 없다고 하였다.

2. 위탁매매인의 의의

위탁매매인은 자기명의로써 타인의 계산으로 물건 또는 유가증권의 매매를 영업으로 하는 자이다(상법 제101조). 이를 분설하면 다음과 같다.

(1) 자기명의(법률적 형식)

위탁매매인은 '자기명의'로써 타인의 계산으로 영업을 하는 자이다. 흔히 자기명의로써 타인의 계산으로 법률행위를 하는 것을 '주선'이라고 하며, 위탁매매는 가장 대표적인 주선행위이다. 주선행위는 그 법률적 효과는 행위자에게, 경제적 효과는 타인에게 귀속되는 특징이 있다. 위탁매매는 그 효과가 타인에게 귀속되는 점에서 대리와 비교된다. 그러나 대리는 법률적 효과와 경제적 효과가 모두 본인에게 귀속되지만, 위탁매매는 법률적 효과는 위탁매매인에게 경제적 효과는 위탁자에게 귀속되는 점에서 차이가 있다. 따라서 대리에 관한 규정들(상법 제48조, 제50조)은 위탁매매에 대해서는 적용되지 않는다.

(2) 타인의 계산(경제적 효과)

위탁매매인은 자기명의로써 '타인의 계산'으로 영업을 하는 자이다. 타인의 계산으로 물건 또는 유가증권의 매매를 영업으로 하므로 거래에서 발생하는 이익은 전부 타인(위탁자)에게 귀속하고 위탁매매인은 단지 그 수고에 대하여 보수를 받는 데 불과하다.

(3) 물건 또는 유가증권의 매매(위탁매매의 대상)

위탁매매인은 '물건 또는 유가증권'의 매매를 영업으로 하는 자이다. 여기서 물건에는 부동산이 포함된다고 보는 설과 그렇지 않다고 보는 설이 있다. 부동산을 제외할 근거가 없다는 견해도 있으나, 부동산은 포함되지 않는다고 본다. 부동산을 위탁매매의 대상에 포함시키면 제3자와의 관계 등 거래관계에 혼란을 가져올 가능성이 크기 때문이다. 예를 들어 부동산을 위탁매매하자면 일단 위탁매매인 앞으로 등기를 이전하였다가 다시 거래상대방에게 이전해야 한다. 이 경우 상법 제103조(위탁물의 귀속)에 의하면 위탁매매인이 위탁자로부터 받은 물건 또는 위탁매매로 인하여 취득한 물건은 위탁자와 위탁매매인 또는 위탁매매인의 채권자간의 관계에서는 위탁자의 소유로 보게 되는데, 부동산의 소유권이 등기부상 위탁매매인에게 머물러 있는 동안에는 등기내용과는 다른 소유관계가 형성되고, 부동산등기의 내용을 신뢰하여 위탁매매인과 거래한 제3자가 불측의 손해를 받을 염려가 크다.

1) 유가증권

유가증권은 사권이 체화되어 있는 증권으로서 그 권리의 발생, 이전, 행사의 전부 또는 일부에 증권의 소지를 필요로 하는 것을 말한다(통설).

유가증권 중 상장주권, 상장채권 등은 거래소가 개설한 증권시장(유가증권시장 및 코스닥시장, 코넥스시장)에서 매매되는데(자본시장과 금융투자업에 관한 법률 제9조 제13항), 증권시장에서 매매를 할 수 있는 자는 거래소의 회원으로 한정되어 있다(자본시장과 금융투자업에 관한 법률 제388조), 따라서 회원 아닌 자가 증권시장에서 상장주권, 상장채권을 매매하려면 회원에게 매매를 위탁해야 한다.

2) 매　매

위탁매매인은 자기명의로써 타인의 계산으로 물건 또는 유가증권의 '매매'를 영업으로 하는 자이다. 여기서 매매는 매수 또는 매도를 의미한다. 매수와 매도간에 내적 연관성이 있을 필요는 없다. 위탁자를 위해서 매수만을 주선하거나 매도만을 주선하는 것도 가능하기 때문이다.

자기명의로써 타인의 계산으로 매매 아닌 행위를 영업으로 하는 자(광고주선업자, 운송주선업자 등)를 준위탁매매인이라고 하며 위탁매매에 관한 규정을 준용한다(상법 제113조). 상법은 운송의 주선을 영업으로 하는 자(운송주선인)에 대해서는 별도의 규정을 두고 있다(상법 제114조 이하).

3) 영업으로(상인성)

위탁매매인은 자기명의로써 타인의 계산으로 물건 또는 유가증권의 매매를 '영업으로' 하는 자이다. 주선계약을 체결하는 것을 영업으로 하며(상법 제46조 제12호), 주선행위 자체를 영업으로 하는 것은 아니다. 위탁매매인이 위탁의 실행으로서 하는 매매계약은 주선계약의 이행에 지나지 않으며, 위탁매매인이 영업을 위하여 수행하는 보조적 상행위가 된다(상법 제47조 제1항). 물건 또는 유가증권의 위탁행위가 상행위인가 아닌가는 불문한다.

3. 위탁매매인의 의무

(1) 선관주의의무

상법은 위탁자와 위탁매매인 간의 관계에는 위임에 관한 규정을 적용하고(상법 제112조), 위탁매매가 민법상 위임의 일종임을 분명히 하고 있다. 따라서 위탁매매인은 일반적인 의무로서 선관주의의무를 부담하고, 선량한 관리자의 주의의무로서 위탁사무를 처리하여야 한다(상법 제112조, 민법 제681조). 위탁자를 위하여 적시에 물건을 판매하고 매수한 물건을 위탁자에게 인도하며, 위탁자에게 물품대금을 인도하거나 대금채권을 양도하여야 한다. 이 밖에 필요한 물건을 보관하고 위탁자에 속할 권리의 보전조치도 취하여야 한다. 위탁매매인은 위탁자의 지시가 있는 때에는 이에 따라야 하며, 이 지시에 위반한 경우 위탁자는 그 매매가 자기를 위하여 한 것으로 인정할 것을 거부하거나 위탁약정의 불이행을 이유로 손해배상을 청구할 수 있다.

(2) 위탁실행의 통지 및 계산서 제출의무

위탁매매인은 선관주의의무 이외에도 상법에 규정된 각종 의무를 부담한다. 먼저 위탁매매인이 위탁받은 매매를 한 때에는 지체 없이 위탁자에 대하여 그 계약의 요령과 상대방의 주소, 성명의 통지를 발송하여야 하며(발신주의), 계산서를 제출하여야 한다(상법 제104조). 이 경우 통지의무는 위탁자의 청구를 요하지 아니하는 점에서 민법상의 수임인의 보고의무(민법 제683조)와는 차이가 있다.

(3) 지정가액준수의무

위탁자는 위탁매매인에게 매매가격을 일임하는 수도 있으나 지정하는 경우도 있다. 이 경우에는 위탁매매인은 매매가액에 있어서 그 지정에 따라야 한다. 위탁매매인이 그 지정가격보다 염가로 매도하거나 또는 고가로 매수한 경우에는 위탁의 취지에 반하는 것이므로 위탁자는 그 매매를 자기를 위하여 한 것으로 인정할 필요가 없다. 그러나 위탁매매인 자신이 그 차액을 부담하는 때에는 위탁자로서는 손실이 없을 것이며 가급적 위탁매매에 의한 거래의 성립을 조장하여야 할 것이므로, 상법은 그 매매는 위탁자에 대하여 효력이 있는 것으로 하였다(상법 제106조 제1항). 위탁자가 지정한 가격보다 고가로 매도하거나 염가로 매수한 경우에는 그 차액은 다른 약정이 없으면 위탁자의 이익으로 한다(상법 제106조 제2항).

(4) 이행담보책임

위탁매매인은 위탁자를 위한 매매에 관하여 상대방이 채무를 이행하지 아니하는 경우에는 위탁자에 대하여 이를 이행할 책임을 진다(상법 제105조 본문). 위탁매매인의 위탁자에 대한 이행담보책임이 인정되기 위해서는 그 채무의 성질상 대체급부가 가능한 것이어야 한다. 예컨대 매도위탁의 경우에는 대금채무가 될 것이지만, 매수위탁의 경우에는 물품공급의무가 될 것이므로 특히 대체성이 문제된다. 다만 위탁매매인의 이행담보책임을 배제하는 다른 약정이나 관습이 없어야 한다(상법 제105조 단서).

(5) 위탁물의 훼손 · 하자 등의 통지 및 처분의무

위탁매매인이 위탁매매의 목적물을 인도받은 후에 그 물건의 훼손 또는 하자를 발견하거나 그 물건이 부패할 염려가 있는 때 또는 가격하락의 상황을 안 때에는 지체 없이 위탁자에게 그 통지를 발송하여야 한다(상법 제108조 제1항). 위탁매매인이 수임인으로서 선관주의의무를 가지는 점에서 볼 때에는 당연한 것이며 주의적인 규정이다.

4. 위탁매매계약의 종료

위탁자와 위탁매매인 사이의 위탁매매계약은 물건 또는 유가증권의 매매라는 법률행위를 위탁하는 계약이므로 위임계약이다(통설). 따라서 각 당사자는 언제든지 위탁매매계약을 해지할 수 있다(상법 제112조, 민법 제689조). 다만 민법상으로는 위탁자의 사망은 위임종료의 원인이나(민법 제690조), 상법상으로는 상인이 그 영업에 관하여 수여한 대리권은 본인의 사망으로 인하여 소멸하지 않으므로(상법 제50조) 위탁자가 상인인 경우에는 위탁자의 사망은 위탁매매계약의 종료사유가 되지 않는다.

(장덕조)

준위탁매매인의 판단기준과 위탁물의 귀속

대법원 2011.7.14. 선고 2011다31645 판결

Ⅰ. 판결개요

1. 사실관계

(1) 이 사건 국내배급대행계약의 체결 및 경과

X(영화제작사)는 2008. 7.경 A(영화배급사)와의 사이에, X가 제작하여 판권을 보유하고 있는 "영화는 영화다"('이 사건 영화')의 국내배급을 A가 대행함을 내용으로 하는 국내배급대행계약을 체결하였다. 이후 A는 2008. 9. 10.경 B를 비롯한 극장사업자들과의 사이에 이 사건 영화를 배급하고 부금[1])을 지급받기로 하는 영화상영계약을 A명의로 체결하였다. 이 사건 영화는 2008. 10. 15. 종영되었다. A가 극장사업자들과의 영화상영계약에 따라 지급받을 부금은 37억원 상당이었고, A는 X에게 이 금액 중 26억원 상당을 지급할 부금채무를 부담하게 되었다.

(2) A(영화배급사, 준위탁매매인)의 채권담보를 위한 채권양도

그런데 A는 2008. 9. 30. 자신의 채권자인 Y에 대한 채권을 담보하기 위해서 'A가 이 사건 영화를 상영하는 모든 극장사업자에 대하여 취득하였거나 취득하게 될 각 극장매출채권 중 20억원에 이르는 채권'을 양도하였고, 2008. 10. 2.경 B를 비롯한 극장사업자들에게 그 양도사실을 통지하였다.

1) 일반적으로 부금은 "영화를 상영한 극장이 그 상영의 대가로 그가 얻은 입장료 수입의 일정 비율을 배급대행사에 지급하기로 약정한 돈"을 의미하며, "배급대행사는 부금에서 일정 비율의 배급수수료를 공제한 것을 영화 판권사에 지급하게 된다." 대법원 2011.7.14. 선고 2011다31645 판결.

(3) X(영화제작사, 위탁자)의 가압류 및 소제기의 경위

X는 위와 같은 A의 채권양도에 대항하기 위하여 2008. 12. 26.경 "Y는 B 등에 대한 부금채권 등에 관하여 이를 추심하거나 양도, 질권설정, 기타 일체의 처분행위를 하여서는 아니 된다"는 내용의 가처분결정을 받았다. 극장사업자인 B는 2008. 11. 28. 약 금 6억원을 공탁하였다. X는 Y를 상대로 공탁금출급청구권이 X에게 있음을 확인하거나, 공탁금출급청구권의 양도를 구하는 이 사건 소송을 제기하였다.

(4) 원심법원의 판단

1심 및 원심법원[2]은 X의 청구를 대부분 받아들였다. Y는 대법원에 상고하였다.

대법원 2011.7.14. 선고 2011다31645 판결【채권양도절차이행등】

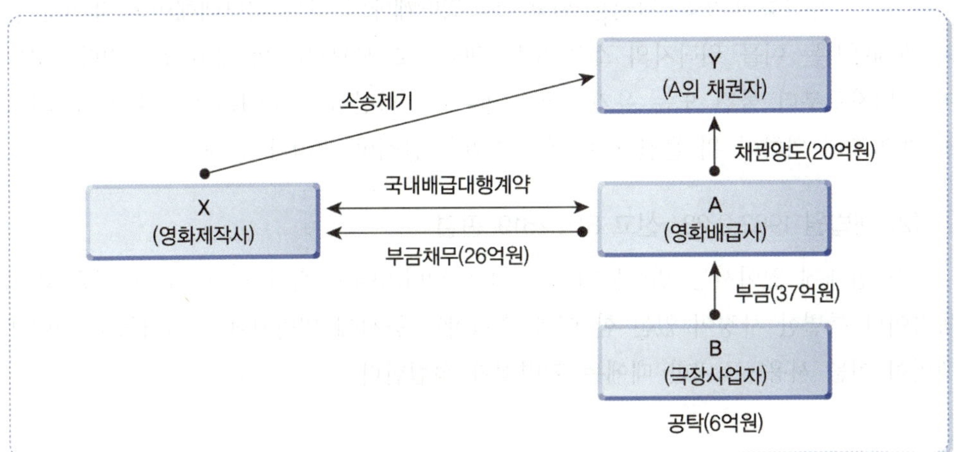

2. 판결요지

대법원은 Y의 상고를 기각하였다.

어떠한 계약이 일반의 매매계약인지 위탁매매계약인지는 계약의 명칭 또는 형식적인 문언을 떠나 그 실질을 중시하여 판단하여야 한다. 이는 자기명의로써, 그러나 타인의 계산으로 매매 아닌 행위를 영업으로 하는 이른바 준위탁매매(상법 제113조)에 있어서도 마찬가지이다.

위탁매매인이 그가 제3자에 대하여 부담하는 채무를 담보하기 위하여 그 채권자

2) 서울고등법원 2011.3.10. 선고 2010나76520 판결.

에게 위탁매매로 취득한 채권을 양도한 경우에, 위탁매매인은 위탁자에 대한 관계에서는 위탁자에 속하는 채권을 무권리자로서 양도한 것이고, 따라서 그 채권양도는 무권리자의 처분 일반에서와 마찬가지로 양수인이 그 채권을 선의취득하였다는 등의 특별한 사정이 없는 한 위탁자에 대하여 효력이 없다. 이는 채권양수인이 양도의 목적이 된 채권의 귀속 등에 대하여 선의였다거나 그 진정한 귀속을 알지 못하였다는 점에 관하여 과실이 없다는 것만으로 달라지지 아니한다.

3. 관련판례

(1) 대법원 2008.5.29. 선고 2005다6297 판결

위탁매매인이 위탁자로부터 받은 물건 또는 유가증권이나 위탁매매로 인하여 취득한 물건, 유가증권 또는 채권은 위탁자와 위탁매매인 또는 위탁매매인의 채권자 간의 관계에서는 이를 위탁자의 소유 또는 채권으로 보므로(상법 제103조), 위탁매매인이 위탁자로부터 물건 또는 유가증권을 받은 후 파산한 경우에는 위탁자는 구 파산법 제79조에 의하여 위 물건 또는 유가증권을 환취할 권리가 있다.

(2) 대법원 1982.2.23. 선고 81도2619 판결

위탁판매에 있어서는 위탁물의 소유권은 위탁자에게 속하고 그 판매대금은 다른 특약이나 특별한 사정이 없는 한 이를 수령함과 동시에 위탁자에 귀속하므로 위탁매매인이 이를 사용·소비한 때에는 횡령죄가 성립한다.

Ⅱ. 판결의 평석

1. 위탁매매인과 준위탁매매인

"위탁매매인"은 자기명의로써 타인의 계산으로 물건 또는 유가증권의 매매를 영업으로 하는 자이다(상법 제101조).

"준위탁매매인"은 자기명의로써 타인의 계산으로 '매매 아닌 행위'를 영업으로 하는 자이다(상법 제113조). 준위탁매매에 속하는 것으로는 광고주선업자, 영화배급주선업자, 보험계약주선업자 또는 여객운송주선업자 등이 있다.

준위탁매매인에 대해서는 위탁매매인에 관한 규정이 준용되나(상법 제113조), 개입권에 관한 규정(상법 제107조), 위탁물의 훼손·하자 등의 경우의 통지에 관한 규정(상법 제108조), 매수위탁자가 상인인 경우 상사매매에 관한 규정(상법 제110조) 등은 준용될 여지가 거의 없다. 이들 규정은 대체로 매매에 관한 것이고 준위탁매매인은 매매 아닌 행위를 영업으로 하는 자이기 때문이다.

주선행위의 목적이 물건운송계약인 경우는 운송주선인에 해당한다. 상법은 운송주선인에 대해서는 별도의 규정을 두고 있다(상법 제114조 이하). 운송주선행위에 대해서는 해당 분야의 특징이 반영될 필요가 있기 때문이다.

2. 위탁매매의 법률관계와 위탁물의 귀속

위탁매매계약에서는 위탁자와 위탁매매인의 관계(내부관계), 위탁매매인 및 위탁자와 그 거래상대방과의 관계(외부관계)가 주로 문제된다.

대상판결에서는 위탁자와 위탁매매인의 채권자간의 관계, 즉 위탁물의 귀속에 관한 법률관계가 쟁점이 되어 있다. 위탁매매를 비롯한 주선행위는 명의와 계산의 분리를 본질로 하는데, 경제적으로는 위탁자에게 귀속하면서도 법률적으로는 위탁매매인에게 속하는 대금채권(판매위탁의 경우)이나 물건의 소유권(매수위탁의 경우) 등과 관련하여서는, 관계당사자들 사이에서 누구의 권리를 우선할 것인지가 문제가 되기 때문이다.

이와 관련하여 거래당사자의 형식적인 측면만을 중시한다면 불공평한 결과를 가져올 수 있다. 위탁물의 실질적인 권리자는 위탁자이고 위탁매매인은 형식적인 명의를 빌려주는 것에 불과하기 때문이다. 상법은 이를 반영하여 위탁매매인이 위탁자로부터 받은 물건 또는 유가증권이나 위탁매매로 인하여 취득한 물건, 유가증권 또는 채권은 '위탁자와 위탁매매인 또는 위탁매매인의 채권자간의 관계'에서는 이를 위탁자의 소유 또는 채권으로 본다고 규정하고 있다(상법 제103조). 따라서 위탁매매인이 파산한 경우에는 위탁자는 목적물에 대하여 환취권을 가지며,[3] 위탁자는 위탁매매인의 채권자가 위탁물에 대한 강제집행을 하는 경우에는 그 채권자를 상대로 제3자 이의의 소를 제기할 수 있다(민사집행법 제48조).

3) 대법원 2008.5.29. 선고 2005다6297 판결.

3. 대상판결의 검토

(1) 일반계약인지 위탁매매계약(주선계약)인지의 판단기준

어떠한 행위가 위탁매매에 해당한다고 보아 상법상 관련규정을 적용하기 위해서는, 그 계약에 사용된 명칭이나 형식보다는 그 실질을 중시하여 판단하여야 한다. 이러한 법리는 자기명의로써, 타인의 계산으로 매매 아닌 행위를 영업으로 하는 이른바 준위탁매매(상법 제113조)에 있어서도 마찬가지이다.

대상판결은 "위탁매매를 비롯한 주선행위는 명의와 계산의 분리를 본질로 하며, 어떠한 계약이 일반의 매매계약인지 위탁매매계약인지는 계약의 명칭 또는 형식적인 문언을 떠나서 그 실질을 중시하여 판단하여야 한다"고 판시하고 있다. 명칭 또는 형식보다는 실질을 중시하여 판단하여야 한다는 판단기준이 추상적이고 애매하지만, 거래행위의 형식적 · 법률적 효과가 귀속되는 주체와 실질적 · 경제적 효과가 귀속되는 주체가 분리되는 주선행위의 본질상 불가피한 것으로 나름대로 구별기준을 분명하게 제시하였다는 의미가 있다.

(2) 위탁물의 귀속에 대한 검토

위탁매매인을 비롯한 주선행위자는 자기명의로 타인의 계산으로 거래를 하여 그 결과를 위탁자에게 귀속시키는 것이므로, 주선행위의 결과 취득한 물건이나 유가증권 등을 위탁자에게 이전할 때까지는 주선행위의 결과 취득한 물건이나 유가증권의 소유권은 주선행위자에게 귀속한다. 그러나 이러한 원칙을 엄격하게 관철한다면 실질적인 소유자인 위탁자에게는 지나치게 불리한 결과가 발생할 수 있다. 예를 들어, 위탁매매인이 위탁매매로 인하여 얻은 재산을 위탁자에게 이전하지 않은 상태에서 파산한다면, 이 재산은 위탁매매인의 파산재단에 편입되어 위탁자는 파산채권자로서 불충분한 변제에 만족할 수밖에 없다.

상법 제103조는 이러한 불합리를 해소하기 위하여 "위탁매매인이 위탁자로부터 받은 물건 또는 유가증권이나 위탁매매로 인하여 취득한 물건, 유가증권 또는 채권은 위탁자와 위탁매매인 또는 위탁매매인의 채권자간의 관계에서는 이를 위탁자의 소유 또는 채권으로 본다"고 규정하고, 상법 제113조는 준위탁매매인에 대해서도 상법 제103조를 준용하고 있다. 이와 같이 상법이 위탁물의 귀속에 관하여 그 주체를 위탁자로 명시한 이유로서는 위탁매매의 법률관계에서 실질과 형식이 괴리됨으로써 생기는 불공평성을 제거하기 위한 것이다.

대상판결은 위탁물의 귀속과 관련하여, "위탁매매인이 그의 채권자에게 채권을 담보하기 위하여 위탁매매로 취득한 채권을 양도하는 경우에는 위탁자에 대한 관계에서는 위탁자에 속하는 채권을 무권리자로 양도한 것이고, 그 채권양도는 무권리자의 처분 일반에서와 마찬가지로 양수인이 그 채권을 선의취득하였다는 등의 특별한 사정이 없는 한 위탁자에 대하여 효력이 없다"고 판시하고 있다. 대상판결의 판시는 위탁물의 귀속에 관한 상법 제103조 및 위탁매매의 경제적 실질을 반영한 것으로 일반적으로 그 타당성을 인정할 수 있다.

다만, 다음과 같은 점은 고민해 볼 여지가 있다. 위탁매매를 비롯한 주선행위는 위탁매매인의 명의로 거래가 이루어지고 그 권리의무도 위탁매매인에게 귀속되는 점에 비추어 볼 때, 과연 위탁자와 위탁매매인의 채권자간의 관계에서 위탁자를 언제나 우선시켜야 할 필요성이 반드시 있는지에 의문이 들 수 있다. 선의로 권리를 취득한 '위탁매매인의 채권자'의 이익이 부당하게 희생되는 측면이 있기 때문이다. 따라서 상법 제103조의 해석에 있어서 위탁자에게 열위하는 '위탁매매인의 채권자'의 범위는 가능하면 좁게 해석하여야 한다.

이러한 측면에서 위탁매매인의 채권자에는 '위탁매매인의 매매상대방'은 포함되지 않는다고 해석할 것이다. 예를 들어, 위의 사례에서 만일 A가 제3자에게 해당 채권을 담보로 제공한 것이 아니라 양도한 경우에는 대상판결의 판시가 적용되지 않는다. 이러한 경우까지 위탁자인 X가 해당 채권에 대해서 권리를 주장할 수 있도록 한다면 그것이 오히려 불공평하기 때문이다.

(김홍기)

운송주선인의 손해배상책임

대법원 1988.12.13. 선고 85다카1358 판결

Ⅰ. 판결개요

1. 사실관계

미국의 수입업자인 A주식회사는 1980. 7. 29.과 1980. 11. 10.자로 한국의 수출업자인 X에게 가죽신발 반제품을 주문하고 체이스맨해튼은행을 통하여 취소불능신용장을 개설하였다. 수출업자인 X는 1981. 1. 23, 1981. 1. 31. 및 1981. 2. 13.자로 주문받은 생산품을 운송주선인인 Y에게 선적운송케 하면서 Y로부터 화물수취증(F.C.R.)을 교부받았다. 그런데 위 체이스맨해튼은행이 발행한 신용장에 의하면 선하증권의 대용으로 화물수취증도 사용할 수 있도록 되어 있었으므로 X는 국내의 거래은행인 서울신탁은행에서 화물수취증과 신용장 등 선적서류를 할인하여 금 68,588,218원을 추심하였다. 운송주선인인 Y는 위 수출품을 운송인인 소외 B해운회사 등에게 운송케 한 후 운송인으로부터 교부받은 각 선하증권의 수취인란을 위 체이스맨해튼은행이나 그 수취권을 양도받은 자로 하지 않고 백지로 하여 위 은행으로부터 위 수취권을 양도받은 사실이 없는 위 A회사에게 교부하였다. 이에 따라서 수입업자인 A회사는 위 수출품을 인도받을 수 있게 되었고, 실제로 수출대금의 지급이 없이 교부받은 선하증권의 수취인란에 자기이름을 기재한 후 선하증권을 제시하고 위 수출품을 인도받았다.

그러나 A회사는 1981. 3. 2.경 X가 위 신용장상의 선적기일을 도과하였고 또 이 사건 수출품 이전에 거래하였던 물품 등에 하자가 있었다는 구실로 체이스맨해튼은행에 개설하였던 위 신용장의 개설을 취소하였다. 신용장 개설은행인 체이스맨해튼은행은 신용장 개설 취소를 이유로 매입은행인 서울신탁은행의 추심에 응하지 않았고, 서울신탁은행은 위 할인금액을 X로부터 회수하였다. 결국 수출업자인 X는 수출대금도 지급받지 못하였고 수출상품 자체도 회수하지 못하게 되었다.

X는 운송주선인인 Y가 그 임무에 위배하여 선하증권을 A회사에게 임의로 교부함으로써 X에게 손해를 끼쳤다는 이유로 Y를 상대로 손해배상청구를 제기하였다. 원심은 운송주선인인 Y의 불법행위책임을 인정하였다. Y는 대법원에 상고하였다.

2. 판결요지

대법원은 상고를 기각하고 원심판결을 유지하였다.

수출업자가 선하증권을 첨부한 하환어음을 발행하여 국내 거래은행으로부터 할인을 받거나 또는 추심위임을 하고, 그 국내은행이 신용장개설은행에 추심하는 방법에 의하여 수출대금이 결제되는 방식의 무역거래에 있어서는 다른 특별한 사정이 없는 한 수입업자가 그 수출대금을 결제할 때까지는 선하증권에 의하여 표창된 운송 중인 수출품이 위 하환어음의 담보가 되는 것이며, 수출업자가 선하증권 대신 신용장발행은행을 화물수취인으로 한 운송주선업자 화물수취증을 첨부하여 환어음을 발행한 경우 역시 신용장 발행은행이 운송목적지에서의 수출품의 반환청구권을 가지게 되고, 위 반환청구권이 수출대금을 담보로 하는 기능을 하게 되는 것이므로, 화물수취증을 발행한 운송주선인으로서는 선적서류, 예컨대 선하증권이 화물수취증에 이어 발행될 때에는 그러한 선적서류상의 화물의 처분에 관한 조건이 화물수취증에 의하여 부과된 의무와 상치되지 않도록 주의하여야 하며 위 화물수취증상의 운송물인도에 관한 조건에 위배하여 운송물을 처분하였을 경우에는 그에 대한 책임을 면할 수 없다 할 것이다.

Y는 자신이 배상할 손해는 X가 화물수취증을 은행으로부터 돌려받을 당시 위 수출품을 타에 매도하여 얻을 수 있는 가격이지 계약상의 대금이 아니라고 주장하고 있으나, … Y의 불법행위의 태양을 위에서 본 바와 같이 X의 담보이익을 침해한 것으로 파악하는 이상 X가 입은 손해는 담보가 멸실됨으로 인하여 피담보채권을 변제받지 못하게 됨으로써 입은 손해라 하여야 할 것이므로 같은 취지에서 X가 입은 손해를 그 매매대금으로 본 원심의 판단은 정당하다.

3. 관련판례

대법원 1993.5.27. 선고 92다32180 판결

운송인이 운송계약상의 의무에 위배하여 수하인이 아닌 수입상에게 직접 화물을 인도하여 운송의뢰인의 수출대금에 대한 담보권을 침해한 경우, 수입상에 대한 수출대금채권이 형식적으로 존재한다고 할지라도 수입상이 화물에 하자가 있음을 트집잡아서 수출대금을 지급하지 않고 있다면 운송의뢰인에게는 담보권 상실로 인한 손해가 발생하였다고 한 경우.

Ⅱ. 판결의 평석

1. 판결의 의의

대상판결에서는 운송증권 등을 발행한 경우에는 운송주선인은 그 운송증권과 상환하여서만 운송물을 인도할 의무를 부담한다고 한다. 만일 운송증권(화물상환증이나 선하증권)과 상환함이 없이 물건을 인도한 경우 정당한 소지인에 대하여 상법상 채무불이행책임과 불법행위로 인한 손해배상책임을 부담하게 된다.

본건에서는 화물수취증이 운송증권에 준하여 사용되고 선적서류상의 화물의 처분에 관한 조건이 화물수취증에 의하여 부과된 의무와 상치되지 않도록 할 의무가 있음에도 불구하고 이를 위배한 결과, X가 입은 손해는 담보가 멸실됨으로써 피담보채권을 변제받지 못하게 되는 담보이익을 침해한 것이 되었다. 따라서 불법행위로 인한 손해배상책임을 인정하였다.

2. 운송주선인

(1) 운송주선인의 의의

운송주선인은 자기명의로 물건운송의 주선을 영업으로 하는 자이다(상법 제114조). 이를 분설하면 다음과 같다.

1) 주 선

운송주선인은 물건운송의 '주선'을 영업으로 한다. 주선이란 일반적으로 자기명의로 타인의 계산으로 거래하는 것을 말하고, 운송주선은 위탁매매와 더불어 가장 대표적인 주선행위에 해당한다. 다만 운송주선은 주선의 목적행위가 물건 또는 유가증권의 매매가 아니고 물건의 운송계약이라는 점에서 위탁매매인과 차이가 있다.

2) 물건의 운송

주선의 목적은 물건의 운송이다. 여기서 물건이라 함은 운송의 객체가 될 수 있는 모든 물건을 포함한다. 물건의 운송을 대상으로 하므로 여객운송은 제외된다. 여객운송을 주선하는 자는 준위탁매매인에 속한다(상법 제113조). 물건의 운송인 이상 육상·해상·공중운송의 어느 것이든 불문한다.

3) 상인성

운송주선인은 주선계약의 인수를 영업으로 하며(상법 제46조 제12호), 주선행위 자체를 영업으로 하는 것은 아니다. 운송주선인이 체결하는 물건운송계약은 주선계약의 이행에 지나지 않으며 영업을 위하여 수행하는 보조적 상행위가 된다(상법 제47조 제1항).

(2) 운송주선계약의 성질

위탁자와 운송주선인 사이의 운송주선계약은 물건운송계약이라는 법률행위를 위탁하는 계약이므로 위임계약에 속한다. 따라서 위탁자와 운송주선인 간에는 상법 규정 이외에 위임에 관한 규정이 적용된다(상법 제123조, 제112조, 민법 제680조 등).

운송주선업은 연혁적으로 위탁매매업에서 발달해 왔다. 이러한 특성을 반영하여 상법은 위탁매매업에 관한 규정을 운송주선업에도 일반적으로 준용하고 있다(상법 제123조). 따라서 운송주선인의 지위, 운송물의 귀속, 수탁행위 실행의 통지 및 계산서의 제출, 지정가액준수의무, 운송주선인의 공탁, 경매권 등에 관해서는 위탁매매에 관한 규정들이 그대로 적용된다. 그러나 운송주선업의 성질상 이행담보책임에 관한 규정(상법 제105조)은 준용되지 않으며, 개입권에 관한 규정도 준용될 여지가 적다. 운송주선인의 개입권에 대해서는 특별규정이 있기 때문이다(상법 제116조).

3. 운송주선인의 의무와 책임

(1) 선관주의의무

운송주선계약은 물건운송계약이라는 사무처리를 위탁하는 위임계약이다. 운송주선인에 관하여는 위탁매매인에 관한 규정이 준용되고(상법 제123조), 위탁자와 위탁매매인의 관계에서는 위임에 관한 규정이 적용되는바(상법 제112조), 결국 운송주선인은 선량한 관리자의 주의의무로서 운송주선업무를 처리하여야 한다.

운송주선인이 부담하는 선관주의의무의 범위는 단지 운송인의 선택에만 그치는 것이 아니라, 운송물의 수령, 운송인에의 인도 및 보관, 순차운송주선인의 선택 기타 운송주선업무에 속하는 사항에 이르기까지 매우 광범위하다. 예컨대 화물수령증을 발행한 운송주선인의 경우에는 선하증권을 화물수령증의 소지인인 적법한 반환청구권자에게 교부하여 위 운송품을 인도받을 수 있도록 할 의무가 있으며, 이러한 법리는 당해 운송주선의 의뢰인이 수출업자이든 수입업자이든 가리지 않고 적용된다.[1)]

(2) 손해배상책임

1) 책임의 의의

운송주선인은 자기나 그 사용인이 운송물의 수령, 인도, 보관, 운송인이나 다른 운송주선인의 선택 기타 운송에 관하여 주의를 해태하지 아니하였음을 증명하지 아니하면 운송물의 멸실, 훼손 또는 연착으로 인한 손해를 배상할 책임을 면하지 못한다(상법 제115조). 여기서 운송물의 수령, 인도 등 책임의 원인은 예시적으로 열거한 것에 불과하고, 그 밖에도 포장의 점검, 필요한 서류의 작성 및 위탁자의 지시 기타 관습 등에 의하여 운송주선인에게 요구되는 주의의무를 위반한 경우에는 손해를 배상할 책임이 있다.

2) 책임의 성질

상법은 운송주선인의 손해배상책임에 관하여 과실책임주의를 취하면서, 동시에 무과실의 입증책임을 운송주선인에게 부담시키고 있다(상법 제115조). 운송주선인이 책임을 면하기 위해서는 운송물의 멸실, 훼손 또는 연착이 자신의 고의 또는 과실로 인한 것이 아님을 증명하여야 하며, 단지 사용인의 선임과 감독에 관하여 주의를 게을리하지 아니하였다는 것을 증명하는 것만으로는 책임을 면하지 못한다. 그러나 운송인의 선택에 관하여 과실이 없는 이상 운송인의 과실에 대해서는 책임을 지지 않는다.

이러한 운송주선인의 책임은 육상물건운송인의 책임(상법 제135조), 육상여객운송인의 책임(상법 제148조), 창고업자의 책임(상법 제160조), 공중접객업자의 책임(상법 제152조)과 같거나 비슷하다.

3) 손해배상의 범위

손해배상의 범위는 운송물의 멸실, 훼손 또는 연착으로 인한 경우에만 한정되는 것이 아니며, 위탁받은 사무를 수행함에 있어서 선관주의의무를 다하지 못한 경우의 전반에 걸쳐서 책임을 진다. 그러나 이와는 달리 손해배상의 범위가 운송물의 멸실, 훼손, 연착으로 인한 손해에 한정된다는 견해도 있다.

---

1) 대법원 1987.5.12. 선고 85다카2232 판결.

화폐, 유가증권 기타의 고가물에 대해서는 송하인이 운송주선을 위탁할 때에 그 종류와 가액을 명시한 경우에 한하여 손해배상책임을 진다(상법 제124조, 제136조).

4) 책임의 소멸

운송주선인의 손해배상책임은 운송주선인이나 그 사용인에 악의가 있는 경우를 제외하고는 수하인이 운송물을 수령한 날로부터, 또 전부멸실의 경우에는 그 운송물을 인도할 날로부터 1년을 경과하면 소멸시효가 완성한다(상법 제121조). 이 경우의 수하인은 수탁자가 운송물수령인으로 정한 자이며, 반드시 운송계약상의 수하인은 아니다.

판례는 운송인이나 그 사용인이 '악의인 경우'라 함은 운송인이나 그 사용인이 운송물의 훼손 또는 일부멸실이 있다는 것을 알면서 이를 수하인에게 알리지 않고 인도된 경우를 가리킨다고 해석한다.[2)]

(3) 운송인의 운송물인도의무

운송인은 운송물을 운송한 후 도착지에서 인도하여야 한다. 도착지에서의 운송물의 인도는 화물상환증이 발행된 경우와 발행되지 않은 경우로 나누어 살펴보아야 한다.

1) 화물상환증이 발행된 경우

운송인이 화물상환증을 발행한 경우에는 그 소지인만이 운송물인도청구권을 가진다. 운송인과 송하인 사이에는 화물상환증에 적힌 대로 운송계약이 체결되고 운송물을 수령한 것으로 추정되며(상법 제131조 제1항), 화물상환증을 선의로 취득한 소지인에 대하여 운송인은 화물상환증에 적힌 바에 따라 운송인으로서의 책임을 진다(상법 제131조 제2항). 운송물에 관한 처분은 화물상환증에 의하여야 하고(상법 제132조), 화물상환증과 상환하지 아니하면 운송물의 인도를 청구할 수 없다(상법 제129조).

2) 화물상환증이 발행되지 않은 경우

운송물이 도착지에 도착한 때에는 수하인은 송하인과 동일한 권리를 가진다(상법 제140조 제1항). 운송물이 도착지에 도착한 후 수하인이 그 인도를 청구한 때에는 운송인은 수하인에 대하여 운송물을 인도하여야 하며, 수하인의 권리가 우선한다(상법 제140조 제2항). 다만 수하인이 운송물을 수령한 때에는 운송인에 대하여 운임 기타 운송에 관한 비용과 체당금을 지급할 의무를 부담한다(상법 제141조).

---

2) 대법원 1987.6.23. 선고 86다카2107 판결.

3) 운송물인도의무위반의 효력

운송인이 운송물을 정당한 권한이 없는 자에게 인도하였다면 운송계약상의 채무불이행책임 또는 운송인의 고의나 과실로 인한 불법행위책임을 부담한다. 예를 들어 운송인이 적법한 권한이 없는 자에게 화물을 인도한 경우에는, 운송의뢰인의 수입상에 대한 수출대금채권이 형식적으로 존재한다고 할지라도 담보권상실로 인하여 손해가 발생하였다고 볼 것이다.

(장덕조)

고가물에 대한 운송인의 책임

대법원 1991.8.23. 선고 91다15409 판결

Ⅰ. 판결개요

1. 사실관계

X보험회사는 1988. 9. 30. 소외 A와 동인이 소외 삼성반도체통신주식회사(이하 '소외회사'라 한다) 소유의 시분할 교환기인 티.디.엑스(t.d.x) 1대를 소외회사 구미공장에서 서울 소재 한국전기통신공사 공릉전신전화국까지 컨테이너로 운송함에 있어 발생할 손해에 관하여 소외회사를 피보험자로 하고 보험가액 및 보험금액을 각 금 549,818,181원으로 하는 운송보험계약을 체결하였다. Y운수회사는 같은 해 10월경 위 교환기 1대를 소외회사의 구미공장에서 서울 소재 위 전신전화국까지 운송하기로 하는 운송계약을 체결하였고, Y에 지입된 차량의 운전자인 소외 B가 같은 달 6일 20:00경 소외회사의 구미공장에서 위 트럭에 위 교환기를 실은 컨테이너를 적재하고 목적지로 운송하게 하였다.

B가 트럭을 운전하여 그 다음날 04:30경 과천시 소재 서울대공원 앞 교각 높이 3.9m의 고가다리 밑을 통과하다가 차체를 포함한 화물의 높이가 4.2m로서 교각보다 높아 화물이 고가다리에 부딪히는 바람에 컨테이너와 교환기가 파손되어 소외회사는 그 수리비로 합계금 319,299,020원(손상된 부품의 교체비용 금 355,541,461원+수리비용 금 4,028,780원+작업비용 금 5,825,779원−손상품목의 잔여가치 금 46,100,000원)의 손해를 입었다. X는 위 보험계약에 따라 1989. 1. 5. 피보험자인 소외 A를 흡수합병한 소외 삼성전자주식회사에게 보험금으로 금 319,299,020원을 지급하였다. 그 후 X가 Y에 대하여 상법 제682조(제3자에 대한 보험대위)에 의하여 위 금 319,299,020원의 손해배상청구를 한 것이 이 사건이다.

원심에서는 X의 청구를 인용하였다. Y가 상고하였으나 대법원은 상고를 기각하였다.

2. 판결요지

지입차량의 소유명의자는 그 지입차량의 운전자를 직접 고용하여 지휘감독을 한 바 없었더라도 명의대여자로서뿐만 아니라 객관적으로 지입차량의 운전자를 지휘감독할 관계에 있는 자의 지위에 있다 할 것이므로 그 운전자의 과실로 타인에게 손해를 가한 경우에는 사용자책임을 부담한다 할 것이다.

상법 제136조와 관련되는 고가물불고지로 인한 면책규정은 일반적으로 운송인의 운송계약상의 채무불이행으로 인한 청구에만 적용되고 불법행위로 인한 손해배상청구에는 그 적용이 없는바, 운송인의 운송이행의무를 보조하는 자가 운송과 관련하여 고의 또는 과실로 송하인에게 손해를 가한 경우 동인은 운송계약의 당사자가 아니어서 운송계약상의 채무불이행으로 인한 책임은 부담하지 아니하나 불법행위로 인한 손해배상책임을 부담하므로 위 면책규정은 적용될 여지가 없다.

3. 관련판례

(1) 대법원 1963.4.18. 선고 63다126 판결

견직물은 오늘날 사회경제 및 거래상태로 보아 상법 제136조 소정의 고가물이라 볼 수 없으므로 그 종류와 가격을 명시하지 아니하였다 하여도 운송인은 손해배상책임을 면할 수 없다고 한 경우.

(2) 대법원 1977.12.13. 선고 75다107 판결

운송약관상의 채무불이행책임과 불법행위책임이 병존하는 경우에, 상법상 단기소멸시효, 고가물불고지에 따른 면책규정, 또는 운송약관상 면책규정 등은 운송계약상의 채무불이행 청구에만 적용되고 불법행위 손해배상청구에는 그 적용이 없다고 한 경우.

(3) 대법원 2004.7.22. 선고 2001다58269 판결

운송계약상의 채무불이행책임과 불법행위로 인한 손해배상책임은 병존하고, 운송계약상의 면책특약은 일반적으로 이를 불법행위책임에도 적용하기로 하는 명시적 또는 묵시적 합의가 없는 한 당연히 불법행위책임에 적용되지 않는다고 한 경우.

Ⅱ. 판결의 평석[1)]

1. 판결의 의의

상법 제136조의 고가물불고지로 인한 운송인의 면책규정은 운송계약상의 채무불이행책임에만 적용될 뿐 불법행위로 인한 손해배상책임에는 적용이 없다는 것을 명백히 하고 있다. 그 근거는 본 판결에 나와 있지 않지만 채무불이행책임과 불법행위책임은 각각 요건과 효과를 달리하는 별개의 법률관계에서 발생하는 것이므로 하나의 행위가 계약상의 채무불이행의 요건을 충족함과 동시에 불법행위의 요건도 충족하는 경우에는 두 개의 손해배상청구권이 경합하여 발생한다고 보는 것이 당연하며, 두 개의 청구권의 병존을 인정하여 권리자로 하여금 그중 어느 것이든 선택하여 행사할 수 있게 하는 것이 피해자인 권리자를 두텁게 보호하는 길이라는 종래의 판례의 태도를 그대로 따른 것이다.

상법 제136조는 운송계약에 관한 특칙이므로 해상운송에서와 같이 운송인을 상대로 하는 운송물의 손해에 대한 배상청구가 불법행위를 청구원인으로 하는 경우에도 상법상의 운송인책임규정이 적용된다는 규정이 없는 한 위와 같이 해석함이 타당하다. 다만 위와 같이 해석한다면 위 특칙의 존재의의가 상실되는 부당한 점이 있으므로 입법론으로는 검토의 대상이 된다.

2. 고가물의 책임

(1) 의 의

상법은 화폐, 유가증권 기타의 고가물에 대하여는 송하인이 운송을 위탁할 때에 그 종류와 가액을 명시한 경우에 한하여 운송인이 손해를 배상할 책임이 있다고 규정하고 있다(상법 제136조). 이 규정을 둔 취지는 고가물은 멸실의 위험이 클 뿐만 아니라, 손해가 발생하면 배상액이 거액에 달하기 때문에 미리 그 뜻이 명시되어 있으면 그에 상당하는 주의를 다하여 손해의 발생을 방지할 수 있고 보험 등에 의하여 위험의 분산을 꾀할 수 있으며, 또 그 명시가 있는 경우에는 특별히 비싼 운임을 청구할 것이나, 반대로 운송물에 고가물의 명시가 없는 경우에는 보통의 운임을 청구할 것이다. 따라서 운송물에 고가물의 명시가 없는 경우에 운송인에게 고가물로서의 손

1) 이 사안은 보험자대위의 쟁점도 있으나 이는 생략하기로 한다.

해배상책임을 요구한다면 이것은 운송인에게 너무 가혹하게 되므로 운송인을 보호하기 위하여 둔 규정이다.

(2) 고가물의 의의

고가물이라 함은 그 용적이나 수량에 비하여 가격이 현저하게 높은 물건을 말하는 것으로서, 화폐, 유가증권 외에 예컨대 보석, 귀금속, 예술품, 골동품 등이 이에 속한다. 판례 중에는, 견직물은 오늘날 사회 · 경제 및 거래상태로 보아 상법 제136조 소정의 고가물이라 볼 수 없다고 한 것이 있다.[2] 구체적으로 어떤 물건이 고가물인가는 각 시대에 있어서의 사회적 관념에 따라 평가할 수밖에 없다.

(3) 명시의 요건

고가물의 명시는 송하인이 운송인에 대하여 하여야 한다. 명시의 방법은 고가물임을 명시하는 방법에는 그 제한이 없으므로 운송장에 기재하여 하거나 구두에 의하여 하거나 불문한다. 다만 명시하여야 할 사항은 운송물의 종류와 가액 두 가지 모두이다. 운송물의 종류는 운송인이 고가물인가의 여부를 식별할 수 있을 정도의 종별을 의미한다.

(4) 명시하지 않은 경우의 효과

운송인은 고가물의 명시가 없는 경우에는 손해배상책임을 지지 아니한다. 따라서 고가물의 명시가 없는 경우에는 보통물로서의 손해배상책임도 지지 아니한다. 송하인이 고가물의 명시를 하지 않은 경우에는 대개 운송물의 보통물로서의 가액이라는 것을 정할 수 없고, 또한 고가물의 명시를 촉진하기 위해서이다. 이 경우 보통물로서 보아 주의가 다해졌는가 아닌가를 논하는 것은 무의미하다. 보통물로서의 주의를 다한 것으로는 고가물의 멸실, 훼손의 손해를 방지할 수 없고, 고가물로서 주의할 기회가 부여되었다면 손해 그 자체가 생기지 않았다고 운송인이 주장하고 있는 경우에 보통물로서의 주의를 논하여 책임을 인정할 수는 없다. 어디까지나 고가물로서 배상요구가 행해진 이상 고가물로서 주의할 기회가 부여되었는가 아닌가가 문제되는 것이다.

---

2) 대법원 1967.10.23. 선고 67다1919 판결.

3. 운송인의 운송계약상의 채무불이행책임과 불법행위책임의 관계

운송물이 운송인 또는 그 이행보조자의 귀책사유에 의하여 멸실·훼손된 경우 운송인은 채무불이행으로 인한 손해배상책임을 부담하는데, 한편 그 멸실·훼손된 운송물의 소유권의 침해라고 하는 사실을 수반하기 때문에 그것과는 별도로 불법행위를 구성할 수 있는 요건이 존재하는 것이 보통이므로 이 두 책임의 관계가 문제된다.

(1) 학 설

1) 청구권경합설

청구권경합설 운송계약상의 채무불이행책임과 불법행위책임은 하나의 사실에서 두 개의 법률관계가 발생한 것인데다가 또 양자는 그 성질 및 요건과 효과를 달리하는 것이므로, 이 두 가지를 이유로 하는 청구권이 다 인정되며 청구권자는 그중 어느 한쪽을 선택하여 행사할 수 있다는 설이다.

이 설에 대하여는 청구권의 경합을 인정하면 운송인의 책임을 경감, 면제하는 상법 第136조, 제137조, 제146조, 제147조, 제121조 등의 적용이 배제되어 이러한 규정의 존재의의가 없어져 부당하다는 비판이 있다.

2) 법조경합설

법조경합설 하나의 행위가 두 개의 법규에 저촉되는 외관을 나타내지만 불법행위책임은 손해발생의 경우의 일반적인 배상관계이며, 계약관계가 있는 경우는 불법행위로서의 위법성이 조각될뿐더러 오히려 계약상의 무거운 의무를 전제로 한 관계이므로 계약법은 특별법으로서 일반법인 불법행위의 규정의 적용을 배제하고 따라서 채무불이행에 의한 손해배상청구권만이 발생한다는 설이다.

이 설에 대하여는 피해자의 보호라는 측면에서 이 설에 의하면 고가물의 명시가 없는 경우에는 운송인이 불법행위책임도 지지 않게 되고 또한 운송인의 채무불이행으로 인한 손해배상책임이 1년의 단기소멸시효에 의하여 소멸된 경우에는 다른 구제방법이 없어 피해자인 채권자에게 가혹하므로 부당하다는 비판이 있다.

(2) 판 례

1) 청구권경합설

대법원은 오래전부터 계약상의 채무불이행책임과 불법행위책임의 관계에 대하여 자유로운 경합을 인정하는 청구권경합설을 취하여 왔다. 예컨대 실화책임에 관한 법률은 실화자에게 중대한 과실이 없는 한 불법행위상의 손해배상책임의 부담을 시키지 아니한다는 데 불과하고 창고업자가 실화로 인하여 임치물의 반환의무이행이 불능케 된 경우의 책임까지 배척하는 것은 아니라고 하고,[3] 국영철도에 의한 여객운송 중에 여객이 사망하였으면 피해자는 국가를 상대로 상법 제148조(여객이 받은 손해의 배상책임)에 의한 손해배상청구도 할 수 있다고 한다.[4]

운송인의 계약상의 채무불이행으로 인한 손해배상책임과 불법행위로 인한 손해배상책임에 대하여도, 해상운송인이 고의나 과실로 운송화물을 멸실, 훼손시킨 때에는 그 원인이 상사과실이거나 항해과실이거나에 관계없이 운송계약상의 채무불이행책임과 화물소유자에 대한 불법행위책임이 경합하는 것이므로 권리자는 그중의 어느 쪽의 손해배상청구권도 행사할 수 있고, 위의 경우에 운송계약상의 면책약관이나 상법상의 면책조항은 당사자 사이에 명시적이거나 명시적인 약정이 없는 이상 불법행위를 원인으로 하는 손해배상의 경우에까지 확대하여 적용될 수 없다고 하여[5] 청구권경합설의 입장을 취하여 왔다.

2) 선하증권에서의 제한

그런데 선하증권에 관하여는 청구권경합설을 제한하였다. 대법원 1983.3.22. 선고 82다카1533 전원합의체 판결로 종래의 입장을 다소 수정하였다.[6] 이 판결은 청구권경합설을 확인하면서도, 다만 해상운송인이 발행한 선하증권에 기재된 면책약관은 일반 운송계약상의 면책특약과는 달리 운송계약상의 채무불이행책임뿐만 아니라 그 운송물의 소유권 침해로 인한 불법행위책임에 대하여도 이를 적용하기로 하는 당사자간의 숨은 합의가 포함되어 있다고 보는 것이 타당하므로 별도로 당사자 사이에 위 면책약관을 불법행위책임에도 적용키로 한 합의를 인정할 증거가 없더라도 그 면책약관의 효력은 당연히 운송인의 불법행위책임에까지 미친다고 보아야 할 것이라고 판시하고, 대법원 1980.11.11. 선고 80다1812 판결 중에서 위 견해와 다른 견해를

3) 대법원 1967.10.23. 선고 67다1919 판결.
4) 대법원 1971.12.28. 선고 71다2434 판결.
5) 대법원 1980.11.11. 선고 80다1812 판결.
6) 일반 운송계약상의 채무불이행책임과 불법행위책임의 관계에 관하여 해상운송인이 운송도중 운송인이나 그 사용인 등의 고의 또는 과실로 인하여 운송물을 멸실 또는 훼손시킨 경우에 운송계약상의 운송물 인도청구권과 그 운송물의 소유권을 아울러 가지고 있는 선하증권소지인은 운송인에 대하여 운송계약상의 채무불이행으로 인한 손해배상청구권과 아울러 소유권 침해의 불법행위로 인한 손해배상청구권을 취득하며 이 두 청구권은 서로 경합하여 병존하고, 운송계약상의 면책특약이나 상법상의 면책조항은 오로지 운송계약상의 채무불이행책임에만 적용될 뿐 당사자 사이에 명시적 또는 묵시적인 합의가 없는 한 불법행위로 인한 손해배상책임에는 영향을 미치지 않는다는 것이 대법원의 판례임을 다시 한번 확인하였다.

폐기하였다. 이 판결은 청구권경합설의 입장에 서 있으면서도 이 설을 일관할 경우 당사자간에 중대한 이해의 차이를 구체적 타당성 있게 극복하기 힘든 사정임을 감안하여 해상운송의 경우 통상 교부되는 선하증권상의 면책약관을 통하여 이해의 형평을 기한 것이다.

(3) 해상운송에서의 입법

종래 해상운송인의 채무불이행책임과 불법행위책임의 청구권경합의 문제에 관하여 아무런 규정을 두고 있지 않았던 것을 이후 상법을 개정하면서 헤이그-비스비규칙 및 함부르크규칙을 좇아 이 문제를 명문의 조항을 신설하여 해결하였다. 즉 운송인을 상대로 하는 운송물의 손해에 대한 배상청구가 불법행위를 청구원인으로 하는 경우에도 상법상의 운송인책임규정이 적용된다는 것을 명시하고 있고(상법 제798조 제1항), 나아가 이 규정은 운송인 이외의 실제운송인 또는 그 사용인이나 대리인에 대하여 제기된 경우에도 이를 적용하며, 운송물에 관한 손해배상청구가 운송인의 사용인 또는 대리인에 대하여 제기된 경우에도 그 손해가 그 사용인 또는 대리인의 직무집행에 관하여 생긴 것인 때에는 그 사용인 또는 대리인은 운송인이 주장할 수 있는 항변과 책임제한을 원용할 수 있다고 규정하였다(상법 제798조 제2항・제4항).

4. 청구권경합설에 의한 육상운송인의 책임

송하인은 육상운송인에 대하여는 불법행위에 기한 손해배상청구권을 행사할 수 있으나 해상운송인에 대하여는 불법행위에 기한 손해배상청구권을 행사할 수 없게 되어 불균형을 이루게 되므로, 입법론으로는 육상운송인 및 해상운송인의 책임범위에 균형을 이루도록 하여야 할 것이라는 견해가 있다. 하지만 해석론상으로는 명문의 규정이 없는 이상 해상운송인과 같이 보기는 어려울 것이다. 그러면 구체적으로 상법 제136조는 육상운송인의 운송계약상의 채무불이행에 기한 책임과 의무를 규정한 것으로 보아야 한다. 따라서 불법행위를 원인으로 한 손해배상책임에 대하여는 그 적용이 없게 된다.

결과적으로 X는 고가물불고지로 인한 채무불이행책임을 물을 수 없는 경우에도 불법행위로 인한 손해배상책임을 청구할 수 있다.

(장덕조)

28 창고업자의 손해배상책임

대법원 2004.1.27. 선고 2000다63639 판결

Ⅰ. 판결개요

1. 사실관계

(1) X(은행)와 A(수입업자)의 외국환거래 약정 및 신용장 발행

X은행은 1997. 9. 25. 수입업자인 A와 외국환거래약정을 체결하고 미화 30만 달러, 수익자 B로 된 신용장을 발행하였다. X은행은 수입화물에 양도담보약정을 체결하고 운송서류에서도 X은행을 수하인으로 기재하도록 하였다.

수출업자 B는 운송주선인 K항운에게 X은행을 수하인으로 하여서 이 사건 화물의 항공운송을 의뢰하였으나, 적하목록에는 수입업자 A를 수취인으로 기재하여 세관에 제출하였다. K항운은 수하인을 X은행으로 하는 항공화물운송장[1]을 발행하였다.

(2) Y(창고업자)의 A(수입업자)에 대한 화물인도

이 사건 화물들은 1997. 10. 23.부터 1997. 12. 3.경 사이 수차례에 걸쳐 김포공항에 도착하였고, Y가 운영하는 보세창고에 입고되었다. 그런데 K항운은 X은행에게는 통지하지 않은 채 수입업자인 A에게만 화물의 도착사실을 통지하였다. Y는 수입신고필증 및 적하목록상의 수취인이 A로 되어 있는 사실만을 확인하고 이 사건 화물을 A에게 인도하였다.

---

1) 항공화물운송장은 송하인이 운송인의 청구를 받아 송하인 및 수하인의 성명 또는 상호를 비롯한 운송물 운반에 관련된 주요사항을 적어서 작성·교부하는 서면이다(상법 제923조). 이 사건에서는 수출업자 B의 의뢰를 받은 운송주선인 K항운이 항공화물운송장을 발행하였다. 육상운송에서는 화물명세서란 명칭이 사용된다(상법 제126조, 2007. 8. 3. 명칭개정).

(3) X은행의 손해배상청구소송과 원심법원의 판결

X은행은 신용장 매입은행으로부터 선적서류 등을 제시받고, 1998. 5. 19. 수입대금을 대지급하였으나 A로부터 이를 상환받지 못하자, 창고업자인 Y를 상대로 손해배상청구소송을 제기하였다.

원심[2]은 창고업자 Y의 손해배상책임을 인정하였다. Y는 대법원에 상고하였다.[3]

대법원 2004.1.27. 선고 2000다63639 판결 【손해배상(기)】

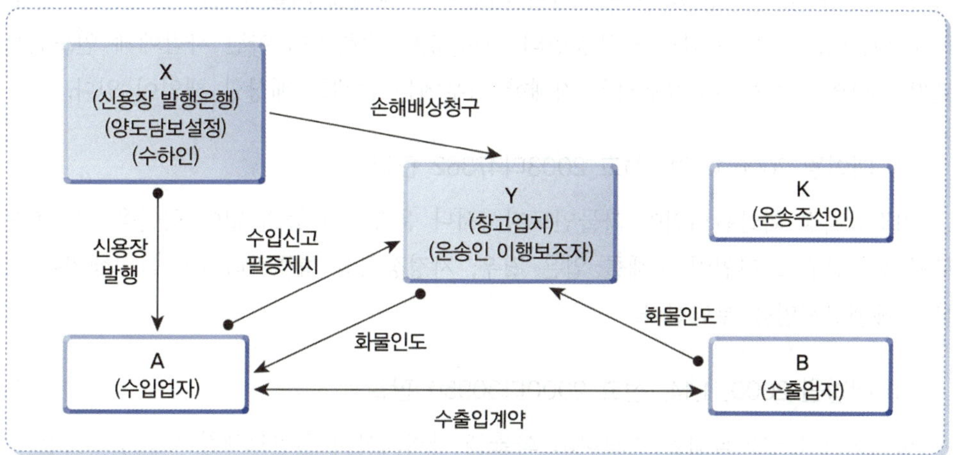

2. 판결요지

대법원은 Y의 손해배상책임을 인정하였다.

항공화물의 운송에 있어서 운송인이 공항에 도착한 수입항공화물을 통관을 위하여 보세창고업자에게 인도하는 것만으로 항공화물이 운송인이나 운송주선인의 지배를 떠나 수하인에게 인도된 것으로 볼 수는 없다.

항공화물이 통관을 위하여 보세창고에 입고된 경우에는 운송인과 보세창고업자 사이에 항공화물에 관하여 묵시적 임치계약이 성립한다고 볼 것이고, 보세창고업자는 운송인과의 임치계약에 따라 운송인 또는 그가 지정하는 자에게 화물을 인도할 의무가 있다. 한편 보세창고업자는 운송인의 이행보조자로서 항공운송의 정당한 수령인인 수하인 또는 수하인이 지정하는 자에게 화물을 인도할 의무를 부담하는바, 보세창고업자가 운송인의 지시 없이 수하인이 아닌 사람에게 인도함으로써 수하인의 화물인

2) 서울고등법원 2000.10.31. 선고 99나67309 판결.
3) 저자 주: 신용장금액 등 일부 사실관계는 수정하였음.

도청구권을 침해한 경우에는 그로 인한 손해를 배상할 책임이 있다.

3. 관련판례

(1) 대법원 2009.10.15. 선고 2009다39820 판결

해상운송화물이 보세창고에 입고된 경우에는 운송인과 보세창고업자 사이에 해상운송화물에 관하여 묵시적 임치계약이 성립한다. 따라서 … 보세창고업자는 운송인의 이행보조자로서 수하인 또는 수하인이 지정하는 자에게 화물을 인도할 의무를 부담하게 되는바, 보세창고업자가 운송인의 지시 없이 수하인이 아닌 사람에게 인도함으로써 수하인의 화물인도청구권을 침해한 경우에는 손해를 배상할 책임이 있다.

(2) 대법원 2006.12.21. 선고 2003다47362 판결

지정장치장 화물관리인이 화물인도지시서나 운송인의 동의 없이 화물을 인도함으로써 선하증권 소지인이 손해를 입은 경우, 지정장치장 화물관리인은 불법행위에 기한 손해배상책임을 부담한다.

(3) 대법원 2000.11.14. 선고 2000다30950 판결

하역회사가 양하작업을 완료하고 화물을 하역회사의 일반보세창고에 입고시킨 사실만으로는 화물이 운송인의 지배를 떠난 것이라고 볼 수 없다. 이러한 경우 화물의 인도시점은 운송인 등의 화물인도지시서에 의하여 화물이 하역회사의 보세장치장에서 출고된 때이며, 하역회사가 선하증권 없이 무단으로 화물을 반출한 경우에는 선하증권 소지인이 입은 손해에 대해서 불법행위책임을 부담한다.

(4) 대법원 1986.7.22. 선고 82다카1372 판결

제3자가 점유하고 있는 동산에 관하여 그 제3자에 대한 반환청구권을 양도하는 것은 그 동산 자체를 인도한 것으로 보아야 함은 민법 제190조가 규정하고 있는 바이므로, 운송인이 운송물을 자신이 지정한 보세창고에 반입한 후 반출에 필요한 서류를 화주(이 사건에서는 수하인과 동일함)에게 교부하였다면 운송인은 이로써 그 운송물에 대한 인도를 완료한 것으로 볼 것이다.

Ⅱ. 판결의 평석

1. 창고업자의 의무와 책임

(1) 창고업자의 의의

창고업자는 타인을 위하여 창고에 물건을 보관함을 영업으로 하는 자이다(상법 제155조). "타인"은 불특정 다수인을 말하고 반드시 상인일 필요는 없다. "창고"는 물건을 보관하는 장소이며 반드시 건물이어야 하는 것은 아니고, 임치물의 종류에 따라서는 컨테이너를 사용하거나 야적할 수도 있다. "보관"은 특정한 물건을 맡아서 간직하고 관리하는 것을 말한다.

수치인이 임치물의 소유권을 취득하고 동량의 다른 물건을 반환할 수 있는 소비임치(민법 제702조)는 창고업이 말하는 보관은 아니다.

(2) 창고업자의 의무와 책임

창고업자는 그 임치계약이 유상이든 무상이든 선량한 관리자의 주의로서 임치물을 보관하여야 하며(상법 제62조), 임치물을 임치인 또는 창고증권소지인에게 반환할 의무를 진다. 창고증권이 발행된 경우에는 그 소지인의 청구에 의하여 또는 그 소지인에 대해서만 임치물을 반환할 의무를 지며, 동시에 그 증권과 상환으로써가 아니면 임치물을 반환할 필요가 없다(상법 제157조, 제129조).

창고업자는 자기 또는 사용인이 임치물의 보관에 관하여 주의를 해태하지 아니하였음을 증명하지 아니하면 임치물의 멸실 또는 훼손에 대하여 손해를 배상할 책임을 면하지 못한다(상법 제160조). 창고업자는 사용인이 임치물의 보관에 관하여 주의를 해태하지 아니하였음을 증명해야 하고, 사용인의 선임, 감독에 관한 과실이 없었다는 증명만으로는 손해배상책임을 면하지 못한다. 창고업자가 화물을 인도함에 있어서 임치인이 아닌 사람에게 인도함으로써 창고증권 소지인 등이 손해를 입은 경우에는 불법행위에 기한 손해배상책임을 부담한다.[4)]

---

4) 대법원 2006.12.21. 선고 2003다47362 판결; 대법원 2000.11.14. 선고 2000다30950 판결 등 다수.

2. 보세창고업자의 의무와 책임

(1) 보세창고업자의 의의

보세창고는 특허보세구역의 하나로서 세관장의 허가를 받아 외국물품이나 통관을 하고자 하는 물품을 장치하는 곳이다. 보세창고업자는 타인을 위하여 보세창고에 물건을 보관함을 영업으로 하는 자이다.

(2) 보세창고업자와 운송인 간의 관계

국제 운송에서 운송인은 통관을 거쳐서 수하인에게 인도하기 전에 보세창고에 보관하여 두는 것이 보통이다. 이 경우 운송인이 보세창고에 물품을 맡겨두는 것은 임치의 성질을 가지는데, 임치계약의 당사자로는 ① 수하인 또는 실수입업자와 보세창고업자 사이에 임치계약이 성립된다고 보는 견해[5]가 있고, ② 운송인과 보세창고업자 사이에 임치계약이 성립된다고 보는 견해[6]가 있다. 판례는 일반적으로 "보세창고업자는 운송인과의 임치계약에 따라 운송인 또는 그가 지정하는 자에게 화물을 인도할 의무가 있다"는 입장이다.[7]

위에서 살펴본 것처럼 운송인과 보세창고업자 사이에는 화물에 대한 묵시적인 임치계약이 성립한다. 이 경우 보세창고업자는 운송인으로부터 화물의 점유를 이전받음으로써 묵시적으로 성립된 '임치'라는 점유매개관계를 통하여 화물을 보관하고,[8] 운송인의 이행보조자로서 운송인의 지시에 따라 임치받은 화물을 보관 · 반환(인도)할 의무를 부담한다.[9]

(3) 화물의 인도시기

화물이 공항에 도착하여 보세창고에 입고되고 그 후 통관절차를 거쳐 화물이 반출되는 과정에서 언제 화물의 인도가 있었는지에 관하여는 ① 운송인이 보세창고업자에게 화물을 인도한 시점을 기준으로 하는 견해(1설),[10] 또는 ② 보세창고업자가

---

5) 김갑유, "국제항공화물 운송의 법률관계: 화물인도를 중심으로," 국제거래법연구 제2집(국제거래법학회, 1993), 75면.

6) 유남석, "항공운송취급인의 수하인에 대한 불법행위책임," 대법원판례해설 제27호(법원도서관, 1997. 7), 178면.

7) 대법원 1999.7.13. 선고 99다8711 판결 등 다수.

8) 운송인은 운송주선인 또는 송하인으로부터 의뢰받아 운송을 하는 것이므로, 창고업자는 넓게는 운송주선인 또는 송하인을 위하여 화물을 보관하는 점유매개관계에 있다고도 볼 수 있다.

9) 대법원 1999.7.13. 선고 99다8711 판결.

10) 현행 국제항공화물의 인도실태에 비추어 볼 때, 보세창고에 입고된 화물에 대한 지배권은 운송인에게 있지 않고, 화물이 보세창고로 운송되기 위하여 공항에서 보세운송트럭에 적재될 때에 화물의 인도는 발생한다고 보아야 하며, 운송약관상의 인도장소가 도착지의 공항으로 명시되어 있는 점, 항공운임도 공항까지의

수하인에게 화물을 인도한 시점으로 기준으로 하는 견해(2설)[11]가 있을 수 있다.

판례는 항공화물의 인도시기에 관하여 원칙적으로 2설을 취하고 있다.[12] 해상운송에 있어서도 운송인 등의 화물인도지시서에 의하여 화물이 하역회사의 보세장치장에서 출고된 때를 화물의 인도시점으로 보고 있다.[13]

(4) 운송인의 지시에 의하지 않은 화물반출과 보세창고업자의 책임

위와 같이 판례는 운송인과 보세창고업자 사이에 묵시적 임치계약의 성립을 인정하고 있다. 이에 따르면 보세창고업자는 운송인의 이행보조자가 되고, 운송인의 이행보조자로써 화물을 수하인이나 그가 지정한 자에게 인도할 의무를 부담하므로, 보세창고업자가 화물의 반출에 관하여 고의나 과실이 있으면 수하인 또는 화물상환증 소지인에 대하여 불법행위 책임을 부담한다.

3. 대상판결의 검토

대상판결은 운송인과 보세창고업자(창고업자) 사이에 화물에 대한 묵시적 임치계약이 성립하였다고 보고, 보세창고업자인 Y는 운송인의 이행보조자로서 수하인 등 정당한 권리자에게 화물을 인도할 의무를 부담하므로 이에 위반하는 경우에는 채무불이행책임 또는 불법행위책임을 부담한다고 판단하였다.

대법원의 판단에 찬성한다. 위의 사례에서 보세창고업자 Y는 통관절차에 전문성을 가진 자로서, 특히 국제거래에서 사용되는 신용장거래의 경우에는 수입업자와 항공화물운송장의 수하인이 서로 다를 수 있다는 점을 알았거나 알 수 있었을 것으로 보이고, 수입신고필증만을 믿고 수입자에게 화물을 인도함으로써 수하인의 권리를 침

운송을 전제로 지급되고, 항공운송인은 자신이 도착지까지의 운송책임을 부담한다는 의사로 운송을 인수하는 것이 보통이며, 보세창고 보관 등에서 운송인이 어떠한 경제적 이익도 갖지 않고, 관행상 보세창고업자 등이 운송인의 지시가 아니라 통관서류 등에 나타난 수하인에게 화물을 인도하고 있는 사실 등을 근거로 제시한다. 김갑유, 전게논문, 72-75면.

11) 항공화물운송에 있어서 송하인(이 사건에서는 수출업자 B)이 운송주선인(K항운)에게 운송을 의뢰하면서 제1차 점유매개관계가, 운송주선인이 송하인의 지위에서 항공운송인에게 운송을 의뢰하면서 제2차 점유매개관계가, 국내 도착화물이 공항에 도착되면서 보세창고에 입고된 때 항공운송인과 보세창고업(Y)자 사이에 제3차 점유매개관계가 각 성립한 것으로 볼 것이라고 한다. 유남석, 전게논문, 177면.

12) 대법원 1996.9.6. 선고 94다46404 판결. 다만 운송인이 화물을 보세창고에 반입한 후 반출에 필요한 서류를 화주(이 사건에서는 수하인과 동일함)에게 교부하였다면 인도를 완료한 것으로 보는 경우도 있다(대법원 1986.7.22. 선고 82다카1372 판결).

13) 대법원 2000.11.14. 선고 2000다30950 판결. 다만, 자가보세장치장에 입고된 경우에는 화물이 화주의 자가보세장치장에 입고된 시점을 기준으로 화물의 인도시점을 판단하고 있다(대법원 1996.3.12. 선고 94다55057 판결 등).

해할 수 있다는 사정도 충분히 알고 있었을 것으로 보인다. 따라서 보세창고업자인 Y는 운송인의 지시를 받아 화물을 인도하거나 아니면 수입업자 A가 정당한 권리자인지를 주의깊게 확인한 후에 화물을 반출하여야 한다. 만일 Y가 이러한 주의의무를 게을리한 채 수입신고필증상의 수하인의 동일성만을 확인하고 만연히 수입업자 A에게 화물을 인도한 경우에는 수하인 X은행의 화물인도청구권을 침해한 것으로 불법행위책임을 부담한다고 볼 것이다.

(김홍기)

29

금융리스업자의 금융리스이용자에 대한 의무

대법원 2019.2.14. 선고 2016다245418(본소), 245425(반소), 245432(반소) 판결

Ⅰ. 판결개요

1. 사실관계

포장박스 제조업 등을 영위하고 있던 X는 다이캐스팅[1] 제조에 필요한 탭핑기계를 찾던 중 2013년 8월경 소외 A 등으로부터 리스물건(탭핑머신) 40대를 금융리스 방식으로 매수하기로 결정하고 2013년 9월경 금융리스물건을 당해 A가 공급하는 탭핑머신 40대로 하는 금융리스계약을 금융리스회사인 Y회사들과 각각 체결하였다. 이에 Y들은 A와 탭핑머신 40대의 매매계약을 체결하면서 X의 사업장으로 위 기계를 인도하기로 하였다.

X는 2013년 9월경부터 순차적으로 X의 사업장에 탭핑기계를 인도받고, 이를 수령하였다는 수령증을 Y들에게 교부하였으며, Y들의 직원들은 X의 사업장을 방문하여 X와 함께 금융리스물건인 탭핑기계가 X 사업장에 설치된 것을 확인하였다. 한편, Y들은 X로부터 위 수령증을 교부받고 A 등에게 탭핑기계의 매매대금을 전부 지급하였으며, X는 일부 Y들에게 리스료를 수회 지급하였다. 그런데 공급자인 A가 하자 있는 물건을 공급하였다.

이에 X는 2014년 3월경 금융리스업자인 Y를 상대로 리스물건(탭핑기계) 일부가 수리를 위해 반출된 후 다시 인도된 바 없고 나머지 기계들도 제대로 작동하지 않는다는 등의 주장을 하면서 '적합한 물건 인도의무' 위반 등을 이유로 위 리스계약의 해제 또는 취소를 주장하며 본소로 각 금융리스계약의 해제 등으로 인한 X의 리스료 지급채무 부존재 확인의 소를 제기하였고, Y들 중 일부는 반소로 각 리스계약 해지

1) 주조 형상과 같도록 구리, 알루미늄, 주석, 납 따위를 녹여서 강철로 만든 금형에 주입하여 금형과 똑같은 주물을 얻는 정밀 주조법.

를 원인으로 하는 손해배상청구를 제기하였다.

X의 주장은 크게 3가지로, 첫 번째 주장은 Y들이 상법 제168조의3 제1항의 의무를 위반하였다는 것이었다. 즉, X가 Y들에게 각각 탭핑기계에 대한 수령증을 발급하였다 하더라도 A 등으로부터 금융리스계약에서 정한 금융리스물건인 탭핑기계를 수령하지 못하였고, 그 결과 Y들이 상법 제168조의3 제1항에 따른 금융리스계약에 적합한 금융리스물건을 수령하도록 해야 하는 의무를 위반하였다고 주장하였다. X의 두 번째 주장은 Y들이 상법 제168조의3 제1항을 위반하였으므로 Y들에게 X는 동법 동조 제2항에 따른 금융리스계약에 의한 리스료 지급의무가 없다는 것이었다. 마지막으로 X는 A 등의 기망으로 인하여 금융리스계약에서 정한 금융리스물건인 탭핑기계를 전혀 사용하지 못하는 중대한 사정변경이 발생하였으므로 동법 제168조의5 제3항에 의해 위 금융리스계약을 해지하였고, 그 결과 금융리스계약에 따른 리스료를 Y들에게 지급할 의무가 없다고 주장하였다.

제1심(서울중앙지방법원 2015.6.30. 선고 2014가합513549(본소), 2014가합582040(반소), 2015가합511090(반소) 판결)은 상법에 따르더라도 금융리스업자는 금융리스이용자가 금융리스물건을 수령할 수 있도록 협력할 의무를 부담할 뿐 나아가 적극적으로 금융리스계약에 적합한 물건을 금융리스이용자에게 인도할 의무나 리스물건이 리스계약에 적합한지 여부를 점검 내지 검수할 의무까지 부담한다고 볼 수는 없으며, Y들의 내부규정에 의하여 리스물건의 하자 등을 점검하도록 되어 있다고 하더라도 이는 Y들의 이익을 위한 것일 뿐, Y들이 X에 대한 관계에서 리스물건 인도의무나 물건 점검 · 검수의무를 부담하지는 아니한다고 판시하였다. 원심(서울고등법원 2016.7.22. 선고 2015나2042665(본소), 2015나2042672(반소), 2015나2042689(반소) 판결)은 제1심을 그대로 인용하였고, 상법 제168조의3 제1항의 의무 위반으로 인한 해제 주장에 관하여는 각 리스계약에서 정한 각 리스물건을 수령하기도 전에 X가 Y들에 대하여 물건수령증 등을 교부한 것은 X가 Y들에게 제168조의3 제1항에 따른 의무를 면제한 것으로 볼 수 있으며, 제168조의3 제2항에 의한 리스료 지급거절 권원의 존재 주장에 관하여는 각 리스물건을 수령하지 못하였다는 이유로 Y들로 하여금 A에게 각 리스물건에 대한 물품대금을 지급하지 아니하도록 필요한 조치를 취하지 아니한 채 오히려 Y들로 하여금 A에게 각 리스물건에 대한 물품대금을 지급하게 하고, Y들에게 각 리스계약에서 정한 리스료를 일부 납부한 이상 X는 상법 제168조의3 제2항의 동시이행권한을 포기한 것으로 봄이 상당하고, 제168조의5 제3항에 의한 해지 주장에 관하여는 X가 Y들에 대하여 물건수령증 등을 교부하여 각 리스물건의 물품대금을 지급하게 하고 각 리스물건을 수령한 것으로 인식하게 한 이상 제168조의5 제3항이 정하는 중대한 사정변경이라고 볼 수 없다고 판시하였다. 대법원은 X가 리스물건을 인도받았다는 수령증을 발급한 이상 적합한 금융리스물건을 수령한 것으로 추정되고, Y들의 인도협력의무 위반을 인정할 수 없으며, Y들이 별도로 금융리스물건 인도의무 또는 검사·확인의무를 부담한다는 특별한 사정을 찾아볼 수도 없다고 하여 상고를 기각하였다.

2. 판결요지

금융리스계약은 금융리스업자가 금융리스이용자가 선정한 기계, 시설 등 금융리스물건을 공급자로부터 취득하거나 대여받아 금융리스이용자에게 일정 기간 이용하게 하고 그 기간 종료 후 물건의 처분에 관하여는 당사자 사이의 약정으로 정하는 계약이다(상법 제168조의2). 금융리스계약은 금융리스업자가 금융리스이용자에게 금융리스물건을 취득 또는 대여하는 데 소요되는 자금에 관한 금융의 편의를 제공하는 것을 본질적 내용으로 한다. 금융리스업자는 금융리스이용자가 금융리스계약에서 정한 시기에 금융리스계약에 적합한 금융리스물건을 수령할 수 있도록 하여야 하고(상법 제168조의3 제1항), 금융리스이용자가 금융리스물건수령증을 발급한 경우에는 금융리스업자와 사이에 적합한 금융리스물건이 수령된 것으로 추정한다(상법 제168조의3 제3항).

이러한 금융리스계약의 법적 성격에 비추어 보면, 금융리스계약 당사자 사이에 금융리스업자가 직접 물건의 공급을 담보하기로 약정하는 등의 특별한 사정이 없는 한, 금융리스업자는 금융리스이용자가 공급자로부터 상법 제168조의3 제1항에 따라 적합한 금융리스물건을 수령할 수 있도록 협력할 의무를 부담할 뿐이고, 이와 별도로 독자적인 금융리스물건 인도의무 또는 검사·확인의무를 부담한다고 볼 수는 없다.

3. 관련판례

(1) 대법원 1996.8.23. 선고 95다51915 판결

[1] 시설대여(리스)는 시설대여 회사가 대여시설 이용자가 선정한 특정 물건을 새로이 취득하거나 대여받아 그 물건에 대한 직접적인 유지·관리책임을 지지 아니하면서 대여시설 이용자에게 일정 기간 사용하게 하고 그 기간 종료 후에 물건의 처분에 관하여는 당사자간의 약정으로 정하는 계약으로서, 형식에서는 임대차계약과 유사

하나, 그 실질은 대여시설을 취득하는 데 소요되는 자금에 관한 금융의 편의를 제공하는 것을 본질적인 내용으로 하는 물적 금융이고 임대차계약과는 여러 가지 다른 특질이 있기 때문에 이에 대하여는 민법의 임대차에 관한 규정이 바로 적용되지 아니한다.

[2] 시설대여계약서상 시설대여 회사가 물건 인도시 물건이 정상적인 성능을 갖추고 있는 것을 담보하도록 되어 있으나, 다만 대여시설 이용자가 물건 인도인수확인서를 발급하였을 때는 물건의 상태 및 성능이 정상적인 것을 확인한 것으로 간주한다고 되어 있는 경우, 시설대여계약은 그 실질이 대여시설의 취득자금에 관한 금융의 편의 제공에 있음에 비추어 시설대여 회사의 담보책임은 대여시설이 공급자로부터 이용자에게 인도될 당시에서의 대여 시설의 성능이 정상적임을 담보하되, 이용자가 별다른 이의 없이 리스물건 인도인수확인서를 발급하면 시설대여 회사의 하자담보의무는 충족된 것으로 보는 범위 내에서의 책임이라고 봄이 상당하다.

(2) 대법원 2021.1.14. 선고 2019다301128 판결

금융리스계약은 금융리스업자가 금융리스이용자가 선정한 기계, 시설 등 금융리스물건을 공급자로부터 취득하거나 대여받아 금융리스이용자에게 일정 기간 이용하게 하고 그 기간 종료 후 물건의 처분에 관하여는 당사자 사이의 약정으로 정하는 계약이다(상법 제168조의2). 금융리스계약은 금융리스업자가 금융리스이용자에게 금융리스물건을 취득 또는 대여하는 데 소요되는 자금에 관한 금융의 편의를 제공하는 것을 본질적 내용으로 한다(대법원 1996.8.23. 선고 95다51915 판결 참조). 금융리스업자는 금융리스이용자가 금융리스계약에서 정한 시기에 금융리스계약에 적합한 금융리스물건을 수령할 수 있도록 하여야 하고(상법 제168조의3 제1항), 금융리스이용자가 금융리스물건수령증을 발급한 경우에는 금융리스업자와 사이에 적합한 금융리스물건이 수령된 것으로 추정한다(상법 제168조의3 제3항).

이러한 금융리스계약의 법적 성격에 비추어 보면, 금융리스계약 당사자 사이에 금융리스업자가 직접 물건의 공급을 담보하기로 약정하는 등의 특별한 사정이 없는 한, 금융리스업자는 금융리스이용자가 공급자로부터 상법 제168조의3 제1항에 따라 적합한 금융리스물건을 수령할 수 있도록 협력할 의무를 부담할 뿐이고, 이와 별도로 독자적인 금융리스물건 인도의무 또는 검사·확인의무를 부담한다고 볼 수는 없다(대법원 2019.2.14. 선고 2016다245418, 245425, 245432 판결 참조).

이 사건 렌탈계약의 체결 경위와 그 내용 등을 종합하면, 이 사건 렌탈계약은 원

고가 피고 측이 선정한 이 사건 렌탈물건을 D로부터 취득하여 피고들에게 36개월 동안 이용하게 하고 그 기간 종료 후 이 사건 렌탈물건의 소유권을 피고들에게 이전하기로 하는 내용의 계약으로서 금융리스계약에 해당한다고 봄이 타당하다. 따라서 이 사건 렌탈계약에서 달리 정하였다는 등의 특별한 사정이 없는 한, 금융리스업자인 원고는 피고들이 이 사건 렌탈물건을 수령할 수 있도록 협력할 의무가 있을 뿐, 이와 별도로 이 사건 렌탈물건을 피고들에게 인도할 의무를 부담하지 않는다. 한편 이 사건 렌탈계약에서 '원고가 이 사건 렌탈 물건에 관하여 하자보수의무를 위반한 경우 피고들이 일정한 요건 아래 위약금을 부담하지 않고 이 사건 렌탈계약을 해지할 수 있다'는 취지로 정하고 있으나, 이는 원고의 하자보수의무에 관한 내용으로 볼 여지가 있을 뿐 원고의 이 사건 렌탈물건 공급 의무를 정하는 내용이라고 볼 수는 없다. 달리 이 사건 렌탈계약에서 원고가 직접 이 사건 렌탈물건의 공급을 담보하기로 약정하였다고 볼 자료는 없다. 사정이 이와 같다면, 원고가 피고들에게 이 사건 렌탈물건을 공급할 의무가 있다고 할 수 없고, 달리 원고가 이 사건 렌탈계약에서 정한 의무를 위반하였다고 인정할 만한 자료가 없다. 그런데도 원심은 그 판시와 같은 이유로, 원고가 피고들에 대하여 이 사건 렌탈물건 공급 의무를 부담한다는 전제에서 원고가 그 공급 의무를 위반하는 등 원고의 귀책사유로 이 사건 렌탈계약이 해지되었다고 판단하였다. 이러한 원심판단에는 금융리스계약과 계약의 해석에 관한 법리를 오해하는 등으로 판결에 영향을 미친 잘못이 있다.

Ⅱ. 판결의 평석

1. 판결의 의의

금융리스이용자가 금융리스물건수령증을 발급한 경우의 효과, 금융리스업자는 상법 제168조의3 제1항에 따라 금융리스이용자가 공급자로부터 적합한 금융물건을 수령할 수 있도록 협력할 의무를 부담하는바, 이와 별도로 금융리스업자가 독자적인 금융리스물건 인도의무 또는 검사·확인의무를 부담하는지가 대상판결의 쟁점이다.

대상판결은 금융리스에 관한 법률관계를 명확히 한 것으로, 금융리스의 본질적 기능이 금융리스이용자에게 금융리스물건을 취득 또는 대여하는 데 소요되는 자금에 관한 금융의 편의를 제공하는데 있음을 확인하였고, 금융리스업자는 금융리스이용자가 공급자로부터 상법 제168조의3 제1항에 따라 적합한 금융리스물건을 수령할 수 있도록 협력할 의무를 부담할 뿐이고, 이와 별도로 독자적인 금융리스물건 인도의무 또는 검사·확인의무를 부담한다고 볼 수는 없다고 판시하여 독자적인 인도의무가 없음을 처음으로 명확히 한 것이다. 이는 리스계약에 있어서의 형식적인 부분과 현실적인 부분의 차이를 거래현실을 고려한 것으로 타당하다. 대법원 2021.1.14. 선고 2019다301128 판결에서는 이를 다시 확인하였다.

2. 금융리스의 의의와 법적 성격

금융리스(finance lease)계약은 금융리스업자가 금융리스이용자(lessee)가 선정한 기계, 시설, 그 밖의 재산(이하 '금융리스물건')을 제3자(공급자, supplier)로부터 취득하거나 대여받아 금융리스이용자에게 일정기간 이용하게 하고 그 기간 종료 후 물건의 처분에 관하여는 당사자 사이의 약정으로 정하는 계약이다(상법 제168조의2). 금융리스는 리스이용자가 선정한 특정 물건을 리스회사가 새로이 취득하거나 대여받아 리스물건에 대한 직접적인 유지·관리 책임을 지지 아니하면서 리스이용자에게 일정기간 사용하게 하고 대여기간 중에 지급받는 리스료에 의하여 리스물건에 대한 취득자금과 이자, 기타 비용을 회수하는 거래관계로서, 그 본질적 기능은 금융리스이용자에게 금융리스물건을 취득 또는 대여하는 데 소요되는 자금에 관한 금융의 편의를 제공하는 데에 있다.[2] 금융리스계약의 내용은 당사자 사이의 약정(보통의 경우 리스약관)에 의하여 정해지며,[3] 리스물건의 선정에는 리스이용자가 전적으로 관여하기 때문에 리스업자가 이에 개입할 여지는 그다지 많지 않은 것이 특징이라 할 수 있다.

금융리스의 법적 성격에 대하여 학설은 특수임대차계약으로 보는 견해, 비전형계약으로 보는 견해 등이 있으나, 대법원은 시설대여(리스)는 시설대여회사가 대여시설이용자가 선정한 특정물건을 새로이 취득하거나 대여받아 그 물건에 대한 직접적인 유지, 관리책임을 지지 아니하면서 대여시설이용자에게 일정 기간 사용케 하고 그 기간에 걸쳐 일정 대가를 정기적으로 분할하여 지급받으며 그 기간 종료후의 물건의

2) 대법원 1996.8.23. 선고 95다51915 판결; 대법원 2013.7.12. 선고 2013다20571 판결.

3) 리스(시설대여)계약 중 이른바 금융리스(Finance Lease)는, 리스이용자가 선정한 특정물건 또는 시설을 그가 원하는 조건으로 리스회사가 새로이 취득하거나 대여받아 그 물건에 대한 직접적인 유지·관리책임을 지지 아니하면서 리스이용자에게 일정 기간 이상 사용하게 하고, 그 기간에 걸쳐 일정 대가(리스료)를 정기적으로 분할하여 지급받음으로써 리스 물건의 취득원가·이자·비용·위험부담에 따르는 보상 및 이윤 등을 회수하는 것을 내용으로 하는 물적금융을 말하는 것으로서, 리스회사가 리스이용자에게 물건이나 시설을 임대하는 형식의 계약이 체결되었다고 하더라도 실질적으로는 단순히 물건이나 시설을 대여하는 것이 아니라 리스물건을 취득하는 데 소요되는 자금에 관한 금융의 편의를 제공하는 것을 본질적인 내용으로 하는바, 리스계약의 내용은 당사자 사이의 약정(보통의 경우 리스약관)에 의하여 정하여지는 것이다(대법원 1990.5.11. 선고 89다카17065 판결).

처분에 관하여는 당사자간의 약정으로 정하는 계약으로서, 형식에서는 임대차계약과 유사하나 그 실질은 물적금융이고 임대차계약과는 여러 가지 다른 특질이 있기 때문에 시설대여(리스)계약은 비전형계약(무명계약)이라고 보고 있다.[4] 금융리스는 매매, 소비대차 또는 임대차 기타 우리 민법상의 전형계약의 어느 것에도 일치하는 바가 없는 특수한 내용을 가지는 계약이며, 금융리스계약은 낙성계약이므로 금융리스물건의 인도는 계약성립의 요건이 아니다.

3. 금융리스이용자의 권리 · 의무

(1) 금융리스이용자의 권리

금융리스이용자의 금융리스계약의 본질적인 권리로서 금융리스이용자는 금융리스물건을 금융리스기간 동안 약정한 방법에 따라 사용 · 수익할 권리가 있다(금융리스물건의 사용 · 수익권). 금융리스이용자는 리스기간 중 계약해지권을 행사하지 못하는 것이 일반적이지만, 금융리스이용자는 중대한 사정변경으로 인하여 금융리스물건을 계속 사용할 수 없는 경우에는 3개월 전에 예고하고 금융리스계약을 해지할 수 있으며, 이 경우 금융리스이용자는 계약의 해지로 인하여 금융리스업자에게 발생한 손해를 배상하여야 한다(중대한 사정변경으로 인한 금융리스계약의 해지권: 제168조의5 제3항). 금융리스이용자는 금융리스기간이 만료한 때에 사전 약정에 따라 리스계약의 갱신을 청구하거나(금융리스계약갱신권), 금융리스물건의 매수를 청구할 수 있다(금융리스물건 매수청약권).

(2) 금융리스이용자의 의무

금융리스이용자는 금융리스물건을 수령하여 약정한 장소에 설치하고 검사를 마친 후 금융리스업자에게 금융리스물건수령증을 발급하여야 하며, 이 수령증을 발급한 경우에는 금융리스계약당사자 사이에 적합한 금융리스물건이 수령된 것으로 추정한다(금융리스물건수령증 교부의무: 제168조의3 제3항). 이는 금융리스이용자가 우선적으로 금융리스물건을 직접 공급자로부터 인도받기 때문에 그 인도받거나 설치된 리스물건의 정상작동 여부 및 하자 등을 리스이용자 스스로 검사한 후 금융리스업자에게 인도 사실 및 하자 여부를 알리도록 하기 위한 것이다. 따라서 금융리스이용자가 설치된 금융리스물건을 제대로 검수하지 않은 채 금융리스업자에게 수령증을 발급한 경

---

4) 대법원 1986.8.19. 선고 84다카503,504 판결; 대법원 1994.11.8. 선고 94다23388 판결; 대법원 1996.8.23. 선고 95다51915 판결.

우에는 리스물건이 정상작동하며 하자가 없다는 것을 확인한 것이기 때문에 금융리스이용자의 책임이 발생한다.

금융리스이용자는 금융리스계약에서 정한 시기에 금융리스물건을 수령함과 동시에 금융리스료를 지급하여야 한다(금융리스료지급의무: 제168조의3 제2항). 금융리스이용자는 금융리스물건을 수령한 이후에는 선량한 관리자의 주의로 금융리스물건을 유지 및 관리하여야 한다(선관의무, 금융리스물건유지 · 관리의무: 제168조의3 제4항). 이는 금융리스계약이 임대차와 차이를 보이는 부분으로 리스물건의 유지 · 관리의무가 금융리스업자가 아닌 금융이용자에게 있다.[5] 금융리스이용자의 책임 있는 사유로 금융리스계약을 해지하는 경우에는 금융리스업자는 잔존 금융리스료 상당액의 일시 지급 또는 금융리스물건의 반환을 청구할 수 있는데(제168조의5 제1항), 이때 금융리스이용자는 리스물건의 반환의무 또는 잔존 금융리스료 지급의무를 부담한다. 금융리스이용자는 금융리스기간이 종료한 경우 금융리스물건을 금융리스업자에게 반환하여야 한다(금융리스물건반환의무).

4. 금융리스업자의 권리 · 의무

(1) 금융리스업자의 권리

금융리스업자는 금융리스이용자에 대하여 금융리스료 지급청구권(제168조의3 제2항), 금융리스이용자의 채무불이행에 따른 금융리스계약 해지권(제168조의5 제1항), 금융리스이용자의 책임 있는 사유로 해지하는 경우 잔존 리스료 상당액의 일시 지급 또는 금융리스물건의 반환청구권(제168조의5 제1항) 및 해지에 따른 손해배상청구권(제168조의5 제2항) 등의 권리를 갖는다.

(2) 금융리스업자의 의무

금융리스업자는 금융리스이용자가 금융리스계약에서 정한 시기에 금융리스계약에 적합한 금융리스물건을 수령할 수 있도록 하여야 한다(금융리스물건수령조치의무 · 금융리스물건수령협력의무: 제168조의3 제1항). 금융리스물건이 공급계약에서 정한 시기와 내용에 따라 공급되지 아니한 경우 금융리스이용자는 공급자에게 직접 손해배상을 청구하거나 공급계약의 내용에 적합한 금융리스물건의 인도를 청구할 수 있으며(제168조의4 제2항), 이때 금융리스업자는 금융리스이용자가 권리를 행사하는 데 필요한

---

5) 대법원 1994.11.8. 선고 94다23388 판결.

협력을 하여야 한다(금융리스이용자의 공급자에 대한 권리행사에 협력할 의무: 제168조의4 제3항). 금융리스에서의 매매계약은 리스업자와 공급자가 체결하므로 리스업자는 공급계약에 따른 매매대금을 공급자에게 지급하여야 한다(대금지급의무). 수령증의 발급을 지체하더라도 실제 리스물건이 공급되었다면 공급자에게 대금을 지급하여야 한다.[6] 실무에서는 대부분 약관을 통하여 리스업자가 하자담보책임을 부담하지 않는 특약을 하는 경우가 대부분이며 판례도 하자담보책임을 배제하는 특약조항을 유효로 보고 있다.[7]

(3) 금융리스물건 인도의무 또는 검사 · 확인의무 여부

상법 제168조의3 제1항의 금융리스업자의 리스물건 수령에 대한 협력의무는 금융의 편의를 제공하는 것이 금융리스의 기능인 점에서 금융리스업무의 특성을 고려하여 해석하여야 하고, 명확한 규정이나 약관조항 또는 당사자간의 약정이 없이 금융리스업자에게 상법 제168조의3 제1항에 규정된 리스물건 수령에 대한 협력의무 외에 이와 별도로 리스물건의 직접적이고 적극적인 인도의무나 검사 · 확인의무를 부과하는 것은 거래관행상으로도 적절하지 않다. 리스물건의 인도 및 검사 · 확인의무는 리스물건에 직접적으로 관여하여 리스물건을 직접 선정하고, 직접 공급하고, 직접 사용하는 리스물건의 공급자와 이용자가 부담하여야 한다.

다만 당사자간에 다른 약정이나 공급자와 리스업자간에 이해보조자관계가 성립할 수 있는 여지가 있는 경우에는 리스물건의 인도의무 또는 검사 · 확인의무가 인정되거나 민법상 이행보조자의 행위에 대한 책임 또는 사용자의 책임이 인정될 수도 있다.

---

6) 시설대여(리스)의 경우, 이용자가 물건의 공급자와 직접 교섭하여 물건의 기종 · 규격 · 수량 · 가격 · 납기 등의 계약 조건을 결정하면 리스회사는 위와 같이 결정된 계약 조건에 따라 공급자와 사이에 매매계약 등 물건의 공급에 관한 계약을 체결하고, 그 계약에서 공급자는 물건을 직접 이용자에게 인도하기로 하며, 리스회사는 이용자로부터 물건수령증서를 발급받으면 물건대금을 지급하기로 하는 것이 일반적이라 할 것인바, 이처럼 리스회사가 이용자로부터 물건수령증을 발급받는 이유는 이용자와의 관계에서는 리스기간의 개시 시점을 명확히 하고자 하는 것이고 공급자와의 관계에서는 그 물건을 인도받기로 되어 있는 이용자로부터 물건의 공급에 관한 계약에 따른 물건의 공급이 제대로 이행되었음을 증명받고자 함에 있으므로, 리스회사는 비록 물건수령증의 교부가 없다 하여도 물건이 공급되었다는 것과 이용자가 정당한 사유 없이 물건수령증을 교부하지 않고 있다는 것을 알고 있다면, 공평의 관념과 신의칙에 비추어 물건수령증의 교부가 없음을 들어 공급된 물건대금의 지급을 거절할 수 없다(대법원 1998.4.14. 선고 98다6565 판결).

7) 시설대여계약은 법적 성격이 비전형계약으로서 민법의 임대차에 관한 규정이 적용되지 아니하는 점 및 시설대여 제도의 본질적 요청(금융적 성격) 등에 비추어, 시설대여 회사의 하자담보책임을 제한하는 약정조항은 「약관의 규제에 관한 법률」 제7조 제2호, 제3호에 해당하지 아니한다고 본 원심판결을 수긍한 사례(대법원 1996.8.23. 선고 95다51915 판결).

5. 공급자의 권리 · 의무

공급자는 금융리스업자로부터 리스물건에 대한 매매계약의 당사자로서 그 대금을 지급받을 권리를 갖는다(대금지급청구권).

공급자는 공급계약에서 정한 시기에 그 물건을 금융리스이용자에게 인도(및 필요한 경우 지정장소에 설치)하여야 하며(금융리스물건의 인도의무: 제168조의4 제1항), 금융리스물건이 공급계약에서 정한 시기와 내용에 따라 공급되지 아니한 경우 금융리스이용자는 공급자에게 직접 손해배상을 청구하거나 공급계약의 내용에 적합한 금융리스물건의 인도를 청구할 수 있는데(제168조의4 제2항), 공급자는 이에 대응하는 의무를 부담한다(금융리스이용자에 대한 손해배상의무 또는 인도의무). 공급자는 리스물건에 관하여 금융리스이용자에 대한 하자담보책임을 부담한다.

(박수영)

30

채권매입업의 개념 및 법적 성질

대법원 2000.1.5. 자 99그35 결정

Ⅰ. 결정개요

1. 사실관계

(1) X의 팩토링 채권

X파이낸스(주)는 매출채권의 양수·관리 및 회수, 이른바 팩토링 금융을 주된 목적으로 하는 회사이다.

Y회사는 A회사로부터 물품을 공급받고 이 사건 약속어음을 발행하여 주었다.

X파이낸스는 A회사에게 자금을 제공하면서, A회사의 Y회사에 대한 물품대금채권과 함께 이 사건 약속어음을 양도받았다(이하 '이 사건 팩토링채권').

Y회사는 회사정리절차가 개시되었는데, X파이낸스는 정리절차에 참가하였다.

(2) Y회사의 회사정리절차에 있어서 이 사건 팩토링채권의 분류

법원이 인가한 Y회사의 정리계획에서는 Y회사에 대한 채권을 금융기관 정리채권과 상거래 정리채권으로 구분하고 있다. Y회사의 정리계획에서 X파이낸스는 금융기관으로 분류되었고 이 사건 팩토링채권은 '금융기관 정리채권'에 포함되었다.

Y회사의 정리계획안에서는, '금융기관 정리채권'에 대하여는 개시 전 이자를 포함한 원금 중 68.61%는 면제, 23.80%는 출자전환, 7.59%는 2002년부터 7년간 균등분할 변제하도록 정하였다. 반면에, '상거래 정리채권' 중 중소기업 및 개인 채권의 경우에는 주채무 원금을 1998. 4. 15. 이후 제1차년도의 11월 30일까지 전액 변제, 대기업 채권의 경우에는 주채무 원금을 제1차년도부터 제2차년도까지 2년간 변제기일(매년 11월 30일)에 균등분할 변제하도록 정하였다.

(3) X파이낸스의 특별항고

X파이낸스는 이 사건 팩토링채권이 금융기관 정리채권이 아니라 상거래 정리채권에 해당한다는 이유로 특별항고하였다.

대법원 2000.1.5. 자 99그35 결정 【회사정리】

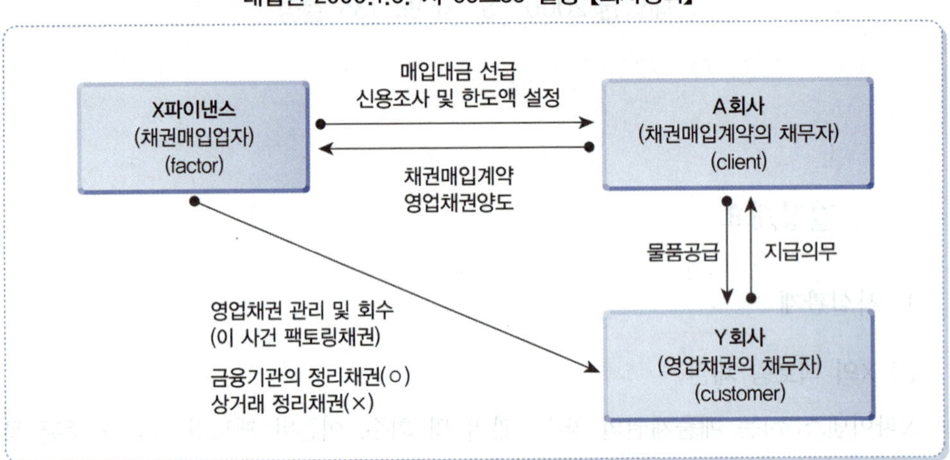

2. 결정요지

대법원은 X파이낸스의 특별항고를 기각하였다.

X파이낸스는 매출채권의 양수 · 관리 및 회수, 즉 이른바 팩토링 금융을 주목적으로 하는 회사로서 자본금이 650억원에 이르고, 이 사건 정리채권을 취득하게 된 것도 Y회사가 발행한 약속어음을 물품대금채권과 함께 양도받고 이를 담보로 하여 금융을 제공하고 그 과정에서 이자 또는 수수료의 금융수입을 취한 것이므로 여타의 금융기관 정리채권과 달리 취급될 특별한 사정이 있다고 볼 수 없다. … X파이낸스의 정리채권을 금융기관 정리채권으로 분류한 것이 공정 · 형평 또는 평등의 원칙에 반한다고 볼 수도 없다.

3. 관련판례

(1) 대법원 1996.7.30. 선고 95다7932 판결

장래의 채권도 양도 당시 기본적 채권관계가 어느 정도 확정되어 있어 그 권리의 특정이 가능하고 가까운 장래에 발생할 것임이 상당 정도 기대되는 경우에는 이를

양도할 수 있다.

(2) 대법원 1996.2.9. 선고 95다49325 판결

채권의 성질 또는 당사자의 의사표시에 의하여 양도가 제한되어 있어서 그 양도에 채무자의 동의를 얻어야 하는 경우에는, 통상의 채권양도와 달리 양도인의 채무자에 대한 통지만으로는 채무자에 대한 대항력이 생기지 않으며 반드시 채무자의 동의를 얻어야 대항력이 생긴다.

Ⅱ. 결정의 평석

1. 의의 및 종류

(1) 채권매입업의 의의

채권매입업(factoring)은 채권매입업자(factor)가 영업채권을 매입하는 형태로 채권매입계약의 채무자(client)에게 금융을 제공하고, 양도받은 영업채권을 추심하여 자금을 회수하는 형태의 영업을 말한다.

채권매입업에 대해서는 다양한 정의가 있지만,[1] 상법 제46조 제21호는 "영업상의 채권의 매입·회수 등에 관한 행위"를 기본적 상행위로 규정하고, 상법 제168조의11(의의)은 "… 영업채권을 매입하여 회수하는 것을 영업으로 하는 자를 채권매입업자라 한다"고 규정함으로써, 영업채권의 매입과 회수의 2가지 기능을 위주로 채권매입업을 정의하고 있다.

(2) 채권매입거래의 종류

채권매입거래는 여러 가지로 분류할 수 있으나 가장 중요한 것은 진정채권매입거래와 부진정채권매입거래의 구분이다. "진정채권매입거래(non-recourse factoring)"는 영업채권의 채무자가 파산이나 무자력에 빠지는 경우에 채권매입업자가 그 위험을 부담하며 채권매입계약의 채무자(client)에게 상환을 청구할 수 없는 방식이다. "부진정채권매입거래(recourse factoring)"는 영업채권의 채무자가 파산이나 무자력에 빠지는 경우에 채권매입계약의 채무자(client)에게 상환을 청구할 수 있는 방식이다. 진정

1) 일반적으로 영업채권 매입, 장부기장 및 관리, 영업채권 회수, 신용위험부담 기능의 4개 요소 가운데 2가지 이상이 충족되면 채권매입거래로 보는 경우가 많다(UNIDROIT 국제팩토링협약 제1조 제2항).

채권매입거래인지 부진정채권매입거래인지는 당사자간의 약정에 따를 것이지만, 약정이 없는 경우에는 부진정채권매입거래로 간주된다(상법 제168조의12 본문).

2. 채권매입거래의 법적 성질

채권매입거래는 크게 채권매입계약과 채권매입계약에 기초한 영업채권 양도행위로 구분할 수 있는데 그 성질을 어떻게 볼 것인지 문제된다.

(1) 채권매입계약의 법적 성질

채권매입계약의 법적 성질과 관련해서는 업무관리계약설, 병합설 등이 있으나, 채권매입거래는 매매, 소비대차, 업무관리 등의 요소들이 기능적 · 체계적으로 결합되어 있는 혼합계약이자 비전형계약에 해당한다고 볼 것이다. 다만, 구체적인 사안에서는 해당 채권매입거래의 내용에 따라 매매, 소비대차 등에 관한 개별적인 법규가 적용될 것이다.

(2) 영업채권양도의 법적 성질

채권매입계약에 기초해서 이루어지는 영업채권양도의 법적 성질을 어떻게 볼 것인가? 이 논의는 특히 이 사건에서처럼, 채권매입계약의 채무자, 영업채권의 채무자 등이 파산하거나 무자력인 경우에 그 결과에 차이를 가져오기 때문에 중요하다. 영업채권의 양도를 매매로 볼 것인지, 소비대차로 볼 것인지에 따라서 파산절차에서 취급이 달라질 수 있기 때문이다.

사견으로는 진정채권매입거래는 매매, 부진정채권매입거래는 소비대차로 보는 것이 타당하다고 생각한다. 다만 이러한 입장을 취하는 경우에도 진정채권매입거래는 매매, 부진정채권매입거래는 소비대차로 '확정적으로' 간주하는 것은 곤란하다. 실제 채권담보금융거래에서는 제3채무자의 신용도, 선급금의 지급 여부와 지급비율, 채권매입계약의 채무자가 별도로 담보를 제공하였는지의 여부, 양도대상 영업채권의 범위, 채권양도통지의 여부, 할인율 등에서 차이가 있으며, 매매 또는 소비대차의 어느 규정을 준용하여야 할 것인지는 해당 거래의 내용을 면밀히 검토한 후 결정하는 것이 타당하기 때문이다. 예를 들어, 상환청구권이 유보되는 부진정채권매입거래는 소비대차로 취급될 가능성이 높지만, 할인율 등 제반 정황을 고려할 때 거래당사자가 매매의 의사를 가지고 영업채권을 양도한 징표가 강하게 나타난다면 매매로 간주될 수도 있을 것이다.

3. 대상판결의 검토

상법상 채권매입업에 관한 2개의 규정은 2010년 5월 14일 상법개정에서 신설되었으나, 아직까지 이 조항을 직접 다루고 있는 대법원 판례는 없는 것으로 보인다. 대상판결은 법원이 인가한 Y회사의 회사정리계획에서 X파이낸스의 팩토링채권을 '금융기관의 정리채권'으로 분류하는 것이 타당한 것인지를 다루고 있으나, 채권매입거래에서 발생할 수 있는 다양한 법적 쟁점들이 포함되어 있다.

먼저 위의 사례는 채권매입거래에 해당하는가? 상법은 채권매입업자의 자격에 대해서 특별한 제한을 두고 있지 않다(상법 제168조의11 내지 12). 따라서 X파이낸스가 영업채권을 매수하여 회수하는 것을 영업으로 한다면 채권매입업자에 해당하고 상법상 채권매입업 규정이 적용된다고 볼 것이다.

X파이낸스가 A회사를 상대로 상환을 청구할 수 있는가? 상법은 영업채권의 채무자가 파산이나 무자력에 빠진 경우에, 채권매입업자는 채권매입계약의 채무자에게 그 상환을 청구할 수 있도록 규정하고 있다(상법 제168조의12 본문). 즉, 우리 상법은 부진정채권매입거래를 원칙으로 규정하고 있다. 따라서 X파이낸스는 A회사를 상대로 하여서도 상환을 청구할 수 있다. 다만, 당사자들이 채권매입계약에서 달리 규정하였다면 그에 따를 것이다(상법 제168조의12 단서).

양도대상인 영업채권의 범위도 문제가 된다. 사견으로는 약속어음채권을 비롯한 지시채권은 그 속성상 채권매입거래의 양도대상에서 배제하는 것이 타당하다고 생각한다.[2] 다만, 위의 사례에서는 A회사가 Y회사로부터 받은 약속어음을 X파이낸스에게 양도하였다고 하더라도, 그 약속어음은 채무의 지급을 위하여 혹은 지급을 담보하기 위하여 교부한 것이고, 이와는 별도로 물품대금채권도 양도된 것으로 보이므로 이러한 물품채권이 양도대상인 영업채권이 될 것이다.

(김홍기)

2) 어음·수표 등 지시채권을 양도대상에 포함시킬 경우에는, 원인채권과 이를 담보하기 위한 어음채권 등 사실상 동일한 채권이 배서나 교부 등을 통하여 이중양도될 위험성이 크고, 채권양도등기제도를 이용한 채권양도방식과 그 우선권이 문제될 가능성이 높다. 따라서 지시채권은 양도대상 영업채권에서 제외하는 것이 타당하다.

제2편

회 사 법

1

1인 회사

대법원 1993.6.11. 선고 93다8702 판결

Ⅰ. 판결개요

1. 사실관계

피고 Y주식회사는 설립당시 자본금은 1억원으로서 주당 액면금 10,000원씩 총 10,000주를 발행하되 모집설립 형식을 취하여 발기인으로 가족과 지인의 명의를 빌려서 주식을 인수하고 그 대금을 납입하였으나, 사실상 甲이 그 주식 전부를 소유하고 있는 이른바 1인 회사이다. 甲은 친구인 X로 하여금 피고 Y회사의 대표이사직에 취임하게 한 후 甲 자신이 대표이사 직인을 보관·사용하면서 Y회사의 업무를 혼자 관장하여 왔다. 1989년 12월 20일 피고 회사의 이사회가 실제로 적법한 소집절차를 거쳐 개최된 바 없음에도 불구하고 X를 포함한 피고 회사의 이사들 전원과 소외 乙이 함께 참석한 자리에서 X가 대표이사 겸 이사직을 사임하고 乙을 후임이사로 선임하며 甲을 후임 대표이사로 선임하기로 하는 내용의 구두합의가 이루어지고, 이에 따라 甲을 대표이사로 선임결의하였다는 취지의 위 이사회 회의록을 작성하여 이로써 법인변경등기를 마쳤다. 또한 같은 날 상임이사로 乙을 선임하기 위한 임시주주총회나 甲을 대표이사로 선임하기 위한 임시이사회가 정관에 따른 소집절차를 거쳐 개최되지 않았음에도 불구하고 주주 대부분이 참석한 가운데 X의 사회 하에 무기명비밀투표에 의해 乙을 이사로 선임하는 결의가 성립되었다는 내용의 임시주주총회의사록을 작성케 한 다음 공증을 받아 그와 같이 변경등기를 마쳤다. 이에 원고 X는 위의 이사회가 적법한 절차를 거치지 않아서 무효이며, 주주총회 역시 적법한 절차가 결여된 것을 이유로 결의무효확인의 소를 제기하였다.

2. 판결요지

주식회사에서 총 주식을 한 사람이 소유하고 있는 1인 회사의 경우에는 그 주주가 유일한 주주로서 주주총회에 출석하면 전원 총회로서 성립하고 그 주주의 의사대로 결의될 것임이 명백하므로 따로이 총회소집절차가 필요없다 할 것이고, 실제로 총회를 개최한 사실이 없다 하더라도 1인 주주에 의하여 의결이 있었던 것으로 주주총회 의사록이 작성되었다면 특별한 사정이 없는 한 그 내용의 결의가 있었던 것으로 볼 수 있어 형식적인 사유에 의하여 결의가 없었던 것으로 다툴 수는 없다. 그리고 주주총회결의무효확인의 소는 그 결의의 내용이 법령이나 정관에 위배된 경우에 한하여 허용되는 것이지 주주총회가 적법한 소집절차를 결한 것이라는 이유로는 그 총회결의가 무효임을 주장할 수 없다.

3. 관련판례

(1) 대법원 2007.2.22. 선고 2005다73020 판결

주식의 소유가 실질적으로 분산되어 있는 경우에는 상법상의 원칙으로 돌아가 실제의 소집절차와 결의절차를 거치지 아니한 채 주주총회의 결의가 있었던 것처럼 주주총회 의사록을 허위로 작성한 것이라면 설사 1인이 총 주식의 대다수를 가지고 있고 그 지배주주에 의하여 의결이 있었던 것으로 주주총회의사록이 작성되어 있다 하더라도 도저히 그 결의가 존재한다고 볼 수 없을 정도로 중대한 하자가 있는 때에 해당하여 그 주주총회의 결의는 부존재한다고 보아야 한다.

(2) 대법원 2004.12.10. 선고 2004다25123 판결

주식회사에 있어서 회사가 설립된 이후 총 주식을 한 사람이 소유하게 된 이른바 1인 회사의 경우에는 그 주주가 유일한 주주로서 주주총회에 출석하면 전원 총회로서 성립하고 그 주주의 의사대로 결의가 될 것임이 명백하므로 따로 총회소집절차가 필요 없고, 실제로 총회를 개최한 사실이 없었다 하더라도 그 1인 주주에 의하여 의결이 있었던 것으로 주주총회의사록이 작성되었다면 특별한 사정이 없는 한 그 내용의 결의가 있었던 것으로 볼 수 있고, 이는 실질적으로 1인 회사인 주식회사의 주주총회의 경우도 마찬가지이며, 그 주주총회의사록이 작성되지 아니한 경우라도 증거에 의하여 주주총회결의가 있었던 것으로 볼 수 있다.

(3) 대법원 2007.6.1. 선고 2005도5772 판결

이른바 1인 회사에 있어서도 행위의 주체와 그 본인은 분명히 별개의 인격이며 1인 회사의 주주가 회사 자금을 불법영득의 의사로 사용하였다면 횡령죄가 성립하고, 불법영득의 의사로써 업무상 보관 중인 회사의 금전을 횡령하여 범죄가 성립한 이상 회사에 대하여 별도의 가수금채권을 가지고 있다는 사정만으로 금전을 사용할 당시 이미 성립한 업무상횡령죄에 무슨 영향이 있는 것은 아니다

(4) 대법원 1983.12.13. 선고 83도2330 전원합의체 판결

배임죄의 주체는 타인을 위하여 사무를 처리하는 자이며, 그의 임무위반 행위로써 그 타인인 본인에게 재산상의 손해를 발생케 하였을 때 이 죄가 성립되는 것인즉, 소위 1인 회사에 있어서도 행위의 주체와 그 본인은 분명히 별개의 인격이며, 그 본인인 주식회사에 재산상 손해가 발생하였을 때 배임죄는 기수가 되는 것이므로 궁극적으로 그 손해가 주주의 손해가 된다 하더라도 이미 성립한 죄에는 아무 소장이 없다.

(5) 대법원 1992.9.14. 선고 92도1564 판결

이른바 1인 회사에 있어서 1인 주주의 의사는 바로 주주총회나 이사회의 의사와 같은 것이어서 가사 주주총회나 이사회의 결의나 그에 의한 임원변경등기가 불법하게 되었다 하더라도 그것이 1인 주주의 의사에 합치되는 이상 이를 가리켜 의사록을 위조하거나 부실의 등기를 한 것이라고는 볼 수 없다 하겠으나, 한편 임원의 사임서나 이에 따른 이사사임등기는 위와 같은 주주총회나 이사회의 결의 또는 1인 주주의 의사와는 무관하고 오로지 당해 임원의 의사에 따라야 하는 것이므로 당해 임원의 의사에 기하지 아니한 사임서의 작성이나 이에 기한 등기부의 기재를 하였다면 이는 사문서위조 및 공정증서원본부실기재의 죄책을 면할 수 없다.

Ⅱ. 판결의 평석

1. 1인 회사의 의의 및 인정 여부

(1) 1인 회사의 개념

일반적으로 1인 회사(one man company)라 함은 구성원(사원)이 1인뿐인 회사를 말한다. 그동안 전형적인 1인 회사는 형식상으로 법인기업이지만 실질적으로는 구성

원이 1인밖에 없는 개인기업으로 정의되었다. 즉, 대법원은 대상판결과 같이 형식적으로 명의상 복수의 주주가 존재하지만 실질은 1인이 모든 주식을 소유하는 회사도 사실상의 1인 회사로 판단한 바 있다.[1)]

2017년 주주의 실질적인 권리관계를 불문하고 주주명부의 기재에 따라 주주권을 행사할 자를 획일적으로 정한다는 취지의 전원합의체 판결[2)]이 있기는 하지만 대법원은 실질적인 1인 주주의 지배력에 바탕을 둔 사실상 1인 회사의 법리를 포기하지 않았음을 시사하는 판례[3)]도 있다.

(2) 1인 회사의 인정 여부

상법(회사편)상의 회사라 함은 상행위나 그 밖의 영리를 목적으로 설립한 법인을 말한다(상법 제169조). 회사는 영리를 목적으로 하며, 법인이라는 특성을 갖고 있고, 비록 상법 조문이 언급하지는 않지만 사단으로서의 성격도 함께 구비하고 있어 법률적으로 회사는 영리성, 사단성 및 법인성을 가진 영리사단법인이라 할 수 있다.

사단(社團)은 공동의 목적을 가진 다수의 자연인이 결성한 결합체를 의미한다. 사단은 복수의 사람이 단체를 형성하고 그 단체 자신이 독립된 기업주체가 된다. 1인 회사의 경우 회사가 복수의 자연인으로 구성되지 않는다는 점에서 사단성을 결여한다. 이 때문에 1인 회사의 법적 인정 여부에 관하여 견해가 나누어져 있다.

우선 1인 회사는 1인 회사를 악용하는 폐해가 1인 회사를 인정하는 실익보다 크다고 보아 1인 회사를 인정할 수 없다는 견해가 있다. 즉, 개인이 유한책임제도와 세법상의 이익을 누리기 위하여 회사제도를 악용하는 것을 방지하기 위한 차원에서 1인 회사의 설립은 억제되어야 한다는 것이다. 게다가 상법은 주주총회에서의 의결권의 행사 기타에 관하여 단독주주를 전제로 하는 특별규정을 두지 않고 있다는 점에 비추어 볼 때 더 더욱이 1인 회사를 인정할 수 없다는 입장이다.

반대로 다음과 같은 이유에서 1인 회사를 인정하여야 한다는 견해가 있다. 첫째 2012년 시행 개정상법 부터 회사의 의의로서 더 이상 사단성을 요구하고 있지 않으며(상법 제169조 참조), 둘째 상법이 발기인의 수에 관한 요건을 규정하지 않고 있어 설립시부터 1인 회사가 가능하며(상법 제288조), 셋째 주식회사는 물적회사이기 때문에 인적구성원이 그 기초가 아니며, 넷째 1인 회사에서도 그 1인이 주식을 양도함으

1) 대법원은 어느 사람이 다른 사람의 명의를 빌려 주주로 등재하였으나 총 주식을 실질적으로 그 한 사람이 모두 소유한 경우는 1인 회사로 본 적이 있다(대법원 1993.6.11. 선고 93다8702 판결).

2) 대법원 2017.3.23. 선고 2015다248342 전원합의체 판결.

3) 대법원 2018.4.12. 선고 2013도6962 판결.

로써 사원이 복수로 될 수 있으며, 다섯째 지주회사의 경우처럼 모회사가 자회사의 모든 주식을 보유하는 것을 인정할 필요가 있다는 점[4]에서 1인 회사를 인정하자는 견해이다. 대법원의 판례는 일찍부터 1인 회사를 인정하여 오고 있는데, 그 인정의 근거로서 1인 주주의 의사대로 회사가 결의 및 운영되리라는 것을 쉽게 예상할 수 있다는 점을 들고 있다.[5]

이상과 같이 1인 회사의 인정 여부에 관하여 부정설은 역사적인 의미만 있을 뿐 긍정설이 통설이며 판례도 마찬가지이다. 생각건대, 상법이 발기인의 수를 명문으로 규정하지 않는 것은 1인 회사의 설립을 허용하는 법적 근거가 된다는 점과 주식양도의 자유로 인하여 1인 회사가 항시 복수의 구성원을 가질 수 있는 잠재성을 띠고 있다는 점 및 세계 각국의 통설과 판례가 1인 회사를 인정하고 있다는 점에서 긍정설이 타당하다. 2012년 시행 개정상법에서 이러한 한국에서의 통설과 판례를 입법적으로 뒷받침하기 위하여 과감하게 주식회사의 사단성 요건을 삭제한 것으로 판단된다.

2. 1인 회사에서의 이사회와 주주총회의 운영

(1) 이사회의 소집 및 결의의 효력

이사회의 결의로써 특정한 이사를 이사회의 소집권자로 정한 경우 외에는 각 이사는 이사회를 소집할 수 있다(상법 제390조 제1항). 소집권자로 지정되지 않은 다른 이사는 소집권자인 이사에게 이사회 소집을 요구할 수 있다. 소집권자인 이사가 정당한 이유 없이 이사회 소집을 거절하는 경우에는 다른 이사가 이사회를 소집할 수 있다(상법 제390조 제2항). 이사회를 소집함에는 회일을 정하고 이사와 감사에게 이사회에 출석할 기회와 준비시간을 부여하기 위하여 그 1주간 전에 각 이사 및 감사에 대하여 통지를 발송하여야 한다(상법 제390조 제3항). 소집된 이사회에서는 이사 과반수의 출석과 출석이사의 과반수에 의하여 의결하여야 한다(상법 제391조 제1항).

발행주식의 액면총액이 10억원 미만인 소규모 주식회사에는 이사정원을 1인 또는 2인으로 할 수 있도록 하였으며(상법 제383조 제1항 단서), 그 경우에는 상법상의 이사회는 존재하지 않는다(상법 제383조 제4항, 제5항, 제6항). 소규모 주식회사 이외 경우에는 이사회의 소집과 결의는 상법에 따라서 이루어져야 한다.

복수의 이사로 구성된 이사회의 경우 아래에서 살펴보는 주주총회의 경우와 마찬

4) 완전모회사는 법률적으로 자회사의 주주가 1인밖에 없는 만큼 1인 회사에 해당한다. 완전모회사의 성의는 상법 제360조의2 제1항에서 찾아볼 수 있다.

5) 대법원 2004.12.10. 선고 2004다25123 판결; 대법원 2006.6.16. 선고 2004도7585 판결 참조.

가지로 이사회의 소집절차가 없더라도 이사 전원이 출석하였다면 '소집절차의 결여' 라는 흠결은 사후적으로 치유되었다고 풀이할 수 있는지가 문제된다. 현행 상법은 회의전에 이사와 감사의 전원의 명시적 혹은 묵시적 동의가 있으면 소집절차를 생략할 수 있다고 규정하고 있다(상법 제390조 제4항). 대상판결에서는 이사 전원만이 출석하였을 뿐 감사의 출석 여부는 분명하게 언급되지 않았다.[6] 만약에 감사까지 출석하여 이루어진 이른바 전원출석회의의 경우에는 소집절차를 문제로 삼을 수 없지만 감사가 불출석한 상황이라면 위의 판례에서의 사안은 주식회사의 기관분화를 무시한 채 이루어진 잘못된 판결로 이해될 여지가 있다. 그러나 1인 회사의 경우 이사 전원뿐만 아니라 감사마저도 그 1인 주주가 선임하게 되므로 이사와 감사간의 기관분화는 사실상 그 의미가 없다. 말하자면, 설령 이사회의 소집을 상법에 따라 정식적인 절차를 밟지도 않고 감사가 출석하지 않은 채 이사 전원으로 이사회를 개최한다고 하더라도 1인 회사의 경우에는 절차적 보호가 필요한 다른 주주가 존재하지 않으므로 사안에서의 이사회가 유효하게 개최되었다고 판단한 위의 판례는 타당하다.

(2) 1인 주주가 임의로 작성한 의사록과 주주총회결의의 효력

대법원 판례는 주주총회의 소집절차를 생략하더라도 주주 전원이 출석하여 만장일치로 이루어진 전원출석총회의 효력을 인정하고 있다.[7] 상법은 주주의 이익을 보호하기 위하여 주주총회의 소집절차를 엄격하게 정하고 있기는 하지만[8] 주주전원이 주주총회의 개최에 동의한다면 굳이 절차상의 흠결이 문제될 수 없다는 입장이다. 같은 맥락에서 설령 주주총회소집절차가 결여된 경우에도 1인 주주가 참석하여 총회개최에 동의하고 이의없이 결의하였다면 이는 전원출석총회로서 유효한 것으로 된다.

주주총회를 현실적으로 개최하지 않은 채 1인 주주가 주주총회의 결의가 있은 것처럼 의사록을 꾸몄을 때에 이를 전원출석총회와 동일하게 그 효력을 인정하여야 할지에 관해서는 의견이 나누어진다. 먼저 1인 회사의 경우에는 상법상 주주총회소집과 운영에 관한 절차규정을 완화하여 적용하자는 견해가 있다. 말하자면, 어차피 1인 주주가 출석하면 전원출석회의가 성립되고 결의도 1인 주주의 의사대로 이루어질 것

---

6) 본 사건이 제기된 당시의 상법 규정에 따르면 감사를 선임하는 방법은 다음과 같았다. 당시 상법 제368조 제1항은 "총회의 결의는 본법 또는 정관에 다른 정함이 있는 경우 외에는 발행주식의 총수의 과반수에 해당하는 주식을 가진 주주의 출석으로 그 의결권의 과반수로써 하여야 한다"고 규정하였으며, 제409조 제2항은 "의결권 없는 주식을 제외한 발행주식의 총수의 100분의 3을 초과하는 수의 주식을 가진 주주는 그 초과하는 주식에 관하여 제1항의 감사의 선임에 있어서는 의결권을 행사하지 못한다"고 명정하고 있었다.

7) 대법원 1979.6.26. 선고 78다194 판결.

8) 대법원 1966.9.20. 선고 66다1187,1188 판결.

이므로 그러한 결의는 유효하지만 상법 제373조에 따라 의사록은 작성하여야 한다는 것이다. 이는 1인 주주가 그 결의를 제3자에 대하여 주장하기 위하여서는 주주총회 자체는 생략하더라도 의사록은 작성하여야 하기 때문이다. 한편 주식회사의 기관이 분화되어 이사회와 대표이사가 회사의 업무집행을 담당하고 있으므로 1인 주주라 하더라도 이사회의 동의 없이 일방적으로 의사록을 작성하여 주주총회의 결의가 있는 것처럼 꾸미는 것은 신의칙에 어긋나는 반사회질서의 행위이므로 이를 수용할 수 없다는 견해도 있다.

3. 1인 회사에서의 배임죄 · 횡령죄 성립 가부

대법원 판례에 따르면 1인 회사의 경우라 하더라도 1인 주주와 회사는 별개의 것이므로 1인 주주가 임무에 위배하여 회사에 손해를 가한 경우에는 배임죄 또는 횡령죄가 성립한다. 대법원은 그 근거에 관해서는 분명하게 판시하고 있지는 않지만 아마도 채권자의 이익을 해하기 때문으로 보는 듯하다.[9)]

4. 대상판결의 검토

1인 회사에는 현실적으로 주주와 회사의 이해관계가 일치하므로 상법상의 규정을 완화하여 적용하는 것을 고려할 수 있다. 대법원도 이와 같은 맥락에서 주식의 일부라도 분산이 되어 있는 경우에는 1인 회사의 법리를 수용하지 않고 있는 것이다.[10)] 대상판결은 1인 주주가 회사의 기관으로서 의사결정을 하고 의사록을 작성하여 이를 객관화한 경우에 한하여 주주총회의 결의가 있었던 것으로 보고 있다. 1인 회사의 경우에는 절차적인 보호가 필요한 다른 주주가 존재하지 않는다는 점을 감안한다면 주주총회의 소집절차에 관련된 하자가 치유된다는 논리에 대해 쉽게 수긍할 수 있다. 이 때문에 그 소집절차상의 하자를 이유로 주주총회결의를 다투는 것은 허용될 수 없다.

(권재열)

9) 대법원 2005.10.28. 선고 2005도4915 판결.
10) 대법원 2007.2.22. 선고 2005다73020 판결.

2

사실상 1인 회사에서 이사의 보수에 관한 주주총회결의 흠결이 치유되는지 여부

대법원 2020.6.4. 선고 2016다241515,241522 판결

Ⅰ. 판결개요

1. 사실관계

이 사안은 원고 회사(롯데하이마트 주식회사)가 종래 원고 회사의 대표이사로 재직했던 피고를 상대로 하여, 2008. 2.부터 2011. 4.까지 피고에게 과다지급된 보수 182억 6천만 원 상당의 부당이득을 반환하여 줄 것으로 청구한 사건이다.[1)]

2008. 2. 25.경 당시 대표이사였던 피고는 이사회결의 등의 적법한 절차를 거치지 아니한 채 피고의 기초연봉을 48억 원 증액하라고 지시하여 월 보수 5억 6,000만 원을 지급받은 것을 비롯하여 아래 표와 같이 2008. 2. 25.경부터 2011. 4.경까지 적정 보수액보다 182억 6,000만 원을 과다하게 수령하였다.[2)]

기 간	급여 증액	인센티브 증액	증액 합계
2008. 2.~12.	4,400,000,000원	780,000,000원	5,180,000,000원
2009.	4,800,000,000원	750,000,000원	5,550,000,000원
2010.	4,800,000,000원	1,290,000,000원	6,090,000,000원
2011. 1.~4.	1,440,000,000원		1,440,000,000원
합 계	15,440,000,000원	2,820,000,000원	18,260,000,000원

2008. 2.부터 2011. 4.까지 사이에 대표이사로서 최고경영책임임원에 해당하는 피

1) 원고 회사는 피고에게 과다지급된 보수액 상당의 부당이득반환청구를 하면서 선택적 병합관계로서 상법 제399조 제1항에 근거한 손해배상 또는 민법 제750조에 기한 손해배상을 청구하였다. 이하 이 건의 주요 쟁점인 보수액 상당의 반환 청구를 중점적으로 검토한다.

2) 피고는 원래 원고 회사의 대표이사로서 2008. 1.경까지는 연간 약 19억 2,000만 원의 보수를 받았다.

고의 구체적인 보수 액수에 관하여는 원고 회사 이사회의 결의가 없었고 원고 회사 주주총회의 결의도 없었다.

원고 회사의 정관 제31조의2에 의하면 회사 최고경영책임임원의 보수의 결정은 이사회결의를 요한다고 정하고 있었고 제34조에 의하면 이사의 보수는 주주총회에서 정하는 것으로 되어 있었는데, 2010. 12. 28.자 정관 개정 및 시행에 따라 제31조의2는 삭제되었다.

한편 2008. 2.경부터 2011. 4.경까지 원고 회사의 주주구성은 다음과 같다.

(1) 2008년 원고 회사는 1인 주주(유진하이마트홀딩스 주식회사[3]; 이하 '유진하이마트홀딩스')체제였다. 1인 주주인 유진하이마트홀딩스의 주식은 유진기업 주식회사(이하 '유진기업'), 그 계열회사 및 피고가 전부를 보유하고 있었다. 유진기업의 주식은 그 대표이사였던 소외인과 그 가족들이 과반수를 보유하고 있었다.

(2) 2009년에는 유진기업과 피고가 원고 회사의 주식 전부를 보유하고 있었고,[4] 유진기업의 주식은 대표이사인 소외인과 그 가족들이 과반수를 보유하고 있었다.

(3) 2010년에는 유진기업과 피고가 원고 회사의 의결권 있는 주식 중 약 80%를 보유하고 있었고, 유진기업의 주식은 대표이사인 소외인과 그 가족들이 과반수를 보유하고 있었다.

(4) 2011년에는 유진기업과 피고가 원고 회사의 의결권 있는 주식 중 약 60%를 실질적으로 보유하고 있었다.

2. 판결요지

원심은, 피고가 원고 회사로부터 ① 2011. 1.부터 2011. 4.까지 지급받은 보수 중 증액된 부분에 대해서는 법률상 원인 없이 얻은 이익에 해당한다고 판단하였으나, ② 2008. 2.부터 2010.까지 지급받은 보수 중 증액된 부분은 적법하다고 인정하였다.

이 중 ② 부분에 대한 판단 근거로는, 원고 회사의 주주총회에서 이사의 보수 한도액을 정하는 결의가 이루어졌을 뿐 그 구체적인 보수액을 정한 바는 없지만, 그 한도 내에서 개별 이사에 대한 보수액이 결정되어 지급되었고, 정관 변경을 할 수 있는

3) 이는 유진기업이 하이마트 인수를 위해 2007년경 설립한 특수목적법인이다. 유진기업은 유럽계 사모펀드 '어피니티(Affinity Equity Partners)'가 2005년경 설립한 네덜란드법인 '코리아 CE홀딩스'로부터 2008. 1.경 하이마트 지분 100%를 1조 9,500억 원에 인수하였다. 홍준표, "하이마트 선종구 전 회장 자녀들, '1,376억 증여세' 소송 최종 승소", 한국경제신문 2018년 5월 8일자 기사 참조: https://www.hankyung.com/news/article/2018050882363

4) 유진하이마트홀딩스는 2008. 6. 2. 원고 회사에 흡수합병되었다.

지분율(의결권 있는 주식의 3분의 2 이상)을 가진 주주가 승인하였다면 특별한 사정이 없는 한 주주총회에서 그 보수액을 지급하기로 하는 결의가 이루어질 것이 명백하여 주주총회의 결의가 있는 것과 다름없다고 평가할 수 있다는 점을 들었다(따라서 원고 회사에 대한 유진기업 및 피고가 보유한 지분율이 의결권 있는 주식의 3분의 2(약 66.7%)에 미달한 시점인 2011년의 증액된 부분에 대해서만 무효라고 보았다).

그러나 대법원은 원심을 파기환송하면서 다음과 같이 판시하였다.

먼저 상법상 기관간 권한배분에 대한 일반론으로서, 상법 제388조가 이사가 자신의 보수와 관련하여 개인적 이익을 도모하는 폐해를 방지하여 회사와 주주 및 회사채권자의 이익을 보호하기 위한 강행규정임을 명시하였다. 또 주주총회결의 사항은 반드시 주주총회가 정해야 하고 정관이나 주주총회의 결의에 의하더라도 이를 다른 기관이나 제3자에게 위임하지 못한다(대법원 2017.3.23. 선고 2016다251215 전원합의체 판결 참조)고 언급하고 있다.

따라서 정관 또는 주주총회에서 임원의 보수 총액 내지 한도액만을 정하고 개별 이사에 대한 지급액 등 구체적인 사항을 이사회에 위임하는 것은 가능하지만, 이사의 보수에 관한 사항을 이사회에 포괄적으로 위임하는 것은 허용되지 아니한다. 그리고 주주총회에서 이사의 보수에 관한 구체적 사항을 이사회에 위임한 경우에도 이를 주주총회에서 직접 정하는 것도 상법이 규정한 권한의 범위에 속하는 것으로서 가능하다고 판시하였다.

그리고 원심과 달리 주주총회의 의결정족수를 충족하는 주식을 가진 주주들의 동의 또는 승인한 사정만으로는 주주총회의 결의와 동등한 효과를 인정할 수 없다고 보면서 다음과 같이 판시하였다:

"1인 회사의 경우에는 그 주주가 유일한 주주로서 주주총회에 출석하면 전원 총회로서 성립하고 그 주주의 의사대로 결의가 될 것이 명백하다. 이러한 이유로 주주총회 소집절차에 하자가 있거나 주주총회의사록이 작성되지 않았더라도, 1인 주주의 의사가 주주총회의 결의내용과 일치한다면 증거에 의하여 그러한 내용의 결의가 있었던 것으로 볼 수 있다(대법원 1976.4.13. 선고 74다1755 판결 등 참조). 그러나 이는 주주가 1인인 1인 회사에 한하여 가능한 법리이다. 1인 회사가 아닌 주식회사에서는 특별한 사정이 없는 한, 주주총회의 의결정족수를 충족하는 주식을 가진 주주들이 동의하거나 승인하였다는 사정만으로 주주총회에서 그러한 내용의 결의가 이루어질 것이 명백하다거나 또는 그러한 내용의 주주총회결의가 있었던 것과 마찬가지라고 볼 수는 없다."

이 사건의 경우 원고 회사의 정관은 2010. 12. 28. 개정되기 전까지 최고경영책임임원의 보수의 결정은 이사회결의를 요한다고 정하고 있었음에도 불구하고, 피고에게 종전보다 증액되어 지급될 구체적 보수의 액수에 관하여 이사회결의가 이루어진 바는 없다. 그뿐만 아니라, 피고가 증액된 보수를 수령한 위 기간 동안 원고 회사의 주주총회에서는 임원들 전부에게 지급될 연간 보수 총액의 한도만을 승인하였을 뿐 개별 이사의 구체적인 보수 지급에 관하여는 아무런 결의가 이루어지지 않는 등 주주총회에서 직접 개별 이사의 보수 액수를 정하였다고 볼 수도 없다. 소외인이 원고 회사의 대주주인 유진기업의 대표이사 또는 실질적 지배자로서 매년 피고의 보수를 결재·승인하여 원고가 그에 따른 보수를 피고에게 지급하여 왔다는 사정만으로는 이사의 보수에 관한 주주총회의 결의가 있었던 것과 마찬가지라고 볼 수도 없다.[5)]

3. 관련판례

대법원 2020.4.9. 선고 2018다290436 판결

갑 주식회사의 정관에 이사의 보수에 관하여 주주총회의 결의로 정하도록 규정하고 있는데, 갑 회사의 대표이사인 을이 주주총회의 결의 없이 갑 회사로부터 '특별성과급'이라는 명목으로 금원을 지급받은 사안에서, 을이 '특별성과급'이라는 명목으로 지급받은 금원은 직무수행에 대한 보상으로 지급된 보수에 해당하는데, 을이 특별성과급을 지급받을 때 주주총회의 결의 없이 갑 회사의 대주주의 의사결정만 있었다면, 주주총회를 개최하였더라도 결의가 이루어졌을 것이 예상된다는 사정만으로 결의가 있었던 것과 같게 볼 수 없고, 특별성과급 일부가 주주총회에서 정한 이사의 보수한도액 내에 있다는 사정만으로 그 부분의 지급을 유효하다고 볼 수도 없으므로, 을에게 지급된 특별성과급은 법률상 원인 없이 이루어진 부당이득에 해당한다(원심판단 수긍).

5) 대법원은, "2008. 3. 14.에 2008년의 이사 보수 총액을 정하는 원고의 주주총회가 개최될 당시 원고 회사의 주주는 유진하이마트홀딩스 1인이었는데, 유진하이마트홀딩스의 주주총회나 이사회에서 피고에게 지급될 개별 보수의 지급을 승인하였다거나 그러한 결의가 이루어졌다는 자료를 찾아볼 수 없고, 달리 유진하이마트홀딩스가 소외인의 1인 회사라고 볼 자료도 없다. 또한 2009. 3. 19.과 2010. 3. 18.에 당해 연도의 이사 보수를 정하는 원고의 주주총회가 개최될 당시 원고 회사가 소외인의 1인 회사라고 볼 자료가 없다"고 보았다.

Ⅱ. 판결의 평석

1. 쟁　　점

이 사건의 쟁점은 크게 2가지로 요약할 수 있다. (1) 정관 또는 주주총회에서 이사의 보수에 관한 사항을 이사회에 포괄적으로 위임하는 것이 허용되는지, (2) 이른바 1인 회사가 아닌 경우 주주총회 의결정족수를 충족하는 주식을 가진 주주들이 동의, 승인하였다는 사정만으로 주주총회결의의 존재를 인정할 수 있는지 여부이다.

2. 정관 또는 주주총회결의에 의한 이사의 보수 결정

(1) 상법 제388조의 법적 성격

회사와 이사의 관계는 위임이므로 무상이 원칙이다(상법 제382조 제2항; 민법 제686조 제1항). 그러나 실제로는 보수를 지급하는 것이 일반적이고, 상법은 이사 보수는 정관에 그 액을 정하지 아니한 때에는 주주총회의 결의로 이를 정한다고 규정한다(제388조). 이는 이사의 사익 도모의 폐해를 방지하여 회사와 주주 및 회사채권자의 이익을 보호하고자 하는 취지로서 상법 제388조는 강행규정으로 해석된다(통설 및 판례).

따라서 정관규정이나 주주총회결의에 근거하지 않은 보수약정은 원칙적으로 무효이다. 정관에서 이사의 보수에 관하여 주주총회의 결의로 정한다고 규정한 경우 그 금액·지급방법·지급시기 등에 관한 주주총회의 결의가 있었음을 인정할 증거가 없는 한 이사는 보수청구권을 행사할 수 없다.

(2) 이사의 보수의 범위

‘이사의 보수’에는 월급, 상여금 등 명칭을 불문하고 이사의 직무수행에 대한 보상으로 지급되는 대가가 모두 포함되고,[6] 회사가 성과급, 특별성과급 등의 명칭으로 경영성과에 따라 지급하는 금원이나 성과 달성을 위한 동기를 부여할 목적으로 지급하는 금원도 포함된다. 당해 연도의 성과에 비례하여 지급되는 단기성과급, 장기성과급에 속하는 스톡옵션도 모두 포함되며, 사택 등 현물지급도 직무집행의 대가라면 보수에 포함된다.[7]

---

6) 대법원 2012.3.29. 선고 2012다1993 판결; 대법원 2020.4.9. 선고 2018다290436 판결 등.

이사의 퇴직금도 보수에 속하므로 정관에 이사의 퇴직금액을 반드시 특정할 필요는 없지만 퇴직금의 결정을 이사회에 전면 위임하는 것은 허용되지 않는다. 또 이사가 퇴직금을 중간정산 형태로 지급받기 위해서 정관이나 주주총회결의로 중간정산에 관한 정함이 정해져 있어야 하므로 이러한 정함이 없다면 이사는 퇴직금 중간정산금을 청구할 수 없고 기지급된 중간정산금은 부당이득으로 반환해야 한다.[8)]

이사의 해임을 곤란하게 만들기 위하여 이사를 해임할 경우 퇴직위로금과 별도로 회사가 보상금을 지급하기로 하는 약정을 할 수 있다. 이를 해직보상금이라 하는데 대법원은 해직보상금에 대해서도 상법 제388조를 준용 또는 유추적용하여 정관규정이나 주주총회 결의를 요하고 있다.[9)]

3. 2017년 전원합의체 판결에 의한 사실상 1인 회사 법리의 수정

원심은 피고의 각 보수가 결정될 당시 원고 회사를 실질적으로 지배하던 소외인이 피고에 대한 보수결정과 지급을 승인하였고 이 사건에서 문제되는 시기의 원고 회사의 주주 구성을 고려하여 주주총회 특별결의에 필요한 의결정족수를 갖추었으므로 설령 피고의 구체적인 보수액에 대한 주주총회결의의 절차를 거치더라도 그 주주의 의사에 따라 의결이 이루어질 것이 명백한 경우라고 보았다.

그러나 대법원은 이사의 보수에 관한 상법 제388조의 강행규정성을 명확히 설시하면서 주주총회결의사항은 반드시 주주총회에서 정해야 하고 정관 또는 주주총회 결의에 의하더라도 다른 기관 등 제3자에게 위임하지 못한다는 법리를 재확인하였다.

또한 주식회사의 총 주식을 한 사람이 소유하는 이른바 '1인 회사'의 경우 1인 주

---

7) 김건식 · 노혁준 · 천경훈, 회사법, 제5판, 박영사, 2021, 471면.

8) 대법원 2019.7.4. 선고 2017다17436 판결.

9) 대법원 2006.11.23. 선고 2004다49570 판결(주식회사와 이사 사이에 체결된 고용계약에서 이사가 그 의사에 반하여 이사직에서 해임될 경우 퇴직위로금과는 별도로 일정한 금액의 해직보상금을 지급받기로 약정한 경우, 그 해직보상금은 형식상으로는 보수에 해당하지 않는다 하여도 보수와 함께 같은 고용계약의 내용에 포함되어 그 고용계약과 관련하여 지급되는 것일 뿐 아니라, 의사에 반하여 해임된 이사에 대하여 정당한 이유의 유무와 관계없이 지급하도록 되어 있어 이사에게 유리하도록 회사에 추가적인 의무를 부과하는 것인바, 보수에 해당하지 않는다는 이유로 주주총회결의를 요하지 않는다고 한다면, 이사들이 고용계약을 체결하는 과정에서 개인적인 이득을 취할 목적으로 과다한 해직보상금을 약정하는 것을 막을 수 없게 되어, 이사들의 고용계약과 관련하여 그 사익 도모의 폐해를 방지하여 회사와 주주의 이익을 보호하고자 하는 상법 제388조의 입법 취지가 잠탈되고, 나아가 해직보상금액이 특히 거액일 경우 회사의 자유로운 이사해임권 행사를 저해하는 기능을 하게 되어 이사선임기관인 주주총회의 권한을 사실상 제한함으로써 회사법이 규정하는 주주총회의 기능이 심히 왜곡되는 부당한 결과가 초래되므로, 이사의 보수에 관한 상법 제388조를 준용 내지 유추적용하여 이사는 해직보상금에 관하여도 정관에서 그 액을 정하지 않는 한 주주총회결의가 있어야만 회사에 대하여 이를 청구할 수 있다).

주의 의사가 확인되는 경우 주주총회결의의 하자가 치유될 수 있고, 이러한 논리를 사실상의 1인 회사에까지 확장시켜 왔으나,[10] 회사에 대한 관계에서 주주권 행사는 주주명부상 명의가 기재된 주주에게만 인정한 2017년 전원합의체 판결 이후 1인 회사를 판단함에 있어서는 주주명부상 명의로 기재된 주주를 기준으로 판단해야 할 것으로 보인다. 그러한 점에 비추어 볼 때 사실상 1인 회사 법리는 명의주주를 기준으로 하여 판단하는 방향으로 수정되었다고 볼 수 있다.

4. 판결의 의의

상법 제388조가 강행규정인 이상 이사의 보수에 관하여 정관 또는 주주총회결의에 의한 정함이 없는 경우 이사는 회사에 대해 보수청구권이 없다. 과거에는 주주총회가 묵시적으로 승인한 것으로 볼 여지가 있다고 보는 등 다소 유연하게 해석하고 있었으나, 최근 들어서는 명시적인 정관 또는 주주총회결의가 없는 경우 이사의 보수청구권을 부정하는 등 이사의 보수에 관하여 대법원은 엄격한 해석으로 선회하고 있다고 평가된다.[11]

여기서의 주주총회결의는 실제 이루어져야 하는 것이 원칙이며, 특별결의에 필요한 의결정족수를 가진 지배주주라 하더라도 그 지배주주의 의사만으로 주주총회결의를 대체할 수는 없다. 대법원이 이 사건 원심과 달리 주주총회 의결정족수를 충족하는 주주들이 동의하였거나 승인하였다는 사정만으로 주주총회결의가 있었던 것과 마찬가지로 볼 수 없다고 판시한 것도 바로 이 점을 나타낸 것이다.

다만 이른바 1인 회사의 경우라면 주주총회 소집절차가 하자가 있거나 주주총회 의사록이 작성되지 않았더라도 1인 주주의 의사만으로 그러한 내용의 주주총회결의가 있었던 것으로 볼 수 있다는 종래의 법리를 재확인한 판결이다.

(김태진)

10) 대법원 1992.6.23. 선고 91다19500 판결; 대법원 2006.3.10. 선고 2015다247103 판결 등.

11) 송옥렬, 상법강의, 제11판, 홍문사, 2021, 1000면; 대법원 2004.12.10. 선고 2004다25123 판결; 대법원 2014.5.29. 선고 2012다98720 판결 등.

3 법인격남용

대법원 2019.12.13. 선고 2017다271643 판결

Ⅰ. 판결개요

1. 사실관계

원고[1]들은 A가 실질적으로 운영하는 갑 주식회사로부터 건물 신축공사의 도급 또는 하도급을 받아 공사를 모두 시행하였으나 공사대금을 지급받지 못하였다.

이 사건 건물 신축공사의 도급 또는 하도급계약 체결 당시 건물의 건축주는 갑 회사였으나, 갑 회사의 채권자인 B회사로 건축주 명의가 이전되었다가 다시 피고 회사로 변경되었다. 피고 회사는 A가 실질적으로 설립·운영하는 별도의 회사로서, 설립 이후 재산세, 법인세 등 납부내역은 전혀 없었다. 한편 갑 회사는 이 사건 건물의 건축주 지위 이외에는 별다른 자산이 없었다.

이에 원고들은 회사제도 남용의 법리에 따라 피고 회사를 상대로 공사대금 또는 하도급대금의 지급을 구한 사안으로서, 갑 회사의 실질적 운영자인 A가 갑 회사의 원고들에 대한 공사대금 지급채무 또는 하도급대금 지급채무를 면탈할 의도로 기업의 형태, 내용이 실질적으로 동일한 피고 회사를 설립한 다음 이 사건 건물의 건축주 명의를 피고 회사로 변경한 것이므로, 피고 회사가 갑 회사와 별개 법인임을 내세워 원고들에 대한 채무를 부정하는 것은 신의칙에 반한다고 주장하였다.

2. 판결요지

원심은 A가 갑 회사와 피고 회사를 모두 사실상 지배하고 있었던 사정은 인정되나, A가 사실상 지배하였던 회사가 아닌 B 회사가 갑 회사로부터 차용금을 변제받지

---

1) 갑 주식회사가 을에게 건물신축공사를 도급하였고 을은 병 등에게 공사를 하도급하였으며, 그 후 을이 병 등에게 갑 회사에 대한 공사대금채권 일부를 양도하였다.

못하여 건축주 지위를 양도받았던 것이므로 다시 피고 회사에게 건축주 명의가 변경되었다고 하더라도 A가 채무면탈을 목적으로 피고 회사를 이용하였다고 보기 어렵다고 판단하였다.

그러나 대법원은 갑 회사에서 B 회사로 건축주 지위가 이전된 것이 B 회사의 정당한 권원에 기초한 것이라고 하더라도 "건축주 명의가 갑 회사와 그 설립목적, 형태 및 내용이 실질적으로 동일한 회사인 피고 회사에게 아무런 대가 없이 다시 이전되었거나 유용되었다면 갑 회사의 채무면탈이라는 위법한 목적을 달성하기 위해 피고 회사를 이용하여 회사 제도를 남용한 것으로 볼 수 있다"고 보아 원심판결의 판단에 법리 오해 등의 잘못이 있다고 보고 파기·환송하였다.

3. 관련판례

(1) 대법원 2021.4.15. 선고 2019다293449 판결

주식회사는 주주와 독립된 별개의 권리주체이므로 그 독립된 법인격이 부인되지 않는 것이 원칙이다. 그러나 개인이 회사를 설립하지 않고 영업을 하다가 그와 영업목적이나 물적 설비, 인적 구성원 등이 동일한 회사를 설립하는 경우에 그 회사가 외형상으로는 법인의 형식을 갖추고 있으나 법인의 형태를 빌리고 있는 것에 지나지 않고, 실질적으로는 완전히 그 법인격의 배후에 있는 개인의 개인기업에 불과하거나, 회사가 개인에 대한 법적 책임을 회피하기 위한 수단으로 함부로 이용되고 있는 예외적인 경우까지 회사와 개인이 별개의 인격체임을 이유로 개인의 책임을 부정하는 것은 신의성실의 원칙에 반하므로, 이러한 경우에는 회사의 법인격을 부인하여 그 배후에 있는 개인에게 책임을 물을 수 있다.

나아가 그 개인과 회사의 주주들이 경제적 이해관계를 같이하는 등 개인이 새로 설립한 회사를 실질적으로 운영하면서 자기 마음대로 이용할 수 있는 지배적 지위에 있다고 인정되는 경우로서, 회사 설립과 관련된 개인의 자산 변동 내역, 특히 개인의 자산이 설립된 회사에 이전되었다면 그에 대하여 정당한 대가가 지급되었는지 여부, 개인의 자산이 회사에 유용되었는지 여부와 그 정도 및 제3자에 대한 회사의 채무 부담 여부와 그 부담 경위 등을 종합적으로 살펴보아 회사와 개인이 별개의 인격체임을 내세워 회사 설립 전 개인의 채무 부담행위에 대한 회사의 책임을 부인하는 것이 심히 정의와 형평에 반한다고 인정되는 때에는 회사에 대하여 회사 설립 전에 개인이 부담한 채무의 이행을 청구하는 것도 가능하다고 보아야 한다.

(2) 대법원 2023.2.2. 선고 2022다276703 판결

개인과 회사의 주주들이 경제적 이해관계를 같이하는 등 개인이 새로 설립한 회사를 실질적으로 운영하면서 자기 마음대로 이용할 수 있는 지배적 지위에 있다고 인정되는 경우로서, 회사 설립과 관련된 개인의 자산 변동 내역, 특히 개인의 자산이 설립된 회사에 이전되었다면 그에 대하여 정당한 대가가 지급되었는지 여부, 개인의 자산이 회사에 유용되었는지 여부와 그 정도 및 제3자에 대한 회사의 채무 부담 여부와 그 부담 경위 등을 종합적으로 살펴보아 회사와 개인이 별개의 인격체임을 내세워 회사 설립 전 개인의 채무 부담행위에 대한 회사의 책임을 부인하는 것이 심히 정의와 형평에 반한다고 인정되는 때에는 회사에 대하여 회사 설립 전에 개인이 부담한 채무의 이행을 청구하는 것도 가능하다고 보아야 한다.

개인의 채무 부담행위에 대한 회사의 책임을 부인하는 것이 심히 정의와 형평에 반한다고 인정되어 회사에 대하여 개인이 부담한 채무의 이행을 청구하는 법리는 채무면탈을 목적으로 회사가 새로 설립된 경우뿐 아니라 같은 목적으로 기존 회사의 법인격이 이용되는 경우에도 적용되는데, 여기에는 회사가 이름뿐이고 실질적으로는 개인기업에 지나지 않은 상태로 될 정도로 형해화된 경우와 회사의 법인격이 형해화될 정도에 이르지 않더라도 개인이 회사의 법인격을 남용하는 경우가 있을 수 있다. 이때 회사의 법인격이 형해화되었다고 볼 수 있는지 여부는 원칙적으로 문제가 되고 있는 법률행위나 사실행위를 한 시점을 기준으로, 회사의 법인격이 형해화될 정도에 이르지 않더라도 개인이 회사의 법인격을 남용하였는지 여부는 채무면탈 등의 남용행위를 한 시점을 기준으로 각 판단하여야 한다.

(3) 대법원 2008.9.11. 선고 2007다90982 판결

회사가 외형상으로는 법인의 형식을 갖추고 있으나 법인의 형태를 빌리고 있는 것에 지나지 아니하고 실질적으로는 완전히 그 법인격의 배후에 있는 사람의 개인기업에 불과하거나, 그것이 배후자에 대한 법률적용을 회피하기 위한 수단으로 함부로 이용되는 경우에는, 비록 외견상으로는 회사의 행위라 할지라도 회사와 그 배후자가 별개의 인격체임을 내세워 회사에게만 그로 인한 법적 효과가 귀속됨을 주장하면서 배후자의 책임을 부정하는 것은 신의성실의 원칙에 위배되는 법인격의 남용으로서 심히 정의와 형평에 반하여 허용될 수 없고, 따라서 회사는 물론 그 배후자인 타인에 대하여도 회사의 행위에 관한 책임을 물을 수 있다고 보아야 한다. 여기서 회사가 그 법인격의 배후에 있는 사람의 개인기업에 불과하다고 보려면, 원칙적으로 문제가 되고 있는 법률행위나 사실행위를 한 시점을 기준으로 하여, 회사와 배후자 사이에 재산과 업무가 구분이 어려울 정도로 혼용되었는지 여부, 주주총회나 이사회를 개최하지 않는 등 법률이나 정관에 규정된 의사결정절차를 밟지 않았는지 여부, 회사 자본의 부실 정도, 영업의 규모 및 직원의 수 등에 비추어 볼 때, 회사가 이름뿐이고 실질적으로는 개인 영업에 지나지 않는 상태로 될 정도로 형해화되어야 한다. 또한, 위와 같이 법인격이 형해화될 정도에 이르지 않더라도 회사의 배후에 있는 자가 회사의 법인격을 남용한 경우, 회사는 물론 그 배후자에 대하여도 회사의 행위에 관한 책임을 물을 수 있으나, 이 경우 채무면탈 등의 남용행위를 한 시점을 기준으로 하여, 회사의 배후에 있는 사람이 회사를 자기 마음대로 이용할 수 있는 지배적 지위에 있고, 그와 같은 지위를 이용하여 법인 제도를 남용하는 행위를 할 것이 요구되며, 위와 같이 배후자가 법인 제도를 남용하였는지 여부는 앞서 본 법인격 형해화의 정도 및 거래상대방의 인식이나 신뢰 등 제반 사정을 종합적으로 고려하여 개별적으로 판단하여야 한다.

(4) 대법원 2024.3.28. 선고 2023다265700 판결

기존회사가 채무를 면탈하기 위하여 기업의 형태·내용이 실질적으로 동일한 신설회사를 설립하였다면, 신설회사의 설립은 기존회사의 채무면탈이라는 위법한 목적 달성을 위하여 회사제도를 남용한 것에 해당한다. 이러한 경우에 기존회사의 채권자에 대하여 위 두 회사가 별개의 법인격을 갖고 있음을 주장하는 것은 신의성실의 원칙상 허용될 수 없으므로, 기존회사의 채권자는 두 회사 어느 쪽에 대하여도 채무의 이행을 청구할 수 있다.

나아가 기존회사에 대한 소멸시효가 완성되지 않은 상태에서 신설회사가 기존회사와 별도로 자신에 대하여 소멸시효가 완성되었다고 주장하는 것 역시 별개의 법인격을 갖고 있음을 전제로 하는 것이어서 신의성실의 원칙상 허용될 수 없다.

Ⅱ. 판결의 평석

1. 쟁 점

이 사건은 A가 실질적으로 지배하지 않는 제3자(위 B 회사)가 갑 회사로부터 피고 회사로 이어지는 거래의 연결고리 중간에 개입되어 있다는 점이 특이하다.

법인격부인론의 관점에서 볼 때 갑 회사와 피고 회사가 A의 사실상 지배를 받는 동일한 회사이고 또 A가 갑 회사의 채무를 면탈할 목적으로 피고 회사를 이용하였는지가 중요한 판단요소가 되는데 이와 같이 중간단계에서 제3자와의 거래가 개입된 경우에도 법인격부인론을 적용할 수 있는지 여부가 이 사건 쟁점이다.

2. 제3자의 거래 개입시 법인격 부인론 적용 여부(긍정)

법인격부인론은 크게 2가지 유형으로 나누어 볼 수 있다. (i) 회사가 외형상 법인의 형식을 갖추고 있으나 실질적으로는 완전히 그 배후에 있는 타인의 개인 기업에 불과한 경우('법인격의 형해화')와 (ii) 회사의 배후에 있는 자가 타인과의 관계에서 위법 또는 부당한 목적을 추구하기 위하여 회사를 이용하는 경우('법인격의 남용')이다. 기존 회사가 채무면탈을 목적으로 기업의 형태·내용이 동일한 신설회사를 설립한 경우 신의칙 위반을 근거로 기존 회사의 채무자는 신설 회사에 대해 채무의 이행을 구할 수 있다는 것이 판례의 태도이다.[2)]

이 사건의 쟁점은 중간에 제3자(B 회사)의 개입이 있었지만, 갑 회사와 피고 회사가 A의 사실상 지배를 받는 동일한 회사로서 과연 A가 갑 회사의 채무를 면탈할 목적으로 피고 회사를 이용하였는지 여부이다. 그리고 이때 고려할 사항은 기존 회사의 폐업 당시 경영사태나 자산상황, 기존 회사에서 다른 회사로 유용된 자산의 유무와 그 정도, 기존 회사에서 다른 회사로 이전된 자산이 있는 경우 그 정당한 대가가 지급되었는지 여부 등이다.

이를 위해서는 ① A에게 갑 회사의 채무 면탈 목적이 있었는지, ② 갑 회사의 당시 자산상황이 어떠하였는지 및 ③ 갑 회사로부터 피고 회사에게 정당한 대가의 지급 없이 자산이 이전되었거나 유용되었는지 살펴볼 필요가 있다.

먼저 A에게 채무를 면탈할 목적이 있었는지 여부는 논란의 여지가 있으나 갑 회사가 원고들에게 공사대금채무를 부담하고 있었고 그 무렵 갑 회사의 유일한 자산이었던 사건 건축주 명의가 B회사 명의로 이전되었는데, 그 이후 사실상 갑 회사의 영업이 중단된 사정을 볼 때 재정적 어려움을 겪고 있었던 것으로 보인다.

또 갑 회사의 채권자로서 정당한 권원에 기하여 명의를 이전받은 B 회사로부터 다시 피고 회사로 명의가 이전되는 과정에서 기존 법리를 적용하기 위하여 '정당한 대가의 지급 없는 자산의 이전'인지 여부를 검토하고 있다.

---

2) 대법원 2004.11.12. 선고 2002다66892 판결.

대법원은 자산의 이전 과정에서 제3자가 개입되었다고 하더라도 갑 회사와 피고 회사가 모두 A가 사실상 지배하는 동일한 회사임이 인정된다면 피고 회사가 갑 회사의 자산을 정당한 대가 없이 이용하여 B회사로부터 그 건축주 명의를 회복하였는지 여부에 대한 심리가 필요하고 원심 판단에 이 부분에 대한 법리 오해 및 심리미진의 잘못이 있다고 보았다.

3. 판결의 의의

법인격부인론은 신설회사의 설립이 채무를 면탈할 의도로 이루어진 것인 경우에도 확대적용되며 이 경우 신설회사와 기존 회사 사이의 실질적 동일성이 중요한 판단기준이 된다. 또한 회사를 신설하지 않고 이미 설립되어 있는 다른 회사를 이용한 경우에도 동일하게 적용되는바, 폐업회사로부터 양수회사가 동일인에 의하여 지배되고 있고 영업목적이 동일하고 폐업회사가 부도에 임박하여 회사 재산을 양수회사로 양도하면서 아무 대가를 받지 않았다면 법인격부인을 인정한 바 있다.[3] 나아가 이 법리는 대상판결과 같이 폐업회사로부터 직접 회사재산이 양수회사로 이전되지 않고 제3자가 폐업회사로부터 재산을 양수한 다음 다시 이를 양수회사로 이전한 경우에도 양수회사가 제3자로부터 재산을 이전받는 대가로 폐업회사의 자산을 이용하면서 폐업회사에 정당한 대가를 지급하지 않았다면 법인격부인의 대상이 될 수 있음을 명확히 하였다는 데에 의의를 찾을 수 있다.

4. 餘論: 법인격부인론의 역적용

법인격부인론이 회사가 특정 제3자에 대해 부담하는 책임을 회사의 법인격을 인정하지 않고서 그 사원(주주)에게 묻는 것이라면, 역으로 사원(주주)이 특정 제3자에 대해 부담하는 책임을 이번에는 그 주주가 지배하는 회사에게 묻는 것도 생각해 볼 수 있다. 이것을 강학상 '법인격부인(론)의 역적용'이라 한다.

종래에는 채무면탈 목적으로 다른 회사를 설립한 경우 기존 회사의 법인격을 부인하면서 신설된 다른 회사에게 책임을 묻는 것으로 구성할 때 기존 회사의 채무를 면탈할 의도로 그 다른 회사의 법인격이 이용되었는지를 판단하지만,[4] 이론적으로는 일단 원래 회사의 법인격을 부인하여 그 책임을 배후의 주주에게 귀속시킨 다음 다

---

3) 대법원 2011.5.13. 선고 2009다77327 판결.
4) 대법원 2016.4.28. 선고 2015다13690 판결.

시 그 주주의 책임을 신설된 다른 회사에게 묻는 것으로 구성함으로써, 개념상 법인격부인론의 역적용의 논리가 내포된 것으로 설명하여 왔다.[5)]

법인격부인론의 역적용에 대해 긍정설(통설)[6)]과 부정설[7)]의 대립이 있다.

판례의 태도는 그동안 명확하지 않았으나 대법원은 2021년 명시적으로 법인격부인론의 역적용을 언급하면서 긍정설의 입장임을 밝혔다.[8)] 따라서 회사의 배후에 있는 개인의 채권자가 그 개인이 설립한 주식회사를 상대로 그 회사 설립 이전에 성립한 개인의 채무를 이행하여 줄 것을 청구한 사안에서 대법원이 법인격부인론의 역적용이라는 개념을 명시적으로 받아들였다는 데에 큰 의의를 찾을 수 있다.

법인격부인론의 역적용이 가능하기 위한 요건으로서, 법인격부인론의 법리와 마찬가지로 법인격 형해화 내지는 남용이 요구된다. 이 점과 관련하여 대법원은 "개인이 회사를 설립하지 않고 영업을 하다가 그와 영업목적이나 물적 설비, 인적 구성원 등이 동일한 회사를 설립하는 경우에 그 회사가 외형상으로는 법인의 형식을 갖추고 있으나 법인의 형태를 빌리고 있는 것에 지나지 않고, 실질적으로는 완전히 그 법인격의 배후에 있는 개인의 개인기업에 불과하거나, 회사가 개인에 대한 법적 책임을 회피하기 위한 수단으로 함부로 이용되고 있는 예외적인 경우까지 회사와 개인이 별개의 인격체임을 이유로 개인의 책임을 부정하는 것은 신의성실의 원칙에 반하므로, 이러한 경우에는 회사의 법인격을 부인하여 그 배후에 있는 개인에게 책임을 물을 수 있다"고 설시하였다.

특히 위 사안은 배후의 개인이 해당 회사의 50% 주식만을 소유하고 있을 뿐, 나머지 주식은 형과 아버지가 소유한 상태였는데, 대법원은 이 점에 대해서도, "그 개인과 회사의 주주들이 경제적 이해관계를 같이하는 등 개인이 새로 설립한 회사를 실질적으로 운영하면서 자기 마음대로 이용할 수 있는 지배적 지위에 있다고 인정되는 경우로서, 회사 설립과 관련된 개인의 자산 변동 내역, 특히 개인의 자산이 설립된 회사에 이전되었다면 그에 대하여 정당한 대가가 지급되었는지 여부, 개인의 자산

---

5) 장덕조, 회사법, 제5판, 법문사, 2020, 18면 등. 대법원 2011.5.13. 선고 2010다94472 판결; 대법원 2004.11.12. 선고 2002다66892 판결.

6) 긍정설은 주식을 강제집행하는 것이 현실적으로 어렵기 때문에 설립목적이 채무면탈이라는 불법적인 것이라면 주식회사의 경우 단순한 사해설립은 해산명령의 사유가 되기 어렵고, 단체법상 행위인 회사 설립행위에 대해 채권자취소권이 적용되기 어려우므로 역적용이 필요하다고 본다.

7) 부정설은 주주가 소유한 회사의 주식에 대해 강제집행을 하는 것으로 충분하며, 설립목적이 불법이라면 해산명령을 신청할 수 있고 또 민법상 채권자취소권을 행사하여 설립행위 자체를 취소할 수 있는바, 법인격부인의 역적용까지 굳이 인정할 필요가 없다고 본다.

8) 대법원 2021.4.15. 선고 2019다293449 판결.

이 회사에 유용되었는지 여부와 그 정도 및 제3자에 대한 회사의 채무 부담 여부와 그 부담 경위 등을 종합적으로 살펴보아 회사와 개인이 별개의 인격체임을 내세워 회사 설립 전 개인의 채무 부담행위에 대한 회사의 책임을 부인하는 것이 심히 정의와 형평에 반한다고 인정되는 때에는 회사에 대하여 회사 설립 전에 개인이 부담한 채무의 이행을 청구하는 것도 가능하다고 보아야 한다"고 밝혔다.

(김태진)

회사의 권리능력과 정관상 목적

대법원 2009.12.10. 선고 2009다63236 판결

Ⅰ. 판결개요

1. 사실관계

원고(X)는 1974. 3. 19. 광주 동구 ○○동(지번 생략)에 있는 영세상인들로 구성되어 이 사건 토지와 그 지상 점포만을 유일한 재산으로 만들어진 합자회사이고, X의 정관에는 그 목적으로 하고 있는 민영상설시장의 점포관리와 그 부대사업의 목적범위 외의 행위를 하려면 총 사원의 동의를 요한다고 규정하고 있고(정관 제13조), X는 총 사원의 동의를 얻어 해산할 수 있다고 규정하고 있다(정관 제31조 제2호). 피고$_1$ (Y_1)은 건축업 등을 목적으로 하는 주식회사이고, 피고$_2$(Y_2)는 신탁업법에 따른 토지신탁, 지상권신탁 및 부동산 담보신탁 등의 업무를 목적으로 하는 주식회사이다.

X는 2003. 11. 20. 소외 A주식회사에 대하여 이 사건 토지 위의 X의 재건축공사를 도급주었으나 X가 공사대금을 지급하지 않자 A는 이를 이유로 공사도급계약을 해제하고, 2004. 4. 23. X를 상대로 공사대금청구소송을 제기하였다. 그 소송계속 중에 X가 A회사에 대하여 3억 4,000만원을 2005. 11. 18.까지 지급하기로 하는 등 조정이 성립되었다. 이에 X는 강제경매절차를 통해 Y_1에게 이 사건 토지를 매각하는 매각허가결정을 받은 후 2007. 1. 4. Y_1과 사이에 X가 Y_1에 대하여 이 사건 토지를 18억 2,000만원에 매도하기로 하되, Y_1이 X에 갈음하여 소외 A 회사에 대하여 2007. 1. 22.에 1억 8,000만원을, 2007. 3. 16.에 2억원을 각각 지급하였고, 2007. 3. 19. X의 대표사원인 B에게 중도금으로 1억원을 지급하였다. 이에 소외 A회사는 2007. 1. 12. 이 사건 토지에 관한 부동산강제경매 신청을 취하하였고, 이 사건 토지에 관하여 2007. 1. 4. 매매를 원인으로 하여 Y_1 앞으로 소유권이전등기가 이루어졌다. 그 후

Y_1은 2007. 3. 15. Y_2와 사이에 이 사건 토지에 관하여 부동산담보신탁계약을 체결하고, 이에 따라 이를 원인으로 하여 2007. 3. 16. Y_2 앞으로 소유권이전등기가 되었다.

X는 자신의 Y_1에 대한 이 사건 토지의 매매행위는 정관의 목적범위를 벗어난 것이거나 또는 총 사원의 동의 없이 이루어진 것으로서 무효이고, 이를 원인으로 한 Y_1 명의의 소유권이전등기와 그에 기초한 Y_2 명의의 소유권이전등기는 모두 원인무효라고 주장하면서 X가 Y_1과 Y_2에 대하여 원상회복으로서 법원에 소유권이전등기의 말소등기절차의 이행을 구하였다.

2. 판결요지

회사의 권리능력은 회사의 설립근거가 된 법률과 회사의 정관상의 목적에 의하여 제한되나 그 목적범위 내의 행위라 함은 정관에 명시된 목적 자체에 국한되는 것이 아니라 그 목적을 수행하는 데 있어 직접·간접으로 필요한 행위는 모두 포함되고 목적수행에 필요한지의 여부는 행위의 객관적 성질에 따라 판단할 것이고 행위자의 주관적·구체적 의사에 따라 판단할 것은 아니다.

X는 영리를 목적으로 하는 상법상의 합자회사로서 그 정관에서 목적을 이 사건 토지 위에 존재하는 시장건물의 관리업무로 한정하고 있지 아니하여 이 사건 토지를 매도한 후 새로 시장건물을 매수하는 등의 방법으로 계속하여 존속할 수도 있을 것이므로 이 사건 토지를 매도하는 행위가 원고의 목적범위 내에 포함되지 않는다고 단정하기 어려운 점, 특히 이 사건 토지를 매도할 당시 이미 이 사건 토지에 관한 경매절차에서 매각허가결정이 되어 사실상 소유권을 상실한 상태였던 점, 이와 같은 상태에서 X의 요청에 의하여 매각허가를 받은 Y_1과 사이에 이 사건 토지에 관한 매매계약이 체결된 점, 그 후 Y_1은 이 사건 토지를 담보로 Y_1과 Y_2의 보조참가인으로부터 15억원을 대출받았을 뿐만 아니라 Y_2와 부동산담보신탁계약을 체결하고 그에 따라 이 사건 토지에 관하여 Y_2 앞으로 위 신탁계약을 원인으로 한 소유권이전등기를 마치는 등 이 사건 토지를 둘러싼 다수의 법률관계가 형성되어 있어 거래안전의 보호가 강하게 요구되는 점 등에 비추어 보면, X의 대표사원인 소외인이 Y_1에게 이 사건 토지를 매도한 행위는 X의 목적을 수행하는 데 있어 직접·간접으로 필요한 행위에 해당한다고 봄이 상당하다.

3. 관련판례

(1) 대법원 2005.5.13. 선고 2003다57659,57666 판결

증권거래법 제28조 제2항, 제2조 제8항 제1호는 유가증권의 매매를 증권회사가 영위하는 증권업의 하나로 예시하고 있고, 유가증권의 매매에 수반하는 보증 등 신용공여행위도 적어도 외형상으로는 증권회사의 업무로 볼 수 있다는 등의 이유로 이 사건 기업어음의 매매 및 지급보증이 증권회사인 원고의 권리능력 범위 외의 행위에 해당하여 무효라고 할 수 없다고 판단한 것은 정당하고, 거기에 상고이유로 주장하는 바와 같은 법인의 권리능력의 범위에 관한 법리오해 등의 위법이 없다.

(2) 대법원 1987.10.13. 선고 86다카1522 판결

단기금융업법 제7조 소정의 어음 및 채무증서의 발행, 어음의 할인과 매매, 어음의 인수 및 보증, 어음매매의 중개 등의 업무를 정관상의 목적으로 표방하고 있는 단기금융회사로서의 대표이사가 소외 주식회사가 원고로부터 금원을 차용하고 발행한 이 사건 어음에 그 지급을 담보하기 위하여 배서한 행위는 동 회사의 정관에 명시된 목적 그 자체는 아니라 할지라도 그 행위의 객관적 성질에 비추어 보아 그 목적수행에 필요한 행위로서 동 회사의 목적범위 내의 행위이다.

(3) 대법원 2010.5.13. 선고 2010도568 판결

주식회사가 그 재산을 대가 없이 타에 기부·증여하는 것은 주주에 대한 배당의 감소를 가져오게 되어 결과적으로 주주에게 어느 정도의 손해를 가하는 것이 되지만 그것이 배임행위가 되려면 그 회사의 설립목적, 기부금의 성격, 그 기부금이 사회에 끼치는 이익, 그로 인한 주주의 불이익 등을 합목적적으로 판단하여, 그 기부행위가 실질적으로 주주권을 침해한 것이라고 인정되는 정도에 이를 것을 요한다.

(4) 대법원 2005.5.27. 선고 2005다480 판결

정보통신회사가 거래관계 또는 자본관계에 있는 주채무자를 위하여 보증하는 등의 행위는 그것이 상법상의 대표권 남용에 해당하여 무효로 될 수 있음은 별론으로 하더라도 그 행위의 객관적 성질에 비추어 특별한 사정이 없는 한 회사의 목적범위 내의 행위라고 봄이 상당하다 할 것이다.

Ⅱ. 판결의 평석

1. 회사의 권리능력

회사는 법인이므로 그 자체가 독립된 법인격을 갖는 자로서 회사 자신이 구성원(사원)으로부터 독립된 권리와 의무의 주체가 될 수 있는 능력, 즉 일반적 권리능력을 갖는다. 하지만 자연인과 완전히 동일하다고 할 수 없으므로 권리능력에서 일정한 제한을 받는다. 설령 회사가 부채과다로 사실상 파산지경에 있어 업무도 수행하지 아니하고 대표이사나 그 외의 이사도 없는 상태에 있다고 하여도 적법한 해산절차를 거쳐 청산을 종결하기까지는 법인은 권리능력을 가진다.[1)]

2. 목적에 의한 회사의 권리능력 제한

(1) 민법 제34조의 유추적용 가부

민법은 정관소정의 목적이 법인의 권리능력을 제한한다(민법 제34조). 영리법인인 회사의 경우 정관에 목적을 기재하여야 하며(상법 제179조, 제270조, 제289조, 제543조), 이는 등기사항이다(상법 제180조, 제271조 제1항, 제317조 제2항, 제549조 제2항 제1호). 그러나 상법은 회사의 권리능력이 정관으로 정한 목적에 의하여 제한된다는 명문의 규정을 두고 있지 않다. 그리하여 주식회사에도 과연 민법 제34조를 유추적용할 수 있는지가 문제된다. 이와 관련한 국내의 학설은 제한긍정설과 제한부정설로 나뉘어 있다.

제한긍정설은 회사는 특정의 목적을 위해서 설립된 법인이므로, 명시적으로 민법의 규정을 유추적용하는 것을 금지하는 규정이 없는 한 그 목적의 범위에서 권리능력을 가지고 있다는 견해이다. 제한긍정설의 근거를 좀 더 자세히 살펴보면 첫째, 민법 제34조는 법인일반에 공통되는 기본원칙이다. 둘째, 회사재산이 특정한 설립목적을 위하여 사용될 것을 기대하는 사원(주주)의 이익을 보호할 필요가 있다. 셋째, 법인의 본질상 회사가 특정한 목적을 위하여 법인격이 부여된 이상 그 목적범위 내에서만 권리의무의 주체가 되어야 한다. 넷째, 회사의 권리능력을 목적에 의해 제한하지 않는 경우 회사는 비영리사업도 할 수 있다는 것으로 되는데, 이는 민법이 채택하고 있는 비영리법인의 설립에 대한 허가주의(민법 제32조)의 취지를 몰각시키는 위험

---

1) 대법원 1985.6.25. 선고 84다카1954 판결.

이 있다.

제한부정설은 회사의 목적이 등기되어 있기는 하지만 제3자가 그것을 확인하고 판단하는 것이 곤란하므로 민법 제34조를 유추적용하는 것은 거래의 안전을 방해한다는 입장이다. 그 구체적인 근거로서는 첫째, 민법상 법인의 권리능력에 관한 제34조는 공익법인에 관한 규정으로서 사법일반에 적용될 수 있는 것은 아니다. 둘째, 회사의 목적은 등기사항이지만 현실적으로 제3자가 거래할 때마다 이를 확인한다는 것을 기대하기 어려우므로 거래의 안전을 도모하기 위해 목적에 의한 권리능력의 제한은 부정되어야 한다. 셋째, 비교법적으로 볼 때에도 목적에 의해 회사의 권리능력이 제한되지 않는 경향이 뚜렷하다.

대법원은 일관하게 제한긍정설의 입장을 유지하고 있다. 다만, 목적의 범위와 관련하여 반드시 정관소정의 목적 자체에 한정하지 않고, 목적수행에 필요 또는 유익한 행위라면 모두 이것에 포함시키는 것으로 해석하고 있다. 즉, 거래의 안전차원에서 목적수행에 필요한지의 여부는 목적달성을 위한 현실상 필요가 있었는지 없었는지를 기준으로 하는 것이 아니라, 행위의 객관적 성질에 입각하여 추상적으로 판단해야 한다고 해석하고 있다. 이와 같이 대법원은 다소나마 거래안전을 고려하기 위하여 목적의 범위를 매우 넓게 풀이하고 있어 실제적으로는 제한부정설과 거의 구별할 수 없을 정도이다.

이상에서 살펴 본 바와 같이 정관에 의한 회사의 권리능력의 제한 가부는 사원(주주)의 보호와 거래의 안전을 어떻게 조화할 것인지의 문제에 연결되어 있다. 제한긍정설은 사원보호의 측면이 강조되는 반면에 제한부정설은 거래안전에 기여한다. 그러나 상거래의 특성상 신속성이 요구된다는 점을 감안한다면 제한부정설이 타당하다.

(2) 정관상의 목적의 현대적 기능

정관목적에 의한 회사의 권리능력을 제한하는지의 여부에 관하여 제한부정설에 따르든 판례와 같은 수준의 제한긍정설에 따르든 간에 정관에 정한 목적은 그 의미가 상당히 퇴색되었다. 그럼에도 불구하고 정관상 목적을 필수적인 등기사항으로 강제하는 것은 그것이 내부적으로 회사기관의 행동범위에 관한 의무 또는 업무집행상의 의무를 정하는 의미를 갖기 때문이다. 즉, 정관상의 목적은 회사내부적으로 이사, 이사회 기타 회사기관의 직무수행의 범위와 회사가 추진할 사업의 방향을 정하는 의미를 가지고 있다. 따라서 정관의 목적범위를 벗어난 대표기관의 대외적인 행위는 상대방의 선의·악의를 불문하고 효력이 있되 회사는 대표권 남용의 법리나 악의의 항변에 의해 면책을 주장할 수 있다. 물론 정관상의 목적을 벗어난 행위를 한 자는 회사내부적으로 책임을 부담한다.

3. 대상판결의 검토

제한부정설에 따르면 X의 정관규정에도 불구하고 X의 토지매매행위는 가능하고 유효하다. 그러나 제한긍정설의 입장을 취하는 경우 제한부정설과는 결론을 달리하여 무효이다. 대법원 판례에 따르면 일단은 X의 행위가 동 회사의 권리능력범위를 벗어나는 것처럼 보이지만 그 목적을 객관적이면서도 매우 넓게 해석하여야 하므로 결과적으로는 X의 행위가 유효한 것으로 된다.

여기서 한 가지 짚고 넘어가야 하는 사항이 있다. 위에서 언급한 바대로 대법원은 지금까지 제한긍정설을 취하면서도 그 목적을 유연하게 해석하는 입장을 일관되게 유지하고 있다. 그럼에도 불구하고 대상판결의 원심[2]은 X의 토지매매행위가 정관상의 목적범위를 벗어났다는 이유로 그 효력을 부정하고 있다는 점에서 원심의 판단을 납득하기란 용이하지 않다. 아마도 원심은 X가 주식회사가 아닌 합자회사이기 때문에 기존의 대법원 판례와는 반대되는 해석을 한 것으로 보이지만 회사의 권리능력과 관련해서는 회사의 종류는 의미가 없다는 점을 간과한 듯하다.

(권재열)

2) 광주고등법원 2009.7.1. 선고 2008나5867 판결.

5 회사의 기부행위와 이사회결의시 이사의 기권

대법원 2019.5.16. 선고 2016다260455 판결

Ⅰ. 판결개요

1. 사실관계

X회사(강원랜드)는 1998. 6. 2. 석탄사업합리화사업단, 강원도개발공사, 정선군, 태백시 등의 합작투자계약에 의하여 설립되었으며, 이 계약에 따라 태백시는 강원랜드 주식의 1.25%를 보유하면서 비상근이사 1명의 지명권을 보유하고 있었다.

태백시가 2011. 12.경 리조트 사업을 하기 위하여 민간업체와 공동출자하여 설립한 태백관광개발공사는, '오투리조트'라는 이름으로 태백시에 대규모 골프장, 스키장과 숙박시설을 건설하여 운영하는 사업을 진행했으나, 사업비 추가 지출과 오투리조트 회원권 분양 저조 등으로 자금난에 시달리게 되었고, 태백관광개발공사의 지분 57.4%를 보유한 태백시는 X에 오투리조트의 운영자금을 대여 또는 기부해 줄 것을 요청하였다.

합작투자계약에 따라 태백시가 지명하여 선임된 이사인 Y_1은 2012. 3. 강원랜드 이사회의 안건으로 태백시에 폐광지역 협력사업비 명목으로 150억원을 기부하되, 그 기부금의 용도를 태백관광개발공사의 긴급운영자금으로 지정하는 내용을 발의하였다. 이사회에서 이사들 사이에 기부의 타당성에 대해서 의견대립이 있었고, 이를 가결할 경우 업무상배임 혐의가 인정될 가능성이 있다는 지적도 있어서 기본안에 대한 결의가 보류되었다. 2012. 6. 다음 이사회에서도 태백시가 제출한 추가 자료에 대한 이사들의 검토시간을 확보해야 한다는 이유로 보류되었으나, 2012. 7. 다시 이사회가 열려 위 기부가 원안대로 결의되었다. 이사회에서는 재적이사 15명 가운데 3명은 불참하였으며, 12명의 출석이사 가운데 Y_1 등 7명이 찬성하고, 3명이 반대, 2명이 기권(의사록에는 이의를 했다는 기록은 없고, 단지 기권한 것으로 기재되어 있음)으로 결의가

이루어졌다. X는 이후 2013년까지 150억원을 태백관광개발공사에 기부하였으나, 태백관광개발공사는 직원들의 미지급 임금채권을 신청채권으로 한 회생절차 개시신청에 따라 2014. 8. 27. 회생절차가 개시되었다. X는 위 출석이사 가운데 반대표를 제외한 9명의 이사를 피고로 하여, 위 이사회결의로 인하여 X가 입은 손해 150억원을 배상할 것을 청구하였다.

제1심(서울서부지방법원 2015.7.16. 선고 2014가합37507 판결)은 피고들의 선관주의의무 판단에 앞서 태백시가 상법 제542조의8 제2항 제6호에 따른 주요주주로서 태백시에 150억원을 기부하는 것은 자기거래에 해당하여 상법 제398조에 따라 재적이사 3분의 2 이상의 찬성에 의한 이사회 승인을 받아야 하는데, 그 의결정족수를 충족하지 못하였으므로 이 사건 기부가 위법하다고 보았다. 원심(서울고등법원 2016.9.23. 선고 2015나2046254 판결)은 이 사건 기부는 공익을 위한 상당한 수단이라고 할 수 없고, 기부로 인하여 강원랜드에 미치는 긍정적 효과가 거의 없으며, 이에 대한 검토없이 결의에 이른 것으로서 이사들의 선관주의의무위반이 인정된다고 판시하였다. 또한 기권한 2명의 이사에 대해서는 이의를 제기했다는 입증이 없고, 단지 의사록에 기권한 것으로만 기재되어 있어서 이 사건 결의에 찬성한 것으로 추정되므로 손해배상책임이 인정된다고 보았고, 그 책임비율만을 태백시가 선임한 이사로서 기부 안건을 발의하고 옹호하는 등 주도적 역할을 한 Y_1에게는 20%인 30억원, 나머지 이사 8명은 10%인 15억원으로 손해배상책임을 제한하였다. 대법원은 주식회사 이사들이 이사회에서 회사의 주주 중 1인에 대한 기부행위를 결의하면서 기부금의 성격, 기부행위가 회사의 설립 목적과 공익에 미치는 영향, 회사 재정상황에 비추어 본 기부금 액수의 상당성, 회사와 기부상대방의 관계 등에 관해 합리적인 정보를 바탕으로 충분한 검토를 거치지 않았다면, 이사들이 결의에 찬성한 행위는 이사의 선량한 관리자로서의 주의의무에 위배되는 행위에 해당한다고 보아 이 부분 원심 판단을 수긍하였으나, 기권한 피고들에 대해 기권하였다고 의사록에 기재된 자는 '이의를 한 기재가 의사록에 없는 자'로 볼 수 없다고 판단하여 이에 대하여 선관주의의무 위반을 인정한 이 부분 원심판결을 파기·환송하였다.

2. 판결요지

[1] 상법 제399조 제1항은 "이사가 고의 또는 과실로 법령 또는 정관에 위반한 행위를 하거나 그 임무를 게을리한 경우에는 그 이사는 회사에 대하여 연대하여 손

해를 배상할 책임이 있다."라고 규정하고, 같은 조 제2항은 "전항의 행위가 이사회의 결의에 의한 것인 때에는 그 결의에 찬성한 이사도 전항의 책임이 있다.", 같은 조 제3항은 "전항의 결의에 참가한 이사로서 이의를 한 기재가 의사록에 없는 자는 그 결의에 찬성한 것으로 추정한다."라고 규정하고 있다. 이와 같이 상법 제399조 제2항은 같은 조 제1항이 규정한 이사의 임무 위반행위가 이사회결의에 의한 것일 때 결의에 찬성한 이사에 대하여도 손해배상책임을 지우고 있고, 상법 제399조 제3항은 같은 조 제2항을 전제로 하면서, 이사의 책임을 추궁하는 자로서는 어떤 이사가 이사회결의에 찬성하였는지를 알기 어려워 증명이 곤란한 경우가 있음을 고려하여 증명책임을 이사에게 전가하는 규정이다. 그렇다면 이사가 이사회에 출석하여 결의에 기권하였다고 의사록에 기재된 경우에 그 이사는 "이의를 한 기재가 의사록에 없는 자"라고 볼 수 없으므로, 상법 제399조 제3항에 따라 이사회결의에 찬성한 것으로 추정할 수 없고, 따라서 같은 조 제2항의 책임을 부담하지 않는다고 보아야 한다.

[2] 주식회사 이사들이 이사회에서 회사의 주주 중 1인에 대한 기부행위를 결의하면서 기부금의 성격, 기부행위가 회사의 설립 목적과 공익에 미치는 영향, 회사 재정상황에 비추어 본 기부금 액수의 상당성, 회사와 기부상대방의 관계 등에 관해 합리적인 정보를 바탕으로 충분한 검토를 거치지 않았다면, 이사들이 결의에 찬성한 행위는 이사의 선량한 관리자로서의 주의의무에 위배되는 행위에 해당한다.

[3] 카지노사업자인 갑 주식회사의 이사회에서 주주 중 1인인 을 지방자치단체에 대한 기부행위를 결의하였는데, 갑 회사가 이사회결의에 찬성한 이사인 병 등을 상대로 상법 제399조에 따른 손해배상을 구한 사안에서, 위 이사회결의는 폐광지역의 경제 진흥을 통한 지역 간 균형발전 및 주민의 생활향상이라는 공익에 기여하기 위한 목적으로 이루어졌고, 기부액이 갑 회사 재무상태에 비추어 과다하다고 보기 어렵다고 하더라도, 기부행위가 폐광지역 전체의 공익 증진에 기여하는 정도와 갑 회사에 주는 이익이 그다지 크지 않고, 기부의 대상 및 사용처에 비추어 공익 달성에 상당한 방법으로 이루어졌다고 보기 어려울 뿐만 아니라 병 등이 이사회에서 결의를 할 당시 위와 같은 점들에 대해 충분히 검토하였다고 보기도 어려우므로, 병 등이 위 결의에 찬성한 것은 이사의 선량한 관리자로서의 주의의무에 위배되는 행위에 해당한다고 본 원심판단을 수긍한 사례.

[4] 이사가 법령 또는 정관에 위반한 행위를 하거나 임무를 해태함으로써 회사에 대하여 손해를 배상할 책임이 있는 경우에 손해배상의 범위를 정할 때에는, 당해 사업의 내용과 성격, 당해 이사의 임무 위반의 경위 및 임무 위반행위의 태양, 회사의

손해 발생 및 확대에 관여된 객관적인 사정이나 정도, 평소 이사의 회사에 대한 공헌도, 임무 위반행위로 인한 당해 이사의 이득 유무, 회사의 조직체계의 흠결 유무나 위험관리체제의 구축 여부 등 제반 사정을 참작하여 손해분담의 공평이라는 손해배상제도의 이념에 비추어 손해배상액을 제한할 수 있다. 이때 손해배상액 제한의 참작사유에 관한 사실인정이나 제한의 비율을 정하는 것은, 그것이 형평의 원칙에 비추어 현저히 불합리한 것이 아닌 한 사실심의 전권사항이다.[1]

3. 관련판례

대법원 2004.12.10. 선고 2002다60467,60474 판결

[1] 주식회사의 이사는 이사회의 일원으로서 이사회에 상정된 의안에 대하여 찬부의 의사표시를 하는 데에 그치지 않고, 담당업무는 물론 다른 업무담당이사의 업무집행을 전반적으로 감시할 의무가 있으므로, 주식회사의 이사가 다른 업무담당이사의 업무집행이 위법하다고 의심할 만한 사유가 있음에도 불구하고 이를 방치한 때에는 이로 말미암아 회사가 입은 손해에 대하여 배상책임을 면할 수 없다.

[2] 이사가 법령 또는 정관에 위반한 행위를 하거나 그 임무를 해태함으로써 회사에 대하여 손해를 배상할 책임이 있는 경우에 그 손해배상의 범위를 정함에 있어서는, 당해 사업의 내용과 성격, 당해 이사의 임무위반의 경위 및 임무위반행위의 태양, 회사의 손해 발생 및 확대에 관여된 객관적인 사정이나 그 정도, 평소 이사의 회사에 대한 공헌도, 임무위반행위로 인한 당해 이사의 이득 유무, 회사의 조직체계의 흠결 유무나 위험관리체제의 구축 여부 등 제반 사정을 참작하여 손해분담의 공평이라는 손해배상제도의 이념에 비추어 그 손해배상액을 제한할 수 있다.

Ⅱ. 판결의 평석

1. 판결의 쟁점

대상판결의 주요 쟁점은 주주에 대한 기부행위에 관한 이사회의 결의에 참가한 이사들이 선관주의의무를 다하였는지 여부와 이사회결의에서 기권한 이사가 상법 제399조 제3항에 따라 이사회결의에 찬성한 것으로 추정할 수 있는지 여부이다.

---

1) 대법원 2004.12.10. 선고 2002다60467,60474 판결 등 참조.

대상판결은 회사의 기부행위에 대한 이사회의 결정과정에 있어서 기부금의 성격, 기부행위가 회사의 설립 목적과 공익에 미치는 영향, 회사 재정상황에 비추어 본 기부금 액수의 상당성, 회사와 기부상대방의 관계 등을 판단기준으로 처음으로 제시하였고, 상법 제399조 제2항과 제3항의 존재이유를 표명함과 이사가 이사회에 출석하여 결의에 기권하였다고 의사록에 기재된 경우에 그 이사는 이사회결의에 찬성한 것으로 추정할 수 없다고 판단한 첫 사례로 의의가 있다. 다만 이를 통해 이사가 기권을 통하여 자신의 적극적 선관의무를 회피할 수 있는 경우가 발생할 우려가 있다.

2. 회사의 기부행위

거래행위에 있어서 회사의 권리능력문제는 주로 거래상대방의 보호와 관계되는 회사의 영업과 관련된 거래행위가 대부분이다. 그런데 회사의 영업과 관련없는 회사의 기부행위를 하거나 합리적인 규모를 넘어선 기부행위가 회사의 권리능력 내의 행위인지가 문제이다. 정관의 목적범위로 회사의 권리능력이 제한되는지에 관한 제한설의 입장에서는 정관목적 범위 외의 행위이므로 그 기부행위는 무효가 되며, 무제한설(다수설)의 입장에서는 그 기부행위의 효력이 인정되게 된다. 판례는 초창기에는 회사가 타인의 채무를 연대보증한 경우에 목적 외의 행위라는 이유로 권리능력을 부정하여 목적범위를 좁게 보았으나,[2] 이후 정관상의 목적에 의한 제한을 인정하나 그 목적범위를 넓게 보아 정관소정의 목적을 달성하기 위하여 필요한 행위도 할 수 있는 것으로 보아 제한긍정설의 입장이라 할 수 있다.[3]

---

2) 민법 제34조에 의하면 법인은 법률의 규정에 좇아 정관으로 정한 목적의 범위 내에서 권리와 의무의 주체가 된다고 규정하고 있으므로 법인의 권리능력이 그 목적에 의하여 제한됨은 자명한 것이나 그 목적의 범위 내라 함은 이를 광의로 해석하여 정관에 열거된 목적과 그 외에 법인의 목적을 달성함에 필요한 범위를 지칭하는 것으로 해석함이 타당할 것인바(대법원 1946.2.8. 선고 4278민상179 판결; 대법원 1957.11.28. 선고 4290민상613 판결 참조), 원심이 피고 서광산업주식회사가 한 위 김규환의 위 계약에 대한 보증행위가 피고 회사의 목적범위 내에 속한 여부에 관하여는 아무런 심리를 한 바 없이 주식회사의 대표이사가 한 법률행위가 그 회사의 영업목적 범위에 포함되지 않는 것이라 하더라도 그 행위가 달리 강행법규나 공서약속에 위반되는 등의 특별한 사정이 없는 한 그 행위는 회사의 행위로 간주됨에는 아무런 지장이 없는 것이라고 판시하여 목적범위에 속하지 아니한다는 피고 회사의 항변을 물리쳤음은 위의 법리를 오해하여 심리를 다하지 못한 위법을 저질러 판결결과에 영향을 미쳤다 할 것이므로 이 점을 들고 나온 논지는 이유 있다(대법원 1974.11.26. 선고 74다310 판결). 회사의 대표이사가 회사를 대표하여 타인의 극장위탁경영으로 인한 손해배상의무를 연대보증한 것이 회사의 사업목적범위에 속하지 아니하는 경우에는 회사를 위하여 효력이 있는 적법한 보증으로 되지 아니하므로 회사는 손해배상책임이 없다(대법원 1975.12.23. 선고 75다1479 판결).

3) 회사의 권리능력은 회사의 설립근거가 된 법률과 회사의 정관상의 목적에 의하여 제한되나 그 목적범위내의 행위라 함은 정관에 명시된 목적 자체에 국한되는 것이 아니고 그 목적을 수행하는데 있어 직접 또는 간접으로 필요한 행위는 모두 포함되며 목적수행에 필요한지 여부도 행위의 객관적 성질에 따라 추상적으로 판단할 것이지 행위자의 주관적·구체적 의사에 따라 판단할 것은 아니다. 단기금융업을 영위하는 회사로서 회사의 목적인 어음의 발행, 할인, 매매, 인수, 보증, 어음매매의 중개를 함에 있어서 어음의 배서는 행위의

은행장의 대학에 대한 기부행위가 배임행위가 되는지에 대하여 대법원은 "주식회사가 그 재산을 대가 없이 타에 기부, 증여하는 것은 주주에 대한 배당의 감소를 가져 오게 되어 결과적으로 주주에게 어느 정도의 손해를 가하는 것이 되지만 그것이 배임행위가 되려면 그 회사의 설립목적, 기부금의 성격, 그 기부금이 사회에 끼치는 이익, 그로 인한 주주의 불이익 등을 합목적적으로 판단하여, 그 기부행위가 실질적으로 주주권을 침해한 것이라고 인정되는 정도에 이를 것을 요한다"고 하면서 "지점이 입점해 있는 대학과의 거래관계를 유지하기 위하여 이들 대학에 꾸준히 기부를 하여 온 점, 2억원의 기부금은 은행의 통상적인 기부 규모 및 은행이 대학교에서 얻는 수익을 고려할 때 적정한 수준을 벗어나지 아니한 것으로 보이는 점, 피고인은 그 학력 및 경력에 비추어 대학교 경영전문대학원의 초빙교수 채용 필요성에 부응하는 인물이었으며, 그 급여도 과다한 수준이 아니므로, 피고인의 급여로 사용될 금원을 기부하는 것은 대학교 측에 실질적인 이익을 제공하는 것인 점, 은행으로서도 전직 행장이 초빙교수로 채용됨에 따라 이를 통하여 형성되는 인적 관계를 이용하여 거래관계의 유지 등 유·무형의 반대급부를 받게 될 것으로 기대할 수 있는 점 등에 비추어, 은행으로 하여금 위와 같이 2억원을 기부하게 한 행위가 실질적으로 은행 주주들의 주주권을 침해한 것이라고 인정될 정도에 이르렀다고는 보기 어렵다고 판단한 원심의 판단은 정당하다"고 하였다.

대상판결에서도 "주식회사 이사들이 이사회에서 회사의 주주 중 1인에 대한 기부행위를 결의하면서 기부금의 성격, 기부행위가 회사의 설립 목적과 공익에 미치는 영향, 회사 재정상황에 비추어 본 기부금 액수의 상당성, 회사와 기부상대방의 관계 등에 관해 합리적인 정보를 바탕으로 충분한 검토를" 하여야 하며 "위 이사회결의는 폐광지역의 경제 진흥을 통한 지역 간 균형발전 및 주민의 생활향상이라는 공익에 기여하기 위한 목적으로 이루어졌고, 기부액이 갑 회사 재무상태에 비추어 과다하다고 보기 어렵다고 하더라도, 기부행위가 폐광지역 전체의 공익 증진에 기여하는 정도와 갑 회사에 주는 이익이 그다지 크지 않고, 기부의 대상 및 사용처에 비추어 공익 달성에 상당한 방법으로 이루어졌다고 보기 어려울 뿐만 아니라 병 등이 이사회에서 결의를 할 당시 위와 같은 점들에 대해 충분히 검토하였다고 보기도 어"렵다고 판시하였다. 회사의 기부행위가 정관소정의 목적범위 내의 행위인지는 판단하지 않았지만, 그 기부의 결정과정에서 기부금의 성격, 기부행위가 회사의 설립 목적과 공익에

객관적 성질상 위 목적수행에 직접, 간접으로 필요한 행위라고 하여야 할 것이다(대법원 1987.9.8. 선고 86다카1349 판결).

미치는 영향, 회사 재정상황에 비추어 본 기부금 액수의 상당성, 회사와 기부상대방의 관계 등을 판단기준으로 제시하고 있다.

3. 이사의 선관의무

회사와 이사의 관계는 민법상의 위임에 관한 규정을 준용하므로, 이사는 회사의 수임인으로서 위임의 본지에 따라 선량한 관리자의 주의로써 위임사무를 처리하여야 한다(제382조 제2항, 민법 제681조). 따라서 이사는 위임관계에 따라 회사의 업무를 집행함에 있어서 선량한 관리자의 주의의무를 부담한다. 이사의 선관의무는 거래의 통념상 이사 또는 대표이사에게 일반적·객관적으로 요구되는 주의로써 회사의 인적·물적 자원을 최대한 활용하여 위험을 감수하면서도 적극적으로 업무를 집행하여 회사에 대하여 최선의 이익이 되는 결과를 추구해야 하는 작위 및 부작위 의무이며, 이러한 의무를 위반한 때에는 회사에 대하여 손해배상책임을 지고, 고의 또는 중대한 과실이 있는 때에는 제3자에 대하여도 손해배상책임을 부담한다(제399조, 제401조).

이사의 선관의무는 이사가 회사의 경영주체로서 법상의 의무로 규정된 업무수행에만 한정되는 것이 아니라 의결권의 행사, 소의 제기, 상법 기타 관계법령 및 정관에 규정된 권한의 행사에 있어서도 요구되는 것이라고 할 수 있다.[4] 이사의 업무수행에 있어서 선관의무는 원칙적으로 회사로부터 명시적 또는 묵시적으로 처리를 위임받은 업무에 대하여 적용되며, 위임의 근거는 법령이든 정관이든 주주총회결의든 이사회결의이든 묻지 않는다. 이사의 선관의무는 업무의 적법성에 그치지 않고 합리성·효율성에 대해서도 미친다. 즉 이사의 직무수행은 적법하고 규범적으로 타당해야 할 뿐만 아니라, 영리실현을 위해 합목적적이고 효율적이어야 한다.[5]

이사는 자신의 직무를 수행함에 있어 법령을 준수해야 하는 의무(소극적 의무)뿐만 아니라 항상 회사에 최선의 이익이 되는 결과를 추구해야 할 의무(적극적 의무)를 부담하며, 회사에 최선의 이익이란 회사는 영리를 목적으로 하는 단체(제169조)이므로 회사의 이윤을 극대화하는 것을 말한다. 또한 선관의무는 작위의 업무집행에 대해서만 요구되는 것이 아니며 회사에 손해를 가하는 행위를 하지 않아야 할 부작위의무 또는 손해를 방지할 의무도 포함한다.[6] 따라서 이사회 또는 주주총회의 결의가

4) 이사의 선관의무를 적극적인 경영상의 의사결정에서의 업무집행부분(performance)과 소극적인 감시에서의 감독부분(oversight)으로 구분하고, 행위기준상 양 영역에 있어서 공히 선량한 관리자의 주의의무를 다하는 것이지만, 책임기준에 있어서 전자에서는 경영판단의 원칙이 탄생하였고, 후자에서는 위험관리체계의 구축의무가 판례법으로 확립되었다: 김정호, 회사법, 제4판, 2015, 466면.

5) 이철송, 회사법강의, 제25판, 2017, 726면.

있더라도 그 결의내용이 회사의 최선의 이익에 반하는 것이라면 이를 행하지 않는 것도 선관의무라 할 수 있다.[7] 따라서 이사회결의에 참여하는 이사는 그 결의에 참여함에 있어 항상 회사에 최선의 이익이 되는 결과를 추구해야 할 의무가 있으므로 이를 해태한 때에는 선관의무위반으로 회사에 손해가 발생한 때에는 그 손해에 대한 배상책임을 부담하게 된다.

대상판결의 경우에는 "이사회결의는 폐광지역의 경제 진흥을 통한 지역 간 균형발전 및 주민의 생활향상이라는 공익에 기여하기 위한 목적으로 이루어졌고, 기부액이 갑 회사 재무상태에 비추어 과다하다고 보기 어렵다고 하더라도, 기부행위가 폐광지역 전체의 공익 증진에 기여하는 정도와 갑 회사에 주는 이익이 그다지 크지 않고, 기부의 대상 및 사용처에 비추어 공익 달성에 상당한 방법으로 이루어졌다고 보기 어려울 뿐만 아니라 병 등이 이사회에서 결의를 할 당시 위와 같은 점들에 대해 충분히 검토하였다고 보기도 어렵"다고 하여 그 기부의 결정과정에서 선관의무를 위반한 것으로 보았다.

4. 이사회의 결의방법과 기권

이사회의 결의방법에 대하여 상법에 명문규정을 두고 있지 않다. 따라서 이에 관해 정관에 별도의 규정이 없으면 거수, 기립, 투표 등 어떠한 방법에 의하든 가능하다. 다만 투표에 의할 경우에는 기명투표만 가능하며, 무기명투표는 허용되지 않는다. 이사회의 결의에 대하여 이사는 그 결과에 책임을 져야 하므로(제399조 제2항) 각 이사의 찬성과 반대가 드러나야만 한다. 또한 이사는 이사회에 출석하여 토의하고 결의하여야 하므로 대리출석은 인정되지 않고, 타인에게 출석과 의결권을 위임할 수도 없다.[8] 이사회는 구체적인 회의를 요하므로 서면에 의한 결의 또는 공람·회람 등에 의한 결의는 할 수 없다. 다만 정관에서 달리 정하는 경우를 제외하고 이사의 전부 또는 일부가 직접 회의에 출석하지 아니하고 모든 이사가 음성을 동시에 송수신하는

---

6) 민법상의 선관의무와 상법상의 선관의무가 동일한 내용의 의무인가에 대하여, 민법상의 수임인은 개별적이고 구체적으로 위임된 사항에 관하여 사무를 처리하지만, 상법상 상행위의 위임을 받은 자는 위임의 본지에 반하지 아니한 범위 내에서 위임을 받지 아니한 행위에 대해서도 할 수 있다고 규정하고 있다(상법 제49조).

7) 대표이사는 이사회 또는 주주총회의 결의가 있더라도 그 결의내용이 회사 채권자를 해하는 불법한 목적이 있는 경우에는 이에 맹종할 것이 아니라 회사를 위하여 성실한 직무수행을 할 의무가 있으므로 대표이사가 임무에 배임하는 행위를 함으로써 주주 또는 회사채권자에게 손해가 될 행위를 하였다면 그 회사의 이사회 또는 주주총회의 결의가 있었다고 하여 그 배임행위가 정당화 될 수는 없다(대법원 1989.10.13. 선고 89도1012 판결).

8) 대법원 1982.7.13. 선고 80다2441 판결.

원격통신수단(전화회의, 화상회의)에 의하여 결의에 참가하는 것은 허용할 수 있다(제391조 제2항). 이사는 자기책임 하에 독립적으로 의결권을 행사하여야 하므로 이사회에서 담합하는 이사간의 약정은 무효이다.

이사회의 의사에 관하여는 의사록을 작성하여야 한다(제391조의3 제1항). 의사록에는 의사의 안건, 경과요령, 그 결과, 반대하는 자와 그 반대이유를 기재하고 출석한 이사 및 감사가 기명날인 또는 서명하여야 한다(제391조의3 제2항).

이사가 고의 또는 과실로 법령 또는 정관에 위반한 행위를 하거나 그 임무를 게을리한 경우에는 그 이사는 회사에 대하여 연대하여 손해를 배상할 책임이 있으며(제399조 제1항), 이 행위가 이사회의 결의에 의한 것인 때에는 그 결의에 찬성한 이사도 책임을 진다(제399조 제2항). 결의에 참가한 이사로서 이의를 한 기재가 의사록에 없는 자는 그 결의에 찬성한 것으로 추정한다(제399조 제3항). 이는 이사의 책임을 추궁하는 자로서는 어떤 이사가 이사회결의에 찬성하였는지를 알기 어려워 그 증명이 곤란한 경우가 있음을 고려하여 증명책임을 이사에게 전가하는 규정이다.[9]

대상판결의 경우에는 이사회결의시 기권한 경우가 문제가 되었다. 만약 실제로 기권을 하였으나 이사회의 의사록에 기권의 표시도 반대의 표시도 없는 경우에는 결의에 찬성한 이사로 추정될 것이다. 이사회의 의사록에도 기권의 표시가 되어 있는 경우에는 찬성도 아니고 반대도 아닌 '기권의 의사를 분명하게 표시한 자'이며, 이를 '이의를 한 기재가 의사록에 없는 자'로 보아서 그 결의에 찬성한 것으로 추정하기는 곤란하다. 실제로도 기권의 경우에는 가부(可否)산정에 산입하지 않으므로, 기권을 찬성으로 추정하여 손해배상책임을 지우는 것은 부당하다. 상법 제399조 제2항도 선관의무를 위반하여 결의에 찬성한 이사에게 책임을 묻기 위한 것이므로 기권은 배제되어야 한다. 대상판결도 이사가 이사회에 출석하여 결의에 기권하였다고 의사록에 기재된 경우에 그 이사는 "이의를 한 기재가 의사록에 없는 자"라고 볼 수 없으므로, 상법 제399조 제3항에 따라 이사회결의에 찬성한 것으로 추정할 수 없으므로 결의에 찬성한 이사로서의 책임을 부담하지 않는다고 판시하여 이를 명확히 하였다.

(박수영)

9) 대법원 2019.5.16. 선고 2016다260455 판결.

6

주주의 유한책임

대법원 1989.9.12. 선고 89다카890 판결

Ⅰ. 판결개요

1. 사실관계

피고 Y상호신용금고의 대표이사이던 A와 동 회사의 부산지점장이던 B가 부외거래[1)]의 방법에 의한 배임행위를 하여 Y회사에 합계 금 3,358,188,000원 상당의 손해를 입히게 되자 Y 금고의 전·현직 이사이며 대주주이던 원고 X와 소외 C, D, E 4인이 위 사태의 수습을 위하여 각 일정한 금원을 Y 금고에 제공키로 한 약정에 따라 원고 X가 금 360,000,000원을 지급하였다. 이에 X는 위의 약정이 주주유한책임의 원칙에 반한다고 주장하면서 자신이 지급한 금액은 부외거래로 인한 사태수습차원에서 일종의 갈취를 당한 것이고, 따라서 Y 금고는 위 금액상당의 손해를 배상할 의무가 있다면서 소를 제기하였다.

2. 판결요지

상법 제331조의 주주유한책임원칙은 주주의 의사에 반하여 주식의 인수가액을 초과하는 새로운 부담을 시킬 수 없다는 취지에 불과하고 주주들의 동의 아래 회사채무를 주주들이 분담하는 것까지 금하는 취지는 아니다.

1) 대법원 판례에 따르면 부외거래(簿外去來)란 금융기관의 장부와 거래원장에 등재하지 아니한 거래를 의미한다(대법원 1990.11.13. 선고 89다카26878 판결 참조).

3. 관련판례

(1) 헌법재판소 1997.6.26. 93헌바49, 94헌바38 · 41, 95헌바64 전원재판부

주주유한책임의 원칙이란 주주는 회사의 내부관계에서는 물론 외부적으로도 회사의 채권자에 대하여 아무런 책임을 부담하지 않는다는 것으로서, 이는 주식회사와 같은 물적회사에 있어서 회사와 주주의 재산을 분리하여 주주를 보호함으로써 주식의 자유로운 거래를 통하여 거대자본의 형성을 가능케 하여 주식회사제도를 발전시키고자 하는 것이다. 그러나 이러한 주주유한책임의 원칙도 입법자가 공공의 이익 등을 위하여 제한할 수 있는 것이다. 주주유한책임의 원칙 자체가 주식회사제도의 활성화를 위한 입법적 고려 아래 채택된 제도이므로, 이를 공공복리 등의 필요에 의하여 제한하는 것도 입법정책의 문제이기 때문이다.

(2) 헌법재판소 2002.8.29. 2000헌가5 · 6, 2001헌가26, 2000헌바34, 2002헌가3 · 7 · 9 · 12(병합) 전원재판부

'소유와 경영의 분리', '주주유한책임의 원칙'은 헌법상의 원칙이 아닌 법률상의 원칙에 불과하므로, 입법자는 그러한 법리나 원칙에 얽매이지 않고 회사의 형태와 회사 구성원의 책임을 어떻게 결부시킬지에 관하여 입법정책적인 결정을 내릴 수 있다.

(3) 대법원 2009.5.29. 선고 2007도4949 전원합의체 판결

주주는 회사에 대하여 주식의 인수가액에 대한 납입의무를 부담할 뿐(상법 제331조) 인수가액 전액을 납입하여 주식을 취득한 후에는 주주유한책임의 원칙에 따라 회사에 대하여 추가 출자의무를 부담하지 아니하는 점, 회사가 준비금을 자본금으로 전입하거나 이익을 주식으로 배당할 경우에는 주주들에게 지분비율에 따라 무상으로 신주를 발행할 수 있는 점 등에 비추어 볼 때, 회사가 주주배정의 방법, 즉 주주가 가진 주식수에 따라 신주 등의 배정을 하는 방법으로 신주 등을 발행하는 경우에는 발행가액 등을 반드시 시가에 의하여야 하는 것은 아니다. 그러므로 회사의 임원인 이사로서는 주주배정의 방법으로 신주를 발행함에 있어서 원칙적으로 액면가를 하회하여서는 아니 된다는 제약(상법 제330조, 제417조) 외에는 주주 전체의 이익과 회사의 자금조달의 필요성과 급박성 등을 감안하여 경영판단에 따라 자유로이 그 발행조건을 정할 수 있다고 보아야 할 것이므로, 시가보다 낮게 발행가액 등을 정함으로써 주주들로부터 가능한 최대한의 자금을 유치하지 못하였다고 하여 배임죄의 구성요건

인 임무위배, 즉 회사의 재산보호의무를 위반하였다고 볼 것은 아니다.

(4) 대법원 2024.6.27. 선고 2022다302022 판결

[1] 당사자들이 자금을 출자하여 공동으로 주식회사를 설립하여 운영하고 그에 따르는 비용의 부담과 이익의 분배를 지분 비율에 따라 할 것을 내용으로 하는 동업약정은 주식회사 주식의 매매계약과 주식회사의 공동경영과 이익분배에 관한 주주 사이의 계약이 혼합된 계약의 성격을 가지고, 특별한 사정이 없는 한 공동사업을 위하여 민법상 조합을 결성할 것을 목적으로 한다고 볼 수 없다. 이러한 동업약정은 당사자들의 공동사업을 주식회사의 명의로 하고 대외관계 및 대내관계에서 주식회사의 법리에 따름을 당연한 전제로 하므로, 위와 같은 동업약정에 따라 주식회사가 설립되어 그 실체가 갖추어진 이상, 주식회사의 청산에 관한 상법의 규정에 따라 청산절차가 이루어지지 않는 한 일방 당사자가 잔여재산을 분배받을 수 없다. 이러한 법리는 동업약정에 따라 주식회사가 설립된 후 당사자 일방이 동업관계에서 탈퇴하였다고 주장하며 정산을 구하는 경우에도 그대로 적용된다.

[2] 동업약정 당사자들의 공동사업이 주식회사 명의로 운영되고 대내관계 및 대외관계에서 주식회사의 법리에 따르기 위해서는 동업약정 당사자들이 출자한 자금으로 주식회사의 주식을 인수하여 주식회사의 주주가 되는 것이 전제되어야 한다. 당사자 일부는 주식회사 주식을 취득하였지만 다른 일부가 주식을 취득하지 않아 당사자들 모두가 주주가 되지는 않은 동업약정의 경우, 주주가 되지 않은 동업약정 당사자들의 자금이 주식회사에 투자되었다고 하더라도 이러한 동업약정의 당사자들이 공동으로 주식회사를 설립하거나 운영한다고 볼 수 없고, 주식회사 주식이나 주식회사 소유의 재산도 동업약정의 재산이 될 수 없다.

Ⅱ. 판결의 평석

1. 주주유한책임의 원칙

(1) 내 용

주주는 자신이 회사로부터 인수한 주식을 위해 회사에 출자한 금액을 한도로 간접적으로 회사채무에 대해 책임을 진다(상법 제331조). 이를 주주 유한책임의 원칙이라 한다. 따라서 설령 회사가 채무초과상태에 빠지더라도 주주는 회사의 채권자에 대

하여 변제를 하여야 하는 책임을 부담하지 않는다. 이러한 주주의 유한책임은 대규모 자본의 형성을 용이하게 하기 위하여 인정된 원칙으로서 주식회사의 본질적인 요소이다. 그러므로 정관 또는 주주총회의 결의로 이와 달리 정할 수 없다.

(2) 기 능[2)]

상법상 주주유한책임의 원칙은 다음과 같은 다양한 기능을 가진다. 첫째, 주주의 책임이 유한하다 보니 주주가 무한책임을 지는 경우보다는 이사에 대한 감시의 필요성이 줄어든다. 말하자면, 자신이 부담하는 위험이 유한하므로 이사에 대하여 엄격하게 감시하여야 하는 절박성이 떨어지는 것이다. 이처럼 위험이 유한한 까닭에 주식회사는 용이하게 자금조달을 할 수 있다. 그러나 주주는 주식회사의 잔여재산분배청구권자이므로 이사의 행위를 성실하게 감시·감독하여야만 회사가 청산하는 경우에 많은 잔여재산을 분배받을 수 있다. 이와 같은 주주의 감시기능 덕분에 채권자는 회사에 대하여 감시의 부담이 경감된다. 따라서 채권자의 감시비용절감으로 인하여 회사는 채권자로부터 적은 거래비용으로 자금을 빌릴 수 있게 된다.

둘째, 주주의 책임이 유한하므로 주주는 다른 주주에 대해 감시할 필요가 없다. 만약 주주의 책임이 무한하다면 다른 주주가 책임지지 못하는 경우 본인의 책임이 증가하게 되므로 다른 주주에 대한 감독이 필요하게 되지만 유한책임 하에서는 그러한 감독이 필요없다.

셋째, 주주의 책임이 주주별로 무한하다면 주주의 담보자산상의 차이로 인하여 등질의 상품을 마련할 수가 없지만 유한책임 하에서는 균질적인 상품을 마련하는 것이 가능하다.

넷째, 이사에 대한 감시의 필요성이 적고 다른 주주를 감시하지 않아도 되므로 회사의 경영에 전문적인 지식이 없는 자도 주주가 될 수 있는 유인을 가진다. 주주의 책임이 유한하므로 주주가 분산투자를 통해 사업실패로 인한 손실부담의 가능성을 최소화할 수도 있다. 회사는 주주에게 추가적인 출자부담을 부과하지 않으면서도 모험사업에 진출할 수 있다. 게다가 주주유한책임은 주식의 자유로운 양도를 촉진하는데, 이러한 주식양도의 자유는 비효율적인 이사에 대한 일종의 징계효과를 가지게 된다. 즉, 이사가 비효율적으로 경영하는 회사의 경우 주주는 그 주식을 매각할 수 있고 제3자는 할인된 가격으로 그 주식을 매입하여 이사를 교체할 수 있다.

---

2) 주주유한책임의 기능에 관한 논의는 Frank H. Easterbrook & Daniel R. Fischel, The Economic Structure of Corporate Law 41 – 47(1991)을 정리한 것이다.

(3) 예 외

현행 상법은 주주유한책임의 예외로서 통모인수인의 책임을 명문으로 인정하고 있다(상법 제424조의2 제1항). 이사와 통모하여 현저하게 불공정한 발행가액으로 주식을 인수한 자는 회사에 대하여 공정한 발행가액과의 차액에 상당하는 금액을 지급할 의무를 부담한다. 이는 주식회사의 자본금충실을 위한 추가적 출자의무로서의 성격을 지닌다.

이 밖에 판례법상으로 인정되고 있는 법인격부인론도 주주유한책임의 예외이며, 대상판결에서와 같이 주주가 자발적으로 추가적인 출자를 허용하는 것도 주주유한책임의 다른 예외라고 할 수 있다.

2. 대상판결의 검토

상법상 신주인수인은 납입기일에 인수가액의 전액을 납입하여야 하고, 납입으로 원시적으로 주주가 된 자나 주식을 승계취득한 자는 그 이후 회사나 회사채권자에 대하여 아무런 책임을 지지 않는다는 것이다. 따라서 주주의 유한책임이란 곧 주식인수인의 납입의무와 내용을 같이한다. 그러므로 주주유한책임의 원칙은 회사가 주주에 대하여 주식의 인수가액을 초과하는 추가적인 출자를 요구하는 것을 금한다는 법리에 지나지 않으므로 주주가 자의적으로 자신의 유한책임원칙을 포기하고 회사의 채무를 부담하거나 추가출자하겠다는 약정은 유효하다. 대상판결에서 X가 일단은 자의적으로 추가출자한 후에 마음을 바꾸어 그 출자한 금액을 배상하여야 한다는 주장을 하였음에도 불구하고 대법원이 이를 받아들이지 않은 것은 지극히 당연하다.

(권재열)

7 투자계약상 일부 주주에 대한 사전동의권 등 부여와 주주평등의 원칙

대법원 2023.7.13. 선고 2021다293213 판결

Ⅰ. 판결개요

1. 사실관계

피고 주식회사 틸론(이하 '피고 회사')은 컴퓨터시스템의 제조·판매 등을 목적으로 설립되어 2016. 12. 6. 기준 보통주 3,330,318주, 우선주 260,000주(우선주 240,000주, 상환전환우선주 20,000주)를 발행한 회사이고, 피고 2는 피고 회사의 과반수 주식을 보유한 대표이사이다. 원고는 2016. 12. 6. 피고 회사와 사이에, 피고 회사가 발행하는 액면가 500원의 상환전환우선주 200,000주를 1주당 10,000원에 인수하기로 약정(이하 '신주인수계약')하고, 2016. 12. 8. 피고 회사에 신주인수대금을 지급하여 2016. 12. 9. 위 주식을 배정받아 피고 회사의 발행주식총수 중 약 5.27%의 주식을 보유하게 되었다.

피고 회사는 신주인수계약 당시 원고에게 ① 원고의 투자 이후 피고 회사가 원고의 최종 주당 인수가격보다 낮은 가격으로 유상증자 등을 하거나 납입 자본금의 증가 또는 감소 등 주요한 경영사항에 대하여 원고에게 사전에 통지하고 원고로부터 사전동의를 받아야 하고, 이를 위반할 경우 피고 회사가 원고에게 손해배상 명목으로 주식에 대한 조기상환청구권 등을 부여하고, 이에 더하여 위약벌을 부담하기로 약정하였고, ② 피고 회사의 과반수 주식을 보유한 대표이사 Y는 피고 회사가 원고에게 부담하는 채무를 연대하여 이행하기로 약정하였다.

그 후 피고 회사는 2018. 9. 6. 농심캐피탈에 상환전환우선주 160,000주를 1주당 12.500원에 배정하고(이하 '1차 유상증자'), 2018. 11. 29. 지온인베스트먼트에 상환전

환우선주 80,000주를 1주당 12,500원 배정하면서도(이하 '2차 유상증자'), 원고에게 1·2차 유상증자에 관하여 사전에 통지하지 않거나 원고의 사전동의를 받지 않았다.

이에 원고는, 피고 회사가 1·2차 유상증자 시 원고에 대한 사전통지 및 사전동의 의무를 위반하였고, 원고의 시정요구에도 불응하였음을 이유로, 피고들을 상대로 약정 위반에 따른 위 주식에 대한 조기상환대금 및 위약벌의 지급을 구하는 소를 제기하였다.[1)]

2. 판결요지

[1] 주주평등 원칙이란, 주주는 회사와의 법률관계에서 그가 가진 주식의 수에 따라 평등한 취급을 받아야 함을 의미한다. 이를 위반하여 회사가 일부 주주에게만 우월한 권리나 이익을 부여하기로 하는 약정은 특별한 사정이 없는 한 무효이다. 다만 회사가 일부 주주에게 우월한 권리나 이익을 부여하여 다른 주주들과 다르게 대우하는 경우에도 법률이 허용하는-6 절차와 방식에 따르거나 그 차등적 취급을 정당화할 수 있는 특별한 사정이 있는 경우에는 이를 허용할 수 있다. 나아가 차등적 취급을 허용할 수 있는지 여부는, 차등적 취급의 구체적 내용, 회사가 차등적 취급을 하게 된 경위와 목적, 차등적 취급이 회사 및 주주 전체의 이익을 위해 필요하였는지 여부와 정도, 일부 주주에 대한 차등적 취급이 상법 등 관계 법령에 근거를 두었는지 아니면 상법 등의 강행법규와 저촉되거나 채권자보다 후순위에 있는 주주로서의 본질적인 지위를 부정하는지 여부, 일부 주주에게 회사의 경영참여 및 감독과 관련하여 특별한 권한을 부여하는 경우 그 권한 부여로 회사의 기관이 가지는 의사결정 권한을 제한하여 종국적으로 주주의 의결권을 침해하는지 여부를 비롯하여 차등적 취급에 따라 다른 주주가 입는 불이익의 내용과 정도, 개별 주주가 처분할 수 있는 사항에 관한 차등적 취급으로 불이익을 입게 되는 주주의 동의 여부와 전반적인 동의율, 그 밖에 회사의 상장 여부, 사업목적, 지배구조, 사업현황, 재무상태 등 제반 사정을 고려하여 일부 주주에게 우월적 권리나 이익을 부여하여 주주를 차등 취급하는 것이 주주와 회사 전체의 이익에 부합하는지를 따져서 정의와 형평의 관념에 비추어 신중하게 판단하여야 한다.

[2] 회사가 자금조달을 위해 신주인수계약을 체결하면서 주주의 지위를 갖게 되

1) 이 사건 인수계약 제31조 제1항에 따르면 피고 회사의 의무위반 시에 원고는 피고 Y에 대하여 주식매수를 청구할 수도 있었다. 다만 본 건에서 원고는 이를 구하는 대신 피고 회사에 대한 조기상환 및 위약벌을 청구하면서 지배주주인 Y에게 연대책임을 구하였다.

는 자에게 회사의 의사결정에 대한 사전동의를 받기로 약정한 경우 그 약정은 회사가 일부 주주에게만 우월한 권리를 부여함으로써 주주들을 차등적으로 대우하는 것이지만, 주주가 납입하는 주식인수대금이 회사의 존속과 발전을 위해 반드시 필요한 자금이었고 투자유치를 위해 해당 주주에게 회사의 의사결정에 대한 동의권을 부여하는 것이 불가피하였으며 그와 같은 동의권을 부여하더라도 다른 주주가 실질적·직접적인 손해나 불이익을 입지 않고 오히려 일부 주주에게 회사의 경영활동에 대한 감시의 기회를 제공하여 다른 주주와 회사에 이익이 되는 등으로 차등적 취급을 정당화할 수 있는 특별한 사정이 있다면 이를 허용할 수 있다.

[3] 회사가 주주의 지위를 갖게 되는 자와 사이에 주식인수대금으로 납입한 돈을 전액 보전해 주기로 약정하거나, 상법 제462조 등 법률의 규정에 의한 배당 외에 다른 주주들에게는 지급되지 않는 별도의 수익을 지급하기로 약정한다면, 이는 회사가 해당 주주에 대하여만 투하자본의 회수를 절대적으로 보장함으로써 다른 주주들에게 인정되지 않는 우월한 권리를 부여하는 것으로서 주주평등의 원칙에 위배되어 무효이다.

[4] 회사와 주주가 체결한 동의권 부여 약정에 따른 차등적 취급이 예외적으로 허용되는 경우에 동의권 부여 약정 위반으로 인한 손해배상 명목의 금원을 지급하는 약정을 함께 체결하였고 그 약정이 사전동의를 받을 의무 위반으로 주주가 입은 손해를 배상 또는 전보하고 의무의 이행을 확보하기 위한 것이라고 볼 수 있다면, 이는 회사와 주주 사이에 채무불이행에 따른 손해배상액의 예정을 약정한 것으로서 특별한 사정이 없는 한 유효하고, 일부 주주에 대하여 투하자본의 회수를 절대적으로 보장함으로써 주주평등의 원칙에 위배된다고 단정할 것은 아니다. 다만 손해배상액의 예정 약정이 유효하다고 하더라도, 그 금액이 부당히 과다하다면 민법 제398조 제2항 에 따라 법원이 이를 감액할 수 있다. 따라서 법원으로서는 동의권 부여 약정 위반에 따른 손해배상의 예정액의 부당성 여부를 판단할 때 그 동의권 부여 및 손해배상액의 예정 약정을 체결한 동기와 경위, 회사의 동의권 부여 약정 위반으로 그 주주가 실제로 입은 손해액, 회사가 동의권 부여 약정을 위반하게 된 경위와 이유 등 제반 사정을 참작하면서, 그와 같은 약정이 사실상 투하자본 전부 또는 일부의 회수를 절대적으로 보장하는 수단으로 기능하지 않도록 유의할 필요가 있다.

3. 관련판례

(1) 대법원 2023.7.13. 선고 2022다224986 판결

회사가 신주를 인수하여 주주의 지위를 갖게 되는 사람에게 금전 지급을 약정한 경우, 그 약정이 실질적으로는 회사가 주주의 지위를 갖게 되는 자와 사이에 주식인수대금으로 납입한 돈을 전액 보전해 주기로 약정하거나, 상법 제462조 등 법률의 규정에 의한 배당 외에 다른 주주들에게는 지급되지 않는 별도의 수익을 지급하기로 약정한다면, 이는 회사가 해당 주주에 대하여만 투하자본의 회수를 절대적으로 보장함으로써 다른 주주들에게 인정되지 않는 우월한 권리를 부여하는 것으로서 주주평등의 원칙에 위배되어 무효이다. 이러한 약정은 회사의 다른 주주 전원이 그와 같은 차등적 취급에 동의하였다고 하더라도 주주평등의 원칙을 위반하여 효력이 없다.

주주평등의 원칙은 주주와 회사의 법률관계에 적용되는 원칙이고, 주주가 회사와 계약을 체결할 때 회사의 다른 주주 내지 이사 개인이 함께 당사자로 참여한 경우 주주와 다른 주주 사이의 계약은 주주평등과 관련이 없으므로, 주주와 회사의 다른 주주 내지 이사 개인의 법률관계에는 주주평등의 원칙이 직접 적용되지 않는다. 주주는 회사와 계약을 체결하면서 사적자치의 원칙상 다른 주주 내지 이사 개인과도 회사와 관련한 계약을 체결할 수 있고, 그 계약의 효력은 특별한 사정이 없는 한 주주와 회사가 체결한 계약의 효력과는 별개로 보아야 한다.

(2) 대법원 2023.7.13. 선고 2023다210670 판결[2)]

원고인 주주에게 부여한 동의권의 대상이 된 회사의 의사결정은 회생절차 개시신청 여부에 관한 것이다. 회생절차 개시신청은 대표이사의 업무권한인 일상 업무에 속하지 아니한 중요한 업무에 해당하여 원칙적으로 이사회의 결의가 필요한 사항이지만(대법원 2019.8.14. 선고 2019다204463 판결 등 참조), 피고의 정관에서 따로 정하는 등의 특별한 사정이 없는 한 주주총회 결의까지 필요한 것은 아니므로, 이 사건 동의권 약정으로 인해 다른 주주의 의결권이 직접 침해되지는 않는다. 결국 회사의 주주 중 원고에게만 회생절차 개시신청 여부에 대한 사전 동의권을 부여함으로써 다른 주

---

2) 동 판결의 사실관계는 투자계약에서 피고가 회생절차 개시신청을 할 경우 사전에 원고로부터 서면동의를 얻어야 하고, 이를 위반하면 원고는 피고에게 최고를 하고 그 최고일로부터 2주일 이내에 위반사유가 시정되지 아니한 때에 위 투자계약을 해지할 수 있으며, 피고는 위 기간 동안 소명 및 시정을 하지 못한 경우에 원고에게 주식인수대금 및 이에 대하여 주식인수대금 납입일부터 원고의 회수일까지 소정의 비율에 따라 계산한 돈을 손해배상금으로 지급하도록 약정한 사안이다.

주가 실질적 · 직접적인 손해나 불이익을 입었다고 단정하기 어렵고, 오히려 원고에게 피고의 경영활동에 대한 감시의 기회를 제공함으로써 다른 소수주주에게 이익이 될 가능성도 있다.

한편, 원고인 주주에 대한 손해배상약정은 피고 외 다른 신청권자의 회생절차 개시신청에 따라 회생절차가 개시된 경우와 같이 단지 회생절차가 개시되었다는 결과 또는 그 개시신청이 있었다는 사정만으로 금전지급의무를 부담하게 하는 약정이 아니며, 피고가 회생절차 개시신청을 하기 전에 설득 절차를 거쳐 원고의 사전 동의를 받아야 할 의무를 위반하고 사후에라도 원고에게 설명하고 설득하는 절차를 통해 소명 및 시정하는 조치를 취하지 않은 채 피고에 대한 회생절차가 계속 진행되었을 때 비로소 발생한다. 따라서 이 사건 손해배상채권은 실질에 있어서도 피고가 동의권 약정에 따른 의무의 불이행으로 인한 손해배상금을 지급하기로 하는 것으로, 약정 위반으로 원고가 입게 될 손해를 배상 또는 전보하도록 함으로써 결과적으로 약정에 따른 의무의 이행을 확보하기 위한 것이다. 따라서 비록 손해배상의 예정 금액이 원고의 투자금액과 일치하더라도 이러한 사정만으로 그 약정이 투하자본의 회수를 절대적으로 보장하는 것이라고 단정할 수 없다.

Ⅱ. 판결의 평석

1. 판결의 의의

대상판결에서는 주주평등 원칙과 관련하여 ① 일부 주주인 원고에게 회사의 의사결정에 대한 사전동의권을 부여한 것이 다른 주주들에게 인정되지 않는 우월한 권리를 부여한 것인지, ② 동의권 부여 약정에 따른 차등적 취급이 예외적으로 허용되는 경우에 동의권 부여 약정 위반으로 인한 손해배상 명목의 금원을 지급하기로 한 약정이 실질적으로 투하자본 회수를 절대적으로 보장한 것인지가 쟁점이 되었다.

제1심법원과 원심법원은 원고의 청구를 모두 기각하였으나,[3] 대법원은 원심을 파

3) 원심은, ① 원고의 피고 회사에 대한 청구 부분은, 신주인수계약 중 주요한 경영사항에 대한 사전동의권 약정 부분이 일부 주주인 원고에게 피고 회사의 다른 주주들에게 인정되지 않는 우월한 권리를 부여하고 실질적으로 원고의 투하자본 회수를 절대적으로 보장하는 등 주주평등 원칙을 위반하여 무효이고, 원고에 대한 사전통지 의무위반 부분만으로는 그 위반의 정도가 경미하여 원고가 이를 이유로 조기상환청구 및 위약벌을 구할 수 없으며, ② 피고 2에 대한 청구 부분은, 피고 회사의 손해배상채무가 주주평등 원칙 등을 위반하여 발생하지 않은 이상 이를 연대보증한 피고 2도 달리 채무를 부담할 수 없다고 보아, 원고의 피고들에 대한 청구를 모두 기각하였다.

기하고 회사가 일부 주주에게 우월한 권리나 이익을 부여하여 다른 주주들과 다르게 대우하는 경우에도 법률이 허용하는 절차와 방식에 따르거나 그 차등적 취급을 정당화할 수 있는 특별한 사정이 있는 경우에는 이를 허용할 수 있다고 하여 주주평등원칙 적용에 있어서 그 예외를 인정하면서 차등적 취급의 경위와 목적, 차등적 취급이 회사와 주주 전체에 이익이 되는지 여부 등 차등적 취급을 허용할 수 있는지에 대한 구체적인 판단기준을 제시하였다.

한편, 대상판결은 일부 주주의 차등적 취급이 예외적으로 허용되는 경우에 그 약정 위반으로 인한 손해배상 명목의 금원을 지급하는 약정이 주주가 입은 손해를 배상 또는 전보하고 의무의 이행을 확보하기 위한 것이라고 볼 수 있다면 특별한 사정이 없는 한 유효하다고 판시하여, 차등적 취급을 허용하는 약정 위반에 따른 손해배상청구권 등 이익을 부여한 경우 투하자본의 회수를 절대적으로 보장하는 것으로 볼 수 있는지에 대한 판단기준을 제시하였다.

2. 주주평등 원칙

주주평등 원칙은 주주가 회사에 대한 법률관계에 있어서 원칙적으로 보유한 주식수에 따라 평등한 권리를 가지며 평등한 대우를 받는 것을 의미한다. 주주평등은 주식의 보유수에 따른 평등을 의미하므로 주주평등은 곧 주식평등을 의미한다. 평등한 대우의 의미는 권리의 행사와 의무의 이행 등에 있어서 균등한 기회가 주어져야 한다는 것인데(기회균등), 이는 어디까지나 보유한 주식수에 따라 비례적으로 인정되며(비례적 평등), 동일한 종류의 주식 간에만 인정된다(종류적 평등). 주주평등은 대표적으로 이익배당에서의 평등, 잔여재산분배에서의 평등, 의결권에서의 평등으로 나타난다.

대법원판결은 회사가 특정 주주에 대하여 손실보전약정 또는 투자금 반환약정을 하여 투하자본 회수를 절대적으로 보장한 경우,[4] 신주를 인수하여 주주의 지위를 갖게 되는 사람에게 금전 지급을 약정한 경우로서 실질적으로는 신주인수대금으로 납입한 돈을 전액 보전해 주기로 경우[5]와 회사가 주식인수 및 운영자금 대여에 따라 그 주주이자 채권자인 자에게 임원추천권을 부여한 후 임원추천권을 행사하지 않는 대가로 매월 일정액을 지급해오다가 채권 변제 후 주주의 지위만이 남았음에도 일정액을 지급한 경우[6] 등의 사안에서 다른 주주에게 인정하지 않는 우월한 권리를 부여

4) 대법원 2007.6.28. 선고 2006다38161, 38178 판결; 대법원 2020.8.13. 선고 2018다236241 판결; 대법원 2023.7.13. 선고 2021다293213 판결; 대법원 2023.7.13. 선고 2022다224986 판결.

5) 대법원 2023.7.27. 선고 2022다290778 판결.

한 것으로서 주주평등 원칙에 위반된다고 판시하였다.

주주평등 원칙에 대한 예외는 종류주식(제334조 제1, 3항), 단주의 처리(제443조), 감사 또는 감사위원의 선임(제369조), 소수주주권 등과 같이 법이 정한 경우에만 허용되므로, 정관이나 주주총회의 결의로는 그 예외를 정하더라도 효력이 없다. 다만, 대법원판결은 "회사가 일부 주주에게 우월한 권리나 이익을 부여하여 다른 주주들과 다르게 대우하는 경우에도 법률이 허용하는 절차와 방식에 따르거나 그 차등적 취급을 정당화할 수 있는 특별한 사정이 있는 경우에는 이를 허용할 수 있다."라고 판시하여 법이 정한 경우 이외에도 차별취급을 정당화할 수 있는 특별한 사정을 그 예외사유로 인정하고 있다.

주주평등 원칙에 입각한 상법 규정은 모두 강행규정으로 보므로 이에 위반한 약정은 무효이다. 판례는 제3자 배정방식의 유상증자를 실시하면서 특정 주주와 투자원금을 반환하고 소정의 수익금을 지급하기로 하는 내용의 투자계약을 체결하고 이행한 사안에서 주주 지위에서 발생하는 손실의 보상을 주된 목적으로 하는 투자계약은 주주평등 원칙에 위배되어 무효라고 보았다.[7)]

주주평등 원칙은 주주와 회사의 법률관계에 적용되는 원칙으로서 주주와 회사의 다른 주주 내지 이사 개인 간의 법률관계에는 주주평등 원칙이 직접 적용되지 않는다. 그러므로 주주가 회사와 계약을 체결할 때 회사의 다른 주주 내지 이사 개인이 함께 당사자로 참여한 경우 그 주주와 다른 주주 사이의 계약은 주주평등 원칙과 관련이 없다.[8)]

3. 검　토

회사가 일부 주주에게만 우월한 권리나 이익을 부여하기로 하는 약정은 주주평등의 원칙에 위반하는 것이며, 주주평등의 원칙은 명시적 규정은 없지만 이에 위반하는 약정은 원칙적으로 무효로 본다. 다만, 주주평등의 원칙은 모든 주주를 절대적으로 동일하게 대우하여야 한다는 의미가 아니라 특정 주주에게만 이익을 줌으로써 다른 주주를 불이익하게 처우하는 것을 방지하기 위한 취지에서 인정되는 원칙이라는 점을 고려할 때, 회사가 일부 주주에게 우월한 권리나 이익을 부여하더라도 다른 주주에게 불이익을 주지 않고 오히려 일부 주주에게 회사의 경영활동에 대한 감시의 기

6) 대법원 2018.9.13. 선고 2018다9920,9937 판결.
7) 대법원 2020.8.13. 선고 2018다236241 판결; 대법원 2023.7.27. 선고 2022다290778 판결.
8) 대법원 2023.7.13. 선고 2022다224986 판결.

회를 제공하여 다른 주주와 회사에 이익이 되는 등 차등적 취급을 정당화할 수 있는 특별한 사정이 있다면 이를 금지할 이유가 없다.

한편, 회사가 일부 주주에게 우월적 권리를 부여하면서 그 약정 위반의 경우 손해배상 명목의 금원을 지급하는 약정을 함께 체결한 경우, 해당 약정이 일부 주주에 대하여 투하자본의 회수를 절대적으로 보장하기 위한 방편이라고 인정되는 경우에는 주주평등 원칙 위반을 이유로 무효로 보아야 한다. 그러나 일부 주주에게 부여한 동의권 등 권리가 회사와 다른 주주에게 불이익을 주지 않고 이익이 되는 등 유효하다고 인정되면 그 약정 위반 시 손해배상액을 지급하기로 하였더라도 이는 그 의무의 이행을 확보하기 위한 것으로 볼 수 있다면 그 약정을 투하자본의 회수를 절대적으로 보장하기 위한 것으로 단정하기는 어려울 것이다. 즉, 일부 주주에게 동의권을 부여하기로 한 약정이 다른 주주와 회사 전체의 이익이 되는 등 유효한 경우 그 약정에 따른 의무를 이행하도록 하기 위한 수단으로서 위반에 따른 손해배상액을 예정할 필요성이 있고, 주식매수청구권과 위약벌 등 손해배상에 관한 청구권은 처음부터 보유하는 권리가 아니라 회사가 약정을 위반할 경우 비로소 발생되는 권리일 뿐이므로 이를 투하자본의 회수를 절대적으로 보장하기 위한 약정으로 볼만한 다른 특별한 사정이 없다면 일반적인 채무불이행에 따른 손해배상액 약정으로 볼 수 있을 것이다.

(박인호)

8 설립중의 회사

대법원 1998.5.12. 선고 97다56020 판결

Ⅰ. 판결개요

1. 사실관계

정원수, 관상수의 생산 및 판매를 목적으로 하는 X주식회사의 설립을 준비하던 발기인 대표 A는 1988. 10. 4. Y와의 사이에서 정원수 생산을 위하여 Y가 소유한 임야의 매수계약을 체결하고 매매대금을 지급하였다. X회사는 1989. 1. 11. 정관을 작성하고 1989. 1. 12. 설립등기를 완료하였으며 발행주식총수는 1만주였다. X회사의 주장은 다음과 같다. 발기인대표였던 A가 회사 설립을 위하여 임야를 매수한 이상, 이 임야에 대한 권리의무는 X회사의 설립과 동시에 법률상 당연히 X회사에 귀속되는 것이므로, Y가 이 사건 임야에 관한 매매를 원인으로 한 소유권이전등기절차를 X회사에게 이행하여야 한다고 주장한다. 반면 Y는 위 계약의 당사자는 A 개인이었으므로 X회사의 청구에 응할 수 없다고 주장하였다.

2. 판결요지

설립중의 회사는 정관이 작성되고 발기인이 적어도 1주 이상의 주식을 인수하였을 때 비로소 성립한다. 설립중의 회사로서의 실체가 갖추어지기 이전에 발기인이 취득한 권리의무는 구체적인 사정에 따라 발기인 개인 또는 발기인 조합에 귀속되는 것으로서, 이들에게 귀속된 권리의무를 설립후의 회사에게 귀속시키기 위해서는 양수나 계약자 지위인수 등의 특별한 이전행위가 있어야 한다.

3. 관련판례

(1) 대법원 2007.9.7. 선고 2005다18740 판결

설립중의 회사로서의 실체가 갖추어지기 이전에 발기인이 취득한 권리·의무는 구체적 사정에 따라 발기인 개인 또는 발기인 조합에 귀속되는 것인바, 발기인이 개인 명의로 금원을 차용한 경우 이는 그 발기인 개인에게 귀속됨이 원칙이고, 위 채무가 발기인 조합에게 귀속되려면 위 금원의 차용행위가 조합원들의 의사에 기해 발기인 조합을 대리하여 이루어져야 한다고 할 것이다.

(2) 대법원 1990.12.26. 선고 90누2536 판결

설립중의 회사라 함은 주식회사의 설립과정에 있어서 발기인이 회사의 설립을 위하여 필요한 행위로 인하여 취득하게 된 권리의무가 회사의 설립과 동시에 그 설립된 회사에 귀속되는 관계를 설명하기 위한 강학상의 개념으로서 정관이 작성되고 발기인이 적어도 1주 이상의 주식을 인수하였을 때 비로소 성립하는 것이다. 설립중의 회사로서의 실체가 갖추어지기 이전에 발기인이 취득한 권리, 의무는 구체적 사정에 따라 발기인 개인 또는 발기인조합에 귀속되는 것으로서 이들에게 귀속된 권리의무를 설립후의 회사에 귀속시키기 위해서는 양수나 채무인수 등의 특별한 이전행위가 있어야 한다. 원고 앞으로 소유권이전등기가 마쳐진 이 사건 토지에 관하여 원고가 발기인이던 회사의 장부에 원고가 토지매입자금을 입금하여 회사자금으로 이 사건 토지를 매입한 것으로 기재되었다거나 설립등기후에 위 토지의 정지작업을 하였다는 사실만으로는 위 회사가 원고로부터 위 토지의 매수인으로서의 지위를 인수하였다고 보기는 어렵다고 할 것이다.

Ⅱ. 판결의 평석

1. 판결의 의의

설립중의 회사의 성립시기에 관하여 학설상 논란이 있었으나 이에 대하여 정관이 작성되고 발기인이 적어도 1주 이상을 인수한 때라는 기준을 제시하였다. 또한 설립중인 회사로서의 실체가 갖추어지기 이전에 발기인이 취득한 권리의무가 설립후의 회사에 귀속되기 위한 요건으로서 특별한 이전행위가 있어야 한다는 점도 명확히 하

였다.

2. 설립중의 회사의 권리이전

(1) 설립중의 회사의 개념

설립중의 회사라 함은 회사의 성립(설립등기) 이전에 어느 정도 회사로서의 실체가 형성된 미완성의 회사를 말한다. 또는 발기인이 정관을 작성한 후 회사가 성립하기까지의 사회적 실재물을 말한다. 설립중의 회사는 대륙법계의 회사법에서 입법상·강학상 인정되는 개념이다. 이는 설립과정에서 생긴 발기인 내지 설립중 회사의 기관이 취득한 권리의무가 성립후의 회사에 이전되는 관계를 설명하기 위하여 인정된다. 이는 장차 설립할 회사의 전신으로서 비록 법인격은 없더라도 제한된 범위에서 권리능력을 가지며 성립후의 회사와 실질적으로 동일한 일체이다(동일성설: 통설).

발기인이 회사를 위해 취득한 재산은 발기인 재산으로 되었다가 설립등기후 회사로 이전한다. 이때 (i) 발기인의 개인채무에 관한 책임재산을 구성하게 되어 발기인의 채권자에게 강제집행을 당할 우려가 있다. (ii) 2번의 이전으로 양도소득세, 취득세, 등록세의 부담이 가중된다. 이에 따라 설립중의 회사 개념이 필요하게 된다. 즉, 발기인이 취득한 재산이 바로 설립중의 회사에 귀속하고, 이것은 동일성설에 의해 회사설립후 회사재산으로 귀속한다.[1]

(2) 법적 성질

1) 권리능력이 없는 사단설(통설 · 판례)

설립등기가 없는 이상 회사로서는 아직 성립하지 않고, 법에 명문의 규정이 없기 때문에 권리능력은 없지만 성립후의 회사와 실질적으로 동일한 것이며, 성립후의 회사가 사단이기 때문에 성립중의 회사도 권리능력 없는 사단이다.[2]

2) 특수단체설(소수설)

조합도 아니고 권리능력이 없는 사단도 아니며 법인도 아닌 특수한 성질의 단체이다.[3] 설립중의 회사는 회사 설립의 필수불가결한 전단계로서 부분적인 권리능력을 가진다. 따라서 설립중의 회사에 대해서 원칙적으로 등기를 전제로 하는 규정을 제외한 모든 규정이 적용된다. 설립이 좌절된 경우에는 설립중인 법인의 목적이 달성 불

1) 최준선, 회사법, 제9판, 삼영사, 2014, 154면.
2) 임홍근, 회사법, 개정판, 법문사, 2001, 142면.
3) 정동윤, 상법(상), 제6판, 법문사, 2012, 401면.

가능하게 되어 즉시 해산된다고 한다.[4)]

(3) 성립시기

1) 정관이 작성되고 발기인이 1주 이상의 주식을 인수한 때라고 보는 설(통설 · 판례)

물적회사인 주식회사의 경우 인적·물적 기초의 형성이 별개로 2단계로 진행된다. 발기인들이 정관을 작성하여 기명날인함으로써 인적 기초가 형성되고, 주식인수를 함으로써 물적 기초를 한 때에야 비로소 설립중의 회사의 성립을 인정할 수 있다고 한다. 다만 주식인수의 양은 최소한으로 충분하므로 1주 이상의 인수만 있으면 된다고 한다.[5)]

2) 정관이 작성된 때라고 보는 설

설립중의 회사를 인정하는 취지가 회사성립전의 발기인의 활동에 의하여 생긴 권리·의무가 성립후의 회사에 귀속하는 관계를 설명하기 위한 것이라면, 설립중의 회사의 기관이라고 할 수 있는 발기인이 정관상 확정되는 정관성립시부터 설립중의 회사의 성립을 인정하여야 할 것이다. 통설에 의하면 정관작성후 주식인수전까지의 법률관계는 성립후의 회사에 귀속할 수 없을 뿐만 아니라, 주식을 1주 이상 인수하는 것은 설립중의 회사의 대내문제로서 공시되지도 않기 때문에, 주식의 인수 정도를 가지고 설립중의 회사를 인정하는 기준으로 삼는 것은 법적 안정성을 해한다.[6)]

3) 발행주식총수가 인수된 때라고 보는 설

주식회사의 최저자본금이 있는데도 불구하고(현재는 폐지됨) 발기인이 극히 일부 주식만 인수하고 끝날 수 있으므로 그것만으로는 회사의 전신이 형성되었다고 볼 수 없고, 주식이 모두 인수되어 주식회사의 사원이 모두 확정되었을 때에야 비로소 설립중의 회사가 성립한다고 한다. 이 단계에서는 이미 회사의 실체가 완성된 단계로서 바로 설립등기만 하면 되고, 구태여 설립중의 회사를 인정할 실익이 없다는 비판이 제기된다.[7)]

---

4) 최준선, 전게서, 155면; 독일의 통설 및 판례이다. 다만, 독일의 경우 주식회사에 대해 발기설립만 인정하여, 발기인들이 회사 설립시 발행하는 주식의 전부를 인수한 때에 설립중의 회사가 성립된다는 점에서(독일주식법 제29조 참조) 우리와 사정이 꼭 같지는 않다.

5) 대법원 2010.1.28. 선고 99다35737 판결.

6) 이철송, 회사법강의, 제23판, 박영사, 2015, 225면; 이기수·최병규·조지현, 회사법, 제8판, 박영사, 2008, 144면; 최준선, 전게서, 157면.

7) 정동윤, 전게서, 410면.

4) 검 토

설립중의 회사가 성립하기 위해서는 사원의 일부가 확정되어야 하는데 정관작성 후에 발기인의 주식인수가 예정되어 있다고 하더라도 그 주식인수전에는 사원의 자격을 취득한다고 볼 수 없는 점에서 2)설은 문제가 있고, 설립중의 회사는 설립후의 회사와는 달리 최저자본에 해당하는 주식의 전부가 인수될 필요가 없다는 점에서 3)설도 문제가 있다(최저자본금제도가 있넌 시기에 제기된 비판). 따라서 일부의 주식인수에 의하여 사원의 일부가 확정된 때를 설립중의 회사의 성립시기로 보는 1)설이 가장 타당하다.[8]

3. 설립중의 회사의 법률관계

(1) 내부관계

1) 창립총회

모집설립의 경우에만 있는 기관으로 창립총회에 관하여는 소집절차 등에 대해 주주총회에 관한 규정이 거의 준용된다(상법 제308조 제2항). 결의방법은 독특하여 '출석한 주식인수인의 의결권의 3분의 2 이상이며 인수된 주식총수의 과반수'로 한다(상법 제309조). 창립총회는 설립중의 회사의 최고의 의결기관으로서 회사의 설립폐지를 포함한 회사의 설립에 관한 모든 사항을 결의할 수 있다.[9]

2) 업무집행기관

설립중의 회사의 업무집행기관은 발기인이다. 발기설립의 경우에는 발기인이(상법 제296조), 모집설립의 경우에는 창립총회(상법 제312조)가 이사와 감사를 선임하지만, 이들은 설립중의 회사의 감사기관이 될 뿐, 업무집행기관이 아니다(통설).

설립중 회사의 업무집행기관인 발기인은 그 권한범위 내에서 회사의 설립에 필요한 모든 행위(정관작성, 주식인수절차, 출자이행절차, 기관구성절차 등 모든 실체형성절차)를 할 권리의무를 갖는다. 발기인의 업무집행은 원칙적으로 발기인 전원의 과반수로써 결정하여야 하지만(민법 제706조 제2항), 중요한 업무(상법 제291조) 또는 기본구조의 변경(정관변경, 발기인의 변경 등)에 관한 사항은 발기인 전원의 동의에 의하여 결정하여야 한다.[10]

---

8) 정찬형, 상법강의(상), 제18판, 박영사, 2015, 635면.
9) 최준선, 전게서, 158면.
10) 정찬형, 전게서, 636면.

3) 감사기관

설립중의 회사의 감사기관은 발기인 또는 창립총회가 선임한 이사와 감사이다. 이사와 감사는 설립에 관한 사항을 조사하여 발기설립의 경우에는 발기인(상법 제298조 제1항), 모집설립의 경우에는 창립총회(상법 제313조 제1항)에 보고하여야 한다.

(2) 외부관계

1) 능 력

설립중의 회사의 법적 성질은 권리능력 없는 사단으로 보면 설립중의 회사에는 권리능력이 없다. 그러나 권리능력 없는 사단에 대해서도 민사소송법상 당사자능력이 인정되고(민사소송법 제52조) 부동산등기법상 등기능력이 인정되므로(부동산등기법 제30조), 설립중의 회사에도 당연히 이러한 능력은 인정된다.

그러나 설립중의 회사는 다른 권리능력 없는 사단과는 달리 그 목적이 뚜렷하고 또한 존속기간이 일시적이므로, 위의 특별법상의 능력 이외에도 그 목적인 설립활동에 필수불가결한 범위 내에서는(예컨대, 주식인수대금으로 납입된 금액의 은행예금) 이러한 특별법의 규정을 유추적용하여 그 능력을 인정할 수 있다고 본다. 따라서 설립중의 회사는 은행과의 예금거래능력, 어음능력 등을 갖는다고 본다.[11]

2) 대 표

설립중의 회사의 대표기관은 발기인이다. 발기인은 대내적으로 설립중의 회사의 업무를 집행하고 대외적으로 설립중의 회사를 대표한다. 모든 발기인은 각자 설립중의 회사를 대표할 권한을 가지는 것이 원칙이지만, 발기인조합계약 등에 의하여 특정한 발기인을 대표발기인으로 선임할 수 있다. 대표발기인은 설립중의 회사를 대표할 권한과 발기인조합을 대리할 권한을 갖고, 그 대표권(대리권)의 제한은 선의의 제3자에게 대항할 수 없다고 본다(상법 제209조 제2항의 유추적용).[12]

3) 설립중의 회사의 채무에 대한 책임

통설에 의하면 설립중의 회사는 법인격이 없으므로(권리능력 없는 사단) 설립중의 회사가 제3자에게 부담할 채무를 스스로 부담할 능력이 없다. 따라서 주식인수인(설립중의 회사의 구성원) 및 발기인이 이를 부담할 수밖에 없다.

---

11) 상게서, 636면; 정동윤, 전게서, 413면.
12) 최준선, 전게서, 159면.

(가) 주식인수인의 책임

i) 간접유한책임설: 주식인수인은 설립중의 회사가 부담하는 채무를 준총유(민법 제278조)[13]의 형식으로 공동부담하고 그 채무에 대하여는 설립중의 회사의 재산만으로 책임을 지므로 자신의 주식인수가액의 범위 내에서만 책임을 지고, 주식인수인이 출자의무를 이행하면 그 이상 아무런 책임을 지지 않는다는 견해이다.[14]

ii) 간접무한책임설: 주식회사의 주주가 되려는 자는 회사채권자에 대하여 아무런 책임을 지지 않는다는 것을 인식하고 주식을 인수한 것이므로 그러한 기대가 보호되어야 하고(간접책임), 유한책임은 법률에 특별한 규정이 있는 경우에 한하여 예외적으로 인정되는데 이 경우 그러한 규정이 없으며, 설립등기에 의하여 회사가 성립하면 사원은 무한책임인 사전채무전보책임(차액책임: 후술)을 지는데, 이와 균형을 맞추기 위해서는 설립등기전에도 회사에 대하여 무한책임을 진다고 하는 것이 타당하다고 한다.[15]

(나) 발기인의 책임

발기인은 설립중의 회사의 책임에 대하여 연대하여 무한책임을 진다. 상법은 회사 불성립이 확정된 경우에만 발기인의 연대책임을 규정하고 있으나(상법 제326조), 이 규정을 유추하여 회사 불성립이 확정되기 이전에도 발기인에게 연대무한책임을 인정할 수 있다고 본다. 회사가 성립한 경우의 발기인의 책임에 대해서는 상법이 회사에 대한 책임(상법 제321조, 제322조 제1항)과 제3자에 대한 책임(상법 제322조 제2항)으로 구분하여 별도로 규정하고 있다. 설립중의 회사의 불법행위책임도 인정된다.[16]

4. 설립중의 회사의 권리의무의 이전

(1) 별도의 이전행위의 요부

통설은 설립중의 회사의 법적 성질을 권리능력이 없는 사단으로 보므로, '설립중

13) 준공동소유의 한 유형으로 법인이 아닌 사단이 소유권 이외의 재산권(지상권, 지역권, 전세권, 저당권, 주식, 광업권, 저작권, 특허권, 어업권, 채권(복잡) 등)을 소유하는 것을 말한다. 준총유에 관하여 다른 법률에 특별한 규정이 없으면 총유에 관한 규정을 준용한다(민법 제278조).

14) 정찬형, 전게서, 637면. 설립중의 회사와 거래하는 상대방은 예정대로 설립절차가 진행되어 회사가 성립하면 성립후의 회사로부터 변제받는다는 것을 알고 거래한 것이며, 성립후의 회사의 재산은 사원의 출자로 이루어지는 것이므로, 설립중의 회사의 사원의 책임을 그가 인수한 출자액의 범위로 한정하더라도 상대방의 기대에 반하지 않는다고 한다. 이 학설은 설립등기를 한 경우에 사원이 무한책임을 지는 것을 설명하기 어렵다는 비판을 받는다.

15) 정동윤, 전게서, 415면; 독일연방대법원의 견해이다.

16) 대법원 2000.1.28. 선고 99다35735 판결; 최준선, 전게서, 160면.

의 회사의 명의'로 취득한 권리의무도 권리능력 없는 사단의 소유형태인 총유의 형식으로 설립중의 회사에 귀속하였다가 성립후의 회사에 별도의 이전행위 없이 귀속하게 된다(통설: 동일성설). 그러나 '발기인 개인 또는 발기인조합 명의'로 취득한 권리의무는 별도의 이전행위가 있어야만 성립후 회사에 귀속한다(통설, 판례).

(2) 권리의무의 당연이전의 요건

설립중의 회사의 기관은 발기인이므로 발기인의 행위의 효과가 성립후의 회사에 귀속하게 되는 결과, 발기인의 권한남용에 따른 성립후의 회사의 보호가 문제된다. 발기인의 행위의 효력이 성립후의 회사로 이전하기 위해서는 다음의 요건을 구비하여야 한다.

(가) 형식적인 면에서 발기인은 설립중의 회사의 명의로 행위를 하여야 한다. '발기인이 개인명의 또는 발기인조합의 명의'로 행위를 하였을 경우에는 그 효력은 별도의 이전행위가 없이는 성립후의 회사에 귀속할 수 없다(통설).

판례는 설립중의 회사로서의 실체가 갖추어지기 이전에 '발기인'이 취득한 권리의무는 구체적인 사정에 따라 발기인 개인 또는 발기인 조합에 귀속되는 것으로서, 이들에게 귀속된 권리의무를 설립후의 회사에게 귀속시키기 위하여는 양수나 계약자지위인수 등의 특별한 이전행위가 있어야 한다.[17]

(나) 실질적인 면에서 발기인이 설립중의 회사의 기관으로서 그의 권한범위 내에서 행위를 하였어야 한다. 발기인이 그 권한범위 외의 행위를 한 경우에는 그 행위에 대하여 성립후의 회사가 책임을 질 수 없다.

(3) 회사채무초과의 경우

발기인이 설립중의 회사의 기관으로서 권한범위 내의 행위를 하여 취득한 권리의무가 성립후의 회사로 포괄승계되는 결과, 회사성립시(설립등기시)에 회사의 채무가 회사의 자본금과 실제의 재산보다 더 큰 경우에 회사의 채권자를 보호하기 위하여 회사의 구성원(발기인, 주주, 이사, 감사)이 책임을 져야 하는가?

회사의 구성원이 그 차액에 대하여 지분의 비율에 따라 책임을 져야 한다는 독일의 차액책임이론(Differenzhaftung)을 적용할 수 있다는 견해가 있다.[18] 그러나 회사

---

17) 대법원 1998.5.12. 선고 97다56020 판결.

18) 사전채무전보책임(事前債務塡補責任)이라고도 하며 설립중의 회사가 취득하거나 부담한 권리의무는 모두 성립중의 회사로 그대로 포괄승계되며 그 이전을 위하여 재산의 양도나 채무의 인수 등의 특별한 절차를 요하지 아니한다. 포괄승계의 결과 설립등기시에 회사의 자본금과 실제의 재산에 차이가 발생하는 경우 회사

설립비용의 지출로 채무가 순재산 또는 자본을 초과하는 경우는 흔히 있는 일인데다가, 명문의 규정도 없고, 주주는 엄격한 유한책임을 지는 점 등으로 미뤄 이와 같은 책임을 인정하기 어렵다고 본다.[19)]

차액책임이론은 발기인의 권한을 개업준비행위까지 확대하면서 그로 인한 위험을 차액책임으로 해결하려는 입장이다. 그러나 발기설립만 인정되는 독일과는 달리 발기설립과 모집설립이 모두 인정되고 또한 모집설립이 더 보편적인 현실에서는 취하기 어려운 이론이다.[20)]

(4) 발기인의 권한범위 외의 행위(또는 정관에 기재하지 않고 한 재산인수)에 대한 추인문제

1) 부정설(다수설)

발기인의 권한범위 외의 행위(또는 정관에 기재하지 않고 한 재산인수)는 무효로서 성립후의 회사가 이를 추인하지 못하며, 이 무효는 회사뿐만 아니라 양도인도 주장할 수 있다고 한다. 긍정설에 대해 실정법상 명문의 근거가 없을 뿐만 아니라, 변태설립사항을 규정한 상법 제290조의 탈법행위를 인정하는 결과가 된다는 점을 들어 이를 비판한다.[21)]

2) 긍정설(소수설)

발기인의 권한범위 외의 행위는 발기인이 설립중의 회사의 명의로 성립후의 회사의 계산으로 한 것은 비록 그것이 발기인의 권한범위 외의 행위라 할지라도 무권대리행위로서 민법 제130조 이하의 규정에 의해 추인될 수 있다고 보며, 이처럼 성립후의 회사가 추인하는 경우 상대방이 추인전에 무효를 주장하지 않는 이상 그 효과가 회사에 귀속된다고 한다.[22)]

의 구성원이 그 차액에 대하여 지분의 비율에 따라 회사에 대하여 책임을 져야 한다는 것이다. 이는 독일의 유한회사에 대한 연방법원 판례에 의해 형성된 이론이다. 우리 상법상 유한회사에 관한 상법 제550조 제1항 및 제551조 제1항의 규정에 의하여 유한회사의 사원, 이사 및 감사에 대해 차액책임을 인정할 수 있다고 한다. 주식회사에 대해서는 명문의 규정은 없으나 제321조에 의해 발기인에게, 제607조 제4항에 의해 주주, 이사 및 감사에게 차액책임을 지울 수 있고 이들은 연대책임을 진다고 본다. 정동윤, 전게서, 418면; 정동윤, "설립중의 회사 – 그 수수께끼의 해결을 위하여 –," 법학논집 제22권(고려대학교 법학연구원, 1984), 58면 참조.

19) 정찬형, 전게서, 639면(유한회사에 대해서는 적용가능성을 인정한다); 정진세, "회사설립중의 개업준비행위," 고시연구 통권 제256호(1995. 5. 7.), 116면.

20) 권기범, 현대회사법론, 제5판, 삼영사, 2014, 410면.

21) 정동윤, 전게서, 414면; 김정호, 회사법, 제4판, 법문사, 2015, 95면.

22) 정찬형, 전게서, 640면; 정진세, 전게논문, 117면; 임홍근, 전게서, 150면.

추인의 방법론에 따라 ① 성립후의 회사가 새로이 동일내용의 계약을 체결하는 경우와 같은 방법으로써 명시적 또는 묵시적으로 추인할 수 있다는 견해와, ② 성립후의 회사는 사후설립에 관한 규정(상법 제375조)을 유추적용하여 주주총회의 특별결의로 이를 추인할 수 있다고 보는 견해가 있다.

한편 추인은 창립총회에서 이를 할 수 없고, 반드시 성립후의 주주총회에서 하여야 한다고 본다. 그 이유는 창립총회는 회사가 성립되기 전에 소집되고(상법 제317조 제1항), 이 경우 회사의 조직은 미완성이므로 이러한 창립총회의 자치적 판단에 맡길 수 없음은 물론, 회사의 자본충실을 기하기 위하여 창립총회의 권한에는 엄격한 제한이 요구되므로, 위와 같은 발기인의 행위에 대하여 창립총회의 결의로 추인할 수 없다.[23)]

3) 사 견

제한적 긍정설이 타당하다. 재산인수의 경우에는 검사인의 조사를 받지 않았음에도 이를 추인하는 것은 곤란하다. 그러나 보통의 권한을 넘은 발기인의 행위는 성립후의 회사가 추인할 수 있다고 본다.

발기인의 권한범위 외의 행위가 회사에 폐해가 없다면 그 추인을 부정할 이유가 없으며, 또한 부정설도 성립후의 회사가 상대방의 승인을 얻어 발기인의 계약상의 지위를 승계하는 것 등을 부정할 수 없을 것이다. 이 경우 부정설은 발기인의 무권한을 알고 있는 악의의 상대방(양도인)도 무효를 주장할 수 있다고 하여 자유로운 선택권(계약 여부에 대해)을 인정하는 결과가 되어 부당하기 때문이다. 그러나 재산인수의 경우에는 검사인의 조사를 받지 않게 되어 문제가 있으므로, 입법적으로 해결해야 할 것이다.

(김순석)

---

23) 정찬형, 전게서, 640－641면; 최준선, 전게서, 171면.

9 변태설립사항: 현물출자, 재산인수, 사후설립

대법원 1992.9.14. 선고 91다33087 판결

Ⅰ. 판결개요

1. 사실관계

1968. 7. 소외 망 甲은 소유하고 있던 토지들을 이용하여 축산업 등을 경영하기 위하여 동업자를 물색하던 중 소외 乙로부터 자신의 동생인 소외 丙 등을 통하여 투자를 권유받았다. 甲은 소외 乙과 수차례 협의한 끝에 1969. 2.경 축산업 등을 목적으로 하는 X회사를 설립하기로 합의하였다. 합의내용은 X회사의 자본금은 설립시에 액면가 1,000원의 주식 10,000주를 발행하여 금 10,000,000원으로 정하고, 乙은 현금 5,000,000원을 출자하며, 甲은 자신의 토지들을 금 5,000,000원으로 평가하여 현물로 출자하기로 하지만 상법상 현물출자의 방식을 취하려면 회사정관에 기재하여야 하고 시가감정을 하여야 하는 등 법적 절차가 복잡하고 시간과 비용도 상당히 소요되어 다음의 방식으로 투자하기로 하였다. 즉 일단 乙이 자본금 10,000,000원을 현금으로 전액 출자하여 X회사를 설립한 다음, X회사가 위 甲으로부터 위 토지들을 5,000,000원에 매수하는 방식을 취하되, 그 매매대금인 5,000,000원을 위 甲에게 지급하는 대신 위 자본금 중 甲 부분까지 출자한 乙이 출자한 자금 10,000,000원 중에서 5,000,000원을 되찾아 가기로 한다. 위 약정에 따라 1969. 3. 5. 위 乙의 출자에 의하여 甲, 乙이 발기인으로서 주식을 인수하고, 1969. 3. 7. 창립총회 및 이사회를 개최하여 乙을 대표이사로 선임한 후 회사의 설립등기까지 마쳤다. X회사는 회사설립절차가 완료된 후인 1969. 3. 17.부터 1969. 8. 6.까지 사이에 X회사 명의로 소유권이전등기를 마쳤고 1969. 3. 18. 개최된 X회사의 임시주주총회에서 위 매매계약을 추인하는 결의가 있었다. 甲의 상속인인 Y는 이 사건 매매계약은 X회사의 설립등기

를 마친 1969. 3. 7. 이후인 1969. 3. 11.에 X회사의 대표이사인 乙과 甲 사이에 이루어진 것이므로 재산인수임을 전제로 위 매매계약이 무효라고 주장하였다.

2. 판결요지

상법 제290조 제3호는 변태설립사항의 하나로서 회사성립후에 양수할 것을 약정한 재산의 종류, 수량, 가격과 그 양도인의 성명은 정관에 기재함으로써 그 효력이 있다고 규정하고 있고, 이때에 회사의 성립후에 양수할 것을 약정한다 함은 이른바 재산인수로서 발기인이 회사의 성립을 조건으로 다른 발기인이나 주식인수인 또는 제3자로부터 일정한 재산을 매매의 형식으로 양수할 것을 약정하는 계약을 의미한다고 할 것이고, 아직 원시정관의 작성 전이어서 발기인의 자격이 없는 자가 장래 성립할 회사를 위하여 위와 같은 계약을 체결하고 그 후 그 회사의 설립을 위한 발기인이 되었다면 위 계약은 재산인수에 해당하고 정관에 기재가 없는 한 무효라고 할 것이다.

甲과 乙이 공동으로 축산업 등을 목적으로 하는 회사를 설립하기로 합의하고 甲은 부동산을 현물로 출자하고 乙은 현금을 출자하되, 현물출자에 따른 번잡함을 피하기 위하여 회사의 성립후 회사와 甲 간의 매매계약에 의한 소유권이전등기의 방법에 의하여 위 현물출자를 완성하기로 약정하고 그 후 회사 설립을 위한 소정의 절차를 거쳐 위 약정에 따른 현물출자가 이루어진 것이라면, 위 현물출자를 위한 약정은 그대로 상법 제290조 제3호가 규정하는 재산인수에 해당한다고 할 것이어서 정관에 기재되지 아니하는 한 무효라고 할 것이나, 위와 같은 방법에 의한 현물출자가 동시에 상법 제375조가 규정하는 사후설립에 해당하고 이에 대하여 주주총회의 특별결의에 의한 추인이 있었다면 회사는 유효하게 위 현물출자로 인한 부동산의 소유권을 취득한다.

3. 관련판례

(1) 대법원 1994.5.13. 선고 94다323 판결

광업권이전등기 말소청구: 상법 제290조 제3호 소정의 "회사성립후에 양수할 것을 약정"한다 함은 회사의 변태설립의 일종인 재산인수로서 발기인이 설립될 회사를 위하여 회사의 성립을 조건으로 다른 발기인이나 주식인수인 또는 제3자로부터 일정한 재산을 매매의 형식으로 양수할 것을 약정하는 계약을 의미하므로, 당사자 사이에

회사를 설립하기로 합의하면서 그 일방은 일정한 재산을 현물로 출자하고, 타방은 현금을 출자하되, 현물출자에 따른 번잡함을 피하기 위하여 회사의 성립후 회사와 현물출자자 사이의 매매계약에 의한 방법에 의하여 위 현물출자를 완성하기로 약정하고 그 후 회사 설립을 위한 소정의 절차를 거쳐 위 약정에 따른 현물출자가 이루어진 것이라면, 위 현물출자를 위한 약정은 그대로 위 법조가 규정하는 재산인수에 해당한다고 할 것이어서 정관에 기재되지 아니하는 한 무효이다.

(2) 대법원 1989.2.14. 선고 87다카1128 판결

甲과 乙회사 사이의 토지매매가 현물출자에 관한 상법상의 규제를 회피하기 위한 방편으로 행하여져 무효인지의 여부를 가리기 위하여는 그 매매행위가 회사의 성립 전에 발기인들에 의하여 이루어진 재산인수(상법 제290조 제3호)인지 아니면 회사가 성립된 후에 회사의 대표이사에 의하여 이루어진 사후설립(상법 제375조)인지를 심리, 확정한 후에 그것이 유효요건을 갖추었는지 여부를 심리하여 그 유·무효를 판단하여야 한다.

Ⅱ. 판결의 평석

1. 사안의 쟁점

본 사건에서 甲의 재산출자행위는 현금출자가 아니어서 변태설립사항에 해당하는 것으로 일응 보이는데 그 법적 성질을 현물출자로 볼 것인지 아니면 재산인수로 볼 것인지 또는 사후설립으로 볼 것인지가 문제되었다. 만일 이를 재산인수로 해석할 경우 정관에 기재되지 않은 재산인수의 유효성이 문제되며, 정관에 기재되지 않은 재산인수를 주주총회의 특별결의를 통해 사후 추인할 수 있는지도 문제된다. 아울러 재산출자행위가 사후설립에 해당하는지도 함께 살펴본다.

2. 이론적 검토

(1) 변태설립사항

통상적인 설립절차(단순설립)와 구별되는 설립절차(변태설립)로서 이를 당사자간의 약정으로 효력을 인정할 경우 발기인과 제3자의 이익추구로 회사의 재산적 기초를

위태롭게 하고, 결과적으로 회사와 주주 및 회사채권자의 이익을 해할 수 있는 위험한 사항으로서 상법이 인정하는 네 가지 사항을 의미한다. 상법은 변태설립사항에 관해 일정한 규제를 하고 있는데, ① 변태설립사항은 정관에 기재한 때에만 효력이 인정되고(상법 제290조: 상대적 기재사항), ② 법원이 선임한 검사인의 조사를 거처야 하며(상법 제299조 제1항, 제310조 제2항), ③ 주식청약서에도 이를 기재하여 공시해야 한다(상법 제302조 제2항 제2호). 다만 변태설립사항에 대한 검사인의 조사절차 중 현물출자나 재산인수에 대한 것은 공인된 감정인의 감정으로, 발기인의 보수나 특별이익 또는 설립비용에 대한 것은 공증인의 조사, 보고로 갈음할 수 있다(상법 제299조의 2, 제310조 제3항).

(2) 현물출자

현물출자란 금전출자에 대비되는 개념으로서 금전 이외의 재산을 목적으로 하는 출자를 의미한다(상법 제290조 제2호). 현물출자의 목적은 경제적 가치를 확정할 수 있고 양도가 가능하며, 대차대조표상의 자산으로 계상할 수 있는 자산이 이에 해당하는데, 이는 실제의 가치보다 과대평가될 위험을 안고 있다. 즉, 상법이 현물출자를 변태설립사항으로 규제하는 이유는 목적재산이 과대평가되어 다른 주주들의 출자의 가치를 상대적으로 하락시키거나 또는 회사의 자본이 실제의 순자산보다 과대하게 표방되어 회사채권자의 이익을 침해할 우려가 있기 때문이다. 현물출자는 쌍무·유상계약의 성질을 갖기 때문에 위험부담, 하자담보책임 등에 관한 민법의 규정이 적용된다.

(3) 재산인수

1) 개 념

발기인이 회사의 성립을 조건으로 다른 발기인이나 주식인수인 또는 제3자로부터 일정한 재산을 매매형식으로 양수할 것을 약정하는 개인법상의 계약이다(상법 제290조 제3호). 이와 같은 재산인수계약을 체결하는 경우에는 그 재산의 종류, 수량, 가격과 그 양도인의 성명을 정관에 기재하여야 한다. 발기인이 설립중의 회사의 기관의 지위에서 성립후의 회사가 사용할 재산을 미리 취득하는 계약을 체결하는 것이 그 자체로 문제될 것은 없지만 발기인이 그 지위를 남용하여 부당하게 고가로 매입한다면 자본충실을 침해하게 될 것이다. 또한 현물출자에 대한 규제를 탈피하기 위한 탈법적인 수단으로 이러한 계약이 악용될 우려가 있다.

2) 발기인의 권한

재산인수는 회사성립후에 일정한 재산을 양수하기로 하는 약정이므로 그 성질상 성립후의 회사를 위한 행위, 즉 개업준비행위가 될 수밖에 없다. 발기인의 권한 범위에 개업준비행위가 포함되는지 여부에 대한 학설의 태도에 따라 재산인수에 관한 상법 제290조 제3호의 성격이 달라지게 된다. 첫째, 발기인은 개업준비행위를 할 수 없다는 견해에 따르면 상법 제290조 제3호는 회사가 설립등기후 목적사업을 공백 없이 수행할 수 있도록 발기인의 권한을 확장하는 규정이라고 보는 반면, 둘째 개업준비행위 긍정설에 따르면 동 조항은 발기인의 권한을 절차적으로 제약하는 규정이라고 본다. 생각건대 발기인의 권한행사를 사항적으로 제한하고 있는 상법 제290조의 강행규정적 성질을 고려할 때 발기인의 권한범위에 개업준비행위를 포함시키는 것은 무리이며 동 조항은 발기인 권한범위를 확장하는 규정이라고 봄이 옳다.

(4) 사후설립

사후설립이란 회사가 성립후 비교적 가까운 시기에 회사의 성립전부터 존재하는 것으로서 영업을 위하여 계속 사용하여야 할 재산을 취득하는 것을 말한다. 상법은 성립후 2년 내에 그 성립 전부터 존재하는 재산으로서 영업을 위하여 계속해서 사용해야 할 것을 자본의 100분의 5 이상에 해당하는 대가로 취득하는 계약이라고 규정하고 있다(상법 제375조). 사후설립이 유효하기 위해서는 현물출자나 재산인수와 같이 정관의 규정과 검사인의 검사가 요구되는 것이 아니고 주주총회의 특별결의만을 요구한다(상법 제374조, 제434조). 사후설립은 현물출자와 재산인수에 관한 상법상의 규정을 회피할 목적으로 악용될 여지가 있으므로 이를 주주총회의 특별결의를 거치도록 한 것이다.

(5) 현물출자, 재산인수, 사후설립의 비교

법률형식면에서 현물출자는 단체법상의 출자행위이나 재산인수와 사후설립은 개인법상의 거래행위이어서 현물출자에 대한 반대급부는 주식이지만 재산인수나 사후설립시에는 반대급부가 원칙적으로 금전이다. 그리고 법률행위의 시점을 보면, 현물출자는 회사성립전의 출자행위이고 재산인수는 발기인이 회사의 성립을 조건으로 하여 특정재산의 취득을 목적으로 하는 회사성립전의 계약이지만, 사후설립은 회사성립후에 대표이사가 회사를 위하여 특정재산의 취득을 목적으로 하는 계약이다. 제도의 취지면에서 보면, 재산인수는 현물출자의 탈법행위로 악용되는 것을 방지하기 위하여 상법이 변태설립사항으로 규정하는 것이고 사후설립은 재산인수의 탈법행위로서 악용되는 것을 방지하기 위한 것이다.

3. 판례 검토

(1) 甲과 乙 간의 약정의 법적 성질

甲과 乙 간에 이루어진 약정은 현물출자를 내용으로 하지만 회사성립후 재산의 취득을 목적으로 하므로 상법상 재산인수계약에 해당한다고 본다. 재산인수계약이 유효하려면 정관에 기재되어야 하는데(상법 제290조 제3호) 본 사건의 경우 추후 설립된 원고 주식회사의 정관에 재산인수에 관한 사항이 기재되지 않아 문제된다. 재산인수계약내용은 정관의 상대적 기재사항이어서 정관에 기재되지 않는다면 거래상대방에 대해서도 무효이며 판례도 동일한 입장[1]을 취하고 있다. 따라서 이 약정에 따른 어떠한 사법상 권리·의무도 무효가 된다.

(2) 추인 가능성

정관에 기재하지 않은 재산인수행위를 한 경우 무효이어서 설립후 회사에 아무런 효력이 없다. 다만 거래안전 보호라는 측면과 설립후 회사의 의사에 의해 무효인 재산인수행위를 추인할 수 있는지 여부가 문제된다. 정관에 기재되지 않은 재산인수를 추인할 수 있는지 여부에 관해 다음과 같이 학설이 대립되고 있다.

추인부정설은 개업준비행위는 설립중의 회사의 권리능력의 범위에 포함되지 않으므로 설립후 회사의 승인에 의해서도 치유될 수 없다는 견해로서 특히 정관에 기재되지 않은 재산인수의 경우에는 변태설립사항을 규제하는 상법 제290조의 취지를 고려할 때 그 탈법행위를 인정해 줄 수는 없다는 점에서 추인을 부정한다. 추인긍정설은 주주총회의 특별결의에 의해 치유가 가능하다고 보는 견해로서, 발기인이 권한범위 외의 행위를 하였거나 또는 정관에 기재하지 않고 재산인수를 한 것은 무권한의 대표행위이므로 무권대리에 관한 일반법리에 따라 추인할 수 있다고 본다. 추인방법에 관해 이사회결의를 요하는지 아니면 주주총회의 특별결의(사후설립에 관한 규정을 유추)를 요하는지의 여부에 대해 견해가 대립된다.

생각건대 발기인은 원칙적으로 개업준비행위를 할 수 없고 상법이 예외적으로 규정해 놓은 유효한 개업준비행위가 재산인수이므로, 상법이 정한 요건(정관기재)에 따

---

1) 대법원 1994.5.13. 선고 94다323 판결.

라 할 수 있을 뿐이고 이러한 요건을 갖추지 못한 경우에는 무효라고 보아야 한다. 주주총회 특별결의로 추인이 가능하다는 판례의 입장은 발기인의 권한을 부당하게 확장하고 변태설립사항에 관한 상법상의 규제를 무력하게 만들어 설립되는 주식회사의 자본충실을 해할 가능성이 많아 부당하다고 본다.

(3) 사후설립과의 관계

정관에 기재되지 아니한 재산인수는 무효이며 원칙적으로 주주총회결의 등을 통해 추인은 불가능하다. 그러나 이런 경우 법인 설립전에 이루어진 재산인수계약에 대하여 법인 설립후에 또다시 새로운 매매계약이 체결되고 주주총회 특별결의를 거쳤다면 상법 제375조상의 사후설립에 해당하여 그 사법상 효력은 법인에게 귀속될 가능성은 존재한다.

4. 대상판결의 검토

본 사건에서 문제된 투자약정은 현물출자를 목적으로 하고 있지만 실제 재산인수의 형식을 빌려 이루어졌다. 따라서 이러한 투자약정에는 재산인수의 규정이 적용되어야 하는데 정관에 기재하지 않았으므로 무효이다. 그리고 이를 정한 상법 제290조는 강행법규로 보아야 하므로 이를 사후적으로 추인하는 것은 부적절하고 설사 사후설립의 요건을 갖추었다고 하더라도 사후설립으로서는 유효할 수 있지만 재산인수를 유효하게 할 수는 없다. 따라서 본 판결은 투자약정을 재산인수로 본 점, 정관에 기재하지 않은 재산인수를 무효로 본 점에서는 타당하나 사후설립의 요건을 통해 정관에 기재되지 않은 재산인수가 유효하게 된다고 본 점에서는 부당하다.

(정경영)

10 위장납입의 효력

대법원 2004.3.26. 선고 2002다29138 판결

Ⅰ. 판결개요

1. 사실관계

A와 B는 1997. 6.경 C파이낸스 회사를 설립하기로 하고 B의 선배 Y(피고)에게 법인등기부 및 주주명부에 그 명의를 등재하겠다고 부탁하자 Y는 그 명의만을 빌려 주었다. 이후 A와 B는 발기인이 되어 C회사의 설립절차를 밟아서 1997. 7. 4.자로 그 설립등기를 마쳤다. 그런데 A와 B는 실제로는 자신들이 주식을 인수함에도 불구하고 Y의 명의로 설립시 발행할 주식의 수 200,000주 중 20,000주(주금 1억원)가 인수된 것으로 주주명부를 작성하였고 Y를 C회사의 이사로 등재하였다.

A와 B는 1997. 7. 4. 사채업자로부터 10억원을 차입하여 같은 날 주금납입장소인 D은행에 가서 Y가 인수한 것으로 작성된 주식을 포함하여 발행주식 전부에 대한 주금납입금으로 위 금원을 예치하고, 위 은행으로부터 주금납입보관증명서를 발급받아 설립등기를 마친 직후 위 금원을 인출하여 위 차입금 변제 등에 사용하였다. 위 설립등기시부터 1999. 10. 5. 사임할 때까지 위 A와 B는 C회사의 공동대표이사로 등기되어 있었고, Y는 이사로 등기되어 있었으나 실제로는 주주 및 이사로서 참여하여 활동하지 않았다.

A와 B는 C파이낸스 회사의 설립후 원금상환 의사와 능력이 없음에도 투자자들에게 원금에다 고액의 배당금을 붙여 상환할 것처럼 거짓말하여 이에 속은 투자자들로부터 투자금을 교부받아 이를 편취하였다. 투자자 X(원고)는 C회사에게 1997. 7. 1. 금 1억원, 같은 해 12. 9. 금 1천만원, 1998. 12. 11. 금 3천만원, 합계 금 1억 4천만원을 대여하였다가 반환받지 못하였다.

X는 C회사의 이사인 위 Y를 상대로 주금납입에 대한 연대책임 등을 묻는 소송을 제기하였으나, 원심[1])은 X의 청구를 기각하였고 이러한 입장은 대법원에서도 지지되었다.

2. 판결요지

이 사건 판결은 주식회사를 설립하면서 일시적인 차입금으로 주금납입의 외형을 갖추고 회사 설립절차를 마친 다음 바로 그 납입금을 인출하여 차입금을 변제하는 이른바 위장납입의 효력에 대하여 주금납입의 효력이 있음을 확인하고 이에 따라 주식인수인이나 주주의 주금납입의무도 종결되었다고 보았다. 이 경우 타인의 승낙을 얻어 그 타인명의로 주식을 인수하여 주금을 납입하였더라도 실제로 주식을 인수하여 그 대금을 납입한 명의차용인만이 실질상의 주식인수인으로서 주주가 된다고 보았다.

이 사건 판결은 특히 명의대여자 Y가 상법 제332조 제2항에 의거하여 명의차용자 A 및 B와 주금납입의 연대책임을 지므로 주금납입 의무가 있는지에 대하여, 동 규정은 이미 주금납입의 효력이 발생한 주금의 위장납입의 경우에 적용되지 않는다고 보았다. 또한 이 사건 판결은 위장납입에 의한 주금납입이 종료된 후 주주가 회사에 대하여 부담하는 체당납입된 주금의 상환채무에 관하여 이러한 주금상환채무는 실질상 주주인 명의차용자가 부담하는 채무로서, 명의대여자에 불과하여 C회사의 주주가 될 수 없는 Y가 부담하는 채무는 아니라고 보았다.

그러나 대법원 2017.3.23. 선고 2015다248342 전원합의체 판결에 의하여 이 사건의 대법원 입장은 번복되었고 이제 주금의 위장납입에 있어서 가설인의 명의로 주시을 인수하거나 타인의 승낙 없이 그 명의로 주식을 인수할 경우 위장납입을 한 자는 회사에 대하여 주주권을 행사할 수 없게 되었다. 즉, 대법원 2017.3.23. 선고 2015다248342 전원합의체 판결은, ① 주식을 인수하거나 양수하려는 자가 타인의 명의를 빌려 회사의 주식을 인수하거나 양수하고 타인의 명의로 주주명부에의 기재까지 마치는 경우 회사에 대한 관계에서는 주주명부상 주주만이 주주로서 의결권 등 주주권을 적법하게 행사할 수 있으며, ② 회사는 특별한 사정이 없는 한 주주명부에 기재된 자의 주주권 행사를 부인하거나 주주명부에 기재되지 아니한 자의 주주권 행사를 인정할 수 없다고 판시하였다.

---

1) 부산고등법원 2002.4.19. 선고 2001나13570 판결.

3. 관련판례

(1) 대법원 1998.12.23. 선고 97다20649 판결

회사 설립 당시 원래 주주들이 주식인수인으로서 주식을 인수하고 가장납입의 형태로 주금을 납입한 이상 그들은 바로 회사의 주주이고, 그 후 그들이 회사가 청구한 주금 상당액을 납입하지 아니하였다고 하더라도 이는 회사 또는 대표이사에 대한 채무불이행에 불과할 뿐 그러한 사유만으로 주주로서의 지위를 상실하게 된다고는 할 수 없으며, 또한 주식인수인들이 회사가 정한 납입일까지 주금 상당액을 납입하지 아니한 채 그로부터 상당 기간이 지난 후 비로소 회사의 주주임을 주장하였다고 하여 신의성실의 원칙에 반한다고도 할 수 없다.

(2) 대법원 2004.6.17. 선고 2003도7645 전원합의체 판결 [다수의견]

상법 제628조 제1항 소정의 납입가장죄는 회사의 자본[금]충실을 기하려는 법의 취지를 유린하는 행위를 단속하려는 데 그 목적이 있는 것이므로, 당초부터 진실한 주금납입으로 회사의 자금을 확보할 의사 없이 형식상 또는 일시적으로 주금을 납입하고 이 돈을 은행에 예치하여 납입의 외형을 갖추고 주금납입증명서를 교부받아 설립등기나 증자등기의 절차를 마친 다음 바로 그 납입한 돈을 인출한 경우에는, 이를 회사를 위하여 사용하였다는 특별한 사정이 없는 한 실질적으로 회사의 자본[금]이 늘어난 것이 아니어서 납입가장죄 및 공정증서원본부실기재죄와 부실기재공정증서원본행사죄가 성립한다.

Ⅱ. 판결의 평석

1. 판결의 의의

이 사건 판결은 위장납입에 의한 주금납입의 효력은 발생하며, 타인의 승낙을 얻어 그 명의로 주식을 인수하고 주금을 납입한 경우 실질상의 주식인수인으로서 주주가 될 자는 주금을 납입한 명의차용인이라는 기존 판례의 선례를 따르면서, 위장납입에 의한 주금납입의 효력은 유효하므로 상법 제332조 제2항은 위장납입의 경우에 적용되지 아니하며 위장납입에 의한 주금상환채무를 부담하여야 하는 자는 실질상 주주인 명의차용인이라고 하였다.

2. 위장납입에 의한 주금납입의 효력

(1) 위장납입의 의의와 유형

위장납입이란 현실적인 주금납입이 없음에도 불구하고 형식상 납입된 것으로 가장하는 가장납입의 일종이다. 가장납입에는 위장납입은 물론 통모가장납입, 이들의 절충형태, 회사자금에 의한 가장납입 등이 있다. 통모가장납입에는 납입금보관은행과의 공모에 의한 가장납입(예합), 일시차입금에 의한 가장납입을 하는 위장납입(견금), 그리고 이 둘을 절충한 형태로서 발기인대표가 납입금보관은행으로부터 납입금 상당액을 개인적으로 대출받아 주금납입한 후 회사성립후 이를 인출하여 그가 은행에 차입금을 변제하는 방식 등이 있다. 현실적으로 빈번히 발생하는 가장납입의 유형은 위장납입이다.[2)]

(2) 위장납입의 효력

상법은 주주의 출자의무에 대하여 전액납입주의를 취하고 있으며(상법 제305조 제1항), 가장납입은 자본금충실의 원칙에 반하여 다른 주주들과 회사채권자들을 해할 우려가 크므로 이를 납입가장죄로 규율하고 있다(상법 제628조). 예합의 경우 상법 제318조 제2항을 적용하여 무효라고 하는 데에 이견이 없으나, 위장납입 기타 형태의 가장납입의 효력에 대하여는 그 납입의 효력에 대하여 논란이 있다. 아래에서는 위장납입의 효력에 대해서 살펴본다.

1) 학 설

(가) 유효설

제3자로부터 빌린 일시적인 차입금으로 주금납입의 외형을 갖추었다 할지라도 실제 돈의 이동에 따른 현실의 납입이 있었다는 점과 이와 관련된 발기인의 주관적 의도를 문제삼는 것은 단체법이 관여할 바가 아니라고 하여 주금납입의 효력을 긍정하고 이에 따라 주식인수인이나 주주의 주금납입의무도 종결되었다고 본다.

(나) 무효설

위장납입은 상법이 규정하는 통모가장납입의 규제(상법 제318조 제2항)를 잠탈하는 행위이며 위장납입이 유효라고 한다면 출자 없이 주주권을 유지하는 부당한 결과가 생기며 자본충실 원칙에도 위배되므로, 위장납입을 무효로 본다.

---

2) 송호신, "가장납입의 유효성에 대한 비판과 상법 제628조의 해석," 한양법학 제21집(한양대학교 법학연구소, 2007. 8), 446면.

2) 판 례

판례[3]는 민사사건에서 위장납입의 경우 유효하다는 입장에 서서 금원의 이동에 따른 현실의 불입이 있고, 주금납입의 가장수단으로 이용하려는 것은 납입을 하는 발기인, 이사들의 주관적 의도에 불과하며 내심적 사정으로써 회사의 설립이나 증자와 같은 집단적 절차의 일환을 이루는 주금납입의 효력을 좌우할 수 없다고 한다.

3. 타인명의에 의한 주식인수와 주금납입에 대한 연대책임 부과 가부

(1) 타인명의에 의한 주식인수와 주주의 결정

대법원 2017.3.23. 선고 2015다248342 전원합의체 판결 이전의 종전 대법원 판례의 입장은 주식을 인수함에 있어 타인의 승낙을 얻어 그 명의로 출자하여 주식대금을 납입한 경우 누가 주주인가에 관하여 실제로 주식을 인수하여 그 대금을 납입한 명의차용인만이 실질상의 주식인수인으로서 주주가 되며 단순한 명의대여인은 주주가 될 수 없다는 것이었다.[4] 그러나 대법원 2017.3.23. 선고 2015다248342 전원합의체 판결에 의하면 주금의 위장납입에 있어서 가설인의 명의로 주식을 인수하거나 타인의 승낙 없이 그 명의로 주식을 인수할 경우 위장납입을 한 자는 회사에 대하여 주주권을 행사할 수 없게 되었다. 즉, 대법원 2017.3.23. 선고 2015다248342 전원합의체 판결은 ① 주식을 인수하거나 양수하려는 자가 타인의 명의를 빌려 회사의 주식을 인수하거나 양수하고 타인의 명의로 주주명부에의 기재까지 마치는 경우 회사에 대한 관계에서는 주주명부상 주주만이 주주로서 의결권 등 주주권을 적법하게 행사할 수 있으며,[5] ② 회사는 특별한 사정이 없는 한 주주명부에 기재된 자의 주주권 행사를 부인하거나 주주명부에 기재되지 아니한 자의 주주권 행사를 인정할 수 없다고 판시하였기 때문이다.

(2) 주금납입의 연대책임 부과 가부

상법 제332조 제2항은 자본충실의 요청상 주금을 납입하기 전에 명의대여자 및

---

3) 대법원 1998.12.23. 선고 97다20649 판결 등.

4) 대법원 1975.9.23. 선고 74다804 판결 등.

5) 한편 대법원 2017.3.23. 선고 2015다248342 전원합의체 판결의 별개의견에 의하면 위장납입을 한 자가 회사에 대하여 주주로 인정받을 소지가 있다. 즉 대법원 2017.3.23. 선고 2015다248342 전원합의체 판결의 대법관 13인 중 4인은 별개의견으로 가설인의 명의로 주식을 인수하거나 타인의 승낙 없이 그 명의로 주식을 인수한 경우 명의사용자가 형사책임을 질 수 있음은 별론으로(상법 제634조) 가설인이나 주식인수계약의 명의자가 되는 것에 승낙조차 하지 않은 사람이 주식인수계약의 당사자가 될 수는 없으므로, 주식인수계약의 당사자로서 그에 따른 출자를 이행하였다면 주주의 지위를 취득하였다고 보아야 한다고 한다.

명의차용자 모두에게 주금납입의 연대책임을 부과하는 규정으로서, 이미 주금납입의 효력이 발생한 주금의 위장납입의 경우에는 적용되지 않는다.

(3) 체당금 반환의무 부과 가부

판례는 주금납입이 종료된 후 주주가 회사에 대하여 체당납입한 주금을 상환할 의무가 있다고 하여도 이러한 주금상환채무는 실질상 주주인 명의차용자가 부담하는 것일 뿐 단지 명의대여자로서 주식회사의 주주가 될 수 없는 자가 부담하는 채무는 아니라고 본다.

4. 위장납입과 관련된 기타 논점

(1) 위장납입에 의한 회사 설립의 효력

주금의 위장납입(견금)에 의한 회사 설립에 대하여 실질적인 자금유입이 없다고 하여 이를 무효로 보는 학설과 유효로 보는 학설로 대립되어 왔다. 판례[6]는 위장납입을 유효하다고 하여 회사 설립의 효력에 영향을 미치지 않는다고 보나, 위장납입을 무효라고 보는 견해는 주금납입 흠결의 경중 또는 전보(塡補)의 가부에 따라서 회사 설립의 효력을 판단하게 된다.

(2) 견금설립에 관여한 발기인, 이사 등이 지는 형사책임

위장납입의 방법에 의하여 주식회사 설립등기를 마친 경우, 납입가장죄(상법 제628조 제1항), 공정증서원본부실기재죄(형법 제228조) 및 동 행사죄(형법 제229조)에 해당한다. 또한 위장납입의 경우 일단 주금으로 납입되면 회사의 재산을 구성한다고 보아 과거의 판례[7]는 별도로 업무상횡령죄가 성립된다고 보았다.

그러나 이후의 판례[8]는 입장을 변경하여 횡령죄는 주금이 납입되어 회사의 재산

---

6) 대법원 1983.5.24. 선고 82누522 판결.

7) 대법원 1982.4.13. 선고 80도537 판결 등.

8) 대법원 2004.6.17. 선고 2003도7645 전원합의체 판결. 즉, 현재 형사사건에서 주금의 가장납입에 관한 대법원의 태도는 민사사건의 경우와 다르다고 평가할 수 있다. 2004년 대법원 전원합의체의 다수의견은 주금의 가장납입에 따른 납입한 돈의 인출이 있는 경우, 이를 회사를 위하여 사용하였다는 특별한 사정이 없는 한 실질적으로 회사의 자본이 늘어난 것이 아니라는 전제 하에 납입가장죄 및 공정증서원본부실기재죄와 부실기재공정증서원본행사죄가 성립하고, 실질적으로 회사의 자본을 증가시키는 것이 아니고 등기를 위하여 납입을 가장하는 편법에 불과하여 주금의 납입 및 인출의 전과정에서 회사의 자본금에는 실제 아무런 변동이 없다고 보아야 할 것이므로 가장납입에 관여한 자들의 불법영득의사를 인정하기 어렵다고 보아 상법상 납입가장죄의 성립을 인정하는 이상 회사 자본이 실질적으로 증가됨을 전제로 한 업무상횡령죄의 성립은 부정하였다(대법원 2004.6.17. 선고 2003도7645 전원합의체 판결).

을 이루고 있음을 전제로 하는 것인데 견금에 의한 납입은 실질적으로 회사의 자본을 증가시키지 않아 주금의 납입 및 인출의 전과정에서 회사의 자본금에는 실제 아무런 변동이 없다고 보고 가장납입에 관여한 자들의 불법영득의사를 인정하기 어렵다고 보아 납입가장죄 등의 성립은 별론으로 하더라도 횡령죄에는 해당되지 않는다고 보았다.

5. 명의대여자의 이사로서의 책임

이 사건 판결에서 Y가 C회사의 이사로 등재되어 있었으므로 Y가 이사의 제3자에 대한 책임 또는 이사의 회사에 대한 책임을 부담하는지가 검토되었다. 그러나 이 사건 판결에서 원심과 대법원 모두 증거부족을 들어 평이사에 불과한 Y가 공동대표이사인 A 및 B가 X를 비롯한 투자자들에게 사기행위를 하는 것을 알았거나 의심할 만한 사유가 있었다고 보기 어렵고 또한 A와 B의 주금 가장납입으로 인하여 C회사의 자본금이 사실상 없어졌음을 알면서도 공동대표이사의 업무집행에 대한 감시의무를 위반하여 이를 방치하였음을 인정할 만한 증거도 없다고 판단하여 Y의 책임을 부정하였다.

(양기진)

1주 1의결권 원칙(상법 제369조 제1항)의 강행규정성

대법원 2009.11.26. 선고 2009다51820 판결

I. 판결개요

1. 사실관계

Y회사(피고)는 유리의 제조가공 및 판매업을 주된 사업목적으로 하는 주권상장법인으로서 발행주식의 총수가 10,534,427주(보통주식 10,079,660주+우선주식 454,767주)이고, X(원고)는 Y회사의 발행주식 중 보통주식 428,584주를 소유하였다. Y회사의 정관 제21조 제4항은 "감사의 선임에는 의결권을 행사할 주주의 본인과 그 특수관계인, 본인 또는 그 특수관계인의 재산으로 주식을 보유하는 자, 본인 또는 그 특수관계인에게 의결권을 위임한 자가 소유하는 의결권 있는 주식의 합계가 의결권 있는 발행주식총수의 100분의 3을 초과하는 경우, 그 주주는 초과하는 주식에 관하여는 의결권을 행사하지 못한다"고 규정하고 있다.

Y회사의 2008. 3. 27.자 제52회 정기주주총회에서 A를 감사로 선임하는 의안에 대하여, 최대주주 A_1(4,481,748주 보유) 및 그 특수관계인 A_2(3,474,738주 보유), A_3(155,000주 보유)와 93,933주를 보유한 소수주주들이 찬성하였고, X(428,584주 보유) 및 그 특수관계인 기타 증권거래법 시행령 제84조의18이 정하는 자(이하 '특수관계인 등'이라 한다)에 해당하는 B_1(622,950주 보유), 재단법인 ○○(60,648주 보유), 학교법인 △△(153,260주 보유), B_2(14,198주 보유), B_3(14,247주 보유), B_4(21,988주 보유), B_5(17,449주 보유), B_6(10주 보유)는 반대하였다.

Y회사는 위 정관조항을 적용하여 A_1 및 그 특수관계인 등의 소유주식 8,111,486주뿐만 아니라, 원고 및 그 특수관계인 등의 소유주식 1,333,334주에 대하여도 의결권 있는 발행주식총수인 10,079,660주의 3%에 해당하는 각 302,389주로 한정하여

의결권 행사를 허용하였다. 그 결과 우호주식 93,933주를 확보한 최대주주 A_1의 의사대로 찬성 396,322주, 반대 302,389주로써 A를 감사로 선임하는 결의가 성립되었다. 원고는 위 정관조항이 법령의 근거 없이 위와 같은 방법으로 주주의 의결권을 제한하는 것은 주주평등의 원칙 및 1주 1의결권 원칙에 반하고, 정관자치의 원칙에 한계를 넘은 것으로 무효임을 주장하여 결의취소를 청구하였다.

2. 판결요지

대법원은 피고의 상고를 기각하였다. 대법원의 판결요지는 다음과 같다.

상법 제369조 제1항에서 주식회사의 주주는 1주마다 1개의 의결권을 가진다고 하는 1주 1의결권의 원칙을 규정하고 있는바, 위 규정은 강행규정이므로 법률에서 위 원칙에 대한 예외를 인정하는 경우를 제외하고, 정관의 규정이나 주주총회의 결의 등으로 위 원칙에 반하여 의결권을 제한하더라도 효력이 없다.

상법 제409조 제2항, 제3항은 '주주'가 일정 비율을 초과하여 소유하는 주식에 관하여 감사의 선임에 있어서 그 의결권을 제한하고 있고, 구 증권거래법(2007. 8. 3. 법률 제8635호 자본시장과 금융투자업에 관한 법률 부칙 제2조로 폐지) 제191조의11은 '최대주주와 그 특수관계인 등'이 일정 비율을 초과하여 소유하는 주권상장법인의 주식에 관하여 감사의 선임 및 해임에 있어서 의결권을 제한하고 있을 뿐이므로, '최대주주가 아닌 주주와 그 특수관계인 등'에 대하여도 일정 비율을 초과하여 소유하는 주식에 관하여 감사의 선임 및 해임에 있어서 의결권을 제한하는 내용의 정관규정이나 주주총회결의 등은 무효이다.

3. 관련판례

- 주주의 의결권행사를 불가능하게 하거나 현저히 곤란하게 하는 것을 내용으로 하는 이사회결의의 효력: 대법원 2011.6.24. 선고 2009다35033 판결.

Ⅱ. 판결의 평석

1. 판결의 의의

위 사례에서 피고 회사는 감사를 선임하는 주주총회결의를 하였고, 여기에서 원고가 소유하는 주식은 피고 회사의 정관에 의하여 그의 특수관계인이 소유하는 주식과 합산되었고, 상법 제409조 제2항에 의하여 의결권행사가 제한되었다. 그런데 당시 개정된 증권거래법에 의하면 '주주 본인과 특수관계인'이 아니라 '최대주주와 특수관계인'만의 소유주식이 합산되어 의결권행사의 제한을 받아야 했었다. 원고는 피고 회사 정관이 상법 및 증권거래법의 규정에 반하여 무효임을 이유로 위 주주총회결의의 취소를 소구하였다. 위 판결에서는 1주1의결권 원칙을 규정한 상법 제369조 제1항의 강행규정성 및 상법 제409조 제2항, 제3항과 증권거래법 제191조의11에 반하는 정관규정 또는 주주총회결의의 효력이 다투어졌다.

2. 1주 1의결권 원칙(상법 제369조 제1항)

(1) 의결권의 수

상법 제369조 제1항은 "의결권은 1주마다 1개로 한다."라고 규정하여 1주 1의결권 원칙을 규정하고 있다. 의결권은 주주가 주주총회에 출석하여 결의에 참가할 수 있는 권리인데, 이를 통하여 주주는 경영에 참여할 수 있다. 경영진의 선·해임, 주요 회사정책의 결정 등을 주주총회에서 결정하므로 주주는 의결권을 행사함으로써 자신의 의사를 결의에 반영할 수 있다. 따라서 의결권 있는 주식총수의 과반수 등 일정한 비율 이상을 가진 주주는 자신의 의사대로 주주총회의 결의, 즉 회사의사를 결정하는 지위를 가지며, 그렇지 못한 주주인 경우 상법이 정하는 바에 따라 경영에 대한 감시·감독권을 가진다. 의결권은 주주가 경영에 참여하는 기본권리에 해당하므로 이에 관한 상법 규정은 강행규정이고, 1주 1의결권 원칙도 그러하다.

(2) 1주 1의결권 원칙의 예외

이 원칙은 강행규정으로서 정관 또는 당사자간의 계약 등으로 제한될 수 없으나 법률에 의하여는 다음과 같은 경우 제한될 수 있다. 첫째, 의결권배제·제한의 종류주식(상법 제344조의3 제1항)이 있다. 의결권제한의 종류주식은 특정한 사항, 예컨대 임원선임 등의 의안에 한하여 의결권행사를 배제하는 것으로서 적대적 M&A 상황에서 경영권을 방어할 수 있는 수단으로 이용될 수 있다. 둘째, 회사가 자기주식을 취득(상법 제341조, 제341조의2)하여 이를 보유하는 경우 그 주식은 의결권이 없다(상법 제369조 제2항). 셋째, 상호보유주식으로 비모자회사간에 예컨대 갑 회사가 을 회사 발행주식총수의 1/10을 초과하여 소유하는 경우 을 회사가 가지는 갑 회사 주식은 의결권이 없다(상법 제369조 제3항). 넷째, 특별이해관계인의 소유주식은 의결권을 행사할 수 없다(상법 제368조 제3항). 다섯째, 감사 선임시 의결권 있는 주식의 총수의 100분의 3을 초과하는 수의 주식을 가진 주주는 그 초과하는 주식에 관하여 의결권을 행사하지 못한다(상법 제409조 제2항). 이 규정은 감사 선임결의에서 대주주의 영향력을 제한하여 감사권을 공정하게 행사할 자를 선출하게 하려는 취지를 갖는다.

3. 주주평등의 원칙

(1) 주주평등원칙의 내용

주주평등의 원칙은 회사는 동일한 사정 하에서 모든 주주를 동등하게 대우하고 자의적인 차별행위를 하지 말 것을 내용으로 갖는다. 회사가 일부 주주에게만 유리한 업무집행을 하여 불평등한 결과가 생기는 것을 막기 위하여 이 원칙은 모든 주주를 동등하게 대우할 것을 요구한다. 그런데 회사가 합리적인 이유 있는 차별을 하는 것은 허용된다. 이 원칙은 주주의 두수에 따른 평등이 아니라 주식의 균등성과 종류성에 근거한 자본적 평등이며, 주주권의 행사와 의무에 이행에 관하여 균등한 기회를 주어야 한다는 '기회의 평등,' 지주수에 따라 권리행사와 의무부과가 이루어지는 '비례적 평등' 및 주식종류에 따라 달리 취급되는 '종류적 평등'을 의미한다.

주주평등의 원칙은 상법이 직접 규정하지는 않지만, 이 원칙이 반영된 것으로 해석되는 규정으로서 주금액의 균일성(상법 제329조), 1주 1의결권 제도(상법 제369조 제1항), 주주의 신주인수권(상법 제418조 제1항), 이익배당의 기준(상법 제464조), 잔여재산의 분배(상법 제538조) 등이 있다.

(2) 주주평등원칙의 예외

주주평등의 원칙은 합리적인 근거가 있을 경우 법률에 의한 차별행위를 허용한다. 즉 종류주식제도(상법 제344조), 단주처리(상법 제443조), 감사 선임(상법 제409조 제2항) 및 각종 소수주주권(상법 제363조의2 등)이 있다. 또한 신주의 제3자배정처럼 법률이 위임하면 정관에 의한 경우에도 위 원칙의 예외를 정할 수 있다(상법 제418조 제2항).

(3) 원칙에 위반한 행위의 효과

주주평등원칙에 반하는 정관의 규정, 주주총회의 결의, 이사회의 결의 또는 회사의 업무집행은 모두 무효이다. 그러나 위반행위에 대하여 손해를 입은 주주가 이를 승인하면 예외적으로 유효로 된다.[1)]

4. 대상판결의 검토

위 사안에서 원고는 최대주주가 아니어서 그 소유주식은 상법과 구증권거래법(현행 상법상 상장회사에 대한 특례)에 의하여 의결권행사가 제한되는 주식이 아닌 데도 불구하고 피고 회사의 정관규정에 의하여 의결권행사가 제한되었다. 즉 위 법률에 의하면 의결권 없는 주식을 제외한 발행주식의 총수의 100분의 3을 초과하는 수의 주식과 '최대주주와 그 특수관계인 등'이 일정 비율을 초과하여 소유하는 주권상장법인의 주식은 감사의 선임 및 해임에 있어서 의결권이 제한된다.[2] 그런데 위 사안에서 피고 회사는 '최대주주가 아닌 주주와 그 특수관계인 등'에 대하여도 일정 비율을 초과하여 소유하는 주식에 관하여 의결권을 제한하는 내용의 정관규정을 가지고 있었고, 이에 의하여 감사 선임을 안건으로 주주총회결의가 이루어졌다.

(1) 편면적 강행규정의 해석

전술한 바와 같이 주주평등의 원칙이 반영된 1주 1의결권의 원칙을 규정한 상법의 규정은 강행규정으로서 정관으로는 이에 반하는 내용을 정할 수 없고, 그 예외도 법률에 의하여 허용된다. 사안에서 위 원칙의 예외를 규정한 상법 제409조 제2항과 제3항, 구증권거래법 제191조의11 제1항에 관련하여 피고 회사 정관규정의 효력이 다투어졌다.

피고는 주장하기를, 상법 제409조 제2항, 제3항, 구 증권거래법 제191조의11 제1항의 입법취지 및 3%보다 더 낮은 비율을 정관으로 정할 수 있도록 한 규정형식에 비추어 보면, 위 의결권제한 규정은 정관으로 그 제한을 완화하는 것은 금지하나 강화하는 것은 허용하는 이른바 편면적 강행규정이며, 정관에 의하여 법률보다 대주주에게 더 불리한 내용을 규정하는 것을 불허할 이유가 없는 것이므로, 이 사건 정관조항은 상법과 증권거래법상 감사 선임의 의결권 제한을 더욱 강화하는 내용으로서 편면적 강행규정의 강행성에 위반하지 않으며, 무효가 아니라고 주장하였다. 이에 대하여 법원은 상법 제409조 제3항이 정관으로 의결권행사의 제한을 완화하는 것은 금지하고 제한을 강화하는 것을 허용하는 편면적 강행규정이며, 제3항 문언의 해석상 제

---

1) 대법원 1980.8.26. 선고 80다1263 판결.

2) 구 증권거래법 제191조의11 제1항과 그 시행령 제84조의18에 의하면 주권상장법인 또는 코스닥상장법인의 경우 최대주주와 그 특수관계인 기타 '최대주주 또는 그 특수관계인의 계산으로 주식을 보유하는 자'와 '최대주주 또는 그 특수관계인에게 의결권을 위임한 자'가 소유하는 의결권 있는 주식의 합계가 당해 법인의 의결권 있는 발행주식총수의 100분의 3(정관으로 그 비율을 더 낮게 정한 경우에는 그 비율로 한다)을 초과하는 경우 그 주주는 그 초과하는 주식에 관하여 감사 또는 감사위원회 위원(사외이사가 아닌 위원에 한한다)의 선임 및 해임에 있어서는 의결권을 행사하지 못한다.

한을 강화하는 방식이 단순히 비율뿐만이 아니라 이 사건 정관조항과 같이 주주와 일정한 관계에 있는 자의 주식을 합산하여 의결권을 제한하는 방식까지도 법이 허용한 취지라고는 볼 수 없다고 보아 위 정관규정은 무효라고 판시하였다.

위 상법 제409조 제2항, 제3항 및 구 증권거래법의 위 규정은 '최대주주와 그 특수관계인이 소유하는 주식'을 합하여 의결권행사를 제한하려는 취지를 가지므로 위 정관이 '주주와 특수관계인의 주식'을 합하여 의결권을 제한하는 것은 위 법률규정들이 정하지 않은 방식으로 의결권행사의 제한을 강화한 것으로서 허용될 수 없다. 위 정관에 의하게 되면 최대주주뿐만이 아니라 모든 주주들과 그 특수관계인의 소유주식이 합산되어 의결권행사가 제한되기 때문에 오히려 대주주에게 유리해질 수 있고, 이는 본래 대주주의 의결권행사를 제한하려는 취지를 갖는 상법과 증권거래법[3]에 반하는 결과를 가져올 수 있으므로 위 정관규정은 상법 및 증권거래법에 위반하여 무효로 보아야 한다.

(2) 구 증권거래법 규정이 1대주주와 2대주주를 차별하는지 여부

피고는 주장하기를, 구 증권거래법 제191조의11은 합리적 근거 없이 1대주주와 2대주주를 차별하여 그 자체로 주주평등의 원칙상 문제점을 가지고 있는 규정이므로, 자치법규인 정관으로 다른 대주주의 의결권에 대하여 동일하게 제한할 수 없다고 한다면, 헌법상 평등원칙을 침해할 위헌법률로 해석될 수밖에 없다고 하였다. 이에 대하여 법원은 감사 선임시 의결권제한 규정의 취지 등에 비추어 구 증권거래법 제191조의11 제1항이 헌법상 평등원칙을 침해할 정도로 1대주주와 2대주주를 합리적 근거 없이 차별한다고 보기는 어렵고, 위 규정이 1대주주와 2대주주 간의 감사 선임결정권 문제에 국한되는 것도 아니라고 보았다.

상법은 감사 선임시 대주주의 의결권을 제한하려는 취지를 가지고 있고, 이러한 취지는 최대주주가 경영권을 장악하고 있는 우리의 현실에서 구 증권거래법에 의하여 구체화되었다. 1대주주의 경영권행사로 발생할 폐해를 방지하기 위하여 도입된 감사 선임시 의결권제한제도는 1대주주를 다른 대주주와 차별하는 것으로 볼 수는 없다. 2대주주도 위 비율에 해당하면 의결권이 제한되므로 위 대주주의 의결권제한제도는 주주들을 차별하는 것이 아니다.

(김재범)

---

3) 상법 제409조는 감사 선임시 대주주의 의결권행사를 제한하려는 취지에서 도입되었고, 구 증권거래법 제191조의11은 위 의결권행사의 제한을 회피하기 위하여 대주주가 주식을 분산하려는 시도를 하였기 때문에 이를 규제하기 위하여 도입되었다. 동 법률의 규정은 상법 제542조의12(감사위원회의 구성 등) 제3항에 규정되었다.

12 상환주식의 상환권 행사 후 주주의 지위

대법원 2020.4.9. 선고 2017다251564 판결

Ⅰ. 판결개요

1. 사실관계

X는 영국령 버진아일랜드(British Virgin Islands)에서 설립된 외국법인이고, Y는 가방류, 의류 등 제조업 및 수출·수입업을 목적으로 설립된 국내 비상장법인이다. 2011. 3. 11. X는 Y가 발행한 A종 상환우선주 3,334주(이하 '이 사건 주식')를 총 150억 원(1주당 4,499,100원)에 인수하는 계약(이하 '이 사건 계약')을 체결하면서 다음과 같이 정하였다.

1) X는 인수일로부터 3년이 되는 날부터 7일 이내에 서면으로 Y에게 이 사건 주식의 조기상환을 청구할 수 있고, 이때 상환금액은 조기상환권을 행사할 것을 통지한 날의 공정시장가격으로 한다.
2) X의 조기상환청구가 있는 경우 Y는 그 통지를 받은 즉시 그 사본을 상환청구자 이외에 A종 상환우선주를 보유한 다른 주주들에게 전달해야 하고, 위 주주들은 이를 수령한 날로부터 14일 이내에 Y를 상대로 자신이 보유한 A종 상환우선주 전부 또는 일부를 상환해달라고 청구할 수 있다.
3) Y는 위 14일의 기간이 만료된 날 이후 14일 이내에 모든 A종 상환우선주의 주주들에게 상환금액을 보유주식에 비례해서 지급해야 하고, 만약 이를 지체할 경우 지급되지 않은 상환금액에 대하여 연 15%의 복리로 계산한 지연손해금을 가산하여 지급하여야 한다.
4) X는 위 조기상환권 이외에도 A종 상환우선주의 주주로서 배당에 있어서의 우선권과 청산시 잔여재산분배에 관한 우선권을 가지고, 그 주식이 완전히 전환되었을 경우의 보통주식의 수와 동일한 수의 의결권을 가지며, 거래종료일로부터 5년을 만기로 하는 전환권과 상환권을 가진다.

X는 이 사건 계약에 따라 2011. 3. 22.경 Y가 발행한 이 사건 주식을 인수한 다음, 그로부터 3년이 되는 날인 2014. 3. 21. Y에게 이 사건 주식에 대한 조기상환을 청구하였다. Y가 발행한 A종 상환우선주를 보유한 주주는 X뿐이다.

Y는 이 사건 주식의 상환금 액수가 230억 원이라는 회계법인의 감정 결과에 따라 X에게 230억 원을 수령할 것을 제안하였으나 X는 상환금의 액수를 다투며 그 수령을 거절하였다. 이에 Y는 2014. 5. 22. X의 수령거절을 원인으로 하여 서울중앙지방법원(2014년 금제10793호)에 이 사건 주식 상환금 명목으로 230억 원을 공탁(제1공탁)한 다음(이하 '이 사건 공탁'), X를 상대로 이 사건 주식 상환금채무의 부존재 확인을 구하는 소(이하 '관련소송')를 제기하였다. 관련소송의 제1심 법원은 2015. 8. 21. 상환금에 관하여 원금 265억 원(현금흐름할인법에 따른 평가) 및 이에 대한 판결 확정일 다음날부터의 지연손해금이라고 판단하였는데 쌍방이 항소하였다. 항소심 법원은 2016. 6. 14. 상환금 액수가 원금 265억 원 및 이에 대한 2014. 4. 19.부터 다 갚는 날까지의 지연손해금이지만 X의 지연손해금채권 중 일부의 권리행사(제1공탁금 230억 원에 대한 공탁일 다음날인 2014. 5. 23.부터 다 갚는 날까지 연 15%의 복리율에 의한 지연손해금청구권)는 신의칙에 반하여 제한된다고 판단하였다. 이에 대해 대법원(대법원 2020.4.9. 선고 2016다32582 판결)은 상환권을 행사하여 정해진 이행기 이후에는 이행지체로 인한 지연손해금을 지급할 의무가 있고, 이는 당사자 사이에 '공정한 시장가격'에 대한 협의가 이루어지지 않아서 상환금의 액수가 확정되지 않았더라도 마찬가지이며, X가 상환금의 일부라도 수령하겠다는 신의를 공여하였다고 볼 수 없다고 판단하였다.

Y는 관련소송의 제1심 판결 선고 이후에 이 사건 공탁금을 회수하였고, 관련소송의 원심 판결 선고 이후인 2016. 6. 21. 그 판결에 따라 상환금을 계산한 다음 원천징수세액 상당을 공제한 나머지 25,196,052,617원을 공탁(제2공탁)하였다. X는 2016. 9. 19. 이의를 유보하고 공탁금출급청구를 하여 2016. 9. 20. 위 공탁금과 이자 합계액에서 원천징수세액을 공제한 25,200,952,392원을 수령하였다. 한편 Y는, 2014. 7. 25. 주주총회(이하 '이 사건 주주총회')를 개최하였는데 전체 주주 3인 중 X를 제외한 나머지 주주 2인(전체 주식수 63,334주, 출석 주식수 60,000주)이 출석하여 만장일치로 Y의 이사 김현용을 해임하는 결의를 하였다. 그런데 이 사건 주주총회결의 전에 Y가 X에게 소집통지를 발송하거나 X의 사전동의를 받은 바는 없다. 이에 X는 주주총회의 하자를 주장하였다.

제1심(서울중앙지방법원 2016.12.9. 선고 2014가합568068 판결)은 상환권의 행사만으로는 주주의 지위를 상실한다고 볼 수는 없으나, 공탁한 공탁금을 회수한 이상 남은 상환대금을 기준으로 해당 금액만큼의 주주권을 갖는다고 보았고, 주주총회의 하자를 인정하지 않았다. 원심(서울고등법원 2017.7.7. 선고 2016나2089876 판결)은 상환권행사로 상환대금에 대한 채권자로서의 지위만을 가진다고 판단하였다고, 주주총회의 무효 또는 취소 부분은 확인의 이익이 없다고 판단하였다. 대법원은 상환주식인수계약 등에서 특별히 정한 바가 없으면 주주가 회사로부터 상환금을 지급받을 때까지는 상환권을 행사한 이후에도 여전히 주주의 지위에 있다고 하여 주주지위설을 채택하고 원심 판결을 파기·환송하였다.

2. 판결요지

회사는 정관으로 정하는 바에 따라 주주가 회사에 대하여 상환을 청구할 수 있는 종류주식을 발행할 수 있다. 이 경우 회사는 정관에 주주가 회사에 대하여 상환을 청구할 수 있다는 뜻, 상환가액, 상환청구기간, 상환의 방법을 정하여야 한다(상법 제345조 제3항). 주주가 상환권을 행사하면 회사는 주식 취득의 대가로 주주에게 상환금을 지급할 의무를 부담하고, 주주는 상환금을 지급받음과 동시에 회사에게 주식을 이전할 의무를 부담한다. 따라서 정관이나 상환주식인수계약 등에서 특별히 정한 바가 없으면 주주가 회사로부터 상환금을 지급받을 때까지는 상환권을 행사한 이후에도 여전히 주주의 지위에 있다.

3. 관련판례

(1) 대법원 2020.4.9. 선고 2016다32582 판결

[1] 비상장주식의 거래에서 그 주식에 대하여 회사의 객관적 가치가 적정하게 반영된 정상적인 거래의 실례가 있으면 그 거래가격을 기준으로 하여 비상장주식의 가액을 정하여야 한다. 그러한 거래사례가 없으면 비상장주식의 평가에 관하여 보편적으로 인정되는 시장가치방식, 순자산가치방식, 수익가치방식 등 여러 가지 평가방법을 활용하되, 회사의 상황이나 업종의 특성 등을 종합적으로 고려하여 비상장주식의 가액을 산정하여야 한다(대법원 2005.10.28. 선고 2003다69638 판결; 대법원 2018.12.17. 자 2016마272 결정 등 참조).

(2) 대법원 2018.2.28. 선고 2017다270916 판결

[1] 상법 제466조 제1항에서 규정하고 있는 주주의 회계장부와 서류 등에 대한 열람·등사청구가 있는 경우 회사는 청구가 부당함을 증명하여 이를 거부할 수 있고, 주주의 열람·등사권 행사가 부당한 것인지는 행사에 이르게 된 경위, 행사의 목적, 악의성 유무 등 제반 사정을 종합적으로 고려하여 판단하여야 한다. 특히 주주의 이와 같은 열람·등사권 행사가 회사업무의 운영 또는 주주 공동의 이익을 해치거나 주주가 회사의 경쟁자로서 취득한 정보를 경업에 이용할 우려가 있거나, 또는 회사에 지나치게 불리한 시기를 택하여 행사하는 경우 등에는 정당한 목적을 결하여 부당한 것이라고 보아야 한다. 한편 주식매수청구권을 행사한 주주도 회사로부터 주식의 매매대금을 지급받지 아니하고 있는 동안에는 주주로서의 지위를 여전히 가지고 있으므로 특별한 사정이 없는 한 주주로서의 권리를 행사하기 위하여 필요한 경우에는 위와 같은 회계장부 열람·등사권을 가진다. 주주가 주식의 매수가액을 결정하기 위한 경우뿐만 아니라 회사의 이사에 대하여 대표소송을 통한 책임추궁이나 유지청구, 해임청구를 하는 등 주주로서의 권리를 행사하기 위하여 필요하다고 인정되는 경우에는 특별한 사정이 없는 한 그 청구는 회사의 경영을 감독하여 회사와 주주의 이익을 보호하기 위한 것이므로, 주식매수청구권을 행사하였다는 사정만으로 청구가 정당한 목적을 결하여 부당한 것이라고 볼 수 없다.

[3] 갑 주식회사의 주주인 을이 갑 회사의 회계장부 및 서류의 열람·등사를 청구하는 소를 제기하였는데, 소송계속 중 갑 회사가 병 주식회사에 공장용지와 공장건물을 양도하는 과정에서 을이 반대주주의 주식매수청구권을 행사하였고, 주식매수가액의 협의가 이루어지지 않자 을이 법원에 주식매수가액 산정결정 신청을 하여 재판이 계속 중이고, 그 후 을이 갑 회사의 이사들을 상대로 주주대표소송을 제기하고, 갑 회사를 상대로 사해행위취소소송을 제기하여 각 소송이 계속 중인 사안에서, 을이 주식매수청구권을 행사한 후 주식에 대한 매매대금을 지급받지 아니한 이상 주주의 지위에 있고, 주식매수가액의 산정에 필요한 갑 회사의 회계장부 및 서류를 열람·등사할 필요가 있다고 본 원심의 판단이 정당하다고 하는 한편, 을은 주주로서 이사의 책임을 추궁하기 위하여 주주대표소송을 제기하였으므로 갑 회사의 재무제표에 나타난 재무상태 악화의 경위를 확인하여 주주대표소송을 수행하는 데 필요한 범위에서 갑 회사에 회계장부의 열람·등사를 청구할 권리가 있고, 을이 주식매수청구권을 행사하였고 주주대표소송을 제기하기 이전에 갑 회사를 상대로 다수의 소송을 제기한

적이 있다는 등의 사정만으로 위와 같은 청구가 부당하다고 볼 수는 없으며, 다만 사해행위취소소송은 을이 갑 회사에 대한 금전 채권자의 지위에서 제기한 것이지 주주의 지위에서 제기한 것으로 보기 어려우므로 을이 사해행위취소소송을 제기한 것을 내세워 회계장부 열람·등사청구를 하는 것은 부당하다고 한 사례.

Ⅱ. 판결의 평석

1. 판결의 의의

상환주식의 주주가 회사에 대하여 상환권을 행사한 이후 그 상환가액에 대하여 다툼이 있어 상환대금을 전부 지급받지 못하고 있는 경우에 여전히 주주의 지위를 유지하는지에 관한 것으로 상환의 효력발생시기 또는 상환주식이 상환되는 경우에 주주권의 소멸시기가 언제인지에 관한 것이 대상판결의 쟁점이다.

대상판결은 상환주식 인수계약에서 상환가액에 대한 별도의 약정이 가능하다는 것을 전제로 하면서 상환권을 행사한 상환주식 주주의 경우에도 정당하고 공정한 상환가액을 모두 지급받을 때까지는 여전히 주주의 지위를 유지한다는 견지를 다시 한 번 확인한 판결이다. 따라서 X는 상환대금을 지급받을 때까지 주주의 지위에 있으므로 주주총회의 소집통지를 받지 못한 주주총회결의의 하자를 주장할 수 있다.

2. 상환주식의 의의

회사는 주식에 부가된 특성에 따라 이익의 배당, 잔여재산의 분배, 주주총회에서의 의결권의 행사, 상환 및 전환 등에 관하여 내용이 다른 종류의 주식(종류주식)을 발행할 수 있다(제344조). 상환주식이란 발행시부터 일정 기간 후에 회사의 이익으로써 소각할 수 있는 종류주식이다(제345조 제1항). 일반적으로 회사가 상환을 요구할 수 있는 주식(회사상환주식, 상환사유부주식)이 발행되는 것(제345조 제1항)이 대부분이겠지만, 주주가 회사에 대하여 상환을 청구할 수 있는 주식(주주상환주식, 상환청구부주식)을 발행할 수도 있다(제345조 제3항). 상환주식은 보통주식으로 발행할 수 없다(제345조 제5항). 상환주식은 회사가 자금이 필요할 때 주로 우선주식을 대상으로 발행하였다가 이후에 상환함으로써 회사의 지배관계에 영향을 미치지 않고 자금을 조달할 수 있는 장점이 있으며, 특히 주주상환주식은 주주가 그 투자의 회수를 회사의 경영상황에 따라 쉽게 할 수 있는 장점이 있다.

상환주식을 발행함에는 정관에 규정을 두어야 한다. 회사상환주식을 발행하는 경우 회사는 정관에 상환가액, 상환기간, 상환의 방법과 상환할 주식의 수를 정하여야 하며(제345조 제1항 후문), 주주상환주식의 경우 회사는 정관에 주주가 회사에 대하여 상환을 청구할 수 있다는 뜻, 상환가액, 상환청구기간, 상환의 방법을 정하여야 한다(제345조 제3항 후문). 주주상환청구주식의 경우 상환청구기간 내에 상환청구를 하지 않으면 상환청구권이 소멸한다.

3. 상환의 재원

회사상환주식의 상환은 '회사의 이익으로써'만 하여야 한다(제345조 제1항). 이는 배당가능이익의 범위 내(제462조 제1항)에서만 가능하다는 것이며, 배당가능이익이 없음에도 상환하는 것은 자본금충실의 원칙상 허용되지 않는다.

주주상환주식의 경우에는 법문상 상환의 재원이 규정되어 있지 않다. 이에 대하여 상환재원이 배당가능이익에 한정된다는 견해, 정관에서 정한 상환기금에서 상환하는 것을 원칙으로 하고 정관의 정함이 없거나 적립된 상환기금이 부족한 경우에는 배당가능이익의 범위 내에서 상환할 수 있다는 견해가 있다. 다수설(통설)은 회사상환주식과 주주상환주식을 달리 처리할 이유가 없으므로 모두 배당가능이익으로 상환할 수 있다고 보고 있다. 따라서 주주가 상환청구권을 행사한 경우 회사에 배당가능이익이 없는 때에는 상환은 이행될 수 없다.

4. 상환가액

상환가액은 상환주식의 상환의 대가로 지급하는 금액이며, 상환가액이 지나치게 고액일 경우에는 다른 주주의 이익을 해칠 수 있으므로 공정하여야 한다. 회사는 상환주식의 취득의 대가로 현금 외에 유가증권(다른 종류주식은 제외한다)이나 그 밖의 자산을 교부할 수 있으며. 이 경우에는 그 자산의 장부가액이 제462조에 따른 배당가능이익을 초과하여서는 안된다(제345조 제4항).

상환가액은 회사상환주식이든 주주상환주식이든 정관에 정하도록 되어 있다(제345조 제1항, 제3항). 상환가액은 정관을 통하여 특정한 금액으로 정할 수 있지만, 액면가액, 발행가액 또는 상환시점에서의 시장가격처럼 상환가액의 기준만을 정관에서 정하고 이러한 기준에 따라 이사회가 실제 상환가액을 정할 수도 있다.[1] 상환가액을 시장가격으로 하는 경우 시장가격이 발행가격을 하회하는 경우에는 상환주식의 주주가 손해를 볼 수 있다. 사안의 경우 상환금액은 '조기상환권을 행사할 것을 통지한 날의 공정시장가격'으로 하기로 되어 있다. 판례는 비상장주식의 가치평가에 대하여 "비상장주식의 거래에 있어서 그에 관한 객관적 교환가치가 적정하게 반영된 정상적인 거래의 실례가 있는 경우에는 그 거래가격을 시가로 보아 가액을 평가하여야 하나, 그러한 거래사례가 없으면 비상장주식의 평가에 관하여 보편적으로 인정되는 시장가치방식, 순자산가치방식, 수익가치방식 등 여러 가지 평가방법을 활용하되, 비상장주식의 평가방법을 규정한 관련 법규들은 그 제정 목적에 따라 서로 상이한 기준을 적용하고 있으므로 어느 한 가지 평가방법이 항상 적용되어야 한다고 단정할 수는 없고, 당해 회사의 상황이나 업종의 특성 등을 종합적으로 고려하여 공정한 가액을 산정하여야 한다"고 하고 있으며,[2] 사안의 상환가액에 관한 별도의 판결[3]에서는 이를 다시 확인하였다.

5. 상환권행사와 주주의 지위

회사상환주식의 상환은 정관에 규정이 없으면 이사회결의만으로도 할 수 있고, 회사는 상환결정 이후에는 상환대상인 주식의 취득일부터 2주 전에 그 사실을 그 주식의 주주 및 주주명부에 적힌 권리자에게 따로 통지하여야 하며, 통지는 공고로 갈음할 수 있다(제345조 제5항). 주주상환주식의 상환은 정관의 정함에 따라 주주의 청구에 의하며, 주주가 상환청구권을 행사하면 회사에는 상환의무가 발생하므로 형성권이다.

그러나 주식취득일의 경과나 상환청구권을 행사한 경우라도 상환가액을 지급받지 못한 경우 여전히 주주의 지위를 가지는지에 대하여 상법은 상환의 효력발생시기에 대해서는 명문규정을 두고 있지 않다. 이에 대해 정관에 달리 정함이 없다면 상환청구를 한 날이 상환의 효력이 발생한다는 견해, 주주의 상환청구시에 회사가 상환대가를 지급하고 주식을 이전받은 때에 상환의 효력이 발생한다는 견해(주주지위설), 상환주식을 취득하여 실효절차를 마친 때에 상환의 효력이 발생한다는 견해 등이 있다. 상환청구를 하였음에도 상환가액을 지급받지 못하고 주주로서 지위까지 상실한다면 회사가 악의적으로 그 지급을 지연하는 경우에 생길 수 있다.

1) 김순식, 종류주식(주식회사법대계 I, 제3판), 법문사, 548면.
2) 대법원 2014.7.24. 선고 2013다55386 판결.
3) 대법원 2020.4.9. 선고 2016다32582 판결.

상법은 지배주주의 매도청구권(제360조의24)과 소수주주의 매수청구권(제360조의25) 행사의 경우에는 주식을 취득하는 지배주주가 매매가액을 소수주주에게 지급한 때에 주식이 이전된 것으로 본다고 규정하고 있다(제360조의26 제1항). 이에 비추어 상환의 경우에도 상환가액을 지급하는 경우에 상환의 효력이 발생하는 것으로 보아야 할 것이다. 판례의 경우 주식매수청구권에 관한 사안에서 "주식매수청구권을 행사한 주주도 회사로부터 주식의 매매대금을 지급받지 아니하고 있는 동안에는 주주로서의 지위를 여전히 가지고 있"다고 판시[4]하여 주식매수대금을 지급받지 못한 주주의 경우에도 여전히 주주로서 주주권을 행사할 수 있다고 하였다. 본 판결의 경우에도 대법원은 회사에 대하여 상환권을 행사한 경우 주주 지위를 상실하는 시기에 관하여 달리 정한 바가 없는 경우에는 상환권을 행사하였더라도 상환가액을 지급받을 때까지는 여전히 주주의 자격이 있다고 보아 상환가액의 수령시기를 주주권의 소멸시점으로 보고 있다.

(박수영)

4) 대법원 2018.2.28. 선고 2017다270916 판결.

13 주식의 양도방법과 양도제한 주식의 매수청구권

대법원 2014.12.24. 선고 2014다221258,221265 판결

Ⅰ. 판결개요

1. 사실관계

피고 Y주식회사의 보조참가인(A)과 원고(X_1, X_2)는 2012. 1. 6. 'A가 X_1, X_2에 대하여 부담하는 50억원의 채무를 담보하기 위하여 A 소유의 Y회사 주식(1주당 612,055원)에 관하여 양도담보권을 설정하여 양수인(X_1, X_2)에게 주권 및 주주로서의 권리 일체를 양도하고 이전에 필요한 일체의 서류를 양수인에게 건넨 후, 양수인의 요구시 Y회사의 주주명부를 양수인의 명의로 이전시킨다.'는 취지의 주식양도담보계약을 체결하고, A는 같은 날 X_1, X_2에게 양도한 주식 14,665주(X_1, X_2 각각에 대해 7,332주, 7,333주)에 대한 주식포기각서를 작성하여 주었다. Y회사의 정관에는 주식양도제한에 관한 규정이 포함되어 있었으므로, X_1, X_2는 2012. 1. 17. Y회사에 대해 주식양도의 승인을 청구하였지만, Y회사는 2012. 2. 15. 이를 거부하였다. 이에 X_1, X_2는 2012. 2. 20. Y회사에 대해 주식매수를 청구하였고 Y회사가 이를 거절하자, X_1, X_2가 Y회사에 대해 주식매매대금청구의 소를 제기하였다. 그런데 X_1은 이 사건 제1심 변론종결 이후인 2013. 7. 17.에 이르러서야 A로부터 1주당 액면금액이 5,000원인 Y회사의 주식 14,665주에 대한 주권 36매(1,500만원권 15매, 2,500만원권 4매, 35,000원권 13매, 45,000원권 4매)를 수령하였다.

2. 판결요지

X_1 등은 상법 제335조의7 제2항, 제335조의2 제4항에 따라 정당하게 주식매수청구권을 행사하였다고 주장하였으나, 인심은 주식매수청구권을 행사하기 위해서는 그 행사 당시 적법한 주식을 취득하고 있어야 할 것이고, 주권이 발행된 주식의 취득에

는 주권의 교부가 필요함에도 주식매수청구권을 행사한 시점에 외관상 종전의 권리 상태에 아무런 변화도 가져오지 않고, 주권이 아직 원권리자(Y회사)의 지배범위를 완전히 벗어나지 않은 점유개정 방법은 주식매수청구권 행사를 위한 적법한 주식의 취득이라고 인정하기 어려우며, 사후적으로 그 요건을 갖추고 있더라도 주식매수청구권 행사 당시 하자는 치유되지 않는다고 하여 X_1 등의 주장을 배척하였다.

대법원은 "주권발행 후의 주식의 양도에 있어서는 주권을 교부하여야 효력이 발생하고(상법 제336조 제1항), 주권의 교부는 현실의 인도 이외에 간이인도, 점유개정, 반환청구권의 양도에 의하여도 할 수 있다. … 주식의 양도에 관하여 이사회의 승인을 얻어야 하는 경우에 주식을 취득하였으나 회사로부터 양도승인거부의 통지를 받은 양수인은 상법 제335조의7에 따라 회사에 대하여 주식매수청구권을 행사할 수 있다. 이러한 주식매수청구권은 주식을 취득한 양수인에게 인정되는 이른바 형성권으로서 그 행사로 회사의 승낙 여부와 관계없이 주식에 관한 매매계약이 성립하게 되므로, 주식을 취득하지 못한 양수인이 회사에 대하여 주식매수청구를 하더라도 이는 아무런 효력이 없고, 사후적으로 양수인이 주식 취득의 요건을 갖추게 되더라도 하자가 치유될 수는 없다."라고 하여, X_1 등의 주장을 배척한 원심을 유지하였다.

3. 관련판례

(1) 대법원 2010.2.25. 선고 2008다96963 판결

주권발행 후의 주식의 양도에 있어서는 주권을 교부하여야 효력이 발생하고(상법 제336조 제1항), 주권의 점유를 취득하는 방법에는 현실의 인도(교부) 외에 간이인도, 반환청구권의 양도가 있다.

(2) 대법원 2000.9.8. 선고 99다58471 판결

주권의 점유를 취득하는 방법에는 현실의 인도(교부) 외에 간이인도, 반환청구권의 양도가 있으며, 양도인이 소유자로부터 보관을 위탁받은 주권을 제3자에게 보관시킨 경우에 반환청구권의 양도에 의하여 주권의 선의취득에 필요한 요건인 주권의 점유를 취득하였다고 하려면, 양도인이 그 제3자에 대한 반환청구권을 양수인에게 양도하고 지명채권 양도의 대항요건을 갖추어야 한다.

(3) 대법원 1977.3.8. 선고 76다1292 판결

기명주식의 양도는 주권과 이에 주주로 표시된 자의 기명날인이 있는 양도증서의 교부에 의하여서만 이를 한다는 상법 제336조 제1항 후단 규정 취지는, 첫째로 주권의 교부는 현실의 인도 이외에 간이의 인도, 점유개정, 반환청구권의 양도에 의하여서도 가능하다 할 것이며, 둘째로 주주의 기명날인이 있는 양도증서라는 것은 주주가 그 주식을 양도하는 의사를 명확하게 하기 위하여 요구되는 것으로 여기에는 특별한 요식을 요하는 취지가 아니므로 따라서 법관이 관여하여 작성되는 화해조서에 양도하는 취지가 분명하게 기재된 경우에는 이는 양도증서로서 유효하다.

Ⅱ. 판결의 평석

1. 판결의 의의

주식은 원칙적으로 자유롭게 양도될 수 있다. 이때 주식의 양도는 주권이 발행되었다면 그 주권의 교부에 의하여서만 할 수 있다. 주식양도에 있어서 대상판결은 주식의 양도제한에 관한 정관규정을 두고 있는 경우 양수인도 양도인과 같이 형성권으로서의 주식매수청구권을 행사할 수 있지만, 주식매수청구권을 정당하게 행사하기 위해서는 주권의 소지를 요한다고 하면서, 그 소지는 현실의 인도 이외에 간이인도, 점유개정,[1] 반환청구권의 양도에 의하여도 할 수 있는데, 주식매수청구권 행사시에 그러한 요건을 갖추고 있지 않는 경우 사후적으로 요건이 구비되었다 하더라도 그 하자는 치유되지 않는다고 본 판결이다.

2. 주식의 양도 원칙과 양도 방법

(1) 주식양도의 자유와 제한

주식양도란 법률행위에 의해 주식을 이전하는 것을 말하는데, 주식은 법률(상법 또는 특별법)이나 정관에 다른 규정이 없으면 자유롭게 양도될 수 있는 것이 원칙이다(상법 제335조 제1항 본문). 왜냐하면 주식회사는 인적회사와는 달리 퇴사제도가 없어, 사원(주주)의 투하자본회수를 보장하여 줄 필요가 있기 때문이다.

그런데 소규모 주식회사에서는 주주 사이의 신뢰관계를 보호하고 주주가 바라지 않는 주주의 참여를 배제하여 경영의 안전을 도모할 필요가 있기 때문에, 주식양도의 자유에 대한 예외로써 정관에 의한 주식양도의 제한을 인정하고 있다. 즉, 예외적으

1) 대상판결은 관련판례에서 알 수 있듯이, 종래 주권의 점유 취득방법으로 점유개정을 인정하지 않고 있던 것을 초기 판례와 같이 이를 인정하고 있다.

로 정관이 정하는 바에 따라 이사회의 승인을 얻어서 주식을 양도할 수 있도록 하고 있다(상법 제335조 제1항 단서). 물론 정관으로 제한하더라도 주주의 투하자본 회수의 가능성을 전면적으로 부정하는 정도의 제한은 할 수 없다.[2)]

정관의 규정으로 주식양도를 제한하는 경우에는 이를 주식청약서(상법 제302조 제2항 5호의2)와 주권(상법 제356조 6호의2)에 기재하고, 또 등기를 하여 이를 공시하여야 한다(상법 제317조 제2항 3호의2). 정관에 규정을 두었더라도 등기를 하지 않은 경우에는 선의의 제3자에게 대항하지 못한다(상법 제317조).

주식을 양도하려는 자가 회사에 대하여 서면으로 승인신청을 한 때에는 이사회는 그 청구가 있는 날로부터 1월 이내에 이사회의 결의를 거쳐 주주에게 그 승인 여부를 서면으로 통지하여야 하고(상법 제335조의2 제2항), 만일 회사가 이 기간 내에 주주에게 승인거부의 통지를 하지 아니한 때에는 주식의 양도에 관하여 이사회의 승인이 있는 것으로 본다(상법 제335조의2 제3항).

주식의 양도에 관하여 이사회의 승인을 얻어야 하는 경우에 주식을 취득한 자도 회사에 대하여 그 주식의 종류와 수를 적은 서면으로 그 취득의 승인을 청구할 수 있다(상법 제335조의7 제1항). 이와 같이 주식양수인이 사후에 양도승인의 청구를 하는 경우의 절차는 양도인이 사전에 양도승인의 청구를 하는 경우와 동일한 절차에 의한다(상법 제335조의7 제2항).

이사회가 양도승인의 청구를 거부한 때에는 승인청구가 있은 날로부터 1월 내에 승인거부를 주주에게 서면으로 통지하여야 하는데(상법 제335조의2 제2항), 승인거부의 통지를 받은 주주는 통지를 받은 날로부터 20일 내에 회사에 대하여 양도의 상대방의 지정 또는 그 주식의 매수를 청구할 수 있다(상법 제335조의2 제4항). 주주가 회사에 대하여 주식매수청구권을 행사한 경우에 회사는 이 청구를 받은 날로부터 2월 이내에 그 주식을 매수하여야 한다(상법 제335조의6, 제374조의2 제2항).

정관의 규정에 반하여 이사회의 승인을 얻지 아니한 주식의 양도는 회사에 대하여 효력이 없다(상법 제335조 제2항). 회사에 효력이 없다는 것은 회사와의 관계에서 양도가 무효임을 뜻한다. 따라서 주주 사이의 양도계약 자체가 무효로 되는 것은 아니다.[3)]

---

2) 대법원 2008.7.10. 선고 2007다14193 판결.

3) 주식의 양도는 이사회의 승인을 얻도록 규정되어 있는 회사의 정관에도 불구하고 이사회의 승인을 얻지 아니하고 주식을 양도한 경우에 그 주식의 양도는 회사에 대하여 효력이 없을 뿐, 주주 사이의 주식양도계약 자체가 무효라고 할 수는 없다(대법원 2008.7.10. 선고 2007다14193 판결).

(2) 주식의 양도 방법

주권발행 후의 주식의 양도는 양도의 합의 이외에, 그 주권의 교부를 요한다(상법 제336조 제1항).[4] 여기서 주권의 교부는 주권의 점유를 상대방에게 이전하는 것을 말하는데, 이에는 현실의 인도(민법 제188조 제1항), 간이인도(민법 제188조 제2항), 점유개정(민법 제189조) 및 목적물반환청구권의 양도(민법 제190조)를 포함한다고 본다.[5]

주권의 교부는 주식양도의 성립(효력발생)요건이지 대항요건이 아니다.[6] 따라서 주식의 양도를 회사에 대항하기 위해서는 별도로 주주명부에 명의개서를 하여야 한다. 이와 같이 주식의 양도는 주권의 교부만에 의하여 그 효력이 발생하므로 그 주권의 점유자는 점유취득원인을 불문하고 점유 자체만으로 권리자로서의 외관을 갖게 되어 적법한 소지인으로 추정되며,[7] 주권의 점유자에게 권리를 행사시킨 회사는 악의 또는 중과실이 없는 한 면책된다.

3. 대상판결의 검토

대상판결의 쟁점을 살펴보면, 먼저 X_1 등이 주식매수청구권을 정당하게 행사하였는가? 주식매수청구권은 형성권[8]으로서 그 행사로 회사의 승낙 여부와 관계없이 주식에 관한 매매계약이 성립한다(상법 제335조의7). 주식매수청구권을 행사하기 위해서는 그 행사 당시 적법한 주식을 취득하고 있어야 하는데, 주권이 발행된 경우 주식의 취득에는 주권의 교부가 필요하다. 그런데 이 사례에서 X_1 등이 A로부터 주권을 현실적으로 취득한 시점은 2013. 7. 17.이고, X_1 등이 Y회사에 대하여 주식매수청구권을 행사하였던 2012. 2. 20.에는 현실적으로 주식을 점유하지 않고 있었기 때문에,

---

4) 주권의 교부는 주식의 '양도'에 대해서만 인정된다. 따라서 포괄적 승계(상속이나 합병 등)에 있어서는 주권의 교부를 요하지 않는다.

5) 우리 대법원 초기 판례는 주권의 점유를 취득하는 방법으로 점유개정도 인정하였으나(대법원 1977.3.8. 선고 76다1292 판결), 그 후에는 현실의 인도(교부) 외에 간이인도, 반환청구권의 양도만 인정하고 있었다(대법원 2000.9.8. 선고 99다58471 판결; 대법원 2010.2.25. 선고 2008다96963 판결).

6) 대법원 1993.12.28. 선고 93다8719 판결(주권발행전의 주식의 양도는 지명채권양도의 일반원칙에 따라 당사자 사이의 의사의 합치만으로 효력이 발생하는 것이지만 주권발행 후의 주식의 양도에 있어서는 주권을 교부하여야만 효력이 발생한다).

7) 대법원 1989.7.11. 선고 89다카5345 판결.

8) 대법원 2011.4.28. 선고 2009다72667 판결(합병에 반대하는 주주(이하 '합병 반대주주'라고 한다)의 주식매수청구권에 관하여 규율하고 있는 상법 제522조의3 제1항, 상법 제530조 제2항에 의하여 준용되는 상법 제374조의2 제2항 내지 제4항의 규정취지에 비추어보면, 합병 반대주주의 주식매수청구권은 이른바 형성권으로서 그 행사로 회사의 승낙 여부와 관계없이 주식에 관한 매매계약이 성립하고, 상법 제374조의2 제2항의 '회사가 주식매수청구를 받은 날로부터 2월'은 주식매매대금 지급의무의 이행기를 정한 것이라고 해석된다. 그리고 이러한 법리는 위 2월 이내에 주식의 매수가액이 확정되지 아니하였다고 하더라도 다르지 아니하다).

판시가 X_1 등의 주장을 배척하기에 이른 것이다.

그렇다면 X_1 등은 점유개정 방식에 의해 주권의 점유를 취득할 수 없는가? 원심은 주권발행 후의 주식의 양도에 있어서는 주권을 교부하여야 효력이 발생하는데(상법 제336조 제1항), 판시는 주권의 점유를 취득하는 방법에는 현실의 인도(교부) 외에 간이인도, 목적물반환청구권의 양도[9]가 있을 뿐이라고 하고 있다. 생각건대 주권의 교부 형식으로 점유개정을 부정할 이유가 없다고 본다.[10] 대법원도 주권의 교부는 점유개정에 의해서도 이루어질 수 있다고 보아, 초기 판지의 입장을 취하고 있다. 다만 이 사안에서는 A가 주식양도계약서와 주식포기각서를 건넨 사실[11]만으로 X_1 등이 점유개정의 방법으로 주권을 양도받은 것은 아니라고 보았다. 그런데 A는 자신이 소유하고 있던 주식을 담보로 자금을 조달하기 위해 Y회사에게 주식양도계약서와 주식포기각서를 작성하여 건네주었음에도, A가 여전히 주주의 지위를 가지고 있는 것으로 해석하는 것은 당사자의 의사에 반한다. 비록 X_1 등이 실물 주권을 2013. 7. 17.에 교부받았다 하더라도 그때까지 A는 X_1 등을 위해 주권을 점유하고 있었던 것으로 보아야 할 것이다.

끝으로 부적법한 주식매수청구권 행사의 하자는 치유될 수 없는가. 대상판결은 주식매수청구권 행사 당시 주식을 현실적으로 취득하지 못한 이상, 그 소송의 사실심 변론종결일까지 주식양수인이 그 주권을 교부받아 주식을 취득하여 주식매매대금지급과 동시에 주식을 회사에 교부하였다 하더라도 하자는 치유될 수 없는 것으로 보았다. 그러나 위에서 본 것과 같이 X_1 등이 주식매수청구권을 행사한 2012. 2. 20.에는 현실적으로 주식을 점유하지 않고 있었지만, 점유개정도 교부의 한 방법으로 본다면 하자의 문제는 아예 생기지 않는다고 할 것이다.

(맹수석)

---

9) 목적물반환청구권의 양도에 의한 인도의 예로 증권예탁결제제도(주권 양도시 현물을 주고받는 대신 한국예탁결제원에 주권을 예탁해 놓고 서로의 계좌간에 장부거래로 거래하는 방식)가 있다(자본시장법 제311조 제2항).

10) 동지: 권기범, 현대회사법론, 제5판, 삼영사, 2014, 533면; 김정호, 회사법, 제4판, 법문사, 2015, 249면; 김홍기, 상법강의, 박영사, 2015, 454면; 이철송, 회사법강의, 제23판, 박영사, 2015, 349면; 임재연, 회사법 I, 개정판, 박영사, 2013, 429면; 장덕조, 회사법, 제2판, 2015, 159면; 정동윤, 상법(상), 제6판, 법문사, 2012, 506면; 정찬형, 상법강의(상), 제18판, 2015, 766면; 최준선, 회사법, 제9판, 삼영사, 2014, 264면 등.

11) 대법원은 회사와 주주 또는 신주인수인 사이에서 회사가 장차 발행할 주권의 교부와 상환한다는 특약하에 발행된 주식보관증은 상법상의 유가증권으로서의 요건을 갖춘 증서라고는 할 수 없으나 구 증권거래법상의 유가증권에 해당한다고 보면서, 이러한 주식보관증이 발행되었다면 그 증서의 적법한 소지인에게 대항할 수 없다고 보았다(대법원 1965.12.7. 선고 65다2069 판결).

정관에 의한 주식양도의 제한

대법원 2000.9.26. 선고 99다48429 판결

Ⅰ. 판결개요

1. 사실관계

피고 Y주식회사를 포함한 합작투자계약의 당사자들은 1994. 6. 3. 합작투자계약 체결 시에 그리고 합작투자계약의 당사자들을 대리한 A와 B는 1994. 9. 4. 투자약정시에, 피고 Y주식회사의 발행주식 양도제한에 관한 합의를 하였다. 즉 합작회사인 피고 Y주식회사는 사전에 공개되는 경우를 제외하고 합작회사의 설립일로부터 5년 동안, 합작회사의 어느 주주도 합작회사 주식의 전부 또는 일부를 다른 당사자 또는 제3자에게 매각·양도할 수 없다고 약정하고, 다만 법률상 또는 정부의 조치에 의하여 그 주식의 양도가 강제되는 경우 또는 당사자들 전원이 그 양도에 동의하는 경우에는 예외로 한다고 약정하였다. 이러한 주식양도의 제한에 반하여 합작회사의 주식이 양도된 경우에는 그 주식양수인은 어떠한 권리나 이익도 가지지 아니하며, 그 주식의 양수인은 합작계약에 따른 약정 및 의무에 대하여 책임을 지도록 되어 있었다. 이러한 합의는 상법의 개정 이후부터 이 사건 주식의 양도까지 2년에 가까운 기간 동안 회사의 정관에 규정되지 아니하였고, 기타 주식청약서나 주권에도 기재되지 않고 등기되지도 않았다.

B는 피고 Y회사의 증자과정에 참여하여 19만주를 배정받아 납입하였고, 이후 1995. 3. 31. 피고 Y회사로부터 당해 주권을 일괄하여 발행, 교부받아 모두 35만주를 보유하고 있었다. K는 1997. 9. 10. 피고 회사 Y의 주주인 B로부터 B의 소유주식 전부를 31억5천만원에 매수하고 B로부터 주권을 교부받았고, X회사는 같은 날 K로부터 위 주식을 동일한 가격에 매수하고 K로부터 주권을 교부받아 소지하고 있었다. B는 이 사건 주식을 K에게 매도하면서 주식양도계약서에 위 주식이 명의개서가 되지 않는 주식이므로 명의개서가 가능한 시점에서는 명의개서에 필요한 모든 것을 협력하겠다는

취지를 기재하였고, 그 계약시 원고 회사의 직원이 동석하여 B의 직원이 K에게 주식양도의 제한에 관한 내용을 구두로 설명할 때 들었으며, 원고 X회사는 전문적인 유가증권투자회사로서 기업간 인수·합병에 관여하여 왔다(이 때문에 원심은 실질적으로는 원고 X회사가 B로부터 주식을 양수하면서 K가 주식매매를 중개한 것으로 보았다). 원고 X회사가 이 사건 주식에 대한 명의개서를 청구하였으나 피고 Y회사 는 양도금지 약정이 있음을 이유로 이를 거절하자, 원고 X회사 는 명의개서의 이행을 구하는 소를 제기하였다.

2. 판결요지

원고는 주장하기를, 원고는 이 사건의 주권의 점유자로서 상법 제336조 제2항에 따라 적법한 소지인으로 추정되므로 피고 Y회사는 특별한 사정이 없는 한 원고 회사가 청구하는 명의개서절차를 이행하여야 한다고 주장하였다. 이에 대하여 피고는 원고가 주식양도제한규정의 내용을 알고 있었을 뿐만 아니라 합작회사인 피고 회사가 소위 '폐쇄회사'인 점을 들어서 양도를 인정할 수 없다고 하였다.

제1심과 제2심법원은 상법의 개정 이후 이 사건 주식의 양도 당시까지 2년에 가까운 기간 동안 피고 회사의 정관에 규정되지 아니하였고, 기타 주식청약서나 주권에도 기재되지 않고 등기도 되지 아니한 점과 피고 회사는 총주주의 수가 245개 회사에 이르러 폐쇄회사 법리를 적용하기가 적절하지 않다는 점 등을 들어 원고 회사의 청구를 인용하였다.

대법원은 상법 제335조 제1항 단서의 취지에 대하여, 위 단서의 내용은 주식의 양도를 전제로 하는 것이고 다만 이를 제한하는 방법으로서 이사회의 승인을 요하도록 정관에 정할 수 있다는 취지이지 주식의 양도 자체를 금지할 수 있음을 정하는 것은 아니라고 하였다. 즉 정관의 규정으로 주식의 양도를 제한하는 경우에도 주식의 양도를 전면적으로 금지하는 규정을 둘 수는 없다고 본 것이다. 따라서 이 사건에서의 주식양도제한약정은 "그 내용에 의하더라도 그 양도에 이사회의 승인을 얻도록 하는 등 그 양도를 제한하는 것이 아니라, 성립후 5년간 일체 주식의 양도를 금지하는 내용으로, 이와 같은 내용은 위에서 본 바와 같이 정관으로 규정하였다고 하더라도 이는 주주의 투하자본회수의 가능성을 전면적으로 부정하는 것으로서 무효"라고 하면서 "그와 같이 정관으로 규정하여도 무효가 된 내용을 나아가 회사나 주주들 사이에서, 혹은 주주들 사이에서 약정하였다고 하더라도 이 또한 무효"라고 판시하였다. 더 나아가 위 약정의 내용 가운데 주주 전원의 동의가 있으면 양도할 수 있다는 내용이 있지만, "이 역시 상법 제335조 제1항 단서 소정의 양도제한 요건을 가중하는 것으로서 상법 규정의 취지에 반할 뿐 아니라, 사실상 양도를 불가능하게 하거나 현저하게 양도를 곤란하게 하는 것으로서 실질적으로 양도를 금지한 것과 달리 볼 것은 아니라는" 이유로 이 사건 주식양도제한약정은 무효로 보았고, 따라서 피고 회사는 무효인 양도제한약정을 이유로 하여 이 사건 명의개서 청구를 거부할 수 없다고 하면서 원고의 이 사건 청구가 사회질서에 반하는 권리남용적 청구라고 하는 피고의 주장을 배척한 원심의 판단이 옳다고 하였다.

3. 관련판례

(1) 대법원 2008.7.10. 선고 2007다14193 판결

주식의 양도를 제한하는 방법으로서 이사회의 승인을 요하도록 정관에 정할 수 있다는 상법 제335조 제1항 단서의 취지에 비추어 볼 때, 주주들 사이에서 주식의 양도를 일부 제한하는 내용의 약정을 한 경우, 그 약정은 주주의 투하자본 회수의 가능성을 전면적으로 부정하는 것이 아니고, 공서양속에 반하지 않는다면 당사자 사이에서는 원칙적으로 유효하다고 할 것이다.

(2) 대법원 2022.3.31. 선고 2019다274639 판결

[1] 주식의 양도를 제한하는 방법으로 이사회 승인을 받도록 정관에 정할 수 있다는 상법 제335조 제1항 단서의 취지에 비추어 볼 때, 주주 사이에서 주식의 양도를 일부 제한하는 약정을 한 경우, 그 약정은 주주의 투하자본회수 가능성을 전면적으로 부정하는 것이 아니고, 선량한 풍속 그 밖의 사회질서에 반하지 않는다면 당사자 사이에서는 원칙적으로 유효하다.

[2] 갑 주식회사의 출자자 전원이 체결한 주주 간 협약에는 '출자자는 주식을 계속하여 보유하는 것이 위법하게 되는 경우와 나머지 출자자 전원이 동의하는 경우에만 주식양도를 할 수 있고, 이 경우 다른 주주들은 우선매수할 권리가 있다.'는 내용의 조항을 두고 있는데, 을 주식회사가 갑 회사의 출자자인 병 주식회사로부터 갑 회사의 주식을 양수하는 계약을 체결하면서 출자자 전원의 동의를 얻지 못할 경우에는 계약을 무효로 한다고 약정하였다가 병 회사로부터 출자자 전원의 동의를 얻지 못하여 계약이 무효가 되었다는 통보를 받자, 우선매수권 행사가 없는 경우 출자자 전원의 동의는 필요하지 않다는 주장과 주식양도를 위해 출자자 전원의 동의를 요하는 위 협약 조항은 무효라는 주장을 하면서 계약의 유효를 전제로 주식양도절차의 이행

을 구한 사안에서, 을 회사와 병 회사가 체결한 계약에서 말하는 '출자자 전원의 동의'는 문언상 위 주주 간 협약과 관련하여 해석해야 하는데, 위 협약 조항은 출자자 전원의 동의와 출자자의 우선매수권을 별도로 정하고 있고, 위 협약 조항에 규정된 우선매수권 부여절차는 주식보유가 위법하여 주식을 양도하는 경우와 출자자의 동의로 주식을 양도하는 경우에 모두 적용되는 점과 우선매수권 부여절차와 출자자 동의절차가 그 목적에서 서로 구분되는 점을 들어, 위 계약의 해석상 주식양도를 위해서는 우선매수권 부여절차와 별도로 주식양도에 대한 출자자 전원의 동의가 필요하다고 본 원심의 판단과, 위 협약 조항에서 주식의 양도를 전면적으로 금지하는 것이 아니라 일정한 요건과 절차를 거쳐 양도가 가능하도록 규정하고 있고, 갑 회사의 주주가 8명에 지나지 않아 다른 주주로부터 동의를 받는 것이 양도를 금지할 정도에 이른다고 보기 어려운 점, 갑 회사는 존립기간이 설립등기일로부터 13년으로 정해져 있어 주주의 투하자본 회수가 불가능하다고 보기 어려운 점, 갑 회사의 목적 사업은 주주의 구성이 중요하여 그 구성의 변동을 제한할 합리적 필요성이 있는 점을 들어, 주식양도를 위해 출자자 전원의 동의를 받도록 한 위 협약 조항을 무효라고 할 수 없다고 본 원심의 판단에 법리오해 등의 잘못이 없다고 한 사례.

Ⅱ. 판결의 평석

1. 주식양도의 의의

주식회사는 인적회사에서의 사원의 퇴사제도가 없으므로 주식의 양도는 투자자에게 투하자본 회수의 길을 열어주는 것으로서 주주유한책임의 원칙과 함께 주식회사의 기본원리이다. 주식의 양도는 주주의 지위의 이전을 의미하며 실제적으로 주권의 교부로 이루어진다. 주식의 양도가 인정됨으로써 적은 수의 주식의 양도는 이익배당과 시세차익, 그리고 인적회사에서의 사원의 퇴사와 같이 투자자본의 회수를 이루게 되며 이것이 주주의 보호이다. 주식의 양도는 당사자 사이의 법률행위에 의하여 주주권을 이전하는 것으로, 이것에 의하여 주주의 법률상의 지위의 포괄승계가 생긴다. 그러나 주주인 지위를 떠나서 구체화된 권리, 즉 이미 확정된 이익배당청구권 등에는 미치지 않는다.

법령에서 그 필요에 의해서 주식양도가 제한되는 경우도 있고, 주주들의 단체규약이라고 할 수 있는 정관에서 주식양도에 제한을 두기로 하였다면 이를 존중하는 것이 주주의 의사를 보호한다는 관점에서 타당하다. 현행 상법상 정관에 의한 주식양도 제한은 주식양도시 이사회의 승인을 얻도록 하고 있다(상법 제335조).

2. 정관에 의한 주식양도의 제한

원칙적으로 주식은 자유로이 양도할 수 있다(상법 제335조 제1항). 그러나 법은 예기치 못한 외부자본의 유입으로 인한 경영권의 상실 등에 대한 우려를 감안하여 정관이 정하는 바에 따라 이사회의 승인을 얻도록 하는 것을(상법 제335조 제2항) 허용하고 있다. 따라서 이러한 제한이 정관에 있는 경우에는 이사회의 승인이 없는 주식양도는 회사에 대하여 효력이 없다(상법 제335조 제3항). 이러한 양도제한은 주식회사의 특성 중의 하나인 주식의 자유양도성에 대한 중대한 예외가 되는 것이기 때문에 주식거래시장에서 양도제한으로 인한 예기치 못한 피해를 최소한으로 방지하고자 이러한 양도제한을 출자자가 알 수 있도록 회사설립등기에 공시하고(상법 제317조 제2항 제3호의2), 주식청약서 기타 각종 서류·증권에 기재하도록 하고 있다.

주식양도에 있어서 이사회의 승인을 얻도록 하는 것은 주주가 자기의 투하자본을 회수하는 길을 봉쇄당하는 것이므로 상법은 이에 대비하여 이사회가 양도의 승인을 거부하는 경우에도 양도할 수 있는 길을 열어주고 있다(상법 제335조의2 이하). 즉 회사로 하여금 양수인을 지정해 것을 청구하거나 회사가 주식을 매수할 것을 청구하는 것이다. 주식양도의 승인청구는 양도하려는 주주와 주식을 이미 양수한 양수인의 양자 모두 가능하다(상법 제335조의2 제1항, 제335조의7 제1항). 정관은 자치법규로서의 효력을 가진다고 보기 때문에, 주식양도의 제한을 정관에 두려는 주주총회의 결의에 반대하는 주주도 주주총회의 결과에 구속된다고 보는 것이 타당하다. 만약 정관의 변경이 없이 주주총회의 결의만으로 주식양도에 제한을 두는 것이 가능할까? 주식양도의 제한은 현재 주주뿐만 아니라 그 회사의 주식을 매수할 의도가 있는 자에게도 중요한 사항이므로 이에 대한 정보의 공시가 있어야 할 것이므로 정관변경을 통하여 주식양도의 제한에 대한 정보가 공시되어야 한다.

3. 정관에 의한 주식양도제한의 문제점

(1) 주식매수청구의 인정과 자본의 환급

주주에 의한 주식양도의 승인청구를 이사회가 거절한 경우에 주주는 회사에 대하여 주식의 매수를 청구할 수 있다. 그러나 이러한 경우에 주식매수청구권이 행사된다고 하는 것은 회사에 의한 자기주식의 취득을 의미하고 이는 주금액의 환급이라는 결과를 가져오기 때문에 재론의 여지가 없지 않다.

주식매수청구권은 합병이나 영업양도의 경우에 이에 반대하는 다수결원리에서 소외된 소수주주의 불이익을 최소화하기 위한 특별한 제도적 장치이다. 따라서 일부 주주가 자신의 주식양도가 제한당한 경우에 주식매수청구권을 인정하는 것은 타당하지 못하다고 본다. 만약 주식양도제한으로 인하여 이사회가 승인을 거절하고 이에 대하여 주주에게 주식매수청구권을 인정할 필요가 있다면, 그것은 주식양도제한에 관한 규정을 정관에 두려고 할 때, 이를 반대하는 주주에게 인정될 필요성이 있는 것이다. 즉 주식양도에 이사회의 승인을 요하는 규정을 정관에 두는 것에 대하여 반대하는 소수주주의 이익을 보호하기 위해서 주식매수청구권이 인정될 필요가 있다. 현실적으로 보더라도 정관변경에는 주주총회의 특별결의를 요하므로 이에 반대하는 주주는 상대적으로 소수가 될 것이 일반적이므로 이러한 경우에 반대주주에게 주식매수청구권을 인정하여 회사로부터 이탈할 수 있도록 하는 것이 타당하다고 본다. 그리고 주식양도제한과 관련한 정관변경의 경우에는 찬성하는 주주들이 반대주주의 주식을 양수하는 것을 회피할 가능성은 많지 않아 보이기 때문에 회사가 이를 매수함으로써 자기주식취득으로 인한 자본충실을 해할 가능성은 적다고 본다. 현행 상법의 규정과 같은 주식매수청구권을 인정하는 경우라고 하더라도 회사가 양도할 상대방을 지정해 주면 되는 것이지 자기주식취득에 관한 또 하나의 예외를 만들면서까지 주식을 매수할 것을 강요할 필요는 없을 것이다.

(2) 양도상대방 지정에 있어서 이사회의 재량권남용의 문제

정관의 정함에 따라 주식양도에 대하여 이사회의 승인을 요하게 되면 이사회가 그 재량권을 남용할 우려가 있다는 견해가 있다. 왜냐하면 상법의 규정은 이사회의 승인과 관련하여 어떠한 기준도 제시하지 않고 있기 때문에 이사회가 누구를 양도상대방으로 선정하든지 그것은 이사회의 재량이라고 해석할 수밖에 없기 때문이다. 그리고 이사회의 결정에 의하여 양도상대방으로 지정된 자가 상법 제335조의4의 규정에 의한 선매권을 행사한 경우에, 이를 일종의 형성권의 행사로 보아서 잠재적인 주주의 지위를 취득하게 된다고 본다. 또한 주식양도에 대하여 이사회로부터 승인거부의 통지를 받은 주주는 회사에 대하여 양도의 상대방을 지정해 줄 것을 청구할 수 있다(상법 제335조의3 제1항). 이 경우에도 상법은 양도상대방을 지정하는 절차에 관하여 자세하게 규정을 하고 있지 않다. 따라서 위와 같이 주주에 의한 양도상대방 지정청구에 대하여 이사회가 양도상대방을 지정하는데 있어서 상법이 명확한 기준을 제시하지 않기 때문에 이사회가 공정하지 않은 방향으로 재량권을 남용할 여지가 있다. 예를 들어 두 사람의 주주 간에 힘의 균형을 이루고 있는 회사에서 다른 제3의 주주가 주식양도승인청구를 한 경우에 이사회를 지배하고 있는 주주가 양도승인을 거부하게 하고 양도할 상대방을 이사회를 지배하고 있는 주주 자신 내지 자신의 영향력이 미치는 자에게로 한다면 그 결과 힘의 균형은 깨지게 된다. 이사회를 지배하고 있는 주주가 직접 이사회의 구성원이 아니고 이사회의 구성원에게 단순히 영향력을 행사한 정도라면 상법 제401조의2에 의한 업무집행지시자의 책임의 문제로 될 수도 있을 것이다. 주식양도의 승인과 관련된 이사회의 이러한 권한행사는 업무집행의 일종으로 보아서 만약 그러한 권한행사가 위법 또는 불공정하게 이루어졌다면 이사의 주의의무의 문제가 될 수 있다. 이와 관련하여 이사의 충실의무로 해결하면 된다고 하는 견해가 있는데, 충실의무는 회사와 이사 간 이익이 충돌되는 경우에 적용되는 법리이므로 위의 문제에서는 원칙적으로 적용이 없다고 하여야 할 것이다. 물론 현실적으로는 정관에 의한 주식양도제한이 소규모회사의 경우에 채택될 가능성이 많고 또 그러한 회사의 경우에는 이사가 주주의 자격을 가지고 있는 경우가 많을 것이므로 사실상 충실의무의 위반이 문제될 소지가 있을 것이다. 그러나 주식양도에 대한 이사회의 승인은 원칙적으로 이사회의 업무집행이다. 따라서 주의의무로 처리된다고 함이 원칙적이고, 예외적인 경우에 주식양도의 승인을 청구한 주주가 동시에 이사인 경우에는 충실의무로 처리할 수도 있다고 해석하는 것이 타당하다고 본다.

4. 대상판결의 검토

위 판결은 상법 제335조 제1항 단서의 의미가 정관의 규정에 의해서 주식양도 자체를 금지하는 것은 아니라고 하였고, 다만 주식양도의 제한방법을 정관의 근거규정에 의한 이사회의 승인으로 인정하는 것이다. 더 나아가 정관의 규정으로 주식의 양도에 주주총회 또는 대표이사의 승인을 얻도록 한다거나 주주 전원의 동의를 요하도록 하는 것은 상법상 정하여진 주식양도의 요건을 가중하는 것으로 역시 무효라고 본 것이다.

한편 정관의 규정과는 관계없이 주주간의 계약에 의하여 주식양도를 제한하는 것에 관하여도 대법원은 양도 자체가 금지되는 경우는 허용하지 않지만, 다만 양도제한 계약의 채권적 효력 자체를 인정하지 않은 것은 아니라고 보고 있다.

(김병연)

주권의 효력발생시기

대법원 2000.3.23. 선고 99다67529 판결

Ⅰ. 판결개요

1. 사실관계

X는 자신이 보유하던 A회사의 주식을 Y에게 양도하였다. 주식 양도당시 A회사는 성립후 6개월이 경과하였고 그때까지 주권을 발행하지 아니하였기 때문에, X는 Y에게 주권의 교부없이 주식을 양도하였다. X와 Y는 A회사에 주식양도 사실을 통지하였으나 명의개서는 하지 않았다. 그 후 X는 Y에게 양도하였던 주식을 제3자인 B에게 다시 양도하였다. A회사는 B에게 주권을 발행하여 교부하였고, B의 명의로 주주명부의 명의개서도 하였다. Y는 X와 A회사를 상대로 주주권확인을 청구하는 소를 제기하였다.

원심은 제1심판결을 인용하여 "X가 이 사건 주식을 그 후 제3자인 B에게 양도하여 그 명의개서절차를 마치고 주권도 작성·교부하였으므로 Y가 이 사건 주식의 실제 주주라고 하더라도 주주권을 귀속시킬 수 없는 이행불능의 상태가 되었다는 X의 주장에 대하여 이 사건 주식의 실제 주주가 Y인 이상, 무권리자인 X에 의하여 이 사건 주식이 양도되어 명의개서되는 등 사정이 X의 주장과 같다고 하더라도 이 사건 주식을 양수한 그 제3자가 이 사건 주식의 주주가 될 수는 없는 것이어서 Y에게 이 사건 주식의 주주권을 귀속시키는 것이 불가능한 상태가 되었다고 할 수 없다"고 판단하여 X의 주장을 배척하였다. X는 대법원에 상고하였다.

2. 판결요지

주권발행전의 주식양도라 하더라도 회사성립후 6월이 경과한 후에 이루어진 때에는 회사에 대하여 효력이 있으므로 그 주식양수인은 주주명부상의 명의개서 여부와 관계없이 회사의 주주가 되고, 그 후 그 주식양도 사실을 통지받은 바 있는 회사가 그 주식에 관하여 주주가 아닌 제3자에게 주주명부상의 명의개서절차를 마치고 나아가 그에게 기명식 주권을 발행하였다 하더라도, 그로써 그 제3자가 주주가 되고 주식양수인이 주주권을 상실한다고는 볼 수 없다.

상법 제355조의 주권발행은 동법 제356조 소정의 형식을 구비한 문서를 작성하여 이를 주주에게 교부하는 것을 말하고 위 문서가 주주에게 교부된 때에 비로소 주권으로서의 효력을 발생하는 것이므로 회사가 주주권을 표창하는 문서를 작성하여 이를 주주가 아닌 제3자에게 교부하여 주었다 할지라도 위 문서는 아직 회사의 주권으로서의 효력을 가지지 못한다.

3. 관련판례

(1) 대법원 1987.5.26. 선고 86다카982,983 판결

이 판결은 주권의 효력발생시기에 대하여 교부시설을 취하면서, 발행시설을 부인한 판결이다. 대상판결은 주권의 효력발생시기에 대하여 이 판결을 판단의 근거로 제시하였다. "상법 제355조의 주권발행은 동법 제356조 소정의 형식을 구비한 문서를 작성하여 이를 주주에게 교부하는 것을 말하고 위 문서가 주주에게 교부된 때에 비로소 주권으로서의 효력을 발생하는 것이므로 회사가 주주권을 표창하는 문서를 작성하여 이를 주주가 아닌 제3자에게 교부하여 주었다 할지라도 위 문서는 아직 회사의 주권으로서의 효력을 가지지 못한다."

(2) 대법원 1999.7.23. 선고 99다14808 판결

이 판결은 주주권의 상실사유에 관한 판결로서, "주주권은 주식양도, 주식의 소각 또는 주금 체납에 의한 실권절차 등 법정사유에 의하여서만 상실되고, 단순히 당사자 간의 특약이나 주식 포기의 의사표시만으로는 주식이 소멸되거나 주주의 지위가 상실되지 아니한다."

(3) 대법원 2023.6.1. 선고 2020도2884 판결

상법상 주식은 자본구성의 단위 또는 주주의 지위(주주권)를 의미하고, 주주권을 표창하는 유가증권인 주권과는 구분된다. 주권은 유가증권으로서 재물에 해당되므로 횡령죄의 객체가 될 수 있으나, 자본의 구성단위 또는 주주권을 의미하는 주식은 재물이 아니므로 횡령죄의 객체가 될 수 없다. 따라서 예탁결제원에 예탁되어 계좌 간

대체 기재의 방식에 의하여 양도되는 주권은 유가증권으로서 재물에 해당되므로 횡령죄의 객체가 될 수 있으나, 주권이 발행되지 않은 상태에서 주권불소지 제도, 일괄예탁 제도 등에 근거하여 예탁결제원에 예탁된 것으로 취급되어 계좌 간 대체 기재의 방식에 의하여 양도되는 주식은 재물이 아니므로 횡령죄의 객체가 될 수 없다.

(4) 대법원 2024.7.25. 선고 2020다273403 판결

전자등록계좌부에 전자등록된 주식 등에 대해서는 증권 또는 증서를 발행해서는 아니 되고, 이를 위반하여 발행된 증권 또는 증서는 효력이 없으며, 이미 주권 등이 발행된 주식 등이 제25조부터 제27조까지의 규정에 따라 신규 전자등록된 경우 그 전자등록주식 등에 대한 주권 등은 기준일부터 그 효력을 잃는다(전자증권법 제36조). 한편 전자등록주식 등의 양도는 해당 전자등록주식 등이 전자등록된 전자등록기관 또는 계좌관리기관에 대한 신청을 하면 전자등록기관 또는 계좌관리기관이 하는 계좌 간 대체의 전자등록으로 이루어진다(전자증권법 제30조). 따라서 전자증권법 시행 이후 상장주식에 대해서는 유효한 주권이 발행되거나 존재할 수 없으므로 주권의 발행 및 인도를 청구할 수 없다.

Ⅱ. 판결의 평석

1. 판결의 의의

대상판결은 회사가 주권을 작성하여 주주에게 교부한 때에 주권의 효력이 발생한다고 판시함으로써, 주권의 효력발생시기에 대하여 교부시설의 입장을 취하고 있다. 또한 주식이 이중양도된 경우 이중양수인이 적법한 주주가 되는지 여부를 교부시설의 입장에서 '주주'로서 유효한 주권을 취득하였는지를 기준으로 하여 판단한 판결이다.

2. 주권발행전 주식의 양도

(1) 주식양도의 자유와 상법에 의한 제한

상법은 주식양도의 자유를 원칙적으로 보장하면서(상법 제335조 제1항 본문), 예외적으로 주식의 양도가 제한되는 경우로서 권리주의 양도제한(상법 제319조, 제425조 제1항), 주권발행전 주식의 양도제한(상법 제335조 제3항), 자기주식의 취득제한(상법 제341조, 제341조의2), 자회사의 모회사주식 취득금지(상법 제342조의2 제2항)를 규정하

고 있다.

(2) 주권발행전 주식의 양도제한

1) 원 칙

회사의 성립후 또는 신주발행의 효력이 발생한 후라도 주권발행전 주식의 양도는 원칙적으로 회사에 대하여 효력이 없다(상법 제335조 제3항 본문). 주권을 발행하기 전에는 주주명부를 작성할 수 없기 때문에 명의개서가 불가능하고 주식의 양도는 원칙적으로 주권의 교부에 의하여야 하는 점(상법 제336조 제1항)을 고려하여 주권발행전 주식의 양도를 제한한 것이다. 주권발행전 주식의 양도는 당사자간에만 효력이 있고, 회사에 대해서는 그 효력이 없는 것이다. 또한 회사가 양도를 승인한 경우에도 회사에 대하여 효력이 없다.[1)]

2) 예외 : 회사성립후 또는 신주납입기일후 6월 경과후의 양도

회사가 그 성립후 또는 신주납입기일후 6월이 경과하도록 주권을 발행하지 않은 경우에는 주권 없이 주식을 양도하더라도 회사에 대하여 효력이 있다(상법 제335조 제3항 단서). 이러한 규정을 둔 취지는 회사가 장기간 주권발행을 하지 않음으로써 상법상 보장된 주식의 양도의 자유가 사실상 제한되지 않도록 하기 위한 것이다. 이 경우 양도의 방법에 대하여 상법에는 규정이 없지만 판례는 지명채권 양도방법에 의하여 당사자의 의사표시만으로 양도가 된다고 한다.[2)] 주권 없이 주식을 양수한 자는 특별한 사정이 없는 한 상대방의 협력을 받을 필요 없이 단독으로 자신이 주식을 취득한 사실을 증명함으로써 회사에 대하여 그 명의개서를 청구할 수 있고, 주식을 취득한 자가 그 취득사실을 증명한 이상 회사는 명의개서를 거부할 수는 없다.[3)] 또한 주권발행전 주식의 양도가 회사성립후 또는 신주납입기일 6월이 경과하기 전에 이루어졌다 하더라도 그 이후 6월이 경과하고 그때까지 회사가 주권을 발행하지 않았다면, 그 하자는 치유되어 회사에 대하여도 유효한 주식양도가 된다고 볼 수 있다.[4)]

---

1) 대법원 1980.10.31. 자 80마446 결정.

2) 대법원 1988.10.11. 선고 87누481 판결; 대법원 1991.8.13. 선고 91다14093 판결; 대법원 1995.3.24. 선고 94다47728 판결; 대법원 1996.6.25. 선고 96다12726 판결.

3) 대법원 1995.3.24. 선고 94다47728 판결.

4) 대법원 2002.3.15. 선고 2000두1850 판결.

3. 주권의 효력발생시기

(1) 주권의 효력발생시기의 중요성

주권은 그 효력이 발생한 이후에만 당해 주권에 대하여 선의취득, 압류, 제권판결이 가능하기 때문에, 주권이 선의취득, 압류, 제권판결의 대상이 되는지 여부를 판단하기 위해서는 먼저 주권이 효력이 발생하였는지를 확인하여야 한다. 반대로 주권의 효력발생하기 전에는 단순한 지편에 불과하므로 이는 선의취득, 압류, 제권판결의 대상이 되지 않는다.

(2) 주권의 효력발생시기에 관한 학설

1) 교부시설

주권의 효력은 회사가 주권을 작성하여 회사의 의사에 의하여 주주에게 교부한 때에 발생한다고 한다. 주권이 주주에게 교부되기 전에는 회사의 소유에 속하는 단순한 지편에 불과하다. 교부시설에 의하면 주권이 주주에게 교부되기 전에 도난 또는 분실된 경우에도 선의취득의 대상이 되지 않기 때문에 거래의 안전을 해하게 될 수 있다. 대상판결을 비롯하여 판례는 교부시설을 취하고 있다.[5)]

2) 발행시설

회사가 주권을 작성하여 회사의 의사로 누군가에게 교부한 때에 주권의 효력이 발생한다고 한다. 회사는 주권을 반드시 주주에게 교부할 필요가 없으므로, 착오 등으로 주주가 아닌 자에게 교부하더라도 주권의 효력이 발생하게 된다. 그러나 회사의 의사로 주권이 누군가에게 교부되기 전에는 선의취득, 압류, 제권판결의 대상이 되지 않는다.

3) 작성시설

회사가 적법하게 주권을 작성하여 주권이 어느 주주의 것인지를 확정한 때에 주권으로서 효력이 발생한다고 한다. 작성시설에 의하면 주권의 교부전에 주권의 효력이 발생하게 된다. 작성시설은 다른 학설에 비하여 주권의 효력발생시기가 일찍 인정되는 장점으로 거래의 안전은 도모할 수 있으나, 주권의 교부가 없이 주권의 작성만으로 선의취득의 대상이 될 수 있다는 점에서 선의취득으로 인해 진정한 주주의 권리의 보호가 미흡할 수 있다. 작성시설에 의하면 주권이 적법하게 작성된 후에는 선

5) 대법원 1987.5.26. 선고 86다카982,983 판결; 대법원 2000.3.23. 선고 99다67529 판결.

의취득, 압류, 제권판결의 대상이 된다.

4. 대상판결의 검토

(1) 주권발행전 주식양도의 효력

주권발행전 주식의 양도는 원칙적으로 회사에 대하여 효력이 없으나(상법 제335조 제3항 본문), 회사성립후 또는 신주납입후 6월이 경과한 때까지 회사가 주권을 발행하지 않게 되면 주권 없이 주식을 양도하더라도 회사에 대하여 효력이 있다(상법 제335조 제3항 단서). 대상판결에서 A회사는 회사성립후 6월이 경과하기까지 주권을 발행한 바 없으므로, 주주 X가 Y에게 주권 없이 한 주식의 양도는 X와 Y 간의 의사표시만으로 유효하며, 명의개서 여부와 관계없이 Y는 유효하게 주식을 취득하게 된다.

(2) 주권의 효력발생시기와 주식의 이중양도

대상판결에서와 같이 주식이 이중양도된 경우 각 주식양도의 효력에 따라 주주로서의 권리를 유효하게 취득한 자를 판단하여야 할 것이다. 첫 번째 주식양도는 X가 Y에게 한 주식의 양도로서 주권 없이 주식을 양도하였으나 양도당시 회사성립후 6개월이 경과하기까지 회사가 주권을 발행하지 않고 있었기 때문에 당해 주식양도는 양도인과 양수인 간에서뿐만 아니라 회사에 대해서도 유효하다. 따라서 주권 없이 주식을 양수받은 Y는 회사에 대하여 명의개서 여부와 관계없이 유효하게 주주로서의 자격을 취득한다. 그러나 첫 번째 주식양도후에 이루어진 두 번째 주식양도인 X가 B에게 한 주식양도가 유효한지 판단하기 위해서는 양도된 주권이 효력이 발생된 유효한 주권인지 여부와 관련하여 주권의 효력발생시기에 대한 검토가 필요하게 된다. 대상판결은 주권의 효력발생시기에 대하여 주권을 작성하여 주주에게 교부된 때에 비로소 주권으로서의 효력을 발생하는 것이라는 교부시설을 취하면서 회사가 주주권을 표창하는 문서를 작성하여 이를 '주주가 아닌 제3자'에게 교부하여 주었다 할지라도 위 문서는 아직 회사의 주권으로서의 효력을 가지지 못한다고 판단하였다. 교부시설에 의하게 되면 X가 제3자인 B에게 주식을 양도하고 주권을 발행하여 교부하였더라도 이는 주권이 '주주가 아닌 자'에게 교부된 것이므로 주권으로서 효력이 발생하지 않는다. 따라서 제3자가 취득한 주권은 유효한 주권이 아니므로 제3자는 주주권을 취득하지 못하고, 기존 주주는 주주권을 상실하지 않게 된다. 결국 유효한 주식을 주권없이 취득한 첫 번째 주식양수인인 Y가 유효한 주주로서 권리를 보유하게 되는 것이다. 교부시설에 의하면 선의로 주권을 교부받고 명의개서를 한 제3자인 양수인 B가 보호받지 못하게 되는 문제점이 발생하여 거래안전을 해하게 될 수 있다. 양수인 B는 주주권을 취득하지는 못하지만 양도인 X를 상대로 손해배상을 청구할 수 있을 것이다.

(윤성승)

16 제권판결 취소와 재발행된 주권의 선의취득 가부

대법원 2013.12.12. 선고 2011다112247 판결

Ⅰ. 판결개요

1. 사실관계

A주식회사는 B상호저축은행으로부터 영업자금을 대출받았는데, 당시 A주식회사의 대표이사였던 C는 위 대출금채무 중 일부를 담보하기 위하여 B상호저축은행에게 자신이 소유하고 있던 Y 발행의 주식을 Y회사 이사회의 승인을 받지 아니하고 양도담보로 제공하면서 그 주권을 B에게 교부하였다. Y주식회사는 비상장회사로서 정관에는 주식을 양도함에는 이사회의 승인을 얻어야 한다고 하여 주식양도제한조항을 두고 있다. X(정리금융공사)는 「금융산업의 구조개선에 관한 법률」에 의거한 금융감독위원회의 계약이전결정을 받아, B상호저축은행으로부터 위 주권(원래의 주권)을 교부받아 현재 이를 소지하고 있다.

그런데 C는 위 주식을 Z주식회사에게 양도한 후 법원의 공시최고 절차를 거쳐 위 주권의 무효를 선언하는 제권판결을 선고받았다. Y회사는 이사회의 의결을 거쳐 C의 Z에 대한 위 주식양도를 승인함과 아울러 위 제권판결에 기한 C의 주권 재발행 청구에 따라 위 주식을 표창하는 주권(재발행 주권)을 재발행하여 Z에 교부하였다.

X는 위 제권판결에 대한 불복의 소를 제기하였고, 법원은 위 제권판결을 취소하고 C의 제권판결신청을 각하한다는 내용의 판결을 선고하여 그 판결이 확정되었다. X는 Y에 대하여 C와 B상호저축은행 사이의 위 주식 양도담보의 승인을 청구하였으나, Y는 X에게 이에 대한 승인거부를 통지하였다. 이에 X는 Y에 대하여 주식의 매수를 청구하였으나, 위 당사자 사이에 매수가격의 협의가 이루어지지 아니함에 따라 X는 법원에 주식매수가격결정 신청을 하였고, 법원은 주식의 매수가격을 1주당

3,116,380원으로 정하는 내용의 결정을 하였으며, X 및 Y가 항고하지 아니하여 위 결정이 확정되었다. (위 사안에서 일자를 명기하지 않았으나 위 순서로 진행됨.)

2. 판결요지

① 주권은 주식을 표창하는 유가증권이므로 기존의 주권을 무효로 하지 아니하고는 동일한 주식을 표창하는 다른 주권을 발행할 수 없다. 제권판결 없이 재발행된 주권은 무효이다.

② 증권이나 증서의 무효를 선고한 제권판결의 효력은 공시최고 신청인에게 그 증권 또는 증서를 소지하고 있는 것과 동일한 지위를 회복시키는 것에 그치고 공시최고 신청인이 실질적인 권리자임을 확정하는 것은 아니다. 따라서 증권이나 증서의 정당한 권리자는 제권판결이 있더라도 실질적 권리를 상실하지 아니하고, 다만 제권판결로 인하여 그 증권 또는 증서가 무효로 되었으므로 그 증권 또는 증서에 따른 권리를 행사할 수 없게 될 뿐이다.

③ 민사소송법 제490조, 제491조에 따라 제권판결에 대한 불복의 소가 제기되어 제권판결을 취소하는 판결이 확정되면 제권판결은 소급하여 효력을 잃고 정당한 권리자가 소지하고 있던 증권 또는 증서도 소급하여 그 효력을 회복하게 된다. 그런데 제권판결이 취소된 경우에도 그 취소 전에 제권판결에 기초하여 재발행된 주권이 여전히 유효하여 그에 대한 선의취득이 성립할 수 있다면, 그로 인하여 정당한 권리자는 권리를 상실하거나 행사할 수 없게 된다. 이는 실제 주권을 분실한 적이 없을 뿐 아니라 부정한 방법으로 이루어진 제권판결에 대하여 적극적으로 불복의 소를 제기하여 이를 취소시킨 정당한 권리자에게 가혹한 결과이고, 정당한 권리자를 보호하기 위하여 무권리자가 거짓 또는 부정한 방법으로 제권판결을 받은 때에는 제권판결에 대한 불복의 소를 통하여 제권판결이 취소될 수 있도록 한 민사소송법의 입법취지에도 반한다. 또한 민사소송법이나 상법은 제권판결을 취소하는 판결의 효력을 제한하는 규정을 두고 있지도 아니하다. 따라서 기존 주권을 무효로 하는 제권판결에 기하여 주권이 재발행되었다고 하더라도 제권판결에 대한 불복의 소가 제기되어 제권판결을 취소하는 판결이 선고·확정되면, 재발행된 주권은 소급하여 무효로 되고, 그 소지인이 그 후 이를 선의취득할 수 없다.

3. 관련판례

(1) 대법원 1982.10.26. 선고 82다298 판결

약속어음에 관하여 제권판결이 있으면 제권판결의 소극적 효과로서 그 약속어음은 약속어음으로서의 효력을 상실하고 약속어음의 정당한 소지인이라 할지라도 그 약속어음상의 권리를 행사할 수 없고, 일단 제권판결이 선고된 이상 약속어음상의 실질적 권리자는 제권판결의 효력을 소멸시키기 위하여 불복의 소를 제기하여 취소판결을 얻지 않는 한 약속어음상의 권리를 주장할 수 없다.

(2) 대법원 1983.11.8. 선고 83다508 판결

수표에 관하여 제권판결이 있으면 제권판결의 소극적 효과로서 수표로서의 효력이 상실되고 그 수표의 소지인은 수표상의 권리를 행사할 수 없다. 설사 그 제권판결이 있기 전에 그 소지인이 지급은행에 지급제시를 하였다거나 또는 그 수표금 지급청구소송을 제기하였다 하여도 이를 공시 최고법원에 대한 권리의 신고나 청구로 볼 수 없는 것으로서 위와 같은 제권판결의 효력을 좌우할 수 없다.

Ⅱ. 판결의 평석

1. 쟁점사항

위 사안에서는 ① 주권의 유가증권성 및 분실시의 구제방법(상법 제360조, 민사소송법 제492조), ② 제권판결의 효력과 한계(민사소송법 제496조, 제497조), ③ 부정한 방법으로 제권판결을 받은 경우 그 시정방법(민사소송법 제490조), ④ 제권판결이 취소된 경우 제권판결에 기하여 재발행된 주권의 효력 및 이에 대한 선의취득의 가부(상법 제359조, 수표법 제21조), ⑤ 주식을 양도담보로 제공한 경우 정관에 의한 주식양도 제한규정의 적용 여부(상법 제335조 제1항 단서) 등이 쟁점사항이 된다.

2. 분실주권의 재발행방법

주권은 주식을 표창하는 유가증권이므로 유가증권 일반의 경우와 마찬가지로, 주권을 분실한 자는 법원으로부터 제권판결을 얻지 아니하면 회사에 주권의 재발행을 청구할 수 없다(상법 제360조 제2항). 이는 누가, 어떤 사유로 주권을 분실하였건 불문

하고 동일하다. 심지어 주권발행회사가 주권을 분실한 경우에도 제권판결을 받지 않고서는 주권을 재발행받을 수 없다.[1] 그 절차는 공시최고와 제권판결 절차로 구성되며, 구체적인 절차는 민사소송법에 규정되어 있다.

(1) 제권판결의 신청권자

제권판결을 신청할 수 있는 자는 주주명부상의 주주 또는 그 주식을 양도한 때에는 최종 주식양수인이다. 신청인은 제권판결 신청의 증거를 제시하여야 한다. 이를 위하여 주권의 등본이나 주권의 내용을 개시하고, 공시최고절차를 신청할 수 있는 원인사실을 소명하여야 한다(민사소송법 제494조). 법원은 당사자 또는 법정대리인으로 하여금 보증금을 공탁하게 하거나 그 주장이 진실함을 선서하게 함으로써 소명에 갈음할 수 있다(민사소송법 제299조 제2항).

(2) 공시최고

법원이 제권판결을 하려면 관련 이해당사자의 이해를 조정하기 위하여 공개된 절차에 의하여야 한다. 이를 위하여 공시최고절차를 밟도록 하고 있다. 공시최고절차의 관할법원은 주권을 발행한 회사의 본점소재지의 지방법원에 전속한다(민사소송법 제476조). 공시최고의 신청이 있으면 공고를 하여야 하고, 공시최고기간은 공고일로부터 3월 이상이어야 한다(민사소송법 제481조). 공시최고에는 공시최고일까지 권리 또는 청구의 신고를 하고 그 증서를 제출하도록 최고하고, 이를 게을리하면 권리를 잃게 되어 증서가 무효가 된다는 것을 경고하여야 한다(민사소송법 제479조 제2항, 제495조).

(3) 법원의 제권판결

① 공시최고기간 중에 권리신고가 있는 경우, 법원은 그 권리에 관한 재판이 확정될 때까지 공시최고절차를 중지하거나 그 권리를 유보하고 제권판결을 한다(민사소송법 제485조).

② 권리최고기간 내에 권리신고나 청구가 없는 경우, 법원은 공시최고신청인의 신청에 대하여 주권의 무효를 선언하는 제권판결을 한다(민사소송법 제496조).

3. 제권판결의 효력

제권판결이 있게 되면, (i) 당해 주권은 무효로 되고(민사소송법 제496조; 소극적 효

---

1) 대법원 1981.9.8. 선고 81다141 판결.

력), (ii) 신청인은 당해 주권을 소지한 것과 동일한 지위를 회복한다(민사소송법 제497조 참조; 적극적 효력). 신청인은 주권의 점유, 즉 형식적 자격을 회복하는 것에 그치고, 실질적 권리자가 되는 창설적 효력은 없다. 제권판결에 의하여 당해 주권이 무효로 되고 선의취득은 유효한 주권에 대해서만 가능하므로 제권판결을 받은 주권은 선의취득의 대상이 될 수 없다.[2)]

4. 제권판결에 대한 불복의 소

제권판결에 대하여 민사소송법 소정의 사유에 해당하면(예컨대, 거짓 또는 부정한 방법으로 제권판결을 받은 때 등), 신청인에 대한 소로써 催告법원에 불복할 수 있다(민사소송법 제490조 제2항). 이 경우 제권판결이 있다는 것을 안 날부터 1월 이내에 제기하여야 한다(민사소송법 제491조 제1항, 제2항, 제3항). 제권판결에 대한 불복의 소는 제권판결이 선고된 날부터 3년이 지나면 제기하지 못한다(민사소송법 제491조 제4항).

5. 제권판결 취소의 효력

제권판결을 취소하는 판결이 확정되면 제권판결은 소급하여 효력을 잃고, 정당한 권리자가 소지하고 있던 증권 또는 증서도 소급하여 그 효력을 회복(즉, 유효)하게 된다.[3)] 부당하게 받은 제권판결에 기하여 재발행받은 증권은 그 효력이 상실되므로 선의취득의 대상이 될 수 없다(상법 제359조, 수표법 제21조).

6. 소결: 위 사안에서 Z의 지위

위 사안에서 Z회사가 교부받은 주권은 제판판결에 기하여 재발행받은 것인데, 그 제권판결이 취소됨으로써 그 주권은 소급하여 무효가 된다. 따라서 설령 그 주권을 교부받은 시점에 선의였다고 하더라도 선의취득에 의한 보호를 받지 못한다. 다만 C에 대해서 불법행위책임(민법 제750조, 상법 제209조, 상법 제389조 제3항)을 물을 수 있을 뿐이다.

---

2) 법원으로부터 제권판결을 받은 자와 사고증권임을 모르고 제권판결 전에 선의로 취득한 선의취득자 중에서 누가 우선하는가에 대해서는 제권판결취득자우선설, 선의취득자우선설로 나뉜다. 판례는 수표에 관한 사안에서 제권판결취득자가 우선한다는 입장을 취하고 있다(대법원 1965.7.27. 선고 65다1002 판결; 대법원 1965.11.30. 선고 65다1926 판결).

3) 대법원 2013.12.12. 선고 2011다112247 판결.

7. 그 밖의 검토사항

위 사안에서는 정관에 의한 주식양도의 제한과 관련하여 아래 사항이 문제된다.

(1) 양도담보에 대해서도 적용될 수 있는지 여부

주식의 양도에 관하여 정관으로 정하는 바에 따라 이사회의 승인을 받도록 할 수 있다는 상법규정(상법 제335조 제1항 단서)은 '주식양도'의 경우에 한해 적용되는 것이 원칙이다. 동조의 취지가 폐쇄적인 주주구성을 위하여 주주의 변경을 제한하기 위한 것이기 때문이다. 따라서 주식을 입질하는 경우에는 적용되지 않는다. 그러나 위 사안에서처럼 주식을 양도담보로 제공하는 경우에는 주식양도의 형식을 취하고 담보권의 실행으로 주식양도와 동일한 효과가 생겨나므로 동조의 적용대상이 된다고 보아야 한다.

(2) 양수인(X)도 주식양도 승인을 청구할 수 있는 자격을 갖는지 여부

이사회에 양도의 승인을 청구할 수 있는 자는 양도인뿐만 아니라 양수인도 포함된다(상법 제335조의7). 제2의 양수인도 동일하다. 이들 모두 승인이 거절된 경우 회사에 양도상대방의 지정청구권 또는 주식매수청구권을 행사할 수 있다(상법 335조의2 제4항, 제335조의7 제2항). 이는 주식양도제한에 관한 정관조항을 위배하여 이사회의 승인을 얻지 않고 주식을 양도하더라도 양도인과 양수인 간 주식양도의 효력은 유효하다는 것을 전제하고 있다. 이사회의 승인을 얻지 않고 양도하면 단지 회사에 대하여 그 효력이 없을 따름이다(상법 335조 제2항). 즉, 이러한 경우 회사에 대한 관계에서 양수인의 명의로 명의개서해 줄 것을 구하거나 양수인이 주주권을 행사하는 것이 허용되지 않는다는 것일 뿐, 양수인도 양도인과 마찬가지로 양도상대방의 지정청구권이나 주식매수청구권을 행사할 수 있다.

(3) 양도상대방지정청구권을 행사하지 아니하고 주식매수청구권을 행사할 수 있는지 여부

위 사안에서 X가 Y회사의 이사회로부터 주식양도에 관하여 승인을 거절당한 경우 양도상대방지정청구권을 행사하지 않고 곧바로 주식매수청구권을 행사할 수 있는가? 이에 대하여 회사(위 사안에서 Y회사)는 양도상대방지정 또는 주식매수 중 선택할 수 있으나 양도상대방을 지정할 수 있는 한 주식매수청구에 응할 수 없다고 해석하는 소수견해가 있으나,[4)] 다수설은 양도인 또는 양수인(위 사안에서 C, B, X회사)이 양도상대방지정청구권 또는 주식매수청구권 중 어느 것을 행사할 것인가에 대하여 선택권을 갖는다고 한다. 상법 제335조의2 제4항의 문언에 의하면 후자로 해석하여야 할 것이다.

(4) X의 주식매수청구권행사의 효과

이때의 주식매수청구권은 형성권이다. 따라서 이에 의하여 주식매수청구자(위 사안에서 X)와 회사(위 사안에서 Y) 사이에 당해 주식에 대한 매매계약의 효력이 발생하므로, 회사는 청구를 받은 날로부터 2월 내에 그 주식을 매수하여야 한다(상법 제335조의6, 제374조의2 제2항). '2월 내에 주식을 매수하여야 한다'는 것은 그 기간 내에 매수대금의 지급을 완료하여야 한다는 것을 뜻한다. 따라서 그 기간이 경과하면 이행지체책임(민법 제387조)을 진다. 매매가격은 1차적으로 청구인과 회사의 협의에 의하여 결정하고, 협의에 이르지 못하면 2차적으로 법원에 매수가격의 결정을 청구할 수 있다(상법 제335조의6, 제374조의2 제3항).

(5) 소결 : 위 사안에서 X의 지위

① 위 사안에서 X는 Y에 대하여 법원이 주식의 매수가격으로 산정한 1주당 3,116,380원에 매수청구권을 행사한 주식 수를 곱한 액수에 상당하는 금액의 채권을 가지고, 그 이행기가 도래한 것으로 된다.

② X는 대표이사 C와 A회사에 대하여 불법행위책임(민법 제750조, 상법 제209조, 제389조 제3항)을 물을 수 있다.

(김성탁)

---

4) 이철송, 회사법강의, 제25판, 박영사, 2017, 376면.

주권의 선의취득에 있어서의 주관적 요건 및 주식명의신탁

대법원 2018.7.12. 선고 2015다251812 판결

Ⅰ. 판결개요

1. 사실관계

원고 X사와 피고 Y사는 각각 신문의 발행 등을 목적으로 하는 회사이다. 한편, A는 2000. 9. 20.부터 소송 당시까지 Y사의 대표이사로 재직 중이고, B는 2011. 12. 6.부터 2014. 3. 5.까지 Y사의 대표이사로, 2014. 4. 18.부터 2015. 4. 17.까지 X사의 공동대표이사로 각 재직하였다.

(1) A(소외 1)가 주식회사 한국일보사의 회장으로 근무하던 2012. 12. 31. 위 회사 계열사인 Y사 보조참가인으로부터 Y사가 발행한 액면가 10,000원인 기명식 보통주식 60,000주(이하 '이 사건 주식')를 매수하면서 그 매수인 명의를 B로 하였다. A는 2013. 1. 25. B와 위 주식을 B에게 명의신탁하는 내용의 주식 명의신탁계약을 체결한 다음, B로 하여금 Y사 보조참가인에게 위 주식 매매대금 6억 원을 지급하게 하였다.

(2) X사는 2013. 8. 28. A의 동생인 소외 3, 소외 4를 만나, Y사 발행주식총수 325,000주 가운데 295,000주(A 명의로 된 120,000주, A의 동생 소외 3 명의로 된 90,000주, 한일시멘트 주식회사 명의로 된 25,000주, 위 주식 60,000주)와 함께 Y사의 경영권을 인수하기로 하는 취지의 기업인수합병 협상을 하였고, 당시 X사는 그 대금으로 210억 원을 제시하였으나 합의에 이르지는 못하였다.

(3) 한편 명의수탁자로서 명의대여자 B는 이 사건 인수협상 전인 2013. 8. 5. A의 요구로 그가 지정한 은행계좌에 6억 원을 입금하였고, 2013. 9. 24. 이 사건 주식에 대한 국세청의 압류를 해제하기 위하여 Y사보조참가인의 체납 국세 256,986,100원을 대납하였으며, 2013. 10. 25. A에게 1억 원을 지급하였다.

(4) B는 2014. 3. 5. 열린 주주총회에서 Y사 대표이사에서 물러나게 되자, Y사의 회사 금고에 보관되어 있던 이 사건 주식에 관하여 발행된 주권을 꺼내어 가져갔다.

(5) X사는 2014. 4. 10. B로부터 이 사건 주식을 대금 10억 5,000만 원에 매수하기로 하는 주식매매계약을 체결하고, 같은 날 B에게 10억 5,000만 원을 지급하면서 B로부터 이 사건 주권을 인도받아 현재까지 소지하고 있다. 당시 B는 위 (3)항 기재와 같이 합계 956,986,100원을 지출하고 A로부터 이 사건 주식을 취득하였다고 말하였으나, 그와 관련된 주식양도계약서 등 처분문서는 물론 그 주장과 같이 돈을 지출한 사실에 관한 어떠한 자료도 X사에게 제시하지 않았고, X사도 B에게 그와 같은 자료가 있는지 묻거나 확인하지 않았다.

사실관계에서 이 사건 주식의 명의수탁자로서 명의대여자에 불과한 B는 해당 주식을 권원없이 X사에게 양도하면서 자신이 A로부터 이를 양수하였다고 주장하였을 뿐 그에 관한 어떠한 자료도 X사 측에 제시하지 않았다. 사실관계상 양수인 X사 입장에서 양도인 B가 이 사건 주권의 적법한 소지인인지 의심하기에 충분한 사정이 있었고, X사는 인수협상 상대방이었던 소외 3 등에게 문의하여 A가 이 사건 주식을 정말로 B에게 양도하였는지를 손쉽게 확인할 수 있었다. 그럼에도 불구하고 X사는 B가 적법한 소지인인지에 관하여 아무런 조사도 하지 않은 채 만연히 이 사건 주식매매계약을 체결하였다. 이에 대법원은 통상적인 거래기준으로 판단하여 볼 때 이 사건 주식의 양수인인 X사에게 거래에서 필요로 하는 주의의무를 현저하게 결여한 중대한 과실이 존재하므로 X사의 선의취득이 성립하지 않는다고 하였다.

2. 판결요지

주권의 선의취득은 주권의 소지라는 권리외관을 신뢰하여 거래한 사람을 보호하는 제도이다. 주권 취득이 악의 또는 중대한 과실로 인한 때에는 선의취득이 인정되지 않는다(상법 제359조, 수표법 제21조). 여기서 악의 또는 중대한 과실이 있는지는 그 취득 시기를 기준으로 결정하여야 하며, '악의'란 교부계약에 하자가 있다는 것을 알고 있었던 경우, 즉 종전 소지인이 무권리자 또는 무능력자라거나 대리권이 흠결되었다는 등의 사정을 알고 취득한 것을 말하고, 중대한 과실이란 거래에서 필요로 하는 주의의무를 현저히 결여한 것을 말한다. 그리고 주권 등을 취득하면서 통상적인 거래기준으로 판단하여 볼 때 양도인이 무권리자임을 의심할 만한 사정이 있음에도 불구하고 이에 대하여 상당하다고 인정될 만한 조사를 하지 아니한 채 만연히 주권 등을 양수한 경우에는 양수인에게 상법 제359조, 수표법 제21조 단서에서 말하는 '중대한 과실'이 있다고 보아야 한다.

3. 관련판례

(1) 대법원 1997.12.12. 선고 95다49646 판결

주권의 선의취득은 양도인이 무권리자인 경우뿐만 아니라 무권대리인인 경우에도 인정된다.

(2) 대법원 2000.9.8. 선고 99다58471 판결

주권의 취득이 악의 또는 중대한 과실로 인한 때에는 선의취득이 인정되지 않는 바, 여기서 악의 또는 중대한 과실의 존부는 주권 취득의 시기를 기준으로 결정하여야 하며 중대한 과실이란 거래에서 필요로 하는 주의의무를 현저히 결여한 것을 말한다.

Ⅱ. 판결의 평석

1. 판결의 의의

종전의 판결이 양도인이 무권리자인 경우뿐만 아니라 무권대리인인 경우에도 선의취득이 인정됨을 밝히고 있었다면, 대상판결은 종전 소지인이 무권리자인 경우 외에도 무능력자라거나 대리권이 흠결되었던 등의 사정이 있던 경우에도 주권의 선의취득이 가능함을 명시적으로 판시하고 있다.

또한 대상판결은 주권의 선의취득에 관한 악의의 내용에 관한 사항을 상세히 판시하고 있다. 주권의 선의취득 요건 중 악의 또는 중과실 여부의 판단시기가 주권 취득시기임을 반복하고 이와 함께 중과실(거래에서 필요로 하는 주의의무를 현저히 결여한 것) 여부를 결정함에 있어서 통상적인 거래기준에 의함을 강조하고 있다.

2. 주권의 선의취득의 요건

주권의 선의취득이 있는 경우 해당 주권의 소지인은 그 주권을 반환할 의무가 없다(상법 제359조 및 수표법 제21조). 즉 선의취득의 효과로 선의취득자는 적법하게 주

권상의 권리를 원시취득하게 되며 반사적으로 본래의 권리자는 주식에 관한 권리를 상실한다. 선의취득의 성립에는 다음의 요건이 필요하다.[1)]

(1) 유효한 주권

주권의 선의취득이 성립하기 위하여는 대상 주권이 유효하여야 한다. 따라서 위조된 주권, 주권불소지신고되어 실효된 주권, 주주가 아닌 자에게 발행된 주권 등은 유효한 주권이 아니어서 선의취득의 대상이 되지 아니한다.

어음·수표의 경우 배서의 연속이 필요하므로 형식적 자격이 중요하나, 주권의 경우에는 적법한 소지인으로 추정하므로(상법 제336조 제2항) 주주명부상 명의인이 아니더라도 형식적 자격이 있는 자로 본다.

(2) 양도인의 무권리자 등 요건

상법 제359조에 의하여 준용되는 수표법 제21조는 "어떤 사유로든 수표의 점유를 잃은 자가 있는 경우에 …"라고 규정한다. 이는 무권리자인 양도인이 주권을 취득하게 된 사유 및 그 이전에 진정한 권리자가 주권을 분실한 사유는 도난이나 유실 등 무엇이라도 선의취득에 영향을 주지 않음을 의미한다.

양도인이 무권리자가 아니라 적법한 권리자이지만 그가 제한능력자이거나 의사표시의 하자를 이유로 양도를 취소하거나 무권대리인에 의한 양도로 무효에 해당할 경우에도 선의취득을 인정할 것인가.

1) 학 설

양도인이 무권리자인 경우에 한하여 선의취득이 인정된다는 견해(무권리자 한정설), 양도인이 무권리자인 경우 외에도 무권대리, 무처분권의 경우 등 제한적 범위 내에서 선의취득이 인정된다는 견해(절충설), 그리고 절충설에 더하여 양도인이 무능력이거나 의사표시의 하자가 있던 경우 등 선의취득 제도의 취지상 양도인의 범위를 제한할 필요가 없다는 견해(무제한설)가 대립된다.

2) 판 례

종전의 판례[2)]는 주권의 선의취득 성립에 관하여 양도인이 무권리자인 경우뿐만 아니라 무권대리인인 경우에도 인정한 바 있다. 이에 더하여 대상판결은 양도인이 무

---

1) 김홍기, 「상법강의」(제4판), 박영사, 445~447면; 이철송, 「회사법강의」(제26판), 박영사, 2018, 365~368면.

2) 대법원 1997.12.12. 선고 95다49646 판결.

능력자인 경우에도 선의취득이 가능할 수 있음을 명시적으로 밝혔고 또한 협의의 무권대리인을 넘어 표현대리의 경우 등 널리 대리권이 흠결된 경우에도 선의취득이 성립될 여지를 확장하고 있다.

(3) 주권의 양도방법에 의한 취득

선의취득은 주식에 관한 거래안전을 보호하려는 것이므로 취득자는 일반적인 주식 양도방법, 즉 양도합의 및 주권의 교부 등 주식의 양도 방법에 의하여 주권을 취득하였어야 한다.[3] 반면 양수인이 지명채권 양도 방법에 의하여 주식을 취득하였거나 상속, 합병, 전부명령 등의 방법으로 취득한 경우에는 선의취득이 인정되지 아니한다. 이 경우 명의개서는 회사에 대한 대항요건에 불과하므로 선의취득의 요건이 아니다.[4]

아울러 주권의 양도방법에는 현실의 인도(교부) 외에 간이인도, 점유개정, 반환청구권의 양도가 가능하며, 양도인이 제3자에게 주권을 보관시킨 경우 해당 주권에 관한 반환청구권의 양도에 의하여 주권의 선의취득에 필요한 요건인 주권의 점유를 취득하였다고 하려면 양도인이 그 제3자에 대한 반환청구권을 양수인에게 양도하고 지명채권 양도의 대항요건을 갖추어야 한다.[5]

(4) 양수인의 선의 및 무중과실

주권의 선의취득이 인정되려면 취득자에게 악의 또는 중대한 과실이 없어야 한다(상법 제359조, 수표법 제21조), 이 경우 악의란 양도인이 적법한 권리자가 아님을 알았음을 의미하며 중대한 과실이란 거래에서 필요로 하는 주의의무를 현저히 결여한 것으로, 악의 또는 중대한 과실의 존부는 주권 취득의 시기를 기준으로 결정한다.[6] 따라서 취득 후에 양도인이 무권리자임을 알게 된 경우에는 선의취득의 성립에 영향이 없으며 취득자의 악의 또는 중과실에 관한 증명책임은 선의취득을 부인하는 자가 부담한다.[7]

---

3) 한편 2019.9.16. 시행된 예정인 '주식·사채 등의 전자등록에 관한 법률'(약칭: 전자증권법)에 의하면 상장주식 등의 경우 전자등록을 신청하여야 하며 이에 위반하여 발행된 증권은 효력이 없다. 따라서 동법에 의한 전자등록이 의무화된 상장주식 등의 경우 상법 제356조의2 제2항에 의한 주식의 전자등록에 대한 선의취득 규정을 적용받게 된다.

4) 김홍기, 「상법강의」(제4판), 박영사, 446면.

5) 대법원 2000.9.8. 선고 99다58471 판결.

6) 대법원 2000.9.8. 선고 99다58471 판결.

7) 김홍기, 「상법강의」(제4판), 박영사, 447면; 이철송, 「회사법강의」(제26판), 박영사, 2018, 368면.

3. 대상판결의 검토

이미 설명하였듯이 종전 판결[8]에서 양도인이 (협의의) 무권대리인이 아닌 무능력자이었거나 표현대리인의 경우 주권의 선의취득 성립 여부에 관한 태도가 분명하지 않았다. 반면, 대상판결은 선의취득이 부정되는 '악의'란 '교부계약에 하자가 있다는 것을 알고 있었던 경우', 즉 종전 소지인이 무권리자 또는 무능력자라거나 대리권이 흠결되었다는 등의 사정을 알고 취득한 경우라고 하여, 양도인이 무능력자인 경우에도 선의취득이 가능함을 명시하고 양도인이 협의의 무권대리인이 아닌 표현대리인일 경우에도 선의취득이 성립할 여지를 두고 있다.

또한 대상판결은 주권의 선의취득 관련 양수인의 주관적 요건을 상세히 설명하고 있다. 선의취득의 성립을 가로막는 양수인의 악의 또는 중과실 존부의 판단 시기는 주권 취득시기임을 재확인하면서 중과실 여부는 통상적인 거래기준에 의하여 판정하되 양도인이 무권리자임을 의심할 만한 사정이 있음에도 상당하다고 인정될 만한 조사를 하지 아니한 경우에는 양수인에게 중과실이 인정될 수 있다고 판시하고 있다.

(양기진)

8) 대법원 1997.12.12. 선고 95다49646 판결.

18

주권발행전의 주식양도와 양도계약의 해제

대법원 2022.5.26. 선고 2020다239366 판결

Ⅰ. 판결개요

1. 사실관계

Y는 A로부터 2022. 12. 9. B주식회사의 주권발행전 주식을 양수하는 계약(제1양도계약)을 체결하였으나, Y가 그 주식대금을 지급하지 않았고 Y 이름으로 명의개서도 하지 않고 있었다. 2023. 6. 8. A는 Y의 대금미지급을 이유로 그 계약을 해제하였으나, 그 해제의 사실을 B주식회사에 통지하지는 않았다. 2023. 6. 15. A는 다시 X에게 주권발행전 주식을 양도하는 계약(제2양도계약)을 체결하고 이를 B주식회사에게 통지한 후 X 앞으로 명의개서까지 마쳤다. 이후 X는 A로부터 B주식회사의 제2양도계약상 양수인인바, 제1양도계약상 양수인 Y를 상대로 주주지위부존재확인을 구한 사안이다. 원심은 "지명채권의 양도통지를 한 후 그 양도계약이 해제된 경우에 양도인이 그 해제를 이유로 다시 원래의 채무자에 대하여 양도채권으로 대항하려면 양수인이 채무자에게 위와 같은 해제사실을 통지하여야 한다"는 판례(대법원 1993.8.27. 선고 93다17379 판결)에 근거하여 청구를 기각하였다. 즉 주권발행전 주식양도의 해제 역시 지명채권 양도의 대항요건(제3자에 대하여는 확정일자 포함)을 갖추어야 하는바, 사안에서 해제에 관해 피고 Y로부터 B주식회사로의 일체의 통지가 없었으므로 A는 B주식회사에 주주권을 주장할 수 없다는 것이다. 나아가 A로부터 제2양도계약에 따라 위 주식을 양수한 원고 X 역시 원래의 취득자인 피고 Y에 주주권을 주장할 수 없다고 보았다.

2. 판결요지

대법원은 원심을 파기했다. 대법원은 "회사성립후 또는 신주의 납입기일후 6개월이 경과한 경우 주권발행전의 주식은 당사자의 의사표시만으로 양도할 수 있고, 주식양도계약이 해제되면 계약의 이행으로 이전된 주식은 당연히 양도인에게 복귀한다"는 기존 판례(대법원 2002.9.10. 선고 2002다29411 판결)를 확인했다. 구체적으로 "제1양도계약 해제 당시까지 피고가 양수한 다락코리아 주식 10,000주에 대해서는 주권이 발행되지 않았고, 양도대금이 완납되지 않아 피고 앞으로 명의개서도 되지 않은 상태였다. 이러한 사정을 위 법리에 비추어 보면, 제1양도계약이 해제됨에 따라 B주식회사 주식 10,000주는 피고의 통지 등을 기다릴 필요 없이 당연히 양도인인 A에게 복귀한다고 봄이 타당하다"고 보았다. 나아가 원고 X의 주주지위에 관하여, "제2양도계약을 통해 B주식회사 주식은 원고 X 앞으로 명의개서까지 이루어졌고, 양도인인 A가 양도대금의 지급이나 양도계약의 효력에 관해 문제 삼고 있지도 않다"는 점을 들어 원고 X에 B주식회사의 주주권이 귀속된다고 보았다.

3. 관련판례

(1) 대법원 2002.9.10. 선고 2002다29411 판결

회사성립후 또는 신주의 납입기일후 6월이 경과한 경우 주권발행전의 주식은 당사자의 의사표시만으로 양도할 수 있고, 그 주식양도계약이 해제되면 계약의 이행으로 이전된 주식은 당연히 양도인에게 복귀한다.

(2) 대법원 1995.5.23. 선고 94다36421 판결

상법 제335조 제2항 소정의 주권발행전에 한 주식의 양도는 회사성립후 또는 신주의 납입기일후 6월이 경과한 때에는 회사에 대하여 효력이 있는 것으로서, 이 경우 주식의 양도는 지명채권의 양도에 관한 일반원칙에 따라 당사자의 의사표시만으로 효력이 발생하는 것이고, 상법 제337조 제1항에 규정된 주주명부상의 명의개서는 주식의 양수인이 회사에 대한 관계에서 주주의 권리를 행사하기 위한 대항요건에 지나지 아니하므로, 주권발행전 주식을 양수한 사람은 특별한 사정이 없는 한 양도인의 협력을 받을 필요 없이 단독으로 자신이 주식을 양수한 사실을 증명함으로써 회사에 대하여 그 명의개서를 청구할 수 있으므로, 주주명부상의 명의개서가 없어도 회사에 대하여 자신이 적법하게 주식을 양수한 자로서 주주권자임을 주장할 수 있다.

(3) 대법원 2017.3.23. 선고 2015다248342 전원합의체 판결

주식의 양도는 주권이 발행된 경우에는 주권을 교부하여야 하고(제336조 제1항), 주권이 발행되지 않은 경우에는 지명채권 양도에 관한 일반원칙에 따라 당사자의 의사표시만으로 주식양도의 효력이 발생하나(대법원 1995.5.23. 선고 94다36421 판결), 주식의 이전은 취득자의 성명과 주소를 주주명부에 기재하지 아니하면 회사에 대항하지 못한다(제337조 제1항). … 상법이 주주명부제도를 둔 이유는 주식의 발행 및 양도에 따라 주주의 구성이 계속 변화하는 단체법적 법률관계의 특성상 회사가 다수의 주주와 관련된 법률관계를 외부적으로 용이하게 식별할 수 있는 형식적이고 획일적인 기준에 의하여 처리할 수 있도록 하여 이와 관련된 사무처리의 효율성과 법적 안정성을 도모하기 위함이다. … 따라서 특별한 사정이 없는 한, 주주명부에 적법하게 주주로 기재되어 있는 자는 회사에 대한 관계에서 그 주식에 대한 의결권 등 주주권을 행사할 수 있고 회사 역시 주주명부상 주주 외에 실제 그 주식을 인수하거나 양수하고자 하였던 자가 따로 존재한다는 사실을 알았든 몰랐든 간에 주주명부상 주주의 주주권 행사를 부인할 수 없으며, 주주명부에 기재를 마치지 아니한 자의 주주권 행사를 인정할 수도 없다.

(4) 대법원 2021.7.29. 선고 2017다3222,3239 판결

발행주식 전부 또는 지배주식의 양도와 함께 경영권이 주식 양도인으로부터 주식 양수인에게 이전하는 경우 경영권의 이전은 발행주식 전부 또는 지배주식의 양도에 따른 부수적인 효과에 지나지 않아 주식 양도의무와 독립적으로 경영권 양도의무를 인정하기 어렵다.

일반적으로 주식양도청구권의 압류나 가압류는 주식 자체의 처분을 금지하는 대물적 효력은 없고 채무자가 제3채무자에게 현실로 급부를 추심하는 것을 금지할 뿐이다. 따라서 채무자는 제3채무자를 상대로 그 주식의 양도를 구하는 소를 제기할 수 있고 법원은 가압류가 되어 있음을 이유로 이를 배척할 수 없다. 다만 주권발행전이라도 회사성립 후 또는 신주의 납입기일 후 6개월이 지나면 주권의 교부 없이 지명채권의 양도에 관한 일반원칙에 따라 당사자의 의사표시만으로 주식을 양도할 수 있으므로, 주권발행전 주식의 양도를 명하는 판결은 의사의 진술을 명하는 판결에 해당한다. 이러한 주식의 양도를 명하는 판결이 확정되면 채무자는 일방적으로 주식 양수인의 지위를 갖게 되고, 제3채무자는 이를 저지할 방법이 없으므로, 가압류의 해제를 조건으로 하지 않는 한 법원은 이를 인용해서는 안 된다. 이는 가압류의 제3채무자가 채권자의 지위를 겸하는 경우에도 동일하다.

Ⅱ. 판결의 평석

1. 판결의 의의

주권발행전에 한 주식의 양도는 회사성립후 6월이 경과한 때에는 회사에 대하여 효력이 있다는 상법 제335조 제3항의 적용에 있어서, 주식의 양도는 지명채권의 양도방법에 따라 당사자의 의사표시만으로 효력이 발생하는 것이고, 상법상 명의개서는 주식의 양수인이 회사에 대한 관계에서 주주의 권리를 행사하기 위한 대항요건에 지나지 아니한다는 것을 명백히 하고 있다. 또한 '해제 의사표시'만으로 주식이 양도인에 복귀한다는 것이 기존 판례이고 이 사건 판결은 이 법리를 따랐다.

2. 주권발행전 주식양도

(1) 주식양도의 자유와 주권발행전 주식의 양도제한

상법은 주식양도의 자유를 원칙적으로 보장하면서(상법 제335조 제1항 본문), 예외적으로 주식의 양도가 제한되는 경우로서 권리주의 양도제한(상법 제319조, 제425조 제1항), 주권발행전 주식의 양도제한(상법 제335조 제3항), 자기주식의 취득제한(상법 제341조, 제341조의2), 자회사의 모회사주식 취득금지(상법 제342조의2 제2항)를 규정하고 있다. 주권발행전 주식양도의 제한은 상법에 의한 주식양도의 제한 중의 하나에 해당한다. 주권을 발행하기 전에는 주주명부를 작성할 수 없기 때문에 명의개서가 불가능하고 주식의 양도는 원칙적으로 주권의 교부에 의하여야 하는 점(상법 제336조 제1항)을 고려하여 주권발행전 주식의 양도를 제한한 것이다.

(2) 회사성립후 6월전 주식양도의 효력

회사성립후 6월이 경과하기 전에 주권이 발행되지 않은 상태에서 주식을 양도하면 당사자간에 있어서는 유효하게 주식이 양도될 수 있으나, 회사에 대하여는 양도의 효력이 없다(상법 제335조 제3항 본문). 주권양도를 회사가 양도를 승인한 경우에도 회사에 대하여 효력이 없다.[1)]

---

1) 대법원 1980.10.31. 자 80마446 결정.

(3) 회사성립후 6월 경과한 후 주식양도의 효력

회사성립후 6월이 경과한 후에 주권이 발행되지 않은 경우 주식양도는 당사자간에 있어서뿐만 아니라 회사에 대하여도 그 효력이 있다(상법 제335조 제3항 단서). 회사가 장기간 주권발행을 하지 않음으로써 상법상 보장된 주식의 양도의 자유가 사실상 제한되지 않도록 하기 위한 것이다. 회사성립후 6월이 경과하기 전에 이루어진 주식양도가 6월이 경과함으로써 그 하자가 치유되는지 여부에 대하여 이를 긍정하는 것이 다수설이며, 판례도 주권발행전 주식의 양도가 회사성립후 또는 신주납입기일 6월이 경과하기 전에 이루어졌다 하더라도 그 이후 6월이 경과하고 그때까지 회사가 주권을 발행하지 않았다면, 그 하자는 치유되어 회사에 대하여도 유효한 주식양도가 된다고 볼 수 있다고 한다.[2)]

(4) 주권 없이 주식을 양도하는 방법

제335조 제3항 단서에 따라 회사성립후 6월이 경과한 후 주권 없이 주식을 양도할 경우 주식양도의 방법은 지명채권양도의 방법에 따라 당사자의 의사표시만으로 효력이 발생한다.[3)] 다만 이중양도에 대항하려면 확정일자에 의한 회사통지 등이 필요할 뿐이다[4)].

(5) 주식양도 계약 해제의 경우

대법원은 "회사 성립 후 또는 신주의 납입기일 후 6개월이 경과한 경우 주권발행 전의 주식은 당사자의 의사표시만으로 양도할 수 있고, 주식양도계약이 해제되면 계약의 이행으로 이전된 주식은 당연히 양도인에게 복귀한다"는 것이 판례[5)]이다.

3. 대항요건과의 관계

(1) 명의개서

2017년 대법원 전원합의체 판결[6)]에서는 주주명부에 적법하게 주주로 기재되어 있는 자는 회사에 대한 관계에서 그 주식에 대한 의결권 등 주주권을 행사할 수 있고 회사 역시 주주명부상 주주 외에 실제 그 주식을 인수하거나 양수하고자 하였던

---

2) 대법원 2002.3.15. 선고 2000두1850 판결.
3) 대법원 1995.5.23. 선고 94다36421 판결; 대법원 2003.10.24. 선고 2003다29661 판결.
4) 대법원 2006.9.14. 선고 2005다45537 판결.
5) 대법원 2002.9.10. 선고 2002다29411 판결.
6) 대법원 2017.3.23. 선고 2015다248342 전원합의체 판결.

자가 따로 존재한다는 사실을 알았든 몰랐든 간에 주주명부상 주주의 주주권 행사를 부인할 수 없으며, 주주명부에 기재를 마치지 아니한 자의 주주권 행사를 인정할 수도 없다고 하고 있다. 이런 판례에 따르면 회사성립후 6월이 경과할 때까지 주권이 발행되지 않은 경우 주식의 양도는 지명채권 양도에 관한 일반원칙에 따라 당사자의 의사표시만으로 양도의 효력이 발생하나, 양수인이 단독으로 회사에 대하여 명의개서를 청구하는 경우를 제외하고는 양수인이 의결권등 주주권을 회사에 대한 관계에서 행사하려면 명의개서를 하여야 할 것이다.

(2) 양도계약의 해제

'해제 의사표시'만으로 주식이 양도인 A에 복귀한다는 것이 기존 판례이고 이 사건 판결은 이 법리를 따랐다. 그 다음 문제는 제2양도의 유효요건에 관한 판단이다. 대법원은 양도인 A에게 주주권이 복귀되었고, 원고 X와 A가 양도합의를 통하여 주식양도를 하였으므로 주주권이 제2양수인인 X에게 귀속되었다고 판단하였다.

4. 대상판결의 검토

제1양도인 A가 Y에게 주권발행전 주식을 양도한후 이를 해제하고 다시 A가 X에게 주식을 양도한 사건이다. 이때 대법원은 주주권이 복뒤된 주주 A로부터 양도합의를 통해 주식양도가 이루어진 X에게 주주권이 귀속되었다고 본 사건이다. 주권발행전 주식양도에서 일반적 이중양도의 경우와는 달리 이 사건 제1양도계약이 유효하게 해제되었으므로, 제2양도계약의 경우에도 특별한 절차 필요 없이 당사자간의 합의만 있으면 주권발행전 주식양도가 유효함을 확인한 판결이다.

(윤성승, 장덕조)

19 주권발행전의 주식의 이중양도와 대항력

대법원 2010.4.29. 선고 2009다88631 판결

Ⅰ. 판결개요

1. 사실관계

주권을 발행하지 않고 있는 Y주식회사(피고, 상고인)의 주주인 C, D. E 및 F는 2002. 10. 1.경 그 보유주식 1,900주에 대한 처분권한을 위임받은 B를 통하여 A에게 이를 양도하였고, 2003. 8. 20.경 Y회사의 주주명부에 1,900주에 관하여 A의 소유로 기재되었다. C는 2007. 11. 28. D, E 및 F로부터 A가 양수한 주식 중 1,500주를 이중으로 양수한 후 A 앞으로 적법하게 마쳐진 명의개서를 말소하고 자신 앞으로 명의개서를 하여 줄 것을 청구하였고, Y회사는 그 청구를 받아들여 명의개서를 마쳐 주었다. 그런데 A와 C는 임시주주총회 개최일인 2007. 12. 24. 당시 확정일자 있는 증서에 의한 통지나 승낙의 요건을 갖추지 못하였고, 그 후인 2008. 9. 24. 비로소 D, E 및 F는 내용증명우편으로 C에 대한 주식양도의 사실을 Y회사에 통지하였다. Y회사는 2007. 12. 24. 회사 발행주식의 과반수를 소유한 A와 G에게 임시주주총회의 소집통지를 하지 아니한 채 총회를 개최하여 영업양도의 승인결의를 거친 다음 제3자와 영업양도계약을 체결하였다.

A의 주식을 양수한 X는 "Y회사가 회사 발행주식의 과반수를 소유한 A와 G에게 임시주주총회의 소집통지를 하거나 이들이 임시주주총회에서 의결권을 행사한 바 없으므로 영업양도의 승인을 위한 주주총회의 결의는 무효이다."라고 하여 영업양도계약 무효확인의 소를 제기하였다.

2. 판결요지

주권발행전에 한 주식의 양도는 회사성립후 6월이 경과한 때에는 회사에 대하여 효력이 있고, 주권발행전의 주식양도의 제3자에 대한 대항요건은 지명채권의 양도와 마찬가지로 확정일자 있는 증서에 의한 양도통지 또는 회사의 승낙이다.

주권발행전 주식이 이중으로 양수되고 이중양수인이 모두 확정일자 있는 증서에 의하지 않고 회사에 대한 양도의 통지나 승낙의 요건을 갖춘 경우에 제2 주식양수인은 제1 주식양수인에 대한 관계에서 우선적 지위에 있음을 주장할 수 없으므로, 회사에 대하여 제1 주식양수인 명의로 이미 적법하게 마쳐진 명의개서를 말소하고, 제2 주식양수인 명의로 명의개서를 하여 줄 것을 청구할 권리가 없다. 회사가 제2 주식양수인의 청구를 받아들여 그 명의로 명의개서를 마쳐 주었다 하더라도 이러한 명의개서는 위법하므로 회사에 대한 관계에서 주주의 권리를 행사할 수 있는 자는 여전히 제1 주식양수인이다.

확정일자 없는 증서에 의한 양도통지나 승낙후에 그 증서에 확정일자를 얻은 경우에는 그 일자 이후부터 제3자에 대한 대항력을 취득하고, 그 대항력 취득의 효력이 주식의 양도통지일로 소급하여 발생하지 않는다.

3. 관련판례

(1) 대법원 2006.9.14. 선고 2005다45537 판결

주권발행전 주식의 이중양도가 문제되는 경우, 그 명의개서 여부를 불문하고 이중양수인 상호간의 우열은 지명채권 이중양도의 경우에 준하여 확정일자 있는 양도통지가 회사에 도달한 일시 또는 확정일자 있는 승낙의 일시의 선후에 의하여 결정한다. 양도통지가 확정일자 없는 증서에 의하여 이루어짐으로써 제3자에 대한 대항력을 갖추지 못하였더라도 확정일자 없는 증서에 의한 양도통지나 승낙 후에 그 증서에 확정일자를 얻은 경우 그 일자 이후에는 제3자에 대한 대항력을 취득하고, 확정일자 있는 통지 또는 승낙은 원본이 아닌 사본에 의하더라도 대항력의 판단에 있어서는 아무런 차이가 없다.

(2) 대법원 2018.10.12. 선고 2017다221501 판결

주권발행 전 주식의 양수인과 동일 주식에 대하여 압류명령을 집행한 자 사이의 우열은 확정일자 있는 증서에 의한 양도통지 또는 승낙의 일시와 압류명령의 송달일시를 비교하여 그 선후에 따라 정한다. 주주가 제3자에게 주권발행 전 주식을 양도하고 확정일자 있는 증서에 의한 통지나 승낙으로 주식양도의 대항요건을 갖추었다면,

그 후 주주의 다른 채권자가 그 양도된 주식을 압류하더라도 먼저 주식을 양도받아 대항요건을 갖춘 제3자에 대하여 압류의 효력을 주장할 여지가 없다.

(3) 대법원 2013.2.14. 선고 2011다109708 판결

주권발행전 주식에 관하여 주주명의를 신탁한 사람이 수탁자에 대하여 명의신탁계약을 해지하면 그 주식에 대한 주주의 권리는 해지의 의사표시만으로 명의신탁자에게 복귀하는 것이고, 이러한 경우 주주명부에 등재된 형식상 주주명의인이 실질적인 주주의 주주권을 다투는 경우에 실질적인 주주가 주주명부상 주주명의인을 상대로 주주권의 확인을 구할 이익이 있다. 이는 실질적인 주주의 채권자가 자신의 채권을 보전하기 위하여 실질적인 주주를 대위하여 명의신탁계약을 해지하고 주주명의인을 상대로 주주권의 확인을 구하는 경우에도 마찬가지이고, 그 주식을 발행한 회사를 상대로 명의개서절차의 이행을 구할 수 있다거나 명의신탁자와 명의수탁자 사이에 직접적인 분쟁이 없다고 하여 달리 볼 것은 아니다.

Ⅱ. 판결의 평석

1. 판결의 의의

주권 없는 주식의 양도에 있어서는 그 양도방법과 대항요건이 문제된다. 주권발행 전의 주식이 이중으로 양도된 경우 이중양수인 사이의 우열은 확정일자 있는 증서에 의하여 결정한다. 이 사건 판결은 주권발행전의 주식의 이중양수인이 모두 확정일자 있는 증서에 의한 양도의 통지나 승낙의 요건을 갖추지 못한 경우에 이중양수인들 사이에서 우열관계를 결정하는 기준에 관한 최초의 대법원 판결이라는 점에서 의의가 있다.

이에 의하면 확정일자 있는 증서에 의한 양도의 통지나 승낙의 요건을 갖추지 못한 제2 주식양수인은 이미 적법하게 이루어진 제1 주식양수인의 명의개서를 말소할 것을 청구할 수 없고, 비록 회사가 그 청구를 받아들여 제2 주식양수인의 명의로 명의개서를 하였더라도 회사에 대한 관계에서는 여전히 제1 주식양수인이 주주의 권리를 행사할 수 있다. 또한 이 판결은 제2 주식양수인이 확정일자 있는 증서에 의한 통지나 승낙을 얻은 때에는 그 일자 이후에는 제3자에게 대항할 수 있다는 선례를 확인하고 있다.

2. 주권발행전의 주식양도의 제한

주주는 주식을 다른 사람에게 자유롭게 양도할 수 있다(상법 제335조 제1항 본문). 상법은 주식의 양도성을 확보하기 위하여 주식을 균일화·소액화하는 외에 회사는 성립후 또는 신주의 납일기일후 지체 없이 주권을 발행하도록 하고, 주권이 발행되기 전에는 주식을 양도하더라도 회사에 대하여 효력이 없는 것으로 하고 있다(상법 제335조 제3항 본문).

이처럼 주권발행전의 주식양도를 제한하는 이유는 상법상 주식양도에는 주권의 교부가 필요한데 주권이 없는 한 적절한 양도방법이 없고, 양도가 가능하다고 해도 공시방법이 없어 주식거래의 안전을 기할 수 없다는 데 있다. 주식회사는 원칙적으로 주권을 발행하지만, 실제로는 주식양도의 필요성이 없는 소규모 폐쇄적인 회사에서 또는 주권발행에 따른 비용과 분실위험을 피할 목적으로 주권을 발행하지 않는 예가 많다. 주권이 발행되지 않거나 그 발행이 부당하게 지연되고 있는 경우에는 주주에게 투자금 회수의 기회를 보장하고 주식양수인을 보호하기 위해 회사성립후 또는 신주의 납입기일후 6월이 경과한 때에는 주권발행전의 주식양도도 회사에 대하여 효력이 있다고 하여 그 양도를 허용하고 있다(상법 제335조 제3항 단서).

3. 주권발행전의 주식양도의 효력

(1) 6월 경과전의 주식양도의 효력

회사성립후 또는 신주의 납일기일후 6월이 경과하기 전에 이루어진 주권발행전의 주식양도는 회사에 대하여 효력이 없다(상법 제335조 제3항 본문). 그러나 주권발행전에 증권시장에서의 매매거래를 투자자계좌부 또는 예탁자계좌부상 계좌간 대체의 방법으로 결제하는 경우에는 6월이 경과하기 전이라도 주권발행전의 주식양도는 회사에 대해 효력이 있다(자본시장과 금융투자업에 관한 법률 제311조 제4항).[1)]

주권발행전의 주식양도는 회사에 대하여 효력이 없다는 의미에 관하여 학설은 양도당사자가 회사에 대하여 양도의 효력을 주장할 수 없을 뿐만 아니라 회사도 그 효력을 인정하여 양수인을 주주로 취급할 수 없다고 한다(절대적 무효설). 판례도 이를 따르고 있다. 판례에 따르면, 회사가 주권발행전의 주식의 양도를 승인하여 명의개서를 해 주더라도 그 양도는 여전히 무효이고 양수인은 회사에 대하여 주권의 발행·교부를 청구할 수 없으며,[2)] 회사가 주권발행전의 주식양수인에게 주권을 발행하더라

1) 2017.4.18. 삭제. 시행일 미지정.

도 그 주권은 효력이 없다.[3] 또한 주권발행전에 주식을 양수한 자가 주주총회를 개최하여 새로 대표이사 등을 선임하였더라도 그 결의는 효력이 없고,[4] 주권발행전에 한 주식의 양도는 주권발행교부청구권을 이전하는 효과를 생기게 하지 않기 때문에 주권발행전의 주식양수인은 직접 회사에 대하여 주권발행의 교부를 청구할 수 없다고 하여[5] 주권발행전의 주식양도는 회사와의 관계에서는 효력이 발생하지 않는다는 점을 분명히 하고 있다.

그러나 양도당사자 사이에서는 채권적 효력이 있기 때문에 주권발행전의 주식양수인은 양도인에 대하여 주권의 교부를 청구할 수 있고, 주권의 미교부를 이유로 주식양도계약을 해제하고 손해배상을 청구할 수 있다.

주권발행전에 주식이 양도되어 회사에 대해 효력이 없는 경우에도 회사성립후 또는 신주의 납일기일후 6월이 경과한 때에는 그 하자는 치유되어 회사에 대해 유효한 주식양도가 된다고 본다(다수설, 판례).[6] 그 이유로서는 이를 긍정하지 않으면 양도인과 양수인이 다시 양도의 의사를 표시하여야 하는 불편이 있고, 양수인을 보호하기 어렵게 되는 문제가 있기 때문이다.

(2) 6월 경과후의 주식양도의 효력

회사의 성립후 또는 신주의 납일기일후 6월이 경과하여도 회사가 주권을 발행하지 않은 경우에는 주주는 주권 없이 주식을 양도할 수 있고 회사에 대하여 양도의 효력이 발생한다(상법 제335조 제3항 단서). 따라서 주권 없이 주식을 양수한 양수인은 양도인의 협력을 받을 필요없이 단독으로 명의개서를 청구할 수 있고,[7] 명의개서후 주권의 발행·교부를 청구할 수 있다. 6월 경과후 주권발행전의 주식양도의 효력을 인정하는 상법 제335조 제3항 단서의 규정이 신설되기 전에는 회사의 성립일 또는 신주의 납일기일로부터 주권발행에 통상 필요한 상당한 기간이 경과한 후에는 회사에 대한 관계에서 효력이 있다거나,[8] 회사가 주권발행을 부당하게 지체하면서 양도의 효력을 부정하는 것은 신의칙에 반한다고 한 판례가 있었으나,[9] 현재의 상법 규

---

2) 대법원 1981.9.8. 선고 81다141 판결.
3) 대법원 1987.5.26. 선고 86다카982,983 판결.
4) 대법원 1983.9.27. 선고 83도1622 판결.
5) 대법원 1981.9.8. 선고 81다141 판결.
6) 대법원 2002.3.15. 선고 2000두1850 판결.
7) 대법원 1992.10.27. 선고 92다16386 판결.
8) 대법원 1980.3.11. 선고 78다1793 판결(전원합의체 소수의견).
9) 대법원 1983.4.26. 선고 80다580 판결.

정 하에서는 이에 관한 논의가 명시적으로 해결되었다.

4. 주권발행전의 주식양도의 방법과 대항력

주권발행전의 주식의 양도는 지명채권양도의 일반원칙에 따라 당사자의 의사표시만으로 그 효력이 발생한다. 주권 없는 주식의 양도에 있어서는 공시방법의 불완전으로 양도시기가 분명하지 않고, 주식이 이중으로 양도될 수 있어 회사 또는 제3자에 대한 대항력을 갖추는 것이 문제된다. 그런데 주권발행전에 주식이 양도되었다고 하더라도 일단 회사가 주권을 발행한 때에는 주권의 교부에 의해서만 주식을 양도할 수 있기 때문에[10] 이 경우에는 대항력이 큰 문제가 되지 않는다.

주권발행전의 주식양수인이 회사와의 관계에서 대항력을 갖추기 위해서는 회사에 대한 양도의 통지 또는 회사의 승낙이 필요하다. 물론 주식양수인이 회사에 대하여 주주권을 행사하기 위해서는 주식의 양수사실을 증명하여 명의개서를 청구하여야 한다. 이중의 양수인, 양도인의 채권자 등과 같은 제3자와의 관계에서 대항력을 갖추기 위해서는 확정일자 있는 증서에 의한 양도의 통지나 회사의 승낙을 필요로 한다.[11] 따라서 주식양도인은 양수인이 제3자에 대한 대항요건을 갖출 수 있도록 확정일자 있는 증서에 의한 양도통지를 할 의무가 있다. 만약 양도인이 이러한 의무를 이행하지 아니한 채 주권발행전의 주식을 제3자에 이중으로 양도하고 회사에 대해 확정일자 있는 증서에 의한 양도통지를 하는 등 대항요건을 갖추어줌으로써 양수인이 제3자에게 대항할 수 없게 되었고 이러한 양도인의 배임행위에 제3자가 적극 가담한 경우라면 제3자에 대한 양도행위는 사회질서에 반하는 법률행위로서 무효가 된다.

이중양도로 인하여 확정일자 있는 양도통지 또는 승낙이 수개인 경우에는 명의개서 여부를 불문하고 양도통지의 도달일시 또는 회사의 승낙일시의 선후에 의하여 이중양수인의 권리취득 여부가 결정되며, 확정일자 있는 증서는 원본이 아닌 사본이라도 상관이 없다.[12] 여기서 통지의 도달이라 함은 사회통념상 통지의 내용을 알 수 있는 객관적 상태에 놓여 있는 경우를 말하는 것이므로 상대방이 통지를 현실적으로 수령하거나 통지의 내용을 알 것까지를 필요로 하지는 않는다.[13]

10) 대법원 1993.12.28. 선고 93다8719 판결.
11) 대법원 1995.5.23. 선고 94다36421 판결.
12) 대법원 2006.9.14. 선고 2005다45537 판결.
13) 대법원 2016.3.24. 선고 2015다71795 판결.

5. 대상판결의 검토

대상판결은 주권발행전에 의사표시에 의한 주식양도를 인정하면서, 주권발행전 주식의 이중양수인에 대한 대항요건은 확정일자 있는 증서에 의한 양도통지 또는 회사 승낙임을 확인하고, 확정일자 있는 증서에 의하지 아니한 양도통지 또는 승낙 사이에는 우선순위가 인정되지 아니한다고 한 점에서 의의가 있다. 이미 적법하게 명의개서를 마친 제1 주식양수인이 제3자에 대한 대항요건을 갖추지 못하고 있다고 하더라도 제2 주식양수인은 제3자에 대한 대항요건을 갖추지 아니한 상태에서는 제1 주식양수인의 명의개서를 말소하고 자신의 명의로 명의개서를 하여 줄 것을 청구할 수 없고, 설령 제2 주식양수인의 명의로 명의개서가 이루어졌다고 하더라도 이러한 명의개서는 위법하여 제2 주식양수인이 회사에 대한 관계에서 권리를 행사할 수 없고 여전히 제1 주식양수인이 주주의 권리를 행사할 수 있게 된다.[14)]

또한 확정일자 없는 증서에 의한 양도통지나 승낙후에 그 증서에 확정일자를 얻은 경우에는 그 일자 이후에 비로소 제3자에 대한 대항력이 발생하고 그 효력이 당초 주식양도통지일로 소급하여 발생하지 않는다. D, E 및 F가 C에 대한 주식양도사실을 문제의 영업양도의 승인을 위한 임시주주총회의 결의 이후에 회사에 내용증명우편으로 통지하였으므로 C는 총회의 결의 이후에 해당 주식의 양수와 관련하여 대항력을 취득하기 때문에 총회의 결의에 대해 주주권을 행사할 수 없다. 따라서 발행주식의 과반수 소유자인 A와 G에게 소집통지를 하지 아니한 채 이루어진 임시주주총회의 특별결의는 존재하지 않고 이에 근거한 영업양도계약도 무효로 된다.

(강대섭)

14) 동지: 대법원 2014.4.30. 선고 2013다99942 판결.

주주권행사와 주주명부 기재의 효력

대법원 2017.3.23. 선고 2015다248342 전원합의체 판결

Ⅰ. 판결개요

1. 사실관계

원고 X는 K증권주식회사에 개설된 자신 명의의 증권매매거래계좌 등을 이용하여 피고인 S회사 발행주식을 장내매수하여 피고 회사 발행주식 50,929,817주 중에서 2,604,300주를 보유하게 되었고, 매수한 주식에 대하여는 실질주주명부에의 기재도 완료하였다. 피고인 S주식회사는 전자·전기기구 등의 제작·판매·서비스업 등을 주요사업으로 하는 상장법인이다. 그런데 원고 X가 주식매수대금으로 결제하기 위해서 자신 명의의 예금계좌로부터 이체한 자금은 실상은 소외인 A가 원고에게 송금한 것이었는데, A는 2013년 10월 15일경부터 2014년 5월 13일경까지 A와 A의 처 B 및 A가 대표이사로 있는 주식회사 Y 등의 명의로 수십 회에 걸쳐 75억 5천만원을 원고의 계좌로 송금하였고, 이에 대한 다툼은 없다.

한편 A는 2014년 1월 4일경 피고 S회사의 대표이사인 C와 대주주인 D에게 주식매수제안서를 교부하는 등의 방법으로 피고 회사의 경영권을 자신에게 넘겨줄 것을 요구한 바 있다. 그 후 피고 회사 S가 2014년 3월 28일 개최된 정기주주총회에서 M을 사외이사로 선임하는 결의를 하자, 원고 X는 피고 S회사의 경영진과 대주주가 주주총회의 의사진행에 관한 권한을 남용하는 등 법령 위반을 하였다는 것을 이유로 하여 주주총회결의 방법 등에 중대한 하자가 있다고 주장하면서 주위적으로 총회결의부존재 내지 무효확인을 예비적으로 주주총회결의취소의 소를 제기하였다. 이러한 원고의 소 제기에 대하여 피고 회사 S는 원고에게 주식매수대금을 송금한 소외인 A가 원고 X의 승낙을 얻어 원고의 명의로 주식을 매수하였기 때문에 원고는 형식주주에 불과하여 주주총회결의취소의 소를 제기할 당사자자격이 없다고 주장하면서 본안 전 항변을 하였다.

2. 판결요지

(1) 제1심 및 원심의 판결요지

제1심 법원[1]은 소외인 A가 원고 명의의 예금계좌에 송금한 사실과 이 자금이 주식인수대금으로 사용되었다는 것에 대하여 인정하면서도, ① 원고 X는 소외인 A에게 명의를 대여한 형식주주에 불과하고, ② 상법(제380조)상 주주총회결의 부존재 내지 무효확인의 소의 경우 제소권자에 제한이 없으므로 확인의 이익이 있는 자는 누구나 원고적격이 있지만, 실질주주인 소외인 A에게 명의를 대여한 원고 X를 주주로 볼 수 없으므로 특별한 사정이 없는 한 원고 X에게 확인의 이익을 구할 이익이 있다고 볼 수 없고(대법원 1980.12.9. 선고 79다1989 판결; 대법원 1985.12.10. 선고 84다카319 판결), ③ 주주명부의 기재는 회사에 대한 관계에서 실질적 권리를 증명하지 않아도 권리를 행사할 소위 '자격수여적 효력'을 부여받을 뿐 주주명부의 기재로 창설적 효력을 인정받는 것이 아니기 때문에 주식을 인수하면서 타인의 승낙을 얻어 그 명의로 주식대금을 납입한 경우에는 실제로 주식을 인수하고 대금을 납입한 명의차용자가 실질주주가 되고 단순한 명의대여인은 주주가 될 수 없다(대법원 2011.5.26. 선고 2010다22552 판결; 대법원 1985.12.10. 선고 84다카319 판결)고 보았다. 따라서 원고 X에게는 확인의 이익이 없다는 것이다.

원심인 서울고등법원[2]은 제1심 법원의 입장에 섰다. 원고는 ① 상장법인인 회사가 주주명부에 기재된 주주가 실질주주인지 여부를 파악하는 것은 사실상 불가능하다는 점, ② 상장법인인 회사의 인식 여부에 따라 주주마다의 차별적인 취급을 허용하면 회사로 하여금 주주총회결의 결과에 대한 자의적인 선택권을 부여하는 셈이 되어 주주총회 운영에 대한 법적 안정성을 훼손하는 결과를 초래하여 불합리한 점, ③ 자본시장법 제133조 제3항과 동법 시행령 제142조가 주식의 '소유'와 '소유에 준하는 보유'를 모두 동일하게 그 적용대상으로 하고 있는 점과 동법 제311조가 투자자계좌부에 기재된 자를 증권점유자로 간주하는 점 등에 비추어 볼 때, '상장법인인 회사'에는 형식주주와 실질주주에 관한 기존의 대법원 판결 등의 법리가 그대로 적용될 수

---

1) 수원지방법원 2014.12.5. 선고 2014가합62872 판결.
2) 서울고등법원 2015.11.13. 선고 2014나2051549 판결.

없다고 주장하였다. 이러한 원고의 주장에 대하여 법원은 ① 실질주주인지 여부에 대한 회사 나름의 판단과 인식을 무조건 자의적이라고 볼 수 없는 점, ② 주주 등은 사후적으로 소로써 그 회사의 판단과 인식에 대하여 다툴 수 있는 점, ③ 주식의 상장 여부에 따라 법리의 적용을 달리 할 합리적인 근거가 없고, 오히려 단순히 형식주주에 불과한 자에게는 주주총회결의 효력을 다툴 지위를 부여하지 않음으로써 결의의 내용을 신뢰한 제3자의 이익을 보호하고 법적 안정성을 도모할 필요가 있음은 상장법인이라고 하여 달리 볼 수 없는 점, ④ 원고가 들고 있는 자본시장법 및 동법 시행령의 규정은 공개매수 등에 관한 것으로, 형식주주와 실질주주에 관한 법리와는 그 입법취지와 적용을 달리하는 점 등을 들어 원고의 주장을 받아들이지 않았다.

(2) 대법원의 판결요지

대법원은 원심 판결을 파기하면서 다음의 이유들을 들고 있다. 우선 ① 상법이 주주명부제도를 둔 이유와 관련하여 사무처리의 효율성과 법적 안정을 도모하기 위함이라는 점을 강조하면서, 주식의 발행 및 양도에 따라 주주의 구성이 계속 변화하는 단체법적 법률관계의 특성상 회사가 다수의 주주와 관련된 법률관계를 외부적으로 용이하게 식별할 수 있는 형식적이고도 획일적인 기준에 의하여 처리할 필요가 있고, ② 회사에 대하여 주주권을 행사할 자가 주주명부의 기재에 의하여 확정되어야 한다는 법리는 주식양도의 경우뿐만 아니라 주식발행의 경우에도 마찬가지로 적용된다는 점, ③ 주식을 양수하였으나 주주명부에 명의개서를 하지 아니하여 주주명부에는 아직 양도인이 주주로 기재되어 있는 경우뿐만 아니라, 주식을 인수·양수하려는 자가 타인의 명의를 빌려 회사의 주식을 인수·양수하고 타인의 명의로 주주명부에의 기재까지 마치는 경우에도, 회사에 대한 관계에서는 주주명부상 주주만이 주주로서 의결권 등 주주권을 적법하게 행사할 수 있으며,[3] 이는 주식을 양수하였더라도 주주명부에 명의개서를 하지 아니하면 회사에 대하여 대항할 수 없다는 법리에 비추어볼 때 당연하다[4]는 점, ④ 주주명부상 주주만이 회사에 대한 관계에서 주주권을 행사할 수 있다는 법리는 주주에 대하여만 아니라 회사에 대하여도 마찬가지로 적용되므로, 회사는 특별한 사정이 없는 한 주주명부에 기재된 자의 주주권 행사를 부인하거나 주주명부에 기재되지 아니한 자의 주주권 행사를 인정할 수 없다는 점을 들고 있다.

결국 특별한 사정이 없는 한, 주주명부에 적법하게 주주로 기재되어 있는 자는

3) 대법원 1985.3.26. 선고 84다카2082 판결; 대법원 2010.3.11. 선고 2007다51505 판결.
4) 대법원 1991.5.28. 선고 90다6774 판결.

회사에 대한 관계에서 주식에 관한 의결권 등 주주권을 행사할 수 있고, 회사 역시 주주명부상 주주 외에 실제 주식을 인수하거나 양수하고자 하였던 자가 따로 존재한다는 사실을 알았든 몰랐든 간에 주주명부상 주주의 주주권 행사를 부인할 수 없으며, 주주명부에 기재를 마치지 아니한 자의 주주권 행사를 인정할 수도 없다는 것이 본건 대법원 판결요지이다. 이와 관련하여 대법원은 크게 4가지 경우에 해당되는 대법원의 기존 판결들을 열거하면서 본건 판결에 배치되는 범위에서 모두 변경한다고 적시함으로써 상법상 주주명부기재의 효력 즉 주주권을 행사할 자가 실질주주인지 형식주주인지 여부에 관한 기존의 법리에 큰 변경을 가져오게 되었다.

3. 관련판례

(1) 대법원 1989.10.24. 선고 89다카14714 판결 – 명의개서 미필주주의 지위와 관련하여

주식의 이전은 주주명부에 기재하지 아니하면 회사에 대항하지 못한다는(상법 제337조) 규정은 "주주권이전의 효력요건을 정한 것이 아니고 회사에 대한 관계에서 누가 주주로 인정되느냐 하는 주주의 자격을 정한 것으로서 기명주식의 취득자가 주주명부상의 주주명의를 개서하지 아니하면 스스로 회사에 대하여 주주권을 주장할 수 없다는 의미이고, 명의개서를 하지 아니한 실질상의 주주를 회사 측에서 주주로 인정하는 것은 무방하다고 해석할 것"이라고 하였다.

그러나 위 판결은 대법원 2017.3.23. 선고 2015다248342 전원합의체 판결에 의해 변경되었다. 즉 "회사는 특별한 사정이 없는 한 주주명부에 기재된 자의 주주권 행사를 부인하거나 주주명부에 기재되지 아니한 자의 주주권 행사를 인정할 수 없다"고 하고, "주주명부상의 주주만이 회사에 대한 관계에서 주주권을 행사할 수 있다는 법리는 주주에 대하여만 아니라 회사에 대하여도 마찬가지로 적용되므로, 회사는 특별한 사정이 없는 한 주주명부에 기재된 자의 주주권 행사를 부인하거나 주주명부에 기재되지 아니한 자의 주주권 행사를 인정할 수 없다"고 하였다. 또한 "특별한 사정이 없는 한, 주주명부에 적법하게 주주로 기재되어 있는 자는 회사에 대한 관계에서 주식에 관한 의결권 등 주주권을 행사할 수 있고, 회사 역시 주주명부상 주주 외에 실제 주식을 인수하거나 양수하고자 하였던 자가 따로 존재한다는 사실을 알았든 몰랐든 간에 주주명부상 주주의 주주권 행사를 부인할 수 없으며, 주주명부에 기재를 마치지 아니한 자의 주주권 행사를 인정할 수도 없다"고 하였다.

(2) 대법원 1998.9.8. 선고 96다45818 판결 – 회사에 의한 주주의 확정과 관련하여

"주식회사가 주주명부상의 주주에게 주주총회의 소집을 통지하고 그 주주로 하여금 의결권을 행사하게 하면, 그 주주가 단순히 명의만을 대여한 이른바 형식주주에 불과하여도 그 의결권 행사는 적법하지만, 주식회사가 주주명부상의 주주가 형식주주에 불과하다는 것을 알았거나 중대한 과실로 알지 못하였고 또한 이를 용이하게 증명하여 의결권 행사를 거절할 수 있었음에도 의결권 행사를 용인하거나 의결권을 행사하게 한 경우에는 그 의결권 행사는 위법하게 된다"고 하고, "주주명부상의 주주가 실질주주가 아님을 회사가 알고 있었고 이를 용이하게 증명할 수 있었는데도 위 형식주주에게 소집통지를 하고 의결권을 행사하게 한 것은 잘못이므로 그러한 주주총회결의는 취소할 수 있다"고 하였다.

그러나 위 판결은 대법원 2017.3.23. 선고 2015다248342 전원합의체 판결에 의하여 변경되었다. 그 이유로 대법원은 "만일 회사가 주주권 행사주체를 임의로 선택할 수 있다고 한다면 상법상 주주명부제도의 존재이유 자체를 부정하는 것이고, 주주 사이에 주주권의 행사요건을 달리 해석함으로써 주주평등의 원칙에도 어긋난다"고 하고, 회사의 잘못된 판단으로 정당한 권리자가 아닌 자에게 권리행사를 인정하면 주주총회결의 취소사유가 발생하는 등 다수의 주주와 회사를 둘러싼 법률관계 전체를 불안정하게 할 위험성이 있기 때문이라고 하였다.

(3) 대법원 2017.12.5. 선고 2016다265351 판결

타인의 승낙을 얻어 그 명의로 주식을 인수하기로 약정한 경우, 계약 내용에 따라 명의자 또는 실제 출자자가 주식인수인이 될 수 있으나, 원칙적으로는 명의자를 주식인수인으로 보아야 한다. 명의자와 실제 출자자가 실제 출자자를 주식인수인으로 하기로 약정한 경우에도 실제 출자자를 주식인수인이라고 할 수는 없다. 실제 출자자를 주식인수인으로 하기로 한 사실을 주식인수계약의 상대방인 회사 등이 알고 이를 승낙하는 등 특별한 사정이 없다면, 그 상대방은 명의자를 주식인수계약의 당사자로 이해하였다고 보는 것이 합리적이기 때문이다.

(4) 대법원 2010.3.11. 선고 2007다51505 판결 – 주주명부의 효력과 관련하여

이 사건에서 대법원은 주주명부 기재의 효력과 관련하여 "주주명부에 주주로 등재되어 있는 이는 주주로서 주주총회에서 의결권을 행사할 자격이 있다고 추정되므로, 특별한 사정이 없는 한 주주명부상의 주주는 회사에 대한 관계에서 그 주식에 관

한 의결권을 적법하게 행사할 수 있다"고 하면서, 또한 "주주명부상의 주주임에도 불구하고 회사에 대한 관계에서 그 주식에 관한 의결권을 적법하게 행사할 수 없다고 인정하기 위해서는, 주주명부상의 주주가 아닌 제3자가 주식인수대금을 납입하였다는 사정만으로는 부족하고, 그 제3자와 주주명부상의 주주 사이의 내부관계, 주식 인수와 주주명부 등재에 관한 경위 및 목적, 주주명부 등재후 주주로서의 권리행사 내용 등에 비추어, 주주명부상의 주주는 순전히 당해 주식의 인수과정에서 명의만을 대여해 준 것일 뿐 회사에 대한 관계에서 주주명부상의 주주로서 의결권 등 주주로서의 권리를 행사할 권한이 주어지지 아니한 형식상의 주주에 지나지 않는다는 점이 증명되어야 한다"고 하였다.

여기에서 말하는 '특별한 사정'이라고 하는 의미가 동 판결이 극히 예외적인 사유로서 들고 있는 "주주명부에의 기재 또는 명의개서청구가 부당하게 지연되거나 거절되었다는 등의 극히 예외적인 사정이 인정되는 경우"만을 의미하는 것인지, 아니면 예시적인 것인지를 의미하는지는 불분명하기 때문에 누가 주주로서의 권리를 행사할 것인지에 관하여 중요한 기준을 제시하였다고 평가되는 본건 2015다248342 전원합의체 판결에 의하여 이 부분이 폐기되거나 수정되어야 하는지는 불분명하다.[5)]

Ⅱ. 판결의 평석

1. 실질주주와 형식주주가 상이한 경우 주주권을 행사할 수 있는 자

(1) 학설의 대립과 법원의 입장

주주명부에 주주로 기재된 자와 실제 자금을 제공한 자가 서로 다른 경우에 누가 주주로서 권리를 행사하여야 하는 문제와 관련하여, 실질적인 자금의 공급자를 주주로 취급하여야 한다고 보는 실질설(實質說)과 명의상 주식인수인을 주주로 취급하여야 한다고 보는 형식설(形式說)이 대립된다. 실질설의 입장에서는 명의와 관계없이 실질적으로 행위를 한 자가 의사주의의 원칙에 따라서 실질적인 주식인수인으로서 주주가 되어야 하고, 이는 상법에서 실질적인 주식인수인을 납입의무의 주체로 규정하

5) 왜냐하면 변경되어야 하는 판례로 명시적으로 언급되지는 않기 때문이기도 한데, 본건 2015다248342 전원합의체 판결에서 회사가 명의개서를 하지 아니한 실질상의 주주를 주주로 인정하는 것은 무방하다고 본 기존의 대법원 1989.10.24. 선고 89다카14714 판결이 변경되어야 판례로 명시한 것에 비추어본다면 최소한 그 입장이 그대로 유지된다고 보기는 힘들 것이다.

고 있는 것(제332조 제1항)과 일관적이라고 주장한다. 그리고 제332조 제2항에서 명의대여자에게 연대책임을 지게 하는 것은 명의대여에 대한 책임을 부담시키는 것이지 주주로서 권리를 가진다는 것을 규정하고 있지 않기 때문이라고 보기도 한다. 이와 달리 형식설은 집단적·획일적으로 이루어져야 하는 회사법적 법률관계에 있어서 법적 안정성을 확보하기 위해서는 객관적으로 확인 가능한 방법으로 이루어져야 하며, 이러한 방법으로 만들어진 제도가 바로 주주명부제도이고, 따라서 명의상의 주식인수인을 주주로 보아야 한다고 주장한다. 그리고 현실적인 문제로서 회사의 입장에서는 실질적인 주주인지의 여부에 대한 조사가 현실적으로 불가능하다는 이유를 들기도 한다.

대법원은 본건 판결이 있기 전까지는, 형식주주와 실질주주가 상이한 경우에 대하여 주식을 인수함에 있어서 타인의 승낙을 얻어 그 명의로 출자하여 주식의 인수가액을 납입한 경우 실제로 주식을 인수하여 그 대금을 납입한 명의차용인만이 실질상의 주식인수인으로서 주주가 되어야 하고 단순한 명의대여자에 불과한 형식주주는 주주로 볼 수 없다는 입장을 일관되게 유지하여 왔다.[6] 그런데 본건 사안에서 대법원은 주식을 양수하였으나 아직 주주명부에 명의개서를 하지 아니하여 주주명부에는 양도인이 주주로 기재되어 있는 경우뿐만 아니라, 주식을 인수하거나 양수하려는 자가 타인의 명의를 빌려 회사의 주식을 인수하거나 양수하고 그 타인의 명의로 주주명부에의 기재까지 마치는 경우에도 회사에 대한 관계에서는 주주명부상 주주만이 주주로서 의결권 등 주주권을 적법하게 행사할 수 있다고 함으로써 과거 취하던 실질설의 입장에서 형식설의 입장으로 전환하였다고 평가된다.

(2) 주식발행과 주식양도에 대한 차별적 접근의 필요성 여부

상법상 주권의 교부를 주식의 양도방법으로 정하고 있고(제336조 제1항) 주권의 점유자를 적법한 소지인으로 추정하고 있는(제336조 제2항) 주식양도의 경우와 달리, 주식발행의 경우에는 주식발행회사가 관여하게 되므로 주주명부에의 기재를 주주권 행사의 대항요건으로 규정하고 있지 않다는 점에서 주주권을 행사하는 자를 정함에 있어서 주식발행과 주식양도의 경우를 차별적으로 접근하여야 하는가에 대하여 논란이 있다.

본건 대법원 판결은 상법이 주주명부제도를 둔 이유를 설시하면서, 주식양도의 경우 비록 주권의 교부로 의하도록 하고 있고 주권의 점유자를 적법한 소지인으로

---

6) 대법원 1975.7.8. 선고 75다410 판결 이래 일관되게 유지되어 왔다.

추정하고 있음(제336조)에도 불구하고, 상법은 주주명부에 명의개서를 한 경우에 회사에 대한 대항력[7]을 인정하고 있고(제337조) 주주명부상 주주의 주소로 통지를 허용하며(제363조) 일정한 날에 주주명부에 기재된 주주에게 신주인수권 등의 권리를 귀속시킬 수 있도록 한다는(제418조) 점에서[8], 주식발행의 경우에는 주주명부에의 기재를 주주권 행사의 대항요건으로 정하고 있지는 않지만, 주식을 발행한 경우 주주명부에 주주의 성명과 주소 등을 기재하여 본점에 비치하여 주주와 회사채권자가 열람할 수 있도록 하고(제352조, 제396조), 주주에 대한 회사의 통지 또는 최고는 주주명부에 기재한 주소 또는 그 자로부터 회사에 통지한 주소로 하면 되도록 하고 있다는(제353조) 점을 비교하면서, 이러한 상법 규정의 취지는 주식발행의 단계나 주식이 양도되는 단계에서 회사에 대하여 주주권을 행사할 자를 정하는 것은 주주명부에 따라 획일적으로 확정하기 위한 것이라고 보아야 하기 때문에 회사에 대하여 주주권을 행사할 자가 주주명부의 기재에 의하여 확정되어야 한다는 법리는 주식양도의 경우뿐만 아니라 주식발행의 경우에도 마찬가지로 적용된다고 하고 있다.

주주명부상의 기재를 주식의 발행 단계에서 이루어진 것인지 아니면 주식의 양도 단계에서 이루어진 것인지를 구별하여 그에 따라 취급을 달리하는 것은 다수의 주주와 관련된 단체법적 법률관계를 혼란에 빠뜨릴 우려가 있다는 것이 본건 대법원의 입장이다. 즉 회사가 주주명부상 주주를 주식인수인과 주식양도인으로 구별하여, 주식인수인의 경우에는 그 배후의 실질적인 권리관계를 조사하여 실제 주식의 소유자를 주주권의 행사자로 인정하는 것이 가능하고, 주식양수인의 경우에는 그렇지 않다고 하면, 회사와 주주 간의 관계뿐만 아니라 이를 둘러싼 법률관계 전체가 매우 불안정해지기 때문이라는 지적을 한 것이다.

한편 주식을 양수하였으나 아직 주주명부에 명의개서를 하지 아니하여 주주명부에는 양도인이 주주로 기재되어 있는 경우뿐만 아니라, 주식을 인수·양수하려는 자가 타인의 명의를 빌려 회사의 주식을 인수·양수하고 그 타인의 명의로 주주명부에의 기재를 마치는 경우에도 회사에 대한 관계에서는 주주명부상 주주만이 주주로서 의결권 등 주주권을 적법하게 행사할 수 있다는 대법원의 입장은 주주명부와 주주의 의결권행사와 관련한 상법의 기존 법리에 대한 법원판결의 기본원칙에서 벗어나는 것은 아니다. 즉 기존 대법원 판결도 주주명부에 주주로 기재되어 있는 자는 특별한

7) 상법 제337조 제1항에서 말하는 대항력은 그 문언에도 불구하고 회사도 주주명부에의 기재에 구속되어, 주주명부에 기재된 자의 주주권 행사를 부인하거나 주주명부에 기재되지 아니한 자의 주주권 행사를 인정할 수 없다는 의미를 포함하는 것으로 해석함이 타당하다고 이야기하고 있다.

8) 자본시장법에 의한 실질주주명부의 경우도 마찬가지이다.

사정이 없는 한 회사에 대한 관계에서 그 주식에 관한 의결권 등 주주권을 적법하게 행사할 수 있다고 보았고[9] 회사의 주식을 양수하였더라도 주주명부에 기재를 마치지 아니하면 그 주식의 양수를 회사에 대항할 수 없다[10]고 보았기 때문이다. 그리고 당사자의 의사를 해석함에 있어서도 언제든지 주주명부에 주주로 기재해 줄 것을 청구하여 주주권을 행사할 수 있는 자가 자기의 명의가 아닌 타인의 명의로 주주명부에 기재를 하도록 하는 이유는 적어도 주주명부상 주주가 회사에 대한 관계에서 주주권을 행사하더라도 이를 허용하거나 받아들이려는 의사였기 때문에 주주명부상 주주가 그 주식을 인수하거나 양수한 사람의 의사에 반하여 주주권을 행사한다 하더라도, 이는 주주명부상 주주에게 주주권을 행사하는 것을 허용함에 따른 결과이므로 신의칙에도 반하는 것이 아니라는 것이다.

위와 같은 대법원의 입장에 대하여, 거래안전을 확보하는 차원에서 주주명부상 주주를 주주로 인정할 필요를 인정하면서도, 상장회사와 주식이 장외거래되고 있는 비상장회사를 제외한 비상장회사의 경우가 본건 대법원의 상법해석에 따른 적용을 받는 경우의 대다수 주식회사인 것을 감안할 필요가 있고, 현실적으로 그러한 회사들이 타인의 명의로 주식소유가 이루어지고 있는 것이 현실인 점을 감안한다면, 거래안전을 보호하기 위해서 실질적인 권리를 희생시키는 것은 설득력이 떨어진다고 보는 견해도 존재한다. 여기에서 더 나아가 형식설을 따르게 되면 주식거래가 빈번히 일어나는 상장회사나 주식장외거래 비상장회사의 경우 필요한 거래안전의 보호 명분 때문에 대다수 주식회사의 실질적인 주주권 관계를 왜곡하는 결과를 가져올 수 있다는 입장도 있다. 그러나 주식인수를 타인명의로 하는 것을 허용하는 상법의 입장(제332조)은 납입에 대한 책임을 분명히 하기 위한 것이고, 회사에 대하여 권리를 행사하기 위해서는 명의개서를 요구하는 상법의 입장(제337조)을 고려한다면, 권리행사를 위해서는 주주명부상 주주가 되어야 한다는 것이 상법상 주주권의 행사의 원칙이라고 보아야 한다는 반박도 강하다.

(3) 본건 판결에 의해 명시적으로 변경되는 판례들

형식주주와 실질주주가 상이한 경우와 관련하여 본건 판결에 의해 명시적으로 변경되는 판례는 다음의 2가지의 경우이다. 먼저 타인의 명의를 빌려 회사의 주식을 인수하고 그 대금을 납입한 경우에 그 타인의 명의로 주주명부에 기재까지 마쳐도 실

9) 대법원 1985.3.26. 선고 84다카2082 판결; 대법원 2010.3.11. 선고 2007다51505 판결.
10) 대법원 1991.5.28. 선고 90다6774 판결.

질상의 주주인 명의차용인만이 회사에 대한 관계에서 주주권을 행사할 수 있는 주주에 해당한다는 취지로 본 대법원 1975.9.23. 선고 74다804 판결, 대법원 1977.10.11. 선고 76다1448 판결, 대법원 1980.9.19. 자 80마396 결정, 대법원 1980.12.9. 선고 79다1989 판결, 대법원 1985.12.10. 선고 84다카319 판결, 대법원 1998.4.10. 선고 97다50619 판결, 대법원 2011.5.26. 선고 2010다22552 판결, 대법원 2011.5.26. 선고 2010다27519 판결 등이 변경되어야 할 판례로 명시적으로 언급되고 있다.

둘째, 회사는 주식인수 및 양수계약에 따라 주식의 인수대금 또는 양수대금을 모두 납입하였으나 주식의 인수 및 양수에 관하여 상법상의 형식적 절차를 이행하지 아니한 자의 주주로서의 지위를 부인할 수 없다고 한 대법원 1980.4.22. 선고 79다2087 판결 등도 변경되어야 할 판례로 언급되었다.

2. 주주의 확정과 회사에 대한 관계

(1) 주주명부 기재의 효력(주주명부의 대항력의 범위)

1) 주주권행사의 대항요건

주주의 이름과 소유주식이 주주명부에 기재되는 것은 주주로써의 권리를 회사에 행사하기 위한 요건이 된다(제337조 제1항). 주주명부에 이름이 기재되는 것이므로 기명주식[11]에게만 인정되는 효력이며 주주명부의 가장 중요한 효력이다. 주주명부에의 기재에는 구체적으로 자격수여적 효력과 면책적 효력이 있다.

2) 자격수여적 효력(권리추정적 효력)

주주명부에 주주로 기재되어 있으면 회사에 대하여 자신의 권리를 입증할 필요없이 단순히 주주명부상 기재만으로 주주로서의 권리를 행사할 수 있다. 그러나 주주명부의 기재에 권리의 창설적 효력이 있는 것은 아니므로 실질적인 권리자가 자신의 권리를 입증하여 주주권을 행사할 수는 있다고 본다.[12]

한편 주권의 점유에 의하여 적법한 소지인으로 추정되는 것(제336조 제2항)과 주주명부의 기재에 대한 자격수여적 효력과는 구별하여야 한다. 전자는 주권의 점유상태가 적법한 것이라고 추정하는 것이며, 후자는 주주명부에 기재된 자는 주주권을 행사함에 있어서 실질적인 권리를 증명함이 없이 적법한 주주로 추정된다고 보는 것이

11) 다만, 2014년 상법개정으로 제357조가 삭제됨으로써 상법상 무기명주식의 발행은 불가능하게 되었으므로 상법상 주식은 기명주식을 의미한다고 보면 된다.

12) 대법원 1989.7.11. 선고 89다카5345 판결.

일반적이다. 따라서 전자의 경우에는 주주권을 행사하기 위해서 주주명부의 명의개서를 청구할 수 있다.

3) 면책적 효력

주주명부의 기재는 주주에게 자격수여적 효력을 안겨주므로 회사는 특별히 의심할 만한 사유가 없는 이상 주주명부에 주주로 기재되어 있는 자를 주주로 보고 주주의 의결권을 비롯한 이익배당청구권·신주인수권 등의 권리행사를 인정하면 되고, 설혹 주주명부상의 주주가 진정한 주주가 아니라고 하더라도 회사는 면책된다. 그리고 회사는 주주명부상 주주 외에 실제 주식을 인수하거나 양수하고자 하였던 자가 따로 존재한다는 사실을 알았든 몰랐든 간에 주주명부상 주주의 주주권 행사를 부인할 수 없다.[13]

(2) 주주의 확정과 회사에 대한 관계에 관한 학설의 대립과 판례의 입장

회사가 명의개서미필주주를 실질적인 권리자로 인정하여 주주권행사를 인정해도 무방한가 하는 문제와 관련하여서는, 취득자가 주주임을 주장할 수 없다는 것이고 회사가 이를 인정하는 것은 무방하다고 하여 이를 긍정하는 견해(편면적 구속설)와 취득자가 자신이 주주임을 주장하지 못함은 물론 회사도 이를 주주로 인정하지 못한다고 하여 이를 부정하는 견해(쌍방적 구속설)가 대립되어 있다. 편면적 구속설에서는 주주명부의 기재로 인해 발생하는 주주로서의 권리행사는 주권의 점유에 따른 권리추정력에 불과하므로 실질적인 권리자가 나타난다면[14] 주주명부의 효력은 부정되어야 한다고 본다. 이에 반해 쌍방적 구속설에서는 만일 회사가 주주명부상 주주와 실질적 수수 중에서 선택할 수 있는 결과가 된다면 주주평등의 원칙과 법적 안정성을 해치는 결과가 된다는 점과 주식이전의 대항요건(제337조 제1항)은 단순히 회사의 사무처리의 편익을 위한 것이 아니라 다수의 이해관계가 얽힌 단체법적 법률관계를 획일적으로 처리하기 위한 것이므로 주식양수인뿐만 아니라 회사에 대하여도 구속력을 가진다는 것이라고 본다.

이에 관한 기존 판례의 입장은 기명주식의 취득자가 주주명부에 명의개서를 하지 아니하면 스스로는 회사에 대하여 주주권을 주장할 수 없다는 의미이고, 명의개서를 하지 아니한 실질주주를 회사가 주주로 인정하는 것은 무방하다고 해석하여야 한다고 함으로써[15] 편면적 구속설의 입장에 서있는 것으로 보는 것이 일반적인 견해였다.

13) 대법원 2017.3.23. 선고 2015다248342 전원합의체 판결.
14) 형식과 실질이 다른 경우 실질에 따라서 판단하게 되면 자연스러운 결과일 것이다.

그러나 본건 대법원 2015다248342 판결에서 "주주명부상의 주주만이 회사에 대한 관계에서 주주권을 행사할 수 있다는 법리는 주주에 대하여만 아니라 회사에 대하여도 마찬가지로 적용되므로, 회사는 특별한 사정이 없는 한 주주명부에 기재된 자의 주주권 행사를 부인하거나 주주명부에 기재되지 아니한 자의 주주권 행사를 인정할 수 없다"고 함으로써 쌍방적 구속설의 입장을 분명히 하였다.

본건 대법원의 입장은 상법이 주식발행의 경우 발행한 주식에 관하여 주주권을 행사할 자를 확정하여 주주명부에 주주로 기재하여 비치·열람하도록 하는 것은 해당 주주는 물론이고 회사 스스로도 이에 구속을 받도록 하기 위한 것이기 때문에 회사가 상법의 규정에 따라 스스로 작성하여 비치한 주주명부의 기재에 구속됨은 당연한 논리적 귀결이며, 주주명부에 기재되지 않은 타인의 주주권 행사를 인정하는 것이야말로 회사 스스로의 행위를 부정하는 모순을 초래하는 것이 되어 부당하다는 것이다. 또한 주식양도의 경우에는 주식발행의 경우와는 달리 회사 스스로가 아니라 취득자의 청구에 따라 명의개서를 하는 것이기는 하지만, 회사가 주식발행시 작성하여 비치한 주주명부에의 기재가 회사에 대한 구속력이 있음을 전제로 하여 주주명부에의 구속력을 인정하려는 것이므로, 비록 상법상 주식이전의 대항요건(제337조 제1항)의 문언적 표현에도 불구하고 회사도 주주명부에의 기재에 구속되어 주주명부에 기재된 자의 주주권 행사를 부인하거나 주주명부에 기재되지 아니한 자의 주주권 행사를 인정할 수 없다는 의미를 포함하는 것으로 해석하는 것이 타당하다는 것이다.

이러한 대법원의 입장에 대하여, 주식양도의 당사자가 아닌 회사에 대하여 상법 제337조 제1항의 주식양도의 대항력에 관한 규정을 적용할 이유가 없으며 주주명부의 대항력에 대하여 오해한 것이라는 비판이 있다. 이러한 비판의 목소리는 주주명부의 대항력이라고 하는 상법의 문언적 해석에 충실한 것에서 비롯되는 것이라고 보여지며, 이에 반해 대법원의 입장은 주식양도의 대항력의 근거가 되는 주주명부를 운영하는 주체가 회사라는 점과 상법이 두고 있는 주주명부제도의 존재이유가 거래관계를 명확히 함과 동시에 단체법적 법률관계를 획일적으로 처리함으로써 법적 안정성을 도모하는 것이라는 점을 강조하는 것이라는 점에서 차이가 있다고 볼 수 있다.

(3) 본건 판결에 의해 변경되는 판례들

주식발행과 주식양도 모두의 경우에 주주명부의 기재는 당사자뿐 아니라 회사도 구속한다는 본건 판결에 의하여 명시적으로 변경되는 기존 판결은 다음의 2가지 경

15) 대법원 1989.10.24. 선고 89다카14714 판결.

우이다. 먼저 회사가 명의개서를 하지 아니한 실질상의 주주를 주주로 인정하는 것은 무방하다고 한 대법원 1989.10.24. 선고 89다카14714 판결, 대법원 2001.5.15. 선고 2001다12973 판결, 대법원 2005.2.17. 선고 2004다61198 판결, 대법원 2006.7.13. 선고 2004다70307 판결 등이다.

둘째, 회사가 주주명부상 주주가 형식주주에 불과하다는 것을 알았거나 중대한 과실로 알지 못하였고 또한 이를 용이하게 증명하여 의결권 행사를 거절할 수 있었음에도 의결권 행사를 용인하거나 의결권을 행사하게 한 경우에 그 의결권 행사가 위법하게 된다는 취지로 판시한 대법원 1998.9.8. 선고 96다45818 판결, 대법원 1998.9.8. 선고 96다48671 판결 등도 본건 판결의 견해에 배치되는 범위 내에서 모두 변경된다고 언급하고 있다.

3. 대상판결의 검토

본건 대법원 판결은 형식주주와 실질주주가 상이한 경우에 누가 주주권을 행사할 것인가에 관한 문제와 회사가 주주명부상 주주가 아닌 자에 대하여 주주권을 행사하도록 결정할 수 있는가에 관한 논란에 있어서 큰 전환을 이루었다. 여전히 학계에서는 다소 논란의 대상이 되고 있기는 하지만, 전자에 대하여는 실질설에서 형식설로, 후자에 대하여는 편면적 구속설에서 쌍방적 구속설로 전환하였다고 보는 것이 판결문에서 등장하는 표현과 판결요지에 부합하는 것이라고 보는 것이 적절하다.

상법상 주식발행의 경우 주주명부의 기재를 공시하고, 주주에 대한 통지 등 주주 관련 사무처리에 있어서 주주명부의 기재에 따라 하고 있다는 점과 상법상 주식양도 방법을 주권의 교부로 하고 있지만 명의개서를 한 경우에 회사에 대하여 대항할 수 있도록 하고, 주주명부에 기재된 자에게 신주인수권 등의 권리를 귀속시키고 있다는 점에 비추어볼 때, 상법이 주주명부제도를 통해서 단체법적 법률관계를 획일적인 기준으로 처리하도록 함으로써 사무처리의 효율성과 법적 안정성을 도모하려는 것이 중요하다. 본건 대법원 판결은 이러한 점을 강조한 것이다.

결국 주식을 인수·양수하려는 자가 타인의 명의를 빌려 회사의 주식을 인수·양수하면서 그 타인의 명의로 주주명부에 기재까지 마치는 경우, 주주명부상 주주 외에 실제 주식을 인수·양수하고 하였던 자가 따로 존재한다는 사실이 증명되었다고 하더라도 회사에 대한 관계에서는 주주명부상 주주만이 주주권을 행사할 수 있으므로, 주주명부상 주주는 회사를 상대로 주주총회결의취소와 무효확인 및 부존재확인의 소를 제기할 수 있고, 회사 역시 특별한 사정이 없는 한 주주명부상 주주의 이러한 주주권 행사를 부인하지 못한다고 결정한 본건 대법원 판결은 주주권행사주체에 관한 형식설과 주주명부의 기재효력에 관한 쌍방적 구속설을 취하였다고 평가할 수 있으며, 이는 단체법적 법률관계의 획일적 처리를 통하여 거래관계의 법적 안정성을 추구한 것이라고 보여진다.

(김병연)

타인명의에 의한 주식인수와 주주권의 행사자

대법원 2017.12.5. 선고 2016다265351 판결

Ⅰ. 판결개요

1. 사실관계

A주식회사는 공해유발업체로 지목되고 있었고, 인근 주민들은 대책협의회를 결성한 후 A회사를 상대로 민원을 제기하여 공해에 대한 대책수립과 피해보상을 요구하는 집회와 시위를 하였다. A회사의 외부협력사인 B주식회사의 대표이사 L은 위 대책협의회 위원장 M과 'B회사가 보유한 특허를 양도하고 자본금을 출연하여 Y주식회사를 설립하고 Y회사는 이 특허를 이용하여 제품을 납품하는 사업을 한다'는 내용의 상생협력협약을 하였다.

이 협약에 따라 L은 자본금 2억 5,000만원을 출연하여 Y회사를 설립한 다음 Y회사에 특허권을 양도하였고, 위 대책협의회는 해산하고 그 대신 친목단체가 설립되었는데, 이 친목단체는 Y회사로부터 수익금을 받아 회원들에게 분배하였다. Y회사의 발행주식총수는 50,000주이고, 주주명부에는 甲, 乙, 丙, 丁 및 戊 등 5인이 Y회사의 주식을 10,000주(20%)씩 보유한 주주로 등재되어 있다.

위 대책협의회의 회원들인 X 등은 Y회사의 주주명부에도 불구하고 대책협의회 회원들 전원이 Y회사의 주식을 인수한 자로 주주임을 주장하면서 Y회사의 회계장부 등에 대한 열람·등사 등을 구하는 청구를 하였다.

2. 판결요지

타인의 명의로 주식을 인수한 경우에 누가 주주인지는 주식인수를 한 당사자를 누구로 볼 것인지에 따라 결정하여야 한다. 신주인수계약이 성립한 경우 누가 주식인수인이고 주주인지는 신주인수계약의 당사자 확정 문제이므로, 원칙적으로 계약당사자를 확정하는 법리를 따르되, 주식인수계약의 특성을 고려하여야 한다.

가설인 명의로 주식을 인수한 경우 가설인은 주식인수계약의 당사자가 될 수 없다. 또한 타인의 승낙 없이 그 명의로 주식을 인수하는 약정을 한 경우 명의자와 실제로 출자를 한 자(이하 '실제 출자자'라 한다) 중에서 누가 주식인수인인지가 문제되는데, 명의자는 원칙적으로 주식인수계약의 당사자가 될 수 없다. 자신의 명의로 주식을 인수하는 데 승낙하지 않은 자는 주식을 인수하려는 의사도 없고 이를 표시한 사실도 없기 때문이다. 따라서 실제 출자자가 가설인 명의나 타인의 승낙 없이 그 명의로 주식을 인수하기로 하는 약정을 하고 출자를 이행하였다면, 주식인수계약의 상대방(발기설립의 경우에는 다른 발기인, 그 밖의 경우에는 회사)의 의사에 명백히 반한다는 등의 특별한 사정이 없는 한, 주주의 지위를 취득한다고 보아야 한다.

이와 달리 타인의 승낙을 얻어 그 명의로 주식을 인수한 경우에는 계약 내용에 따라 명의자 또는 실제 출자자가 주식인수인이 될 수 있으나, 원칙적으로는 명의자를 주식인수인으로 보아야 한다. 명의자와 실제 출자자가 실제 출자자를 주식인수인으로 하기로 약정한 경우에도 회사에 대한 관계에서는 실제 출자자를 주식인수인이라고 할 수는 없다. 실제 출자자를 주식인수인으로 하기로 한 사실을 주식인수계약의 상대방인 회사 등이 알고 이를 승낙하는 등 특별한 사정이 없다면, 그 상대방은 명의자를 주식인수계약의 당사자로 이해하였다고 보는 것이 합리적이기 때문이다.

원고들이 피고 Y회사의 주주명부상 주주들의 승낙을 얻어 피고의 주식을 인수하였다거나 주식인수계약의 당사자로서 그에 따른 출자를 이행한 것이 아니므로, 주주의 지위를 취득하였다고 볼 수 없다. 원고들이 Y회사의 주주라는 지위를 취득한 것으로 보더라도 자신들의 명의로 명의개서를 마치지 않는 한 이를 부인하는 회사에 대한 관계에서는 원칙적으로 회계장부 열람·등사청구권 등 주주권을 행사할 수 없다.

Ⅱ. 판결의 평석

1. 판결의 의의

주식의 인수는 자기의 명의와 계산으로 하는 것이 일반적이나, 필요에 따라 가공의 인물이나 타인의 명의로 주식을 인수하는 일도 있다. 후자의 경우에는 누가 주금을 납입하여야 하며, 누가 주주로 되는가 하는 문제가 발생한다.

상법은 가설인, 즉 현실로는 존재하지 않고 외형만을 꾸며낸 사람 또는 타인의 명의로 주식을 인수할 수 있다는 것을 전제로 납입책임을 부과하고 있다. 즉 가설인의 명의로 또는 타인의 승낙 없이 그 명의로 주식을 인수한 자는 주식인수인으로서의 납입책임을 지고(상법 제332조 제1항), 타인의 승낙을 얻어 그 명의로 주식을 인수한 자는 그 명의인과 연대하여 납입책임을 진다(상법 제332조 제2항).

그러나 상법은 이 경우 누가 주주가 되는지에 대해서는 규정하고 있지 않다. 타인의 명의로 주식이 인수된 경우 누가 납입책임을 지는가 하는 문제는 누가 주주인지를 결정하는 것과 밀접하게 관련되어 있다. 이 판결은 타인의 명의에 의한 주식의 인수가 이루어진 경우에 주식인수계약의 당사자를 확정하는 방법으로 누가 주주인지를 결정할 것을 제시하고 있다.

2. 주식인수의 의의와 방식

주식회사는 설립시에 발행하는 모든 주식이 인수되고 납입이 되어야만 설립이 인정되고, 신주발행시에는 인수되고 납입된 범위 내에서 신주의 효력이 발생한다. 그런데 주식회사에서는 주식의 인수가 회사의 설립, 조직 및 활동의 기초가 될 뿐만 아니라 주주의 지위 취득의 필수불가결한 요소가 된다.

그래서 상법은 주식의 인수와 그 납입을 확실히 하기 위하여 회사의 설립과 신주의 발행시 주식인수의 방식을 정하고 있다. 즉 발기인은 서면으로 주식을 인수하여야 한다(상법 제293조). 주식인수의 청약을 하고자 하는 자는 주식청약서 2통에 인수할 주식의 종류·수와 주소를 기재하고 기명날인하거나 서명하여야 한다(상법 제302조 제1항, 제425조). 이와 같이 상법에서 주식인수의 방식을 정하고 있는 이유는 회사가 다수의 주주와 관련된 법률관계를 형식적이고도 획일적인 기준으로 처리할 수 있도록 하여 이와 관련된 사무처리의 효율성과 법적 안정성을 도모하는 데 있는 것으로 이해되고 있다. 따라서 주식인수계약의 당사자를 확정할 때에도 이러한 특성을 충분히 반영할 필요가 있다.

3. 타인 명의의 주식인수와 주식인수계약의 당사자

(1) 가설인 또는 타인의 승낙 없이 그 명의로 주식을 인수한 경우

가설인의 명의로 주식을 인수하는 약정을 한 경우 가설인은 주식인수계약의 당사자가 될 수 없음은 분명하다. 타인의 명의로 주식을 인수하면서 그 타인의 승낙을 받지 아니한 경우 명의자는 원칙적으로 주식인수계약의 당사자가 될 수 없다. 왜냐하면 자신의 명의로 주식을 인수하는 데 승낙하지 않은 자는 주식을 인수할 의사도 없고 이를 표시한 사실도 없기 때문이다.

실제로 출자를 하는 자가 가설인 또는 타인의 승낙 없이 그 명의로 주식을 인수하기로 하는 약정을 하고 출자를 이행하였다면, 주식인수계약의 상대방(발기설립의 경우에는 다른 발기인, 그 밖의 경우에는 회사)의 의사에 명백히 반한다는 등의 특별한 사정이 없는 한, 주주의 지위를 취득한다고 보아야 한다.

상법은 가설인 또는 타인의 승낙 없이 그 명의로 주식을 인수한 자는 주식인수인으로서의 책임을 지는 것으로 하고 있다(상법 제332조 제1항). 이는 가설인 또는 자신의 명의로 주식을 인수하는 것에 대해 승낙을 하지 아니한 타인이 형식상 주식인수인이 된다고 하더라도 가설인이나 타인에게 주식인수인으로서의 납입책임을 지게 할 수 없다. 그 대신 실제 주식을 인수한 자가 주식인수인으로서 주금액을 납입할 책임을 지게 되고, 따라서 실제 출자를 이행한 자가 주주의 지위를 갖게 되는 것은 자연스러운 결과이기도 하다.

(2) 타인의 승낙을 얻어 그 명의로 주식을 인수한 경우

타인의 승낙을 얻어 그 명의로 주식을 인수하기로 약정한 경우에는 계약 내용에 따라 명의자 또는 실제 출자자가 주식인수인이 될 수 있으나, 원칙적으로 명의자를 주식인수인으로 보아야 한다. 명의자와 실제 출자자가 실제 출자자를 주식인수인으로 하기로 하는 약정을 한 경우에도 실제 출자자를 주식인수인이라고 할 수는 없다. 실제 출자자를 주식인수인으로 하기로 한 사실을 주식인수계약의 상대방인 회사 등이 알고 이를 승낙하는 등 특별한 사정이 없다면, 그 상대방은 명의자를 주식인수계약의 당사자로 이해하였다고 보는 것이 합리적이기 때문이다.

4. 회계장부 열람 · 등사청구권

회계장부의 열람 · 등사는 발행주식총수의 100분의 3 이상에 해당하는 주식을 가진 주주가 이유를 붙인 서면으로 청구할 수 있다. 이때 주주란 회사에 대한 관계에서 주주권을 행사할 수 있는 주주임을 요하므로 그 자신의 명의로 명의개서를 하고 있어야 한다. 주식인수계약의 당사자로서 회사의 주주라는 지위를 취득하였다고 하더라도 명의개서를 하지 않는 한 회사에 대하여 회계의 장부와 서류의 열람 또는 등사를 청구할 수 없다.

5. 대상판결의 검토

대상판결은 가설인 또는 타인의 명의에 의한 주식의 인수가 있는 경우에 주주의 확정 문제는 주식인수계약의 당사자가 누가 되어야 하는지에 따라 결정하고 있다. 가설인 또는 타인의 승낙 없이 그 명의로 주식을 인수한 경우에는 현실로 존재하지 않는 가설인 또는 인수의 의사도 그 표시도 없는 타인을 주식인수계약의 당사자로 볼 수 없다고 한다. 이 경우에는 상법 제332조 제1항에 의하여 주식인수인으로서의 납입책임을 지는 실제의 출자자가 주주의 지위를 취득하게 된다. 다만 주식인수계약의 상대방인 다른 발기인 또는 회사의 의사에 반하는 경우, 예컨대 회사의 지배구조와 관련하여 주식의 지분율이 주식배정에 중요한 기준이 되고 있는 경우이고 회사의 설립이나 창립총회의 종결 전 또는 신주의 효력발생 전이라면 주식인수계약의 상대방은 그 주식인수를 취소할 수 있다고 본다.

타인의 승낙을 얻어 그 명의로 주식을 인수하기로 약정한 경우에도 실제 출자자가 주식인수인이 되지 않고, 명의자가 주식인수계약의 당사자로 된다. 왜냐하면 주식인수계약의 상대방인 발기인대표나 회사는 그 명의자를 주식인수계약의 당사자로 이해하였다고 보아야 하기 때문이다. 만약 발기인대표 또는 회사가 실제의 출자자를 주식인수인으로 하기로 하고 이에 승낙하는 등의 특별한 사정이 있다면 그에 따라 실제의 출자자를 주주로 확정하더라도 당사자의 의사에 반하지는 않는다.

주식인수계약의 당사자로 인정되어 주주의 지위를 취득한다고 하더라도 회사에 대하여 주주권을 행사하기 위해서는 다시 주주명부의 명의개서를 하여야 한다는 것은 별개의 문제이다.

(강대섭)

22

주주로 기재되어 있던 자가 위조 등으로 타인에게 명의개서가 되었다는 이유로 회사를 상대로 주주권 확인을 구할 이익이 있는지 여부

대법원 2019.5.16. 선고 2016다240338 판결

Ⅰ. 판결개요

1. 사실관계

원고는 주주명부상 피고 회사(주식회사 테바건설) 발행 주식의 주주로 기재되어 있던 자이다. 그러나 피고 회사 설립 당시 자본금은 주주명부상 주주가 아닌 소외인 갑이 납입하였고 그 후 증자도 갑의 자금으로 이루어졌으며 원고를 비롯한 나머지 주주들은 명의만 빌려주었다. 갑은 원고 명의의 주식매매계약서를 위조하여 피고 회사 주식 전부를 제3자(을)에게 양도하였고 현재 피고 회사의 주주명부상 발행주식은 모두 제3자인 을과 그 배우자 병 앞으로 명의개서가 되어 있다.

원고는 갑이 위조한 주식매매계약서로 인해 타인 앞으로 명의개서가 되었으므로 여전히 원고가 피고 회사의 주주라고 주장하면서 주주권 확인을 구하였다.

2. 판결요지

원심은 원고가 이 사건 주식의 소유자임을 인정하기 어렵다고 보아 청구를 기각하였다. 그러나 대법원은 원고가 피고 회사를 상대로 직접 자신이 주주임을 증명하여(주권이 발행된 경우 주권의 제시, 주권이 미발행된 경우 양수사실의 증명 등) 단독으로 명의개서절차이행을 청구할 수 있으므로, 원고가 피고 회사를 상대로 주주권 확인을 구하는 것은 원고의 권리 또는 법률상 지위에 현존하는 불안·위험을 제거하는 유효·적절한 수단이 아니거나 분쟁의 종국적 해결방법이 아니어서 주주권 확인을 구할 확인의 이익이 없음을 들어 원심을 파기하고 소를 각하하였다.

관련하여 "확인의 소는 법적 지위의 불안·위험을 제거하기 위하여 확인판결을

받는 것이 가장 유효·적절한 수단인 경우에 인정되고, 이행을 청구하는 소를 제기할 수 있는데도 불구하고 확인의 소를 제기하는 것은 분쟁의 종국적인 해결방법이 아니어서 확인의 이익이 없다. 또한 확인의 소에 확인의 이익이 있는지는 직권조사사항이므로 당사자의 주장 여부에 관계없이 법원이 직권으로 판단하여야 한다"고 판시하였다.

또한 회사와의 관계에서 명의주주와 실질주주 중 누구를 주식인수계약의 당사자로 볼 것인가의 문제에 대해, 주주명부상의 주주가 아닌 제3자가 주식을 인수하고 그 대금을 납입한 경우 그 제3자를 실질상의 주주로 보기 위해서는 단순히 제3자가 주식인수대금을 납입하였다는 사정만으로는 부족하고 제3자와 주주명부상 주주 사이의 내부관계, 주식 인수와 주주명부 등재에 관한 경위 및 목적, 주주명부 등재 후 주주로서의 권리행사 내용 등을 종합하여 판단해야 한다고 설시하였다.

3. 관련판례

대법원 2022.6.16. 선고 2022다207967 판결

갑 주식회사의 이사로 근무하다가 임기가 만료된 을이 자신의 임기만료 후 개최된 주주총회의 결의에 모두 하자가 존재하여 이사 정원에 결원이 발생하였으므로 자신의 이사 지위가 계속 유지된다고 주장하면서 이사 지위의 확인을 구하는 소를 제기하였다가, 소송계속 중 새로운 이사가 선임되자, 자신이 임기가 만료된 때부터 약 2년 4개월 동안 이사의 지위에 있었음에 대한 확인을 구하는 것으로 청구를 변경한 사안에서, 변경 후 청구는 과거의 법률관계에 대하여 확인을 구하는 것이므로 을이 갑 회사 등과 현재 법률적 분쟁이 있고 을의 과거 지위에 대한 확인을 받는 것이 이러한 분쟁을 해결하는 유효·적절한 수단이 될 수 있다는 등의 특별한 사정이 있는 경우에 한하여 확인의 이익이 인정될 수 있는데, 을에게는 위 기간 동안 이사로서의 보수를 청구할 권리가 있다는 점 외에 현재 갑 회사 등과 어떠한 법률적 다툼이 존재한다고 볼 만한 구체적 사정을 찾을 수 없고, 을이 보수청구권을 가진다고 하여 그것만으로 과거 이사 지위에 있었음에 대한 확인을 구할 이익이 곧바로 긍정되는 것도 아니며, 확인의 소로 을의 과거 이사 지위가 확인되더라도 적정 보수액 등을 둘러싼 추가적인 분쟁 등까지 일거에 해소될 수 있다고 보기 어려워, 위 확인의 소가 보수청구권과 관련된 분쟁을 해결할 수 있는 유효·적절한 수단이라고 단정할 수도 없으므로, 이사의 보수청구권뿐만 아니라 임기만료 후 을이 이사의 지위에서 갑 회사 또는 이해관계인들과 사이에 어떠한 법률관계 등을 형성하여 왔고 이를 전제로 당사

자들 사이에 현재 어떠한 법적 분쟁이 존재하는지 및 과거의 기간에 대한 이사 지위 확인을 통하여 그러한 분쟁들이 유효·적절하게 해결될 수 있는지 등을 구체적으로 심리하거나 을에게 청구취지 변경 여부 등에 관하여 석명하여 확인의 이익이 있는지를 판단하였어야 하는데도, 별다른 심리나 석명 없이 변론을 종결한 후 을에게 과거 이사 지위에 대하여 확인을 구할 이익이 있다고 한 원심판단에는 법리오해 등의 잘못이 있다고 한 사례.

Ⅱ. 판결의 평석

1. 쟁 점

최근 회사관계 분쟁에서는 주주총회결의 무효 또는 부존재확인의 소나 이사회결의 무효확인의 소 등이 제기되는 경우가 많다. 그런데 이행청구를 하는 방법 등 보다 직접적인 구제수단이 있음에도 불구하고 이를 간과하고 확인의 소를 제기하여 확인의 이익이 부정되는 사례가 종종 있다. 이 사건에서도 원고가 피고 회사를 상대로 자신이 주주임을 증명하여 명의개서절차의 이행을 구할 수 있음에도 주주권 확인을 구하고 있는바, 확인의 이익이 인정되는지 여부가 쟁점이다.

2. 위법한 명의개서를 다투는 소의 형태

(1) 회사 이외의 자를 상대로 주주권확인의 소

확인의 이익은 원고의 권리 또는 법률상 지위에 현존하는 불안, 위험이 있고 그 위험을 제거함에는 확인판결을 받는 것이 가장 유효, 적절한 수단일 때에 인정된다.[1]

종전 대법원 판례는 주권발행 전 주식에 관하여 주식명의신탁 약정이 있는 경우 주주명부에 등재된 형식상 주주명의인이 실질적인 주주의 주주권을 다투는 경우에 실질적인 주주가 주주명부상 주주명의인을 상대로 주주권의 확인을 구할 이익이 있는바, 이는 실질적인 주주의 채권자가 자신의 채권을 보전하기 위하여 실질적인 주주를 대위하여 명의신탁계약을 해지하고 주주명의인을 상대로 주주권의 확인을 구하는 경우에도 마찬가지이고, 그 주식을 발행한 회사를 상대로 명의개서절차의 이행을 구할 수 있다거나 명의신탁자와 명의수탁자 사이에 직접적인 분쟁이 없다고 하여 달리

1) 대법원 2011.9.8. 선고 2009다67115 판결 등.

볼 것은 아니라고 판시한 바 있다.[2)]

(2) 회사를 상대로 명의개서절차이행청구의 소

주식을 취득한 자는 특별한 사정이 없는 한 점유하고 있는 주권의 제시 등의 방법으로 자신이 주식을 취득한 사실을 증명함으로써 회사에 대하여 단독으로 그 명의개서를 청구할 수 있는바 종래의 판례도 주주가 회사를 상대로 주주권 확인을 구할 확인의 이익을 인정하지 않았다.[3)]

대상판결도 이와 같은 견지에서 원고의 주주권 확인을 구할 확인의 이익을 부정했고 이는 타당하다.

3. 판결의 평가

대상판결은 주주로 기재되어 있는 자가 위조 등으로 타인에게 명의개서가 된 경우 회사를 상대로 주주권 확인을 구할 확인의 이익은 없음을 다시 한번 명확히 하였다는 데에 의의가 있다.

또한 타인의 승낙을 얻어 타인 명의로 주식을 인수한 경우(피고 회사 설립시와 증자시 모두 실제 출자자는 갑이다) 피고 회사 발행 주식의 주주권은 누구에게 귀속되는지, 다시 말하면 주식의 권리자가 누구인지를 판단하는 문제까지 같이 다루고 있다. 종래 대법원 판례는 실질설에 기반하여 명의차용인을 주주로 보았으나 2017년 전원합의체 판결 이후에는 당사자 확정의 문제로 보아, 타인의 승낙을 얻어 그 명의로 주식을 인수하기로 약정한 경우에는 계약 내용에 따라 명의자 또는 실제 출자자가 주식인수인이 될 수 있으나, 원칙적으로는 명의자를 주식인수인으로 보아야 한다고 판시하고 있다.[4)] 명의자와 실제 출자자가 실제 출자자를 주식인수인으로 하기로 약정한 경우에도 실제 출자자를 주식인수인이라고 하기 위해서는, 실제 출자자를 주식인수인으로 하기로 한 사실을 주식인수계약의 상대방인 회사 등이 알고 이를 승낙하는 등 특별한 사정이 있어야 한다.

(김태진)

2) 대법원 2013.2.14. 선고 2011다109708 판결.
3) 대법원 2017.1.12. 선고 2016다241249 판결.
4) 대법원 2017.12.5. 선고 2016다265351 판결.

23 회사가 주주권의 귀속을 다투는 자를 상대로 주주 지위 부존재 확인을 구할 이익이 있는지 여부

대법원 2020.6.11. 선고 2017다278385,278392 판결

Ⅰ. 판결개요

1. 사실관계

피고는 소외 1, 소외 2와 사이에 주식회사를 설립하여 시장 건물을 신축·분양하는 사업을 하기로 하고, 피고가 투자자 물색 등 사업비용을 책임지는 한편 건축허가 등 사업시행을 대행하기로 하였다. 피고 등 3인은 새로 설립될 주식회사의 주식은 14,000주를 발행하여 사업 부지의 현물출자자와 투자자 및 피고에게 각 2,000주씩을 배정하되, 피고에게는 피고가 물색할 4필지의 투자자에게 배정할 8,000주까지 합쳐서 일단 10,000주를 배정하기로 합의하였다.

이에 따라 피고 등 3인은 2012. 8. 17. 원고 회사를 설립하면서 주식 총 14,000주를 발행하였고, 설립 당시 원고의 주주명부에는 당시 원고의 대표이사였던 소외 1이 2,000주, 소외 2가 2,000주, 피고가 10,000주(이하 '이 사건 주식'이라고 한다)를 보유하는 것으로 기재되었다.

원고 회사는 설립 이후에 소외 3 등의 투자를 받거나 금융기관으로부터 대출을 받아 4필지의 토지 전부를 매수하여 원고 명의로 소유권이전등기를 마쳤다. 특히 원고 회사는 2013. 3.경 이 사건 사업을 위하여 금융기관으로부터 대출을 받으면서 대출심사의 편의를 위해 원고 회사의 발행 주식을 '소외 1 12,000주, 소외 2 2,000주'로 기재한 2012. 11. 12.자 주주명부를 작성하였는데, 당시 피고와 소외 1 사이에서 별도의 주식양수도 계약이 체결된 적은 없다.

2013. 10. 말경, 피고가 소외 3으로부터 이 사건 사업에 대한 투자를 받는 과정에서 원고 대표이사이던 소외 1과 피고 사이에 분쟁이 발생하였고, 원고 회사는, 이 사

건 주식이 피고에게 귀속되지 않음에도 피고가 설립 당시 원고 회사 주주명부에 이 사건 주식을 보유한 것으로 기재되었음을 기화로 여전히 이 사건 주식의 주주라고 참칭한다는 이유로, 피고를 상대로 이 사건 주식에 관하여 주주가 아니라는 확인을 구하는 이 사건 소를 제기하였다.

2. 판결요지

일반론으로서, "상법이 주주명부제도를 둔 이유는, 주식의 발행 및 양도에 따라 주주의 구성이 계속 변화하는 단체법적 법률관계의 특성상 회사가 다수의 주주와 관련된 법률관계를 외부적으로 용이하게 식별할 수 있는 형식적이고도 획일적인 기준에 의하여 처리할 수 있도록 하여 이와 관련된 사무처리의 효율성과 법적 안정성을 도모하기 위함이다. 이는 주식의 소유권 귀속에 관한 회사 이외의 주체들 사이의 권리관계와 주주의 회사에 대한 주주권 행사국면을 구분하여, 후자에 대하여는 주주명부상 기재 또는 명의개서에 특별한 효력을 인정하는 태도라고 할 것이다. 따라서 특별한 사정이 없는 한, 주주명부에 적법하게 주주로 기재되어 있는 자는 회사에 대한 관계에서 그 주식에 관한 의결권 등 주주권을 행사할 수 있고, 회사 역시 주주명부상 주주 외에 실제 주식을 인수하거나 양수하고자 하였던 자가 따로 존재한다는 사실을 알았든 몰랐든 간에 주주명부상 주주의 주주권 행사를 부인할 수 없으며, 주주명부에 기재를 마치지 아니한 자의 주주권 행사를 인정할 수도 없다.

그러나 상법은 주주명부의 기재를 회사에 대한 대항요건으로 정하고 있을 뿐 주식 이전의 효력발생요건으로 정하고 있지 않으므로 명의개서가 이루어졌다고 하여 무권리자가 주주가 되는 것은 아니고, 명의개서가 이루어지지 않았다고 해서 주주가 그 권리를 상실하는 것도 아니다.

이와 같이 주식의 소유권 귀속에 관한 권리관계와 주주의 회사에 대한 주주권 행사국면은 구분되는 것이고, 회사와 주주 사이에서 주식의 소유권, 즉 주주권의 귀속이 다투어지는 경우 역시 주식의 소유권 귀속에 관한 권리관계로서 마찬가지이다."라고 판시하였다.

원심과 대법원 모두 피고가 2,000주에 대하여서만 주주 지위를 갖는다고 판단하였다(원심은, ① 이 사건 주식 중 2,000주에 대해서는, 원고 회사 설립 이전에 있었던 소외 2 등과의 합의에 따라 피고가 발기인의 일원으로서 이 사건 주식 중 2,000주를 적법하게 인수하였으므로 적법한 주주라고 보았다. 반면 ② 이 사건 주식 중 8,000주에 대해서는, 피고는 형식적으로 그 명의를 보관한 것일 뿐 원고 회사 설립 이후 투자를 받거나 대출을 받는 등 하여 4필지 토지를 사업부지로 제공받는 과정에서 출자자 또는 투자자에게 배정되어야 하는 주식이므로 피고는 주주가 아니라고 보았다). 그리고 대법원은 이 건의 성격을 '회사인 원고와 주주명부상 적법하게 주주로 기재되었던 피고와 사이에서 주주권의 귀속이 다투어진 경우'라고 명시하였다.

3. 관련판례: 생략

Ⅱ. 판결의 평석

1. 쟁 점

회사가 주주명부에 주주로 기재된 자를 상대로 주주지위 부존재확인의 소를 제기한 사안에서 과연 회사가 주주명부상 주주를 상대로 주주지위 부존재확인을 구할 확인의 이익이 있는지가 주된 쟁점이다. 특히 2017년 선고된 전원합의체 판결[1]에 비추어 주주권 귀속의 문제를 어떻게 해석할 것인지가 문제되었다.

2. 주주명부상 주주를 상대로 한 주주권 귀속 분쟁

(1) 주주권의 귀속과 행사의 구별

2017년 전원합의체 판결 이후 통설과 판례는 주주권 귀속과 주주권 행사를 구분하고 있다. 주주권 귀속의 관점에서 볼 때 명의개서의 추정력이 인정되더라도 명의개서가 무권리자를 권리자로 만드는 것도 아니고 명의개서가 없다고 하여 권리의 귀속이 상실되는 것도 아니라는 대법원의 판시내용은 타당하다.

다만 대법원이 지적한 바와 같이, 원심의 판단과 결론은 같이하지만, 원심이 판단 근거로 2017년 전원합의체 판결을 언급하면서 원고 회사의 이 사건 청구는 원고 회사가 주주의 주주명부에의 기재를 부당하게 지연하거나 거절한 것에 해당하므로 주주명부의 형식적인 기재만으로 주주 여부를 가릴 수 없는 예외적인 사정이 있다고 판단한 것은 이 사건에 원용하기에는 적절하지 않다.

왜냐하면 2017년 전원합의체 판결은 주로 명의개서를 중심으로 주주권의 '행사'를 다룬 것이라면 이 사건은 주주권의 '귀속'에 관한 것이기 때문이다.

---

1) 대법원 2017.3.23. 선고 2015다248342 전원합의체 판결.

2017년 전원합의체 판결은 명의개서를 회사와의 관계에서 주주권을 행사하기 위한 적법 요건으로 보면서, 회사 이외의 주체들 사이의 주주권 귀속의 문제는 그 사정범위에 포함되지 않는다고 판시한 바 있다.

대상판결을 통해 대법원은 회사와의 관계에서도 주주권 귀속의 문제는 2017년 전원합의체 판결의 적용범위에 포함되지 않음을 명확히 하였다.

(2) '주주권 귀속을 다투는 경우'의 의미

주주권을 주장하는 자와 회사 사이에 발생하는 다양한 형태의 분쟁 중 무엇을 주주권 귀속에 관한 분쟁으로 볼 것인지 구별기준이 필요하다.

주주권 귀속을 다투는 경우란, 주로 재산으로서의 주식 내지는 주식의 소유권 자체가 문제되는 경우라 할 수 있다. 예컨대 주식에 대한 강제집행을 하고자 할 때에는 그 주식의 소유자가 누구인지를 확인해야 하는데 이것은 주주권의'귀속'의 문제이다.

반면 회사에 대해 주주가 갖는 주주권의 측면이 부각되는 사안이라면 주로 주주권의 '행사'의 문제로 볼 수 있다. 예컨대 주주가 주주총회결의의 하자를 다투기 위해 상법상 마련된 결의취소의 소, 결의부존재확인 · 무효확인의 소 등의 제소권, 회계장부열람청구권(회계장부열람가처분 포함) 등을 행사한 경우 이는 주주권의 '행사'의 문제이다.

(3) 주주명부상 주주를 상대로 한 회사의 주주권 부존재 확인의 이익

주주권 확인 여부가 문제되는 전형적인 형태는 회사 이외의 주체들 사이에서 실질 주주가 주주명부상 주주를 상대로 주주권의 귀속을 다투는 것이라 할 수 있다. 일반적으로 실제 주주라고 주장하는 자는 회사에 대하여 주주임을 증명하여 단독으로 명의개서절차의 이행을 구할 수 있으므로 회사를 상대로 주주권 확인을 구할 이익이 없다고 본다.

이때 회사는 2017년 전원합의체 판결의 법리에 따라 주주명부에 기재된 주주에 대해 주주권 행사를 인정해야 하는데, 만일 실질주주가 적극적으로 명의주주를 상대로 주주권의 귀속 여부를 다투지 않을 때 회사가 주주명부상 주주의 지위를 다툴 이익을 인정할 것인지가 문제된다.

이 점에 대해, 대상판결은 회사가 주주명부상 주주를 상대로 주주권 부존재 확인을 구하는 경우에는 주주명부에 창설적인 효력이 인정되지 않는 한 단순한 지명채권과 구별되는 주주권의 특성과 2017년 전원합의체 판결의 취지를 고려하여 회사에게,

(실질주주가 아닌) 주주명부상 주주의 주주권 행사를 저지하고 필요한 조치를 취할 이익을 긍정하였기 때문에 주주지위 부존재 확인의 이익을 긍정하였다.

3. 판결의 평가

이 사건은 원고 회사와 주주명부상 적법하게 주주로 기재되었던 피고 사이에서 주주권의 귀속이 다투어진 경우라고 대법원은 명시하였고 회사에 대한 주주권을 행사할 자를 확정하는 문제를 다룬 2017년 전원합의체 판결의 적용을 받지 않는다는 점을 밝힌 데에 의의가 있다.

그럼에도 불구하고 몇 가지 대상판결에 대해서는 문제점을 제기할 수 있다.

우선 회사가 주주권 귀속을 다투는 자를 상대로 주주지위부존재 확인을 구하는 경우가 주주권의 귀속 국면인지, 행사 국면인지 애매할 수 있다. 또 회사가 실질주주에 대해서는 명의개서가 없다는 이유로 주주권을 부인하면서, 다른 한편으로는 명의주주에 대해서는 주주지위 부존재확인의 소를 제기, 승소판결을 선제적으로 얻음으로써 명부상 주주의 주주권을 부인하게 되면 이후 개최되는 주주총회에서 주주권을 '행사'할 주주가 없게 되는 문제점도 발생할 수 있다.[2)]

다음으로, 대상판결에서 이 사건 주식 중 나머지 8,000주에 대한 주주권은 구체적으로 누구에게 귀속되는 것인지 명확하게 밝히지 않은 채, 그저 막연하게 '투자자들'에게 배정되어야 한다고 설시하는 데에 그치고 있다. 그러나 구체적인 주식인수절차 또는 주식이전절차를 거치지 않았는데 곧바로 주주권이 귀속될 수 있는지 의문이 남는다.

(김태진)

---

2) 이러한 지적으로서, 노혁준, "2020년 회사법 중요판례평석", 인권과 정의 제496권(2021. 3.), 114면.

적법한 명의개서의 의미: 주권 점유의 추정력과 주주명부의 추정력

대법원 2019.8.14. 선고 2017다231980 판결

Ⅰ. 판결개요

1. 사실관계

(1) 피고 코엠개발 주식회사(이하 '피고 코엠개발')의 자회사인 피고 캐슬파인리조트 주식회사(이하 '피고 캐슬파인')가 2000. 6. 5. 신주를 발행하였는데,[1)] 이때 코엠개발의 대표이사인 소외인의 동서인 원고는 위 신주 중 44,000주(이하 '이 사건 주식')를 인수하여 자기앞수표로 인수대금을 납입한 다음 현재까지 이 사건 주식의 주권을 소지하고 있다. 원고는 이 사건 주식에 관하여 주주명부에 주주로 기재되어 있던 자이다.

(2) 한편 소외인이 피고 코엠개발의 대표이사직에서 해임된 후, 피고 코엠개발은 2010. 3. 24.과 2010. 11. 5. 두 차례에 걸쳐 원고에게 이 사건 주식의 명의신탁 해지의 의사표시를 하면서 주권을 반환해 줄 것을 요구하는 통지서를 발송하였으나 원고는 아무런 회신을 하지 않았다. 또한 원고는 피고 캐슬파인에 대한 회생절차에서 이 사건 주식에 대한 권리를 신고한 2013. 5. 24. 이전까지는 이 사건 주식과 관련한 어떠한 권리행사도 하지 않았다.

(3) 피고 코엠개발은 2010. 8. 25. 소외인에게도 이 사건 주식의 주권이 피고 코엠개발에 반환될 수 있도록 해달라는 통지서를 발송하였는데 소외인도 이에 대해 아무런 응답을 하지 않았다.

(4) 피고 코엠개발은 2010. 12. 9. 피고 캐슬파인에게, 이 사건 주식은 원래 피고 코엠개발이 원고에게 명의신탁하였던 것인데 적법하게 명의신탁이 해지되었다고 주장하면서, 이 사건 주식에 관한 명의개서절차 이행을 청구하였다. 이때 위 (2), (3)과

1) 캐슬파인이 2000. 6. 5. 신주 523,333주를 발행한 후 주주명부에는 코엠개발이 196,000주, 원고가 44,000주(이 사건 주식), 기타 주주들이 283,333주를 소유하는 것으로 기재되었다.

같이 원고와 소외인에게 발송하였던 서류 및 '원고 지분에 관한 주식대금을 지급하고, 불이행 시 주식을 반환하겠다'라는 취지로 작성된 메모의 하단에 소외인이 '상기 사실을 확인함'이라고 부가하여 기재한 문서 등을 첨부하였다. 이에 피고 캐슬파인은 그 무렵 주주명부상 이 사건 주식의 명의자를 원고에서 피고 코엠개발로 새로 기재하였다.

(5) 소외인은 2009. 1. 16. 피고 코엠개발의 대표이사직에서 해임된 이후 피고 코엠개발 소유의 법인인감, 통장, 피고 캐슬파인 주권 등의 반환을 거부하여 이를 횡령하였다는 범죄사실로 기소되어 유죄판결이 확정되었는데, 위 판결에서 소외인이 횡령하였다고 인정된 피고 캐슬파인 주권은 2000. 6. 5. 발행된 주권(이하 '구주권'이라고 한다)이었다. 또한 소외인은 2010. 2.경 피고 코엠개발에 대한 대여금 등 채권을 청구채권으로 하여 피고 코엠개발이 소유한 피고 캐슬파인 주권을 가압류하였는데, 그 가압류의 목적물도 구주권이었다.[2)]

(6) 원고는, 피고 캐슬파인이 원고가 이 사건 주식에 관한 구주권을 소지하고 있음을 잘 알고 있으면서도, 주권을 점유하지 않은 제3자인 피고 코엠개발의 명의개서절차 이행청구에 따라 이 사건 주식에 관한 명의개서를 마쳐주었다고 주장하였다. 또한 당시 피고 코엠개발이 원고와 이 사건 주식의 명의신탁약정을 체결하였다는 처분문서조차 제시하지 못한 점 등에 비추어 보면, 피고 캐슬파인은 명의신탁 해지를 주주권 취득원인으로 주장한 피고 코엠개발의 명의개서절차 이행청구에 대하여, 형식적 심사의무를 다하였다고 볼 수도 없다고 주장하였다.

(7) 피고 캐슬파인에 대해 회생절차가 개시되고 앞서 (2)에서 본 바와 같이 원고가 이 사건 주식에 대하여 신고하였으나, 당시 관리인은 이 사건 주식의 실질주주는 피고 코엠개발이며 그 명의만 원고 앞으로 신탁한 것인데 명의신탁 약정이 해지되었음을 이유로 원고의 주주권을 부인하였다. 이에 원고가 ① 피고 캐슬파인에 대하여는 이 사건 주식에 관하여 진정명의 회복을 위한 명의개서절차 이행을, ② 피고 코엠개발에 대하여는 주주지위 확인을 구하였다. 원심과 대법원 모두 원고의 청구를 인용하였다.[3)]

---

2) 피고들은, 피고 캐슬파인이 2004. 1. 9. 신주권을 발행하고 원고에게 구주권을 신주권으로 교환하라고 통지하였으나 원고가 불응한 것이라고 주장하였다. 그러나 대법원은 그 무렵 원고에게 위와 같은 통지가 이루어졌다는 자료는 찾아볼 수 없고 오히려 2009년경까지 피고 코엠개발의 대표이사로 직무를 수행한 소외인이 횡령하거나 가압류의 목적물로 삼은 것은 피고 캐슬파인의 구주권이었으므로 피고 캐슬파인의 주식에 대해 신주권이 발행되지 않았거나 적어도 이 사건 주식의 권리자인 원고에게 신주권이 교부된 바는 없어 이를 피고 캐슬파인의 주권이라고 할 수 없어, 피고들의 위 주장은 이유 없다고 판단하였다(대법원 2019.8.14. 선고 2017다231980 판결).

2. 판결요지

대법원은 일반론으로서, "주권의 점유자는 적법한 소지인으로 추정되므로(상법 제336조 제2항), 주권을 점유하는 자는 반증이 없는 한 그 권리자로 인정되고 이를 다투는 자는 반대사실을 입증하여야 한다"[4]고 판시하면서, 주권 점유자에 의한 명의개서 청구가 있으면 회사는 "청구자가 진정한 주권을 점유하고 있는가에 대한 형식적 자격만을 심사하면 족하고, 나아가 청구자가 진정한 주주인가에 대한 실질적 자격까지 심사할 의무는 없다"고 판시하였다.

나아가 "주권이 발행되어 있는 주식을 취득한 자가 주권을 제시하는 등 그 취득사실을 증명하는 방법으로 명의개서를 신청하고, 그 신청에 관하여 주주명부를 작성할 권한 있는 자가 형식적 심사의무를 다하였으며, 그에 따라 명의개서가 이루어졌다면, 특별한 사정이 없는 한 그 명의개서는 적법한 것으로 보아야 한다"고 하면서 주식을 취득한 자의 명의개서청구에 대해 회사는 형식적 심사의무만을 부담한다는 점을 명확히 밝혔다.

그리고 이 사건에 대해서는, 원심과 동일하게 다음과 같이 판단하였다.

첫째, 원고가 이 사건 주식의 주권을 점유하고 있으므로 적법한 소지인으로 추정되고, 반증이 없는 한 원고는 이 사건 주식의 권리자로 인정된다.

둘째, 피고 캐슬파인은 원고가 이 사건 주식에 관한 구주권을 소지하고 있음을 잘 알고 있으면서도, 주권을 점유하지 않은 제3자인 피고 코엠개발의 명의개서절차 이행청구에 따라 이 사건 주식에 관한 명의개서를 마쳐주었다. 당시 피고 코엠개발이 원고와 이 사건 주식의 명의신탁약정을 체결하였다는 처분문서조차 제시하지 못한 점 등에 비추어 보면, 피고 캐슬파인은 명의신탁 해지를 주주권 취득원인으로 주장한 피고 코엠개발의 명의개서절차 이행청구에 대하여, 형식적 심사의무를 다하였다고 볼 수도 없다.

(대법원은 원심의 이유 설시에 다소 부적절한 점이 있으나, 현재 이 사건 주식의 주권을 점유하고 있는 원고가 이 사건 주식의 권리자라고 추정되고, 따라서 피고들이 제출한 증거들만으로는 위 추정을 뒤집고 원고가 피고 코엠개발에 이 사건 주식의 소유를 위한 명의만을 대여해 준 것에 불과하다는 점이 증명되었다고 보기에는 부족하다고 보았고 원고의 청구를 인용한 원심의 결론은 정당하다고 판단하였다.)

---

3) 1심 및 원심 판결에 관한 상세한 소개는 이효경, "주주에 대한 명의신탁 약정의 존재 및 그 해지를 둘러싼 사안 – 대법원 2019.8.14. 선고 2017다231980 판결", 상사판례연구 제32권 제4호, 2019, 126–131면.

4) 대법원 1989.7.11. 선고 89다카5345 판결 참조.

3. 관련판례: 생략

Ⅱ. 판결의 평석

1. 쟁 점

주권을 점유하고 있는 종전 주주(주주명부에 주주로 등재되어 있음)에 대해, 명의신탁 약정의 존재 및 해지를 주장하는 제3자의 청구를 받아들여 회사가 그 제3자 앞으로 명의개서를 마친 경우, 여전히 주권을 점유하고 있는 종전 주주와 종전 주주에 대해 명의신탁 약정의 존재 및 해지를 주장한 제3자 사이의 증명책임이 이 사건의 핵심 쟁점이다.

이와 관련해서 주권 점유의 추정력과 주주명부의 추정력과 더불어 이 사건과 같은 경위로 제3자(피고 코엠개발) 앞으로 명의개서가 이루어진 경우 그 명의개서가 적법한 것인지 등이 함께 문제된다.

2. 주식에 관한 명의신탁 약정의 존재와 해지

(1) 증명책임의 소재

주식에 관하여 명의신탁이 존재하여 주주명부상의 주주 명의가 신탁된 것이고 그 명의차용인으로서 실질상의 주주가 따로 있음을 주장하려면 그러한 명의신탁 관계를 주장하는 측에서 명의차용사실을 증명하여야 한다.[5)]

주식명의신탁의 경우 이와 같이 명의신탁 약정의 존재를 증명한 다음 명의신탁 약정 해지를 검토할 수 있다. 그리고 주권발행 전 주식에 관하여 주주 명의를 신탁한 사람이 수탁자에 대하여 명의신탁계약을 해지하면 그 주식에 대한 주주의 권리는 해지의 의사표시만으로 명의신탁자에게 복귀하는 것이고, 이러한 경우 주주명부에 등재된 형식상 주주명의인이 실질적인 주주의 주주권을 다투는 경우에 실질적인 주주가 주주명부상 주주명의인을 상대로 주주권의 확인을 구할 이익이 있다. 이는 실질적인 주주의 채권자가 자신의 채권을 보전하기 위하여 실질적인 주주를 대위하여 명의신탁계약을 해지하고 주주명의인을 상대로 주주권의 확인을 구하는 경우에도 마찬가지이고, 그 주식을 발행한 회사를 상대로 명의개서절차의 이행을 구할 수 있다거나 명

---

5) 대법원 2007.9.6. 선고 2007다27756 판결.

의신탁자와 명의수탁자 사이에 직접적인 분쟁이 없다고 하여 달리 볼 것은 아니다.[6)]

(2) 사안의 검토

이 사건에서 원고는 이 사건 주식의 주권을 점유하고 있으므로 적법한 소지인으로 추정되며, 이를 복멸하기 위해 명의신탁 및 그 해지를 주장한 피고들은 명의신탁 약정이 있었음을 먼저 증명했어야 했다. 피고 코엠개발이 원고와 사이에 유효한 명의신탁 약정이 존재한다는 것을 증명한 다음 이 명의신탁 약정을 해지한 후 명의수탁자인 원고로부터 주권을 반환받아 피고 캐슬파인에게 주권을 제시하면서 자신 앞으로 명의개서절차를 이행하여 줄 것을 청구했어야 한다.

그러나 피고들은 여러 가지 정황을 제시하였을 뿐, 이 사건 주식의 인수대금의 실제 납입자를 피고 코엠개발이라고 할 만한 사정도, 명의신탁 약정의 존재도 입증할 만한 증빙자료를 제시하지 못하였다. 결국 피고들은 원고가 주권을 점유한 적법한 소지인이라는 추정을 복멸하는 데에 실패하였다.

3. 명의개서청구와 회사의 형식적 심사의무

(1) 주권 점유의 추정력

상법상 주권이 발행되어 있는 주식을 양도할 때에는 주권을 교부하여야 하고(상법 제336조 제1항), 주권의 점유자는 이를 적법한 소지인으로 추정한다(상법 제336조 제2항). 주권을 점유하는 자는 반증이 없는 한 그 권리자로 인정된다. 따라서 주권 점유자는 회사에 대해 자신이 권리자임을 입증할 필요 없이 명의개서를 청구할 수 있다. 주권이 발행되어 있는 주식을 양수한 자는 주권을 제시하여 양수사실을 증명함으로써 회사에 대해 단독으로 명의개서를 청구할 수 있다.[7)]

주권 점유의 추정력으로 인해 주권 점유자는 회사에 대해 명의개서를 단독으로 청구할 수 있다. 한편 주주명부의 추정력이란, 주주명부에 등재된 주주를 회사에 대해 주주권을 행사할 수 있는 자로 추정한다는 의미이다.

(2) '주주명부에 적법하게 기재된 자'의 의미

관련하여 대법원 2017.3.23. 선고 2015다248342 전원합의체 판결은 "특별한 사정이 없는 한, 주주명부에 적법하게 주주로 기재되어 있는 자는 회사에 대한 관계에서

---

6) 대법원 2013.2.14. 선고 2011다109708 판결.
7) 대법원 1995.5.23. 선고 94다36421 판결.

주식에 관한 의결권 등 주주권을 행사할 수 있고, 회사 역시 주주명부상 주주 외에 실제 주식을 인수하거나 양수하고자 하였던 자가 따로 존재한다는 사실을 알았든 몰랐든 간에 주주명부상 주주의 주주권 행사를 부인할 수 없으며, 주주명부에 기재를 마치지 아니한 자의 주주권행사를 인정할 수도 없다"고 판시한 바 있다.

이처럼 2017년 전원합의체 판결은 명의개서가 적법한 것임을 전제로 하는 내용임을 기억해 둘 필요가 있다. 주주명부의 명의개서의 적법성은 각 주주마다 개별적으로 판단되어야 하며, 그 기재 자체가 적법하게 이루어졌는지에 관한 문제이다.

원칙적으로 권한 있는 자(회사)가 명의개서절차 이행 청구에 관하여 형식적 심사의무를 다하였다면 그에 기해 마쳐진 명의개서는 일응 적법하다고 보아야 한다. 그러나 회사가 명의개서신청에 대하여 형식적 심사의무를 다하여 명의개서를 마친 경우 그 시점 이후에 주주명부에 기재된 자가 무권리자이며 진정한 주주를 알게 되었더라도 명의자를 무조건 주주로 보아야 한다는 식으로 맹신해서는 안된다.[8)]

절취자 등 무권리자인 경우와 같이 회사의 주의의무를 다한 명의개서가 경료되었더라도 회사가 그 이후 명의자의 무권리를 알게 되고 이를 용이하게 입증할 수 있으면 회사는 더이상 명의자를 주주로 취급해서는 안된다고 본다(이른바 명의개서의 면책적 효력의 한계).[9)]

상법은 주주명부의 기재를 회사에 대한 대항요건(상법 제337조 제1항)으로 정하고 있을 뿐 주식 이전의 효력발생요건으로 정하고 있지 않으므로 명의개서가 이루어졌다고 하여 무권리자가 주주가 되는 것은 아니고 명의개서가 이루어지지 않았다고 해서 주주가 그 권리를 상실하는 것도 아니기 때문이다.[10)]

다만 이러한 명의개서의 적법성은 명의개서의 효력을 주장하는 자가 증명해야 한다.

(3) 형식적 심사의무

이 판결을 통해 대법원은 명의개서 청구를 받은 회사의 심사의무의 내용을 명확히 밝히고 있다. 즉 명의개서 청구자가 진정한 주권을 점유하고 있는지 형식적 자격만 심사하면 충분하고, 실질적 자격을 심사할 의무는 없다.

주권발행 주식의 경우에는 주권의 점유를 확인하는 것을 형식적 심사의무를 다하였다고 볼 수 있고, 주권미발행 주식의 경우에는 주식양도계약서 등의 증빙자료를 제

8) *Id.*, 앞의 논문, 127 – 128면.
9) *Id.*
10) 대법원 2018.10.12. 선고 2017다221501 판결.

출받아 확인함으로써 형식적 심사의무를 다하였다고 볼 수 있다.

회사가 형식적 심사를 거쳐 명의개서절차를 이행한 경우, 회사가 (형식적) 심사의무를 다하였는지의 기준을 바탕으로 아래와 같은 3가지 경우를 생각해본다.[11] 그리고 회사가 형식적 심사의무를 다하였는지 여부는 회사의 면책 여부의 결정기준이 된다. 주주명부 기재(명의개서)의 적법성은 명의개서가

① 회사가 형식적 심사의무를 다하지 못해 실질적 자격을 갖추지 못한 자 앞으로 명의개서가 된 경우 이는 위법한 명의개서이므로 청구자 앞으로 명의개서가 되었더라도 그 명의개서는 무효라고 해석된다. 회사도 명의자를 주주로 취급해서는 안된다. 회사는 면책되지 않는다.

② 회사가 형식적 심사의무를 다한 경우로서 청구인도 실질적 자격을 갖춘 경우라면 법률적으로 문제될 것이 없다.

③ 그런데 회사는 명의개서 시점에 형식적 심사의무를 다하였으나 청구인이 실질적 자격을 갖추지 못한 경우가 문제된다(예컨대 주권 점유자가 실은 주권의 절취자이며 회사가 이러한 사정을 과실없이 모른 경우).

이때의 명의개서가 '적법'하다는 견해[12]와 '부적법'하다는 견해[13]가 대립하고 있다. 무권리자가 항상 주주가 되는 것은 아니다. 회사가 이러한 사실을 알게 된 시점부터는 명의개서된 자에게 주주권 행사를 허용할 수 없다. 회사가 부적법한 명의개서가 이루어졌음을 사후적으로 알았거나 중과실로 알지 못하고 명의개서된 자의 주주권 행사를 허용하면 면책되지 않는다.[14]

---

11) 노혁준, 앞의 논문, 127면. 회사가 형식적 심사를 거쳐 명의개서절차를 이행한 경우, 회사가 (형식적) 심사의무를 다하였는지의 기준을 바탕으로 아래와 같은 3가지 경우를 설명하고 있다.

① 회사가 형식적 심사의무를 다하지 못한 경우라면 위법한 명의개서이므로 청구자 앞으로 명의개서가 되었더라도 그 명의개서는 무효라고 해석된다. 회사도 명의자를 주주로 취급해서는 안된다.

② 회사가 형식적 심사의무를 다한 경우로서 청구인도 실질적 자격을 갖춘 경우라면 법률적으로 문제될 것이 없다.

③ 그런데 회사는 주의의무를 다하였으나 청구인이 실질적 자격을 갖추지 못한 경우가 문제된다(예컨대 주권 점유자가 실은 주권의 절취자이며 회사가 이러한 사정을 과실없이 모른 경우). 명의개서는 '적법'하다고 볼 수 있지만 그렇다고 하여 무권리자가 항상 주주가 되는 것은 아니다.

12) 노혁준, 앞의 논문, 127면. 명의개서는 '적법'하나 명의자(무권리자)가 주주가 되는 것은 아니라고 해석하고 있다.

13) 정대익, "2019년 회사법 주요판례 평석", 안암법학 제60호(2020.5.), 340면. 이 견해에 따르면 회사의 형식적 심사의무는 주주명부 기재(명의개서)의 적법성을 결정하는 것이 아니며 명의개서가 주주명부상 명의자에게 귀속될 수 있는지를 따져서 평가한다.

14) 정대익, 앞의 논문, 338, 340면.

(4) 사안의 경우

이 사건에서는 피고 캐슬파인은 원고가 이 사건 주식에 관한 주권을 소지하고 있음을 잘 알고 있으면서도 주권을 점유하지 않은 제3자(피고 코엠개발)의 명의개서절차 이행청구에 따라 이 사건 주식에 관한 명의개서를 경료한 사실이 인정된다. 당시 피고 코엠개발이 원고와 이 사건 주식에 관하여 명의신탁 약정을 체결하였다는 처분문서조차 제시하지 못하고 있는 점 등에 비추어 보면, 피고 캐슬파인이 형식적 심사의무를 다하지 아니한 것이 명백하고, 따라서 피고 코엠개발 앞으로의 명의개서는 적법한 명의개서라고 볼 수 없다.

4. 주주권 확인의 이익

대상판결 사안에서 원고는 피고 캐슬파인의 구주권을, 피고 코엠개발은 그 후 발행되었다고 주장하는 신주권을 소지하고 있다.

상법 제355조의 주권발행은 같은 법 제356조 소정의 형식을 구비한 문서를 작성하여 이를 주주에게 교부하는 것을 말하고 위 문서가 주주에게 교부된 때에 비로소 주권으로서의 효력을 발생하는 것이므로 회사가 주주권을 표창하는 문서를 작성하여 이를 주주가 아닌 제3자에게 교부하여 주었다 할지라도 위 문서는 아직 회사의 주권으로서의 효력을 가지지 못한다(교부시설: 통설 및 판례).[15]

따라서 피고 캐슬파인이 피고 코엠개발에게 교부한 신주권은 무효이고 원고는 그 무효인 신주권의 인도를 구할 필요 없이 자신이 적법한 주권 소지자임에도 그 주주지위를 다투고 있는 피고 코엠개발을 상대로 주주권 확인을 구할 확인의 이익이 있다.

5. 판결의 의의

이 판결에 대해 주주명부의 기재(명의개서)의 효력에 예외를 인정한 것이어서 혼란스럽다는 평가도 있지만,[16] 주주명부의 기재(명의개서)의 효력에 관한 대법원 2017. 3.23. 선고 2015다248342 판결의 취지가 일관되게 반영된 판결로 이해된다.[17]

명의신탁약정의 해지를 입증하지 못하고(명의신탁자가 주식취득 사실을 입증하지 못하고) 주권의 제시도 없이 이루어진 명의개서는 명의개서 청구권자가 아닌 자(권한이

15) 대법원 1987.5.26. 선고 86다카982 판결; 대법원 2000.3.23. 선고 99다67529 판결 등.
16) 김홍기, "2019년 분야별 중요판례 분석 10. 상법", 법률신문 (2020. 4. 3.) 참조.
17) 정대익, 앞의 논문, 339면.

없는 자) 앞으로 이루어진, 적법요건이 흠결된, 부적법한 명의개서이므로 명의개서로서의 효력이 발생하지 않는다. 따라서 명의개서의 효력이 인정되기 위해서는 주주명부에 적법하게 기재되었을 것이 요구되며,[18] 이때 회사는 형식적 심사의무를 부담한다.

대법원이 회사가 형식적 심사의무를 위반하여 주주의 지위를 취득하지 못한 자 앞으로 행한 명의개서는 적법하지 않아 효력이 없다고 보고 진정한 주주인 원고가 피고 캐슬파인을 상대로 진정명의 회복을 위한 명의개서절차의 이행을 구하는 청구를 인용하였는바, 타당한 결론이며,[19] 명의개서 청구를 받은 회사 측의 주의의무의 내용을 명확히 밝혔다는 데에 의의를 찾을 수 있다.

(김태진)

18) *Id.,* 앞의 논문, 339면.

19) 같은 취지로, 노혁준, 앞의 논문, 127면; 김홍기, 앞의 법률신문; 이효경, 앞의 논문, 149면; 정대익, 앞의 논문, 337면 등.

주주권과 명의개서

대법원 2024.6.13. 선고 2018다261322 판결

Ⅰ. 판결개요

1. 사실관계

피고 회사는 2011. 1. 25. 설립된 회사로서 당시 발행주식총수는 10,000주이고, 원고는 피고 회사의 설립 시부터 2011. 5. 25.까지, 2012. 6. 8.부터 같은 해 6. 26.까지 피고의 대표이사로, 2012. 6. 8.부터 2015. 6. 2.까지 피고의 사내이사로 재직하였다. 소외 1은 피고 회사의 설립 시부터 2014. 1. 25.까지, 2014. 12. 3.부터 2016. 7. 15.까지 사내이사로, 2011. 5. 25.부터 2012. 6. 8.까지, 2012. 6. 26.부터 2015. 6. 26.까지, 2015. 9. 15.부터 2016. 7. 15.까지 대표이사로 재직하였다. 피고 회사의 설립 당시인 2011. 1. 25. 자 주주명부에는 원고가 이 사건 주식 7,000주를, 소외 1이 3,000주를 각 보유한 것으로 기재되어 있었다.

피고 회사의 보조참가인은 이 사건 주식의 실질주주라고 주장하는 소외 1로부터 이 사건 주식을 양수하기로 하고 양수대금을 지급하였는데, 피고 회사의 대표이사이던 소외 1은 이 사건 주식의 주주가 원고이고, 피고 회사의 보조참가인과 원고 사이에 주식양수도계약이 체결된 적이 없음을 알면서도 2011. 5. 25. 피고 회사의 주주명부에 이 사건 주식 7,000주를 보유한 주주로 피고 보조참가인을 기재하였다(이하 '1차 주주변경'). 피고 회사의 2014. 12. 3. 자 주주명부에도 이와 동일하게 기재되어 있었다.

1차 주주변경 이후 피고 회사는 3차례에 걸쳐 정관변경에 관한 주주총회 결의 및 신주발행에 관한 이사회결의를 거쳐 신주를 발행하였다. 이에 따라 2015. 9. 15. 자, 2016. 1. 14. 자 각 주주명부에 기재된 피고 보조참가인 및 소외 1의 각 보유 주식 수는 변동되었고, 소외 2 회사, 소외 3, 소외 4, 소외 5가 새롭게 주주로 기재되었다

(이하 '2차 주주변경'). 그런데 2차 주주변경의 기초가 된 신주발행의 신주인수에 따른 주금은 전혀 납입되지 않았다.

그 후 피고 회사는 원고에 대한 소집통지 없이 수차례 임시주주총회를 개최하였고, 그 총회에는 당시 피고의 주주명부에 주주로 기재되어 있던 소외 1, 피고 보조참가인과 신주발행 후 새롭게 주주로 기재된 소외 2 회사, 소외 3, 소외 4, 소외 5가 참석하여 결의에 참여하였다('이 사건 주주총회 결의').

이에 원고는 진정한 주주인 자신을 배제한 채 주주가 아닌 자들이 주주총회에서 의결권을 행사하였다는 이유로 주주총회 결의 부존재확인의 소를 제기하였다.

2. 판결요지

[1] 특별한 사정이 없는 한 주주명부에 적법하게 주주로 기재되어 있는 자는 회사에 대한 관계에서 주식에 관한 의결권 등 주주권을 행사할 수 있고, 회사 역시 주주명부상 주주 외에 실제 주식을 인수하거나 양수하고자 하였던 자가 따로 존재한다는 사실을 알았든 몰랐든 간에 주주명부상 주주의 주주권 행사를 부인할 수 없으며, 주주명부에 기재를 마치지 아니한 자의 주주권 행사를 인정할 수도 없다. 주주명부에 기재를 마치지 않고도 회사에 대한 관계에서 주주권을 행사할 수 있는 경우는 주주명부에의 기재 또는 명의개서청구가 부당하게 지연되거나 거절되었다는 등의 극히 예외적인 사정이 인정되는 경우에 한한다.

[2] 주식이 발행되는 경우에는 주식을 인수하고자 하는 자가 청약을 하면 회사는 그에 따라 주식을 배정하고(상법 제302조 제1항, 제420조의5 제1항, 제425조 제1항), 인수인이 주금의 납입 또는 현물출자와 같은 법률상 의무를 이행하면(상법 제303조, 제425조 제1항) 그 인수인을 주주명부에 주주로 기재한다(상법 제352조 제1항). 이때 회사가 인수인의 청약에 상응하는 주식의 배정이 이루어졌는지, 인수인의 법률상 의무가 이행되었는지 등을 확인한 후 그 인수인을 주주로 기재하였다면 특별한 사정이 없는 한 그 주주명부의 기재는 적법한 것으로 보아야 한다.

[3] 주식이 양도되는 경우에는 주식을 취득한 자의 명의개서 청구에 따라 회사는 심사를 거쳐 주주명부에 주주로 기재한다. 이때 회사는 청구자가 진정한 주권을 점유하고 있는가(주권이 발행된 경우) 또는 주식을 취득한 사실을 증명하고 있는가(주권이 발행되지 않은 경우) 등 명의개서의 청구에 관한 형식적 자격만을 심사하면 족하고, 청구자가 진정한 주주인가에 대한 실질적 자격까지 심사할 의무는 없다. 따라서 주식

을 양수한 자가 그 취득 사실을 증명하는 방법으로 명의개서를 청구하고 그 청구에 관하여 회사가 형식적 심사의무를 다하여 그에 따라 명의개서를 하였다면 특별한 사정이 없는 한 그 명의개서에 따른 주주명부의 기재는 적법한 것으로 보아야 한다.

[4] 명의개서에 따른 주주명부의 기재가 적법하다고 볼 수 없는 경우 명의개서 직전에 작성된 주주명부가 존재하고, 그 주주명부의 기재가 적법하게 이루어진 것으로 볼 수 있다면 그 주주명부상 주주가 회사에 대한 관계에서 주주권을 행사할 수 있다.

3. 관련판례

(1) 대법원 2019.2.14. 선고 2015다255258 판결

특별한 사정이 없는 한, 주주명부에 적법하게 주주로 기재되어 있는 자는 회사에 대한 관계에서 그 주식에 관한 의결권 등 주주권을 행사할 수 있고, 회사 역시 주주명부상 주주 외에 실제 주식을 인수하거나 양수하고자 하였던 자가 따로 존재한다는 사실을 알았든 몰랐든 간에 주주명부상 주주의 주주권 행사를 부인할 수 없으며, 주주명부에 기재를 마치지 아니한 자의 주주권 행사를 인정할 수도 없다. 주주명부에 기재를 마치지 않고도 회사에 대한 관계에서 주주권을 행사할 수 있는 경우는 주주명부에의 기재 또는 명의개서청구가 부당하게 지연되거나 거절되었다는 등의 극히 예외적인 사정이 인정되는 경우에 한한다.

(2) 대법원 2019.8.14. 선고 2017다231980 판결

주권의 점유자는 적법한 소지인으로 추정되므로(상법 제336조 제2항), 주권을 점유하는 자는 반증이 없는 한 그 권리자로 인정되고 이를 다투는 자는 반대사실을 입증하여야 한다. 주권이 발행되어 있는 주식을 양도할 때에는 주권을 교부하여야 하고(상법 제336조 제1항), 주권이 발행되어 있는 주식을 양수한 자는 주권을 제시하여 양수사실을 증명함으로써 회사에 대해 단독으로 명의개서를 청구할 수 있다. 이때 회사는 청구자가 진정한 주권을 점유하고 있는가에 대한 형식적 자격만을 심사하면 족하고, 나아가 청구자가 진정한 주주인가에 대한 실질적 자격까지 심사할 의무는 없다. 따라서 주권이 발행되어 있는 주식을 취득한 자가 주권을 제시하는 등 그 취득사실을 증명하는 방법으로 명의개서를 신청하고, 그 신청에 관하여 주주명부를 작성할 권한 있는 자가 형식적 심사의무를 다하였으며, 그에 따라 명의개서가 이루어졌다면,

특별한 사정이 없는 한 그 명의개서는 적법한 것으로 보아야 한다.

Ⅱ. 판결의 평석

1. 판결의 의의

대상판결에서는 회사가 주식을 취득하지 않았음에도 명의개서를 청구한다는 사실과 주식을 취득하였다는 사실에 관하여 아무런 증명을 하지 않았음에도 명의개서를 한 경우 형식적 심사주의에 따른 적법한 명의개서로 볼 수 있는지와 주금을 납입하지 않은 신주인수인을 주주로 명의개서한 경우 그 명의개서가 적법한 것인지가 쟁점이 되었다.

대상판결은 주주라도 주주명부에 주주로 명의개서가 되지 아니하면 주주권을 행사할 수 없고, 회사도 주주권 행사를 허용할 수 없다는 점을 재확인하였고, 주식양도의 경우에는 주권이 발행된 주식의 취득자가 주권을 제시하는 등 그 취득사실을 증명하는 방법으로 명의개서를 신청하고, 그 신청에 관하여 주주명부를 작성할 권한 있는 자가 형식적 심사의무를 다하였다면 특별한 사정이 없는 한 그 명의개서는 적법하다고 보아 명의개서의 적법성 판단에 있어서 형식적 심사주의 입장을 재확인하고, 주식을 취득하지 않았음에도 명의개서를 청구한다는 사실을 알고 있었고, 주식을 취득하였다는 사실에 관하여 아무런 증명을 하지 않았음에도 회사가 명의개서를 한 것은 적법한 명의개서가 아니라고 판시하였다. 아울러, 명의개서에 따른 최종의 주주명부 기재가 적법하다고 볼 수 없는 경우 그 명의개서 직전에 적법하게 작성된 주주명부가 존재한다면 그 주주명부상 주주가 회사에 대한 관계에서 주주권을 행사할 수 있다는 점을 분명히 하였다.

한편, 주주명부의 기재의 적법성과 관련하여, 대상판결은 신주발행의 경우에는 회사가 인수인의 청약에 상응하는 주식의 배정이 이루어졌는지, 인수인의 법률상 의무가 이행되었는지 등을 확인한 후 그 인수인을 주주로 기재하였다면 특별한 사정이 없는 한 그 주주명부의 기재는 적법하다고 보아, 인수계약과 주금납입을 명의개서의 형식적 심사의 대상으로 보았고, 이를 전제로 주금납입이 없음에도 신주인수인을 주주로 기재한 것은 부적법한 명의개서로 보았다.

2. 주주권과 명의개서

주주 지위는 신주의 인수 또는 주식의 양수 등 주식을 취득함으로써 취득하고, 주주는 주주권은 가지게 된다. 신주발행에 따른 인수의 경우 인수의 청약에 대하여 회사가 신주배정을 하면 주식인수계약이 성립하고, 인수인은 주식인수대금을 납입하면 납입기일의 다음날부터 주주가 된다. 주식양도의 경우 주식양도의 합의와 주권의 교부에 의해 양수인은 주주가 된다.

주주권은 주식의 양도나 소각 등 법률에 정하여진 사유에 의하여서만 상실되고, 단순히 당사자 사이의 특약이나 주주권 포기의 의사표시만으로 상실되지 아니하며, 특별한 사정이 없으면 그 행사가 제한되지도 않는다. 이는 주식의 소유권 귀속에 관한 문제로서 회사에 대한 관계에서 주주권을 행사하는 자가 누구인가의 문제와는 구분된다.

원칙상 주주권은 주식에 표창된 권리이므로 주식을 취득한 자에게 귀속되지만, 회사에 대한 관계에서 명의개서 없이는 주주권을 행사할 수 없다. 신주발행의 경우에도 주주명부에 주주로 기재되어야 주주권을 행사할 수 있다는 점에서는 차이가 없다. 다만, 신주발행의 경우 별도 명의개서의 청구 없이도 회사가 청약에 따른 배정 여부 및 주금납입 여부를 확인하면 인수인을 주주로 기재하여야 한다(상법 제352조).

이와 달리 주식 이전의 경우에는 주식의 취득자가 명의개서를 청구하지 아니하면 회사에 주주임을 주장하지 못하므로(제337조 제1항), 주식의 취득자는 회사에 주권의 제시 등 주주임을 증명하여 명의개서를 청구하고 주주명부상 주주로 기재되어야 주주권을 행사할 수 있다. 주식양도의 경우 양수인의 명의개서가 이루어지지 않으면 양수인은 주주권을 행사할 수 없게 되므로 회사에 대한 관계에서는 여전히 양도인이 주주권을 행사할 자가 된다.

명의개서는 청구권자의 적법한 청구에 따라 회사가 그 요건을 심사하여 주주명부에 주주의 성명과 주소 등 필요한 사항을 기재하는 방식으로 이루어진다(제352조 제1항). 주권이 발행된 주식이 양도된 경우 주식양수인은 주권을 제시하는 방법으로 취득사실을 증명하면 별도 승계원인사실을 증명할 필요 없이 명의개서를 청구할 수 있다.

명의개서 청구에 대하여 회사는 주권을 제시받아 주권 자체의 진정을 확인하면 명의개서를 해주어야 한다(형식적 심사주의). 회사는 정관의 규정으로 명의개서 청구에 인감증명을 요구하거나 승계원인의 증명에 필요한 서류를 요구할 수 없다.[1] 회사

1) 대법원 1995.3.24. 선고 94다47728 판결.

가 형식적 심사의무를 다하여 명의개서를 마쳤다면 주권의 점유자가 적법한 소지인이 아니더라도 악의 또는 중과실이 없는 한 주주명부의 기재는 적법한 것으로 보게 되므로 회사는 그 책임을 면한다.[2)]

만일 명의개서에 따른 주주명부의 기재가 적법하다고 볼 수 없는 경우, 명의개서 직전에 적법하게 작성된 주주명부가 존재한다면 그 주주명부상 주주가 회사에 대한 관계에서 주주권을 행사할 수 있는 자가 된다.[3)]

3. 검 토

주주명부상 주주만이 회사에 대한 관계에서 의결권 등 주주권을 행사할 수 있고, 회사는 주주명부에 기재를 마치지 아니한 자의 주주권 행사를 인정할 수 없다는 점(쌍면적구속력)은 대법원 2017.3.23. 선고 2015다248342 전원합의체 판결을 통해 판례가 변경된 후 반복적으로 확인되고 있다. 이는 회사에 대한 관계에서 주주권을 행사할 자를 결정할 때 주주명부의 기재만을 기준으로 하여야 한다는 형식설을 취한 것이다.

다음, 회사에 대한 관계에서 주주명부상의 주주가 의결권 등 주주권을 행사할 수 있는 것은 형식적 심사주의에 입각할 때 명의개서가 적법하게 이루어질 것을 그 전제로 한 것이다. 만일 최종 명의개서가 부적법한 경우 그 주주는 주주권을 행사할 수 있는 자로 볼 수 없게 되므로, 그 직전의 명의개서가 적법하다면 주주명부상 그 직전의 주주를 주주권 행사자로 보아야 할 것이다. 대상판결의 사안에서 1차 주주변경의 경우 피고는 피고 보조참가인이 주주인 원고로부터 주식을 취득하지 않았음에도 명의개서를 청구한다는 사실을 알고 있었고, 피고 보조참가인이 원고로부터 이 사건 주식을 취득하였다는 사실에 관하여 아무런 증명을 하지 않았음에도 피고 보조참가인 명의로 주식에 관한 명의개서를 하였으므로, 명의개서 당시 형식적 심사의무를 다하였다고 볼 수 없어 주주명부의 기재는 적법하다고 볼 수 없다. 따라서 주주권을 행사할 자는 그 직전의 유효한 명의개서를 한 원고가 될 것이다.

한편, 신주발행의 경우 주식인수와 납입이 이루어지면 별도 명의개서의 청구 없이도 회사가 최초의 주주인 인수인을 주주명부에 주주로 기재하게 되므로 명의개서에 있어서 회사는 인수계약과 주금 납입 여부를 확인하고 그 인수인을 주주로 기재한 명의개서는 적법하다고 볼 수 있다. 대상판결 사안에서 2차 주주변경의 경우 회사

2) 대법원 2024.6.13. 선고 2018다261322 판결.

3) 대법원 2024.6.13. 선고 2018다261322 판결.

는 신주인수에 따른 주금이 납입되지 않았음에도 주주명부에 그 주식인수인을 주주로 기재하였으므로 2차 주주변경에 따른 주주명부의 명의개서는 적법하다고 볼 수 없어 그 주주명부상의 주주는 주주권을 행사할 수 없다. 그렇다면 대상판결 사안에서 유효한 주주명부상 주주인 원고의 의결권 행사가 배제되고, 적법하지 아니한 명의개서에 의해 주주명부상 주주로 기재된 피고 보조참가인이 의결권을 행사한 것은 주주총회 결의의 하자로 볼 수 있다.

(박인호)

26 배당가능이익에 의한 자기주식의 취득과 차입금

대법원 2021.7.29. 선고 2017두63337 판결

Ⅰ. 판결개요

1. 사실관계

X주식회사는 대표이사이자 대주주인 A, 그 가족, 그 가족들이 소유한 법인이 주식 전부를 보유하고 있는 비상장회사이다. X회사는 2012. 10. 23. 임시주주총회에서 상법 제341조 제2항에 따른 자기주식 취득을 결의하고, 이사회에서 상법 시행령 제10조 제1호 각 목의 사항을 정하였다. 같은 날 X회사는 주주 전원에게 회사에 주식 양도를 신청할 수 있음을 통지하였는데, 상법 시행령 제10조 제1호 각 목의 사항 중 (1) 자기주식 취득의 목적(같은 호 가.목), (2) 주식 1주를 취득하는 대가의 산정방법(같은 호 다.목 중 일부), (3) 양도의 대가로 금전을 교부하는 시기(같은 호 바.목 중 일부)를 누락하여 통지하였다.[1] X회사의 주주들 중 A만이 위 이사회에서 정한 양도신청기간 내에 주식양도를 신청하였고, X회사는 2012. 11. 27. A로부터 자기주식 100,000주를 11억원에 양수하였는데, 그 대금은 신용대출을 받아 지급하였다(이하 '이 사건 주식거래'라 한다).[2]

---

1) 원심 판결문상으로는 누락된 항목이 구체적으로 무엇인지 명확하지 않으나, 유성욱, "자기주식 취득과 상법 위반 여부에 관한 몇 가지 쟁점에 관하여", 대법원판례해설 제130호, 법원도서관, 2022, 239－240면에 구체적으로 누락된 항목이 상세히 언급되어 있어 이를 재인용하였다. 한편, 위 대법원판례해설에 따르면, X회사의 위 이사회결의서에는 누락된 항목 중 (1) 자기주식의 취득 목적에 관하여 '이익잉여금으로 자기주식을 취득함으로써 과다한 이익잉여금 적립으로 인한 재무적 낭비를 제거하고 주주의 주식가치를 제고하기 위함'이라고 기재되어 있고, (2) 주식 1주의 취득대가 산정방법에 관하여 '상속증여세법에 의한 비상장주식의 평가방법에 따라 2011. 12. 31.자로 평가한 금액을 기준으로 10,939원 가감한 금액임'이라고 기재되어 있으며, (3) 양도대금 교부시기에 관하여 '2012. 11. 27. 그 밖에 주식취득의 조건 없음'이라고 기재되어 있다고 한다. 이러한 사정 역시 원심 판결문에는 언급되어 있지 않아 여기에 다시 인용한다.

2) 이 사안은 과세당국이 이 사건 주식거래가 상법을 위반하여 무효라는 전제 하에, X회사가 A에게 지급한 주식대금을 업무무관 가지급금으로 보아 지급이자를 손금불산입하고 인정이자를 익금산입하여 X회사에게

쟁점은 회사가 배당가능이익으로 자기주식을 취득하면서 상법이 정한 사항 중 일부를 누락하여 주주에게 통지한 경우 당해 자기주식 취득거래를 상법 위반으로 무효라고 볼 것인지, 그리고 회사가 배당가능이익으로 자기주식을 취득하면서 차입금을 사용하는 것이 허용되는지 여부이다.

2. 판결요지

우선 X회사가 주주들에게 자기주식 취득의 통지를 하면서 이사회결의사항 중 일부를 누락한 것과 관련하여 대법원은, 상법이 회사로 하여금 제341조 제1항 제2호, 상법 시행령 제9조 제1항 제1호, 제10조 제1호, 제2호에 정한 방법과 절차에 따라 자기주식을 취득하도록 정한 취지는 주주들에게 공평한 주식양도의 기회를 보장하려는 데에 있다고 전제하면서, X회사가 주주들에게 자기주식 취득의 통지를 하면서 자기주식 취득의 목적, 주식취득대가의 산정방법, 취득대가의 교부시기를 누락하였으나 이사회에서는 이들 항목을 구체적으로 결의한 점, 주주들의 관계, 주주들이 이 사건 거래를 전후하여 이의를 제기하지 않은 점 등을 고려할 때, 위와 같은 이사회결의사항의 일부에 관한 통지를 누락하였다는 이유만으로 주주들의 공평한 주식양도의 기회가 침해되었다고 보기 어렵다고 판단하면서 이 사건 주식거래가 무효가 아니라고 보았다.[3)]

다음으로 대법원은 '상법상 배당가능이익은 채권자의 책임재산과 회사의 존립을 위한 재산적 기초를 확보하기 위하여 직전 결산기상의 순자산액에서 자본금의 액, 법정준비금 등을 공제한 나머지로서 회사가 당기에 배당할 수 있는 한도를 의미하는 것이지 회사가 보유하고 있는 특정한 현금을 의미하는 것이 아니며, 회사가 자기주식을 취득하는 경우 당기의 순자산이 그 취득가액의 총액만큼 감소하는 결과 배당가능이익도 같은 금액만큼 감소하게 되는데, 이는 회사가 자금을 차입하여 자기주식을 취득하더라도 마찬가지'라고 판시하면서, 상법 제341조 제1항 단서는 자기주식 취득가액의 총액이 배당가능이익을 초과하여서는 안 된다는 것을 의미할 뿐 차입금으로 자기주식을 취득하는 것이 허용되지 않는다는 것을 의미하는 것은 아니라는 점을 명확히 하였다.

법인세를 부과하는 처분을 하였고, X회사가 이에 불복하여 그 처분의 취소를 구하는 소송을 제기한 건이다.

3) 한편, 원심은 X회사가 처음부터 A가 보유한 주식만을 취득하려고 한 것이라면서 이 사건 주식거래가 주주평등의 원칙에 위반하였다고 보았으나, 대법원은 X회사가 모든 주주들에게 자기주식 취득의 통지를 한 점 등에 비추어 볼 때 X회사가 처음부터 A가 보유하고 있던 주식만을 취득하려고 하였다고 단정할 수 없다고 보았다.

3. 관련판례

대법원 2021.10.28. 선고 2020다208058 판결

2011. 4. 14. 개정된 상법 제360조의5 제1항, 제374조의2 제1항, 제522조의3 제1항 등에 따라 주주가 주식매수청구권을 행사하는 경우에는 개정상법 제341조의2 제4호에 따라 회사가 제한 없이 자기주식을 취득할 수 있으나, 회사가 특정 주주와 사이에 특정한 금액으로 주식을 매수하기로 약정함으로써 사실상 매수청구를 할 수 있는 권리를 부여하여 주주가 그 권리를 행사하는 경우는 개정상법 제341조의2 제4호가 적용되지 않으므로, 개정상법 제341조에서 정한 요건 하에서만 회사의 자기주식 취득이 허용된다. 다만 개정상법이 자기주식 취득 요건을 완화하였다고 하더라도 여전히 법이 정한 경우에만 자기주식 취득이 허용된다는 원칙에는 변함이 없고 따라서 위 규정에서 정한 요건 및 절차에 의하지 않은 자기주식 취득 약정은 효력이 없다.

Ⅱ. 판결의 평석

1. 배당가능이익으로 한 자기주식의 취득에서 주주에 대한 통지

종래 상법은 자기주식의 취득은 회사의 자본적 기초를 위태롭게 할 수 있으므로 이를 원칙적으로 금지하되 합병, 영업전부의 양수, 회사의 권리 실행에 필요한 경우, 단주처리를 위해 필요한 경우, 주식매수청구권의 행사로 인한 경우 등 예외적인 경우에만 허용해 왔다.[4] 2011. 4. 14. 개정된 상법은 종래 상장회사에만 허용되었던 배당가능이익으로 자기주식을 취득하는 것을 허용함으로써 (a) 배당가능이익으로 하는 자기주식 취득(제341조. 일반목적 취득)과 (b) 종래 예외적으로 허용되어 왔던 특정목적의 자기주식 취득(제341조의2)으로 이원화하여 규율하고 있다. 개정상법은 배당가능이익으로 하는 자기주식 취득에 관하여 구체적인 요건과 절차를 규정하고 있는데, 우선 상법상 배당가능이익의 범위 내에서 하여야 하며, 주주평등의 원칙에 부합하는 방법에 따르도록 하고 있다. 구체적으로 상법은 비상장회사가 배당가능이익으로 자기주식을 취득하는 경우 주주가 가진 주식 수에 따라 균등한 조건으로 취득하도록 하며, 이사회결의로 (가) 자기주식 취득의 목적, (나) 취득할 주식의 종류 및 수, (다)

4) 개정전 상법의 해석상으로도 회사가 자기주식을 무상으로 취득하는 경우 등과 같이 회사의 자본적 기초를 위태롭게 하거나 주주 등의 이익을 해한다고 할 수 없는 경우에는 자기주식의 취득이 예외적으로 허용되었다. 대법원 1996.6.25. 선고 96다12726 판결; 대법원 2003.5.16. 선고 2001다44109 판결.

주식 1주를 취득하는 대가로 교부할 금전이나 그 밖의 재산의 내용 및 그 산정 방법, (라) 주식 취득의 대가로 교부할 금전 등의 총액, (마) 20일 이상 60일 내의 범위 내에서 주식양도를 신청할 수 있는 기간, (바) 양도신청기간이 끝나는 날부터 1개월의 범위에서 양도의 대가로 금전 등을 교부하는 시기와 그 밖에 주식 취득의 조건을 정하도록 하고, 양도신청기간이 시작하는 날의 2주 전까지 각 주주에게 회사의 재무현황, 자기주식 보유현황, 그리고 위 (가)~(바)의 사항을 서면으로(주주가 동의한 경우에는 전자문서로) 통지하도록 하고 있다(상법 제341조 제1항, 상법 시행령 제9조, 제10조). 나아가, 절차상으로 보면 주주총회의 보통결의로(정관상 이사회결의로 할 수 있도록 정한 경우에는 이사회결의로) (a) 취득할 주식의 종류 및 수, (b) 취득가액의 총액의 한도, (c) 1년을 초과하지 아니하는 범위에서 자기주식을 취득할 수 있는 기간을 정하도록 하며(상법 제341조 제2항), 위에서 본 바와 같이 이사회결의로 (가)~(바)의 사항을 정하고 각 주주에게 관련 사항을 통지하도록 하고 있다.

개정전 상법상 자기주식 취득 금지 규정을 위반하여 회사가 자기주식을 취득한 경우 대법원은 그 효력을 무효라고 보았다.[5] 개정상법의 시행 이후에도 대법원은 "개정상법이 자기주식 취득 요건을 완화하였다고 하더라도 여전히 법이 정한 경우에만 자기주식 취득이 허용된다는 원칙에는 변함이 없고, 따라서 상법에서 정한 요건 및 절차에 의하지 않은 자기주식 취득 약정은 효력이 없다."[6]고 보아 종래 무효설의 입장을 유지하고 있는 것으로 보인다. 이 사건은 배당가능이익으로 자기주식을 취득함에 있어 취득재원이나 취득방법에 관한 요건을 일반적으로 위반한 것이 아니라, 취득 절차상 주주에 대한 통지에 있어 일부 사항이 누락된 건인데, 이러한 사례에서도 자기주식 취득을 무효라고 보아야 하는지 문제된 것이다. 대법원은 이사회가 상법 시행령이 정한 위 (가)~(바)의 사항을 모두 결의하였고, 비록 회사가 (1) 자기주식 취득의 목적, (2) 주식 양도대가를 산정하는 방법, (3) 주식 양도대가 교부시기를 누락하였으나, 회사가 취득할 자기주식의 종류 및 수, 그 양도대가 등을 포함하여 그 외 상법이 정한 위 (가)~(바)의 사항 대부분이 각 주주에게 통지되었고, 회사 주주가 가족들로만 구성되어 있어 회사의 자기주식 취득 사정을 알았거나 쉽게 알 수 있었을 것으로 보이며, 회사의 자기주식 취득 이후에도 주주들이 이의를 제기하지 아니하였다는 등의 사정을 종합하여 이 사건 주식거래는 유효하다고 보았다. 상법이 배당가능이익으로 하는 자기주식 취득에서 취득목적, 취득주식의 종류와 수, 그 대가 및 그

---

5) 대법원 2003.5.16. 선고 2001다44109 판결.
6) 대법원 2021.10.28. 선고 2020다208058 판결.

산정방법, 양도신청기간 기타 주식 취득의 조건 등을 각 주주에게 통지하도록 하는 것은 각 주주에게 주식양도의 기회를 실질적이고 공평하게 보장하려는 데에 그 취지가 있다. 따라서 일부 사항이 통지에서 누락되었다고 하더라도 그것만으로 바로 상법 규정 위반을 이유로 그 자기주식 취득을 무효라고 단정할 수는 없고, 주주들에게 실질적이고도 공평한 주식양도기회가 보장되었는지 여부를 개별적·구체적으로 판단하여야 할 것이며, 이러한 취지의 대법원의 입장은 다당하다고 본다. 다만 이는 구체적인 사안에 따라 개별적·구체적으로 판단하여야 할 것이므로 향후 유사한 사례에서 법원이 어떻게 판단할 것인지 주목된다.[7)]

2. 배당가능이익이라는 재원과 차입금

상법 제341조 제1항 단서는 '자기주식 취득가액의 총액은 직전 결산기의 대차대조표상의 순자산액에서 제462조 제1항 각 호의 금액[8)]을 뺀 금액을 초과하지 못한다'고 규정하고 있으며, 이를 종종 자기주식 취득은 배당가능이익을 재원으로 한다고 설명된다. 그런데 배당가능이익은 회사의 회계상 순자산액에서 일정한 항목을 차감한 일정 규모의 자산을 관념상 지칭하는 개념이고, 이른바 꼬리표가 붙어 특정된 현실의 돈을 의미하는 것이 아니다. 즉, 배당가능이익을 재원으로 한다는 설명은 배당가능이익이라고 꼬리표가 붙어 있는 현실의 특정 자금을 이용하여 자기주식을 취득하여야 한다는 취지가 아니라,[9)] 회사의 회계상 직전 결산기 대차대조표상 순자산액을 기초로 산정한 배당가능이익의 범위 내에서 자기주식을 취득하여야 하고(즉, 그 배당가능이익에서 그 취득가액을 차감하더라도 음수가 나오지 않아야 하며), 회계상으로는 자본 총계를 구성하는 자본금과 법정준비금 계정에는 영향이 없고 배당가능이익을 구성하는 항목에서만 자기주식 취득가액만큼 차감되어야 한다는 취지이다.[10)] 앞서 언급한 것처럼 배당가능이익은 회계상 산정된 일정 자산을 관념상 지칭하는 개념이므로 그 해

7) 예컨대, 매매계약의 본질적 요소를 이루는 주식양도대금이 통지에서 누락되었다거나, 비상장회사라도 주주구성이 가족만으로 이루어진 것이 아니라 서로 알지 못하는 주주가 대다수를 이룬다거나, 주주가 회사의 주요사항 결정에 관하여 쉽게 알기 어렵고 관련 이사회의사록 등도 쉽게 취득할 수 없는 등의 사정이 있는 경우 등에 있어서는 달리 판단될 수 있을 것으로 생각한다.

8) 구체적으로 (a) 자본금의 액, (b) 그 결산기까지 적립된 자본준비금과 이익준비금의 합계액, (c) 그 결산기에 적립하여야 할 이익준비금의 액, (d) 상법 시행령으로 정하는 미실현이익(즉, 자산 및 부채를 평가한 결과 증가한 대차대조표상의 순자산액으로서 미실현손실과 상계하지 않은 금액. 상법 시행령 제19조).

9) 현금에 꼬리표가 붙어 있을 수도 없고, 설혹 특정 자금에 '배당가능이익'이라는 꼬리표를 붙인다고 하더라도 그것이 상법이 말하는 배당가능이익이 될 수도 없는 것이다.

10) 회사의 자본금과 법정준비금은 채권자 보호와 회사의 계속기업으로서의 가치를 보장하기 위해 유지되어야 하는 것이므로 자본금과 법정준비금 계정에서는 자기주식 취득가액이 차감되어서는 아니된다.

당 금액만큼이 반드시 현실에서 현금의 형태로 존재하여야 하는 것은 아니다. 즉, 회계상 배당가능이익이 충분하더라도 현실에서 회사가 보유하고 있는 현금은 부족할 수 있는 것이다.[11] 이 경우 회사는 차입을 통해 확보한 현금으로 배당가능이익 범위 내에서 자기주식을 취득할 수 있고, 이 사건에서도 이와 같이 처리한 것이다. 그런데 원심은 배당가능이익을 재원으로 자기주식을 취득하여야 한다는 표현을 오인해 차입금으로 자기주식을 취득하는 것은 배당가능이익을 재원으로 한 것이 아니라는 이유로 이 사건 주식거래가 위 상법 제341조 제1항 단서를 위반하였다고 보았다. 대법원은 대상판결을 통해 이러한 오류를 바로잡은 것이다.

3. 판결의 의의

대상판결은 개정상법에 따라 비상장회사가 배당가능이익으로 자기주식을 취득하는 경우 주주들에게 통지하여야 하는 사항과 그 한계, 그 위반의 효과에 관해 처음으로 판단한 판결이다. 또한 배당가능이익의 범위 내라면 회사가 차입금으로 자기주식을 취득하는 것이 허용된다는 점을 명확히 밝힘으로써 실무상 혼선을 해소하였다는 점에서도 의의가 있다.

(윤은경)

11) 현실에서는 회계상 산정된 배당가능이익에 상응하는 고정자산이나 다른 형태의 자산이 존재할 수 있다.

27 상법 제360조의25에 의한 매수청구와 자기주식

대법원 2017.7.14. 자 2016마230 결정

Ⅰ. 결정개요

1. 사실관계

신청인 X_1, X_2는 사건본인 회사(Z)의 주식을 각기 0.0414%, 0.0066% 소유하는 소수주주들이다. 신청인들이 Z회사 대주주인 Y회사(피신청인)를 상대로 상법 제360조의25에 따라 소수주주의 매수청구권을 행사하면서 그 가격 결정을 법원에 청구한 것이 사건 소이다.

신청인들은 Z회사 발행주식총수 143,000,000주 중 (i) Y회사가 직접 소유한 12,149,768주(84.96%) 이외에 (ii) Y회사의 자회사가 되는 Z회사(즉 사건본인 회사)의 자기주식 1,879,468주(13.14%)도 상법 제342조의2 제2항의 해석상 Y회사가 보유하는 것이므로, 결국 Y회사는 합계 98.1% 주식을 보유한 지배주주라고 주장하였다.

2. 결정요지

대법원은 구체적인 매매가격 산정도 검토하였으나, 법리상 의미가 큰 부분은 상법 제360조의25에 따른 지분율 요건 산정시 자회사 보유 자기주식을 어떻게 볼 것인지 여부이다.

대법원은 신청인들의 주장을 긍정하면서 매수청구권을 인정하였다. 즉 “자회사의 소수주주가 상법 제360조의25 제1항에 따라 모회사에게 주식매수청구를 한 경우에 모회사가 지배주주에 해당하는지 여부를 판단함에 있어, 상법 제360조의24 제1항은 회사의 발행주식총수를 기준으로 보유주식의 수의 비율을 산정하도록 규정할 뿐 발행주식총수의 범위에 제한을 두고 있지 않으므로 자회사의 자기주식은 발행주식총수에 포함되어야 한다. 또한 상법 제360조의24 제2항은 보유주식의 수를 산정할 때에는 모회사와 자회사가 보유한 주식을 합산하도록 규정할 뿐 자회사가 보유한 자기주식을 제외하도록 규정하고 있지 않으므로 자회사가 보유하고 있는 자기주식은 모회사의 보유주식에 합산되어야 한다"고 보았다.

3. 관련판례 : 생략

Ⅱ. 결정의 평석

1. 결정의 의의

이 결정은 상법상 소수주주의 매수청구권(제360조의25)에 관한 사안에서 해당 회사 보유 자기주식이 발행주식총수 산정시 분모, 분자에 산입된다는 점을 명확히 하였다는 점에서 의미가 있다. 이러한 논리는 반대로 지배주주가 권한을 행사하는 지배주주의 매도청구권(제360조의24)에도 마찬가지로 적용될 것이다.

2. 지배주주의 매도청구권과 소수주주의 매수청구권

상법은 지배주주에 의해 대상회사(Z) 주식 전부의 취득이 이루어지도록 하는 제도를 두고 있는바, 그중 지배주주의 주도로 이루어지는 것이 지배주주의 매도청구권(제360조의24)이고 반대로 소수주주의 신청에 의한 것이 소수주주의 매수청구권(제360조의25)이다. 어느 경우이나 취득 주체는 지배주주인바, 상법상 지배주주는 대상회사(Z) 발행주식총수의 95% 이상을 자신의 계산으로 보유하는 주주로 정의된다(제360조의24 제1항). 이때 모회사 보유 대상회사 주식 수와 자회사 보유 대상회사 주식 수를 합산한다(제360조의24 제2항).[1] 발행주식총수를 기준으로 하기 때문에 의결권 없는 주식을 포함한 모든 주식이 분모, 분자에 포함된다.

먼저 지배주주의 매도청구권(제360조의24)은 ① 지배주주가 ② 회사의 경영상 목적을 달성하기 위하여 필요한 경우 ③ 지배주주가 관련내용을 공고하고[2] 회사가 주

1) 한편 자연인이 대상회사(Z)의 대주주인 경우에도 그 자연인이 50%를 초과하여 주식을 갖는 회사(S)가 소유하는 Z회사 주식 수를 위 자연인 보유 Z회사 주식 수에 합산한다(제360조의24 제2항 제2문).

2) 지배주주는 매도청구의 날 1개월 전까지 (i) 소수주주는 매매가액의 수령과 동시에 주권을 지배주주에게 교부하여야 한다는 뜻, (ii) 교부하지 아니할 경우 매매가액을 수령하거나 지배주주가 매매가액을 공탁한 날에 주권은 무효가 된다는 뜻을 공고하고, 주주명부에 적힌 주주와 질권자에게 따로 그 통지를 하여야 한다

주총회를 개최하여 사전승인이 이루어진 경우 행사가능하다. ③요건과 관련하여 회사가 주주총회 소집을 통지할 때에는, (i) 지배주주의 회사 주식 보유현황, (ii) 매도청구의 목적, (iii) 매매가액의 산정 근거와 적정성에 관한 공인된 감정인의 평가, (iv) 매매가액의 지급보증에 관한 사항을 적어야 하고, 지배주주는 주주총회에서 그 내용을 설명하여야 한다(제360조의24 제4항). 매도청구권은 형성권이므로 매도청구와 동시에 지배주주와 소수주주 사이에 매매계약이 체결된 것으로 볼 것이다. 소수주주는 매도청구를 받은 날로부터 2개월 이내에 지배주주에게 그 주식을 매도하여야 하고(제360조의24 제6항), 매매가액에 관한 합의가 이루어지지 않으면 지배주주 또는 소수주주는 법원에 매매가액 결정을 청구할 수 있다. 주식의 이전은 매매가액이 지급된 때에 이루어진 것으로 본다(제360조의26 제1항). 다만 소수주주를 알 수 없거나 소수주주가 그 수령을 거부한 경우 매매가액을 공탁할 수 있는바, 이러한 때에는 공탁한 날에 주식이 이전된 것으로 본다(제360조의26 제2항).

소수주주의 매수청구권(제360조의25)의 기본 작동원리도 지배주주의 매도청구권과 유사하다. 다만 이때에는 지배주주의 의한 남용 우려가 없으므로 경영상 목적, 공고 및 주주총회 승인요건은 필요하지 않다. 소수주주가 다수 있는 경우 다함께 매수청구권을 행사할 필요는 없다. 즉 상법상 요건을 갖춘 지배주주가 존재하는 이상 일부 소수주주가 지배주주를 상대로 매수청구권을 행사할 수도 있다.

3. 상법상 지분율 산정과 자기주식

상법은 여러 군데에서 주주의 보유주식 비율을 권리행사요건으로 정하고 있다. 이때에 자기주식을 어떻게 취급할 것인지가 실무상으로도 종종 문제된다.

먼저 상법이 "의결권 있는 발행주식총수" 또는 "의결권 없는 주식을 제외한 발행주식총수"를 기준으로 하도록 명시하는 경우이다. 예컨대 소수주주의 집중투표신청권, 주주제안권을 행사하려면 각기 "의결권 없는 주식을 제외한 발행주식총수의 100분의 3 이상에 해당하는 주식"을 보유하여야 한다(제382조의2 제1항, 제363조의2 제1항).[3] 이러한 경우 자기주식은 의결권이 없으므로 발행주식총수에 산입되지 않는다.

문제는 상법상 단순히 "발행주식총수"라고만 규정하고 있는 경우이다. 상법상 대

(제360조의24 제5항).

3) 이 밖에도 상장회사에서 집중투표를 청구할 수 있는 권리(상법 제542조의7 제2항), 정관으로 집중투표를 배제하거나 정관에서 집중투표 배제조항을 삭제하는 결의에서 3% 초과 의결권을 제한하는 경우(상법 제542조의7 제3항) 등이 있다.

부분의 소수주주권 행사요건이 이러한 형태이다. 이론적으로 볼 때 자기주식을 미발행주식으로 보는 입장에 따르면 이 경우에 자기주식을 발행주식총수에서 제외하게 된다. 반면 실무상으로는 이러한 규정방식 하에서 자기주식을 발행주식총수에 포함시키는 것이 일반적이다. 법체계상으로 볼 때 별도로 "의결권 있는 발행주식총수"라고 표시하지 않았음에도 동일하게 해석하는 것이 적절하지 않다는 점에 근거한다. 이러한 일반적인 실무례에 따른다면, 단지 "발행주식총수"라고만 규정하고 있는 지배주주의 매도청구권, 소수주주의 매수청구권에 관하여 자기주식을 발행주식총수에 포함시키게 될 것이다.

4. 사안에의 적용

대법원은 조문의 문리해석에 충실하였다. 즉 자기주식도 일반주식과 동일하게 취급하면서 자회사가 보유한 자기주식을 분모인 (자회사의) 발행주식총수에도 산입하고 분자인 지배주주의 보유 지분에도 산입하였다. 이에 따르면 Z회사에 상당한 자기주식이 있는 경우 Z회사의 모회사는 Z회사 주식 95%를 보유한 지배주주에 해당할 가능성이 높아진다.[4)]

입법적으로는 위와 같은 때에 자기주식 수를 발행주식총수에서 배제함이 타당하다. 대법원의 해석에 따르면 대주주가 95% 요건을 쉽게 충족하여 소수주주 축출에 나설 위험성이 높아지게 된다.

(노혁준)

4) 예컨대 Z회사 주식 60%를 소유한 Y회사는 아직 95% 요건을 미비하고 있지만, 만약 Z회사가 다른 주주들로부터 35% 자기주식을 취득한다면 Y회사 스스로의 자금투여 없이도 지배주주 자격을 갖게 된다.

주식매수선택권 부여계약에 의한 행사기간 제한의 유효성

대법원 2018.7.26. 선고 2016다237714 판결

Ⅰ. 판결개요

1. 사실관계

X회사는 정관에 주식매수선택권의 행사기간에 관하여 주식매수선택권을 부여받은 자는 그 부여에 관한 주주총회 결의일로부터 2년 이상 재임 또는 재직한 날로부터 5년 내에 권리를 행사할 수 있다고 규정하고 있다.

X회사는 2009. 3. 13. 주주총회를 개최하여 A와 B에게 주식매수선택권을 부여하기로 하면서 그 행사기간을 위 정관이 정하는 바에 따라서 결의일로부터 2년 재임 또는 재직한 날인 2011. 3. 13.부터 5년간인 2016. 3. 12.까지로 결의하였다,

X회사는 A · B와 2009. 3. 13. 주식매수선택권 부여계약을 체결하였다. 이 계약서에는 "경과기간: 2009. 3. 13.부터 2011. 3. 12.까지, 행사기간: 2011. 3. 13.부터 2016. 3. 12.까지"로 하고, "행사기간 종료시까지 행사되지 않은 주식매수선택권은 소멸한 것으로 간주한다. 다만, 경과기간이 경과한 후에 퇴직한 경우에는 퇴직일로부터 3월 이내에 행사하는 것이어야 한다(이하 '단서규정')."라고 규정하고 있다. A는 2003. 3. 17. X회사에 입사하여 2011. 12. 6. 퇴직하였고, B는 1999. 3. 2. X회사에 입사하여 2011. 7. 31. 퇴직하였다.

A와 B는 2015. 1. 22.경에 X회사에 주식매수선택권 행사의 의사표시를 하였다. 이에 대해 X회사는 주식매수선택권 부여계약의 단서규정을 근거로 A · B가 주식매수선택권의 행사를 최초로 통보한 2015. 1. 22. 당시는 퇴직일로부터 3개월이 이미 도과하여 A · B의 주식매수선택권이 소멸하였다고 주장하였다.

이에 대해 A와 B는 주식매수선택권 행사기간을 퇴직일로부터 3개월간으로 제한

한 위 주식매수선택권 부여계약의 단서규정은 A · B에게 일방적으로 불리한 내용으로 상법과 정관을 위반하여 위법한 것이므로 무효이고, 주식매수선택권을 부여받은 자는 주주총회 특별결의일로부터 2년 이상 재임 또는 재직한 날로부터 5년 내에 권리를 행사할 수 있도록 규정하고 있는 정관에 따라 주식매수선택권 행사기간은 2016. 3. 12.까지이므로, 2015. 1. 22.경에 A · B가 한 주식매수선택권 행사의 의사표시는 정당한 것이라 주장하였다.

2. 판결요지

주식매수선택권 부여에 관한 주주총회결의는 회사의 의사결정절차에 지나지 않고, 특정인에 대한 주식매수선택권의 구체적 내용은 일반적으로 회사가 체결하는 계약을 통해서 정해진다. 회사는 주식매수선택권을 부여받은 자의 권리를 부당하게 제한하지 않고 정관의 기본취지나 핵심내용을 해치지 않는 범위에서 주주총회결의와 개별 계약을 통해서 주식매수선택권을 부여받은 자가 언제까지 선택권을 행사할 수 있는지를 자유롭게 정할 수 있다고 보아야 한다.

회사가 주식매수선택권 부여에 관한 계약을 체결할 때 주식매수선택권의 행사기간 등을 일부 변경하거나 조정한 경우 그것이 주식매수선택권을 부여받은 자, 기존 주주 등 이해관계인들 사이의 균형을 해치지 않고 주주총회결의에서 정한 본질적인 내용을 훼손하는 것이 아니라면 유효하다

3. 관련판례: 생략

Ⅱ. 판결의 평석

1. 사안의 쟁점

이 사건에서 검토해야 할 쟁점은 주식매수선택권 행사기간의 도과 여부이고, 이는 행사기간의 종기에 관하여 정관 및 주주총회결의와는 그 내용을 달리하고 있는 주식매수선택권 부여계약 단서규정의 유효성 여부에 귀착된다. 이를 검토하려면 주식매수선택권 규율에 관한 상법의 구조와 특징을 이해할 필요가 있다.

2. 주식매수선택권제도의 취지 및 규율방식

(1) 성과보상제도

주식매수선택권은 회사의 설립·경영 및 기술혁신 등에 기여하거나 기여할 수 있는 회사의 이사, 집행임원, 감사 또는 피용자에게 미리 정한 가액으로 신주를 인수하거나 자기의 주식을 매수할 수 있는 권리를 부여하는 제도이다(제340조의2 제1항). 즉, 주식매수선택권은 회사의 이사 등이나 피용자가 그들의 노력으로 기업실적이 향상되어 주식가치가 상승하면 미리 정해진 가액으로 주식매수선택권을 행사하여 주식을 취득하고 그 주식을 처분하는 등의 방법으로 차익을 얻을 수 있게 함으로써 주식매수선택권자에게는 노력을 위한 동기를 부여하고, 기업은 대승적 관점에서 기업의 가치 증대를 도모하는 일종의 성과보상제도이다.[1] 이처럼 주식매수선택권제도는 '기여'와 그로 인한 '성과' 발생과 그에 대한 '보상' 간의 연계관계를 요하므로, 이를 전제하지 않는 주식매수선택권 부여는 이 제도의 취지에 어긋난다.

(2) 상충하는 이익의 균형

주식매수선택권은 주식매수선택권자에게 업적연동형 보수의 성격을 가지므로 그 성격에 부합하는 충실한 보호가 필요한 반면, 다른 한편으로 시세보다 낮은 가격으로 주식을 발행하거나 양도할 가능성이 크고 이로 인해 기존 주주들의 이해관계에 영향을 미치고 나아가 회사의 지배구조에도 변화요인이 될 수 있다. 따라서 주식매수선택권에 관한 상법 규정을 해석하고 이와 관련된 개별 계약의 유효성을 판단함에 있어서 이 같은 상충가능한 이익의 균형을 기하는 것이 중요한 기준의 하나가 되어야 한다.[2]

(3) 강행법적 규율 및 자치적 규율

상법은 주식매수선택권에 대하여 강행법적인 규율을 하는 한편,[3] 이러한 법적 테두리에서 개별 회사의 정관, 주주총회의 결의, 계약 등에 의한 자치적 규율을 허용하고 있다. 주식매수선택권 행사기간에 관하여, 상법은 주식매수선택권을 부여하기로 한 주주총회결의일(상장회사에서 이사회결의로 부여하는 경우에는 이사회결의일)부터 2년

---

1) 대법원 2018.7.26. 선고 2016다237714 판결; 서울중앙지방법원 2015.12.8. 선고 2015가단5108775 판결.

2) 대법원 2018.7.26. 선고 2016다237714 판결; 서울중앙지방법원 2015.12.8. 선고 2015가단5108775 판결.

3) 상법은 주식매수선택권의 부여자격 없는 자에 관한 규정이나, 주식매수선택권에 따라 부여할 수 있는 주식의 비율 제한, 주식매수청구권 행사의 요건과 절차 등에 관하여 명기하고 있다(제340조의2, 3, 4, 5, 제542조의3).

이상 재임 또는 재직하여야 주식매수선택권을 행사할 수 있다고 규정함으로써(제340조의4 제1항, 제542조의3 제4항; 상법 시행령 제30조 제5항) 주식매수선택권을 행사할 수 있는 시기(始期)만을 제한하고 있을 뿐 언제까지 행사할 수 있는지 그 종기(終期)에 관해서는 정하지 않고 회사의 자율적인 결정에 맡기고 있다. 이에 따라 회사는 주식매수선택권을 부여받은 자의 권리를 부당하게 제한하지 않고 정관의 기본취지나 핵심내용을 해치지 않는 범위에서 주주총회결의와 개별 계약을 통해서 주식매수선택권을 부여받은 자가 언제까지 선택권을 행사할 수 있는지 그 행사기간을 자유롭게 정할 수 있다.[4)]

(4) 3단계에 의한 자치적 규율

주식매수선택권 부여에 대한 회사의 자치적 규율에 관하여 상법은 ① 정관→② 주주총회 특별결의→③ 주식매수선택권 부여계약 등 3중의 단계적 방식을 취하고 있다(제340조의3). 위 ①은 주식매수선택권 부여를 위한 근거이고, ②와 ③은 그 이행을 위한 구체적 후속절차이다. ②는 회사의 내부적 의사결정절차이고, ③은 이를 대외적 법률관계로 끌어내는 방식이다.

1) 정 관

주식매수선택권을 부여하기 위해서는 우선 정관에 그 근거가 있어야 하고(제340조의2 제1항), 정관에 이에 관한 법정사항을 기재하여야 한다(제340조의3 제1항).

2) 주주총회 특별결의

주식매수선택권을 부여하기 위해서는 다시 주주총회의 특별결의가 있어야 한다(제340조의2 제1항). 이 결의에서는 정관으로 정하는 바에 따라 주식매수선택권을 부여받을 자의 성명 등 구체적 내용을 정하여야 한다(제340조의2 제1항, 제340조의3 제2항). 이는 주식매수선택권 부여에 이해관계를 가지는 기존 주주들로 하여금 회사의 의사결정 단계에서 중요 내용을 정하도록 함으로써 주주의 관여와 예측가능성을 도모하여 기존 주주의 이익을 보호하기 위함이다.[5)]

3) 계 약

회사가 특정인에게 주식매수선택권을 부여하기 위해서는 다시 특정인과 회사간에 계약을 체결하고 상당한 기간 내에 계약서를 작성하여야 한다(제340조의3 제3항). 이

---

4) 대법원 2018.7.26. 선고 2016다237714 판결.
5) 대법원 2018.7.26. 선고 2016다237714 판결.

계약의 효력에 기해 특정인은 비로소 주식매수선택권을 확정적으로 가지게 된다.

4) 위 3자의 관계

위 3자는 '정관 ≧ 주주총회결의 ≧ 계약'의 관계에 있다. 전자는 후자에 대해 상위의 근거가 되며, 후자는 전자의 내용을 구체화한 것이 된다. 후자는 전자에 규정된 것을 최대한으로 하므로 전자의 내용과 동일하거나 제한할 수 있으나, 수권범위를 넘을 수는 없다.

3. 이 사건 행사기간 제한 약정의 유효성 평가

(1) 정관 및 주주총회결의로 정한 행사기간을 계약으로 단축할 수 있는지? (제한의 가능성)

이 사건 주식매수선택권 부여계약에서는 단서규정을 추가함으로써 정관이나 주주총회 결의보다 행사기간을 단축하고 있는데, 이러한 단축은 원칙적으로 가능하다. 상법 제340조의3은 주식매수선택권 부여에 관하여 앞서 언급한 바와 같이 정관, 주주총회 결의, 계약에 의한 단계적 규율방식을 취하고 있다. 이는 정관 및 주주총회결의에서 정한 행사기간을 주식매수선택권 부여계약에 의해 제한(단축)할 수 있다는 당연한 논리를 내포하고 있다. 그러나 이와는 반대로 정관 및 주주총회결의에 의한 행사기간을 주식매수선택권 부여계약에 의해 더 확대(장기)로 하는 것은 수권의 범위를 넘는 것이어서 허용되지 않는다.

(2) 위 제한 약정의 내용이 합리적인지? 구속력이 있는지? (제한의 합리성)

이 사건 주식매수선택권 부여계약 단서규정은 경과기간이라고 표시된 2년의 재직기간 이후에 계속 재직하는 경우와 그 이전에 조기에 퇴직하는 경우를 구분하여, 후자의 경우에는 행사기간을 단축함으로써 선택권자에게 불리한 내용으로 되어 있다. 이러한 제한 약정은 유효하다. 그 이유를 구체적으로 보자면 다음과 같다.

첫째, 기업과의 관계가 절연된 퇴직자에 대해 계속 근무하는 자와 차별화하여 주식매수선택권 행사기간을 합리적으로 단축하는 것은 대상자의 노력과 기업가치 증대의 연계보상이라는 이 제도의 취지에 부합한다. 즉, 대상자의 노력에 대한 보상을 노력이 이루어진 시점에 근접한 시간대에는 충실히 보장하되, 퇴직 이후 일정한 시간이 경과하여 노력과 상관관계가 멀어지는 경우를 구분하여 달리 취급하는 것은 선택권자의 권리와 기존 주주의 이익 균형을 위한 것으로 합리성을 인정할 수 있다.[6)]

둘째, 이 사건 주식매수선택권 부여계약 체결 당시 이러한 단서규정이 이미 존재한 것이어서 권리자들도 계약당사자로서 그 내용을 알고 있었고, 3개월이라는 기간이 선택권 행사를 불가능하게 하거나 현저히 곤란하게 할 정도의 단기라고 볼 수 없으므로 이를 무효로 할 정도로 권리자에게 일방적으로 불리한 부당한 내용이 아니다.[7)]

(3) 사안의 결론

이상의 이유에서 정관 및 주주총회결의로 정한 주식매수선택권 행사기간을 보다 제한하는 이 사건 주식매수선택권 부여계약 단서규정은 유효하다고 평가된다. 그 결과, 부여계약 단서규정에 따라 A는 퇴직일인 2011. 12. 6.로부터 3개월이 되는 2012. 2. 6.까지, B는 퇴직일인 2011. 7. 31.로부터 3개월이 되는 2011. 9. 31.까지 선택권을 행사하여야 한다. 그럼에도 A·B가 선택권을 행사했다고 주장한 시점은 2015. 1. 22.이어서 A·B의 선택권이 이미 소멸한 이후이다. 이처럼 이 사건 행사기간에 관한 부여계약 단서규정이 유효하다고 보는 한 '자기결정－자기구속'의 계약법리상 계약당사자인 원고들은 계약내용에 따라 구속을 받으며 이에 반하는 주장을 할 수 없다.

4. 대상판결의 의의

상법은 주식매수선택권을 언제부터 행사할 수 있는지(始期)만을 규제하고, 행사기간, 즉 언제까지 행사할 수 있는지(終期)는 회사가 정관, 주주총회결의, 주식매수선택권 부여계약을 통하여 자유롭게 정할 수 있도록 하고 있다. 위 판례는 주식매수선택권의 행사기간 등에 관한 정관 및 주주총회결의를 회사와 수혜자간의 주식매수선택권 부여계약을 통하여 일부 변경하거나 조정(단축)할 수 있다고 한다. 다만 주식매수선택권을 부여받은 자, 기존 주주 등 이해관계인들 사이의 이익 균형을 해치지 않고 정관 및 주주총회결의에서 정한 본질적인 내용을 훼손하지 않는 것이어야 함을 부가적으로 밝히고 있다. 이는 주식매수선택권 부여를 둘러싼 이익상충을 막기 위해 강행법적인 규율을 하는 동시에 정관→주주총회 특별결의→계약에 의한 3단계의 자치적 규율방식을 취하는 상법 제340조의2의 해석론으로 타당하다.

(김성탁)

---

6) 대법원 2018.7.26. 선고 2016다237714 판결; 서울중앙지방법원 2015.12.8. 선고 2015가단5108775 판결.
7) 대법원 2018.7.26. 선고 2016다237714 판결; 서울중앙지방법원 2015.12.8. 선고 2015가단5108775 판결.

지배주주의 주식매도청구권의 요건과 '매매가액'의 의미

대법원 2020.6.11. 선고 2018다224699 판결

Ⅰ. 판결개요

1. 사실관계

피고 회사의 지배주주인 Nethor Investments B.V.(이하 'N사'라 한다)는 피고의 2013. 8. 26.자 임시주주총회에서 상법 제360조의 24에 따른 '지배주주의 소수주식 매수를 위한 매도청구권 결의 안건'에 대한 승인을 받았다. N사는 2013. 9. 16. 원고들에게 2013. 10. 25.자로 상법 제360조의24에 의한 매도청구권을 행사한다는 통지를 각 발송하였다.

참고로 2013년 8월 30일자 피고 회사 주주 구성은 다음과 같다.

구 분	성 명	보유주식수	지분율(%)
1	Nethor(네써) Investments B.V.	48,893주	99.2
2	원고1	240주	0.49
3	원고2	131주	0.27
4	소외1	10주	0.02
5	소외1주식회사	10주	0.02
총계(2013.8.30.자 기준)		49,284주	100

이후 N사는 원고들과 사이에 주식 매매가액에 대한 협의가 이루어지지 않은 상태에서 ○○회계법인이 2012. 12. 31.을 기준일로 평가한 피고 주식의 주당 가치인 297,673원을 기준으로 원고들 보유주식의 매매가액을 산정하여 2014. 1. 27. 원고 1

보유주식에 대한 매매가액 71,441,520원, 2014. 1. 28. 원고 2 보유주식에 대한 매매가액 38,955,163원을 각 공탁하였다.

피고 회사는 2016. 3. 28.자 정기 주주총회(이하 '이 사건 주주총회'라 한다)를 개최하면서 원고들에 대한 소집 통지를 하지 않은 채 주주총회결의가 이루어졌다.

이에 피고 회사의 주주인 원고들은 이 사건 주주총회결의에는 일부 주주들에게 소집통지를 누락한 소집절차상 하자가 있음을 들어 결의취소의 소를 제기하였다.

2. 판결요지

피고 회사는, 지배주주가 제시한 매매가액의 수령을 소수주주가 거부한 때에는 공인된 감정인의 평가를 거쳐 지배주주가 소수주주에게 제시한 매매가액을 공탁함으로써 소수주주의 주식을 이전받게 되는 것으로 보아야 한다고 주장하면서, 지배주주인 N사가 회계법인의 평가를 거쳐 산정한 매매가액을 원고들 앞으로 각 공탁함으로써 위 각 공탁일에 원고들의 주식은 지배주주에게로 이전되었고, 이로써 피고의 주주 지위를 상실한 원고들은 이 사건 소를 제기할 원고적격이 없다고 본안전 항변을 하였다.

이 사안에서는 특히 상법 제360조의24 제1항의 지배주주(회사의 발행주식총수의 100분의 95 이상을 자기의 계산으로 보유하고 있는 자)가 산정한 매매가액을 공탁하였을 때 이 금액을 상법 제360조의26에서 정하고 있는 '매매가액'으로 볼 수 있는지가 특히 문제되었다. 상법 제360조의26 제1항은 상법 제360조의24에 따라 주식을 취득하는 지배주주는 매매가액을 소수주주에게 지급한 때에 주식이 이전된 것으로 본다고 규정하고 있기 때문이다.

원심은 협의가 이루어지지 않은 경우 법원에 의한 매매가액 결정이 없는 상태에서 지배주주가 자의로 산정한 매매가액을 공탁할 수 없으므로 원고들은 여전히 피고 회사의 주주이고, 원고들에게 소집통지를 하지 않은 주주총회결의에는 취소사유가 있다고 판단하였고, 대법원도 원심의 판단을 지지하였다.

즉 대법원은 상법 제360조의26 제2항은 제1항의 매매가액을 지급할 소수주주를 알 수 없거나 소수주주가 수령을 거부할 경우에는 지배주주는 그 가액을 공탁할 수 있다고 규정하고 있는바, 이때의 '매매가액'은 지배주주가 일방적으로 산정하여 제시한 가액이 아니라 소수주주와 협의로 결정된 금액 또는 법원이 상법 제360조의24 제9항에 따라 산정한 공정한 가액으로 보아야 한다고 판시하였다.

그리고 부가하여, 상법 제360조의24에서 규정한 지배주주의 주식매도청구권의 입법 의도와 목적 등에 비추어 보면, 지배주주가 본 조항에 따라 매도청구권을 행사할 때에는 반드시 소수주주가 보유하고 있는 주식 전부에 대하여 권리를 행사하여야 한다는 점도 밝히고 있다.

3. 관련판례

대법원 2017.7.14. 자 2016마230 결정

자회사의 소수주주가 상법 제360조의25 제1항에 따라 모회사에게 주식매수청구를 한 경우에 모회사가 지배주주에 해당하는지 여부를 판단함에 있어, 상법 제360조의24 제1항은 회사의 발행주식총수를 기준으로 보유주식의 수의 비율을 산정하도록 규정할 뿐 발행주식총수의 범위에 제한을 두고 있지 않으므로 자회사의 자기주식은 발행주식총수에 포함되어야 한다. 또한 상법 제360조의24 제2항은 보유주식의 수를 산정할 때에는 모회사와 자회사가 보유한 주식을 합산하도록 규정할 뿐 자회사가 보유한 자기주식을 제외하도록 규정하고 있지 않으므로 자회사가 보유하고 있는 자기주식은 모회사의 보유주식에 합산되어야 한다.

Ⅱ. 판결의 평석

1. 쟁　　점

주된 쟁점은 지배주주의 매도청구권 행사로 인한 주식 이전의 효과가 발생하는 것과 관련하여, 상법 제360조의26 제1항의 '매매가액'해석이지만, 그 이전에 살펴볼 쟁점으로서, 상법 제360조의24에서 정한 지배주주의 주식매도청구권 행사 요건, 특히 '경영상 목적을 달성하기 위한 필요성'을 어떻게 해석할 것인지, 지배주주가 본 조항에 따라 매도청구권을 행사할 때 소수주주 전원이 아닌 일부에 대한 행사도 가능한 것인지 등을 들 수 있다.

2. 지배주주의 주식매도청구권 행사 요건에 대한 판단

(1) '경영상 목적'요건

2011년 상법 개정시 도입된 제도로서, 행사 요건으로서 '회사의 경영상 목적을 달성하기 위하여 필요한 경우'에 인정되는 것이므로, 사안과 같이 소수주주 축출만을 목적으로 한 때에도 경영상 목적 요건이 충족되는지 여부가 문제된다.

'경영상 목적을 달성하기 위하여 필요한 경우'라는 요건은 신주, 전환사채, 신주인수권부사채를 제3자에게 배정하기 위한 요건과 동일한 표현이므로[1] 구체적인 규범적인 의미도 동일하게 해석하여야 한다고 볼 수도 있다.

그러나 지배주주가 소수주주에게 매도청구를 하는 것은 주로 지배주주가 회사를 관리하는 데에에 소요되는 비용을 낮추기 위한 것이므로 애초에 신주 등을 제3자에게 발행할 때에 요구되는 경영상 목적을 추구하는 측면과 이 제도가 추구하는 측면은 서로 부합하기 어렵다. 따라서 '경영상 목적' 요건을 규정한 부분은 지배주주의 매도청구권제도가 소수주주를 축출하는 것이므로 사유재산권의 침해라는 위헌적인 요소가 있음을 의식하여 그 합리성을 담보하기 위하여 들어간 표현이라고 보아야 한다.[2] 그렇다면 주주관리비용의 절감 등을 위하여 소수주주 축출 목적으로 이루어지는 지배주주의 매도청구권 행사가 법에서 정한 경영상 목적 요건을 충족하였는지가 문제될 때에도 이 점과 연계하여 생각하면 된다.[3]

즉 경영상 목적 요건의 의미를 신주 등을 제3자에게 발행하는 경우와 동일하게 해석하게 된다면 경영상 목적이 아닌 지배주주의 이익을 위한 것이므로 목적 요건을 충족하지 못한 것이 되기 때문에, 여기서는 이 제도의 취지를 고려하여 소수주주의 존재로 인하여 발생하는 주주총회 소집 등의 비용을 절감할 수 있게 되어 궁극적으로 회사에도 이익이 되면 경영상 목적을 달성하기 위하여 필요한 경우에 해당한다고 해석하여야 한다. 다만 이와 같이 해석할 때에는 상법 제360조의24에서 요구하는 경영상 목적이 부정되는 경우는 거의 없게 된다.

(2) 매도청구권의 상대방과 주주평등원칙

이 사건에서 드러난 사실관계만으로는 원고들 이외에도 소수주식을 소유한 소외인이 존재하고 소외인에게도 지배주주가 매도청구권을 행사하였는지는 명확하지 않다. 통설은 지배주주의 매도청구는 지배주주 이외의 나머지 모든 주주들을 상대로 이루어져야 하며, 지배주주의 매수조건은 주주 전원에 대해 균등하여야 한다고 본다.

---

1) 상법 제418조 제2항 단서, 제513조 제3항 후단, 제516조의2 제4항 후단.

2) 이철송, 회사법강의, 제29판, 박영사, 2021, 1204면; 송옥렬, 상법강의, 제11판, 홍문사, 2021, 889면 등.

3) 하급심 사례 중에 상법 제360조의24에서 규정하는 '경영상 목적'의 의미를 '소수주주들의 재산권 박탈을 정당화할 수 있는 회사이익의 실질적인 증대'를 뜻한다고 해석한 것이 있다(서울중앙지방법원 2015.6.11. 선고 2014가합78720 판결).

대상판결에서도 소수주주가 보유하고 있는 주식 전부에 대해 매도청구권을 행사하여야 함을 명확히 밝히고 있다.

3. 상법 제360조의26 제1항의 '매매가액'의 의미

상법 제360조의26 제1항은 상법 제360조의24에 따라 주식을 취득하는 지배주주는 매매가액을 소수주주에게 지급한 때에 주식이 이전된 것으로 본다고 규정하고, 같은 조 제2항은 제1항의 매매가액을 지급할 소수주주를 알 수 없거나 소수주주가 수령을 거부할 경우에는 지배주주는 그 가액을 공탁할 수 있다고 규정하고 있다.

상법 제360조의26 제1항에서의 '매매가액'의 의미가 무엇인지에 따라 주식 이전의 효과가 발생하였는지, 아니면 발생하지 않았는지 여부가 결정된다.

우선 상법 제360조의24 제4항 제3호에서 정하고 있는 '매매가액'은 문언상 지배주주가 공인된 감정인의 평가 등 합리적인 절차를 거쳐 산정한 매매가액을 뜻하며, 같은 조 제5항에서 정하고 있는 '매매가액'은 지배주주가 산정한 다음 소수주주에게 제시한 제시가액을 의미하고 있으므로 이러한 문언의 통일적 해석만을 강조한다면 상법 제360조의26 제1항의 '매매가액'은 지배주주가 합리적 절차를 거쳐 산정하고 제시한 제시가액이라고 볼 여지도 있다(제시가액설).

그러나 앞서 본 바와 같이 이 조항의 위헌적 요소를 감안할 때 신속한 기업지배구조 재편의 필요성과 자신의 의사에 반하여 회사로부터 축출되는 소수주주의 재산권 보호에 대한 이익형량의 관점에서 문언의 의미를 허용한 한도 내에서 합리적으로 해석할 필요가 있다. 특히 지배주주의 매도청구권이 전적으로 지배주주의 일방적 의사 혹은 재량에 의해 정해지며 소수주주의 의사와는 무관하다는 점에서 소수주주 보호 장치가 필요한 이상 소수주주가 적정한 주식가액을 받을 수 있도록 보장할 필요가 있다는 점에 주목할 필요가 있다.

그러므로, 주식이전의 효과가 발생하기 위하여는 소수주주에게 지급된 '매매가액'이란 소수주주와 합의되거나 법원에 의하여 결정된 확정가액으로 보아야 한다(확정가액설).

4. 사안에의 적용

대법원은 상법 제360조의26 제1항에서 규정한 '매매가액'이란 확정가액설을 취하면서 상법의 체계와 문언상 지배주주의 매도청구권(상법 제360조의24)과 소수주주의 매수청구권(상법 제360조의25)은 통일적으로 해석되어야 하는데, 특히 후자의 경우에는 지배주주가 산정하고 제시한 매매가액이라는 개념을 상정하기 어렵다는 점도 이러한 해석의 근거로 제시하였다.

(김태진)

30 상법 제369조 제3항 소정의 의결권이 제한되는 상호소유 주식의 판단기준

대법원 2009.1.30. 선고 2006다31269 판결

Ⅰ. 판결개요

1. 사실관계

Y주식회사(피고)는 2005. 3. 18. 정기주주총회를 개최하였는데 이와 관련된 기준일은 2004. 12. 31.이다. A회사는 위 기준일 현재 Y회사의 주식 43.4%를 취득하고 이에 대한 명의개서를 마친 상태였다. 그런데 Y회사의 자회사인 B회사가 기준일 이후인 2005. 1. 26.경 A회사의 주식 27%를 취득하고 A회사의 대표이사로부터 주식취득 승낙의 통지를 받았으나 주주총회 당일까지 아직 A회사의 주주명부에 명의개서를 하고 있지 않은 상황이었다.

대법원 2009.1.30. 선고 2006다31269 판결

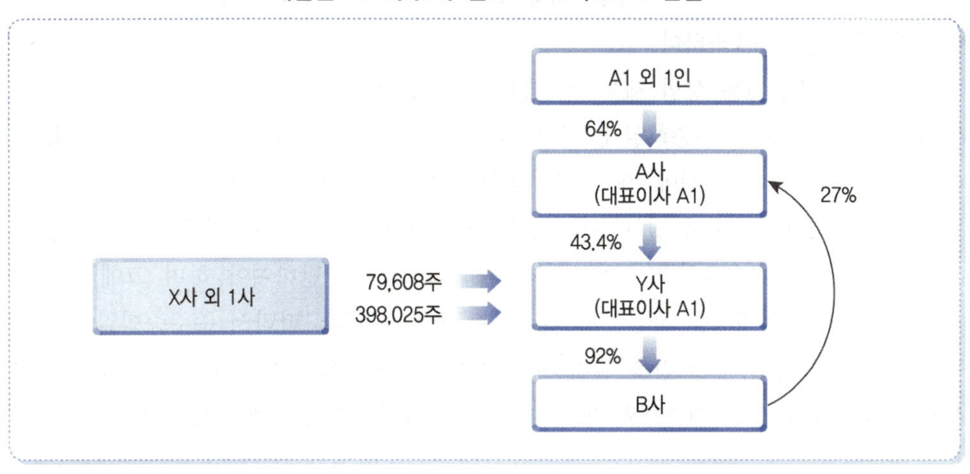

Y회사의 소수주주인 X(원고)는 주주총회일 현재 Y회사의 자회사인 B회사가 A회사의 총발행주식 10%를 초과하는 주식을 갖고 있으므로 A회사가 소유하는 43.4%의 Y회사의 주식은 의결권이 없음에도 불구하고 Y회사의 주주총회에서 의결권이 인정되어 결의가 이루어졌으므로, 해당 주주총회결의에 중대한 하자가 있어서 결의가 취소되어야 한다고 주장하였다.

이에 대하여 Y회사는 주주총회의 기준일인 2004. 12. 31.에는 아직 B회사가 A회사의 주식을 소유하고 있다고 할 수 없으므로 A회사가 갖는 43.4%의 주식은 상법 제369조 제3항의 의결권 없는 상호주에 해당하지 않으며, 주주총회일 당시까지 B회사가 A회사의 주주명부에 명의개서를 하지 아니하여 A회사에 대한 관계에서 B회사를 주주로 볼 수 없으므로, 43.4% 주식은 의결권 없는 상호주에 해당하지 않는다고 주장하였다.

원심[1]은 회사, 모회사 및 자회사 또는 자회사가 다른 회사 발행주식총수의 10%를 초과하는 주식을 갖고 있는지 여부는 주주명부상의 명의개서 여부가 아니라 실제로 소유하는 주식수를 기준으로 판단해야 한다고 보아서 Y회사의 주장을 받아들이지 않았으며 대법원 역시 원심의 입장을 지지하였다.

2. 판결요지

상법 제369조 제3항이 회사간 주식의 상호소유를 규제하는 주된 목적은 상호주를 통해 출자 없는 자가 의결권 행사를 함으로써 주주총회결의와 회사의 지배구조가 왜곡되는 것을 방지하기 위한 것인 반면, 상법 제354조의 기준일 제도는 일정한 날에 주주명부에 기재되어 있는 주주를 해당 회사의 주주로서의 권리를 행사할 자로 확정하고자 하는 것에 불과하다.

따라서 기준일에는 상법 제369조 제3항이 정한 요건에 해당하지 않더라도 실제로 의결권이 행사되는 주주총회일에 위 요건을 충족하는 경우에는 상법 제369조 제3항이 정하는 상호소유 주식에 해당하여 의결권이 없다. 이때 회사, 모회사 및 자회사 또는 자회사가 다른 회사 발행주식총수의 10분의 1을 초과하는 주식을 가지고 있는지 여부는 실제로 소유하고 있는 주식수를 기준으로 판단하여야 하며 그에 관하여 주주명부상의 명의개서를 하였는지 여부와는 관계가 없다. 따라서 주주총회일에 상법 제369조 제3항이 정한 요건을 충족하는 경우 주주명부상의 명의개서를 하였는지 여부와는 무관하게 상법 제369조 제3항이 정하는 상호소유주식에 해당한다.

---

1) 서울고등법원 2006.4.12. 선고 2005나74384 판결.

3. 관련판례

대법원 2001.5.15. 선고 2001다12973 판결

회사가 다른 회사의 발행주식총수의 10분의 1을 초과하여 취득한 때에는 그 다른 회사에 대하여 지체 없이 이를 통지하도록 하는 상법 제342조의3은 상호보유주식의 의결권 제한 규정(상법 제369조 제3항)에 따라 서로 상대 회사에 대하여 의결권을 행사할 수 없도록 방어조치를 취하여 다른 회사의 지배가능성을 배제하고 경영권의 안정을 도모하도록 하기 위한 것으로서, 특정 주주총회에 한정하여 각 주주들로부터 개별안건에 대한 의견을 표시하게 하여 의결권을 위임받아 의결권을 대리행사하는 경우에는 회사가 다른 회사의 발행주식총수의 10분의 1을 초과하여 의결권을 대리행사할 권한을 취득하였다고 하여도 위 규정이 유추적용되지 않는다.

Ⅱ. 판결의 평석

1. 판결의 의의

이 사건 판결은 상호주에 관하여 의결권을 제한하는 상법 제369조 제3항의 내용 중 "초과하는 주식을 가지고 있는 경우"에 관한 해석을 명백히 하고 있다. 즉, 이 사건 판결은 상법 제369조 제3항에 의하여 의결권이 제한되는 상호주의 판단시점은 주주총회일이며 상호주 해당 여부에 관한 판단기준은 명의개서가 아니라 주식의 실제 소유 여부를 기준으로 함을 명확하게 하였다는 데에 의의가 있다.

2. 상호주의 판단기준

(1) 상호주의 판단시점

상법 제369조 제3항에 규정된 의결권이 제한되는 상호주에 해당하는지 여부의 판단기준에 대하여, 실제 주주총회일을 기준으로 할지 또는 주주총회에서 권리를 행사할 주주의 확정을 위한 기준일을 기준으로 할지가 문제된다.

1) 학 설

(가) 주주총회일설

상호주 해당 여부의 판단시점은 주주총회일을 기준으로 해야 한다고 한다. 그 논거로, (i) 기준일 제도는 주주의 권리를 행사할 자를 시기적으로 특정하기 위하여 고

안된 주주권 행사를 위한 적극적 요건이나, 상호주의 의결권 제한 규정은 일정한 요건을 충족하는 경우 주주권 행사를 배제하는 소극적 요건을 규정하여 양자의 입법취지가 다르며, (ii) 기준일을 기준으로 할 경우 기준일에 상호주에 해당되지 않더라도 실제로 의결권이 행사되는 주주총회일에는 상호주에 해당되게 될 경우에 주주총회 결의를 통하여 그 회사의 경영자가 결의내용에 영향력을 행사할 수 있게 되어 상호주 의결권 제한의 목적을 잠탈하게 되며, (iii) 모회사, 자회사, 다른 회사가 같은 날 주주총회를 개최하되 기준일과 주식소유일이 모두 다름에도 불구하고 기준일을 기준시점으로 하여 상호주 여부를 판단하면, 기준일에 따라 일부 회사에게는 의결권이 인정되는 불합리한 결과가 발생할 수 있고, (iv) 기준일은 이사회가 임의로 정할 수 있으므로 기준일을 기준으로 할 경우 경영진이 기준일을 조정함으로써 상호주 규제를 회피할 위험이 있다.[2)]

(나) 기준일설

상호주 해당 여부의 판단시점은 기준일이어야 한다고 한다. 그 논거로서 기준일제도와 상호주제도는 모두 주주총회에서의 의결권 행사와 관련된 것으로 서로 밀접한 관련성을 갖기 때문으로, 의결권의 적극적 행사는 기준일을 기준으로 하면서 상호주에 해당하여 소극적으로 의결권 행사가 제한되는지는 주주총회일을 기준으로 하는 것은 설득력이 떨어진다고 한다. 다만 상호주제도의 취지를 고려하여 기준일 이후 의결권보유비율에 변동이 있는 경우 이를 반영하여야 할 필요성을 인정하는 견해[3)]도 있다.

2) 판 례

이 사건 대법원 판결 및 원심[4)]은 상호주에 해당하는지 여부의 기준시점은 주주총회일이라고 보아, 기준일 이후 주식취득시에도 경영권을 방어할 수 있는 기회를 부여할 필요를 인정하였다.

(2) 상호주의 판단기준과 명의개서 요부

상법 제369조 제3항에서 '가지고 있는 경우'의 의미에 대하여, 자회사가 다른 회사의 주식을 실질적으로 소유하면 충분한지, 또는 다른 회사의 주주명부에 명의개서까지 완료하고 있어야 하는지가 불분명하여 이에 대하여 논란이 있다.

---

2) 유영일, "상호주(상법 제369조 제3항)의 판단시점과 판단기준," 상사판례연구 제24집 제1권(한국상사판례학회, 2011. 3), 204-207면.

3) 김홍기, "상호주판단의 기준시점 및 기준일 제도와의 상호연관성 – 대상판결: 대법원 2009.1.30. 선고 2006다31269 판결," 동북아법연구 제3권 제2호(전북대 동북아법연구소, 2009. 12), 497면.

4) 서울고등법원 2006.4.12. 선고 2005나74384 판결.

1) 학 설

(가) 명의개서 필요설

상호주 의결권 제한의 취지상 아직 명의개서를 미필한 상태에서는 의결권을 행사할 수 있는 상태가 아니므로 상법 제369조 제3항에서 규제하려는 주식의 상호 의결권 행사를 통한 회사지배의 왜곡상태는 발생하지 않음을 논거로 한다.[5)]

(나) 명의개서 불요설

상법 제369조 제3항의 "가지고 있는 경우"는 실제로 주식을 소유하고 있다면 명의개서가 이루어졌는지 여부와 상관없이 상호주가 성립한다고 본다.[6)] 즉, 상호주 제도의 취지상 주식을 취득하였다면 명의개서 여부와 무관하게 규제대상이 되어야 한다고 본다.

2) 판 례

이 사건 판결은 상법 제369조 제3항이 규제하려는 '주식 상호소유 제한의 목적'을 고려하여 상호주 해당 여부는 실제로 소유하고 있는 주식수를 기준으로 판단하여야 하며 소유 주식에 관하여 주주명부상의 명의개서를 하였는지 여부와는 관계가 없다고 하였다.

대법원 2017.3.23. 선고 2015다248342 전원합의체 판결은 종래의 주주확정에 관한 실질설을 형식설로 변경하면서도 이 사건 대법원 2009.1.30. 선고 2006다31269 판결은 변경하지 아니하였으므로, 이 사건 판결은 전원합의체 판결에 불구하고 유지된다고 볼 것이다.

(양기진)

---

5) A회사가 B회사의 발행주식 11%를 가지고 있으나 명의개서를 하지 않았고, B회사는 A회사의 발행주식 11%를 가지고 명의개서도 마쳤다고 한 경우, A회사의 주주총회가 열렸을 때 B회사가 의결권을 행사할 수 있느냐의 문제에서 B회사에 대한 A회사의 지분을 실질로 판단하여 B회사가 의결권을 행사할 수 없다고 본다면, A회사에 대해 B가 주주인지의 판단은 주주명부를 기준으로 하면서 B회사에 대해 A회사가 주주이냐의 판단은 실질을 기준으로 하는 셈으로, 동일 문제에 이중 잣대를 사용하는 것이 되어 타당한 해석이 아니라고 본다. 이철송, 회사법강의, 제26판, 박영사, 2018, 420면.

6) 이러한 견해는 B회사가 A회사 주식을 10% 초과하여 취득하여도 해당 주식에 관하여 명의개서가 이루어지지 않은 상태라면 의결권이 생기지 않으나 해당 주식(B회사가 보유하는 A회사 주식의 의결권)을 A회사가 별도로 보유하는 B회사 주식의 형식적 의결권 여부와 연결시킬 필연적 이유는 없다고 한다. A회사가 B회사의 주식을 보유함으로써 A회사의 주주총회에서 B회사의 의결권 행사에 사실상의 영향력(명의개서 여부와 무관)을 행사할 수 있다는 점이 중요하다. 송옥렬, 상법강의, 제8판, 홍문사, 2018, 879면.

주주의 제명

대법원 2007.5.10. 선고 2005다60147 판결

Ⅰ. 판결개요

1. 사실관계

X(원고)는 1993. 8. 22.경부터 Y주식회사(피고)의 전신으로 합명회사이던 감정평가법인 A회사에 입사한 이래 그 소속사원 겸 감정평가사로 근무하여 왔다. Y회사의 전신인 A회사는 소속감정평가사들이 각 출자하여 설립한 합명회사였으나 2002. 7. 1. 주식회사인 Y회사로 전환하면서 A회사에 소속되었던 감정평가사들 전원이 Y회사의 주주가 되었다.

주식회사 전환 과정에서 A회사는 2002. 2. 26.경 정기사원총회를 개최하여 주식회사 전환과 관련된 정관 및 규정의 제·개정권 기타 주식회사 설립에 필요한 사항을 사원총회에서 선출된 자들로 구성된 운영위원회에 포괄 위임하기로 결의하였고 이에 따라 운영위원회는 Y회사 소속 감정평가사들의 권리의무관계를 규율하는 법인운용규정(이하 '운영규정') 및 주주감정평가사의 운영규약(이하 '운영규약')을 각각 제정·의결하였다.

이후 X는 2002. 9.경 표준지 공시지가 조사업무의 지역배정과 관련하여 Y회사 소속 다른 감정평가사들과 충돌하게 되었다. 이에 Y회사는 본사 비상사원총회와 운영위원회를 개최하여 위 운영규정 및 운영규약을 근거로 조사업무의 지역배정 및 업무의 수행과 관련하여 X가 Y회사의 명예를 손상시켰다는 등의 사유를 들어 Y회사의 주주 겸 감정평가사인 X에 대하여 2002. 12. 5. "X를 Y회사에서 제명한다"는 취지의 제명통보(이하 '제명처분')를 하였다.

〈Y회사의 운영규정 발췌〉 (2002. 7. 1. 제정, 2002. 9. 25. 개정)
제1조(목적) 이 규정은 피고의 운영에 관한 사항을 정하고 이를 주주감정평가사(이하 '주주'라 한다) 상호간이 확약함으로써 법인의 운영을 원활히 함을 목적으로 한다.
제30조(탈퇴)
① 주주의 탈퇴는 임의로 할 수 있으며, 이에 따른 지분환급 등 제반 사항은 규약이 정하는 바에 따르고, 규약에 정하는 바가 없을 경우에는 운영위원회의 결정에 따른다.
③ 다음의 경우는 탈퇴로 보며, 이에 따른 제반사항은 제1항에 따른다.
3. 제명
제31조(제명)
① 다음 사유가 발생할 때에는 운영위원회 위원 3분의 2 이상의 동의를 얻어 제명할 수 있다.
3. 이 법인의 목적에 위배되는 행위 또는 법인의 명예를 손상시키는 행위를 하였을 경우
② 제1항 각호에 의한 사유로 제명된 주주에 대하여는 지분환급청구권을 제한할 수 있다.

대법원은 위 제명처분에는 X를 Y회사 소속 주주감정평가사로서 업무수행 및 급여·상여금을 지급받는 법률관계 역시 종료시키겠다는 의사표시도 포함되어 있다고 보아, 위 제명처분을 무효라고 한 원심[1])을 파기환송하였다.

2. 판결요지

합명회사와 합자회사의 경우와 달리 주식회사에 대하여 상법이 주주의 제명에 관한 근거 규정과 절차 규정을 두고 있지 아니한 것은 자본의 결합을 본질로 하는 물적 회사로서의 주식회사의 특성을 특별히 고려한 입법이다. 따라서 설령 주식회사의 주주의 구성이 소수에 의하여 제한적으로 이루어져 있다거나 주주 상호간의 신뢰관계를 기초로 하고 있다는 등의 사정이 있다 하더라도, 그러한 사정만으로 인적 회사인 합명회사, 합자회사의 사원 제명에 관한 규정을 물적 회사인 주식회사에 유추적용하여 주주의 제명을 허용할 수 없다.

특히 어느 주주를 제명시키되 회사가 그 주주에게 출자금 등을 환급해 주기로 하는 조항을 둔 회사의 정관이나 내부규정은 법정사유 이외에는 자기주식의 취득을 원칙적으로 금지하는 상법 제341조의 규정에 위반되므로 물적 회사로서의 주식회사의 본질에 반하고 자기주식의 취득을 금지하는 상법의 규정에도 위반되어 무효이다.

---

1) 서울고등법원 2005.9.9. 선고 2004나74585 판결.

주식회사인 감정평가법인의 주주 겸 소속 감정평가사에 대한 회사의 제명처분에는 주주 제명의 의사표시뿐 아니라 소속 감정평가사의 지위에서 해고한다는 의사표시도 포함되어 있으므로 그와 같은 회사의 의사표시가 주주 제명처분의 무효 여부와 무관하게 가분적으로 유효하게 존재할 수 있는지 여부 등을 심리·판단하여야 한다.

3. 관련판례

(1) 대법원 1994.5.10. 선고 93다21750 판결

사단법인 부산시개인택시여객운송연합회와 같은 단체의 구성원인 조합원에 대한 제명처분은 조합원의 의사에 반하여 그 조합원인 지위를 박탈하는 것이므로 조합의 이익을 위하여 불가피한 경우에 최종적인 수단으로서만 인정되어야 할 것이고, 또, 조합이 조합원을 제명처분한 경우에 법원은 그 제명사유의 존부와 결의내용의 당부 등을 가려 제명처분의 효력을 심사할 수 있다.

(2) 대법원 2024.7.11. 선고 2020다258824 판결

주식회사의 정관은 이를 작성한 발기인뿐 아니라 회사의 기관, 정관 작성 이후 주식을 취득한 주주나 정관변경에 반대한 주주까지 구속한다는 점에서 그 법적 성질을 자치법규로 보는 것이 타당하므로, 이는 어디까지나 객관적인 기준에 따라 그 규범적인 의미 내용을 확정하는 법규해석의 방법으로 해석되어야 한다(대법원 2000.11.24. 선고 99다12437 판결 등 참조).

주주권은 주식의 양도나 소각 등 법률에 정하여진 사유에 의하여서만 상실되고, 단순히 당사자 사이의 특약이나 주주권 포기의 의사표시만으로 주식이 소멸되거나 주주의 지위가 상실되지 않는다(대법원 1999.7.23. 선고 99다14808 판결; 대법원 2002.12.24. 선고 2002다54691 판결 등 참조).

합명회사, 합자회사 등과는 달리 주식회사에서는 사원의 퇴사가 인정되지 않으므로(위 99다14808 판결 참조), 정관에서 정한 일정한 사유가 발생할 경우 해당 주주의 주식 양도에 관한 의사와 관계없이 주주로서의 지위를 상실시키고, 회사가 그 주주에게 출자금 등을 환급하도록 하는 내용의 정관 조항은 사실상 주주의 퇴사에 관한 내용을 정한 것이어서 물적 회사로서의 주식회사의 본질에 반하여 효력이 없다. 이는 회사의 주주 구성이 소수에 의하여 제한적으로 이루어져 있다거나 주주 상호간의 신뢰관계를 기초로 하고 있다는 등의 사정이 있더라도 마찬가지이다(대법원 2007.5.10.

선고 2005다60147 판결 등 참조).

Ⅱ. 판결의 평석

1. 판결의 의의

이 사건 판결은 위 Y회사의 제명처분은 그 운영규정의 제명에 따라서 해당 주주에 대하여 그 지분을 환급한다는 것을 전제하고 있으므로(Y회사 운영규정 제30조 및 제31조), 이 사건 제명처분은 주주로서의 지위를 박탈하는 제명이라고 보았다.[2] 또한 이 사건 판결은 주주의 제명에 관한 상법 규정은 강행규정이라는 것을 확인하고 이에 반하여 주주의 제명을 규정한 주식회사 정관에 의거한 제명처분의 효력에 대하여 판단하고 있다.

다만 이 사건 판결은 주주의 제명은 무효라는 입장을 확인하면서도 주주에 관한 제명 의사표시의 해석상 다른 의사표시로도 해석될 수 있다면 그러한 다른 의사표시가 주주제명이라는 의사표시와 가분적으로 유효하게 존재할 수 있는지를 살펴봐야 함을 시사하고 있다.

2. 주식회사에서 주주제명의 가부

(1) 주주제명에 관한 상법의 입장

상법은 제218조 제6호, 제220조, 제269조, 제287조의25에서 합명회사, 합자회사, 유한책임회사에 대하여 사원의 퇴사사유의 하나로서 '제명'을 규정하고 제명 사유가 있는 때에는 그 사원의 제명의 선고를 법원에 청구할 수 있도록 하는 반면, 주식회사에 대하여는 그 소속 주주의 제명에 관한 근거 규정과 절차 규정을 두고 있지 아니하다. 이는 상법이 인적 결합이 아닌 자본의 결합을 본질로 하는 물적 회사로서의 주식회사의 특성을 고려한 입법이라고 해석된다.

물적회사인 주식회사에서 주주는 주식으로 분할된 자본의 양에 따라 권리를 행사하고 자유로이 이를 양도할 수 있어 주주 개인의 개성은 전면에 나타나지 아니하므로 법정사유, 즉 주식의 양도, 주식의 소각 또는 실권절차 등에 의하여서만 주주의 지위를 상실하게 할 수 있다.

---

2) 김성탁, "주주제명에 관한 정관조항의 효력," 상사판례연구 제20집 제3권(한국상사판례학회, 2007. 9), 85면.

(2) 주주제명을 규정한 주식회사 내부규정의 효력

주식회사의 경우는 인적회사의 경우와 달리 외부관계는 물론, 내부관계에 관한 규정도 강행규정성을 띤다고 보는 것이 일반적이다. 결국 주주를 제명하고 회사가 그 주주에게 출자금 등을 환급하도록 하는 내용을 규정한 정관이나 내부규정을 둘 경우 그러한 규정은 물적회사로서의 주식회사의 본질에 반하고 자기주식의 취득을 금지하는 상법의 규정에도 위반되어 무효이다.

(3) 소규모 · 폐쇄회사에서 제명의 가부

상법은 주식회사의 성격이 전형적인 공개회사인지 또는 폐쇄회사인지를 불문하고 원칙적으로 주주 제명에 관하여 동일한 내용으로 규율하고 있다. 전형적인 공개회사의 경우에는 다수의 주주가 존재하며 소유와 경영이 분리되어 있고 주식의 거래가 자유롭다는 특성을 가지나 폐쇄회사의 경우에는 법적 형식과 달리 성격상 인적회사 또는 조합에 가깝다는 특성이 있어서 논란이 된다.

1) 학 설

(가) 주주제명 불허용설

모든 주식회사에 대하여 일률적으로 주주제명이 허용되지 않는다는 입장이다. 즉 '주식회사'인 이상 주주들의 내부적인 인적 특성을 대내적으로도 고려하지 않겠다는 것이다. 이 사건 판결 역시 회사의 주주의 구성이 소수에 의하여 제한적으로 이루어져 있다거나 주주 상호간의 신뢰관계를 기초로 하고 있다는 등의 사정이 있더라도, 그러한 사정만으로 인적 회사인 합명회사, 합자회사의 사원 제명에 관한 규정을 물적회사인 주식회사에 유추적용하여 주주의 제명을 허용할 수 없다고 한다.

(나) 주주제명 허용설

폐쇄회사에서 주주제명을 허용하자는 주장은, (i) 주주의 제명에 관한 규정은 계속적인 법률관계의 중도해지 가능성이라는 사법상의 일반원칙을 반영한 것이며, (ii) 주주 지위에 대한 계속적 보장은 주식회사의 본질과 무관하며, (iii) 주주도 회사의 목적달성을 위하여 사원으로서 협조하여야 하는 충실의무 등을 위반하는 등 중대한 사유가 있는 경우 주주의 제명이 허용되어야 하며, (iv) 주주제명시 그 출자지분의 환급방법에 대하여 다른 주주 또는 제3자가 제명주주의 지분을 인수함으로써 자본금 충실원칙과 배치되지 않을 수 있다고 한다.[3)]

---

3) 남기윤, 유형론적 방법론과 회사법의 신이론, 학우출판사, 1999, 441-442면; 김성탁, 상게논문, 95-96면에서 재인용.

2) 판 례

판례는 주주의 제명을 허용하지 않는 입장으로, 주주 간의 분쟁 등 일정한 사유가 발생할 경우 어느 주주를 제명시키되 회사가 그 주주에게 출자금 등을 환급해 주기로 하는 내용의 규정을 회사의 내부규정에 두는 것은 그것이 회사 또는 주주 등에게 생길지 모르는 중대한 손해를 회피하기 위한 것이라 하더라도 법정사유 이외에는 자기주식의 취득을 금지하는 상법 제341조의 규정에 위반된다고 한다.[4)]

3) 검 토

주식회사 제도의 본래취지와 어긋나게 조합 내지 인적회사의 실질을 지니고 있는 폐쇄적 주식회사가 우리나라 주식회사의 상당부분을 차지하고 있다. 현행 상법은 주주가 1인으로 된 경우를 해산사유로 하고 있지 않아 1인주식회사의 존재를 긍정하고 있다(상법 제517조). 대규모 공개회사를 상정하여 제정된 주식회사 규정을 그대로 폐쇄적 주식회사들에 적용하는 것은 무리가 따르므로, 주주의 제명 불허에 따른 여러 부작용을 완화하는 방향으로 제명을 허용할 필요가 있다.

개정상법(2012. 4. 15. 시행)은 제명과 유사한 기능을 하는 교부금합병제도(상법 제523조 제4호) 및 지배주주에 의한 소수주식의 강제매도제도(상법 제360조의24)를 도입하였다. 교부금합병제도에 의하면, 합병후 존속회사는 합병에 의한 소멸회사의 주주들에게 신주를 배정하는 대신 금전이나 그 밖의 재산을 제공하여 소멸회사의 주주들을 축출할 수 있다. 또한 지배주주에 의한 소수주식의 강제매도제도에 의하면, 발행주식총수의 95% 이상을 자기의 계산으로 보유하는 지배주주가 소수주주의 주식에 대한 강제매도청구권을 가진다. 또한 소수주주 역시 지배주주에 대하여 그 보유주식의 매수를 청구할 수 있다(상법 제360조의25). 이처럼 폐쇄적인 주식회사의 주주총회 운영 등과 관련하여 관리비용을 절감하고 동시에 소수주주가 쉽게 출자회수할 수 있는 방법을 터주었으나 아주 예외적인 경우로 한정하여 인정되고 있으므로 자본금총액 10억원 미만의 소규모 주식회사의 경우 주주의 제명을 허용할 여지가 있다.

3. 제명처분(법률행위)의 해석

이 사건에서 Y회사의 운영규약 및 운영규정에서 제명의 대상으로 삼은 지위는 '주주감정평가사'의 지위이므로, 이 사건 제명처분에는 원고를 단순히 '주주'에서 제명

4) 대법원 2003.5.16. 선고 2001다44109 판결.

한다는 의사표시뿐만 아니라 원고가 피고 회사 소속 '주주감정평가사'로서 업무를 수행하고 급여와 상여금 등을 지급받는 법률관계 역시 종료시키겠다는 의사표시도 포함되어 있다.

따라서 주식회사에서 사용인으로서의 직위를 겸하는 주주에 대하여 그러한 법률관계를 종료시키려는 회사의 의사표시가 있다면 Y회사의 의사표시가 주주 제명처분과 무관하게 가분적으로 유효하게 존재할 수 있는지 등을 심리할 필요가 있음을 분명히 함으로써 선례적 가치가 있다고 할 것이다.

(양기진)

32

대표이사의 해임 및 선임을 위한 소수주주의 임시총회 소집청구의 적법 여부

대법원 2022.9.7. 자 2022마5372 결정

Ⅰ. 결정의 개요

1. 사실관계

(1) A회사는 2020. 5. 13. 설립 당시 발행주식총수는 1,000주이고, 甲이 600주(60%) 乙이 400주(40%)를 보유하고 있었다. 이사는 甲·乙·丙 3인이었고 乙이 대표이사로 선임되었다. 설립후 약 2개월이 경과한 2020. 7. 16.에는 19,000주의 신주를 발행하면서 A회사의 자본금은 1억 원으로 증가하였으나 甲의 지분 비율은 20%로 줄어들었다. A회사는 2020. 11. 16.경 주주총회를 개최하여 甲을 이사에서 해임하고(이하 '이 사건 해임결의'라 한다) 丁을 후임이사로 선임하였다.

(2) 이 사건 해임결의에 반발한 甲은 2021. 1. 22.경 ① 대표이사 乙의 해임과 선임, ② 재무제표의 열람, ③ 사업경영 목적의 보고, ④ 신주발행과정의 확인, ⑤ 정관의 일부변경을 회의목적으로 하는 임시총회의 소집을 청구하였으나, 회사가 소집청구에 응하지 않자 위의 사항들을 회의목적으로 하는 임시총회의 소집허가를 법원에 청구하였다.

(3) 1심법원은 ① '대표이사의 해임과 선임'은 이사회의 결의사항으로서 주주총회 결의 사항이 아니고, 정관에 정한 경우에는 주주총회결의 사항이 될 수 있으나 甲은 아무런 소명자료를 제출하지 아니하였고, ② A회사는 2021. 3. 15.경 甲에게 '2020년도 재무제표 보고 등을 위한 정기주주총회를 개최한다'는 내용의 소집통지를 하였는바, 주주인 甲으로서는 영업시간 내에 언제든지 이를 열람하는 것이 가능하며, ③ '사업경영 목적의 보고'는 상법 또는 정관이 정하는 주주총회의 결의사항에 해당하지 아니할 뿐 이니라 정관을 통해서도 알 수 있고, ④ 甲이 회계장부 열람·등사 또는 검사인의 선임을 청구하는 것은 별론으로 하더라도 '신주발행과정의 확인'을 주주총회

결의사항이라고 보기 어려우며, ⑤ '정관 일부 변경의 건'에 관하여는 어떠한 정관규정에 대하여 무슨 내용을 논의할 것인지 제시하고 있지 않아서 총회소집허가가 있더라도 구체적인 정관개정을 결의하는 것이 불가능하다고 하면서 甲의 신청을 기각하였다.

(4) 원심법원은 甲이 이사회에 제출한 2021. 1. 22. 자 임시총회 소집청구서의 소집이유란에는 "대표이사 乙을 이사직에서 해임하고"라는 '이사 해임'의 문구가 있어서 주주총회의 권한으로 보여질 소지도 있으나, 乙을 이사에서 해임하는 것을 넘어서서 이사회의 결의사항인 후임 대표이사의 선임까지 임시총회의 목적사항으로 하고 있어서, 이러한 문구만으로 임시총회 소집허가 신청의 요건을 갖추었다고 보기 어렵다."고 하면서 甲의 항고를 기각하였다.

甲은 대법원에 상고하였다.

2. 결정요지

대법원은 甲이 청구한 주주총회의 회의목적 사항 중 ① '대표이사의 해임과 선임' 의안 부분에 대한 원심의 판단을 파기하고 환송하였다.

소수주주가 상법 제366조에 따라 임시총회 소집에 관한 법원의 허가를 신청할 때 주주총회의 권한에 속하는 사항이 아닌 것을 회의 목적사항으로 할 수는 없다. 이때 임시총회 소집청구서에 기재된 회의 목적사항과 소집이유가 이사회에 제출한 청구서의 내용과 서로 맞지 않는다면 법원의 허가를 구하는 재판에서는 그 청구서에 기재된 소집의 이유에 맞추어 회의 목적사항을 수정하거나 변경할 수 있고, 법원으로서는 위와 같은 불일치 등에 관하여 석명하거나 지적함으로써 신청인에게 의견을 진술하고 회의의 목적사항을 수정하거나 변경할 기회를 주어야 한다.

소수주주가 제출한 임시총회소집청구서에 회의의 목적사항이 '대표이사 해임 및 선임'으로 기재되어 있으나 소집이유는 '현 대표이사의 이사직 해임과 후임 이사의 선임'을 구하는 취지로 기재되어 있다면, 회의 목적사항과 소집이유가 서로 맞지 않으므로 법원은 소수주주로 하여금 '대표이사 해임 및 선임'의 의미를 정확하게 밝히고 그에 따른 조치를 취할 필요가 있다.

3. 관련판례

(1) 대법원 2022.4.19. 자 2022그501 결정

소수주주가 상법 제366조에 따라 주주총회소집허가 신청을 하는 경우, 정관에서 주주총회결의 사항으로 규정하지 않은 '대표이사의 선임 및 해임'을 회의목적사항으로 할 수 있는지 여부(소극)

(2) 대법원 2020.6.4. 선고 2016다241515,241522 판결

정관 또는 주주총회에서 이사의 보수에 관한 사항을 이사회에 포괄적으로 위임하는 것이 허용되는지 여부(소극) 및 주주총회에서 이사의 보수에 관한 구체적 사항을 이사회에 위임한 경우 이를 주주총회에서 직접 정하는 것이 가능한지 여부(적극)

(3) 대법원 2013.2.28. 선고 2010다58223 판결

회원제 골프장을 운영하는 S회사가 일부 주주회원모임과 체결한 '회사가 주주회원의 골프장 이용혜택을 변경할 경우 주주회원모임과 협의하여 결정하고 중요한 사항은 주주총회에 회부한다'는 약정에 따라 주주회원의 골프장 이용혜택을 축소하는 내용의 주주총회결의를 하자 주주회원들이 주총결의취소 등을 구한 사안에서, 위 결의는 회사와 주주들 간의 단체법적 법률관계를 획일적으로 규율하는 의미가 전혀 없어 주주총회결의 무효확인의 소 또는 주주총회결의취소의 소의 대상이 될 수 없다고 한 사례

(4) 대법원 2022.12.16. 자 2022그734 결정

상법 제366조 제1항에서 정한 소수주주는 회의의 목적사항과 소집 이유를 적은 서면 또는 전자문서를 이사회에 제출하는 방법으로 임시주주총회의 소집을 청구할 수 있다(상법 제366조 제1항). 이때 '이사회'는 원칙적으로 대표이사를 의미하고, 예외적으로 대표이사 없이 이사의 수가 1인 또는 2인인 소규모회사의 경우에는 각 이사를 의미한다(상법 제383조 제6항). 한편 상법 제366조 제1항에서 정한 '전자문서'란 정보처리시스템에 의하여 전자적 형태로 작성·변환·송신·수신·저장된 정보를 의미하고, 이는 작성·변환·송신·수신·저장된 때의 형태 또는 그와 같이 재현될 수 있는 형태로 보존되어 있을 것을 전제로 그 내용을 열람할 수 있는 것이어야 하므로, 이와 같은 성질에 반하지 않는 한 전자우편은 물론 휴대전화 문자메시지·모바일 메시지 등까지 포함된다.

Ⅱ. 결정의 평석

1. 주주총회의 권한

(1) 상법 또는 정관이 정하는 사항

주식회사는 주주로 구성되는 단체이므로 주주총회에서 모든 사항을 결정하는 것이 좋겠지만, 주주가 다수인 경우에는 주주총회의 소집이 어렵고 소집하더라도 모든 사항을 일일이 주주총회에서 논의하여 결정하는 것은 바람직하지 않다. 이와 관련하여 상법 제361조는 "주주총회는 본법 또는 정관에 정하는 사항에 한하여 결의할 수 있다."고 규정하는데, 이는 주주총회가 주식회사의 최고기관이지만 상법 또는 정관이 정하는 기본적인 사항을 결정하고, 모든 사항을 일일이 결정하는 것이 아님을 밝힌 것이다.

(2) 대상결정의 검토

상법 제361조는 주주총회는 상법 또는 정관이 정하는 사항에 한하여 결의할 수 있다고 규정하고 있고, 대법원도 2016다241515 판결[1] 이후 대상결정에 이르기까지 소수주주가 상법 제366조에 따라 임시총회 소집에 관한 법원의 허가를 신청할 때에는 주주총회 권한이 아닌 사항을 회의목적으로 할 수 없다고 일관하여 판시하고 있다.

이처럼 주주총회는 '상법 또는 정관에 정하는 사항'에 한하여 결의할 수 있는 것은 분명하지만 ㉠ 상법상 이사회의 권한사항을 정관에서 주주총회의 권한으로 정하는 것이 가능한지, ㉡ 권고적 주주총회결의가 가능하다고 정관에 규정되어 있는 경우에 주주총회결의를 할 수 있는지 등이 논란이 되고 있다.

먼저 ㉠ 이사회의 권한사항을 정관에서 주주총회의 권한으로 정하는 것이 가능한지에 대해서는 기관 간의 권한 분배 차원에서 부정적인 견해[2]가 있으나, 주주총회의 최고기관성, 정관자치의 원칙뿐만 아니라 "주주총회는 본법 또는 정관에 정하는 사항에 한하여 결의할 수 있다."는 상법 제361조의 문리해석에 의해서도 상법상 이사회의 권한사항을 정관에서 주주총회의 권한사항으로 정하는 것은 가능하다고 본다.[3]

---

1) 대법원 2020.6.4. 선고 2016다241515,241522 판결.

2) 권기범(회), 「현대회사법론」(삼영사, 2014), 638면; 이철송, 「회사법강의」 제21판(박영사, 2013), 479면; 장덕조, 「회사법」 제3판(법문사, 2017), 217면; 정찬형, 「상법강의(상)」 제23판(박영사, 2023), 711면.

3) 같은 취지로는 김건식·노혁준·천경훈, 「회사법」(박영사, 2016), 267면; 김정호, 「회사법」(법문사, 2015), 288면; 송옥렬, 「상법강의」 제8판(홍문사, 2018), 912면; 최준선, 「회사법」 제9판(삼영사, 2014), 347

회사법의 강행성은 주주와 경영진(이사) 간에 발생할 수 있는 대리인 문제를 해결하기 위한 것인바, 이사회의 권한으로 규정되어 있더라도 이를 정관에서 주주총회의 권한으로 정하는 것은 주주의 의사를 존중하는 것으로서 회사법의 강행성에 어긋나지 않기 때문이다. 이 사건에서 대법원은 정관으로 정하는 경우에는 주주총회에서 대표이사를 선임할 수 있음을 밝히고 있으나, 이는 상법 제389조 제1항에서 “정관으로 주주총회에서 이를 선정할 것을 정할 수 있다”고 규정한 때문이지, 상법에 규정이 없는 경우에도 이사회의 권한을 정관으로 주주총회의 권한으로 할 수 있는지는 분명하지 않다.

나아가 ㉡ 정관에 이른바 권고적 주주총회결의가 가능하도록 규정되어 있고 이에 근거하여 주주총회결의가 이루어진 경우에 그 구속력을 인정할 수 있는가? 이에 대해서도 부정적인 견해가 있으나, 주주총회의 최고기관성을 고려하면 지나치게 엄격하게 해석할 것은 아니고, 영업용 중요재산의 양도, 상장폐지, 지주회사 체제로의 이행 등 회사의 단체법적 법률관계를 획일적으로 규율하거나 주주의 뜻을 모으기 위해서 주주총회결의를 거치는 것은 가능하다고 본다.[4] 다만, 개별주주가 상법이나 정관에 규정되어 있지 않은 사항에 대해서 상법 제363조의2의 주주제안권을 행사하거나, 상법 제366조에 의해서 임시주총을 소집하는 것은 혼란을 초래할 가능성이 커서 주주총회의 결의사항으로 할 수는 없다고 본다. 판례의 태도는 분명치 않은데, 회사의 단체법적 법률관계를 획일적으로 규율하는 의미가 있다면 주주총회에서 결의할 수 있음을 내비치는 듯한 판시[5]가 있지만, 이 사건 대상결정은 대법원이 주주총회결의 사항을 확장하는 것에 대해서 엄격한 입장을 취하고 있다고 보여질 소지도 있다.[6]

2. 소수주주의 주주총회 소집청구

(1) 소수주주의 소집청구

주주총회는 상법에 다른 규정이 있는 경우 외에는 이사회가 소집하지만(상법 제362조), 발행주식총수의 100분의 3 이상에 해당하는 주식을 가진 주주는 회의의 목적

면; 홍복기·박세화, 「회사법」(법문사, 2021), 330면; 노혁준, “2022년 회사법 중요판례평석,” 「인권과 정의」 Vol. 512(대한변호사협회, 2023. 3), 107면.

4) 같은 취지로는 노혁준, 앞의 논문, 107면.

5) 대법원 2013.2.28. 선고 2010다58223 판결.

6) 일본 회사법 제295조 제1항은 “주식회사의 주주총회는 회사의 조직과 운영, 관리, 그 밖에 주식회사에 관한 일체의 사항에 대해서 결의할 수 있다”고 하면서 주주총회의 권한을 폭넓게 규정하면서도, 동조 제2항에서는 “이사회 설치회사의 주주총회는 회사법과 정관이 정하는 사항에 한정해서만 결의할 수 있다”고 규정하여 논란을 해결하고 있다.

사항과 소집의 이유를 적은 서면 또는 전자문서를 이사회에 제출하여 임시총회의 소집을 청구할 수 있다(상법 제366조 제1항). 소수주주가 임시총회의 소집청구를 한 후에도 회사가 지체 없이 총회소집의 절차를 밟지 아니한 때에는, 청구한 주주는 법원의 허가를 받아 직접 총회를 소집할 수 있다. 이 경우 주주총회의 의장은 법원이 이해관계인의 청구나 직권으로 선임할 수 있다(상법 제366조 제2항).

(2) 법원의 조치

법원은 임시총회 소집을 구하는 소수주주에게 소집기간, 회의의 목적사항 등을 정하여 허가할 수 있다. 소수주주가 상법 제366조에 따라 임시총회 소집에 관한 법원의 허가를 신청할 때 주주총회의 권한에 속하는 결의사항이 아닌 것을 회의 목적사항으로 할 수는 없다. 이때 법원에 제출한 임시총회소집청구서에 기재된 회의의 목적사항과 소집의 이유가 이사회에 제출한 청구서와 서로 맞지 않는다면 법원의 허가를 구하는 재판에서는 그 청구서에 기재된 소집의 이유에 맞추어 회의의 목적사항을 일부 수정하거나 변경할 수 있고, 법원으로서는 위와 같은 불일치 등에 관하여 석명하거나 지적함으로써 신청인에게 의견을 진술하게 하고 회의 목적사항을 수정·변경할 기회를 주어야 한다(이 사건 대상결정의 결정요지).

한편 정관에 다른 규정이 없으면 대표이사는 이사회결의로 이사 중에서 선임되므로(상법 제389조), '이사회결의'로 '대표이사직'에서 해임되는 경우뿐만 아니라 '주주총회 결의'로 '이사직'에서 해임되는 경우에도 대표이사직을 상실하게 된다. 그런데 소수주주가 제출한 임시총회 소집청구서에 회의의 목적사항은 '대표이사 해임 및 선임'으로 기재되어 있으나 소집이유는 현 대표이사의 '이사직 해임'과 '후임 이사 선임'을 구하는 취지로 기재되어 있다면, 회의의 목적사항('대표이사의 해임과 선임')과 소집이유('이사직 해임'과 '후임 이사 선임')가 서로 맞지 않으므로 법원으로서는 소수주주(신청인)으로 하여금 회의의 목적사항으로 기재된 '대표이사 해임 및 선임'의 의미를 정확하게 밝히고 그에 따른 조치를 취할 기회를 갖도록 할 필요가 있다(대상결정의 결정요지).

(3) 대상결정의 평석

대법원은 대상결정에서 "소수주주가 상법 제366조에 따라 임시총회 소집에 관한 법원의 허가를 신청할 때 주주총회의 권한에 속하는 결의사항이 아닌 것을 회의 목적사항으로 할 수는 없다"는 기존 판례[7]의 판시를 유지하였다.

이 사건이 기존의 판례와 다른 점은 신청인(甲)이 법원에 제출한 임시총회 소집청구서상에서 임시총회의 목적사항으로 제시한 "乙의 대표이사 해임 및 후임 대표이사 선임"은 이사회의 결의사항이고 주주총회의 결의사항이 아니지만, A회사에게 제출한 임시총회 소집청구서의 소집이유란에는 "대표이사 乙을 이사직에서 해임하고"라고 기재되어 있어서, 주주총회의 권한인 이사의 해임을 구하는 것으로 보여질 소지도 있었다는 점이다.

대법원은 '대표이사는 이사회결의로 대표이사직에서 해임되는 경우뿐만 아니라 주주총회결의로 이사직에서 해임되는 경우에도 대표이사직을 상실하게 된다.'는 점을 밝히면서, 소수주주가 법원에 제출한 임시총회 소집청구서에 기재한 회의 목적사항 및 소집이유가 이사회에 제출했던 청구서상의 소집이유와 서로 맞지 않는다면 "법원으로서는 위와 같은 불일치 등에 관하여 석명하거나 지적함으로써 신청인에게 의견을 진술하게 하고 회의 목적사항을 수정·변경할 기회를 주어야 한다"고 판시하였다.

생각건대 대표이사의 해임, 이사의 해임은 그 절차 및 효력이 엄연히 구분되므로, 법원이 어느 정도까지 석명해야 하는지 의문을 가지는 견해[8]도 있을 것이나, 甲이 소집을 청구한 임시총회의 주된 목적이 '乙의 해임'에 있었다는 점을 상기해 보면, 원심의 판단보다는 가급적 소수주주의 견제 기능을 유지시키려 한 대법원 입장은 설득력이 있다.[9] 주주총회의 결의대상이 되기 위해서는 '이사의 해임'이라고 분명하게 표시해야 하지만 비전문가들의 표현은 부정확할 수 있고 대표이사의 해임이라는 문구는 상황과 맥락에 따라 '대표이사는 물론 이사 지위에서의 해임'까지도 의미할 수도 있으므로 그 의미가 불분명하다면 법원으로서는 당사자의 신청취지를 명확하게 확인해야 한다.

(김홍기)

7) 대법원 2022.4.19. 자 2022그501 결정.

8) 원심은 대표이사 乙이 이사직에서 해임되면 결국 대표이사직에서 해임되는 결과가 된다는 점은 인식하고 있었으나, 그럼에도 불구하고 대표이사의 해임과 선임은 이사회의 결의사항이지 주주총회결의 사항은 될 수 없다고 판단하였다.

9) 같은 취지로는 노혁준, 앞의 논문, 107면; 천경훈, "2022년 회사법 판례 회고," 「상사판례연구」 제36권 제1호(상사판례학회, 2023.3), 88면; 홍복기, "2022년 회사법 판례 회고," 「선진상사법률연구」 제101호(법무부 상사법무과, 2023.1), 32면.

주주총회의 소집철회

대법원 2011.6.24. 선고 2009다35033 판결

Ⅰ. 판결개요

1. 사실관계

원고 회사(주식회사 서울레이크사이드: 이하 'X회사'라고 한다)의 대표이사인 A가 2005. 7. 14. 이사회를 소집하여 X회사의 임시주주총회를 2005. 7. 29. 오전 11:00에 소집하기로 하는 내용의 이사회결의가 이루어진 후, 같은 날 주주들에게 그 임시주주총회 소집통지서를 발송하였다. 그런데 A는 자신과 X회사의 경영권 다툼을 벌이고 있던 B가 보유하고 있던 X회사 주식 14,400주에 대해 B의 의결권행사를 허용하는 가처분결정이 내려진 것을 알고 위 가처분결정에 대하여 가처분이의절차로 불복할 시간을 벌기 위하여 일단 2005. 7. 29.자로 예정된 임시주주총회의 소집을 철회하기로 계획하였다. 이에 따라 2005. 7. 20. 이사들에게 '2005. 7. 28. 16:00에 이사회를 개최한다'는 내용의 소집통지서를 발송한 후, 2005. 7. 28. 16:00에 이사회를 소집하여 이사 7인 중 4인이 참석하였고 전원 찬성을 얻어 2005. 7. 29.자 임시주주총회의 소집을 철회하기로 하는 내용과 임기를 다한 대표이사 A의 후임으로 C를 선임한다는 내용의 이사회결의를 하였다. A는 이후 임시주주총회가 개최될 장소의 출입문에 2005. 7. 29.자 임시주주총회가 이사회결의로 철회되었다는 취지의 공고문을 부착하고, 이사회에 참석하지 않은 주주들에게는 퀵서비스를 이용하여 2005. 7. 29. 11:00 개최 예정이었던 임시주주총회가 이사회결의로 그 소집이 철회되었다는 내용의 소집철회통지서를 보냈다. 뿐만 아니라 A는 전보와 휴대전화(직접 통화 또는 메시지 녹음)를 이용하여 같은 취지의 통지를 하였다. 그럼에도 불구하고 B가 2005. 7. 29. 11:00 임시주주총회(이하 '이 사건 임시주주총회'라고 한다)의 개최를 강행하자, 신임 대표이사

인 C가 임시주주총회는 이사회에서 적법하게 철회되었지만 회의의 적법성 여부는 추후 법원의 판단에 맡긴다고 전제한 후 이 사건 임시주주총회의 개회를 선언하고 회의를 진행한 결과, 신임이사로 D, E가 선임되었다. 이어서 같은 날 X회사의 이사회가 개최되었는데, 위 이사회에서는 기존 이사 7명 중 6명과 새로 선임된 D, E 등 총 8명의 이사가 참석한 가운데, 이사 5명의 찬성으로 C를 이사에서 해임하고 새로운 대표이사로 B를 선임하는 결의를 하였고, B는 2005. 8. 2. X회사의 대표이사로 그 선임등기를 마쳤다.

2. 판결요지

주식회사 대표이사가 이사회결의를 거쳐 주주들에게 임시주주총회 소집통지서를 발송하였다가 다시 이를 철회하기로 하는 이사회결의를 거친 후 주주들에게 소집통지와 같은 방법인 서면에 의한 소집철회통지를 한 이상 임시주주총회 소집이 적법하게 철회되었다.

소유와 경영의 분리를 원칙으로 하는 주식회사에서 주주는 주주총회결의를 통하여 회사 경영을 담당할 이사의 선임과 해임 및 회사의 합병, 분할, 영업양도 등 법률과 정관이 정한 회사의 기초 내지는 영업조직에 중대한 변화를 초래하는 사항에 관한 의사결정을 하기 때문에, 이사가 주주의 의결권행사를 불가능하게 하거나 현저히 곤란하게 하는 것은 주식회사 제도의 본질적 기능을 해하는 것으로서 허용되지 아니하고, 그러한 것을 내용으로 하는 이사회결의는 무효로 보아야 한다.

이사회 소집통지를 할 때에는, 회사의 정관에 이사들에게 회의의 목적사항을 함께 통지하도록 정하고 있거나 회의의 목적사항을 함께 통지하지 아니하면 이사회에서의 심의·의결에 현저한 지장을 초래하는 등의 특별한 사정이 없는 한, 주주총회 소집통지의 경우와 달리 회의의 목적사항을 함께 통지할 필요는 없다.

주주총회결의의 효력이 회사 아닌 제3자 사이의 소송에서 선결문제로 된 경우에 당사자는 언제든지 당해 소송에서 주주총회결의가 처음부터 무효 또는 부존재한다고 주장하면서 다툴 수 있고, 반드시 먼저 회사를 상대로 주주총회의 효력을 직접 다투는 소송을 제기하여야 하는 것은 아니다.

3. 관련판례

(1) 대법원 2007.4.12. 선고 2006다77593 판결

법인이나 법인 아닌 사단의 총회에 있어서, 소집된 총회가 개최되기 전에 당초 그 총회의 소집이 필요하거나 가능하였던 기초 사정에 변경이 생겼을 경우에는, 특별한 사정이 없는 한 그 소집권자는 소집된 총회의 개최를 연기하거나 소집을 철회·취소할 수 있다. 법인이나 법인 아닌 사단의 총회에 있어서 총회의 소집권자가 총회의 소집을 철회·취소하는 경우에는 반드시 총회의 소집과 동일한 방식으로 그 철회·취소를 총회 구성원들에게 통지하여야 할 필요는 없고, 총회 구성원들에게 소집의 철회·취소결정이 있었음이 알려질 수 있는 적절한 조치가 취하여지는 것으로써 충분히 그 소집 철회·취소의 효력이 발생한다.

(2) 대법원 2009.3.26. 선고 2007도8195 판결

주주총회 소집의 통지·공고가 행하여진 후 소집을 철회하거나 연기하기 위해서는 소집의 경우에 준하여 이사회의 결의를 거쳐 대표이사가 그 뜻을 그 소집에서와 같은 방법으로 통지·공고하여야 한다.

(3) 대법원 1992.9.22. 선고 91다5365 판결

주주총회결의의 효력이 그 회사 아닌 제3자 사이의 소송에 있어 선결문제로 된 경우에는 당사자는 언제든지 당해 소송에서 주주총회결의가 처음부터 무효 또는 부존재하다고 다투어 주장할 수 있는 것이고, 반드시 먼저 회사를 상대로 제소하여야만 하는 것은 아니며, 이와 같이 제3자간의 법률관계에 있어서는 상법 제380조, 제190조는 적용되지 아니한다. 상법 제380조가 규정하는 주주총회결의부존재확인판결은 '주주총회결의'라는 주식회사 내부의 의사결정이 일단 존재하기는 하지만 그와 같은 주주총회의 소집절차 또는 결의방법에 중대한 하자가 있기 때문에 그 결의를 법률상 유효한 주주총회의 결의라고 볼 수 없음을 확인하는 판결을 의미하는 것으로 해석함이 상당하고, 실제의 소집절차와 실제의 회의절차를 거치지 아니한 채 주주총회의사록을 허위로 작성하여 도저히 그 결의가 존재한다고 볼 수 없을 정도로 중대한 하자가 있는 경우에는 상법 제380조 소정의 주주총회결의부존재확인판결에 해당한다고 보아 상법 제190조를 준용할 것도 아니다.

Ⅱ. 판결의 평석

1. 사안의 쟁점[1)]

주주총회가 개최되기 전에 주주총회 소집을 철회하고자 할 경우 그 절차 및 방법에 관해서는 상법은 규정을 두고 있지 않다. 본 사안에서도 회사경영권 분쟁이 문제되어 주주총회 소집통지를 한 후 주주총회 소집철회를 시도하였고 소집철회에도 불구하고 주주총회가 개최되어 신임이사와 대표이사가 선임되었다. 이사선임과 대표이사 선임행위가 효력을 가지려면 이사선임을 위한 주주총회결의가 유효하여야 하고 이는 주주총회 소집철회의 효력에 의존하게 되어, 주주총회 소집철회가 유효하기 위한 철회의 절차, 방법이 문제된다. 그 밖에 임시주주총회 소집을 철회하기로 하는 이사회결의가 총회소집을 희망하는 측의 의결권행사가 불가능하거나 현저히 곤란하여 무효인가 하는 점도 문제되었다.

그 밖에 주주총회 소집철회를 위한 이사회 소집통지를 하면서 주주총회 소집철회를 위한 것이라는 회의의 목적사항을 통지하지 않은 것이 이사회의 효력에 영향을 미치는지 하는 점도 문제되었다. 그리고 소집철회후 이뤄진 주주총회의 결의는 소집철회가 유효할 경우 어떠한 효력을 가지며 동 주주총회에서 선임된 이사, 대표이사의 업무집행의 효력을 부인하기 위해서 주주총회결의하자의 소를 제기하여야 하는지 등도 문제되었다. 아울러 주주총회에서 대표이사를 선임하였는바, 주주총회에서 대표이사를 선임할 수 있는지도 문제된다.

2. 판례 검토

(1) 주주총회 소집철회 방법

1) 이사회결의

주식회사가 주주총회를 소집하기 위해서는 이사회에서 주주총회 소집결의를 거쳐 주주총회일 일정 기간 전에 소집통지를 하여야 한다. 이렇게 소집된 주주총회의 총회개최전 철회에 관해서는 상법은 아무런 규정을 두고 있지 않아 주주총회 소집과 동

1) 이 사건은 주주총회결의의 효력에 따른 회사의 경영권에 관한 소송이 아니었고 회사와 회사노조 간의 손해배상청구에 있어 손해 원인인 불법행위의 성립 여부와 손해의 범위가 문제되었고 이를 판단함에 있어 주주총회 결의의 효력이 문제되었다.

일한 절차에 의한 철회가 요구된다고 본다. 따라서 소집된 주주총회를 철회하기 위해서는 주주총회 소집절차와 동일하게 우선 주주총회의 소집권자인 이사회가 소집된 주주총회의 개최를 철회한다는 결의를 하여야 한다. 이에 관해 판례도 동일하게 이해하고 있다.

2) 철회통지방법

주주총회 소집의 통지에 관해서는 상법에서 2주의 기간 전에 통지를 발송하도록 정하고 있다(상법 제363조). 그러나 주주총회 소집통지 이후에 이뤄지는 철회통지에도 일응 동일한 절차가 요구되나, 소집철회시점은 이미 총회일로부터 얼마 남지 않게 되어 이러한 기간을 준수할 수 없다. 그리고 소집통지는 의결권 행사기회를 제공한다는 적극적 통지이나 소집철회는 의결권 행사기회를 소멸시킨다는 소극적 통지여서 당사자의 이익에 대한 침해가 상대적으로 가볍다는 점에서 통지기간은 문제되지 않는다고 본다. 따라서 어떤 수단을 사용하더라도 주주에게 전달되면 족하고 통지기간의 준수나 통지수단의 제한 등은 주주총회 소집철회에는 적용되지 않는다.

3) 판결 검토

본 판결은 임시주주총회 소집을 철회하기로 하는 이사회결의를 거친 후 주주들에게 소집통지와 같은 방법인 서면에 의한 소집철회통지를 한 이상 임시주주총회 소집이 적법하게 철회되었다고 보았다. 판결은 소집통지기간의 부족을 문제삼지 않았으나 소집철회방법 역시 서면에 의한 통지를 요한다는 입장을 취하고 있다. 이러한 판결의 입장은 주주총회의 소집철회에 관해 사단법인 관련 종전 판결이 판시한 바와 같이 사원총회 철회시 소집과 동일한 절차가 요구된다는 입장[2]과 동일하지만 철회통지가 적절한 방법이면 족하다는 입장[3]과는 구별된다.

생각건대 주주총회 소집통지와 동일한 방법으로 소집철회할 수 있다는 대법원은 판단은 원론적으로 타당하다고 본다. 하지만 철회통지시 소집통지시한에 관한 규정을 그대로 적용하는 것은 사실상 불가능하며, 마찬가지로 서면에 의한 통지도 불필요하다고 해석하는 것이 타당하다. 왜냐하면 서면통지요건을 흠결하였다고 주주총회가 다시 유효하게 될 수 없으므로 서면통지로 엄격하게 제한하는 것은 불필요한 분쟁을 유발할 우려가 있기 때문이다. 이런 점을 감안하면 2007년 판결은 적절한 방법으로 통지를 하면 족하다고 판결한 것으로써 타당하다고 본다.

---

2) 대법원 2009.3.26. 선고 2007도8195 판결.
3) 대법원 2007.4.12. 선고 2006다77593 판결.

(2) 소집철회결의와 주주의 권리

1) 이사회결의 하자와 주장방법

주주총회의 결의사항이 법령에 위반한 경우 동 주주총회결의는 무효원인을 가지게 되고, 정관에 위반한 주주총회결의는 주총결의취소의 소의 대상이 된다. 그런데 이사회결의의 하자에 관해서는 상법에 특별한 규정을 두고 있지 않아, 결의취소의 소를 통한 하자주장은 불가능하고 이사회결의 무효 또는 부존재확인의 소를 이용할 수 있다고 본다. 따라서 이사회결의의 내용이 법령 또는 정관에 위반하거나 결의절차에 하자가 있는 경우 모두 이사회결의 무효확인의 소의 대상이 된다고 보아야 하고, 이사회결의가 존재한다고 보기 어려울 정도로 흠결이 큰 경우에는 이사회결의 부존재확인의 소의 대상이 된다고 보아야 한다. 본 사안에서는 이사회결의 무효의 원인으로 주주권의 하나인 의결권 행사를 불가능하게 하거나 현저히 곤란하게 하는 이사회결의의 효력이 문제되었다.

2) 판결 검토

대법원은 X주식회사 대표이사 A가 일단 임시주주총회 소집을 철회하기로 계획한 후 이사회를 소집하여 결국 임시주주총회 소집을 철회하기로 하는 내용의 이사회결의가 이루어진 사안에서, B 측은 발행주식총수의 100분의 3 이상에 해당하는 주식을 가진 주주로서 상법 제366조에 따라 임시주주총회 소집을 청구할 수 있고 소집절차를 밟지 않는 경우 법원의 허가를 얻어 임시주주총회를 소집할 수 있었던 점 등에 비추어 볼 때, 임시주주총회 소집을 철회하기로 하는 이사회결의로 B 측의 의결권행사가 불가능하거나 현저히 곤란하게 된다고 볼 수 없으므로 위 이사회결의가 주식회사 제도의 본질적 기능을 해하는 것으로서 무효가 되기에 이르렀다고 보기 어렵다고 판단하였다. 즉 A와 B간의 경영권 다툼이 있는 상황 하에서 개최예정된 주주총회를 철회하는 결의가 B의 주주권행사를 방해하는 결의인가 하는 점에 관해 B의 임시주총 소집가능성을 고려하여 부인하였다. 만일 B가 소유하고 있는 주식이 임시총회 소집청구권이라는 소수주주권의 행사요건보다 적은 수의 주식이었다면 대법원이 이사회의 주총철회결의를 주주권행사에 대한 방해로 보았을 것인지에 관해 단정할 수는 없지만 그렇게 볼 가능성을 전제하고 있다.

생각건대 주주총회 소집권한은 원칙적으로 이사회가 가지고 예외적으로 소수주주와 법원이 가지게 되므로 소집 예정된 주주총회의 철회 역시 이들만이 가지고 기타 개인주주 등은 의사결정에서 배제되어 있다고 본다. 따라서 설령 본 사안과 같이 의결권행사 허용 가처분이 있었을 경우, 개최된 주주총회에서 의결권행사를 허용하지 않고 결의를 하였다면 이는 가처분에 반하는 의사결정이어서 무효이지만 주주총회를 철회하여 의결권행사를 할 수 있는 기회를 봉쇄한 경우라면 이는 동 가처분에 대한 직접적인 침해행위로 볼 수는 없다. 이는 간접적인 침해행위에 지나지 않아 이를 이사회결의의 무효원인으로 보기 어렵다고 본다. 요컨대 이사회의 주주총회 철회결의는 회사의 경영권 다툼이 있는 상대방이 설령 의결권행사 허용 가처분을 득하였다고 하더라도 상대방의 주식수와 무관하게 유효라 본다.

(3) 이사회 소집통지의 방법

이사회 소집통지에 관해서는 상법은 이사회가 회일을 정하고 그 1주일 전에 각 이사 및 감사에 대하여 통지를 발송하도록 규정하면서 전원출석총회의 예외를 규정하고 있다(상법 제390조 제3항, 제4항). 하지만 주주총회의 소집통지에 관한 상법 제363조와는 달리 회의의 목적사항의 기재 등에 관한 사항을 규정하고 있지 않아 이사회 소집통지서에는 이사회의 목적사항을 기재하지 않더라도 무방하다고 보는 견해가 통설이다. 본 판결도 이사회 소집통지를 할 때에는, 회사의 정관에 이사들에게 회의의 목적사항을 함께 통지하도록 정하고 있거나 회의의 목적사항을 함께 통지하지 아니하면 이사회에서의 심의·의결에 현저한 지장을 초래하는 등의 특별한 사정이 없는 한, 주주총회 소집통지의 경우와 달리 회의의 목적사항을 함께 통지할 필요는 없다고 하여 통설과 동일한 입장이고 타당하다.

(4) 소집철회된 주주총회결의의 효력

대법원은 2005. 7. 29.자 임시주주총회의 소집이 적법하게 철회된 이상, 위 임시주주총회는 이사회의 결의도 없이 소집권한 없는 자에 의하여 소집된 것이라고 볼 수 있기 때문에, 그 하자가 총회결의가 존재한다고 볼 수 없을 정도로 중대한 것으로서 그 결의가 부존재한다고 판단한 원심의 판단은 정당하다고 보았다. 하지만 이사회가 적법하게 철회결의를 하였다면 이는 장래에 향하여 효력을 가지게 되어 이후 개최되는 주주총회는 이사회의 주주총회 소집결의 없이 이뤄진 주주총회가 되어 주주총회 결의취소사유가 된다. 따라서 주주총회 철회결의는 그 존재 여부가 중요하고 철회통지의 발송시기라든가 철회결의의 통지방법 등은 철회결의의 효력에 영향을 미치지 않는다.

(정경영)

전원출석주주총회

대법원 2008.6.26. 선고 2008도1044 판결

Ⅰ. 판결개요

1. 사실관계

임시주주총회일 당시 주식회사 A의 총발행주식수는 20,000주, 주주는 8명이었는데, X는 그중 12,600주를 자신의 명의 혹은 그 부친의 명의로 소유하고 있었다. 명목상의 주주인 X의 부친을 제외한 나머지 주주들은 임시주주총회전에 X에게 이사와 감사의 전원 교체 의안을 처리하기 위한 임시주주총회에 관하여 그 의결권을 위임하였거나 혹은 이미 자신들의 주주권행사를 포괄적으로 X에게 위임하였다. X는 임시주주총회에 출석하여, 임시의장이 되어 기존의 이사와 감사를 모두 해임하고 甲, 乙, 丙을 이사로, 丁을 감사로 각 선임한다고 결의한 내용의 임시주주총회의사록을 작성하였다. X는 적법한 주주총회 소집절차를 거치지 않았을 뿐 아니라 실제로 주주총회를 개최하지도 않고 의사록을 작성하였고, 의사록을 이용하여 결의내용에 대하여 변경등기를 하였다. X의 이러한 행위에 대하여 검사는 의장의 지위에 관한 자격모용, 사문서작성죄 및 동행사죄, 변경등기를 마친 행위에 대하여 공정증서원본부실기재·부실기재공정증서원본행사죄 등으로 공소를 제기하였다.

2. 판결요지

주식회사의 임시주주총회가 법령 및 정관상 요구되는 이사회의 결의 및 소집절차 없이 이루어졌다 하더라도, 주주명부상의 주주 전원이 참석하여 총회를 개최하는 데 동의하고 아무런 이의 없이 만장일치로 결의가 이루어졌다면 그 결의는 특별한 사정이 없는 한 유효하다. 피고인이 주식회사 A의 주주 전원의 위임을 받아 기존 이사 및 감사를 해임하고 새로운 이사 및 감사를 선임한 내용의 결의가 있었던 것으로 임시주주총회 의사록을 작성한 이상, 비록 X가 적법한 주주총회 소집절차를 거치지 않았을 뿐 아니라 실제로 주주총회를 개최하지도 않았지만 주주 전원의 의사에 따라 그 내용의 유효한 결의가 있었던 것으로 볼 것이다.

3. 관련판례

(1) 대법원 2002.12.24. 선고 2000다69927 판결

주식회사의 임시주주총회가 법령 및 정관상 요구되는 이사회의 결의 및 소집절차 없이 이루어졌다 하더라도, 주주명부상의 주주 전원이 참석하여 총회를 개최하는 데 동의하고 아무런 이의 없이 만장일치로 결의가 이루어졌다면 그 결의는 특별한 사정이 없는 한 유효하다.[1]

(2) 대법원 1993.2.26. 선고 92다48727 판결

임시주주총회가 법령 및 정관상 요구되는 이사회의 결의 없이 또한 그 소집절차를 생략하고 이루어졌다고 하더라도, 주주의 의결권을 적법하게 위임받은 수임인과 다른 주주 전원이 참석하여 총회를 개최하는 데 동의하고 아무런 이의 없이 만장일치로 결의가 이루어졌다면 이는 다른 특별한 사정이 없는 한 유효한 것이다.

(3) 대법원 2004.12.10. 선고 2004다25123 판결

주식회사에 있어서 회사가 설립된 이후 총주식을 한 사람이 소유하게 된 이른바 1인 회사의 경우에는 그 주주가 유일한 주주로서 주주총회에 출석하면 전원 총회로서 성립하고 그 주주의 의사대로 결의가 될 것임이 명백하므로 따로 총회소집절차가 필요 없고, 실제로 총회를 개최한 사실이 없었다 하더라도 그 1인 주주에 의하여 의결이 있었던 것으로 주주총회의사록이 작성되었다면 특별한 사정이 없는 한 그 내용의 결의가 있었던 것으로 볼 수 있고, 이는 실질적으로 1인 회사인 주식회사의 주주총회의 경우도 마찬가지이며, 그 주주총회의사록이 작성되지 아니한 경우라도 증거에 의하여 주주총회결의가 있었던 것으로 볼 수 있다.[2]

---

1) 대법원 2002.7.23. 선고 2002다15733 판결(同旨); 대법원 1996.10.11. 선고 96다24309 판결(同旨).
2) 동지: 대법원 2014.1.23. 선고 2013다56839 판결.

Ⅱ. 판결의 평석

1. 판결의 의의

본 판결은 상법상 주주총회의 소집에 요구되는 이사회의 결의와 소집절차 없이 이루어진 주주총회라도 주주명부상의 주주 전원이 참석하여 총회를 개최하는 데 동의하고 아무런 이의 없이 만장일치로 결의가 이루어졌다면, 이를 전원출석주주총회로서 보아 그 결의의 유효성을 인정한 판례이다. 대상판결은 대법원 판례가 그동안 그 유효성을 인정해 온 전원출석주주총회에 대한 기존 판결과 같은 취지의 판결이다.

2. 주주총회의 소집절차

(1) 소집의 결정

상법상 총회의 소집은 원칙적으로 이사회의 권한이며, 총회의 소집은 상법에 다른 규정이 있는 경우 외에는 이사회가 이를 결정한다(상법 제362조). 총회소집을 위한 이사회는 이사회 소집절차에 따라 소집권자가 회일 1주간 전에 각 이사 및 감사에게 통지를 발송하여야 하며, 이 기간은 정관으로 단축할 수 있다(상법 제390조 제3항). 다만, 이사 및 감사 전원의 동의가 있는 경우에는 소집절차 없이 이사회를 개최할 수 있다(상법 제390조 제4항). 이사회 이외에 발행주식의 100분의 3 이상에 해당하는 소수주주(상장회사의 경우 6개월 전부터 계속하여 상장회사 발행주식의 1000분의 15 이상에 해당하는 주식을 보유하는 소주주주)는 회의의 목적사항과 소집의 이유를 기재한 서면 또는 전자문서를 이사회 또는 이사가 1인 또는 2인인 회사는 이사에 제출하여 임시총회를 소집청구할 수 있다(상법 제366조 제1항, 제383조 제6항, 제542조의6 제1항). 이 경우 이사회 또는 이사가 소수주주의 청구를 받은 후 지체 없이 총회소집의 절차를 밟지 않으면 그 주주는 법원의 허가를 받아 직접 주주총회를 소집할 수 있다(상법 제366조 제2항). 감사 또는 감사위원회를 설치한 회사의 경우 그 위원도 이사회(이사가 1인 또는 2인인 회사는 이사)에 임시총회를 소집청구할 수 있으며(상법 제412조의3 제1항, 제415조의2 제7항), 청구받은 이사회 또는 이사가 지체 없이 소집절차를 밟지 않으면 직접 주주총회를 소집할 수 있다(상법 제412조의3 제2항, 제415조의2 제7항). 법원이 소수주주의 청구에 의하여 검사인을 선임한 경우(상법 제467조 제1항) 회사의 업무와 재산상태를 조사한 결과에 대한 보고를 받고(상법 제467조 제2항) 필요하다고 인정한 때에 법원은 대표이사에게 총회의 소집을 명할 수 있다(상법 제467조 제3항).

(2) 소집통지

주주총회를 소집하려면 주주의 출석권을 보장하기 위하여 원칙적으로 주주총회일의 2주간 전에 각 주주에게 서면 또는 전자문서로 소집통지를 발송하여야 한다(상법 제363조 제1항 본문). 자본금 총액이 10억원 미만인 회사가 주주총회를 소집하는 경우에는 주주총회일의 10일 전에 각 주주에게 서면으로 통지를 발송하거나 각 주주의 동의를 받아 전자문서로 통지를 발송할 수 있다(상법 제363조 제3항). 상장회사의 경우에는 발행주식총수의 100분의 1 이하의 주식을 소유하는 주주에게 정관이 정하는 바에 따라 주주총회일 2주간 전에 둘 이상의 일간신문에 각각 2회 이상 공고하거나 대통령령이 정하는 바에 따라 전자적 방법으로 공고함으로써 소집통지에 갈음할 수 있다(상법 제542조의4 제1항, 상법 시행령 제31조 제1항).

(3) 소집통지 절차를 생략할 수 있는 경우

1) 의결권이 제한된 주식

의결권이 없는 주주에 대해서는 소집통지 절차를 생략할 수 있다(상법 제363조 제7항). 따라서 무의결권주식(상법 제344조의3 제1항), 회사의 자기주식(상법 369조 제2항), 자회사가 예외적으로 취득한 모회사의 주식(상법 제342조의2 제1항), 비모자회사간 주식의 상호소유로 의결권이 제한된 주식(상법 제369조 제3항)에 대하여 총회 소집통지 절차를 생략할 수 있다.

2) 3년간 소재불명인 주주

주주총회의 소집 통지가 주주명부상 주주의 주소에 계속 3년간 도달하지 아니한 경우에는 회사는 해당 주주에게 총회의 소집을 통지하지 아니할 수 있다(상법 제363조 제1항 단서).

3) 전원출석총회의 경우

1인의 주주가 출석한 경우나 회사의 전주주가 총회를 개최할 것에 동의하여 출석한 전원출석총회의 경우에는 이사회의 결의나 소집절차를 거치지 않더라도 유효하게 총회가 성립한다고 보는 것이 통설 및 판례의 입장이다.[3)]

---

3) 대법원 1993.2.26. 선고 92다48727 판결; 대법원 1996.10.11. 선고 96다24309 판결; 대법원 2002.7.23. 선고 2002다15733 판결.

4) 소규모 주식회사의 경우

자본금 총액이 10억원 미만인 회사는 주주 전원의 동의가 있을 경우에는 소집절차 없이 주주총회를 개최할 수 있고, 서면에 의한 결의로써 주주총회의 결의를 갈음할 수 있다. 결의의 목적사항에 대하여 주주 전원이 서면으로 동의를 한 때에는 서면에 의한 결의가 있는 것으로 본다(상법 제363조 제4항).

3. 소집절차의 위반과 주총결의하자

주주총회의 소집절차가 법령 또는 정관에 위반하거나 현저하게 불공정한 때는 주주총회결의 취소사유에 해당하며 그 결의의 날로부터 2월 내에 주주·이사 또는 감사는 결의취소의 소를 제기할 수 있다(상법 제376조 제1항).

4. 전원출석주주총회

(1) 의의 및 인정 근거

1인의 주주가 출석한 경우나 회사의 전주주가 총회를 개최할 것에 동의하여 전원이 출석한 총회를 전원출석주주총회라고 한다. 주주총회의 소집절차는 주주의 총회참석권을 보호하기 위한 것이므로, 소집절차에 하자가 있더라도 그 하자는 주주 전원의 동의와 출석으로 치유된다고 보는 것이다. 통설 및 판례는 전원출석주주총회를 유효성을 인정하여, 이사회의 결의나 총회소집절차를 결여한 경우에도 전원출석총회의 요건을 갖춘 경우에는 유효하게 총회가 성립한 것으로 본다.

(2) 판례상 인정 범위

대상판례는 '주주총회의 소집절차'를 위반한 경우뿐만 아니라 '이사회의 소집결의가 흠결'된 경우에도 전원출석주주총회로서 그 유효성을 인정하고 있다. 이에 대하여 이사회의 소집결정은 주주의 이익과 편의를 위한 절차가 아니라 총회소집권한의 소재에 관한 문제로서 소집통지절차와 같은 평면에서 볼 수 없다는 이유로 '이사회 소집결정의 결여'는 전원출석주주총회나 1인 주주의 참석으로 치유될 수 없는 하자로 보아야 한다는 견해가 있다.[4]

---

4) 이철송, 회사법강의, 제26판, 박영사, 2018, 513면.

(3) 요 건

판례는 총회의 소집절차나 이사회결의가 없더라도 ① 유일한 주주가 1인 주주로서 의결을 한 경우와 ② 주주전원이 직접 또는 위임에 의하여 총회에 참석하여 총회를 개최하는 데 동의하고 만장일치로 결의가 이루어진 경우에 주주총회의 결의를 유효한 것으로 한다.[5] 즉 주주전원의 참석뿐 아니라 참석한 주주전원의 만장일치로 결의할 것을 요건으로 한다. 그러나 일반적으로 학설은 총주주가 주주총회의 개최에 동의하여 출석하면 전원출석주주총회가 성립하는 것으로 설명하고 있는데, 이러한 학설의 입장에 의하면 학설상 전원출석주주총회가 유효하기 위해서는 주주의 '전원출석'만이 요건이 되는지, 아니면 주주 전원출석 이외에 '전원찬성'도 요건이 되는지 분명하지 않다.

5. 총주주의 동의에 의한 소집절차의 생략

유한회사의 사원총회는 총사원의 동의가 있으면 소집절차 없이 개최할 수 있다는 규정(상법 제573조)을 주주총회에도 유추적용하여 전원출석주주총회 외에 총주주의 동의가 있으면 그 회의 주주총회에 한하여 소집절차를 생략할 수 있다고 보는 견해가 있다.[6] 이 경우에는 총주주가 주주총회 소집절차 없이 주주총회를 개최하는 데 동의하였다면, 주주전원이 총회에 참석하지 않고 일부 주주가 불참하더라도 유효한 총회로서 인정하게 되는 점이 전원출석주주총회와 다른 점이다. 상법은 자본금 10억원 미만의 소규모 주식회사에 대하여 총주주의 동의로 소집절차를 생략할 수 있는 규정을 두고 있다(상법 제363조 제5항).

6. 대상판결에 대한 검토

대상판결은 주주총회의 소집절차를 전혀 거치지 않은 주주총회결의에 대하여, 이사회의 결의와 주주총회의 소집통지를 흠결한 경우에도 주주명부상의 주주 전원이 참석하여 총회를 개최하는 데 동의하고 아무런 이의 없이 만장일치로 결의가 이루어졌다면 그 결의는 특별한 사정이 없는 한 유효하다고 판시하여 전원출석주주총회의 유효성을 인정하고 있다. 이는 기존의 판례와 동일한 입장이다. 대상판결은 전원출석주주총회의 인정범위에 있어서 이사회결의 흠결과 주주총회 소집통지 흠결에 대해서

5) 대법원 1993.2.26. 선고 92다48727 판결 참조.
6) 정찬형, 상법강의(상), 제21판, 박영사, 2018, 883면.

전원출석총회를 인정하고 있으므로 기존의 판례와 그 인정범위도 동일하다. 또한 주주의 직접 참석뿐 아니라 위임에 의한 참석도 전원출석으로서 유효성을 인정하고 있는 점도 기존 판례와 같다. 그러나 기존 판례와 달리 특히 주목할 만한 점은 "주주총회 소집절차를 거치지 않았을 뿐 아니라 실제로 주주총회를 개최하지도 않았지만" 주주 전원의 의사에 따라 의사록이 작성되었다면 그 내용의 유효한 결의가 있었던 것으로 본다는 것이다. 이러한 입장에서 X는 적법한 주주총회 소집절차를 거치지 않았을 뿐 아니라 실제로 주주총회를 개최하지도 않고도 의사록을 작성하였지만 이를 유효한 총회의 개최로 인정하였다. 대상판결이 실제로 주주총회를 개최하지도 않고 의사록을 작성한 경우까지 전원출석총회로서 유효성을 인정하고 있는 것은 전원출석총회가 '주주총회 소집절차'를 생략하는 것을 허용하는 것이지 '주주총회 개최 자체'를 생략할 수 있도록 하는 것은 아니라는 점에서 의문의 여지가 있을 수 있다. 즉 주주전원이 동의하여 출석하면 주주총회 소집절차의 흠결만을 보완하게 되는 일반적인 전원출석총회의 경우와 달리 서면결의의 총회까지도 유효하게 인정하는 것이 되므로 이는 본래의 적용범위를 넘어선 해석인 것이다. 그러나 전원출석주주총회가 주주의 총회출석권이 실질적으로 침해되지 않는 한 소집절차의 하자가 치유를 인정하는 목적의 제도라는 점에서, 주주전원이 동의한 경우 직접 주주총회를 개최하지 않고 주주전원의 의사에 따라 서면으로 의사록만 작성하더라도 주주의 총회출석권이 실질적으로 침해되지 않는다는 판례의 결론은 수긍할 수 있다. 다만 사안과 같이 1인이 주주로서의 주주전원의 위임을 받아 의사록을 작성한 경우와 달리 복수의 주주가 직접 또는 주주의 전원의 위임을 받아 주주총회를 개최하는 경우에 주주총회 자체를 개최하지 않는 것에 대해서는 서면투표는 주주총회에서 의견교환, 질의응답, 토론 등이 없이 의사결정이 이루어진다는 점에서 소집절차를 생략한 주주총회 개최와는 그 유효성을 달리 해석할 여지가 있다.

(윤성승)

35 정관상 의사정족수와 집중투표

대법원 2017.1.12. 선고 2016다217741 판결

Ⅰ. 판결개요

1. 사실관계

원고들(이하 통칭하여 X)은 피고 Y주식회사의 주주들인바, 이 사건에서 X는 Y회사의 2014. 8. 18.자 임시주주총회("이 사건 주주총회")에서 A, B, C를 이사로 선임한 결의를 다투면서, 주위적으로 주주총회결의의 부존재를, 예비적으로 그 취소를 구하고 있다. 본건의 특이한 점은 Y회사 정관 제22조가 "당 회사의 이사는 발행주식총수의 과반수에 해당하는 주식을 가진 주주가 출석하여 그 의결권의 과반수로 선임한다"고 하여 이사 선임에 관해 별도의 의사정족수를 규정하고 있었다는 점이다. 이 사건 주주총회 안건은 4명의 신규이사 선임이었는바(주주총회 소집통지시에 이사 후보자 7명의 주요이력 등이 포함됨), Y회사 정관은 집중투표를 배제하지 않았으므로 소수주주의 청구에 따라 집중투표가 진행되었다. 당시 회의장에는 Y회사 주주 전원이 출석하여 머물렀다. 다만 X(지분율 합계 16.7%) 및 이에 동조하는 주주 1인(지분율 40.89%)은 위 안건 상정을 거부하는 의사를 표시한 채 투표를 하지 않았고, 대표이사인 D(지분율 42.41%)만이 집중투표에 응하였다. 그 결과 7인의 후보자 중 득표를 하지 못한 4명의 후보자는 탈락하고, 최다수를 얻은 자부터 순차대로 A, B, C 3인이 이사로 선임되었다. 주된 쟁점이 된 것은 위 집중투표가 정관상 의사정족수에 위반하여 결의 취소 사유에 해당하는지 여부였다.

2. 판결요지

먼저 문제된 것은 의사정족수를 별도로 정한 정관 조항의 유효성 여부이다. 대법

원은 “상법 제368조 제1항은 주주총회의 보통결의 요건에 관하여 … 의사정족수를 따로 정하고 있지는 않지만, 보통결의 요건을 정관에서 달리 정할 수 있음을 허용하고 있으므로, 정관에 의하여 의사정족수를 규정하는 것은 가능하다”고 보아 그 유효성을 인정하였다.

다음으로 집중투표를 실행하는 경우에도 위 의사정족수 요건을 적용해야 하는지 여부이다. 대법원은 이를 긍정하였다. 즉 “이 규정[집중투표에 관한 상법 제382조의 2]은 어디까지나 주주의 의결권 행사에 관련된 조항이다. 따라서 주식회사의 정관에서 이사의 선임을 발행주식총수의 과반수에 해당하는 주식을 가진 주주의 출석과 그 출석주주의 의결권의 과반수에 의한다고 규정하는 경우, 집중투표에 관한 위 상법조항이 정관에 규정된 의사정족수 규정을 배제한다고 볼 것은 아니므로, 이사의 선임을 집중투표의 방법으로 하는 경우에도 정관에 규정한 의사정족수는 충족되어야한다”고 판단하였다. 다만 대법원은 결론적으로는 이사 선임결의에 하자가 없다고 보았다. 주주 전원이 이 사건 주주총회에 출석한 이상, 원고들 등 일부 주주가 실제 투표하지 않고 기권했더라도 이 사건 의사정족수 요건이 충족되었다고 판단했다.

3. 관련판례

대법원 2022.6.9. 선고 2018다228462,228479 판결

[1] 주식회사의 주주는 주식의 소유자로서 회사의 경영에 이해관계를 가지고 있기는 하지만, 직접 회사의 경영에 참여하지 못하고 주주총회의 결의를 통해서 이사를 해임하거나 일정한 요건에 따라 이사를 상대로 그 이사의 행위에 대하여 유지청구권을 행사하여 그 행위를 유지시키고 대표소송에 의하여 그 책임을 추궁하는 소를 제기하는 등 회사의 영업에 간접적으로 영향을 미칠 수 있을 뿐이다. 그러므로 주주가 회사의 재산관계에 대하여 법률상 이해관계를 가진다고 평가할 수 없고, 주주는 직접 제3자와의 거래관계에 개입하여 회사가 체결한 계약의 무효 확인을 구할 이익이 없다. 이러한 법리는 회사가 영업의 전부 또는 중요한 일부를 양도하는 계약을 체결하는 경우에도 마찬가지이다.

[2] 주식회사의 채권자는 회사가 제3자와 체결한 계약이 자신의 권리나 법적 지위를 구체적으로 침해하거나 이에 직접적으로 영향을 미치는 경우에는 그 계약의 무효 확인을 구할 수 있으나, 그 계약으로 인하여 회사의 변제 자력이 감소되어 그 결과 채권의 전부나 일부가 만족될 수 없게 될 뿐인 때에는 채권자의 권리나 법적 지

위가 그 계약에 의해 구체적으로 침해되거나 직접적으로 영향을 받는다고 볼 수 없으므로 직접 그 계약의 무효 확인을 구할 이익이 없다.

Ⅱ. 판결의 평석

1. 판결의 의의

대상판결은 주식회사의 보통결의요건이 정관을 통해 변경될 수 있다는 점, 특히 별도로 의사정족수를 정관에 규정할 수 있다는 점을 명확히 하였다. 또한 이러한 정관상 의사정족수 요건이 집중투표제에도 적용되어야 함을 설시한 최초의 판결이다.

2. 정관에 의한 보통결의요건 변경

상법상 주주총회의 통상적 결의요건, 즉 보통결의요건은 (i) 출석주주의 의결권의 과반수 및 (ii) 발행주식총수의 1/4 이상의 수에 의하는 것이다(상법 제368조 제1항). 상법상 결의요건 일반론은 다른 곳에서 상세히 다루기 때문에,[1] 여기에서는 상법상 요건을 정관에 의해 강화 또는 완화할 수 있는지 살펴본다. 상법 제368조 제1항은 위 보통결의 요건이 "정관에 다른 정함이 있는 경우" 변경될 수 있도록 규정한다. 그럼에도 불구하고 다수결 원칙을 정한 (i)을 정관으로 완화하는 것은 불가능할 것이다. 그 밖에 어느 정도까지 보통결의요건을 가중 또는 감경할 수 있는지에 대하여는 아직 정설이 없다. 한편 특별결의요건인 경우 정관을 통한 변경 근거조항이 없어서 논란이 있으나, 요건을 강화할 수는 있다고 보는 것이 다수설이다.

이 사건 판결은 보통결의요건에 별도의 의사정족수(발행주식총수의 과반수 출석)를 요구한 정관 조항이 유효하다고 보았다. 다만 보통결의요건을 어디까지 완화 또는 강화할 수 있는지, 예컨대 의사정족수를 요구하되 발행주식총수의 80% 등으로 정하는 것도 가능한지 등에 대하여는 여전히 의문의 여지가 있다.

3. 집중투표와 의사정족수

원래 주식회사의 이사선임은 단순투표제에 의한다. 이에 따르면 2명의 이사를 선임할 때 먼저 1명의 이사를 선임한 이후 다른 1명의 이사를 선임하게 된다. 이 경우

---

1) 대법원 2016.8.17. 선고 2016다222996 판결 평석 참조.

대주주는 모든 이사를 자신이 원하는 대로 선임할 수 있다. 이러한 대주주에 의한 이사회 독점을 막기 위한 것이 집중투표제이다. 이때 선임할 이사 수만큼의 의결권들이 각 주식에 부여되고 주주는 이를 한 번에 행사한다. 즉 2명의 이사를 선임하는 경우 10주를 보유한 주주는 20개의 의결권을 갖고 이를 특정 이사 후보자를 위해 집중적으로 행사할 수 있다. 그 결과 복수의 이사 중 일부는 소수주주의 지원을 받는 자가 선임될 가능성이 높아진다.

집중투표제가 실행되려면, ① 2인 이상의 이사를 선출하는 경우여야 하고, ② 집중투표제를 배제하는 정관규정이 없어야 하며, ③ 의결권 없는 주식을 제외한 발행주식총수의 3%(자산총액 2조원 이상 상장회사인 경우 1%) 이상의 주주가 집중투표 실행을 요청하여야 한다(상법 제382조의2 제1항, 제542조의7 제2항). 집중투표가 실행되는 경우 상법 제368조 제1항의 보통결의요건은 배제된다. 즉 순번 내의 득표를 획득한 후보자인 이상 실제 득표수가 제368조 제1항 요건에 미치지 못하더라도 이사로 선임된다.

이 사건 판결에서 문제된 것은 집중투표와 의사정족수와의 관계였다. 다수(4명)의 신규이사를 선임하는 건으로서 정관상 집중투표 배제 조항이 없었고 적법한 소수주주의 집중투표 요청이 있었으므로, 회사는 이사 선임을 반드시 집중투표로 진행해야 했다. 이때 정관상 유효한 의사정족수 조항이 있다면 집중투표시에 이를 고려해야 하는가? 대법원은 집중투표는 의결권 행사에 초점을 맞춘 제도라는 점을 들어 정관상 의사정족수는 충족되어야 한다고 판단하였다. 타당한 판결이라고 생각된다.

(노혁준)

36

특별이해관계인의 판단기준

대법원 2007.9.6. 선고 2007다40000 판결

Ⅰ. 판결개요

1. 사실관계

피고 Y회사는 여객자동차 운수사업 등을 목적으로 하는 주식회사인데, 대표이사 소외 A, B, C, D, E, F가 동 회사의 주주이며, 감사 G와 H도 주주이다. 소외 A, B, C, D는 2000. 8. 18.부터 Y회사의 이사로, 소외 E, F, G, H는 2003. 8. 18.부터 Y회사의 이사 또는 감사로 각각 재직하고 있다. Y회사는 2005. 9. 29. 주주들 전원이 참석한 가운데 임시주주총회를 개최하여, "제13기 결산서 책임추궁 결의에 관한 건"에 대하여 표결한 결과 총 주식 70,000주 중 찬성 32,443주, 반대 37,557주로 부결되었다. Y회사의 13기 회계연도는 2003. 4. 1.부터 2004. 3. 31.까지인데, 그 기간 동안 Y회사는 적자를 기록하였고, 이 결산서에 대하여는 이미 Y의 주주총회에서 승인을 받은 사실이 있었다. 이에 주주 X(원고)는 특별이해관계인에 해당하는 위 소외 A 등이 의결권을 행사한 주주총회의 결의는 하자가 있다고 주장하면서 결의취소를 구하는 소를 제기하였다.

2. 판결요지

주주총회가 재무제표를 승인한 후 2년 내에 이사와 감사의 책임을 추궁하는 결의를 하는 경우 당해 이사와 감사인 주주는 회사로부터 책임을 추궁당하는 위치에 서게 되어 주주의 입장을 떠나 개인적으로 이해관계를 가지는 경우로서 그 결의에 관한 특별이해관계인에 해당한다. 주주의 의결권은 주주의 고유하고 기본적인 권리이므로 특별이해관계인이라는 이유로 이를 제한하기 위하여는 그 결의에 관하여 특별한

이해관계가 있음이 객관적으로 명확하여야 한다.

이 사건 안건이 "제13기 결산서 책임추궁 결의에 관한 건"이라는 제목에 비추어 2003. 4. 1.부터 2004. 3. 31.까지의 기간 동안의 재무제표에 대한 경영진에 대한 책임을 추궁하기 위한 것으로 추측된다는 것일 뿐, 구체적으로 위 기간 동안에 이사나 감사로 재임한 자들 전원의 책임을 추궁하려고 하는 것인지, 그중 일부 이사나 감사만의 책임을 추궁하려고 하는 것인지, 나아가 어떠한 책임을 추궁하려고 하는 것인지 알 수 없고, 기록상 이를 알 수 있는 자료도 보이지 않는바, 그렇다면 원심이 들고 있는 사정만으로는 위 소외 A 등이 이 사건 결의에 관한 특별이해관계인에 해당한다고 단정할 수 없다.

3. 관련판례

(1) 부산고등법원 2004.1.16. 선고 2003나12328 판결

상법 제368조 제4항은 "총회의 결의에 관하여 특별한 이해관계가 있는 자는 의결권을 행사하지 못한다"고 규정하고 있고, 여기서 특별한 이해관계라 함은 특정한 주주가 주주의 입장을 떠나서 개인적으로 이해관계를 갖는 것을 말한다고 풀이되는바, 회사와 주주 사이에 영업양도를 할 경우 그 주주는 특별한 이해관계인에 해당한다고 볼 수 있으나, 사업의 양도인이 독점규제및공정거래에관한법률상으로 합작회사의 대주주의 계열회사에 해당한다는 것만으로 그 대주주를 위 규정 소정의 특별한 이해관계인에 해당한다고 할 수는 없다.

(2) 대구지방법원 2000.5.30. 선고 99가합13533 판결

이사의 책임해제에 관한 상법 제450조의 입법 취지와 주주대표소송에 관한 같은 법 제403조의 입법 취지를 종합적으로 고려하면, 주주총회가 재무제표를 승인한 후 2년 이내에 이사의 책임을 추궁하는 주주대표소송이 제기되어 그 소송이 계속중인 경우에는 위 2년의 기간이 도과하였다 하더라도 이사의 책임해제에 관한 위 규정의 적용은 배제된다고 해석함이 타당하다.

(3) 대법원 2002.2.26. 선고 2001다76854 판결

상법 제450조에 따른 이사의 책임해제는 재무제표 등에 기재되어 정기총회에서 승인을 얻은 사항에 한정되는데, 상호신용금고의 대표이사가 충분한 담보를 확보하지 아니하고 동일인 대출 한도를 초과하여 대출한 것은 재무제표 등을 통하여 알 수 있는 사항이 아니므로, 상호신용금고의 정기총회에서 재무제표 등을 승인한 후 2년 내에 다른 결의가 없었다고 하여 대표이사의 손해배상책임이 해제되었다고 볼 수 없다.

Ⅱ. 판결의 평석

1. 주주 의결권의 의의

주식회사는 공동기업의 법적 형태인 영리법인이며, 다수에게 분산된 소유를 총괄하는 방법으로 그 법률관계를 단순화하는 기구이다. 즉, 기업을 소유하고 있는 다수의 투자자를 하나의 단체관계로 결합하고 또한 그 단체를 법인으로 하여 기업의 소유권을 단일적으로 귀속시켜 그 기업에 대한 거래관계를 통일적으로 귀속시키는 구조이다. 이때 그 경제적 이익의 귀속관계와 관련하여 인정되어진 권리가 자익권이며, 기업의 지배관계와 관련하여 인정되어진 권리가 공익권이다. 이처럼 자익권은 이른바 소유권의 수익권한의 변형물이며, 공익권은 소유권의 지배권한의 변형물로 이해된다.

특히 공익권의 행사는 원칙적으로 주주총회에서 의결권행사를 통하여 가능하다. 왜냐하면 주식회사는 주주의 출자가 개성을 상실한 채 조직화(집단화 · 객관화)되었다는 점에서 그 지배권능의 행사형식도 조직화되어야 하기 때문이다. 주주는 의결권을 행사하여 자익권의 확보도 가능하다. 그 이유로서는 회사의 경영자의 임면사항과 관련하여 주주가 의결권을 행사함으로써 회사의 이익획득과 증진에 직접 또는 간접적으로 간여할 수 있으며 획득한 이익의 분배도 주주의 의결권에 의해 결정된다는 점을 들 수 있다.

2. 특별이해관계의 의의, 판단기준 및 효과

(1) 특별이해관계의 의의

상법은 주주총회에서의 결의의 공정성을 확보하기 위하여 주주총회의 결의에 관하여 특별한 이해관계를 가지는 자의 의결권행사를 배제하고 있다(상법 제368조 제3항). 상법규정이 일반적 · 추상적인 표현만을 하고 있어 구체적으로 어느 경우가 특별한 이해관계가 있는 것으로 보아야 하는지에 대해서는 다양한 견해가 제시되어 있다.

첫째, 법률상 이해관계설이 있다. 이 견해는 주주총회의 결의에 대하여 직접적으로 권리의무에 득실이 생기는 경우와 같이 법률상 특별한 이해관계가 있어야 한다는 입장이다. 둘째, 특별이해관계설이 있다. 이는 주주총회의결의사항이 모든 주주에게 평등한 관계에 있는 것이 아니라 특정주주의 이해에만 관련되는 경우 특별이해관계가 있다고 보는 견해이다. 마지막으로 개인법설이 있는데, 이는 특정한 주주가 사단법상의 이해관계가 아니라 순수한 개인적 이해관계가 있는 경우에 특별이해관계가 있다고 보는 입장이다.

이상의 견해 중에서 첫째, 회사의 소유자가 주주이므로 그 소유권에 바탕을 둔 의결권행사에 대한 제한은 가능한 한 좁게 해석하는 것이 바람직하다는 점과 둘째, 특정한 주주가 특별이해관계를 가진다는 것을 이유로 하여 그의 의결권행사를 배제한 결과 소수주주가 주식회사의 의사결정을 하는 것을 용인한다면 이는 주식회사에서의 자본다수결의 원칙과 충돌될 우려가 있으므로 개인법설이 타당하다. 대상판결도 개인법설의 입장에 서 있다.

(2) 특별이해관계인 여부의 구체적인 판단기준

1) 원 칙

주주가 주주총회의 결의에 관하여 특별이해관계가 있어 그 의결권 행사를 배제하는 것은 주주의 사익을 위한 의결권의 남용을 일반적·예방적으로 견제함으로써 주주총회결의가 공정하게 이루어지도록 하기 위함이다.[1] 말하자면, 특별이해관계인의 의결권행사는 회사뿐만 아니라 다른 주주에게 손해를 끼칠 수 있어 그 의결권을 행사하지 못하도록 하는 것이다. 그러나 주주의 의결권행사에 대한 제한은 주주의 기본적인 권리에 대한 제약을 의미하므로 의결권의 행사제한이 구체적으로 타당한 경우에 한하여 매우 제한적으로 인정되어야 한다. 이러한 특별이해관계의 존부에 관련한 판단은 주주총회의 권한과 관련하여 이사·감사의 선임 및 해임, 영업의 양도, 회사의 합병, 재무제표의 승인, 주주인 이사 및 감사의 책임면제, 이사의 보수 등에 관한 결의에서 문제될 수 있다. 이하에서는 주주총회의 결의가 필요한 몇 가지 경우에 주주가 특별이해관계인인지에 관하여 살펴보고자 한다.

2) 이사 · 감사의 선임 · 해임

특별이해관계의 의의에 관한 법률상 이해관계설에서는 이사 및 감사의 선임과 해임의 결의는 이사로서의 권리의무의 득실에 직접적으로 연계되어 있으므로 당해 이사는 특별이해관계인으로 된다. 특별이해관계설은 이사 및 감사 선임결의에 있어서는

1) 일반적으로 회의체에서 그 결의의 공정성을 꾀하기 위하여 특별이해관계인들의 의결권 행사는 금지된다. 서울고등법원 2007.12.4. 선고 2006나77861 판결.

당해 주주가 이사후보자로 특정되어 있다고 하더라도 다른 후보자가 추가될 수 있는 길이 열려져 있다면 그 선임결의는 그 이사후보에게만 개인적 이해관계가 있는 것이 아니므로 특별이해관계인에 해당하지 않지만, 이사해임결의의 경우에는 그 해임결의가 해임결의의 대상인 당해 이사에게만 개인적 이해가 관계되므로 그 주주를 특별이해관계인으로 보고 있다. 이와는 반대로 개인법설에서는 주주가 이사를 선임하거나 해임하는 것은 주주가 회사의 지배에 참여하는 사단법상의 이해관계가 있을 뿐 개인적인 관계가 없으므로 특별이해관계가 없다는 입장이다.

이상의 견해 중에서 주주의 경영참가를 굳이 법적으로 제지할 필요가 없다는 점에서 이사·감사의 선임과 해임의 경우 주주가 특별이해관계인이라고 할 수 없다. 더욱이 상법이 소수주주의 법원에 대한 이사해임청구를 허용하고 있다는 것(상법 제385조 제2항)은 주주인 이사가 자신의 해임에 대한 주주총회결의에 참가하여 그 결의를 부결시키는 경우까지 포섭하고 있으므로 대주주의 의결권남용으로 인한 부당한 결과를 회피할 수가 있다.

3) 회사의 합병

합병은 조직법상의 행위로서 이로 인해 새로운 회사가 설립되거나 기존의 회사가 흡수되어 소멸된다. 따라서 합병당사회사의 이해가 대립되지 않으므로 합병승인결의에서 당해 회사의 합병상대방회사인 주주는 특별이해관계인이 아니라는 견해가 있다. 이에 반하여 합병과 영업양도는 기업결합의 방법이라는 점에는 큰 차이가 없고, 합병의 조건과 관련하여 이해관계의 대립이 발생할 수 있다는 점에서 합병상대방회사인 주주를 특별이해관계인으로 보는 입장도 있다.

그러나 합병의 경우에는 공정성 확보를 위한 사전적인 수단으로서 주주총회의 특별결의를 요구하고 있으며(상법 제522조 제3항, 제434조), 사후적으로 합병무효의 소(상법 제529조) 등이 인정되어 있어 합병상대방회사가 주주로서 주주총회에서 의결권을 행사하더라도 합병승인결의의 공정성을 크게 훼손하지 않는다는 점에서 그 합병상대방회사를 특별이해관계인으로 볼 필요는 없다.

4) 영업의 양도

회사영업의 양도는 기업결합의 다른 수단인 합병과 그 경제적 실질이 동일하여 모든 주주의 이해에 중대한 영향을 미치므로 영업양수인이 주주인 경우 그 주주는 특별이해관계인이 아니라는 견해가 있다. 이와 동일한 취지의 하급심 판례[2)]가 있다.

2) 부산고등법원 2004.1.16. 선고 2003나12328 판결.

한편, 영업의 양도는 거래법상의 행위이어서 양도당사자간에 이해가 대립할 수밖에 없으므로 영업양수인인 주주는 특별이해관계인이라는 견해도 있다. 이 입장을 견지하는 하급심 판례[3)]가 있다.

이상의 견해 중에서 영업양도는 거래법적인 행위이기는 하지만 사단법적 성격을 강하게 지니고 있으므로 그 계약의 상대방인 주주를 특별이해관계인이 아니라고 보는 것이 타당하다. 특히 상법은 합병의 경우와 마찬가지로 영업양도에 대해 주주총회에서의 결의요건을 가중하여 주주총회의 특별결의사항으로 정하고 있다는 점(상법 제374조 제1항)에 비추어 볼 때 그 영업을 양수하는 회사가 양도하는 회사의 주주총회에서 주주로서 의결권을 행사하더라도 결의의 공정성을 크게 훼손한다고 보기 어렵다. 뿐만 아니라 설령 그러한 영업양도가 현저하게 불공정하면 사후적으로 영업양도 또는 주주총회결의 그 자체에 하자가 있음을 주장하여 다른 주주의 이익을 보호할 수 있는 길도 열려있다.

5) 재무제표의 승인

이사는 재무제표를 정기주주총회에 제출하여 그 승인을 요구하여야 한다(상법 제449조 제1항).[4)] 정기총회가 재무제표를 승인하면 그 후 2년 내에 다른 결의가 없으면 이사와 감사, 또는 감사위원회의 책임은 부정행위가 있는 경우를 제외하고 해제된 것으로 본다(상법 제415조의2 제6항, 제450조).[5)] 이와 같은 재무제표의 승인과 이사의 책임해제와의 관련성으로 인하여 주주인 이사가 특별이해관계인으로 되는지에 관하여는 특별이해관계의 의의에 관련된 학설을 바탕으로 견해가 나누어져 있다.

우선 긍정설이 있다. 이는 재무제표의 승인을 위한 정기총회에서 주주인 이사가 의결권을 행사할 경우 책임이 해제되므로 그 승인결의에 관하여 특별이해관계인이라는 입장이다. 반대로 부정설에 따르면 정기주주총회에서의 재무제표의 승인결의는 2년의 제척기간의 기산점을 정하는 것이고 이사의 책임해제는 2년의 제척기간의 경과

---

3) 서울고등법원 2004.7.15. 선고 2003나49872 판결(원고는 이 판결에 불복하여 대법원에 상고하였으나 심리불속행기각되었다(대법원 2005.1.14. 선고 2004다48577 판결)).

4) 재무제표 등의 각 서류가 법령 및 정관에 따라 회사의 재무상태 및 경영성과를 적정하게 표시하고 있다는 외부감사인의 의견이 있고 감사(감사위원회 설치회사의 경우에는 감사위원을 말함) 전원의 동의가 있다면 제449조에도 불구하고 회사는 정관으로 정하는 바에 따라 재무제표 등의 각 서류를 이사회의 결의로 승인할 수 있다(상법 제449조의2 제1항).

5) 재무제표 등에 그 책임사유가 기재되어 정기총회에서 승인을 얻은 경우에 한하여 상법 제450조에 따른 이사·감사의 책임이 해제된다(대법원 2002.2.26. 선고 2001다76854 판결; 대법원 2007.12.13. 선고 2007다60080 판결). 그러나 재무제표 등에서 이사·감사 등의 책임사유가 기재되는 경우를 찾아보기가 매우 어렵기 때문에 상법 제450조에 따라 이사의 책임해제가 되는 경우는 희소하다.

로 인한 부수적인 효과에 불과하므로, 주주인 이사는 재무제표의 승인결의에 관하여 특별이해관계인이 아니다.

생각건대, 재무제표의 승인결의는 제척기간을 위한 단순한 기산점을 결정하는 데 지나지 않는다. 따라서 이사의 책임해제는 재무제표의 승인결의의 부수적인 효과에 지나지 않으므로 이상의 견해 중에서 설령 승인결의와 관련하여 주주인 이사가 의결권을 행사하더라도 이는 주주의 개인적인 이해관계가 발생하지 않는다는 부정설이 타당하다.

(3) 특별이해관계 존재의 효과

특별이해관계인은 총회에 출석하여 의견을 진술할 수는 있으나 의결권은 행사하지 못한다(상법 제368조 제3항). 따라서 그 의결권의 수는 출석한 주주의 의결권의 수에 산입하지 않는다(상법 제371조 제2항). 만약에 특별이해관계인이 의결권을 행사하였을 경우에는 의결권을 행사하였다는 그 사실만으로 결의취소의 사유가 된다(상법 제376조 제1항).

3. 대상판결의 검토

대상판결의 사실관계를 살펴 볼 때 재무제표를 승인한 후 2년 내에 이사와 감사의 책임을 추궁하는 주주총회의 결의에 소외 A 등이 의결권을 행사한 것이 논란이 되었다. 주주총회는 소유에 의해서 경영을 통제하는 장(場)이며, 그러한 경영통제의 가장 핵심적인 방법은 주주의 의결권 행사라는 점에서 주주의 의결권에 대한 제한은 매우 이례적인 경우에 한하여 인정되어야 한다. 그러므로 특정주주를 개인적으로 이해관계가 있다는 이유로 그를 특별이해관계인으로서 의권결행사를 배제시키기 위해서는 그 결의에 관하여 특별한 이해관계가 있음이 객관적으로 명확하여야 한다. 이에 대법원은 대상판결에서 Y 임시주주총회의 안건이 책임추궁의 이유, 그 대상이 되는 행위 및 그 대상자 등에 관하여 분명하게 밝히지 않은 까닭에 A 등이 이 사건 결의에 관한 특별이해관계인에 해당한다고 단정할 수 없다는 이유[6]를 들어 원심을 파기환송하였는데, 이러한 대법원의 판단에 대해 전적으로 수긍한다.

(권재열)

6) 역으로 살펴보면, Y 임시주주총회의 안건이 책임추궁의 이유, 그 대상이 되는 행위 및 그 대상자 등에 관하여 분명하게 밝혔다면 A 등이 이 사건 결의에 관한 특별이해관계인에 해당하는 것으로 풀이할 수 있음을 전제로 한다.

37

의결권의 대리행사

대법원 2009.4.23. 선고 2005다22701,22718 판결

Ⅰ. 판결개요

1. 사실관계

A은행이 B은행과 합병하여 Y은행(피고·피상고인)을 설립하기로 하고 합병계약의 승인을 위한 임시주주총회를 개최하기로 하였다. 그런데 합병에 반대하여 온 A은행 노동조합은 그 소유주식 13,214주에 대하여 1주씩의 주주총회 참석장 9,000매를 발급받아 조합원에게 나누어주었고 이를 소지한 조합원 수천 명이 주주총회 당일 회의장에 입장하려 하였으나, A은행 측으로부터 주주 확인 과정에서 노동조합 대표 1인을 제외한 1주씩의 참석장을 가진 조합원들의 주주총회 입장이 거부되었다. A은행의 정관에는 의결권의 대리행사자의 자격을 회사의 주주로 한정하는 규정을 두고 있었는데, C는 국가 소속 공무원으로서 국가가 보유한 주식의 의결권을 대리행사하였고, D 등은 대리권을 증명하는 서면을 제출하지 아니하였으나 총회 참석장의 소지 등에 의하여 A은행으로부터 의결권의 대리행사 자격을 인정받았다. 합병계약 승인의 의안에 대해서는 의결권 있는 발행주식총수의 83.19%(252,319,955주)를 소유한 주주들이 출석한 상태에서 A은행이 미리 통보받아 알고 있는 소수의 반대표를 제외하고 그 의결권의 99.16%에 이르는 참석주주 전원이 이의 없이 박수로써 이를 가결하였다. A은행과 B은행은 2001. 11. 1. 두 은행을 해산하고 Y은행을 설립하는 합병등기를 하였다.

A은행의 주주이자 그 노동조합의 조합원인 X(원고·상고인)는 노동조합이 조합원들에게 참석장을 나누어주어 의결권을 행사하게 한 것은 의결권 불통일 행사의 한 방법이므로 A은행이 조합원의 총회장 입장을 저지한 것은 부적법하고, 총회에 출석하여 의결권을 대리행사한 C는 주주가 아니고 D는 대리권을 증명하는 서면을 제출하지 아니하였으므로 그 의결권의 대리행사는 무효라는 등의 이유로 합병철회 및 주

주총회결의의 취소를 구하는 소송을 제기하였다.

2. 판결요지

의결권의 대리행사로 말미암아 주주총회의 개최가 부당하게 저해되거나 회사의 이익이 부당하게 침해될 염려가 있는 등의 특별한 사정이 있는 경우에는 회사는 주주의 의결권 행사를 위한 대리인의 선임을 거절할 수 있다. 회사는 의결권의 행사 또는 대리행사를 위하여 정관상 요구되는 주주총회 참석장 또는 위임장과 인감증명서 등을 지참하지 아니한 경우에도 주주 본인임을 확인할 수 있거나 주주 또는 대리인이 다른 방법으로 위임장의 진정성 내지 위임의 사실을 증명할 수 있다면 회사는 주주 본인의 의결권의 행사 또는 그 대리행사를 부정할 수 없다.

상법 제368조 제3항의 규정은 주주의 대리인의 자격을 제한할 만한 합리적인 이유가 있는 경우에는 정관의 규정에 의하여 상당하다고 인정되는 정도의 제한을 가하는 것까지 금지하는 취지는 아니다. 대리인의 자격을 주주로 한정하는 정관의 규정은 주주총회가 주주 이외의 제3자에 의하여 교란되는 것을 방지하여 회사 이익을 보호하는 취지에서 마련된 것으로서 합리적인 이유에 의한 상당한 정도의 제한이라고 볼 수 있으므로 무효라고 볼 수 없다. … 이러한 정관규정에도 불구하고, 주주총회가 교란되어 회사 이익이 침해되는 위험이 없고 주주 아닌 자에 의한 대리권의 행사를 거부하게 되면 사실상 국가, 지방공공단체 또는 주식회사 등의 의결권 행사의 기회를 박탈하는 것과 같은 부당한 결과를 초래할 수 있는 때에는 그 소속 공무원, 직원 또는 피용자 등이 그 주주를 위한 대리인으로서 의결권을 대리행사하는 것은 허용되어야 한다.

3. 관련판례

(1) 대법원 1995.2.28. 선고 94다34579 판결

대리권을 증명하는 서면은 위조나 변조 여부를 쉽게 식별할 수 있는 원본이어야 하고 특별한 사정이 없는 한 사본은 그 서면에 해당하지 않는다. … 대리권을 증명하는 서면이 사본이라 하더라도 주주가 소유주식에 대한 의결권을 제3자에게 위임하였다는 사실을 증명한 때에는 제3자의 의결권 대리행사를 제한하여서는 아니 된다.

(2) 대법원 2001.9.7. 선고 2001도2917 판결

주주가 타인을 위하여 주식을 가지고 있고, 회일의 3일 전에 회사에 대하여 서면으로 의결권의 불통일행사의 뜻과 이유를 통지하지 아니한 채 복수의 의결권을 불통일행사하기 위하여 수인의 대리인을 선임하고자 하는 경우에는 회사는 이를 거절할 수 있다.

(3) 대법원 2014.1.23. 선고 2013다56839 판결

주식회사의 주주가 타인에게 의결권 행사를 위임하거나 대리행사하게 하는 경우, 의결권의 행사를 구체적이고 개별적인 사항에 국한하여 위임해야 한다고 해석하여야 할 근거는 없고 포괄적으로 위임할 수도 있다.

상행위로 인하여 생긴 채권을 담보하기 위하여 주식에 대하여 질권이 설정된 경우에 질권자가 가지는 권리의 범위 및 그 행사 방법은 원칙적으로 질권설정계약 등의 약정에 따라 정하여질 수 있고(상법 제59조 참조), 위와 같은 질권 등의 담보권의 경우에 담보제공자의 권리를 형해화하는 등의 특별한 사정이 없는 이상 담보권자가 담보물인 주식에 대한 담보권실행을 위한 약정에 따라 그 재산적 가치 및 권리의 확보 목적으로 담보제공자인 주주로부터 의결권을 위임받아 그 약정에서 정한 범위 내에서 의결권을 행사하는 것도 허용된다.

의결권을 적법하게 위임받은 대리인이 주주총회에 출석한 것은 그 의결권의 범위 내에서는 주주의 수권에 따른 것으로서 주주가 직접 출석하여 의결권을 행사하는 것과 마찬가지로 볼 수 있고, 주주로부터 의결권 행사를 위임받은 대리인은 특별한 사정이 없는 한 그 의결권 행사의 취지에 따라 제3자에게 그 의결권의 대리행사를 재위임할 수 있다.

Ⅱ. 판결의 평석

1. 판결의 의의

이 사건에서는 의결권의 대리행사와 관련하여 대리인 선임의 한계, 대리인의 자격제한 여부, 위임장을 제출하지 아니한 경우 의결권의 대리행사의 가부, 추가서류의 제출 필요성 등이 문제된다. 이 사건 판례는 이들 쟁점을 모두 다루고 있다. 특히 의결권의 대리행사를 위한 대리인 선임이 제한 없이 허용될 수는 없으며, 대리인의 자격을 주주로 제한하는 정관규정은 유효하지만 주주 이외의 제3자에 의한 의결권의 대리행사를 거절하게 되면 의결권 행사의 기회를 박탈하는 것과 같은 부당한 결과를

초래할 수 있는 때에는 주주 아닌 제3자에 의한 의결권의 대리행사가 허용되어야 한다는 점을 확인하고 있는 점에 의의가 있다.

2. 의결권의 대리행사와 그 한계

상법은 주주의 의결권의 대리행사를 보장하고 있지만, 주주가 주주총회의 진행을 방해할 목적으로 의결권을 대리행사하는 경우에는 의장은 질서유지권(상법 제366조의 2 제3항)에 의하여 이를 제한할 수 있다고 해석된다.[1] 회사는 주주의 의결권 대리행사로 말미암아 주주총회의 개최가 부당하게 저해되거나 회사의 이익이 부당하게 침해될 염려가 있는 등의 특별한 사정이 있는 경우에는 의결권의 대리행사를 거절할 수 있다. 이 사건에서 A은행 노동조합이 의결권의 불통일행사 방법에 의하지 않고 다수의 조합원을 통하여 주주총회를 실력으로 저지하기 위해 의결권을 대리행사하는 것은 그 대리행사를 거절할 수 있는 특별한 사정에 해당한다.

담보를 위해 주식에 질권을 설정하였고, 담보권자가 담보물인 주식에 대한 담보권 실행을 위한 약정에 따라 담보권자인 주주로부터 의결권을 위임받아 이를 행사하는 경우에도 수임자는 위임의 본지에 따라 의결권을 행사하여야 하므로 의결권의 대리행사에는 내재적 한계가 있다. 판례는 "주주권 행사를 포괄적으로 위임하는 경우에는 위임의 본지를 넓게 해석하여, 담보권자인 대리인이 실질적인 담보물의 확보를 위하여 그 담보물의 처분권한을 가진 경영진을 적절히 제어하는 방법으로 경영진의 교체를 선택하는 것은 이미 담보권설정계약에서 약정된 의결권 대리행사의 범위 내에 있다"고 보았다.[2]

3. 대리인의 자격 제한

의결권의 대리행사를 인정하는 상법의 규정은 강행규정으로 이해되고 있다. 따라서 총회에서 주주 본인이 직접 의결권을 행사할 것을 요구하는 정관의 규정은 효력이 없다. 상법은 대리인의 자격을 제한하고 있지 않지만, 실무상 회사는 주주 이외의 제3자에 의하여 주주총회의 질서가 교란되는 것을 방지할 목적으로 정관으로 대리인의 자격을 주주로 제한하는 경우가 있다. 대리인의 자격을 주주로 한정하게 되면 주주의 의결권행사가 제한되는 결과가 될 수 있어 이를 허용할 수 있는가 하는 점이

---

1) 김택주, "2009 회사법 판례상의 주요쟁점," 상사판례연구 제23집 제2권(한국상사판례학회, 2010), 416면.
2) 대법원 2014.1.23. 선고 2013다56839 판결.

문제된다.

이에 관해서는 학설이 대립하고 있다. 유효설은 대리인의 자격을 주주로 제한한다면 주주 이외의 제3자에 의하여 주주총회가 교란되는 것을 방지하고, 회사의 기밀을 유지하는 등 회사의 이익을 보호할 수 있다는 점에서 이를 유효로 보는 입장이다. 유효설에서는 회사는 주주가 아닌 대리인에 의한 의결권의 행사를 거절할 수 있다고 이해하므로, 회사가 적극적으로 주주가 아닌 제3자에 의한 의결권의 대리행사를 허용하는 것은 무방하다고 한다.[3] 이를 인정하는 하급심 판례[4]도 있다.

제한적 유효설은 대리인의 자격을 주주로 한정하는 정관의 규정은 원칙적으로 유효하다고 보지만, 그 제한이 부적당한 경우, 예컨대 개인 주주가 질병 등을 이유로 그 가족에게 의결권을 대리행사하게 하거나, 법인 등이 그 소속 직원에게 의결권을 대리행사하게 하는 것은 허용되어야 한다는 입장이다. 이 판례도 제한적 유효설의 입장을 취하고 있다. 즉 주주총회가 교란되는 것을 방지하기 위하여 대리인의 자격을 주주로 제한하는 정관규정은 합리적인 이유에 의한 상당한 정도의 제한으로서 유효하지만, 주주가 국가, 지방자치단체 또는 주식회사 등인 경우에는 그 소속 공무원, 직원 또는 피용자 등에게 의결권을 대리행사하게 하는 것은 허용되어야 하는 것으로 본다. 그 이유로서는 특별한 사정이 없는 한, 법인의 사용인 등에 의한 의결권의 행사에는 주주 내부의 의사결정에 따른 대표자의 의사가 그대로 반영되고 이에 따라 주주총회가 교란되어 회사 이익이 침해되는 위험은 없는 반면에, 이들의 대리권 행사를 거부하게 되면 사실상 국가, 지방공공단체 또는 주식회사 등의 의결권 행사의 기회를 박탈하는 것과 같은 부당한 결과를 초래할 수 있기 때문이다.

무효설은 대리인의 자격을 주주로 한정하게 되면 적절한 대리인을 선임하는 것이 어려운 소규모 폐쇄회사나 대규모 공개회사에서는 의결권의 대리행사를 보장할 수 없기 때문에 이러한 정관의 규정은 항상 무효라고 보는 입장이다.[5] 대리인의 선임은 주주의 권리일 뿐만 아니라, 대리인의 자격을 주주로 제한함으로써 얻을 수 있는 이익이 크지 않고 주식양도의 자유가 허용되는 한, 제3자에 의한 주주총회의 교란은 불가피하다는 점이 그 이유이다.

의결권의 대리행사를 강행법적으로 보장하고 있는 상법의 취지에서 본다면, 대리인의 자격을 주주로 제한하는 정관의 규정은 주주의 대리인 선임이 권리남용에 해당

3) 정찬형, 상법강의(상), 제15판, 박영사, 2012, 842면.
4) 서울지방법원 2003.11.20. 선고 2001가합18662,61253 판결.
5) 이철송, 회사법강의, 제24판, 박영사, 2016, 528면.

하지 않는 한 무효라고 보아야 할 것이다. 이 판결이 취하고 있는 제한적 유효설에 의하게 되면 주주가 개인인 경우와 법인 또는 단체인 경우를 차별하는 것으로 되어 평등의 원칙에 위반하는 문제가 있다.

4. 의결권 대리행사의 방법

(1) 대리권의 증명

주주의 의결권을 대리행사하고자 하는 때에는 그 대리인은 대리권을 증명하는 서면(위임장)을 주주총회에 제출하여야 한다(상법 제368조 제2항 2문). 이는 대리권의 존부에 관한 법률관계를 명확히 하여 주주총회결의의 성립을 원활하게 하는데 그 목적이 있다. 따라서 위임장은 위조나 변조 여부를 쉽게 식별할 수 있는 원본이어야 하고, 특별한 사정이 없는 한 사본은 이에 해당하지 않는다.[6] 팩스를 통하여 출력된 팩스본 위임장은 원본으로 볼 수 없다.[7]

실무상 회사는 의결권의 대리행사시 위임장과 함께 총회참석장, 본인의 인감증명서 등 추가서류의 제출을 요구하는 경우가 있는데, 위임장 이외에 추가서류를 요구하는 정관의 규정은 의결권의 대리행사를 제한할 위험이 크므로 효력이 없다고 본다. 이러한 취지의 판례로서는 대리권 증명에 신분증의 사본 등을 요구하면서 위임장의 접수를 거부한 채 이루어진 주주총회의 결의는 의결권의 대리권 행사를 부당하게 제한한 것으로 결의방법에 하자가 있다고 하였다.[8]

이 사건 판결은 추가서류는 대리인의 자격을 더 확실하게 확인하기 위하여 요구되는 것일 뿐이므로 이들 서류를 제출하지 않았다고 하더라도 주주 또는 대리인이 다른 방법으로 위임장의 진정성 내지 위임의 사실을 증명할 수 있는 때에는 회사는 그 대리권을 부정할 수 없다고 하였다. 같은 이유로 주주 본인이 총회참석장을 지참하지 않은 경우에도 회사가 주주 본인임을 확인할 수 있는 경우에는 주주의 의결권의 행사를 거절하지 못한다. 회사가 대리인의 자격을 확인하여 이들에게 적극적으로 의결권의 행사를 허용하는 것은 문제되지 않는다.

---

6) 대법원 1995.2.28. 선고 94다34579 판결(대리권 수여를 확인할 수 있는 특별한 사정이 있는 경우에는 대리인이 위임장 사본을 제출하더라도 회사는 의결권의 대리행사를 거부할 수 없다),

7) 대법원 2004.4.27. 선고 2003다29616 판결.

8) 대법원 2004.4.27. 선고 2003다29616 판결. 이에 대해서는 추가서류의 제출을 일부 대리인에 대해서만 요구하였다는 점이 문제된 것이므로, 회사가 모든 주주에게 평등하게 추가서류의 제출을 요구하는 것이 위법한지는 분명하지 않다고 하는 견해가 있다(송옥렬, 상법강의, 제6판, 홍문사, 2016, 910면).

(2) 복수의 대리인 선임과 의결권의 불통일행사

주주가 다른 주주의 주식을 보유하는 경우 외에는 주주는 소유 주식 전체에 대하여 1인의 대리인을 선임하여 의결권의 행사를 위임하여야 하고, 그렇지 아니한 때에는 회사는 의결권의 대리행사를 거절할 수 있다. 그러나 의결권의 불통일행사가 허용되는 경우에는 주식의 일부에 대하여 각각의 대리인을 선임할 수 있다.

(3) 수권의 범위

주주가 대리권을 주주총회별로 수여하지 않고 대리인이 일정 기간 동안 수회의 주주총회에서 의결권을 행사할 수 있도록 이를 포괄적으로 수여할 수 있는가 하는 점이 문제된다. 다수설은 실제상의 필요에 의하여 기간을 특정할 수 있는 한 일정한 기간에 걸쳐 포괄적으로 대리권을 수여하는 것은 가능하다고 본다. 이와 달리 주주가 대리권을 수여하는 때에는 주주총회별로 하여야 하므로 포괄적 수권은 허용되지 않는다고 보는 견해도 있다. 그 이유로서는 의결권의 포괄적 위임은 사실상 주주의 지위에서 의결권만을 분리하여 양도할 수 있게 하고,[9] 주식불가분의 원칙에 반하며 회사지배의 수단으로 남용될 염려가 있기 때문이다.

판례는 오래 전부터 "주주권의 행사를 위임함에는 구체적이고 개별적인 사항에 한한다고 보아야 할 근거가 없으므로 주주권의 행사는 포괄적으로 위임할 수 있고, 포괄적 위임을 받은 자는 그 위임자나 회사재산에 대하여 불리한 영향을 미칠 것이라고 하여 그 위임된 주주권의 행사를 할 수 없는 것은 아니다"고 판시하였다.[10] 그러나 이 판례의 취지는 수회의 총회에 대한 포괄적 위임을 인정한 것이 아니라 특정 총회에서의 위임이 개별적 구체적 사항에 국한될 필요가 없다는 것이므로 수회의 총회에 대한 포괄적 위임이 허용되는지는 분명하지 않았다. 그 후 판례는 주주가 일정 기간 경영권과 함께 주주권을 포기하고 타인에게 주주로서의 의결권 행사권한을 위임하기로 약정하였다고 하더라도 그 주주가 주주로서의 의결권을 직접 행사할 수 없는 것은 아니라고 하여,[11] 경영권의 포기라는 특수한 사정 하에서 일정 기간 동안의 의결권의 포괄적 위임이 허용됨을 전제하고 있다. 주식의 담보설정이 이루어지고 있는 특수한 사정 하에서 의결권 행사의 포괄적 위임이 허용된다는 것을 전제한 판결도 있다.[12]

---

9) 이철송, 전게서, 532면.
10) 대법원 1969.7.8. 선고 69다688 판결.
11) 대법원 2002.12.24. 선고 2002다54691 판결.
12) 대법원 2014.1.23. 선고 2013다56839 판결.

(4) 수권의 철회 및 재위임

주주는 새로운 위임장을 교부하거나 회사에 대한 의사표시로 위임을 철회할 수 있고, 주주가 주주총회에 출석하여 의결권을 행사한 때에는 이를 철회한 것으로 보아야 한다.

의결권의 대리행사는 주주의 의결권행사의 편의를 위한 것이고 주주의 의사에 기한 의결권행사의 재위임은 주주의 의결권행사의 기회를 더 넓혀 줄 것이므로 의결권 행사의 재위임은 본인의 의사에 반하지 않는 한 허용된다고 본다. 판례는 외국인 주주로부터 의결권의 행사를 위임받은 상임대리인이 제3자에게 그 의결권의 행사를 위임하는 것은 가능하다고 하고,[13] 주주로부터 의결권의 행사를 위임받은 대리인은 특별한 사정이 없는 한 그 의결권 행사의 취지에 따라 제3자에게 그 의결권의 대리행사를 재위임할 수 있다고 하였다.[14]

(강대섭)

13) 대법원 2009.4.23. 선고 2005다22701 판결; 대법원 1996.1.26. 선고 94다30690 판결 등.
14) 대법원 2014.1.23. 선고 2013다56839 판결.

38

영업의 중요한 일부의 양도 여부

대법원 2014.10.15. 선고 2013다38633 판결

Ⅰ. 판결개요

1. 사실관계

코스닥 상장회사인 A주식회사의 사업부문은 자원사업부문, 금융사업부문 및 교육사업부문으로 구성되어 있었다. A회사는 2008. 11. 4. 동사의 사업부문 중 금융사업부문을 Y주식회사에게 이전하였고, Y회사는 A회사로부터 위 금융사업부문을 이전받아 종전의 A회사 금융사업부문과 동일한 영업활동을 하였다. A회사의 Y회사에 대한 위 금융사업부문의 양도는 사업권, 지적재산권, 출판권, 웹 사이트 소유권, 하드웨어, 소프트웨어, 사무용 비품 및 집기뿐만 아니라 인력, 거래처 등 유기적으로 조직화된 수익의 원천으로서의 기능적 재산의 양도를 동일성을 유지하여 행해졌다.

또한 양도대상인 금융사업부문의 자산가치(3,922,027,674원)는 A회사 전체 자산의 약 33.79%에 달하고, 본질가치의 경우 금융사업부문만이 플러스(+)를 나타내고 있던 반면 기타 사업부문의 경우 각각 큰 폭의 마이너스(−)를 나타내고 있었다. 또한 A회사의 금융사업부문은 이 사건 양도계약 당시 다른 사업부문과 관련하여 발생한 회사 전체의 금융비용 분담액을 제외한다면 인건비나 다른 고정비용을 고려하더라도 A회사 내부에서는 유일하게 수익 창출 가능성이 높은 사업부문이었다.

A회사가 이 사건 양도계약에 따라 금융사업부문을 매각하기로 한 것은 자원사업부문의 무리한 투자로 인한 막대한 투자 손실과 교육사업부문의 실적 부진으로 인하여 현금 유동성 부족을 겪게 되고, 채권자들의 가압류 등으로 정상적인 회사 경영이 어렵다고 판단하여 A회사의 사업부문 중 유일하게 순자산가치가 높고 향후 사업전망도 밝아 사업을 계속할 가치가 있다고 판단되는 금융사업부문만을 분리하여 독자적

인 생존 전략을 모색하려는 것이었다.

이 사건 영업양도 이후 바로 얼마 되지 않은 2009. 1.경 A회사는 교육부문 학습지 공급 중단 및 회원들에 대한 구독회비 반환 결정을 하였고 이후 사실상 회사의 모든 영업이 중단되었으며, 2009. 5. 4.에는 코스닥시장에서 상장 폐지되었다.

한편 이 사건 양도계약을 주도한 A회사의 이사이자 당시 금융사업부문 사장이던 소외 1 및 전무이던 소외 2는 영업양도 후 각각 피고 Y회사의 부사장 및 대표이사로 재직 중이며 종래 A회사 금융사업부의 직원 중 계속 근무를 희망한 자들은 Y회사로 승계되었다. 그리고 A회사의 금융사업부문을 양수한 Y회사는 별다른 양도대가도 지불하지 않은 채 A회사의 금융사업부문과 관련된 대부분 자산과 거래처 등을 그대로 인수하여 종전과 동일한 영업을 계속하고 있었다.

이 사건 양도로 인하여 양도인인 A회사에게는 회사의 중요한 영업의 일부를 폐지한 것과 같은 결과가 초래된 반면, 양수인인 피고 Y회사는 별다른 양도대가도 지불하지 않은 채 A회사의 금융사업부문과 관련된 대부분의 자산과 거래처 등을 그대로 인수하여 종전과 동일한 영업을 계속하였다.

이에 원고인 주식회사 X금융[1]은 위 사정에 비추어 위 영업의 일부 양도행위는 상법 제374조 제1항 제1호에 해당되므로 주주총회의 특별결의를 거쳐야 함에도 이를 거치지 않았으므로 이 사건 영업양도의 무효확인을 구하는 소를 제기하였다.

반면, 피고 Y회사는 양도인 A회사가 이 사건 양도계약 당시(2008. 11.경)에는 사실상 영업 중단 상태에 있었으므로 이 사건 양도계약과 관련하여 주주총회 특별결의가 없었더라도 그 처분행위가 무효가 되는 것은 아니라고 주장하였다.

2. 판결요지

주주총회의 특별결의가 있어야 하는 상법 제374조 제1항 제1호 소정의 '영업의 전부 또는 중요한 일부의 양도'라 함은 일정한 영업목적을 위하여 조직되고 유기적 일체로 기능하는 재산의 전부 또는 중요한 일부를 총체적으로 양도하는 것을 의미하는 것으로서, 이에는 양수 회사에 의한 양도 회사의 영업적 활동의 전부 또는 중요한 일부분의 승계가 수반되어야 하는 것이므로 단순한 영업용 재산의 양도는 이에 해당

1) 이 사건 원고는 4인이나, 편의상 X금융 1인에 관한 사실관계로 단축하여 소개한다. 원고 X금융은 2008. 5. 29. A회사와 교환사채 인수계약을 체결하고 A회사에게 사채 인수금 15억원을 지급하였으나, A회사가 위 교환사채 인수계약에 따른 의무를 불이행하자 이에 원고 X금융은 A회사를 상대로 회사채원리금 청구소송을 제기하여 원고 전부 승소판결을 선고받았고 이에 대하여 A회사가 항소하지 않아 위 판결이 확정된 상태였다.

하지 않는다. 나아가 주식회사가 사업목적으로 삼는 영업 중 일부를 양도하는 경우 상법 제374조 제1항 제1호 소정의 '영업의 중요한 일부의 양도'에 해당하는지는 양도 대상 영업의 자산, 매출액, 수익 등이 전체 영업에서 차지하는 비중, 일부 영업의 양도가 장차 회사의 영업규모, 수익성 등에 미치는 영향 등을 종합적으로 고려하여 판단하여야 한다.

3. 관련판례

대법원 1992.8.18. 선고 91다14369 판결

회사의 영업 그 자체가 아닌 영업용재산의 처분이라고 하더라도 그로 인하여 회사의 영업의 전부 또는 중요한 일부를 양도하거나 폐지하는 것과 같은 결과를 가져오는 경우에는 그 처분행위를 함에 있어서 상법 제374조 제1항 제1호 소정의 주주총회의 특별결의를 요하는 것이고, 다만 회사가 위와 같은 회사존속의 기초가 되는 영업재산을 처분할 당시에 이미 영업을 폐지하거나 중단하고 있었던 경우에는 그 처분으로 인하여 비로소 영업의 전부 또는 일부가 폐지되거나 중단되기에 이른 것이라고 할 수 없으므로 주주총회의 특별결의를 요하지 않는 것이나, 위에서 '영업의 중단'이라고 함은 영업의 계속을 포기하고 일체의 영업활동을 중단한 것으로서 영업의 폐지에 준하는 상태를 말하고 단순히 회사의 자금사정 등 경영상태의 악화로 일시 영업활동을 중지한 경우는 여기에 해당하지 않는다.

Ⅱ. 판결의 평석

1. 판결의 의의

이 사건 판결은 주주총회의 특별결의가 있어야 하는 상법 제374조 제1항 제1호 소정의 '영업의 전부 또는 중요한 일부의 양도' 중 '영업의 중요한 일부의 양도'와 관련하여 그 판단기준을 명시적으로 제시하였다.

2. 영업의 중요한 일부 양도

(1) 상법상 제한: 주주총회 특별결의

주식회사가 영업의 일부를 양도하더라도 그것이 중요한 부분이라면 주주총회의 특별결의가 필요하며(상법 제374조 제1항 제1호), 만일 특별결의를 거치지 않은 경우 상법 위반으로 무효가 된다. 따라서 영업 전부의 양도와 달리 영업의 중요한 일부 양도는 '중요성' 개념을 판단하여야 하므로 무엇이 주주총회 특별결의가 필요한 영업의 중요한 일부 양도인지의 판단이 필요하다.[2)]

(2) 상법 제374조 제1항 제1호의 영업의 의미[3)]

1) 학 설

(가) 형식설

상법상 주주총회의 특별결의를 얻어야 하는 영업양도에 대하여 상법총칙상 영업양도와 동일한 개념으로 보고, 영업양도란 일정한 영업목적을 위하여 조직화된 유기적 일체로서 기능적 재산을 일괄하여 이전하는 것으로 경업피지 의무를 지는 것이라고 한다.

(나) 실질설

상법총칙편(제1편)과 회사편(제3편)의 입법목적이 다르므로 동일하게 해석할 필요는 없다고 보고, 주주를 보호하기 위하여 기능적 재산을 구성하는 중요한 영업용 재산이 양도되고 그 결과 양도회사의 운명에 중대한 영향을 미칠 경우 상법 제374조의 영업양도에 포함된다. 예컨대, 양도·양수 회사간에 개별적 재산의 양수도 계약에 따른 재산 양도가 있었는데 그것이 단순한 재산이전의 의미를 넘어서 양도회사로서 사실상 영업의 종료를 초래하고 양수회사로서는 동일영업의 개시 또는 확정을 초래하여 거래선이 이동하는 등 사실상 영업양도의 효과를 야기할 경우 이를 제374조 제1호의 영업양도로 보아 주주총회 특별결의를 요한다.

2) 판 례

판례[4)]는 주주총회의 특별결의가 있어야 하는 상법 제374조 제1항 제1호 소정의 '영업의 전부 또는 중요한 일부의 양도'에 관하여 형식설에 입각하여 단순한 영업용 재산의 양도는 이에 해당하지 않는다고 하면서도, "영업용 재산의 처분으로 말미암아 회사 영업의 전부 또는 일부를 양도하거나 폐지하는 것과 같은 결과를 가져오는 경

---

2) 상법 제374조 제1항 제1호의 영업양도가 상법총칙상의 영업양도와 동일한 의미인가에 대하여 논의가 나뉘고 있다. 관련 학설 및 판례 소개에 대하여는 대법원 2004.7.8. 선고 2004다13717 판결에 대한 평석이 제시되어 있다.

3) 김택주, "판례회고: 2014년 회사법 판례의 경향과 주요쟁점," 상사판례연구 제28집 제1권(한국상사판례학회, 2015), 222－223면.

4) 대법원 2004.7.8. 선고 2004다13717 판결.

우에는 주주총회의 특별결의가 필요하다."라고 하여 영업의 양도 또는 폐지 등의 결과를 초래하는 경우에 실질설을 받아들이고 있다.

(3) 영업의 중요한 일부양도의 기준

1) 학 설

영업의 중요한 일부 양도인지의 판단과 관련하여 크게 양도대상 재산이 회사의 전 재산에서 차지하는 비중에 초점을 맞추는 양적 판단의 방법 및 회사의 기본적 사업수행에 미치는 영향의 크기에 역점을 두는 질적 판단의 방법을 고려할 수 있다고 하면서, 주주들의 출자 동기와의 괴리도를 고려하여 양도로 인하여 회사의 기본적 사업목적을 변경시킬 정도에 이를 경우에는 중요한 일부의 양도로 보아야 한다는 견해[5]가 있다.

2) 판 례

평석대상판결은 주식회사가 사업목적으로 삼는 영업 중 일부를 양도하는 경우 상법 제374조 제1항 제1호 소정의 '영업의 중요한 일부의 양도'에 해당하는지는 '양도대상 영업의 자산, 매출액, 수익 등이 전체 영업에서 차지하는 비중, 일부 영업의 양도가 장차 회사의 영업규모, 수익성 등에 미치는 영향 등'을 종합적으로 고려하여 판단하여야 한다고 하고 있다.

(4) 영업의 [일부]양도와 구별할 개념

1) 계약이전

「금융산업의 구조개선에 관한 법률」에 의하여 부실금융기관에 대하여 내려지는 계약이전[6]의 경우 영업양도와 같이 보아 주주총회 특별결의가 필요한지가 문제된 바 있다. 대법원은 행정처분의 성격을 갖는 계약이전의 법적 성질상 계약이전 결정에 따라 이루어지는 계약이전과 상법상의 영업양도는 그 목적, 법적 성질, 효과를 달리하므로, 구 금융감독위원회(현 금융위원회)가 계약이전결정을 내림에 있어 당해 부실금융기관의 주주총회의 특별결의를 거칠 필요가 없다고 하였다.[7]

---

5) 이철송, 회사법강의, 제24판, 박영사, 2016, 569면.

6) 계약이전이란, 금융거래에서 발생한 계약상의 지위를 이전하는 형식으로 부실금융기관의 자산 및 부채 중 특정 부분을 제3자인 인수금융기관에게 양도 및 인수하게 하되, 이전되는 부채와 자산 가치와의 차액을 인수금융기관에게 지급하는 부실금융기관 정리방식 중의 하나이다.

7) 대법원 2002.4.12. 선고 2001다38807 판결.

2) 주요사항보고서 제출대상

「자본시장과 금융투자업에 관한 법률」(자본시장법)은 주권상장법인 등 사업보고서 제출대상법인이 주요사항보고서를 제출하여야 하는 사유의 하나로 "중요한 영업 또는 자산을 양수하거나 양도할 것을 결의한 때"를 정하고 있다(법 제161조 제2항 제5호). 이와 관련하여 자본시장법 시행령이 주요사항 보고서의 제출의무가 있는 경우를 구체적으로 규정하고 있으나,[8)] 상법상 영업양도의 개념은 일정한 영업목적을 위하여 조직되고 유기적 일체로 기능하는 재산의 전부 또는 중요한 일부를 총체적으로 양도하는 것을 의미하므로, 자본시장법상 주요사항보고서 제출대상과 반드시 일치하는 것이 아니다.

3. 검 토

대상판결은 영업의 중요한 일부의 양도에 관하여 종합적인 관점에서 '양도대상 영업의 자산, 매출액, 수익 등이 전체 영업에서 차지하는 비중, 일부 영업의 양도가 장차 회사의 영업규모, 수익성 등에 미치는 영향 등'을 함께 고려하도록 하고 있다. 대상판결의 경우 양도대상 사업부문의 자산가치, 본질가치, 수익창출 가능성, 임직원의 승계, 양도후 양도회사 및 양수회사에 미친 영향 등이 종합적으로 고려되었다.

영업의 중요한 일부 양도인지가 문제되는 사안은 매우 다양하여 상법 제374조에 해당하여 주주총회의 특별결의를 거치고 반대주주에게 주식매수청구권을 부여해야 하는지 여부는 일률적으로 정할 수 없으므로, 대상판례와 같이 구체적 사안에 임하여 영업의 중요한 일부 양도인지를 판단할 필요가 있다. 실제로 영업용 재산 양도를 빙자하여 주주총회의 특별결의 없이 영업의 중요한 일부 양도를 초래하는 양도를 행하려는 경우가 있을 수도 있으므로, 앞으로도 사안별로 구체적인 판단을 할 필요가 있다.

(양기진)

8) 현행 자본시장법 시행령은 (i) 양도하려는 영업부문의 자산액, (ii) 양도하려는 영업부문의 매출액, (iii) 영업의 양수로 인하여 인수할 부채액, (iv) 양도하려는 자산액 중 어느 하나가 최근 사업연도말 기준으로 해당 회사의 자산총액, 매출액, 부채총액의 10% 이상에 해당하는 경우를 규정하고 있다(자본시장법 시행령 제171조).

39

주주총회의 특별결의

대법원 2004.7.8. 선고 2004다13717 판결

Ⅰ. 판결개요

1. 사실관계

甲은 1999. 6. 10. 사전 암반 절단공법이라는 특허기술을 이용한 사업을 추진하는 X 개인업체를 설립하였다가 1999. 12. 21. 구조물해체 및 발파 공사업 등을 목적으로 하고 甲, 乙을 대표이사로 하는 주식회사 X회사를 설립하였다. X회사는 2000. 2. 25. 위 특허를 특허권자인 甲으로부터 25억원에 양수하였고, 2000. 3. 2. X회사 명의로 특허 이전등록을 경료하였다. 2000. 5.경 X회사는 공모에 의한 증자를 실시하면서 코스닥 등록을 약속하면서 투자자를 모집하였는데, 총 투자자는 Y를 포함하여 62명이었고 총 출자금액은 11억 7,900만원이었으며, 2000. 5. 16. 증자에 따른 변경등기를 경료하였다. 그런데 X회사가 코스닥등록이 되지 않고 X회사의 공사매출실적 및 수급실적이 전무하여 투자자들을 대표한 Y가 X회사에 대해 투자금회수 확보 방안 마련을 요구하자 2000. 10. 10. 투자자들을 대표한 Y와 X회사 사이에 청약금 반환약정이 체결되었다. 동 약정은 X회사의 주식이 청약증거금 입금일로부터 5개월 이내에 코스닥에 등록되지 않을 경우 청약금 상당액을 투자자의 요구에 따라 전액 반환하기로 하는 내용이었다. 2000. 12. 3. 이후 X회사 지분의 80%를 보유한 X회사의 대표이사인 甲이 출근하지 않자 2000. 12. 5. Y는 X회사의 법인통장 예금액에 대한 채권을 가압류하였고 2000. 12. 16.부터 2001. 3. 말까지 X회사의 대표이사 乙은 이 사건 약정에 따른 채무이행으로 3억 300만원을 Y에게 지급하였다. 2001. 2. 16. X회사는 甲을 대표이사직에서 해임한 후 해임등기를 경료하였고 2001. 2. 16. 이 사건 특허에 관하여 Y에게 질권을 설정하였으며, 2001. 3. 15. Y 앞으로 이 사건 특허권 이전등

록을 경료하였다. 이에 X회사는 특허권 이전을 위해서는 X회사 주주총회의 특별결의가 요구됨에도 그러한 절차를 거치지 않고 한 특허권 이전등록은 무효라고 주장하고 특허권 이전등록의 말소를 청구하였다.

2. 판결요지

주주총회의 특별결의가 있어야 하는 상법 제374조 제1항 제1호 소정의 '영업의 전부 또는 중요한 일부의 양도'라 함은 일정한 영업목적을 위하여 조직되고 유기적 일체로 기능하는 재산의 전부 또는 중요한 일부를 총체적으로 양도하는 것을 의미하는 것으로서, 이에는 양수 회사에 의한 양도 회사의 영업적 활동의 전부 또는 중요한 일부분의 승계가 수반되어야 하는 것이므로 단순한 영업용 재산의 양도는 이에 해당하지 않으나, 다만 영업용 재산의 처분으로 말미암아 회사 영업의 전부 또는 일부를 양도하거나 폐지하는 것과 같은 결과를 가져오는 경우에는 주주총회의 특별결의가 필요하다고 판시하였다. 그러면서 본 사건은 당해 특허권을 이용한 공사의 수주를 회사의 주된 사업으로 하고, 위 특허권이 회사의 자산에서 대부분의 비중을 차지하는 경우, 위 특허권의 양도는 회사 영업의 전부 또는 일부를 양도하거나 폐지하는 것과 같은 결과를 가져오는 것이므로 특허권의 양도에는 주주총회의 특별결의가 필요하다고 보았다.

3. 관련판례

(1) 대법원 1987.6.9. 선고 86다카2478 판결(공1987, 1137); 대법원 1992.2.14. 선고 91다36062 판결(공1992, 1028); 대법원 1994.5.10. 선고 93다47615 판결(공1994상, 1650); 대법원 1997.4.8. 선고 96다54249,54256 판결(공1997상, 1391); 대법원 1998.3.24. 선고 95다6885 판결(공1998상, 1127)

상법 제374조 제1호 소정의 주주총회의 특별결의를 요하는 '영업의 전부 또는 중요한 일부의 양도'라 함은 일정한 영업 목적을 위하여 조직되고 유기적 일체로서 기능하는 재산의 전부 또는 중요한 일부를 양도하는 것을 의미하고, 회사의 영업 그 자체가 아닌 영업용 재산의 처분이라고 하더라도 그로 인하여 회사의 영업의 전부 또는 중요한 일부를 양도하거나 폐지하는 것과 같은 결과를 가져오는 경우에는 그 처분행위를 함에 있어서 그와 같은 특별결의를 요한다.

(2) 대법원 1998.3.24. 선고 95다6885 판결

회사가 회사 존속의 기초가 되는 영업재산을 처분할 당시에 이미 영업을 폐지하거나 중단하고 있었던 경우에는 그 처분으로 인하여 비로소 영업의 전부 또는 중요한 일부가 폐지되거나 중단되기에 이른 것이라고 할 수 없으므로, 그와 같은 경우에는 주주총회의 특별결의를 요하지 않는다.

(3) 대법원 1999.4.23. 선고 98다45546 판결

주식회사가 양도·양수에 관련되어 있는 경우에 그 양도·양수가 영업 주체인 회사로부터 영업 일체를 양수하여 회사와는 별도의 주체인 양수인이 양수한 영업을 영위하는 경우에 해당한다면 상법 제374조 제1항 제1호에 따라 회사의 양도·양수에 반드시 주주총회의 특별결의를 거쳐야 하는 것이지만, 회사의 주식을 그 소유자로부터 양수받아 양수인이 회사의 새로운 지배자로서 회사를 경영하는 경우에는 회사의 영업이나 재산은 아무런 변동이 없고 주식만이 양도될 뿐이므로 주주총회의 특별결의는 이를 거칠 필요가 없으며, 설사 당사자가 그 경우에도 회사 재산의 이전이 따르는 것으로 잘못 이해하여 양도계약후 즉시 주주총회의 특별결의서를 제출하기로 약정하고 있다 하더라도, 당사자가 그러한 약정에 이르게 된 것은 계약의 법적 성격을 오해한 데서 비롯된 것이므로, 그 약정은 당사자를 구속하는 효력이 없다.

Ⅱ. 판결의 평석

1. 사안의 쟁점

상법 제374조 제1항 제1호는 회사가 영업의 전부 또는 중요한 일부의 양도를 함에는 상법 제434조에 정하는 결의(주주총회의 특별결의)가 있어야 한다고 규정하는바, 사안에서 원고 회사가 특허권을 양도하는 행위가 주주총회의 특별결의를 받아야 하는 사항에 해당하는지 여부가 본 사안의 주된 쟁점이다. 이를 해결하기 위해서는 우선 상법 제374조에서 명시하는 영업의 전부 또는 중요한 일부의 양도가 어떠한 의미인지 즉 상법 총칙상의 영업양도를 의미하는지 등을 검토할 필요가 있다. 이하에서는 동조의 취지를 살펴보고 상법 총칙상의 영업양도의 개념을 고찰한 후 양자의 관계를 바탕으로 상법 제374조 제1항 제1호에서 정하고 있는 회사가 영업의 전부 또는 중요한 일부의 양도의 의미를 본다.

2. 판례 검토

(1) 상법 제374조의 취지

상법 제374조 제1항 제1호에서 회사가 영업의 전부 또는 중요한 일부의 양도를 함에는 상법 제434조에 정하는 주주총회의 특별결의가 있어야 한다고 규정하고 있다. 동조에서 말하는 영업양도가 상법 총칙에서 규정하는 영업양도의 개념과 동일한지 여부가 문제된다. 만약, 동일한 개념이라고 할 경우에는 사안의 경우 특허권 자체는 상법 총칙상의 영업에 포함될 수 없으므로, 상법 제393조 제1항의 중요한 자산의 처분 및 양도에 해당되어 이사회결의를 요하는 사항이 되고 주주총회의 특별결의까지 요한다고 볼 수 없게 된다.

(2) 상법 총칙상 영업양도의 의의

상법상 영업이란 상인의 영리활동을 뜻하는 주관적 의미의 영업과 상인이 영업목적을 위하여 결합시킨 재산의 전체를 뜻하는 객관적 의미의 영업의 두 가지로 사용되며, 영업양도에서 영업인 양도대상영업은 그중 객관적 의미의 영업을 말한다.

우리 상법에는 영업양도의 효과에 관한 규정을 두고 있지만 영업양도의 개념에 관한 구체적인 규정을 두고 있지 않아 영업양도의 개념에 관해 학설이 대립되고 있다. 영업양도에 관해 물적 요소를 강조하는 양도처분설과 인적 요소를 강조하는 지위교체설이 대립되고 있으며 절충적인 견해도 있다. 양도처분설 중 다수설이라 할 수 있는 영업재산양도설은 영업양도를 객관적 의의의 영업의 양도, 즉 재산적 가치 있는 사실관계까지 포함된 조직화된 유기적 일체로서의 기능적 재산의 양도로 본다. 이에 반해, 지위교체설은 영업자 지위의 양도라고 해석하는 견해이나 현재 주장자는 없다. 절충설(지위·재산이전설)은 물적 요소와 인적 요소의 양자에 중점을 두는 학설로서 영업양도는 영업자인 지위의 이전과 영업재산의 이전이라는 두 가지 요소가 포함된 행위라 보아 양수인을 영업의 경영자의 지위에 있게 할 목적으로 영업재산을 일괄하여 양수인에게 양도하는 계약으로 본다.

생각건대 영업양도가 있게 되면 양수인이 양도되는 기업의 영업자의 지위에 서게 되는 것이 아니라 양수인이 영업재산을 양수한 결과 자신의 지위에서 영업자가 되는 것이므로 지위교체설 및 절충설은 적절하지 못하다고 본다. 즉, 양수인이 영업의사를 가지고 영업재산을 양수함으로써 스스로 영업자의 지위에 서게 되고 양도인의 영업자의 지위를 승계하는 것으로 볼 필요가 없다. 뿐만 아니라 지위교체설은 영업재산의 이전을 설명할 수 없어 영업양도에 관한 설명이기보다는 오히려 기업거래의 또 다른 형태인 지분양도계약의 효과를 설명하는 이론이라 생각되므로 양도처분설 중 영업재산양도설이 영업양도의 본질을 가장 잘 설명하고 있다.

(3) 영업용재산의 양도

상법 제374조 제1항 제1호는 회사가 영업의 전부 또는 중요한 일부의 양도의 의미를 상법 총칙상의 영업양도와 동일한 의미로 이해할 것인가 하는 점에 관한 이해의 차이를 근거로 영업용재산의 양도에도 주주총회의 특별결의가 요하는가 하는 점에 관해 견해가 대립되고 있다.

불요설은 영업양도란 경업금지의무를 수반하는 사실관계를 포함한 영업재산의 총체를 양도하는 것으로서 영업용재산의 양도는 그것이 중요한 재산이라도 주주총회의 특별결의를 요하지 않는다고 본다. 필요설은 영업용재산의 양도가 회사의 영업 전부 또는 일부를 양도하거나 폐지하는 것과 같은 결과를 가져오는 경우에는 주주총회의 특별결의가 필요하다고 보는 견해이다. 판례도 단순한 영업용재산의 양도는 영업양도에 해당하지 않으나 그로 인해 회사영업의 전부 또는 일부를 양도하거나 폐지하는 것과 같은 결과를 가져오는 경우에는 주주총회의 특별결의가 필요하다고 하여 필요설의 입장에 서 있다. 회사의 영업의 양도나 폐지와 같은 결과를 초래하는 경우로서 판례는 염의 생산 등을 목적으로 하는 회사가 염전을 양도한 경우,[1] 회사의 유일무이한 재산의 처분행위,[2] 흄관몰드제작회사가 흄관몰드를 매도담보로 제공하는 행위를 이에 해당하는 것으로 보았다.[3] 그러나 중요재산에 관련된 행위라도 근저당설정행위, 중요재산 처분당시에 이미 사실상 영업을 중단하고 있었던 경우에는 주주총회의 특별결의를 요하지 않는다고 보았다.

(4) 상법 제393조 제1항과의 관계

종래 학설상 상법 제374조의 영업양도에 영업용 중요재산의 양도도 포함되는지에 대한 논의와 관련하여 2001년 개정시 동법 제393조 제1항을 규정하였다. 하지만 동조는 이사회결의 사항에 중요한 자산의 처분 및 양도, 대규모 재산의 차입 등을 포함시킨데 지나지 않으므로, 여전히 영업용 중요재산의 양도로 인해 영업의 폐지에 이르는 경우에 특별결의가 요구되는지에 관해 입법적으로 해결을 도모하였다고 볼 수는

1) 대법원 1958.5.22. 선고 4290민상460 판결.
2) 대법원 1962.10.25. 선고 62다538 판결.
3) 대법원 1987.4.28. 선고 86다카553 판결.

없다. 즉 중요한 영업용재산을 양도하는 경우 이사회결의는 상법 제393조에 따라 필요하고 그 밖에도 주주총회의 특별결의가 요구되는가 하는 문제는 여전히 해석상 다툼이 있어 견해가 대립되고 있다.

3. 특별결의를 흠결한 거래의 효력

주주총회의 특별결의를 거치지 않고 중요한 영업용 재산을 양도한 경우 대표이사의 양도행위는 주주총회결의를 흠결한 전단적 대표행위가 된다. 주주총회결의 특히 주주총회 특별결의를 흠결한 대표이사의 행위에 관해서는 학설, 판례가 일치하여 법률행위로서 효력을 가지지 못한다는 입장이다. 설령 거래상대방이 선의, 무과실이라 하더라도 양도행위는 효력을 가질 수 없으므로 본 사안에서 피고의 선·악을 불문하고 특허권이전은 효력을 가질 수 없게 된다.

4. 대상판결의 검토

생각건대 상법상 영업양도의 대상이 되는 영업이라 함은 재산적 사실관계를 포함하는 조직화되고 유기적 일체로서의 기능적 재산을 의미한다. 따라서 중요 재산은 영업용재산으로서 그 양도를 상법상의 영업양도로 보기는 어렵다. 그러나 영업용재산의 양도로 회사영업의 전부 또는 일부를 양도하거나 폐지하는 것과 같은 결과를 가져오는 경우에는 영업양도와 사실상 효과를 같이하므로 주식회사의 의사결정과정에서 신중을 요한다. 이렇게 볼 때 영업용 중요재산의 양도는 사실상의 영업양도로 볼 수 있어 주주총회의 특별결의를 요한다고 해석하는 판례 및 필요설이 타당하다고 본다. 왜냐하면 영업의 양도나 폐지를 위해서는 주주총회의 특별결의를 요하는데, 사실상의 영업양도에 주주총회의 특별결의를 요하지 않을 경우 탈법적인 의사결정이 예상되기 때문이다. 다만 상법개정으로 중요한 자산의 처분 및 양도를 이사회결의사항으로 규정하고 있으나(상법 제393조 제1항), 중요자산 양도에 관한 쟁점이 없어진 것은 아니고 중요한 자산 중 양도로 영업양도의 효과가 사실상 발생할 경우 여전히 문제될 수 있다. 특히 본 사안에서는 특허권이라는 영업용재산의 양도가 문제되었는데 원심에서는 그 양도로 인하여 영업의 전부 또는 일부를 양도하는 것과 같은 결과를 가져온다고 볼 수 없다고 보았는데 반해 대법원에서는 원고 회사의 설립경과, 자산총액상 특허권의 비중 등을 이유로 다르게 보았다. 본 판결은 영업용재산의 양도에서 주주총회 특별결의가 요구하는 기존 판례의 기준을 다시 확인하였다는 의미 이외에 영업용재산의 양도가 영업의 전부 또는 일부를 양도하는 것과 같은 결과를 가져오는지 여부를 판단함에 있어 영업용재산의 비중과 기타 정황을 구체적인 기준으로 제시하였다는 점에서 의미를 가진다고 볼 수 있다.

(정경영)

40 주주총회 특별결의의 흠결과 신의성실의 원칙

대법원 2018.4.26. 선고 2017다288757 판결

Ⅰ. 판결개요

1. 사실관계

X는 甲회사의 대표이사로서 처와 함께 甲회사의 주식 85%를 보유하여 甲회사를 실질적으로 지배하고 있던 자이다. X는 중국에 乙유한공사를 甲회사의 100%자회사로 설립하였다. X와 그의 처는 Y 등에게 자신들이 보유한 甲회사의 지분 일체를 양도한다는 내용을 담은 '경영권양도계약'을 체결하였다. 그런데 이 경영권양도계약의 조건으로 甲회사가 보유하고 있는 乙유한공사(乙유한공사는 甲회사가 100%지분을 출자하여 중국에 설립한 공사)의 지분을 X에게 양도하기로 함께 합의하였다. 이에 따라 X는 甲회사의 대표이사에서 사임하고 Y 등이 甲회사의 대표이사로 취임하였다. 그 후 乙유한공사는 추후 합의하여 처분한다는 경영권양도계약상 조건부분을 바탕으로, X는 다시 甲회사와 乙유한공사의 지분을 양수하는 계약(이하 '이 사건 양도계약')을 2014. 9. 18.에 체결하였다.

이 사건 양도계약 체결 당시 이 사건 乙유한공사는 피고 甲회사의 자산 중 약 4분의 1을 차지하고, 甲회사는 경영상태의 악화로 사실상 부실화되어 있어 甲회사의 자산 중 실질적인 재산적 가치가 있는 것은 이 사건 乙유한공사의 지분뿐이었으며, 의류의 제조 및 판매를 주된 영업으로 하고 있는 甲회사에게 중국 내 의류제조 공장이 없다면 甲회사의 운영에 막대한 차질이 생겼을 것으로 보이는 점 등에 비추어 볼 때 이 사건 乙유한공사의 지분 전부를 매도하는 것은 甲회사의 영업의 전부 또는 중요한 일부를 양도하는 것에 해당하는 것이었음에도 甲회사는 주주총회 특별결의를 거치지 않았다. 이 사건 양도계약 체결 무렵 甲회사의 주주는 소외 3(42,000주, 21%),

소외4, 소외2, 소외5, 소외6(각 32,000주, 16%), 소외7(30,000주, 15%)이었는데, 소외6을 제외한 나머지 주주들(지분 84%)은 이 사건 양도계약을 직접 체결하거나, 그 계약의 이행이 완료되도록 적극적으로 협조하겠다는 내용의 확인서를 작성하였다.

이 사건은 원고 X가 주위적으로 乙유한공사의 지분권이 자신에게 있음의 확인을 구하고, 확인의 이익이 인정되지 않는 경우 예비적으로 甲회사를 피고로 위 계약내용의 이행을 청구한 사건이다.

2. 판결요지

원심은, 甲회사가 그 자회사인 이 사건 乙유한공사를 매각하기 위해서는 상법 제374조 제1항 제1호에 따라 주주총회의 특별결의가 있어야 하는데 甲회사는 주주총회 특별결의를 거치지 않았으므로 甲회사가 X에 대하여 이 사건 乙유한공사를 매각한 행위는 무효라는 甲회사의 주장에 대하여, 상법 제434조에 규정된 주주총회 특별결의 요건 이상에 해당하는 84% 지분을 가진 주주가 이 사건 양도계약의 체결에 동의한 것으로 볼 수 있으므로 甲회사가 주주총회 특별결의의 흠결을 이유로 위 계약의 무효를 주장하는 것은 신의칙에 반하여 허용되지 않는다고 판단하여 그 주장을 받아들이지 아니하였다. 그러나 대법원은 원심을 파기하면서 다음과 같이 판시하였다.

민법상 신의성실의 원칙은 법률관계의 당사자는 상대방의 이익을 배려하여 형평에 어긋나거나, 신뢰를 저버리는 내용 또는 방법으로 권리를 행사하거나 의무를 이행하여서는 아니 된다는 추상적 규범으로서, 신의성실의 원칙에 위배된다는 이유로 그 권리의 행사를 부정하기 위해서는 상대방에게 신의를 공여하였다거나 객관적으로 보아 상대방이 신의를 가짐이 정당한 상태에 있어야 하고, 이러한 상대방의 신의에 반하여 권리를 행사하는 것이 정의관념에 비추어 용인될 수 없는 정도의 상태에 이르러야 한다. 또한 강행법규를 위반한 자가 스스로 그 약정의 무효를 주장하는 것이 신의칙에 위배되는 권리의 행사라는 이유로 그 주장을 배척한다면, 이는 오히려 강행법규에 의하여 배제하려는 결과를 실현시키는 셈이 되어 입법 취지를 완전히 몰각하게 되므로, 달리 특별한 사정이 없는 한 위와 같은 주장이 권리남용에 해당되거나 신의성실 원칙에 반한다고 할 수 없다.[1]

상법 제374조 제1항 제1호는 주식회사가 영업의 전부 또는 중요한 일부의 양도행위를 할 때에는 제434조에 따라 출석한 주주의 의결권의 3분의 2 이상의 수와 발

---

1) 대법원 2014.9.4. 선고 2014다6404 판결.

행주식총수의 3분의 1 이상의 수로써 결의가 있어야 한다고 규정하고 있는데 이는 주식회사가 주주의 이익에 중대한 영향을 미치는 계약을 체결할 때에는 주주총회의 특별결의를 얻도록 하여 그 결정에 주주의 의사를 반영하도록 함으로써 주주의 이익을 보호하려는 강행법규라고 할 것이므로, 주식회사가 영업의 전부 또는 중요한 일부를 양도한 후 주주총회의 특별결의가 없었다는 이유를 들어 스스로 그 약정의 무효를 주장하더라도 주주 전원이 그와 같은 약정에 동의한 것으로 볼 수 있는 등 특별한 사정이 인정되지 않는다면 위와 같은 무효 주장이 신의성실 원칙에 반한다고 할 수는 없다.

3. 관련판례

대법원 2024.7.11. 선고 2024다222861 판결

주식회사가 적법한 절차에 따라 소집, 의결한 주주총회에서 하자 있는 종전의 결의를 그대로 추인하거나 재차 동일한 안건에 대한 결의를 한 경우에는, 그 새로운 주주총회의 결의가 다른 절차상, 내용상의 하자로 인하여 부존재 또는 무효임이 인정되거나 그 결의가 취소되는 등의 특별한 사정이 없는 한, 설령 종전의 결의에 어떠한 하자가 있었다고 할지라도 종전의 하자 있는 결의에 대하여 부존재나 무효확인 또는 그 취소를 구할 소의 이익이 없다.

Ⅱ. 판결의 평석

1. 판결의 쟁점

이 사건의 쟁점은 ① 영업용재산의 양도가 주주총회의 특별결의사항이 되는지 여부와, ② 주주총회의 특별결의를 거치지 아니한 회사가 스스로 그 특별결의가 없었음을 이유로 하여 무효를 주장하는 것이 신의성실의 원칙에 반하는지 여부이다. 전자의 쟁점은 乙유한공사 지분의 양도를 영업의 전부 또는 중요한 일부의 양도와 동일한 사안으로 보았고, 이러한 판단에 대하여는 당사사간에도 다툼이 없다. 영영양도와 동일하게 볼 수 있는 중요한 영업재산을 처분함에 있어 주주총회의 특별결의를 거치지 않았다면 그 계약은 무효이다. 거래상대방이 선의·무과실인 경우에도 결론이 바뀌지는 않는다.

2. 주주총회 특별결의의 흠결과 신의성실의 원칙

(1) 강행법규에 위반한 자가 스스로 그 약정의 무효를 주장하는 경우

이 사건 피고 甲회사는 그 자신 주주총회를 개최하여 특별결의를 하여야 했음에도 불구하고 주주총회를 개최하지 않았고, 이후 그 특별결의 흠결을 이유로 하여 무효를 주장하고 있다. 그런데 甲회사의 84%에 해당하는 주주들이 이 사건 양도계약을 직접 체결하거나 그 계약의 이행이 완료되도록 적극적으로 협조하겠다는 내용의 확인서를 작성한 경우이어서, X는 甲회사의 무효주장이 신의성실의 원칙에 반한다는 주장을 하고 있는 것이다.

(2) 신의성실의 원칙과 판례의 입장

민법상 신의성실의 원칙은 법률관계의 당사자는 상대방의 이익을 배려하여 형평에 어긋나거나, 신뢰를 저버리는 내용 또는 방법으로 권리를 행사하거나 의무를 이행하여서는 아니 된다는 추상적 규범으로서, 신의성실의 원칙에 위배된다는 이유로 권리의 행사를 부정하기 위해서는 상대방에게 신의를 공여하였다거나 객관적으로 보아 상대방이 신의를 가짐이 정당한 상태에 있어야 하고, 이러한 상대방의 신의에 반하여 권리를 행사하는 것이 정의관념에 비추어 용인될 수 없는 정도의 상태에 이르러야 한다.

판례는 강행법규를 위반한 자가 스스로 그 약정의 무효를 주장하는 것이 신의칙에 위배되는 권리의 행사라는 이유로 그 주장을 배척한다면, 이는 오히려 강행법규에 의하여 배제하려는 결과를 실현시키는 셈이 되어 입법 취지를 완전히 몰각하게 되므로, 달리 특별한 사정이 없는 한 위와 같은 주장이 권리남용에 해당되거나 신의성실 원칙에 반한다고 할 수 없다고 하는 것이 판례의 일관된 태도이다.[2] 주식회사가 영업의 전부 또는 중요한 일부의 양도행위를 할 때에는 특별결의가 있어야 한다고 규정하고 있는데 이는 주식회사가 주주의 이익에 중대한 영향을 미치는 계약을 체결할 때에는 주주총회의 특별결의를 얻도록 하여 그 결정에 주주의 의사를 반영하도록 함으로써 주주의 이익을 보호하려는 강행법규이므로, 주식회사가 영업의 전부 또는 중요한 일부를 양도한 후 주주총회의 특별결의가 없었다는 이유를 들어 스스로 그 약정의 무효를 주장하더라도 주주 전원이 그와 같은 약정에 동의한 것으로 볼 수 있는 등 특별한 사정이 인정되지 않는다면 위와 같은 무효 주장이 신의성실 원칙에 반한

2) 대법원 2004.10.28. 선고 2004다5556 판결; 대법원 2014.9.4. 선고 2014다6404 판결 등.

다고 할 수는 없다고 본다.

3. 판결의 의의

주주총회 특별결의를 거쳐야 할 계약을 체결한 후, 그 자신 회사의 주주총회 특별결의 흠결을 이유로 무효를 주장하는 것이 신의성실의 원칙에 반한다고 하기 위하여는 '특별한 사정'이 있어야만 하고, 그 특별한 사정으로 들고 있는 것이 '주주 전원의 동의'이다. 84%라는 동의 비율은 특별결의 요건을 충족할 수도 있겠으나, 민법상 추상적인 원칙의 적용에는 신중을 기하여야 한다는 점에서 타당한 판결로 볼 수 있겠다.

(장덕조)

감사 선임시 3% 초과분과 보통결의요건

대법원 2016.8.17. 선고 2016다222996 판결

Ⅰ. 판결개요

1. 사실관계

Y주식회사의 발행주식은 전체 1,000주인데, X, A, B가 각기 340주(34%), 330주(33%), 330주(33%) 보유하였다. 위 주주들이 모두 참석한 주주총회에서 A, B의 찬성으로 C가 감사로 선임되었다. 실제로 감사 선임시 3%를 초과하는 주식은 의결권을 행사할 수 없으므로(제409조 제2항), 위 주주들은 각기 30주씩의 의결권을 행사하여 합계 90주 중 60주의 찬성을 얻은 C가 선임된 것이었다.

X는 위 선임결의가 '발행주식총수'의 1/4, 즉 250주의 찬성이 필요한 보통결의요건(제368조 제1항)에 위반하였다며, 주주총회결의의 하자를 주장하는 본건 소를 제기하였다. 상법 제371조 제2항이 '출석한 주주의 의결권 수에 산입하지 않는 주식'에 3% 초과 주식을 명시한 것과 달리, 같은 조 제1항은 '발행주식총수에 산입하지 않는 주식'에 3% 초과주식을 포함하지 않으므로, 본건에서 발행주식총수는 그대로 1,000주로 보아야 한다는 것이다.

2. 판결요지

주주총회에서 감사를 선임하려면 우선 '출석한 주주의 의결권의 과반수'라는 의결정족수를 충족하여야 하고, 나아가 의결정족수가 '발행주식총수의 4분의 1 이상의 수'이어야 하는데, 상법 제371조는 제1항에서 '발행주식총수에 산입하지 않는 주식'에 대하여 정하면서 상법 제409조 제2항의 의결권 없는 주식(이하 '3% 초과 주식'이라 한다)은 이에 포함시키지 않고 있고, 제2항에서 '출석한 주주의 의결권 수에 산입하지 않는 주식'에 대하여 정하면서는 3% 초과 주식을 이에 포함시키고 있다.

그런데 만약 3% 초과 주식이 상법 제368조 제1항에서 말하는 '발행주식총수'에 산입된다고 보게 되면, 어느 한 주주가 발행주식총수의 78%를 초과하여 소유하는 경우와 같이 3% 초과 주식의 수가 발행주식총수의 75%를 넘는 경우에는 상법 제368조 제1항에서 말하는 '발행주식총수의 4분의 1 이상의 수'라는 요건을 충족시키는 것이 원천적으로 불가능하게 되는데, 이러한 결과는 감사를 주식회사의 필요적 상설기관으로 규정하고 있는 상법의 기본 입장과 모순된다. 따라서 감사의 선임에서 3% 초과 주식은 상법 제371조의 규정에도 불구하고 상법 제368조 제1항에서 말하는 '발행주식총수'에 산입되지 않는다. 그리고 이는 자본금 총액이 10억원 미만이어서 감사를 반드시 선임하지 않아도 되는 주식회사라고 하여 달리 볼 것도 아니다.

3. 관련판례

대법원 1998.4.10. 선고 97다50619 판결

주식 자체는 유효하게 발행되었지만 주식의 이전 등 관계로 당사자간에 주식의 귀속에 관하여 분쟁이 발생하여 진실의 주주라고 주장하는 자가 명의상의 주주를 상대로 의결권의 행사를 금지하는 가처분의 결정을 받은 경우, 그 명의상의 주주는 주주총회에서 의결권을 행사할 수 없으나, 그가 가진 주식 수는 주주총회의 결의요건을 규정한 구 상법(1995. 12. 29. 법률 제5053호로 개정되기 전의 것) 제368조 제1항 소정의 정족수 계산의 기초가 되는 '발행주식의 총수'에는 산입되는 것으로 해석함이 상당하다.

Ⅱ. 판결의 평석

1. 주주총회의 결의유형과 요건

주주총회의 결의란 상정된 의안에 대한 주주의 의결권행사, 즉 표결을 통해 형성된 주주총회의 결정을 뜻한다. 상법상 주주총회결의에는 보통결의, 특별결의, 특수결의의 세 형태가 있다.

(1) 보통결의

다른 특별한 법령, 정관상의 정함이 없는 이상 기본적으로 따라야 하는 결의방식이다. (i) 출석주주의 의결권의 과반수 및 (ii) 발행주식총수의 1/4 이상의 수로써 해야 한다(제368조 제1항).

현행 보통결의요건은 1995년 상법개정을 통해 도입된 것이다. 개정 이전 상법은 의결정족수와 의사정족수를 규정하였다. 즉 위 (i)은 동일하나(의결정족수), (ii) 대신에 의결에 착수하기 위한 정족수로서 '발행주식총수 중 과반수의 출석'을 요구하였다(구 상법 제368조 제1항. 의사정족수). 그러나 주식소유가 분산된 상장회사에서 과반수 출석을 확보하기 어렵게 되자, 결의요건완화라는 차원에서 의사정족수를 폐기하는 대신 어느 정도의 대표성을 확보하기 위해 (ii)요건이 추가되었다.

(2) 특별결의

회사의 중요사안에 대하여 거쳐야 하는 결의요건이다. (i) 출석주주 의결권의 2/3 이상 및 (ii) 발행주식총수의 1/3 이상의 수로써 해야 한다(제434조). 보통결의요건과 마찬가지로 1995년 상법개정을 통하여 종래의 의사정족수, 즉 '발행주식총수 중 과반수의 출석'은 삭제되었고 대신에 (ii) 요건이 추가되었다. 상법상 특별결의가 필요한 사안으로서 정관변경, 감자, 합병, 분할(합병), 주식교환, 영업양수도, 해산, 이사 및 감사의 해임 등이 있다.

(3) 특수결의

특별결의보다도 가중된 결의요건을 요하는 경우로서 일반적으로 주주전원의 동의를 요구한다. 이사 및 감사의 책임면제(제400조 제1항, 제415조), 유한회사로의 조직변경(제604조 제1항)을 위하여는 주주전원의 동의가 필요하다.

2. 정족수 산정에 관한 상법 제371조의 구조

상법 제371조는 크게 '의결권이 없는 주식'에 대하여는 제1항에서, '의결권은 있지만 그 행사가 제한되는 주식'에 대하여는 제2항에서 규정한다.

(1) 제371조 제1항: 의결권이 없는 주식

상법 제371조 제1항에 의하면, '의결권이 없는 주식'의 범주에 속하는 경우 처음부터 '발행주식총수'에 산입되지 않는다. 아예 처음부터 발행되지 않은 것으로 보기 때문에, 당연히 출석한 주주의 의결권 수에서도 제외된다. 발행주식총수 100주 중 의결권이 없는 주식이 25주인 회사를 상정할 때, 주주총회에 의결권 있는 주식 40주가 참석하여 25주가 찬성하였다면 (i) 출석 의결권의 과반수(25/40)와 (ii) 발행주식총수의 1/4(25/75)를 충족하므로 보통결의가 성립된다.[1]

'의결권이 없는 주식'으로서 상법 제371조 제1항은, 의결권 배제, 제한에 관한 종류주식(제344조의3 제1항), 자기주식(제369조 제2항), 상호주(제369조 제3항)를 열거하고 있다.

(2) 제371조 제2항: 의결권은 있지만 그 행사가 제한되는 주식

상법 제371조 제2항에 의하면, '의결권은 있지만 그 행사가 제한되는 주식'인 경우 "출석한 주주의 의결권의 수에 산입하지 아니한다"고만 규정하고 있다. 여기에 해당하는 경우로서 ① 특별이해관계인이 보유하는 주식(제368조 제3항), 감사, 감사위원 선임시 3% 초과주식(제409조 제2항, 제542조의12 제3, 4항)이 열거되어 있다. 그 밖에 집중투표 배제결의시 3% 초과주식(제542조의7 제3항)도 여기에 포함된다고 볼 것이다.

상법 제371조 제2항은 보통결의 및 특별결의 요건에 관한 1995년 개정 이전의 의사정족수를 전제로 규정된 것이다. 즉 구법 하에서 발행주식총수 100주 중 40주를 보유한 특별이해관계인과 아무런 이해관계 없는 30주를 보유한 주주가 참석하여 모두 찬성한 경우, 의사정족수의 관점에서는 100주 중 70주가 참석한 것이 된다(40주를 의사정족수 판정시 분모, 분자에 산입). 한편 의결정족수의 관점에서는 제371조 제2항이 발동되어 참석주식 30주 중 30주가 찬성한 것이 된다(40주를 의결정족수 판정시 분모, 분자에서 제외). 그러나 이러한 접근이 새로운 보통결의, 특별결의요건을 정한 1995년 개정 이후에도 그대로 타당하지는 않기 때문에 제371조 제2항의 해석을 두고 혼선이 발생하였다.

3. 구체적인 검토

본건에서는 감사 선임에 관한 정족수 산정이 문제되었다. 상법 제409조 제2항에 따르면, 발행주식총수의 3%를 초과하는 주식을 가진 주주는 그 초과하는 주식(이하 '3% 초과분')에 관하여 감사 선임시 의결권을 행사하지 못한다. 앞서 언급한 바와 같이 이러한 3% 초과분은 제371조 제2항의 '의결권은 있지만 그 행사가 제한되는 주

---

1) 김건식 · 노혁준 · 천경훈, 회사법, 제2판, 박영사, 2016, 309면.

식'에 해당한다.

X(원고)는 제371조 제1, 2항의 문리적인 해석을 주장하고 있다. 제1항의 경우 명시적으로 발행주식총수에서 배제하도록 한 반면 제2항은 이러한 산입배제가 없으므로, 제2항의 규제대상인 '의결권은 있지만 그 행사가 제한되는 주식'인 경우(이 사안에서는 3% 초과분) 발행주식총수에 산입되어야 한다는 것이다.

그러나 이런 문리해석에는 상법 제371조 제2항이 1995년 상법개정에 따른 보통결의요건 변화를 미처 반영하지 못했음을 간과한 문제가 있다. 대법원이 잘 지적하였듯이 원고의 주장대로라면 모든 주주가 찬성하는 감사 선임 안건에 대하여도 보통결의요건을 충족할 수 없는 난점이 발생한다. 즉 상법상 보통결의요건 충족을 위해서는 발행주식총수의 1/4, 즉 25%가 필요한데, 78%+1주를 가진 대주주가 있는 회사에서는 대주주 및 다른 소액주주들(합계 22%−1주 보유)이 모두 감사 선임 안건에 찬성하더라도 25%−1(대주주 찬성분 3%+ 다른 소액주주들의 찬성분 22%−1)의 수밖에 얻지 못하여 감사 선임 자체가 불가능하게 되는 것이다.

결국 정족수 산정에 있어서 본건 대법원 판결의 입장대로 '의결권은 있지만 행사가 제한되는 주식' 역시 보통결의요건 또는 특별결의요건상의 분모, 즉 발행주식총수에서 제외할 수밖에 없다. 이는 상법 제371조의 원래 도입의도와 달리 '의결권이 없는 주식'과 '의결권은 있지만 행사가 제한되는 주식'을 동일하게 취급하는 것, 즉 해당 안건에 관하여는 아예 처음부터 발행되지 않는 것으로 취급해야 함을 뜻한다.[2)]

4. 판결의 의의

이 판결은 1995년 개정상법하의 보통결의요건의 정족수를 명확히 하였다는 점에서 의의가 있다. 정족수 산정시 분모가 되는 발행주식총수로부터 '의결권이 있지만

---

2) 1995년 개정 이전 구 상법과 현행 상법을 비교하면, 구 상법은 ⓐ 찬성주식/출석주식(의결정족수)과 ⓑ 출석주식/발행주식총수(의사정족수)의 두 가지 요건을 요구함에 반해 현행 상법은 ⓐ 찬성주식/출석주식(의결정족수)과 ⓒ 찬성주식/발행주식총수의 두 가지 요건을 요구한다. 구 상법상 ⓑ요건의 분자는 '출석주식'으로서 의결권은 있지만 행사가 제한되는 주식도 포함되므로, 이러한 의결권행사제한주식을 분모에 포함시켜도 문제가 없다. 상법 제371조 제2항은 원래 이를 뜻한 것이다. 그러나 현행 상법상 ⓒ요건의 분자는 '찬성주식'이어서 이러한 의결권행사제한주식이 분자에 포함될 수 없는바, 이를 분모에 포함시킨다면 정상적인 정족수 산정이 불가능하게 되는 것이다. 한편 (다수의 소액주주들과 대립하는) 50+1% 대주주의 입장에서 보면 구 상법 하에서는 감사 선임 자체를 차단할 수 있었다. 즉 ⓑ요건상 이러한 대주주가 불출석하면 선임결의 자체가 불가능하다(의사정족수 미달). 반면 현행 결의요건에 의하면 이러한 대주주도 감사 선임 자체를 차단할 수는 없다. ⓒ는 ⓑ와 달리 다수주식의 출석 자체를 요건화하지는 않기 때문이다. 그러나 이러한 차이는 (상법 제371조의 해석의 문제라기보다는) 보통결의/특별결의의 요건을 개정함에 따라 필연적으로 발생하는 결과이다. 1995년 개정 이후 상법 제371조의 해석은 본건 대법원 판결의 취지대로 할 수밖에 없다.

행사가 제한되는 주식'을 제외하는 논리는 보통결의뿐 아니라 특별결의에도 마찬가지로 적용된다고 할 것이다. 본건은 감사 선임시의 3% 초과분(제409조 제2항)에 관한 것이지만, 감사위원 선임시 3% 초과분(제542조의12 제3, 4항), 특별이해관계인이 보유하는 주식(제368조 제3항), 집중투표 배제결의시 3% 초과분(제542조의7 제3항)인 경우에도 이 법리는 동일하게 적용된다. 향후 본건 판결의 취지를 반영하여 상법 제371조 제1, 2항을 좀더 명확하게 개정할 필요가 있다.

(노혁준)

주주총회결의의 부존재

대법원 2010.6.24. 선고 2010다13541 판결

Ⅰ. 판결개요

1. 사실관계

Y주식회사의 정관 제25조는 이사의 임기는 3년으로 하되 그 임기가 결산기에 관한 정기주주총회 종결 전에 끝날 때는 그 총회 종결에 이르기까지 그 임기를 연장한다고 규정하고 있다. A는 2005. 4. 7.에, B는 2005. 5. 13.에 각각 Y회사의 이사로 취임하였으며, 한편 Y회사의 정관에 따르면 영업연도는 매년 1월 1일부터 12월 31일까지이고(정관 제33조), 정기주주총회는 영업연도 말일 다음날부터 3월 이내에 소집한다(정관 제17조)고 규정하고 있다.

Y회사의 정관에 따르면 이사의 수는 최소 2인이고, 이사회 소집권자는 대표이사이며, 그 결의는 이사 과반수의 출석과 출석이사 과반수로 한다고 규정하고 있다. A와 B가 임기만료로 퇴임한 후 Y회사의 이사로는 대표이사인 X와 이사인 C가 있었다. 그런데 A는 임기가 만료된 후인 2008. 7. 23.에 X 등에게 이사회 소집통지를 한 다음 2008. 7. 31.에 이사회를 개최하였다. 위 이사회에는 A와 B, C가 참석하여 X를 대표이사에서 해임하고 A를 대표이사로 선임하는 결의를 하였다. 한편 A는 곧이어 이 사건 주주총회를 소집하였는데, 그 주주총회의사록에 따르면 A, B, C가 주주로서 참석하여 X를 이사에서 해임하고 A와 D를 이사로 선임한 것으로 기재되어 있다. Y회사의 주주명부에 따르면 Y회사의 발행주식 20,000주 중 X와 A가 6,000주씩을, B가 4,000주를, C와 D가 2,000주씩을 각각 소유하는 것으로 등재되어 있었으나, X는 2007. 1. 9. A로부터 100주, B로부터 4,000주를 각각 양도받았다.

X는 2008. 9. 7. 주주총회에서 X를 이사에서 해임하고 A, D를 각각 이사로 선임

한 주주총회결의는 존재하지 아니함을 확인하는 소를 제기하였다.

2. 판결요지

상법 제383조 제3항은 이사의 임기는 3년을 초과할 수 없도록 규정한 같은 조 제2항에 불구하고 정관으로 그 임기 중의 최종의 결산기에 관한 정기주주총회의 종결에 이르기까지 이를 연장할 수 있다고 규정하고 있다. 위 규정은 임기가 만료되는 이사에 대하여는 임기 중의 결산에 대한 책임을 지고 주주총회에서 결산서류에 관한 주주들의 질문에 답변하고 변명할 기회를 주는 한편, 회사에 대하여는 정기주주총회를 앞두고 이사의 임기가 만료될 때마다 임시주주총회를 개최하여 이사를 선임하여야 하는 번거로움을 덜어주기 위한 것에 그 취지가 있다. 이러한 입법 취지 및 그 규정 내용에 비추어 보면, 위 규정상의 '임기 중의 최종의 결산기에 관한 정기주주총회'라 함은 임기 중에 도래하는 최종의 결산기에 관한 정기주주총회를 말하고, 임기 만료후 최초로 도래하는 결산기에 관한 정기주주총회 또는 최초로 소집되는 정기주주총회를 의미하는 것은 아니므로, 위 규정은 결국 이사의 임기가 최종 결산기의 말일과 당해 결산기에 관한 정기주주총회 사이에 만료되는 경우에 정관으로 그 임기를 정기주주총회 종결일까지 연장할 수 있도록 허용하는 규정이라고 보아야 한다.

주주총회를 소집할 권한이 없는 자가 이사회의 주주총회 소집결정도 없이 소집한 주주총회에서 이루어진 결의는, 1인 회사의 1인 주주에 의한 총회 또는 주주 전원이 참석하여 총회를 개최하는 데 동의하고 아무런 이의 없이 결의가 이루어졌다는 등의 특별한 사정이 없는 이상, 총회 및 결의라고 볼 만한 것이 사실상 존재한다고 하더라도 그 성립 과정에 중대한 하자가 있어 법률상 존재하지 않는다고 보아야 한다.

임기만료로 퇴임한 이사 A가 소집한 이사회에 A와 임기만료로 퇴임한 이사 B 및 이사 C가 참석하여 X를 대표이사에서 해임하고 A를 대표이사로 선임하는 결의를 한 다음, A가 곧바로 소집한 주주총회에 A, B, C가 주주로 참석하여 X를 이사에서 해임하고 A와 D를 이사로 선임하는 결의를 한 사안에서, 위 이사회결의는 소집권한 없는 자가 소집하였을 뿐 아니라 이사가 아닌 자를 제외하면 이사 1인만 참석하여 이루어진 것이 되어 정관에 정한 소집절차 및 의결정족수에 위배되어 무효이고, 위 주주총회결의는 소집권한 없는 자가 이사회의 소집결정 없이 소집한 주주총회에서 이루어진 것으로 그 하자가 중대하여 법률상 존재하지 않는다고 보아야 한다.

3. 관련판례

(1) 대법원 1993.10.12. 선고 92다28235,28242 판결

원래 소집통지한 일시, 장소에서의 주주총회가 산회된 후 같은 날 다른 시각에 다른 장소에서 일부 주주들만이 모여서 한 주주총회결의는 결의부존재사유에 해당한다. 제1 주주총회결의가 부존재로 된 이상 그에 기하여 대표이사로 선임된 자들은 적법한 주주총회 소집권자가 될 수 없으므로 이들에 의하여 소집된 주주총회에서 이루어진 제2 주주총회결의 역시 결의부존재이다.

(2) 대법원 2014.4.30. 선고 2013다99942 판결

원고가 주주총회결의 당시까지 명의개서를 마치지 않아 자신이 양수한 주식에 관한 주주권을 행사할 수 없었던 이상, 피고 회사가 원고에게 소집통지를 하지 않고 임시주주총회를 개최하여 결의를 하였다 하더라도 그 결의에 부존재나 무효에 이르는 중대한 흠이 있다고 할 수 없다. 또한 결의 당시 주주로 명의개서되어 있던 제2 주식양수인들이 원고 또는 피고 회사에 대하여 우선적 지위를 주장할 수 없다 하더라도, 공동대표이사 중 1인에 의하여 주주총회가 소집되었고, 제2 주식양수인들이 명의개서하기 전의 주주명부상의 일부 주주가 주주총회에 출석하여 결의에 찬성하였고 그들이 보유한 주식이 전체 주식의 55%에 이르는 이상, 공동대표이사 중 1인이 다른 공동대표이사와 공동으로 임시주주총회를 소집하지 않았다거나 이 사건 제2 주식양수인들로 명의개서되기 전의 종전 주주명부상의 나머지 주주인 소외인에 대하여 소집통지하지 않았다는 등의 하자는 주주총회의 결의가 부존재한다거나 무효라고 할 정도의 중대한 하자라고 볼 수 없다(대법원 1993.1.26. 선고 92다11008 판결 참조).

Ⅱ. 판결의 평석

1. 판결의 의의

이 사례에서는 A와 B의 이사 임기는 위 주주총회까지 연장되는지 여부와 주주총회 소집권한이 없는 자가 소집한 주주총회결의가 부존재사유에 해당하는지 여부가 쟁점이다.

상법 제383조 제3항에서 "이사의 임기는 정관으로 그 임기 중의 최종의 결산기에

관한 정기주주총회의 종결에 이르기까지 연장할 수 있다"고 규정하고 있는데, 이는 이사의 임기가 최종 결산기의 말일과 당해 결산기에 관한 정기주주총회 사이에 만료되는 경우에 정관으로 그 임기를 정기주주총회 종결일까지 연장할 수 있도록 허용하는 것으로 해석하였다. 사례에서 A는 2008. 4. 7.에, B는 2008. 5. 13.에 각각 퇴임한 것으로 되며, 이에 따라 2008. 7. 31의 이사회나 2008. 9. 7.의 주주총회를 소집할 권한이 없다.

주주총회의 소집권한이 없는 자가 이사회의 주주총회 소집결정도 없이 소집한 주주총회에서 이루어진 결의는 주주 전원참석과 같은 특별한 사정이 없는 한 주주총회 결의부존재사유에 해당한다.

2. 결의부존재확인의 소

(1) 의 의

총회의 소집절차 또는 결의방법에 총회결의가 존재한다고 볼 수 없을 정도의 중대한 하자가 있는 경우에 결의부존재확인의 소가 인정된다(상법 제380조). 결의부존재확인의 소는 상법 제380조에서 결의무효확인의 소와 같이 규정되어 결의취소의 소와는 달리 제소권자와 제소기간의 제한을 받지 않는다.

결의부존재사유가 판례가 인정하는 표현결의에 해당하면 회사법상의 소에 해당하지 않는다. 결의부존재확인의 소는 결의하자 소송 중 가장 많이 활용되는 소송이다. 그 이유는 우리나라 비상장회사 대부분이 가족중심의 폐쇄회사로서 주주총회 규정을 무시한 채 운영되기 때문이다. 또한 취소소송의 제소기간 및 제소권자의 제한을 피하기 위하여 결의취소에 해당하는 하자에 대해서도 결의부존재를 주장하는 경향이 있었다.[1)]

(2) 소의 성질

1) 문제의 발생원인

상법 제380조가 결의부존재확인의 소에 관하여 결의취소의 소와 같이 전속관할 등 소송절차에 관한 제186조 내지 제188조를 준용하고, 판결의 대세적 효력에 관한 제190조를 준용하면서, 제소권자 및 제소기간 등에 관하여 규정을 두지 않음으로써 결의무효확인의 소에서와 마찬가지로 결의부존재확인의 소에 관한 성질에 관해서도

---

1) 이철송, 회사법강의, 제23판, 박영사, 2015, 620면.

학설이 대립한다.

2) 확인소송설(다수설, 판례)

① 부존재확인의 주장도 반드시 소송으로써만 주장할 수 있다고 하면 소집절차나 결의방법에 중대한 하자가 있는 결의도 일단 유효하게 되어 부당하다. ② 소로써만 주장하게 되면 결의부존재를 이유로 한 청구권의 행사에 이중의 절차를 강요하는 결과가 된다. 즉, 위법배당금의 반환청구, 이사에 대한 손해배상청구 등에 있어서 결의부존재확인의 소에서 승소한 후 배당금지급청구나 손해배상청구의 소를 제기하여야 한다. ③ 상법이 취소소송과는 달리 제소권자나 제소기간에 제한을 두고 있지 않으므로 확인의 소라고 보는 것이 타당하다.[2)]

판례는 원래 상법 제380조에 규정된 주주총회결의부존재확인의 소는 그 법적 성질이 확인의 소에 속하고 그 부존재확인판결도 확인판결이라고 보아야 한다고 판시하고 있다.[3)]

3) 형성소송설

상법 제380조 및 제190조 단서의 해석상 결의무효사유가 있다고 하더라도 결의부존재판결이 확정될 때까지는 유효한 것으로 보아야 하므로 형성의 소라고 한다.[4)] 이 학설은 법률관계의 안정 및 획일적 처리가 장점이며, 민사소송법학자들이 취하는 견해이다.

4) 양설의 차이점

어느 설을 취하느냐에 따라 발생하는 실제적인 차이는 소로써만 부존재를 주장할 수 있느냐(형성소송설), 또는 소 이외의 방법으로도 부존재를 주장할 수 있느냐(확인소송설)에 있다. 생각건대 소집절차나 결의방법에 중대한 하자가 있는 결의까지 일단 효력이 발생하고 소로써만 부존재로 할 수 있다는 것은 부당하므로 확인소송설이 타당하다.

(3) 소의 원인

결의부존재의 원인은 총회의 소집절차 또는 결의방법에 총회결의가 존재한다고

---

2) 최준선, 회사법, 제9판, 삼영사, 2014, 430면; 정찬형, 상법강의(상), 제18판, 박영사, 2015, 899－900면.

3) 대법원 1992.8.18. 선고 91다39924 판결.

4) 이철송, 전게서, 602면.

볼 수 없을 정도의 중대한 하자가 있는 경우이다(상법 제380조 후단). 따라서 결의부존재원인은 결의취소원인에 포함된다.

[판례상 주주총회결의의 부존재원인]

i) 주주총회 소집권한이 없는 자가 이사회결의 없이 소집하는 경우.[5] 단지 이사회의 결의 없이(또는 이사회결의의 의사록을 위조하여) 주주총회를 소집한 경우에는 취소사유로 보는 경향이 있다.[6] ii) 부존재인 결의에 의해 선임된 이사들로 구성된 이사회에서 주주총회 소집결의를 한 경우.[7] iii) 발행주식총수 20,000주식 중 12,000주식의 주주에게 소집통지를 안한 경우.[8] 그러나 41% 소유주주에게 소집통지를 하지 않은 경우는 취소사유[9]로 본다. iv) 불가항력적인 사유로 대표이사를 포함한 이사 전원이 총회에 불참한 경우,[10] v) 유효하게 회의가 종료한 후에 일부 주주들만 모여 결의한 경우,[11] vi) 전혀 주주총회를 개최한 사실 없이 허위의 의사록을 작성한 경우,[12] 소집절차 없이 98% 지배주주의 의사에 의해 의사록을 작성한 경우,[13] vii) 주권발행전의 주식양수인들이 한 주주총회의 결의,[14] 기명주식의 양도방법(명의개서)에 의하지 아니한 기명주식의 양도의 경우, 주식양수인들에 의한 주주총회의 결의[15] 등이다.

(4) 소의 당사자

1) 원 고

결의무효확인의 소의 경우와 같이 부존재확인에 관하여 소의 이익이 있는 자는 누구나 소를 제기할 수 있다. 주주, 이사, 감사 및 회사채권자는 대체로 확인의 이익이 있으나, 제3자의 경우는 확인의 이익을 증명하여야 한다.

(가) 주 주

결의에 찬성한 주주, 주권발행전에 주식을 양도한 원시주주는 양수인들의 총회결

---

5) 대법원 1962.12.27. 선고 62다473 판결; 대법원 1973.7.24. 선고 73다326 판결; 대법원 2010.6.24. 선고 2010다13541 판결.
6) 대법원 1978.9.26. 선고 78다1219 판결.
7) 대법원 1975.7.8. 선고 74다1969 판결; 대법원 1989.7.11. 선고 89다카5345 판결.
8) 대법원 1980.12.9. 선고 80나128 판결.
9) 대법원 1993.1.26. 선고 92다11008 판결.
10) 대법원 1964.5.26. 선고 63다670 판결.
11) 대법원 1993.10.12. 선고 92다28235,28242 판결.
12) 대법원 1969.9.2. 선고 67다1705,1706 판결.
13) 대법원 2007.2.22. 선고 2005다73020 판결.
14) 대법원 1977.6.7. 선고 77다54 판결.
15) 대법원 1980.1.15. 선고 79다71 판결.

의의 부존재를 주장할 수 있다.[16)]

(나) 임 원

① 퇴임한 이사·감사라도 후임이사·감사의 취임시까지 그 권리의무를 보유하는 경우,[17)] ② 부존재결의에 의해 해임된 이사,[18)] ③ 하자 있는 결의에 의해 선임된 이사라도 재임 중에 있었던 총회결의의 부존재 주장이 가능하지만,[19)] 사임한 이사는 결의부존재를 주장할 실익이 없다.[20)]

(다) 채권자

주식회사의 금전상의 채권자는 그 회사의 주주총회결의의 부존재확인을 구할 법률상 이익이 있다.[21)] 회사의 단순한 채권자는 그 주주총회결의가 채권자의 권리 또는 법적 지위를 구체적으로 침해하고 또 이에 영향을 미치는 경우에 한하여 소의 이익이 있다.[22)]

[소의 이익이 없는 경우]

i) 회사에 대하여 주주로서의 자격이 인정되지 않는 자(단순한 명의대여자에 불과한 주주, 주식을 양수하였으나 명의개서를 하지 않은 주주,[23)] 주식양도인이 주권교부를 하고 있지 않다가 그 후 양수인이 중심이 되어 개최한 주주총회결의의 부존재를 주장하는 경우[24)])는 소의 이익이 없다. 주권발행전 주식양도에 입회하며 차후 이의를 제기하지 않겠다는 서약을 한 대표이사가 양수인이 중심이 되어 열린 주주총회결의의 부존재를 주장하는 것은 신의칙에 반한다.[25)] ii) 이사해임결의가 부존재일 경우 그 후 적법한 절차에 의해 새로운 이사가 선임되면 당초 해임결의 부존재는 확인의 이익이 없다.[26)] iii) 적법절차에 의해 이사로 선임되었으나 회사가 편의상 실제 선임일 이후의 일자에 선임한 것처럼 의사록을 작성하여 선임등기를 마친 경우, 등기원인이 된 일자에 주주총회결의가 부존재한다고 할 수 있지만, 원래 적법결의에 기초하여 이사가 선임된 이상 그 부존재를 구할 소의 이익이 없다.[27)]

---

16) 대법원 1970.3.10. 선고 69다1812 판결.
17) 대법원 1992.8.14. 선고 91다45141 판결.
18) 대법원 1962.1.25. 선고 4294민상525 판결.
19) 대법원 1966.9.27. 선고 66다980 판결.
20) 대법원 1982.9.14. 선고 80다2425 전원합의체 판결.
21) 대법원 1970.2.24. 선고 69다2018 판결.
22) 대법원 1992.8.14. 선고 91다45141 판결.
23) 대법원 1991.5.28. 선고 90다6774 판결.
24) 대법원 1991.12.13. 선고 90다카1158 판결.
25) 대법원 1992.8.14. 선고 91다45141 판결.
26) 대법원 1991.12.13. 선고 90다카1158 판결.

2) 피 고

부존재확인의 소의 피고에 대해서는 상법에 규정이 없으나, 결의취소의 소 및 결의무효확인의 소의 경우와 같이 피고는 회사로 한정된다는 것이 통설·판례이다.

(5) 제소기간 및 소의 절차

결의무효확인의 소의 경우와 같이 상법상 제소기간의 제한이 없다. 소의 절차는 결의무효확인의 소의 경우와 동일하다(= 결의취소의 소의 절차, 청구기각규정만 준용 안됨).

(6) 판결의 효력

결의취소의 소 및 결의무효확인의 소의 경우와 동일하다(상법 제380조, 제190조 본문). 즉, 대세적 효력이 있으며 또한 소급효가 있다.

(7) 표현결의

1) 개 념

상법 제380조의 결의부존재라 함은 주주총회로서 소집·개최되어 결의가 이루어지는 등 회사내부의 의사결정이 일응 존재하기는 하지만 소집절차나 결의방법에 중대한 하자가 있는 경우를 말한다. 그러나 주주총회의 의사결정 자체가 존재하지 않는 경우는 표현결의(非決議)로 제380조가 적용되지 않는다.[28] 즉, 회사와 무관한 자가 의사록을 위조하거나, 전혀 주주총회를 소집하지 않고 의사록만 작성하거나 주주총회로 볼 수 없는 회의를 개최하여 의사록을 작성한 경우 등이다.

2) 실 익

1995년 상법개정전에 부존재의 소급효가 제한되던 때는 유익하였다. 즉, 표현결의는 상법 제380조의 적용을 받지 않았으므로 소급효가 제한되지 않고 후속행위의 효력도 아울러 부인할 수 있었기 때문이다. 현재는 결의하자에 관한 판결에 소급효를 인정하므로 표현결의 개념 인정의 실익이 크게 줄었다. 단지 표현결의를 다투는 주장은 상법 제380조의 제약(소의 절차, 판결의 대세적 효력 등)을 받지 않고 민사소송법상의 일반확인의 소로 자유롭게 다툴 수 있어 여전히 실익은 있다.

---

27) 대법원 2006.11.9. 선고 2006다50949 판결.

28) 이철송, 전게서, 601－602면. 반면에 1995년 개정상법 이전에는 제380조가 적용되는 경우를 표현결의(表見決議), 적용되지 않은 경우를 비결의(非決議)로 구분하는 것이 의미가 있었다고 한다(정찬형, 전게서, 897면; 최준선, 전게서, 435－437면).

3) 판 례

전혀 주주총회를 소집, 개최함이 없이 주주총회의사록만 작성하였거나 또는 외형상 당해 회사의 주주총회로 볼 수 없는 회의를 개최하여 의사록을 작성한 경우와 같이 외형상 당해 회사의 주주총회결의가 존재한다고 보기 어려운 경우 표현결의의 개념을 인정하고 있다.[29)]

(김순석)

29) 대법원 1992.2.18. 선고 91다39924 판결.

43

주주총회결의 하자소송의 원고적격과 주식교환

대법원 2016.7.22. 선고 2015다66397 판결

Ⅰ. 판결개요

1. 사실관계

Y주식회사는 2011. 3. 31. 주주총회를 개최하여 재무제표 승인의 건 등을 포함한 6개 안건을 승인 결의하였다. 이에 대해 Y회사의 주주들(이하 통칭하여 X)이 Y회사를 피고로 하여 주위적으로 주주총회결의의 부존재확인을, 예비적으로 그 취소를 구한 것이 본건 소이다.

주된 쟁점은 X의 원고적격 문제였다. 즉 이 소송의 1심 계속 중인 2013. 4. 5. A주식회사와 Y회사 사이에 Y회사를 A회사의 100% 자회사로 하는 포괄적 주식교환(이하 '주식교환')이 실행되었다. 이에 따라 X는 A회사의 주식을 취득하는 대신 Y회사 주주 지위를 상실하였다. Y회사는 주식교환 이후 X는 본건 소의 원고적격을 상실했다고 주장하였다.

2. 판결요지

(1) 주주총회결의의 취소의 소

주주총회결의의 취소소송의 계속 중 원고가 주주로서의 지위를 상실하면 원고는 상법 제376조에 따라 그 취소를 구할 당사자적격을 상실하고, 이는 원고가 자신의 의사에 반하여 주주의 지위를 상실하였다 하여 달리 볼 것은 아니므로, 같은 취지의 원심의 판단은 정당하다.

(2) 주주총회결의 부존재확인의 소

주주총회결의 부존재확인의 소는 제소권자의 제한이 없으므로 결의의 부존재의 확인에 관하여 정당한 법률상 이익이 있는 자라면 누구나 소송으로써 그 확인을 구할수 있으나, 확인의 소에 있어서 확인의 이익은 원고의 권리 또는 법률상의 지위에 현존하는 불안·위험이 있고 그 불안·위험을 제거함에는 확인판결을 받는 것이 가장 유효·적절한 수단일 때에만 인정된다. 그리고 주식회사의 주주는 주식의 소유자로서 회사의 경영에 이해관계를 가지고 있다고 할 것이나, 회사의 재산관계에 대하여는 단순히 사실상, 경제상 또는 일반적, 추상적인 이해관계만을 가질 뿐, 구체적 또는 법률상의 이해관계를 가진다고는 할 수 없다.

이 사건 주주총회결의가 부존재하는 것으로 확인이 되어 이 사건 주주총회결의에 근거한 배당액이 모두 피고(Y회사)에게 반환됨으로써 피고의 모회사인 A회사에 이익이 된다고 하더라도, 이로 인하여 A회사의 주주인 원고들(X)이 갖는 이익은 사실상, 경제상의 것에 불과하므로 원고들은 이 사건 주주총회결의 부존재의 확인을 구할 법률상 이익을 가진다고 할 수 없고, 이 사건 주주총회결의 내지 그에 따른 배당금 지급이 그로부터 약 1년 10개월 후의 시장주가에 근거한 이 사건 주식교환비율의 결정에 영향을 미쳤다고 단정하기 어렵고, 설령 이 사건 주주총회결의가 이 사건 주식교환비율의 결정에 영향을 미쳤다고 하더라도 주식교환무효의 소 또는 손해배상청구의 소를 통하여 직접 다툴 수 있는 것이어서 이 사건 주주총회결의부존재의 확인을 구하는 것이 이 사건 주식교환비율을 둘러싼 분쟁을 가장 유효·적절하게 해결하는 수단이 된다고 볼 수 없으므로, 원고들에게 이 사건 주주총회결의부존재의 확인을 구할 확인의 이익이 있다고 인정하기 어렵다는 취지의 원심의 판단은 정당하다.

3. 관련판례

대법원 2001.2.28. 자 2000마7839 결정(B주식회사의 주요 영업이 적법한 주주총회결의 없이 C주식회사에 양도되었다고 주장하는 B회사 주주가, 주주총회결의 부존재확인청구권을 피보전권리로 하여 B, C회사를 상대로 분양행위 등 금지를 구하는 가처분신청을 한 사안이다. 이에 대하여 대법원은 주주가 직접 제3자와의 거래관계에 개입하여 회사가 체결한 계약의 무효를 주장할 수는 없다고 하면서, 설령 주주총회결의 부존재확인의 소를 제기하면서 이를 피보전권리로 하는 가처분이 허용되는 경우라 하더라도, 주주총회에서 이루어진 결의 자체의 집행 또는 효력정지를 구할 수 있을 뿐 회사 또는 제3자의 별도의 거래행위에 직접적으로 개입하여 이를 금지할 권리는 없다고 보았다); 대법원 2002.3.15. 선고 2000다9086

판결(원고주주들이 대표소송을 제기한 이후 금융감독당국의 부실금융기관에 대한 감자명령에 따라 보유주식이 모두 무상소각된 경우, 기존 원고주주들은 당사자적격을 상실함).

Ⅱ. 판결의 평석

1. 사안의 쟁점

대상판결은 주주총회결의의 하자를 다투는 소송이 제기된 상태에서 후발적으로 원고주주 지위가 변동된 사안을 다룬 것이다. 원고주주 지위가 변동되는 사유로는 원고주주의 사망 등 포괄승계가 이루어진 경우, 주식양도 등 특정승계가 이루어진 경우가 있다. 포괄승계가 이루어진 때에는 소송절차의 중단 및 수계가 이루어질 것이다(민사소송법 제233조 이하). 한편 (원고주주의 의사에 의한) 주식양도인 경우 원고주주는 소의 이익을 상실하고 해당 소는 각하될 것이다. 본 사안은 원고주주의 의사에 의하지 않은 기업구조조정(구체적으로는 주식교환)에 따라 특정승계가 이루어진 점에 특징이 있다. 이러한 경우에도 적법하게 제기된 기존 소를 각하하여야 하는지, 만약 그렇다면 회사가 기업구조조정을 활용하여 기존 소를 무력화하는 문제점이 나타나는 것은 아닌지 검토할 필요가 있다.

2. 회사소송의 원고적격 일반론

(1) 상법상 회사소송 원고의 규정 형태

상법은 몇 가지 소송유형을 법정하면서 원고적격을 갖는 자를 열거하는 경우가 많다. 예컨대 ① 주주총회결의취소의 소(제376조 제1항), 신주발행확인의 소(제429조), 회사설립무효의 소(제328조 제1항)의 원고는 주주, 이사, 감사이고, ② 합병무효의 소(제529조 제2항)의 원고는 각 회사의 주주, 이사, 감사, 청산인, 파산관재인, 합병미승인채권자이다. 다른 한편으로 주주총회결의 무효확인의 소, 부존재확인의 소인 경우에는 별도로 원고를 규정하지 않는바, 이때에는 확인의 이익이 있는 자가 원고적격을 갖게 된다. 아래에서는 본건과 관련 있는 원고적격자로서의 '주주'의 범위를 상세히 살펴본다(주주총회결의 무효/부존재확인의 소에 있어서의 '확인의 이익'에 관하여는 42. 주주총회결의의 부존재 평석 참조).

(2) 회사소송 원고로서의 주주의 범위

주주에 있어서 의결권 여부는 문제되지 않는다. 문제 상황 이후 주식을 취득한 경우도 소를 제기할 수 있다. 해당 회사의 주주여야 하므로 문제 상황이 발생한 회사의 모회사의 주주라 하더라도 위 주주로 인정할 수 없다는 것이 판례의 태도이다.[1]

상법이 회사소송의 원고적격으로 일정 지분을 보유할 것을 요구한 경우, 위 지분율은 소송요건이면서 제소요건으로 보아야 한다. 예컨대 3% 지분을 요하는 이사해임청구의 소(제385조 제2항)인 경우 제소시부터 3% 주주여야 하는 것이고, 처음에 1%로 소를 제기하였다가 변론종결시에 3%를 확보한 경우 부적법하다고 하겠다. 일정 지분율을 요구한 취지가 남소를 방지하기 위한 것이기 때문이다.[2]

기존 주주가 사망한 경우 그 상속인은 주주지위를 취득하지만 회사에 대항하기 위하여는 명의개서를 해야 하는 점은 양수인과 마찬가지이다(즉 상법 제337조 제1항은 '이전'이라고 하므로 포괄승계도 포함된다고 해석). 따라서 상속인이 회사소송을 제기하려면 명의개서를 마쳐야 할 것이다.[3]

3. 구체적인 검토

(1) 주주총회결의 취소의 소 각하의 점

상법 제376조 제1항은 결의 취소의 소를 제기할 수 있는 자로서 주주, 이사, 감사를 열거하고 있다. 한편 앞서 살펴본 바와 같이 대법원은 이중대표소송의 허부와 관련하여, 모회사 주주라 하더라도 그는 자회사 주주가 아니기 때문에 직접 자회사 이사를 상대로 대표소송을 제기할 수 없다고 본다.[4] 마찬가지 논리로 모회사 주주가 (자회사 주주는 아니므로) 자회사 '주주총회결의 취소의 소'를 제기할 수 없다고 볼 것이다(신소의 제기불가). 이러한 논리를 일관하자면, 처음부터 모회사 주주인 경우뿐 아니라 후발적으로 모회사 주주가 된 경우도, 자회사 주주가 아니라는 점은 마찬가지이

---

1) 대법원 2004.9.23. 선고 2003다49221 판결. 이 사안은 자회사의 주식 81%을 갖는 모회사의 29% 주주가 자회사 이사를 상대로 이중대표소송을 제기한 건이었다. 상세는 이 책 81. 이중대표소송의 허부 평석 참조.

2) 다만 위 사례에서 3% 지분을 양수하기는 하였으나 아직 명의개서를 하지 않은 상태에서 양수인이 이사해임의 소를 제기한 경우 어떻게 처리할 것인지 문제된다. 사견으로는 이러한 경우 명의개서 여부가 곧 주주여부는 아니라고 할 것이므로 소송요건의 원칙으로 돌아와 양수인이 변론종결시까지만 명의개서를 마치면 적법한 소로 인정하여야 한다고 본다. 상세는 노혁준, "주주 지위의 변동과 회사소송의 원고 적격," 기업법연구 제30권 제4호(기업법학회, 2016), 17면 참조. 이러한 논리는 대법원 2017.3.23. 선고 2015다248342 전원합의체 판결 이후에도 마찬가지이다.

3) 다만 기존 주주가 회사소송을 제기한 상태에서 사망하였다면, 상속인이 기존 소송을 승계하는 것은 민사소송법상 소송절차의 중단 및 수계조항에 의한 것이므로 명의개서가 필수적인 것은 아니다.

4) 대법원 2004.9.23. 선고 2003다49221 판결.

므로 기존 소를 유지할 수 없게 된다(기존 소의 유지불가). 대법원의 판단은 이러한 논리에 따른 것이다.

(2) 주주총회결의 부존재확인의 소 각하의 점

결의 취소의 소와 달리 결의 부존재확인의 소는 원고가 한정적으로 열거되어 있지 않으므로, 확인의 이익 인정 여부에 따라 원고적격자의 범위에 탄력성이 있다. 사안에서 대법원이 확인의 이익을 부인한 주된 근거는 ① 완전자회사의 주주총회결의 부존재가 확인된다 하더라도 완전모회사 주주가 갖는 이익은 사실상, 경제상의 것에 불과하다는 점, ② 특히 잘못된 배당금지급결의가 주식교환비율 결정에 영향을 미쳤더라도 이는 별도의 주식교환무효의 소 또는 손해배상청구의 소를 통해 다툴 수 있으므로 본건 부존재확인의 소가 분쟁을 가장 유효, 적절하게 해결하는 수단이 아니라는 점이었다.

이러한 법원의 태도에 관하여는 몇 가지 비판이 가능하다.[5] 첫 번째로 회사소송이 담당하는 감시, 견제기능의 유지 필요성이다. 소수주주에 의한 회사소송을 경영진이 주식교환 등 기업구조조정을 통해 가볍게 회피할 수 있다면, 회사소송의 감시, 견제기능이 실효를 거둘 수 없게 된다. 회사법이 단순한 재산관계가 아니라고 보아 주주에게 제소권을 인정한 사안인 경우, 그 경제적 실질이 유지되는 기업구조조정 이후에도 계속 그 권능을 유지시킬 필요가 있다. 두 번째로 회사소송 남소 방지 관점에서도 기존 소송이 유지되는 것이 회사 측에 추가적 부담을 주는 것은 아니다. 이 사안에서 문제된 것은 이미 제기된 회사소송을 어떻게 처리할 것인지 여부이지 새로운 소송유형을 허용하는 것은 아니다. 마지막으로 상법이 결의 부존재확인의 소에 대하여 원고 및 제소기간을 규정하지 않은 이유가 하자의 심각성을 고려하여 더 적극적으로 다툴 수 있도록 한 것이라는 점과 100% 완전모회사 관계가 창설되는 주식교환의 특성을 고려할 필요가 있다.

4. 판결의 의의

대상판결은 주주총회결의의 하자를 다투는 소가 제기된 상태에서 해당 회사를 완전자회사로 하는 주식교환이 이루어진 경우 위 소는 각하된다고 밝히고 있다. 원고적격에 관한 전통적인 법리에 따른 판결이라고 할 수 있다.

---

5) 노혁준, 전게논문, 25－28면.

대상판결의 논리는 계쟁소송이 주주총회결의 취소, 부존재확인의 소인 경우뿐 아니라 대표소송 등 다른 회사소송 유형의 경우에도 마찬가지로 적용될 것이다. 예컨대 P회사 주주가 이사를 상대로 대표소송을 진행하고 있던 중 P회사를 100% 자회사로 하는 주식교환이 실행되었다면, 기존 대표소송은 각하될 것이다. 이러한 결론에 따르는 경우 회사소송의 견제, 감시기능이 훼손될 우려가 있으므로, 입법적으로 기업구조조정행위에도 불구하고 기존 소가 유지될 수 있도록 보완책을 마련할 필요가 있다.[6)]

(노혁준)

6) 예컨대 일본 회사법 제851조 제1항 제1호는 주식교환, 주식이전에도 불구하고 기존 대표소송은 유지되도록 규정하고 있다.

44 주주총회결의 취소의 소를 제기한 이사가 사망한 경우 소송을 종료하여야 하는지 여부

대법원 2019.2.14. 선고 2015다255258 판결

Ⅰ. 판결개요

1. 사실관계

갑을 포함한 원고들은 피고 회사의 주주 혹은 이사이다.[1] 을과 병은 자신들이 피고 회사의 100% 주주라는 전제 하에 2013. 7. 9. 갑을 사내이사에서 해임하고 을과 병을 사내이사로 각각 선임하였다(이하 '이 사건 주주총회결의'라 한다). 이에 갑을 포함한 원고들은 이 사건 주주총회결의의 취소를 구하는 소를 제기하였고 1심과 원심에서는 주주총회결의취소판결이 선고되었으나 상고심 계속 중에 원고 갑이 사망하였다.

2. 판결요지

이사가 그 지위에 기하여 주주총회결의의 취소의 소를 제기하였다가 소송계속 중에 사망하였거나 사실심 변론종결 후에 사망하였다면, 그 소송은 이사의 사망으로 중단되지 않고 그대로 종료된다. 이사는 주식회사의 의사결정기관인 이사회의 구성원이고, 의사결정기관 구성원으로서의 지위는 일신전속적인 것이어서 상속의 대상이 되지 않기 때문이다.

3. 관련판례

대법원 2004.4.27. 선고 2003다64381 판결

단체의 정관에 따른 의사결정기관의 구성원이 그 지위에 기하여 위 단체를 상대

1) 주식을 양도받았다고 주장하는 주주들(선정자)은 피고 회사의 이사 갑을 선정당사자(민사소송법 제53조 제1항)로 선정하여 이 사건 소송을 제기하였으나, 여기서의 쟁점에 관한 법적 판단에 큰 영향을 미치지 않으므로 단순화를 위해 이하 '원고 갑'이라고 표기한다. 주식의 이중양도에 대한 쟁점도 이하 생략한다.

로 그 의사결정기관이 한 결의의 존재나 효력을 다투는 민사소송을 제기하였다가 그 소송계속 중에 사망하였거나 승소 확정판결을 받은 후 그에 대한 재심소송 계속 중에 사망하였다면, 단체의 의사결정기관 구성원으로서의 지위는 일신전속권으로서 상속의 대상이 된다고 할 수 없어 소송수계의 여지가 없으므로 위 소송이나 재심소송은 본인의 사망으로 중단됨이 없이 그대로 종료된다.

Ⅱ. 판결의 평석

1. 쟁　점

이 사건의 주된 쟁점은 주주총회결의 취소의 소에서 원고적격에 관한 것이다.[2)]

구체적으로 보면 이 사건 주주총회결의에 의하여 이사직에서 해임된 원고 갑이 당해 결의의 효력을 다투면서 주주총회결의 취소의 소를 제기하였는데, 원심 변론종결 후 원고 갑이 사망한 경우 이로 인해 소송이 중단되고 다른 이사에게 승계가능한지 여부이다.[3)]

2. 주주총회결의 취소의 소와 원고적격의 구비

결의취소의 소를 제기할 수 있는 자는 주주, 이사, 감사로 제한된다(상법 제376조 제1항). 판례는 회사와의 관계에서 명의개서가 부당하게 지연되거나 부당하게 거절되는 등의 특별한 사정이 없는 한 명의개서를 마치지 않은 주식양수인은 회사에 대해 주주권을 행사할 수 없으며, 주주가 주주권을 행사하기 위해서는 명의개서를 한 주주

2) 원심은, 이 사건 원고인 주주들이 피고 회사의 주식을 양도받았다고 주장하나 소제기 당시 명의개서를 하지 아니한 주식양수인이어서 특별한 사정이 없는 한 주주로 볼 수 없다고 하여 원고적격을 부인하였다(대법원도 같은 취지).

3) 민사소송법의 관련규정(아래) 참조.

第233조(당사자의 사망으로 말미암은 중단)

① 당사자가 죽은 때에 소송절차는 중단된다. 이 경우 상속인·상속재산관리인, 그 밖에 법률에 의하여 소송을 계속하여 수행할 사람이 소송절차를 수계(受繼)하여야 한다.

② 상속인은 상속포기를 할 수 있는 동안 소송절차를 수계하지 못한다.

第237조(자격상실로 말미암은 중단)

① 일정한 자격에 의하여 자기 이름으로 남을 위하여 소송당사자가 된 사람이 그 자격을 잃거나 죽은 때에 소송절차는 중단된다. 이 경우 같은 자격을 가진 사람이 소송절차를 수계하여야 한다.

② 제53조의 규정에 따라 당사자가 될 사람을 선정한 소송에서 선정된 당사자 모두가 자격을 잃거나 죽은 때에 소송절차는 중단된다. 이 경우 당사자를 선정한 사람 모두 또는 새로 당사자로 선정된 사람이 소송절차를 수계하여야 한다.

일 것을 요하고 있다.[4] 따라서 명의개서절차를 경료하지 못한 주식양수인은 특별한 사정이 없는 한 주주총회결의 취소의 소를 제기할 수 없다(소를 제기할 경우 부적법각하된다).

그리고 결의취소의 소를 제기하기 위하여 반드시 결의 당시의 주주일 필요는 없고, 소제기 당시에 주주의 자격을 가지면 된다. 소를 제기한 자는 소제기 후 변론종결시까지 그 지위를 유지해야 하기 때문에 주주 지위는 변론종결시까지 유지되어야 한다는 것이 통설이다.

한편 이 사건 주주총회결의에 의해 해임된 이사 혹은 감사의 경우(대상판결의 경우 원고 갑이 여기에 해당한다) 제소 시점에는 이사 혹은 감사가 아니지만, 해당 해임결의의 하자를 주장하며 그 취소를 구할 법률상 이익이 인정되므로 원고적격이 있다고 본다.[5]

3. 원고적격의 상실

(1) 주주 지위 상실

제소 후 주주가 사망하거나 주식을 양도하는 등 주주의 지위를 잃게 되면 원칙적으로 소를 각하해야 한다. 그러나 주주가 사망한 경우 상속인이 있다면 그 상속인이 소송을 수계할 수 있다는 데에는 이견은 없다.

그러나 주식이 양도된 경우 주식양수인이 소송을 수계할 수 있는지에 대해서는 부정설과 긍정설의 대립이 있다. 부정하는 견해도 있으나,[6] 판례는 신주발행무효의 소를 제기한 주주가 주식을 양도한 경우 그 양수인이 승계참가(민사소송법 제81조)할 수 있다고 보고 있으므로[7] 결의취소의 소의 경우에도 승계를 인정하는 입장으로 보인다.

(2) 사망으로 인한 이사 지위 상실

주주총회결의 취소의 소를 제기한 이사가 임기만료, 해임, 사임, 사망 등으로 지위를 상실한 경우 계속 중인 소를 어떻게 처리할 것인지에 대해 ① 소의 이익이 없다고 보아 소각하한다는 견해, ② 다른 이사, 감사, 주주가 수계할 수 있다고 보는

4) 대법원 2017.3.23. 선고 2015다248342 전원합의체 판결.
5) 이철송, 회사법강의, 제29판, 박영사, 2021, 621면.
6) 임재연, 회사법 II, 개정7판, 박영사, 2020, 230면 등. 일본의 통설 및 판례의 태도이다.
7) 대법원 2003.2.26. 선고 2000다42786 판결.

견해 등이 있을 수 있다.

그런데 주주총회결의 취소의 소를 제기하여 승소한 이사가 상고심 변론종결 후 사망한 이 사건에서, 대법원은 소송절차와 관련해서 업무집행의 의사결정기관으로서 이사회 구성원인 이사의 지위는 일신전속적인 것이어서 상속의 대상이 되지 않기 때문에 이사의 회사법상 소 제기권도 이사 본인이 사망하면 법률관계가 승계되지 않고 그대로 소멸한 것으로 보고 소송이 종료된다고 보았다(①의 입장). 기존 판례가 가족법상의 권리의무나 공법상의 지위 내지는 권리의무를 일신전속적인 것으로 보는 것과 일맥상통한다.

이에 대해, 주주총회결의 취소의 소는 일종의 공익적 성격이 있는 소송이므로 기왕의 소송절차를 다른 이사(동료이사 또는 신임이사)로 하여금 수계하도록 하여 가급적 소송을 유지하는 것이 타당하다는 주장도 있다.

소송수계나 소송승계를 엄격히 제한하게 되면 상법이 회사소송에서 이사나 감사에게 원고적격을 부여한 취지가 희석될 우려가 있으므로, 소송계속 중인 이사나 감사의 사망이나 교체시 다른 이사나 감사로 하여금 소송을 계속할 수 있도록 제도를 정비할 필요가 있다.[8)]

4. 판결의 의의

대상판결은 소를 제기한 이사나 감사의 지위가 성질상 승계될 수 없고 이사나 감사의 사망으로 소송은 중단되지 않고 그대로 종료된다는 점을 명확히 함으로써 명문의 근거 규정 없이는 소송수계를 허용하지 않는다는 대법원의 입장을 밝혔다는 데에 의의가 있다.

(김태진)

---

8) 노혁준, "2019년 회사법 중요판례평석", 인권과 정의 제488호(2020. 3.), 131면.

종류주주총회결의가 필요한 경우 및 확인소송의 대상

대법원 2006.1.27. 선고 2004다44575,44582 판결

Ⅰ. 판결개요

1. 사실관계

Y주식회사(피고)는 1997. 2. 28. 주주총회에서 다음과 같이 Y회사의 정관 제8조의 조항 중 제5항을 신설하였다(제1 주주총회결의, 제1 정관변경). 제5항 우선주식의 존속기간은 발행일로부터 10년으로 하고, 이 기간 만료와 동시에 보통주식으로 전환된다. 그러나 위 기간 중 소정의 배당을 하지 못한 경우에는 소정의 배당을 완료할 때까지 그 기간을 연장한다. 이 경우 전환으로 인하여 발행하는 주식에 대한 이익의 배당에 관하여는 제8조의2의 규정을 준용한다. 부칙 제5조 제5항: 본 정관개정 및 시행일(1997. 2. 28.) 이전에 발행된 비누적적, 의결권이 없는 우선주에 대하여는 보통주식에 대한 배당보다 액면금액을 기준으로 연 1%를 금전으로 더 배당하고, 보통주식에 대한 배당을 하지 아니하는 경우에는 동 우선주에 대하여도 배당을 하지 아니할 수 있다. 그런데 Y회사는 제1 정관변경 이후 개정된 정관 제8조 소정의 우선주는 전혀 발행하지 아니하다가, 2002. 2. 28. 정기주주총회에서 정관 제8조 제5항을 삭제하는 정관변경결의(제2 주주총회결의, 제2 정관변경)를 하였고, 이 결의를 하면서 우선주주들의 종류주주총회결의를 얻지 아니하였다.

외국회사인 주주 X(원고)는 다음을 소구하였다. 선택적으로 피고 회사의 정관 제8조 제5항을 삭제하는 내용의 2002. 2. 28.자 정관변경에 관한 주주총회결의는 불발효상태임을 확인하거나 또는 무효임을 확인하거나 또는 위 주주총회결의에 따른 정관변경은 무효임을 확인한다. 또는 원고는 가. 피고가 무상증자에 의하여 우선주식을 발행하는 경우 피고로부터 그 발행일로부터 10년의 존속기간 만료와 동시에 보통주식으로 전환되는 우선주식을 배정받을 권리, 나. 피고가 유상증자 또는 주식배당을 실시하는 경우에 피고로부터 보통주식 또는 그 발행일로부터 10년의 존속기간 만료와 동시에 보통주식으로 전환되는 우선주식을 배정 또는 배당받을 권리를 각 가지고 있음을 확인한다.

Y회사는 반소로써 다음을 청구하였다. 원고의 이 사건 본소청구가 인용될 것을 조건으로 하여 선택적으로 피고 회사의 정관 제8조를 개정하는 내용의 피고 회사의 1997. 2. 28.자 정관변경에 관한 주주총회결의(제1 주주총회결의)는 불발효상태임을 확인하거나 또는 무효임을 확인한다. 또는 위 주주총회결의에 따른 정관변경(제1 정관변경)은 무효임을 확인한다.

2. 판결요지

제1심법원은 원고의 청구를 인용하였으며, 제2심법원은 피고(반소원고)의 항소 기각, 대법원은 피고의 상고를 기각하였다.

(1) 제2 정관변경에 관하여 종류주주총회결의가 필요한지 여부

대법원은 판시하기를, 제435조 제1항에서의 '어느 종류의 주주에게 손해를 미치게 될 때'라 함에는, 어느 종류의 주주에게 직접적으로 불이익을 가져오는 경우는 물론이고, 외견상 형식적으로는 평등한 것이라고 하더라도 실질적으로는 불이익한 결과를 가져오는 경우도 포함되며, 나아가 어느 종류의 주주의 지위가 정관의 변경에 따라 유리한 면이 있으면서 불이익한 면을 수반하는 경우도 이에 해당된다. 정관을 변경함으로써 우선주주 각자의 입장에 따라 유리한 점과 불리한 점이 공존하고 있을 경우에는 우선주주들로 구성된 종류주주총회의 결의가 필요하다.

(2) 종류주주총회의 결의가 없는 경우 확인청구의 대상인 법률관계

어느 종류 주주에게 손해를 미치는 내용으로 정관을 변경함에 있어서 그 정관변경에 관한 주주총회의 결의 외에 추가로 요구되는 종류주주총회의 결의는 정관변경이라는 법률효과가 발생하기 위한 하나의 특별요건이라고 할 것이므로, 그와 같은 내용의 정관변경에 관하여 종류주주총회의 결의가 아직 이루어지지 않았다면 그러한 정관변경의 효력이 아직 발생하지 않는 데에 그칠 뿐이고, 그러한 정관변경을 결의한 주주총회결의 자체의 효력에는 아무런 하자가 없다. 그러나 정관의 변경결의의 내용이 어느 종류의 주주에게 손해를 미치게 될 때에 해당하는지 여부에 관하여 다툼이 있는 관계로 회사가 종류주주총회의 개최를 명시적으로 거부하고 있는 경우에, 그 종류의 주주가 회사를 상대로 일반 민사소송상의 확인의 소를 제기함에 있어서는, 정관변경에 필요한 특별요건이 구비되지 않았음을 이유로 하여 정면으로 그 정관변경이 무효라는 확인을 구하면 족한 것이지, 그 정관변경을 내용으로 하는 주주총회결의 자체가 아직 효력을 발생하지 않고 있는 상태(이른바 불발효 상태)라는 관념을 애써 만들어서 그 주주총회결의가 그러한 '불발효 상태'에 있다는 것의 확인을 구할 필요는 없다. 원심이 이와 달리 종류주주총회의 결의는 주주총회결의 자체의 효력을 발생시키기 위한 추가적인 요건이라는 전제 하에 주주총회결의 외에 종류주주총회의 결의를 요하는 경우에 그 종류주주총회의 결의가 없는 동안에 주주총회결의 자체가 불발효 상태에 있다고 판단한 것은 일단 종류주주총회결의의 효력에 관한 법리를 오해한 위법에 해당한다고 아니할 수 없다. 다만 원심의 잘못은 판결의 결과에 영향을 미치지 않는 것이라고 볼 수 있어 결국 상고이유 제1점의 주장은 이유 없음에 돌아간다.

3. 관련판례: 생략

Ⅱ. 판결의 평석

1. 판결의 의의

상법은 이익의 배당 또는 잔여재산의 분배, 주주총회에서의 의결권의 행사, 상환 및 전환 등에 관하여 내용이 다른 종류의 주식을 발행할 수 있다(상법 제344조). 이렇게 서로 내용이 다른 주식을 종류주식이라 하며, 지금까지는 의결권이 없는 이익배당 우선주가 많이 발행되어 왔지만, 2011년 개정상법에 의하여 다양한 종류주식이 발행될 수 있는 근거가 마련되었다. 그런데 종류주식 중에서 우선주식의 권리내용은 주주총회의 정관변경에 의하여 종전보다 우선주주에게 불리하게 바뀔 수 있고, 이사회의 결정에 의하여 어느 종류의 주주에게 불리하게 신주인수나 주식병합 등의 조치가 이루어질 수 있다. 이 경우 해당 정관변경이나 회사의 조치에 의하여 불이익을 당하는 종류주주가 자신들의 이익을 지키기 위하여는 주주총회나 이사회에 참석하여 자신들의 권리를 주장할 수 있어야 하지만 그들에게는 이러한 절차가 보장되어 있지 않다. 이처럼 보통주주나 이사회가 어느 종류주주들의 권리를 변경할 수 있음에 비하여 그렇지 못한 지위에 있는 종류주주를 보호하고자 만들어진 제도가 종류주주총회제도이다(상법 제435조). 이는 어느 종류주식의 권리내용을 변경하는 정관변경이나 회사의 조치는 해당 종류주주의 주주총회 동의가 있어야 효력을 갖게 하는 것이다.

위 사안에서 피고 회사가 우선주주가 가지는 권리의 내용을 변경하는 정관변경(제1 정관변경)을 하였지만, 바뀐 정관에 규정된 우선주를 발행하지 않고 있다가 그 정관규정을 삭제하는 정관변경(제2 정관변경)을 하였다. 그리하자 제1 정관변경으로 인하여 신형우선주를 취득할 것으로 기대하였던 우선주주들이 이를 불가능하게 만든 제2 정관변경을 결의한 주주총회결의의 불발효 또는 무효확인 또는 정관변경의 무효를 확인하는 소를 제기하였다. 피고는 반소를 통하여 제1 정관변경에 관한 주주총회결의의 불발효 확인 또는 무효확인 또는 제1 정관변경의 무효확인을 구하였다. 이에 관한 위 대법원 판결은 종류주주총회결의가 필요한 경우와 종류주주총회결의가 없는 경우 보통주주총회결의의 효력 및 이를 소송으로 다투는 방법을 판단한 최초의 대법원판결로서 의의를 갖는다.

위 사안에서는 위 정관변경을 위하여 종류주주총회의 결의가 필요한지 여부 그리고 종류주주총회결의가 필요하다면 종류주주총회의 결의가 없는 동안 확인청구의 대상이 되는 법률관계는 무엇인지가 문제된다.

2. 종류주주총회결의가 필요한 경우

(1) 개 관

상법은 종류주주총회의 결의가 필요한 경우를 다음의 세 경우로 규정하고 있다. 첫째, 종류주식이 발행된 경우 회사가 정관을 변경함으로써 어느 종류의 주주에게 손해를 미치게 되는 경우이다(상법 제435조 제1항). 예컨대 우선주의 배당률을 종전보다 낮추거나, 참가적 우선주를 비참가적 우선주로 바꾸거나 누적적 우선주를 비누적적 우선주로 바꾸는 정관변경을 하는 것처럼 우선주주의 권리를 종전보다 불리하게 하는 경우이다.

둘째, 주식의 종류에 따라 신주인수, 주식병합·분할·소각, 회사의 합병·분할로 인한 주식의 배정에 특수한 정함을 하는 경우이다. 예컨대 이사회가 신주를 배정하면서 우선주주의 신주배정비율을 보통주주보다 낮게 하는 경우가 있다.

셋째, 회사의 분할 또는 분할합병, 주식교환, 주식이전 및 회사의 합병으로 인하여 어느 종류의 주주에게 손해를 미치게 될 경우이다(상법 제436조, 제344조 제3항).

정관변경이 어느 종류주주에게 직접 손해를 가하는 경우로서 우선주의 이익배당률을 감소시키는 정관변경을 들 수 있고, 간접적으로 가해하는 경우로는 이익배당우선주가 이미 발행되어 있는데 이보다 더 유리한 이익배당우선주를 발행하거나 이미 발행된 우선주와 동순위의 우선권을 갖는 우선주를 발행하는 경우 등이 있다. 종류주주의 손해는 구체적인 손해가 발생할 필요는 없고, 추상적인 권리로서 어느 종류의 주주가 가지는 비율적 권리가 정관변경전보다도 불리하게 되어도 손해로 볼 수 있다.[1] 따라서 종류주주의 손해란 정관변경이나 회사조치에 의하여 장래에 결정될 이익배당액 또는 지분율이 그러한 조치 이전보다 불리하게 변경되는 경우이다. 또한 어느 주주에게 유리하게 되는지 또는 불리하게 되는지 어느 한쪽으로 결정될 수 없는 경우에도 종류주주총회의 결의가 필요하다.[2]

(2) 대상판결의 검토

사안에서 피고 회사는 제1 정관변경에 따르는 신형우선주를 발행하지 않은 상황에서 다시 제1 정관변경이 없는 상황으로 되돌아가는 제2 정관변경을 하였고, 이러한 정관변경들이 종류주주에게 손해를 가하였는지 여부가 문제된다. 제1심은 제1 정관변경으로 인하여 전환형우선주를 배정받을 기대이익이 생겼는데 이를 박탈하는 제2 정관변경은 간접적·반사적인 영향에 불과하여 우선주주들에게 손해를 미치게 될 때에 해당하지 않는다고 볼 수는 없다고 판단하였다. 제2심법원도 제1심법원의 판단과 동일하게 보았고, 우선주주 각자의 입장에 따라 유리한 점과 불리한 점이 공존하고 있을 경우에 우선주주들로 구성된 종류주주총회의 결의가 필요하다고 판단하였다. 대법원은 제435조 제1항에서의 '어느 종류의 주주에게 손해를 미치게 될 때'라 함에는, 어느 종류의 주주에게 직접적으로 불이익을 가져오는 경우는 물론이고, 형식적으로는 평등한 것이라고 하더라도 실질적으로는 불이익한 결과를 가져오는 경우도 포함되며, 나아가 어느 종류주주의 지위가 정관의 변경에 따라 유리한 면이 있으면서 불이익한 면을 수반하는 경우 및 정관을 변경함으로써 우선주주 각자의 입장에 따라 유리한 점과 불리한 점이 공존하고 있을 경우에는 우선주주들로 구성된 종류주주총회의 결의가 필요하다고 판시하였다.

위 판결에는 다음의 문제가 있다. 전환형우선주가 발행되지 않았기 때문에 이에 관한 종류주주가 없고, 따라서 제2 정관변경으로 직접 손해를 본 종류주주는 없다. 단지 제1 정관변경으로 생긴 전환형우선주에 대한 기대이익이 소멸되었을 뿐인데,

---

1) 上柳克郎·鴻 常夫·竹内昭夫 編, 新版注釋會社法, 1990, 42면 이하.
2) 대법원도 위 판결에서 동일하게 판단하고 있다.

그러한 기대이익의 소멸이 과연 상법이 보호하는 어느 종류주주의 '손해'로 되는 것인가에 관하여 의문이 제기된다.[3)]

3. 확인 소의 대상

위 사안에 상법 제435조가 요구하는 종류주주총회의 결의가 필요하다는 것을 전제로 한다면 종류주주총회결의가 없는 정관변경은 무효라고 봄이 일반적인 견해이지만, 무효로 판단하는 과정은 다른 경로를 밟을 수 있다. 종류주주총회결의가 없는 일반주주총회결의의 효력을 논하는 것과 이를 배제하고 정관변경의 효력만을 논하는 것이다. 이 중 어느 방법이 적절한 것인지 그리고 일반주주총회결의의 효력을 주장하는 소의 종류가 무엇인지 문제된다. 당사자들은 제1, 제2 정관변경 또는 이에 관한 주주총회결의의 불발효 또는 무효확인을 청구하였고, 제1심과 제2심법원은 원고가 청구한 제2 주주총회결의가 불발효 상태임을 확인하였지만, 대법원은 주주총회결의의 불발효 상태임을 확인할 필요는 없고, 정관변경의 무효확인을 구하면 족하다고 보고 있다.

그러나 불발효의 개념은 상법학자들과 민법학자들뿐만이 아니라 법원이 이미 사용하여 온 개념이고,[4)] 종류주주총회결의 없는 일반주주총회결의의 효력을 설명하는데 필요하다. 불발효의 개념이 주주총회결의 효력의 한 유형으로 인정된다면 그에 대한 확인은 당연히 필요한 것이며, 종류주주총회의 개최를 촉구한다는 의미에서 불발효확인판결도 필요하다. 또한 우선주주에게 불리한 신주발행이 이사회에서 결의되었지만 아직 신주는 발행되지 않은 경우 우선주주의 종류주주총회결의가 필요한데, 이 종류주주총회결의가 없는 동안 이사회결의의 불발효 상태에 대한 확인을 구할 필요가 있다는 점에서 불발효의 개념이 필요하며, 이는 확인청구의 대상이 되어야 한다.

(김재범)

---

3) 김재범, "우선주에 관한 정관규정의 삭제와 종류주주총회의 법리," 인권과 정의 제364호(2006. 12), 157면 이하.

4) 민법학에서 무효의 한 유형으로서 유동적 무효가 인정되고 있는데, 이는 법률행위가 효력을 발생하지 못하지만 후에 인가, 추인, 정지조건의 성취, 시기의 도래 등으로 인하여 법률행위시에 소급하여 또는 장래에 향하여 유효로 되는 법적인 상태를 말한다. 민법상으로 유동적 무효는 제130조 이하의 무권대리행위가 있다. 이는 무효이지만, 본인이 추인한 때에는 소급하여 유효인 대리행위로 된다. 또한 대법원도 토지거래허가지역에서 허가를 받지 못한 토지거래계약의 효력에 관하여 유동적 무효의 개념을 사용하고 있다.

이사 · 감사 선임을 위한 임용계약의 요부

대법원 2017.3.23. 선고 2016다251215 전원합의체 판결

Ⅰ. 판결개요

1. 사실관계

원고(X_1)는 피고(Y)의 임시주주총회에서 후임 이사로 선임된 자이며, 또 다른 원고(X_2)는 동 주주총회에서 후임 감사로 선임된 자이다. 피고(Y)는 전자 전기기구 및 관련 기구 등의 제작 판매 서비스업 등을 주요 사업으로 하는 회사로서 한국거래소 유가증권시장 상장법인이다. Y의 주주 3인은 2014. 9. 16. 수원지방법원에 임시주주총회소집허가신청을 하여, 2014. 10. 17. 위 법원으로부터 임시의장 선임 건, Y의 이사인 A와 감사인 B의 해임 건, 신규 이사와 감사의 선임 건 등을 회의의 목적사항으로 하는 Y의 임시주주총회를 소집할 것을 허가한다는 내용의 결정을 받았다. 2014. 12. 1. 9시경 Y의 임시주주총회가 개최되었다. 한편, 위의 임시주주총회가 개최된 장소의 인근에서 거의 동시에 현 대표이사(A)는 별도의 주주총회를 개최하여 이 사건 소집허가 결정상 각 안건을 모두 정족수 미달로 부결 또는 폐기한다는 내용의 결의를 하였다. 한편, Y의 주주 3인이 법원의 허가를 받아 개최된 위의 주주총회에는 Y 발행주식의 47.5%에 해당하는 주식을 보유한 주주들이 출석하여 임시의장을 선임하였으며, 그는 동 주주총회가 적법하게 성립되었음을 알리고 개회를 선언한 후 법원으로부터 허가받은 주주총회의 의안대로 의사를 진행하였다. 동 주주총회에서 A를 Y의 이사에서 해임하고 X_1을 후임 이사로 선임하는 결의를 하였으며, B를 Y의 감사에서 해임하고 X_2를 후임 감사로 선임하는 결의를 하였다. 이 같은 결의는 Y의 정관이나 상법에 따른 의결정족수를 충족하였다. 원고들(X_1, X_2)은 2015. 4. 1.경 Y에게 동 주주총회결의에 따라 원고들과 이사 또는 감사 임용계약을 체결할 것을 요구하는 서면을 보냈다.

2. 판결요지

이사 · 감사의 지위가 주주총회의 선임결의와 별도로 대표이사와 사이에 임용계약이 체결되어야만 비로소 인정된다고 보는 것은, 이사 · 감사의 선임을 주주총회의 전속적 권한으로 규정하여 주주들의 단체적 의사결정 사항으로 정한 상법의 취지에 배치된다. 또한 상법상 대표이사는 회사를 대표하며, 회사의 영업에 관한 재판상 또는 재판 외의 모든 행위를 할 권한이 있으나(제389조 제3항, 제209조 제1항), 이사 · 감사의 선임이 여기에 속하지 아니함은 법문상 분명하다. 그러므로 이사 · 감사의 지위는 주주총회의 선임결의가 있고 선임된 사람의 동의가 있으면 취득된다고 보는 것이 옳다.

상법상 이사는 이사회의 구성원으로서 회사의 업무집행에 관한 의사결정에 참여할 권한을 가진다(제393조 제1항). 상법은 회사와 이사의 관계에 민법의 위임에 관한 규정을 준용하고(제382조 제2항), 이사에 대하여 법령과 정관의 규정에 따라 회사를 위하여 그 직무를 충실하게 수행하여야 할 의무를 부과하는 한편(제382조의3), 이사의 보수는 정관에 그 액을 정하지 아니한 때에는 주주총회의 결의로 이를 정한다고 규정하고 있는데(제388조), 위 각 규정의 내용 및 취지에 비추어 보아도 이사의 지위는 단체법적 성질을 가지는 것으로서 이사로 선임된 사람과 대표이사 사이에 체결되는 계약에 기초한 것은 아니다. 또한 주주총회에서 새로운 이사를 선임하는 결의는 주주들이 경영진을 교체하는 의미를 가지는 경우가 종종 있는데, 이사 선임결의에도 불구하고 퇴임하는 대표이사가 임용계약의 청약을 하지 아니한 이상 이사로서의 지위를 취득하시 못한다고 보게 되면 주주로서는 효과적인 구제책이 없다는 문제점이 있다.

한편 감사는 이사의 직무의 집행을 감사하는 주식회사의 필요적 상설기관이며(제412조 제1항), 회사와 감사의 관계에 대해서는 이사에 관한 상법 규정이 다수 준용된다(제415조, 제382조 제2항, 제388조). 이사의 선임과 달리 특히 감사의 선임에 대하여 상법은 제409조 제2항에서 "의결권 없는 주식을 제외한 발행주식총수의 100분의 3을 초과하는 수의 주식을 가진 주주는 그 초과하는 주식에 관하여는 의결권을 행사하지 못한다."라고 규정하고 있다. 따라서 감사 선임결의에도 불구하고 대표이사가 임용계약의 청약을 하지 아니하여 감사로서의 지위를 취득하지 못한다고 하면 위 조항에서 감사 선임에 관하여 대주주의 의결권을 제한한 취지가 몰각되어 부당하다. 이사의 직무집행에 대한 감사를 임무로 하는 감사의 취임 여부를 감사의 대상인 대표이사에게 맡기는 것이 단체법의 성격에 비추어 보아도 적절하지 아니함은 말할 것도 없다.

결론적으로, 주주총회에서 이사나 감사를 선임하는 경우, 선임결의와 피선임자의 승낙만 있으면, 피선임자는 대표이사와 별도의 임용계약을 체결하였는지와 관계없이 이사나 감사의 지위를 취득한다.

이와 달리, 이사나 감사의 선임에 관한 주주총회의 결의는 피선임자를 회사의 기관인 이사나 감사로 한다는 취지의 회사 내부의 결정에 불과한 것이므로, 주주총회에서 이사나 감사 선임결의가 있었다고 하여 바로 피선임자가 이사나 감사의 지위를 취득하게 되는 것은 아니고, 주주총회의 선임결의에 따라 회사의 대표기관이 임용계약의 청약을 하고 피선임자가 이에 승낙을 함으로써 비로소 피선임자가 이사나 감사의 지위에 취임하여 그 직무를 수행할 수 있게 된다는 취지의 대법원 1995.2.28. 선고 94다31440 판결, 대법원 2005.11.8. 자 2005마541 결정 및 대법원 2009.1.15. 선고 2008도9410 판결은 이와 저촉되는 한도에서 변경한다.

3. 관련판례

(1) 대법원 2003.4.11. 선고 2001다53059 판결

계약이 성립하기 위하여는 당사자의 서로 대립하는 수개의 의사표시의 객관적 합치가 필요하고 객관적 합치가 있다고 하기 위하여는 당사자의 의사표시에 나타나 있는 사항에 관하여는 모두 일치하고 있어야 하는 한편, 계약 내용의 '중요한 점' 및 계약의 객관적 요소는 아니더라도 특히 당사자가 그것에 중대한 의의를 두고 계약성립의 요건으로 할 의사를 표시한 때에는 이에 관하여 합치가 있어야 계약이 적법·유효하게 성립한다. 계약이 성립하기 위한 법률요건인 청약은 그에 응하는 승낙만 있으면 곧 계약이 성립하는 구체적, 확정적 의사표시여야 하므로, 청약은 계약의 내용을 결정할 수 있을 정도의 사항을 포함시키는 것이 필요하다.

(2) 대법원 2015.9.10. 선고 2015다213308 판결

주식회사의 주주총회에서 이사·감사로 선임된 사람이 주식회사와 계약을 맺고 (최근 판례는 임용계약을 필요로 하지 않는다는 입장으로 변경함)[1] 이사·감사로 취임한

---

1) 대법원 2017.3.23. 선고 2016다251215 전원합의체 판결.

경우에, 상법 제388조, 제415조에 따라 정관 또는 주주총회결의에서 정한 금액 · 지급시기 · 지급방법에 의하여 보수를 받을 수 있다.

Ⅱ. 판결의 평석

1. 이사 · 감사의 지위

상법상 회사의 다른 기관인 이사나 감사의 선임 및 해임은 주주총회의 결의사항으로 되어 있다(제382조 제1항, 제385조 제1항, 제409조 제1항, 제415조). 주주총회가 이사를 선임하지만 상법은 그 선임된 이사는 회사와의 위임관계에 있음을 규정하고 있다(제382조 제2항). 이사는 이사회의 구성원으로서 이사회의 업무집행에 관한 의사결정에 참여할 수 있으며, 다른 이사의 업무집행을 감독할 권한을 갖는다(제393조 제1항 · 제2항). 감사는 회사에 대한 수임인으로서 이사의 직무집행을 감사한다(제412조 제1항, 제415조). 이와 같이 이사와 감사는 회사에 대하여만 수임인의 관계에 있을 뿐 주주총회나 주주, 기타 회사기관의 대리인이나 사용인이 아니다.

2. 임용계약 요부에 관한 기존의 학설과 판결

(1) 개 관

주주총회가 이사 혹은 감사를 선임한 경우 과연 그 피선임자와 당해 회사와의 사이에 임용계약이 필요한지에 관하여 그동안 학설이 나누어져 있었지만 대법원 판결은 일관되게 임용계약이 필요하다는 입장을 견지하여 왔다. 그러다가 대상판결에서 대법원은 전원합의체 판결을 통해 임용계약을 거치지 않더라도 이사와 감사로서의 지위를 취득한다는 것을 분명히 하여 기존의 판결을 변경하고 있다.

(2) 임용계약 불요설

우리나라에서 기존의 소수설은 주주총회에서 이사 · 감사 선임결의에는 대표이사의 임용계약이 요구되지 않는다는 입장이다. 이사 · 감사 선임결의가 있는 경우에 피선임자가 이사 · 감사로서의 선임에 대하여 동의(승낙)를 하기만 하면 바로 이사 · 감사로서의 지위를 취득하므로, 주주총회의 이사 · 감사 선임행위는 피선임자의 동의를 조건으로 하는 단체법적 행위라는 것이다. 즉, 이사 · 감사의 선임은 회사와 제3자 사이의 일상적인 거래라고 볼 수 없어 계약법적인 접근보다는 조직법적인 문제로 풀이하여야 할 뿐만 아니라 주주총회의 이사·감사 선임결의가 창설적 효력을 갖는 행위인 까닭에 그 자체가 청약의 효력이 있는 것으로 보아야 한다는 것이다.[2] 이 때문에 주주총회에서의 이사·감사 선임결의 후에 대표이사가 임용계약의 체결을 위한 청약은 필요하지 않는다고 풀이한다. 대상판결의 제1심법원도 이와 같은 입장에 서 있다.[3]

(3) 임용계약 필요설

우리나라에서 기존의 다수견해는 주주총회에서의 이사·감사 선임의 결의가 임용계약의 청약으로서의 의의를 가지지 않는다고 풀이한다. 이 때문에 주주총회의 결의에 따라 피선임자에 대한 대표이사의 임용계약을 위한 청약이 필요하며, 그러한 청약에 대해 피선임자의 승낙이 있어야만 이사·감사로서의 지위를 가지게 된다는 것이다. 본래 위임계약의 성립에 필요한 청약은 승낙이 있으면 바로 위임계약이 성립가능할 정도로 확정적이어야 하고, 청약의 의사표시를 할 권한을 가진 자가 상대방에게 그 청약이 표시되어야 하는데, 주주총회에서의 이사·감사 선임의 결의는 계약체결의사에 상당하다고 볼 청약이 존재하는 것으로 볼 수 없다.

기존의 대법원 판결은 주주총회에서의 이사·감사 선임결의는 내부적 의사결정에 지나지 않으므로, 주주총회의 결의로 이사·감사로 선임되었지만 회사와 임용계약을 체결하지 아니한 피선임자는 아직 이사·감사로서의 지위를 취득하였다고 할 수 없다고 풀이하였다.[4] 대상판결의 원심 법원도 주주총회에서 선임한 이사·감사에 대하여 대표이사의 임용계약이 필요하다는 입장을 견지하였다.[5]

3. 대상판결의 검토

기존의 다수설과 판결에 따르면 주주총회의 보통결의로 이사·감사로 선임되더라도 대표이사가 그 피선임자에 대하여 임용계약의 청약을 하지 않는 한 그 피선임자는 이사·감사로의 지위를 누릴 수 없었다. 이 같은 입장은 법률상의 근거없이 대표이사에게 주주들의 단체법적인 의사결정을 무시할 권한을 부여하는 것과 다르지 않

2) 이철송, 회사법강의, 제26판, 박영사, 2018, 650－651면.
3) 수원지방법원 2015.11.20. 선고 2015가합62664 판결.
4) 대법원 1995.2.28. 선고 94다31440 판결; 대법원 2005.11.8. 자 2005마541 결정; 대법원 2009.1.15. 선고 2008도9410 판결.
5) 서울고등법원 2016.8.18. 선고 2015나2071120 판결.

을 뿐만 아니라 더 나아가 대표이사의 판단으로 주주총회의 의사결정을 대신할 수 있는 지위를 부여한다는 평가를 받아 왔다. 특히 주식매집, 위임장 쟁탈(proxy fight)이나 위임장 경쟁(proxy contest)을 통하거나 주주제안에 의하여 기존의 경영진을 교체할 자를 선임하였음에도 불구하고 대표이사의 청약이 없다는 이유로 이사·감사로의 지위를 가질 수 없다면 이는 적대적 M&A와 주주제안 제도의 존재의의를 무색하게 한다는 것이다. 감사 선임의 경우에도 임용계약이 있어야만 감사의 지위를 가진다고 하면 상법상 대주주의 의결권 제한의 취지를 제대로 반영할 수 없다는 비판에 직면하게 된다. 그러나 대상판결에서 기존의 입장을 임용계약 불요설로 변경하여 주식회사에서 이사·감사의 선임은 주주총회의 전속권한임을 분명히 한 것은 주주총회에서의 주주의 권한행사에 대하여 실효성을 부여하여 주주총회가 주식회사의 최고기관임을 확인하는 의미가 있다.

(권재열)

이사 · 비등기임원의 법적 지위

대법원 2003.9.26. 선고 2002다64681 판결

Ⅰ. 판결개요

1. 사실관계

주식회사 A의 정관과 '임원처우에 관한 규정'은 ① 직위상 회장, 부회장, 사장, 부사장, 전무이사, 상무이사, 이사, 이사대우 및 감사로 상근인 자를 임원으로 하고, ② 주주총회 의결을 거친 임원(법인등기부에 등재되는 임원이다. 이하 '등기임원'이라 한다)의 선임 및 해임의 인사권은 대표이사가 행하고, 주주총회의 의결을 거치지 않은 임원(법인등기부에 등재되지 않는 임원이다. 이하 '비등기임원'이라 한다)의 인사권은 이사회의 결의에 의하여 대표이사가 행하며, ③ 효과적인 업무추진을 위하여 임원의 담당업무를 분장할 수 있고, 담당업무는 업무위촉에 의한다고 규정하고 있다.

X_1은 1989. 12. 1. 주식회사 A의 비등기임원인 재무담당 상무이사로 입사하여 자금관리를 담당하다가 1995. 2. 28. 주주총회의 의결을 거친 등기임원인 이사가 되었고 1998. 3. 28. 이사에서 퇴임함과 동시에 감사로 취임하였다가 1998. 5. 9. 퇴직하였다(법인등기부에는 1998. 12. 24. 퇴직한 것으로 기재되어 있다). X_2는 1991. 8. 16. 주식회사 A의 비등기임원인 기술담당 이사로 입사하여 그때부터 대구지역 토목담당 이사 및 상무이사로 근무하다가 1998. 6. 24. 퇴직하였다. X_3은 1989. 1. 4. 주식회사 A의 부장으로 입사하여 근무하다가 1993. 1. 3. 및 1994. 1. 3. 비등기임원인 기술담당 이사대우 및 이사로 각 승진하여 대구지역 공사담당 이사로 근무하다가 1998. 6. 24. 퇴직하였다.

주식회사 A의 '임원처우에 관한 규정'은 ① 임원의 보수 총액은 주주총회에서 정하고, ② 임원의 퇴직금은 별도의 임원 퇴직금 지급규정에 의하여 지급한다고 규정하고, '임원 퇴직금 지급규정'은 임원의 퇴직금에 대하여, ① 등기 또는 비등기를 불문한 상근임원의 퇴직금은 퇴임 당시의 최종직위 평균보수월액에 회장 · 부회장은 근속기간(이사대우 승진일로부터 퇴임발령일까지의 기간) 1년에 4개월분, 사장 · 부사장 · 전무이사는 근속기간 1년에 3개월분, 상무이사 · 이사 · 이사대우 · 감사는 근속기간 1년에 2개월분의 지급률을 곱하여 산정하고, ② 퇴직금은 퇴직일로부터 1개월 이내에 지급함을 원칙으로 한다고 규정하고 있다.

주식회사 A의 '퇴직금 지급규정'은 직원의 퇴직금에 대하여, ① 퇴직 당시의 평균임금에 근속연수(입사일부터 퇴직발령일까지의 기간)를 곱하여 산정하고, ② 퇴직금은 퇴직일로부터 14일 이내에 지급함을 원칙으로 하며, ③ 직원이 임원으로 선임되는 경우에는 퇴직으로 간주하고 퇴직금을 지급한다고 규정하고 있다.

주식회사 A는 A그룹의 모회사로서 대구지방법원으로부터 1998. 8. 17. 회사정리절차개시결정을, 1999. 7. 13. 정리계획인가결정을 받았다. 정리회사 A의 관리인은 회사정리계획안을 작성하면서 원고들을 포함한 임직원 555명의 1999. 7. 13. 현재 미지급 퇴직금을 공익채권으로 분류하는 한편 당사자들과 협의를 거쳐 준비연도인 1999년과 제1차연도인 2000년에 그 1/2씩 분할하여 변제하기로 노력한다는 내용을 명시하였고, 그 정리계획안은 1999. 7. 13. 대구지방법원의 인가결정으로 확정되었다. X_1, X_2, X_3은 자신들의 퇴직금이 근로기준법상 임금으로서 공익채권에 해당하므로 정리회사 A의 관리인을 상대로 A회사의 '임원 퇴직금지급 규정'에 의하여 산정한 퇴직금을 지급하라는 소를 제기하였다.

2. 원심의 판단

원심은, 원고인 X_1, X_2, X_3이 명목상으로는 A의 임원인 이사 또는 감사의 지위에 있었지만 실질적으로는 대표이사 등의 지휘 · 감독 아래 일정한 노무를 제공하고 그 대가로 일정한 보수를 지급받는 고용관계에 있었던 것에 불과하였으므로 근로기준법상의 근로자이고, 따라서 X_1, X_2, X_3의 퇴직금 채권은 회사정리법상의 공익채권에 해당하므로, 피고는 정리회사의 '임원 퇴직금지급 규정'에 의하여 산정한 퇴직금을 원고들에게 지급할 의무가 있다는 원고들의 주장에 대하여, 원고들은 A로부터 효과적인 업무추진을 위하여 분장된 일정한 업무를 위촉받아 그 업무의 담당임원으로서 임원회의에 참석하는 등 재량과 권한을 가지고 업무수행을 해 온 사실, A의 등기임원과 비등기임원 사이에는 업무수행권한과 보수 등 처우에 관하여 아무런 차별도 없었던 사실을 인정하고 나서, 위 인정 사실에 원고들이 A의 비등기 또는 등기임원으로 선임된 경위, 주식회사 A의 자산규모, 일반직원이 임원으로 선임되는 경우에는 퇴직으로 간주하여 퇴직금을 지급하도록 하고 있고, 임원의 퇴직금 지급률과 그 지급시기가 일반 직원의 그것과 다른 점 등의 사정을 종합하여 보면, 원고들의 업무 내용이 사용자에 의하여 정하여지고 업무수행과정에 있어서도 사용자로부터 구체적·개별적인 지휘·감독을 받았다고 볼 수 없을 뿐 아니라 원고들이 받은 보수 역시 근로 자체에 대한 대상적 성격을 가진 것은 아니므로, 원고들은 임금을 목적으로 종속적인 관계에서 사용자에게 근로를 제공한 근로자라고는 할 수 없다는 이유로, 원고들이 근로기준법 소정의 근로자임을 전제로 하는 원고들의 위 주장을 배척하였다.

3. 판결요지

대법원은 A회사의 비등기임원과 등기임원의 지위와 역할이 차이가 있음을 인정하고, 비등기임원과 등기임원에 대해서 근로기준법상 근로자인지 여부는 형식에 관계없이 실질적으로 임금을 목적으로 종속적 관계에서 사용자에게 근로를 제공하였는지 여부에 따라 판단하여야 할 것이라고 판시하면서, 원고들에 대하여 비등기임원과 등기임원의 차이가 없으므로 근로기준법상 근로자임을 부인한 원심을 파기환송하였다.

상법상 이사와 감사는 주주총회의 선임결의를 거쳐 임명하고 그 등기를 하여야 하며, 이사와 감사의 법정 권한은 적법하게 선임된 이사와 감사만이 행사할 수 있을 뿐이고 그러한 선임절차를 거치지 아니한 채 다만 회사로부터 이사라는 직함을 형식적·명목적으로 부여받은 것에 불과한 자는 상법상 이사로서의 직무권한을 행사할 수 없다.

주식회사의 이사, 감사 등 임원은 회사로부터 일정한 사무처리의 위임을 받고 있는 것이므로, 사용자의 지휘·감독 아래 일정한 근로를 제공하고 소정의 임금을 받는 고용관계에 있는 것이 아니며, 따라서 일정한 보수를 받는 경우에도 이를 근로기준법 소정의 임금이라 할 수 없고, 회사의 규정에 의하여 이사 등 임원에게 퇴직금을 지급하는 경우에도 그 퇴직금은 근로기준법 소정의 퇴직금이 아니라 재직중의 직무집행에 대한 대가로 지급되는 보수에 불과하다.

근로기준법의 적용을 받는 근로자에 해당하는지 여부는 계약의 형식에 관계없이 그 실질에 있어서 임금을 목적으로 종속적 관계에서 사용자에게 근로를 제공하였는지 여부에 따라 판단하여야 할 것이므로, 회사의 이사 또는 감사 등 임원이라고 하더라도 그 지위 또는 명칭이 형식적·명목적인 것이고 실제로는 매일 출근하여 업무집행권을 갖는 대표이사나 사용자의 지휘·감독 아래 일정한 근로를 제공하면서 그 대가로 보수를 받는 관계에 있다거나 또는 회사로부터 위임받은 사무를 처리하는 외에 대표이사 등의 지휘·감독 아래 일정한 노무를 담당하고 그 대가로 일정한 보수를 지급받아 왔다면 그러한 임원은 근로기준법상의 근로자에 해당한다.

4. 관련판례

대법원 2021.8.19. 선고 2020다285406 판결

임기만료로 퇴임한 이사라 하더라도 상법 제386조 제1항 등에 따라 새로 선임된 이사의 취임 시까지 이사로서의 권리의무를 가지게 될 수 있으나(이하 '퇴임이사'라고 한다), 그와 같은 경우에도 새로 선임된 이사가 취임하거나 상법 제386조 제2항에 따라 일시 이사의 직무를 행할 자가 선임되면 별도의 주주총회 해임결의 없이 이사로서의 권리의무를 상실하게 된다. 이러한 상법 제385조 제1항의 입법 취지, 임기만료 후 이사로서의 권리의무를 행사하고 있는 퇴임이사의 지위 등을 종합하면, 상법 제385조 제1항에서 해임대상으로 정하고 있는 '이사'에는 '임기만료 후 이사로서의 권리의무를 행사하고 있는 퇴임이사'는 포함되지 않는다고 보아야 한다.

Ⅱ. 판결의 평석

1. 판결의 의의

이 판결은 등기된 이사와 감사와 비등기이사와 감사의 상법상 지위를 구별하여, 등기된 이사와 감사는 회사로부터 받는 보수와 퇴직금의 성격을 원칙적으로 근로기준법상 임금으로 보지 않고 상법상 이사와 감사의 보수로 본 판결이다.

2. 이사와 감사와 비등기임원의 법적 지위

(1) 이사와 감사의 법적 지위

1) 선 임

상법상 이사와 감사는 주주총회의 보통결의로 선임하며(상법 제382조 제1항, 제409조 제1항) 선임된 이사와 감사의 성명과 주민등록번호는 등기를 하여야 한다(상법 제

317조 제2항 제8호). 감사의 선임에 있어서는 의결권 없는 주식을 제외한 발행주식의 총수의 100분의 3을 초과하는 수의 주식을 가진 주주는 그 초과하는 주식에 관하여 감사의 선임에 있어서는 의결권을 행사하지 못한다(상법 제409조 제2항). 상장회사의 감사 선임에 있어서는 최대주주, 최대주주의 특수관계인, 최대주주 또는 그 특수관계의 계산으로 주식을 보유하는 자, 최대주주 또는 그 특수관계인에게 의결권을 위임한 자(해당 위임분만 해당함)가 소유하는 상장회사의 의결권 있는 주식의 합계가 그 회사의 의결권 없는 주식을 제외한 발행주식총수의 100분의 3을 초과하는 경우 그 초과하는 주식에 관하여 감사 선임에 있어서 의결권을 행사하지 못한다(상법 제542조의12 제3항, 상법 시행령 제17조 제1항). 법인등기부에 이사 또는 감사로 등재되어 있는 경우에는 특단의 사정이 없는 한 정당한 절차에 의하여 선임된 적법한 이사 또는 감사로 추정된다.[1)]

2) 기능 및 회사에 대한 관계

이사는 이사회의 구성원으로서 회사의 업무집행의 의사결정에 참여하며, 감사는 주식회사의 감독기관으로서 소규모주식회사를 제외하고는(상법 제409조 제4항) 주식회사의 필요적 상설기관이다. 이사와 감사의 회사와의 관계는 민법의 위임의 규정이 준용된다(상법 제382조 제2항, 제415조). 따라서 이사와 감사는 위임에 준하여 선량한 관리자로서 업무를 집행하여야 한다(상법 제382조 제2항, 민법 제681조). 이사와 감사의 법정 권한은 위와 같이 적법하게 선임된 이사와 감사만이 행사할 수 있다. 따라서 이러한 선임절차를 거치지 아니한 채 다만 회사로부터 이사 또는 감사라는 직함을 형식적·명목적으로 부여받은 것에 불과한 자는 상법상 이사와 감사가 아니다. 회사의 업무집행권을 가진 이사 등 임원은 회사로부터 일정한 사무처리의 위임을 받고 있는 것이므로 특별한 사정이 없는 한 사용자의 지휘감독 아래 일정한 근로를 제공하고 소정의 임금을 받는 고용관계에 있는 것이 아니어서 근로기준법상의 근로자라고 할 수 없다.[2)]

3) 임기 및 해임

이사의 임기는 3년을 초과하지 못하고(상법 제383조 제2항), 감사의 임기는 취임후 3년 내의 최종의 결산기에 관한 정기총회의 종결시까지로 정해져 있고(상법 제410조), 이사와 감사에 대한 해임결의는 주주총회 특별결의사항으로 선임결의보다 그 요건이

---

1) 대법원 1991.12.27. 선고 91다4409, 91다4416 판결.
2) 대법원 1992.12.22. 선고 92다28228 판결.

더 엄격하다(상법 제385조 제1항 본문, 제415조). 이사와 감사는 임기가 정하여져 있는 경우라도 언제든지 해임에 정당한 사유가 있는지 여부와 관계없이 주주총회의 특별결의로 해임할 수 있으나(상법 제385조 제1항 본문, 제415조), 이사와 감사의 임기가 정하여져 있는 경우에 정당한 이유 없이 그 임기만료전에 이를 해임한 때에는 그 이사는 회사에 대하여 해임으로 인한 손해의 배상을 청구할 수 있다(상법 제385조 제1항 단서, 제415조). 정당한 사유란 그 해임이 합리적이고 상당하다고 인정되는 경우로서 능력의 현저한 결여, 임무해태, 장기간의 질병 등이 이에 해당한다. 손해배상의 범위는 이사나 감사가 해임되지 않았다면 잔여임기 중과 임기만료시 받을 수 있었던 이익의 상실에 의한 손해이므로, 잔여임기 동안의 보수와 퇴직금 등이 이에 해당한다고 볼 수 있다.

(2) 비등기임원의 법적 지위

주주총회에서 이사와 감사로 선임되고 법인등기부에 등기되는 등기임원에 대하여, 회사내부 규정 또는 이사회에 의하여 선임되고 법인등기부에 이사와 감사로 등기되지 않으나 회사로부터 이사나 감사의 직함을 부여받아 사용하는 자를 비등기임원이라고 할 수 있다. 상법은 비등기임원에 대해서 별도로 규정을 두고 있지 않으나 실무상 법인등기부에 이사나 감사로 등기되지 않은 임원을 회사 내에 두고 일정한 권한을 부여하는 경우가 많다. 비등기임원은 상법상 이사와 감사와는 법적인 지위가 다르며, 상법상 이사의 직무권한은 비등기이사가 행사할 수 없다. 비등기임원이 위임의 규정의 적용을 받는 수임인인지 아니면 근로기준법상 근로자인지는 임금을 목적으로 종속적 관계에서 사용자에게 근로를 제공하였는지 아니면 상당한 재량과 권한을 가지고 독립적으로 일정한 업무를 수행하여 왔는지 여부에 따라 구체적인 사실관계에 따라 판단하여야 할 문제로 본다. 실무상 비등기이사는 업무집행권을 갖는 대표이사나 사용자의 지휘·감독 아래 일정한 근로를 제공하면서 그 대가로 보수를 받는 관계에 있다는 것이 일반적이라고 볼 수 있으며, 이러한 경우에는 근로기준법상 근로자로 볼 수 있다.

2012년 4월 15일에 시행된 개정상법에서는 주식회사는 그 선택에 의하여 집행임원을 둘 수 있도록 하고 있다(상법 제408조의2 제1항). 집행임원은 이사회에서 선임·해임하며(상법 제408조의2 제3항 제1호), 집행임원을 두는 경우 회사와 집행임원의 관계는 위임(상법 제408조의2 제2항)이며, 집행임원의 보수는 정관에 규정이 없거나 주주총회의 승인이 없으면 이사회에서 정하도록 하고 있다(상법 제408조의2 제3항 제6

호). 집행임원의 성명과 주민등록번호는 등기사항이다(상법 제317조 제2항 제8호). 개정 상법에 따라 현행 비등기임원을 집행임원의 형태로 이용할 경우에 집행임원은 단순한 근로자로 볼 수 없고 위임관계로 보아야 할 것이다. 개정상법에도 불구하고 등기된 집행임원을 사용하지 않고, 비등기집행임원을 회사내에서의 명칭을 부여하여 사용하는 경우에는 비등기집행임원의 법적 지위가 문제될 수 있다. 이 경우에도 구체적인 사실관계에 따라 독립적인 의사결정과 업무집행을 하는지 아니면 종속적인 지위에서 사용자에게 근로를 제공하는지 여부에 따라 수임인인지 근로자인지 여부를 판단하여야 할 것으로 본다.

3. 등기된 이사와 감사의 보수 및 퇴직금

(1) 보 수

이사의 보수는 그 명칭이나 형식에 관계없이 이사의 직무집행의 대가로 지급되는 금전이나 현물급여를 말한다. 주식회사의 이사, 감사는 회사의 일정한 사무의 처리의 위임을 받고 있는 것이므로(상법 제382조 제2항), 특별한 약정이 없으면 보수를 청구할 수 없는 것이 원칙이다(민법 제686조 제1항). 그러나 이사는 특별한 약정에 의하여 보수를 받는 것이 관례로 되어 있다. 이사의 보수는 그 결정을 이사회나 대표이사에 맡기게 되면 부당하게 정할 우려가 있으므로, 상법은 이사의 보수는 그 액을 정관에서 정하지 않은 때에는 주주총회의 결의로 정하도록 하고 있다(상법 제388조). 따라서 정관에 보수가 정해져 있지 않은 경우에 주주총회의 결의가 없는 한 보수청구권을 행사할 수 없다.[3)]

(2) 퇴직금 및 상여금

이사의 퇴직금 또는 퇴직위로금도 재임 중의 직무집행의 대가로 지급하는 것이므로 이사의 보수에 속한다.[4)] 상여금은 보수가 아니라는 설이 있으나, 이사로서의 공로상여금에 대하여 이사로서 직무집행을 함에 있어서의 특별공로에 대하여 지급하는 것으로서 그 실질이 그 직무집행의 대가인 성질 내지 특별공로에 대한 지급으로서의 성질을 가진 공로상여금 명목의 특별한 보수라 할 것이므로 이러한 공로상여금의 지급결정에 관하여도 주식회사의 이사의 보수에 관한 상법의 규정을 유추적용하여 주주총회의 결의에 의하여서만 그 지급 여부 및 그 금액을 정할 수 있고, 주주총회의

3) 대법원 1992.12.22. 선고 92다28228 판결.
4) 대법원 1977.11.22. 선고 77다1742 판결 참조.

결의에 의하지 아니하는 한 그 지급결정은 효력이 없다고 한 판결이 있다.[5] 따라서 이사가 일정한 보수를 받는 경우에도 이를 근로기준법 소정의 임금이라 할 수 없고, 이사 등 임원에게 퇴직금을 지급하는 경우에도 그 퇴직금은 근로기준법 소정의 퇴직금이 아니라 재직 중의 직무집행에 대한 대가로 지급되는 보수에 불과하다.

4. 상법상 이사 등과 근로기준법상 근로자의 구별

근로기준법의 적용을 받는 근로자에 해당하는지 여부는 계약의 형식에 관계없이 그 실질에 있어서 임금을 목적으로 종속적 관계에서 사용자에게 근로를 제공하였는지 여부에 따라 판단하여야 한다. 따라서 이사 또는 감사 등 임원이라고 하더라도 그 지위 또는 명칭이 형식적·명목적인 것이고 실제로는 매일 출근하여 업무집행권을 갖는 대표이사나 사용자의 지휘·감독 아래 일정한 근로를 제공하면서 그 대가로 보수를 받는 관계에 있다거나 또는 회사로부터 위임받은 사무를 처리하는 외에 대표이사 등의 지휘·감독 아래 일정한 노무를 담당하고 그 대가로 일정한 보수를 지급받아 왔다면 그러한 임원은 근로기준법상의 근로자에 해당한다.

5. 대상판결의 검토

대상판결은 상법상 주식회사의 이사·감사는 주주총회의 선임결의를 거쳐 임명하고 등기된 이사와 감사를 말하며, 이사와 감사의 법정 권한은 적법하게 선임된 이사와 감사만이 행사할 수 있을 뿐이고 소위 비등기임원은 상법상 이사로서의 직무권한을 행사할 수 없다고 하여 비등기임원을 상법상 이사·감사와 그 법적 지위를 구별하고 있다. 따라서 상법상 주식회사의 이사·감사가 회사로부터 일정한 보수를 받는 경우에도 이를 근로기준법 소정의 임금이라 할 수 없고, 회사의 규정에 의하여 퇴직금을 지급하는 경우에도 그 퇴직금은 근로기준법 소정의 퇴직금이 아니라 재직 중의 직무집행에 대한 대가로 지급되는 보수에 해당하게 된다. 등기된 이사와 감사가 받는 보수는 그 액을 정관에서 정하지 않은 때에는 주주총회의 결의로 정하여야 하지만(상법 제386조), 비등기임원의 경우는 이러한 제한을 받지 않는다. 이사·감사의 보수와 퇴직금은 근로기준법상 임금으로서의 공익채권에 해당하지 않게 되므로 정리계획안에 따른 임금채권의 우선변제의 대상에 해당하지 않는다. 대상판결에서 상법상 이사·감사와 비등기임원의 법적 지위와 보수의 성격이 문제된 이유는 법적 지위와 보

---

5) 대법원 1978.1.10. 선고 77다1788 판결.

수의 성격에 따라 공익채권으로 우선변제를 받을 수 있는지 여부가 결정될 수 있기 때문이다.

대상판결은 일반적으로 이사·감사와 비등기임원의 법적 지위와 보수의 성격이 전자는 위임으로서 보수에 해당하나 후자는 근로자로서 임금으로 구분하고 있다. 그러나 중요한 것은 등기된 이사·감사와 비등기임원의 법적지위는 형식에 관계없이 그 실질에 있어서 임금을 목적으로 종속적 관계에서 사용자에게 근로를 제공하였는지 여부에 따라 근로기준법상 근로자인지를 판단하여야 한다고 기준을 제시한 점이다. 따라서 등기된 이사 또는 감사 등 임원이라고 하더라도 그 지위 또는 명칭이 형식적·명목적인 것이고 실제로는 매일 출근하여 업무집행권을 갖는 대표이사나 사용자의 지휘·감독 아래 일정한 근로를 제공하면서 그 대가로 보수를 받는 관계에 있다거나 또는 회사로부터 위임받은 사무를 처리하는 외에 대표이사 등의 지휘·감독 아래 일정한 노무를 담당하고 그 대가로 일정한 보수를 지급받아 왔다면 그러한 임원은 근로기준법상의 근로자에 해당하게 된다. 결국 등기된 임원인지 여부가 일응의 기준이 될 수는 있어도 구체적인 업무수행 방식에 따라 경우에 따라 등기된 임원도 근로기준법상 근로자에 해당할 수 있게 된다. 대상판결은 이러한 기준에 따라 X_1, X_2, X_3 각자에 대하여 비등기이사 또는 등기 이사·감사로 근무한 기간 동안 실질적인 업무처리 방식이 비독립적인 종속관계에서 대표이사의 지휘·감독 아래 이루어졌는지 여부를 판단하였다. 대법원은 사실관계에 따라 X_1, X_2, X_3이 비등기임원으로 재직한 기간은 비독립적인 근로제공으로 보았고, X_1이 등기 이사·감사로 근무한 기간도 특별한 사정이 없는 한 위임관계로 보아야 할 것이지만 이사 또는 감사의 직무 외에 대표이사 등의 지시에 따라 일정한 노무를 담당하면서 비등기임원으로 재직할 당시와 유사한 정액의 보수를 받았다면 비등기이사에서 등기이사 및 감사로 선임된 이후에도 상법상 이사, 감사로서의 위임사무 외에 종래에 담당하고 있던 업무를 대표이사와의 사용 종속관계 하에서 계속 유지하고 있었다고 볼 여지가 있으므로 등기이사와 감사로 선임된 기간에도 과연 종래와 같은 회사업무를 담당하고 있었는지, 이에 관하여 대표이사와 사이에 사용종속관계가 있었는지, 이러한 노무에 대한 대가로 보수가 지급된 것인지 등 근로자의 인정에 전제가 되는 간접사실에 대하여 구체적으로 심리하여 X_1이 근로기준법상의 근로자에 해당하는지 여부를 판단하였어야 했으나 이러한 사항에 대하여 검토하지 않고 X_1, X_2, X_3이 근로자에 해당하지 않는다고 판단한 원심을 파기환송한 것이다.

대상판결은 상법상 이사와 감사는 비등기임원과 그 법적 지위가 다르다는 것을 인정하면서도, 근로기준법상 근로자인지 여부는 업무제공의 실질적인 형태에 따라 판단하여야 할 것으로 본 것이다. 상법과 근로기준법은 그 목적이 다른 만큼, 상법상 이사와 감사의 법적 지위는 특별한 사정이 없는 한 근로자인지 여부를 판단하는 데도 사용될 수 있지만 절대적인 기준으로 볼 수는 없다고 판시한 점에서 사건 해결에 구체적 타당성을 도모할 수 있는 기준이 될 수 있다고 볼 수 있다. 그러나 이러한 기준은 상법상 등기된 이사와 감사의 경우에도 사실관계에 따라 위임에 의한 수임인인 경우와 근로기준법상 근로자인지 여부가 달라질 수 있다는 점에서 법적 안정성과 예측가능성이 낮아지는 문제점이 있다. 판례의 방식과 달리 등기된 이사와 감사의 경우에는 원칙적으로 수임인으로서 보수를 받는다고 하면서, 예외적으로 일정한 경우에만 근로기준법상 근로자에 해당한다고 하고 그 예외적인 사유의 예시를 드는 방식으로 대법원이 기준을 제시하였다면 좀 더 법적 안정성과 예측가능을 높일 수 있지 않을까 생각한다. 과거의 대법원 관련판례에서 "회사의 업무집행권을 가진 이사 등 임원은 그가 그 회사의 주주가 아니라 하더라도 회사로부터 일정한 사무처리의 위임을 받고 있는 것이므로 특별한 사정이 없는 한 사용자의 지휘감독 아래 일정한 근로를 제공하고 소정의 임금을 받는 고용관계에 있는 것이 아니어서 근로기준법상의 근로자라고 할 수 없다."라는 방식으로 판시한 점을 고려할 때[6] 대상판결이 특별한 사정의 예로 업무제공의 실질적 형태를 제시한 것으로 해석할 수도 있을 것이다.

(윤성승)

6) 대법원 1988.6.14. 선고 87다카2268 판결; 대법원 1992.12.22. 선고 92다28228 판결.

이사의 보수

대법원 1999.2.24. 선고 97다38930 판결

Ⅰ. 판결개요

1. 사실관계

X는 Y회사의 이사로 재직하던 중 주주총회에서 임기만료전에 해임을 당하였다. Y회사의 정관에서 이사와 감사의 보수 또는 퇴직한 임원의 퇴직금은 주주총회에서 결정한다고 규정하고 있었다. X는 Y회사가 임기만료전에 정당한 사유 없이 자신을 해임하였음을 주장하면서 이로 인한 손해인 퇴직금의 지급을 청구하였다. 원심은 Y회사가 X를 임기전에 해임한 것은 정당한 사유가 있었으며, X의 퇴직시에 주주총회에서 그에 관한 결의가 없었고, Y회사의 사규 중 퇴직금에 관한 규정이 임원들에 대하여도 적용되는 것으로 볼 자료가 없다는 이유로 X의 퇴직금 청구를 배척하였다.

2. 판결요지

상법 제388조, 제415조에 의하면, 주식회사의 이사와 감사의 보수는 정관에 그 액을 정하지 아니한 때에는 주주총회의 결의로 이를 정한다고 되어 있고, 이사 또는 감사에 대한 퇴직위로금은 그 직에서 퇴임한 자에 대하여 그 재직 중 직무집행의 대가로써 지급되는 보수의 일종으로서 상법 제388조에 규정된 보수에 포함된다. 원고들의 퇴직금 청구를 배척한 원심의 조치는 정당하고, 거기에 채증법칙 위배 또는 이사 및 감사의 보수에 관한 법리오해의 위법이 없다.

3. 관련판례

(1) 대법원 1992.12.22. 선고 92다28228 판결

정관 및 관계법규상 이사의 보수 또는 퇴직금에 관하여 주주총회의 결의로 정한

다고 규정되어 있는 경우 금액, 지급방법, 지급시기 등에 관한 주주총회의 결의가 있었음을 인정할 증거가 없는 한 이사의 보수나 퇴직금청구권을 행사할 수 없다.

(2) 대법원 1977.11.22. 선고 77다1742 판결

이사의 퇴직위로금은 상법 388조에 규정된 보수에 포함된다 할 것이므로 위 법조에 근거하여 정관이나 주주총회결의로 그 액이 결정되었다면 주주총회에서 퇴임한 특정이사에 대하여 그 퇴직위로금을 박탈하거나 이를 감액하는 결의를 하였다 하여도 그 효력이 없다.

(3) 대법원 2006.11.23. 선고 2004다49570 판결

주식회사와 이사 사이에 체결된 고용계약에서 이사가 그 의사에 반하여 이사직에서 해임될 경우 퇴직위로금과는 별도로 일정한 금액의 해직보상금을 지급받기로 약정한 경우, 그 해직보상금은 형식상으로는 보수에 해당하지 않는다 하여도 보수와 함께 같은 고용계약의 내용에 포함되어 그 고용계약과 관련하여 지급되는 것일 뿐 아니라, 의사에 반하여 해임된 이사에 대하여 정당한 이유의 유무와 관계없이 지급하도록 되어 있어 이사에게 유리하도록 회사에 추가적인 의무를 부과하는 것인바, 보수에 해당하지 않는다는 이유로 주주총회결의를 요하지 않는다고 한다면, 이사들이 고용계약을 체결하는 과정에서 개인적인 이득을 취할 목적으로 과다한 해직보상금을 약정하는 것을 막을 수 없게 되어, 이사들의 고용계약과 관련하여 그 사익 도모의 폐해를 방지하여 회사와 주주의 이익을 보호하고자 하는 상법 제388조의 입법 취지가 잠탈되고, 나아가 해직보상금액이 특히 거액일 경우 회사의 자유로운 이사해임권 행사를 저해하는 기능을 하게 되어 이사 선임기관인 주주총회의 권한을 사실상 제한함으로써 회사법이 규정하는 주주총회의 기능이 심히 왜곡되는 부당한 결과가 초래되므로, 이사의 보수에 관한 상법 제388조를 준용 내지 유추적용하여 이사는 해직보상금에 관하여도 정관에서 그 액을 정하지 않는 한 주주총회결의가 있어야만 회사에 대하여 이를 청구할 수 있다.

주식회사 이사의 임기를 정한 경우에 주식회사가 정당한 이유 없이 임기만료 전에 이사를 해임한 때에는 그 이사는 회사에 대하여 해임으로 인한 손해의 배상을 청구할 수 있는데(상법 제385조 제1항 후문), 이러한 경우 '정당한 이유'의 존부에 관한 입증책임은 손해배상을 청구하는 이사가 부담한다.

(4) 대법원 2015.7.23. 선고 2014다236311 판결

법적으로는 주식회사 이사·감사의 지위를 갖지만 회사와의 명시적 또는 묵시적 약정에 따라 이사·감사로서의 실질적인 직무를 수행하지 않는 이른바 명목상 이사·감사도 법인인 회사의 기관으로서 회사가 사회적 실체로서 성립하고 활동하는 데 필요한 기초를 제공함과 아울러 상법이 정한 권한과 의무를 갖고 의무 위반에 따른 책임을 부담하는 것은 일반적인 이사·감사와 다를 바 없으므로, 과다한 보수에 대한 사법적 통제의 문제는 별론으로 하더라도, 오로지 보수의 지급이라는 형식으로 회사의 자금을 개인에게 지급하기 위한 방편으로 이사·감사로 선임한 것이라는 등의 특별한 사정이 없는 한, 회사에 대하여 상법 제388조, 제415조에 따라 정관의 규정 또는 주주총회의 결의에 의하여 결정된 보수의 청구권을 갖는다.

(5) 대법원 2016.1.28. 선고 2014다11888 판결

상법이 정관 또는 주주총회의 결의로 이사의 보수를 정하도록 한 것은 이사들의 고용계약과 관련하여 사익 도모의 폐해를 방지함으로써 회사와 주주 및 회사채권자의 이익을 보호하기 위한 것이므로, 비록 보수와 직무의 상관관계가 상법에 명시되어 있지 않더라도 이사가 회사에 대하여 제공하는 직무와 지급받는 보수 사이에는 합리적 비례관계가 유지되어야 하며, 회사의 채무 상황이나 영업실적에 비추어 합리적인 수준을 벗어나서 현저히 균형성을 잃을 정도로 과다하여서는 아니 된다.

따라서 회사에 대한 경영권 상실 등으로 퇴직을 앞둔 이사가 회사에서 최대한 많은 보수를 받기 위하여 그에 동조하는 다른 이사와 함께 이사의 직무내용, 회사의 재무상황이나 영업실적 등에 비추어 지나치게 과다하여 합리적 수준을 현저히 벗어나는 보수 지급 기준을 마련하고 지위를 이용하여 주주총회에 영향력을 행사함으로써 소수주주의 반대에 불구하고 이에 관한 주주총회결의가 성립되도록 하였다면, 이는 회사를 위하여 직무를 충실하게 수행하여야 하는 상법 제382조의3에서 정한 의무를 위반하여 회사재산의 부당한 유출을 야기함으로써 회사와 주주의 이익을 침해하는 것으로서 회사에 대한 배임행위에 해당하므로, 주주총회결의를 거쳤다 하더라도 그러한 위법행위가 유효하다 할 수는 없다.

Ⅱ. 판결의 평석

1. 판결의 의의

이사 또는 감사에 대한 퇴직금 또는 퇴직위로금의 성격을 그 재직 중 직무집행의 대가로써 지급되는 보수로서 성격을 분명히 한 판결이다. 따라서 이사 또는 감사에 대한 퇴직위로금을 지급하는 경우에는 보수와 마찬가지로 상법 제388조에 따라 정관에 그 액을 정하지 아니한 때에는 주주총회의 결의가 있어야 이를 지급할 수 있다. 이사와 감사의 임기가 정해져 있는 경우에 정당한 이유 없이 그 임기만료전에 이를 해임한 때에 그 이사와 감사가 회사에 대하여 해임으로 인한 손해의 배상을 청구할 수 있는데(상법 제385조 제1항 단서, 제415조), 이 판결은 그 손해액에는 퇴직시 받을 수 있는 보수로서의 퇴직위로금이 포함된다는 점을 인정한 것이다.

2. 이사와 감사의 보수와 퇴직금

(1) 이사와 감사의 보수의 성격

이사와 감사의 보수는 그 명칭이나 형식과는 관계없이 직무집행의 대가로 지급되는 금전이나 현물급여를 말한다. 주식회사의 이사, 감사의 회사에 대한 관계는 위임에 준하므로(상법 제382조 제2항, 제415조), 특별한 약정이 없으면 보수를 청구할 수 없는 것이 원칙이다(민법 제686조 제1항). 그러나 이사와 감사는 특별한 약정에 의하여 보수를 받는 것이 관례로 되어 있다.

(2) 이사와 감사의 보수 결정방법

상법은 이사의 보수는 그 결정을 이사회나 대표이사에 맡기게 되면 부당하게 정할 우려가 있으므로, 상법은 이사의 보수는 그 액을 정관에서 정하지 않은 때에는 주주총회의 결의로 정하도록 하고 있다(상법 제388조). 감사도 독립적인 지위에서 공정한 감사를 할 수 있도록 하기 위해서는 상법은 감사의 보수의 결정도 이사에 관한 규정을 준용하여 정관 또는 주주총회의 결의로 정하도록 하고 있다(상법 제415조, 제388조). 따라서 이사와 감사는 정관에 보수가 정해져 있지 않은 경우에 주주총회의 결의가 없는 한 보수청구권을 행사할 수 없다.[1)]

1) 대법원 1992.12.22. 선고 92다28228 판결.

이사의 보수는 일반적으로 주주총회에서 정하는데, 보수의 변경이 없는 한 매년 정기총회에서 재확인결의를 할 필요는 없다.[2)] 보수액은 개개의 이사에 대하여 개별적으로 정하지 않고 총액 또는 최고액만을 정하여 그 배분을 이사회에 위임할 수 있다고 보는 것이 다수설이며, 실무상 관행도 그러하다. 주의할 점은 실무상 이사와 감사의 보수의 총액을 임원의 보수로서 주주총회에서 일괄적으로 결의하고 그 구체적인 배분을 이사회에 위임하고 있는데, 이러한 관행은 감사의 독립성을 저해할 우려가 있으므로 상법의 취지는 감사의 보수를 정관 또는 주주총회의 결의로 정함에 있어서는 이사의 보수와 구분하여 정하여야 한다는 의미로 해석하는 견해가 있다.[3)] 상장회사의 경우에는 상장회사가 주주총회의 목적사항으로 감사의 보수결정을 위한 의안을 상정하려는 경우에는 이사의 보수결정을 위한 의안과는 별도로 상정하여 의결하여야 한다(상법 제542조의12 제5항). 정관 또는 주주총회결의로 특정 이사의 보수액을 구체적으로 정하였다면, 보수액은 임용계약의 내용이 되어 당사자인 회사와 이사 쌍방을 구속하므로, 이사가 보수의 변경에 대하여 명시적·묵시적 동의가 있었다고 볼 만한 특별한 사정이 없는 한, 주식회사가 주주총회의 결의 등으로 그 특정 이사의 보수를 일방적으로 감액하거나 박탈할 수 없다.[4)]

(3) 과다한 보수지급 : 이사의 직무와 보수 간의 합리적 비례관계 필요

주주총회에서 이사의 보수를 정하더라도, 이사가 회사에 대하여 제공하는 직무와 지급받는 보수 사이에는 합리적 비례관계가 유지되어야 하며, 회사의 채무 상황이나 영업실적에 비추어 합리적인 수준을 벗어나서 현저히 균형성을 잃을 정도로 과다하여서는 아니 된다.[5)] 따라서 이사가 이사의 직무내용, 회사의 재무상황이나 영업실적 등에 비추어 지나치게 과다하여 합리적 수준을 현저히 벗어나는 보수 지급 기준을 마련하고 그 지위를 이용하여 주주총회에 영향력을 행사함으로써 소수주주의 반대에 불구하고 이에 관한 주주총회결의가 성립되도록 하였다면, 이는 이사의 충실의무를 위반하여 회사재산의 부당한 유출을 야기함으로써 회사와 주주의 이익을 침해하는 것으로서 회사에 대한 배임행위에 해당하므로, 주주총회결의를 거쳤다 하더라도 그러한 위법행위가 유효하다 할 수는 없다.[6)]

---

2) 최기원, 상법학신론(상), 제20판, 박영사, 2014, 859면.
3) 상게서, 884면; 진홍기, "이사와 감사의 보수," 고시계, 2009. 3, 68면.
4) 대법원 2017.3.30. 선고 2016다21643 판결(유한회사에 대한 판례이나 동일 취지임).
5) 대법원 2016.1.28. 선고 2014다11888 판결.
6) 대법원 2016.1.28. 선고 2014다11888 판결.

(4) 명목상 이사 · 감사의 보수

법적으로는 주식회사 이사 · 감사의 지위를 갖지만 회사와의 명시적 또는 묵시적 약정에 따라 이사 · 감사로서의 실질적인 직무를 수행하지 않는 이른바 명목상 이사 · 감사도 상법이 정한 권한과 의무를 갖고 의무 위반에 따른 책임을 부담하는 것은 일반적인 이사 · 감사와 다를 바 없으므로, 특별한 사정이 없는 한, 회사에 대하여 상법 제388조, 제415조에 따라 정관의 규정 또는 주주총회의 결의에 의하여 결정된 보수의 청구권을 갖는다.[7)]

(5) 이사와 감사의 퇴직금 또는 퇴직위로금 성격

이사와 감사의 퇴직금 또는 퇴직위로금은 이사와 감사로 재직하던 기간 동안의 직무집행의 대가로서 지급되는 것이므로 보수에 포함된다고 보아야 한다. 대상판결을 비롯한 대법원 판례에서 이사 또는 감사의 퇴직위로금은 재직 중 직무집행의 대가로 지급되는 보수로 보고 있다.[8)] 이사 또는 감사의 퇴직위로금의 성격이 중요한 이유는 퇴직위로금이 이사의 보수가 아니면 상법 제388조의 적용을 받지 않으므로 정관에 규정이나 주주총회의 결의가 없어도 자유롭게 회사가 이를 지급할 수 있게 된다. 퇴직위로금을 보수로 보게 되면 회사가 임의로 이를 지급할 수 없게 되고, 반드시 정관에 퇴직위로금액이 정하여져 있거나 주주총회의 결의로 그 액을 정하여야만 지급할 수 있게 된다.

3. 이사와 감사의 퇴직금 또는 퇴직위로금 결정방법과 위임

이사와 감사의 퇴직금 또는 퇴직위로금이 이사와 감사의 보수에 포함된다면, 그 보수액을 정관에서 정하지 않은 때에는 주주총회의 결의로 정하여야 한다(상법 제388조, 제415조). 정관이나 주주총회의 결의로 이사의 퇴직위로금액이 결정되어 있다면, 이후 주주총회에서 개별적으로 특정이사에 대하여 그 퇴직위로금을 박탈하거나 이를 감액하는 결의를 하더라도 그 결의는 효력이 없다.[9)] 이사와 감사의 퇴직금의 액을 정관이나 주주총회에서 정하지 않고, 이사회나 회사 내부규정인 임원퇴직금 지급규정에 전부 위임하는 것은 상법 제388조의 취지에 반하는 것으로 무효로 보아야 한다. 하급심 판결에서도 "이사의 퇴직금 지급은 이사회결의로 정하는 임원퇴직금 지급규

---

7) 대법원 2015.7.23. 선고 2014다236311 판결.
8) 대법원 1977.11.22. 선고 77다1742 판결; 대법원 1999.2.24. 선고 97다38930 판결.
9) 대법원 1977.11.22. 선고 77다1742 판결.

정에 의한다"고 정한 주식회사 정관규정은, 이사회의 이사 퇴직금 결정에 관한 재량권 행사의 범위를 일정한 기준에 의하여 합리적인 범위 내로 제한하지 아니한 채 퇴직금 액수의 결정을 이사회에 무조건적으로 위임함으로써, 이사회가 주주로부터 아무런 통제도 받지 않고 이사의 퇴직금 및 퇴직위로금을 지급할 수 있도록 한 것이므로, 강행규정인 상법 제388조를 위반하여 무효라고 보았다.[10)]

4. 이사와 감사의 해임과 퇴직금 또는 퇴직위로금의 지급

이사는 해임에 정당한 사유가 있는지를 불문하고 그 임기 중에 주주총회의 특별결의로 해임될 수 있다(상법 제385조 제1항 본문). 임기가 정해져 있는 이사와 감사는 정당한 사유로 해임된 경우에는 회사에 대하여 임기 중 해임으로 인한 손해를 청구할 수 없지만, 정당한 사유가 없이 해임된 경우에는 회사에 대하여 해임으로 인한 손해의 배상을 청구할 수 있다(상법 제385조 제1항 단서). 정당한 사유란 그 해임이 합리적이고 상당하다고 인정되는 경우로서 능력의 현저한 결여, 임무해태, 장기간의 질병 등이 이에 해당한다. 손해배상의 범위는 이사나 감사가 해임되지 않았다면 잔여임기 중과 임기만료시 받을 수 있었던 이익의 상실에 의한 손해이므로, 잔여임기 동안의 보수와 퇴직금 등이 이에 해당한다고 볼 수 있다. 이러한 경우 해임에 정당한 사유가 있었는지 여부가 손해배상 청구에 있어서 중요한 쟁점이 될 수 있는데, 판례는 정당한 이유의 존부에 관한 입증책임은 손해배상을 청구하는 이사가 부담한다고 한다.[11)]

5. 이사의 해직보상금 약정의 효력

이사가 이사의 보수의 적용을 받는 퇴직위로금과는 별도로 그 의사에 반하여 이사직에서 해임될 경우 일정한 금액의 해직보상금을 지급받기로 회사와의 고용계약에서 약정한 경우 그 효력이 문제된다. 해직보상금이 보수에 해당하지 않는다는 이유로 주주총회결의를 요하지 않는다고 한다면, 이는 의사에 반하여 해임된 이사에 대하여 정당한 이유의 유무와 관계없이 지급하도록 되어 있어 이사에게 유리하도록 회사에 추가적인 의무를 부과하는 것인바, 이사들이 고용계약을 체결하는 과정에서 개인적인 이득을 취할 목적으로 과다한 해직보상금을 약정하는 것을 막을 수 없게 된다. 판례는 "이사들의 고용계약과 관련하여 사익 도모의 폐해를 방지하여 회사와 주주의 이

---

10) 서울중앙지방법원 2008.7.24. 선고 2006가합98304 판결.
11) 대법원 2006.11.23. 선고 2004다49570 판결.

익을 보호하고자 하는 상법 제388조의 입법 취지가 잠탈되고, 나아가 해직보상금액이 특히 거액일 경우 회사의 자유로운 이사해임권 행사를 저해하는 기능을 하게 되어 이사 선임기관인 주주총회의 권한을 사실상 제한함으로써 회사법이 규정하는 주주총회의 기능이 심히 왜곡되는 부당한 결과가 초래되므로, 이사의 보수에 관한 상법 제388조를 준용 내지 유추적용하여 이사는 해직보상금에 관하여도 정관에서 그 액을 정하지 않는 한 주주총회결의가 있어야만 회사에 대하여 이를 청구할 수 있다"[12]고 하여 해직보상금에 대해서도 이사의 보수결정에 관한 상법의 규정을 준용 또는 유추적용하여야 하는 것으로 본다.

6. 대상판결의 검토

대상판결에서 이사 또는 감사에 대한 퇴직위로금은 재직 중 직무집행의 대가로 지급되는 보수로 보아, 주식회사가 이사 또는 감사의 퇴직위로금을 지급하기 위해서는 이사 또는 감사의 보수의 결정에 관한 상법 제388조에 따라 정관 또는 주주총회에서 그 액을 정하여야 한다고 판시하였다. 이는 이사의 퇴직위로금은 그 명칭에도 불구하고 실질적으로는 보수에 해당한다는 점을 명확히 한 것이다. 이사의 퇴직위로금은 회사 실무상 일반 직원의 퇴직금지급과는 별도로 운영되고 있고, 그 액수도 매우 커서 과거 몇 년간의 보수에 해당하는 금액을 지급하는 경우도 많은 점을 고려하면, 사실상 퇴임시 지급하는 보수의 성격이 강하다. 퇴직위로금의 결정을 이사회나 대표이사에게 맡기면 부당하게 과다한 금액으로 결정되어 주주의 이익을 침해할 우려가 있으므로, 주주로부터의 통제를 받도록 하는 필요가 있는 점에서 대상판결은 퇴직위로금의 보수로서의 성격을 제대로 판단한 것이다.

따라서 Y회사의 이사로 재직하다가 임기만료전에 주주총회의 결의로 해임당한 X는 해임에 정당한 사유가 없었다면 퇴직위로금을 보수로서 청구할 수 있었을 터인데, 법원은 사실관계상 X를 임기전에 해임한 것은 정당한 사유가 있었다고 판단함으로써 퇴직위로금의 지급을 부인한 것이다. 대상판결에서는 정당한 사유의 존부에 대한 입증책임에 대한 언급이 없으나, 이에 대한 입증책임은 손해배상을 청구하는 X에게 있다고 보아야 한다.[13] 또한 퇴직위로금은 이사 X의 보수에 해당하므로, 퇴직위로금의 액이 정관에 규정이 있거나 주주총회의 결의로 정해진 경우에 지급할 수 있으나(상법 제388조), Y회사의 정관이나 주주총회에서 그에 관한 규정이나 결의가 없었고, Y회사

12) 대법원 2006.11.23. 선고 2004다49570 판결.

13) 대법원 2006.11.23. 선고 2004다49570 판결 참조.

의 사규 중 퇴직금에 관한 규정이 있으나 이는 임원들에 대하여도 적용되는 것으로 볼 자료가 없다는 이유로 X의 퇴직금 청구를 배척하였다. 결국 법원은 X의 해임에 정당한 사유가 있었다는 점과 Y회사의 정관이나 주주총회에서 퇴직금 지급에 관한 규정이나 결의가 없었다는 점을 근거로 X에 대한 퇴직위로금 지급을 인정하지 않은 것이다.

(윤성승)

49

이사 해임에 있어서 손해배상책임과 정당한 이유

대법원 2023.8.31. 선고 2023다220639 판결

Ⅰ. 판결개요

1. 사실관계

원고 1은 2005. 12. 26.부터, 원고 2는 2011. 3. 29.부터 피고 회사(주식회사 한국기능공사)의 이사로 재직해 오던 중, 피고 회사는 원고들을 판매대금 횡령 등을 이유로 2020. 8. 10. 임시주주총회를 개최하여 해임하였다. 이에 원고들은 횡령 등은 사실무근이므로 해임이 임기 만료 전에 정당한 이유 없이 한 해임에 해당한다는 이유로 상법 제385조 제1항 단서를 근거로 피고 회사에게 손해배상을 청구하였다. 당시 원고들의 횡령 등 혐의는 불기소처분이 내려지는 등 객관적 자료가 없었다.

한편, 원고들은 피고 회사 이사로 재직 중이던 2020. 6. 9. 피고 회사의 이사회 승인을 얻지 않고 동종영업을 하는 회사를 설립한 후 그 회사의 사내이사로 취임하여 경업금지의무에 위반하였는데, 해임결의 당시에는 피고 회사가 그 위반 사실을 인지하지 못하여 해임 사유로 고려하지 않았다. 피고 회사는 경업금지위반 사실이 사후적으로 밝혀지자 제1심법원에서 그 사실을 해임의 정당한 사유로 주장하였다.

2. 판결요지

상법 제385조 제1항은 주주총회의 특별결의로 언제든지 이사를 해임할 수 있게 하는 한편, 이사의 임기를 정한 경우에 정당한 이유 없이 그 임기만료 전에 해임한 때에는 그 이사는 회사에 대하여 해임으로 인한 손해의 배상을 청구할 수 있다고 정하고 있다. 여기에서 '정당한 이유'란 주주와 이사 사이에 불화 등 단순히 주관적인 신뢰관계가 상실된 것만으로는 부족하고, 이사가 법령이나 정관에 위배된 행위를 하

였거나 정신적·육체적으로 경영자로서의 직무를 감당하기 현저하게 곤란한 경우, 회사의 중요한 사업계획 수립이나 그 추진에 실패함으로써 경영능력에 대한 근본적인 신뢰관계가 상실된 경우 등과 같이 당해 이사가 경영자로서 업무를 집행하는 데 장해가 될 객관적 상황이 발생한 경우를 의미한다. 위 조항에 따라 회사가 이사에 대하여 부담하는 손해배상책임은 회사의 고의나 과실을 묻지 않고 그 책임을 인정하는 법정책임에 해당한다.

이러한 상법 제385조 제1항의 문언 내용과 규정 취지, 손해배상책임의 법적 성질 등을 고려하면, 정당한 이유가 있는지는 해임결의 당시 객관적으로 존재하는 사유를 참작하여 판단할 수 있고, 주주총회에서 해임 사유로 삼거나 해임결의 시 참작한 사유에 한정되는 것은 아니다. 해임결의 당시 이미 발생한 이사의 경업금지의무 위반행위는 해임 사유에 해당하는데도, 주주총회에서 해임 사유로 삼지 않았다는 이유로 이를 해임에 정당한 이유가 있었는지를 판단하는 데에 참작할 수 없다고 본 원심판단에 법리오해의 잘못이 있다.

3. 관련판례

(1) 대법원 2004.10.15. 선고 2004다25611 판결

상법 제385조 제1항에 규정된 '정당한 이유'란 주주와 이사 사이에 불화 등 단순히 주관적인 신뢰관계가 상실된 것만으로는 부족하고, 이사가 법령이나 정관에 위배된 행위를 하였거나 정신적·육체적으로 경영자로서의 직무를 감당하기 현저하게 곤란한 경우, 회사의 중요한 사업계획 수립이나 그 추진에 실패함으로써 경영능력에 대한 근본적인 신뢰관계가 상실된 경우 등과 같이 당해 이사가 경영자로서 업무를 집행하는 데 장해가 될 객관적 상황이 발생한 경우에 비로소 임기 전에 해임할 수 있는 정당한 이유가 있다고 할 것이다.

(2) 대법원 2014.5.29. 선고 2012다98720 판결

원고가 피고의 대표이사로 재임하는 동안 피고의 영업실적이 현저히 악화되었고, 2008년 세계금융위기를 감안하더라도 피델리티 인터내셔널의 피고를 제외한 나머지 아시아·태평양 지역의 영업실적과 비교하여 보면 피고의 영업이 상당히 부진하였다고 할 것이다. 그리고 이러한 사정을 앞서 본 법리(대법원 2004다25611 판결 참조)에 비추어 보면, 원고의 해임 당시 원고의 경영능력에 대한 근본적인 신뢰가 상실되어 원고가 피고의 이사로서 직무를 집행하는 데 장해가 될 객관적인 상황이 발생하였다고 할 수 있으므로, 피고가 정당한 이유 없이 원고를 이사에서 해임하였다고 보기 어렵다.

Ⅱ. 판결의 평석

1. 판결의 의의

제1심법원과 원심법원은 해임 당시 고려하지 않은 사항은 해임의 정당한 이유 여부를 판단할 때 참작할 수 없다고 보았으나, 대법원은 정당한 이유가 있는지 여부는 해임결의 당시 해임사유로 삼거나 참작한 사유에 한정되는 것은 아니라는 이유로 원심판결을 파기환송하였다.

대상판결은 임기만료 전의 이사의 해임으로 인한 손해배상책임을 규정하고 있는 상법 제385조 제1항에서 정한 '정당한 이유'는 주주총회에서 해임 사유로 삼거나 해임결의 시 참작한 사유에 한정되는 것은 아니며 해임 당시 객관적으로 존재하는 사유이면 해임에 정당한 이유가 있었는지를 판단하는 데에 참작할 수 있다는 점을 명시한 판결이다.

2. 이사의 해임과 손해배상책임

이사의 해임은 언제든지 주주총회의 특별결의로써 가능하고, 법원의 판결에 의해서도 가능하다. 이사의 선임이 보통결의에 의하는 것과 달리 이사의 해임은 주주총회의 특별결의로써 할 수 있다. 따라서 정관으로 이사회의 결의 또는 대표이사의 결정에 의해 해임할 수 있다고 정하더라고 효력이 없다. 해임 대상 이사가 주주인 경우라도 그 주주는 특별이해관계인에 해당하지 않으므로 의결권을 행사할 수 있다.

이사의 귀책사유 등은 해임의 요건이 아니므로 이사의 임기를 정하지 아니한 경우에는 해임하더라도 손해배상책임을 부담하지 않는다. 다만, 이사의 임기를 정한 경우 임기만료 전 정당한 이유 없이 이사를 해임한 때에는 그 이사는 회사에 대하여 해임으로 인한 손해배상을 청구할 수 있다(제385조 제1항). 손해란 통상 남은 재임기간 중 받게 될 보수 상당액이 될 것이다. 주주총회의 해임은 법에 정한 권한의 행사이므로 해임은 계약 위반이나 불법행위를 구성하지 아니하므로 회사의 손해배상책임

에 대해서는 과실상계의 법리가 적용될 여지가 없으며 또한 위자료를 손해배상액에 포함시킬 수 없다.[1]

이사를 해임할 수 있는 정당한 이유란 주주와 이사 사이의 불화 등 주관적 신뢰관계가 상실된 것만으로는 부족하고, 이사가 직무와 관련하여 '법령이나 정관에 위배된 행위' 또는 부정행위를 하거나, '정신적·육체적으로 직무를 감당하기 현저히 곤란한 사정'이 있거나, 회사의 중요한 사업계획 수립이나 추진 등에서 실패하여 '경영능력에 대한 근본적인 신뢰관계가 상실'된 경우 등 직무를 수행하는데 장해가 될 객관적 상황이 발생한 경우를 말한다. 따라서 정당한 이유의 존재 여부는 해임 당시를 기준으로 판단하여야 한다.

3. 검 토

대상판결은 제385조의 손해배상책임은 회사의 고의나 과실을 묻지 않고 그 책임을 인정하는 법정책임이라는 점 등을 고려하여, 정당한 이유가 있는지는 해임결의 당시 객관적으로 존재하는 사유를 참작하여 판단할 수 있고, 비록 해임결의 당시 인지하지 못하여 주주총회에서 이를 해임 사유로 고려하거나 해임 사유로 삼지 않았더라도 정당한 이유가 있었는지를 판단하는 데에 참작할 수 있다고 보았다.

이사 해임의 정당성은 당해 이사와 회사 사이에서 신뢰관계의 침해 등 객관적 상황이 발생하였는지 여부에 따라 판단한다. 이사가 회사의 신뢰를 침해한 바 없음에도 회사의 일방적 선택에 의해 해임한 결과에 대해 손해배상을 통해 이사의 임기 보장에 대한 신뢰를 보호하고자 한 것이 제385조의 취지이다.

이사가 회사와의 관계에서 객관적으로 회사의 신뢰를 침해한 사실이 존재하였다면 보호할 필요가 있는 이사의 회사에 대한 신뢰를 인정하기 어렵다. 따라서 해임 당시 객관적으로 존재하였던 사유라면 비록 해임결의 당시 그 사유를 고려하지 않았더라도 그 사유가 회사의 신뢰를 침해할 정도의 사유에 해당하는 경우에는 손해배상책임의 요건인 정당한 이유를 판단할 때 당연히 참작할 수 있어야 한다.

(박인호)

---

1) 서울고법 1990.7.6 선고 89나46297 판결.

이사의 해임과 퇴직금 등의 지급청구

대법원 2004.12.10. 선고 2004다25123 판결

Ⅰ. 판결개요

1. 사실관계

피고 Y주식회사는 A의 자녀들이 경영하는 K회사 명의로 총 발행주식의 98%를 소유하고 있는 가족회사이며, 나머지 2%의 주식은 법인주주가 소유하고 있다. A는 사실상 피고 Y회사의 지배주주이며 실질적인 사주이지만 이사로 등기되어 있지는 않고 그 처와 자녀들이 이사로 등기되어 있다. 원고 X는 1993. 9. 6. Y의 전문경영인으로 대표이사에 취임하였고 2001. 3. 28. 주주총회까지 계속해서 연임되고 있다.

피고 Y회사의 정관에 의하면 이사는 3인 이상이고 그 임기는 3년이다. 대표이사는 유급이고, 나머지 이사는 무보수·비상근으로 Y회사의 업무집행에 관한 이사회결의에만 관여하여 왔다. 그런데 Y회사는 정관의 규정에 따른 주주총회의 소집과 의결은 한 적이 없고 다만 주주총회의 결의가 필요한 중요한 업무사항에 대하여는 그에 관한 품의서를 작성하여 Y회사의 회장직을 맡고 있는 A의 결재를 받는 방식으로 주주총회의 결의에 갈음하여 왔고, 원고 X가 Y의 대표이사를 재직하는 동안에도 정관의 규정에 따른 주주총회를 소집한 바는 없었다.

2002. 1. 15. 피고 Y회사의 이사회는 원고 X를 대표이사에서 해임하고 비상근이사로 근무하게 하고 A의 자녀인 A1을 Y의 대표이사로 선임한다는 결의를 하였다. Y회사의 정관에 의하면 이사의 보수는 주주총회의 결의에 의한다고 규정되어 있고, 이사의 퇴직금은 별도의 '임원퇴직금지급규정'에 의한다고 되어 있었다. 원고 X는 1996. 2. 29. 위의 규정을 작성하였으나 A는 이 규정을 결재·승인하지 않았고, 위 퇴직금규정 작성에 관하여 별도로 주주총회의사록이 작성되거나 주주총회결의가 이루어진

바는 없다. 위 퇴직금규정이 작성된 후 피고 회사 Y는 1999. 8.경과 2000. 3.경 위 규정에서 정한 것과 동일한 지급률을 적용하여 계산한 퇴직금을 지급하는 것으로 품의서를 작성하여 A의 결재를 받은 후 이를 지급한 바 있다. 피고회사 Y의 이사회가 원고 X에 대한 해임결의를 하자, 원고 X는 피고 Y회사를 상대로 임원퇴직금지급규정에 의한 퇴직금의 지급과 정당한 이유 없이 임기 중에 해임하였다는 것을 이유로 그에 대한 손해배상을 청구하였다.

2. 판결요지

이 사건에서 쟁점이 된 것은 ① 주주총회의 결의로 정하기로 되어 있는 이사의 보수를 주주총회결의 없이 지급할 수 있는지, ② 1인 회사의 경우 총회소집절차의 준수 여부, 그리고 ③ 주주총회의 특별결의로 해임된 이사에게 적용되는 상법 제385조 제1항이 이사회결의로 해임된 대표이사에게도 적용되는지 등에 관한 것이다.

원심판결은 피고 회사 Y가 비록 적법한 주주총회의 결의를 거치거나 실질적 사주인 A의 형식적인 결재·승인을 받은 '임원퇴직금지급규정'은 존재하지 아니하나, Y회사에서 상근 임원이 비상근 임원으로 변경되는 경우에 위 규정에 따른 퇴직금을 지급하는 것이 관행으로 되어 있었다고 보고, 사후에 A가 위 규정에 따른 퇴직금의 지급을 결재·승인함으로써 위 규정은 묵시적 승인을 받은 것으로 볼 수 있다고 하였다. 그리고 이러한 승인은 피고 회사 Y의 업무처리방식에 비추어본다면 주주총회의 결의에 갈음하는 것이라고 볼 수 있기 때문에 결국 유효한 규정의 존재에 따라 Y는 X에게 퇴직금을 지급할 의무가 있다고 보았다. 또한 원고 X가 주주총회의 결의에 의해 해임된 것은 아니라고 하더라도, 만일 이사회의 결의에 의하여 '정당한 이유 없이' 그 임기 중에 대표이사에서 해임되고 비상근·무보수 이사로 변경되었다면 상법 제385조 제1항이 유추적용될 수 있기 때문에 원고 X는 해임으로 인한 손해배상을 청구할 수 있다고 보았다.

대법원은 첫 번째 쟁점에 관하여 이사에 대한 퇴직위로금의 법적 성질 및 정관 등에서 이사의 보수 또는 퇴직금에 관하여 주주총회의 결의로 정한다고 규정하고 있는 경우, 주주총회의 결의 없이 이사의 보수나 퇴직금을 청구할 수 있는지에 대하여는 소극적이다. 즉 상법 제388조에 의하면, 주식회사 이사의 보수는 정관에 그 액을 정하지 아니한 때에는 주주총회의 결의로 이를 정한다고 규정되어 있는바, 이사에 대한 퇴직위로금은 그 직에서 퇴임한 자에 대하여 그 재직 중 직무집행의 대가로 지급되는 보수의 일종으로서 상법 제388조에 규정된 보수에 포함되고, 정관 등에서 이사의 보수 또는 퇴직금에 관하여 주주총회의 결의로 정한다고 규정되어 있는 경우 그 금액·지급방법·지급시기 등에 관한 주주총회의 결의가 있었음을 인정할 증거가 없는 한 이사의 보수나 퇴직금청구권을 행사할 수 없다고 보았다.

두 번째 쟁점에 관하여는 1인 회사인 주식회사에서 주주총회의 개최사실이 없었음에도 의결이 있었던 것으로 주주총회의사록이 작성된 경우 그 결의의 존재를 인정할 수 있다고 보는 것은 물론 주주총회의사록이 작성되지 않은 경우에도 증거에 의하여 주주총회결의가 있었던 것으로 볼 수 있다고 보았다. 주식회사에 있어서 회사가 설립된 이후 총 주식을 한 사람이 소유하게 된 이른바 1인 회사의 경우에는 그 주주가 유일한 주주로서 주주총회에 출석하면 전원 총회로서 성립하고 그 주주의 의사대로 결의가 될 것임이 명백하므로 따로 총회소집절차가 필요 없고, 실제로 총회를 개최한 사실이 없었다 하더라도 그 1인 주주에 의하여 의결이 있었던 것으로 주주총회의사록이 작성되었다면 특별한 사정이 없는 한 그 내용의 결의가 있었던 것으로 볼 수 있고, 이는 실질적으로 1인 회사인 주식회사의 주주총회의 경우도 마찬가지이며, 그 주주총회의사록이 작성되지 아니한 경우라도 증거에 의하여 주주총회결의가 있었던 것으로 볼 수 있다고 하였다.

세 번째 쟁점과 관련하여 임원퇴직금지급규정에 관하여 주주총회결의가 있거나 주주총회의사록이 작성된 적은 없으나 위 규정에 따른 퇴직금이 사실상 1인 회사의 실질적 1인 주주의 결재·승인을 거쳐 관행적으로 지급되었다면 위 규정에 대하여 주주총회의 결의가 있었던 것으로 볼 수 있다고 하였다. 그러나 상법 제385조 제1항의 규정의 취지에 비추어 볼 때 위 규정이 이사회의 결의에 의한 대표이사의 해임에는 유추 적용되기 어렵다고 보았다. 즉 상법 제385조 제1항은 주주총회의 특별결의에 의하여 언제든지 이사를 해임할 수 있게 하는 한편, 임기가 정하여진 이사가 그 임기전에 정당한 이유 없이 해임당한 경우에는 회사에 대하여 손해배상을 청구할 수 있게 함으로써 주주의 회사에 대한 지배권 확보와 경영자 지위의 안정이라는 주주와 이사의 이익을 조화시키려는 규정이고, 이사의 보수청구권을 보장하는 것을 주된 목적으로 하는 규정이라 할 수 없으므로, 이를 이사회가 대표이사를 해임한 경우에도 유추 적용할 것은 아니고, 대표이사가 그 지위의 해임으로 무보수, 비상근의 이사로 되었다고 하여 달리 볼 것도 아니라고 본 것이다.

3. 관련판례

(1) 대법원 1977.11.22. 선고 77다1742 판결

이사 또는 감사의 퇴직위로금은 재직 중 직무집행의 대가로 지급되는 보수로 보고 있다. 만일 퇴직위로금이 보수가 아니면 상법 제388조의 적용을 받지 않게 되므로 정관의 규정이나 주주총회의 결의가 없어도 자유롭게 회사가 이를 지급할 수 있게 되기 때문이다. 그리고 정관이나 주주총회의 결의로 이사의 퇴직위로금 액수가 결정되어 있다면 향후 주주총회에서 개별적으로 특정이사에 대하여 그 퇴직위로금을 박탈하거나 이를 감액하는 결의를 하더라도 그 결의는 효력이 없다.[1)]

(2) 대법원 2006.11.23. 선고 2004다49570 판결

주식회사와 이사 사이에 체결된 고용계약에서 보수에 관한 약정과 함께 이사가 그 의사에 반하여 이사직에서 해임될 경우 퇴직위로금과는 별도로 일정한 금액의 해직보상금을 지급하기로 약정한 경우 그와 같은 해직보상금은 이사가 자신의 의사에 반하여 해임되는 경우에 한하여 지급되는 것이므로 퇴직위로금과 같이 직무집행의 대가로 지급되는 보수의 일종으로 볼 수 없다.

그러나 이사와 회사 사이의 고용계약에서 정한 보수는 상법 제388조에 따라 정관에 정함이 없는 한 주주총회결의가 있어야 회사에 대해 이를 청구할 수 있는 것인바, 위와 같은 해직보상금은 형식상으로는 보수에 해당하지 않는다 하여도 보수와 함께 같은 고용계약의 내용에 포함되어 그 고용계약과 관련하여 지급되는 것일 뿐 아니라, 회사는 이사를 임기중에 해임하는 경우에도 정당한 이유 없이 해임하는 때에 한하여 손해배상책임을 부담할 뿐인데(상법 제385조 제1항), 위 해직보상금은 의사에 반하여 해임된 이사에 대해 정당한 이유의 유무에 관계없이 지급하도록 되어 있어 이사에게 유리하도록 회사에 추가적인 의무를 부과하는 것인데도 단지 보수에 해당되지 않는다는 이유로 주주총회결의를 요하지 않는다고 달리 보게 된다면, 이사들이 고용계약을 체결하는 과정에서 개인적인 이득을 취할 목적으로 과다한 해직보상금을 약정하는 것을 막을 수 없게 됨으로써, 이사들의 고용계약과 관련하여 그 사익 도모의 폐해를 방지하여 회사와 주주의 이익을 보호하고자 하는 상법 제388조의 입법 취지가 잠탈되고 말 것이고, 나아가 회사로서는 주주총회의 특별결의로 언제든지 이사를 해임할 수 있음에도 불구하고 위와 같은 해직보상금액이 특히 거액일 경우 회사의 자유

---

1) 동지: 대법원 1999.2.24. 선고 97다38930 판결.

로운 이사해임권 행사를 저해하는 기능을 하게 되어 이사선임기관인 주주총회의 권한을 사실상 제한함으로써 회사법이 규정하는 주주총회의 기능이 심히 왜곡되는 부당한 결과가 초래될 것이다. 그러므로 위와 같은 해직보상금에 관하여도 이사의 보수에 관한 상법 제388조를 준용 내지 유추적용하여, 정관에서 그 액을 정하지 않는 한 주주총회결의가 있어야만 회사에 대해 이를 청구할 수 있다고 해석하여야 할 것이다.

(3) 대법원 2024.9.13. 선고 2020다245552 판결

임기를 정한 이사를 정당한 사유 없이 주주총회 특별결의로 해임하는 경우 이사가 회사에 대하여 해임으로 인한 손해배상을 청구할 수 있다고 정한 상법 제385조 제1항 단서는 이사회가 대표이사를 해임하는 경우에 유추적용할 것이 아니고, 이는 상법 제389조 제1항 단서에 따라 정관으로 주주총회에서 대표이사를 선정할 것을 정하여 주주총회가 대표이사를 해임하는 경우에도 마찬가지다. 그 이유는 다음과 같다.

① 주식회사의 이사는 주주총회가 선임·해임하고 회사의 의사결정기관의 하나인 이사회의 구성원으로서 3년을 초과하지 아니하는 임기를 정할 수 있지만, 대표이사는 이사회가 이사 중에서 선정·해임하는 것이 원칙이고 회사의 업무를 집행하고 회사를 대표하는 기관으로서 통상 별도의 임기를 정하지 아니하는 점에서 이사와 대표이사는 그 지위와 성질·권한이 다르다.

② 이사는 언제든지 해임될 수 있으나 주주총회 특별결의를 거쳐야 하고, 주주총회에서 이사 해임의 특별결의가 성립된 경우 곧바로 이사로서의 지위가 상실된다. 반면 대표이사는 이사회의 경영판단 등에 따라 언제든지 이사회결의로 해임될 수 있고, 정관 규정에 따라 주주총회에서 선정되는 경우에도 정관에 특별한 정함이 없는 한 언제든지 주주총회 보통결의로 해임될 수 있으며, 다만 이사로서의 지위는 유지된다. 이러한 해임절차와 해임에 따른 효과를 고려할 때, 주주총회의 이사 해임과 이사회 또는 주주총회의 대표이사 해임이 유사하다고 볼 수 없다.

③ 상법 제385조 제1항은 주주총회 특별결의로 언제든지 이사를 해임할 수 있게 하는 한편 임기가 정하여진 이사가 그 임기 만료 전에 정당한 이유 없이 해임당한 경우에는 회사에 대하여 손해배상을 청구할 수 있게 함으로써 주주의 회사에 대한 지배권 확보와 경영자 지위의 안정이라는 주주와 이사의 이익을 조화시키려는 규정이다. 이러한 입법 취지에 비추어 볼 때, 대표이사가 그 지위에서 해임되었을 뿐 이사에서 해임되지 않은 경우 여전히 이사로서의 지위와 권한을 가지고 있으므로 상법 제385조 제1항 단서와 같은 손해배상청구권이 당연히 인정되어야 하는 것은 아니다.

이러한 사정은 정관으로 주주총회에서 대표이사를 선정할 것을 정하여 주주총회가 대표이사를 해임하는 경우에도 마찬가지다.

④ 주주총회 특별결의로 주주총회에서 선정된 대표이사를 해임함과 동시에 이사에서도 해임하거나 대표이사에서 해임하지 않은 채 이사에서 해임함으로써 대표이사 지위를 상실하여 대표이사와 이사의 지위를 모두 상실한 경우에도, 그 이사는 상법 제385조 제1항 단서에 따라 이사 해임으로 인한 손해배상청구를 할 수 있으므로, 대표이사 해임에 상법 제385조 제1항 단서를 유추적용할 필요가 있다고 보기 어렵다.

Ⅱ. 판결의 평석

1. 이사의 보수

이사와 회사의 관계는 위임이므로 특약이 없는 한 보수를 청구할 수 없다고 보는 것이 일반적인 견해이나, 실제로는 보수를 지급하는 것이 관행이다. 이사의 보수는 정관에서 그 액을 정하지 아니한 때에는 주주총회의 결의로 정한다(상법 제388조). 이사의 보수는 그 직무집행에 대한 대가로서 회사로부터 받는 급부를 말하는데, 연봉이나 월봉의 형식이든, 상여금의 형식이든 모두 포함된다고 보는 것이 일반적이며, 현금 외의 물품으로도 지급하는 것이 가능하다.

재직시에 지급되는 급여의 형식이 아니라, 퇴임시 혹은 퇴임후에 지급되는 위로금 등의 형식에 대하여도 통설 및 판례는 직무집행의 대가에 대한 후불이라고 해석한다. 후불의 성격이기 때문에 그 산정기준 등이 불분명할 수는 있지만, 결국 재임중의 직무집행에 대한 공로금의 성격이므로 넓은 의미에서 보수에 포함되며 상법 제388조의 적용대상이라고 보는 것이 적절하다.

이사의 보수는 정관에 그 액을 정하지 않는 경우에는 주주총회의 결의로 정하기 때문에 정관에서 주주총회결의로 정한다고 되어 있다면 주주총회결의가 없는 한 이사는 보수 등에 대한 청구권을 행사할 수 없다.[2] 그런데 주주총회의 결의로써 구체적인 보수총액을 정하지 않고 그 결정을 무조건적으로 이사회에 일임하는 것은 입법취지에 반한다고 볼 것이며, 주주총회가 이사의 보수총액만을 정하고 각 이사에 대한 지급금액의 결정을 이사회에 위임하는 것은 가능하다고 보는 것이 일반적이다. 또한 이사의 보수는 그 직무수행에 대한 대가의 성격이므로 수행한 직무와 보수와는 적절

---

2) 대법원 1992.12.22. 선고 92다28228 판결.

한 비례관계가 있어야 하고 회사의 재정상태에 비추어서도 적정하여야 한다. 따라서 회사의 재정상황이나 영업실적 등에 비추어 이사의 보수가 과다하다고 판단된다면 비록 정관의 규정의 근거가 있고 주주총회의 결의라고 하는 적법한 절차를 거쳤다고 하더라도 자본금충실의 원칙상 그 효력을 인정하기 어렵다고 보아야 하며, 과다한 보수를 정한 정관규정 및 주주총회결의의 효력을 인정하는 것도 어렵다고 보는 것이 타당하다.

2. 1인 회사에 있어서 주주총회

(1) 소집절차

주주총회를 소집하기 위해서는 먼저 총회소집을 위한 이사회가 소집되고, 이사회의 결정에 따라 주주들에게 소집통지를 발송하게 된다. 따라서 법에 규정된 절차를 이행하지 않은 경우에는 그 위반의 정도에 따라 주주총회결의의 취소(상법 제376조) 혹은 무효 내지 부존재확인의 소(상법 제380조)의 대상이 되는 것이 원칙이다. 그러나 주주 전원이 출석한 전원출석총회의 경우와 주주가 1인인 1인 회사의 경우에는 소집절차의 하자를 치유하는 예외를 인정하고 있는 것이 판례와 다수설의 견해이다. 학설의 입장에 따라서는 1인 회사의 경우 넓은 의미에서 사실상 1인 주주인 경우도 이에 포함시켜서 이해하기도 하지만, 지배의 정도에 따라서 다르게 이해하기도 한다.

법원은 특별히 그 근거를 명확히 제시하지는 않고 있지만 1인 회사의 경우에는 소집절차상의 하자를 문제삼지 않고 있다. 즉 법이 소집절차를 규율하는 취지는 개별주주에게 출석의 기회를 주기 위한 것이므로 모든 주주가 참석하였고 이에 동의하였다면 질차의 생략은 문세될 것이 없다는 태도이다.[3] 결국 모든 주주가 이의를 제기하지 않고 총회개최에 동의한다면 소집절차의 하자에도 불구하고 그러한 총회의 결의는 유효하며 이는 1인 회사의 경우에도 동일하게 적용된다고 보고 있다. 그러나 특히 대형 회사의 경우 견제와 균형을 중요시하는 기업지배구조의 원리에 비추어본다면, 이사회결의를 요하게 하는 법적 취지는 주주의 이익뿐만 아니라 채권자, 회사와 근로자 등의 이해관계자의 이익을 위하는 측면도 있기 때문에, 비전문적인 주주들의 비이성적인 행동을 전문적인 경영진인 이사들의 합리적인 업무수행으로 바로잡을 수도 있다는 점에서, 그리고 더 나아가 이사회의 전속적 권한이 침해되었다는 것 등을 생각한다면 1인 회사라고 하여서 모든 절차적 하자가 치유되는 것은 아니라고 보는

3) 대법원 1966.9.20. 선고 66다1187 판결.

소수설의 입장도 합리적인 근거가 있다고 볼 수 있다.

(2) 주주총회 의사록의 작성

1인 회사에서 주주총회가 개최되지 않고 의사록만 작성되는 것에 대하여, 판례는 1인 회사의 경우 그 주주가 유일한 주주이고 주주총회에 참석하였으면 총회가 성립되는 것이고 그 주주의 의사대로 결의될 것이 명백하므로 총회소집절차도 필요없고 또 총회를 개최한 사실이 없다고 하더라도 의결이 있었던 것으로 의사록이 작성되었다면 그 결의의 효력을 다툴 수 없다고 보고 있다.[4]

1인 회사에서 상법이 정한 소집절차에 대한 무시를 어느 정도까지 허용할 것인가? 이것은 결국 회사에 손해가 발생한 경우에 문제가 될 것이므로 만일 회사에 손해가 없다면 1인 주주의 의사를 총회의 결의로 보고 인정할 여지가 있다. 왜냐하면 주주총회 의사록의 작성은 이사의 책임문제를 발생시키지만 주주총회결의에 해당하는 사실이 있는가의 문제를 결정하는 것은 아니라고 보기 때문이다. 이사는 주주총회 의사록에 기명날인 또는 서명을 하여야 하고 의안에 따라서 이사와 감사가 주주총회에 출석하여야 한다. 이러한 경우 1인 주주가 이사의 출석없이 특정한 사항을 결정하거나 일방적으로 의사록만을 작성한 경우에는 이를 적법하게 볼 것인가에 대하여 견해가 나뉜다. 결국 이러한 문제는 궁극적으로 회사에 손해가 발생하는 성질의 것인지, 누가 책임을 져야 하는가에 관한 문제와 연결되는 것이기 때문에 사안별로 구별해서 판단을 하여야 한다고 볼 수도 있지만, 다소 형식적이기는 하지만 절차적인 정당성 또한 이해관계자의 이익을 보호하려는 법의 취지라는 점을 생각해 본다면 절차적인 준수를 가벼이 볼 것은 아닐 것이다.

(3) 이사해임과 손해배상책임

회사는 언제든지 주주총회의 특별결의로 이사를 해임할 수 있다(상법 제385조 제1항 본문). 그러나 임기를 정한 경우에 정당한 이유 없이 임기 만료 전에 해임한다면 그 이사는 회사에 대하여 손해배상을 청구할 수 있다(상법 제385조 제1항 단서). 여기서 이사의 임기를 정한 경우라 함은 정관 또는 주주총회의 결의로 임기를 정하고 있는 경우를 말하고, 이사의 임기를 정하지 않은 때에는 이사의 임기의 최장기인 3년을 경과하지 않는 동안에 해임되더라도 그로 인한 손해의 배상을 청구할 수 없다. 회사의 정관에서 상법 제383조 제2항과 동일하게 "이사의 임기는 3년을 초과하지 못한

---

4) 대법원 1976.4.13. 선고 74다1755 판결.

다"고 규정한 것은 이사의 임기를 3년으로 정하는 취지라고 해석할 수는 없다.[5)]

대표이사의 경우에도 회사는 언제든지 이사회결의로 해임할 수 있다고 본다(상법 제382조 제2항, 민법 제689조 제1항). 만일 정관에서 대표이사의 선임권한이 주주총회에 있다면 주주총회의 결의에 의해서 해임된다. 그런데 임기의 정함이 있는 경우에 정당한 이유 없이 임기가 만료되기 전에 대표이사를 해임한 때에는 그 해임으로 인한 손해배상을 청구할 수 있는가에 대하여는 명문의 규정이 없다. 대법원은 이에 대하여 주식회사의 이사는 주주총회가 선임 · 해임하는 것인 반면, 대표이사는 이사회가 이사 중에서 선임 · 해임하는 것이 원칙이고 회사의 업무를 집행하고 회사를 대표하는 기관으로서 통상 별도의 임기를 정함이 없다는 점에서 이사와 대표이사를 차별적으로 보고 있다. 상법 제385조 제1항은 주주총회의 특별결의에 의하여 언제든지 이사를 해임할 수 있게 하는 한편, 임기가 정하여진 이사가 그 임기전에 정당한 이유 없이 해임당한 경우에는 회사에 대하여 손해배상을 청구할 수 있게 함으로써 주주의 회사에 대한 지배권 확보와 경영자 지위의 안정이라는 주주와 이사의 이익을 조화시키려는 규정이고, 이사의 보수청구권을 보장하는 것을 주된 목적으로 하는 규정이라 할 수 없으므로, 이를 이사회가 대표이사를 해임한 경우에도 유추 적용할 것은 아니고, 대표이사가 그 지위의 해임으로 무보수, 비상근의 이사로 되었다고 하여 달리 볼 것도 아니라고 보고 있다.[6)] 즉 대표이사는 이사회의 경영판단에 따라서 언제든지 해임될 수 있는 것이기 때문에 주주총회에 의한 이사의 해임과 이사회의 대표이사 해임은 동일하지 않고, 대표이사직에서 해임되더라도 이사의 직은 여전히 유지되기 때문에 이사에게 인정되는 손해배상청구권을 대표이사에게는 허용하지 않는다고 보는 것이다.

(김병연)

---

5) 대법원 2001.6.15. 선고 2001다23928 판결.
6) 대법원 2001.6.15. 선고 2001다23928 판결.

51 이사의 퇴직금 중간정산 청구권을 행사하기 위해 퇴직금 중간정산에 관한 주주총회의 결의의 요부

대법원 2019.7.4. 선고 2017다17436 판결

Ⅰ. 판결개요

1. 사실관계

(1) 퇴직금 중간정산 관련 사실관계

피고는 2002. 3. 29. 원고 회사의 이사직을 사임한 후 다시 같은 날 이사로 취임하여 2016. 3. 31. 퇴임하였고 그 기간 중 2008. 3. 31.부터 2013. 3. 31.까지는 대표이사로 근무하였으며 다시 2016. 5. 19. 이사로 재취임하였다.

피고는 원고 회사의 이사로 선임된 이후 2005년부터 2007년까지 매년 연말에 3회에 걸쳐 퇴직금 중간정산을 신청하여 원고 회사로부터 퇴직금 중간정산금 명목으로 합계 31,533,333원을 지급받았다.

피고는 원고 회사의 대표이사로 재직하던 중인 2011. 4.경 퇴직금 중간정산을 신청하여 원고 회사로부터 2011. 4. 28. 퇴직금 중간정산금 명목으로 132,403,833원(=월평균보수액 7,925,000원 × 근속연수 10년 8개월 × 2 − 기지급 정산액 31,533,333원 − 퇴직소득세 4,663,190원 − 퇴직주민세 466,310원)을 지급받았다.

원고 회사의 정관 제30조는 '임원의 보수는 주주총회에서 총액을 정하고 각자의 보수액은 이사회의 결의로 정한다. 퇴직한 임원의 퇴직금도 같으며, 그 지급액은 상근 임원의 연간 총보수액의 평균월액에다가 근속연수의 2배수로 곱한 금액으로 한다'고 규정하고 있었다.[1] 원고 회사 이사회가 제정한 임원퇴직금 규정을 보면, 제4조에

---

1) 이 부분에 관한 원고의 정관 제30조는 다음과 같이 2차례에 거쳐 개정되었다.

(가) 제정 당시

○ 제30조(이사와 감사의 보수와 퇴직금) 본 회사의 임원의 보수는 주주총회에서 총액을 정하고 각자의 보수액은 이사회의 결의로 정한다. 퇴직한 임원의 퇴직위로금도 같다.

(나) 피고 대표이사 재직기간 중인 2010. 3. 31.자 개정

서는 '퇴직위로금은 퇴직 당시 상근 임원의 연간 총보수액의 평균월액에다가 근속연수의 2배수를 곱한 금액으로 한다', 제8조에서는 '회사는 임원의 신청이 있으면 퇴직금 중간정산을 실시할 수 있다'고 규정하고 있었다.

원고 회사는, 피고에 대해, 임원의 퇴직금은 퇴직 시에 비로소 발생하는 것이므로 정관의 규정이나 주주총회의 결의 등이 없는 한 임원의 퇴직금 중간정산은 허용되지 않으며 현재도 원고의 임원으로 재직하고 있는 피고가 수령한 중간정산 퇴직금(137,533,333원)[2)]을 반환하여 줄 것을 청구했다.

(2) 이 사건 상여금 관련 사실관계

한편 피고가 대표이사로 재직한 사업연도(2008년부터 2012년) 기간에 피고는 아래 표와 같이 원고 회사로부터 성과상여금 및 특별상여금을 지급받았다(이하 아래 표 기재 상여금을 '이 사건 상여금'이라 한다).

사업연도	성과상여금		특별상여금		총합계(원)
	수령일	금액(원)	수령일	금액(원)	
2008년			2008. 8. 28.	8,000,000	
			2008. 12. 22.	16,000,000	
	2008. 12. 30.	16,000,000			
2009년			2009. 12. 17.	24,000,000	
	2009. 12. 29.	16,000,000			
2010년	2010. 12. 15.	21,500,000	2010. 12. 15.	21,500,000	
2011년	2011. 12. 26.	23,000,000	2011. 12. 26.	9,200,000	
2012년	2012. 12. 28.	24,000,000	2012. 12. 28.	9,600,000	
합계		100,500,000		88,300,000	188,800,000

○ 제30조(이사와 감사의 보수와 퇴직금) 임원의 보수는 주주총회에서 총액을 정하고 각자의 보수액은 이사회의 결의로 정한다. 퇴직한 임원의 퇴직금도 같으며, 그 지급액은 상근 임원의 연간 총보수액의 평균월액에다가 근속연수의 2배수로 곱한 금액으로 한다.

(다) 피고의 대표이사 퇴임 후 2014. 6. 20.자 개정(제정 당시와 동일하게 개정되었다)

○ 제30조(이사와 감사의 보수와 퇴직금) 본 회사의 임원의 보수는 주주총회에서 총액을 정하고 각자의 보수액은 이사회의 결의로 정한다. 퇴직한 임원의 퇴직위로금도 같다.

(이상의 내용은 이 사건 원심판결인 부산고등법원 2017.4.12. 선고 2016나264 판결 참고.)

2) 원심은 피고가 원고 회사에게 실수령 중간정산 퇴직금(132,403,833원) 및 이에 대하여 이를 지급받은 다음날 이후로서 원고가 구하는 2011. 4. 30. 이후의 지연손해금까지 지급할 의무를 인정했다.

이에 원고 회사는 피고에 대해, 이 사건 상여금(188,800,000원)에 대해서도 위법한 수령이므로 부당이득으로서 반환해야 한다고 주장했다.

논거를 살펴보면, 상여금은 임원에 대한 보수가 아니라 원고 회사 정관 제37조에서 정하는 이익금의 처분에 해당하므로, 이익 배당에 관한 상법 제462조에 따른 주주총회의 결의가 있어야 하는데 피고는 이러한 주주총회의 결의를 거치지도 않고 이 사건 상여금을 지급받았으므로 (설령 이 사건 상여금이 임원의 보수에 해당한다고 가정하더라도) 이 사건 상여금은 피고가 원고 회사의 대표이사로 재직하는 동안 주주총회의 위임한계를 일탈하거나 이사회결의를 위반하는 등으로 위법하게 수령한 것이라는 점을 들었다.

2. 판결요지

대법원은 중간정산 퇴직금 상당의 부당이득의 반환을 구하는 원고 회사의 주장에 대해, 다음과 같이 판시하였다.

① 먼저 일반론으로서, 상법 제388조에 의하면 주식회사의 이사의 보수는 정관에 그 액을 정하지 아니한 때에는 주주총회의 결의로 이를 정한다고 규정되어 있다. 이는 이사가 자신의 보수와 관련하여 개인적 이익을 도모하는 폐해를 방지하여 회사와 주주 및 회사채권자의 이익을 보호하기 위한 강행규정이다. 따라서 정관 등에서 이사의 보수에 관하여 주주총회의 결의로 정한다고 규정되어 있는 경우 그 금액·지급방법·지급시기 등에 관한 주주총회의 결의가 있었음을 인정할 증거가 없는 한 이사의 보수 청구권을 행사할 수 없다.

② 이사의 퇴직금은 상법 제388조에 규정된 보수에 포함되고, 퇴직금을 미리 정산하여 지급받는 형식을 취하는 퇴직금 중간정산금도 퇴직금과 성격이 동일하다. 다만 이사에 대한 퇴직금은 성격상 퇴직한 이사에 대해 재직 중 직무집행의 대가로 지급되는 보수의 일종이므로, 이사가 재직하는 한 이사에 대한 퇴직금 지급의무가 발생할 여지가 없고 이사가 퇴직하는 때에 비로소 지급의무가 생긴다.

③ 퇴직금 중간정산금은 지급시기가 일반적으로 정해져 있는 정기적 보수 또는 퇴직금과 달리 권리자인 이사의 신청을 전제로 이사의 퇴직 전에 지급의무가 발생하게 되므로, 이사가 중간정산의 형태로 퇴직금을 지급받을 수 있는지 여부는 퇴직금의 지급시기와 지급방법에 관한 매우 중요한 요소이다.

따라서 정관 등에서 이사의 퇴직금에 관하여 주주총회의 결의로 정한다고 규정하면서 퇴직금의 액수에 관하여만 정하고 있다면, 퇴직금 중간정산에 관한 주주총회의 결의가 있었음을 인정할 증거가 없는 한 이사는 퇴직금 중간정산금 청구권을 행사할 수 없다.

(한편, 이 사건 상여금에 대해서는, 원심은 원고 정관에서 정한 이익처분에 따른 상여에 해당한다고 보기 어려우며,[3] 오히려 주주총회 결의 당시 주주들은 임원 보수 한도액을 정하면서 그 보수 한도액에서 이사회가 정한 임원 개인별 급여를 뺀 나머지 금액에 대하여 퇴직금뿐만 아니라 상여금으로도 사용하는 것을 당연히 전제로 하고 있었음을 인정하였다. 따라서 이사회가 주주총회가 정한 임원 보수 한도액 범위 내에서 일부를 성과상여금 및 특별상여금 명목으로 지급한 것이므로 주주총회의 위임 한계를 일탈한 것이라고 볼 수 없다고 판단하여 원고 회사의 주장을 받아들이지 않았다. 이 부분은 대법원의 판시내용 범위에는 포함되지 않았다.)

3. 관련판례

(1) 대법원 2010.3.11. 선고 2007다71271 판결

주식회사의 이사가 자신을 피보험자 및 수익자로 하여 회사 명의로 퇴직보험에 가입한 사안에서, 회사가 이사를 피보험자로 하여 퇴직보험계약을 체결한 것은 임원퇴직금지급규정상 임원의 보수를 지급하기 위한 수단에 불과하고, 회사에게 퇴직금을 조성하기 위한 일반적인 자금 운영의 범위를 넘는 실질적인 불이익을 초래할 우려가 없으므로, 이에 관하여 이사회의 승인을 얻을 필요가 없다고 본 사례(보험금청구권이 개별 피보험자에게 귀속되는 것인 이상 주주총회결의나 이사회결의를 거치지 아니하여도 정당하다는 취지임).

(2) 대법원 2020.4.9. 선고 2018다290436 판결

갑 주식회사의 정관에 이사의 보수에 관하여 주주총회의 결의로 정하도록 규정하고 있는데, 갑 회사의 대표이사인 을이 주주총회의 결의 없이 갑 회사로부터 '특별성과급'이라는 명목으로 금원을 지급받은 사안에서, 을이 '특별성과급'이라는 명목으로 지급받은 금원은 직무수행에 대한 보상으로 지급된 보수에 해당하는데, 을이 특별성과급을 지급받을 때 주주총회의 결의 없이 갑 회사의 대주주의 의사결정만 있었다면, 주주총회를 개최하였더라도 결의가 이루어졌을 것이 예상된다는 사정만으로 결의가

---

3) 임원에 대한 상여금은 상법 제462조에 따른 '이익처분'으로서 지급되는 상여금과 상법 제388조에 따른 '보수(직무집행의 대가로서 지급)'로서 지급되는 상여금이 있을 수 있으며 이에 따라 법인세법도 양자를 달리 취급하고 있다. 다만 이 사안에서 원심은 상법 제388조에 따른 보수로서 지급되는 상여금으로 판단하였다.

있었던 것과 같게 볼 수 없고, 특별성과급 일부가 주주총회에서 정한 이사의 보수한도액 내에 있다는 사정만으로 그 부분의 지급을 유효하다고 볼 수도 없으므로, 을에게 지급된 특별성과급은 법률상 원인 없이 이루어진 부당이득에 해당한다고 본 원심판단을 수긍한 사례.

Ⅱ. 판결의 평석

1. 쟁 점

이 사건의 쟁점은 이사가 퇴임 전에 받는 퇴직금 중간정산과 관련하여 정관에 규정이 없는 때에 대표이사가 이사회에서 정한 임원퇴직급여규정에 근거하여 퇴직금을 중간정산하는 것이 허용되는지 여부이다.

만약 퇴직금 중간정산이 정관의 근거 혹은 주주총회결의 등의 법률상 원인이 없이 이루어진 것으로 보게 되면 회사는 위법한 중간정산 퇴직금을 수령한 이사를 상대로 그 액수 상당의 금원을 부당이득으로 반환받을 수 있게 된다.

2. 이사의 보수와 퇴직금 중간정산의 문제

(1) 이사의 보수와 퇴직금

상법 제388조의 이사의 '보수'란 이사의 직무집행에 대한 대가로서 지급되는 것으로 그 명칭을 불문하는 것이다. 따라서 상여금이라는 명칭을 사용하더라도 이사의 직무집행에 대한 대가나 특별공로에 대한 지급으로서 지급되는 것이라면, 이는 그 성격상 이사의 보수에 해당하므로 이는 상법 제388조에서 말하는 이사의 보수에 해당한다.[4)]

한편 이사의 퇴직금은 상법 제388조에 규정된 보수에 포함되어 정관으로 정하거나 주주총회의 결의에 의하여 정할 수 있고 이러한 퇴직금 청구권은 이사가 퇴직할 때 유효하게 적용되는 정관의 퇴직금 규정에 의하거나 주주총회의 퇴직금 지급결의가 있을 때 비로소 발생하는 것이다.[5)]

---

4) 공로상여금의 실질이 그 직무집행의 대가인 성질 내지 특별공로에 대한 지급으로서의 성질을 가진다면 이는 이사의 특별한 보수에 해당한다고 본 대법원 1978.1.10. 선고 77다1788 판결 등 참조.

5) 대법원 2004.12.10. 선고 2004다25123 판결(퇴직위로금도 보수의 일종으로 보았음); 대법원 2006.5.25. 선고 2003다16092 판결 등.

또한 상법 제388조의 규정은 강행규정이므로, 정관에서 이사의 보수 또는 퇴직금에 관하여 주주총회의 결의로 정한다고 되어 있는 경우에 그 금액·지급시기·지급방법 등에 관한 주주총회의 결의가 있었음을 인정할 증거가 없다면 이사는 보수나 퇴직금을 청구할 수 없다.[6)]

이처럼 이사의 보수는 직무수행의 대가이므로 그 직무와 합리적 비례관계를 유지해야 하고 또한 회사의 경영 및 재무 상황에 비추어 적정해야 하며, 보수의 적정성 여부는 회사가 처한 재무 상황, 영위하는 사업의 진행상태, 회사의 규모 및 이사들의 직무 내용 등을 고려하여 구체적·개별적으로 판단하여야 할 것이다. 특히 정관의 규정에 의하여 이사회가 스스로 자신들의 보수를 결정할 수 있는 경우에 이사들 스스로 그 직무내용이나 회사의 채무 상황과 합리적 비례관계가 결여된 과도한 보수를 결정하였다면, 이는 이사의 충실의무를 위반한 경우에 해당하고 그와 같은 이사회결의는 무효가 된다.[7)]

(2) 퇴직금의 중간정산

상법 제388조는 정관이나 주주총회결의를 통한 이사의 보수통제를 규정하고 있으므로 원칙적으로 이사의 보수에 포함되는 퇴직금도 주주총회에 의한 통제대상이라는 점에 이견은 없다. 다만 정관상 퇴직금의 근거만 있고 중간정산에 대해서는 아무 언급이 없는 경우 회사가 정관이나 주주총회결의 없이 중간정산금을 지급할 수 있는지에 대해서는 견해가 대립된다.

이 점에 대해 대법원은 이 사건 판시내용에서 보듯이 부정적인 입장이다.

즉, 퇴직금 중간정산금은 지급시기가 일반적으로 정해져 있는 정기적 보수 또는 퇴직금과 달리 권리자인 이사의 신청을 전제로 이사의 퇴직 전에 지급의무가 발생하게 되므로, 이사가 중간정산의 형태로 퇴직금을 지급받을 수 있는지 여부는 퇴직금의 지급시기와 지급방법에 관한 매우 중요한 요소라고 판시하면서 정관 등에서 이사의 퇴직금에 관하여 주주총회의 결의로 정한다고 규정하면서 퇴직금의 액수에 관하여만 정하고 있다면, 퇴직금 중간정산에 관한 주주총회의 결의가 있었음을 인정할 증거가 없는 한 이사는 퇴직금 중간정산금 청구권을 행사할 수 없다.

그러나 대법원의 입장과 달리 이를 긍정하는 견해도 유력하다. 근거를 살펴보면, 상법상 주주총회에서 반드시 결정해야 하는 사항은 이사의 보수액일 뿐, 구체적 지급

---

6) 대법원 1979.11.7. 선고 79다1599 판결; 대법원 1992.12.22. 선고 92다28228 판결 등 참조.
7) 부산고등법원 2017.4.12. 선고 2016나264 판결.

액, 지급방법이나 지급시기 등은 이사회가 정하도록 일임할 수 있다고 해석하는 입장[8]과 퇴직금의 일부에 해당하는 퇴직금 중간정산금을 지급하기 위해 다시 주주총회 결의를 거칠 필요가 없다고 설명하는 입장[9]이 있다. 이사의 퇴직과 동시에 혹은 퇴직 이후에 지급되는 퇴직금과 재직 중에 지급되는 퇴직금 중간정산금은 양자 모두 동일한 퇴직금이고, 이사들이 받을 퇴직금 총액을 주주총회에서 정하였다면 그 총액 범위 내에서는 주주총회의 승인을 받은 것이어서 그 퇴직금 총액에 포함되는 일부인 퇴직금 중간정산금을 지급하기 위해 재차 주주총회결의를 거칠 필요가 없다고 본다.[10]

판례의 입장에 따를 때 원고 회사 이사회가 제정한 임원퇴직금규정에서 중간정산을 허용하고 있으나(제8조), 정관이나 주주총회의 위임 없이 이사회 규정만으로 퇴직금 중간정산을 허용하는 것은 위임의 범위를 넘어서고 구체적인 지급방법, 지급시기도 정하고 있지 않아 그 효력에 의문이 있다고 볼 수 있다.

3. 판결의 의의

대상판결의 결론은 종래에 이사의 요구가 있으면 회사가 퇴직금 중간정산을 인정하여 오던 실무 관행과는 맞지 않는 면이 분명히 있다. 특히 퇴직금의 경우 실무상 주주총회에서 구체적 액수(상한선)를 미리 승인받기 어렵다 보니 정관에 근거를 두되 구체적인 것은 별도의 임원퇴직금지급규정에 따르도록 정함으로써 퇴직금의 구체적인 액수, 지급시기 및 방법은 이사회나 대표이사에 일임하는 경우가 많았다.

그러나 이 사건에서 대법원은 이사의 사익추구방지를 위한 상법 제388조의 입법취지를 고려하여 퇴직금의 중간정산이 이사가 부당이득을 얻을 수 있는 우회로가 되지 못하도록 이사의 보수 결정에 관한 원칙에 서서 엄격하게 주주통제의 관점에서 판단해야 된다는 점을 명확히 한 것으로 평가할 수 있다.

(김태진)

---

8) 임정하, "이사의 퇴직금 중간정산을 위한 회사법상 요건에 관한 검토 – 대법원 2019.7.4. 선고 2017다17436 판결을 중심으로 –", 기업법연구 제33권 제3호 (2019. 9.), 143–145면; 송옥렬, "2019년 회사법 판례의 분석", 상사판례연구 제33권 제2호 (2020. 6.), 75–76면 등.

9) 정대익, "2019년 회사법 주요판례 평석", 안암법학 제60권 (2020. 5.), 344–345면.

10) *Id.*, 345면.

주식매수청구권의 행사와 주식매수대금의 지급시기

대법원 2011.4.28. 선고 2010다94953 판결

Ⅰ. 판결개요

1. 사실관계

채권유동화 업무[1]를 영위하는 Y주식회사의 주주들은 주식 상장을 위한 통일규격의 주권 발행업무를 A은행에 위탁하여 2001. 8. 9. 신주권이 발행된 후 이를 각 주주의 명의로 A은행에 예탁해 두었다. Y회사는 2004. 3. 2. 이사회에서 주택저당채권유동화에 관한 영업 전부를 B금융공사에 양도하는 내용의 결의를 하고, 2004. 3. 17. 주주총회의 특별결의를 거쳐 양도일 당시의 영업을 순자산가치에 따라 양도하는 계약을 체결하였다. 이에 Y회사의 주주인 X는 2004. 3. 15. Y회사에 대하여 서면으로 영업양도에 반대하는 의사를 통지하고 3. 16.에 보유주식 전부에 대하여 주식매수청구를 하였다.

주주 X와 Y회사는 주식매수가액의 결정을 위한 협의를 하였으나 협의가 이루어지지 아니하였고, Y회사는 2004. 5. 13. 해산하여 청산절차를 밟고 있다. X는 2004. 5. 31. 법원에 주식매수가액결정신청을 하여 2005. 2. 17. 매수청구한 주식의 매수가액을 순자산가치로 산정하여 1주당 6,084원으로 하는 결정을 받았으나 이에 항고 및 재항고를 하였는데, 2008. 11. 27. 대법원에서 최종적으로 재항고가 기각되었다. 이후 X의 대리인과 Y회사는 법원의 결정에 따른 매수대금을 지급받기 위한 계좌의 통지, 주식수령서류의 준비 등의 절차를 진행하여 하였는데, X의 대리인은 2008. 12. 22. A은행에서 주권을 수령하여 Y회사에 교부하고 Y회사는 X가 통지한 구좌로 매수

---

1) 금융기관으로부터 주택저당채권을 양도받아 이를 담보로 하여 주택저당채권담보부채권을 발행한 후 그 원리금을 지급하거나 그 주택저당채권을 기초로 주택저당증권을 발행하고 그 주택저당채권의 관리·운영 및 처분에 의한 수익을 분배하는 영업을 말한다.

대금을 모두 송금하였다.

원고 X는 2004. 3. 16. 주식매수청구권을 행사하였음에도 Y회사가 2월의 매수기간 내에 주식대금을 지급하지 않았기 때문에 Y회사는 2004. 5. 17. 이후에는 이행지체로 인한 지연손해금(상사법정이율 연 6%)을 지급하여야 한다고 주장하였다. 이에 대해 피고 Y회사는 주식매수대금 지급의무와 원고의 주권 교부의무는 동시이행관계에 있으므로 주식대금 지급기한의 도과만으로 이행지체에 빠지지 아니하며, 원고 X가 순자산가치 외에 수익가치 등을 고려하여 매수가액을 산정할 것을 주장함으로써 매수가액에 대한 협의가 이루어지지 아니하였고 법원의 매수가액의 결정에 대해 항고 및 재항고를 함으로써 회사의 주식대금의 지급지체에 대하여 책임이 있다고 주장하였다. 1심법원은 피고 Y회사의 주식대금지체에 대해 원고 X의 일부 책임을 인정하였으나 원심법원은 이 점을 배척하였다.

2. 판결요지

영업양도에 반대하는 주주의 주식매수청구권은 이른바 형성권으로서 그 행사로 회사의 승낙 여부와 관계없이 주식에 관한 매매계약이 성립하고, 상법 제374조의2 제2항의 총회의 결의일로부터 20일의 기간(매수청구기간)이 종료하는 날부터 2개월'은 주식매매대금 지급의무의 이행기를 정한 것이라고 해석된다. 이러한 법리는 위 2월 이내에 주식의 매수가액이 확정되지 아니하였다고 하더라도 다르지 아니하다.

영업양도에 반대하는 주주들의 주권이 금융기관에 예탁되어 있고 반대주주들이 주식매수청구권의 행사를 통하여 회사가 공정한 매매대금을 지급함과 동시에 언제든지 자신들이 소지하고 있는 주권을 인도하겠다는 취지의 서면을 회사에 제출하였고, 반대주주의 주식매수청구권의 행사 당시 회사로부터 주식매수대금의 이행제공을 받음과 동시에 명의개서대리인이 직접 점유하고 있는 주권을 지체 없이 교부할 수 있고 회사 또한 이를 손쉽게 교부받을 수 있는 상태였다면, 매수청구기간이 종료하는 날부터 2개월이 경과하였을 당시 회사에 주식매수대금 지급과 동시에 주권을 교부받아 갈 것을 별도로 최고하지 않았더라도 주권 교부의무에 대한 이행제공을 마쳤다고 보아야 한다.

반대주주들이 주식매수가액 결정에서 자신들의 희망 매수가액을 주장하거나 법원의 주식매수가액 결정에 대하여 항고 및 재항고를 하는 것은 법상 인정되는 권리이므로 반대주주들이 그 권리를 남용하였다는 특별한 사정이 인정되지 않는 한, 반대주주들이 법원의 주식매수가액 결정에 대하여 항고 및 재항고를 거치면서 상당한 기간이 소요되었다는 사정만으로 지연손해금에 관하여 감액이나 책임제한을 할 수 없다.

3. 관련판례

대법원 2001.7.10. 선고 2001다3764 판결

쌍무계약에서 쌍방의 채무가 동시이행관계에 있는 경우 일방의 채무의 이행기가 도래하더라도 상대방 채무의 이행제공이 있을 때까지는 그 채무를 이행하지 않아도 이행지체의 책임을 지지 않는다. 이와 같은 효과는 이행지체의 책임이 없다고 주장하는 자가 반드시 동시이행의 항변권을 행사하여야만 발생하는 것은 아니므로, 동시이행관계에 있는 쌍무계약상 자기채무의 이행을 제공하는 경우 그 채무를 이행함에 있어 상대방의 행위를 필요로 할 때에는 언제든지 현실로 이행을 할 수 있는 준비를 완료하고 그 뜻을 상대방에게 통지하여 그 수령을 최고하여야만 상대방으로 하여금 이행지체에 빠지게 할 수 있는 것이다.

Ⅱ. 판결의 평석

1. 판결의 의의

영업양도에 반대하는 주주의 매수청구가 있는 때에는 회사는 총회의 결의일로부터 20일의 기간(매수청구기간)이 종료하는 날부터 2개월 이내에 그 주식을 매수하여야 한다(상법 제374조의2 제2항). 이 규정의 의미에 관해서는 주식매수청구권은 형성권으로서 '2개월'을 이행기로 보는 견해[2]와 이 기간 동안 회사에 매수가격을 협의할 의무를 생기게 할 뿐이라는 견해[3]가 대립되고 있었다.

대상판결은 매수청구기간이 종료하는 날부터 '2개월의 기간이 경과한 때에는 회사가 이행지체책임을 진다'고 하여 주식매매대금의 지급의무의 이행기를 정한 것으로 보고, 이 기간 내에 주식매수가액이 확정되지 않더라도 그 기간의 경과로 회사가 지체책임을 진다고 하여 주식매수청구권의 법적 성격을 명확히 하고 있다. 또한 주주가 하여야 할 이행제공의 정도는 주식매수대금의 이행제공이 있는 때에 주권을 지체 없

2) 다수설이다. 이철송, 회사법강의, 제24판, 박영사, 2016, 585면 참조; 정동윤, 상법(상), 제6판, 법문사, 2012, 574면.

3) 정찬형, 상법강의(상), 제18판, 박영사, 2015, 875면.

이 교부할 수 있는 상태로써 충분하다.

2. 주주의 주식매수청구권

(1) 의 의

주주의 주식매수청구권은 영업의 양도 등 주주의 이해관계에 중대한 영향을 미치는 사항이 주주총회에서 결의되었을 때 이에 반대하는 주주가 회사에 대하여 자기가 소유하는 주식을 매수할 것을 청구할 수 있는 권리이다. 상법은 영업양도·양수 및 영업의 임대 등(상법 제374조의2) 외에도 주식의 포괄적 교환과 이전, 합병 및 분할합병을 위한 특별결의에서 다수결에 의한 주주권의 남용을 시정하고 소수주주를 보호하기 위한 제도로서 반대주주의 주식매수청구권을 인정하고 있다(상법 제360조의5, 제360조의22, 제522조의3, 제530조의11).[4] 다만 소규모주식교환과 소규모합병의 경우에는 완전모회사가 되는 회사 또는 합병후 존속하는 회사의 주주에게는 주식매수청구권이 인정되지 않고(상법 제360조의10 제7항, 제527조의3 제5항), 또한 주주의 권리에 구조적인 변화가 생기지 아니하는 단순분할 및 단순한 물적 분할의 경우에도 주식매수청구권이 인정되지 않는다.

주식매수청구권을 인정하는 이유는 영업양도 등 회사의 중요한 변경이 다수주주에 의하여 이루어지는 경우 이에 반대하는 소수파 주주가 회사에 대해 주식의 매수를 청구함으로써 공정한 대가를 지급받고 회사로부터 탈퇴할 수 있는 기회를 부여하는데 있다. 이러한 주식매수청구권이 실질적으로 유용한 것이 되기 위해서는 주식매수대금이 공정한 가액으로 결정되고 그 대금이 신속하게 지급될 필요가 있다. 상법은 주식매수청구권의 행사요건, 주식매수청구의 절차 및 매수가액의 결정에 관하여 규정하고 있다.

(2) 행사요건

영업양도 등 주주총회결의사항에 반대하는 주주는 주주총회전에 회사에 대하여 서면으로 그 결의에 반대하는 의사를 통지하여야 한다(상법 제374조의2 제1항 전단). 영업양도 등을 위한 주주총회의 소집통지에는 주식매수청구권의 내용 및 행사방법을

---

4) 같은 주식매수청구권이기는 하지만, 이사회의 승인을 얻어 주식을 양도하여야 하는 경우 그 승인을 얻지 못한 주주가 회사에 대해 그 주식의 매수를 청구할 수 있는 권리(상법 제335조의2 제4항) 및 지배주주가 있는 회사의 소수주주가 언제든지 지배주주에게 그 보유주식의 매수를 청구할 수 있는 권리(상법 제360조의25)는 반대주주의 주식매수청구권과는 그 인정취지를 달리한다.

기재하여야 한다(상법 제374조 제2항).[5] 회사가 간이주식교환 또는 간이합병을 하는 때에는 주주총회의 결의 없이 주식교환·이전을 한다는 뜻의 공고 또는 주주에 대한 통지를 할 때 주식매수청구에 관한 사항을 기재하여야 한다(자본시장과 금융투자업에 관한 법률 제165조의5 제5항 참조).

반대의사의 통지는 주식매수청구의 행사요건이 되고 있으므로 반대의사를 통지할 수 있는 주주는 주주명부상의 주주에 한정된다. 상법상 분할 및 분할합병의 경우에는 의결권이 없거나 제한되는 종류주식의 주주도 의결권이 있으므로(상법 제530조의3 제3항) 주식매수청구권을 행사할 수 있다. 이에 관하여 명문의 규정이 없더라도, 학설은 대체로 상법이 주식매수청구권의 행사요건으로 반대통지만을 요하고 주주총회에 출석하여 반대할 것을 요건으로 하지 않는 점에서 의결권이 배제되는 종류주식의 주주에게도 매수청구권이 인정되는 것으로 보고 있다. 따라서 의결권이 배제되는 종류주식의 주주도 주식매수청구의 기회를 가질 수 있도록 해당 사항에 관해서는 주주총회의 소집통지를 하여야 한다.

반대통지를 한 주주는 주주총회의 결의일로부터 20일 내에 회사에 대하여 매수청구의 대상인 주식의 종류와 수를 기재한 서면으로 매수청구를 하여야 한다. 주주가 사전에 반대통지를 하였더라도 소유주식의 전부 또는 일부에 대하여 주식의 매수청구를 포기할 수 있다. 주주가 주식의 매수를 청구하는 때에는 주권을 교부할 필요는 없으나 매수대금이 지급되는 때에는 주권을 교부할 준비를 하고 있어야 한다.

3. 매수청구권 행사의 효과

(1) 매수청구권의 성질론

회사는 매수청구기간이 종료하는 날부터 2개월 이내에 그 주식을 매수하여야 한다(상법 제374조의2 제2항).[6] 이 의미에 관해서는 이행기설과 매매계약체결의무설이 대립하고 있었으나, 대상판결은 회사가 부담하는 주식매수의무란 단순히 주식매매계약을 체결할 의무라고 볼 수 없고, 주식매매계약의 체결에 따라 주식매수대금을 지급

---

5) 회사가 간이주식교환 또는 간이합병을 하는 때에는 주주총회의 결의 없이 주식교환·이전을 한다는 뜻의 공고 또는 주주에 대한 통지를 할 때 주식매수청구에 관한 사항을 기재하여야 한다(자본시장과 금융투자업에 관한 법률 제165조의5 제5항 참조).

6) 주권상장법인의 경우에는 주식매수청구권을 의결권 없는 주주에게도 인정하고 원칙적으로 주주총회 결의사항에 관한 이사회결의 사실이 공시되기 전에 주식을 취득한 자만이 이 권리를 행사할 수 있게 하고 주식매수기간을 1월 이내로 하고 주식매수가액에 관하여 협의가 되지 아니하면 증권시장에서의 거래가격(시가)으로 하는 등의 특례를 두고 있다(자본시장과 금융투자업에 관한 법률 제165조의5).

할 의무까지 포함하는 것으로 보고 있다. 즉 주식매수청구권은 형성권으로서 그 행사로 회사의 승낙 여부에 관계없이 주식에 관한 매매계약이 성립하고, '매수청구기간이 종료하는 날부터 2개월'은 주식매매대금 지급의무의 이행기를 정한 것으로 된다. 이 점은 2개월의 기간에 주식의 매수가액이 확정되지 아니한 경우에도 동일하다.

(2) 매수시기와 회사의 지체책임

회사가 매수청구기간이 종료하는 날부터 2개월 이내에 매수대금을 지급하지 아니하면 회사는 지체책임을 지게 된다. 다만 주식매수대금의 지급과 주권의 교부는 동시이행관계에 있으므로 주식의 매수청구를 한 주주는 매매대금의 지급시에는 언제든지 주권을 인도할 수 있는 상태에 있어야 한다. 만약 주주가 주권을 금융기관 등에 예탁하고 있다면 예탁주권의 반환을 청구할 수 있는 서류를 제공하는 것으로 주주의 주권인도채무에 관한 이행제공이 있었다고 볼 수 있다. 대상판결은 쌍무계약에서 일방 당사자가 하여야 할 이행제공의 정도는 시기와 구체적 상황에 따라 신의성실의 원칙에 어긋나지 않게 합리적으로 정하여야 한다는 전제 하에,[7] 회사가 주식매수대금을 지급하면 금융기관에 예탁되어 있는 자신의 주권을 언제든지 인도하겠다는 취지의 서면을 회사에 제출하였다면 2개월의 매수기간이 경과한 때에 별도의 주식매수대금의 지급과 동시에 주권을 교부받아 갈 것을 최고하지 않았더라도 주권교부의무에 대한 이행제공을 마쳤다고 보아 회사는 지체책임을 지는 것으로 본다.

주주가 매수가액의 결정 과정에서 희망매수가액을 주장하거나 법원에 의한 매수가액의 결정에 대해 이의 등을 제출하는 과정에서 상당한 기간이 소요되었더라도 반대주주가 주식매수가액의 결정에 대해 권리를 남용하였다는 특별한 사정이 없는 한 2개월의 기간이 경과하면 바로 지연손해금이 지급되어야 하고, 이를 이유로 지연손해금의 감액이나 책임제한을 할 수 없다.

(3) 매수가액의 결정

주식의 매수청구를 한 주주를 보호하기 위해서는 주식의 매수가액이 공정한 가액으로 결정되어야 한다. 공정한 가액이란 회사가 영업양도 등을 하지 않는다면 해당 주식이 가졌을 공정한 가격, 즉 영업양도 등에 의하여 영향을 받기 전에 그 주식이 가지고 있는 가치를 기준으로 산정되는 가액이다.

주식의 매수가액은 원칙적으로 회사와 반대주주 사이의 협의에 의하여 결정하지

---

7) 대법원 1995.12.22. 선고 95다40397 판결.

만(상법 제374조의2 제3항), 매수청구기간이 종료하는 날부터 30일 이내에 주식의 매수가액에 관한 협의가 이루어지지 아니한 경우에는 회사 또는 주식의 매수를 청구한 주주는 법원에 대하여 매수가액의 결정을 청구할 수 있다(상법 제374조의2 제4항).

법원이 매수가액을 결정하는 경우에는 '회사의 재산상태 그 밖의 사정을 참작하여 공정한 가액'으로 산정하여야 한다(상법 제374조의2 제5항). 주식의 공정한 가치를 평가하기 위해서는 자산가치 외에도 시장가치, 수익가치, 배당가치 등을 고려하는 다양한 평가방법이 활용되고 있다.[8)]

(4) 회사에 의한 자기주식의 취득과 처분

회사는 주주가 주식매수청구권을 행사한 때에는 자기의 주식을 취득하게 된다. 회사가 자기의 주식을 취득하는 시기는 주식매수대금을 지급한 때이다. 회사는 취득한 자기주식을 보유할 수 있고, 정관에 규정이 없는 한 이사회가 결정한 바에 따라 처분할 수 있다(상법 제342조).

(강대섭)

---

8) 대법원 2006.11.24. 자 2004마1022 결정(회사의 합병 또는 영업양도 등에 반대하는 주주가 회사에 대하여 비상장 주식의 매수를 청구하는 경우, 그 주식에 관하여 객관적 교환가치가 적정하게 반영된 정상적인 거래의 실례가 있으면 그 거래가격을 시가로 보아 주식의 매수가액을 정하여야 할 것이나, 그러한 거래사례가 없으면 비상장주식의 평가에 관하여 보편적으로 인정되는 시장가치방식, 순자산가치방식, 수익가치방식 등 여러 가지 평가방법을 활용하되 당해 회사의 상황이나 업종의 특성 등을 종합적으로 고려하여 공정한 가액을 산정하여야 할 것이다. 주권상장법인의 경우에는 당사자 사이에 협의가 이루어지지 않는 때에는 이사회의 결의일 이전 증권시장에서의 거래가격(시장가치)을 기준으로 하여 일정한 방법으로 산정한다(자본시장과 금융투자업에 관한 법률 제165조의5, 동법 시행령 제176조의7).

53 주주간계약에 의한 주식매수청구권

대법원 2022.7.14. 선고 2019다271661 판결

Ⅰ. 판결개요

1. 사실관계

甲투자조합(원고 X는 창업이나 벤처기업에 대한 투자를 목적으로 하는 벤처투자회사로서 甲투자조합의 업무집행조합원임)은 투자목적으로 Y_1 회사 및 그 대표이사이자 대주주인 Y_2와 2003. 9. 19.과 2006. 9. 20. 두 차례 전환사채인수계약을 체결하고, Y_1이 발행한 전환사채를 인수하였다. 전환사채인수계약 당시 인수계약 제15조는 주요 자산의 매각, 사업일부의 중단, 포기 등은 甲조합의 사전 동의를 받아야 한다고 규정하고 있었고, 인수계약 제27조는 이를 위반할 경우 甲이 Y_2에 대하여 전환사채의 전환으로 보유하게 된 주식을 매수할 것을 청구할 권리를 가지는 것과 그 매수청구가 도달한 시점에 주식매매계약이 성립되는 것으로 규정하고 있었다. 이후 2007. 12. 20. 전환권을 행사하여 Y_1의 주식을 보유하게 되었다. 전환 당시 Y_1명의로 'Y_1이 주식을 1년 뒤인 2008. 12. 20.까지 전환 당시 가격인 1주당 4,500원의 가격으로 다시 매입하여 주기'로 하는 확약서가 작성되었고, Y_2는 Y_1의 위 확약서상 채무를 연대보증하였다. 그러나 Y_1은 확약서의 내용을 2010년 상반기가 지나도록 이행을 하지 않았고, 오히려 2010. 5. 19.경 15:1 감자를 실시하였으며, 2011. 2. 24.경에는 甲조합의 사전 서면 동의를 받지 아니하고 주요 영업자산을 자산양수도 방식으로 Y_3에게 양도하였다. 2013. 8. 1. X는 Y_1에게 주식의 환매를 요청하였으나, 2013. 8. 9. Y_1은 甲에 대해 환매요청에 응할 수 없다고 통지하면서 확약에 따른 의무이행을 거절하였다.

甲조합의 청산으로 X는 甲조합으로부터 인수계약상 권리를 전부 양도받았고, X는 이 사건 원심 소송계속 중인 2018. 10. 19. Y_2를 상대로 당시 보유 중인 주식 5,925

주에 대하여 주식매수청구권을 행사하였다. 이때 주된 쟁점은 '행사기간을 정하지 않은' 주식매수청구권의 권리행사기간의 도과 여부로, 이 사안에 대하여 상사소멸시효 5년을 규정한 상법 제64조를 유추적용할 것인지가 문제되었다. 즉 위 행사시점이 Y_1의 위반행위로부터 약 7년 8개월이 지난 때였으므로, Y_2는 상사시효에 준하는 5년이 이미 경과하였다고 주장하였고, X는 민사계약의 예약완결권 행사기간인 10년이 아직 도과하지 않았다고 주장하였다.

제1심(서울중앙지방법원 2018.5.17. 선고 2016가합545908 판결)은 Y_1이 甲의 사전 동의 없이 중요 자산을 매각하고, 사업의 일부를 포기하였다고 할 것이므로, 甲이나 甲의 권리를 승계한 X는 이 사건 전환사채인수계약 제27조에 따라 이해관계인인 Y_2에게 주식의 매수를 청구할 수 있지만, 환매요청만으로는 주식매수청구권을 행사하였다고 볼 수 없다하여 원고의 청구를 기각하였다.

원심(서울고등법원 2019.9.5. 선고 2018나2028332 판결)은 "이 사건 각 인수계약 제27조 제2항이 'Y_2에게 甲의 매수청구가 도달한 시점에 당해 주식에 대한 매매계약이 체결된 것으로 본다'라고 정하고 있으며, 이는 甲에게 일방적인 의사표시를 통하여 본 계약인 주식매매계약을 성립시킬 수 있는 권한을 부여한 것으로 해석할 수 있으므로, 이 사건 주식매수청구권은 형성권의 일종인 예약완결권에 해당하며, 따라서 위 주식매수청구권에는 소멸시효가 아닌 제척기간이 적용된다."고 판시하였다. 또한 "이 사건 주식매수청구권이 위약벌로서의 성격을 가진다 … 상사계약에 근거하여 발생한 위약벌 청구권은 상사채권으로서 5년 내에 행사하여야 한다는 점을 감안한다면, 이와 균형을 맞추기 위해서라도 이 사건 주식매수청구권 또한 성립 시로부터 5년 내에 행사하여야 하는 것으로 보아야 한다."고 판시하고, "주식매수청구권이 발생한 2011. 2. 24.로부터 5년이 지났음이 역수상 명백한 2018. 10. 19.에서야 비로소 주식매수청구권을 행사하였다. 따라서 위 주식매수청구권은 제척기간 도과 후에 행사된 것으로서 효력이 없어 X와 Y_2 사이에 주식매매계약이 체결되었다고 볼 수 없다."고 하여 주식매수청구권행사가 있기 전에 5년의 제척기간 경과로 주식매수청구권이 소멸하였다고 보아 원고의 청구를 기각하였다.

대법원(대법원 2022.7.14. 선고 2019다271661 판결)은 투자 관련 계약에서 정한 주식매수청구권은 일종의 형성권으로 그 행사기간은 제척기간이며, 이러한 주식매수청구권은 상행위인 투자 관련 계약을 체결한 당사자가 달성하고자 하는 목적과 밀접한 관련이 있고, 그 행사로 성립하는 매매계약 또한 상행위에 해당하므로, 이때 주식매수청구권은 상사소멸시효에 관한 상법 제64조를 유추적용하여 5년의 제척기간이 지나면 소멸하며, 투자 관련 계약에서 투자대상회사 등의 의무불이행이 있는 때에 투자자가 형성권인 주식매수청구권을 행사할 수 있다고 정한 경우 특별한 사정이 없는 한 그 행사기간은 투자대상회사 등의 의무불이행이 있는 때부터 기산한다고 보아야 한다고 판단하였다.

2. 판결요지

[1] 투자 관련 계약에서 당사자 일방이 상대방에게 자신이 보유한 주식의 매수를 청구하면 주식에 관한 매매계약이 체결되는 것으로 정한 경우 이러한 주식매수청구권은 일방의 의사표시에 따라 매매계약이라는 새로운 법률관계를 형성하는 권리로서 일종의 형성권에 해당한다.

이와 같이 계약에 따라 발생하는 형성권인 주식매수청구권의 행사기간은 제척기간이다. 제척기간은 일반적으로 권리자로 하여금 자신의 권리를 신속하게 행사하도록 함으로써 법률관계를 조속히 확정하려는 데 그 제도의 취지가 있으나, 법률관계를 조속히 확정할 필요성의 정도는 그 권리를 정한 계약마다 다르므로, 주식매수청구권의 행사기간을 정할 때에도 이를 고려해야 한다. 우선 계약에서 주식매수청구권의 행사기간을 약정한 때에는 주식매수청구권은 그 기간 내에 행사되지 않으면 제척기간의 경과로 소멸한다. 반면 주식매수청구권의 행사기간에 관한 약정이 없는 때에는 그 기초가 되는 계약의 성격, 주식매수청구권을 부여한 동기나 그로 말미암아 달성하고자 하는 목적, 주식매수청구권 행사로 발생하는 채권의 행사기간 등을 고려하여 주식매수청구권의 행사기간을 정해야 한다.

[2] 상행위인 투자 관련 계약에서 투자자가 약정에 따라 투자를 실행하여 주식을 취득한 후 투자대상회사 등의 의무불이행이 있는 때에 투자자에게 다른 주주 등을 상대로 한 주식매수청구권을 부여하는 경우가 있다. 특히 주주간계약에서 정하는 의무는 의무자가 불이행하더라도 강제집행이 곤란하거나 그로 인한 손해액을 주장·증명하기 어려울 수 있는데, 이때 주식매수청구권 약정이 있으면 투자자는 주식매수청구권을 행사하여 상대방으로부터 미리 약정된 매매대금을 지급받음으로써 상대방의 의무불이행에 대해 용이하게 권리를 행사하여 투자원금을 회수하거나 수익을 실현할 수 있게 된다. 이러한 주식매수청구권은 상행위인 투자 관련 계약을 체결한 당사자가 달성하고자 하는 목적과 밀접한 관련이 있고, 그 행사로 성립하는 매매계약 또한 상행위에 해당하므로, 이때 주식매수청구권은 상사소멸시효에 관한 상법 제64조를 유

추적용하여 5년의 제척기간이 지나면 소멸한다고 보아야 한다.

한편 투자 관련 계약에서 투자대상회사 등의 의무불이행이 있는 때에 투자자가 형성권인 주식매수청구권을 행사할 수 있다고 정한 경우 특별한 사정이 없는 한 그 행사기간은 투자대상회사 등의 의무불이행이 있는 때부터 기산한다고 보아야 한다. 그렇지 않으면 행사기간이 지난 다음에 비로소 투자대상회사 등의 의무불이행이 있는 경우에 투자자가 주식매수청구권을 행사할 수 없게 되어 불합리하다.

3. 관련판례

(1) 대법원 2022.7.28. 선고 2020다277870 판결

이 사건 투자계약에서 정한 이 사건 주식매수청구권은 원고들이 일방적인 의사표시를 하여 주식매매계약을 성립시킬 수 있는 권리로서 계약의 당사자가 아닌 ○○가 장래 일정 기한까지 기업공개를 하지 않을 것을 행사요건으로 하고 있다. 이 사건 회생절차가 개시될 당시 이러한 행사요건이 갖추어지지 않아 원고들이 이 사건 주식매수청구권을 행사할 수 없었던 이상 이 사건 주식매수청구권만을 분리하여 회생채권으로 보아 이 사건 회생절차에서 적법하게 신고하지 않았다는 이유로 실권되었다고 볼 수 없다.

(2) 대법원 2023.8.18. 선고 2022다227619 판결

[1] 민법 제398조 제2항은 손해배상의 예정액이 부당히 과다한 경우에는 법원이 적당히 감액할 수 있다고 정하고 있다. 손해배상액의 예정은 채무불이행의 경우에 채무자가 지급하여야 할 손해배상액을 미리 정해두는 것으로서, 손해의 발생사실과 손해액에 대한 증명곤란을 배제하고 분쟁을 사전에 방지하여 법률관계를 간이하게 해결함과 함께 채무자에게 심리적으로 경고를 함으로써 채무이행을 확보하려는 데에 그 기능이나 목적이 있다.

[2] 민법 제398조 제2항에 의한 손해배상 예정액의 감액은 국가가 당사자 사이의 실질적 불평등을 제거하고 공정성을 보장하기 위하여 계약의 체결 또는 그 내용에 간섭하는 사적 자치의 원칙에 대한 제한의 한 가지 형태이다. 여기에서 '부당히 과다한 경우'는 손해가 없다거나 손해액이 예정액보다 적다는 것만으로는 부족하고, 계약자의 경제적 지위, 계약의 목적, 손해배상액 예정의 경위 및 거래관행 기타 제반 사정을 고려하여 그와 같은 예정액의 지급이 경제적 약자의 지위에 있는 채무자에게

부당한 압박을 가하여 공정성을 잃는 결과를 초래한다고 인정되는 경우를 뜻한다. 기록상 실제의 손해액 또는 예상 손해액을 알 수 있는 경우에는 이를 그 예정액과 대비하여 볼 필요가 있고, 단지 예정액 자체가 크다든가 계약 체결 시부터 계약 해제 시까지의 시간적 간격이 짧다든가 하는 사유만으로는 손해배상 예정액을 부당히 과다하다고 하여 감액하기에 부족하다. 손해배상액 예정이 없더라도 채무자가 당연히 지급의무를 부담하여 채권자가 받을 수 있던 금액보다 적은 금액으로 감액하는 것은 손해배상액 예정에 관한 약정 자체를 전면 부인하는 것과 같은 결과가 되기 때문에 감액의 한계를 벗어나는 것이다.

[3] 법원은 손해배상 예정액이 부당히 과다한지를 판단할 때 사실심의 변론종결 당시를 기준으로 그 사이에 발생한 사정을 종합적으로 고려하여야 한다. 감액사유에 대한 사실인정이나 그 비율을 정하는 것은 원칙적으로 사실심의 전권에 속하는 사항이지만, 그것이 형평의 원칙에 비추어 현저히 불합리하다고 인정되는 경우에는 위법한 것으로서 허용되지 않는다.

[4] 갑 주식회사 및 그 공동대표이사 중 1인인 을이 병 주식회사 및 그 회사가 새로 설립한 정 주식회사에 투자할 당시 갑 회사와 병 회사가 체결한 '갑 회사와 을이 정 회사와 병 회사에 각 투자하고, 병 회사가 정 회사 발행주식의 51%를 보유하되 정 회사에 공동대표이사를 두며, 갑 회사와 병 회사 어느 쪽이든지 계약에서 정한 의무를 위반할 경우 손해배상금으로 약정한 돈(갑 회사와 을이 투자한 돈 합계액의 2배와 같은 금액임)을 지급한다.'는 내용의 계약에 따라, 정 회사가 병 회사의 대표이사 무와 갑 회사 측이 지정한 기를 공동대표이사로 선임하였는데, 그 후 갑 회사와 병 회사 사이에 정 회사의 자본금 사용출처 등에 관한 분쟁이 발생하여, 무가 기의 의사를 배제한 채 단독으로 소집한 임시주주총회에서 공동대표이사 제도를 폐지하고 갑 회사 측이 반대하는 사람을 사내이사로 선임하는 내용의 결의가 이루어지고 그 직후 기가 해임되자, 갑 회사가 병 회사를 상대로 의무 위반에 따른 손해배상금의 지급을 구한 사안에서, 위 손해배상 약정은 병 회사 측이 정 회사의 공동대표이사 제도를 유지하는 의무의 실제 이행이 계속되어야만 계약 목적을 달성할 수 있는 상황에서 병 회사 측에 심리적으로 경고를 하여 임의이행을 확보하기 위하여 체결되었고, 병 회사의 계약 위반으로 유·무형의 상당한 재산상 손해를 입은 갑 회사에 병 회사의 주된 채무불이행을 이유로 계약을 해제할 경우 원상회복으로 반환받을 여지가 있는 금원만을 인정하는 것은 손해배상액 예정에 관한 약정 자체를 전면 부인하는 것과 같은 결과가 되며, 을이 병 회사에 투자한 돈이 곧바로 갑 회사의 손해라고 할 수는 없지

만, 갑 회사가 일관하여 위 계약 시 손해배상액의 예정은 갑 회사와 을의 투자 합계액의 2배로 정하였고 을은 별도로 손해배상을 구하지 않는다고 주장하였으며, 위 계약이 을의 투자 내용을 포함하고 있으면서도 을의 투자금에 대한 별도의 손해배상 예정 약정은 계약서에 기재되어 있지 않은 점, 손해배상 예정액이 갑 회사와 을의 투자 합계액의 2배인 점, 병 회사의 계약 위반으로 을의 투자금에 대하여도 무형의 손해가 발생한 점 등에 비추어 처분문서인 계약서의 문면이 갑 회사의 주장에 부합하고, 병 회사가 이에 대하여 구체적으로 반박하지 않은 것으로 보이므로, 이에 관한 심리 없이 을의 투자금이 손해배상 예정액 산정에 고려되지 않는다고 단정할 수 없는데도, 이러한 사정들을 심리하지 않은 채 갑 회사가 정 회사의 지분을 보유하고 있다거나 경영에 관여할 수 없는 불이익을 경제적으로 환산할 수 없다는 등의 이유만을 들어 손해배상 예정액을 갑 회사의 투자 원금으로 감액한 원심판단에는 법리오해 등의 잘못이 있다고 한 사례.

Ⅱ. 판결의 평석

1. 판결의 의의

대상판결의 쟁점은 전환사채의 인수를 통한 투자계약상의 주주에 대한 주식매수청구권의 성격과 그 행사기간에 대하여 상사시효를 적용할 수 있는지의 여부이다.

사안에서 대법원은 투자계약은 상행위에 해당하며, 상사계약인 투자계약상 발생하는 주주간의 주식매수청구권의 행사로 인한 주식의 매매계약 또한 상행위로 상사시효가 유추적용 된다고 보았다. 또한 투자계약상 발생하는 주식매수청구권은 일방적 의사표시에 따라 주식의 매매계약이라는 새로운 법률관계를 형성시키는 형성권으로서 제척기간의 경과로 소멸한다고 보았다.

대상판결은 전환사채인수인에게 계약상 전환 이후 부여된 (다른 주주에 대한) 주식매수청구권의 효력을 인정한 것이며, 주주간계약에 의한 주식매수청구권의 권리행사에 관하여 다룬 사례라는 점에서 의의가 있다.

2. 주주간계약과 주식매수청구권(put option)

(1) 주주간계약

주주간계약이란 회사의 경영상 안정성을 담보하기 위하여 회사 설립 시 또는 회사 설립 초기 단계에서 공동창업자 간 또는 회사와 투자자 간에 체결되는 계약 또는 주주사이에서 지배권을 분배하는 방법으로서 이사의 선임, 임원임명, 역할분담, 의결권, 이익배당, 분쟁의 해결방법, 주식의 양도제한, 교착상태해결 등 여러 가지 사항에 대하여 미리 약정하는 계약이라 할 수 있다. 이러한 주주간계약은 사적 계약으로서 당사자 사이에 자유롭게 체결될 수 있다.

투자약정에 있어서도 장차의 의결권행사나 회사운영에 관한 합의가 포함되면 주주간계약에 해당한다.[1] 기존회사에 대하여 신규투자계약을 체결하는 경우 그 계약서에 피투자회사나 대주주가 계약내용을 위반할 경우 투자자가 계약의 해제, 상환청구, 주식매수청구, 손해배상청구 등을 할 수 있다는 조항을 두는 경우를 종종 볼 수 있으며, 투자유치를 위하여 투자자에게 우월적인 권한을 부여하는 것이다. 대상판결에서 전환사채인수계약을 통하여 주식으로의 전환 이후의 권리행사에 관하여 규정하고 있으므로 전환사채인수계약은 일종의 주주간계약에 해당한다.

(2) 주주간계약상의 주식매수청구권

주주간계약 중 일방 주주가 상대방 주주에게 자신이 보유한 주식을 매도하거나(put option) 상대방 주주가 보유중인 주식을 매수할 수 있는 권리(call option)를 정할 수 있다. 이는 일정기간의 경과, 대상회사가 일정기한까지 기업공개절차를 완료하지 않은 경우, 대상회사에 회생절차 또는 파산절차가 개시되는 경우, 최대주주의 변경 등의 사유가 발생한 경우 대상회사의 주식을 계속 보유하기 원하는 당사자(주로 기존 주주)에게는 콜옵션을, 투자금을 회수하고 이탈하기를 원하는 당사자(주로 재무적 투자자)에게는 풋옵션을 부여하는 것으로 규정하는 것이 일반적이다.[2] 풋옵션 또는 콜옵션에 대해서는 상대방 주주의 양도의사를 불문하고 옵션이 행사되면 일종의 형성권 행사로서 주식매매계약의 체결이 간주되며, 이는 투하자본회수의 가능성을 높이는 측면이 크고, 단지 양수 상대방을 제한하는 것일 뿐이므로 무효로 보기는 어렵다.

---

1) 이철송, "株主間契約의 會社法的 效力論의 동향", 선진상사법률연구 통권 제86호, 2019, 2면.
2) 이동건 · 이수균, "주주간계약(의결권구속계약)", 株式會社法大系(제4판) II, 2022, 229면.

(3) 주주간 (투자계약상) 주식매수청구권의 성격

투자계약상의 주식매수청구권은 당사자의 약정에서 정한 요건이 충족되면 계약의 상대방인 재무적 투자자에게 투자회수를 위하여 권리를 행사할 수 있도록 정한 계약상의 권리로 계약당사자간의 채권적 효력만 인정된다. 주주간계약에 의한 주식매수청구권의 경우에는 상법상 주식매수청구권[3]에 관한 규정이 적용되지 않는다.

투자계약상의 주식매수청구권은 계약상 조건의 성취로 인하여 발생하는 것이므로 계약에 따라 발생하는 형성권으로 보아야 한다. 대법원은 사안의 경우 상행위인 투자(전환사채인수)계약에 의한 주식매수청구권의 법적성질을 일방의 의사표시에 따라 매매계약이라는 새로운 법률관계를 형성하는 권리로서 일종의 형성권에 해당한다고 하였고,[4] 그 행사기간은 제척기간이라 하였다. 대상판결의 원심에서도 일방적인 의사표시를 통하여 본 계약인 주식매매계약을 성립시킬 수 있는 권한을 부여한 것으로 해석할 수 있으므로, 이 사건 주식매수청구권은 형성권의 일종인 예약완결권에 해당하며, 따라서 위 주식매수청구권에는 소멸시효가 아닌 제척기간[5]이 적용된다고 판단하였다.

소멸시효가 일정한 기간의 경과와 권리의 불행사라는 사정에 의하여 권리 소멸의 효과를 가져오는 것과는 달리, 제척기간은 권리자로 하여금 당해 권리를 신속하게 행사하도록 함으로써 법률관계를 조속히 확정시키려는 데 그 제도의 취지가 있는 것으로서, 그 기간의 경과 자체만으로 곧 권리 소멸의 효과를 가져오게 하는 것이다.[6]

---

3) 상법상 주식매수청구권(appraisal right)이란 주식회사에 있어 주식양도의 제한이 있어 주식을 자유로이 양도할 수 없게 된 경우(제335조 제1항, 제335조의2 제4항, 제335조의6), 합병 및 영업양도 등 회사의 사업에 중요한 영향을 미치는 결의에 대하여 반대의견을 가진 경우(제360조의5, 제360조의22, 제374조의2, 제522조의3, 제530조의11), 소수주주로 지배주주에 의하여 축출되는 경우(제360조의25 제1항) 등에 있어 주주 등이 회사나 지배주주에 대하여 자신의 소유주식을 공정한 가격으로 매수할 것을 청구할 수 있는 권리를 말한다.

4) 상법상 회사에 대한 주식매수청구권도 이른바 형성권으로서 그 행사로 회사의 승낙 여부와 관계없이 주식에 관한 매매계약이 성립한다(대법원 2011.4.28. 선고 2009다72667 판결; 대법원 2011.4.28. 선고 2010다94953 판결).

5) 형성권의 특질은, 그것이 일반적 형성권이든 형성소권이든, 형성권자에게 그 상대방의 권리관계에 일방적으로 관여할 수 있는 법적 힘을 부여하는 데 있다. 형성권자의 상대방은 형성효에 일방적으로 복속되므로 형성권의 행사 여부에 관한 법적 불확정성으로부터의 신속한 해방이 요청되는 것이다. 그리하여 법률은 한편으로는 형성권자의 상대방의 이익을 위하여 형성권의 존속 중에 지속되는 유동적 상태를 가급적 신속히 종식시키고자 단기의 제척기간을 두고 있다. … 그러나, 소멸시효가 의무자를 입증곤란으로부터 구제하려는 데 그 취지를 두고 있는 반면, 형성권에 관한 제척기간은 그것이 단기의 것이든 장기의 것이든, 입증곤란으로 부터의 구제라는 취지를 갖지 않는다: 김진우, "소멸시효와 제척기간", 재산법연구 제25권 제3호, 2009, 175–176면.

6) 대법원 1995.11.10. 선고 94다22682,22699 판결.

(4) 주주간 (투자계약상) 주식매수청구권의 행사기간

제척기간은 그 기간의 경과 자체만으로 곧 권리 소멸의 효과를 가져오게 하는 것이므로 그 기간 진행의 기산점은 특별한 사정이 없는 한 원칙적으로 권리가 발생한 때이다. 당사자 사이에 그 권한을 행사할 수 있는 시기를 특별히 약정한 경우에도 그 제척기간은 당초 권리의 발생일로부터 기간이 경과되면 만료되는 것이다.[7)]

사안의 경우 투자계약상의 주식매수청구권은 성립하였으나 의무위반시에 매수청구를 할 수 있다고 되어 있을 뿐 행사시기를 특정하지는 않았다. 이에 대하여 대법원은 그 행사기간에 관한 약정이 없는 때에는 그 기초가 되는 계약의 성격, 주식매수청구권을 부여한 동기나 그로 말미암아 달성하고자 하는 목적, 주식매수청구권 행사로 발생하는 채권의 행사기간 등을 고려하여 주식매수청구권의 행사기간을 정해야 하며, 투자 관련 계약에서 정한 주식매수청구권의 행사로 성립하는 주식매매계약 또한 상행위에 해당하므로 이때 주식매수청구권은 상사소멸시효에 관한 상법 제64조를 유추적용하여 5년의 제척기간이 지나면 소멸하며, 특별한 사정이 없는 한 그 행사기간은 투자대상회사 등의 의무불이행이 있는 때부터 기산한다고 보아야 한다고 판단하였다. 원심의 경우도 이 사건 주식매수청구권은 위약벌로서의 성격을 가지며, 상사계약에 근거하여 발생한 위약벌 청구권은 상사채권으로서 5년 내에 행사하여야 한다는 점을 감안한다면, 이와 균형을 맞추기 위해서라도 이 사건 주식매수청구권 또한 성립 시로부터 5년 내에 행사하여야 하는 것으로 보아야 한다하여 상사시효가 유추적용된다고 보았고, 위반행위일인 2011. 2. 24.을 제척기간의 기산일로 보았다.

(박수영)

---

7) 대법원 1995.11.10. 선고 94다22682,22699 판결.

이사회의사록의 열람·등사청구권

대법원 2014.7.21. 자 2013마657 결정

I. 결정개요

1. 사실관계

(1) Y주식회사 경영과 이로 인한 X주식회사의 손실

X회사(신청인)는 외국에 본사를 둔 에스컬레이터·엘리베이터 제조업체인 S그룹의 모회사로서 Y회사(사건본인)와 동종의 업종(엘리베이터 제조업)을 영위하며, 2013. 1. 18. 기준 Y회사의 발행주식총수의 35%(4,221,380주)를 보유하고 있는 주주이다.

Y회사는 2006. 11. 29. A 캐피탈 등과의 사이에 Y회사가 거래상대방에게 주식회사 H상선 주식매입대금에 일정 수수료율을 곱하여 산정한 금액을 매년 지급하고 만기에 평가손실이 발생한 경우 그 전부를 보전해 주는 형태의 파생상품계약[1]을 수차례 체결하고 그 계약의 만기를 연장하여 왔다. Y회사는 이러한 파생상품계약의 체결을 통하여 H상선을 사회사로 유지하기 위한 의결권을 확보하여 그 경영권을 유지하였고, 이는 결국 H그룹 전체에 대한 경영권을 확보하기 위한 것이었다. Y회사는 이렇듯 파생상품계약을 통하여 영위업종인 엘리베이터 및 에스컬레이터 사업과 무관하게 2008년~2012년 중 파생상품거래 등으로 인하여 손실[2]을 보고 있었다.

---

1) 구체적으로 기초자산은 H상선 보통주식 200만 주, 기준가격 25,698원, 만기 2014. 4. 8.로 정하여, A캐피탈의 위 주식 매입대금에 일정한 변동요율을 곱하여 산출한 금액을 매 분기말에 A캐피탈에 지급하고, 만기에는 기준가격과 만기의 주가를 비교하여 이익이 발생할 경우 그 20%, 손실이 발생할 경우 그 전액을 A캐피탈에 지급하며, 일정액의 현금담보를 제공하되, 위 주식의 의결권을 공동행사하는 내용의 주식스왑계약을 체결한 것을 비롯하여, B 등과 사이에 이와 유사하게, Y회사가 거래상대방에게 H상선 주식 매입대금에 일정 수수료율을 곱하여 산정한 금액을 매년 지급하고, 만기에 평가손실이 발생한 경우 그 전부를 보전해 주는 형태의 파생상품계약을 체결하였다.

2) 평가손실과 평가이익은 파생상품계약의 기초자산인 H상선 주식의 평가기준일 주가와 기준가격의 차액을 평가한 것으로, 위 평가손실이나 평가이익에 따른 현금 유출입 자체는 없고, 실제 손실 및 이익은 계약에

또한 Y회사가 속한 H그룹은 2010년 초부터 주식회사 H건설을 인수하겠다는 의사를 공개적으로 밝혀왔다. 이후 Y회사가 다른 회사들과 함께 구성한 H그룹 컨소시엄을 통하여 H건설 입찰에 참여하여 입찰보증금(2,755억원)을 납입하였고 Y회사는 H그룹 컨소시엄이 H건설을 인수하게 될 경우 총 인수대금의 약 5%를 부담하기로 하였다. 당시 H그룹 컨소시엄의 일원인 H상선은 H건설 인수자금 조달을 위하여 유상증자를 하였는데 이 과정에서 발생한 실권주(4,133,405주)를 두 증권회사에 배정하면서 이들 증권회사들과 주식스왑계약을 체결하였다. 그런데 동 스왑계약은 일정한 기준가격을 적용한 위 주식 매입대금의 일정액(연 7.5%에 해당금액)을 매 분기말에 지급하고 만기에 기준가격과 만기의 주가를 비교하여 발생하는 이익과 손실은 모두 Y회사에게 귀속시키는 내용이었다.

그러나 이후 2010. 12. 하순경 H그룹 컨소시엄은 인수대금의 출처 및 조달계획을 소명하지 못하여 H건설 인수를 위한 우선협상대상자의 지위를 잃고 입찰보증금 2,755억원을 몰취당하였다.

(2) X회사의 이사회의사록 열람등 청구경과

이후 2011. 7.부터 같은 해 11.까지 X회사는 Y회사에게 서신을 보내서, Y회사가 엘리베이터 및 에스컬레이터 사업과 무관하게 파생상품거래 등으로 손해를 보고 있는 것은 Y회사가 특정 주주의 이익만을 위한 무리한 행위를 한 것이 아닌지 의심이 든다는 등의 이유를 들어, Y회사에 대하여 파생상품거래, H건설 인수 참여 등과 관련한 자료 및 관련 이사회의사록을 제공할 것을 청구하였다.

이에 Y회사는 X회사의 열람·등사청구를 거절하면서, X회사가 요구하는 자료는 비밀유지의무상 공개할 수 없거나 열람·등사청구의 대상에 해당하지 않는 것이고, 많은 부분은 이미 공개된 것이며, H건설 인수와 관련 자료는 현재 진행 중인 소송에 관한 것이라는 등의 이유를 들었다. 그러자 X회사는 이 사건 열람·등사 신청을 제기하였다.

이 사건 원심은 X회사의 이 사건 열람·등사권 행사는 부당하다고 판단하면서 그 이유로, ① X회사가 2004년 Y회사 등과의 사이에 Y회사의 엘리베이터 사업부문을 분리하여 X회사가 그 경영권을 취득하고자 한다는 의향서를 체결하였다가 2005. 10.

서 정한 만기에 현실화되나, Y회사가 체결한 대부분의 파생상품계약에서 Y회사는 H상선의 주가 변동으로 인한 만기의 평가손실을 계약상대방에게 보상하기로 약정함으로써 위 주가 변동으로 인한 위험을 Y회사가 모두 부담하였다.

경 위 의향서를 해제하면서도 Y회사의 엘리베이터 사업부문 분리시 X회사 측에 통지하도록 한 점, ② X회사는 세계 2위의 엘리베이터 생산업체로서 2003년 국내 시장에 진출하여 J엘리베이터를 인수하였으나 괄목할 만한 성과를 내지 못하고 있었는데, 그러한 상황에서 위 의향서 해제 직후인 2006. 3.경 Y회사의 주식 25.54%를 취득하는 데에 막대한 자금을 투여한 점, ③ 특히 2010년 이후 Y회사가 파생상품계약에 따라 평가손실을 입었다거나 H건설의 인수에 참여하였다는 등의 사실을 알았음에도 계속하여 Y회사 주식을 대량으로 매집하여 35%에 이르는 지분을 확보한 점, ④ X회사가 위와 같이 사건본인의 주식 취득을 위하여는 거액의 자금을 투자하였으나, 자신의 국내 자회사인 주식회사 S엘리베이터에 대한 신규 투자금은 약 37억원에 불과한 점, ⑤ X회사는 Y회사에게 있어 H상선 경영의 지배가 가지는 의미가 크고 그 때문에 Y회사가 파생상품계약 체결 등의 방법으로 H상선의 경영권을 유지하고 있다는 것을 비롯하여 Y회사의 사정을 소상하게 파악하여 온 것으로 보이는 점, ⑥ 그러한 Y회사의 사정을 감안하여 Y회사에게 H상선 경영권의 확보를 도와주는 대신 엘리베이터 사업부문을 인수하고자 한다는 등의 취지를 담은 제안서를 보내기도 한 점, ⑦ Y회사가 위 제안을 거절하자, X회사는 Y회사의 주식 매집에 나서(약 1,640억원 투입) Y회사에 대한 지분율을 끌어 올리는 한편, 위 파생상품계약 등의 정당성을 문제삼으면서 Y회사에게 이와 관련한 상세한 자료의 제공을 요구하고 이 사건 열람 · 등사청구를 하기에 이른 점, ⑧ 이 사건 열람 · 등사청구의 주된 대상은 파생상품계약과 관련된 이사회의사록인데, Y회사가 체결한 파생상품계약과 이로 인한 손익 등의 주된 내용이 비교적 상세히 공시되고 있으므로, 이사회의사록을 열람하지 않더라도 그 내용을 쉽게 파악할 수 있는 점, ⑨ X회사는 2011. 1. 이후 Y회사 발행 주식의 33.34% 이상의 지분율을 유지하고 있어, Y회사가 주주총회 특별결의가 필요한 영업양도나 회사분할을 통하여 엘리베이터 사업부문을 분할하여 제3자에게 매각하려면 반드시 X회사의 동의를 받아야 하는 상황이 된 점 등을 종합적으로 고려하여 보면, X회사는 주주로서 Y회사의 경영을 감독하기 위하여서가 아니라, 주주라는 지위를 내세워 Y회사를 압박함으로써 Y회사로부터 엘리베이터 사업부문을 인수하거나 그와 관련하여 협상하는 과정에서 보다 유리한 지위를 점하기 위하여 이사회의사록 등에 대한 열람 · 등사를 청구하는 것으로 보인다는 점을 이유로 들었다.

그러나 대법원은 원심의 위 판단을 수긍하지 않았다. 즉, 위 ① 내지 ⑥의 사정은 신청인에게 사건본인의 엘리베이터 사업부문을 인수하고자 하는 의도가 있음을 인정할 수 있는 사정에 불과하고, 위 ⑧의 사정과 같이 사건본인이 체결한 파생상품계약이나 그 손익 등의 주된 내용이 비교적 상세히 공시된다 하더라도, 이러한 파생상품계약의 체결에 관한 이사회결의에 찬성한 이사가 누구인지 등을 알기 위하여는 이와 관련된 이사회의사록의 열람·등사가 필요하다는 점이 소명되며, 그 외에 H상선은 사업부진과 주가 하락에 따라 2011년 이후 대규모의 손실을 계속하여 보고 있어 H상선 주식을 기초자산으로 한 파생상품계약을 체결·유지하기 위하여 X회사가 부담한 손해는 이미 현실적으로 발생한 거래손실이 막대함은 물론 아직 현실적으로 발생하지 않은 평가손실마저도 매우 심화되었고 현실화될 개연성이 농후하다는 점, 또한 H그룹 컨소시엄이 H건설 입찰에 참여하면서 납입한 입찰보증금의 일부가 몰취될 경우 X회사는 일정 부분의 손해를 부담하여야 한다는 점까지 보태어 보면, X회사가 Y회사의 이사에 대하여 대표소송을 통한 책임추궁이나 유지청구, 해임청구를 하는 등 주주로서의 권리를 행사하기 위하여 관련 이사회의사록의 열람·등사가 필요하다고 인정되는 경우라고 보았다. 한편, 열람·등사청구의 대상인 이사회의사록이 엘리베이터 사업과 직접 관련된 것이 아니므로 신청인이 그 이사회의사록으로 취득한 정보를 경업에 이용할 우려가 있다고 볼 수 없고, 또한 X회사가 Y회사에 지나치게 불리한 시기를 택하여 열람·등사권을 행사한다고 볼 수도 없다고 하였다.

사정이 이와 같다면 설령 X회사에게 Y회사의 엘리베이터 사업부문을 인수하고자 하는 의도가 있고 그 의도가 구체화되는 과정에서 위 ⑦, ⑨의 사정이 생겼다는 점 등을 고려하더라도, X회사의 열람·등사청구가 Y회사의 경영을 감독하여 Y회사 및 그 주주의 이익을 보호하기 위한 것과 관계없이 Y회사에 대한 압박만을 위한 것으로 정당한 목적을 결하여 부당한 것은 아니라고 보았다.

2. 결정요지

상법 제391조의3 제3항, 제466조 제1항에서 규정하고 있는 주주의 이사회의사록 또는 회계 장부와 서류 등에 대한 열람·등사청구가 있는 경우, 회사는 청구가 부당함을 증명하여 이를 거부할 수 있다. 그런데 주주의 열람·등사권 행사가 부당한 것인지는 행사에 이르게 된 경위, 행사의 목적, 악의성 유무 등 제반 사정을 종합적으로 고려하여 판단하여야 하고, 특히 주주의 열람·등사권 행사가 회사업무의 운영 또는 주주 공동의 이익을 해치거나 주주가 회사의 경쟁자로서 취득한 정보를 경업에 이용할 우려가 있거나, 또는 회사에 지나치게 불리한 시기를 택하여 행사하는 경우 등에는 정당한 목적을 결하여 부당한 것이라고 보아야 한다.

적대적 인수 · 합병을 시도하는 주주의 열람 · 등사청구라고 하더라도 목적이 단순한 압박이 아니라 회사의 경영을 감독하여 회사와 주주의 이익을 보호하기 위한 것이라면 허용되어야 하는데, 주주가 회사의 이사에 대하여 대표소송을 통한 책임추궁이나 유지청구, 해임청구를 하는 등 주주로서의 권리를 행사하기 위하여 이사회의사록의 열람 · 등사가 필요하다고 인정되는 경우에는 특별한 사정이 없는 한 그 청구는 회사의 경영을 감독하여 회사와 주주의 이익을 보호하기 위한 것이므로, 이를 청구하는 주주가 적대적 인수 · 합병을 시도하고 있다는 사정만으로 청구가 정당한 목적을 결하여 부당한 것이라고 볼 수 없고, 주주가 회사의 경쟁자로서 취득한 정보를 경업에 이용할 우려가 있거나 회사에 지나치게 불리한 시기를 택하여 행사하는 등의 경우가 아닌 한 허용되어야 한다.

나아가 이사회의사록 열람 · 등사청구의 대상과 관련하여, 이사회결의 등을 위해 이사회에 제출된 관련 서류라도 그것이 이사회의사록에 첨부되지 않았다면 이는 열람 · 등사청구 대상에 해당하지 않으나, 이사회의사록에서 내용을 인용하고 있는 첨부자료[3]는 해당 이사회의사록의 일부를 구성하는 것으로서 이사회의사록 열람 · 등사청구의 대상에 해당한다.

3. 관련판례

(1) 대법원 2013.11.28. 선고 2013다50367 판결

상법 제391조의3 제4항의 규정에 의한 주주에 의한 이사회의사록의 열람 등 허가사건은 비송사건절차법 제72조 제1항에 규정된 비송사건이므로 민사소송의 방법으로 이사회 회의록의 열람 또는 등사를 청구하는 것은 허용되지 않는다.[4]

(2) 대법원 2017.11.9. 선고 2015다235841 판결

주주는 영업시간 내에 언제든지 주주명부의 열람 또는 등사를 청구할 수 있고(상법 제396조 제2항), 자본시장과 금융투자업에 관한 법률(이하 '자본시장법'이라고 한다)에서 정한 실질주주 역시 이러한 주주명부의 열람 또는 등사를 청구할 수 있다(자본시장법 제315조 제2항). 그런데 자본시장법에 따라 예탁결제원에 예탁된 상장주식 등에 관하여 작성되는 실질주주명부는 상법상 주주명부와 동일한 효력이 있으므로(자본시

3) '별첨', '별시' 또는 '첨부' 등의 용어를 사용하여 그 내용을 인용하고 있는 경우 인용되는 서류를 말한다.

4) 이사회의사록 열람 · 등사 허가는 비송사건으로서 증거조사에 관하여 직권탐지주의가 적용된다. 전휴재, "회계장부 등 서류의 열람등사 가처분에 관한 실무상의 논점," 저스티스 제87호(한국법학원, 2005), 115면.

장법 제316조 제2항), 위와 같은 열람·등사청구권의 인정 여부와 필요성 판단에서 주주명부와 달리 취급할 이유가 없다. 따라서 실질주주가 실질주주명부의 열람 또는 등사를 청구하는 경우에도 상법 제396조 제2항이 유추적용된다. 열람 또는 등사청구가 허용되는 범위도 위와 같은 유추적용에 따라 '실질주주명부상의 기재사항 전부'가 아니라 그중 실질주주의 성명 및 주소, 실질주주별 주식의 종류 및 수와 같이 '주주명부의 기재사항'에 해당하는 것에 한정된다. 이러한 범위 내에서 행해지는 실질주주명부의 열람 또는 등사가 개인정보의 수집 또는 제3자 제공을 제한하고 있는 개인정보보호법에 위반된다고 볼 수 없다.

Ⅱ. 결정의 평석

1. 결정의 의의

이 사건 결정은 주주의 이사회의사록 또는 회계의 장부와 서류 등에 대한 열람·등사권 행사가 부당한지 판단하는 기준에 관하여 특히 적대적 인수·합병의 의도가 전제된 상황에서 비교적 상세히 설시하고 있다. 즉 주주로서 권리를 행사하기 위하여 이사회의사록의 열람·등사가 필요하다고 인정되는 경우, 열람·등사를 청구한 주주가 적대적 인수·합병을 시도하고 있다는 사정만으로 원칙적으로 해당 청구를 부당하다고 할 수 없으므로, 적대적 인수·합병을 시도하는 주주의 열람·등사청구 역시 인정될 수 있다. 나아가 이사회결의 등을 위하여 이사회에 제출된 관련 서류가 이사회의사록 열람·등사청구의 대상에 해당하는지도 확인하였다.

2. 이사회의사록의 공시 및 열람·등사청구권

(1) 이사회의사록의 공시

상법은 이사회의 의사에 관하여 의사록을 작성하도록 하고 있으며(상법 제391조의3 제1항), 의사록에는 의사의 안건, 경과요령, 그 결과, 반대하는 자와 그 반대이유를 기재하고 출석한 이사 및 감사가 기명날인 또는 서명하도록 하고 있다(상법 제391조의3 제2항). 이때 이사회의사록에 반대하는 자를 기재하게 하는 이유는 이사회결의의 집행행위에 관하여 이사 책임을 추궁할 경우 결의에 찬성한 이사에 대하여도 그 책임을 묻는데, 반대자의 기재는 찬성한 자가 누구인지에 관한 추정근거가 될 수 있다.[5]

주주총회의사록과 달리 이사회의 결의는 기업기밀에 속하는 사항도 다수 들어 있으므로 주주총회의 의사록과 같이 주주와 채권자에게 언제나 공개하도록 할 경우 기업의 영업에 적지 않은 문제를 야기할 수 있다. 따라서 상법은 종전[6]과 달리 이사회의사록에 대하여 주주총회의사록과 달리 취급하고 있다. 즉, 이사회의사록은 회사에 비치할 의무가 없으나, 주주는 특별한 이유 없이도 영업시간 내 이사회의사록의 열람 또는 등사를 청구할 수 있다(상법 제391조의3 제3항). 다만 회사의 채권자는 열람 · 등사 청구권을 갖지 않는다.

(2) 이사회의사록 열람 · 등사청구에 대한 회사의 거절

1) 회사의 거절권

이사회의사록에 대한 주주의 열람 · 등사청구에 대하여 회사는 이유를 붙여 이를 거절할 수 있다(상법 제391조의3 제4항 전단). 다만 이 경우 상법에는 명문규정을 두고 있지 아니하나 회사의 열람 거절은 '정당한 사유'에 근거하여야 함은 물론이다. 회사가 이사회의사록의 열람 · 등사를 거절할 수 있는 정당한 사유가 있는지에 관하여 다툼이 있을 수 있으며, 이 경우 주주는 법원의 허가를 얻어 이사회의사록을 열람 또는 등사하는 것이 가능하다(상법 제391조의3 제4항 후단). 주주와 회사 간에 이사회의사록 열람 · 등사를 둘러싸고 분쟁이 생길 경우 법원은 회사가 열람 · 등사를 거절할 수 있는 정당한 사유가 존재하는지를 심리하게 된다. 이 경우 정당한 거절권의 범위가 문제된다.

2) 정당한 거절권의 범위

이사회의사록 열람 · 등사청구에 대한 회사의 정당한 거절권 행사 범위에 대하여 논의가 활발하지 않으나, 국내 문헌상 ① 이사회의사록의 열람 · 등사를 허용하더라도 회사의 이익이 침해되지 아니하는 경우에 회사의 거절이 부당하므로 열람 · 등사를 허가하여야 하며, 나아가 회사의 거절 이유가 타당하더라도 주주가 이사의 책임 추궁을 하기 위하여 필요하다거나 이사의 해임청구 등 기타 주주의 권리 행사에 부득이하게 필요한 경우에는 열람 · 등사를 허가하여야 한다거나,[7] ② 이사회의사록의 열람 · 등사는 주주의 권리행사이므로 이익의 비교형량 결과 회사에 현저한 손해가 생

---

5) 이철송, 회사법강의, 제24판, 박영사, 2016, 686면.

6) 한편 1999.12.31. 개정 이전의 상법은 이사회의사록도 회사의 정관 및 주주총회의사록 그리고 사채원부와 함께 비치하여 주주와 회사채권자가 영업시간 내에 언제든지 열람 · 등사를 청구할 수 있도록 하였다(개정 전 상법 第396條).

7) 이철송, 전게서, 688면.

길 우려가 없을 경우에 허용된다는 견해[8] 등이 소개되어 있다.

주주는 이사회의사록의 열람 또는 등사가 필요한 이유가 '주주로서의 권리'를 행사하기 위함임을 소명하여야 한다. 따라서 근로계약상 권리, 매매나 임대차 등 거래상 권리의 행사를 위하여 열람·등사를 구할 경우, 주주의 지위와 관계없이 소송의 증거자료를 얻거나 회사 측에 심리적 압박을 가하여 유리한 양보를 얻으려고 하는 등 회사와의 분쟁에서 유리한 지위를 점하고자 하는 수단으로 행사할 경우, 또는 경업자(競業者)가 상대방 회사의 경영정보를 알아낼 목적으로 행사하는 경우 등과 같이 주주로서의 지위와 무관하게 개인적인 이익 추구를 목적으로 할 경우에는 열람·등사가 허용될 수 없다.

또한 이사회결의 내용 중에는 회사의 중요한 경영판단이나 기밀사항이 포함될 수 있고 이 경우 열람·등사에 의한 공개로 인하여 회사에 심각한 손해가 생길 수 있으므로, 열람·등사를 허용함으로써 주주가 얻는 이익과 회사의 기업비밀 확보의 이익을 비교·형량하여 회사가 현저한 손해가 생길 우려가 있다면 열람·등사를 제한하여야 한다.[9]

3. 검 토

상법상 주주의 이사회의사록 또는 회계 장부와 서류 등에 대한 열람·등사청구가 있는 경우, 회사는 그 청구가 부당함을 증명하여 이를 거부할 수 있다(상법 제391조의3 제3항, 제466조 제2항). 주주의 열람·등사권 행사가 부당한 것인지 여부를 판단함에는 그 행사에 이르게 된 경위, 행사의 목적, 악의성 유무 등 제반 사정을 종합적으로 고려하여야 한다.[10]

대상결정의 사실관계에서는 회사에 대한 적대적 인수·합병을 시도하는 주주가 열람·등사청구를 구하고 있으므로 이 점에서 열람·등사의 청구가 회사업무의 운영 또는 주주 공동의 이익을 해치거나 또는 회사에 지나치게 불리한 시기를 택하여 행사하는 경우라는 의심이 제기될 수 있다.[11] 또한 열람·등사청구 주주가 사건본인인

8) 전휴재, 전게논문, 114–115면.

9) 이 견해는 법원이 열람·등사의 허가 여부를 판단함에 있어서 신청인의 주식취득 시기, 주식수의 다과, 신청인과 회사와의 개별적 관계, 신청인의 목적이 실현될 가능성, 다른 방식으로 용이하게 정보수집이 가능한지 여부, 신청 이유가 주주의 이익에 중대한 관계가 있는 사항인지 등의 제반사정을 종합적으로 검토하여야 한다고 한다. 전휴재, 상게논문, 115면.

10) 대법원 2004.12.24. 자 2003마1575 결정.

11) 대법원 2004.12.24. 자 2003마1575 결정.

대상회사와 동종영업을 영위하고 있으므로 해당 주주가 회사의 경쟁자로서 그 취득한 정보를 경업(競業)에 이용할 우려가 있다는 점도 주장될 수 있다. 이 사건 결정은 이러한 상황에서 회사가 이사회의사록을 공개하여야 하는 기준에 대하여 설시한 점에서 의의가 있다.

대법원은 적대적 인수·합병을 시도하는 주주에 의한 열람·등사청구라고 하여도 그 목적이 단순한 압박이 아니라 회사의 경영을 감독하여 회사와 주주의 이익을 보호하기 위한 경우 열람·등사가 허용되어야 할 것으로 보았다. 구체적으로 주주가 회사의 이사에 대하여 대표소송을 통한 책임추궁이나 유지청구, 해임청구를 하는 등 주주로서의 권리를 행사하기 위한 경우이고 이를 위하여 이사회의사록의 열람·등사가 필요하다고 인정되는 경우, 특별한 사정이 없는 한 그 청구는 회사의 경영을 감독하여 회사와 주주의 이익을 보호하기 위한 것이라고 할 것이므로, 해당 열람·등사 청구를 원칙적으로 허용하여야 할 것으로 보았다. 다만 주주가 회사의 경쟁자로서 그 취득한 정보를 경업에 이용할 우려가 있거나 또는 회사에 지나치게 불리한 시기를 택하여 행사하는 등의 경우에는 열람·등사청구가 허용되지 아니한다고 하였다.

(양기진)

55 이사회의 운영

대법원 1992.4.14. 선고 90다카22698 판결

Ⅰ. 판결개요

1. 사실관계

Y회사의 대표이사 A와 이사인 X 사이에 Y회사의 경영권을 둘러싸고 계속되어 온 분쟁을 근원적으로 해결하기 위하여, X가 그의 주식소유지분에 상응하는 재산을 Y회사로부터 양수하여 Y회사와는 별도로 독자적인 영업을 하는 대신 Y회사는 X의 주식을 양수하여 감소된 재산에 상응하는 주식을 소각시키거나 X의 주식을 Y회사의 대표이사 A와 B가 양수함으로써 X를 제외한 A 등이 Y회사를 명실상부하게 소유 경영하게 약정을 체결하였다.

이 사건 양도약정이 이사인 X와 Y회사 사이의 거래로서 이사회의 승인을 받아야 된다는 전제 아래, 양도약정 당시 Y회사의 이사로는 X, A, C 감사로는 D가 각 선임되어 있었는데 X와 위 A는 C에 대한 소집통지를 함이 없이 Y회사의 회의실에서 이사회를 열어 위 양도약정을 만장일치로 의결하였다. C는 위 A의 형수로서 등기부상 이사로 등재되어 있기는 하나 이는 명목에 불과하여 Y회사의 경영에 전혀 참가하지 않고 그 경영에 관한 모든 사항은 X와 위 A에게 위임하여 그들의 결정에 따르며 필요시 이사회 회의록 등에 날인만 하여 주고 있었다. 원심은 비록 C가 이사회에 참석하였다고 하더라도 C의 Y회사 경영에 관한 태도에 비추어 보아 위 양도약정을 승인하였을 것으로 보여지고, 실제 C는 그 후 이 사건 양도약정에 대한 동의의 뜻으로 위 이사회 회의록에 날인한 사실 등을 인정한 다음, 이사 3명 중 위 C에 대한 소집통지 없이 열린 위 이사회에서 이루어진 위 양도약정에 대한 승인의결은 위 C가 소집통지를 받고 참석하였다 하더라도 그 의결의 결과에 영향이 없었다고 보여지므로 승인의결은 결국 유효한 것이라고 판단하였다. Y회사가 제기한 상고에 대하여 대법원은 특별이해관계가 있는 이사가 이사회에 참석한 위 사건에서의 이사회의 정족수 산정은 적법하다고 판시하였다.

2. 판결요지

이사 3명 중 회사의 경영에 전혀 참여하지 않고 경영에 관한 모든 사항을 다른 이사들에게 위임하여 놓고 그들의 결정에 따르며 필요시 이사회 회의록 등에 날인만 하여 주고 있는 이사에 대한 소집통지 없이 열린 이사회에서 한 결의는 위 이사가 소집통지를 받고 참석하였다 하더라도 그 결과에 영향이 없었다고 보여지므로 유효하다.

특별이해관계가 있는 이사는 이사회에서 의결권을 행사할 수는 없으나 의사정족수 산정의 기초가 되는 이사의 수에는 포함되고 다만 결의성립에 필요한 출석이사에는 산입되지 아니하는 것이므로 회사의 3명의 이사 중 대표이사와 특별이해관계 있는 이사 등 2명이 출석하여 의결을 하였다면 이사 3명 중 2명이 출석하여 과반수 출석의 요건을 구비하였고 특별이해관계 있는 이사가 행사한 의결권을 제외하더라도 결의에 참여할 수 있는 유일한 출석이사인 대표이사의 찬성으로 과반수의 찬성이 있는 것으로 되어 그 결의는 적법하다.

3. 관련판례

대법원 1991.5.28. 선고 90다20084 판결

이해관계 있는 이사는 이사회에서 의결권을 행사할 수는 없으나, 의사정족수 산정의 기초가 되는 이사의 수에는 포함되고, 다만 결의성립에 필요한 출석이사에는 산입되지 아니한다.

Ⅱ. 판결의 평석

1. 판결의 의의

대상판결은 이사회의 소집통지시 회사 경영에는 참여하지 않고 명목상 재임하던 이사에 대한 소집통지를 하지 않았다 하더라도 그 이사회결의는 유효하다고 보았고,

이사회결의 사항에 대하여 특별이해관계 있는 이사가 있는 경우 그 특별이해관계 있는 이사는 의사정족수에는 포함되나 결의정족수에서는 제외되는 것으로 판시하고 이를 구체적 사례에 적용한 예를 제시하였다.

2. 이사회의 구성과 의결

(1) 이사회의 법적 성격

이사회는 이사 전원으로 구성되는 회의체로서 원칙적으로 주식회사의 법정 필요적 기관이다. 이사회는 상법 또는 정관에서 주주총회의 권한으로 정하고 있는 사항 이외의 사항에 대한 의사를 결정하고 이사의 직무집행을 감독하는 기관이다. 회사는 원칙적으로 3인 이상의 이사를 선임하여야 하므로(상법 제383조 제1항 본문), 이사회는 3인 이상의 이사로 구성된다. 다만, 주식회사 중 자본금의 총액이 10억원 미만의 소규모회사의 경우에는 1인 또는 2인의 이사만을 선임할 수 있는데(상법 제383조 제1항 단서), 그러한 소규모 주식회사는 회의체로서 이사회가 존재하지 않게 된다. 이사의 수가 3인 미만인 소규모 주식회사의 경우에는 이사회의 권한 중 중요한 결의사항은 주주총회에서 결의하도록 하며(상법 제383조 제4항), 주주총회의 소집결정 등 중요하지 않은 사항에 대해서는 각 이사가 결정하거나 이사회의 기능을 담당하도록 하고(상법 제383조 제6항), 비교적 경미한 사항에 대해서는 이사회의 결의사항에서 제외하고 있다(상법 제383조 제5항).

(2) 이사회의 소집절차

이사회의 소집은 원칙적으로 각 이사가 할 수 있지만(상법 제390조 제1항 본문), 이사회의 결의로 회의를 소집할 이사를 정한 때에는 그 소집권자만이 소집할 수 있다(상법 제390조 제1항 단서). 소집권자가 정해져 있는 경우 소집권자로 지정되지 않은 다른 이사는 소집권자인 이사에게 이사회 소집을 요구할 수 있으며, 소집권자인 이사가 정당한 이유 없이 이사회 소집을 거절하는 경우에는 이사회의 소집을 요구한 이사가 이사회를 소집할 수 있다(상법 제390조 제2항). 감사는 이사가 법령 또는 정관에 위반한 행위를 하거나 그 행위를 할 염려가 있다고 인정한 때에는 이사회에 보고의무가 있음에도(상법 제391조의2 제2항) 그동안 상법에서는 감사를 이사회의 소집권자로 규정하고 있지 않았으나, 2012년 4월 15일 시행된 개정상법에서는 감사를 이사회 소집권자로 규정하고 있다. 개정상법에 따라 감사는 필요하면 회의의 목적사항과 소집이유를 서면으로 적어 이사(소집권자가 있는 경우에는 소집권자를 말한다)에게 제출하여 이사회의 소집을 청구할 수 있으며(상법 제412조의4 제1항), 이러한 청구에도 불구하고 이사가 지체 없이 이사회를 소집하지 아니하면 직접 이사회를 소집할 수 있다(상법 제412조의4 제2항).

이사회를 소집하려면 소집권자가 회일을 정하고 그 1주간 전에 각 이사 및 감사에 대하여 통지를 발송하여야 하며, 이 기간은 정관으로 단축할 수 있다(상법 제390조 제3항). 소집통지를 서면으로 하여야 한다는 제한이 없으므로 소집통지는 구두나 전화 기타 방법으로도 할 수 있다. 회의의 목적사항을 통지하여야 하는가에 관해서는 이를 긍정하는 견해도 있으나,[1] 이사회를 소집할 경우에는 주주총회의 소집의 경우와 달리, 정관에서 회의의 목적사항을 통지하도록 정하고 있거나 목적사항을 미리 통지하지 아니하면 이사회에서의 심의·의결에 현저한 지장을 초래하는 등의 특별한 사정이 없는 한 이사회 소집통지에 회의의 목적사항을 함께 통지할 필요는 없다고 본다.[2] 소집통지 절차에 하자가 있더라도 이사 전원이 이사회에 출석하여 소집절차의 하자를 다투지 않고 결의를 하였다면 소집절차의 하자는 치유된다고 본다. 이사 및 감사 전원의 동의가 있는 때에는 소집절차 없이 언제든지 회의할 수 있다(상법 제390조 제4항). 이사 및 감사의 동의는 묵시적으로도 가능하며, 정관 또는 이사회 규칙으로 정례 회일을 정하여 놓은 경우에는 소집절차가 필요하지 않다고 해석된다.[3]

(3) 이사회의 결의요건

일반적인 이사회의 결의는 이사 과반수의 출석과 출석이사의 과반수로 하여야 한다(상법 제391조 제1항 본문). 이사회의 결의요건은 정관으로 가중할 수 있으나 완화하지는 못한다(상법 제391조 제1항 단서). 이사회의 결의요건을 가중할 경우 일부 이사에게 거부권을 주는 정도로 결의요건을 가중할 수 없으므로 그러한 결의요건을 규정한 경우에는 무효라는 설이 있으나, 결의요건의 가중은 이사 전원의 동의로 가중하는 것도 가능하며 실무상 합작회사의 경우에는 이사회의 만장일치 사항을 규정하기도 한다. 그러나 대표이사나 특정이사에게 거부권을 부여하는 것은 허용되지 않는다.

(4) 이사회의 결의방법

이사회는 이사가 직접 회의에 출석하여 결의를 하여야 하며, 상법상 이사회를 개

1) 최기원, 상법학신론(상), 제20판, 박영사, 2014, 784면.
2) 이철송, 회사법강의, 제26판, 박영사, 2018, 687면; 대법원 2011.6.24. 선고 2009다35033 판결.
3) 최기원, 전게서, 784면; 이철송, 상게서, 688면.

최하지 않고 서면결의로 이사회의 결의에 갈음하는 결의나 위임장을 수여받은 대리인이 참석하여 결의하는 대리인에 의한 결의도 허용되지 않는다.[4] 다만, 현행 상법은 정관에서 달리 정하는 경우를 제외하고 이사회는 이사의 전부 또는 일부가 직접 회의에 출석하지 아니하고 모든 이사가 음성을 동시에 송·수신하는 통신수단에 의하여 결의에 참가하는 것을 허용하고 있는데, 이 경우 당해 이사는 이사회에 직접 출석한 것으로 본다(상법 제391조 제2항). 개정전 상법의 규정에 의하면 '동영상과 음성'을 동시에 송·수신할 수 있는 통신수단에 의하여 결의에 참가하는 것만을 허용하고 있으므로 '음성'만을 동시에 송·수신할 수 있는 컨퍼런스 콜은 유효한 이사회의 결의방법이 될 수 없었다. 그러나 2012년 4월 15일에 시행된 개정 회사법은 실무상 컨퍼런스 콜을 사용하여 회의하는 경우가 많고, 미국의 경우에는 회사법상 컨퍼런스 콜을 유효한 이사회의 개최방법으로 인정하는 점 등을 감안하여 "모든 이사가 음성을 동시에 송수신하는 원격통신수단에 의하여 결의에 참가하는 것을 허용할 수 있다"로 상법 제391조 제2항 전문을 개정함으로써 컨퍼런스 콜에 의한 이사회결의도 유효한 것으로 하고 있다.

(5) 이사회의 결의하자를 다투는 방법

이사회결의가 그 결의내용이나 소집절차·결의방법에 하자가 있을 경우 그 하자를 다툴 수 있는 방법에 대하여 상법은 주주총회의 결의하자의 경우와 달리 결의하자를 다투는 방법을 규정하고 있지 않다. 따라서 이사회결의 하자에 대해서는 그 하자의 유형을 구별하지 않고 민법의 일반원칙에 의하여 그 무효를 주장할 수 있다.[5] 이사회결의의 하자가 있는 경우에는 이해관계인은 무효를 주장하는 방법의 제한을 받지 않기 때문에[6] 항변이나 결의무효확인의 소로 주장할 수 있다.[7] 이사회결의 무효확인소송이 제기되어 승소확정판결을 받은 경우에도 그 판결은 대세적 효력이 없다.[8]

---

4) 대법원 1982.7.13. 선고 80다2441 판결 참조.

5) 최기원, 전게서, 789면.

6) 대법원 1982.7.13. 선고 80다2441 판결(이사회는 주주총회의 경우와는 달리 원칙적으로 이사자신이 직접 출석하여 결의에 참가하여야 하며 대리인에 의한 출석은 인정되지 않고 따라서 이사가 타인에게 출석과 의결권을 위임할 수도 없는 것이니 이에 위배된 이사회의 결의는 무효이며 그 무효임을 주장하는 방법에는 아무런 제한이 없다).

7) 최기원, 전게서, 789면.

8) 대법원 1988.4.25. 선고 87누399 판결.

3. 특별이해관계인의 의결권행사

(1) 이사회의 결의와 특별이해관계인

이사회의 결의사항에 대해서 특별한 이해관계가 있는 이사는 의결권을 행사하지 못한다(상법 제391조 제3항, 제368조 제4항). 상법은 특별이해관계가 있는 이사가 행사할 수 없는 의결권의 수는 출석한 이사의 의결권의 수에 산입하지 아니한다고만 규정하고 있으나(상법 제391조 제3항, 제371조 제2항), 판례는 그 취지를 이해관계 있는 이사는 의결정족수의 산정의 기초가 되는 이사의 수에는 포함되나, 결의성립에 필요한 출석이사의 수에는 산입되지 않는다는 의미로 해석하고 있다.[9] 특별이해관계 있는 이사의 의결권을 행사하지 못하도록 한 이유는 회사의 수임자로서 회사의 이익을 위해서 의결권을 행사하여야 할 이사가 자신의 이익을 위하여 의결권을 행사할 수 없도록 하기 위함이다. 특별이해관계 있는 이사가 이사회에 출석하여 의결권을 행사한 경우에 출석이사의 과반수의 찬성을 어떻게 결정하여야 하는지 여부에 대하여, 대상판결은 회사의 3명의 이사 중 대표이사와 특별이해관계 있는 이사 등 2명이 출석하여 의결을 하였다면 이사 3명 중 2명이 출석하여 과반수 출석의 요건을 구비하였고, 특별이해관계 있는 이사가 행한 의결권을 제외하더라도 결의에 참여할 수 있는 유일한 출석이사인 대표이사의 찬성으로 과반수 찬성이 있는 것으로 되어 그 결의는 유효한 것으로 보았다.

(2) 특별이해관계인의 기준과 범위

특별이해관계 있는 이사는 이사회결의에서 의결권을 행사할 수 없으므로 무엇을 기준으로 특별이해관계가 있는지를 결정할 것인지가 중요하다. 그러나 특별이해관계 있는 이사의 기준과 범위에 대해서는 상법에는 규정이 없으므로 주주총회에서 주주의 특별이해관계와 마찬가지로 그 기준과 범위가 문제된다.

이사회에서 특별이해관계인의 의결권을 제한하는 상법 제391조 제3항이 준용하는 상법 제368조 제4항의 주주총회결의에 있어서 특별이해관계인의 의미에 대하여 1) 결의에 의하여 권리를 얻거나 의무를 면하는 등의 이해관계가 있는 자 및 경제적으로 일체관계에 있는 자라는 법률상이해관계설, 2) 모든 주주에게 평등하게 관계되지 않고 특정한 주주만에 관한 개인적 이해관계가 있는 자라는 특별이해관계설, 3) 주주의 지위와는 관계없이 개인적으로 갖는 이해관계로 보는 개인법설이 있으며, 이 중 개인법

---

9) 대법원 1991.5.28. 선고 90다20084 판결.

설이 통설이다.[10] 이사회의 결의에 대해서도 개인법설의 입장에서 특별이해관계의 범위를 이사의 지위와 관계없이 개인적으로 갖는 이해관계로 보는 것이 타당하다.

개인법설의 입장에서 보면 이사의 경업승인을 위한 이사회결의에서 그 승인을 구하는 이사(상법 제397조 제1항), 자기거래의 당사자인 이사(상법 제398조), 주식양도제한을 하고 있는 회사에서 양도 승인을 청구하는 이사(상법 제335조의2)는 이사의 지위와 관계없이 개인적인 입장에서 회사와의 경업, 회사와의 거래, 주식양도 등의 승인을 구하고 있는 점에서 특별이해관계 있는 이사에 해당한다. 그러나 대표이사의 선임·해임 결의의 경우는 개인적인 입장에서 하는 거래행위에 대한 승인을 요구하는 것이 아니라 회사에 대한 지배권을 행사하는 것이므로 당해 이사는 특별이해관계인이 아니라고 본다. 또한 정관이나 주주총회의 결의에서 정해진 보수총액의 범위 내에서 각 이사에 대한 보수를 분배하기 위한 이사회의 결의에 있어서 각 이사는 특별이해관계인이 아니라고 본다.[11]

4. 대상판결의 검토

대상판결에서 X는 Y회사의 이사로서 Y회사로부터 회사의 영업을 양수하고, 그 대가로 X 소유의 회사의 주식을 Y회사에 양도하려는 목적으로 약정을 체결하였으므로, 이 약정은 이사의 자기거래로서 이사회의 승인을 요하는 거래이다(상법 제398조). 대상판결 당시 이사의 자기거래는 일반적인 이사회결의 요건인 이사 과반수의 출석과 출석이사의 과반수의 승인이 필요하였으나, 그 후 상법의 개정으로 이사의 자기거래의 승인은 이사 3분의 2 이상의 수로써 하여야 하도록 결의요건이 강화되었다. 개정 상법상 강화된 자기거래 결의요건 충족 여부의 판단에 있어서도, 특별이해관계에 따른 이사회 의사정족수 및 의결정족수에 대한 대상판결에서의 산정방법은 유사하게 적용될 것이다. 자기거래에서 거래의 당사자인 이사는 이사회에서 특별이해관계로 인하여 의결권을 행사할 수 없는 자로 보아야 한다(상법 제391조 제3항, 제368조 제4항). 자기거래는 이사의 지위와는 관계없이 개인적인 지위에서 회사와 거래를 하는 것이기 때문이다. 문제는 특별이해관계가 있는 이사는 이사회에서 의결권을 행사할 수 없다는 의미인데, 상법은 출석한 이사의 수에 산입하지 아니한다고만 규정하고 있다(상법 제371조 제2항). 이러한 문제는 주주총회의 결의에서도 이해관계 있는 주주가 의결권을 행사할 수 없는 경우에도 발생하는데, 반대설은 있지만 주주총회에서도 발행주

10) 최기원, 전게서, 718면.
11) 상게서, 789면.

식총수에는 산입하지만, 결의의 성립에 필요한 다수결의 계산에 있어서 출석주주의 의결권의 수에 산입하지 않는다는 의미로 해석되고 있다.[12]

대상판결은 특별이해관계 있는 이사의 의결권은 의사정족수의 산정의 기초가 되는 이사의 수에는 포함되고 결의성립에 필요한 출석이사에는 산입되지 않는 것으로 상법 제371조 제2항의 해석의 기준을 제시한 것이다. 이러한 기준에 의하면 이사회는 Y회사 총 3인의 이사 중에서 X와 A 2인이 출석하여 과반수 출석요건을 갖춘 것이 되고, X와 A 중 이해관계 있는 X를 제외하면 A만이 의결권을 행사할 수 있는 유일한 이사가 되고, 결국 결의에 참여할 수 있는 유일한 이사 A가 결의에 찬성하였으니 출석한 이사 전원이 찬성한 것이 된다는 해석을 하고 있는 것이다.

이러한 해석은 일견 타당해 보이기는 하지만, 두 가지 문제점이 있다.

첫째, 대상판결은 이사회 소집절차상의 요건인 소집통지시 이사 전원에 대하여 소집통지를 하지 않고 일부 이사에만 소집통지를 하였는데, 소집통지를 받지 않은 이사가 과거 경영에 관한 사항을 다른 이사에게 위임하여 놓고 일체 경영에 관여하지 않았다는 이유로 동 이사가 회의에 참석하였더라도 회의의 결과에 영향이 없었다고 보여지므로 그 이사에게 소집통지를 하지 않은 소집절차상의 하자에도 불구하고 이사회결의는 유효하다는 취지의 판시를 한 것은 문제의 소지가 있다고 본다. 상법상 이사는 회사에 대하여 선관주의 의무(상법 제382조 제2항, 민법 제681조)와 충실의무(상법 제382조의3)를 지는데 이사가 회사의 경영에 대하여 일체 관여하지 않고 경영에 관한 사항을 일체 다른 이사들에게 위임하고 이사회의사록에 날인만 하는 정도라면 이는 이사로서의 선관주의 의무과 충실의무를 위반한 것이라 할 수 있다. 이사가 선관주의 의무와 충실의무를 위반한 행위는 위법한 행위라 할 것인데, 이러한 위법한 행위로 인한 이사회의 결의 불참이 있더라도 당해 이사회의 결의는 유효한 것이라고 하게 되는 것이다. 그렇다면 형식적·명목적으로 이사의 지위를 보유하는 자에 대해서는 그 자의 이사회의 참석 여부에도 불구하고 이사회의 결의가 유효하게 되는 문제가 있다. 이는 명목적인 이사의 사용과 그 이사의 이사회 불참을 조장하는 결과를 낳게 되고, 이사회 중심의 경영을 하도록 이사 및 이사회 제도를 규정한 취지에도 맞지 않는다고 생각된다. 따라서 일부 이사에게 소집통지를 하지 않았다면 그 이사가 이사로서의 의무를 다하지 않고 일체의 경영사항을 다른 이사에게 위임하였다 하더라도 그러한 이사회는 유효하다고 해석하기보다는, 이는 이사회 소집절차상의 하자로

12) 최기원, 전게서, 719면.

보아 이사회의 결의에 하자가 있는 것으로 보고 다만 그 하자를 이러한 사정을 잘 알면서 과거에 계속 묵인하여 왔던 당사자가 지금 와서 이사회의 무효를 주장하는 것은 신의칙에 반하므로 그 당사자는 회사를 상대로 이사회의 결의하자를 주장할 수 없다고 보는 것이 타당할 것으로 본다.

둘째, 이사회의 결의에 있어서 특별이해관계 있는 이사는 의결권이 없으므로 X는 결의에 참석하여 의결권을 행사하여서는 안 되는데도 불구하고, X는 결의에 참석하여 의결권을 행사하였다. 대상판결은 의결권이 없는 X가 의결권을 행사한 것에 대해서는 단순히 사후에 출석한 의결권의 수에서 배제하여 결의요건을 갖추었는지를 다시 산정하여 결의유효 여부를 판단하면 된다는 논리이다. 그러나 의결권을 행사할 수 없는 자가 의결권을 행사하였다는 것 자체가 이사회의 결의하자로 볼 수 있으므로 그러한 결의는 하자 있는 결의로서 무효라고 볼 수 있다. 상법의 취지가 특별이해관계 있는 이사는 이사회에서 의결권을 행사하여서는 안 된다는 의미로 해석되어야지, 특별이해관계 있는 자가 이사회에서 의결권을 행사해도 무방하되 다만 사후에 그 행사한 의결권 수는 출석한 이사의 의결권 수에서만 제외하면 된다는 것은 동 조항을 규정한 목적을 간과하고 지나치게 형식적인 논리로 조문을 해석한 것으로 볼 수 있다.

(윤성승)

56 이사회결의 사항과 중요한 자산의 처분

대법원 2005.7.28. 선고 2005다3649 판결

Ⅰ. 판결개요

1. 사실관계

X회사(원고)는 2002. 12. 23. Y회사(피고)의 토지 및 건물과 이에 부착·설치된 부속설비 일체를 매매대금 160억 6,400만원에 매수하는 매매계약을 체결하였으나, Y회사는 위 매매계약을 체결하면서 이사회의 결의를 거치지 아니하였다. 위 부동산 등의 가격은 감정평가에 의하면 2002. 12. 24. 현재 약 158억원이고, 2003. 3. 18. 현재에는 약 221억원이다. Y회사의 이사회규정(2002. 12. 24.자로 개정되기 전)은 이사회에 부의할 사항으로 '자본금의 30% 이상에 상당한 주요 자산의 취득, 임대차 또는 처분'을 규정하였다가, 그 후 위 조항을 '최근 사업연도 말 자산총액의 10% 이상에 상당한 주요 자산의 취득, 임대차 또는 처분'으로 개정(2002. 12. 24.자)하였다. 피고의 자본금은 2001. 12. 31. 현재 약 16억원이고, 2002. 12. 31. 현재 약 1,199억원이며(위 매매계약 체결 이전에 Y회사는 유상증자 등을 통하여 이미 자본금이 1,199억여 원에 이르렀다.), 대차대조표상 자산총계는 2001. 12. 31. 현재 약 3,211억원이고, 2002. 12. 31. 현재 약 2,769억원으로서, 위 부동산은 그 매매가격을 기준으로 할 때 2001년 말 자산총액의 5% 상당이고, 2002년 말 자산총액의 5.8% 상당에 해당한다.

Y회사가 위 매매계약에 따른 위 부동산의 소유권이전등기의무를 이행하지 않음에 따라 X회사는 위 매매계약에 따른 소유권이전등기를 청구하였다. Y회사는 위 매매계약은 Y회사의 이사회규정에 의하면 이사회의 결의가 필요한 데도 그 결의를 거치지 아니하여 무효이며, 이 사건 매매계약에 대하여 이사회의 결의가 없었음을 X_1회사(X로 상호가 변경되기 전 회사상호)가 알았거나 알 수 있었다라고 주장하였다.

2. 판결요지

원심과 대법원은 원고의 청구를 인용하였다.

(1) 원심 판결

제393조 제1항의 '중요한 자산'을 어느 범위로 인정할 것인가에 관하여 원심은 개개의 주식회사가 정관 또는 이사회규정으로 구체화할 수밖에 없다고 보면서, 피고의 자본금(이 사건 매매계약 이전에 유상증자에 의하여 증가된 자본금을 기준으로 한다)의 13%, 자산총계의 약 5~6%에 해당하고, 따라서 피고의 위 개정 전후의 어느 이사회규정에 의하더라도 이 사건 매매계약이 피고 이사회의 결의사항에 해당한다고 보기는 어렵다고 판단하였다.

또한 이 사건 매매계약에 대하여 이사회의 결의가 없었음을 우성종합개발이 알았거나 알 수 있었다는 피고의 주장에 대하여 다음의 이유로 그 주장을 배척하였다. 이 사건 매매계약에 이르게 된 협상 과정과 체결 경위, X_1이 이 사건 매매계약후 그 체결사실이 한국증권거래소의 전자거래공시사항에 공시될 것으로 생각하고 있다가 공시가 되지 아니하여 그 이유를 피고의 전무에게 묻자, 그가 피고의 이사회규정을 제시하면서 피고의 이사회규정상 자산총액의 10% 이하에 해당하는 자산의 처분에는 이사회결의를 요하지 아니하므로 이 사건 매매계약 체결사실이 공시되지 아니한 것이라는 취지의 설명을 하였던 점, 회사의 거래에 있어서 대표이사는 내부적으로 필요한 의사결정절차를 거쳐서 유효하게 회사를 대표하여 법률행위를 하는 것이 일반적인 점, 대표이사의 대표권에 제한이 있는지 여부에 관하여 거래상대방이 적극적으로 확인할 의무가 있다고 보기 어려운 점 등에 비추어 피고 제출의 증거들을 종합하더라도 X_1이 이 사건 매매계약 당시 피고 이사회의 결의가 없었다는 사실을 알았거나 알 수 있었다고 인정하기에 부족하다.

(2) 대법원 판결

대법원은 위 매매계약의 체결이 이사회결의사항인지 여부에 관하여 원심과 달리 판단하였지만, 상대방이 이사회결의가 없다는 것을 인식하였는지 여부에 관하여는 원심과 동일하게 보았다.

상법 제393조 제1항의 중요한 자산의 처분에 해당하는가 여부는 당해 재산의 가액, 총자산에서 차지하는 비율, 회사의 규모, 회사의 영업 또는 재산의 상황, 경영상태, 자산의 보유목적, 회사의 일상적 업무와 관련성, 당해 회사에서의 종래의 취급 등에 비추어 대표이사의 결정에 맡기는 것이 상당한지 여부에 따라 판단하여야 할 것이고, 중요한 자산의 처분에 해당하는 경우에는 이사회가 그에 관하여 직접 결의하지 아니한 채 대표이사에게 그 처분에 관한 사항을 일임할 수 없는 것이므로 이사회 규정상 이사회 부의사항으로 정해져 있지 아니하더라도 반드시 이사회의 결의를 거쳐야 한다.

주식회사의 대표이사가 이사회의 결의를 거쳐야 할 대외적 거래행위에 관하여 이를 거치지 아니한 경우라도, 이와 같은 이사회결의사항은 회사의 내부적 의사결정에 불과하다 할 것이므로, 그 거래상대방이 그와 같은 이사회결의가 없었음을 알았거나 알 수 있었을(이 부분은 최근 판례로 '중대한 과실로 알 수 없었을'으로 변경됨)[1] 경우가 아니라면 그 거래행위는 유효하다 할 것이고, 이 경우 거래의 상대방이 이사회의 결의가 없었음을 알았거나 알 수 있었음('중대한 과실로 알 수 없었음'으로 변경됨)은 이를 주장하는 회사 측이 주장·입증하여야 한다.

주식회사의 대표이사가 그 대표권의 범위 내에서 한 행위는 설사 대표이사가 회사의 영리목적과 관계없이 자기 또는 제3자의 이익을 도모할 목적으로 그 권한을 남용한 것이라 할지라도 일단 회사의 행위로서 유효하고, 다만 그 행위의 상대방이 대표이사의 진의를 알았거나 알 수 있었을 때에는 회사에 대하여 무효가 되는 것이다.

3. 관련판례

대법원 2021.8.26. 자 2020마5520 결정

주식회사 이사회의 역할, 파산이 주식회사에 미치는 영향, 회생절차 개시신청과의 균형, 파산신청권자에 대한 규정의 문언과 취지 등에 비추어 보면, 주식회사의 대표이사가 회사를 대표하여 파산신청을 할 경우 대표이사의 업무권한인 일상 업무에 속하지 않는 중요한 업무에 해당하여 이사회결의가 필요하다고 보아야 하고, 이사에게 별도의 파산신청권이 인정된다고 해서 달리 볼 수 없다.

그러나 자본금 총액이 10억원 미만으로 이사가 1명 또는 2명인 소규모 주식회사에서는 대표이사가 특별한 사정이 없는 한 이사회결의를 거칠 필요 없이 파산신청을 할 수 있다. 소규모 주식회사는 각 이사(정관에 따라 대표이사를 정한 경우에는 그 대표이사를 말한다)가 회사를 대표하고 상법 제393조 제1항에 따른 이사회의 기능을 담당

1) 대법원 2021.2.18. 선고 2015다45451 전원합의체 판결.

하기 때문이다(상법 제383조 제6항, 제1항 단서).

Ⅱ. 판결의 평석

1. 판결의 의의

위 판결은 상법 제393조 제1항에 규정된 '중요한 자산의 처분'에 해당하는지 여부에 관하여 그 판단기준을 제시한 최초의 판결이다. 법원은 회사의 이사회규정에 의하면 이사회의 결의사항이 아닌 경우라도 상법 제393조 제1항의 '중요한 자산의 처분'에 해당하는 것으로 풀이되면 이사회의 결의가 필요하다고 본다. 또한 '중요한 자산의 처분'인지 여부를 판단하는 데 고려되어야 할 요소를 제시하였다. 한편 거래상대방이 이사회결의가 없음에 관하여 인지하고 있었는지 여부에 관한 증명책임의 소재를 밝히고 있다.

2. 이사회의 결의사항

(1) 상법상의 이사회결의사항

상법은 대표이사의 권한이 신중하고 합리적으로 행사되도록 하기 위하여 이사회의 결의가 필요한 경우(이사회의 권한사항)를 규정하고 있다. 예컨대 상법은 중요한 자산의 처분 및 양도, 대규모 재산의 차입, 지배인의 선임 또는 해임과 지점의 설치·이전 또는 폐지 등 회사의 업무집행(상법 제393조 제1항), 이사의 경업금지(상법 제397조), 회사의 기회 및 자산의 유용금지(상법 제397조의2), 이사 등과 회사간의 거래(상법 제398조), 신주발행(상법 제416조), 사채모집(상법 제469조) 등의 사례를 규정하고 있다. 위의 사항들 중에서 "중요한 자산의 처분 및 양도, 대규모 재산의 차입"은 어떠한 경우를 의미하는지 여부가 문제된다.

위 판결에서 대법원은 중요한 자산의 처분에 해당하는지 여부를 판단하기 위하여 ① 당해 재산의 가액, ② 총자산에서 차지하는 비율, ③ 회사의 규모, ④ 회사의 영업 또는 재산의 상황, ⑤ 경영상태, ⑥ 자산의 보유목적, ⑦ 회사의 일상적 업무와의 관련성, ⑧ 당해 회사에서의 종래의 취급이라는 여덟 개의 '고려사항'을 제시하였다. 이들 중에서 '① 당해 재산의 가액, ② 총자산에서 차지하는 비율'에 관련하여 법원은 해당 부동산이 자산총액에서 차지하는 비율(5%, 5.8%)과 보유부동산 중 세 번째로 큰 것이라는 점을 판단하였고, '④ 회사의 영업 또는 재산의 상황, ⑤ 경영상태, ⑥ 자산의 보유목적'과 관련하여 해당 부동산은 생산공장, 물류센터, 사무실 등으로 사용되었고, 회사자구계획에서 매각대상이 아닌 것을 판단하였다. 또 '⑦ 회사의 일상적 업무와의 관련성'에 관련하여 피고 회사는 의류제품의 생산·판매업을 주로 하므로 부동산 매매는 특별한 경우에 해당한다고 판단함으로써 6개 항목의 고려사항을 적용하여 '중요한 자산의 처분'이었다고 평가하였다.

법원은 위 8개의 고려사항을 종합적으로 파악하여야 한다고 설시하였는데, 어느 정도로 위 고려사항을 충족하여야 '중요한 자산의 처분'으로 보는 것인지 여부는 불명확하다. 위 고려사항들을 다시 유형화해 보면 첫째, 해당재산의 총자산에 대한 비중(①, ②, ③이 이에 해당), 둘째, 해당재산이 갖는 영업상의 중요성(④, ⑤, ⑥이 이에 해당), 셋째, 해당재산의 처분이 대표이사의 일상적 업무에 속하는지 여부(⑦, ⑧이 이에 해당)로 나눌 수 있다. 첫째의 '총자산에 대한 비중'은 일정 비율의 숫자로 단정하기에는 어려움이 있으므로 다른 고려사항에 의하여 보충되어야 한다. 둘째 유형인 '해당재산이 영업상으로 중요성을 갖는지 여부'에 해당하는 고려사항들은 이사회의 결의사항 여부를 판단하는 데 직접 적용될 수 있다고 본다. 셋째 유형인 '대표이사의 일상적 업무에 속하는지 여부'는 일상적으로 반복되는 업무는 중요성이 배제될 것이므로 업무의 중요성을 판단하는 기준으로 삼을 만하다. 위 요소들은 서로 결합하여 업무의 중요성을 판단하는 데 적용될 수 있다.

그런데 위의 판단기준을 적용하여 이사회의 결의사항으로 분류되어 이사회결의 없는 행위로서 무효로 판단하더라도, 거래상대방이 이를 인식하지 못하였다면 그 무효를 상대방에게 주장할 수 없다. 즉 이사회결의 없는 대표이사의 업무집행은 회사 내부에서는 무효이지만, 회사 외부의 거래상대방이 거래의 정형성, 즉 대표이사가 해당 회사를 대표하여 정규적인 거래의 외형을 보인 점을 신뢰하였다면 그의 신뢰가 보호되어야 하므로 거래의 무효는 거래상대방에게 관철될 수 없다. 결국 이사회결의 사항 및 그 결의가 없는 거래행위의 효력문제는 거래가 회사에 미치는 중요성과 거래상대방의 신뢰보호 사이에서 형량하여 판단하여야 할 것으로 생각한다.

한편 상법 제393조 제1항의 '대규모 재산의 차입'에 해당하는 거래인지 여부에 관하여 법원은 "당해 차입재산의 가액, 회사의 규모, 회사의 영업 또는 재산의 상황, 경영상태, 당해 재산의 차입목적 및 사용처, 회사의 일상적 업무와 관련성, 당해 회사에서의 종래의 취급 등 여러 사정에 비추어 대표이사의 결정에 맡기는 것이 상당한지 여부에 따라 판단하여야 할 것이다."라고 판시한 바 있다.[2] 이 판결이 제시한 고려사항은 대상판결이 제시한 것과 유사하다. 따라서 이들 고려사항에 대한 평가는 전술한 내용과 동일하며, '회사의 영업 또는 재산의 상황, 경영상태, 당해 재산의 차입목적 및 사용처'에 대한 평가가 이사회의 결의사항인지 여부를 결정하는 데 중요하다고 본다.

(2) 정관 또는 이사회규정에 의한 결의사항과 그 정함이 없는 사항

회사는 상법이 규정한 것 외에도 정관 또는 이사회규정 등으로 이사회결의사항을 정할 수 있는데, 정관이나 이사회규정이 이사회결의사항으로 규정하지 않은 것은 이사회의 결의가 필요 없는 것인지 의문이다. 이 문제는 상법 제393조 제1항이 정한 이사회결의사항의 효력범위와 관련된다. 상법 조항의 문언은 '중요한 자산의 처분 등'을 예시적으로 열거하는 것으로 볼 수 있으므로 정관 및 이사회규정 등에서 구체적으로 이사회결의사항을 정하지 않았더라도 중요한 업무집행은 이사회의 결의사항이 된다고 풀이할 수 있다.

(3) 이사회의 결의가 없다는 사실과 이에 관한 거래상대방의 인지 여부

이사회결의가 없음을 상대방이 알았거나 알 수 있었을 경우 대표이사의 행위가 회사 내부에서 무효임을 상대방이 안 것으로 의제되므로 상대방은 거래의 효력을 주장할 수 없다.

(4) 대표권 남용행위

대표이사의 대표권 남용행위에 관한 상세한 내용은 후술한다.[3)]

3. 대상판결의 검토

위 판결에서 대법원은 상법 제393조 제1항의 중요한 자산의 처분에 해당하는지 여부에 관한 판단기준을 제시하였다. '중요한 자산의 처분'으로 보려면 구체적으로 무엇을 고려하여야 하는지에 관하여 판시한 점은 매우 주목할 만하다. 또한 비록 피고 Y회사가 정한 이사회규정상으로는 이사회결의사항이 아니더라도 위 조항의 해석에 의하여 이사회결의사항을 정해야 한다고 판시하였다. 이러한 판단은 대표이사의 권한과 이사회 권한에 관하여 위 조항이 개별회사의 내부규정보다 우선됨을 의미한다. 상법이 정한 기관 사이의 권한분배는 강행규정에 해당하므로 이러한 규정을 회사의 내

---

2) 대법원 2008.5.15. 선고 2007다23807 판결.

3) '58. 대표이사의 대표권 남용과 회사의 불법행위책임' 참조.

부규정으로 배제할 수 없다.

위 사안에서 매매계약의 대상이 된 부동산의 매매대금은 160억여 원으로 정해졌고 그 당시 감정가는 158억여 원이었으나, 그 3개월 후에는 221억여 원으로서 시세가 급등하고 있었다. 이 점으로부터 피고 회사가 위 매매계약의 효력을 부정한 이유를 추정할 수 있다. 피고 회사로서는 가치가 상승하는 부동산을 매도한 실수를 하였지만, 그렇다고 상대방이 있는 거래에서 문제없이 체결된 계약을 부정할 수는 없다.

(김재범)

회사의 불법행위책임

대법원 2007.5.31. 선고 2005다55473 판결

Ⅰ. 판결개요

1. 사실관계

A는 그 소유 토지에 대하여 용산구청장으로부터 토지형질변경 허가를 받았고, B 주식회사는 A로부터 위 토지의 소유권을 이전받은 후 C에게 도급을 주어 위 토지상에 건물 신축공사를 시행하던 중 흙막이 공사의 부실 등으로 위 토지에 인접한 D 소유의 토지의 지반이 붕괴되었고 그로 인해 지상에 건축되어 있던 건물까지 철거하게 되었다.

이에 D는 서울특별시(이하 'X'), B회사, C 등을 상대로 손해배상청구의 소를 제기하였고, 법원[1]은 위 붕괴사고가 B회사(공동대표이사 Y_1, Y_2)와 C의 시공상의 과실 및 용산구청 소속 공무원의 감독상의 과실이 경합되어 발생한 것이며, 기관위임을 받은 용산구청장의 토지형질변경행위 허가사무의 귀속주체로서 X는 책임이 있다고 판단하여 X, B회사, C는 각자 D에게 285,743,200원 및 이에 대한 지연손해금을 지급하라는 내용의 판결을 선고하였고 판결은 확정되었다.

X는 위 판결에 기하여 D에게 손해배상금 및 그에 대한 지연손해금 등으로 합계 402,305,140원을 지급한 후 B회사, C, 용산구를 상대로 구상금청구소송을 제기하였고, 법원은 공동불법행위자들의 과실비율을 1 : 5 : 3 : 1(X : B회사 : C : 용산구)로 보아 각각의 구상금채무의 범위를 확정하였으며, 이 비율에 따라 B회사에 대하여는 X에게 201,152,570원 및 이에 대한 지연손해금을 지급하라는 내용의 판결을 선고하였고 판결은 확정되었다.

---

1) 서울고등법원 2005.8.12. 선고 2005나22925 판결.

그러나 B회사의 변제 자력이 없어 위 판결의 집행이 어렵게 되자 X는 위 사건 당시 B회사의 공동대표이사였던 Y_1을 상대로(다른 공동대표이사 Y_2는 X의 지급명령 신청에 대해 이의를 하지 않아 지급명령이 확정됨) 상법 제401조 제1항 또는 상법 제389조 제3항, 제210조에 근거하여 B회사의 위 채무를 연대하여 지급할 것을 구하는 소를 제기하였다. B회사의 공동대표이사인 Y_1, Y_2는 사건 당시 공사시행상 주의의무를 다하지 아니하여 과실이 인정되었다.

2. 판결요지

주식회사의 대표이사가 업무집행을 하면서 고의 또는 과실에 의한 위법행위로 타인에게 손해를 가한 경우 주식회사는 상법 제389조 제3항, 제210조에 의하여 제3자에게 손해배상책임을 부담하게 되고, 그 대표이사도 민법 제750조 또는 상법 제389조 제3항, 제210조에 의하여 주식회사와 공동불법행위책임을 부담하게 된다.

주식회사 및 대표이사 이외의 다른 공동불법행위자 중 한 사람이 자신의 부담부분 이상을 변제하여 공동의 면책을 얻게 한 후 구상권을 행사하는 경우에 그 주식회사 및 대표이사는 구상권자에 대한 관계에서는 하나의 책임주체로 평가되어 각자 구상금액의 전부에 대하여 책임을 부담하여야 하고, 이는 위 대표이사가 공동대표이사인 경우에도 마찬가지이다. 따라서 공동면책을 얻은 다른 공동불법행위자가 공동대표이사 중 한 사람을 상대로 구상권을 행사하는 경우 그 공동대표이사는 주식회사가 원래 부담하는 책임부분 전체에 관하여 구상에 응하여야 하고, 주식회사와 공동대표이사들 사이 또는 각 공동대표이사 사이의 내부적인 부담비율을 내세워 구상권자에게 대항할 수는 없다.

3. 관련판례

(1) 대법원 1980.1.15. 선고 79다1230 판결

회사의 대표이사가 그 업무집행 중 불법행위로 인하여 제3자에게 손해를 가한 때에는 대표이사는 회사와 연대하여 배상할 책임이 있고 그 불법행위는 고의는 물론 과실 있는 때에도 성립된다.

(2) 대법원 1998.9.22. 선고 97다42502,42519 판결

트랙터가 서울특별시 내의 일반국도를 주행 중 육교에 충돌하여 그 육교상판이 붕괴되면서 이로 인하여 때마침 육교 밑을 통과해 오던 버스운전사가 사망함으로써 위 트랙터에 관하여 공제계약을 체결한 전국화물자동차운송사업조합연합회가 그 유족에게 손해배상금을 지급하여 공동면책된 경우, 피고 대한민국은 위 육교의 관리사무의 귀속주체로서, 피고 서울특별시는 위 육교의 비용부담자로서 각 손해배상책임을 지는 것이고, 국가배상법 제6조 제2항의 규정은 도로의 관리주체인 국가와 그 비용부담자인 시, 구 상호간에 내부적으로 구상의 범위를 정하는 데 적용될 뿐 이를 들어 구상권자인 공동불법행위자에게 대항할 수 없다.

Ⅱ. 판결의 평석

1. 판결의 의의

원심은 상법 제389조 제3항, 제210조는 대표이사에게 상법 제401조 또는 민법 제750조 등 다른 법률규정에 의하여 손해배상책임이 인정되는 때에 주식회사도 이들과 연대하여 배상할 책임이 있다는 취지의 규정일 뿐 대표이사에게 직접 손해배상책임을 부과하는 근거규정으로 볼 수 없다고 판단하고 있다. 이에 반하여 대법원은 주식회사의 대표이사가 업무집행을 하면서 고의 또는 과실에 의한 위법행위로 타인에게 손해를 가한 경우 주식회사는 상법 제389조 제3항, 제210조에 의하여 제3자에게 손해배상책임을 부담하게 되고, 그 대표이사도 민법 제750조 또는 상법 제389조 제3항, 제210조에 의하여 주식회사와 공동불법행위책임을 부담하게 된다고 본다. 즉, 대법원은 대표이사가 피해자(제3자)에게 직접 불법행위로 인한 손해배상책임을 지는 것을 전제로 상법 제389조 제3항, 제210조에 의하여 주식회사도 제3자에게 연대하여 손해배상책임을 지는 것으로 타당한 판단을 하고 있다(회사의 불법행위능력 인정).[2]

또한 원심은 법조문의 취지를 오해하여 상법 제401조에 의해 대표이사가 제3자에게 손해배상책임을 지는 경우에도 상법 제389조 제3항, 제210조에 의해 주식회사가 제3자에 대해 연대하여 손해배상책임을 지는 것으로 본다(판결의 결과에는 영향을 미치지 아니함). 그러나 상법 제401조에 의하면 이사가 고의 또는 중과실로 임무를 해태하여 제3자에게 손해를 야기한 경우에 이사가 제3자에게 손해배상책임을 지는 것으로, 본조의 책임은 불법행위책임이 아니라 이사의 신중한 업무집행을 장려하고, 이사의 임무해태행위로 인해 손해를 입게 되는 제3자를 보호하기 위해 법정책적으로 인

2) 동지: 대법원 2013.6.27. 선고 2011다50165 판결.

정된 법정책임이다. 책임주체로서 이사는 대표이사일 필요가 없으며, 임무해태행위도 불법행위일 필요가 없다. 따라서 상법 제401조의 이사의 임무해태행위는 주식회사의 대표이사의 업무집행상 불법행위(민법 제750조)를 전제로 하는 상법 제210조의 요건을 원칙적으로 충족하지 못한다(물론 이사가 대표이사이고 그 임무해태행위가 동시에 불법행위가 되면 상법 제210조의 요건이 충족된다).

대표기관의 업무집행상 불법행위로 인한 주식회사의 연대책임은 상법 제389조 제3항, 제210조에서 이끌어 낼 수 있으나, 대표기관의 불법행위로 인한 책임의 직접적 근거는 민법 제750조이지 상법 제210조가 아니다(상법 제210조를 불법행위를 한 대표기관의 책임근거로 보아도 이는 민법 제750조에 의한 손해배상책임의 선언적 규정에 불과함). 상법 제210조와 동일한 비영리법인의 대표자의 불법행위에 관한 민법 제35조 제2항이 단순히 "대표자는 이로 인한 자기의 손해배상책임을 면하지 못한다."라고 규정하고 있고, 이때의 대표기관의 손해배상책임은 민법 제750조의 불법행위책임으로 보는 점에서 상법 제210조가 아닌 민법 제750조를 대표기관의 불법행위로 인한 손해배상책임의 발생근거로 보아야 한다. 즉, 상법 제210조는 회사의 불법행위책임(불법행위능력)을 정한 규정이며, 대표이사의 불법행위로 인한 책임 여부는 민법 제750조에 의해서 결정된다. 따라서 대법원이 대표이사의 책임근거를 "민법 제750조 또는 상법 제389조 제3항, 제210조"로 보는 것은 부정확한 것이고, 민법 제750조를 책임근거로 보아야 한다.

B주식회사 및 그 대표이사(Y_1, Y_2) 이외의 다른 공동불법행위자 중 한 사람인 X가 자신의 부담부분 이상을 변제하여 공동의 면책을 얻게 한 후 B주식회사의 공동대표이사 중 한 사람(Y_1)을 상대로 구상권을 행사하는 경우, 상법 제210조상 공동불법행위자인 B주식회사와 그 공동대표이사인 Y_1, Y_2 사이와 공동대표이사 Y_1, Y_2 사이에는 책임단일체가 형성된다. 따라서 구상권자 X에 대하여 공동대표이사 Y_1은 자신의 분담부분에 관한 분할채무를 부담하는 것이 아니라 B주식회사가 원래 부담하는 책임부분 전체에 관하여 구상에 응하여야 하며, B주식회사와 공동대표이사인 Y_1, Y_2가 각자 부담하여야 하는 구상의 범위에 관한 내부적 책임비율 또는 공동대표이사인 Y_1, Y_2 각자가 부담하여야 하는 구상의 범위에 관한 내부적 책임비율 등으로 구상권자 X에 대항할 수 없다고 본 대법원의 입장은 타당하다.

2. 회사의 불법행위책임에 관한 상법 제210조의 이해

상법 제389조 제3항에 의해 주식회사에 준용되는 상법 제210조는 회사의 대표기관이 업무집행상 타인에게 손해를 가하여 민법 제750조에 기한 손해배상책임을 지는 경우에 회사는 그 대표기관과 연대하여 그 타인에게 손해를 배상할 책임이 있음을 규정하고 있는데, 통설과 판례는 회사와 대표기관 각각의 불법행위책임을 규정한 것으로 본다.[3)]

소수견해는 상법 제210조의 대표기관의 책임은 불법행위책임이 아니고 피해자를 두텁게 보호하기 위한 법정책임으로 보는데, 회사가 불법행위책임을 지는 이상 회사의 도구적 성격에 불과한 대표기관의 불법행위책임은 비논리적이라는 것을 이유로 든다.[4)]

그러나 역시 피해자를 두텁게 보호하려는 법정책적 고려가 담긴 민법 제756조의 사용자배상책임에서 사용자 이외에 직접 불법행위를 한 피용자(사용인)의 손해배상책임을 인정하고 있고, 불법행위책임의 개인책임 원칙상 직접 불법행위를 한 대표기관의 책임을 면제할 이유가 없으며, 상법 제210조의 법정책적 성격은 대표기관의 손해배상책임 인정에 있는 것이 아니라 회사의 불법행위책임 인정에 있다.

상법 제210조는 강행규정이며, 민법 제756조의 사용자배상책임과는 달리 회사의 면책가능성이 없다(그러나 판례는 민법 제756조에 규정된 면책가능성을 사실상 인정하지 아니한다).

3. 회사의 불법행위책임의 성립요건

회사를 대표하는 기관(대표이사, 대표사원)의 불법행위가 있어야 한다. 따라서 적법한 대표권을 가지는 기관적 지위에 있는 대표이사(등기 여부 불문하고 유효하게 선임된 대표이사나 대표사원), 대표이사(대표사원)의 직무대행자, 임시대표이사, 청산인, 설립중인 회사의 발기인[5)] 등의 불법행위가 있어야 한다.

회사의 기관이나 회사를 대표하지 않는 감사나 감사위원회 위원, 주주총회나 사원총회(또는 그 의장) 또는 대표기관이 아닌 단순한 이사,[6)] 업무집행지시자(상법 제401조의2), 집행임원 또는 대표기관이 선임한 대리인(지배인 등의 상업사용인)의 직무집행상 불법행위에 대해서는 상법 제210조가 적용되지 않고 사용자배상책임에 관한 민법 제756조가 적용된다.[7)]

---

3) 대법원 1978.3.14. 선고 78다132 판결.
4) 이철송, 회사법강의, 제26판, 박영사, 2018, 82면.
5) 상법 제210조 유추적용. 정환담, 주석민법(박준서 대표집필), 민법총칙(1), 2002. 2(제3판), 제35조.
6) 업무담당이사; 반대견해는 상법 제210조 적용, 박길준·권재열, 주석 상법, 회사법(3), 2003. 4, 제389조, 236면 참조.

다만, 법인의 대표자에는 그 명칭이나 직위 여하, 또는 대표자로 등기되었는지 여부를 불문하고 당해 법인을 실질적으로 운영하면서 법인을 사실상 대표하여 법인의 사무를 집행하는 사람을 포함한다고 해석함이 상당하다고 보는 최근의 대법원 판례[8]를 따르면 회사를 사실상 대표하는 자의 직무상 불법행위의 경우에도 상법 제210조가 적용된다고 보아야 한다.

대표기관의 불법행위는 "업무집행으로 인한" 것이어야 한다. "업무집행으로 인한" 것이란 의미는 민법 제35조 제1항의 "직무에 관하여" 또는 민법 제756조의 "사무집행에 관하여"[9]의 해석과 마찬가지로 업무집행 그 자체는 물론, 업무집행 그 자체는 아니어도 행위의 외형상 대표기관의 직무에 속하는 행위와 상당히 관련된 것으로 사회통념상 회사의 목적을 달성하기 위하여 행하는 것이라고 인정되는 행위를 포함하며, 회사가 정관에 정한 목적범위에 제한되지 않고, 행위자인 대표기관의 주관적 의사나 그 행위의 적법성 여부를 묻지 않는다.[10] 그러나 대표기관의 불법행위가 외형상 업무집행의 범위 내에 속하는 것으로 보이는 경우에도, 대표기관의 행위가 업무집행행위에 해당하지 않음을 피해자 자신이 알았거나 또는 중대한 과실로 알지 못한 경우에는 회사에 대하여 상법 제210조의 책임을 물을 수 없다고 보아야 한다.[11]

대표기관의 행위가 민법 제750조의 불법행위책임의 성립요건을 충족하여야 한다. 즉, 대표기관이 책임능력을 가지고 있어야 하며, 고의·과실로 인한 대표기관의 가해행위가 있어야 하고, 그 가해행위가 위법하며, 가해행위로 인해 피해자의 손해가 발생하여야 한다. 단, 대표기관이 책임능력이 없는 경우, 그 대표기관 자신의 불법행위책임은 성립하지 않아도 회사의 상법 제210조에 따른 불법행위책임은 성립한다고 보아야 한다. 따라서 정확히 표현하면 대표기관의 행위가 최소한 민법 제750조의 구성요건과 위법성을 충족하여야 한다.

(정대익)

7) 정환담, 전게서, 제35조.
8) 대법원 2011.4.28. 선고 2008다15438 판결.
9) 대법원 2007.4.12. 선고 2006다11562 판결.
10) 대법원 1990.3.23. 선고 89다카555 판결.
11) 대법원 2007.4.12. 선고 2006다11562 판결.

58 대표이사의 대표권 남용과 회사의 불법행위책임

대법원 1990.3.23. 선고 89다카555 판결

Ⅰ. 판결개요

1. 사실관계

1983년 2월 18일 피고 Y상호신용금고(이하 'Y신용금고'라 함)의 공동대표이사인 A1은 영업과장으로 있던 B의 판촉활동을 통해 310만원을 Y신용금고에 예치하러 사무실을 찾아온 X로부터 위 금액을 예탁금으로 입금처리해 줄 것을 의뢰받았다. 당일 대표이사 A_1은 당시 Y신용금고의 공동대표이사인 A_2의 개인자금을 조달해 줄 목적으로 외관상 Y신용금고의 차입금으로 입금처리를 가장하여 X를 속이는 방법으로 X로부터 위 금액을 받은 후 Y신용금고의 차입금원장에 기재를 하지 않고 A_2 개인명의로 발행된 310만원의 약속어음(발행일 1983. 2. 18, 지급기일 1984. 2. 19)을 X에게 교부하였고, X로부터 받은 310만원은 공동대표이사 A2에게 인도하여 개인용도로 사용하게 하였다.

1983년 3월 21일 금4,900만원, 1983년 4월 16일 금3,800만원을 X가 Y신용금고에 다시 입금을 하였고, 이에 대해 역시 대표이사 A_1은 A_2 개인명의로 동일한 금액의 약속어음(발행일 1983. 3. 21, 지급기일 1984. 3. 21인 4,900만원 약속어음, 발행일 1983. 4. 16, 지급기일 1984. 4. 16인 3,800만원 약속어음)을 발행하여 X에게 교부하였다.

Y신용금고가 차입을 하기 위해서는 상호신용금고법 제17조 제1항, 제2항에 정한 총사원의 3분의 2 이상의 동의나 이사회의 결의가 필요하다. 또한 Y신용금고는 객장에 전국상호신용금고연합회에서 표준채무증서로 인쇄한, "상호신용금고용"이라고 부기된 약속어음용지 견본과 그 용지로 발행하는 약속어음을 채무증서(차입금증서)로 사용한다는 내용의 안내문을 게시하였는데, X가 받은 약속어음에는 발행인명의가 Y신용금고가

아닌 A_2 개인명의로 되어 있었고, 어음에는 "상호신용금고용"이라는 부기문자도 없었다.

이후 A_2 개인명의로 발행된 약속어음이 지급거절 되었고, 이에 X는 Y신용금고에 대해 대표이사 A1의 불법행위를 이유로 손해배상청구를 하게 되었고, 이에 대해 Y신용금고는 X가 위 각 금액들을 예치할 때 Y신용금고가 아닌 A_2와 거래를 한 것이므로 손해배상책임이 없다고 주장하였다.

2. 판결요지

Y신용금고의 대표이사인 A_1이 X로부터 일정한 금원을 예탁금으로 입금처리하여 줄 것을 의뢰받고 당시 공동대표이사인 A_2의 개인자금을 조달할 목적으로 위 금원을 차용하면서도 외관상으로만 위 금원을 위 금고의 차입금으로 입금처리하는 양 가장하여 X를 속이고 실제로는 차입금원장 등 장부에도 기장하지 아니한 채 위 금고용차입금증서가 아닌 A_2 개인명의로 발행된 약속어음을 X에게 교부하여 주었다면 이는 실질적으로는 A_1의 개인적인 융통행위로서 위 금고의 차용행위로서는 무효이다.

그러나 A_1의 행위는 위 금고 대표이사로서의 직무와 밀접한 관련이 있을 뿐만 아니라 외형상으로는 위 금고 대표이사의 직무범위 내의 행위로 보아야 할 것이고 X의 처지에서도 위 금고와의 거래로 알고 있었던 것이므로 위 금고는 그 대표이사 A1의 직무에 관한 불법행위로 인하여 X가 입은 손해를 배상할 책임이 있다.

3. 관련판례

(1) 대법원 1990.11.13. 선고 89다카26878 판결

상호신용금고가 정상적인 거래 외에도 장부와 거래원장에 등재하지 아니한 이른바 부외거래를 하여 왔다면, 甲이 금원을 예탁하면서 금고의 표준채무증서가 아닌 대표이사 乙 개인 명의의 약속어음을 교부받고 정상적인 예탁금의 경우보다 높은 이자를 받기로 하는 등 정상적인 예탁절차에 따르지 아니하였다고 하더라도, 甲으로서는 금고에서 부외거래로서 위와 같은 변칙적인 방법으로 금원차입을 하는 것으로 믿고 금고와 거래할 의사로 금원을 예탁할 수도 있는 것이므로 원심이 甲의 예탁거래가 금고의 사장실에서 금고 대표이사와의 사이에 직접 이루어졌고 또 甲이 위 금원예탁전에 표준채무증서를 이용한 정상적인 예탁거래를 해본 경험이 있다는 사실만으로써 甲이 乙 개인과의 순수한 금전소비임차관계로 인식하고 금원의 예탁거래를 한 것이라고 판단하였음을 채증법칙에 위반한 증거판단으로 사실을 오인한 위법을 저지른 것이다.

(2) 대법원 1988.11.8. 선고 87다카958 판결

상호신용금고의 대표이사인 甲이 피해자 乙로부터 일정 금액을 예탁금으로 입금처리하여 줄 것을 의뢰받음을 기화로 위 금고의 사주인 丙의 개인자금조달을 위하여 위 금원을 차용할 목적으로 외관상은 위 금고의 차입금으로 입금처리하는 양 가장하여 乙을 속여서 위 금원을 교부받고서는 장부에 기장도 하지 아니한 채 丙 개인명의로 발행된 약속어음을 乙에게 교부하여 주었다면 이는 실질적으로 甲이 개인적으로 융통한 행위로서 위 금고의 차입행위로서는 무효라 하겠지만, 甲의 행위는 위 금고 대표이사로서의 직무와 밀접한 관련이 있고 외형상, 객관적으로 위 금고 대표이사의 직무범위 내의 행위로 보여지며 乙의 입장에서는 위 금고와의 거래로 알고 있었으므로 위 금고는 甲의 행위에 대하여 사용자로서 乙이 입은 손해를 배상할 책임이 있다.

Ⅱ. 판결의 평석

1. 판결의 의의

Y신용금고의 대표이사 A1이 위 각 금액을 취하면서 Y신용금고에서 차용하는 것처럼(예탁금으로 입금 받는 것처럼) 가장하여 수취하였고, 내부적으로는 금전차입시 필요한 절차를 밟지 않아 실질적으로 보면 A_1의 A_2를 위한 개인적인 융통행위일 뿐이어서 Y신용금고의 차용행위로서는 효력이 없다. 다만, 대표이사 A1의 직무에 관한 불법행위(X로부터 입금의뢰를 받고 행한 기망행위)로 인하여 X가 손해(A_2가 발행한 약속어음의 부도처리)를 입게 되었으므로 상법 제389조 제3항, 상법 제210조, 민법 제750조에 의해 Y신용금고는 A_1과 연대하여 손해를 배상할 책임이 있다. 대표이사 A_1의 행위, 즉 X로부터 금원을 받고 그 채무증서로서 약속어음을 발행해 준 행위는 Y신용금고의 영업에 속하는 행위이며, Y신용금고 대표이사로서의 직무와 밀접한 관련이 있고, 외형상으로는 Y신용금고 대표이사의 직무범위 내의 행위이다. 또한 입금을 하고 약속어음을 수취한 X는 대표이사 A_1이 외관상 Y신용금고의 차입금으로 입금처리를 가장하였기 때문에 Y신용금고와의 거래로 알고 있었으며(X의 선의[1]), 대표이사 A_1의 기망행위와 X의 손해 사이에는 인과관계가 있다. 상법 제210조의 적용요건을 모두 충족하였기 때문에 Y신용금고의 불법행위책임을 인정한 판결의 논지와 결론은 정당하다.

본 판례는 사실상 대표권 남용행위이나 회사명의(신용금고명의)로 이루어지지 않

1) 대법원 2007.9.20. 선고 2004다43886 판결.

아 남용행위(어음행위)가 아예 회사에 대해 효력이 없는 경우에도 대표이사의 사실상 대표권 남용행위가 직무상 불법행위에 해당하면 상법 제210조, 민법 제750조에 의해 회사가 거래상대방에 대해 손해배상책임을 부담하여야 한다는 것을 판시한 점에 의의가 있다.

부차적인 문제이나 X가 약속어음을 수취하면서 Y신용금고가 발행인인지 여부를 확인하지 않은 것은 X의 과실이 있는 것으로 보아 손해배상액 산정시 과실상계 사유가 된다(원심판결은 20%의 과실을 인정함).

2. 대표권 남용행위와 그 효력

(1) 대표권 남용행위

대표권의 남용이란 객관적으로 보아 대표이사의 권한 내의 적법한 행위이나 주관적으로 회사가 아닌 자기 또는 제3자의 이익을 위해 대표행위를 하는 경우를 말한다. 예컨대 대표이사가 자신의 채무변제를 위해 회사명의로 약속어음을 발행하는 경우나, 대표이사가 회사명의로 제3자의 채무를 위해 보증을 하는 경우 등이다.

대표권 남용행위가 되기 위해서는 첫째, 대표권 범위 내의 행위여야 하고, 둘째 유효한 대표 방식을 갖추어야 하며(회사명의로 대표행위를 하여야 하며), 셋째 적법하고 유효한 법률행위여야 하고, 넷째 대표이사 자신 또는 제3자의 이익을 위한 행위여야 한다. 대표이사에게 사해의사가 있을 필요까지는 없으며, 단지 회사에 대한 의무위반 행위가 있으면 족하고, 회사의 손해발생도 대표권 남용의 요건이 아니다.[2)]

표현대표이사의 경우에도 대표권 남용이 가능하다. 어음행위에 있어서 대표권이 남용된 경우 직접상대방에 대해서는 아래에서 설명하는 남용의 효력에 관한 원칙이 적용되나(즉, 선의·무중과실인 직접상대방에 대해 남용된 어음행위는 유효), 제3취득자에 대해서도 적용될지는 의문이다. 어음행위에서 지배권 제한(상법 제11조 제3항)이나 표현대표이사에 관한 규정(상법 제395조)이 직접상대방뿐만 아니라 제3취득자에게도 적용된다는 판례의 입장[3)]을 기초로 한다면 어음행위 시 대표권 남용의 효력에 관한 원칙은 어음의 제3취득자에게도 적용된다고 본다.[4)]

2) 회사의 손해발생이 필요하다는 반대견해는 이철송, 회사법강의, 제26판, 박영사, 2018, 712면.
3) 대법원 2003.9.26. 선고 2002다65073 판결; 대법원 1997.8.26. 선고 96다36753 판결.
4) 반대견해(인적 항변사유로 보는 견해)는 이철송, 전게서, 715면.

(2) 대표권 남용행위의 효력

대표권 남용행위가 있으면 대내적으로 대표이사는 회사에 대해 손해배상책임을 지거나 해임사유가 될 수 있다. 대표권 남용행위의 대외적 효력 여부와 그 근거에 관해서는 다양한 견해가 대립한다. 즉, ① 대표권 남용행위는 원칙적으로 유효하고 거래상대방이 대표이사의 주관적 의도(남용의사)를 알았거나 알 수 있었을 경우 민법 제107조 단서를 유추 적용하여 무효라고 보는 견해,[5] ② 대표권 남용행위도 원칙적으로 유효하지만 거래상대방이 대표권 남용의사(주관적 의도)를 알았거나 중과실로 알지 못한 경우에 그 권리를 주장하는 것은(대표행위의 유효를 주장하는 것은) 권리남용 또는 신의칙위반이어서 허용되지 않는다는 견해,[6] ③ 대표권 남용을 대표권에 대한 제한 위반으로 보아(상법 제389조 제3항, 제209조 제2항) 선의·무중과실인 제3자에게는 대항할 수 없다는 견해,[7] ④ 남용행위는 회사의 이익을 침해하는 행위로서 대표이사의 선관주의의무 위반에 해당하여 원칙적으로 무효이지만 거래안전을 위해 선의·무중과실의 제3자에 대해서는 무효를 주장할 수 없다고 보는 견해[8] 등이 대립한다.

견해 ①은 우선, 대표권 남용행위가 객관적으로 보아 대표권 범위 내의 행위임에도 불구하고 거래상대방에게 대표이사의 주관적 의도(남용의사)를 알지 못하는데 경과실이 있으면 보호받지 못하는 점에서 거래상대방 보호에 취약하고, 대표권 남용행위의 경우 대표행위의 법률효과를 회사에 귀속시키려는 대표의사가 존재하며, 이 대표의사는 표시행위와 일치하기 때문에 내심의 의사와 표시의 불일치를 요건으로 하는 민법 제107조 단서를 유추 적용할 객관적 기초(유사한 사안)가 없다는 비판이 가능하다.

견해 ③은 대표권 남용은 대표권 제한을 위반한 것이 아닌, 대표권 범위 내의 행위이고, 대표권 제한이란 금액·지역·시기·대상 등 특정사항에 관하여 대표권을 제한하는 것을 의미한다는 점에서 타당하지 않다.

견해 ④는 객관적으로 대표권 범위 내의 행위임에도 불구하고 내부관계에서의 의무위반을 이유로 남용행위를 원칙적으로 무효로 보는 것은 원칙과 예외가 전도된 것이어서 부당하다.

---

5) 심리유보설. 대법원 1999.3.9. 선고 97다7721,7738 판결; 대법원 2001.10.30. 선고 2001다51879 판결; 대법원 2005.7.28. 선고 2005다3649 판결.

6) 권리남용설. 대법원 1987.10.13. 선고 86다카1522 판결; 정동윤, 상법(상), 제6판, 법문사, 2012, 618면; 정찬형, 상법강의(상), 제20판, 박영사, 2017, 995면; 이철송, 전게서, 713-714면.

7) 대표권제한설. 지배권 남용에 관한 대법원 1997.8.26. 선고 96다36753 판결; 정진세, 판례연습 회사법, 2001, 318면.

8) 이익형량설(일본 학설).

견해 ②가 남용행위의 원칙적 유효에서 출발하여 대표이사의 주관적 의도(남용의사)를 모르는데 경과실이 있는 거래상대방이 보호를 받는 점에서 본인인 회사보호와 거래상대방 보호가 균형을 이룬 견해이다.

(정대익)

59 대표이사의 대표권 제한과 상대방의 선의

대법원 2021.2.18. 선고 2015다45451 전원합의체 판결

Ⅰ. 판결개요

1. 사실관계

X회사(이하 'X'라 함)는 전기기기 제조·판매업 등을 영위하는 회사이고, Y회사(이하 'Y'라 함)는 회생절차가 진행 중이던 대우자동차판매 주식회사에 대한 회생계획이 인가됨에 따라 대우자동차판매의 건설사업 부문을 승계하여 설립된 회사로서, 2011. 12. 30. 회생절차가 종결되었다. A회사(이하 'A'라 함)는 광양 황길지구 토지구획정리조합과 광양 황길지구 토지구획정리사업(이하 '이 사건 사업')에 관하여 시행대행계약을 체결한 시행대행사였다.

Y는 2012. 1.경 B회사(이하 'B'라 함)에서 총괄사장으로 재직하던 甲을 영입하여 2012. 2. 3. 사장으로, 2012. 3. 27. 대표이사로 선임하였다. Y는 2012. 3.경 수주심의위원회의 심의절차를 거쳐 甲이 B에 근무할 때 추진하던 이 사건 사업을 수주하기로 결정하고, B와 위 회사의 기성공사를 일정 지분으로 인정하는 공동시공 협약을 맺었다. Y는 2012. 3. 22. C회사(이하 'C'라 함), A와 이 사건 사업에 관한 협약을 맺었는데, A가 이 사건 사업의 시행을 대행하고, Y가 공사의 시공을, C가 필요한 초기 사업자금 등의 조달을 맡기로 하였다.

C는 초기 사업자금을 투입하지 못하였고, A는 Y에게 초기 사업자금을 대여해 달라고 요청하는 등 필요한 사업자금 조달에 어려움을 겪었다. Y 대표이사 甲은 X에게 A에 대한 자금 대여를 부탁하였다.

X는 향후 이 사건 사업의 전기공사 등을 수주받을 의향으로 A에 30억 원을 대여하기로 하고, 2012. 4. 10. Y 대표이사 甲의 사무실에서 甲, X의 실질적 경영자인 乙, A의 실질적 경영자인 丙 등이 참석한 가운데 A와 아래와 같이 이 사건 소비대차

계약을 하였다.

> 'X는 A에 30억 원을 대여하되, 6개월 내에 원금 30억 원에 배당금 30억 원을 더한 60억 원을 4회에 걸쳐 변제받는다. 만일 변제기일에 이를 변제하지 못하면, A는 X에게 광양 황길지구 토지구획정리조합으로부터 부여받은 모든 사업상 권리를 30억 원에 양도한다.'

그리고 A의 실질적 운영자이자 이사인 丙과 대표이사 丁은 A의 채무를 연대보증하였다.

Y 대표이사 甲은 같은 날 위 사무실에서 X에게 "단, 2012년 4월 10일 체결한 상기 두 회사간의 금전소비대차 계약내용이 진행되지 못하였을 경우 대여금의 원금을 대위변제한다."라는 내용이 포함된 Y 명의 확인서(이하 '이 사건 확인서')를 작성해 주었는데, 확인서 말미에는 Y의 상호와 주소, '대표이사'라는 문구가 타이핑되어 있고, '대표이사'라는 문구 옆에 甲이 본인의 이름을 수기로 기재하였다.

당시 Y의 이사회 규정에 따르면, '다액의 자금도입 및 보증행위'를 이사회 부의사항으로 정하고 있었다. 그러나 甲이 X에게 이 사건 확인서를 작성해 줄 당시 Y의 이사회결의는 없었다.

제1심(수원지방법원 2014.1.29. 선고 2013가합19642 판결)은 Y 대표이사가 이 사건 확인서를 작성하면서 Y의 이사회결의를 거치지 않은 사실은 인정되지만, 상대방인 X가 이사회결의가 흠결되었음을 알았다고 볼 증거가 없고 X가 알지 못한 데에 과실이 있다고 할 수도 없다고 보아 X의 청구를 인용하였고, 원심(서울고등법원 2015.7. 10. 선고 2014나10801 판결) 역시 Y의 항소를 기각하여 제1심 판결을 그대로 유지하였다. 대법원은 X가 이사회결의를 거치지 않았음을 알았다고 볼 증거가 없고, 이를 알지 못한 데에 중대한 과실이 있다고 볼 수도 없으므로, 이 사건 확인서에 기한 보증채무의 이행을 구하는 X의 청구를 인용한 원심의 판단은 정당하다고 하여 상고를 기각하였다.

2. 판결요지

(1) 대표이사의 대표권에 대한 내부적 제한과 선의의 제3자 보호

주식회사의 대표이사는 대외적으로는 회사를 대표하고 대내적으로는 회사의 업무를 집행할 권한을 가진다. 대표이사는 회사의 행위를 대신하는 것이 아니라 회사의 행위 자체를 하는 회사의 기관이다. 회사는 주주총회나 이사회 등 의사결정기관을 통해 결정한 의사를 대표이사를 통해 실현하며, 대표이사의 행위는 곧 회사의 행위가 된다. 상법은 대표이사의 대표권 제한에 대하여 선의의 제3자에게 대항하지 못한다고 정하고 있다(상법 제389조 제3항, 제209조 제2항).

대표권이 제한된 경우에 대표이사는 그 범위에서만 대표권을 갖는다. 그러나 그러한 제한을 위반한 행위라고 하더라도 그것이 회사의 권리능력을 벗어난 것이 아니라면 대표권의 제한을 알지 못하는 제3자는 그 행위를 회사의 대표행위라고 믿는 것이 당연하고 이러한 신뢰는 보호되어야 한다.[1] 일정한 대외적 거래행위에 관하여 이사회결의를 거치도록 대표이사의 권한을 제한한 경우에도 이사회결의는 회사의 내부적 의사결정절차에 불과하고, 특별한 사정이 없는 한 거래상대방으로서는 회사의 대표자가 거래에 필요한 회사의 내부절차를 마쳤을 것으로 신뢰하였다고 보는 것이 경험칙에 부합한다.[2] 따라서 회사 정관이나 이사회 규정 등에서 이사회결의를 거치도록 대표이사의 대표권을 제한한 경우에도 선의의 제3자는 상법 제209조 제2항에 따라 보호된다.

거래행위의 상대방인 제3자가 상법 제209조 제2항에 따라 보호받기 위하여 선의 이외에 무과실까지 필요하지는 않지만, 중대한 과실이 있는 경우에는 제3자의 신뢰를 보호할 만한 가치가 없다고 보아 거래행위가 무효라고 해석함이 타당하다. 중과실이란 제3자가 조금만 주의를 기울였더라면 이사회결의가 없음을 알 수 있었는데도 막연히 이사회결의가 있었다고 믿음으로써 거래통념상 요구되는 주의의무를 현저히 위반하는 것으로, 거의 고의에 가까운 정도로 주의를 게을리하여 공평의 관점에서 제3자를 구태여 보호할 필요가 없다고 볼 수 있는 상태를 말한다. 제3자에게 중과실이 있는지는 이사회결의가 없다는 점에 대한 제3자의 인식가능성, 회사와 거래한 제3자의 경험과 지위, 회사와 제3자의 종래 거래관계, 대표이사가 한 거래행위가 경험칙상 이례에 속하는 것인지 등 여러 가지 사정을 종합적으로 고려하여 판단하여야 한다. 그러나 제3자가 회사 대표이사와 거래행위를 하면서 회사의 이사회결의가 없었다고 의심할 만한 특별한 사정이 없다면, 일반적으로 이사회결의가 있었는지를 확인하는 등의 조치를 취할 의무까지 있다고 볼 수는 없다.[3]

---

1) 대법원 1997.8.29. 선고 97다18059 판결 참조.
2) 대법원 2005.5.27. 선고 2005다480 판결; 대법원 2009.3.26. 선고 2006다47677 판결 참조.
3) 위 대법원 2006다47677 판결 참조.

(2) 상법 제393조 제1항에 따른 대표이사의 대표권 제한과 선의의 제3자 보호

대표이사의 대표권을 제한하는 상법 제393조 제1항은 그 규정의 존재를 모르거나 제대로 이해하지 못한 사람에게도 일률적으로 적용된다. 법률의 부지나 법적 평가에 관한 착오를 이유로 그 적용을 피할 수는 없으므로, 이 조항에 따른 제한은 내부적 제한과 달리 볼 수도 있다. 그러나 주식회사의 대표이사가 이 조항에 정한 '중요한 자산의 처분 및 양도, 대규모 재산의 차입 등의 행위'에 관하여 이사회의 결의를 거치지 않고 거래행위를 한 경우에도 거래행위의 효력에 관해서는 내부적 제한의 경우와 마찬가지로 보아야 한다.

이와 달리 대표이사가 이사회결의를 거쳐야 할 대외적 거래행위에 관하여 이를 거치지 않은 경우에 거래상대방인 제3자가 보호받기 위해서는 선의 이외에 무과실이 필요하다고 본 대법원 1978.6.27. 선고 78다389 판결, 대법원 1995.4.11. 선고 94다33903 판결, 대법원 1996.1.26. 선고 94다42754 판결, 대법원 1997.6.13. 선고 96다48282 판결, 대법원 1998.7.24. 선고 97다35276 판결, 대법원 1999.10.8. 선고 98다2488 판결, 대법원 2005.7.28. 선고 2005다3649 판결, 대법원 2009.3.26. 선고 2006다47677 판결, 대법원 2014.6.26. 선고 2012다73530 판결, 대법원 2014.8.20. 선고 2014다206563 판결 등을 비롯하여 그와 같은 취지의 판결들은 이 판결의 견해에 배치되는 범위에서 모두 변경하기로 한다.

다수의견에 대하여, 주식회사의 대표이사가 이사회결의를 거쳐야 할 대외적 거래행위에 관해 이를 거치지 않은 경우 거래상대방이 이사회결의가 없었음을 알았거나 알 수 있었을 경우가 아니라면 그 거래행위는 유효하다는 기존 판례를 변경할 필요성이 없다는 반대의견이 있었다.

3. 관련판례

(1) 대법원 2021.4.15. 선고 2017다253829 판결

주식회사의 대표이사가 상법 제393조 제1항에서 정한 '중요한 자산의 처분 및 양도, 대규모 재산의 차입 등의 행위'에 관하여 이사회의 결의를 거치지 않고 한 거래행위는 무효이지만, 거래상대방이 이사회결의가 없었다는 점을 알지 못하였거나 알지 못한 데에 중대한 과실이 없다면 상법 제389조 제3항, 제209조 제2항에 따라 보호된다(대법원 2021.2.18. 선고 2015다45451 전원합의체 판결 참조). 한편 주식회사의 대표이사가 회사의 영리목적과 관계없이 자기 또는 제3자의 이익을 도모할 목적으로 그 권한을 행사하였다면 이는 대표권을 남용한 행위가 되고, 그 거래행위의 상대방이 대표이사의 진의를 알았거나 알 수 있었을 때에는, 그 거래행위는 회사에 대하여 무효가 된다(대법원 1997.8.29. 선고 97다18059 판결 등 참조). 이러한 대표권 남용에 관한 법리는 앞서 본 대표권 제한에 관한 법리와 양립할 수 있다. 즉 대표이사가 대표권 제한을 위반하여 한 거래행위가 상법 제209조 제2항에 의해 유효한 경우에 해당하더라도 그 거래행위가 대표권을 남용한 행위로서 상대방이 그러한 대표이사의 진의를 알았거나 알 수 있었다면 회사에 대하여 무효가 될 수 있다.

(2) 대법원 2005.5.27. 선고 2005다480 판결

회사의 권리능력은 회사의 설립 근거가 된 법률과 회사의 정관상의 목적에 의하여 제한되나 그 목적범위 내의 행위라 함은 정관에 명시된 목적 자체에 국한되는 것이 아니라 그 목적을 수행하는 데 있어 직접, 간접으로 필요한 행위는 모두 포함되고 목적수행에 필요한지의 여부는 행위자의 주관적, 구체적 의사가 아닌 행위 자체의 객관적 성질에 따라 판단하여야 할 것인데, 그 판단에 있어서는 거래행위를 업으로 하는 영리법인으로서 회사의 속성과 신속성 및 정형성을 요체로 하는 거래의 안전을 충분히 고려하여야 할 것인바, 회사가 거래관계 또는 자본관계에 있는 주채무자를 위하여 보증하는 등의 행위는 그것이 상법상의 대표권 남용에 해당하여 무효로 될 수 있음은 별론으로 하더라도 그 행위의 객관적 성질에 비추어 특별한 사정이 없는 한 회사의 목적범위 내의 행위라고 봄이 상당하다 할 것이다.

주식회사의 대표이사가 회사를 대표하여 대표이사 개인을 위하여 그의 개인 채권자인 제3자와 사이에 연대보증계약을 체결하는 것과 같이 상법 제398조 소정의 이사의 자기거래행위에 해당하여 이사회의 결의를 거쳐야 함에도 이를 거치지 아니한 경우라 해도, 그와 같은 이사회결의 사항은 회사의 내부적 의사결정에 불과하므로 그 거래상대방이 위 이사회결의가 없었음을 알았거나 중대한 과실로 알지 못한 경우가 아니라면 그 거래행위는 유효하다 할 것이고, 이때 거래상대방이 이사회결의가 없음을 알았거나 알 수 있었던 사정은 이를 주장하는 회사가 주장·입증하여야 할 사항에 속하므로 특별한 사정이 없는 한 거래상대방으로서는 회사의 대표자가 거래에 필요한 회사의 내부절차는 마쳤을 것으로 신뢰하였다고 보는 것이 일반 경험칙에 부합하는 해석이라 할 것이다.

(3) 대법원 2013.7.11. 선고 2013다5091 판결

상법 제395조는 표현대표이사가 자기의 명칭을 사용하여 법률행위를 한 경우는 물론이고 자기의 명칭을 사용하지 아니하고 대표이사의 명칭을 사용하여 행위를 한 경우에도 적용되고, 이러한 경우 회사가 표현대표이사의 행위에 대하여 책임을 면하기 위해서는 제3자가 표현대표이사에게 대표이사를 대행하여 법률행위를 할 권한이 없음을 알았거나 이를 알지 못한 데 중대한 과실이 있음을 증명하여야 한다(대법원 2003.7.22. 선고 2002다40432 판결; 대법원 2011.3.10. 선고 2010다100339 판결 등 참조). 한편 이사회의 승인 없이 행하여진 이른바 이사의 자기거래행위는 회사와 이사 간에서는 무효이지만, 회사가 위 거래가 이사회의 승인을 얻지 못하여 무효라는 것을 제3자에 대하여 주장하기 위해서는 이사회의 승인을 얻지 못하였다는 것 외에 제3자가 이사회의 승인 없음을 알았거나 이를 알지 못한 데 중대한 과실이 있음을 증명하여야 한다(대법원 2004.3.25. 선고 2003다64688 판결; 대법원 2005.5.27. 선고 2005다480 판결 등 참조). 그리고 표현대표이사의 행위 또는 이사회의 승인 없는 이사의 자기거래행위에 대하여 회사가 책임을 면하는 경우에 있어서 제3자의 중대한 과실이라 함은 제3자가 조금만 주의를 기울였더라면 표현대표이사의 행위가 대표권 또는 그 대행권에 기한 것이 아니라는 사정이나 회사와 이사 간의 거래로서 이사회의 승인이 필요하다는 점과 이사회의 승인을 얻지 못하였다는 사정을 알 수 있었음에도, 만연히 대표권 또는 그 대행권에 기한 행위라고 믿거나 그 거래가 이사회의 승인을 얻은 것으로 믿는 등으로 거래통념상 요구되는 주의의무에 현저히 위반하는 것으로서 공평의 관점에서 제3자를 구태여 보호할 필요가 없다고 봄이 상당하다고 인정되는 상태를 말한다(대법원 2003.7.22. 선고 2002다40432 판결; 대법원 2004.3.25. 선고 2003다64688 판결 등 참조).

Ⅱ. 판결의 평석

1. 판결의 의의

대상판결의 사안은 이사회 규정에 의하면 대표이사의 보증행위에 관하여는 이사회결의를 거쳐야 하는데, 대표이사가 이사회결의를 거치지 않고 채무를 보증한다는 의미의 확인서를 작성해 준 경우로, 주식회사의 대표이사가 이사회결의에 따라 일성

한 거래행위를 하도록 되어 있는데도 이사회결의 없이 거래행위를 한 경우에 거래상대방인 제3자는 어떠한 범위에서 보호되는지 여부가 대상판결의 쟁점이다.

대상판결은 기존의 판례가 그동안은 대표권의 법률상의 제한 또는 내부적인 제한의 경우 거래상대방이 이사회결의가 없었음을 알았거나 알 수 있었을 경우가 아니라면 거래가 유효하다는 입장을 취해하여 제3자의 선의·무과실을 요구하던 것을, 거래행위의 상대방인 제3자가 보호받기 위하여 선의 이외에 무과실까지 필요하지는 않지만, 중대한 과실이 있는 경우에는 제3자의 신뢰를 보호할 만한 가치가 없다고 보아 거래행위가 무효라고 해석함이 타당하다고 하여 전원합의체 판결로 기존 판결을 변경하였다. 내부적 제한의 경우 선의의 제3자에게는 대항할 수 없으므로 이 경우 제3자가 악의이거나 중과실이 없는 한 보호하는 것이 옳으며, 법률상 제한의 경우 이사회결의의 유무를 일일이 확인할 주의의무가 없으므로 제3자에게 악의 또는 중과실이 없는 한 유효로 보아야 할 것이다.

2. 대표이사의 대표권

주식회사의 대표이사는 대외적으로 회사를 대표하고 대내적으로 업무를 집행하는 주식회사의 필요·상설기관이다. 대표이사의 대표권은 회사의 영업에 관한 재판상·재판 외의 모든 행위에 미치며, 이 권한은 내부적으로 제한하여도 선의의 제3자에게 대항하지 못한다(제389조 제3항, 제209조).[4] 대표이사의 어떠한 행위가 회사의 영업에 관한 것인지의 여부에 대하여는 대표이사의 행위 당시의 주관적 의사와는 관계없이 그 행위의 개관적 성질에 따라 추상적으로 판단되어야 한다.[5] 대표이사가 수인 있는 경우라 하더라도 수인의 대표이사는 원칙적으로 각자 독립하여 회사를 대표한다. 다만 수인의 대표이사가 공동으로 회사를 대표할 것을 정할 수 있다(제389조 제2항).

이러한 대표권 그 자체는 성질상 제한될 수 없는 것이지만 대외적인 업무 집행에 관한 결정 권한으로서의 대표권은 법률의 규정에 의하여 제한될 뿐만 아니라 회사의 정관, 주주총회의 결의나 이사회의 결의 등의 내부적 절차 또는 이사회규칙 등 내규 등에 의하여 내부적으로 제한될 수 있으며, 이렇게 대표권한이 내부적으로 제한된 경우에는 그 대표이사는 제한 범위 내에서만 대표권한이 있는데 불과하게 되는 것이지만 그렇더라도 그 대표권한의 범위를 벗어난 행위 다시 말하면 대표권의 제한을 위반한 행위라 하더라도 그것이 회사의 권리능력의 범위 내에 속한 행위이기만 하다면

4) 전자를 대표권의 포괄성, 후자를 대표권의 정형성이라 한다: 장덕조, 회사법, 제5판, 2020, 328면.
5) 장덕조, 상게서, 328−329면.

대표권의 제한을 알지 못하는 제3자는 그 행위를 회사의 대표행위라고 믿는 것이 당연하고 이러한 신뢰는 보호되어야 한다.[6] 따라서 대표이사의 대표권은 회사의 권리능력과 일치한다고 할 수 있다. 이처럼 대표권은 포괄적이며 불가제한적인 성격을 갖는다.

3. 대표권의 법률상 · 내부적 제한

상법상 대표이사의 대표권이 제한되는 경우로 주주총회의 결의를 요하는 것은 영업의 전부 또는 중요한 일부의 양도(제374조), 사후설립(제375조) 등이 있고, 이사회의 결의를 요하는 것은 중요한 자산의 처분 및 양도, 대규모자산의 차입, 지배인의 선임 또는 해임과 지점의 설치 · 이전 또는 폐지 등이다(제393조 제1항). 주주총회 또는 이사회결의가 필요한 경우로는 이사의 자기거래승인(제398조), 신주발행사항의 결정(제416조), 사채모집(제469조) 등이 있으며, 대표권이 없는 경우로는 청산중의 회사는 대표청산인이 대표하며(제542조 제1항, 제254조 제3항), 파산회사는 파산관재인이 회사를 대표한다(채회 제353조 이하). 또한 이사와 회사 간의 소에 관하여는 대표이사는 회사를 대표하지 못하고 감사(감사 없는 경우 감사위원회)가 회사를 대표한다(제394조 제1항, 제403조 제1항, 제415조의2 제7항).[7][8] 법률상의 제한을 위반한 대표이사의 행위는 모두 무효가 된다.

내부적 제한을 통하여도 대표이사의 대표권이 제한 될 수 있다. 회사의 업무집행은 이사회의 결의로 하여야 한다(제393조). 따라서 회사는 정관, 이사회규칙, 이사회의 결의 등의 내부적 절차 또는 내규 등에 의하여 대표이사의 대표권을 제한할 수 있다. 예컨대 대표이사가 일정한 행위를 하는 경우에는 이사회의 결의를 얻도록 하거나, 사장 · 부사장 · 전무이사 · 상무이사 등의 구별을 두어 상하통솔관계를 정하는 경우, 수명의 대표이사 사이에 업무분장이 있는 경우, 업무집행에 관한 내부의 준칙에 따르도록 한 경우,[9] 대표이사의 권한을 특정 영업이나 영업소에 한정하는 경우 등의

---

6) 대법원 1997.8.29. 선고 97다18059 판결.

7) 감사비선임 회사(자본금의 총액이 10억원 미만)의 경우 회사, 이사 또는 이해관계인의 신청에 의해 법원이 대표할 자를 선임한다(제409조 제5항).

8) 대법원 1990.5.11. 선고 89다카15199 판결.

9) 골프장 및 부대시설을 이용할 수 있는 권리자들로 모집 구성된 골프클럽의 업무도 골프장을 운영하는 피고 주식회사의 영업에 관한 것이라고 보아야 할 것인바, 회사의 업무에 관하여 포괄적 대표권을 가진 대표이사가 설사 대표권에 터잡지 아니하고 원고에게 입회를 권유하고 입회금을 받은 다음 회원증을 발급하였다고 하더라도 골프클럽의 입회절차나 자격요건은 회사내부의 준칙에 지나지 아니한다고 할 것이므로 거래상대방인 원고가 이를 알았거나 알 수 있었다는 특별한 사정이 없는 한 그 거래행위는 유효하여 원고는 회원자격을 취득한 것이라고 보아야 할 것이고, 또한 원고로서는 피고 회사의 대표이사의 권유를 받고 소정의 입회금

방법으로 대표이사의 포괄적인 대표권을 제한하는 것이다.[10] 실무에서는 이사회결의 사항에 관한 세목은 "이사회운영규정" 등으로 정하는 경우가 일반적이다.

4. 대표권제한을 위반한 행위의 효력

대표이사의 대표권에 대한 제한은 선의의 제3자에게 대항하지 못한다(제389조 제3항, 제209조 제2항). 따라서 회사가 제3자의 악의를 증명하여야 한다. 대표권제한을 위반한 행위는 대내적 행위와 대외적 행위로 구분하여 볼 수 있다. 대표권제한과 관련하여 주로 문제가 되는 것은 제3자와의 거래와 관련된 대외적 행위이다. 그 행위가 대외적인 행위인 경우에는 거래의 안전과 관련하여 특히 그 효력이 문제되어 주주총회를 결한 경우와 이사회를 결한 경우로 구분하여 보아야 한다.

(1) 대표권제한을 위반한 대내적 행위의 효력

대표이사가 주주총회나 이사회의 결의를 얻어야 하는 경우에 이를 얻지 않거나 그 결의에 반하여 위법한 대표행위를 한 경우에는 그 거래의 안전을 고려할 필요가 없으므로, 그 행위의 효력에 대하여 그 행위 자체가 위법이므로 주주총회의 결의없는 정관변경, 이사회의 결의없는 회사와 이사 간의 거래(제398조)·준비금의 자본금전입(제461조)·지배인의 선임(제393조 제1항)·감사위원의 선임(제415조의2 제3항) 등과 같은 행위는 언제나 내부적으로는 무효로 보는 것이 통설이다.[11]

(2) 대표권제한을 위반한 대외적 행위의 효력

1) 주주총회의 결의를 흠결한 경우 대외적 행위의 효력

법률에 의하여 주주총회의 결의를 요하는 사항(예컨대 영업양도 제374조, 사후설립 제375조)에 관하여 결의를 흠결한 대표이사의 전단적 대표행위의 효력에 관하여는 원칙적으로 무효라고 보며(통설), 그 거래행위의 효력은 상대방의 선의·악의를 불문하고 무효이다. 이는 대표행위에 주주총회의 승인을 요하는 상법규정은 강행법규이고, 거래상대방도 총회의 결의가 법률상 필요하다는 것을 당연히 알아야 하므로 총회결의는 거래행위의 효력요건이며, 이익교량에 의하여 거래상대방 보다는 회사의 이익을

을 납부한 후 피고 회사 대표이사 명의로 된 영수증과 회원증 등을 교부받은 이상 특별한 사정이 없는 한 내부절차는 피고 회사가 다 마쳤으리라고 신뢰하였다고 보는 것이 경험법칙에도 합치된다(대법원 1990.12.11. 선고 90다카25253 판결).

10) 최준선, 회사법, 제16판, 2021, 503면.

11) 최준선, 상게서, 503면; 장덕조, 전게서, 331면,

보호할 필요성이 더 크다고 평가되기 때문이다.[12)]

그러나 대법원은 사실상 회사의 운영을 지배하는 주주의 의사와 합치하는 결의에 대하여는 총회결의가 없더라도 유효라고 보고 있다.[13)] 이 판례에 대해서는 다수주주의 의사와 부합한다는 것이 유효의 근거이므로 주주총회의 결의가 없는 대표이사의 독단적인 행위에 대한 대법원의 입장으로 보기는 어렵다는 견해가 있다.[14)]

주주총회의 결의사항은 중요한 사항이고 제3자로서도 그 결의가 필요하다는 것을 당연히 알아야 하므로, 이와 같은 경우에는 제3자보다는 회사를 보호하는 것이 이익교량의 면에서 타당하기 때문이다. 따라서 주주총회의 특별결의를 거치지 않은 영업의 전부 또는 중요한 일부의 양도(제374조 제1항 제1호), 회사의 영업에 중대한 영향을 미치는 다른 회사의 영업 일부의 양수(제374조 제1항 제3호) 등도 무효로 본다.[15)]

정관에 의하여 주주총회의 결의를 요하는 경우에는 선의의 제3자에 대하여는 유효로 봄이 통설이다. 그 근거에 대해서는 정관에서 주주총회결의사항으로 한 것은 회사의 이익을 위하여 매우 중요하다고 보기 어려우며 제3자도 예견하기 어렵기 때문이라는 견해[16)]와 정관에 의한 내부적 제한에 불과하므로 제389조 제3항과 제209조 제2항이 적용되기 때문이라는 견해[17)] 등이 있다.

2) 이사회의 결의를 흠결한 경우 대외적 행위의 효력

대표이사가 이사회의 결의를 거치지 아니하고 행위를 한 경우의 효력에 관하여서는 이를 이사회의 결의가 법령상 요구되는 것인지 아니면 정관상 혹은 이사회의 결의에 의하여 이사회의 결의가 요구되는 것인지로 나누어서 살펴볼 필요가 있다. 정관상 혹은 이사회의 결의에 의한 경우에는 대표행위의 내부적 제한에 위반한 행위의 효력에 관한 문제로 되는 것이다.

---

12) 장덕조, 전게서, 331면.

13) 부동산이 매각될 당시 갑, 을은 그들이 법정대리인이 된 미성년 자녀들 주식을 포함하여 회사의 발행주식 중 72% 남짓한 주식을 보유하고 있어 상법 제374조, 제434조에 정한 특별결의에 필요한 의결권을 갖고 있으면서 특히 갑은 사실상 회사를 지배하고 있었던 터에 이들의 참석하에 위 부동산을 매도할 것을 결의한다는 내용의 임시주주총회의사록이 작성되어 이들이 주주총회결의의 외관을 현출하게 하였다면 비록 형식상 당해 회사의 주주총회결의의 존재를 인정할 수 없다 하더라도 그와 같은 회사 내부의 의사결정을 거친 회사의 외부적 행위를 유효한 것으로 믿고 거래한 자에 대하여는 회사의 책임을 인정하는 것이 타당하다(대법원 1993.9.14. 선고 91다33926 판결).

14) 장덕조, 전게서, 331면.

15) 이 경우에는 주주총회의 결의가 계약의 효력발생요건이기도 하며, 주주총회의 특별결의 없이 제소 전 화해를 한 것은 특별수권없는 소송행위로서 재심사유에 해당한다.

16) 정찬형, 전게서, 942-943면; 최기원, 전게서, 635면.

17) 권기범, 전게서, 836면; 송옥렬, 전게서, 978면; 이철송, 회사법강의, 제25판, 688면; 장덕조, 전게서, 332면.

신주발행이나 사채발행 등의 대외적 집단적 거래행위의 경우에는 그 효력을 획일적으로 확정하여 거래안전을 도모할 필요성 때문에 개별거래행위와는 달리 판단된다. 사채발행의 경우 그 행위의 효력이 일률적으로 결정되어야 하므로 제3자의 선의·악의를 불문하고 언제나 유효로 본다(통설). 신주발행의 경우 거래상대방의 악의에 의하여 개별적으로 그 효력이 달라지는 것으로 할 수 없기 때문에 언제나 유효로 보아야 한다는 유효설, 신주발행무효의 소의 원인이 된다는 무효설 등이 있으나, 대법원은 신주발행에 대한 이사회의 결의는 회사의 내부적 의사결정에 불과하다고 보아 유효하다고 보고 있다.[18]

영업용 자산의 처분과 같은 개별적 거래행위에 대한 효력에 관하여 학설은 법률상의 제한인지 또는 내부적인 제한인지를 구분하지 않고 제3자가 악의 또는 과실이 없는 한 유효하다고 보는 견해,[19] 양자를 구분하지 않으면서 악의 또는 중과실이 없는 한 유효라는 견해,[20] 법률상 제한의 경우에는 그 대표행위의 효력은 개별적으로 논해야 하고 개별적인 제한의 경우에는 악의 또는 중과실이 없는 한 유효하다는 견해,[21] 법률상 제한의 경우에는 제3자도 이사회의 결의가 필요하다는 것을 알 수 있고 내부적 제한의 경우에는 그것을 알 수 없으므로 법률상 제한의 경우에는 단순한 과실로 부족하고 과실이 없어야 보호받을 수 있고 내부적 제한의 경우에는 이사회결의가 없는 사실에 관한 과실있는 제3자도 보호받는다는 견해[22] 등이 있다.

대법원은 그동안은 법률상의 제한인지 또는 내부적인 제한인지를 구분하지 않고 거래상대방이 이사회결의가 없었음을 알았거나 알 수 있었을 경우가 아니라면 거래가 유효하다는 입장을 취해왔고, "알 수 있었을 경우"에 대하여는 제3자의 무과실을 요하였다.[23] 이에 대하여 대상판결은 "거래행위의 상대방인 제3자가 상법 제209조

18) 주식회사의 신주발행은 주식회사의 업무집행에 준하는 것으로서 대표이사가 그 권한에 기하여 신주를 발행한 이상 신주발행은 유효하고, 설령 신주발행에 관한 이사회의 결의가 없거나 이사회의 결의에 하자가 있더라도 이사회의 결의는 회사의 내부적 의사결정에 불과하므로 신주발행의 효력에는 영향이 없다고 할 것인바, 비록 원심의 이유설시가 적절하다고 할 수는 없지만 원심이 피고(반소원고, 이하 '피고'라고만 한다) 회사가 감사 및 이사인 원고들에게 이사회 소집통지를 하지 아니하고 이사회를 개최하여 신주발행에 관한 결의를 하였다고 하더라도 피고 회사의 2001. 2. 28.자 신주발행의 효력을 부인할 수 없다고 판단한 것은 결론에 있어서 정당하고 거기에 상고이유에서 주장하는 바와 같은 채증법칙 위반, 신주발행의 효력에 관한 법리오해 등의 위법이 없다(대법원 2007.2.22. 선고 2005다77060,77077 판결).

19) 정찬형, 전게서, 942면; 정동윤, 619면.

20) 송옥렬, 전게서, 979면; 장덕조, 334면.

21) 권기범, 전게서, 835면.

22) 이철송, 전게서, 704면.

23) 대법원 1978.6.27. 선고 78다389 판결; 대법원 1995.4.11. 선고 94다33903 판결; 대법원 1996.1.26. 선고 94다42754 판결; 대법원 1997.6.13. 선고 96다48282 판결; 대법원 1998.7.24. 선고 97다35276 판결; 대법원 1999.10.8. 선고 98다2488 판결; 대법원 2005.7.28. 선고 2005다3649 판결; 대법원 2009.3.26. 선고 2006

제2항에 따라 보호받기 위하여 선의 이외에 무과실까지 필요하지는 않지만, 중대한 과실이 있는 경우에는 제3자의 신뢰를 보호할 만한 가치가 없다고 보아 거래행위가 무효라고 해석함이 타당하다. 중과실이란 제3자가 조금만 주의를 기울였더라면 이사회결의가 없음을 알 수 있었는데도 만연히 이사회결의가 있었다고 믿음으로써 거래통념상 요구되는 주의의무를 현저히 위반하는 것으로, 거의 고의에 가까운 정도로 주의를 게을리하여 공평의 관점에서 제3자를 구태여 보호할 필요가 없다고 볼 수 있는 상태를 말한다. 제3자에게 중과실이 있는지는 이사회결의가 없다는 점에 대한 제3자의 인식가능성, 회사와 거래한 제3자의 경험과 지위, 회사와 제3자의 종래 거래관계, 대표이사가 한 거래행위가 경험칙상 이례에 속하는 것인지 등 여러 가지 사정을 종합적으로 고려하여 판단하여야 한다. 그러나 제3자가 회사 대표이사와 거래행위를 하면서 회사의 이사회결의가 없었다고 의심할 만한 특별한 사정이 없다면, 일반적으로 이사회결의가 있었는지를 확인하는 등의 조치를 취할 의무까지 있다고 볼 수는 없다"고 판시하여 제3자의 선의·무중과실을 요한다고 하였다. 또한 대표권에 대한 법률상 제한과 내부적 제한을 위반한 거래행위의 효력에 대하여는 "대표이사의 대표권을 제한하는 상법 제393조 제1항은 그 규정의 존재를 모르거나 제대로 이해하지 못한 사람에게도 일률적으로 적용된다. 법률의 부지나 법적 평가에 관한 착오를 이유로 그 적용을 피할 수는 없으므로, 이 조항에 따른 제한은 내부적 제한과 달리 볼 수도 있다. 그러나 주식회사의 대표이사가 이 조항에 정한 '중요한 자산의 처분 및 양도, 대규모 재산의 차입 등의 행위'에 관하여 이사회의 결의를 거치지 않고 거래행위를 한 경우에도 거래행위의 효력에 관해서는 내부적 제한의 경우와 마찬가지로 보아야 한다"고 하여 대표권의 법률상 제한과 내부적 제한을 구분하지 않음을 확인하였고 이로써 적용 여부에 상관없이 이사회결의가 없었다는 점에 대해 거래상대방에게 악의 또는 중과실이 있었는지 여부만을 판단하면 되기 때문에 법률관계를 단순화하여 명확하게 하는 데 도움이 된다고 하였다.

(박수영)

다47677 판결; 대법원 2014.6.26. 선고 2012다73530 판결; 대법원 2014.8.20. 선고 2014다206563 판결 등.

표현대표이사의 성립

대법원 1994.12.2. 선고 94다7591 판결

Ⅰ. 판결개요

1. 사실관계

택시운송업을 영위하는 Y주식회사의 대표이사 B는 1990. 6. 심각한 건강상의 이유로 A에게 그가 보유한 Y회사의 주식 전부를 양도하는 계약을 체결하고 Y회사의 경영권 일체를 위임한다는 내용의 위임장을 작성·교부한 후 대표이사의 인감과 고무인 및 사무실도 넘겨주고 중도금을 수령하였다. A는 적법절차에 의해 이사로 선임된 사실은 없으나 C를 부사장으로 임명하여 회사운영을 돕도록 하면서 노사분규를 수습하고 X와의 매매계약 이전에도 여러 사람과 택시운행권 매매계약을 체결하는 등 실질적인 대표이사로서 Y회사를 경영하였다.

X는 A로부터 Y회사가 보유한 택시운행권을 양수하면서 형식적으로는 그 차량운행권의 매수대금에 해당하는 Y회사의 주식을 양수하기로 하고, 주식가액에 해당하는 대금을 지급한 후 1990. 11. 30. 양도양수계약서를 작성하면서 Y회사의 채무불이행으로 인한 대금반환채무의 담보로 Y회사가 보유한 택시에 근저당권을 설정하였다.

B는 1990. 11. 7. A로부터 잔대금을 받지 못하자 A가 Y회사의 택시운행권을 처분하였다는 이유로 위 양도계약의 해제를 통지하였다. A는 대표권이 없기 때문에 이에 대한 회사책임을 부인하고 있으나, X는 A가 Y회사의 대표이사라고 믿고 체결한 계약이므로 Y회사에게 이 사건 매매대금반환을 소구하고 있다.

2. 판결요지

Y회사의 대표이사 B가 경영권 양도계약을 체결하면서 A에게 회사의 운영권을 부여한 경우라 할지라도 A가 이사회에서 대표이사로 선정된 바 없는 이상 회사를 대표

할 권한이 있는 자라고 볼 수 없고, A와 거래한 제3자가 A에게 대표권이 없음을 알지 못한 데에 중과실이 있다고 보기 어려우므로 A의 표현대표행위에 대해 Y회사의 책임을 부정한 원심판결을 파기하고 Y회사가 X에게 매매대금을 반환해야 할 책임이 있다고 판단하였다.

3. 관련판례

(1) 대법원 1992.7.28. 선고 91다35816 판결

상법 제395조는 회사를 대표할 권한이 있는 것으로 인정될 만한 명칭을 사용한 이사의 행위에 대해 회사책임을 규정한 것이어서 표현대표이사가 이사의 자격을 갖출 것을 그 요건으로 하고 있으나 이 규정은 표시에 의한 금반언의 법리나 외관이론에 따라 대표이사로서의 외관을 신뢰한 제3자를 보호하기 위하여 그와 같은 외관의 존재에 관하여 귀책사유가 있는 회사로 하여금 선의의 제3자에 대하여 그들의 행위에 관한 책임을 지도록 하려는 것이므로 회사가 이사의 자격이 없는 자에게 표현대표이사의 명칭을 사용하게 허용한 경우는 물론 이사의 자격도 없는 사람이 임의로 표현대표이사의 명칭을 사용하고 있는 것을 회사가 알면서도 아무런 조치를 취하지 아니한 채 그대로 방치하여 소극적으로 묵인한 경우에도 상법 제395조를 유추적용할 수 있다.

(2) 대법원 1999.11.12. 선고 99다19797 판결

제3자가 표현대표이사에게 회사를 대표할 권한이 있다고 믿은 데 중과실이 있는 경우 회사는 그 제3자에 대한 책임을 지지 않고, 금융기관의 임직원이 상장회사의 전무이사에게 회사를 대표하여 백지어음에 배서할 권한이 있다고 믿은 데 중과실이 있다고 보아 회사의 금융기관에 대한 책임을 부정하였다.

Ⅱ. 판결의 평석

1. 의 의

적법한 절차를 거쳐 대표이사로 선임된 자의 대표행위를 거래상대방이 식별하기란 쉬운 일이 아니다. 매 거래시마다 일일이 등기부를 조회하거나 대표이사의 신위 여부 및 대표행위의 적합성을 확인한다면 신속을 요하는 상행위의 본질에 역행하는 비현실적인 거래가 된다. 상법 제395조는 사장, 부사장, 전무, 상무 기타 회사를 대표할 권한이 있는 것으로 인정될 만한 명칭을 사용한 이사의 행위에 대하여는 그 이사가 회사를 대표할 권한이 없는 경우에도 회사는 선의의 제3자에 대하여 그 책임을 진다고 규정하고 있다. 상법은 거래안전과 제3자 보호를 위해 대표이사가 아닌 자가 대표권이 있는 것으로 인정될 만한 명칭을 사용하여 표현대표행위를 한 경우 회사에 그 거래에 대한 책임을 물을 수 있도록 하고 있다.

2. 표현대리와의 비교

제3자와의 거래에 대하여 민법 제125조는 타인에게 대리권 수여를 표시하는 것으로 외관을 부여한 경우 그 대리권의 범위 내에서 이루어진 법률행위의 책임을 지도록 하고 있으나, 상법 제395조는 회사를 대표할 권한이 있는 것으로 인정될 만한 명칭을 사용하도록 허락한 사실에 외관을 부여하여 회사가 책임을 지도록 하고 있다. 민법 제126조는 대리인이 권한 외의 법률행위를 한 경우 제3자가 그 권한이 있다고 믿을 만한 정당한 사유가 있는 때에 적용되지만 상법 제395조는 처음부터 회사를 대표할 권한이 없는 경우에 해당하므로 그 적용범위가 넓어진다. 민법 제129조는 대리권 소멸 이후의 대리행위에 적용되고, 상법 제395조는 대표이사의 지위에서 퇴임한 자의 대표행위에도 적용된다. 따라서 상법 제395조는 민법의 표현대리에 관한 법리를 상행위에 적용하면서 그 적용요건을 정형화하여 입증을 용이하게 하고 적용범위를 넓게 해석하여 거래상대방을 좀 더 두텁게 보호하기 위한 취지를 규정에 담고 있다.[1)]

3. 성립요건

대상판결에서는 Y회사의 대표이사 B가 A에게 경영권 일체를 위임한다는 위임장을 교부한 사실, A는 적법절차에 의해 선임된 대표이사가 아니라 할지라도 대표이사의 명칭을 사용하고 B가 묵시적으로 이를 허락한 사실 및 X가 택시운행권 매매계약을 체결할 때 A를 Y회사의 대표이사로 믿었던 데에 과실이 없다는 사실을 기초로 하여 분설한다.

---

1) 상법 제14조의 표현지배인은 지배인으로 인정될 만한 명칭을 사용하는 경우에 적용되는 반면 상법 제395조는 대표권이 있는 것으로 인정될 만한 명칭을 사용하는 경우에 적용된다. 따라서 회사의 사용인이 지배인으로 인정될 만한 외관을 作出한 경우에는 상법 제14조가, 대표이사로 인정될 만한 외관을 作出한 경우에는 상법 제395조가 적용된다.

(1) 외관존재

1) 명칭사용

대표이사 아닌 자가 회사를 대표할 만한 명칭을 사용하여야 한다. 상법 제395조에서 열거하고 있는 명칭은 예시적인 것이므로 회장, 총재, 대표, 사무총장 등과 같이 사회통념상 회사를 대표할 만한 명칭으로 인정되는 경우와 재무담당이사 또는 운수회사의 사고처리담당이사 및 증권회사의 자금운용담당이사와 같이 일부 업무영역에 관해 대표권이 있다고 인정될 만한 명칭을 사용한 경우도 모두 이에 해당한다.[2)]

2) 이사자격

표현적 명칭을 사용한 자가 최소한 이사로서의 자격이 있어야 할 필요는 없다. 상법 제395조에는 '이사의 행위'라고 하여 이사자격을 요하는 것처럼 규정하고 있으나 본조는 거래안전과 제3자의 신뢰를 보호하기 위한 제도라는 점에 부응하여 이사자격 없는 자의 표현대표행위에도 유추적용되고 있다.[3)]

(2) 외관부여

1) 사용허락

회사가 표현대표이사의 행위에 대해 책임을 지기 위해서는 표현적 명칭의 사용을 명시적 또는 묵시적으로 허용한 사실이 있어야 한다. 대상판결처럼 대표이사가 직접 경영권 양도계약을 체결하고 위임장을 교부하는 경우나 발령 또는 위촉 등 적극적인 의사표시로 지위를 부여하는 경우는 명시적 허락에 해당한다. 이사 또는 이사자격이 없는 자가 임의로 표현대표자의 명칭을 사용하고 있는 것을 회사가 알면서 이에 동조하거나 아무런 조치를 취하지 아니한 채 그대로 방치하는 경우나[4)] 회사의 승낙 없이 대표자의 명칭을 참칭한 표현대표자의 행위에 대하여 회사가 선의의 제3자에게 책임을 지는 경우[5)]는 묵시적 허락에 해당한다.

---

2) 표현적 명칭인지를 판단할 때에는 구체적인 상황과 거래통념에 따라 결정하여야 한다. 단지 專務나 常務라는 명칭을 사용한 자를 대표이사로 믿은 것은 중과실에 해당하고(대법원 1999.11.12. 선고 99다19797 판결), 회사의 경리담당이사라는 명칭으로 자금을 차용한 사건에서 이는 회사를 대표할 권한이 있는 것으로 인정될 만한 명칭에 해당하지 않는다고 한 판결(대법원 2003.2.11. 선고 2002다62029 판결)도 있음을 주의해야 한다.

3) 총회결의 없이 선임된 이사(대법원 1992.7.28. 선고 91다35816 판결)와 이사로 선임된 사실이 없는 자의 대표행위에 상법 제395조를 유추적용하고 있다.

4) 대법원 2005.9.9. 선고 2004다17702 판결.

5) 대법원 1995.11.21. 선고 94다50908 판결.

2) 허락주체

상법 제395조에 의하여 회사가 표현대표이사의 행위에 대하여 책임을 지기 위해서는 표현대표이사의 행위에 대하여 그를 믿었던 제3자가 선의이어야 하고, 또한 회사가 적극적 또는 묵시적으로 표현대표를 허용한 경우에 한한다. 여기서 회사가 표현대표를 허용하였다고 하기 위해서는 진정한 대표이사가 이를 허용하거나, 이사 전원이 아닐지라도 적어도 이사회결의의 성립을 위하여 회사의 정관에서 정한 이사의 수, 그와 같은 정관의 규정이 없다면 최소한 이사 정원의 과반수 이사가 적극적 또는 묵시적으로 표현대표를 허용한 경우이어야 한다.[6] 따라서 대표이사로 선임·등기된 자가 부적법한 대표이사로서 사실상의 대표이사에 불과한 경우에 있어서는 먼저 대표이사의 선임에 있어 회사에 귀책사유가 있는지를 살피고 이에 따라 회사에게 표현대표이사로 인한 책임이 있는지 여부를 가려야 한다. 다만 소수의 이사가 명칭사용을 승인하는 경우에는 표현대표이사로 볼 수 없다.

(3) 외관신뢰

1) 제3자

상법 제395조의 보호대상이 되는 제3자는 표현대표행위의 직접적인 상대방과 표현적 명칭을 신뢰한 상대방을 모두 포함한다. 따라서 표현대표이사의 어음행위를 믿고 직접 어음을 취득한 제3자뿐만 아니라 그 제3자로부터 어음을 다시 배서 양도받은 제3취득자도 보호된다.

2) 선 의

제3자의 선의가 전제되어야 한다. 이 경우 선의란 표현대표이사가 대표권이 없음을 알지 못한 것이지 반드시 형식상 대표이사가 아니라는 사실을 알지 못한 것이 아니다. 선의의 대상은 대표권의 유무이지 대표이사인지 아닌지를 묻지 않는다.[7] 또 통설과 판례는 표현적 명칭을 신뢰한 상대방을 보호하는 것이므로 상대방의 무과실을 요하지 않는다고 한다. 그렇지만 표현적 명칭을 신뢰한 데에 중대한 과실이 있는 경우까지 회사가 책임을 부담하지 않는다고 보아야 한다.[8]

---

6) 대법원 2011.7.28. 선고 2010다70018 판결.
7) 대법원 1998.3.27. 선고 97다34709 판결.
8) 대법원 1999.11.12. 선고 99다19797 판결.

4. 검 토

상법 제395조는 대표이사 아닌 자가 외관상 회사의 대표권이 있는 것으로 인정될 만한 명칭을 사용하여 거래하고 이러한 외관이 작출(作出)된 데에 회사의 귀책사유가 있는 경우 그 외관을 신뢰한 선의의 제3자를 보호하고 더 나아가 상행위의 신속성과 거래안전을 보호하기 위한 규정이다.

대상판결에서 A는 대표이사인 B로부터 경영권 일체를 양수받아 대표권을 행사하는 것일 뿐이지 적법절차에 의해서 선임된 대표이사가 아니다. 원심은 A가 Y회사의 적법한 대표이사가 아니라는 사실을 X가 알았거나 쉽게 알 수 있었다는 이유를 들어 청구를 배척하고 있으나, 상고심은 이를 파기하고 대표이사 B가 A에게 위임장을 교부하는 등 대표권을 양수하는 적극적인 의사표시가 있었고, A가 표현대표이사라는 사실을 X가 알지 못한 데에 중대한 과실이 있다고 할 수 없어서 Y회사에게 매매대금 반환에 대한 책임을 지우고 있다. 표현대표행위에 대해 거래안전과 거래상대방을 보호하고자 하는 금반언과 외관이론을 준거로 평석할 수 있는 전형적인 판결이다.

(김선광)

61

상무이사(업무담당이사)의 명칭과 표현대표이사

대법원 2003.2.11. 선고 2002다62029 판결

Ⅰ. 판결개요

1. 사실관계

Y주식회사(피고, 피상고인)의 경리이사로서 회사의 결산, 세무회계, 결제 등의 경리업무를 담당하고 있던 A는 어음을 발행할 권한이 없음에도 Y회사 명의를 위조한 어음을 X(원고, 상고인)에게 발행하여 어음을 할인받았다. X가 이 어음을 만기에 지급장소에 제시하였으나 지급이 이루어지지 아니하였다. X는 Y회사가 상법 제395조에 따라 A의 자금차용행위에 대하여 책임이 있다고 주장하며 어음금의 지급을 청구하였다.

2. 판결요지

상법 제395조에 정한 표현대표이사의 행위로 인한 회사의 책임이 성립하기 위해서는 회사의 대표이사가 아닌 이사가 외관상 회사의 대표권이 있는 것으로 인정될 만한 명칭을 사용하여 거래행위를 하여야 하고, 그와 같은 명칭이 표현대표이사의 명칭에 해당하는지 여부는 사회 일반의 거래통념에 따라 결정하여야 한다. '경리담당이사'는 회사를 대표할 권한이 있는 것으로 인정될 만한 명칭에 해당한다고 볼 수 없다.

3. 관련판례

(1) 대법원 1995.11.21. 선고 94다50908 판결

표현대표이사의 행위에 대하여 회사가 책임을 지는 것은 회사가 표현대표자의 명칭 사용을 명시적으로나 묵시적으로 승인할 경우에 한하는 것이고 회사의 명칭 사용 승인 없이 임의로 명칭을 참칭한 자의 행위에 대하여는 비록 그 명칭사용을 알지 못

하고 제지하지 못한 점에 있어 회사에 과실이 있다고 할지라도 그 회사의 책임으로 돌려 선의의 제3자에 대하여 책임을 지게 할 수 없다.

(2) 대법원 1998.3.27. 선고 97다34709 판결

상법 제395조는 표현대표이사가 이사의 자격을 갖출 것을 요건으로 하고 있으나, 회사가 이사의 자격이 없는 자에게 표현대표이사의 명칭을 사용하도록 허용한 경우에도 유추적용된다. 상법 제395조는 표현대표이사가 자기의 명칭을 사용하지 아니하고 다른 대표이사의 명칭을 사용하여 행위를 한 경우에도 적용된다.

(3) 대법원 2011.7.28. 선고 2010다70018 판결

회사가 표현대표를 허용하였다고 하기 위하여는 진정한 대표이사가 이를 허용하거나, 이사 전원이 아닐지라도 적어도 이사회결의의 성립을 위하여 회사의 정관에서 정한 이사의 수, 그와 같은 정관의 규정이 없다면 최소한 이사 정원의 과반수 이사가 적극적 또는 묵시적으로 표현대표를 허용한 경우이어야 한다.

(4) 대법원 2005.9.9. 선고 2004다17702 판결

상법 제395조의 규정에 의하여 회사가 표현대표자의 행위에 대하여 책임을 지는 것은 회사가 표현대표자의 명칭사용을 명시적으로나 묵시적으로 승인함으로써 대표자격의 외관 현출에 책임이 있는 경우에 한하는 것이나, 이사 또는 이사의 자격이 없는 자가 임의로 표현대표자의 명칭을 사용하고 있는 것을 회사가 알면서도 이에 동조하거나 아무런 조치를 취하지 아니한 채 그대로 방치한 경우도 회사가 표현대표자의 명칭사용을 묵시적으로 승인한 경우에 해당한다고 봄이 상당하다. 원고 회사의 지배구조, 그 당시의 경영상황, B가 대표이사를 참칭하면서 한 행위의 내용, 이에 대한 A의 대응 등에 비추어 보면, 비록 B가 위조된 이사회회의록상의 의결을 통하여 원고 회사의 대표이사로 선임된 자라고 하더라도, 원고 회사의 대표이사나 나머지 이사들은 B가 그러한 방법으로 원고 회사의 대표이사를 참칭하여 여러 법률행위를 하는 것을 알면서도 그 당시 원고 회사의 시급한 경영상황과 최고 경영자 부재의 현실 때문에 이에 동조하거나 아무런 조치를 취하지 아니하고 이를 그대로 방치함으로써 B의 대표이사 명칭사용을 묵시적으로 승인하였다고 볼 여지가 충분히 있다고 할 것이다.

Ⅱ. 판결의 평석

1. 판결의 의의

상법 제395조의 규정에 의하여 표현대표이사의 행위에 대하여 회사가 책임을 지기 위해서는 먼저 이사가 회사를 대표할 권한이 있는 것으로 인정될 만한 명칭을 사용하였어야 한다. 대표이사가 아닌 이사가 사용하는 명칭이 표현대표이사의 명칭에 해당하는지 여부는 사회 일반의 거래통념에 따라 결정하여야 할 것인데, 대상판결은 구체적으로 '경리담당이사'는 회사를 대표할 권한이 있는 것으로 인정될 만한 명칭에 해당하지 않는다고 한 점에 의의가 있다.

2. 표현대표이사의 성립요건

(1) 외관의 존재(표현적 명칭의 사용)

회사가 표현대표이사의 행위에 대하여 책임을 지기 위해서는 먼저 회사를 대표할 권한이 있는 것으로 인정될 만한 명칭을 사용하였어야 한다. 상법은 표현대표이사의 명칭을 예시하고 있다. 사장, 부사장, 전무, 상무 등의 명칭이 표현대표이사의 명칭에 해당하는가 하는 것은 사회 일반의 거래통념에 따라 결정하여야 한다. 대체로 회장, 부회장, 총재, 이사장, 본부장 등은 사회 통념상 회사를 대표할 권한이 있다고 인정되는 명칭으로 이해되고 있다.

그런데 전무 또는 상무라는 명칭이 오늘날에도 회사를 대표할 만한 권한이 있는 것으로 인정될 만한 명칭에 해당하는가 하는 점은 검토의 여지가 있다. 이 명칭은 단순히 회사내부의 직제를 나타내는 것에 지나지 않기 때문에 전무 또는 상무의 명칭을 부여한 것만으로 선의의 제3자에 대하여 항상 대표권이 있는 것과 동일시함은 타당하지 않아 보인다. 일반 사회통념 및 당해 회사에서 통상의 직함 사용상황을 종합적으로 고려하여 회사를 대표할 권한이 있다고 인정될 만한 명칭인가의 여부에 의하여 판단되어야 한다.[1)]

---

1) 예컨대 1인 또는 2인의 이사만을 두고 있는 소규모 주식회사(자본금 총액이 10억원 미만)에서는 정관으로 대표이사를 정하지 아니하는 한 각 이사가 회사를 대표하기 때문에(상법 제383조 제6항) 전무 또는 상무이사의 명칭은 바로 대표권이 있는 명칭으로 인정된다. 이와 달리 3인 이상의 이사를 두는 회사에서는 이사의 지위만으로 대표권을 갖는 것은 아니기 때문에 전무 또는 상무이사의 명칭만으로 곧바로 대표권을 갖는다고 인정하는 것은 곤란하다고 본다.

영업담당상무, 운수회사의 사고처리담당이사와 같이 회사의 업무 중 일부에 관하여 대표권이 있다고 인정될 만한 명칭을 사용한 경우도 그 부분적인 업무에 관한 한 상법 제395조가 적용된다고 보는 견해가 있다. 경리담당이사는 경리업무에 관하여 대표권을 갖는다고 볼 수 있다. 그런데 이 사건에서 A는 경리이사의 직함으로 Y회사의 결산, 세무회계, 결제 등의 경리업무를 담당하여 왔을 뿐이고 Y회사의 어음할인용 약속어음 발행권한은 대표이사에 의하여 행사되고 있었으므로 A는 독자적인 어음할인을 통하여 자금차용을 할 수 있는 대리권을 Y회사로부터 위임받았다고는 볼 수 없고, 따라서 '경리담당이사'는 회사를 대표할 권한이 있는 것으로 인정될 만한 명칭에 해당하지 않는다고 판단하였다. 이 사건 판례는 어음발행행위는 대표이사의 권한 내의 행위이지만, 경리담당이사의 권한에 속하지는 않는 것으로 보고 있다.

(2) 외관의 부여(표현적 명칭에 대한 회사의 귀책사유)

회사가 대표이사가 아닌 자에게 표현대표이사의 명칭을 부여하거나 명시적으로 명칭사용을 허용하였어야 한다. 표현대표이사가 회사의 승인 없이 임의로 명칭을 사용하는 경우에는 회사가 그 명칭사용을 알지 못하고 그 사용을 제지하지 못한데 과실이 있다고 하더라도 회사에 그 책임을 지울 수 없다.[2]

제3자가 임의로 표현대표이사의 명칭을 사용하고 있음을 회사가 알면서도 아무런 조치를 취하지 아니한 채 그대로 방치하여 소극적으로 묵인하는 경우에도 상법 제395조가 유추적용된다.[3]

(3) 외관의 신뢰(제3자의 선의)

제3자가 보호를 받기 위해서는 선의이어야 한다. 제3자의 선의란 표현대표이사가 대표권을 갖지 않는다는 것을 알지 못한 것을 말하고, 반드시 형식상 대표이사가 아니라는 것을 알지 못한 것에 한정되지 않는다. 선의의 제3자는 표현대표이사의 직접의 상대방뿐만 아니라 표현대표이사의 명칭을 신뢰하고 거래하는 제3의 취득자도 포함한다. 제3자의 선의는 무과실을 요하는가에 관하여 다수설은 무과실을 요하지 않는다고 본다. 판례 중에는 무과실을 요하지 않는다고 본 예도 있으나,[4] 최근 판례는 상법 제395조에 의하여 보호되는 제3자의 신뢰는 보호할 만한 가치가 있는 정당한 것이어야 한다는 이유로 제3자에게 중대한 과실이 있는 경우에는 회사는 그 제3자에

2) 대법원 1995.11.21. 선고 94다50908 판결.
3) 대법원 2003.2.11. 선고 2002다62029 판결.
4) 대법원 1973.2.28. 선고 72다1907 판결.

대하여 책임을 지지 않는다고 한다.[5] 중대한 과실 있는 제3자를 선의의 제3자에서 제외하는 이유는 악의와 다름이 없는 중대한 과실이 있는 경우에는 보호할 만한 가치가 있는 신뢰라고 할 수 없다는 데 있다. 제3자의 악의 또는 중과실은 표현대표이사의 행위에 대하여 책임을 면하고자 하는 회사가 증명하여야 한다.

제3자의 악의 또는 중과실 여부는 거래통념에 비추어 개별적·구체적으로 결정하여야 한다. 중대한 과실이란 제3자가 조금만 주의를 기울였더라면 표현대표이사의 행위가 대표권에 기한 것이 아니라는 사정을 알 수 있었음에도 만연히 이를 대표권에 기한 행위라고 믿음으로써 거래통념상 요구되는 주의의무에 현저히 위반하는 것으로서 공평의 관점에서 제3자를 구태여 보호할 필요가 없다고 볼 수 있는 상태를 말한다.[6] 제3자가 표현대표이사와 거래를 할 때 회사의 등기부를 열람하지 않았다고 하여 중대한 과실이 있다고 할 수 없으나, 표현대표이사에게 대표권이 있음을 의심할 만한 중대한 사유가 있고 이를 쉽게 조사할 수 있음에도 그 대표권 여부를 조사하지 아니한 경우에는 중대한 과실이 있다고 본다.[7]

최근 판례는 제3자의 선의를 판단할 때에는 오늘날 일반인들도 교육수준의 향상 등으로 상법의 대표이사 제도를 더 잘 이해하게 되었고 대규모 주식회사에서는 사장, 부사장, 전무, 상무 등의 직책이 대표이사와 구분되어 사용되고 있는 것이 경제계의 실정임을 고려하여, '대표이사 전무', '대표이사 상무' 등의 명칭을 사용하지 아니하고 단지 '전무이사' 또는 '상무이사' 등의 명칭을 사용하는 이사에 대하여는 제3자가 악의라거나 중과실이 있다는 회사 측의 항변을 함부로 배척하지 않고 있다.[8] 결론적으로 제3자의 중과실 여부는 대표이사제도에 대한 일반인의 이해도, 전무 또는 상무의 직제사용에 관한 경제계의 실정을 고려하여야 신중하게 판단할 것을 요구하고 있다.

표현대표이사의 행위에 있어서는 대표권의 존재에 관한 제3자의 신뢰를 보호하는 데 반하여 이사회의 결의를 거치지 아니한 대표이사의 행위에 있어서는 대표권의 범위에 관한 제3자의 신뢰를 보호하고 있다. 따라서 표현대표이사의 행위로 인정되는

---

5) 대법원 1999.11.12. 선고 99다19797 판결; 대법원 2013.2.14. 선고 2010다91985 판결.

6) 대법원 2003.9.26. 선고 2002다65073 판결; 대법원 2013.2.14. 선고 2010다91985 판결.

7) 회사의 대표이사가 건강문제로 그 회사의 주식을 양도하고 회사의 경영권 및 회사운영권 모두를 위임하는 내용의 위임장을 작성하여 주고 운영권 행사에 지장이 없도록 대표이사의 인감과 고무인을 인도하고 사무실까지 넘겨주었고 이를 넘겨받은 사람이 회사의 노사분규를 수습하는 등 독자적으로 회사운영권을 행사하여 왔다면, 이 사람이 회사의 경영권을 가지고 적법한 대표권을 행사하는 자라고 믿을 만한 사정이 있었다고 보아야 하고, 따라서 제3자가 회사의 적법한 대표이사가 아니라는 사실을 알았거나 알지 못한 데 중대한 과실이 있었다고 보기 어렵다(대법원 1994.12.2. 선고 94다7591 판결).

8) 대법원 1999.11.12. 선고 99다19797 판결.

경우라고 하더라도 그 행위에 이사회의 결의가 필요하고 거래의 상대방인 제3자의 입장에서 이사회의 결의가 없었음을 알았거나 중대한 과실로 알 수 없었던 경우라면 회사로서는 그 행위에 대한 책임을 지지 않는다.[9]

3. 적용범위

상법 395조는 법문상 표현대표이사는 이사의 자격을 갖출 것을 형식상 요건으로 하고 있으나, 이사 자격이 없는 자가 표현적 명칭을 사용한 경우에도 유추적용되고, 표현대표이사가 다른 대표이사의 명칭을 사용하는 경우에도 적용된다.[10] 이사를 선임한 주주총회의 결의 또는 대표이사를 선임한 이사회의 결의가 무효로 되거나 취소된 때에 그 무효확인 또는 취소 판결전에 사실상의 이사 또는 대표이사가 거래를 한 경우에도 마찬가지이다. 또한 상법 제395조는 공동대표이사 중 1인이 단순히 대표이사의 명칭을 사용하여 법률행위를 하는 경우에도 유추적용된다.[11]

(강대섭)

9) 대법원 2021.2.18. 선고 2015다45451 전원합의체 판결.
10) 대법원 1998.3.27. 선고 97다34709 판결.
11) 대법원 1992.10.27. 선고 92다19033 판결.

62

대표이사 선임결의의 무효

대법원 2009.3.12. 선고 2007다60455 판결

Ⅰ. 판결개요

1. 사실관계

Y회사는 2004. 2.경 당시 甲(소외 1)의 장남인 소외 2가 대표이사, 처인 소외 3과 2남인 소외 4가 각 이사, 甲이 감사로 각 재직하고 있어 甲의 가족들로 구성된 가족회사이다. Y회사는 이 사건 부동산에서 주유소 영업을 해오면서, 소외 2 등을 비롯한 甲의 가족들이 직간접적으로 주유소 운영에 관여하면서 위 주유소를 생활의 터전으로 삼고 있었다. Y회사는 위 주유소를 다른 사람에게 임대하기 위해 Y회사의 주주총회에서 정관을 변경하여 그 목적 사업에 임대업을 추가하기로 하고, 이를 위해 Y회사의 주주들로서 대표이사인 소외 2(甲의 장남)와 이사인 소외 3(甲의 처), 소외 4(甲의 2남) 등이 그들의 인감도장과 인감증명서 등을 甲에게 교부하는 등으로 甲에게 위 정관변경작업을 위임하였다. 甲은 이를 기화로 Y회사의 목적 사업에 임대업을 추가하는 외에 자신을 대표이사로 선임하였다는 내용의 이 사건 2004. 2. 14.자 정기주주총회의사록과 이사회회의록을 작성하여 그 법인변경등기까지 마쳤다. 2004. 2. 15. 甲은 Y회사의 대표이사로서 소외 5와 사이에 위 주유소에 관한 임대차계약을 체결하였고 Y회사의 대표이사이던 소외 2 등을 비롯하여 Y회사의 운영에 관여하던 다른 가족들은 아무런 이의를 제기하지 않은 채 위 임대차계약에 기한 차임을 수령하였다. 이후 소외 2 등이 甲을 상대로 이사 및 대표이사로서의 직무집행정지 등을 구하는 가처분신청을 하였고, 그 결정이 있었지만 위 가처분결정이 Y회사의 법인등기부에 등기되어 외부에 공시되지는 않았으며, 그 후 甲은 X와 부동산에 관한 매매계약을 체결하고 매매대금을 수령하였다. X는 부동산 매매계약에 기하여 부동산에 관한 소유권이전등기절차의 이행을 구하였다.

2. 판결요지

상법 제395조의 규정은 표시에 의한 금반언의 법리나 외관이론에 따라 대표이사로서의 외관을 신뢰한 제3자를 보호하기 위하여 그와 같은 외관의 존재에 관하여 귀책사유가 있는 회사로 하여금 선의의 제3자에 대하여 그들의 행위에 관한 책임을 지도록 하려는 것으로, 회사가 이사의 자격이 없는 자에게 표현대표이사의 명칭을 사용하게 허용한 경우는 물론, 이사의 자격도 없는 사람이 임의로 표현대표이사의 명칭을 사용하고 있는 것을 알면서도 아무런 조치를 취하지 아니한 채 그대로 방치하여 소극적으로 묵인한 경우에도 위 규정이 유추적용되는 것으로 해석함이 상당하다.[1] 한편 주주총회를 소집, 개최함이 없이 의사록만을 작성한 주주총회결의로 대표자로 선임된 자의 행위에 대하여 의사록 작성으로 대표자격의 외관이 현출된 데에 대하여 회사에 귀책사유가 있음이 인정될 경우 상법 제395조에 따라 회사에게 그 책임을 물을 수 있고,[2] 이 경우 의사록을 작성하는 등 주주총회결의의 외관을 현출시킨 자가 사실상 회사의 운영을 지배하는 자인 경우와 같이 주주총회결의 외관 현출에 회사가 관련된 것으로 보아야 할 경우에는 회사에 귀책사유가 있다고 인정할 수 있을 것이다.

3. 관련판례

(1) 대법원 1992.8.18. 선고 91다14369 판결; 대법원 1994.12.27. 선고 94다7621, 7638 판결

상법 제395조의 규정에 의하여 회사가 표현대표자의 행위에 대하여 책임을 지는 것은 회사가 표현대표자의 명칭 사용을 명시적으로나 묵시적으로 승인함으로써 대표자격의 외관현출에 책임이 있는 경우에 한하는 것이고, 주주총회를 소집·개최함이 없이 의사록만을 작성한 주주총회의 결의로 대표자로 선임된 자의 행위에 대하여 회사에게 그 책임을 물으려면, 의사록 작성으로 대표자격의 외관이 현출된 데에 대하여 회사에 귀책사유가 있음이 인정되어야만 한다.

(2) 대법원 1998.3.27. 선고 97다34709 판결

상법 제395조가 회사를 대표할 권한이 있는 것으로 인정될 만한 명칭을 사용한 이사의 행위에 대한 회사의 책임을 규정한 것이어서, 표현대표이사가 이사의 자격을

1) 대법원 1998.3.27. 선고 97다34709 판결 등 참조.
2) 대법원 1992.8.18. 선고 91다14369 판결 등 참조.

갖출 것을 요건으로 하고 있으나, 이 규정은 표시에 의한 금반언의 법리나 외관이론에 따라 대표이사로서의 외관을 신뢰한 제3자를 보호하기 위하여 그와 같은 외관의 존재에 대하여 귀책사유가 있는 회사로 하여금 선의의 제3자에 대하여 그들의 행위에 관한 책임을 지도록 하려는 것이므로, 회사가 이사의 자격이 없는 자에게 표현대표이사의 명칭을 사용하게 허용한 경우는 물론, 이사의 자격이 없는 사람이 임의로 표현대표이사의 명칭을 사용하고 있는 것을 회사가 알면서도 아무런 조치를 취하지 아니한 채 그대로 방치하여 소극적으로 묵인한 경우에도 위 규정이 유추적용되는 것으로 해석함이 상당하다.

상법 제395조는 표현대표이사가 자기의 명칭을 사용하여 법률행위를 한 경우는 물론이고 자기의 명칭을 사용하지 아니하고 다른 대표이사의 명칭을 사용하여 행위를 한 경우에도 적용된다.

상법 제395조 소정의 '선의'란 표현대표이사가 대표권이 없음을 알지 못한 것을 말하는 것이지 반드시 형식상 대표이사가 아니라는 것을 알지 못한 것에 한정할 필요는 없다.

표현대표이사의 행위와 이사회의 결의를 거치지 아니한 대표이사의 행위는 모두 본래는 회사가 책임을 질 수 없는 행위들이지만 거래의 안전과 외관이론의 정신에 입각하여 그 행위를 신뢰한 제3자가 보호된다는 점에 공통되는 면이 있으나, 제3자의 신뢰의 대상이 전자에 있어서는 대표권의 존재인 반면, 후자에 있어서는 대표권의 범위이므로 제3자가 보호받기 위한 구체적인 요건이 반드시 서로 같다고 할 것은 아니고, 따라서 표현대표이사의 행위로 인정이 되는 경우라고 하더라도 만일 그 행위에 이사회의 결의가 필요하고 거래의 상대방인 제3자의 입장에서 이사회의 결의가 없었음을 알았거나 알 수 있었을(이 부분은 최근 판례로 '중대한 과실로 알 수 없었던'으로 변경됨)[3] 경우라면 회사로서는 그 행위에 대한 책임을 면한다.

Ⅱ. 판결의 평석

1. 사안의 쟁점

본 사안에서는 주총결의가 무효 또는 부존재인 경우 무효 또는 부존재인 주총결의에 의한 대표이사의 행위의 효력이 표현대표제도와 관련하여 문제된다. 여기서 이

3) 대법원 2021.2.18. 선고 2015다45451 전원합의체 판결.

사가 아닌 자의 행위에 대해 표현대표이사 규정을 적용함에 있어서 회사의 귀책사유 인정 여부, 이사자격요부 등의 요건에 관해 고찰할 필요가 있다. 등기부상의 대표이사로 등재된 甲의 행위에도 표현대표이사제도가 적용되는가 하는 점도 문제된다. 그리고 본 판결에서 문제가 되지 않았지만 이 경우 부실등기에 관한 규정의 적용이 문제되며, 가처분결정의 효력과 가처분결정이 있을 경우 표현대표이사제도의 적용이 달라지는가 하는 점, 사실상의 이사의 책임도 부수적으로 문제된다.

2. 판례 검토

(1) 표현대표이사

1) 쟁 점

甲은 부적법한 대표이사이어서 甲의 행위는 무권대표행위로서 피고 회사의 행위로 인정될 수 없지만 甲의 행위에 상법 제395조의 표현대표이사 규정을 적용할 수 있는지 하는 점이 문제된다. 판례도 주주총회를 소집, 개최함이 없이 의사록만을 작성한 주주총회결의로 대표자로 선임된 자의 행위에 대하여 의사록 작성으로 대표자격의 외관이 현출된 데에 대하여 회사에 귀책사유가 있음이 인정될 경우 상법 제395조에 따라 회사에게 그 책임을 물을 수 있다.[4] 그리고 표현대표이사가 되기 위해서는 대표이사의 외관이 존재하여야 하고 거래상대방이 대표이사의 행위로 신뢰하여야 하며, 회사에 대표이사 외관에 대한 귀책사유가 있어야 한다. 본 사안에서도 부적법한 대표이사 甲이 대표이사로서 직함을 사용하였고, 거래상대방인 원고도 대표이사로 신뢰하였다고 판단된다. 다만 회사에 귀책사유가 존재하였는가 하는 점과 상법 제395조가 이사의 자격을 가지지 않는 자에게도 적용할 수 있는지, 등기제도와의 관계 등이 문제된다.

2) 회사의 귀책사유

회사에 귀책사유가 있다고 하기 위해서는 회사가 표현적 명칭의 사용을 허락하여야 한다. 회사가 표현대표이사의 명칭을 부여하거나 그러한 명칭의 사용을 허락한 경우에만 상법 제395조가 적용되고, 그 행위자가 임의로 그 명칭을 사용하여 한 거래행위에 대해서는 회사는 아무런 책임을 부담하지 않는다. 외관부여방식은 명시적인 경우는 물론 묵시적으로 허용한 경우에도 귀책사유가 인정된다. 예를 들어 표현대표이사의 거래행위를 결제한다든지 성사된 거래에 대해 수수료를 지급하는 등의 경우가 묵시적 외관부여의 예에 해당한다. 회사가 명칭을 명시적·묵시적으로 허락하지

4) 대법원 1992.8.18. 선고 91다14369 판결.

않았지만 제3자가 그러한 명칭을 사용하고 있다는 사실을 알고 방치한 경우에도 회사에 책임이 발생하는가 하는 점에 관해 견해가 대립되고 있으며, 판례는 방치하여 소극적으로 묵인한 경우에도 표현대표이사의 규정이 유추적용된다고 보았으며,[5] 본 판결에서도 동일한 입장이다.[6] 甲은 무권한자이고 甲 스스로 대표이사를 사칭하였으므로 피고회사에 귀책사유를 인정하기 어려운 점이 없지 않다. 하지만 甲은 피고 회사를 사실상 운영해 왔던 자이므로 甲에 의해 외관이 현출된 경우에는 회사에 귀책사유가 있다고 판단하는 것이 타당하다고 본다. 대상판결에서도 의사록을 작성하는 등 주주총회결의의 외관을 현출시킨 자가 사실상 회사의 운영을 지배하는 자인 경우와 같이 주주총회결의 외관 현출에 회사가 관련된 것으로 보아야 할 경우에는 회사에 귀책사유가 있다고 인정하였고 이는 타당하다.

3) 이사 아닌 자에 적용

상법 제395조 법문은 표현대표이사제도를 적용하기 위해서는 대표이사의 직함에 해당하는 명칭을 사용하는 자가 이사인 경우로 제한하는 것처럼 보인다. 하지만 통설, 판례는 이사의 자격을 가진 자는 물론이고 이사가 아니더라도 대표이사에 해당하는 직함을 사용한 경우에는 표현대표이사제도가 유추적용된다는 입장이다.

4) 검 토

표현대표이사가 한 거래행위에 관해서는 상법 제395조에 따라 회사가 책임을 부담한다. 따라서 본 사안에서 甲을 이사로 선임한 주주총회는 부존재하므로 甲은 진정한 대표이사가 아니나, 대표이사의 직함을 사용하였고 피고 회사에도 귀책사유가 존재하였으며 부동산 거래행위의 상대방인 원고가 이를 신뢰하였으므로 표현대표이사의 요건을 갖추었다고 판단되므로 甲의 부동산 매매행위는 유효하고 이에 대해 피고 회사는 책임을 부담한다.

(2) 직무집행정지가처분

1) 가처분의 개념

이사 선임행위에 하자가 있을 경우 이사 선임결의 무효·취소의 소가 제기된 경우 판결확정시까지 법원은 당사자의 신청에 의해 가처분으로써 이사의 직무집행을 정지시키거나 직무대행자를 선임할 수 있다(상법 제407조 제1항). 이를 이사직무집행

5) 대법원 1992.7.28. 선고 91다35816 판결.
6) 대법원 1979.2.13. 선고 77다2436 판결.

정지가처분이라 하며 본안소송인 이사 선임결의무효·취소의 소가 확정되기 전에 임시적 처분의 성질을 가지며 본점과 지점의 소재지에서 등기를 하여야 한다.

2) 주주총회결의 부존재 확인의 소와 가처분

상법 제407조는 이사의 선임에 관한 주주총회 결의무효확인 또는 결의취소의 소 및 이사해임의 소의 경우에만 가처분을 신청할 수 있는 것으로 정하고 있다. 하지만 주주총회결의 부존재확인의 소의 경우에도 이사 직무집행을 정지시킬 필요가 존재하고 취소원인과 부존재원인은 양자 간에 본질적 차이가 있다기보다는 하자 정도의 차이에 지나지 않으므로 동조는 주주총회부존재의 경우에도 유추적용된다.

3) 가처분의 효력

이사직무집행정지가처분이 있고 이를 본점과 지점에 등기한 경우에는 가처분에 반하는 행위의 효력은 절대적 무효이며 가처분이 취소되더라도 소급해서 유효로 되는 것은 아니라 본다. 이 경우 직무집행을 정지당한 이사가 한 거래행위에 관해 표현대표이사가 성립할 수 있는가 하는 점이 문제된다. 통상적인 대표이사의 선임등기와는 달리 가처분은 특정한 경우 대표이사의 직무집행을 막기 위해서 도입된 제도인 만큼 표현대표이사제도의 적용은 없다고 본다. 그리고 직무집행정지가처분된 이사와 거래한 상대방은 선의에 중과실이 있다고 볼 수 있으므로 표현대표이사제도는 적용되지 않는다.

4) 검 토

본 사안에서 甲의 이사 선임 주주총회의 효력에 하자가 있으므로 주주총회결의 부존재의 원인이 존재하고 이사의 직무집행정지가처분에 관한 상법 제407조가 유추적용된다. 법원이 신청을 받아들여 이사직무집행정지가처분결정을 하고 이를 본점에 등기하였다면 甲의 행위는 절대적으로 무효가 된다. 설사 표현대표이사의 요건을 갖추고 있다고 하더라도 원고의 신뢰는 보호될 수 없어 부동산 매매계약은 무효이다. 그러나 본 사안에서는 이사직무집행정지의 가처분결정은 있었지만 이를 본점에 등기하지 않았으므로 공시방법을 갖추지 않았으므로 상법 제37조에 따라 이로써 선의의 제3자에 대항할 수 없다고 보며, 본 판결에서도 동일한 입장을 확인하였다.

(3) 부실등기에 따른 책임

甲은 피고 회사의 대표이사로 등기된 자로서 원고는 등기부상의 신뢰에 따른 책임을 피고 회사에 물을 수 있다. 다만 부실등기에 따른 책임이 성립되기 위해서는 부실등기가 존재하고, 부실등기에 대한 신뢰가 있어야 하며, 부실등기에 대한 회사의 귀책사유가 존재하여야 한다. 이들 요건은 앞서 표현대리의 성립요건과 거의 유사하며 본 사안에서는 모두 인정된다. 특히 회사의 귀책사유가 문제될 수 있지만 전 주주가 인감도장과 인감증명서를 맡겼다는 점에서 귀책사유를 인정할 수 있다고 본다. 따라서 피고 회사는 원고에 대해서 부실등기의 책임을 부담한다고 보나, 본 사안에서는 부실등기의 책임이 문제되지 않아 법원은 이에 관해 판단을 하지 않았다.

(4) 사실상 이사의 책임

부동산 거래행위가 유효하다면 甲에 대해서는 별도의 청구권을 가진다고 볼 수 없다. 그런데 부동산 거래행위가 무효일 경우 X는 甲에 대해 상법 제401조에 따른 책임을 물을 수 있는가 하는 점이 문제되는데 甲은 피고 회사의 적법한 대표이사가 아니어서 상법 제401조의 책임이 발생하기는 어렵다. 그러나 甲은 피고 회사를 사실상 운영하여 왔으므로 상법 제401조의2 제3호의 표현이사에 해당하여 사실상의 이사의 책임을 부담한다고 볼 수 있다. 그 밖에 민법상 불법행위책임이 성립할 수 있는데, 사실상 이사의 책임은 상법 제401조의 책임과 동일한 책임이므로 통설·판례의 입장에 따라 법정책임으로 이해되고 불법행위책임과 경합한다고 볼 수 있다.

(정경영)

63 공동대표이사와 표현대표이사의 성립

대법원 1992.10.27. 선고 92다19033 판결

Ⅰ. 판결개요

1. 사실관계

원고 X_1, X_2와 피고 Y회사의 대표이사 명칭을 사용하는 A(공동대표이사 중 1인) 사이에 피고 Y회사가 건축하는 부동산에 관한 분양계약이 체결되었다.

원고 X_1, X_2가 피고 Y회사에 대해 분양계약에 따른 소유권이전등기를 요구하자, 공동으로만 회사를 대표하도록 되어 있는 공동대표 규정에도 불구하고 대표이사 A가 단독으로 분양계약을 체결하였으므로 피고 Y회사는 자신에 대해서 분양계약의 효력이 없다고 주장하였다.

이에 대해 원고 X_1, X_2는 피고 Y회사의 다른 공동대표이사 B가 분양계약을 체결한 대표이사 A에게 업무 수행의 권한을 위임하였기에 상법 제395조의 표현대표책임이 성립하여 분양계약이 피고 Y회사에 대해서 유효하고, 따라서 피고 Y회사가 소유권 이전등기의무를 부담한다고 주장하였다.

2. 판결요지

회사가 공동대표이사에게 단순한 대표이사라는 명칭을 사용하여 법률행위를 하는 것을 용인 내지 방임한 경우에도 회사는 상법 제395조에 의한 표현책임을 면할 수 없다.

공동대표이사가 단독으로 회사를 대표하여 제3자와 한 법률행위를 추인함에 있어 그 의사표시는 단독으로 행위한 공동대표이사나 그 법률행위의 상대방인 제3자 중 어느 사람에게 대하여서도 할 수 있다.

3. 관련판례

(1) 대법원 1989.5.23. 선고 89다카3677 판결

주식회사에 있어서의 공동대표제도는 대외 관계에서 수인의 대표이사가 공동으로만 대표권을 행사할 수 있게 하여 업무집행의 통일성을 확보하고, 대표권 행사의 신중을 기함과 아울러 대표이사 상호간의 견제에 의하여 대표권의 남용 내지는 오용을 방지하여 회사의 이익을 도모하려는 데 그 취지가 있으므로 공동대표이사의 1인이 그 대표권의 행사를 특정사항에 관하여 개별적으로 다른 공동대표이사에게 위임함은 별론으로 하고, 일반적·포괄적으로 위임함은 허용되지 아니한다.

(2) 대법원 1979.2.13. 선고 77다2436 판결

상법 제395조와 상업등기와의 관계를 헤아려 보면, 본조는 상업등기와는 다른 차원에서 회사의 표현책임을 인정한 규정이라고 해야 옳으리니 이 책임을 물음에 상업등기가 있는 여부는 고려의 대상에 넣어서는 아니 된다.

Ⅱ. 판결의 평석

1. 판결의 의의

판례가 공동대표이사 중 1인에게 공동대표이사가 아닌 단순한 대표이사라는 명칭을 사용하여 법률행위를 하도록 회사가 용인 내지 방치한 경우 상법 제395조의 표현대표이사가 성립할 수 있다고 본 점은 통설과 입장을 같이하는 것으로 타당하다. 즉, 공동대표이사가 아닌 단순한 대표이사라는 명칭을 사용함으로 인해 단독대표이사인 것 같은 외관이 존재하고, 단순한 대표이사라는 명칭 사용을 회사가 용인 또는 방치함으로 인해 그러한 명칭사용에 대한 회사의 귀책사유가 인정되며, 단독대표이사라고 믿은데 대한 거래상대방(원고 X_1, X_2)의 선의가 인정되므로 표현대표이사의 요건이 모두 충족된다.

다만 공동대표이사는 등기사항이고(상법 제317조 제2항 제10호), 등기사항을 등기하면 선의의 제3자에게 대항할 수 있으므로(상법 제37조 제1항의 반대해석) 공동대표이사 중 1인의 단독대표행위에 대해 상법 제395조의 표현대표이사의 성립을 인정하려면 상법 제37조 제1항(등기의 적극적 공시력)과의 관계설정이 필요하다. 판례는 상법

제395조는 상업등기와는 다른 차원에서 회사의 표현책임을 인정한 규정이므로 상업등기 여부는 고려의 대상이 되지 않는다고 보고,[1] 학설도 다양한 근거에서(상법 제395조를 상법 제37조 제1항의 예외 또는 특칙으로 보는 견해, 상법 제395조를 상법 제37조 제2항의 정당한 사유로 보는 견해, 상법 제37조 제1항을 목적적으로 축소해석하여 상법 제395조가 우선 적용된다는 견해) 상법 제37조 제1항의 존재에도 불구하고 상법 제395조의 적용이 가능하다고 본다. 따라서 사안에서 A, B가 공동대표이사로 등기된 사실은 A의 표현대표이사 성립에는 영향을 미치지 아니한다.

다른 공동대표이사의 유효한 위임이 있으면 단독대표행위라도 유효한 대표행위가 되어 상법 제395조의 적용필요성이 없게 된다. 업무집행의 통일성을 확보하고, 대표권 행사의 신중을 기함과 아울러 대표이사 상호간의 견제에 의하여 대표권의 남용 내지는 오용을 방지하여 회사의 이익을 도모하려는 공동대표이사제도의 취지상 포괄적 위임은 허용되지 않고 구체적 사항을 특정하여 행하는 위임은 허용된다고 보면(통설), 위 판례가 다룬 사안에서 공동대표이사 B가 다른 공동대표이사인 A에게 분양과 관련된 권한을 일체 위임하였으므로(포괄적 위임) 유효한 위임으로 볼 수 없어 단독대표행위는 무권대표행위가 된다. 따라서 그 다음 단계로 상법 제395조의 요건을 충족하여 권한 없는 단독대표행위가 표현대표행위가 되는지 검토할 필요성이 있는데, 사안의 경우 표현대표이사가 성립한다고 판시한 판례의 입장은 타당하다.

공동대표이사 중 1인이 단독으로 회사를 대표한 경우 무권대표행위로 무효인데, 이 경우 추인은 다른 공동대표이사가 무권대리와 마찬가지로 무권대표행위를 한 공동대표이사나 그 거래상대방에 대해서 할 수 있다고 본 것은 기존 판례의 입장과 동일하다.[2]

2. 공동대표이사의 의의와 대표행위

수인의 대표이사가 있는 경우에도 단독대표가 원칙이나, 회사는 수인의 대표이사를 공동대표이사로 정할 수 있고(상법 제389조 제2항), 이 경우 수인의 대표이사는 공동으로만 회사를 대표할 수 있다. 공동대표이사제도는 회사 내부의 의사결정을 신중히 하고, 대외적 업무집행의 통일성을 기할 수 있으며, 대표이사 상호간 견제를 통해 위법·부당한 대표행위를 사전에 예방할 수 있고, 공동대표이사가 단독으로 대표행위를 한 경우 그 행위가 무효가 되어 회사의 이익을 보호할 수 있는 장점이 있다.

---

1) 대법원 1979.2.13. 선고 77다2436 판결(이차원설).
2) 대법원 1991.11.12. 선고 91다19111 판결.

회사가 제3자에게 하는 의사표시인 능동대표는 수인의 대표이사가 공동으로 의사표시를 하여야 하며, 단독으로 대표행위를 하면 거래상대방의 선의·악의를 묻지 않고 회사에 대해서 효력이 없다. "공동으로"의 의미는 반드시 동시에 대표행위를 하여야 한다는 의미가 아니며, 순차적으로 의사가 표시되어도 무방하다. 거래상대방이 회사에 대하여 의사표시를 하는 수동대표의 경우 공동대표이사 중 1인에 대해서 한 의사표시도 회사에 대해 효력이 있다(상법 제389조 제3항, 제208조 제2항).

공동대표이사는 불법행위에는 적용되지 않아 공동대표이사 중 1인이 회사의 업무집행과 관련하여 타인에게 손해를 야기한 경우에도 회사는 불법행위를 행한 공동대표이사와만 연대하여 손해를 배상할 책임이 있다(상법 제389조, 제210조).

공동대표이사 중 1인이 다른 공동대표이사에게 대표권을 포괄적으로 위임하는 것은 사실상 단독대표를 가능하게 하는 것이므로 공동대표이사제도의 취지에 반하여 허용되지 않는다고 본다.[3] 반면 특정거래에 관한 개별적 위임은 허용된다고 보며, 이 경우 공동대표이사 사이에 거래내용에 대한 내부적 의사의 합치가 있으면 의사표시를 단독으로 하도록 위임하는 것이 가능하다고 본다(통설). 상거래의 신속성을 보장하고, 공동대표이사 전원이 의사표시를 반드시 같이 할 필요성이 없는 점과 거래시 위임에 대한 필요성 및 공동대표이사제도의 취지를 고려할 때 개별적 위임은 허용하되, 개별적 위임도 거래내용의 위임은 허용되지 않고 의사표시의 위임만 가능하다고 본다.

3. 공동대표이사와 제3자 보호

대표권의 제한이나 대표권의 남용과는 달리 공동대표이사 중 1인의 단독대표행위는 거래상대방의 선의·악의를 묻지 않고 무효이기 때문에 거래 안전을 해할 우려가 높다.

상법은 우선 공동대표이사를 등기사항으로 규정하여(상법 제317조 제2항 제10호) 공동대표이사를 등기하지 않은 경우 선의의 제3자에게 대항하지 못하도록 하고 있다(상법 제37조 제1항). 그러나 공동대표이사를 등기한 경우에는 선의의 제3자에게도 대항할 수 있기 때문에 상법 제37조 제1항은 공동대표이사 중 1인의 단독대표행위로 인한 위험으로부터 거래상대방을 완전히 보호하지 못한다.

공동대표이사가 단순히 대표이사라고 하면서 단독으로 대표행위를 하고, 그러한

---

3) 대법원 1989.5.23. 선고 89다카3677 판결: 통설.

단순한 대표이사 명칭사용을 회사가 묵인한 경우 선의의 상대방은 상법 제395조의 표현대표이사의 성립을 주장하여 보호받을 수 있다(통설).

대표권 남용을 억제하려는 공동대표이사제도의 취지를 고려하면 사장 또는 대표이사사장과 같은 단독대표권을 수반하는 것으로 인식되는 명칭을 부여하는 경우와는 달리 단순히 대표이사라는 명칭을 부여한 경우에는 표현대표이사가 성립하지 않는다고 보는 소수견해가 있다. 이 견해는 내표이사란 명칭은 법에 의해서 그 사용이 인정되는 명칭이므로 대표이사로 하여금 공동대표이사란 명칭을 사용하도록 하지 않은 것을 회사의 귀책사유로 보기 어려워 표현대표이사가 성립하지 않는다고 본다.[4] 그러나 대표이사라는 명칭은 가장 분명히 대표권이 존재한다는 외관을 만들어내는 명칭이며, 대표권 있는 자가(비록 공동대표로 제한 받지만) 대표이사란 명칭으로 거래한 경우에 표현대표이사의 성립을 부정하면, 대표권이 전혀 없는 자(예컨대 전무이사)가 대표이사란 명칭을 사용하여 거래한 경우에도 표현대표이사의 성립이 인정되는 것과 비교하여 형평에 반하고 또한 거래안전을 크게 해칠 우려가 있으므로 공동대표이사제도에도 불구하고 표현대표이사가 성립할 수 있다.

상법 제37조 제1항의 등기의 효력(소극적 공시력)이나 상법 제395조의 표현대표이사의 요건이 충족되지 않아 단독대표행위가 무효가 되는 경우 공동대표이사의 단독대표행위는 대표권의 남용과 마찬가지로 민법상 불법행위(민법 제750조)가 될 수 있으므로 단독으로 대표행위를 한 대표이사에게 손해배상책임을 묻거나, 회사에 대한 손해배상책임을 물을 수 있다(상법 제389조 제3항, 제210조). 또한 고의 또는 중과실로 인한 임무해태로 제3자에게 손해를 야기한 경우에 해당하여 이사의 제3자에 대한 책임에 관한 규정(상법 제401조)에 근거하여 단독대표행위를 한 대표이사에게 손해배상청구가 가능하다.

(정대익)

4) 이철송, 회사법강의, 제26판, 박영사, 2018, 728면.

64 이사 선임 주주총회결의 취소판결확정과 이사의 거래행위의 효력

대법원 2004.2.27. 선고 2002다19797 판결

Ⅰ. 판결개요

1. 사실관계

X주식회사의 대표이사 A는 1996. 3. 8. 임시주주총회에서 선임된 이사들에 의하여 대표이사로 선임되어 등기되었으며, 1996. 3. 19. X회사 소유 부동산에 대하여 B와 근저당설정계약을 체결하고 근저당설정등기를 완료하였다. 그 후 B는 이 부동산을 임의경매 신청하였고, Y가 낙찰을 받아 1997. 6. 30. 소유권이전등기를 마쳤다.

X회사의 주주 C가 이사를 선임한 위 임시주주총회결의 취소의 소를 제기해 1998. 4. 10. 승소 확정판결을 받았고, 이에 X회사는 Y에 대하여 대표권이 없는 이사 A와 B 사이에 체결된 근저당설정계약의 효력이 없다고 주장하면서 Y에 대해 등기말소와 부당이득반환청구의 소를 제기하였다.

2. 판결요지

이사 선임을 위한 주주총회결의에 대한 취소판결이 확정된 경우 그 결의에 의하여 이사로 선임된 이사들에 의하여 구성된 이사회에서 선정된 대표이사는 소급하여 그 자격을 상실하고, 그 대표이사가 이사 선임의 주주총회결의에 대한 취소판결이 확정되기 전에 한 행위는 대표권이 없는 자가 한 행위로서 무효가 된다.

그러나 이사 선임의 주주총회결의에 대한 취소판결이 확정되어 그 결의가 소급하여 무효가 된다고 하더라도 그 선임결의가 취소되는 대표이사와 거래한 상대방은 상법 제39조의 적용 내지 유추적용에 의하여 보호될 수 있으며, 주식회사의 법인등기의 경우 회사는 대표자를 통하여 등기를 신청하지만 등기신청권자는 회사 자체이므

로 취소되는 주주총회결의에 의하여 이사로 선임된 대표이사가 마친 이사 선임 등기는 상법 제39조의 부실등기에 해당된다.

3. 관련판례

(1) 대법원 1975.5.27. 선고 74다1366 판결

부실등기의 효력을 규정한 상법 제39조는 등기신청권자 아닌 제3자의 문서위조 등의 방법으로 이루어진 부실등기에 있어서는 등기신청권자에게 그 부실등기의 "경료 및 존속에 있어서 그 정도가 어떠하건 과실이 있다는 사유만 가지고는" 회사가 선의의 제3자에게 대항할 수 없음을 규정한 취지가 아니다.

상법 제395조에 의하여 표현대표자의 행위에 대하여 회사가 책임을 지는 것은 회사가 표현대표자의 명칭 사용을 명시적으로나 묵시적으로 승인할 경우에만 한하는 것이고, 회사의 명칭 사용 승인 없이 임의로 명칭을 참칭한 자의 행위에 대하여는 비록 그 명칭사용을 알지 못하고 제지하지 못한 점에 있어서 회사에게 과실이 있다고 할지라도 그 회사의 책임으로 돌려 선의의 제3자에 대하여 책임을 지게 하는 취지가 아니다.

(2) 대법원 1992.8.18. 선고 91다14369 판결

상법 제395조의 규정에 의하여 회사가 표현대표자의 행위에 대하여 책임을 지는 것은 회사가 표현대표자의 명칭사용을 명시적으로나 묵시적으로 승인함으로써 대표자격의 외관 현출에 책임이 있는 경우에 한하는 것이므로, 주주총회를 소집·개최함이 없이 의사록만을 작성한 주주총회결의로 대표자로 선임된 사의 행위에 대하여 상법 제395조에 따라 회사에게 그 책임을 물으려면, 의사록 작성으로 대표자격의 외관이 현출된 데에 대하여 회사에 귀책사유가 있음이 인정되어야만 할 것이다.

(3) 대법원 2008.7.24. 선고 2006다24100 판결

등기신청권자에 대하여 상법 제39조에 의한 부실등기 책임을 묻기 위해서는 원칙적으로 그 등기가 등기신청권자에 의하여 마쳐진 것임을 요하지만, 등기신청권자가 스스로 등기를 하지 아니하였다 하더라도 그 등기가 이루어지는 데 관여하거나 그 부실등기의 존재를 알고 있음에도 이를 시정하지 않고 방치하는 등 등기신청권자의 고의 또는 과실로 부실등기를 한 것과 동일시할 수 있는 특별한 사정이 있는 경우에는 그 등기신청권자에 대하여 상법 제39조에 의한 부실등기 책임을 물을 수 있다.

(4) 대법원 2011.7.28. 선고 2010다70018 판결

등기신청권자 아닌 자가 주주총회의사록 및 이사회의사록 등을 허위로 작성하여 주주총회결의 및 이사회결의 등의 외관을 만들고 이에 터잡아 이사 및 대표이사 선임등기를 마친 경우는 물론이고, 그와 같은 허위의 의사록에 선임된 것으로 기재된 이사 및 대표이사가 기존에 적법하게 선임된 이사 및 대표이사를 배제한 채 과반수에 미달하는 일부 주주에 대하여만 소집통지를 보낸 후 주주총회를 개최하여 일부 주주만의 찬성으로 이사 선임결의를 하고, 거기서 선임된 이사들로 구성된 이사회를 개최하여 새로운 대표이사를 선임한 후 대표이사 선임등기를 마친 경우에는, 비록 외형상 주주총회결의 및 이사회결의가 존재한다고 하더라도 그것이 적법하게 선임된 대표이사와 이사들 및 나머지 주주들의 관여가 배제된 채 이루어진 이상 등기신청권자인 회사가 선임등기가 이루어지는 데에 관여한 것으로 볼 수 없고, 달리 회사의 고의·과실로 부실등기를 한 것과 동일시할 수 있는 특별한 사정이 없는 한 회사에 대하여 상법 제39조에 의한 부실등기 책임을 물을 수 없다. 이 경우 위와 같이 허위의 주주총회결의 등의 외관을 만들어 부실등기를 마친 자가 회사의 상당한 지분을 가진 주주라고 하더라도 그러한 사정만으로는 회사의 고의 또는 과실로 부실등기를 한 것과 동일시할 수는 없다.

Ⅱ. 판결의 평석

1. 판결의 의의

그간 판례는 이사 선임을 위한 주주총회를 소집·개최함이 없이 의사록만을 작성한 주주총회결의(소위 비결의, 표현결의)에 의해 대표자(이사)로 선임된 자의 행위에 대하여는 의사록 작성으로 대표자격의 외관이 현출된 데에 대하여 회사에 귀책사유가 있으면 상법 제395조의 표현대표이사에 관한 규정을 적용하여 거래안전을 보호하여 왔다.[1)] 판례는 의사록을 위조한 자가 대표이사나 지배주주인 경우 또는 사실상 회사의 운영을 지배하는 자인 경우에는 회사의 귀책사유를 인정하고 있다.[2)]

그러나 본 판례는 이사 선임을 위한 주주총회 소집·개최 없이 의사록만 작성된

1) 대법원 2008.7.24. 선고 2006다24100 판결; 대법원 2009.3.12. 선고 2007다60455 판결.

2) 대법원 1992.8.18. 선고 91다14369 판결; 대법원 1994.12.27. 선고 94다7621,7638 판결; 대법원 2009.3.12. 선고 2007다60455 판결.

경우가 아니라 주주총회 개최는 있었으나 하자로(취소사유로) 인하여 주주총회결의가 취소된 경우에는 그 하자 있는 결의에 기해 선임된 대표이사의 등기는 상법 제39조의 부실등기에 해당한다고 판시한 최초의 판례이다. 내부사정에 기인한 하자로 인해 취소된 주주총회결의로 선임된 대표이사가 제3자와 맺은 거래행위가 취소판결의 소급효로 인해 일률적으로 무효로 된다면 거래의 안전을 현저히 해하게 되는데 거래안전 보호수단으로 상법 제395조(표현대표이사)와 상법 제39조(부실등기) 중 본 판례는 후자를 택하였다.

판례는 상법 제39조를 적용함에 있어서 부실등기에 대한 등기신청권자인 회사의 귀책사유를 회사가 소집하여 개최한 주주총회결의 절차에 의하여 (대표)이사라는 외관이 작출되고, 그 대표이사에 대한 선임등기까지 경료된 점에서 찾고 있는 것으로 보인다.[3] 주식회사의 법인등기의 경우 회사는 대표이사를 통하여 등기를 신청하지만 등기신청권자는 회사 자체이므로 취소되는 주주총회결의에 의하여 이사로 선임된 대표이사가 마친 이사 선임등기는 취소판결의 소급효로 인해 비록 당해 대표이사가 등기신청할 당시 적법한 대표이사로 볼 수는 없지만, 이는 "등기신청권자인 회사의 귀책사유에 의하여 부실한 대표이사 선임등기가 이루어진 것과 동일시할 수 있는" 경우에 해당한다고 판시하였다.

판례가 주주총회결의 취소판결로 이사 선임이 무효로 되어 대표이사의 등기가 사실과 상위하게 된 경우에도 상법 제39조를 적용함으로 인해 부실등기의 범위에 등기시점부터 사실과 상위한 등기뿐만 아니라 사후적으로(소급하여) 사실과 상위하게 된 등기도 포함되게 되었다.

판례가 대표이사 선임을 위한 주주총회결의의 취소(무효)판결 확정시 상법 제39조의 부실등기에 관한 규정을 (유추)적용한다고 하여도 표현대표이사의 요건이 충족되면 상법 제395조에 의해 회사의 책임도 물을 수 있고,[4] 책임의 내용은 동일하다. 그러나 대표이사를 선임한 결의에 하자가 있는 경우에 이러한 사실상의 대표이사의 거래행위에 대하여 상법 제395조가 유추 적용되어 회사가 책임질 수도 있으나, 사실상의 대표이사가 등기된 경우에는 상법 제39조에 의하여 제3자의 보호는 충분하므로, 이에 다시 상법 제395조를 유추 적용할 필요성(실익)은 적다.[5] 판례와는 달리 상법 제37조 제1항의 소극적 공시력을 적용하여 회사의 책임을 이끌어 내려는 소수견해가

3) 오영준, 대법원판례해설 77호(2008 하반기) (2009.07), 75면.

4) 정찬형, 상법강의(상), 제20판, 박영사, 2017, 999-1002면; 이철송, 회사법강의, 제26판, 박영사, 2018, 728면.

5) 정찬형, 상게서, 999면.

있으나[6] 이 경우 등기하지 않은 상태는 아니므로 상법 제37조 제1항의 적용요건이 충족되지 않는다.

상법 제39조의 적용이 있는 경우 선의의 거래상대방은 부실등기된 사항(대표이사)이나 진정한 사실(대표이사가 아닌 사실) 중 자신에게 유리한 것을 선택하여 주장할 수 있으나(최선선택이론, 건포도이론), 상법 제395조의 표현대표이사의 경우 선의의 거래상대방은 유효한 대표행위나 무권대표행위 중 자신에게 유리한 것을 선택하여 주장할 수 없고 표현대표(유효한 대표행위)만 주장할 수 있다.

이상의 판례의 논지는 주주총회결의에 대한 취소판결이 확정된 경우뿐만 아니라 역시 소급효가 있는 무효·부존재판결이 확정된 경우에도 동일하게 적용된다. 또한 적법한 주주총회결의에 의하여 일단 유효하게 이사들이 선임되기는 하였으나 하자 있는 이사회결의에 의하여 대표이사가 선임된 경우에도 취소·무효·부존재 확정판결을 받은 주주총회결의로 선임(등기)된 대표이사(사실상의 대표이사)에 관한 법리가 그대로 적용된다.[7]

2. 부실등기의 효력(상법 제39조) 요건

사실과 상위한 사항이 등기되어야 한다. 부실한 등기를 한 경우에만 적용되고(등기라는 작위가 있는 경우), 이미 등기된 사항에 관하여 변경·소멸의 등기(상법 제40조)를 하지 않아(예컨대 대표이사에 해임되었으나 해임등기를 하지 않은 경우) 현재의 등기가 진정한 사실관계와 다르게 된 경우에는 적용되지 않는다(상법 제37조 제1항의 소극적 공시력의 문제). 등기시점부터 사실과 상위한 등기가 존재하는 경우는 물론 사후적으로, 즉 소급하여 사실과 상위한 등기가 된 경우도 사실과 상이한 등기에 포함된다.[8]

등기신청인에게 고의·과실, 즉 귀책사유가 있어야 한다. 고의는 사실이 아닌 것을 알면서 사실과 다른 등기를 하는 것을 말하고, 과실은 부주의로 사실이 아님을 알지 못하고 등기를 하는 것을 말하며 경과실을 포함한다. 고의·과실은 등기신청인 본인의 것 이외에 대리인의 것도 포함하고, 회사의 경우에는 그 대표기관을 기준으로 판단한다. 등기신청자의 고의·과실 없이 경료된 부실등기의 경정 또는 말소절차를 밟지 않고 이를 방치한 경우에 대법원은 설사 이를 방치하여 시정하지 못한 점에 과실이 있다고 하더라도(즉, 과실(중과실)로 부실등기사실을 알지 못한 경우라도) 상법 제39

6) 안성포, 법률신문, 2005. 4. 25.
7) 이철송, 전게서, 722면.
8) 대법원 2004.2.27. 선고 2002다19797 판결.

조를 적용할 수 없다고 본다.[9] 상법 제39조가 등기신청인의 귀책사유를 요건으로 하고 있으므로 부실등기가 이루어지는 데 관여하거나 그 부실등기의 존재를 알고 있음에도 이를 시정하지 않고 방치하는 등 등기신청권자의 고의나 과실로 평가될 수 있을 때에만 상법 제39조를 적용할 수 있다고 보아야 할 것이다.[10]

제3자가 선의·무중과실이어야 한다(소수견해는 과실은 무방하다고 봄). 선의란 등기와 사실이 상위한 것을 알지 못하는 것을 말하며, 제3자가 부실등기된 사항을 구체적으로 열람하고 그것을 신뢰할 필요는 없다(추상적 신뢰보호). 제3자에는 등기신청인(등기의무자)의 거래상대방 이외에 등기에 이해관계를 가지는 자를 포함한다.

3. 상법 제39조의 적용효과

상법 제39조에 의하여 사실과 상위한 사항을 등기한 자는 사실과 상위한 사항을 선의의 제3자에게 대항하지 못한다. "사실과 상위한 사항을 등기한 자"라 함은 부실등기를 신청한 등기신청인(등기의무자)을 말하는데, 법인의 대표기관이 부실등기를 한 경우에는 그 법인이 이에 해당한다. 부실등기를 신청한 자는 아니지만 등기신청인이 부실등기를 하는 것에 대해 승낙한 자에 대하여도 상법 제39조를 유추 적용할 수 있다.

부실등기를 한 자는 사실과 상위한 사항을 선의의 제3자에게 대항할 수 없으나, 제3자는 부실등기된 사실과 진실한 사실관계 중 어느 것이라도 선택적으로 주장할 수 있다(최선선택이론, 건포도이론). 상법 제39조는 거래상대방 보호를 위한 규정이므로 부실등기를 한 자는 상법 제39조를 원용할 수 없고, 회사의 내부관계, 예컨대 회사와 부실등기된 대표이사 사이에는 그 적용이 없다.

상법 제39조는 외관에 대한 거래상 신뢰보호가 입법취지이므로 거래행위에만 적용된다.

(정대익)

9) 대법원 1975.5.27. 선고 74다1366 판결; 반대견해는 유추적용.
10) 대법원 2008.7.24. 선고 2006다24100 판결.

65 소수주주의 주주총회 소집시기 및 회사와 이사 간의 소송에서 상법 제394조 제1항의 적용배제

대법원 2018.3.15. 선고 2016다275679 판결

Ⅰ. 판결개요

1. 사실관계

이 사건의 원고는 X 주식회사(이하 'X회사')와 X회사의 주주인 X_1이다. 피고는 X회사의 2014. 11. 20.자 임시주주총회(이하 '최종주주총회')에서 사내이사로 선임된 Y이다. 본 사건은 X회사와 X_1이 공동원고로서 Y가 X회사의 사내이사의 지위에 있지 아니함의 확인을 청구하는 이사지위 부존재확인의 소를 제기한 것이다. 소제기 전까지 사건의 경과는 아래와 같다.

(1) X회사의 일련의 주주총회 개최

X회사는 금천구에 있는 상가의 3,700여 점포 등을 관리하기 위하여 설립된 회사이며, 이 회사의 소수주주들인 A, B 등 22인은 2007년 '당시 이사였던 C, D, E 및 감사였던 F의 각 해임과 후임 이사 및 감사의 선임'을 목적으로 하는 임시 주주총회 소집허가를 법원에 신청하였다. 법원은 이미 기존 주주총회에서 '이사 C, E의 해임건은 부결되었고, 감사 F는 스스로 사임하여 H가 새로 선임되었다는 점'을 이유로 '2007. 6. 14. 사임한 이사 D의 후임 이사 1인의 선임'을 목적으로 하는 주주총회의 소집만 허가하고 나머지 신청을 기각하는 결정(이하 '이 사건 소집허가결정'이라 함)을 하였다. 이러한 소집허가결정에 따라 A, B 등 주주들은 임시주주총회('제1주주총회'라 함)를 소집하는 과정에서, 그 개최를 위한 추진위원장인 L 등이 소집허가결정 대로 1인의 이사를 선임해서는 기존 집행부를 배제할 수 없다고 판단하여, 위 결정에 반하는 8인 정도의 이사를 선임하기 위해 "법원으로부터 X회사의 현 집행부를 배제하고 주주들의 뜻에 따라 임시주주총회를 실시하라는 판결을 받았다"는 취지의 허위사실

을 기재한 안내문과 '이사 선임의 건'이라고만 기재된 임시주주총회 소집통지서를 주주들에게 발송하였다. 이에 따라 제1주주총회가 개최되어, L, M, O, P, Q, R, 및 A를 X회사의 이사로 각각 선임하는 결의가 이루어졌고, 그 후 2007. 12. 17. 선임된 이사 전원이 출석하여 L을 X회사의 대표이사로 선임하는 이사회결의가 이루어졌다. 그 이후 2008. 2. 22., 2011. 3. 30., 2012. 4. 27., 2014. 3. 28.에 네 차례에 걸쳐 X회사의 주주총회를 개최하였고('제2 내지 제5주주총회'라 함), 각 주주총회에서 L, S 등을 X회사의 이사 또는 감사로 선임하는 결의 등이 있었다.

(2) 주주총회결의 부존재 확인 소송

한편 X회사의 주주 T는 X회사를 상대로 제3주주총회에서 이루어진 결의의 부존재 또는 무효 확인을 구하는 소를 제기하여, 1심과 항소심에서 패소하였으나, 2014. 9. 24. 상고심에서 대법원은 "제1주주총회결의는 소집허가결정의 내용과 범위를 명백히 위반하는 등 소집절차와 결의내용 등과 관련하여 부존재 또는 무효에 해당하는 중대한 하자가 있고, 그 주주총회에서 이사로 선임된 뒤 대표이사가 된 L에 의하여 소집된 제2, 제3주주총회결의 역시 부존재한다"는 취지에서 원심을 파기하여 환송하는 판결을 선고하였다. 파기 환송심 판결에서 법원은 "제3주주총회에서 이루어진 결의는 부존재함을 확인한다"는 내용의 판결을 선고하였고, 이 판결에 대한 상고가 2015. 4. 23. 기각되어 그 판결이 확정되었다. 또한 X_1과 Y 등은 X회사를 상대로 제1, 2, 5주주총회에서의 L 등의 이사 선임결의의 부존재확인을 구하는 소를 제기하였고, 법원은 제3주주총회의 부존재를 인정하는 것과 같은 취지에서 청구된 각 주주총회의 결의가 부존재함을 확인하는 판결을 하여 2015. 8. 18. 그 판결이 확정되었다.

(3) 최종주주총회(2014. 11. 20.) 개최

주주 A, B는 2014. 9. 24. 대법원 판결이 선고되자, 이 사건 소집허가결정에 따른 신임 이사 1인을 선임하기 위한 임시주주총회('최종주주총회'라 함)를 개최하기 위하여 이 사건 소집허가결정을 받은 다른 신청인들 중 일부의 동의를 받아, 2014. 11. 20. 이 사건 최종주주총회를 개최하기로 하고, 이 사건 최종주주총회 개최 사실을 신문에 공고하고 주주들에게 소집통지서를 발송하였는데, 일부 소집통지서가 반송되자 그러한 주주들에게는 주주총회 소집통지서, 참석장 및 위임장을 해당 주주가 소유하는 상가 점포의 세입자들에게 배포하였다. 2014. 11. 20. 개최된 최종주주총회에서 피고 Y를 X회사의 신임 이사로 선임하는 결의가 이루어졌다. 한편 A, B는 X회사의 주주인 주식회사 대경티에스 등 27인과 함께 2014. 10. 21. 서울남부지방법원에 '당시 X회사의 법인등기부상 대표이사 및 이사로 등재되어 있던 L과 나머지 등기이사 6인 등 7인과 감사였던 S 등 2인의 해임 및 신임 이사 7인과 감사 2인의 선임'을 목적으로 하는 주주총회의 소집허가를 신청하였으나 그 신청인들 중 일부 주주가 신청을 취하함으로써 상법상 주주총회 소집청구 요건인 '발행주식총수의 100분의 3 이상에 해당하는 주식'에 해당하지 않게 되어 그 신청은 각하되었다.

(4) 이사들에 대한 직무집행정지가처분과 대표이사 직무대행자 선임

원고 X1과 주식회사 대경티에스는 이 사건 최종주주총회가 소집되기 전인 2014. 10. 6. 제1, 2, 3, 5 주주총회결의에 따른 L 등 등기이사 7인에 대하여 직무집행정지가처분을 신청하였고, 법원은 2015. 11. 7. 각 주주총회결의의 무효 또는 부존재확인청구 사건의 본안 판결 확정시까지 L등 7인의 직무를 정지하는 결정을 하였고, 2015. 11. 14. 변호사 AC를 X회사의 대표이사의 직무대행자로 선임하는 결정을 하였다.

(5) X회사의 일시대표이사 선임 및 피고 Y에 대한 직무집행정지가처분

원고 X_1은 X회사를 적법하게 대표할 사람이 없다는 이유로 2015. 7. 24. X회사의 일시대표이사 및 이사의 선임을 구하는 신청을 하였고, 법원은 2015. 8. 18. 변호사 AD를 X회사의 일시대표이사 및 이사로 선임하는 결정을 하였다. 원고 X_1은 피고 Y가 X회사의 사내이사로 선임된 이 사건 최종주주총회결의에는 결의부존재에 해당하는 하자가 있다고 주장하면서 Y의 사내이사로서의 직무집행정지가처분을 신청하였고, 법원은 그 본안 판결 확정시까지 피고의 사내이사로서의 직무집행을 정지하고, 변호사 AD를 그 직무대행자로 선임하는 결정을 하였다.

2. 판결요지

1심[1]과 원심[2]은 원고 X_1의 소는 확인의 이익이 없다는 이유로 부적법 각하하고, 원고 X회사에 대해서만 확인의 이익을 인정하여 "최종주주총회는 소집허가결정 이후 상당한 기간이 경과하여 주주총회 소집 당시 소집허가결정에 따른 소집권한은 소멸하였다고 보아야 하므로, 동 주주총회는 소집권한이 없는 자들에 의하여 소집된 것으로서 그 결의는 부존재한다고 봄이 상당하다"는 동일한 결론으로 판단하였다. 대법원

---

1) 서울남부지방법원 2016.5.20. 선고 2015가합111748 판결.
2) 서울고등법원 2016.11.18. 선고 2016나2034081 판결.

은 상법과 관련한 주요 쟁점에 대하여 다음과 같이 판단하였다.

(1) 소수주주의 주주총회 소집권한의 소멸에 관한 판단

법원은 상법 제366조 제2항에 따라 총회의 소집을 구하는 소수주주에게 회의의 목적사항을 정하여 이를 허가할 수 있다. 이때 법원이 총회의 소집기간을 구체적으로 정하지 않은 경우에도 소집허가를 받은 주주는 소집의 목적에 비추어 상낭한 기간 내에 총회를 소집하여야 한다. 소수주주에게 총회의 소집권한이 부여되는 경우, 총회에서 결의할 사항은 이미 정해진 상태이고, 일정 기간이 경과하면 소집허가결정의 기초가 되었던 사정에 변경이 생길 수 있기 때문이다. 소수주주가 아무런 시간적 제약 없이 총회를 소집할 수 있다고 보는 것은, 이사회 이외에 소수주주가 총회의 소집권한을 가진다는 예외적인 사정이 장기간 계속되는 상태를 허용하는 것이 되고, 이사회는 소수주주가 소집청구를 한 경우 지체 없이 소집절차를 밟아야 하는 것에 비해 균형을 상실하는 것이 된다. 따라서 총회소집허가결정일로부터 상당한 기간이 경과하도록 총회가 소집되지 않았다면, 소집허가결정에 따른 소집권한은 특별한 사정이 없는 한 소멸한다. 소집허가결정으로부터 상당한 기간이 경과하였는지는 총회소집의 목적과 소집허가결정이 내려진 경위, 소집허가결정과 총회소집 시점 사이의 기간, 소집허가결정의 기초가 된 사정의 변경 여부, 뒤늦게 총회가 소집된 경위와 이유 등을 고려하여 판단하여야 한다.

(2) 이사와 회사 간의 소송에서 감사의 대표권에 관한 판단

상법 제394조 제1항은 이사와 회사 사이의 소에 관하여 감사로 하여금 회사를 대표하도록 규정하고 있는데, 이는 이사와 회사 양자 간에 이해의 충돌이 있기 쉬우므로, 그 충돌을 방지하고 공정한 소송수행을 확보하기 위한 것이다. 그런데 원심이 인정한 사실관계에 의하면, 이 사건 소 제기 전에 원고 X_1은, 원고 X회사를 적법하게 대표할 사람이 없다는 이유로, 법원에 원고 회사의 일시대표이사 및 이사의 선임을 구하는 신청을 하여, 변호사 소외 1이 원고 회사의 일시대표이사 및 이사로 선임되었다. 그렇다면 이 사건 소에서 원고 회사의 일시대표이사로 하여금 원고 회사를 대표하도록 하였더라도, 그것이 공정한 소송수행을 저해하는 것이라고 보기는 어려우므로, 이 사건 소에 상법 제394조 제1항은 적용된다고 볼 수 없다.

3. 관련판례: 생략

Ⅱ. 판결의 평석[3)]

1. 판결의 쟁점

대상판결에서 문제가 된 상법상 주요쟁점은 다음과 같다.

(1) 소수주주의 임시주주총회 소집기간

상법상 소수주주가 이사회에 임시총회의 소집을 청구하였으나, 이사회가 지체 없이 총회소집의 절차를 밟지 않는 때에는 그 주주는 법원의 허가를 받아 총회를 소집할 수 있다(상법 제366조 제2항 제1문). 사안은 법원의 임시주주총회 소집허가 결정에서 소집기간을 정하지 않은 경우에도 상당한 기간 내에 총회를 소집하지 아니하면 소집권이 소멸하는지 여부가 문제된 것이다.

(2) 회사와 이사 간의 소에서 감사의 대표권

상법은 회사와 이사 간의 소에서 감사가 회사를 대표하도록 하고 있다(상법 제394조 제1항). 상법의 이러한 명시적 규정에도 불구하고 감사가 회사를 대표하지 않아도 공정한 소송수행을 저해하지 않는다고 볼 수 있는 경우에는 예외를 인정할 수 있는지 여부가 문제된다.

2. 임시주주총회 소집기간

(1) 상법의 규정

상법은 제366조 제2항 제1문에 의하여 소수주주 임시주주총회의 소집을 법원에서 허가할 경우, 주주총회의 소집기간을 명시하도록 규정하고 있지 않으며 허가받은 주주가 언제 주주총회를 소집하여야 하는지에 대해서도 규정하고 있지 않다. 다만, 법원실무제요 비송편에서는 "소집허가 후 오랜 기간이 경과하였는데도 신청인이 자신에게 유리한 총회결의가 이루어질 수 있도록 기회만 살피면서 소집절차를 밟지 아니할 수도 있고, 이 경우 회사 측으로서는 동일한 안건에 대하여 상당한 기간 동안

---

3) 본 판결의 평석에 관한 자세한 내용은 윤성승, "이사지위 부존재확인의 소와 임시주주총회 소집기간", 강원법학 제54권, 강원대학교 비교법학연구소, 2018.6., 437－466면 참조.

스스로 총회를 소집할 수 없게 되므로 이러한 우려가 있는 경우에는 주문에 소집기간을 정하여 허가할 필요도 있다"고 설명하고 있는데,[4] 이는 소집허가결정시 소집기간을 명시할 필요가 있는 경우에는 소집기간을 정하여 허가할 필요가 있다는 취지이므로 반드시 기재해야 할 사항은 아니다. 따라서 임시주주총회 허가결정에 주주총회의 소집기간이 명시되어 있지 않은 경우에 소집권은 기간의 경과와 관계없이 계속되는지가 불분명하고 상당한 시간이 경과된 경우에는 주주총회 소집허가를 다시 신청하여야 임시주주총회를 개최할 수 있는지도 분명하지 않다.

(2) 대상판결의 의의

대상사건은 주주총회 소집허가결정에 총회의 소집기간이 명시되지 않은 경우이다. 이미 받은 주주총회 소집허가결정을 약 7년이 경과한 후에 사용하려는 매우 이례적인 경우에 대해서 법원은 상법에 명문의 규정이 없음에도 불구하고 그러한 경우는 상당한 기간이 경과하였기 때문에 소집권이 소멸한 것으로 보았다. 법원은 총회소집허가결정일로부터 상당한 기간이 경과하도록 총회가 소집되지 않았다면 소집허가결정에 따른 소집권한은 특별한 사정이 없는 한 소멸한다고 함으로써, 소집허가결정에 소집기간의 명시 여부에 따른 효력의 차이를 인정하지 않고 일반적인 기준으로서 소집허가결정의 소멸원인으로서 상당한 기간의 경과를 인정한 것이다.

(3) 대상판결의 검토

학설은 일본의 예를 참고하여 소집을 허가할 때 법원이 소집시기를 명기하는 것이 바람직하지만, 법원이 시기를 정하지 않더라도 허가를 얻은 소수주주는 소집의 목적에 비추어 상당한 기간 내에 소집해야 하며, 장기간 소집을 게을리할 경우에는 소집허가의 효력이 상실된다고 보아야 하는 견해가 있는데 이는 대상판결과 동일한 견해이다.[5]

대상판결은 소수주주에 대한 임시주주총회 소집허가결정에 주주총회 소집기간이 명시되어 있지 않은 경우에도, 소집허가결정일로부터 상당한 기간이 경과하면 허가를 받은 주주의 소집권이 소멸된다고 하는 것은 해석론에 의하여 상법의 불비를 보충한다는 의미에서 타당한 해석이라고 본다. 상법에 규정이 없어도 소집허가결정일로부터 수년이 경과한 후에 그 결정에 따라 주주총회를 소집하는 것은 소집허가결정의 취지

4) 법원행정처, 『법원실무제요 비송』, 2014, 166면.
5) 이철송, 『회사법강의』 제26판, 박영사, 2018, 497면.

에도 부합하지 않기 때문이다. 그러나 상당한 기간이라는 불확정적 개념은 구체적으로 어느 정도 기간이 경과하여야 그에 해당할지는 사전에 예측하기 어렵다는 점에서 법적 안정성을 해칠 가능성이 높다. 따라서 입법론으로는 소수주주에 대한 임시주주총회 소집허가결정시 명시된 소집기간 또는 일정한 기간 내에 임시주주총회를 소집하도록 상법에 명시하고, 필요한 경우 법원의 허가를 얻어서 그 기간을 연장하도록 규정하는 것이 바람직하다.

(4) 법원의 임시주주총회 소집허가결정 후 이사회와 대표이사의 주주총회 소집

소수주주가 총회소집에 관한 법원의 허가를 얻으면, 동일 의안에 관하여 이사회와 대표이사는 소집권이 없다고 보는 견해가 있다.[6)] 법원실무에서는 임시주주총회 소집이 허가된 안건에 대해서는 이사회와 대표이사가 동일한 안건에 대해서는 총회소집을 할 수 없으며, 만일 동일한 안건에 대하여 대표이사가 총회를 소집하여 결의를 한다면 이는 소집권한이 없는 자에 의한 소집으로서 그 결의에는 부존재 사유가 되는 흠이 있게 된다고 한다.[7)]

대상판결의 1심 판결에서도 "법원으로부터 소집허가를 받은 소수주주가 오랜 기간이 경과하였는데도 자신에게 유리한 총회결의가 이루어질 수 있도록 소집절차를 밟지 아니할 수 있고, 이 경우 회사로서는 동일한 안건에 대하여 상당한 기간 동안 스스로 총회를 소집할 수 없게 되어 본래의 제도 취지와 달리 부작용이 발생할 수도 있는 점"[8)]을 언급하고 있어서 임시주주주회 소집허가로 대표이사의 주주총회 소집권이 소멸한다는 것에 대하여 법원실무와 동일한 견해를 취하고 있는 것을 알 수 있다. 그러나 대상판결은 이 점에 대해서 언급하고 있지 않기 때문에 대법원의 입장을 알 수는 없다.

3. 이사와 회사 간의 소에 있어서 감사의 대표권

(1) 상법의 규정

상법은 회사가 이사에 대하여 또는 이사가 회사에 대하여 소를 제기하는 경우에 감사가 그 소에 관하여 회사를 대표하도록 규정하고 있다(상법 제394조 제1항). 이러

6) 손주찬, 『상법(상)』 제15보정판, 박영사, 2004, 702면; 이철송, 앞의 책, 496면; 정동윤, 『주석 상법[회사(III)]』 제5판, 한국사법행정학회, 2014, 93면; 권기범, 『현대회사법론』 제4판, 삼영사, 2012, 582면.

7) 법원행정처, 앞의 책, 169면; 이철송, 앞의 책, 496면도 법원실무와 동일한 견해를 취하고 있다.

8) 서울남부지방법원 2016.5.20. 선고 2015가합111748 판결.

한 감사의 소 대표권에 관한 규정은 효력규정으로서, 이에 위반하여 대표이사가 회사를 대표하여 행한 소송행위는 무효라고 해석된다.[9)]

(2) 대상판결의 의의

대상판결은 이사와 회사 사이의 소에 관하여 감사로 하여금 회사를 대표하도록 상법 제394조 제1항에 규정한 목적을 이사와 회사 양자 간에 이해의 충돌이 있기 쉬우므로 그 충돌을 방지하고 공정한 소송수행을 확보하기 위한 것으로 해석하면서, 공정한 소송수행을 저해하는 것이라고 보기 어려운 경우에는 예외적으로 동조항의 적용을 제한한 것이다. 감사의 대표권 제한에 대하여 해석한 최초의 판결이다.

(3) 대상판결의 검토

대상사건에서 회사가 원고로서 이사로 선임된 피고를 상대로 이사 선임결의 부존재를 주장하면서 이사지위 부존재확인의 소를 제기한 것은 회사가 이사에 대하여 제기한 소에 해당하므로, 상법 제394조 제1항에 따르면 감사가 회사를 대표하여야 했다. 만약 적법한 감사도 없어서 회사를 대표할 자가 없다면, 민사소송법 제62조에 따라 특별대리인을 선임하여야 했다.

그러나 대상판결에서 법원은 상법의 명문의 규정에도 불구하고 상법 제394조 제1항의 목적은 이사와 회사 양자 간에 이해충돌이 있기 쉬우므로 그 충돌을 방지하고 공정한 소송수행을 확보하기 위한 것이라고 하면서, 공정한 소송수행을 저해하는 경우가 아닌 경우에는 회사와 이사 간의 소임에도 불구하고, 감사가 회사를 대표하지 않아도 적법한 것으로 해석하고 있다. 그 판단 근거로서 대상 사건의 소 제기 전에 주주가 회사의 일시대표이사 선임을 법원에 청구하여 그 선임이 있었다는 점에서, 그 일시대표이사로 하여금 회사를 대표하도록 하여도 공정한 소송수행이 가능하다고 본 것이다. 결국 회사를 대표할 일시대표이사가 있는 경우에는 감사가 회사를 대표하지 않아도 되는 예외를 인정한 것이다.

이러한 해석은 대상사건에 있어서는 구체적 타당성을 도모하기 위한 해석이라고 할 수는 있으나,[10)] 상법이 회사와 이사 간의 소에 있어서는 '공정한 소송을 수행할

9) 이철송, 앞의 책, 856면; 임중호, "감사(감사위원회)의 소송대표권", 중앙법학 제11집 제1호, 중앙법학회, 2009, 270면; 대법원 1990.5.11. 선고 89다카15199 판결.

10) 이러한 해석은 "이사 지위 부존재의 확인이라는 이 사례의 결론이 번복될 가능성이 거의 없는 상태에서 실질적 가치를 갖지 못하는 소송행위가 이어지도록 하는 것이 부담스러웠을 것"을 고려하여 소송경제적 측면에서 내린 결론일 것으로 보는 견해도 있다(박세화, "소수주주의 주주총회 소집과 회사와 이사 간의 소송에서 상법 제394조 제1항의 적용 배제에 관한 논의", 최신판례분석 67권 5호, 법조협회, 2018.10., 717면).

수 있는 자'가 회사를 대표하여 한다고 규정하지 않고 '감사'가 회사를 대표하여야 한다고 규정하고 있기 때문에 명시적 규정을 해석으로 제한하는 것이다. 공정한 소송을 수행할 수 있는 자가 여러 종류가 있을 수 있는데도 법문은 감사로 그 자격을 제한하고 있다. 상법은 법률관계의 집단적 해결을 위해 획일적으로 적용될 필요가 있으므로, 이사와 회사 간의 소에 있어서 감사가 있는 경우에는 감사가 회사를 대표하도록 하고, 감사가 없는 경우에는 특별대리인을 선임하도록 하는 것이 타당하다. 사안은 감사가 있는지 묻지 아니하고, 일시대표이사를 특별대리인으로 선임한 바도 없이 일시대표이사에게 특별대리인과 동일한 지위를 부여한 것과 같은 결과를 초래하고 있다.

대상판결을 당해 사건에 한정하지 않고 일반적으로 회사와 이사 간의 소에서 일시대표이사가 선임된 경우에는 감사에 의하지 않고서도 공정한 소송수행이 가능하므로 감사가 회사를 대표하지 않아도 된다고 해석하는 것은 무리한 해석이라고 보인다. 구체적 사실관계에 따라 일시대표이사가 선임된 경우에도 감사가 회사를 대표하여야 공정한 소송수행이 가능한 경우에는 대상판결의 적용을 제한하여야 할 것이다.

민사소송법도 법인의 대표자에 대해서는 법정대리와 법정대리인에 관한 규정을 준용하므로(민사소송법 제64조), 법정대리인이 없거나 대리권을 행사할 수 없는 경우에 특별대리인 선임에 관한 규정(민사소송법 제62조)이 준용된다. 그러나 상법은 회사와 이사간의 소에 있어서는 감사가 회사를 대표한다는 명문의 특칙을 두고 있으므로 상법 제394조 제1항은 민사소송법 제62조에 우선하여 적용되어야 한다. 따라서 감사가 없거나 대표권을 행사할 수 없는 회사와 이사 간의 소에 있어서는 일시대표이사가 있는 경우에는 일시대표이사가 민사소송법상 준용규정에 따라 특별대리인에 준하는 것으로 해석할 여지는 있어도, 감사가 있고 대표권을 행사할 수 있는 경우에도 '공정한 소송수행이 가능하다'는 이유로 감사가 아닌 일시대표이사에게 바로 대표권이 있다고 하는 것은 상법이 민사소송법과 달리 규정하고 있는 점을 고려할 때 적절하지 않다. 상법 제394조 제1항은 회사와 이사 간의 이익충돌을 방지하고 공정한 소송수행을 확보하기 위한 조치이면서도 동시에 감사의 권한을 강화하는 측면이 있으므로,[11] 회사를 대표할 감사의 권한을 명문의 규정이 없이 제한하는 것은 바람직하지 않다.

(윤성승)

11) 정동윤, 앞의 책, 293면.

66

이사직을 사임한 자가 회사를 상대로 사임의 변경등기를 구하는 소에서 회사를 대표할 자

대법원 2013.9.9. 자 2013마1273 결정

Ⅰ. 결정개요

1. 사실관계

A는 2011. 10. 20. X주식회사의 사내이사 및 대표이사로 선임되어 취임하였다. 이로써 X회사의 대표이사는 기존 대표이사인 B와 A, 2명이 되었다. 2011. 11. 10. A는 X회사의 대표이사 B에게 이사 및 대표이사 사임의 의사표시를 하였다. 그럼에도 불구하고 X회사가 사임에 따른 변경등기를 하지 않고 있자, A는 X회사에 대하여 위 변경등기절차의 이행을 구하는 소를 제기하였다.

그러나 제1심 법원은 2013. 1. 16. A에게, 명령 송달일로부터 7일 안에 소장의 흠결사항을 보정할 것을 명하는 보정명령을 하였다. 그 내용은 '상대방의 대표자는 대표이사가 아니라 감사가 되어야 할 것으로 보이므로 상대방 표시를 정정하라'는 것이었다. 위 명령은 2013. 1. 21. A에게 송달되었다.

이에 대하여 A는 2013. 1. 30. '이사의 사임은 의사표시만으로 그 효력이 발생하기 때문에 A 자신은 이미 X회사의 이사 자격을 상실하였다. 따라서 상법 제394조에 의하여 감사를 X회사의 대표자로 표시하는 것은 A의 청구와 모순된다'는 취지의 보정서를 제출하여, 상대방의 표시를 정정하지 않았다. 이에 제1심 법원은 2013. 3. 4. A에게 명령에서 정한 기간 이내에 이를 이행하지 않았다는 이유로 A의 소장을 각하하는 명령을 하였다.

이에 A는 항고하였으나, 법원은 상대방의 대표자를 대표이사에서 감사로 정정할 것을 명한 제1심 법원 재판장의 보정명령과, 항고인 A가 그에 따르지 않았음을 이유로 항고인의 소장을 각하한 제1심 명령은 적법하다고 판단하였다. 그 이유로, A가 적법하게 X회사의 이사 및 대표이사직에서 사임하였는지 여부는 본안소송에서 A가 입증하여 밝혀야 할 사항일 뿐이고, A가 X회사의 이사로 등기되어 있는 이상 A가 제기한 소는 이사가 회사에 대하여 소를 제기하는 경우에 해당하므로, 상법 제394조 제1항에 의하여 위 소송에서는 감사만이 상대방을 대표할 수 있다고 봄이 상당하다는 점을 들고 있다. 이에 A는 재항고하였다.

2. 결정요지

등기이사이던 사람이 회사를 상대로 사임을 주장하며 이사직을 사임한 취지의 변경등기를 구하는 소를 제기한 경우, 그 소에 관하여 회사를 대표할 사람은 대표이사이다.

3. 관련판례

(1) 대법원 2002.3.15. 선고 2000다9086 판결

상법 제394조 제1항에서는 이사와 회사 사이의 소에 있어서 양자 간에 이해의 충돌이 있기 쉬우므로 그 충돌을 방지하고 공정한 소송수행을 확보하기 위하여 비교적 객관적 지위에 있는 감사로 하여금 그 소에 관하여 회사를 대표하도록 규정하고 있다. 따라서 소송의 목적이 되는 권리관계가 이사의 재직 중에 일어난 사유로 인한 것이라 할지라도 회사가 그 사람을 이사의 자격으로 제소하는 것이 아니고 이미 이사직을 떠난 경우에 회사가 그 사람을 상대로 제소하는 경우에는 특별한 사정이 없는 한 위 상법 제394조 제1항은 적용되지 않는다. 전 이사들을 상대로 하는 주주대표소송에 회사가 참가하는 경우, 상법 제394조 제1항의 적용이 배제되어 회사를 대표하는 자는 감사가 아닌 대표이사이다.

(2) 대법원 2011.7.28. 선고 2009다86918 판결

주식회사의 이사가 회사에 대하여 소를 제기함에 있어서 상법 제394조에 의하여 그 소에 관하여 회사를 대표할 권한이 있는 감사를 대표자로 표시하지 아니하고 대표이사를 회사의 대표자로 표시한 소장을 법원에 제출하고, 법원도 이 점을 간과하여 회사의 대표이사에게 소장의 부본을 송달한 채, 회사의 대표이사로부터 소송대리권을 위임받은 변호사들에 의하여 소송이 수행되었다면, 그 소송에 관하여는 회사를 대표할 권한이 대표이사에게 없기 때문에, 소장이 회사에게 적법·유효하게 송달되었다고 볼 수 없음은 물론 회사의 대표이사가 회사를 대표하여 한 소송행위나 이사가 회사의 대표이사에 대하여 한 소송행위는 모두 무효가 된다.[1)]

(3) 대법원 2023.6.29. 선고 2023다210953 판결

자본금의 총액이 10억원 미만으로 감사를 선임하지 아니한 주식회사가 이사에 대하여 소를 제기하는 경우에 회사, 이사 또는 이해관계인은 법원에 회사를 대표할 자를 선임하여 줄 것을 신청하여야 하고(상법 제409조 제5항), 이 경우 법원이 대표이사를 소송에서 회사를 대표할 자로 선임하였다는 등의 특별한 사정이 없는 이상 대표이사는 그 소송에 관하여 회사를 대표할 권한이 없다(대법원 2011.7.28. 선고 2009다86918 판결; 대법원 2020.4.29. 선고 2019다295315 판결 취지 참조).

Ⅱ. 결정의 평석

1. 쟁점사항

회사소송에서 주식회사를 대표할 자는 원래 대표이사(대표이사가 없는 경우에는 대표집행임원)이다(상법 제389조 제3항, 제209조 제1항). 그러나 이사와 회사 간의 소송에서는 대표이사가 아닌 감사가 회사를 대표하여야 한다(상법 제394조 제1항). 이와 관련하여, 위 사안에서처럼 종전에 이사였던 자가 사임을 주장하면서 회사에 변경등기를 구하는 소에서 회사를 대표할 자는 회사의 대표이사인지 아니면 감사인지의 여부가 다투어지고 있다. 이를 판단하기 위해서는 상법 제394조의 취지 및 위 사안에서 A가 동조의 적용을 받는 이사인지의 여부를 판단하여야 한다.

2. 원칙: 회사소송에서 회사를 대표할 원래의 자

대표이사는 회사의 영업에 관한 한 재판 외는 물론이고 재판상으로도 회사를 대표할 수 있는 대표권을 갖는다(상법 제389조 제3항, 제209조 제1항). 이는 대표이사의 법정권한이다. 대표이사가 회사를 소송상 대표하는 경우에도 대표이사가 직접 소송을 수행하여야 하는 것은 아니고 변호사 등에게 소송수행권을 위임할 수 있음은 물론이다.

1) 대법원 1990.5.11. 선고 89다카15199 판결.

3. 특칙: 이사와 회사 간 소의 경우 회사를 대표할 자

그러나 이사와 회사 간의 소의 경우에는 소송상 회사를 대표할 자에 대하여 특칙을 두고 있다.

(1) 감사를 둔 경우

이사와 회사 간의 소송에서는 대표이사가 회사를 대표하지 못하고 감사가 이를 대신하도록 하고 있다(상법 제394조 제1항 제1문). 그 취지는, 이사와 회사가 소에 의하여 다투는 경우 만일 같은 이사인 대표이사로 하여금 회사를 대표하도록 하면 소송의 공정성을 기대하기 어렵기 때문이다. 민사소송에서의 제척제도와 유사한 취지에서 대표이사를 배제시키고 중립적 지위에 있는 감사로 하여금 회사를 대표하도록 한 것이다. 이때 이사와 회사 간의 소송에서 회사가 원고의 입장에 있건, 피고의 입장에 있건 불문한다(상법 제394조 제1항 제1문). 회사가 대표소송의 청구를 받음에 있어서도 이와 같다(상법 제394조 제1항 제2문).

(2) 감사위원회 설치회사의 경우

감사 대신 감사위원회를 둔 경우 이사(감사위원이 아닌 이사)와 회사간의 소에 있어서는 감사위원회가 회사를 대표한다(상법 제415조의2 제7항, 제394조 제1항). 감사위원회의 위원과 회사와의 소의 경우에는 감사위원회 또는 이사가 법원에 회사를 대표할 자를 선임하여 줄 것을 신청하여야 한다(상법 제394조 제2항). 이 경우에는 감사위원회로 하여금 소송상 회사를 대표하도록 한다면 이사와 회사 간의 소에서 대표이사로 하여금 회사를 대표하도록 하는 것과 동일한 문제가 따르므로 공정한 제3의 기관인 법원에 그 선임을 맡기도록 하려는 취지이다.

(3) 특칙의 적용을 받는 자

상법 제394조 제1항과 제2항은 회사와의 소에서 소송당사자가 이사와 감사위원회의 위원인 경우에 한하여 적용된다. 그 이외의 자, 예컨대 감사·업무집행관여자 등과 회사간의 소에서는 원래대로 대표이사가 회사를 대표하고, 집행임원과 회사간의 소에서는 대표이사가 부재하므로 이사회가 회사를 대표할 자를 선임하여야 한다.

(4) 특칙의 효력규정성

상법 제394조는 공정한 소송수행을 위한 제도이므로 효력규정이다. 따라서 이를

위반하여 대표이사가 회사를 대표하여 행한 소송행위는 무효로 된다는 것이 판례의 입장이다.[2)3)]

4. A가 이사인지의 여부 및 X회사를 소송상 대표할 자

위 사안에서 A는 X회사의 대표이사로 적법하게 선임되어 등기되어 있던 자인데 본인이 X회사의 다른 대표이사인 B에게 사임의 의사표시를 한 바 있고, 다만 아직 변경등기에 이르지 않은 자이다.

(1) 이에 대하여 원심은[4)] X회사를 대표할 자는 대표이사가 아닌 감사라고 한다. 그 이유에 관하여, "법인의 이사를 사임하는 행위는 상대방 있는 단독행위로서 그 의사표시가 상대방에게 도달함과 동시에 그 효력이 발생하는 것은 항고인의 주장과 같다.[5)] 그러나 A가 적법하게 상대방의 이사 및 대표이사직에서 사임하였는지 여부는 본안소송에서 A가 입증하여 밝혀야 할 사항일 뿐이고(A는 자신이 적법하게 상대방에 대하여 확정적인 이사 및 대표이사 사임의 의사표시를 하였음을 입증할 만한 아무런 증거자료도 제출한 바 없다), A가 상대방의 이사로 등기되어 있는 이상 A가 제기한 소는 이사가 회사에 대하여 소를 제기하는 경우에 해당하므로, 상법 제394조 제1항에 의하여 위 소송에서는 감사만이 상대방을 대표할 수 있다고 봄이 상당하다"고 한다.

(2) 그러나 대법원은 위 사안에서 X회사를 대표할 자는 X회사의 감사가 아닌 대표이사라고 판단하고 있다. 그 이유에 관하여, "이러한 소에서 적법하게 이사직 사임이 이루어졌는지는 심리의 대상 그 자체로서 소송 도중에는 이를 알 수 없으므로 법원으로서는 소송관계의 안정을 위하여 일응 외관에 따라 회사의 대표자를 확정할 필요가 있다. 그런데 상법 제394조 제1항의 규정이 이사와 회사의 소에 있이서 감사로 하여금 회사를 대표하도록 규정하고 있는 이유는 공정한 소송수행을 확보하기 위한 데 있고, 회사의 이사가 사임으로 이미 이사직을 떠난 경우에는 특별한 사정이 없는 한 위 상법 규정은 적용될 여지가 없다.[6)] 한편 사임은 상대방 있는 단독행위로서 그 의사표시가 상대방에게 도달함과 동시에 효력이 발생하므로 그에 따른 등기가 마쳐지지 아니한 경우에도 이로써 이사의 지위를 상실함이 원칙이다. 따라서 이사가 회사

2) 대법원 2011.7.28. 선고 2009다86918 판결; 대법원 1990.5.11. 선고 89다카15199 판결.
3) 참조 판례: 법인이 당사자인 사건에 있어서 그 법인의 대표자에게 적법한 대표권이 있는지 여부는 소송요건에 관한 것으로서 법원의 직권조사사항이다(대법원 2011.7.28. 선고 2009다86918 판결).
4) 서울고등법원 2013.7.5. 자 2013라460 결정.
5) 대법원 2011.9.8. 선고 2009다31260 판결 등.
6) 대법원 2002.3.15. 선고 2000다9086 판결 등.

를 상대로 소를 제기하면서 스스로 사임으로 이사의 지위를 상실하였다고 주장한다면, 적어도 그 이사와 회사의 관계에서는 외관상 이미 이사직을 떠난 것으로 보기에 충분하고, 또한 대표이사로 하여금 회사를 대표하도록 하더라도 공정한 소송수행이 이루어지지 아니할 염려는 거의 없기 때문이다."라고 한다.

(3) 회사의 이사로 등기되어 있던 사람이 회사를 상대로 사임을 주장하면서 이사직을 사임한 취지의 변경등기를 구하는 소에서 원심은 소송의 안정상 그것이 본안소송에서 확정될 것을 요하는 반면, 대법원은 스스로 사임으로 이사의 지위를 상실하였다고 주장한다면, 적어도 그 이사와 회사의 관계에서는 외관상 이미 이사직을 떠난 것으로 보기에 충분하고, 또한 대표이사로 하여금 회사를 대표하도록 하더라도 공정한 소송수행이 이루어지지 아니할 염려는 거의 없으므로 이사 아닌 자로 취급하여도 될 것이라고 한다. 생각건대, 이사의 지위를 유지하고 있는 것인지의 여부가 다투어지는 경우에는 소송의 절차적 안정을 중시하는 원심의 논지에는 일응 수긍이 가는 바가 없지 않다. 그러나 위 사안에서처럼 A가 사임의 의사표시에 의하여 더 이상 X 회사의 이사가 아닌 경우라면 대표이사가 그 소송을 수행하더라도 소송의 공정을 해칠 우려가 크지 않다. 위 사안에서 A는 제소당시 이미 이사직을 사임한 자로서 더 이상 이사가 아니고, 상법 제374조의 적용대상이 되는 이사는 제소당시 이사의 지위에 있는 자를 염두에 둔 것이므로, 위와 같은 대법원 판결은 타당하다. 상법 제394조는 예외적 특칙규정이므로 그 적용은 문언에 따라 가급적 제한적으로 해석하는 것이 바람직하다.

(김성탁)

67 이사와 감사의 경영감시의무

대법원 2019.11.28. 선고 2017다244115 판결

Ⅰ. 판결개요

1. 사실관계

바이오신약 개발 등을 목적으로 설립된 코스닥 상장회사인 A회사(승계참가인)를 X는 차명 지분을 통하여 실질적으로 지배하고 있었고, B등은 A회사의 대표이사로, Y등은 같은 기간에 A회사의 이사 및 감사 등으로 재직하였다. A회사는 의료사업을 추진하기 위한 유상증자를 추진하여 2010. 3. 24. 주주들로부터 거액의 유상증자대금을 받았는데, X, B는 2010. 3. 26.경부터 2010. 6. 23.경까지 공모하여 수차례 위 유상증자대금 중 일부를 횡령하였고, X, B는 이로 인하여 각 특정경제범죄 가중처벌 등에 관한 법률 위반(횡령)의 유죄를 선고받아 판결이 확정되었으며, A회사는 2012. 8. 23. 상장폐지되었다. 이에 X가 실질적으로 회사를 운영하던 기간 동안 회사의 이사, 사내이사, 사외이사 및 감사로 근무한 자들인 Y들을 상대로 선관주의의무 등 위반을 이유로 손해배상을 청구하였다.

위 기간에 A회사의 이사회는 실제로 소집·개최된 적이 없고 Y 등에게 이사회 소집통지가 이루어진 적도 없었으며, 형식상 작성되어 있는 A회사의 이사회의사록은 Y등이 직접 출석하여 인장을 날인한 것도 아니었고, 임의로 Y들의 인장이 날인되어 회의록 등이 작성되었으며 외부에는 이사회가 개최된 것처럼 공시되었다.

제1심(서울중앙지방법원 2016.1.14. 선고 2015가합507831 판결)은 피고들은 회사의 실질 운영자 등의 지인으로서 이사나 감사를 맡게 되었거나 바이오신약 개발과 관련한 분야의 전문가들로서 실질적으로는 신약개발 및 연구에만 관여한 사람들로 실제로 이사 및 감사로서의 기능을 하지 못했으며, 재임시 유상증자 및 그 대금의 횡령이 진행되는 사실을 전혀 알지 못하였으므로 감시의무 위반이 인정되지 않았다. 원심(서울고등법원 2017.6.29. 선고 2016나2009108 판결)은 제1심의 판시사항을 그대로 인용하여 회사의 실질 운영자 등의 지인에 불과한 피고들은 이사회의 참석조차 요구받지 않았고 이사나 감사로서의 역할을 수행할 기회도 제공받지 않았으며, 대표이사 등이 범죄행위를 은폐하기 위하여 고의적으로 회계처리를 조작한 것을 발견하기 어려웠을 것으로 보고, 주의의무 위반을 인정할 수 없고 손해와의 상당인과관계도 인정되지 않는다고 판단하였다. 대법원은 피고들의 경영감시의무위반과 손해와의 상당인과관계를 인정하여 원심 판결을 파기·환송하였다.

2. 판결요지

[1] 주식회사의 이사는 선량한 관리자의 주의로써 대표이사 및 다른 이사들의 업무집행을 전반적으로 감시할 권한과 책임이 있고, 주식회사의 이사회는 중요한 자산의 처분 및 양도, 대규모 재산의 차입 등 회사의 업무집행사항에 관한 일체의 결정권을 갖는 한편, 이사의 직무집행을 감독할 권한이 있다. 따라서 이사는 이사회의 일원으로서 이사회에 상정된 안건에 관해 찬부의 의사표시를 하는 데 그치지 않고, 이사회 참석 및 이사회에서의 의결권 행사를 통해 대표이사 및 다른 이사들의 업무집행을 감시·감독할 의무가 있다. 이러한 의무는 사외이사라거나 비상근이사라고 하여 달리 볼 것이 아니다.

[2] 주식회사의 감사는 회사의 필요적 상설기관으로서 회계감사를 비롯하여 이사의 업무집행 전반을 감시할 권한을 갖는 등 상법 기타 법령이나 정관에서 정한 권한과 의무가 있다. 감사는 이러한 권한과 의무를 선량한 관리자의 주의의무를 다하여 이행하여야 하고, 이에 위반하여 그 임무를 해태한 때에는 그로 인하여 회사가 입은 손해를 배상할 책임이 있다.

[3] 코스닥 시장 상장회사였던 갑 주식회사가 추진한 유상증자 이후, 차명 지분 등을 통해 갑 회사를 포함한 그룹을 지배하며 실질적으로 운영하던 을 및 그의 지휘 아래 그룹 업무를 총괄하던 병 등이 유상증자대금의 일부를 횡령하자, 갑 회사가 횡령행위 기간 중 갑 회사의 이사 또는 대표이사 및 감사로 재직하였던 정 등을 상대로 상법 제399조, 제414조 등에 따른 손해배상을 구한 사안에서, 정 등이 재직하는 기간 동안 한 번도 이사회 소집통지가 이루어지지 않았고 실제로도 이사회가 개최된 적이 없는데도, 갑 회사는 이사회를 통해 주주총회 소집, 재무제표 승인을 비롯하여 위 유상증자 안건까지 결의한 것으로 이사회 회의록을 작성하고, 그 내용을 계속하여

공시하였는데, 이사회에 참석한 바 없어 그 내용이 허위임을 알았거나 알 수 있었던 정 등이 한 번도 그 점에 대해 의문을 제기하지 않은 점, 유상증자대금이 갑 회사의 자산과 매출액 등에 비추어 볼 때 규모가 매우 큰데도 정 등이 위와 같은 대규모 유상증자가 어떻게 결의되었는지, 결의 이후 대금이 어떻게 사용되었는지 등에 관하여 전혀 관심을 기울이지 않았고, 유상증자대금 중 상당액이 애초 신고된 사용 목적과 달리 사용되었다는 공시가 이루어졌는데도 아무런 의문을 제기하지 않은 점, 회계감사에 관한 상법상의 감사와 '주식회사의 외부감사에 관한 법률'상의 감사인에 의한 감사는 상호 독립적인 것이므로 외부감사인에 의한 감사가 있다고 해서 상법상 감사의 감사의무가 면제되거나 경감되지 않는 점 등에 비추어 보면, 정 등은 갑 회사의 이사 및 감사로서 이사회에 출석하고 상법의 규정에 따른 감사활동을 하는 등 기본적인 직무조차 이행하지 않았고, 을 등의 전횡과 위법한 직무수행에 관한 감시·감독의무를 지속적으로 소홀히 하였으며, 이러한 정 등의 임무 해태와 을 등이 유상증자대금을 횡령함으로써 갑 회사가 입은 손해 사이에 상당인과관계가 충분히 인정되는데도, 이와 달리 보아 정 등의 책임을 부정한 원심판단에는 상법상 이사 및 감사의 주의의무에 관한 법리오해의 잘못이 있다고 한 사례.

3. 관련판례

(1) 대법원 2007.12.13. 선고 2007다60080 판결

[1] 주식회사의 이사는 이사회의 일원으로서 이사회에 상정된 의안에 대하여 찬부의 의사표시를 하는 데 그치지 않고, 담당업무는 물론 다른 업무담당이사의 업무집행을 전반적으로 감시할 의무가 있으므로, 주식회사의 이사가 다른 업무담당이사의 업무집행이 위법하다고 의심할 만한 사유가 있음에도 불구하고 이를 방치한 때에는 그로 말미암아 회사가 입은 손해에 대하여 배상책임을 면할 수 없다.

(2) 대법원 2008.9.11. 선고 2006다68636 판결

[2] 감사는 상법 기타 법령이나 정관에서 정한 권한과 의무를 선량한 관리자의 주의의무를 다하여 이행하여야 하고, 악의 또는 중과실로 선량한 관리자의 주의의무에 위반하여 그 임무를 해태한 때에는 그로 인하여 제3자가 입은 손해를 배상할 책임이 있는바, 이러한 감사의 구체적인 주의의무의 내용과 범위는 회사의 종류나 규모, 업종, 지배구조 및 내부통제시스템, 재정상태, 법령상 규제의 정도, 감사 개개인

의 능력과 경력, 근무 여건 등에 따라 다를 수 있다 하더라도, 감사가 주식회사의 필요적 상설기관으로서 회계감사를 비롯하여 이사의 업무집행 전반을 감사할 권한을 갖는 등 상법 기타 법령이나 정관에서 정한 권한과 의무를 가지고 있는 점에 비추어 볼 때, 대규모 상장기업에서 일부 임직원의 전횡이 방치되고 있거나 중요한 재무정보에 대한 감사의 접근이 조직적·지속적으로 차단되고 있는 상황이라면, 감사의 주의의무는 경감되는 것이 아니라 오히려 현격히 가중된다.

(3) 대법원 2011.4.14. 선고 2008다14633 판결

[2] 결산과 관련하여 감사로서의 직무를 전혀 수행하지 아니한 경우와는 달리 감사로서 결산과 관련한 업무 자체를 수행하기는 하였으나 분식결산이 회사의 다른 임직원들에 의하여 조직적으로 교묘하게 이루어진 것이고 재무제표 등을 법정기한 내에 제출받지 못하여 위와 같이 조직적으로 분식된 재무제표 등에 허위의 기재가 있다는 사실을 밝혀낼 수 없었던 때에는 감사가 분식결산을 발견하지 못하였다는 사정만으로 과실이 있다고 할 수는 없다.

(4) 대법원 2021.5.7. 선고 2018다275888 판결

이른바 프로젝트 파이낸스 대출은 부동산 개발 관련 특정 프로젝트의 사업성을 평가하여 사업에서 발생할 미래의 현금흐름을 대출원리금의 주된 변제재원으로 하는 금융거래이므로, 대출을 할 때 이루어지는 대출상환능력에 대한 판단은 프로젝트의 사업성에 대한 평가에 주로 의존한다. 이러한 경우 금융기관의 이사가 대출 요건인 프로젝트의 사업성에 관하여 심사하면서 필요한 정보를 충분히 수집·조사하고 검토하는 절차를 거친 다음 이를 근거로 금융기관의 최대 이익에 부합한다고 합리적으로 신뢰하고 신의성실에 따라 경영상의 판단을 하였고, 그 내용이 현저히 불합리하지 않아 이사로서 통상 선택할 수 있는 범위에 있는 것이라면, 비록 나중에 회사가 손해를 입게 되는 결과가 발생하였다고 하더라도 그로 인하여 이사가 회사에 대하여 손해배상책임을 부담한다고 할 수 없다. 그러나 금융기관의 이사가 이러한 과정을 거쳐 임무를 수행한 것이 아니라 단순히 회사의 영업에 이익이 될 것이라고 기대하고 일방적으로 임무를 수행하여 회사에 손해를 입게 한 경우에는 필요한 정보를 충분히 수집·조사하고 검토하는 절차를 거친 다음 이를 근거로 회사의 최대 이익에 부합한다고 합리적으로 신뢰하고 신의성실의 원칙에 따라 경영상의 판단을 한 것이라고 볼 수 없으므로, 그와 같은 이사의 행위는 허용되는 경영판단의 재량범위에 있다고 할

수 없다.

채무이행의 기한이 없는 경우 채무자는 이행청구를 받은 때부터 지체책임이 있다(민법 제387조 제2항). 채무불이행으로 인한 손해배상채무는 특별한 사정이 없는 한 이행기한의 정함이 없는 채무이므로 채무자는 채권자로부터 이행청구를 받은 때부터 지체책임을 진다.

상법 제399조 제1항에 따라 주식회사의 이사가 회사에 대한 임무를 게을리하여 발생한 손해배상책임은 위임관계로 인한 채무불이행책임이다. 따라서 주식회사의 이사가 회사에 대하여 위 조항에 따라 손해배상채무를 부담하는 경우 특별한 사정이 없는 한 이행청구를 받은 때부터 지체책임을 진다.

(5) 대법원 2021.11.11. 선고 2017다222368 판결

이사의 감시의무의 구체적인 내용은 회사의 규모나 조직, 업종, 법령의 규제, 영업상황 및 재무상태에 따라 크게 다를 수 있는데, 고도로 분업화되고 전문화된 대규모 회사에서 대표이사 및 업무담당이사들이 내부적인 사무분장에 따라 각자의 전문분야를 전담하여 처리하는 것이 불가피한 경우라 할지라도 그러한 사정만으로 다른 이사들의 업무집행에 관한 감시의무를 면할 수는 없다. 그러한 경우 합리적인 정보 및 보고시스템과 내부통제시스템(이하 '내부통제시스템'이라고 한다)을 구축하고 그것이 제대로 작동되도록 하기 위한 노력을 전혀 하지 않거나 위와 같은 시스템이 구축되었다 하더라도 회사업무 전반에 대한 감시·감독의무를 이행하는 것을 의도적으로 외면한 결과 다른 이사의 위법하거나 부적절한 업무집행 등 이사들의 주의를 요하는 위험이나 문제점을 알지 못하였다면, 이사의 감시의무 위반으로 인한 손해배상책임을 진다. 이러한 내부통제시스템은 비단 회계의 부정을 방지하기 위한 회계관리제도에 국한되는 것이 아니라, 회사가 사업운영상 준수해야 하는 제반 법규를 체계적으로 파악하여 그 준수 여부를 관리하고, 위반사실을 발견한 경우 즉시 신고 또는 보고하여 시정조치를 강구할 수 있는 형태로 구현되어야 한다. 특히 회사업무의 전반을 총괄하여 다른 이사의 업무집행을 감시·감독하여야 할 지위에 있는 대표이사가 회사의 목적이나 규모, 영업의 성격 및 법령의 규제 등에 비추어 높은 법적 위험이 예상되는 경우임에도 이와 관련된 내부통제시스템을 구축하고 그것이 제대로 작동되도록 하기 위한 노력을 전혀 하지 않거나 위와 같은 시스템을 통한 감시·감독의무의 이행을 의도적으로 외면한 결과 다른 이사 등의 위법한 업무집행을 방지하지 못하였다면, 이는 대표이사로서 회사업무 전반에 대한 감시의무를 게을리한 것이라고 할 수 있다.

(6) 대법원 2022.5.12. 선고 2021다279347 판결

이사의 감시의무의 구체적인 내용은 회사의 규모나 조직, 업종, 법령의 규제, 영업상황 및 재무상태에 따라 크게 다를 수 있다. 특히 고도로 분업화되고 전문화된 대규모 회사에서 대표이사나 일부 이사들만이 내부적인 사무분장에 따라 각자의 전문분야를 전담하여 처리하는 것이 불가피한 경우에도, 모든 이사는 적어도 회사의 목적이나 규모, 영업의 성격 및 법령의 규제 등에 비추어 높은 법적 위험이 예상되는 업무와 관련해서는 제반 법규를 체계적으로 파악하여 그 준수 여부를 관리하고 위반사실을 발견한 경우 즉시 신고 또는 보고하여 시정조치를 강구할 수 있는 형태의 내부통제시스템을 구축하여 작동되도록 하는 방식으로 감시의무를 이행하여야 한다. 다만 회사의 업무집행을 담당하지 않는 사외이사 등은 내부통제시스템이 전혀 구축되어 있지 않는데도 내부통제시스템 구축을 촉구하는 등의 노력을 하지 않거나 내부통제시스템이 구축되어 있더라도 제대로 운영되고 있지 않다고 의심할 만한 사유가 있는데도 이를 외면하고 방치하는 등의 경우에 감시의무 위반으로 인정될 수 있다.

Ⅱ. 판결의 평석

1. 판결의 의의

대상판결은 실질적으로는 신약개발 및 연구에만 관여한 사람들로 명목상으로 이사, 사내이사, 사외이사 및 감사로 근무하면서 부담하는 감시의무의 범위가 어디까지인지가 주된 쟁점이다.

대상판결은 이사의 감시의무가 선관의무의 구체적 형태로 직접 회사의 업무집행을 담당하는 업무담당이사뿐만 아니라 업무집행을 담당하지 않고 이사회의 구성원으로서만 활동하는 평이사, 명목상의 이사 등에게도 인정되는 의무임을 다시 한번 확인하였다. 또한 감사의 의무이행에 있어서도 외부감사인에 의한 감사가 있다 하더라도 감사로서의 선관의무가 경감되지 않고, 명목상 감사의 경우도 동일한 책임을 부담한다는 점을 명확히 하였다.

2. 이사의 감시의무의 의의와 법적 성격

이사는 업무집행에 있어서 선관의무를 다하여야 할 뿐만 아니라 이사회의 구성원

으로서 대표이사나 다른 이사의 직무위반행위를 방지하기 위하여 그들의 업무집행을 전반적으로 감시해야 할 의무를 부담한다. 이러한 이사의 감시의무에 관하여는 상법상 적극적인 명문규정은 없으나, 통설과 판례[1]는 일반적으로 이사가 감시의무를 부담한다는 점에 대하여는 일치하여 인정하고 있다.

이사는 담당업무는 물론이고 다른 업무담당이사의 업무집행을 전반적으로 감시할 의무가 있으므로, 이사가 다른 업무담당이사의 업무집행이 위법하다고 의심할만한 사유가 있음에도 불구하고 이를 방치하여 그로 인하여 회사에 손해가 발생하였을 때에는 이사는 회사에 대하여 손해배상책임을 부담한다.[2]

이사의 감시의무가 선관의무에 해당하는지 충실의무에 해당하는지에 대하여 대법원은 "이사는 담당업무는 물론 다른 업무담당이사의 업무집행을 전반적으로 감시할 의무가 있으므로, 주식회사의 이사가 다른 업무담당이사의 업무집행이 위법하다고 의심할 만한 사유가 있음에도 불구하고 이를 방치한 때에는 이사에게 요구되는 선관주의의무 내지 감시의무를 해태한 것이므로 이로 말미암아 회사가 입은 손해에 대하여 배상책임을 면할 수 없다"고 판시하여 감시의무가 선관의무의 구체적 형태임을 나타내고 있다.[3]

감시의무는 대표이사[4]와 직접 회사의 업무집행을 담당하는 업무담당이사뿐만 아니라 업무집행을 담당하지 않고 이사회의 구성원으로서만 활동하는 평이사도 부담한다는 것이 판례의 태도이다.[5][6] 명목상의 이사, 이사직무대행자에 대해서도 감시의무

1) 대법원 2011.4.14. 선고 2008다14633 판결; 대법원 2008.12.11. 선고 2005다51471 판결; 대법원 2007.12.13. 선고 2007다60080 판결; 대법원 2007.9.20. 선고 2007다25865 판결; 대법원 2004.12.10. 선고 2002다60467,60474 판결; 대법원 2002.5.24. 선고 2002다8131 판결; 대법원 1985.6.25. 선고 84다카1954 판결.

2) 대법원 2007.12.13. 선고 2007다60080 판결; 대법원 2007.9.20. 선고 2007다25865 판결; 대법원 2004.12.10. 선고 2002다60467,60474 판결.

3) 대법원 2007.9.1. 선고 2005다34797 판결; 대법원 2007.9.20. 선고 2007다25865 판결; 대법원 2006.7.6. 선고 2004다8272 판결; 대법원 2004.12.10. 선고 2002다60467,60474 판결.

4) 대표이사는 회사의 영역에 관하여 재판상·재판외의 모든 행위를 할 권한이 있으므로(상법 제389조 제3항, 제209조 제1항 참조) 모든 직원의 직무집행을 감시할 의무를 부담하는 한편, 이사회의 구성원으로서 다른 대표이사를 비롯한 업무담당이사의 전반적인 업무집행을 감시할 권한과 책임도 있어, 다른 대표이사나 업무담당이사의 업무집행이 위법하다고 의심할 만한 사유가 있음에도 불구하고 감시의무를 위반하여 이를 방치한 때에는 이로 말미암아 회사가 입은 손해에 대하여 배상책임을 면할 수 없다(대법원 2009.12.10. 선고 2007다58285 판결; 동지: 대법원 2008.9.11. 선고 2006다68834 판결; 대법원 2008.9.11. 선고 2006다68636 판결; 대법원 2004.12.10. 선고 2002다60467,60474 판결).

5) 주식회사의 업무집행을 담당하지 아니한 평이사는 이사회의 일원으로서 이사회를 통하여 대표이사를 비롯한 업무담당이사의 업무집행을 감시하는 것이 통상적이긴 하나 평이사의 임무는 단지 이사회에 상정된 의안에 대하여 찬부의 의사표시를 하는 데에 그치지 않으며 대표이사를 비롯한 업무담당이사의 전반적인 업무집행을 감시할 수 있는 것이므로, 업무담당 이사의 업무집행이 위법하다고 의심할만한 사유가 있음에노 불구하고 평이사가 감시의무를 위반하여 이를 방치한 때에는 이로 말미암아 회사가 입은 손해에 대하여 배상책임을 면할 수 없다(대법원 1985.6.25. 선고 84다카1954 판결).

가 인정된다.

감시의무도 선관의무의 한 형태이므로 선관의무와 마찬가지로 기업의 종류와 규모, 종업원의 수, 각 이사의 직무에 따라 그 내용이 달라지므로 이사의 권한이 확대되면 감시의무도 그만큼 강화된다. 따라서 이사에게 그 직무에 따라 요구되는 감시의무는 회사의 종류나 규모, 그가 재직하는 업종, 담당하는 구체적인 업무분야, 거래영역, 행위당시의 회사의 상황, 회사의 지배구조 및 내부통제시스템, 재정상태, 법령상 규제의 정도, 개개인의 능력과 경력, 근무 여건 등에 따라 다를 수 있다.

이사가 감시의무를 위반하면 선관의무에 위반하여 임무를 게을리한 경우에 해당하여 회사에 대하여 손해배상책임을 지며(제399조),[7] 고의 또는 중과실로 그 임무를 게을리한 때에는 제3자에 대하여도 손해배상책임을 진다(제401조).[8] 그리고 이사의 감시의무위반 등 임무해태로 인한 회사에 대한 손해배상책임은 이사와 회사 사이의 위임계약에 따른 선관의무를 다하지 아니하여 생긴 것이므로 불법행위책임이 아니라 채무불이행으로 인한 손해배상책임이다. 이사의 감시의무위반으로 회사에 대하여 손해배상책임을 지는 경우는 회사에 대한 임무해태로 인한 손해배상책임으로, 감시의무위반책임은 일반 불법행위책임이 아니라 위임관계로 인한 채무불이행책임이므로 그 소멸시효기간은 일반채무의 경우와 같이 10년이라고 보아야 할 것이다.[9]

3. 평이사(사외이사)의 감시의무

이사의 감시의무에 있어 특히 문제가 되는 것은 대표권도 없고 업무도 담당하지 않는 평이사(사외이사 또는 비상근이사)에게 이사회에서 상정되지 아니한 회사의 업무에 대하여도 감시할 의무, 즉 능동적·적극적 감시의무를 인정할 수 있는지의 여부이다.

회사의 상무에 종사하지 않는 평이사는 이사회에 참석하여 법정결의사항에 관하여 의결권을 행사할 뿐 일상적인 업무집행에 관여하지는 않는다. 이사회에 상정된 안

---

6) 자본금 총액이 10억원 미만으로서 이사가 1명인 경우에는 문제가 되지 않고, 2명인 소규모 주식회사의 경우에는 각 이사(정관에 따라 대표이사를 정한 경우에는 그 대표이사)는 다른 이사의 업무집행에 대한 감시의무가 있다.

7) 대법원 1985.6.25. 선고 84다카1954 판결.

8) 대표이사는 회사의 영역에 관하여 재판상 또는 재판외의 모든 행위를 할 권한이 있으므로(제389조 제3항, 제209조 제1항) 모든 직원의 직무집행을 감시할 의무를 부담함은 물론, 이사회의 구성원으로서 다른 대표이사를 비롯한 업무담당이사의 전반적인 업무집행을 감시할 권한과 책임이 있으므로, 다른 대표이사나 업무담당이사의 업무집행이 위법하다고 의심할 만한 사유가 있음에도 악의 또는 중대한 과실로 인하여 감시의무를 위반하여 이를 방치한 때에는 이로 말미암아 제3자가 입은 손해에 대하여 배상책임을 면할 수 없다(대법원 2008.9.11. 선고 2006다68636 판결).

9) 대법원 1985.6.25. 선고 84다카1954 판결.

건에 대하여 평이사는 감시할 의무(수동적·소극적 감시의무)가 있다는 점은 당연히 인정된다(제393조 제2항). 그러나 이사회를 통하지 않은 개별적인 사항, 즉 회사의 업무전반에 관하여 다른 이사에 대하여 감시할 의무(능동적·적극적 감시의무)가 있는가에 대하여는 견해가 나뉘나, 현재의 통설(긍정설)은 전문적이고 효율적인 감사기능은 역시 이사회의 감독에 의존할 수밖에 없으므로, 그 실효성을 담보하기 위해서는 평이사에게 일반적·능동적인 감시의무를 부여하여야 한다고 보고 있다. 대법원은 "주식회사의 이사는 이사회의 일원으로서 이사회에 상정된 의안에 대하여 찬부의 의사표시를 하는 데에 그치지 않고, 담당업무는 물론 다른 업무담당이사의 업무집행을 전반적으로 감시할 의무가 있으므로, 주식회사의 이사가 다른 업무담당이사의 업무집행이 위법하다고 의심할 만한 사유가 있음에도 불구하고 이를 방치한 때에는 이사에게 요구되는 선관주의의무 내지 감시의무를 해태한 것이므로 이로 말미암아 회사가 입은 손해에 대하여 배상책임을 면할 수 없다"고 판시하여 평이사의 능동적·적극적 감시의무를 인정하고 있다.[10)]

평이사에게 이사회에 상정되지 않은 사항에 관하여 감시의무(능동적·적극적 감시의무)가 있다 하더라도 구체적으로 어느 범위까지 인정할 것인가, 즉 평이사가 대표이사나 업무담당이사의 직무위반행위를 알게 된 경우에 한하여 감시의무를 부담하는지, 이에 그치지 않고 나아가 적극적으로 회사의 업무집행의 상황을 정확히 파악하여야 할 의무까지 부담하는지에 대하여 평이사가 대표이사·대표집행임원, 업무담당이사나 집행임원의 직무위반행위를 명백하게 알게 된 경우에 한하여 회사의 손해방지를 위해 이사회의 상정 여부에 관계없이 감시의무를 부담한다는 소극설, 평이사가 다른 이사의 직무위반을 알게 된 경우는 물론이고, 나아가 회사의 업무집행의 상황을 파악하고 회사의 업무집행이 위법 또는 부당하게 이루어질 위험이 있는 경우에는 이를 시정할 조치를 할 의무를 부담한다고 보는 적극설, 평이사는 경영전반의 상황을 파악하는 정도면 족하며, 경영전반의 상황을 벗어나는 사항은 평이사가 알았거나 알 수 있었을 경우에 한하여 감시의무가 미친다고 보는 절충설(현재의 통설) 등이 있다. 대법원은 "주식회사의 업무집행을 담당하지 아니한 평이사는 이사회의 일원으로서 이사회를 통하여 대표이사를 비롯한 업무담당이사의 업무집행을 감시하는 것이 통상적이긴 하나 평이사의 임무는 단지 이사회에 상정된 의안에 대하여 찬부의 의사표시

---

10) 대법원 2006.7.6. 선고 2004다8272 판결; 동지: 대법원 2016.8.18. 선고 2016다200088 판결; 대법원 2007.12.13. 선고 2007다60080 판결; 대법원 2007.9.20. 선고 2007다25865 판결; 대법원 2004.12.10. 선고 2002다60467,60474 판결; 대법원 2002.5.24. 선고 2002다8131 판결; 대법원 1985.6.25. 선고 84다카1954 판결.

를 하는 데에 그치지 않으며 대표이사를 비롯한 업무담당이사의 전반적인 업무집행을 감시할 수 있는 것이므로, 업무담당 이사의 업무집행이 위법하다고 의심할만한 사유가 있음에도 불구하고 평이사가 감시의무를 위반하여 이를 방치한 때에는 이로 말미암아 회사가 입은 손해에 대하여 배상책임을 면할 수 없다"고 판시[11]한 이후 현재까지 절충설의 입장을 취하고 있다.

이사는 감시의무를 다하기 위하여 경우에 따라서는 이사회의 소집을 요구하는 등의 조치를 취하여야 하는데, 회사의 손해로 귀결될 업무집행을 논의하는 이사회에 불참하는 것은 가장 쉽게 감시의무를 이행할 수 있는 수단을 회피하는 것이므로 이 경우 감시의무위반이 성립한다고 봄이 타당하며,[12] 이사가 다른 이사의 임무해태를 발견하지 못한 것에 대하여 책임을 지지 않는 경우는 다른 이사가 행한 업무에 대해서 의심할 만한 상황이 결여된 경우로 한정된다.[13] 본 사안의 경우 평이사라 하더라도 이사의 임무를 수행하는 이상 이사회에 제대로 참석하지 않은 것 자체가 감시의무를 위반한 것이며, 다른 업무담당이사의 업무집행이 위법하다고 의심할 충분한 사유가 있음에도 이를 방치하였으므로 감시의무위반이 인정된다.

4. 감사의 의무

회사와 감사는 민법상 위임관계에 있으므로 감사는 선량한 관리자의 주의로써 그 위임사무를 처리하여야 한다(제415조, 제382조 제2항). 감사는 퇴임 이후에도 비밀유지의무를 지며(제415조, 제382조의4), 감사록작성의무(제413조의2), 주주총회에서 의견진술의무(제413조), 이사회에 대한 감사보고서 제출의무(제447조의4), 이사회에 대한 보고의무(제391조의2 제2항) 등을 부담한다. 감사는 이사와 달리 충실의무 및 경업금지의무가 없고, 자기거래도 제한되지 않는다.

감사는 상법 기타 법령이나 정관에서 정한 권한과 의무를 선량한 관리자의 주의의무를 다하여 이행하여야 하고, 악의 또는 중과실로 선량한 관리자의 주의의무에 위반하여 그 임무를 해태한 때에는 그로 인하여 제3자가 입은 손해를 배상할 책임이 있다. 비상임감사라 하더라도 상법이 감사를 상임 감사와 비상임 감사로 구별하여 비상임 감사는 상임 감사에 비해 그 직무와 책임이 감경되는 것으로 규정하고 있지 않

---

11) 대법원 1985.6.25. 선고 84다카1954 판결.

12) 김재범, "평이사의 감시의무 위반과 주주총회의 동의," 안암법학 제13호(안암법학회, 2001), 356면.

13) 손영화, "분식결산과 이사의 손해배상책임-대법원 2007.9.20. 선고 2007다25865 판결을 중심으로-," 상사판례연구 제21집 제2권(한국상사판례학회, 2008.6), 64면.

으므로 감사로서 선관주의의무를 부담한다.[14] 이러한 감사의 구체적인 주의의무의 내용과 범위는 회사의 종류나 규모, 업종, 지배구조 및 내부통제시스템, 재정상태, 법령상 규제의 정도, 감사 개개인의 능력과 경력, 근무 여건 등에 따라 다를 수 있다 하더라도, 감사가 주식회사의 필요적 상설기관으로서 회계감사를 비롯하여 이사의 업무집행 전반을 감사할 권한을 갖는 등 상법 기타 법령이나 정관에서 정한 권한과 의무를 가지고 있는 점에 비추어 볼 때, 대규모 상장기업에서 일부 임직원의 전횡이 방치되고 있거나 중요한 재무정보에 대한 감사의 접근이 조직적·지속적으로 차단되고 있는 상황이라면, 감사의 주의의무는 경감되는 것이 아니라 오히려 현격히 가중된다.[15]

감사의 권한은 동시에 의무이기도 하므로 권한을 행사할 시기를 놓쳐서는 안되며 선관주의의무를 다하여 그 권한을 행사하여야 한다. 감사는 이사의 임무수행에 있어서 이사의 경영판단의 재량권을 들어 감사 자신의 감사의무를 면할 수 없고, 회사의 감사직무규정에서 최종결재자의 결재에 앞서 내용을 검토하고 의견을 첨부하는 방법에 의하여 사전감사를 할 의무를 정하고 있는 사항에 대하여는 감사에게 그와 같은 사전감사가 충실히 이루어질 수 있도록 할 의무가 있는 것이므로 결재절차가 마련되어 있지 않았다거나 이사의 임의적인 업무처리로 인하여 감사사항을 알지 못하였다는 사정만으로는 그 책임을 면할 수 없다.[16]

대상판결의 경우 감사로 선임되어 재직하는 동안 한 번도 이사회 소집통지가 이루어지지 않았고 실제로도 이사회가 개최된 적이 없는데도, 허위의 이사회 회의록이 작성되어 공시되었음에도 그 내용의 허위를 알았거나 알 수 있었음에도 의문을 제기하지 않았고, 기형적인 유상증자에 대해 무관심 등은 감사로서 이사의 위법한 직무수행에 관한 감시·감독의무를 지속적으로 소홀히 하였다고 판단하여 명목상 감사의 의무와 책임도 다르지 않음을 확인하였다.

(박수영)

14) 대법원 2007.12.13. 선고 2007다60080 판결.
15) 대법원 2008.9.11. 선고 2006다68636 판결.
16) 대법원 2007.11.16. 선고 2005다58830 판결.

68 파생상품계약을 통한 기업집단 지배권 유지에 있어서 이사의 의무

대법원 2023.3.30. 선고 2019다280481 판결

Ⅰ. 판결개요

1. 사실관계

Y_1은 2011. 7.경부터 2016. 3.경까지 ○○엘리베이터 주식회사(이하 '○○엘리베이터')의 대표이사로 재직하였고, Y_2는 2004. 3.경부터 ○○엘리베이터 가 속한 기업집단인 ○○그룹의 회장 지위에 있으면서 ○○엘리베이터의 이사나 대표이사로 재직하였다. ○○그룹은 당시 '○○엘리베이터가 ○○상선 주식 24.13%를 보유하고, ○○상선은 ○○로지스틱스 주식 47.67%를 보유하며, ○○로지스틱스는 ○○엘리베이터 주식 21.25%를 보유하는 방식'으로 순환출자구조를 이루고 있었다.

○○엘리베이터는 2006년경부터 2014년경까지 ○○상선의 대주주로서 지배권을 유지하기 위하여 투자사 및 금융사들(이하 '금융사들')과 ○○상선 주식을 기초자산으로 하여 모두 10여 건의 파생상품계약과 그중 일부에 관한 변경계약(이하 '○○상선 파생상품계약')을 체결하였고,[1] 2012. 1.경 사모투자전문회사 甲과 계열회사인 ○○증권의 주식을 기초자산으로 한 파생상품계약(이하 '○○증권 파생상품계약')을 체결하였다.[2]

1) 이 사건 ○○상선 파생상품계약의 내용은 대체로 ① 금융사들은 계약기간 동안 ○○상선 주식을 취득하여 보유하면서 ○○엘리베이터에 우호적으로 의결권을 행사하고, ② ○○엘리베이터는 금융사들에게 약정수수료를 지급하며, 나아가 만기 시 ○○상선 주가가 기준가격보다 낮으면 그로 인한 손실 전부를 금융사들에게 정산하여 주되 반대로 ○○상선 주가가 기준가격보다 높으면 그로 인한 이익의 전부 또는 일부를 금융사들로부터 정산받는다는 내용의 총수익률스왑계약(total return swap, TRS)계약이었다. 이 사건 ○○상선 변경계약은 대체로 이 사건 ○○상선 파생상품계약 중 일부 계약의 만기를 연장하거나 조기종료 요건을 강화하는 내용으로 원래 계약상 주된 급부에 관한 사항은 거의 변경되지 않았다.

2) 사모투자전문회사 甲과 ○○그룹의 계열회사인 ○○증권이 실시한 유상증자에서 실권된 우선주를 인수하여 계약기간 동안 보유하고, ○○엘리베이터는 甲에게 계약기간 동안 약정수수료를 지급하며, 만기 시 ○○증권 주가가 기준가격보다 하락하는 경우 그로 인한 손실을 정산하여 주되 반대로 기준가격보다 상승하는 경

○○엘리베이터의 2대 주주인 X는 ○○엘리베이터의 주주로서 2013. 11.경 ○○엘리베이터의 감사들에게 ○○엘리베이터의 대표이사 또는 이사였던 Y_1 · Y_2의 ○○상선 파생상품계약 및 변경계약, ○○증권 파생상품계약 및 변경계약의 체결과 관련하여 손해배상책임을 추궁하는 소를 제기할 것을 서면으로 청구하였고, ○○엘리베이터가 30일 이내에 소를 제기하지 않자 Y_1 · Y_2를 상대로 주주대표소송을 제기하였다.

제1심(수원지방법원 여주지원 2016.8.24. 선고 2014가합10051 판결)은 회사가 이사회 결의를 통해 계열회사에 대한 지배력 유지를 위하여 금융사들과 이 사건 계약을 체결하고, 수수료 및 정산금 지급으로 인하여 손해를 입힌 부분에 대하여 경영판단의 재량범위 내의 행위로 보았고, 이에 이사들의 임무해태가 없었다고 보아 청구를 기각하였다.

원심(서울고등법원 2019.9.26. 선고 2016나2063874 판결)은 일부의 파생상품계약 및 변경계약 체결행위에 대해서는 Y_1 · Y_2의 손해배상책임을 인정하고, 일부의 파생상품계약 및 변경계약 체결행위(이미 체결된 파생상품계약이 종료된 상황에서 기발생 손실이 향후 축소될 것을 기대하고 추가로 체결된 경우)에 대해서는Y_1 · Y_2의 손해배상책임을 부정하였다. 다만, 파생상품계약 및 변경계약 체결행위로 인한 ○○엘리베이터의 손해의 합계는 약 3,400억 원이지만, Y_2가 이사 또는 대표이사로 재직함과 동시에 그룹 회장으로 재직하면서 기여한 부분을 참작하여 손해배상의 범위를 손해액의 약 50%인 1,700억 원으로 제한하였고, Y_1에 대해서는 190억 원으로 제한하였다.

대법원은 원심의 판단이 정당하다는 취지로 상고를 기각하였다.

2. 판결요지

[1] 이사는 법령 또는 정관에 정해진 목적 범위 내에서 회사의 경영에 관한 판단을 할 재량권을 가지고 있다. 기업의 경영은 장래의 불확실한 상황을 전제로 이루어지는 경우가 많으므로 거기에는 다소의 모험과 그에 따른 위험이 수반될 수밖에 없다. 따라서 이사가 법령에 위반됨이 없이 임무를 수행하는 과정에서 합리적으로 이용가능한 범위 내에서 필요한 정보를 충분히 수집 · 조사하고 검토하는 절차를 거친 다음, 이를 근거로 회사의 최대 이익에 부합한다고 합리적으로 신뢰하고 신의성실에 따라 경영상의 판단을 내렸고, 그 내용이 현저히 불합리하지 않은 것으로서 통상의 이사를 기준으로 할 때 합리적으로 선택할 수 있는 범위 안에 있는 것이라면, 비록 사

우에는 그에 따른 이익 중 일부를 배분받는다는 내용의 파생상품계약을 체결하였고, 2014. 4.경 위 계약의 조기종료 요건을 강화하는 내용의 변경계약을 체결하였다.

후에 회사가 예상했던 이익을 얻지 못하고 손해를 입게 되는 결과가 발생하였다 하더라도 이사의 행위는 허용되는 경영판단의 재량 범위 내에 있는 것이어서 해당 회사에 대하여 손해배상책임을 부담한다고 할 수 없다. 이사가 임무를 수행하면서 검토할 사항은 거래를 하는 목적이나 동기, 거래의 종류와 내용, 상대방과의 관계, 소속 회사의 재무적 상황 등에 따라 달라지므로, 사안마다 개별적으로 판단되어야 한다. 또한 이사의 경영판단을 정당화할 수 있는 이익은 원칙적으로 회사가 실제로 얻을 가능성이 있는 구체적인 것이어야 하고, 일반적이거나 막연한 기대에 불과하여 회사가 부담하는 비용이나 위험에 상응하지 않는 것이어서는 아니 된다.

[2] 기업집단을 구성하는 개별 계열회사들은 각자 독립된 법인격을 가진 별개의 회사이므로, 개별 계열회사의 이사는 기업집단이나 다른 계열회사와 관련된 직무를 수행할 때에도 선관주의의무와 충실의무를 부담한다.

소속 회사가 법령에 위반됨이 없이 동일한 기업집단에 속한 계열회사 주식을 취득하거나 제3자가 계열회사 주식을 취득하게 하는 계약을 체결하는 경우, 이사는 소속 회사의 입장에서 주식 취득의 목적이나 계약 내용에 따라 다음과 같은 사항을 검토하고 필요한 조치를 하여야 한다.

① 계열회사가 실시하는 유상증자에 참여하여 그 발행 신주를 인수하는 경우, 이사는 계열회사의 소속 회사 영업에 대한 기여도, 유상증자 참여가 소속 회사에 미치는 재정적 부담의 정도, 계열회사의 재무상태 및 경영상황, 유상증자 참여로 소속 회사가 얻을 수 있는 영업상 또는 영업 외의 이익, 유상증자에 참여하는 경우와 그렇지 않은 경우 계열회사에 미치는 영향 및 그로 인하여 소속 회사에 예상되는 이익 및 불이익의 정도 등을 객관적 자료를 바탕으로 구체적으로 검토하여야 한다.

② 순환출자구조를 가진 기업집단에 속한 소속 회사가 자신이 이미 지배하고 있는 계열회사에 대하여 적대적 M&A가 시도되거나 시도될 우려가 있는 상황에서 이를 저지하기 위해 계열회사 주식을 추가로 취득하는 경우, 소속 회사의 계열회사에 대한 경영권이 방어되는 한편 이를 통해 기업집단이 유지되면서 지배주주의 소속 회사나 기업집단에 대한 지배권도 전과 같이 유지되게 된다. 이 경우 이사는 소속 회사와 계열회사 사이의 영업적·재무적 관련성 유무와 정도, 소속 회사의 계열회사에 대한 경영권 유지와 상실에 따른 이익과 불이익의 정도, 기업집단의 변경이나 지배주주의 지배권 상실에 따른 소속 회사의 사업지속 가능성, 소속 회사의 재무상황과 사업계획을 고려한 주식취득 비용의 적정성 등을 객관적 자료를 바탕으로 구체적으로 검토하여야 한다.

③ 회사가 위 ①, ②와 같은 목적을 위하여 제3자와 계열회사 주식을 기초자산으로 하는 파생상품계약을 체결하여 제3자로 하여금 계약 기간 동안 계열회사 주식을 보유하게 하는 경우, 이사는 계약 방식에 따르는 고유한 위험으로서 기초자산인 계열회사 주가 변동에 따른 손실 가능성 및 규모, 소속 회사의 부담능력 등을 객관적·합리적으로 검토하고, 그에 따라 파생상품계약의 규모나 내용을 적절하게 조정하여 소속 회사가 부담하는 비용이나 위험을 최소화하도록 조치하여야 한다.

[3] 이사는 대표이사나 다른 이사가 선량한 관리자의 주의로써 직무를 수행하는지, 법령과 정관의 규정에 따라 회사를 위하여 직무를 충실하게 수행하는지를 감시·감독하여야 할 의무를 부담한다. 특정 이사가 대표이사나 다른 이사의 업무집행으로 인해 이익을 얻게 될 가능성이 있는 경우에도 그 이사는 이러한 감시·감독의무를 부담한다. 따라서 이사가 대표이사나 다른 이사의 업무집행이 위법하거나 이들이 선관주의의무나 충실의무를 위반하였다고 의심할 만한 사유가 있음에도 고의 또는 과실로 감시의무를 위반하여 이를 방치한 때에는 이로 말미암아 회사가 입은 손해에 대하여 상법 제399조 제1항에 따른 배상책임을 진다.

[4] 이사가 법령 또는 정관에 위반한 행위를 하거나 임무를 게을리함으로써 회사에 대하여 손해를 배상할 책임이 있는 경우에 손해배상의 범위를 정할 때에는, 해당 사업의 내용과 성격, 해당 이사의 임무 위반의 경위 및 임무 위반행위의 태양, 회사의 손해 발생 및 확대에 관여된 객관적인 사정이나 그 정도, 평소 이사의 회사에 대한 공헌도, 임무 위반행위로 인한 해당 이사의 이득 유무, 회사의 조직체계의 흠결 유무나 위험관리체제의 구축 여부 등 제반 사정을 참작하여 손해분담의 공평이라는 손해배상제도의 이념에 비추어 손해배상액을 제한할 수 있다. 이때에 손해배상액 제한의 참작 사유에 관한 사실인정이나 제한의 비율을 정하는 것은, 그것이 형평의 원칙에 비추어 현저히 불합리한 것이 아닌 한 사실심의 전권사항이다.

3. 관련판례

(1) 대법원 2007.10.11. 선고 2006다33333 판결

회사의 이사가 법령에 위반됨이 없이 관계회사에게 자금을 대여하거나 관계회사의 유상증자에 참여하여 그 발행 신주를 인수함에 있어서, 관계회사의 회사 영업에 대한 기여도, 관계회사의 회생에 필요한 적정 지원자금의 액수 및 관계회사의 지원이 회사에 미치는 재정적 부담의 정도, 관계회사를 지원할 경우와 지원하지 아니할 경우

관계회사의 회생가능성 내지 도산가능성과 그로 인하여 회사에 미칠 것으로 예상되는 이익 및 불이익의 정도 등에 관하여 합리적으로 이용가능한 범위 내에서 필요한 정보를 충분히 수집·조사하고 검토하는 절차를 거친 다음, 이를 근거로 회사의 최대이익에 부합한다고 합리적으로 신뢰하고 신의성실에 따라 경영상의 판단을 내렸고, 그 내용이 현저히 불합리하지 않은 것으로서 통상의 이사를 기준으로 할 때 합리적으로 선택할 수 있는 범위 안에 있는 것이라면, 비록 사후에 회사가 손해를 입게 되는 결과가 발생하였다 하더라도 그 이사의 행위는 허용되는 경영판단의 재량범위 내에 있는 것이어서 회사에 대하여 손해배상책임을 부담한다고 할 수 없다. 그러나 회사의 이사가 이러한 과정을 거쳐 이사회결의를 통하여 자금지원을 의결한 것이 아니라, 단순히 회사의 경영상의 부담에도 불구하고 관계회사의 부도 등을 방지하는 것이 회사의 신인도를 유지하고 회사의 영업에 이익이 될 것이라는 일반적·추상적인 기대하에 일방적으로 관계회사에 자금을 지원하게 하여 회사에 손해를 입게 한 경우 등에는, 그와 같은 이사의 행위는 허용되는 경영판단의 재량범위 내에 있는 것이라고 할 수 없다.

(2) 대법원 2010.1.14. 선고 2007다35787 판결

회사의 이사가 법령에 위반됨이 없이 관계회사에게 자금을 대여하거나 관계회사의 유상증자에 참여하여 그 발행 신주를 인수함에 있어서, 관계회사의 회사 영업에 대한 기여도, 관계회사의 회생에 필요한 적정 지원자금의 액수 및 관계회사의 지원이 회사에 미치는 재정적 부담의 정도, 관계회사를 지원할 경우와 지원하지 아니할 경우 관계회사의 회생가능성 내지 도산가능성과 그로 인하여 회사에 미칠 것으로 예상되는 이익 및 불이익의 정도 등에 관하여 합리적으로 이용가능한 범위 내에서 필요한 정보를 충분히 수집·조사하고 검토하는 절차를 거친 다음, 이를 근거로 회사의 최대이익에 부합한다고 합리적으로 신뢰하고 신의성실에 따라 경영상의 판단을 내렸고, 그 내용이 현저히 불합리하지 않은 것으로서 통상의 이사를 기준으로 할 때 합리적으로 선택할 수 있는 범위 안에 있는 것이라면, 비록 사후에 회사가 손해를 입게 되는 결과가 발생하였다 하더라도 그 이사의 행위는 허용되는 경영판단의 재량범위 내에 있는 것이어서 회사에 대하여 손해배상책임을 부담한다고 할 수 없다. 그러나 회사의 이사가 이러한 과정을 거쳐 이사회결의를 통하여 자금지원을 의결한 것이 아니라, 단순히 회사의 경영상의 부담에도 불구하고 관계회사의 부도 등을 방지하는 것이 회사의 신인도를 유지하고 회사의 영업에 이익이 될 것이라는 일반적·추상적인 기

대하에 일방적으로 관계회사에 자금을 지원하게 하여 회사에 손해를 입게 한 경우 등에는, 그와 같은 이사의 행위는 허용되는 경영판단의 재량범위 내에 있는 것이라고 할 수 없다.

(3) 대법원 2004.12.10. 선고 2002다60467,60474 판결

[1] 주식회사의 이사는 이사회의 일원으로서 이사회에 상정된 의안에 대하여 찬부의 의사표시를 하는 데에 그치지 않고, 담당업무는 물론 다른 업무담당이사의 업무집행을 전반적으로 감시할 의무가 있으므로, 주식회사의 이사가 다른 업무담당이사의 업무집행이 위법하다고 의심할 만한 사유가 있음에도 불구하고 이를 방치한 때에는 이로 말미암아 회사가 입은 손해에 대하여 배상책임을 면할 수 없다.

[2] 이사가 법령 또는 정관에 위반한 행위를 하거나 그 임무를 해태함으로써 회사에 대하여 손해를 배상할 책임이 있는 경우에 그 손해배상의 범위를 정함에 있어서는, 당해 사업의 내용과 성격, 당해 이사의 임무위반의 경위 및 임무위반행위의 태양, 회사의 손해 발생 및 확대에 관여된 객관적인 사정이나 그 정도, 평소 이사의 회사에 대한 공헌도, 임무위반행위로 인한 당해 이사의 이득 유무, 회사의 조직체계의 흠결 유무나 위험관리체제의 구축 여부 등 제반 사정을 참작하여 손해분담의 공평이라는 손해배상제도의 이념에 비추어 그 손해배상액을 제한할 수 있다.

(4) 대법원 2019.5.16. 선고 2016다260455 판결

[4] 이사가 법령 또는 정관에 위반한 행위를 하거나 임무를 해태함으로써 회사에 대하여 손해를 배상할 책임이 있는 경우에 손해배상의 범위를 정할 때에는, 당해 사업의 내용과 성격, 당해 이사의 임무 위반의 경위 및 임무 위반행위의 태양, 회사의 손해 발생 및 확대에 관여된 객관적인 사정이나 정도, 평소 이사의 회사에 대한 공헌도, 임무 위반행위로 인한 당해 이사의 이득 유무, 회사의 조직체계의 흠결 유무나 위험관리체제의 구축 여부 등 제반 사정을 참작하여 손해분담의 공평이라는 손해배상제도의 이념에 비추어 손해배상액을 제한할 수 있다. 이때 손해배상액 제한의 참작 사유에 관한 사실인정이나 제한의 비율을 정하는 것은, 그것이 형평의 원칙에 비추어 현저히 불합리한 것이 아닌 한 사실심의 전권사항이다.

Ⅱ. 판결의 평석

1. 판결의 의의

대상판결은 이사의 경영판단을 정당화할 수 있는 경우, 기업집단을 구성하는 개별 계열회사의 이사의 선관의무와 충실의무의 범위, 이러한 선관의무와 충실의무의 위반가능성이 있는 경우에 대한 감시의무위반, 법원에 의한 손해배상액의 제한 여부 등이 주요 쟁점이다.

사안에서 대법원은 이사의 경영판단을 정당화할 수 있는 이익은 원칙적으로 회사가 실제로 얻을 가능성이 있는 구체적인 것이어야 하며, 기업집단을 구성하는 개별 계열회사의 이사는 기업집단이나 다른 계열회사와 관련된 직무를 수행할 때에도 선관의무·충실의무 및 경영판단의 재량권을 가지고, 특정 이사가 대표이사나 다른 이사의 업무집행으로 인해 이익을 얻게 될 가능성이 있는 경우에도 그 이사는 감시·감독의무를 부담하며, 이사의 회사에 대한 손해배상액 제한의 참작 사유에 관한 사실인정이나 제한의 비율을 정하는 것은 사실심의 전권사항이라고 보았다.

대상판결은 경영판단의 법칙, 이사의 선관의무·충실의무·감시의무, 법원에 의한 이사의 회사에 대한 손해배상액의 제한 등에 대한 기존의 판례들의 입장을 따르면서, 이사의 경영판단을 정당화하는 이익의 범위, 순환출자 구조를 가진 기업집단에 속한 회사의 이사가 계열회사 주식을 기초자산으로 하는 파생상품계약을 체결함에 있어 따라야 할 선관의무·충실의무·감시의무의 내용에 대하여 최초로 다룬 사례라는 점에서 의의가 있다.

2. 경영판단을 정당화할 수 있는 이익[3)]

회사와 이사(집행임원 설치회사는 집행임원 포함)와의 관계에 대하여는 민법상의 위임에 관한 규정이 준용되므로, 이사는 이사회의 구성원으로서 또는 대표이사로서 직무권한을 행사함에 있어서는 회사의 수임인으로서 일반적 의무인 선량한 관리자의 주의의무를 부담한다(제382조 제2항, 민법 제681조).[4)] 그러나 상법은 이사의 선관의무

---

3) 경영판단의 원칙의 일반적 내용에 대해서는 '[74.] 이사의 법령위반행위와 경영판단의 원칙' 참조.

4) 감사도 회사와의 관계에서 수임인의 지위에 있으므로 그 직무와 관련하여 선량한 관리자의 주의의무가 있다. 그러나 감사는 업무집행을 하지 않으므로 경업금지의무나 자기거래 제한의무는 없다. 감사도 법령위반 또는 의무해태시 회사나 제3자에 대한 손해배상의무를 부담하는 것은 이사와 마찬가지이다.

의 의미나 내용에 대해서는 별도의 규정을 두고 있지 않다.

선관의무는 추상적인 내용으로 되어있기 때문에 실제로 이사가 직무를 수행함에 있어서 무엇을 어떻게 해야 의무를 이행한 것이 되는지 지침이나 기준을 제공하기 어렵다. 따라서 선관의무의 추상적인 내용과 선관의무 위반여부의 심사에 필요한 더 명백한 기준을 보다 구체화할 필요가 있으며, 이를 위하여 마련된 것이 경영판단의 원칙이다. 경영판단의 원칙(business judgment rule)이란 회사의 이사나 임원이 경영적인 판단에 따라 임무를 수행한 경우 비록 그 판단이 후일 잘못된 것으로 밝혀지고 결과적으로 회사에 손해를 가져오게 되었다고 하더라도, 그 판단이 어느 정도 성실하고 합리적으로 또 그 권한내에서 이루어졌다고 할 만한 일정한 조건이 충족된 때에는, 법원은 그 경영적인 판단의 당부에 대하여 사후적으로 개입하여 이사의 성실의무 위반에 대한 책임을 따지지 않는다는 법리이다.

경영판단의 원칙은 "이사가 이해관계 없이 성실하게 그리고 충분한 정보를 바탕으로 회사의 최상의 이익에 합치된다는 진실한 믿음 속에서 경영판단을 하였다면 그 이사는 주의의무 위반의 책임을 면한다는 것"으로 보는 것이 일반적이고, 의사결정을 충분한 정보에 바탕하여 합리적으로 한다면 사후적으로 그 판단이 잘못되었다 하더라도 이사에게 책임을 물을 수 없다는 것이며, 이러한 점에서 경영판단의 원칙은 추상적인 선관의무를 구체화하는 역할을 하며,[5] 경영판단의 원칙의 요건을 충족하면 선관주의의무를 다한 것으로 본다.

금융기관의 이사와 관련한 대법원 2021.5.7. 선고 2018다275888 판결에서는 "금융기관의 이사가 대출 요건인 프로젝트의 사업성에 관하여 심사하면서 필요한 <u>정보를 충분히 수집·조사하고 검토하는 절차를 거친 다음 이를 근거로 금융기관의 최대이익에 부합한다고 합리적으로 신뢰하고 신의성실에 따라 경영상의 판단을 하는 등의 과정을 거쳐 임무를 수행</u>…한 것이 아니라 <u>단순히 회사의 영업에 이익이 될 것이라고 기대하고 일방적으로 임무를 수행하여 회사에 손해를 입게 한 경우</u>에는 필요한 정보를 충분히 수집·조사하고 검토하는 절차를 거친 다음 이를 근거로 회사의 최대이익에 부합한다고 합리적으로 신뢰하고 신의성실의 원칙에 따라 경영상의 판단을 한 것이라고 볼 수 없으므로, 그와 같은 이사의 행위는 허용되는 경영판단의 재량범위에 있다고 할 수 없다"고 하여 단순한 이익의 기대나 일방적인 임무수행은 경영판단의 원칙에 의한 보호를 받을 수 없다고 하였다.

---

5) 장덕조, 「상법강의(제6판)」, 법문사, 2025, 560면.

관계회사에 대한 자금지원과 관련한 대법원 2011.4.14. 선고 2008다14633 판결에서도 "회사의 이사가 법령에 위반됨이 없이 관계회사에게 자금을 대여하거나 관계회사의 유상증자에 참여하여 그 발행 신주를 인수함에 있어서, 관계회사의 회사 영업에 대한 기여도, 관계회사의 회생에 필요한 적정 지원자금의 액수 및 관계회사의 지원이 회사에 미치는 재정적 부담의 정도, 관계회사를 지원할 경우와 지원하지 아니할 경우 관계회사의 회생 또는 도산가능성과 그로 인하여 회사에 미칠 것으로 예상되는 이익 및 불이익의 정도 등에 관하여 합리적으로 이용가능한 범위 내에서 필요한 정보를 충분히 수집·조사하고 검토하는 절차를 거친 다음, 이를 근거로 회사의 최대 이익에 부합한다고 합리적으로 신뢰하고 신의성실을 다하여 경영상의 판단을 내렸고, 그 내용이 현저히 불합리하지 않은 것으로서 통상의 이사를 기준으로 할 때 합리적으로 선택할 수 있는 범위 안에 있는 것이라면, 비록 사후에 회사가 손해를 입게 되는 결과가 발생하였다 하더라도 그 이사의 행위는 허용되는 경영판단의 재량범위 내에 있는 것이어서 회사에 대하여 손해배상책임을 부담한다고 할 수 없다. 그러나 회사의 이사가 이러한 과정을 거쳐 이사회결의를 통하여 자금지원을 의결한 것이 아니라, 단순히 회사의 경영상의 부담에도 불구하고 관계회사의 부도 등을 방지하는 것이 회사의 신인도를 유지하고 회사의 영업에 이익이 될 것이라는 일반적·추상적인 기대하에 일방적으로 관계회사에 자금을 지원하게 하여 회사에 손해를 입게 한 경우 등에는, 그와 같은 이사의 행위는 허용되는 경영판단의 재량범위 내에 있는 것이라고 할 수 없다"고 하여 회사의 이익이 될 것이라는 단순한 일반적·추상적인 기대로 인한 경우에도 경영판단의 원칙의 보호범위에서 제외된다고 하였다.

기존의 판례를 종합하면 이사가 합리적으로 이용가능한 범위내에서 필요한 정보를 충분히 수집·조사하고 검토하는 절차를 거친 다음, 이를 근거로 회사의 최대 이익에 부합한다고 합리적으로 신뢰하고, 신의성실에 따라 경영상의 판단을 내려야 하며, 그 내용이 현저히 불합리하지 않은 것으로서 통상의 이사를 기준으로 할 때 합리적으로 선택할 수 있는 범위 안에 있는 경우에는 경영판단의 원칙의 적용요건을 충족하여 선관의무를 다한 것이 된다.

대상판결의 사안은 기업집단의 지배주주가 그 경영권 유지를 위한 전형적인 지배주주 관여 거래에 대한 것으로, 대법원은 본 사안에서 ○○엘리베이터의 대표이사나 이사들이 파생상품계약체결에 있어서 ○○상선이나 ○○증권의 주가하락시의 손실구조, 수수료, 손실가능성, 이에 관한 관리방안 및 경영권상실의 경우의 사업지속성 등에 관하여 충분히 고려하지 않고 낙관적인 정보만을 가지고 계약을 체결한 것은 필요한 정보를 충분히 수집·조사하고 검토하는 절차를 거치지 않은 것으로 경영판단의 원칙에 의한 보호를 받을 수 없다고 하였다.

대상판결은 이에 나아가 "이사가 임무를 수행하면서 검토할 사항은 거래를 하는 목적이나 동기, 거래의 종류와 내용, 상대방과의 관계, 소속 회사의 재무적 상황 등에 따라 달라지므로, 사안마다 개별적으로 판단되어야 한다. 또한 이사의 경영판단을 정당화할 수 있는 이익은 원칙적으로 회사가 실제로 얻을 가능성이 있는 구체적인 것이어야 하고, 일반적이거나 막연한 기대에 불과하여 회사가 부담하는 비용이나 위험에 상응하지 않는 것이어서는 아니 된다"고 하여 경영판단시 검토사항의 범위와 경영판단을 정당화할 수 있는 이익의 구체성을 처음으로 밝혔다.

3. 이사의 선관의무와 충실의무

1998년 개정상법은 「이사의 충실의무」라는 표제하에 "이사는 법령과 정관의 규정에 따라 회사를 위하여 그 직무를 충실하게 수행하여야 한다."(제382조의3)는 규정을 신설하여 이사의 책임강화를 통한 건전한 기업운영을 촉진하기 위하여 이사에게 법령과 정관의 규정에 따라 회사를 위하여 충실히 그 직무를 수행할 의무를 명시적으로 부과하였다. 이는 이사와 회사간에 신뢰관계(fiduciary relation)가 존재하므로 이사는 그 지위를 이용하여 자기 또는 제3자의 이익을 도모할 목적으로 회사의 이익을 해하여서는 안되는 충실의무(duty of loyalty)를 부담하도록 한 것이다.[6] 따라서 상법상 이사는 회사와 위임관계에 있으므로 회사에 대하여 선량한 관리자의 주의의무를 지므로, 법령과 정관에 따라 회사를 위하여 그 의무를 충실히 수행한 때에야 이사의 임무를 다한 것이 되므로,[7] 상법상 이사에게 부과되는 일반적 의무는 선관의무와 충실의무라고 할 수 있다.

상법이 이사의 일반적 의무인 선관의무와 함께 충실의무도 명문화하여 양자를 함께 규정함에 따라 이사의 회사에 대한 일반적 의무로서 선관의무와 별도로 영미법상의 충실의무를 인정할 것인가와 양자의 내용과 범위의 차이에 대하여 견해의 차이가 있었다. 이에 충실의무는 종래의 선관의무를 구체화한 것에 지나지 않으므로 선관의

---

6) 이사는 이사회의 구성원으로서 회사의 업무집행에 관한 의사결정에 참여하고, 대표이사의 직무의 집행을 감독할 권한을 가지므로 이에 이사가 지위를 이용하여 자신의 이익을 꾀하는 경우 회사의 이익과 충돌할 위험이 있다. 이를 예방하기 위하여 1998년 상법개정으로 이사의 충실의무를 신설하여 이사의 책임강화를 통한 건전한 기업운영을 촉진하기 위하여 이사에게 법령과 정관의 규정에 따라 회사를 위하여 충실히 그 직무를 수행할 의무를 명시적으로 부과하였다(제382조의3).

7) 대법원 2018.10.25. 선고 2016다16191 판결.

무와 충실의무를 동일한 관계로 보는 동질설과 양자를 구별하여 선관의무와는 별도로 영미회사법상의 충실의무를 의미한다고 보는 이질설이 있다.[8)] 대법원은 충실의무가 상법에 규정되기 이전부터 지금까지 선관의무와 충실의무를 구별하여 특별한 의미를 부여하지 않고 있는 것으로 보았다.[9)]

선관의무의 구체적 내용으로서 이사는 이사회에 출석하고, 이사회와 감사 또는 감사위원회에게 중요한 사실을 보고하고(제393조 제4항, 제412조의2, 제415조의2 제7항), 비밀을 유지하며(제382조의4), 다른 이사의 업무집행을 감시할 의무를 부담하며, 법령준수의무(제382조의3)를 포함시키기도 한다. 이에 대해 충실의무의 내용으로서는 경업금지의무(제397조), 회사의 사업기회 및 자산의 유용금지의무(제397조의2), 자기거래 제한의무(제398조) 등을 들고 있다.

대상판결은 기업집단을 구성하는 개별 계열회사들은 각자 독립된 법인격을 가진 별개의 회사이므로, 개별 계열회사의 이사는 기업집단이나 다른 계열회사와 관련된 직무를 수행할 때에도 소속회사의 이사로서 선관주의의무와 충실의무를 부담한다고 하였다.

대상판결은 또한 기업집단내 계열회사에 대한 유상증자참여, 적대적 M&A 방어차원에서의 주식취득, 계열회사 주식을 기초자산으로 하는 파생상품계약체결시 이사가 검토·조치하여야 할 내용에 대하여 그 범위를 구체화하고, 이를 위반하는 경우에는 이사로서 선관주의의무와 충실의무를 위반하는 것이라 하였다.

4. 이사의 감시의무[10)]

이사는 업무집행에 있어서 선관의무를 다하여야 할 뿐만 아니라 이사회의 구성원으로서 대표이사나 다른 이사의 직무위반행위를 방지하기 위하여 그들의 업무집행을 전반적으로 감시해야 할 의무를 부담한다. 이러한 이사의 감시의무에 관하여는 상법상 적극적인 명문규정은 없으나, 통설과 판례[11)]는 일반적으로 이사가 감시의무를 부담한

---

8) 충실의무가 상법에 규정된 초기에는 동질설의 입장이 다수설의 경향이었으나, 상법상 이사의 의무에 관한 규정이 늘어나고 강화됨에 따라 이질설을 취하는 견해도 증가하고 있으며, 논의의 실익이 없다는 주장도 증가하고 있다.

9) 대법원 1985.11.12. 선고 84다카2490 판결.

10) 이사의 감시의무의 일반적 내용에 대해서는 '[67.] 이사와 감사의 경영감시의무' 참조.

11) 대법원 2011.4.14. 선고 2008다14633 판결; 대법원 2008.12.11. 선고 2005다51471 판결; 대법원 2007.12.13. 선고 2007다60080 판결; 대법원 2007.9.20. 선고 2007다25865 판결; 대법원 2004.12.10. 선고 2002다60467,60474 판결; 대법원 2002.5.24. 선고 2002다8131 판결; 대법원 1985.6.25. 선고 84다카1954 판결.

다는 점에 대하여는 일치하여 인정하고 있으며, 점차 강화되어 가고 있는 추세이다.

이사는 담당업무는 물론이고 다른 업무담당이사의 업무집행을 전반적으로 감시할 의무가 있으므로, 이사가 다른 업무담당이사의 업무집행이 위법하다고 의심할만한 사유가 있음에도 불구하고 이를 방치하여 그로 인하여 회사에 손해가 발생하였을 때에는 이사는 회사에 대하여 손해배상책임을 부담한다.[12] 특히 대표이사는 회사의 영업에 관하여 재판상 또는 재판 외의 모든 행위를 할 권한이 있으므로(제389조 제3항, 제209조 제1항), 모든 직원의 직무집행을 감시할 의무를 부담함은 물론, 이사회의 구성원으로서 다른 대표이사를 비롯한 업무담당이사의 전반적인 업무집행을 감시할 권한과 책임이 있다. 따라서 다른 대표이사나 업무담당이사의 업무집행이 위법하다고 의심할 만한 사유가 있음에도 고의 또는 과실로 인하여 감시의무를 위반하여 이를 방치한 때에는 이로 말미암아 회사가 입은 손해에 대하여 상법 제399조 제1항에 따른 배상책임을 진다.[13]

대상판결은 기존 판례의 태도에 더하여 특정 이사가 대표이사나 다른 이사의 업무집행으로 인해 이익을 얻게 될 가능성이 있는 경우에도 그 이사는 이러한 감시·감독의무를 부담한다고 판단하여 이사의 감시의무의 범위를 확장하였다. 사안의 경우에 비추어 이사회의 결의사항에 대하여 특별이해관계인으로서 결의에 참여하지 않은 상대방인 이사는 이사회에서 충분한 검토 없이 결의가 이루어지는 경우에는 결의에 참석하지 않았더라도 감시의무위반이 성립하게 된다.

5. 법원 재량에 의한 손해배상액의 제한

이사는 회사와 위임관계에 있으므로 회사에 대하여 선량한 관리자의 주의로써 그 직무를 수행하여야 하고, 법령과 정관의 규정에 따라 회사를 위하여 그 직무를 충실하게 수행하여야 한다(상법 제382조 제2항, 제382조의3, 민법 제681조). 이사가 위와 같은 임무를 게을리한 경우에는 회사에 대하여 손해를 배상할 책임이 있다(상법 제399조 제1항).

판례는 이사의 회사에 대한 책임에 있어 손익상계나 과실상계에 의하지 않고 손해부담의 공평이라는 손해배상제도의 이념에 비추어 법원이 손해배상액을 적절하게 제한할 수 있다고 보고 있다.[14] 법원의 재량에 따른 책임의 제한은 상법 제401조의

12) 대법원 2007.12.13. 선고 2007다60080 판결; 대법원 2007.9.20. 선고 2007다25865 판결; 대법원 2004.12.10. 선고 2002다60467,60474 판결.

13) 대법원 2021.11.11. 선고 2017다222368 판결.

이사의 제3자에 대한 책임은 물론이고,[15] 업무집행관여자의 책임도 감면한다.[16] 그러나 판례의 입장은 법적 근거가 없고, 책임제한에 관한 명확한 기준이 없으며, 민사사건에서 피해자의 손해배상청구권을 법원이 임의로 처분하는 결과가 된다는 비판이 있으며,[17] 제400조 제2항의 신설로 총주주의 동의가 없더라도 책임제한이 가능해져 법원이 손해배상액 제한의 법리로 손해액을 제한할 필요성이 줄어들었음에도,[18] 대법원은 이러한 입장을 유지하고 있고, 대상판결도 이를 재확인하였다.

이러한 책임의 감경도 법원의 직권조사사항이어서 법원은 당사자가 주장하지 않더라도 소송자료에 의하여 그 사유가 인정되는 경우에는 직권으로 심리 판단하여야 하고,[19] 그 사유에 관한 사실인정이나 그 제한비율을 정하는 것은 그것이 형평의 원칙에 비추어 현저히 불합리하다고 인정되지 않는 한 사실심의 전권사항[20]에 속한다.[21]

(박수영)

---

14) 대법원 2004.12.10. 선고 2002다60467,60474 판결.

15) 서울고등법원 2006.10.25. 선고 2005나68396 판결.

16) 대법원 2011.6.10. 선고 2011다6120 판결.

17) 장덕조, 앞의 책, 584면.

18) 최문희, "이사의 책임감면", 「株式會社法大系Ⅱ(제4판)」, 법문사, 2022, 1089면.

19) 대법원 2013.3.28. 선고 2009다78214 판결 [4] 구 국민건강보험법(2007. 12. 14. 법률 제8694호로 개정되기 전의 것)상 요양기관인 의료기관이 요양급여기준을 벗어나 처방을 하고 이를 요양급여대상으로 삼아 원외 처방전을 발급함으로써 국민건강보험공단에 대하여 손해를 배상할 책임이 있는 경우에 그 손해배상의 범위를 정함에 있어서는, 의료기관이 그 행위에 이른 경위나 동기, 국민건강보험공단의 손해 발생에 관여된 객관적인 사정, 의료기관이 그 행위로 취한 이익의 유무 등 제반 사정을 참작하여 손해분담의 공평이라는 손해배상제도의 이념에 비추어 그 손해배상액을 제한할 수 있고, 배상의무자가 이러한 책임감경사유에 관하여 주장을 하지 아니한 경우에도 소송자료에 의하여 그 사유가 인정되는 경우에는 법원이 이를 직권으로 심리·판단하여야 한다.

20) 대법원 2019.5.16. 선고 2016다260455 판결; 대법원 2018.10.25. 선고 2016다16191 판결; 대법원 2007.9.21. 선고 2005다34797 판결.

21) 권순일, 「주석상법(제6판)」, 2021, 530면.

69

이사의 경업금지의무위반과 이사해임의 소

대법원 1993.4.9. 선고 92다53583 판결

Ⅰ. 판결개요

1. 사실관계

甲주식회사는 1971. 6.17. 콘크리트 제조판매업, 토목건축자재판매업 등을 목적으로 설립되었으며 1985. 8. 5. 사업목적을 콘크리트제품 제조판매업, 조립식주택자재판매업 등과 이에 부대되는 일체의 사업으로 변경한 바 있다. 원고(X)와 피고(Y)는 甲회사 발행주식의 총수 20만주를 실질적으로 반씩 소유하면서도 주주명부상으로는 X가 5만2백90주, Y가 6만6백90주를 소유하는 것으로 기재되었으며 나머지 주식은 소외 A 등 수인에게 위장분산시켜 놓았다. X와 Y는 동 회사의 이사 겸 대표이사로서 회사를 공동으로 경영해 왔다. Y는 1990. 3. 5. 회사의 주주총회의 승인[1]을 받음이 없이 소외 B와 함께 위 회사와 동종영업을 목적으로 하는 乙주식회사를 설립하여 그 회사의 이사 겸 대표이사로 취임한 다음 공장부시를 매입하는 등 그 영업준비작업을 추진하여 오다가 X로부터 위와 같은 사실에 대한 항의를 받고 같은 해 4. 3. 乙회사의 이사 및 대표이사직을 사임하고 이와 동시에 그가 가지고 있던 乙회사의 주식을 모두 처분하였다. X는 甲회사의 주주로서 1990. 3. 6. Y의 이사해임의 건을 상정하여 甲회사의 임시주주총회를 소집하였으나 출석주주가 정족수인 과반수에 미달하여 임시주주총회는 유회되었다. 이에 X는 Y를 甲회사의 이사직으로부터 해임한다는 취지의 청구를 법원에 하였다.

---

1) 상법 제397조에 규정한 이사의 경업금지의무와 관련하여 1995년 개정상법 이전에는 그 경업이 가능하기 위해서는 주주총회의 결의가 있어야 했다. 그러나 1995년 개정상법은 이사의 자기거래와 균형을 맞추기 위하여 이사의 경업행위도 이사회의 승인사항으로 변경하였다. 대상판결에서 문제가 된 겸직에 대해서는 시기적으로 1995년 개정상법이 적용되지 않기 때문에 주주총회의 결의가 있어야만 경업이 가능하였다.

2. 판결요지

(1) 원심 판결: 서울고등법원 1992.10.30. 선고 92나24952 판결

피고는 상법 제397조 제1항에 위반하는 중대한 위법행위를 저질렀다 할 것이고, 원고는 피고 회사의 발행주식의 총수의 5/100(현재는 3/100) 이상에 해당하는 주식을 가진 주주로서 1990. 3. 6. 개최된 위 甲회사의 임시주주총회에서 피고의 이사해임의 건을 상정하였으나 위 주주총회는 유회되어 그 해임을 부결한 때에 해당한다 할 것이어서 원고는 그로부터 1개월 내에 위 회사와 피고를 상대로 하여 피고의 해임을 청구할 수 있다고 할 것이므로 이를 구하는 원고의 이 사건 청구는 이유있어 인용할 것이다.

(2) 대법원 판결

이사의 경업금지의무를 규정한 상법 제397조 제1항의 규정취지는 이사가 그 지위를 이용하여 자신의 개인적 이익을 추구함으로써 회사의 이익을 침해할 우려가 큰 경업을 금지하여 이사로 하여금 선량한 관리자의 주의로써 회사를 유효적절하게 운영하여 그 직무를 충실하게 수행하여야 할 의무를 다하도록 하려는 데 있으므로, 경업의 대상이 되는 회사가 영업을 개시하지 못한 채 공장의 부지를 매수하는 등 영업의 준비작업을 추진하고 있는 단계에 있다 하여 위 규정에서 말하는 "동종영업을 목적으로 하는 다른 회사"가 아니라고 볼 수는 없다.

회사의 이사가 회사와 동종영업을 목적으로 하는 다른 회사를 설립하고 다른 회사의 이사 겸 대표이사가 되어 영업준비작업을 하여 오다가 영업활동을 개시하기 전에 다른 회사의 이사 및 대표이사직을 사임하였다고 하더라도 이는 상법 제397조 제1항 소정의 경업금지의무를 위반한 행위로서 특별한 다른 사정이 없는 한 이사의 해임에 관한 상법 제385조 제2항 소정의 "법령에 위반한 중대한 사실"이 있는 경우에 해당한다.

3. 관련판례

(1) 대법원 2013.9.12. 선고 2011다57869 판결

상법이 제397조 제1항으로 "이사는 이사회의 승인이 없으면 자기 또는 제3자의 계산으로 회사의 영업부류에 속한 거래를 하거나 동종영업을 목적으로 하는 다른 회사의 무한책임사원이나 이사가 되지 못한다"고 규정한 취지는, 이사가 그 지위를 이용하여 자신의 개인적 이익을 추구함으로써 회사의 이익을 침해할 우려가 큰 경업을 금지하여 이사로 하여금 선량한 관리자의 주의로써 회사를 유효적절하게 운영하여 그 직무를 충실하게 수행하여야 할 의무를 다하도록 하려는 데 있다. 따라서 이사는 경업 대상 회사의 이사, 대표이사가 되는 경우뿐만 아니라 그 회사의 지배주주가 되어 그 회사의 의사결정과 업무집행에 관여할 수 있게 되는 경우에도 자신이 속한 회사 이사회의 승인을 얻어야 하는 것으로 볼 것이다. 한편 어떤 회사가 이사가 속한 회사의 영업부류에 속한 거래를 하고 있다면 그 당시 서로 영업지역을 달리하고 있다고 하여 그것만으로 두 회사가 경업관계에 있지 아니하다고 볼 것은 아니지만, 두 회사의 지분소유 상황과 지배구조, 영업형태, 동일하거나 유사한 상호나 상표의 사용 여부, 시장에서 두 회사가 경쟁자로 인식되는지 여부 등 거래 전반의 사정에 비추어 볼 때 경업 대상 여부가 문제되는 회사가 실질적으로 이사가 속한 회사의 지점 내지 영업부문으로 운영되고 공동의 이익을 추구하는 관계에 있다면 두 회사 사이에는 서로 이익충돌의 여지가 있다고 볼 수 없고, 이사가 위와 같은 다른 회사의 주식을 인수하여 지배주주가 되려는 경우에는 상법 제397조가 정하는 바와 같은 이사회의 승인을 얻을 필요가 있다고 보기 어렵다.

(2) 대법원 2004.10.15. 선고 2004다25611 판결

상법 제385조 제1항에 규정된 '정당한 이유'란 주주와 이사 사이에 불화 등 단순히 주관적인 신뢰관계가 상실된 것만으로는 부족하고, 이사가 법령이나 정관에 위배된 행위를 하였거나 정신적·육체적으로 경영자로서의 직무를 감당하기 현저하게 곤란한 경우, 회사의 중요한 사업계획 수립이나 그 추진에 실패함으로써 경영능력에 대한 근본적인 신뢰관계가 상실된 경우 등과 같이 당해 이사가 경영자로서 업무를 집행하는 데 장해가 될 객관적 상황이 발생한 경우에 비로소 임기전에 해임할 수 있는 정당한 이유가 있다고 할 것이다.[2)]

(3) 대법원 1990.11.2. 자 90마745 결정

甲주식회사의 이사가 주주총회의 승인이 없이 그 회사와 동종 영업을 목적으로 하는 乙회사를 설립하고 乙회사의 이사 겸 대표이사가 되었다면 설령 乙회사가 영업활동을 개시하기 전에 乙회사의 이사 및 대표이사직을 사임하였다고 하더라도, 이는 분명히 상법 제397조 제1항 소정의 경업금지의무를 위반한 행위로서 특별한 다른 사정이 없는 한 이사의 해임에 관한 상법 제385조 제2항 소정의 "법령에 위반한 중대한 사실"이 있는 경우에 해당한다.

---

2) 동지: 대법원 2013.9.26. 선고 2011다42348 판결(감사 해임의 경우).

Ⅱ. 판결의 평석

1. 이사의 경업금지의무

(1) 의 의

상법(회사법)이 달성하여야 하는 최우선적인 과업은 회사에 관계된 자들이 각자 맡은 바의 책무를 성실하게 수행하도록 하는 구조를 마련하는 데 있다. 그러한 장치의 하나로서 상법은 이사에게 다양한 의무를 부담시키고 있으며, 그 대표적인 의무로서 선량한 관리자의 주의의무(선관주의의무, 선관의무)와 충실의무가 있다. 이 중에서 후자는 이사와 회사 사이의 이익충돌의 방지를 위한 것으로서 이를 구체화한 상법상의 의무로서는 이사에 의한 이사의 보수결정금지의무(상법 제388조),[3] 이사의 경업금지의무(상법 제397조), 이사의 회사의 기회 및 자산의 유용금지의무(상법 제397조의2), 이사의 자기거래금지의무(상법 제398조)가 있다.

구체적으로 살펴보면, 이사의 경업금지의무는 회사의 이익과 충돌하는 이사의 경업거래와 겸직을 금지하고 있다. 상법은 이사회의 승인이 없으면 이사는 자기 또는 제3자의 계산으로 회사의 영업 부류에 속한 거래를 하거나 동종영업을 목적으로 하는 다른 회사의 무한책임사원이나 이사가 되지 못한다고 규정하고 있다(상법 제397조 제1항). 이러한 의무는 회사의 이익과 이사의 이익이 충돌하는 경우에 회사의 이익을 배제 또는 침해하고 자기 또는 제3자의 이익을 도모하지 말라는 것을 이념적 기초로 삼고 있다. 이와 동시에 이사의 경업금지의무에는 이사로 하여금 업무에 전념하게 하자는 취지도 반영되어 있다.[4]

(2) 구체적 내용

1) 경업거래금지의무의 경우

자기 또는 제3자의 계산으로 회사의 영업부류에 속한 거래를 할 수 없다. 이를 나누어서 살펴보면 다음과 같다. 첫째, '자기 또는 제3자의 계산'으로 한다는 것은 누구의 명의로 영업을 하든지를 불문하고 행위의 경제상의 결과가 자기 또는 제3자에

---

3) 대법원은 상법 제388조의 입법취지는 이사의 임용계약과 관련하여 그 사익 도모의 폐해를 방지하여 회사와 주주의 이익을 보호하고자 하는 데 있음을 밝히고 있다(대법원 2006.11.23. 선고 2004다49570 판결).

4) 이사가 경업거래 내지 겸직을 하는 경우에는 사실상 그의 노력이 분산됨으로 인하여 이사가 회사로부터 받는 보수에 상응하는 정도의 일을 하지 않는다는 것과 다름이 없다. 이는 현실적으로 이사가 자신의 사적인 이익을 회사의 이익보다 먼저 고려하는 행동을 하는 것과 동일하므로 결과적으로 이사의 충실의무위반으로 된다.

게 귀속하는 것을 의미한다. 둘째, 이사의 경업거래금지의무의 대상인 거래는 회사의 영업부류에 속하는 거래에 한한다.

이사회의 승인이 있으면 이사의 경업거래가 가능하다. 이사의 경업거래에 관한 이사회의 승인은 사전에 있어야 한다. 이사가 경업거래금지의무에 위반하여 경업거래를 한 경우 회사는 이사회의 결의에 의하여 그 이사의 거래가 자기의 계산으로 한 것인 때에는 이를 회사의 계산으로 한 것으로 볼 수 있고, 제3자의 계산으로 한 것인 때에는 그 이사에 대하여 이로 인한 이득의 양도를 청구할 수 있다(상법 제397조 제2항). 이를 회사의 권리를 개입권 또는 탈취권이라고 한다.

이 밖에도 회사는 이사에 대하여 손해배상을 청구할 수 있고(상법 제399조 제1항) 주주총회의 결의에 의하여 이사를 해임할 수 있다(상법 제385조 제1항). 만약에 그 위반거래로 인하여 회사에 회복할 수 없는 손해가 생길 염려가 있으면 이사에 대하여 그 거래의 유지를 청구할 수 있다(상법 제402조).

2) 겸직금지의무의 경우

이사는 동종영업을 목적으로 하는 다른 회사의 무한책임사원 또는 이사의 겸임이 금지된다. 여기서 '다른 회사'에 실제거래를 수행하는 회사만이 포함되는 것은 아니다. '동종영업을 목적으로 하는 다른 회사'에 해당하는지의 여부는 정관에 규정한 회사의 목적 전부가 아니라 회사가 실제로 행하고 있는 사업을 기준으로 판단한다. 이사회의 승인이 있으면 겸직이 가능하다. 만약 어느 이사의 경업거래와 겸직이 동시에 문제가 되는 경우 이사회는 경업거래와 겸직에 관한 승인을 각각 따로 하여야 한다.

상법이 이사는 '…되지 못한다'고 규정하고 있는 것에 비추어본다면 실제 경업이 되는 거래를 하여야만 겸직금지의무위반으로 되는 것은 아니다. 대상판결처럼 아직 영업을 개시하지 못한 채 공장의 부지를 매수하는 등 영업의 준비작업을 추진하는 회사의 이사로 되는 경우도 겸직금지에 위반된다.[5] 이처럼 대법원은 회사손실의 최소화를 가능하게 하기 위하여 비교적 이른 시점에서 이사의 겸직행위로 인정하여 이를 금지하는 것으로 이해한다. 그러므로 실제 거래를 수행하지 않더라도 겸직금지의무에 대한 위반으로 될 수 있다.

이사가 겸직금지의무에 위반하여 다른 회사의 이사로 취임한 경우에는 그 취임 자체는 유효하다. 다만, 회사는 그 이사에 대하여 손해배상을 청구할 수 있으며(상법 제399조 제1항), 주주총회의 결의에 의하여 그 이사를 해임할 수 있다(상법 제385조 제

5) 대법원 1990.11.2. 자 90마745 결정; 대법원 1993.4.9. 선고 92다53583 판결.

1항). 그러나 상법 제397조 제2항은 '제1항의 규정에 위반하여 거래를 한 경우'에 한하여 회사에게 개입권을 인정하고 있지만 이사의 겸직은 여기서의 '거래'에 해당되지 않으므로 회사는 개입권을 행사할 수 없다.

2. 이사해임의 소

(1) 의 의

이사의 해임이라 함은 이사본인의 의사에 반하여 그 자격을 상실시키는 것을 의미하는데, 구체적으로는 주주총회의 특별결의에 의한다(상법 385조 제1항). 그러나 자본다수결의 원칙에 의해 다수의 전횡이 발생할 우려가 있다. 이에 상법은 소수주주의 이사해임의 소를 인정하고 있다(상법 385조 제2항).

(2) 소수주주의 이사해임의 소의 요건

1) 제소권자

발행주식총수의 100분의 3 이상에 해당하는 주식을 가진 주주가 제소권을 가진다(상법 제385조 제2항). 만약 주주 1인으로서 이 요건을 갖추지 못하는 때에는 2인 이상의 자가 공동원고가 되어서 그 요건을 갖추어 소를 제기할 수 있다.

2) 소의 원인

당해 이사가 그 직무에 관하여 부정행위 또는 법령이나 정관에 위반한 중대한 사실이 있음에도 불구하고 주주총회에서 그 해임을 부결한 경우이어야 한다(상법 385조 제2항). 이 경우 '부정행위'는 이사가 회사에 대한 충실의무를 위반하여 회사에 손해를 생기게 하는 고의의 행위를 뜻하며, '부결'은 해임의 의안을 적극적으로 부결한 경우는 물론이고 주주총회의 유회와 같이 해임을 가결치 아니한 경우까지도 포함한다. 만약 고의적인 유회로 인한 부결을 소의 원인으로부터 제외시킨다면 법령위반행위를 한 이사를 지지하는 다수주주가 지위를 남용하여 주주총회의 불출석 혹은 해임의안의 불상정 등의 방법으로 이사해임의 소를 저지하는 문제가 발생할 수 있다. 이러한 맥락에서 대상판결의 원심이 피고가 경업금지의무를 위반하였음에도 불구하고 주주총회의 유회로 인하여 결과적으로 그 해임이 부결된 경우에도 이사해임의 소를 제기할 수 있다고 판시한 것은 정당하다.

(권재열)

70

자기거래에 관한 이사회의 사후 승인의 유효성

대법원 2023.6.29. 선고 2021다291712 판결

Ⅰ. 판결개요

1. 사실관계

원고는 주주이자 창업주의 셋째 아들로서 창업주 사망 전 甲 회사(이하 '회사')의 사내이사로 재직하다가 2014. 10.경 해임되었고, 피고는 창업주의 둘째 며느리로서 2015. 11.경 회사의 대표이사로 취임하였다.

원고와 대표이사는 회사 창업주가 2014. 7. 11. 사망한 후 회사 경영 등에 관해 다툼을 벌여왔다. 회사 대표이사는 2016년부터 2017년 사이에 회사의 15.87%의 주식을 보유한 그의 딸에게 회사 소유 부동산들을 매각하고 소유권이전등기를 경료하였다. 회사의 이사회는 2016. 11. 4. 그 거래를 승인하였으나, 이익상반거래로서 공정한 거래인지 여부에 대한 고려 없이 통상적 거래로서 승인이 이루어졌다. 한편, 회사의 이사회는 2021. 8. 17. 위 부동산들에 관한 매매계약을 추인하는 결의를 하였다.

회사의 주주인 원고는 2021. 8. 17. 위 매매계약은 자기거래에 관한 적법한 이사회 승인이 없었으므로 무효라고 주장하고, 그 거래를 한 회사의 대표이사는 회사에 대해 손해배상책임이 있다고 주장하면서 그 대표이사를 상대로 대표소송을 제기하였다. 이에 피고 대표이사는 부동산 거래에 대한 이사회의 적법한 승인 또는 추인이 이루어졌다고 주장하였다.

2. 판결요지

상법 제398조의 문언 내용을 입법 취지[1]와 개정 연혁[2] 등에 비추어 보면, 이사

---

1) 이사 등이 자기 또는 제3자의 계산으로 회사와 거래를 하는 경우 미리 이사회에서 해당 거래에 관한

등이 자기 또는 제3자의 계산으로 회사와 유효하게 거래를 하기 위하여는 미리 상법 제398조에서 정한 이사회 승인을 받아야 하므로 사전에 상법 제398조에서 정한 이사회 승인을 받지 않았다면 특별한 사정이 없는 한 그 거래는 무효라고 보아야 하고, 사후에 그 거래행위에 대하여 이사회 승인을 받았다고 하더라도 특별한 사정이 없는 한 무효인 거래행위가 유효로 되는 것은 아니다.

나아가 상법 제398조는 이사 등이 회사와의 거래에 관하여 이사회 승인을 받기 위하여는 이사회에서 해당 거래에 관한 중요사실을 밝히도록 정하고 있으므로, 만일 이러한 사항들을 밝히지 아니한 채 그 거래가 이익상반거래로서 공정한 것인지에 관한 심의가 이루어진 것이 아니라 통상의 거래로서 이를 허용하는 이사회의 결의가 이루어진 것에 불과한 경우 등에는 이사회 승인이 있다고 할 수 없다.

3. 관련판례

(1) 대법원 2020.7.9. 선고 2019다205398 판결

상법 제398조는 이사 등이 그 지위를 이용하여 회사와 거래를 함으로써 자기 또는 제3자의 이익을 도모하고 회사와 주주에게 예기치 못한 손해를 끼치는 것을 방지하기 위한 것으로, 이사와 지배주주 등의 사익추구에 대한 통제력을 강화하고자 적용대상을 이사 외의 주요주주 등에게까지 확대하고 이사회 승인을 위한 결의요건도 가중하여 정하였다. 다만 상법 제383조에서 2인 이하의 이사만을 둔 소규모회사의 경우 이사회의 승인을 주주총회의 승인으로 대신하도록 하였다. 이 규정을 해석・적용하는 과정에서 이사 등의 자기거래를 제한하려는 입법 취지가 몰각되지 않도록 해야 한다. 일반적으로 주식회사에서 주주총회의 의결정족수를 충족하는 주식을 가진 주주들이 동의하거나 승인하였다는 사정만으로 주주총회에서 그러한 내용의 주주총회 결의가 있는 것과 마찬가지라고 볼 수 없다. 따라서 자본금 총액이 10억 원 미만으로 이사가 1명 또는 2명인 회사의 이사가 자기 또는 제3자의 계산으로 회사와 거래를 하기 전에 주주총회에서 해당 거래에 관한 중요사실을 밝히고 주주총회의 승인을 받

중요사실을 밝히고 이사회의 승인을 받도록 상법 제398조의 입법취지는 이사 등과 회사 사이에 이익상반거래가 비밀리에 행해지는 것을 방지하고 이사회의 직무감독권 행사를 통하여 이사 등과 회사 사이에 이루어지는 거래의 공정성을 확보함으로써, 이사 등이 회사와의 거래를 통하여 자기 또는 제3자의 이익을 도모하고 회사와 주주에게 예기치 못한 손해를 입히는 것을 방지하기 위함이다.

2) 상법 제398조는 이사 등의 사익추구 행위에 대한 통제력을 강화하기 위해 적용대상을 주요주주 등에까지 확대하였고, '미리' 중요 사실을 밝히고 이사회의 승인을 받을 것을 명시하였으며, 이사회 승인을 위한 결의요건을 가중하였을 뿐만 아니라, 거래의 내용과 절차가 공정하여야 한다고 규정하였다.

지 않았다면, 특별한 사정이 없는 한 그 거래는 무효라고 보아야 한다.

(2) 대법원 2017.9.12. 선고 2015다70044 판결

구 상법(2011. 4. 14. 법률 제10600호로 개정되기 전의 것) 제398조에 의하면 “이사는 이사회의 승인이 있는 때에 한하여 자기 또는 제삼자의 계산으로 회사와 거래를 할 수 있다.”라고 규정하고 있다. 여기서 이사회의 승인이 필요한 이사와 회사의 거래에는 이사가 거래의 상대방이 되는 경우뿐만 아니라 상대방의 대리인이나 대표자로서 회사와 거래를 하는 경우와 같이 특별한 사정이 없는 한 회사와 이사 사이에 이해충돌의 염려 내지 회사에 불이익을 생기게 할 염려가 있는 거래도 해당된다. 이러한 이사의 거래에 이사회의 승인을 요하는 이유는 이사와 회사 사이의 이익상반거래가 비밀리에 행해지는 것을 방지하고 그 거래의 공정성을 확보함과 아울러 이사회에 의한 적정한 직무감독권의 행사를 보장하기 위해서이다. 따라서 그 거래와 관련된 이사는 이사회의 승인을 받기에 앞서 이사회에 그 거래에 관한 자기의 이해관계 및 그 거래에 관한 중요한 사실들을 개시하여야 할 의무가 있다.

(3) 대법원 2007.5.10. 선고 2005다4284 판결

구 상법 제398조가 규정하는 이사회의 승인은 이사와 회사 사이의 이익상반거래에 대하여 이사회의 사전 승인만을 규정하고 사후 승인을 배제하고 있다고 볼 수는 없다. 사후 승인에 관한 법적 근거는 이사회의 승인을 얻은 경우 민법 제124조의 적용을 배제하도록 규정한 구 상법 제398조 후문의 반대해석상 이사회의 승인을 얻지 아니하고 회사와 거래를 한 이사의 행위는 일종의 무권대리인의 행위로 볼 수 있고 무권대리인의 행위에 대하여 추인이 가능하기 때문이다.

이사와 회사 사이의 이익상반거래에 관한 공정성을 확보하고 아울러 이사회에 의한 적정한 직무감독권의 행사를 보장하기 위해서는 그 거래와 관련된 이사는 이사회의 승인을 받기에 앞서 이사회에 그 거래에 관한 자기의 이해관계 및 그 거래에 관한 중요한 사실들을 개시하여야 한다. 만일 이러한 사항들이 이사회에 개시되지 아니한 채 그 거래가 이익상반거래로서 공정한 것인지 여부가 심의된 것이 아닌 경우에는 구 상법 제398조 전문이 규정하는 이사회의 승인이 있다고 할 수 없다.

이사와 회사 사이의 이익상반거래에 대한 승인은 주주 전원의 동의가 있는 등 특별한 사정이 없는 한 이사회의 전결사항이므로, 이사회의 승인을 받지 못한 이익상반거래에 대하여 승인 권한이 없는 주주총회에서 사후적으로 추인 결의를 하였다 하여

그 거래가 유효하게 될 수는 없다.

Ⅱ. 판결의 평석

1. 판결의 의미

종래 대법원판결은[3] 이사회의 승인을 얻지 아니한 이사의 자기거래에 대해 사후 승인을 인정하였으나, 2011년 '미리' 이사회의 승인을 얻도록 상법 제398조의 개정이 이루어진 후 사후 추인은 허용되지 않는다고 해석되었다.

대상판결은 개정 상법의 취지에 따라 이사 등이 회사와 자기거래를 하면서 사전에 이사회 승인을 받지 않은 경우 사후에 그 거래행위에 대하여 이사회 승인을 받더라도 무효인 거래행위가 유효로 되는 것은 아니라는 점을 명시한 판결로서 의미가 있다.

한편, 대상판결은 이사 등의 자기거래에 대한 이사회 승인이 유효한 승인이 되기 위해서는 이사 등이 회사와의 거래에 관한 중요사실을 밝혀야 하고, 이를 밝히지 아니한 채 통상의 거래로서 이사회의 결의가 이루어진 경우 상법 제398조에서 정한 유효한 이사회 승인으로 볼 수 없다는 종전 대법원의 입장을 재확인하고 있다.

2. 이사의 자기거래와 이사회의 승인

상법 제398조는 "이사 등(주요주주, 특수관계자)에 해당하는 자가 자기 또는 제3자의 계산으로 회사와 거래를 하기 위하여는 미리 이사회에서 해당 거래에 관한 중요사실을 밝히고 이사회의 승인을 받아야 한다. 이러한 경우 그 거래의 내용과 절차는 공정하여야 한다."라고 규정하여 이사회의 승인 없이 이사 등이 회사와 거래하는 것을 금지하고 있다. 2011 개정 상법은 이사뿐만 아니라 주요주주, 이사와 주요주주와 일정한 관계에 있는 자(특수관계인)를 금지의 범위에 포함시켰다.

상법은 이사 등이 '자기 또는 제3자의 계산으로' 회사와 거래하는 것을 금지하고 거래의 명의 여부는 불문한다. 그러므로 이사 등이 계약의 당사자가 되어 자기 또는

3) 대법원 2007.5.10. 선고 2005다4284 판결(이사회의 승인을 얻지 아니하고 회사와 거래를 한 이사의 행위는 일종의 무권대리인의 행위로 볼 수 있고 무권대리인의 행위에 대하여 추인이 가능한 점에 비추어 보면, 상법 제398조 전문이 이사와 회사 사이의 이익상반거래에 대하여 이사회의 사전 승인만을 규정하고 사후 승인을 배제하고 있다고 볼 수는 없다.)

제3자의 이익을 위하여 회사와 직접 거래하거나(직접거래), 회사가 제3자와 거래하더라도 그 거래로 인한 이익이 이사 등에게 귀속되는 경우(간접거래) 모두 자기거래에 해당하는 것으로 볼 수 있다(통설). 한편, 대표이사(또는 이사)가 다른 회사의 이사를 겸임하는 경우 두 회사 간의 거래(직접거래)와 어느 일방 회사가 다른 일방 회사의 이익을 위하여 제3자와 거래하는 경우(간접거래) 모두 자기거래에 해당하는 것으로 볼 수 있다.

이사 등과 회사 간의 이해충돌이 생길 염려가 있는 재산상 거래라도 이사회의 승인을 얻은 경우라면 유효하다(제398조, 제408조의9). 승인기관은 원칙상 이사회이다. 다만, 판례는 정관으로 자기거래의 승인을 주주총회의 권한으로 정한 경우 그 정관 규정의 유효성을 인정한 바 있고,[4] 이사회의 승인이 없었더라도 사전에 주주 전원의 동의가 있었다면 자기거래는 유효하다고 판시한 바 있다.[5] 자기거래를 승인하는 이사회결의에서 거래와 관련된 이사는 특별이해관계인으로서 의결권을 행사하지 못한다(제391조 제3항). 한편, 자본금 총액이 10억 원 미만으로 2인 이하의 이사만을 둔 소규모회사의 경우 주주총회의 결의로 갈음할 수 있다(제383조 제4항).

회사와 거래하고자 하는 이사는 사전에 이사회의 승인을 얻어야 하며, 이때 이사회에서 해당 거래에 관한 중요사실을 밝혀야 한다. 2011년 상법 개정을 통하여 '미리' 이사회의 승인을 받도록 명문의 규정을 두었기 때문에 현행법상 사전 승인만 가능한 것으로 본다. 따라서 거래한 이후에 사후 승인(추인)을 얻더라도 승인으로서 유효하지 않다고 볼 수 있다.

자기거래의 내용과 절차는 공정해야 하므로 이사회는 승인 결의를 함에 있어서 거래의 내용과 절차의 공정 여부도 고려해야 할 것이다. 이사회의 승인이 있었더라도 거래가 불공정한 경우 자기거래를 한 이사는 회사에 손해배상책임을 지고, 승인을 한 이사들 역시 연대책임을 진다(제398조 제2항).

제398조에 위반하여 이사가 이사회의 승인 없이 한 자기거래행위의 효력에 관하여 상대적 무효설은 거래안전과 회사의 이익 보호의 조화를 꾀하고자 회사와 이사 간(대내적 관계)에는 무효이나 제3자에 대한 관계(대외적 관계)에서는 제3자가 악의 또는 중과실인 경우에 무효로 본다(통설·판례).[6]

---

4) 대법원 2007.5.10. 선고 2005다4284 판결.
5) 대법원 2002.7.12. 선고 2002다20544 판결.
6) 대법원 2004.3.25. 선고 2003다64688 판결.

3. 검 토

2011년 개정 전 상법 제398조의 해석상 자기거래에 대한 이사회의 사후 승인 가능 여부에 대하여 논란이 있었고, 대법원판결은 사후 승인을 추인으로 보아 유효하다고 해석하였다. 그러나 개정 상법 제398조는 "미리 이사회에서 해당 거래에 관한 중요사실을 밝히고 이사회의 승인을 받아야 한다."라고 명시함에 따라 이사회의 승인은 사전 승인만을 의미하고 사후 승인을 얻더라도 승인의 효력이 인정되지는 않는다고 해석하여야 한다.

한편, 개정 상법은 이사회 승인을 받을 때 회사와의 거래에 관한 중요사실을 밝히도록 명시하고 있으며, 이는 이사회의 승인 결의에 있어서 충족되어야 할 조건이므로 이를 위반한 경우 이사회 승인은 자기거래의 승인으로서 유효하다고 볼 수 없다.

대상판결 사안에서 대표이사인 피고의 직계비속이자 지분 15.87%를 보유한 주주 사이에 체결된 매매계약은 상법 제398조가 적용되는 자기거래에 해당하고, 해당 거래에 관한 중요사실을 밝히고 이루어진 결의가 아니어서 거래 이전에 상법 제398조에서 정한 이사회의 승인이 이루어졌다고 볼 수 없고, 이를 추인하는 이사회결의를 하였더라도 사후 승인이나 추인은 허용되지 않으므로, 매매계약은 무효라 할 것이다.

(박인호)

71 신용공여금지에 위반한 행위의 효력

대법원 2021.4.29. 선고 2017다261943 판결

Ⅰ. 판결개요

1. 사실관계

사채업자인 A는 상장회사인 甲주식회사 및 그 주주인 B(甲회사를 장악하고 실제 운영하고 있었으며, 회사 내에서 회장으로 호칭되었다), 대표이사인 C와 사이에서 2012. 11.경 A가 B와 C에게 20억 원을 대여하고 甲회사가 이를 연대보증하며 담보를 제공하는 내용의 금전소비대차 계약(이하 '이 사건 금전소비대차 계약'이라 한다)을 체결하였다. B는 이 사건 금전소비대차 계약에 근거하여 A로부터 받은 돈 중 5억 원을 甲회사에 대여하였고, A는 2012. 12. 28.경 甲회사로부터 이 사건 금전소비대차 계약 관련 담보의 명목으로 甲회사가 乙주식회사에 대하여 가지는 물품대금 채권(이하 '이 사건 채권'이라 한다)을 양도받았다(이하 '이 사건 채권양도'라 한다). A의 이 사건 채권양도에 관한 통지는 2013. 5. 13.에 乙회사에 도달하였다.

한편, 甲회사의 채권자인 X와 Y는 이 사건 채권에 대하여 각 가압류결정을 받았는데, X의 가압류결정 정본은 2013. 4. 17.에, Y의 가압류결정 정본은 2013. 5. 22.에 乙회사에 각 도달하였다. 乙회사는 압류의 경합 등을 이유로 이 사건 채권액을 공탁하였고, 이후 배당절차 사건에서 X에게 102,856,383원을, Y에게 283,804,806원을 각 배당하는 내용의 배당표가 작성되었다. X는 이 사건 채권이 A에게 양도된 후 Y가 가압류하였으므로, Y의 가압류는 부적법하여 Y에게 배당하여서는 아니된다고 주장하며 배당이의의 소를 제기하였다. 이에 대해 Y는 이 사건 채권양도는 상법 제542조의9 제1항을 위반하여 무효이므로 그 후 이루어진 Y의 이 사건 채권에 대한 가압류는 유효하다고 주장하였다. 이 사건의 원심과 대법원 모두 X의 청구를 기각하였다.

주된 쟁점은 상법 제542조의9 제1항을 위반한 신용공여의 효력이다.

2. 판결요지

대법원은 "상법 제542조의9 제1항의 입법 목적[1]과 내용 위반행위에 대해 형사처벌이 이루어지는 점[2] 등을 살펴보면, 위 조항은 강행규정에 해당하므로 위 조항에 위반하여 이루어진 신용공여는 허용될 수 없는 것으로서 사법상 무효이고, 누구나 그 무효를 주장할 수 있다."고 하면서 "위 조항의 문언상 상법 제542조의9 제1항을 위반하여 이루어진 신용공여는, 상법 제398조가 규율하는 이사의 자기거래와 달리, 이사회의 승인 유무와 관계없이 금지되는 것이므로, 이사회의 사전 승인이나 사후 추인이 있어도 유효로 될 수 없다."고 판단하였다. 다만 "상법 제542조의9는 제1항에서 신용공여를 원칙적으로 금지하면서도 제2항에서는 일부 신용공여를 허용하고 있는데, 회사의 외부에 있는 제3자로서는 구체적 사안에서 어떠한 신용공여가 금지대상인지 여부를 알거나 판단하기 어려운 경우가 생길 수 있으며, 상장회사와의 상거래가 빈번한 거래현실을 감안하면 제3자로 하여금 상장회사와 거래를 할 때마다 일일이 상법 제542조의9 위반 여부를 조사·확인할 의무를 부담시키는 것은 상거래의 신속성이나 거래의 안전을 해치므로, 상법 제542조의9 제1항을 위반한 신용공여라고 하더라도 제3자가 그에 대해 알지 못하였고 알지 못한 데에 중대한 과실이 없는 경우에는 그 제3자에 대하여는 무효를 주장할 수 없다고 보아야 한다."고 설시하였다.

3. 관련판례: 생략

---

1) 구체적으로 대법원은 '주요주주 등이 주식회사의 경영에 상당한 영향력을 행사할 수 있다는 점을 고려할 때, 회사가 주요주주 등에게 신용공여를 할 경우 회사의 재무건전성을 저해하고 일반주주나 채권자 등의 이익을 침해하는 결과가 초래될 우려가 높을 뿐만 아니라, 경우에 따라서는 이를 은폐하기 위하여 비정상적인 회계처리를 감행할 가능성도 커지게 되며, 특히 다양한 이해관계자가 존재하는 상장회사의 경우 회계·경영 관련 건전성에 대한 요구가 비상장회사에 비해 높으므로, 회사의 이익을 보호할 뿐 아니라 주식시장의 건전성 및 투자자 보호에 기여하고자' 도입한 것이라고 설명하였다.

2) 이 규정을 위반하여 신용공여를 한 자에 대하여 5년 이하의 징역 또는 2억 원 이하의 벌금에 처하도록 하고(상법 제624조의2), 회사에 대한 양벌규정도 두고 있다(상법 제634조의3).

Ⅱ. 판결의 평석

1. 대상판결의 의의

대상판결은 상법 제542조의9 제1항에 위반한 신용공여행위의 사법상 효력에 대한 최초의 대법원 판결로서 위법한 신용공여의 효력을 상세히 정리한 점에서 그 의의가 크다.

2. 상장회사의 신용공여행위에 관한 규제와 그 위반의 효력

상법은 상장회사에 대한 특칙으로 상장회사가 그 주요주주 등을 상대방으로 하거나 그를 위하여 신용공여를 하는 것을 금지하되(제542조의9 제1항), 예외적으로 회사의 경영건전성을 해칠 우려가 없는 경우에는 일부 허용한다(제542조의9 제2항, 시행령 제35조 제3항). 여기서 신용공여는 재산의 대여, 채무이행의 보증, 자금지원적 성격의 증권 매입, 기타 신용위험이 따르는 직, 간접적 거래로서 상법 시행령이 정하는 거래를 말한다(상법 시행령 제35조 참조). 이러한 상법 규정을 위반한 거래의 효력에 대하여 종래 유효설(위 규정은 단속규정에 불과하다는 입장), 상대적 무효설(위 규정이 효력규정이기는 하나 선의, 무중과실인 제3자에게 그 무효를 주장할 수는 없다는 입장), 절대적 무효설(선의, 무중과실인 제3자에게도 무효를 주장할 수 있다는 입장)의 견해 대립이 있어 왔다. 대법원은 대상판결을 통해 상대적 무효설의 입장을 취하였다. 즉, 위 규정은 그 입법목적, 그 위반에 대한 형사처벌규정 등을 고려할 때 효력규정으로서 이를 위반한 거래는 무효라고 보아야 할 것이나 상거래의 신속성 및 거래의 안정성을 고려하여 선의, 무중과실인 제3자에게는 그 무효를 주장할 수 없다고 보았다. 이 사건에서 甲회사는 주요주주 등에 해당하는 B와 C를 위하여 이들이 A에 대해 부담하는 대여금반환채무를 연대보증하고, 나아가 이를 담보하기 위해 이 사건 채권을 A에게 양도한 것이므로 이는 상법상 신용공여 금지 규정에 위반한 거래에 해당한다고 할 것이다. 대법원은, 이 사건 거래의 제반사정을 고려할 때 A는 이 사건 채권양도가 위 상법 규정에 따라 금지되는 신용공여에 해당한다는 사실을 알았다고 봄이 상당하고, 설혹 A가 이를 몰랐다고 하더라도 조금만 주의를 기울였더라면 알 수 있었을 것이라고 보아 A에게 중대한 과실이 있다고 판단하면서, 따라서 이 사건 채권양도는 위 상법상 신용공여 금지 규정에 위반하여 이루어진 것으로서 앞서 본 상대적 무효설의 입장에 따르더라도 이는 무효라고 보았다.

다음으로, 대법원은 위 상법상 신용공여 금지 규정을 위반한 거래는 누구든 그 무효를 주장할 수 있다고 보았다. 이에 따라 이 사건 채권양도의 당사자가 아닌 Y도 그 무효를 주장할 수 있다고 보았다.

3. 상법상 이사 등의 자기거래에 대한 규제와의 관계

상법 제542조의9에 따른 신용공여 금지와 상법 제398조의 자기거래 규제는 이사 및 주요주주 등 회사에 영향력이 있는 자와 회사 사이의 이해상충 상황에 대한 규제라는 점에서 유사하다. 회사가 이사 등에 대하여 신용공여행위를 하는 경우 위 규정 모두에 해당할 수 있다. 그러나 그 회사가 상장회사인 경우에는 상장회사에 관한 특례규정인 제542조의9 제1항이 우선적용된다. 나아가, 대상판결은 다음과 같은 점에서 양자의 차이점을 밝히고 있다.

우선, 상법 제398조는 자기거래에 대하여 미리 이사회의 승인을 받도록 규정하고 있으나 상법 제542조의9는 이사회의 승인에 관계없이 신용공여행위를 원칙적으로 금지하고 있다. 이에 따라 대상판결은 위 상법상 신용공여 금지규정을 위반한 거래는 무효로서 이사회의 사전 승인이나 사후 추인이 있어도 유효로 될 수 없다는 점을 밝히고 있다.

다음으로, 상법 제398조를 위반한 자기거래도 위 상법상 신용공여 금지규정을 위반한 거래의 경우와 마찬가지로 원칙적으로 무효이나 선의, 무중과실인 상대방에 대하여는 그 무효를 주장할 수 없다고 본다(상대적 무효설). 그런데, 상법 제398조는 회사의 이익을 보호하기 위한 것이라는 취지에 비추어 이 규정을 위반한 거래의 무효를 주장할 수 있는 자는 회사에 한정되고 특별한 사정이 없는 한 거래의 상대방이나 제3자는 그 무효를 주장할 이익이 없다고 본다.[3] 반면, 상법상 신용공여 금지규정을 위반한 거래의 경우에는, 앞서 본 바와 같이 누구든 그 무효를 주장할 수 있다고 보고 있다.

(윤은경)

---

3) 대법원 2012.12.27. 선고 2011다67651 판결.

소규모회사에서의 자기거래의 승인

대법원 2020.7.9. 선고 2019다205398 판결

Ⅰ. 판결개요

1. 사실관계

X는 도서, 잡지의 출판 및 판매업 등을 목적으로 하는 회사이고, Y는 신문발행업 등을 목적으로 하는 회사이다. A(원심의 피고 보조참가인)는 2003. 6. 2.부터 2009. 6. 2.까지, 2010. 3. 30.부터 2013. 3. 31.까지 X의 이사로 재직하였고, B는 2011. 12. 6.부터 2014. 3. 28.까지 C(△△경제신문사)의 대표이사로, 2014. 4. 18.부터 2015. 3. 31.까지 Y의 공동대표이사로 각각 재직하였다. A는 X의 이사로 재직하던 2012. 12. 31. X소유의 C 주식 6만 주(이하 '이 사건 주식')를 매매대금 6억 원에 매수하되, 대금 지급일은 2013. 1. 25., 매수인 명의는 B(당시 C의 대표이사)로 정하여 주식양수도 계약을 체결하였다(주식명의신탁). A는 위 매매대금 지급일인 2013. 1. 25. B와 아래와 같은 내용의 주식 명의신탁계약(이하 '이 사건 명의신탁계약')을 체결한 다음, B에게 6억 원을 지급하였고, B는 위 6억 원을 이 사건 주식의 매매대금으로 X에게 지급하였다.

> 제1조(신탁의 목적물) 본 계약은 B가 X로부터 매수하는 이 사건 주식(액면가 6억 원)을 목적물로 한다.
> 제2조(신탁의 방법) A는 B에게 주식 매수자금 6억 원을 제공한다.
> 제3조(신탁재산의 관리) B가 주주로서의 모든 권리의무를 행사하는 경우 A의 의사에 따라야 하고, A의 이익을 위하여 행사하여야 한다. 또한 B가 주주로서 취득한 권리 및 이익은 A에게 귀속한다.

> 제5조(B의 의무) B는 신탁 목적물을 처분하거나 담보로 제공하는 등 일체의 처분행위를 하여서는 아니 된다.

C는 2014. 3. 5. 주주총회를 열어 B가 아닌 D를 새로운 대표이사로 선임하였다. 그 무렵 이 사건 주식에 관하여 발행된 주권(이하 '이 사건 주권')은 C의 회사금고에 보관되어 있었는데, B는 위 주주총회가 열린 날 이 사건 주권을 회사금고에서 꺼내어 가져갔다. Y는 2014. 4. 10. B로부터 이 사건 주식을 대금 10억 5,000만 원에 매수하기로 하는 주식매매계약(이하 '이 사건 주식매매계약')을 체결하고, 같은 날 B에게 10억 5,000만 원을 지급하고 B로부터 이 사건 주권을 인도받았다. X는 A와의 주식양수도계약이 '이사와의 자기거래'로써 상법 제398조의 요건을 갖추지 못해 무효라고 주장하면서 Y를 상대로 주권의 인도를 구하는 이 사건 소송을 제기하였다.

제1심(서울중앙지방법원 2015.12.3. 선고 2015가합532325 판결)은 A가 이 사건 주식을 매수하기 전에 주주총회의 결의를 거치지 않아서 위 주식양수도 계약은 상법상 효력이 없으므로 A는 이 사건 주식을 적법하게 취득한 소유자라고 볼 수 없고, B는 주주명부상 주주명의를 신탁받은 자에게 불과한 무권리자이므로 Y가 B로부터 적법하게 주식을 취득할 수 없으나(승계취득 부정), B가 이 사건 주식의 적법한 소유자가 아니라는 점을 알고 있었다거나, A가 이 사건 주식을 적법하게 취득하고 그로부터 B가 다시 이 사건 주식을 적법하게 취득하였다고 믿은 데에 중대한 과실이 있다고 인정하기 어렵고, 달리 이를 인정할 만한 증거가 없으므로, Y는 이 사건 주권을 선의취득 하였다고 할 것이라 판단하였다. 이에 원심(서울고등법원 2018.12.6. 선고 2016나2003179 판결)은 A가 이 사건 주식을 매수하기 전에 주주총회의 결의를 거치지 않아서 위 주식양수도 계약은 상법상 효력이 없으므로 A는 이 사건 주식을 적법하게 취득한 소유자라고 볼 수 없고, B는 주주명부상 주주명의를 신탁받은 자에게 불과한 무권리자이므로 Y가 B로부터 적법하게 주식을 취득할 수 없으며(승계취득 부정), Y는 이사건 주식매매계약 체결 당시 B가 이 사건 주식의 적법한 소유자가 아니라는 점을 알았거나 알지 못한 데에 중대한 과실이 있다고 보아(선의취득 부정) X의 청구를 인용하였다.[1] X가 승소한 원심판결에 대한 피고 보조참가인인 A의 상고이유 요지는 Y는 X와 A와의 주식양수도계약이 자기거래로서 주주총회의 결의가 없었지만 C가 X의

---

1) 제1심 판결 이후 Y가 C를 상대로 명의개서를 청구한 사안에서 대법원은 Y의 승계취득과 선의취득을 모두 인정하지 않았다(대법원 2018.7.12. 선고 2015다251812 판결).

주식을 65% 보유하고 있고, X가 주식양수도대금을 지급받아 이를 C에게 대여하였으므로 주주총회결의를 거쳤더라도 당연히 주주 3분의 2 이상의 동의를 얻어 이 사건 주식양수도계약이 승인되었을 것이 명백하므로 소규모회사에서의 특별한 사정을 인정해야 한다는 것이다. 대법원은 소규모회사의 경우에는 자기거래 전에 주주총회에서 해당 거래에 관한 중요사실을 밝히고 주주총회의 승인을 받지 않았다면, 특별한 사정이 없는 한 그 거래는 무효이며, 1인 회사가 아닌 경우에는 지배주주 또는 주주총회 의결정족수를 초과하는 주주들이 동의하거나 승인하였다는 사정만으로는 주주총회 결의와 동일시 할 수 없다고 하여 상고를 기각하였다.

2. 판결요지

[1] 상법 제398조는 이사 등이 그 지위를 이용하여 회사와 거래를 함으로써 자기 또는 제3자의 이익을 도모하고 회사와 주주에게 예기치 못한 손해를 끼치는 것을 방지하기 위한 것으로, 이사와 지배주주 등의 사익추구에 대한 통제력을 강화하고자 적용대상을 이사 외의 주요주주 등에게까지 확대하고 이사회 승인을 위한 결의요건도 가중하여 정하였다. 다만 상법 제383조에서 2인 이하의 이사만을 둔 소규모회사의 경우 이사회의 승인을 주주총회의 승인으로 대신하도록 하였다. 이 규정을 해석·적용하는 과정에서 이사 등의 자기거래를 제한하려는 입법 취지가 몰각되지 않도록 해야 한다.

일반적으로 주식회사에서 주주총회의 의결정족수를 충족하는 주식을 가진 주주들이 동의하거나 승인하였다는 사정만으로 주주총회에서 그러한 내용의 주주총회결의가 있는 것과 마찬가지라고 볼 수 없다. 따라서 자본금 총액이 10억원 미만으로 이사가 1명 또는 2명인 회사의 이사가 자기 또는 제3자의 계산으로 회사와 거래를 하기 전에 주주총회에서 해당 거래에 관한 중요사실을 밝히고 주주총회의 승인을 받지 않았다면, 특별한 사정이 없는 한 그 거래는 무효라고 보아야 한다.

[2] 갑 주식회사의 이사 2인 중 1인인 을이 주주총회결의 없이 갑 회사와 주식양수도계약을 체결한 사안에서, 주식양수도계약 체결 당시 을이 대표이사로 있던 병 주식회사가 갑 회사의 주식 65%를 보유하고 있었고, 갑 회사가 을로부터 주식양수도대금을 지급받아 이를 병 회사에 대여하였다는 사실만으로는 주주총회결의가 없는데도 주식양수도계약을 유효로 볼 만한 특별한 사정이 있다고 인정하기 부족하다는 이유로 위 주식양수도계약이 무효라고 본 원심판단이 정당하다고 한 사례.

3. 관련판례

(1) 대법원 2020.6.4. 선고 2016다241515(본소), 2016다241522(반소) 판결

주식회사의 총주식을 한 사람이 소유하는 이른바 1인 회사의 경우에는 그 주주가 유일한 주주로서 주주총회에 출석하면 전원 총회로서 성립하고 그 주주의 의사대로 결의가 될 것이 명백하다. 이러한 이유로 주주총회 소집절차에 하자가 있거나 주주총회의사록이 작성되지 않았더라도, 1인 주주의 의사가 주주총회의 결의내용과 일치한다면 증거에 의하여 그러한 내용의 결의가 있었던 것으로 볼 수 있다. 그러나 이는 주주가 1인인 1인 회사에 한하여 가능한 법리이다. 1인 회사가 아닌 주식회사에서는 특별한 사정이 없는 한, 주주총회의 의결정족수를 충족하는 주식을 가진 주주들이 동의하거나 승인하였다는 사정만으로 주주총회에서 그러한 내용의 결의가 이루어질 것이 명백하다거나 또는 그러한 내용의 주주총회결의가 있었던 것과 마찬가지라고 볼 수는 없다.

(2) 대법원 2004.3.25. 선고 2003다64688 판결

회사의 대표이사가 이사회의 승인 없이 한 이른바 자기거래행위는 회사와 이사 간에서는 무효이지만, 회사가 위 거래가 이사회의 승인을 얻지 못하여 무효라는 것을 제3자에 대하여 주장하기 위해서는 거래의 안전과 선의의 제3자를 보호할 필요상 이사회의 승인을 얻지 못하였다는 것 외에 제3자가 이사회의 승인 없음을 알았다는 사실을 입증하여야 할 것이고, 비록 제3자가 선의였다 하더라도 이를 알지 못한 데 중대한 과실이 있음을 입증한 경우에는 악의인 경우와 마찬가지라고 할 것이며, 이 경우 중대한 과실이라 함은 제3자가 조금만 주의를 기울였더라면 그 거래가 이사와 회사 간의 거래로서 이사회의 승인이 필요하다는 점과 이사회의 승인을 얻지 못하였다는 사정을 알 수 있었음에도 불구하고, 만연히 이사회의 승인을 얻은 것으로 믿는 등 거래통념상 요구되는 주의의무에 현저히 위반하는 것으로서 공평의 관점에서 제3자를 구태여 보호할 필요가 없다고 봄이 상당하다고 인정되는 상태를 말한다.

(3) 대법원 2003.9.26. 선고 2002다65073 판결

회사를 대표할 권한이 없는 표현대표이사가 다른 대표이사의 명칭을 사용하여 어음행위를 한 경우, 회사가 책임을 지는 선의의 제3자의 범위에는 표현대표이사로부터 직접 어음을 취득한 상대방뿐만 아니라, 그로부터 어음을 다시 배서양도받은 제3

취득자도 포함된다.

(4) 대법원 1994.10.11. 선고 94다24626 판결

갑 회사의 대표이사인 을이 그 재직기간 중 수표에 배서함에 있어서 회사의 대표이사의 자격으로 "갑 주식회사, 을"이라고만 기재하고, 그 기명 옆에는 "갑 주식회사 대표이사"라고 조각된 인장을 날인하였다면 그 수표의 회사 명의의 배서는 을이 갑 회사를 대표한다는 뜻이 표시되어 있다고 판단함이 정당하다.

회사의 대표이사가 한 이사회의 승인이 없는 자기거래행위는 회사와 이사 간에는 무효이지만 제3자에 대하여는 그 거래의 무효임을 주장하는 회사가 제3자의 악의를 입증하여야 한다.

(5) 대법원 1969.5.16. 선고 68다1897 판결

피고 회사의 대표이사인 소외 甲이 어음을 발행함에 있어 명의표시와 날인형식의 예에 따라 "피고 회사 甲"이라고 표시하고 등록된 "대표이사 甲印"이라고 된 회사 대표이사 직인을 날인하였다면 피고 회사는 어음상의 의무가 있다 할 것이다.

Ⅱ. 판결의 평석

1. 판결의 의의

대상판결은 소규모회사에서 이사의 자기거래의 경우 그 승인기관과 이사의 자기거래에 대하여 주주총회결의가 필요함에도 이를 거치지 않은 경우 그 흠결을 치유할 수 있는 '특별한 사유'가 존재하는지 여부가 주된 쟁점이다.[2)]

회사와 이사와의 거래를 제한하는 이유는 이사가 그 지위를 이용하여 회사와 직접 거래를 하거나 이사 자신의 이익을 위하여 회사와 제3자 간에 거래를 함으로써 이사 자신의 이익을 도모하고 회사 및 주주에게 손해를 입히는 것을 방지하고자 하는 것이다. 또한 이사회의 승인유무를 불문하고 이사의 자기거래로 인하여 회사에 손해가 발생한 때에는 그 승인결의에 찬성한 이사는 연대하여 손해배상책임을 지게 되므로 회사의 손해에 대한 사후적 구제도 도모하고 있다. 대상판결이 이사회가 구성되

2) 본 사안에 대하여 Y에 대한 선의취득과 승계취득 인정 여부에 대해서는 대법원 2018.7.12. 선고 2015다251812 판결에서 다루고 있으므로 여기서는 다루지 않기로 한다.

지 않는 소규모회사의 경우 이러한 자기거래의 규제를 회피하기 위하여 아무런 승인 절차 없이 이루어진 탈법행위를 방치해서는 안되며 상법상 주주총회의 결의를 얻도록 되어 있으므로 이를 거치지 않으면 무효라고 판단한 것은 정당하다. 다만 이러한 경우 주주총회의 결의요건이 어떠한지 상법상 규정이 존재하지 않으므로 이에 대한 보완이 필요하다.

또한 대상판결은 소규모회사로 실질적으로 주주의 수가 적다하더라도 지배주주 또는 주주총회 의결정족수를 초과하는 주주들이 동의하거나 승인하였다는 사정만으로는 주주총회결의가 있었던 것과 동일하게 보아 하자가 치유되는 특별한 사정으로 볼 수 없다고 판단한 것은 정당하며, 이는 1인 회사가 아닌 주식회사의 경우에는 지배주주 또는 주주총회 의결정족수를 초과하는 주주들이 동의하거나 승인하였다는 사정만으로는 주주총회결의와 동일시 할 수 없다는 것이 기존의 태도를 다시 한번 확인한 것이다.

2. 이사의 자기거래제한

이사 또는 주요주주 등은 자기 또는 제3자의 계산으로 회사와 거래를 하기 위하여는 미리 이사회에서 해당 거래에 관한 중요사실을 밝히고 이사회의 승인을 받아야 하며, 이 경우 이사회의 승인은 (재적)이사 3분의 2 이상의 수로써 하여야 하고, 그 거래의 내용과 절차는 공정하여야 한다(제398조).[3]

이사와 회사 사이의 거래에 관하여 이사회의 승인을 얻도록 규정하고 있는 취지는, 이사가 그 지위를 이용하여 회사와 직접 거래를 하거나 이사 자신의 이익을 위하여 회사와 제3자 간에 거래를 함으로써 이사 자신의 이익을 도모하고 회사 및 주주에게 손해를 입히는 것을 방지하고자 하는 것이다.[4] 상법 제398조에 해당하는 자기거래이기 위해서는 이사 또는 제3자의 거래상대방인 회사는 이사가 직무수행에 관하여 선량한 관리자의 주의의무 또는 충실의무를 부담하는 당해 회사이어야 한다.[5] 자

3) 2011년 개정법에서는 자기거래제한의 적용대상을 이사 및 주요주주, 그 가족 및 출자회사 등으로 확대하였고, 그 결의요건을 3분의 2 이상의 수로 가중하였다.

4) 상법 제398조 전문이 이사와 회사 사이의 거래에 관하여 이사회의 승인을 얻도록 규정하고 있는 취지는, 이사가 그 지위를 이용하여 회사와 직접 거래를 하거나 이사 자신의 이익을 위하여 회사와 제3자 간에 거래를 함으로써 이사 자신의 이익을 도모하고 회사 및 주주에게 손해를 입히는 것을 방지하고자 하는 것이므로, 이사와 회사 사이의 거래라고 하더라도 양자 사이의 이해가 상반되지 않고 회사에 불이익을 초래할 우려가 없는 때에는 이사회의 승인을 얻을 필요가 없다(대법원 2010.3.11. 선고 2007다71271 판결).

5) 구 상법(2011. 4. 14. 법률 제10600호로 개정되기 전의 것, 이하 '구 상법'이라 한다) 제398조가 회사와 이사 간의 거래에 대하여 이사회의 승인을 받도록 정한 것은 이사가 그 지위를 이용하여 회사와 직접 거래를 하거나 이사 자신의 이익을 위하여 회사와 제3자 간에 거래를 함으로써 이사 자신의 이익을 도모하고 회사

기거래에 대한 승인은 주주전원의 동의가 있는 경우[6] 또는 정관에서 주주총회의 권한사항으로 정한 경우[7] 외에는 이사회의 전결사항이다.

제한되는 거래의 범위에 대해서는 제한이 없다. 제한되는 거래는 재산상의 거래행위를 말하는 것으로서 유상행위는 물론 이사의 채무를 면제하는 것과 같은 단독행위도 포함되며, 이사와 회사 간에 직접 성립하는 이해상반하는 행위뿐만 아니라(직접거래), 이사 개인에게는 이익이 되고 회사에 불이익을 주는 행위(간접거래)도 포함된다. 신주나 사채발행과 같은 자본거래에 대하여 학설은 과거에는 자기거래에 해당되지 않는다고 하였으나, 최근에는 포함되어야 한다는 견해가 나오고 있다. 사안의 경우에는 회사가 소유하고 있는 다른 회사의 주식을 거래하는 것이므로 직접거래에 해당한다.

1인 주주인 회사에서 이사인 1인 주주가 회사와 거래하는 경우 이사회의 승인이 필요한지에 대하여 1인 주주라 하더라도 회사와 이해관계가 일치할 수 없다는 전제에서 이사회의 승인을 요한다는 견해(승인필요설)가 다수설이나, 직접적 판례는 아니지만, 자기거래에 대하여 사전에 수인의 주주 전원의 동의가 있었던 사안에서, 제398조의 취지는 회사 및 주주에게 예기치 못한 손해를 끼치는 것을 방지함에 있기 때문에 주주 전원의 동의가 있었다면 이사회의 승인을 얻지 않아도 무방하다고 본 것[8]으로 보아 판례는 승인불요설을 취하고 있다고 볼 수 있다.

또는 주주에게 손해를 입히는 것을 방지하고자 하는 것이므로, 위 규정이 적용되기 위하여는 이사 또는 제3자의 거래상대방이 이사가 직무수행에 관하여 선량한 관리자의 주의의무 또는 충실의무를 부담하는 당해 회사이어야 한다. 한편 자회사가 모회사의 이사와 거래를 한 경우에는 설령 모회사가 자회사의 주식 전부를 소유하고 있더라도 모회사와 자회사는 상법상 별개의 법인격을 가진 회사이고, 그 거래로 인한 불이익이 있더라도 그것은 자회사에게 돌아갈 뿐 모회사는 간접적인 영향을 받는 데 지나지 아니하므로, 자회사의 거래를 곧바로 모회사의 거래와 동일하게 볼 수는 없다. 따라서 모회사의 이사와 자회사의 거래는 모회사와의 관계에서 구 상법 제398조가 규율하는 거래에 해당하지 아니하고, 모회사의 이사는 그 거래에 관하여 모회사 이사회의 승인을 받아야 하는 것이 아니다(대법원 2013.9.12. 선고 2011다57869 판결).

6) 회사의 채무부담행위가 상법 제398조 소정의 이사의 자기거래에 해당하여 이사회의 승인을 요한다고 할지라도, 위 규정의 취지가 회사 및 주주에게 예기치 못한 손해를 끼치는 것을 방지함에 있다고 할 것이므로, 그 채무부담행위에 대하여 사전에 주주 전원의 동의가 있었다면 회사는 이사회의 승인이 없었음을 이유로 그 책임을 회피할 수 없다(대법원 2002.7.12. 선고 2002다20544 판결; 同旨: 대법원 1992.3.31. 선고 91다16310 판결).

7) 이사와 회사 사이의 이익상반거래에 대한 승인은 주주 전원의 동의가 있다거나 그 승인이 정관에 주주총회의 권한사항으로 정해져 있다는 등의 특별한 사정이 없는 한 이사회의 전결사항이라 할 것이므로, 이사회의 승인을 받지 못한 이익상반거래에 대하여 아무런 승인 권한이 없는 주주총회에서 사후적으로 추인 결의를 하였다 하여 그 거래가 유효하게 될 수는 없다(대법원 2007.5.10. 선고 2005다4284 판결).

8) 회사의 이사에 대한 채무부담행위가 상법 제398조 소정의 이사의 자기거래에 해당하여 이사회의 승인을 요한다고 할지라도, 위 규정의 취지가 회사 및 주주에게 예기치 못한 손해를 끼치는 것을 방지함에 있다고 할 것이므로, 그 채무부담행위에 대하여 사전에 주주 전원의 동의가 있었다면 회사는 이사회의 승인이 없었음을 이유로 그 책임을 회피할 수 없다(대법원 1992.3.31. 선고 91다16310 판결).

3. 소규모회사의 특례와 자기거래승인

자본금이 10억원 미만인 소규모회사는 이사를 1인 또는 2인으로 할 수 있다(제383조 제1항 단서). 영세한 기업이 기업조직의 유지관리비용을 절감할 수 있도록 특별규정을 둔 것이다. 이사를 1인으로 한 때에는 당연히 이사회가 구성되지 않고, 이사가 2인인 경우에도 이사회를 두지 않는다. 이사회가 없으므로 상법상 이사회의 권한은 그 남용이 우려되는 것은 주주총회의 권한으로 하고, 그 외에는 이사가 단독으로 결정하도록 하고 있다.

상법상 이사회의 권한이 소규모회사에서 주주총회의 권한으로 되는 경우는 주식양도제한의 승인(제302조 제2항 제5호의2, 제317조 제2항 제3호의2, 제335조 제1항 단서 및 제2항, 제335조의2 제1항 · 제3항, 제335조의3 제1항 · 제2항, 제335조의7 제1항, 제356조 제6호의2), 주식매수선택권 부여의 취소(제340조의3 제1항 제5호), 이사의 경업승인(제397조 제1항 · 제2항), 회사의 기회 및 자산의 유용의 승인(제397조의2 제1항), 자기거래의 승인(제398조), 신주발행의 결정(제416조 본문), 무액면주식을 발행하는 경우 자본금 계상결정(제451조 제2항), 준비금의 자본금 전입 결정(제461조 제1항 본문 및 제3항), 중간배당의 결정(제462조의3 제1항), 이익배당의 지급결정(제464조의2 제1항), 사채의 발행결정(제469조), 전환사채의 발행 결정(제513조 제2항 본문) 및 신주인수권부사채의 발행 결정(제516조의2 제2항 본문) 등이다(제383조 제4항). 이 경우 그 결의요건에 대하여는 별도의 규정을 두고 있지 않다.

상법상 이사회의 권한이 소규모회사에서 각 이사(정관에 따라 대표이사를 정한 경우에는 그 대표이사를 말한다)의 권한으로 되는 경우는 회사대표, 자기주식의 소각 결정(제343조 제1항 단서), 전환주식의 전환의 통지(제346조 제3항), 주주총회의 소집의 결정(제362조), 주주제안권의 처리(제363조의2 제3항), 소수주주에 의한 주주총회 소집청구의 처리(제366조 제1항), 전자적 방법에 의한 의결권의 행사 결정(제368조의4 제1항), 중요한 자산의 처분 및 양도 등의 결정(제393조 제1항), 감사에 의한 주주총회 소집청구의 처리(제412조의3 제1항) 및 중간배당의 결정(제462조의3 제1항) 등이다(제383조 제6항).

소규모회사의 경우 자기거래의 승인은 주주총회에서 하여야 한다(제383조 제4항). 따라서 소규모회사의 경우에도 일반회사와 마찬가지로 이사 또는 주요주주 등은 자기 또는 제3자의 계산으로 회사와 거래를 하기 위하여는 미리 주주총회에서 해당 거래에 관한 중요사실을 밝히고 주주총회의 승인을 받아야 하며, 그 거래의 내용과 절차는 공정하여야 한다(제398조). 이 경우 상법에서는 그 결의요건을 규정하고 있지 않으므로 주주총회의 결의를 어떠한 방법으로 하여야 할지가 문제된다. 이에 대하여 제398조가 재적이사의 3분의 2 이상의 승인을 요구하고 있으므로 발행주식총수의 3분의 2 이상의 수의 결의가 필요하다는 견해, 개정상법이 이사회의 승인요건을 강화한 입법취지를 고려하여 특별결의가 필요하다는 견해, 명문규정이 없는 이상 보통결의로 족하다는 견해(다수설) 등이 있다.

당사자인 이사가 주주인 경우에는 특별이해관계인이 되므로 주주총회결의시 의결권이 제한되며, 발행주식총수에도 산입되지 않는다.

해당 판결에서는 이사가 회사로부터 다른 회사의 주식을 양수하는 경우로 자기거래에 해당하고 소규모회사의 경우 주주총회의 승인을 거쳐야 함에도 이를 거치지 않았으므로 무효라고 하였다.

4. 주주총회의 결의가 없었다는 하자가 치유되는지

판례는 1인 회사의 경우에는 그 주주가 유일한 주주로서 주주총회에 출석하면 전원 총회로서 성립하고 그 주주의 의사대로 결의가 될 것임이 명백하므로 따로이 총회소집절차가 필요없고 실제로 총회를 개최한 사실이 없었다 하더라도 그 1인 주주에 의하여 의결이 있었던 것으로 주주총회의사록이 작성되었다면 특별한 사정이 없는 한 그 내용의 결의가 있었던 것으로 볼 수 있다고 하여 하자의 치유를 인정하고 있다.[9] 그러나 실질적으로 주식소유가 분산되어 있는 경우에는 설사 1인이 총 주식의 대다수를 가지고 있고 그 지배주주에 의하여 의결이 있었던 것으로 주주총회 의사록이 작성되어 있다 하더라도 도저히 그 결의가 존재한다고 볼 수 없을 정도로 중대한 하자가 있는 때에 해당하여 그 주주총회의 결의는 부존재하다고 보고 있다.[10] 즉 이러한 하지의 치유는 1인 회사에 한해서만 가능하며,[11] 지배주주 또는 주주총회 의결정족수를 초과하는 주주들이 동의하거나 승인하였다는 사정만으로는 주주총회 결의가 있었던 것과 동일하게 볼 수 없다.

대상판결은 주식양수도계약 체결 당시 Y가 X의 주식 65%를 보유하고 있었고, X가 주식양수도대금을 지급받아 이를 Y에게 대여하였다는 사실만으로는 주주총회 결

9) 대법원 1976.4.13. 선고 74다1755 판결; 대법원 1992.6.23. 선고 91다19500 판결; 대법원 1993.6.11. 선고 93다8702 판결; 대법원 2004.12.10. 선고 2004다25123 판결; 대법원 2014.1.23. 선고 2013다56839 판결.
10) 대법원 2007.2.22. 선고 2005다73020 판결.
11) 대법원 2020.6.4. 선고 2016다241515,241522 판결.

의가 없는데도 주식양수도계약을 유효로 볼 만한 특별한 사정이 있다고 인정하기 부족하다고 판단하였다.

(박수영)

73

자기거래의 무효를 주장할 수 있는 자

대법원 2012.12.27. 선고 2011다67651 판결

Ⅰ. 판결개요

1. 사실관계

X주식회사와 그 이사인 A 및 B가 2005. 5. 16. 항암제를 연구개발하고 이를 상용화하며 위 연구과정에서 발생하는 모든 성과물에 대한 권리의무 관계를 명확히 하기 위하여 그 성과물을 X회사·A·B가 공유하고, A와 B는 성과물의 실시를 제3자에게 라이선스 하는 등 성과물을 처분할 수 있는 권한을 X회사에게 위임한다는 내용의 특허공유계약을 체결하였다.

X회사는 2005. 12. 15. C와 사이에, C에게 성과물에 관한 모든 권리를 양도하는 대신 C로부터 로열티를 지급받고, C는 성과물에 기한 각국의 임상실험, 개량발명에 관한 연구를 진행하는 내용의 개발양도계약을 체결하였다. 이에 따라 C는 특허권등록지분이전등록절차와 출원인명의변경절차의 이행을 청구하였다.

그런데 B는 위 특허공유계약은 X회사의 자산에 속하는 성과물에 대한 지분을 X회사의 이사인 A에게 양도하는 것으로 이사와 회사 사이의 자기거래에 속하는데 그에 관하여 X회사 이사회의 승인이 없었으므로 특허공유계약은 무효라고 주장한다. X회사 이사회의 결의 없이 특허공유계약이 체결되었음을 C가 알았거나 알 수 있었다고 인정할 증거가 없다.

2. 판결요지

상법 제398조가 이사와 회사 사이의 거래에 관하여 이사회의 승인을 얻도록 한 취지는, 이사가 그 지위를 이용하여 회사와 직접 거래를 하거나 이사 자신의 이익을

위하여 회사와 제3자 사이의 거래를 함으로써 이사 자신의 이익을 도모하고 회사 및 주주에게 손해를 입히는 것을 방지하고자 하는 것이다.

이러한 취지에 비추어 이사와 회사 사이의 거래가 상법 제398조를 위반하였음을 이유로 무효임을 주장할 수 있는 자는 회사에 한정되고 특별한 사정이 없는 한 거래의 상대방이나 제3자는 그 무효를 주장할 이익이 없다고 보아야 하므로, 거래의 상대방인 당해 이사 스스로가 위 규정 위반을 내세워 그 거래의 무효를 주장하는 것은 허용되지 않는다.

3. 관련판례

(1) 대법원 1973.10.31. 선고 73다954 판결

회사 이외의 제3자와 이사가 회사를 대표하여 자기를 위하여 거래를 한 경우에는 거래의 안전상 회사는 그 거래에 대한 이사회의 승인을 안 받은 것 외에 상대방인 제3자가 악의(이사회의 승인 없음을 안 것)라는 것을 주장·입증하지 않으면 그 무효를 그 제3자에게 주장할 수 없다.

(2) 대법원 2010.3.11. 선고 2007다71271 판결

상법 제398조 전문의 적용에 있어서, 이사와 회사 사이의 거래라고 하더라도 양자 사이의 이해가 상반되지 않고 회사에 불이익을 초래할 우려가 없는 때에는 이사회의 승인을 얻을 필요가 없다.

Ⅱ. 판결의 평석

1. 쟁점사항

위 사안에서는 ① X회사와 이사 A 사이의 특허공유계약이 자기거래에 해당하는지 여부, ② 이사회 승인 없는 자기거래의 효력, ③ 이사회 승인 없는 자기거래의 무효를 누구나 주장할 수 있는지 아니면 제한이 있는지 등이 쟁점으로 된다.

2. X회사와 A·B간 특허공유계약이 자기거래에 해당하는지 여부

이사 등과 회사간에 이익충돌의 염려가 있는 모든 거래가 상법 제398조의 자기거래가 된다. 이는 회사 및 주주에 손해발생의 위험이 있는 거래를 미리 차단하려는 것

이다. 따라서 위 사안에서 X회사와 A·B간 특허공유계약은 이에 해당하므로 이사회의 승인을 얻어야 한다(상법 제398조 제1호).[1] 이 결의에서 이사 A와 B는 특별이해관계인이므로 의결권을 행사하지 못한다(상법 제391조 제3항, 제368조 제3항).

3. 이사회 승인 없는 자기거래의 효력

이사회 승인 없이 자기거래를 한 이사는 대내적으로는 손해배상책임과 해임의 사유가 되며, 대외적으로 이사회 승인 없는 자기거래는 무효가 된다. 다만, 회사와 이사간에는 무효이지만, 거래의 안전을 위하여 선의의 제3자에 대해서는 유효라는 것이 통설과 판례의 입장이다(상대적 무효설). 회사가 자기거래의 무효를 제3자에게 주장하기 위해서는 이사회의 승인이 없었다는 점과 거래의 상대방인 제3자가 이사회의 승인 없음을 알았다는 사실을 주장하고 증명하여야 한다.[2] 위 사안에서 X회사와 A·B간 특허공유계약은 이사회의 승인을 얻지 않는 것이므로 이들간에는 원칙적으로 무효가 된다.

4. 자기거래의 무효를 주장할 수 있는 자

이사회의 승인 없는 자기거래의 효력에 대하여 그것이 무효라는 것을 이사 등이나 제3자도 주장할 수 있는지 문제된다. 이에 대하여 위 판결은 자기거래금지에 의한 이익의 주체가 되는 회사만이 그 무효를 주장할 수 있고, 거래의 상대방인 이사 등이나 제3자는 그 무효를 주장할 수 없다고 한다.[3][4] 상법 제398조가 회사와 주주의 이익을 보호하기 위한 규정이라는 점을 그 이유로 들고 있다. 만일 이사 등이나 제3자가 자기거래에 대하여 무효를 주장할 수 있다고 하면, 이들이 나중에 자신들의 이익에 따라 무효 또는 유효를 주장하는 기회주의적인 선택을 하는 폐단이 생겨날 수 있다. 회사는 자기거래의 무효를 주장하거나 이사에게 손해배상책임을 묻거나 해임 등의 방법으로 자구책을 강구할 수 있다.

(김성탁)

---

1) 다만 이사가 1명 또는 2명인 소규모주식회사로서 이사회를 두지 않는 경우에는 주주총회의 승인을 받아야 한다(상법 제383조 제1항 단서, 제4항).

2) 대법원 1984.12.11. 선고 84다카1591 판결.

3) 통설도 이와 같다.

4) 누구나 무효를 주장할 수 있는 절대적 무효가 아니라 무효를 주장할 수 있는 자가 특정되어 있는 상대적 무효이다.

74

이사의 법령위반행위와 경영판단의 원칙

대법원 2005.10.28. 선고 2003다69638 판결

Ⅰ. 판결개요

1. 사실관계(일부 생략)

A회사의 이사인 Y_1이 A회사에서 자금을 인출하여 공무원에게 뇌물공여를 함으로써 A회사에게 손해를 입게 하였다.

또한 A회사의 대표이사 또는 이사이던 Y_2, Y_3, Y_4, Y_5, Y_6(이하 'Y_2 등'이라 한다)은 1994. 12. 16. 이사회결의를 통하여 A회사가 보유하던 A_2회사의 주식을 1주당 2,600원에 A_3회사와 A_4회사에 매도하기로 결의하였다. 이는 A_2회사 총 발행주식의 40%를 초과하는 2,000만주를 대상으로 하는 것이고 그 장부가액이 2,000억원(A회사 전체 자산의 2.2%)에 달하는 것임에도 적정한 매각방법이나 거래가액에 관하여 전문가에게 조언을 구한 바가 없고, 당시 시행되던 상속세법 시행령에 의하여 평가한 A_2회사의 가치가 6년에 걸쳐 21,755,567주를 취득해 온 가액의 1/4 정도밖에 되지 않을 뿐만 아니라, 같은 시행령에 의하여 산정한 1주당 순자산가액의 1/2밖에 되지 않음에도 다른 평가방법에 의한 적정 거래가액의 산정에 관하여 고려한 바가 전혀 없었다. 당시 A회사는 A_2회사의 총 발행주식의 47.29%에 해당하는 21,755,567주를 소유하고 있어서 지배주주의 지위에 있었는데 이 사건 거래에 의하여 2,000만주를 처분함으로써 지배주주로서의 지위를 잃게 되는 사정에 있었음에도 지배주주의 지위를 잃는 데에 따른 득실은 물론 이를 고려한 적절한 거래가액에 관한 검토도 전혀 없었다. 대차대조표상으로도 A_2회사의 매출액, 순손실액의 규모 등 경영상태가 개선되고 있는 상황임에도 이에 대한 고려가 전혀 없었으며, 1993. 6.경 C회사와 A_5회사 간에 거래한 A_2회사의 거래가격이 1주당 6,600원이라는 실례도 고려하지 않았다. A_5회사

의 1994년 12월말 감사보고서에 의하면 A_2회사의 주당 순자산가액은 5,733원으로 평가되었다.

Y_3, Y_4, Y_5, Y_6(이하 'Y_3 등'이라 한다)은 A회사의 Y회사 인수결정과 관련하여 1997. 3. 17. 및 그 이후 A회사가 중전기사업에의 진출을 계획하고 이사회의 결의를 거쳐 Y회사의 주식 85.3%를 매수하고, 신주를 인수하여 대주주가 되었는데 투자금액은 1,999억원에 달하였다. Y회사가 도산지경에 이르러 결국 A회사가 가진 Y회사의 전 주식을 D회사에게 95억원에 처분함으로써 1,904억원의 손실이 발생하였다. Y_3 등이 Y회사를 인수하기 1년 전부터 미리 실무자로 하여금 중전기사업에의 참여 필요성, 사업성에 관하여 검토하게 하고 Y회사의 재무구조 개선방안, 향후 손익전망, 경영방침 등에 관하여 구체적으로 보고를 하게 하였다. 또한 인수가격결정을 위하여 수차례 협상과정을 거쳤고, 이사회결의에 참석한 이사들은 실무자들이 작성한 'Y회사 재무구조 개선방안' 등의 자료를 검토하는 한편, 담당이사로부터 A회사가 중전기사업에 참여할 필요성이 있고, 신규법인의 설립보다는 기존업체인 Y회사의 인수가 유리하며, 재무구조를 개선하면 조만간 흑자 전환이 가능할 것으로 판단된다는 설명을 들은 다음 인수를 결의하였다.

A회사의 주주인 X는 주주대표소송을 제기하여 Y_1에 대하여 뇌물액 상당의 손해배상을, Y_2 등에 대하여 A_2회사의 적정가격과 매도가격의 차액을, Y_3 등에게는 Y회사를 인수하는 과정에서 임무해태로 인한 손해배상을 A회사에게 하도록 청구하였다. Y_1, Y_2 등 및 Y_3 등은 경영판단의 원칙으로 항변하였다.

2. 판결요지

상법 제399조는 이사가 법령에 위반한 행위를 한 경우에 회사에 대하여 손해배상책임을 지도록 규정하고 있는데, 이사가 임무를 수행함에 있어서 법령에 위반한 행위를 한 때에는 그 행위 자체가 회사에 대하여 채무불이행에 해당되므로 이로 인하여 회사에 손해가 발생한 이상, 임무해태로 인한 손해배상책임이 문제되는 경우에 고려될 수 있는 경영판단의 원칙은 적용될 여지가 없다. 회사가 기업활동을 함에 있어서 형법상의 범죄를 수단으로 하여서는 안 되므로 뇌물 공여를 금지하는 형법규정은 상법 제399조에서 규정하고 있는 법령에 위반된 행위에 해당하며 이로 인하여 회사가 입은 뇌물액 상당의 손해를 배상할 책임이 있다.

회사가 소유하는 비상장주식을 매도하는 경우에 있어서 객관적 교환가치가 적정하게 반영된 정상적인 거래의 실례가 없는 경우에는 비상장주식의 평가에 관하여 보편적으로 인정되는 방법(순자산가치방식, 수익가치방식, 유사업종비교방식 등)에 의하여 평가한 가액을 토대로, 당해 거래의 특수성을 고려하여 객관적 교환가치를 반영한 적정거래가액을 결정하여야 할 것이다. 비상장주식을 매도하는 업무를 담당하는 이사들이 당해 거래의 목적, 거래 당시 당해 비상장법인의 상황, 당해 업종의 특성 및 보편적으로 인정되는 평가방법에 의하여 주가를 평가한 결과 등 당해 거래에 있어서 적정한 거래가액을 도출하기 위한 합당한 정보를 가지고 회사의 최대이익을 위하여 거래가액을 결정하였고, 그러한 거래가액이 당해 거래의 특수성을 고려하더라도 객관적으로 현저히 불합리하지 않을 정도로 상당성이 있다면 선량한 관리자의 주의의무를 다한 것으로 볼 수 있을 것이나, 그러한 합리성과 상당성을 결여하여 회사가 소유하던 비상장주식을 적정가액보다 훨씬 낮은 가액에 매도함으로써 회사에게 손해를 끼쳤다면 그로 인한 회사의 손해를 배상할 책임이 있다.

이사가 회사의 자산을 인수함에 있어서 그 인수 여부나 거래가액을 결정하는 데에 필요한 정보를 합리적인 정도로 수집하여 충분히 검토를 한 다음 회사의 이익에 합당한 상당성 있는 판단을 하였다면 회사에 대하여 선량한 관리자의 주의의무를 다한 것이라고 할 것이다.

3. 관련판례

(1) 대법원 2006.11.9. 선고 2004다41651,41668 판결; 대법원 2007.7.26. 선고 2006다33609 판결

이사가 임무를 수행함에 있어서 법령을 위반한 행위를 한 때에는 그 행위 자체가 회사에 대하여 채무불이행에 해당하므로, 그로 인하여 회사에 손해가 발생한 이상 손해배상책임을 면할 수 없고, 법령을 위반한 행위에 대하여는 경영판단의 원칙은 적용될 여지가 없다. 다만, 여기서 법령을 위반한 행위라고 할 때 말하는 '법령'은 일반적인 의미에서의 법령, 즉 법률과 그 밖의 법규명령으로서의 대통령령, 총리령, 부령 등을 의미하는 것이며, 종합금융회사 업무운용지침, 외화자금거래취급요령, 외국환업무·외국환은행신설 및 대외환거래계약체결 인가공문, 외국환관리규정, 종합금융회사 내부의 심사관리규정 등은 이에 해당하지 않는다.

(2) 대법원 2002.6.14. 선고 2001다52407 판결; 대법원 2006.7.6. 선고 2004다8272 판결; 대법원 2007.7.26. 선고 2006다33609 판결

대출과 관련된 경영판단을 함에 있어서 통상의 합리적인 금융기관 임원으로서 그 상황에서 합당한 정보를 가지고 적합한 절차에 따라 회사의 최대이익을 위하여 신의성실에 따라 대출심사를 한 것이라면 그 의사결정과정에 현저한 불합리가 없는 한 그 임원의 경영판단은 허용되는 재량의 범위 내의 것으로서 회사에 대한 선량한 관리자의 주의의무 내지 충실의무를 다한 것으로 볼 것이며, 금융기관의 임원이 위와 같은 선량한 관리자의 주의의무에 위반하여 자신의 임무를 해태하였는지의 여부는 그 대출결정에 통상의 대출담당임원으로서 간과해서는 안 될 잘못이 있는지의 여부를 대출조건과 내용, 규모, 변제계획, 담보의 유무와 내용, 채무자의 재산 및 경영상황, 성장가능성 등 여러 가지 사항에 비추어 종합적으로 판정해야 한다.

(3) 대법원 1996.12.23. 선고 96다30465,30472 판결

주식회사가 대표이사를 상대로 주식회사에 대한 임무 해태를 내세워 채무불이행으로 인한 손해배상책임을 물음에 있어서는 대표이사의 직무수행상의 채무는 미회수금 손해 등의 결과가 전혀 발생하지 않도록 하여야 할 결과채무가 아니라, 회사의 이익을 위하여 선량한 관리자로서의 주의의무를 가지고 필요하고 적절한 조치를 다해야 할 채무이므로, 회사에게 대출금 중 미회수금 손해가 발생하였다는 결과만을 가지고 곧바로 채무불이행사실을 추정할 수는 없다.

(4) 대법원 2002.2.26. 선고 2001다76854 판결

상호신용금고의 대표이사가 재직 당시 동일인에 대한 대출 한도를 초과하여 돈을 대출하면서 충분한 담보를 확보하지 아니하는 등 그 임무를 해태하여 상호신용금고로 하여금 대출금을 회수하지 못하게 하는 손해를 입게 한 경우, 상호신용금고에게 회수하지 못한 대출금 중 동일인 대출 한도를 초과한 금액에 해당하는 손해를 배상할 책임이 있다.

Ⅱ. 판결의 평석

1. 판결의 의의

상법 제399조에 정한 '법령에 위반한 행위'의 의미를 밝히고, 이사가 법령에 위반한 행위로 회사에 손해를 입힌 경우에는 경영판단의 원칙을 적용할 수 없다고 하였다. 이사가 회사의 업무를 집행하면서 회사의 자금으로 뇌물을 공여한 것은 상법 제399조에 정한 '법령에 위반한 행위'에 해당한다. 비상장주식의 평가방법 및 이사가 회사 소유의 비상장주식을 매도함에 있어 그 거래가액의 결정에 관하여 부담하는 선관주의의무의 내용을 제시하였다. 그 이외에도 이사가 회사가 보유하고 있는 비상장주식을 매도하면서 그 매도에 따른 회사의 손익을 제대로 따져보지 않은 채 당시 시행되던 상속세법시행령만에 근거하여 주식의 가치를 평가함으로써 적정가격보다 현저히 낮은 가액으로 거래가액을 결정하기에 이른 것은 회사의 손해를 묵인 내지는 감수하였던 것이라 할 것이므로, 이러한 이사의 행위는 상법 제450조에 의하여 책임이 해제될 수 없는 부정행위에 해당한다. 이사의 회사에 대한 손해배상책임이 인정되는 경우, 당해 이사의 임무위반의 경위 등 제반 사정을 참작하여 손해배상액을 제한할 수 있다.

2. 경영판단의 원칙(business judgment rule)

(1) 개 념

이사의 회사에 대한 손해배상책임은 경영판단의 원칙에 의하여 제한될 수 있다. 회사법상 경영판단의 원칙이란 회사의 이사나 임원이 경영적인 판단에 따라 임무를 수행한 경우 그 판단이 사후에 잘못된 것으로 판단되고 회사에 손해를 초래하더라도, 그 판단이 그 상황에서 합당한 정보를 가지고 적합한 절차를 거쳐 회사의 최대이익을 위하여 신의성실에 따라 이루어진 것이라면 법원은 그 경영판단에 대하여 사후적으로 개입하여 이사의 의무위반에 대한 책임 문제를 심사하지 않는다는 것이다.

(2) 상법상의 경영판단의 원칙: 허용된 재량의 범위

최근 우리나라에서도 경영판단의 원칙의 도입에 대하여 상법상 명문의 규정은 없지만 사전의 경영판단 과정에서 과실이 없는 한 사후적으로 임무해태로 볼 수 없다는 근거에서 긍정설이 다수설이다. 미국법상의 경영판단의 원칙이란 실체법적인 이론에 그치는 것이 아니고 소송법적 효과를 갖는 법칙이므로 동일한 절차법적 뒷받침이 없는 우리나라에서 동 법규를 그대로 수용할 수는 없을 것이다.

대법원 판례상 경영판단의 원칙이 적용되기 위한 요건으로는 i) 우선 법령위반이 아니어야 한다. 또한 ii) 이사가 경영판단을 그 상황에서 합당한 정보를 가지고 적합한 절차에 따라, iii) 회사의 최대의 이익을 위하여 선의성실에 따라 결정하여야 한다. 이때 iv) 그 의사결정과정 및 내용에 현저한 불합리가 없어야 한다. 이러한 요건을 충족하는 한 그 임원의 경영판단은 허용되는 재량의 범위 내의 것으로서 회사에 대하여 선량한 관리자의 주의의무 및 충실의무를 다한 것으로 본다.[1] 또한 증명책임은 이사의 손해배상책임을 주장하는 자가 이사가 법령이나 정관을 위반하거나 또는 선량한 관리자로서 주의의무를 위반하는 등 임무해태 및 그로 인한 손해발생의 사실, 임무해태와 손해의 인과관계 등을 증명하여야 한다.

우리나라 법원은 경영판단의 원칙을 정면으로 수용한 것이 아니라 이사의 선관주의의무 이행 여부를 판단함에 있어서 영미법상 경영판단 원칙의 법리를 일부 차용하고 있다고 볼 수 있다. 미국의 경우 경영판단의 원칙에 실체법적 효과 이외에 절차법적 효과가 인정된다. 즉, 이사가 경영에 관해 내린 의사결정은 사익을 위한 것이 아니고, 사안에 관해 숙지한 상태(informed basis)에서 그러한 행위가 회사에 최선의 이익을 가져온다는 정직한 믿음에 기해 이루어졌다고 하는 추정을 의미한다. 이에 따라 이사의 책임을 추궁하고자 하는 주주가 이러한 추정을 번복할 수 있는 사실을 주장·증명하여야 하고, 이러한 증명이 이루어지면 이사가 거래의 공정성을 증명하여야 한다.[2]

반면 우리나라 법원은 이러한 소송법적 효과는 고려하지 않고 있다. 경영판단의 원칙의 실체법적 이론은 우리나라에서 이사의 책임의 근거가 되는 수임인의 선관주의의무(민법 제681조)의 해석론에 의해서도 도출될 수 있다. '이사들의 권한 내인 사항에 관해 이사들이 내린 의사결정이 그같이 할 합리적인 근거가 있고, 회사의 이익을 위한 것이라는 믿음 하에 어떤 다른 고려에 의한 영향을 받지 아니한 채 독립적인 판단을 통해 성실히 이루어졌다면', 이는 위임의 본지에 따라 선량한 관리자의 주의를 충분히 베푼 것으로서 그로 인한 회사의 손실은 불가항력적인 것이라 할 수 있는 것이다. 따라서 이러한 판단을 충족하는 이사의 행위는 무과실의 행위로서 그 자체가 상법 제399조 제1항이 규정하는 임무해태에 해당하지 않는다고 보아야 하는 것이다.[3]

1) 대법원 2006.7.6. 선고 2004다8272 판결; 대법원 2007.7.26. 선고 2006다33685 판결.
2) 최준선, 회사법, 제9판, 삼영사, 2014, 570면.

대법원 판례상 경영판단의 원칙은 이사의 선관주의의무를 구체화한 것으로서 그 의무의 내용이나 그 의무의 위반 여부에 대한 심사기준으로서 기능한다. 미국의 경영판단의 원칙과 동일하거나 유사한 점이 상당수 존재한다. 그러나 이사의 경영판단에 대하여 번복시키기 어려운 정도의 추정력을 인정하지 않고 있을 뿐만 아니라 법원의 사후심사를 억제하지 않고 있으므로 미국과는 그 본질상 다르다. 또한 판례상 경영판단의 원칙은 결과책임의 배제를 위해 그 요건으로서 충분한 정보를 바탕으로 절차에 따라 이사의 독립적이고 합리적인 의사결정과정과 내용을 요구하고 있는 것에 지나지 않으므로 미국의 경영판단의 원칙과는 별개의 독특한 원칙으로 이해하여야 한다.[4)]

(3) 적용의 한계

경영판단의 원칙은 사후적인 판단에 의해 행위 당시의 이사의 행위를 비난할 수 없다는 이론이므로 성질상 임무해태에 국한하여 적용될 수 있는 것이고, 법령에 위반한 행위에 대해서는 적용될 수 없다.[5)]

(김순석)

3) 이철송, 회사법강의, 제23판, 박영사, 2015, 762면.
4) 권재열, "대법원 판례상 경영판단의 원칙에 관한 소고," 증권법연구 제9권 제1호(2008), 259면.
5) 대법원 2005.10.28. 선고 2003다69638 판결; 대법원 2006.11.9. 선고 2004다41651,41668 판결.

계열사지원과 배임(경영판단) 여부

대법원 2017.11.9. 선고 2015도12633 판결

Ⅰ. 판결개요

1. 사실관계

조선관련 기업집단인 X그룹(그룹회장 甲)에는 선박 보일러, 선박크레인 등의 제조·판매를 목적으로 하는 A주식회사(B주식회사의 지분 62.9% 보유)를 모태로 하여 선박 건조 및 수리를 목적으로 하는 주력기업인 B회사(C주식회사와 E주식회사의 지분 각각 100% 보유), 선박건조 및 해양플랜트 제조를 목적으로 하는 C회사(F주식회사의 지분 100% 보유), 건설업을 목적으로 하는 D주식회사(甲의 차남이 61.54%의 지분 보유), 선박대여 및 용선사업을 목적으로 하는 E회사, 선박 건조 및 풍력·원자력 발전소에 필요한 단조제품 제조·판매를 목적으로 하는 F회사 등 상호지배관계가 있는 6개의 계열사가 속해 있었다. 그 밖에 그룹회장 甲의 아들들이 소유하고 있는, 선박블록 제조·판매를 목적으로 하는 G주식회사(I주식회사가 83%, 甲이 8%, 甲의 처가 8% 지분 보유), 고철 수집·판매를 목적으로 하는 H주식회사(甲의 장남이 92.86%의 지분 소유), 건설기계대여, 유류판매 및 운송주선을 목적으로 하는 I회사(甲의 차남이 100% 지분 보유)도 X그룹에 속한 계열사였다.

조선업 경기 악화로 X그룹 계열사에 대한 다양한 지원이 이루어질 당시 X그룹의 전반적인 재무상태는 좋지 않은 상태였다. 특히 X그룹의 주력회사인 B회사와 C회사는 글로벌 금융위기와 조선경기 불황으로 인해 2008년 이래 자금사정이 악화되어 2010.5.경 채권단과 자율협약 및 주채권은행과 부실계열사 매각을 통한 유동성 확보, 임직원 급여삭감, 다른 계열사 자금 지원 시 채권단 사전승인 등을 내용으로 하는 재무구조개선약정을 체결하였다. B회사는 2010년 말 2,501억원 상당의 자본잠식

상태에 빠지게 되었고, X그룹의 지주사 역할을 하던 A회사 역시 2011년도 말 469억원 상당의 자본잠식 상태에 빠지게 되었다. X그룹회장 甲은 2006.1. 그룹회장으로 취임하여 2012.6.까지 X그룹회장 및 각계열사의 대표이사 또는 이사로 재직하면서 X그룹 경영지원센터에서 자신을 보좌하던 乙(경영지원센터 자금부 총괄책임자로서 자금부 부장, 상무보), 丙(경영지원센터 자금부 부장)을 통해 각 계열사에 지시함으로써 각 계열사의 업무를 총괄하였는데, 甲의 지시로 乙, 丙에 의해 아래와 같이 계열사에 대한 다양한 지원행위가 이루어졌고 이를 이유로 甲은(乙, 丙과 함께) 업무상배임으로 기소되었다.[1)]

① X그룹 계열회사들의 공장 신축 등으로 철강재 수요가 증가할 것으로 예상되고, 각각의 계열사가 개별적으로 철강재를 구매할 경우 단가 등 구매조건이 불리할 것으로 판단되자, 구매력 집중을 통한 원가절감을 위해 X그룹의 주력회사인 B회사는 2009.12.1. 계열사들인 A회사, F회사, G회사, H회사와 통합구매약정을 맺었다.

당초 통합구매 계열회사들(A회사, F회사, G회사, H회사)은 B회사에 통합구매 대금을 현금으로 결제하였는데, 2008년부터 영업실적이 악화되고 공장신축 등으로 자금소요가 증가하였으며, 외부로부터 자금조달이 여의치 않자 2010. 2.부터 순차적으로 어음 결제를 이용하게 되었는데 대금지급을 위해 발행된 어음금을 대부분 지급하지 못하였다. 그럼에도 불구하고 그룹회장 甲은 이사회결의를 거치지 않고, 자금관리단의 승인도 없이 통합구매채권에 대한 아무런 담보도 받지 않고 통합구매방식으로 계열사들에 대해 계속적으로 경제적 지원을 하였다. 자율협약에 따라 B회사에 파견되어 있던 자금관리단은 통합구매 사실을 알고도 상당기간 이를 유지하였으나 채권단이 2011. 8. 22. 회의를 개최한 뒤 통합구매를 중지하도록 하였다. 이러한 통합구매방식으로 계열사들에 공급한 구매대금이 결제되지 않자 2011년 말 B회사는 합계 1,273억원을 대손처리하였다(통합구매 관련).

② B회사는 재무상황이 악화되어 2010. 1.경부터 고철대금을 현금으로 지급하지 못하고 어음을 발행해야만 했던 H회사에 어음들이 대부분 예정대로 지급되지 못하

---

1) 계열사에 대한 지원행위가 합리적인 경영판단의 재량 범위 내에서 행해진 것이라면 업무상배임이 되지 않아 이사 혹은 업무집행지시자로서 甲의 회사에 대한 손해배상책임(상법 제399조 제1항, 제401조의2 제1항)이 발생하지 않고, 만약 합리적인 경영판단의 재량을 벗어난 것이라면 업무상배임(형법 제355조 제2항, 제356조)이 되어 법령위반으로 인한 甲의 회사에 대한 손해배상책임이 발생한다. 따라서 비록 형사판례이지만 계열사 지원과 관련하여 배임이 되지 않기 위해 필요한 합리적 경영판단에 대한 기준을 제시하고 있기 때문에 회사법적으로도 매우 의미있는 판례이다. 본 평석에서는 판결취지를 제대로 전달하고 복잡한 사실관계의 주요내용을 전달하기 위해 사실관계와 판결요지 부분에 상대적으로 많은 지면을 할애하고 지면관계상 판결의 평석 부분을 비교적 간단히 서술한다.

였음에도 불구하고 담보제공도 받지 않은 상태에서 외상으로 고철을 매도하면서 이사회결의나 자금관리단에 대한 보고·승인 절차를 거치지 아니하였고 채권회수방안도 마련하지 않아 176억원 상당의 손해를 입었다. 채권단은 2011. 8.경 고철 어음거래 사실을 알게 되었고 B회사에 대하여 현금 수령 없이는 고철을 타에 매도하지 말 것을 지시하였고 이에 따라 B회사와 H회사는 고철 거래를 중단하였다(고철처분 관련).

③ 자회사인 B회사의 환차손을 반영하여 상당한 영업이익(2011년 말 101억원)은 있으나 자본잠식(2011년 말 469억원) 상태인 A회사는 공장설립계획 무산, 불량품 발생, 일본 원전사고 및 유럽 재정위기가 원인이 된 전세계적인 단조제품 수요 감소라는 장기적 악재로 인해 재무상황 악화와 유동성 부족에 시달려 2011년 말 한계상황에 도달한(2011년 당기순손실 812억원), X그룹의 차세대 성장동력으로 육성할 F회사에 대해 2012.1.10.부터 2012.4.5.까지 담보설정 없이, 채권확보방안도 마련하지 않고 153억원을 대여하였으나 2013.7.8. F회사에 대한 파산결정으로 대여금을 회수하지 못하였다(A회사의 자금대여 관련).

④ B회사와 C회사는 선박을 수주한 사실이 없어 선박건조에 필요한 크레인 제작을 미리 발주할 필요가 없었었다. 그럼에도 B회사와 C회사는 2010.6.28. 그 매출의 대부분을 자신들에 의존하고 있었고, 2009년 말부터 자본잠식 상태에 빠져 있었으며, C회사 등 관계사로부터 420억원을 차용하고 있던 A회사에 선박용 크레인을 선발주하고 아무런 반대급부 없이 미리 대금(선급금 약 94억원)을 지급하였고, A회사가 이렇게 받은 대금을 역시 재무상황이 악화된 F회사에 다시 대여하는 방법으로 A회사와 F회사를 경제적으로 지원하였다. 자율협약상 계열사에 대한 자금 지원 시 채권단 사전승인이 필요하였기 때문에 이를 우회하여 자금이 실질적으로 필요한 F회사를 지원하기 위해 A회사에 대한 선발주 방식을 이용하였다(선발주 관련).

⑤ 재무구조개선약정 및 자율협약을 체결하여 선박건조를 위한 유동성 확보에 최선의 노력을 하여야 했던 C회사는 재무구조가 악화되어 차용금 변제능력이 의심스러웠던 I회사(甲의 차남이 100% 지분 보유, 2010년 말 기준 63억원, 2011년 말 기준 195억원 자본잠식상태 발생)에 어떠한 직접적 이익을 얻는 것이 아님에도 불구하고 2010.1.15.부터 2010.4.23.까지 약 183억원의 자금을 무담보로 대여하였는데, 대여금 회수가 불분명함을 알면서도 이사회를 개최하지 않았고, 채권단의 승인도 받지 않았으며, 채권회수 방안에 관한 아무런 조치를 취하지도 않았다. C회사의 물류를 담당하고 있던 I회사는 대여받은 자금으로 트랜스포터, 고소차, 지게차 등과 같은 장비를 구입하는

데 사용하였다(C회사의 자금대여 관련).

2. 판결요지

(1) 통합구매 관련 업무상배임 부분

B회사가 X그룹 계열회사들의 생산활동에 필요한 철강재 등 원자재를 통합구매하여 어음 결제 방식으로 위 계열회사들에게 공급한 것은 ① 그 지원행위의 성격에 비추어 특정인 또는 특정회사의 사익을 위한 것으로 보기 어렵고, ② 그 자체로 동종·유사 영업에 종사하는 X그룹 내 계열회사들의 공동이익을 위한 것이며, ③ 결제 방식을 점차 현금에서 어음으로 변경하게 된 것은 계열회사들의 공장 건설 등 신규 투자에 따른 자금부족 때문이어서 통합구매 및 어음 결제 방식으로 계열회사를 지원한 것이 지원행위의 대상 및 규모의 결정에 있어 객관적·합리적 기준을 벗어나지 않았으며, ④ 회계상 자본잠식의 상태에 있기는 하였으나 2009년 218억원 상당의 영업이익을, 2010년에는 297억원 상당의 영업이익을 올렸고, 회계상 대규모 손실의 원인이 되었던 환차손 부분도 파생상품의 결제기를 연장 받았으므로 계열회사들에 대한 지원행위가 그 부담 능력을 초과한 것이라고 보기 어려우며, ⑤ 원자재 구매를 지원받은 계열회사들이 제품 생산 및 판매를 통해 장차 통합구매 대금을 결제할 것은 물론 그들의 사업 성장을 통해 X그룹 차원의 사업영역 확장과 이를 통한 시너지 효과 등을 객관적으로 기대할 수 있었던 상황이었던 점에 비추어 배임에 대한 甲의 고의를 인정하기 어렵다.

(2) 고철 처분 관련 업무상배임 부분

① B회사와 H회사 사이의 고철 거래는 특정인 또는 특정회사의 사익을 위한 것이 아니라 유사·관련 영업에 종사하는 계열회사들이 공동이익 내지 시너지 효과를 기대하며 시행한 것이고, ② H회사에 고철 대금 변제기를 유예하는 정도의 지원행위를 한 것이 B회사의 의사에 반하거나 그 부담능력을 초과한 것이라고 단정하기 어려우며, ③ H회사의 신규 사업에 대한 금융기관과 평가기관의 긍정적 전망에 비추어 볼 때 H회사에 대한 지원행위에 따른 B회사의 이익 내지 보상을 기대할 수 있었던 점에 비추어 B회사가 어음결제 방식의 고철 거래를 통해 H회사에 대한 지원행위를 한 것은 X그룹 내 계열회사들의 공동이익을 위한 합리적인 경영판단의 재량 범위 내의 것이라고 봄이 타당하므로 B회사에게 손해를 가한다는 甲의 고의를 인정하기는

어렵다.

(3) A회사의 자금대여 관련 업무상배임 부분

① F회사에 대한 A회사의 자금대여는 모회사의 자회사에 대한 지원으로서 자본적으로 연결된 X그룹에 속한 계열회사들의 공동이익을 위한 것으로 보기에 충분하고, ② A회사가 2009년 말부터 자본잠식이 발생한 것은 자회사인 B회사의 환차손에 의한 파생상품 손실이 지분법상 평가손실로 반영되었기 때문이고, 파생상품의 결제기가 유예되었으며, 2008년부터 상당한 규모의 매출과 영업이익을 꾸준히 실현하고 있었던 사정 등을 고려하면 수십회에 걸친 자금대여 행위 중 A회사의 부담 능력을 초과하지 아니한 범위 내에서 이루어진 지원행위로 볼 수 있는 부분이 존재하며[2], ③ 기업평가기관은 F회사의 사업전망을 긍정적으로 평가하였고, 금융기관도 F회사에 대한 자금대여의 필요성 및 그 회수가능성을 어느 정도 긍정적으로 평가하고 있었다는 점에 비추어 볼 때 F회사가 사업 초기 단계에서 적자가 누적되고 있었다는 사정만으로 A회사의 자금지원 행위 일체를 그에 대한 변제나 적절한 보상을 기대하기 어려운 비합리적인 지원행위라고 보기 어려운 점을 고려하면 甲의 고의가 인정되지 않는 부분이 있다.

(4) 선발주 관련 업무상배임 부분

① B회사와 C회사는 선박용 크레인의 현실적인 수요가 없음에도 A회사와 선발주 형식의 계약을 통해 A회사에 대해 선급금 명목으로 대금을 지급한 뒤 A회사로 하여금 실질적인 지원대상인 F회사에 그 자금을 대여하도록 하였는데, 이는 채권단과 체결한 자율협약 때문에 B회사와 C회사가 직접 F회사에 대한 자금지원을 할 수 없게 되자 이를 회피하기 위한 편법적인 방편에 불과한 것으로 계열회사의 선정 및 지원행위의 방법, 규모의 결정이 객관적이고 합리적인 기준에 따른 것으로 보기 어렵고, 지원행위가 정상적이고 합법적인 수단을 통해 이루어졌다고 평가하기도 어려우며, ② B회사와 C회사의 F회사에 대한 지원행위가 우회적으로 은밀하게 이루어진 결과 F회사에 대한 자금지원에 상응하는 B회사와 C회사의 보상이나 이익을 객관적으로 기대하기도 어려웠던 점을 고려하면 B회사와 C회사가 A회사에 선발주 대금을 지급하도록 한 것은 X그룹 내 계열회사들의 공동이익을 위한 합리적인 경영판단의 재량 범위

2) 대법원은 원심인 부산고등법원 2015.7.27. 선고 (창원)2015노74 판결은 甲의 고의가 인정되지 않는 부분을 구분하지 못한 잘못이 있다고 본다.

내라고 인정하기도 어려우므로 甲의 고의가 인정된다.[3)]

(5) C회사의 자금대여 관련 업무상배임 부분

① I회사에 대한 무담보 자금대여를 통해 C회사에 기대되는 이익은 계열회사 간 내부거래를 통한 물류비용 절감 정도에 불과하여 C회사의 이 부분 지원행위에 대한 적절한 보상으로 보기 어려우며, ② 객관적이고 합리적인 기준에 따라 지원을 할 계열회사가 선정되었다고 보기도 어렵고, ③ C회사 및 I회사의 자금사정 및 X그룹의 신규 사업 현황과 그에 따른 그룹 차원의 자금수요 등을 종합적으로 고려하여 볼 때 무담보 자금 대여행위는 달리 급박한 자금지원의 필요성이 인정되지 않는 한 甲의 차남(I회사의 지분 100% 보유)의 이익을 위한 것임을 부인하기 어려운 점에서 자금대여 행위는 X그룹 내 계열회사들의 공동이익을 위한 합리적 경영판단의 재량 범위 내라고 인정하기 어려워 甲의 고의가 인정된다.[4)]

3. 관련판례

(1) 대법원 2013.9.26. 선고 2013도5214 판결

회사의 이사 등이 타인에게 회사자금을 대여하거나 타인의 채무를 회사 이름으로 지급보증함에 있어 그 타인이 이미 채무변제능력을 상실하여 그를 위하여 자금을 대여하거나 지급보증을 할 경우 회사에 손해가 발생하리라는 점을 충분히 알면서 이에 나아갔거나, 충분한 담보를 제공받는 등 상당하고도 합리적인 채권회수조치를 취하지 아니한 채 만연히 대여해 주었다면, 그와 같은 자금대여나 지급보증은 타인에게 이익을 얻게 하고 회사에 손해를 가하는 행위로서 회사에 대하여 배임행위가 되고, 이러

3) 원심인 부산고법 2015.7.27. 선고 (창원)2015노74 판결이 업무상배임의 유죄로 판단한 이유인 ① A회사가 실제로 납품한 실적과 선발주 수량 사이에 큰 폭의 불일치가 존재하고 당시의 조선업 경기, 선박건조공정, 선종에 따라 상이한 선박용 크레인의 종류나 규격 등을 감안할 때 이 사건 선발주 계약을 정상적 물품계약으로 보기 어려운 점, ② 이 사건 선발주 계약 체결에서 나아가 그 대금까지 미리 지급한 것은 매우 이례적인 점, ③ 선발주 대금을 미리 지급함으로써 배임죄는 기수에 이르고 그 후 A회사가 크레인을 실제 제작·공급하였는지는 배임죄 성립에 영향이 없는 점, ④ B회사, C회사, A회사의 재무상황이 좋지 않았던 점을 대법원은 모두 인정하였다.

4) 원심인 부산고법 2015.7.27. 선고 (창원)2015노74 판결이 업무상배임의 유죄로 판단한 이유인 ① C회사는 재무구조가 악화되던 중 2010. 5. 금융기관들과 재무구조개선약정 및 자율협약을 체결하였고, I회사도 2010년 말 기준 63억원의 자본잠식이 발생하는 등 재무구조가 악화되어 차용금 변제능력이 의심스러웠던 점, ② C회사가 이 사건 자금대여의 대가로 어떠한 직접적 이익을 얻는 것이 아님에도 재무상황이 좋지 않은 I회사에 자금을 대여하면서 이사회를 개최하지도 않고 채권회수 방안에 관한 아무런 조치를 취하지도 않은 점, ③ 피고인들(甲, 乙, 丙)은 당시 '이사회결의, 채권회수방안 확보 등 통상 필요한 절차를 거치지 않고 대여금 회수가 불분명한 I회사에 자금을 지원한다'는 사실을 인식하고 있었던 점을 모두 인정하였다.

한 이치는 그 타인이 자금지원 회사의 계열회사라 하여 달라지지 않는다. 한편 경영상의 판단을 이유로 배임죄의 고의를 인정할 수 있는지는 문제된 경영상의 판단에 이르게 된 경위와 동기, 판단대상인 사업의 내용, 기업이 처한 경제적 상황, 손실발생의 개연성과 이익획득의 개연성 등 제반 사정에 비추어 자기 또는 제3자가 재산상 이익을 취득한다는 인식과 본인에게 손해를 가한다는 인식하의 의도적 행위임이 인정되는 경우인지에 따라 개별적으로 판단하여야 한다. 이미 타인의 채무에 대하여 보증을 하였는데, 피보증인이 변제자력이 없어 결국 보증인이 보증채무를 이행하게 될 우려가 있고, 보증인이 피보증인에게 신규로 자금을 제공하거나 피보증인이 신규로 자금을 차용하는 데 담보를 제공하면서 그 신규자금이 이미 보증을 한 채무의 변제에 사용되도록 한 경우라면, 보증인으로서는 기보증채무와 별도로 새로 손해를 발생시킬 위험을 초래한 것이라고 볼 수 없다.

(2) 대법원 2010.10.28. 선고 2009도1149 판결

회사의 이사 등이 타인에게 회사자금을 대여하면서 그 타인이 이미 채무변제능력을 상실하여 그에게 자금을 대여하거나 지급보증할 경우 회사에 손해가 발생하리라는 정을 충분히 알면서 이에 나아갔거나, 충분한 담보를 제공받는 등 상당하고도 합리적인 채권회수조치를 취하지 아니한 채 만연히 대여해 주었다면, 그와 같은 자금대여나 지급보증은 타인에게 이익을 얻게 하고 회사에 손해를 가하는 행위로서 회사에 대하여 배임행위가 되고, 회사의 이사는 단순히 그것이 경영상의 판단이라는 이유만으로 배임죄의 죄책을 면할 수는 없으며, 이러한 이치는 그 타인이 자금지원 회사의 계열회사라 하여 달라지지 않는 것이고, 한편 경영상의 판단을 이유로 배임죄의 고의를 인정할 수 있는지는 문제된 경영상의 판단에 이르게 된 경위와 동기, 판단대상인 사업의 내용, 기업이 처한 경제적 상황, 손실발생의 개연성과 이익획득의 개연성 등 제반 사정에 비추어 자기 또는 제3자가 재산상 이익을 취득한다는 인식과 본인에게 손해를 가한다는 인식하의 의도적 행위임이 인정되는 경우인지에 따라 개별적으로 판단하여야 한다.

(3) 대법원 2007.3.15. 선고 2004도5742 판결

기업의 경영에는 원천적으로 위험이 내재하여 있어서 경영자가 아무런 개인적인 이익을 취할 의도 없이 선의에 기하여 가능한 범위 내에서 수집된 정보를 바탕으로 기업의 이익에 합치된다는 믿음을 가지고 신중하게 결정을 내렸다 하더라도 그 예측

이 빗나가 기업에 손해가 발생하는 경우가 있을 수 있는바, 이러한 경우에까지 고의에 관한 해석기준을 완화하여 업무상배임죄의 형사책임을 물을 수는 없으나, 기업의 경영자가 문제된 행위를 함에 있어 합리적으로 가능한 범위 내에서 수집한 정보를 근거로 하여 당해 기업이 처한 경제적 상황이나 그 행위로 인한 손실발생과 이익획득의 개연성 등의 제반 사정을 신중하게 검토하지 아니한 채, 당해 기업이나 경영자 개인이 정치적인 이유 등으로 곤란함을 겪고 있는 상황에서 벗어나기 위해서는 비록 경제적인 관점에서 기업에 재산상 손해를 가하는 결과가 초래되더라도 이를 용인할 수밖에 없다는 인식 하에 의도적으로 그와 같은 행위를 하였다면 업무상배임죄의 고의는 있었다고 봄이 상당하다.

(4) 대법원 2000.11.24. 선고 99도822 판결

회사의 임원 등이 그 임무에 위배되는 행위로 재산상 이익을 취득하거나 제3자로 하여금 이를 취득하게 하여 회사에 손해를 가한 때에는 이로써 배임죄가 성립하고, 그 임무위배행위에 대하여 사실상 대주주의 양해를 얻었다거나, 이사회의 결의가 있었다고 하여 배임죄의 성립에 어떠한 영향이 있는 것이 아니다.

Ⅱ. 판결의 평석

1. 대법원이 제시한 계열사 지원 시 배임(경영판단) 인정기준

대법원에 의하면 기업집단의 공동목표에 따른 공동이익의 추구가 사실적, 경제적으로 중요한 의미를 갖는 경우라도 기업집단을 구성하는 개별 계열회사는 별도의 독립된 법인격을 가지고 있는 주체로서 각자의 채권자나 주주 등 다수의 이해관계인이 관여되어 있고, 사안에 따라서는 기업집단의 공동이익과 상반되는 계열회사의 고유이익이 있을 수 있다. 이와 같이 동일한 기업집단에 속한 계열회사 사이의 지원행위가 기업집단의 차원에서 계열회사들의 공동이익을 위한 것이라 하더라도 지원 계열회사의 재산상 손해의 위험을 수반하는 경우가 있으므로, 기업집단 내 계열회사 사이의 지원행위가 합리적인 경영판단의 재량 범위 내에서 행하여졌는지는 신중하게 판단하여야 한다.

따라서 대법원은 동일한 기업집단에 속한 계열회사 사이의 지원행위가 합리적인 경영판단의 재량 범위 내에서 행하여진 것인지를 판단하기 위해서는 앞서 본 여러

사정들과 아울러, ① 지원을 주고받는 계열회사들이 자본과 영업 등 실체적인 측면에서 결합되어 공동이익과 시너지 효과를 추구하는 관계에 있는지, ② 이러한 계열회사들 사이의 지원행위가 지원하는 계열회사를 포함하여 기업집단에 속한 계열회사들의 공동이익을 도모하기 위한 것으로서 특정인 또는 특정회사만의 이익을 위한 것은 아닌지, ③ 지원 계열회사의 선정 및 지원 규모 등이 당해 계열회사의 의사나 지원 능력 등을 충분히 고려하여 객관적이고 합리적으로 결정된 것인지, ④ 구체적인 지원행위가 정상적이고 합법적인 방법으로 시행된 것인지, ⑤ 지원을 하는 계열회사에 지원행위로 인한 부담이나 위험에 상응하는 적절한 보상을 객관적으로 기대할 수 있는 상황이었는지 등까지 충분히 고려하여야 한다고 본다.[5] 위와 같은 사정들을 종합하여 볼 때 문제된 계열회사 사이의 지원행위가 합리적인 경영판단의 재량 범위 내에서 행하여진 것이라고 인정된다면 이러한 행위는 본인에게 손해를 가한다는 인식하의 의도적 행위라고 인정하기 어렵다고 대법원은 본다.

사안에서 선발주와 관련하여 업무상배임이 인정된 것은 지원 계열회사의 선정 및 지원 규모 등이 객관적이고 합리적으로 결정되지 않았고(③요건 결여), 지원행위가 정상적이고 합법적인 방법으로 시행되지 않았으며(④요건 결여), 지원행위로 인한 부담이나 위험에 상응하는 적절한 보상을 객관적으로 기대할 수 없었던 점(⑤요건 결여) 때문이다. C회사의 자금대여 관련해서도 업무상배임이 인정된 것은 지원행위가 기업집단에 속한 계열회사들의 공동이익을 도모하기 위한 것이 아니라 甲의 차남(I회사의 지분 100% 보유)의 이익만을 위한 것이었고(②요건 결여), 지원 계열회사의 선정 및 지원 규모 등이 객관적이고 합리적으로 결정되지 않았던 점(③요건 결여) 때문이다.[6]

2. 경영판단이 인정되는 경우 배임죄의 불성립 근거

대법원은 계열사 지원 시 적절한 경영판단의 절차와 요건을 밟은 경우 배임죄의

---

5) 노혁준, "2017년 회사법 중요 판례", 「인권과 정의」(2018.3), 141면에 의하면, 대법원이 계열사 지원이 배임에 해당하는지 판단하기 위해 제시한 이러한 5가지 기준은 프랑스 파기원(Cour de Cassation)이 회사재산남용죄 여부를 판단하기 위해 1985년 제시한 'Rosenblum 원칙'과 유사하다고 본다. 'Rosenblum 원칙'에 의하면 계열사간 거래로 일부 회사가 손해를 입은 경우 다음과 같은 4가지 요건, 즉 ① 기업집단이 존재하고 해당거래에 관여한 회사들이 모두 동일한 기업집단에 속할 것, ② 기업집단 전체의 이익을 위해 마련된 정책에 대해 공통된 경제적·사회적·재무적 이해관계가 존재할 것, ③ 지원주체의 재무능력을 초과하지 않을 것, ④ 계열사의 출연에 대한 반대급부가 존재하고 부담은 계열사간에 균형적일 것이란 요건이 충족되면 그 거래는 정당화된다고 한다.

6) 이러한 평가는 노혁준, 상게논문, 141면.

객관적 구성요건 해당성이 없는 것으로 보는 것이 아니라 기존의 입장대로[7] 고의가 없어 배임죄가 성립하지 않는 것으로 보고 있다("본인에게 손해를 가한다는 인식하의 의도적 행위라고 인정하기 어렵다").[8]

(정대익)

7) 대법원 2013.9.26. 선고 2013도5214 판결.

8) 노혁준, 전게논문, 142면은 적절한 경영판단의 절차와 요건을 밟은 경우 '업무상 임무위배'라는 업무상 배임죄(형법 제356조)의 구성요건이 충족되지 않는 것으로 본다.

76 표현이사의 제3자에 대한 책임

대법원 2009.11.26. 선고 2009다39240 판결

Ⅰ. 판결개요

1. 사실관계

X(원고)는 투자자(수익자)로부터 모은 자금을 신탁받아 보관하면서 그 신탁재산을 회사채와 같은 특정 유가증권에 투자 운영하는 투자신탁회사이고, Y(피고)는 1999. 1. 1. 임원인 이사(비등기)로 승진하여 2000. 12. 27.까지 주식회사 D(이하 'D'라 함)의 건설회계부문에서 근무하였다. 자체결산 결과 1997 회계연도에 이어 1998 회계연도 재무제표 상으로 D의 재무구조와 경영성과가 부실한 것으로 나타나자, D그룹 회장 A_1, D의 대표이사 A_2는 회계본부장 전무이사 A_3에게 "D의 부채비율을 500% 미만으로 조작하고, 배당률을 2%로 맞추어 결산을 하라"고 지시하고, A_3는 Y에게 건설부문에서 재무제표를 조작하여 위 지시에 맞추도록 지시하고, Y는 다시 국내건설회계팀장, 해외건설회계팀장에게 지시하여 허위의 재무제표가 작성되도록 하였다. 그 결과 자산 합계 7,750억원이 허위로 증가되고, 부채 합계 13조 4,236억원이 허위로 감소됐으며, 자본 합계 14조 1,986억원이 허위로 증가되어 마치 자산이 26조 7,345억원, 부채가 22조 8,433억원, 자본이 3조 8,912억원으로서 부채비율이 587%에 불과한 것처럼 대차대조표와 손익계산서 등이 작성되었다.

X는 1999. 4. 30. D가 발행한 무보증 회사채(이 사건 회사채)를 1,211억 4,000만원에, 1999. 5. 28. 무보증 전환사채(이 사건 회사채)를 2,226억 910만원에 매입하여 이를 신탁재산에 편입하여 보유하였는데, 1999년경부터 D그룹의 자금상황이 급속히 악화되어 1999. 7. 23.경부터 관련 투자신탁상품의 환매가 급증하는 등 금융시장이 불안해지자 금융감독위원회는 1999. 8. 13. 환매연기조치를 시행하였다. 환매연기조

치에 따라 이 사건 각 회사채가 편입된 수익증권을 보유하고 있는 개인들에게는 그 환매요청 시기별로 기준가액의 50%, 80%, 95%에 상응하는 고유재산에 의한 환매(재매입)를 한 다음, 한국자산관리공사에게 개산가격(概算價格)으로 매도하였고, 금융기관이 보유한 이 사건 각 회사채 편입비율에 상응하는 수익증권에 대하여는 위와 마찬가지로 한국자산관리공사에게 개산가격으로 매도한 후 그 매도금액을 정산금으로 하여 금융기관들에게 그 환매대금을 지급하였다. 원고는 2000. 1. 29. 신탁재산 중 D그룹의 무보증·무담보 채권(회사채, 기업어음(CP), 전환사채(CB))을 고유재산으로 매입한 후 한국자산관리공사에게 개산가격으로 양도하였는데, 그 양도가액은 이 사건 각 회사채의 경우 채권액면금의 18%의 금액으로 정해졌고, 이후 X와 한국자산관리공사는 2000. 7. 14. 위 개산가격을 정산가격으로 하기로 합의하였다.

원고 X의 손해배상청구에 대하여 피고 Y는 다음과 같이 주장하였다. 상법 제401조의2 제1항에서 규정하고 있는 사실상의 이사는 대주주나 그룹 기획조정실장 등 법률상 이사가 아니지만 회사의 주요업무집행에 관하여 법률상 이사 이상의 막강한 영향력을 가진 자를 의미하므로, 피고는 여기에 해당되지 않는다.

2. 판결요지

원고의 손해배상청구를 원심과 대법원은 인용하였다.

원심과 대법원은 상법 제401조의2 제1항 제1호 및 제2호는 회사에 대해 영향력을 가진 자를 전제로 하고 있으나, 제3호는 직명 자체에 업무집행권이 표상되어 있기 때문에 그에 더하여 회사에 대해 영향력을 가진 자일 것까지 요건으로 하고 있는 것은 아니라고 보았고, 피고는 D의 임원인 이사(비등기)로 승진하여 근무한 사실, 피고는 D그룹 회장 소외 2 등과 순차 공모하여 1999. 1.경부터 1999. 2.경까지 사이에 D의 제35기(1998 회계연도) 재무제표를 분식결산에 의해 허위로 작성한 사실 등을 알 수 있는바, 원심이 피고는 상법 제401조의2 제1항 제3호 소정의 표현이사에 해당한다는 취지로 판단한 것은 정당하다고 판시하였다.

3. 관련판례

(1) 대법원 2006.8.25. 선고 2004다26119 판결

상법 제401조의2 제1항 제1호의 '회사에 대한 자신의 영향력을 이용하여 이사에게 업무집행을 지시한 자'에는 자연인뿐만 아니라 법인인 지배회사도 포함된다.

(2) 대법원 2023.10.26. 선고 2020다236848 판결

[1] 상법 제399조 제1항, 제414조 제1항에서 규정하고 있는 주식회사의 이사 또는 감사의 회사에 대한 임무 해태로 인한 손해배상책임은 위임관계로 인한 채무불이행책임이므로 그에 따른 손해배상채권에는 민법 제766조 제1항의 단기소멸시효가 적용되지 않는다.

[2] 상법 제401조의2 제1항은 회사에 대한 자신의 영향력을 이용하여 이사에게 업무집행을 지시한 자(제1호), 이사의 이름으로 직접 업무를 집행한 자(제2호) 또는 이사가 아니면서 명예회장·회장·사장·부사장·전무·상무·이사 기타 회사의 업무를 집행할 권한이 있는 것으로 인정될 만한 명칭을 사용하여 회사의 업무를 집행한 자(제3호)가 그 지시하거나 집행한 업무에 관하여 제399조, 제401조, 제403조 및 제406조의2를 적용하는 경우에는 그 자를 "이사"로 본다고 규정하고 있다. 이는 주식회사의 이사가 아니지만 이사에게 업무집행을 지시하거나 이사처럼 업무를 집행하는 등으로 회사의 업무에 관여한 자에 대하여 그에 상응하는 책임을 묻기 위함이다.

이러한 법률 문언 내용과 입법 취지에 비추어 보면, 상법 제401조의2 제1항 각호에 해당하는 자는 회사의 이사는 아니지만 상법 제399조에서 정한 손해배상책임을 적용함에 있어 그가 관여한 업무에 관하여 법령준수의무를 비롯하여 이사와 같은 선관주의의무와 충실의무를 부담하고, 이를 게을리하였을 경우 회사에 대하여 그로 인한 손해배상책임을 지게 되는 것이다. 이와 같이 상법 제401조의2 제1항이 정한 손해배상책임은 상법에 의하여 이사로 의제되는 데 따른 책임이므로 그에 따른 손해배상채권에는 일반 불법행위책임의 단기소멸시효를 규정한 민법 제766조 제1항이 적용되지 않는다.

Ⅱ. 판결의 평석

1. 판결의 의의

위 사안에서는 분식결산에 관한 업무집행을 한 피고에게 분식결산으로 인한 거래로부터 손해를 입은 원고가 상법 제401조의2에 근거하여 이사의 제3자에 대한 책임을 묻고 있다. 이에 대하여 법원은 상법 제401조의2 제1항 제3호의 적용요건에 관하여 판단하였고, 위 판결은 동 조항 제3호, 즉 표현이사에 관한 최초의 대법원 판결이다.[1)]

2. 상법 제401조의2의 취지

상법 제401조의2는 IMF 경제위기를 극복하기 위한 법제도 개선의 일환으로 진행된 상법개정(1998년 12월 28일, 법률 제5591호)시 도입되었다. 이 조항의 취지는 지배주주 등 회사의 경영에 영향력을 행사할 수 있는 자가 스스로 상법상의 이사직을 담당하지 않은 채 자신이 선임한 이사에게 업무집행을 지시하는 경우(업무집행지시자, 제401조의2 제1항 제1호), 지배주주가 명목상 이사의 인장을 관리하면서 자신이 업무에 관한 결정 및 집행을 하면서도 명목상 이사의 행위인 것처럼 보이기 위하여 그의 명의로 행위를 조작하는 경우(사실상의 이사, 무권대행자, 제401조의2 제1항 제2호) 및 이사가 아니면서 명예회장·회장·사장·부사장·전무·상무·이사 기타 업무를 집행할 권한이 있는 것으로 인정될 만한 명칭을 사용하여 회사의 업무를 집행한 자(표현이사, 제401조의2 제1항 제3호)에게 기업경영자의 책임을 부과하자는 것이다.

종래에는 재벌기업과 같은 대기업의 경우 그룹 회장단이 그룹 전체의 경영방침을 정하고, 회장 비서실이나 기획조정실 등이 계열사에 지시하여 위 경영방침을 실행하도록 하는 사례에서 그 지시에 따른 업무수행의 결과 계열사에 손해가 발생하여 업무집행이사에게 책임문제가 발생하더라도 경영방침을 정하고 업무집행을 지시한 그룹회장 등은 아무런 책임을 부담하지 않았다. 위 조항은 위와 같은 사례에서 이사의 업무집행에 관여한 자에게 법률상의 이사와 동등하게 회사 또는 제3자에 대한 책임을 물어 기업경영의 투명성을 보장하고 책임경영을 하도록 하기 위하여 도입되었다.

3. 표현이사의 적용요건

상법 제401조의2 제1항 제3호에 의하면 표현이사는 이사가 아니면서 명예회장, 회장, 사장, 부사장, 전무, 상무, 이사 기타 회사의 업무를 집행할 권한이 있는 것으로 인정될 만한 명칭을 사용하여 회사의 업무를 집행한 자이다. 위 조항의 표현이사에 해당하여 이사의 책임이 인정되려면 어떤 명칭에 이사 이상의 직위자가 갖는 업무집행권한이 있는 것으로 인정될 수 있어야 한다. 위 조항이 적용되려면 법문상의 명칭에 따르는 업무집행권한이 행사되어야 하며, 그러한 명칭이 아닌 경우에는 회사의 업무집행권이 있다고 인정될 만한 명칭이 사용되어야 한다.

---

1) 위 판결에 대한 상세한 평석으로 김재범, "표현이사의 제3자에 대한 책임," 법학논총(전남대) 제30집 제2호(2010), 109면 이하.

(1) 명예회장, 회장, 사장, 부사장, 전무, 상무 및 이사의 권한

명예회장과 회장은 통상적으로는 회사의 명예직으로서 회사의 업무를 집행할 권한을 갖더라도 일부 한정된 사항으로 제한된다. 예컨대 중요한 정책이나 중대한 업무사항이 발생하였을 경우 결정 또는 자문에 참여하며, 이 한도에서 회사의 업무를 집행한다. 회장은 회사 내부의 지배구조상으로 사장과 동일한 권한을 가지고 업무를 집행하는 경우도 있을 수 있다.

사장(대표이사), 부사장, 전무, 상무 및 이사는 상법과 개별회사의 조직규정 또는 위임전결규정을 살펴보면 사장은 업무집행의 최고 결정권자로서 집행하며, 회사를 대표하는 권한을 가진다. 부사장 등은 이사회의 구성원으로서 주요회사업무에 관한 의사결정에 참여하는 자로서 사장으로부터 그 권한의 일부를 위임받아 행사할 권한(위임전결권한)을 갖고 이 권한은 사장의 명의로 집행된다. 권한범위를 비교하면 부사장은 전무, 상무 및 이사 등 업무담당이사보다 개별부서의 업무를 통괄하여 관여하는 업무를 위임받아 처리하며, 전무, 상무 및 이사는 보다 구체적인 업무를 위임받는다. 이들은 위임받은 업무에 관련된 특정부서의 집행책임자인 부장을 지휘·감독하는 지위에 있고, 업무집행에 관하여 회사에 대하여 책임을 부담한다. 따라서 위 조항상의 명칭이 나타내는 직위에 따르는 권한은 그 범위의 차이는 있으나 구체적인 업무집행부서의 담당자인 부장 직위의 상급자로서 그의 업무집행을 지휘·감독하는 것이라고 판단된다. 또한 위 직위는 '이사'지위를 공통으로 하며, 이사는 법률상의 이사로서 주주총회에서 선임되어 이사회의 구성원으로서 회사의 주요업무에 관한 의사결정에 참여하는 자의 지위를 갖는다. 위와 같이 사장 등의 직위에 따르는 권한이 파악되는데, 어떤 자가 적법하게 선임된 법률상의 이사가 아니면서 사장, 부사장, 전무, 상무 및 이사라는 명칭을 사용하고, 이와 함께 그러한 명칭에 따르는 업무집행권한을 행사한다면 그 자는 상법 제401조의2 제1항 제3호상의 책임주체로 된다.

(2) 기타 회사의 업무집행권이 있다고 인정될 만한 명칭의 판단기준

위 조항 제3호가 정하는 '기타 회사의 업무집행권이 있다고 인정될 만한 명칭'에는 기업집단의 경우 회장지시에 따라서 계열기업의 업무를 통괄하는 기획조정실장이나 비서실장 및 비등기이사로서 업무를 집행한 자가 거론된다.

그런데 현재 회사실무에서는 법문상의 사장, 부사장, 전무, 상무 및 이사라는 명칭 외의 다양한 명칭이 사용되고 있다. 예컨대 대규모 상장기업의 경우 총괄, 본부장, 사업부장, 본사장, 팀장, 실장, 센터장, －실(센터)담당임원, 그룹장, 법인장, 팀(센터)

고문 등의 명칭이 사용된다.[2] 이 명칭들은 업무상의 '직책'에 대한 명칭으로서 사장, 부사장, 전무, 상무, 이사, 이사대우, 부장, 차장, 과장, 대리라는 '직위(직급)'의 명칭과는 달리 설정된다. 직위가 연공서열을 정하여 호봉 등 급여체계에서 이용되는 것이라면, 위 직책은 업무상의 권한과 책임을 중심으로 편성된다. 상법이 사장, 부사장, 전무, 상무 및 이사라는 직위명칭을 사용하는 회사를 전제로 책임체계를 정하였지만, 이는 기업현실에서 사용되는 직책의 명칭과 일치하지 않는다. 따라서 어떤 직책에 표현이사를 적용할 것인가의 문제는 그 직책 담당자가 담당하는 업무권한을 기준으로 판단하여야 한다.

팀제 등을 도입한 회사에 표현이사를 적용하려면 해당명칭이 '회사의 업무집행권이 있다고 인정될 만한 명칭'인지 여부가 판정되어야 한다. 이를 위하여 첫째, 어떤 직책의 명칭이 사장, 부사장, 전무, 상무 및 이사의 권한에 해당하는 것인지 여부가 조사되어야 한다. 이를 위하여 해당회사의 조직규정 및 위임전결규정상의 권한에 의한 판단이 필요하다. 둘째, 어떤 직명이 최종 실무집행자(부장)의 업무를 지휘·감독하는 권한을 가지는지 여부가 판단되어야 할 것으로 본다. 최종 실무집행자를 지휘·감독하는 권한을 가진 직책이라야 법문상의 사장, 부사장, 전무, 상무 및 이사에 걸맞는 권한을 가진 것으로 인정된다.

4. 대상판결의 검토

위 사안에서 피고 Y는 D회사의 건설회계부문에서 '이사(비등기)'였지만, 구체적인 직책은 밝혀지지 않았고, 비등기임원으로서 법률상의 이사지위를 갖지 못하는 자이다. 피고 Y가 D그룹회장 A_1, D의 대표이사 A_2, 회계본부장 전무이사 A_3, 무역회계팀장 A_4 등과 허위의 재무제표를 작성에 순차 공모하였다고 하지만, 피고는 법률상의 이사에 해당하는 권한을 가진 것으로 풀이되지는 않는다. 그가 국내·해외건설회계팀장에게 지시한 사실로 보아 회계팀장을 지휘·감독하는 지위에 있었지만, 스스로 분식결산을 결정하여 지시하는 지위에는 있지 아니한 것으로 추정된다.

피고 Y는 자신이 회사 내에서 영향력 있는 자가 아니라는 점을 주장하였으나 대법원은 상법 제401조의2 제1항 제3호는 직명 자체에 업무집행권이 표상되어 있기 때문에 그에 더하여 회사에 대해 영향력을 가진 자일 것까지 요건으로 하고 있는 것은

---

2) 삼성전자주식회사 2008. 8. 14. 반기보고서. 김재범, "회사지배구조 관련 회사법제의 나아갈 방향 - 2008년 상법개정안 검토," 경영법률 제19집 1호(2008), 17면. 두산그룹은 상무, 전무, 부사장 등 직급을 폐지하고 '담당, 부문장' 등 업무 중심 직책으로 개편할 예정이다. 매일경제 2010. 5. 18. 인터넷뉴스.

아니라고 보았다. 물론 위 조항은 회사업무를 집행할 권한이 있는 것으로 인정될 만한 명칭을 기준으로 이사로 간주하는 것이므로 위 조항 제1호의 영향력을 이용하거나 제2호처럼 영향력을 전제로 하지 않는다. 그러나 위 판결은 그 이유설시가 미흡하다고 생각한다. 위 조항 제3호가 적용되기 위하여 피고가 이사로서 상법상의 이사책임을 부담하는 지위를 갖는지 여부의 판단이 중요하다. 대법원은 피고 Y의 '이사(비등기)'라는 명칭과 D그룹회장과 공모한 사실로부터 표현이사로 본 것으로 풀이되지만, 대규모 상장회사에서 다수의 비등기임원이 선임되며, 비등기임원이 법률상의 이사에 해당하는 권한을 가지지 못하고 있다는 점을 고려한다면 피고가 가진 권한범위에 관한 평가가 필요했다고 본다.

최근 본부장, 팀장 또는 실장 등 다양한 직명이 사용되고 있는데, 이 경우 표현이사를 적용하기 위한 요건으로 법문의 '업무를 집행할 권한이 있는 것으로 인정될 만한 명칭'에 대한 해석이 필요한데, 위 판결은 이 문제를 판단해 볼 단서를 제공하고 있다. '회계본부장 전무이사 A_3'의 경우 회계업무의 최고결제권자로서 분식결산을 지시하는 지위에 있고, 또한 전무이사로서 회계팀장 등에게 지시하여 회계내용을 수정할 수 있는 지위도 가진 것으로 보이므로, 그가 법률상의 이사가 아니더라도 표현이사를 적용할 수 있다고 본다. 일반적으로 회계팀장의 경우 그가 비등기이사가 아닌 부장 등 사용인의 지위를 가졌다면 표현이사는 아니라고 본다. 피고 Y는 회계본부장과 회계팀장의 중간에서 업무를 수행하였는데, 그가 표현이사가 되려면 그의 업무 내용이 실무자로서 회계업무를 집행하는 지위였는지 아니면 실무자를 지휘·감독하는 지위였는지가 판단의 기준이 되어야 한다. 그의 권한이 단순히 상급자의 지시대로 회계를 조작하는 역할을 수행하는 데 불과하여 회계결산에 관한 결제권을 갖지 못하였다면 그는 위 조항상의 책임주체가 될 수 없다. 위 조항 제3호 '업무를 집행할 권한이 있는 것으로 인정될 만한 명칭을 사용하여 회사의 업무를 집행한 자'를 Y에게 적용하기 위하여는 '업무를 집행할 권한'의 근거, 구체적으로는 Y가 정관, 조직규정과 위임전결규정에 의하여 수행한 권한 및 회사내부에서 관행적으로 수행한 업무권한 등에 관하여 보다 엄밀한 분석이 필요하다고 본다.

(김재범)

77 이사의 제3자에 대한 책임과 주주의 간접손해

대법원 1993.1.26. 선고 91다36093 판결

Ⅰ. 판결개요

1. 사실관계

벤처캐피탈회사인 X창업주식회사는 투자대상회사인 Y_1회사의 액면총액 1억5천만원에 해당하는 신주 1만5천주와 1억5천만원 상당의 전환사채를 인수하기 위하여 X, Y_1회사, Y_1회사의 대표이사 Y_2를 당사자로 하는 합작투자계약을 체결하였다.[1] 동 합작투자계약에 의하면 Y_1회사와 Y_2는 X가 출자한 자금의 목적외 사용을 위해서는 사전승인을 받아야 하는 등 각종의 의무를 부담하고 그러한 의무를 이행하지 않는 경우에는 손해배상의무를 부담하도록 되어 있었다.[2]

Y_1회사는 Y_2가 가지급금형식으로 거액을 인출하여 횡령함에 따라 당좌수표가 부도되고 마침내 도산에 이르게 되자, X는 Y_1회사와 Y_2에 대해서 자신이 입은 주식인수액 1억5천만원 상당의 손해를 연대하여 배상할 것을 청구하였다. Y_2에 대한 청구는 이사의 제3자에 대한 책임(상법 제401조)에 근거하였고, Y_1회사에 대한 청구는 이사의 업무집행상 불법행위로 인한 회사의 손해배상책임(상법 제389조 제3항, 제210조)에 근거하였다.[3]

원심은 Y_1회사의 대표이사였던 Y_2가 Y_1회사의 금원을 횡령하여 회사재산을 감소시켰다면 회사에 대하여 손해배상책임을 부담할 것이고 Y_1회사가 Y_2에 대하여 손해배상을 구할 수 있을 것이나, 위 손해는 법률상 Y_1회사가 입은 손해이므로 주주인 X

1) 정진세, "주주의 간접손해와 이사의 제삼자에 대한 책임," 법률신문 2525호, 1993. 1. 26, 14면.

2) 상게논문, 14면; 김건식, "주주의 직접손해와 간접손해 –이사의 제3자에 대한 책임을 중심으로–," 법학 제39권 2호, 1993, 295면.

3) 김건식, 상게논문, 295면.

가 그 손해가 경제적으로 자기에게 귀속된다는 사유만으로 직접 Y_1회사와 Y_2에 대하여 자기 주식인수액 상당을 손해라고 하여 배상을 구할 수가 없다고 판단하였다.

2. 판결요지

주식회사의 주주가 대표이사의 악의 또는 중대한 과실로 인한 임무해태행위로 직접 손해를 입은 경우에는 이사와 회사에 대하여 상법 제401조, 제389조 제3항, 제210조에 의하여 손해배상을 청구할 수 있으나, 대표이사가 회사재산을 횡령하여 회사재산이 감소함으로써 회사가 손해를 입고 결과적으로 주주의 경제적 이익이 침해되는 손해와 같은 간접적인 손해는 상법 제401조 제1항에서 말하는 손해의 개념에 포함되지 아니하므로 이에 대하여는 위 법조항에 의한 손해배상을 청구할 수 없고, 이와 같은 법리는 주주가 중소기업창업지원법상의 중소기업창업투자회사라고 하여도 다를 바 없다.

3. 관련판례

(1) 대법원 2003.10.24. 선고 2003다29661 판결

주식회사의 주주가 이사의 악의 또는 중대한 과실로 인한 임무해태행위로 직접 손해를 입은 경우에는 이사에 대하여 상법 제401조에 의하여 손해배상을 청구할 수 있으나, 이사가 회사재산을 횡령하여 회사재산이 감소함으로써 회사가 손해를 입고 결과적으로 주주의 경제적 이익이 침해되는 손해와 같은 간접적인 손해는 상법 제401조 제1항에서 말하는 손해의 개념에 포함되지 아니하므로 이에 대하여는 위 법조항에 의한 손해배상을 청구할 수 없다.

(2) 대법원 2012.12.13. 선고 2010다77743 판결

주식회사의 주주가 이사의 악의 또는 중대한 과실로 인한 임무해태행위로 직접 손해를 입은 경우에는 이사에 대하여 상법 제401조에 의하여 손해배상을 청구할 수 있으나, 이사가 회사의 재산을 횡령하여 회사의 재산이 감소함으로써 회사가 손해를 입고 결과적으로 주주의 경제적 이익이 침해되는 손해와 같은 간접적인 손해는 상법 제401조 제1항에서 말하는 손해의 개념에 포함되지 아니하므로 이에 대하여는 위 법조항에 의한 손해배상을 청구할 수 없다.

그러나 회사의 재산을 횡령한 이사가 악의 또는 중대한 과실로 부실공시를 하여 재무구조의 악화 사실이 증권시장에 알려지지 아니함으로써 회사 발행주식의 주가가 정상주가보다 높게 형성되고, 주식매수인이 그러한 사실을 알지 못한 채 그 주식을 취득하였다가 그 후 그 사실이 증권시장에 공표되어 주가가 하락한 경우에는, 그 주주는 이사의 부실공시로 인하여 정상주가보다 높은 가격에 주식을 매수하였다가 그 주가가 하락함으로써 직접 손해를 입은 것이므로, 그 이사에 대하여 상법 제401조 제1항에 의하여 손해배상을 청구할 수 있다고 할 것이다.

Ⅱ. 판결의 평석

1. 판결의 의의

대상판결은 주주가 대표이사의 임무해태행위로 입은 손해에 대하여 상법 제401조 제1항에 의하여 이사의 제3자에 대한 책임을 청구할 경우 그 손해는 주주가 입은 직접적인 손해를 말하며, 간접적인 손해는 손해배상 청구의 대상에서 제외됨을 분명히 한 판결이다.

2. 상법상 이사의 책임

상법상 이사의 책임은 손해배상책임과 자본금충실책임으로 구분할 수 있다. 이사의 손해배상책임은 이사의 임무해태로 인한 책임이며, 상법 제399조 제1항에 의한 회사에 대한 책임과 상법 제401조 제1항에 의한 제3자에 대한 손해배상책임으로 구분된다. 이사의 자본금충실책임은 회사에 대한 책임이며, 제3자에 대한 책임은 아니다. 이사가 대표이사인 경우에는 상법 제389조 제3항, 제210조에 의하여 대표이사의 행위가 회사의 불법행위가 되는 경우 회사와 대표이사는 연대하여 손해를 배상할 책임이 있다.

(1) 이사의 손해배상책임

1) 회사에 대한 손해배상책임

이사가 법령 또는 정관에 위반하는 행위를 하거나 임무를 해태한 때에는 회사에 대하여 연대하여 손해배상책임을 진다(상법 제399조 제1항). 이사의 법령 또는 정관에 위반한 행위가 이사회의 결의에 의한 것인 때에는 그 결의에 찬성한 이사도 연대책임을 지며(상법 제399조 제2항), 결의에 참가한 이사로서 이의를 한 기재가 이사회의사록에 없는 자는 그 결의에 찬성한 것으로 추정한다(상법 제399조 제3항). 이사가 법령 또는 정관에 위반한 행위의 법적성질에 대하여 과거에 다수설인 무과실책임설과 소수설인 과실책임설로 나누어져 있었으나, 2012. 4. 15. 시행된 개정상법은 "이사가 고의 또는 과실로 법령 또는 정관에 위반한 행위를 하거나"로 관련 조항을 개정함으로써 과실책임임을 명문화하고 있다(상법 제399조 제1항). 이사의 임무해태에 의한 책임의 법적성질은 위임계약 불이행의 책임으로서 과실책임이라는 점에 일치하고 있으며, 임무해태에 대한 입증책임은 이사의 책임을 주장하는 자에게 있다.[4] 이사는 이사회의 구성원으로서 선량한 관리자의 주의로서 업무집행의 결정과 감독을 하여야 한다. 따라서 이사는 자기뿐 아니라 다른 이사와 대표이사의 임무해태로 인한 손해에 대하여 그에 대한 감시의무를 해태한 때에는 책임을 진다. 판례는 회사의 업무에 관여하지 않은 이사도 다른 이사의 임무해태에 대하여 책임을 지며, 업무집행을 담당하지 않는 평이사도 업무담당이사의 업무집행이 위법하다고 의심할 만한 사유가 있음에도 불구하고 그 감시의무를 위반하여 이를 방치하고 이로 인하여 회사가 입은 손해에 대하여 배상할 책임이 있다고 하고 있다.[5] 이사의 회사에 대한 손해배상책임이 인정되는 경우, 당해 이사의 임무위반의 경위 등 제반 사정을 참작하여 손해배상액을 제한할 수 있다.[6]

2) 제3자에 대한 손해배상책임

(가) 책임의 의의

이사가 고의 또는 중대한 과실로 인하여 그 임무를 해태한 때에는 그 이사는 제3자에 대하여 연대하여 손해를 배상할 책임이 있다(상법 제401조 제1항). 여기서 이사의 임무해태는 회사에 대한 선관의무 또는 충실의무를 위반한 것을 의미한다. 경과실로 인한 임무해태의 경우에는 배상책임이 없다. 이러한 책임의 법적성질에 대하여 불법행위 책임과는 별도로 제3자의 보호를 위하여 상법이 특별히 인정한 법정책임설이 통설이나, 불법행위 요건을 고의 또는 중과실로 한정하고 경과실로 인한 책임을 면제한 일반불법행위에 대한 특칙으로 보는 불법행위특칙설, 특수불법행위 책임으로서 일반불법행위와 달리 위법행위가 요건으로 필요하지 않고 고의 또는 중대한 과실로 인한 임무해태로 성립하는 책임으로 보는 특수불법행위설도 있다. 법정책임설이 다수설이며 이 설에 의하면 이사의 제3자에 대한 책임은 불법행위책임과 다른 책임이므로

4) 대법원 1996.12.23. 선고 96다30465,30472 판결.
5) 대법원 1985.6.25. 선고 84다카1954 판결; 대법원 2002.5.24. 선고 2002다8131 판결.
6) 대법원 2004.12.10. 선고 2002다60467,60474 판결.

이사의 행위가 불법행위의 요건을 갖춘 경우에는 그 경합을 인정하나, 불법행위특칙설은 일반불법행위와의 경합을 인정하지 않으며 특수불법행위설은 일반불법행위의 요건이 충족되면 책임의 경합을 인정한다. 판례는 이사의 제3자에 대한 손해배상책임은 제3자를 보호하기 위하여 상법이 인정하는 특수한 책임으로 보는 법정책임설을 취하고 있다.[7] 대표이사가 대표이사로서의 업무 일체를 다른 이사 등에게 위임하고 대표이사로서의 직무를 전혀 집행하지 않는 것은 그 자체가 이사의 직무상 충실 및 선관의무를 위반하는 행위에 해당한다고 보아야 하므로, 상법 제401조의 규정된 이사가 악의 또는 중대한 과실로 인하여 그 임무를 해태한 요건에 해당한다고 볼 수 있다.[8]

(나) 손해의 범위

이사가 제3자에 대하여 손해배상책임을 지는 경우, 손해의 범위에 대하여 직접손해에 한하는지 간접손해도 포함되는지 논란이 있다. 직접손해는 이사의 행위로 인하여 제3자가 직접 개인적으로 입은 손해를 말하며, 간접손해는 이사의 행위로 인하여 회사에 손해가 생긴 결과 제3자에게 생긴 손해를 말한다.[9] 제3자는 회사 이외의 자를 말하므로 주주도 제3자의 범위에 포함된다. 학설은 주주가 직접손해를 입은 경우에 이사가 책임을 진다는 점에서는 일치하고 있다. 그러나 간접손해를 입은 주주가 이사에 대하여 손해배상 청구를 할 수 있는지 여부에 대하여 간접손해를 입은 주주도 손해배상 청구권자에 포함된다는 설이 다수설이고, 간접손해를 입은 주주는 제외된다는 것이 소수설이다. 대상판결을 비롯한 대법원 판례는 다수설과 달리 주주의 간접손해는 이사의 제3자에 대한 손해배상의 대상으로서 손해 개념에는 포함되지 않는 것으로 본다. 간접손해가 제외된다는 의미는 이사의 업무집행에 대한 고의 또는 중대한 과실로 인하여 회사의 재정상태가 악화되어 주가의 하락으로 주주에게 생긴 간접적인 손해는 이사의 제3자에 대한 책임으로서 손해배상을 청구할 수 없다는 것이다. 최근 판례에서 코스닥등록법인의 부실공시로 인한 주가하락으로 주주가 입은 손해에 대하여, 부실공시 후에 주식매수인이 이를 모르고 높은 가격으로 주식을 취득하고 그 후 그 부실공시가 알려져 그 주주가 주가하락으로 인한 손해를 입은 경우에는 직접손해로 보지만, 주식매수인의 주식취득 후 회사의 부실공시가 있었고 그 후 부실공시가 알려져 그 주주가 주가하락으로 인한 손해를 입은 경우에는 이를 간접손해로 본

7) 대법원 2006.12.22. 선고 2004다63354 판결; 대법원 2008.2.28. 선고 2005다60369 판결.

8) 대법원 2003.4.11. 선고 2002다70044 판결; 대법원 2006.9.8. 선고 2006다21880 판결; 대법원 2008.9.11. 선고 2006다68636 판결.

9) 최기원, 상법학신론(상), 제20판, 박영사, 2014, 855면.

다.[10] 이 최근 판례에서도 주주의 간접손해를 이사의 제3자에 대한 손해배상의 대상 포함되지 않는 것으로 보는 기존의 판례의 입장은 견지되고 있다.

일반적인 대법원 판결의 입장과 달리 하급심 판결에서 제한적으로 예외적인 경우에 이사의 제3자에 대한 책임을 간접손해에도 인정하여, "이사가 회사재산을 횡령하여 회사재산이 감소함으로써 회사가 손해를 입고 결과적으로 주주의 경제적 이익이 침해되는 손해와 같은 간접적인 손해는 상법 제401조 제1항에서 말하는 손해의 개념에 포함되지 아니한다고 볼 것이므로 이에 대하여는 위 법조항에 기한 손해배상을 청구할 수 없다고 할 것이나, 회사 경영진이 기업 경영자에게 일반적으로 기대되는 충실·선관의무를 위배하여 비합리적인 방법으로 기업을 운영하고 이로 인해 회사의 채권자나 주주 등 회사의 이해관계인조차도 도저히 예상할 수 없는, 통상적인 기업경영상 손실을 넘어서는 특별한 손실이 회사에 발생하고, 이러한 손실의 원인이 회사 경영진의 명백히 위법한 임무해태행위에 있으며, 그 손실의 규모가 막대하여 이를 직접적인 원인으로 회사가 도산하는 등 소멸하여 회사 경영진에 대한 회사의 책임 추궁이 실질적으로 불가능하고, 따라서 회사 경영진에 대한 주주의 직접적인 손해배상청구를 인정하지 않는다면 주주에게 발생한 손해의 회복은 사실상 불가능한 경우와 같이 특별한 사정이 인정되는 경우에는 주주의 간접손해에 대해서도 상법 제401조의 적용을 인정함이 타당하다"고 한 판결이 있다.[11] 대법원 판결은 제401조의 책임을 주주의 간접손해에 대하여 적용하는 예외를 전혀 인정하고 있지 않으나, 하급심 판결에서 나타난 것처럼 상법 제401조의 적용에 있어서 주주의 간접손해에 대하여 동조에 의한 책임을 예외적으로 인정할지 여부와 인정한다면 그 범위와 요건이 문제될 경우가 발생할 수 있음을 주의할 필요가 있다.

(2) 이사의 자본금충실 책임

이사의 자본금충실 책임은 신주발행으로 인한 변경등기가 있은 후 아직 인수되지 않은 주식이 있거나 주식인수의 청약이 취소된 때에는 이사가 이를 공동으로 인수한 것으로 보는 책임을 말한다(상법 제428조). 이사의 자본금충실 책임은 발기인의 자본금충실책임과 달리 인수담보책임만 있고, 납입담보책임은 없다. 그 이유는 신주발행의 경우에는 납입기일에 납입을 하지 않으면 인수 자체가 없는 주식으로 취급되므로(상법 제423조 제2항), 인수의 효력이 유지되면서 납입만을 담보하여야 할 경우가 발

---

10) 대법원 2012.12.13. 선고 2010다77743 판결.
11) 서울지방법원 2002.11.12. 선고 2000가합6051 판결.

생하지 않기 때문이다. 이사의 자본금충실 책임은 이사의 과실 여부를 묻지 않는 무과실의 법정책임이다.

(3) 이사에 대한 책임추궁

1) 회사에 대한 책임

이사의 회사에 대한 손해배상책임과 자본금충실책임은 원래 회사가 이사에 대하여 책임을 추궁하여야 하지만, 회사가 이사에 대하여 책임을 추궁하지 않을 경우 발행주식의 100분의 1 이상의 주식을 가진 소수주주도 대표소송에 의하여 이를 추궁할 수 있다(상법 제403조). 상장회사의 경우 대표소송을 제기하기 위한 소수주주의 요건은 '6개월 전부터 계속하여 상장회사 발행주식총수의 1만분의 1 이상에 해당하는 주식을 보유한 자'이다(상법 제542조의6 제6항). 이사의 회사에 대한 손해배상책임과 자본금충실 책임은 10년의 소멸시효의 완성으로 소멸한다(민법 제162조).[12] 이사의 회사에 대한 손해배상책임은 총주주의 동의로써 면제될 수 있다(상법 제400조). 그러나 자본금충실책임은 총주주의 동의로 면책되지 못한다. 이사의 회사에 대한 손해배상책임은 정기주주총회에서 재무제표의 승인을 한 후 2년 내에 다른 결의가 없으면 부정행위가 없는 한 해제된다(상법 제450조). 책임해제를 주장하는 주식회사 이사는 회사의 정기총회에 제출 승인된 서류에 그 책임사유가 기재되어 있는 사실을 입증하여야 한다.[13]

2) 제3자에 대한 책임

이사의 제3자에 대한 책임에는 대표소송이 인정되지 않고, 이사에 대한 직접소송만 허용된다. 이사의 임무해태에 관한 고의 또는 중과실에 대한 입증책임은 제3자에게 있다. 이사의 제3자에 대한 책임은 그 이행과 소멸시효의 완성에 의해서 소멸되고, 회사에 대한 책임과 달리 책임의 해제나 총주주의 동의에 의한 면제가 없다. 소멸시효는 법정책임설에 의하면 10년이지만, 불법행위특칙설이나 특수불법행위설에 의하면 3년이라고 할 수 있다.[14] 판례는 이사의 제3자에 대한 책임은 제3자를 보호하기 위하여 상법이 인정하는 특수한 책임이므로 소멸시효기간을 10년으로 보고 있다.[15] 제3자가 상법 제401조에 기한 이사의 제3자에 대한 손해배상책임만을 묻는 손

---

12) 대법원 1969.1.28. 선고 68다305 판결; 대법원 1985.6.25. 선고 84다카1954 판결 참조.
13) 대법원 1969.1.28. 선고 68다305 판결.
14) 최기원, 전게서, 858면.
15) 대법원 2006.12.22. 선고 2004다63354 판결; 대법원 2008.2.28. 선고 2005다60369 판결.

해배상청구소송에 있어서 주식회사의 외부감사에 관한 법률 제17조 제7항이 정하는 단기소멸시효는 적용될 여지가 없다.[16)]

3. 계약상 손해배상책임

대상판결에서 X와 Y_1, Y_2 사이에 체결된 합작투자계약의 내용 중에서 이 사건과 같은 사태가 발생할 경우에 Y_1, Y_2가 X에게 손해를 배상하기로 특약을 한 경우에는 특약에 의한 손해배상책임이 발생할 수도 있음을 설명하고 하고 있다. 일반적으로 창업투자회사가 투자대상회사에 투자하면서 합작투자계약서를 작성하게 되는데, 이러한 합작투작계약서에 투자대상회사의 대표이사가 업무를 해태하거나 횡령 등을 하여 회사에 손해가 생긴 경우, 투자자인 주주가 당해 대표이사를 상대로 손해배상을 청구할 수 있음을 명시한 경우에는 이사의 제3자에 대한 책임으로서 상법 제401조에 의한 손해배상을 청구할 수는 없지만 합작투자계약상 특약에 의한 손해배상을 청구할 수 있을 것이다. 그러나 대상판결에서는 대표이사로서 회사자금을 횡령한 Y_2의 행위는 합작투자계약상 의무를 위반한 것이 아니라고 판시하였다. 이러한 대상판결의 결론에 대하여 Y_2의 회사자금의 횡령행위는 출자자금의 목적외 사용으로 볼 수 있으므로 합작투자계약 위반으로 인한 책임을 부인한 것에 대하여 의문을 제기하는 견해가 있다.[17)]

4. 대상판결의 검토

대상판결에서 X는 Y_1회사의 대표이사였던 Y_2가 회사의 금원을 횡령하여 회사재산을 감소시켰다면 이로 인하여 회사가 손해를 입고 결과적으로 주주의 경제적 이익이 침해되는 손해와 같은 간접적인 손해는 상법 제401조 제1항에서 말하는 손해의 개념에 포함되지 아니한다고 판시하였다. 따라서 주주의 회사에 대한 손해배상으로서 이와 같은 간접손해는 주주 X가 Y_1회사를 상대로 이사의 제3자에 대한 책임으로서는 손해배상을 청구할 수 없다. 즉 주주의 간접손해는 이사의 회사에 대한 손해배상책임의 대상이 될 뿐, 이사의 제3자에 대한 손해배상책임의 대상이 될 수 없다.

판례의 결론에 의하면 주주 X가 입은 간접손해는 이사의 제3자에 대한 책임의 대상이 되지 않기 때문에, 결국 이사의 회사에 대한 책임으로 상법 제399조 제1항에

16) 대법원 2008.2.14. 선고 2006다82601 판결.
17) 김건식, 전게논문, 312면.

의하여 Y_1회사가 대표이사 Y_2를 상대로 직접 손해배상을 청구하거나 대표소송의 요건을 갖춘 경우에는 주주 X가 대표소송을 제기할 수 있을 것이다. 판례의 입장의 논리적 근거는 회사의 손실이 보상되면 주주로서도 불만을 호소할 근거가 해소될 것이며, 회사가 가지는 손해배상청구권을 주주들이 행사하여 개별적으로 자신들의 손해의 전보를 받는다면 회사의 재산이 유출되는 결과가 되어 회사채권자들에게 불리하게 될 것이고, 단체관계에서 발생한 문제의 해결에 있어서 그 구성원들은 단체적 제약을 받는 것은 불가피하다는 점에 두고 있을 것이라는 측면에서 설명할 수도 있다.[18]

그러나 주주 X가 대표소송의 요건을 갖추지 못하고 회사도 대표이사와의 관계로 인하여 Y_2를 상대로 직접 손해배상을 청구하지 않는 경우에는 Y_2는 회사를 상대로 직접 손해배상책임을 지지 않게 되고, 주주 X는 간접손해이므로 이사를 상대로 손해배상을 청구할 수도 없게 된다. 이렇게 되면 이사는 악의 또는 중대한 과실로 인하여 회사에 손해를 초래하고 그 결과 주주도 회사재산의 감소로 인하여 손해를 입었음에도 불구하고 이사는 상법상 아무런 책임도 지지 않게 되는 불합리한 점이 발생할 수 있다. 이사의 제3자에 대한 책임에 주주의 간접손해도 포함되어야 한다고 보는 다수설은 이러한 문제점 때문에 대표소송은 소수주주권자만이 할 수 있고 또한 담보제공 등의 요건으로 인하여 그 책임 추궁이 용이하지 않으므로 간접손해의 경우 회사뿐만 아니라 주주도 직접 이사로부터 손해를 보상받도록 하여야 할 것이며, 이러한 해석이 이사의 책임을 강화하려는 상법 제401조의 취지에도 맞는다고 한다.[19] 상법 제401조의 이사의 책임은 입법취지상 주주의 간접손해에 대한 책임만을 의미하는 것이며, 주주들 이외의 여러 이해관계인들은 회사가 손해를 입으면 간접적으로 영향을 받기 때문에 이사는 임무를 수행함에 있어서 부차적으로 이들의 이해도 고려해야 할 것이라는 취지에서 둔 규정이라는 견해도 있다.[20]

대상판결은 주주의 간접손해는 상법 제401조 제1항에 의한 손해배상을 청구할 수 없다는 법리는 주주가 중소기업창업지원법상의 중소기업창업투자회사라고 하여도 다를 바 없다고 하였다. 중소기업창업투자회사는 벤처캐피탈로서 투자대상기업에 투자하여 투자대상기업이 성공하는 경우 그 주가상승으로 인한 투자이익을 목적으로 투자하는 회사이다. 중소기업창업투자회사는 투자대상 회사의 부실경영 또는 회사재산 감소로 인한 주가하락의 경우 막대한 투자손실을 입게 된다. 또한 이사의 회사에 대

18) 정진세, 전게논문, 14면.
19) 최기원, 전게서, 858면.
20) 정진세, 전게논문, 14면.

한 손해배상으로 이미 하락한 투자 손실로 인한 창업투자회사의 손해가 모두 회복된다고 할 수도 없다. 대상판결은 일반 주주나 중소기업창업투자회사나 주주의 지위에 있는 것은 동일하다는 취지에서 중소기업창업투자회사의 간접손해도 회사의 제3자에 대한 손해배상에서 제외되는 것으로 본 것이다. 그러나 이사의 악의 또는 중대한 과실로 회사의 손실이 초래되고 이로 인하여 투자대상회사의 주가가 하락하여 입은 중소기업창업투자회사 손해는 과연 단순한 간접손해로 보기는 어렵다. 주가하락으로 중소기업창업투자회사의 투자자산이 감소한 것이고 이는 중소기업창업투자회사의 투자가 주식인수로 인한 직접투자 형태로 이루어졌다는 점에서 투자자산에 대한 직접적인 손해로 볼 수 있는 여지가 있는 것이다. 창업투자회사가 투자대상회사의 주식을 보유하는 목적은 벤처캐피탈의 특성상 투자대상회사의 기업가치가 상승하게 되면 일정한 기간이 경과한 후 투자자금을 회수하려는 것이다. 투자대상회사의 주가하락과 하락된 주가의 회복 불능은 바로 투자자금 회수를 불가능하게 하거나 회수에 큰 장애를 초래하는 것이 된다. 이러한 점에서 사례와 같은 경우에 중소기업창업투자회사가 입은 간접손해는 직접손해와 구분이 분명하지 않게 된다. 대상판결은 주주의 투자자로서 지위의 특성을 고려할 필요가 없이 '주주의 간접손해'는 모두 이사의 제3자에 대한 손해배상의 범위에서 제외된다고 보는 것인데, 문제는 주주의 간접손해와 직접손해의 구별이 분명하지 않은 경우가 발생할 수 있다는 점이다.

(윤성승)

78 주주가 입은 손해의 성격에 따른 상법 제401조의 적용 여부

대법원 2012.12.13. 선고 2010다77743 판결

Ⅰ. 판결개요

1. 사실관계

X주식회사(당시 코스닥등록법인)를 실질적으로 경영하던 이사 A는 X회사의 투자자문업 및 투자일임업 등록이 취소되어 그 무렵부터 투자금의 반환을 요구받게 되자, X회사가 특별히 유상증자를 하여야 할 필요성도 없는 상황에서 X회사와 직접적으로 연관되어 있지도 않은 투자자들에 대한 투자금 반환 등을 위하여 2001. 7. 30.경부터 2001. 10. 26.경까지 X회사의 유상증자를 실시하기로 하였다. A는 이러한 방법으로 끌어 모은 자금으로 공시내용과 같은 사업에는 전혀 투자하지 아니한 채, 투자금을 반환하거나 또는 차명 계좌에 입금하여 X회사의 주식거래 대금으로 유용하는 등 X회사의 자금을 상당히 교묘한 방법으로 횡령하였고, 그 과정에서 취할 수 있는 이익을 극대화하기 위하여 각종 주가조작, 허위공시를 행하였다.

부실공시로 재무구조의 악화 사실이 증권시장에 알려지지 아니함으로써 회사 발행주식의 주가가 정상주가보다 높게 형성되고, 주식매수인이 그러한 사실을 알지 못한 채 그 주식을 취득하였다가 그 후 그 사실이 증권시장에 공표되어 주가가 하락하였으며, 그로 인한 자본잠식 등이 결정적인 원인이 되어 2002. 7.말경 X회사는 코스닥등록이 취소되기에 이르렀다. B는 2001. 2. 28.부터 2002. 2. 27.까지, C는 2001. 11. 7.부터 2002. 2. 26.까지 각기 X회사의 주식을 취득하고, 2002. 3.경 현재 B가 70,000주, C가 141,500주를 각 보유하고 있었다.

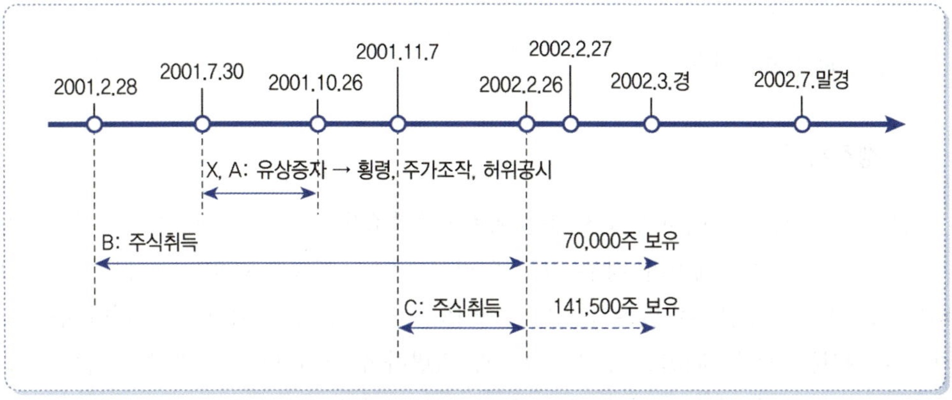

2. 판결요지

① 회사 재산을 횡령한 이사가 악의 또는 중대한 과실로 부실공시를 하여 재무구조 악화 사실이 증권시장에 알려지지 아니함으로써 회사 발행주식 주가가 정상주가보다 높게 형성되었고, 주식매수인이 이를 모르고 주식을 취득하였다가 그 후 이러한 사실이 증권시장에 공표되어 주가가 하락한 경우, 주주가 이사를 상대로 구 상법 제401조 제1항에 의한 손해배상을 청구할 수 있다.

② 상당인과관계에 관한 법리상, A가 주가 형성에 영향을 미칠 수 있는 사정들에 관하여 언제 어떠한 내용의 부실공시를 하거나 주가조작을 하였는지, B, C 등이 어느 부실공시 또는 주가조작으로 인하여 주식 평가를 그르쳐 몇 주의 주식을 정상주가보다 얼마나 높은 가격에 취득하였는지 등에 관하여 심리하여야 한다.

3. 관련판례

대법원 2003.10.24. 선고 2003다29661 판결

주식회사의 주주가 이사의 악의 또는 중대한 과실로 인한 임무해태행위로 직접 손해를 입은 경우에는 이사에 대하여 상법 제401조에 의하여 손해배상을 청구할 수 있다. 그러나 이사가 회사재산을 횡령하여 회사재산이 감소함으로써 회사가 손해를 입고 결과적으로 주주의 경제적 이익이 침해되는 손해와 같은 간접적인 손해는 상법 제401조 제1항에서 말하는 손해의 개념에 포함되지 아니하므로 이에 대하여는 위 법조항에 의한 손해배상을 청구할 수 없다.

Ⅱ. 판결의 평석

1. 쟁점사항

위 사안에서는 ① 이사의 회사재산 횡령·주가조작·부실공시에 의하여 주식가치가 하락하고 상장이 폐지된 경우 그로 인하여 주주가 입은 손해의 배상을 상법 제401조에 의하여 구할 수 있는지, ② 손해액의 산정방법이 문제된다. 이러한 판단을 하기 위해서는 상법 제401조의 적용요건과 관련하여 고의 또는 중과실에 의한 임무해태 여부, 주주가 입은 손해의 성격(직접손해인지, 간접손해인지), 인과관계의 존부 등이 규명되어야 한다.

2. 상법 제401조의 취지 및 책임의 성격

이사와 주주 사이에는 직접적으로 아무런 법률관계가 없다. 따라서 주주는 이사에 대하여 위임계약 위반을 근거로 한 책임은 문제될 수 없고 불법행위(민법 제750조, 상법 제209조, 상법 제389조 제3항)만이 문제될 수 있을 뿐이다. 그런데 상법 제401조에서는 이사가 고의 또는 중대한 과실로 그 임무를 게을리한 때에는 그 이사는 제3자에 연대하여 손해배상책임을 진다고 규정하고 있다. 이는 이사의 직무수행이 제3자에게 미치는 영향이 크다는 점을 감안하여 제3자를 보호하기 위한 특칙이다.[1] 판례와[2] 다수설에 의하면, 상법 제401조에 의한 배상책임은 불법행위책임과는 무관하게 제3자를 보호하기 위한 법정책임으로, 본조의 책임과 불법행위책임은 청구권경합의 관계에 있다고 한다.

3. 고의 또는 중과실에 의한 임무해태에 해당하는지 여부

(1) 상법 제401조의 책임을 묻기 위해서는 이사가 고의 또는 중대한 과실로 회사의 임무를 게을리하여야 한다. 불법행위책임과는 달리 제3자에 대한 고의 또는 중과실은 그 요건이 아니고, 가해에 대한 위법성을 요하지 아니한다.

(2) 위 사안에서 A가 행한 회사자금 횡령, 주가조작, 허위공시 등은 X회사를 실질적으로 경영하는 이사로서 X회사의 재산과 자금을 회사에 최선의 이익이 되는 방

1) 대법원 1985.11.12. 선고 84다카2490 판결.
2) 대법원 2006.12.22. 선고 2004다63354 판결; 대법원 2008.2.14. 선고 2006다82601 판결 등.

향으로 처분·사용하여야 할 충실의무 및 선량한 관리자로서의 주의의무에 위반한 것이다. 위 사안에서 A의 행위가 상법 제401조 제1항의 악의 또는 중과실에 의하여 임무를 게을리한 때에 해당한다는 점에 관해서는 다툼이 없다.[3)]

4. 주주가 상법 제401조의 제3자에 해당하는지 여부

상법 제399조에서는 회사가 이익보호의 주체라면, 제401조에서는 회사 이외의 제3자가 이익보호의 주체가 된다. 상법 제401조에서의 '제3자'는 회사 외의 이해관계자를 널리 포함하나, 회사채권자와 주주가 주로 문제된다. 위 사안에서는 B와 C는 X회사의 주주로서 상법 제401조의 제3자에 해당한다.

5. 주주가 입은 손해의 성격에 따른 상법 제401조의 적용 여부

(1) 채권자의 직접손해와 간접손해, 그리고 주주의 직접손해의 경우 상법 제401조의 적용대상이 될 수 있다고 보는 점에 관해서는 이견이 없다. 그러나 주주의 간접손해의 경우 이것이 상법 제401조의 적용대상이 되는가에 대해서는 긍정설이 다수설이지만,[4)] 판례는 이를 부정하고 있다.[5)]

(2) 위 사안에서 판례는 B와 C가 입은 손해가 직접손해인지 간접손해인지의 문제로 다루고 있으나, 이 중 어느 것에 해당하는가에 관해서는 원심과 대법원의 판단이 엇갈린다. 원심 법원은 회사의 재산을 횡령한 이사가 악의 또는 중대한 과실로 부실공시를 하여 재무구조의 악화 사실이 증권시장에 알려지지 아니함으로써 회사 발행주식의 주가가 정상주가보다 높게 형성되고, 주식매수인이 그러한 사실을 알지 못한 채 그 주식을 취득하였다가 그 후 그 사실이 증권시장에 공표되어 주가가 하락한 경우에는, 그 주주가 이사의 부실공시로 인하여 정상주가보다 높은 가격에 주식을 매수하였다가 주가가 하락함으로써 그 주주가 입은 손해는 직접손해로서, 주주 B 등이 입은 손해는 상법 제401조 제1항의 손해에 해당한다고 판단하였다.[6)] 그러나 대법원

---

3) 원심(서울고등법원 2010.8.20. 선고 2009나27973 판결)의 판결사항.

4) 서울지방법원 2002.11.12. 선고 2000가합6051 판결은 일반적인 대법원 판결과는 달리 주주의 간접손해 전보를 위하여 제한적 적용의 필요성을 긍정하고 있다.

5) 이러한 판례의 입장을 지지하는 견해도 있으나 현재 소수설이다(정찬형, 상법강의(상), 제20판, 박영사, 2017, 1066면; 최준선, 회사법, 제11판, 삼영사, 2016, 555면; 오영준, "이사의 횡령 등으로 인한 주가하락 및 상장폐지와 주주의 이사에 대한 손해배상청구－대상판결: 대법원 2012.12.13. 선고 2010다77743 판결－," BFL 제60호, 2013. 7, 113면 등).

6) 원심(서울고등법원 2010.8.20. 선고 2009나27973 판결)은 상장회사의 주식은 회사의 실물자산을 반영하는 주가의 가치도 중요하나, 공개시장을 통하여 용이하게 사고 팔 수 있다는 데 그 의의가 있다 할 것인데,

은, B 등이 주식을 취득한 후에 A의 횡령과 그에 관한 부실공시가 이루어지고 그로 인한 X회사의 재무구조의 악화 사실이 나중에 공표되면서 자본잠식 등이 결정적인 원인이 되어 X회사의 코스닥등록이 취소되고 그 과정에서 주가가 하락하게 되었다면, 그 주가하락분 상당의 손해는 결국 A의 횡령으로 X회사의 재무구조가 악화되어 생긴 간접적인 손해에 불과하다고 판단하였다.

요약하자면, 위 대법원 판결은 「횡령 · 부실공시 → 주식취득」의 경우에는 직접손해이지만, 「주식취득 → 횡령 · 부실공시→상장폐지, 주가하락」으로 인한 손해는 회사의 재무구조 악화로 인한 간접손해라고 판단하고, 후자는 상법 제401조의 적용대상이 아니라고 하는 종전 판례의 입장을 재확인하고 있다.

6. 상당인과관계의 존부

(1) 일반적인 배상의 법리에 의하면, 이사의 임무해태와 손해 사이에 상당인과관계가 있어야 하고, 그러한 상당인과관계에 있는 손해만이 배상의 대상으로 된다. 이 점은 상법 제401조의 적용에 있어서도 마찬가지이다.

(2) 위 사안에서 대법원은, A의 횡령 등 주가 형성에 영향을 미칠 수 있는 사정들에 관하여 언제, 어떠한 내용의 부실공시를 하거나 주가조작을 하였는지, B와 C가 어느 부실공시 또는 주가조작으로 인하여 진상을 알지 못한 채 주식평가를 그르쳐 몇 주의 주식을 정상주가보다 얼마나 높은 가격에 취득하였는지 등에 관하여 심리하여, B와 C가 주장하는 X회사의 주가하락으로 인한 손해가 상법 제401조 제1항에서 규정하는 손해에 해당하는지 및 그 손해와 A의 횡령, 주가조작, 부실공시 등의 행위 사이에 상당인과관계를 인정할 수 있는지의 여부를 심리하여야 한다고 하였다. 대법원은 “B 등(원고)이 주식을 취득한 후 A(피고)의 횡령과 그에 관한 부실공시가 이루어지고 그로 인한 X회사의 재무구조의 악화 사실이 나중에 공표되면서 자본잠식 등이 결정적인 원인이 되어 X회사의 코스닥등록이 취소되고 그 과정에서 주가가 하락하게 되었다면, 그 주가하락분 상당의 손해는 결국 A의 횡령으로 X회사의 재무구조가 악화되어 생긴 간접적인 손해에 불과하고, 그 횡령이 계획적이고 그 규모가 X회사의 자본금에 비추어 거액이며 횡령 과정에 주가조작이나 부실공시 등의 행위가 수

X회사 주식이 상장폐지, 즉 거래소에서 매매될 수 있는 자격을 빼앗기게 됨으로써 정리매매기간을 제외하면 사실상 상장회사로서의 주식 유통성이 없어지게 되었는바, 이와 같이 A가 계획적으로 X회사 자본금 규모에 비추어 거액을 횡령하고, 그 과정에서 취할 수 있는 이익을 극대화하기 위하여 각종 조작, 허위공시를 행하였으며, 그로 인한 자본 잠식 등이 결정적인 원인이 되어 상장폐지가 된 경우로서 이는 상법 제401조의 적용대상이 되는 직접손해에 해당한다고 보았다.

반되었다는 사정만으로 달리 볼 것은 아니므로, 이러한 경우라면 B 등은 A를 상대로 상법 제401조 제1항에 의하여 손해배상을 청구할 수 없을 것이다."라고 판단하였다. 또한 대법원은 "A의 주가조작으로 X회사 주식의 주가가 정상주가보다 높게 형성되고, B 등이 그러한 사실을 알지 못한 채 주식을 취득함으로써 손해를 입었다면, B 등은 A를 상대로 상법 제401조 제1항에 의하여 손해배상을 청구할 수 있을 것이지만, B 등이 A의 주가조작 이전에 주식을 취득하거나 주가조작으로 인한 주가 부양의 효과가 사라진 후 주식을 취득하였다면, A의 주가조작과 B 등의 주식취득 후 생긴 주가하락으로 인한 손해 사이에 상당인과관계가 있다고 볼 수 없으므로, 그와 같은 경우에는 B 등은 A를 상대로 상법 제401조 제1항에 의하여 손해배상을 청구할 수 있다고 보기 어려울 것이다."라고 판단하였다. 이러한 대법원의 지적은 타당하다고 본다.

7. 그 밖의 검토사항

상법 제401조에 의한 배상책임과 민법상 불법행위책임(민법 제750조)은 청구권 경합의 관계에 있으므로, 위 사안에서 A의 위와 같은 행위가 민법상 불법행위책임을 구성하는지에 대한 검토가 추가적으로 필요하다. 또한 A가 대표이사라면 상법 제209조(상법 제389조 제3항)에 의한 배상책임의 사유가 되는지에 대한 검토도 필요하다.

8. 대상판결의 의의

위 판결은 이사의 임무해태로 주주가 입은 직접손해는 상법 제401조의 적용대상이 되지만 주주가 입은 간접손해에 대해서는 동조가 적용되지 않는다는 종전 판례의 입장을 재확인하고 있다. 또한 상법 제401조의 적용에 있어서도 배상법의 일반법리에 따라 임무해태와 손해 사이에 상당인관계가 존재하여야 하므로 그 존부를 판단하여야 한다는 점을 밝히고 있다.

이러한 대법원 판례에 의하면, 주주가 입은 손해를 간접손해로 파악하는 경우 주주는 상법 제401조에 기하여 이사에 대하여 직접 배상을 청구할 수 없게 되고, 회사로 하여금 상법 제399조에 기한 손해배상을 청구하도록 하거나, 대표소송(상법 제403조)에 의하여 자신의 간접손해가 전보되도록 하는 우회적 방법을 취할 수 있을 따름이다. 그러나 대표소송의 제기는 현실적으로 여러 제약이 따르므로 주주의 손해를 보전하는 직접적인 수단으로는 미흡하다. 주주의 손해를 직접손해와 간접손해로 구분하는 기준이 반드시 명확하다고 할 수 없다.[7)] 이러한 구분은 어디까지나 보조적 수단으로 하고, 배상법의 일반법리에 따라 상당인과관계의 존부에 의하여 상법 제401조의 적용 여부와 적용대상을 판단하는 것이 어떨까 생각된다.

(김성탁)

7) 현행 민법은 직접손해와 간접손해의 구분을 하지 않고 단지 통상손해와 특별손해의 구분만을 하고 있다(민법 제393조).

79 모회사의 이사에 대한 자회사의 실권주 배정, 대표소송 제소 후 주식을 처분한 주주의 원고적격

대법원 2013.9.12. 선고 2011다57869 판결

Ⅰ. 판결개요

1. 사실관계

KS주식회사(이하 'KS')는 S주식회사(이하 'S')가 광주광역시에서 백화점 등을 운영하기 위하여 설립한 자회사로서 S가 그 주식 전부를 보유하고 있었고, 오래전부터 S의 상표를 사용하여 백화점 등을 운영하였다. S는 KS 설립 당시부터 계약을 통하여 상품구매를 대행하고 경영 일반을 관리하면서 KS를 사실상 광주광역시에 위치한 S의 지점처럼 운영하였고, 대외적으로도 그와 같이 인식되었다.

KS는 외환위기 이후 금융비용 증가로 자금조달 및 회사 운영에 어려움을 겪게 되자 이를 해결하기 위하여 S와 협의하여 유상증자를 하였다. 그러나 S 역시 구조조정 등의 필요로 유상증자에 참여할 형편이 되지 아니하여, A가 1998. 4. 23. 신주인수를 통하여 KS의 주식 83.3%를 취득하게 되었다. A는 위 신주인수 당시 S의 이사였고, KS와 S는 독립된 별도의 법인이며, 위 신주인수는 S의 이사회에서 실권 결의가 있은 후 A와 KS 사이에 이루어졌다.

A는 S의 지배주주인 B의 아들로서 S의 특수관계인이어서 구태여 KS를 S로부터 분리하여 경영하거나 S와 경쟁할 이유가 없었고, 실제로 S는 A의 위 신주인수로 인하여 지배주주의 지위를 잃고 2대 주주가 되었음에도 KS는 여전히 S와 동일한 기업집단에 소속되어 있었다.

KS는 A의 위 신주인수 후에도 S와 동일한 상표를 사용하고 S에 판매물품의 구매대행을 위탁하였으며, 전과 동일하게 S의 경영지도를 받으면서 S와 협력하였고, S도 위 신주인수 전과 마찬가지로 상표 사용 및 경영지도에 대한 대가로 KS로부터 매년

일정액의 경영수수료를 받았다.

S가 KS의 위 유상증자에 참여하지 않아 저가발행임에도 불구하고 실권함으로써 KS의 2대 주주로 전락하게 된 것에 대하여 S의 주주인 C, D, E, F는 이사 A 등에게 책임을 묻는 대표소송을 제기하였다. 그런데 이 중에서 D, E, F는 위 소 제기 당시에는 S의 발행주식을 보유하고 있었으나, 원심 변론종결 전에 그 주식을 모두 처분하여 원심 변론종결 당시에는 S의 발행주식을 전혀 보유하지 아니하였다.

2. 판결요지

① 자회사가 모회사의 이사와 거래를 한 경우에는 설령 모회사가 자회사의 주식 전부를 소유하고 있더라도 모회사와 자회사는 상법상 별개의 법인격을 가진 회사이고, 그 거래로 인한 불이익이 있더라도 그것은 자회사에게 돌아갈 뿐 모회사는 간접적인 영향을 받는 데 지나지 아니하므로, 자회사의 거래를 곧바로 모회사의 거래와 동일하게 볼 수는 없다. 따라서 모회사의 이사와 자회사의 거래는 모회사와의 관계에서 구 상법 제398조가 규율하는 거래에 해당하지 아니하고, 모회사의 이사는 그 거래에 관하여 모회사 이사회의 승인을 받아야 하는 것은 아니다.

② 상법이 제397조 제1항의 적용에 있어서, 이사는 경업 대상 회사의 이사, 대표이사가 되는 경우뿐만 아니라 그 회사의 지배주주가 되어 그 회사의 의사결정과 업무집행에 관여할 수 있게 되는 경우에도 자신이 속한 회사 이사회의 승인을 얻어야 하는 것으로 볼 것이다. 어떤 회사가 이사가 속한 회사의 영업부류에 속한 거래를 하고 있다면 그 당시 서로 영업지역을 달리하고 있다고 하여 그것만으로 두 회사가 경업관계에 있지 아니하다고 볼 것은 아니다. 그러나 두 회사의 지분소유 상황과 지배구조, 영업형태, 동일하거나 유사한 상호나 상표의 사용 여부, 시장에서 두 회사가 경쟁자로 인식되는지 여부 등 거래 전반의 사정에 비추어 볼 때 경업 대상 여부가 문제되는 회사가 실질적으로 이사가 속한 회사의 지점 내지 영업부문으로 운영되고 공동의 이익을 추구하는 관계에 있다면 두 회사 사이에는 서로 이익충돌의 여지가 있다고 볼 수 없고, 이사가 위와 같은 다른 회사의 주식을 인수하여 지배주주가 되려는 경우에는 상법 제397조가 정하는 바와 같은 이사회의 승인을 얻을 필요가 있다고 보기 어렵다.

③ 이사는 회사에 대하여 선량한 관리자의 주의의무와 충실의무를 지므로, 이사는 이익이 될 여지가 있는 사업기회가 있으면 이를 회사에 제공하여 회사로 하여금

이를 이용할 수 있도록 하여야 하고, 회사의 승인 없이 이를 자기 또는 제3자의 이익을 위하여 이용하여서는 아니 된다. 그러나 회사의 이사회가 그에 관하여 충분한 정보를 수집·분석하고 정당한 절차를 거쳐 회사의 이익을 위하여 의사를 결정함으로써 그러한 사업기회를 포기하거나 어느 이사가 그것을 이용할 수 있도록 승인하였다면 그 의사결정과정에 현저한 불합리가 없는 한 그와 같이 결의한 이사들의 경영판단은 존중되어야 할 것이다. 그러므로 이 경우에는 어느 이사가 그러한 사업기회를 이용하게 되었더라도 그 이사나 이사회의 승인 결의에 참여한 이사들이 이사로서 선량한 관리자의 주의의무 또는 충실의무를 위반하였다고 할 수 없다.

④ 상법 제403조 제1항, 제2항, 제3항, 제5항을 종합하여 보면, 여러 주주들이 함께 대표소송을 제기하기 위해서는 그들이 회사에 대하여 이사의 책임을 추궁할 소의 제기를 청구할 때와 회사를 위하여 그 소를 제기할 때 보유주식을 합산하여 상법이 정하는 주식보유요건을 갖추면 되고, 소 제기 후에는 보유주식의 수가 그 요건에 미달하게 되어도 무방하다. 그러나 대표소송을 제기한 주주 중 일부가 주식을 처분하는 등의 사유로 주식을 전혀 보유하지 아니하게 되어 주주의 지위를 상실하면, 특별한 사정이 없는 한 그 주주는 원고적격을 상실하여 그가 제기한 부분의 소는 부적법하게 된다. 이는 함께 대표소송을 제기한 다른 원고들이 주주의 지위를 유지하고 있다고 하여 달리 볼 것은 아니다.

3. 관련판례

(1) 대법원 2010.3.11. 선고 2007다71271 판결

상법 제398조 전문이 이사와 회사 사이의 거래에 관하여 이사회의 승인을 얻도록 규정하고 있는 취지는, 이사가 그 지위를 이용하여 회사와 직접 거래를 하거나 이사 자신의 이익을 위하여 회사와 제3자 간에 거래를 함으로써 이사 자신의 이익을 도모하고 회사 및 주주에게 손해를 입히는 것을 방지하고자 하는 것이므로, 이사와 회사 사이의 거래라고 하더라도 양자 사이의 이해가 상반되지 않고 회사에 불이익을 초래할 우려가 없는 때에는 이사회의 승인을 얻을 필요가 없다.

(2) 대법원 1993.4.9. 선고 92다53583 판결

이사의 경업금지의무를 규정한 상법 제397조 제1항의 규정취지는 이사가 그 지위를 이용하여 자신의 개인적 이익을 추구함으로써 회사의 이익을 침해할 우려가 큰 경업을 금지하여 이사로 하여금 선량한 관리자의 주의로써 회사를 유효적절하게 운영하여 그 직무를 충실하게 수행하여야 할 의무를 다하도록 하려는 데 있으므로, 경업의 대상이 되는 회사가 영업을 개시하지 못한 채 공장의 부지를 매수하는 등 영업의 준비작업을 추진하고 있는 단계에 있다 하여 위 규정에서 말하는 "동종영업을 목적으로 하는 다른 회사"가 아니라고 볼 수 없다.

Ⅱ. 판결의 평석

1. 쟁점사항

위 사안에서는 자회사(KS)가 신주를 발행할 때에 모회사(S)의 이사(A)가 모회사에 배정하였으나 실권된 부분을 실권주로 인수함으로써 모회사를 대신하여 자회사의 지배주주가 된 경우, 이것이 ① 자기거래금지조항(상법 제398조)의 적용대상이 되는지, ② 모회사의 이사가 동종영업을 영위하는 자회사의 지배주주가 되는 것도 이사회의 승인을 요하는 겸직(상법 제397조)에 해당하는지, ③ 회사의 사업기회 유용(상법 제397조의2)에 해당하는지 여부, ④ 자회사가 유리한 조건으로 발행하는 신주의 인수를 모회사가 포기하는 것이 모회사의 이사로서의 선관주의의무 또는 충실의무(상법 제382조 제2항, 민법 제681조, 상법 제382조의3) 위반으로 되는지, ⑤ 대표소송을 제기한 후 주식을 처분한 경우 그가 제기한 제소의 적법성 및 원고적격의 유지 여부(상법 제403조 제1항) 등이 쟁점사항이다.

2. 자기거래 금지의무 위반에 해당하는지 여부

(1) 이사 등이 회사를 상대로 자기 또는 제3자의 계산으로 거래하는 것을 자기거래라 한다. 자기거래를 아무런 제한 없이 허용하면 회사의 이익(판례는 주주의 이익도 포함하고 있음)을 해칠 우려가 있기 때문에 상법은 원칙적으로 이사회의 승인을 얻을 것과 거래가 공정할 것을 요하고 있다(상법 제398조).

(2) 자본거래가 이익상충 가능성 있는 거래에 해당하는지 여부

위 사안에서처럼 자회사(KS)가 신주를 발행할 때에 모회사(S)가 신주인수권을 갖는 부분에 대하여 신주를 인수하지 않음으로 해서 발생한 실권주를 모회사의 이사(A)가 인수함으로써 자회사의 지배주주로 된 것이 상법 제398조의 자기거래에 해당하는

가? 여기서의 '거래'는 회사와 이익상충의 가능성이 있는 모든 재산상의 행위를 뜻한다. 출자 등과 같은 자본거래(예: 제3자배정의 유상증자)도 회사와 이해상충의 가능성이 있다는 점에서는 상법 제398조에서 금지하는 자기거래에 포함된다는 것이 다수설이나, 이견이 있다.[1)]

(3) 자기거래의 주체가 될 수 있는 자

자기거래의 주체가 될 수 있는 자는 이사 등에 한한다. 위 사건 당시 적용된 구 상법 제398조에서 자기거래의 주체로 되는 자는 이사라고 규정하고 있었으나, 2011년 상법개정에 의하여 이사뿐만 아니라 그 특수관계자까지로 확대하여 (i) 이사, 주요주주, 집행임원, (ii) (i)의 배우자 및 직계존비속, (iii) (i)의 배우자의 직계존비속, (iv) (i)~(iii)의 자가 단독 또는 공동으로 의결권 있는 발행주식총수의 50% 이상을 가진 회사 및 그 자회사, (v) (i)~(iii)의 자가 (iv)의 회사와 합하여 의결권 있는 발행주식총수의 50% 이상을 가진 회사도 자기거래의 주체에 포함된다(상법 398조). 만일 위 사안이 개정상법 적용 이후에 발생한 것이었다면 상법 제398조의 적용대상이 될 수 있었을 것이다. 그러나 이러한 개정 이전에도 간접거래나 '제3자의 계산으로' 하는 경우 상법 제398조의 적용대상이 될 수 있다.

(4) 자기거래의 상대방인 '회사'

자기거래의 상대방은 회사이다. 이때 직접 회사를 상대방으로 하여 거래하는 경우(직접거래)뿐만 아니라 회사가 당사자로서 거래한 결과로서의 이득이 이사 등에게 귀속하는 경우(간접거래) 모두 상법 제398조의 자기거래로 된다. 그런데 위 사안에서 판례는 자회사는 모회사와는 별도의 법인격을 가진 존재이기 때문에 자회사와의 거래를 모회사의 거래와 동일시할 수는 없다는 이유로 – 설령 모회사가 자회사의 주식 전부를 소유하고 있더라도 – 자기거래에 해당하지 않는다고 판단하였다. 그러나 이에 대해서는 이사가 직접 회사와 거래한 경우가 아니라고 하더라도 그에 의한 이득이 당해 이사에게 되는 경우라면 거래의 구체적인 형태 여하를 불문하고 자기거래로 보는 것이 이 제도의 취지에 부합한다는 비판론이 제기될 수 있다.[2)]

---

1) 상법 제398조는 자본거래에는 적용하기 곤란하다는 견해가 있다(권재열, "모회사의 이사에 대한 자회사의 실권주 배정에 관련된 몇 가지 쟁점의 검토: 대법원 2013.9.12. 선고 2011다57869 판결을 대상으로 하여," 선진상사법률연구 제65호, 2014. 1, 31–32면). 그 논거로, 신주발행의 경우에는 수권자본제에 따라 이사회의 결의를 요하는 데 자기거래로 다시 이사회의 승인을 거치도록 한다면 이사회결의를 중복적으로 요구하는 것이 되고, 제3자인 이사가 불공정한 가액으로 신주를 인수하는 경우라면 자기거래의 문제로 취급하기보다는 상법 제424조의2 제1항에 의하여 처리하는 것이 바람직하다는 것을 들고 있다.

2011년 개정상법은 자기거래 금지의무를 지는 자를 확대함으로써 이에 대한 입법적 해결을 기하고 있다. 동조의 자기거래에 해당하는지의 여부를 판단함에 있어서는 제도의 취지를 감안하여 거래의 형식보다는 실질을 보아 그 거래로 인하여 회사의 이익이 침해될 가능성이 있는가의 관점에서 판단할 필요성이 인정된다.

3. 겸직금지의무 위반 여부

(1) 이사는 이사회의 승인 없이는 자기 또는 제3자의 계산으로 회사의 영업부류에 속하는 거래를 하지 못하며, 동종영업을 목적으로 하는 다른 회사의 무한책임사원이나 이사를 겸하지 못한다(상법 제397조). 경쟁적 관계 또는 이익충돌의 가능성이 그 판단에 있어서 관건이 된다. 영위하는 영업내용의 동일성 여부, 소재지역 등은 이러한 관계를 판단함에 있어서 부차적으로 고려될 수 있는 상황일 뿐이다.

(2) 동종영업을 하는 다른 회사의 지배주주가 된 경우

위 사안에서 모회사의 이사는 모회사에 배정된 자회사의 실권주를 인수함으로 인하여 모회사를 대신하여 동종영업을 영위하는 자회사의 지배주주가 되었다. 상법 제397의 법문에서는 '다른 회사의 무한책임사원이나 이사'를 겸하지 못한다고만 규정하고 있다, 이에 관해서는 가급적 조문에 충실하여 이에 한정하여 해석하여야 한다는 견해(한정설)와[3] 그 취지에 따라 확장적용이 가능하다는 견해(예시설)가 있다. 위 판례는 후자의 입장을 취하고 있는데, 동조의 취지가 그 지위를 이용하여 자신의 개인적 이익을 추구함으로써 회사의 이익을 침해할 우려가 있는 경업을 금지하고자 하는데 있음을 감안하여, 모회사의 이사가 자회사의 지배주주가 되는 것 역시 동조의 적용대상이 된다고 확대해석하고 있다.

(3) 동종영업이지만 이익충돌의 가능성이 없는 경우

동종영업이라 하여 무조건 상법 제397조의 적용대상이 되는 것은 아니고, 이는 경업관계의 예시일 뿐이다. 위 사안에서 모회사와 자회사가 영위하는 영업의 내용은 모두 백화점업으로 동일하지만, 지점 등의 관계로 종속적 관계에 있고 경쟁이 아닌 공동의 이익을 지향하는 협력관계에 있다. 이러한 경우 두 회사 사이에 이익충돌이

---

2) 도두형, "자회사 발행 신주의 인수에 있어서의 이사의 자기거래 및 겸직금자," 변호사 제47집, 2014, 393면.

3) 권재열, 전게논문, 35면.

없으므로 상법 제397조의 적용대상이 아니다.

4. 회사기회유용 금지의무 위반에 해당하는지 여부

(1) 위 사안에서 모회사의 이사회가 자회사의 신주를 인수하지 않고 이를 모회사의 이사에게 그 기회가 돌아가도록 함으로써 자회사에 대한 지배주주로서의 지위를 포기하여 모회사의 이사가 이를 대신하도록 한 것이 이사의 회사기회 유용에 해당하는지 문제된다. 위 사안은 상법 제397조의2가 도입되기 이전에 발생한 것이므로 법원은 이를 일반적인 선관주의의무 위반 여부의 문제로 처리하고 있다. 즉, 모회사의 자금사정 등을 감안하여 모회사에 이익이 되지 않을 사업기회라는 경영판단에 따라 자회사가 발행하는 신주인수의 기회를 포기하거나 그 기회를 모회사의 이사가 이용할 수 있도록 승인하였고, 그 결과 생긴 실권주를 모회사의 이사가 인수한 것이므로, 이는 이사의 선관주의의무 위반이 아니라고 법원은 판단하였다.

(2) 이사의 회사기회 유용금지의무를 명문으로 규정한 2011년 개정상법에 의하면, 여기에서의 '회사의 사업기회'는 현재 또는 장래에 회사에 이익이 될 수 있는 것으로, (i) 직무수행과정에서 알게 되거나 회사의 정보를 이용한 사업기회이거나, (ii) 회사가 수행하고 있거나 수행할 사업과 밀접한 관련이 있는 사업기회이어야 한다(상법 제397조의2). 만일 위 사안이 상법 제397조의2 적용 이후의 것이라고 가정하면, 모회사 이사의 위 행위는 회사기회의 유용에 해당하므로 이사회의 승인을 얻어야 한다. 이를 위반한 경우 그 손해액 산정은 일반적인 배상법리에 따라 실손배상이 원칙이나(민법 제393조), 그 기회유용으로 이사 자신 또는 제3자가 얻은 이익을 회사의 손해로 추정한다는 특칙을 두고 있다(상법 제397조의2 제2항).

5. 유리한 조건의 신주인수의 포기가 이사의 임무해태로 되는지 여부

(1) 주주는 신주인수에 참여할 것인지를 자유롭게 선택할 수 있다. 다만, 위 사안은 신주인수권자가 모회사이고, 인수조건이 저가이며, 당해 주식을 인수하지 않음으로 해서 자회사에 대하여 종전의 1대 주주에서 2대 주주로 지배구조가 변경된 경우로, 그러한 의사결정을 한 이사에게 임무해태를 이유로 상법 제399조의 책임을 물을 수 있는지 문제된다. 위 사안에서 법원은 그러한 의사결정이 현저하게 불합리하지 않는 한 임무해태로 인정하기 어렵다고 판단하였다. 즉, 허용된 경영판단에 해당한다고 판단하였다.

(2) 그러나 위 사안에서처럼 모회사가 자회사에 대한 종전의 지배권을 자신의 지배주주(B)의 아들인 이사에게 사실상 넘겨주어 자회사에 대한 지배주주의 자리를 대신하게 하는 결과를 가져온 것인데, 이러한 특별한 사정이 있는 경우에 대하여 위와 같은 판례의 일반적인 경영판단의 법리를 그대로 적용하는 것은 곤란하다. 회사의 이익과 지배주주(또는 그 아들)의 이익이 반드시 일치하는 것은 아니며 회사에 대한 지배권은 통상적으로 일반적인 주식가치 이상의 지배권 프리미엄을 갖기 때문이다. 의사결정의 합리성 여부와 회사의 이익상황 등의 사정을 종합하여 회사기회유용 또는 이사의 선관주의의무 위반 여부를 판단하여야 할 것이다.

6. 대표소송을 제기한 주주가 주식을 처분한 경우 원고적격의 유지 여부

(1) 대표소송을 제기할 수 있는 주주는 회사에 대한 제소청구 및 소제기 시점에 의결권 없는 주식을 포함하여 발행주식총수 중에서 법 소정의 지주비율 이상을 충족하여야 한다. 제소 후에는 그 지주비율이 법정지주비율을 하회하더라도 상관없다(상법 제403조 제5항).

(2) 수인의 주주가 합산하여 위 지주비율을 충족하여 대표소송을 제기한 이후 일부의 원고가 주식을 전혀 보유하지 않게 된 경우에는 그에 해당하는 자는 원고적격을 상실한다. 그 전원이 이에 해당하는 경우(즉, 원고 모두가 1주의 주식도 보유하지 않게 된 경우)에는 원고적격이 없게 되므로 소를 각하하여야 한다. 주주지위 상실의 이유는 불문한다.[4] 제소 후 회사가 주식 전부를 소각하는 때에도 회사의 소 참가(공동소송참가)가 없는 한 소송이 계속될 수 없게 된다.

(김성탁)

4) 이에 대해서는, 예컨대 주주가 제소 후 회사가 주식을 완전소각하는 경우처럼 비자발적인 경우, 소송의 장기화와 그에 따른 제소주주의 재정적 문제로 주식을 처분하는 경우 등과 같은 경우에는 주주대표소송의 취지가 이사의 의무위반에 대한 책임추궁에 있는 점을 감안하여 제소시에 원고적격을 갖추는 한 그 이후 주주지위를 상실하는 때에도 원고적격을 유지하는 것으로 좀 더 유연한 운영이 필요하다는 견해가 있다(권재열, 전게논문, 25－27면).

대표소송의 제소청구서와 감자무효의 소

대법원 2021.7.15. 선고 2018다298744 판결

Ⅰ. 판결개요

1. 사실관계

甲주식회사는 대주주이자 대표이사이던 Y의 주도로 'Y소유의 甲회사 발행주식 6,499주 중 일부를 감자 처리(이하 '이 사건 주식소각'이라고도 한다)하고 1주당 가액을 986,346원으로 하여 현금 지급한다'는 내용의 2014. 6. 19. 자 주주총회 특별결의서를 작성하였다. 甲회사는 2014. 6. 26. Y의 배우자이던 A에게 이혼 후 재산분할금으로 지급할 Y소유 주식 1,657주의 소각 대금 명목으로 1,634,348,422원을 지급하였으나 감자등기를 하지는 않았다. 甲회사의 15.8%의 주식을 보유한 주주 X는 2015. 11. 3. Y가 실제 소집절차와 회의절차를 거치지 않고 주주총회 특별결의서를 작성하는 등 상법상 감자절차를 전혀 이행하지 않아 법령을 위반하였다는 이유로 이사해임청구를 하여 2017. 1. 11. 승소판결을 받아 그 무렵 확정되었다. X는 2017. 7.경 甲회사에 'Y는 2014. 6.경 개인적 이익을 위하여, 보유하던 甲회사의 주식 중 1,657주를 회사에 처분하여 손해를 입혔다. Y는 甲회사가 자기주식을 취득할 수 없는 상태였음에도 상법이 정한 주주총회결의 절차도 거치지 않고 독단적으로 처리하였다. Y는 상법 제341조 제4항에 따른 손해배상책임이 있으므로 甲회사는 Y를 상대로 소송을 제기하라'는 내용의 내용증명(이하 '이 사건 제소청구서'라 한다)을 보냈다. 甲회사가 이 사건 제소청구서를 받은 날로부터 30일 내에 소를 제기하지 않자, X는 2017. 8. 21. 이 사건 제소청구서와 같은 취지로 상법 제341조 제4항에 따른 손해배상(배당가능이익을 초과한 자기주식 취득으로 인한 손해배상)을 청구하는 주주대표소송을 제기하였다. X는 제1심에서 그 청구가 기각되자 원심에서, 같은 사실관계를 기초로 상법 제399조

제1항에 따른 손해배상청구(이사의 위법행위로 인한 손해배상청구)를 선택적으로 추가하면서 이 사건 주식소각은 상법 제343조 제1항, 제2항 및 제440조, 제441조 등 자본금 감소에 관한 절차를 위반하여 행해졌다고 주장하였다. 이에 대해 Y는 감자절차의 하자는 상법 제445조에 따라 소만으로 주장할 수 있으므로 Y의 甲회사에 대한 손해배상책임이 문제된 이 사건에서 감자의 무효 여부를 판단할 수 없다고 주장하였다. 주된 쟁점은 주주대표소송의 계속 중에 제소청구서에 기재된 것과 동일한 사실관계에 기초하여 그 적용법조가 다른 새로운 청구를 추가하는 것이 가능한지, 그리고 감자무효의 소가 그 제소기간 내에 제기되지 않아 감자의 효력을 더 이상 다툴 수 없는 상태에서 회사가 그 위법한 감자절차에 관여한 이사를 상대로 손해배상책임을 추궁하는 소를 제기할 수 있는지였다.

2. 판결요지

제소청구서와 관련하여 대상판결은 "주주가 대표소송에서 주장한 이사의 손해배상책임이 제소청구서에 적시된 것과 차이가 있더라도 제소청구서의 책임발생 원인사실을 기초로 하면서 법적 평가만을 달리한 것에 불과하다면 그 대표소송은 적법"하다고 보고 따라서, "주주는 적법하게 제기된 대표소송 계속 중에 제소청구서의 책임발생 원인사실을 기초로 하면서 법적 평가만을 달리한 청구를 추가할 수 있다."라고 판시하였다. 이에 따라 대법원은 이 사건에서, 'X가 이 사건 제소청구서에서 주장한 Y의 책임은 상법 제341조 제4항에 근거한 것이고, 원심에서 추가로 주장한 것은 상법 제399조 제1항에 근거한 것으로서 그 법적 근거가 다르기는 하나, 각 청구의 기초 사실은 모두 甲회사의 대표이사인 Y가 자신의 지위를 이용하여 적법한 절차를 거치지 않고 甲회사로부터 주식소각대금을 지급받았다[1]는 것으로 동일하고 단지 Y의 책임에 대한 법적 평가만을 달리한 것일 뿐이므로 위와 같이 추가된 청구는 적법하다'고 보았다.

다음으로 감자무효의 소와 이사의 회사에 대한 책임을 추궁하는 소의 관계에 대해 대법원은 "자본금 감소를 위한 주식소각 절차에 하자가 있다면, 주주 등은 자본금 감소로 인한 변경등기가 된 날부터 6개월 내에 소로써만 무효를 주장할 수" 있으나, "이사가 주식소각 과정에서 법령을 위반하여 회사에 손해를 끼친 사실이 인정될 때에는 감자무효의 판결이 확정되었는지 여부와 관계없이 상법 제399조 제1항에 따라

1) 실제로는 甲회사가 Y의 배우자였던 A에게 주식소각대금을 지급하였으나, 이는 Y가 甲회사로부터 받아 A에게 지급할 재산분할금이었으므로 대상판결은 甲회사가 Y에게 지급한 것과 마찬가지로 보았다.

회사에 대하여 손해배상책임을 부담한다."라고 하면서 이 사건 주주대표소송은 이사의 법령위반 행위로 생긴 회사의 손해에 대해 이사의 책임을 추궁하는 것이므로 위법한 주식소각에 대한 감자무효 판결의 확정과 무관하게 제기할 수 있다고 판시하였다.

3. 관련판례

대법원 2021.5.13. 선고 2019다291399 판결

제소청구서에 기재되어야 하는 '이유'에는 권리귀속주체인 회사가 제소 여부를 판단할 수 있도록 책임추궁 대상 이사, 책임발생 원인사실에 관한 내용이 포함되어야 하나, 주주가 언제나 회사의 업무 등에 대해 정확한 지식과 적절한 정보를 가지고 있다고 할 수는 없으므로, 제소청구서에 책임추궁 대상 이사의 성명이 기재되어 있지 않거나 책임발생 원인사실이 다소 개략적으로 기재되어 있더라도, 회사가 제소청구서에 기재된 내용, 이사회의사록 등 회사 보유 자료 등을 종합하여 책임추궁 대상 이사, 책임발생 원인사실을 구체적으로 특정할 수 있다면, 그 제소청구서는 상법 제403조 제2항에서 정한 요건을 충족하였다고 보아야 한다.

Ⅱ. 판결의 평석

1. 제소청구서

상법은 주주대표소송 요건의 하나로 제소청구서를 회사에 제출할 것을 규정하고 있다. 즉, 발행주식총수의 100분의 1 이상[2]에 해당하는 주식을 가진 주주가 상법에 따라 회사에 대하여 손해배상책임을 지는 이사를 상대로 소를 제기할 것을 청구하기 위해서는 그 이유를 기재한 서면을 미리 회사에 제출하여야 한다(제403조 제1항, 제2항). 이는 주주대표소송이 회사를 위한 법정 소송담당이므로 일차적인 청구권자인 회사에 이사의 책임을 추궁할 수 있는 기회를 주기 위함이다.[3] 상법은 이와 같은 제소요건을 둠으로써 주주에 의한 남소를 방지하는 효과도 거두고 있다.[4] 여기서 제소청구서를 구체적으로 어느 정도까지 상세히 기재하여야 하는지 문제되었는데 대법원은,

---

2) 상장회사의 경우는 6개월 전부터 계속하여 발행주식총수의 1만분의 1 이상에 해당하는 주식을 보유한 주주(상법 제542조의6 제6항).

3) 심정희, "다중대표소송에 관한 연구", 사법정책연구원, 2021, 49면.

4) 대법원 2021.5.13. 선고 2019다291399 판결; 대법원 2010.4.15. 선고 2009다98058 판결.

권리귀속주체인 회사가 제소 여부를 판단할 수 있도록 책임추궁 대상 이사, 책임발생 원인사실에 관한 내용이 포함되어야 한다고 보면서도, 제소청구서에 책임추궁 대상 이사의 성명이 기재되어 있지 않거나 책임발생 원인사실이 다소 개략적으로 기재되어 있더라도, 회사가 제소청구서에 기재된 내용과 회사 보유 자료 등을 종합하여 책임추궁 대상 이사, 책임발생 원인사실을 구체적으로 특정할 수 있다면, 그 제소청구서는 적법하다고 보았다.[5] 앞서 본 바와 같이 제소청구서는 회사로 하여금 직접 이사에 대하여 손해배상청구권을 행사할 기회를 부여하려는 데에 그 취지가 있는바, 제소청구서에 비록 개략적인 기재만 있다고 하더라도 회사가 보유하고 있는 다른 자료 등을 통하여 책임발생의 원인이 되는 사실관계를 충분히 파악할 수 있다면 주주로서는 회사가 이사에 대한 손해배상청구권을 행사할 기회를 부여하였다고 보아야 할 것이므로 이를 적법하다고 본 대법원의 입장은 타당하다. 이 사건에서는 제소청구서에 사실관계의 기재 정도가 어느 정도로 상세하여야 하는지에 관하여 다투어진 것은 아니고, 기존에 기재되어 있는 사실관계를 기초로 다른 법적 청구를 추가로 제기하는 것이 가능한지가 문제되었다. 즉, 근거 법조문을 달리하는 새로운 청구원인이므로 기존의 제소청구서가 이러한 새로운 청구까지 허용한다고 볼 수 있는지 문제된 것이다. 이에 대해 대법원은 제소청구서에 기재된 책임발생 원인사실관계에 기초한 것이라면 비록 법적 평가를 달리하는 다른 청구라고 하더라도 이를 추가로 청구할 수 있다고 판단하였다. 제소청구서의 취지는 회사로 하여금 이사에 대한 책임추궁의 기회를 부여하기 위함이므로, 그 책임의 원인이 되는 사실관계가 제소청구서에 제시된 이상 제소청구서의 목적은 충족되었다고 봄이 상당하며, 그러한 책임발생의 원인이 되는 동일사실관계에 근거한 청구라면 비록 근거 법조문이 다른 것이라고 하더라도 이는 기존의 제소청구서에 커버되어 있다고 봄이 타당하다. 이와 달리 본다면 주주가 이사의 책임을 추궁할 수 있는 기초적 사실관계를 회사에 제시하여 회사로 하여금 이사에 대한 책임을 추궁할 기회를 부여하였음에도 근거 법조문이 다르다는 이유로 새로운 청구를 추가할 수 없게 되므로, 해당 주주로서는 새로이 제소청구서를 회사에 제공하여 주주대표소송의 절차를 처음부터 다시 밟아야 하는 불편을 겪어야 한다. 이 과정에서 소멸시효기간이 완성되거나 달리 예기치 못한 상황이 발생하여 주주의 이익이 불합리하게 침해되는 결과가 발생할 수도 있다. 이러한 점에 비추어 볼 때 위 대법원의 판단은 타당하다.

---

5) 대법원 2021.5.13. 선고 2019다291399 판결.

2. 감자무효의 소와 회사의 이사에 대한 손해배상책임청구의 관계

상법은 자본금감소에 관한 규정에 따라 주식을 소각하는 경우 주주총회의 특별결의, 공고, 주주 및 질권자에 대한 개별 통지, 채권자보호절차 등의 엄격한 절차를 거치도록 한다(제438조 이하). 자본금감소에 관한 절차나 내용에 하자가 있으면 주주·이사·감사·청산인·파산관재인 또는 자본금의 감소를 승인하지 아니한 채권자만이 자본금 감소로 인한 변경등기가 된 날부터 6개월 내에 소만으로 그 무효를 주장할 수 있도록 규정한다(제445조). 감자무효의 소는 형성의 소이므로, 일반 민사상 무효확인의 소로써 감자의 무효확인을 구하거나 다른 법률관계에 관한 소송에서 선결문제로서 감자의 무효를 주장하는 것은 원칙적으로 허용되지 아니한다. 그러나 감자의 실체가 없음에도 감자의 등기가 되어 있는 외관이 존재하는 경우 등과 같이 감자의 절차적·실체적 하자가 극히 중대하여 감자가 존재하지 아니한다고 볼 수 있는 경우에는, 감자무효의 소와는 달리 출소기간의 제한에 구애됨이 없이 그 외관 등을 제거하기 위하여 감자 부존재확인의 소를 제기하거나 다른 법률관계에 관한 소송에서 선결문제로서 감자의 부존재를 주장할 수 있다.[6] 이 사건에서는 위법한 감자절차에 따라 회사가 주주에게 주식소각대금을 지급함으로써 회사의 손해가 야기된 경우, 감자무효의 소 판결이 확정되지 않은 상태에서 회사(주주대표소송을 통해서 주주)가 감자과정에서 법령을 위반한 이사에 대하여 손해배상책임을 묻는 소를 제기하고 그 소송에서 감자의 위법성을 주장하는 것이 허용되는지 여부가 문제이다. 원심은 다른 법률관계에 관한 소송에서 그 선결문제로서 감자의 무효를 주장하는 것은 원칙적으로 허용되지 않지만 이 사건은 감자의 절차적·실체적 하자가 극히 중대하여 감자가 존재하지 아니한다고 볼 수 있는 경우에 해당한다고 보아 감자의 효력을 다투는 것은 허용된다고 보았다. 그러나 대법원은 동일한 결론을 취하면서도 원심과는 달리 주주대표소송은 이사의 법령위반 행위로 생긴 회사의 손해에 대해 이사의 책임을 추궁하는 것이므로 위법한 주식소각에 대한 감자무효 판결의 확정과 무관하게 제기할 수 있다고 판시함으로써 감자무효 판결의 확정을 위법한 감자에 관여한 이사에 대한 손해배상청구의 선결문제로 보지 않았다. 상법이 감자의 효력을 감자등기일로부터 6개월 이내의 소로써만 다툴 수 있도록 한 취지는 회사의 자본금감소라는 단체법적 법률관계를 획일적으로 처리함으로써 법적 안정성을 도모하기 위함이다. 회사의 자본금감소가 이미 이루어져 그 효력이 유지되더라도 회사는 위법한 감자절차에 관여한 이사의 행

6) 대법원 2009.12.24. 선고 2008다15520 판결; 대법원 2009.12.24. 선고 2008다15537 판결 참조.

위로 손해를 입을 수 있고, 회사가 그 이사를 상대로 손해배상을 구하는 것은 회사와 이사 간에 이루어지는 법률관계이므로, 회사와 관련된 모든 이해관계인의 법률관계를 획일적으로 정리할 필요가 있는 단체법적 법률관계라 보기 어렵다. 따라서 회사가 감자절차상 위법행위를 이유로 이에 관여한 이사에 대해 그 배상을 청구하는 것은 반드시 자본금감소가 단체법적으로 무효로 확정되어야만 허용된다고 보기는 어렵다. 이와 달리 감자무효의 소의 판결이 확정되어야만 회사가 위법한 감자절차에 관여한 이사에 대해 손해배상책임을 청구할 수 있다면, 제소기간의 도과 등으로 감자무효의 소를 제기할 수 없는 경우에서는 회사의 이사에 대한 손해배상청구권의 행사가 부당하게 제한될 것이다. 이러한 점에서 대상판결은 타당하다.

3. 대상판결의 의의

대상판결은 대표소송을 제기한 주주가 그 소송계속 중에 다른 청구를 추가하는 경우 그 추가 청구가 제소청구서에 기재한 책임발생 원인사실을 기초로 한 것이라면 제소청구서에 기재된 기존의 청구와 그 법적 평가는 달리한 것이라도 이를 적법하게 추가할 수 있다는 점을 명확히 한 첫 판결로 의의가 있다.

(윤은경)

81 이중대표소송의 허부

대법원 2004.9.23. 선고 2003다49221 판결

Ⅰ. 판결개요

1. 사실관계

甲주식회사는 염전개발업 등을 주된 목적으로 설립된 법인이지만 현재 乙주식회사가 발행한 주식의 약 81%를 소유한 지주회사일 뿐 특별히 영위하는 사업이 없었다. 甲회사가 발행한 주식 총수의 29%를 가진 원고 X는 甲회사의 종속회사인 乙회사의 대표이사로 재직하였던 피고 Y에 대하여 그의 충실의무 위반, 위법행위 및 업무상 횡령으로 인한 손해의 배상을 청구하기 위하여 대표소송을 제기하였다.

2. 판결요지

(1) 원심 판결: 서울고등법원 2003.8.22. 선고 2002나13746 판결

원심인 서울고등법원은 모회사의 주주로 있는 자가 종속회사의 이사로 재직하였던 자에 대한 소송이 가능하다는 판단 아래 X의 청구 중에서 Y의 업무상 횡령부분만을 인정하여 원고 일부승소판결을 내렸다. 동 법원이 지배·종속회사간에 이중대표소송을 허용할 것인가의 여부에 관한 판결요지를 소개하면 다음과 같다.

먼저 서울고등법원은 현행 상법 하에서 원고적격을 확대하여 이중대표소송을 허용할 수 있는가에 관해서는 논란의 여지가 있다고 보았다. 왜냐하면 "우리 상법 제403조가 대표소송을 제기할 수 있는 자를 '발행주식총수의 100분의 1 이상에 해당하는 주식을 가진 주주'로 한정하고 있어 그 '주주'의 개념에 '회사인 주주의 주주' 즉 지배회사의 주주까지 포함되는지에 관련하여" 분명하지 않다고 판단하였기 때문이다. 이와 관련하여 동 법원은 현재 이중대표소송의 허부에 관한 그간의 비판적 견해로서

이중대표소송이 "부정행위의 발생 당시 그 회사의 주주이어야 한다는 주식 동시소유의 원칙"에 반한다는 주장과 지배회사 주주의 지배회사 이사회에 대한 제소청구가 거절당하는 경우에는 그 지배회사 이사의 책임추궁이 가능하다는 주장이 있음을 소개하고 있다.

그러나 서울고등법원은 지배·종속회사관계에서 제소청구 또는 단순대표소송만으로는 지배회사의 주주가 입은 손해를 제대로 회복할 수 없다는 입장이다. 동 법원은 그 이유로서 이하의 세 가지 이유를 들고 있다. 즉, 지배회사 이사회에 대한 제소청구 또는 지배회사 이사를 상대로 한 대표소송만을 인정하는 경우에는 첫째, 종속회사 이사의 부정행위로 인하여 지배회사가 입은 간접적인 손해액을 평가하기가 용이하지 않으며, 둘째 종속회사가 발행한 주식을 여러 회사가 나누어 소유하고 있어 각 지배회사마다 대표소송을 제기한다면 소송이 남발하는 결과를 초래할 수 있으며, 셋째 지배회사 및 종속회사의 경영권을 모두 가지고 있는 경영진이 종속회사를 이용하여 부정행위를 함으로써 책임을 회피할 위험이 있다는 것이다. 이처럼 "종속회사의 경영진이나 주주들이 여러 가지 이유로 이사들의 종속회사에 대한 부정행위를 시정하지 못하는 경우가 있을 수 있는바, 이러한 경우 이중대표소송을 인정함으로써 종속회사 이사들의 부정행위를 억제할 수 있는 효과를 기대할 수 있고, 종속회사의 손해는 종국적으로 지배회사 주주의 손해로 귀속되므로 이중대표소송을 통하여 종속회사의 손해를 회복함으로써 간접적으로 지배회사 및 지배회사 주주의 손해를 경감하는 효과를 기대할 수 있다"고 하여 이중대표소송의 필요성을 제시하고 있다.

동 법원은 이상과 같은 이중대표소송의 필요성에 비추어 우리 상법 제403조에 규정한 대표소송을 제기할 수 있는 주주의 개념에 "회사인 주주의 주주"를 포함하는 것으로 해석하여 X의 이중대표소송을 인정하였다. 그리하여 동 법원은 지배회사 甲회사의 주주인 X가 종속회사 乙회사의 대표이사였던 Y의 위법행위에 대하여 乙회사를 위한 대표소송으로써 그 손해배상을 직접 청구할 수 있다고 판시하였다.

(2) 대법원 판결

어느 한 회사가 다른 회사의 주식의 전부 또는 대부분을 소유하여 양자 간에 지배종속관계에 있고, 종속회사가 그 이사 등의 부정행위에 의하여 손해를 입었다고 하더라도, 지배회사와 종속회사는 상법상 별개의 법인격을 가진 회사이고, 대표소송의 제소자격은 책임추궁을 당하여야 하는 이사가 속한 당해 회사의 주주로 한정되어 있으므로, 종속회사의 주주가 아닌 지배회사의 주주는 상법 제403조, 제415조에 의하여 종속회사의 이사 등에 대하여 책임을 추궁하는 이른바 이중대표소송을 제기할 수 없다.

3. 관련판례: 없음

Ⅱ. 판결의 평석

1. 다중대표소송의 의의

이중대표소송이란 종속회사 또는 자회사가 이사의 회사에 대한 책임을 제대로 추궁하지 않을 경우에 지배회사의 주주 또는 모회사의 주주가 종속회사 또는 자회사를 위하여 대표소송을 제기하는 것을 말한다. 그리고 자회사가 아니라 손자회사(孫子會社) 이사를 상대로 하여 대표소송을 제기하는 경우를 3중대표소송(三重代表訴訟)이라 하고, 이러한 이중대표소송과 3중대표소송, 4중대표소송 등을 포괄하는 용어가 다중대표소송이다. 다중대표소송은 미국판례에서 형평법을 근거로 하여 인정된 제도로서, 오늘날에 와서는 그 범위가 더욱 확대되고 있다. 이 경우는 자회사뿐만 아니라 모회사의 제소해태까지 있어야 하는 점에서 일반적인 대표소송과는 차이가 있다. 대상판결에서는 甲 주식회사는 乙주식회사의 발행주식총수의 81%를 소유하고 있다. 상법은 다른 회사의 발행주식총수의 100분의 50을 초과하는 주식을 가진 회사를 모회사라 하고, 그 다른 회사를 자회사로 보고 있으므로(상법 제342조의2 제1항 본문) 甲회사와 乙회사는 모자회사관계에 있다. 이 경우 X가 자회사의 전대표이사인 Y의 책임을 추궁하는 '이중대표소송'을 제기할 수 있는 당사자적격을 가지는지가 문제된다.

2. 현행 상법상 다중대표소송의 허부

(1) 상법개정으로 인정

과거 법인격독립의 원칙을 근거로, 상법 제403조에 규정한 '주주'의 개념에는 지배회사의 주주는 포함되지 않으므로 그 명문의 근거가 없고, 상법의 대표소송의 제소자격을 해석에 의하여 확장하는 것은 옳지 않다는 견해가 있다.[1] 대상판결과 같이 판례도 지배종속관계에 있는 회사라 하더라도 별개의 법인격을 가지고 있다는 근거에서 이를 부정하였다.[2]

---

1) 이철송, 회사법강의, 제26판, 박영사, 2018, 796면.
2) 대법원 2004.9.23. 선고 2003다49221 판결(어느 한 회사가 다른 회사의 주식의 전부 또는 대부분을 소

그러나 완전종속회사의 경우라든가 또는 지배회사와 종속회사가 특정의 부정행위자에 의하여 지배되고 있는 경우 등에는 지배회사 또는 모회사 주주 이외에는 이들을 상대로 책임을 추궁할 마땅한 방법이 없고, **종속회사가 그 손해를 회복하지 않으면 종속회사가 입은 손해는 최종적으로 지배회사 또는 모회사의 주주가 입게 되기 때문에 다중대표소송을 허용하여야 한다는 주장도 강하였다. 이에 2020년 상법 개정으로 다중대표소송 제도가 도입되어 입법적으로 허용되었다.**

(2) 요건 등

모회사 발행주식총수의 100분의 1 이상에 해당하는 주식을 가진 주주는 자회사에 대하여 자회사 이사의 책임을 추궁할 소의 제기를 청구할 수 있고(제406조의2 제1항), 자회사가 청구를 받은 날부터 30일 내에 소를 제기하지 아니한 때에는 즉시 자회사를 위하여 소를 제기할 수 있다(제406조의2 제2항). 기존에는 자회사 주식의 1% 이상을 가진 소수주주들이 그 자회사의 대표소송을 제기할 수 있었음에 반하여, 상법개정으로 모회사 주식의 1% 이상을 가진 소수주주들이 모회사가 아닌 자회사의 대표소송을 제기할 수 있는 결과가 되었다.

책임추궁할 소의 제기를 청구한 후 모회사가 보유한 자회사의 주식이 자회사 발행주식총수의 100분의 50 이하로 감소한 경우에도 그 소제기의 청구 및 대표소송 제소의 효력에는 영향이 없다(제406조의2 제4항). 다만 모회사가 자회사의 발행주식을 보유하지 아니하게 된 경우는 제외된다(제406조의2 제4항 괄호). 모회사가 상장회사인 경우에는 6개월 전부터 계속하여 상장회사 발행주식총수의 1만분의 50 이상에 해당하는 주식을 보유한 자는 제406조의2에 따른 소수주주의 권리, 즉 다중대표소송권을 행사할 수 있다(제542조의6 제7항). 그런데 상장회사인 모회사의 주주가 406조의2 제1항의 요건을 갖추는 경우, 즉 모회사 발행주식총수의 100분의 1 이상에 해당하는 주식을 가진다면 6개월의 보유기간 요건을 충족하지 못하더라도 다중대표소송을 제기할 수 있다(제542조의6 제10항).

유하여 양자 간에 지배종속관계에 있고, 종속회사가 그 이사 등의 부정행위에 의하여 손해를 입었다고 하더라도, 지배회사와 종속회사는 상법상 별개의 법인격을 가진 회사이고, 대표소송의 제소자격은 책임추궁을 당하여야 하는 이사가 속한 당해 회사의 주주로 한정되어 있으므로, 종속회사의 주주가 아닌 지배회사의 주주는 상법 제403조, 제415조에 의하여 종속회사의 이사 등에 대하여 책임을 추궁하는 이른바 이중대표소송을 제기할 수 없다).

3. 대상판결의 검토

2000년에 들어서면서 이중대표소송의 도입 내지 현행법에서의 허부의 문제를 진지하게 다루기 시작하였고, 2020년 상법개정으로 다중대표소송제도가 허용되었다. 따라서 동 사안이 현행법 하에서 다루어진다면 종속회사의 주주가 아닌 지배회사의 주주인 X는 상법 제406조의2, 제5조에 의하여 종속회사 乙회사의 대표이사였던 Y 등에 대하여 책임을 추궁하는 이른바 이중대표소송을 제기할 수 있다.

(장덕조, 권재열)

82 이사직무대행자의 권한

대법원 2007.6.28. 선고 2006다62362 판결

Ⅰ. 판결개요

1. 사실관계

X는 B와 결혼하여 피고 Y주식회사를 2000. 11. 발행주식총수 14만주, 자본금 7억원으로 설립하였으나, 2004. 3. X가 Y회사의 대표이사로 취임한 이래 B와의 사이가 악화되어 이혼지경에까지 이르게 되었다. Y회사의 이사 C는 2004. 9. 22. 소집절차를 생략하고 감사 D와 임시이사회를 개최하여 X의 공금횡령 및 업무수행능력부족을 이유로 대표이사직에서 해임하기 위한 임시주주총회를 소집할 것을 결의한 후 주주들에게 임시주주총회 소집통지서를 송달하였고, 2004. 10. 8. 임시주주총회에서는 X의 대표이사직 해임, E와 F의 이사 선임 및 골프연습장 매각을 결의하고(이하 '제1주주총회결의'), 같은 날 E를 대표이사로 선임하는 이사회결의 이후 2004. 10. 11. 대표이사 및 이사 변경등기를 경료하였다.

X가 E와 F를 상대로 신청한 대표이사 등 직무집행정지가처분신청 사건에서 관할법원은 본안판결 선고시까지 E에 대해서는 Y회사의 대표이사 및 이사의 직무를, F에 대해서는 이사의 직무집행을 정지하고 위 직무집행정지기간 중 A를 이사 겸 대표이사 직무대행자로 선임하였다.

A는 2005. 1. X와 그 외 이사가 출석한 가운데 정기주주총회 소집결의를 위한 이사회를 개최하고, 2004년도 결산승인, 골프연습장 매각건 추인, 전 대표이사 및 이사 해임승인, 대표이사 및 이사 선임 및 주주 긴급발의안 등의 안건을 결의하였고, 2005. 2. 14. 정기주주총회에서 제1주주총회결의사항 추인, 이사와 감사 선임안 등을 결의한(제2주주총회결의) 후 변경등기를 경료하였다.

이에 X는 2004. 10. 8.자 제1주주총회 안건의 결의취소와 이를 추인하는 2005. 2. 14.자 제2주주총회결의가 A의 상무에 속하지 않는 행위로 인하여 의결된 주주총회라는 사실에 근거하여 주주총회결의 취소를 소구하였다.

2. 판결요지

상고심은 2004. 9. 22.자 임시이사회결의는 소집절차 생략에 대한 이사 및 감사 전원의 사전 동의가 없는 상태에서 소집권한이 없는 자에 의하여 이루어진 결의로서 무효이므로 이에 따라 개최된 제1주주총회의 결의는 취소사유가 있고, 제1주주총회 결의 효력 여부에 관한 쟁송이 진행되고 있는 상황에서 제1주주총회결의를 추인하는 내용의 전 대표이사 및 이사해임 승인, 대표이사 및 이사 선임승인, Y회사의 중요재산인 골프연습장 매각으로 인한 매매대금을 포함하여 여유자금을 포괄적으로 투자하는 것을 승인하는 안건을 의제로 삼아 주주총회를 소집한 것은 회사의 상무에 속하는 행위라고 할 수 없어서 A가 상무에 속하지 아니한 사항이 포함된 내용을 안건으로 한 제2주주총회의 결의는 소집절차상 하자가 있는 주주총회에서 이루어졌으므로 취소사유가 있다고 한 원심을 확정하여 Y회사의 상고를 기각하였다.

3. 관련판례

(1) 대법원 1991.12.24. 선고 91다4355 판결

이사 직무대행자가 선임된 회사가 해산되고 해산 전의 가처분이 실효되지 않은 채 새로운 가처분에 의하여 해산된 회사의 청산인 직무대행자가 선임되었다 하더라도 선행가처분의 효력은 그대로 유지되어 그 가처분에 의하여 선임된 직무대행자만이 청산인 직무대행자로서의 권한이 있다.

(2) 대법원 1989.9.12. 선고 87다카2691 판결

가처분에 의하여 대표이사 직무대행자로 선임된 자가 변호사에게 소송대리를 위임하고 그 보수계약을 체결하거나 그와 관련하여 반소제기를 위임하는 행위는 회사의 상무에 속하나 회사의 상대방 당사자의 변호인의 보수지급에 관한 약정은 회사의 상무에 속한다고 볼 수 없으므로 법원의 허가를 받지 않는 한 효력이 없다.

(3) 대법원 2014.3.27. 선고 2013다39551 판결

주식회사 이사의 직무집행을 정지하고 직무대행자를 선임하는 가처분은 성질상 당사자 사이뿐만 아니라 제3자에 대한 관계에서도 효력이 미치므로 가처분에 반하여 이루어진 행위는 제3자에 대한 관계에서도 무효이므로 가처분에 의하여 선임된 이사 직무대행자의 권한은 법원의 취소결정이 있기까지 유효하게 존속한다. 또한 등기할 사항인 직무집행정지 및 직무대행자선임 가처분은 상법 제37조 제1항에 의하여 이를 등기하지 아니하면 위 가처분으로 선의의 제3자에게 대항하지 못하지만 악의의 제3자에게는 대항할 수 있고, 주식회사의 대표이사 및 이사에 대한 직무집행을 정지하고 직무대행자를 선임하는 법원의 가처분결정은 그 결정 이전에 직무집행이 정지된 주식회사 대표이사의 퇴임등기와 직무집행이 정지된 이사가 대표이사로 취임하는 등기가 경료되었다고 할지라도 직무집행이 정지된 이사에 대하여는 여전히 효력이 있으므로 가처분결정에 의하여 선임된 대표이사 및 이사 직무대행자의 권한은 유효하게 존속하고, 반면에 가처분결정 이전에 직무집행이 정지된 이사가 대표이사로 선임되었다고 할지라도 그 선임결의의 적법 여부에 관계없이 대표이사로서의 권한을 가지지 못한다.

Ⅱ. 판결의 평석

1. 의 의

법원은 이사 선임결의의 무효나 취소 또는 이사해임의 소가 제기된 경우 당사자의 신청에 의하여 직무집행정지를 가처분하고 직무대행자를 선임할 수 있다. 다만 직무대행자를 선임하는 것은 회사의 운영공백에 대비한 조치이므로 일부 이사의 직무집행정지가 회사의 업무집행에 지장을 초래하지 않는 경우라면 직무대행자를 선임하지 않을 수 있다.[1]

대상판결에서와 같이 대표이사의 직무집행정지 및 직무대행자선임 가처분이 이루어진 이상 그 후 대표이사가 해임되고 새로운 대표이사가 선임되었다 하더라도 가처분결정이 취소되지 아니하는 한 직무대행자의 권한은 유효하게 지속되는 반면 새로이 선임된 대표이사는 그 선임결의의 적법 여부에 관계없이 대표이사로서의 권한을

1) 법원이 상법 제407조 제1항의 규정에 의하여 가처분으로서 이사 등의 직무집행을 정지하고 그 직무대행자를 선임할 경우 그 가처분에 의하여 직무집행이 정지된 종전의 이사 등을 직무대행자로 선임할 수 없다.

갖지 못한다. 위 가처분은 성질상 당사자뿐 아니라 제3자에게도 효력이 미치므로 새로이 선임된 대표이사가 그 가처분에 위반한 대표행위를 한 경우 제3자와의 관계에서 효력이 발생하지 않고, 위 가처분에 위반하여 대표권 없는 대표이사와 법률행위를 한 거래상대방은 자신이 선의였음을 들어 법률행위의 유효를 주장할 수 없다.[2]

2. 권 한

직무대행자는 회사의 운영공백을 메우기 위한 임시직이므로 가처분명령에 다른 정함이 있는 경우와 법원의 허가를 얻은 경우 외에는 회사의 상무(常務)에 속하지 아니한 행위를 하지 못한다(상법 제408조 제1항 단서).

(1) 상 무

법문에 나타난 상무는 일반적으로 회사에서 일상적으로 행해지는 사무와 회사가 영업을 계속함에 있어서 통상 행하는 영업범위 내의 사무 또는 회사경영에 중요한 영향을 주지 않는 통상의 업무 등을 의미한다. 따라서 어느 행위가 구체적으로 상무의 범위에 속하는지의 여부는 당해 회사의 기구, 업무의 종류·성질, 기타 제반 사정을 고려하여 객관적으로 판단하여야 한다. 따라서 신주발행·사채발행·영업양도와 같이 지배구조에 변경을 가져오는 업무나, 중요재산의 처분, 사업목적의 변경과 같이 위험을 수반하는 중대한 경영판단을 요하는 업무는 직무대행자의 상무범위가 아니다.

대상판결에서는 A가 정기주주총회를 소집하면서 그 안건에 이사회의 구성을 변경하는 의제나 영업의 전부 또는 골프연습장과 같은 중요한 일부의 양도에 관한 특별결의사항에 해당하는 의제 등 회사의 경영 및 지배구조에 영향을 미칠 수 있는 중대한 사안이 포함되어 있으므로 직무대행자의 상무가 아니라고 판단하였다.

(2) 제한범위

상무의 범위를 제한하는 데에는 업무집행에 관련된 행위 이외에 이사회결의도 포함된다. 상고심은 A가 이사회에서 상무범위를 일탈한 안건으로 정기주주총회의 소집을 결의하는 행위는 소집절차상의 하자라고 판단하고 있다. 그러므로 직무대행자는 신주발행, 사채발행 또는 대표이사 선임 등을 안건으로 하는 이사회의 의사결정에서는 의결권을 행사할 수 없고, 타인에게 직무대행자로서의 권한을 위임하는 경우도 가처분명령의 취지에 반하므로 허용되지 않는다.

2) 대법원 1992.5.12. 선고 92다5638 판결.

대법원은 가처분명령에 의하여 선임된 회사의 대표이사 직무대행자가 회사의 업무집행기관으로서의 기능을 발휘하지 아니한 채 그 가처분 신청자에게 그 권한의 전부를 위임하여 회사경영을 일임하는 행위는 가처분명령에 의해 정해진 경영책임자로서의 지위에 변동을 가져오므로 이는 가처분명령에 위배되는 행위일 뿐만 아니라 통상적인 회사업무를 일탈하는 것으로서 가처분명령의 내용에 특정하거나 법원의 허가를 얻지 않고는 할 수 없다고 판시한 바 있다.[3)]

(3) 위반행위

직무대행자가 법원의 허가 없이 상무범위를 일탈한 위반행위의 경우 회사는 선의의 제3자에 대하여 책임을 진다. 선의 여부에 대한 주장과 증명책임은 회사와 거래한 제3자에게 있고, 직무대행자의 위반행위로 인한 회사의 손해에 대해서는 상법 제399조를 준용하여 직무대행자가 손해배상책임을 부담한다.

3. 검 토

대상판례에서 직무대행자인 A는 법원의 허가 없이 제2주주총회를 소집하여 제1주주총회결의를 추인하는 내용의 전 대표이사 및 이사해임 승인, 대표이사 및 이사선임 승인, Y의 중요한 재산의 일부인 골프연습장 매각으로 인한 매매대금을 포함하여 여유자금을 포괄적으로 투자하는 안건에 대한 승인 등을 주주총회의 의제로 삼아 주주총회를 소집한 것은 상법 제408조 제1항에서 정한 상무에 속하는 행위라고 할 수 없어 주주총회결의를 취소하였다.

직무대행자의 권한을 상무범위로 제한하는 이유는 회사의 운영공백을 임시로 메우기 위한 직무대행자가 회사의 지배구조와 경영판단에 영향을 줄 수 있는 중대한 사안을 주주의 의사결정이나 법원의 허가 없이 결정하는 것이 주주 및 이해당사자들의 영리실현과 회사의 영리성에 위한 경영목적에 상반되기 때문이다.

(김선광)

---

3) 대법원 1984.2.14. 선고 83다카875 판결.

감사의 제3자에 대한 책임

대법원 2008.2.14. 선고 2006다82601 판결

Ⅰ. 판결개요

1. 사실관계

甲주식회사는 자산규모가 수십 조원에 이르는 대기업으로서 건설과 무역·관리부문으로 구분되어 사업이 영위되고 있으며 각 부문별로도 대표이사를 두고 있었다. 동 회사의 회장으로서 실질적 경영자인 A는 동 회사의 경영상황 및 재정상태를 외부에서 알게 될 경우에 발생할 것으로 예상되는 상장법인 재무관리규정에 따른 유가증권발행 제한, 금융기관으로부터 자금 차입의 어려움, 대출금 회수 등의 불이익을 우려한 나머지, 1996년 1월부터 1997년 2월까지 당시 동 회사의 공동대표이사였던 B와 C에게 동 회사의 부실현황을 숨기는 내용의 재무제표를 작성·공시할 것을 지시하였다. 이에 B와 C는 허위로 1995 회계연도 및 1996 회계연도의 재무제표를 각 작성·공시하였으며, 이러한 재부제표의 작성 및 공시 당시 甲회사의 감사로 재직하고 있던 Y는 그와 같은 허위 재무제표의 작성 또는 공시행위를 방지하지 못하였다. 동 회사의 규모가 방대하다 보니 단기간의 감사로는 교묘하게 이루어진 분식사실을 쉽게 밝혀내기 어렵기도 하였다.

甲회사로부터 회사채에 대한 지급보증의 신청을 받은 X는 동 회사의 분식된 1995 회계연도 재무제표를 바탕으로 1997. 1. 25. 현재의 재무상황과 기타 여러 가지 상황을 종합하여 파악한 후 동 회사가 회사채를 상환할 수 있는 능력이 있는 것으로 판단될 뿐만 아니라, 위 금액의 회사채발행은 상법에 의한 사채발행 가능액의 범위 안에 있다고 판단하고 동 회사가 신청한 지급보증을 승인하기로 결정하였다.

甲회사의 대표이사 또는 이사들이 허위의 재무제표를 이용하여 X로부터 회사채의 지급보증을 받을 당시 동 회사의 감사로 재직하고 있던 Y는 자신의 도장을 이사에게 맡기는 등의 방식으로 그 명의만을 빌려줌으로써 그와 같은 대표이사 또는 이사들의 행위를 제지하지 아니하였다. 그 결과 대표이사 또는 이사들은 어떠한 간섭이나 감독도 받지 않고 재무제표 등에 허위의 사실을 기재할 수 있었다. 이에 X는 Y가 악의 또는 중대한 과실로 감사로서의 임무를 해태하였음을 전제로 하여 동 회사의 회사채 지급보증과 관련한 손해배상을 청구하였다.

2. 판결요지

주식회사의 감사가 실질적으로 감사로서의 직무를 수행할 의사가 전혀 없으면서도 자신의 도장을 이사에게 맡기는 등의 방식으로 그 명의만을 빌려줌으로써 회사의 이사로 하여금 어떠한 간섭이나 감독도 받지 않고 재무제표 등에 허위의 사실을 기재한 다음 그와 같이 분식된 재무제표 등을 이용하여 거래상대방인 제3자에게 손해를 입히도록 묵인하거나 방치한 경우, 감사는 악의 또는 중대한 과실로 인하여 임무를 해태한 때에 해당하여 그로 말미암아 제3자가 입은 손해를 배상할 책임이 있다.
주식회사의 감사가 감사로서 결산과 관련한 업무 자체를 수행하기는 하였으나 재무제표 등이 허위로 기재되었다는 사실을 과실로 알지 못한 경우에는, 문제된 분식결산이 쉽게 발견 가능한 것이어서 조금만 주의를 기울였더라면 허위로 작성된 사실을 알아내 이사가 허위의 재무제표 등을 주주총회에서 승인받는 것을 저지할 수 있었다는 등 중대한 과실을 추단할 만한 사정이 인정되어야 비로소 제3자에 대한 손해배상의 책임을 인정할 수 있고, 분식결산이 회사의 다른 임직원들에 의하여 조직적으로 교묘하게 이루어진 것이어서 감사가 쉽게 발견할 수 없었던 때에는 분식결산을 발견하지 못하였다는 사정만으로 중대한 과실이 있다고 할 수는 없고, 따라서 감사에게 분식결산으로 인하여 제3자가 입은 손해에 대한 배상책임을 인정할 수 없다.

3. 관련판례

(1) 대법원 2008.9.11. 선고 2006다68636 판결

감사는 상법 기타 법령이나 정관에서 정한 권한과 의무를 선량한 관리자의 주의의무를 다하여 이행하여야 하고, 악의 또는 중과실로 선량한 관리자의 주의의무에 위반하여 그 임무를 해태한 때에는 그로 인하여 제3자가 입은 손해를 배상할 책임이 있는바, 이러한 감사의 구체적인 주의의무의 내용과 범위는 회사의 종류나 규모, 업종, 구조 및 내부통제시스템, 재정상태, 법령상 규제의 정도, 감사 개개인의 능력과 경력, 근무 여건 등에 따라 다를 수 있다 하더라도, 감사가 주식회사의 필요적 상설 기관으로서 회계감사를 비롯하여 이사의 업무집행 전반을 감사할 권한을 갖는 등 상법 기타 법령이나 정관에서 정한 권한과 의무를 가지고 있는 점에 비추어 볼 때, 대규모 상장기업에서 일부 임직원의 전횡이 방치되고 있거나 중요한 재무정보에 대한 감사의 접근이 조직적·지속적으로 차단되고 있는 상황이라면, 감사의 주의의무는 경감되는 것이 아니라 오히려 현격히 가중된다.

(2) 대법원 2007.12.13. 선고 2007다60080 판결

상법이 감사를 상임 감사와 비상임 감사로 구별하여 비상임 감사는 상임 감사에 비해 그 직무와 책임이 감경되는 것으로 규정하고 있지도 않을 뿐 아니라, 우리나라의 회사들이 비상임 감사를 두어 비상임 감사는 상임 감사의 유고시에만 감사의 직무를 수행하도록 하고 있다는 상관습의 존재도 인정할 수 없으므로, 비상임 감사는 감사로서의 선관주의의무 위반에 따른 책임을 지지 않는다는 주장은 허용될 수 없다.

감사가 회사 또는 자회사의 이사 또는 지배인 기타의 사용인에 선임되거나 반대로 회사 또는 자회사의 이사 또는 지배인 기타의 사용인이 회사의 감사에 선임된 경우에는 그 선임행위는 각각의 선임 당시에 있어 현직을 사임하는 것을 조건으로 하여 효력을 가지고, 피선임자가 새로이 선임된 지위에 취임할 것을 승낙한 때에는 종전의 직을 사임하는 의사를 표시한 것으로 해석하여야 한다.

Ⅱ. 판결의 평석

1. 감사의 권한과 의무

감사는 이사의 직무의 집행을 감사한다(상법 제412조 제1항). 상법은 감사의 감사대상에 대하여 특별하게 제한하지 않고 있어 감사는 회계감사를 포함한 이사의 업무집행 전반에 대하여 감사할 권한과 의무를 부담하는 것으로 이해된다.

감사의 다른 권한으로는 첫째, 감사의 감사권 행사를 위하여 감사는 언제든지 이사에 대하여 영업에 관한 보고를 요구하거나 회사의 업무와 재산상태를 조사할 수 있다(상법 제412조 제2항). 둘째, 감사는 이사회에 출석하여 의견을 진술할 수 있다(상법 제391조의2 제1항). 셋째, 이사가 법령 또는 정관에 위반한 행위를 하여 그로 인하여

회사에 회복할 수 없는 손해가 생길 염려가 있는 경우에는 소수주주와 더불어 감사도 회사를 위하여 당해 이사에 대하여 그 행위를 유지할 것을 청구할 수 있다(상법 제402조). 넷째, 감사는 회의의 목적사항과 소집의 이유를 기재한 서면을 이사회에 제출하여 임시총회의 소집을 청구할 수 있다(상법 제412조의3 제1항). 다섯째, 회사가 이사에 대하여 또는 이사가 회사에 대하여 소를 제기하는 경우나 회사가 이사의 책임을 추궁하는 대표소송의 청구를 받은 경우에는 감사가 그 소에 관하여 회사를 대표한다(상법 제394조). 이상과 같은 감사의 권한은 그 권한을 적절히 행사할 의무까지를 수반하고 있다. 이처럼 감사의 권한은 대부분 권한인 동시에 의무로서의 성격을 지닌다.

그 밖에 상법이 감사의 의무로서 명시적으로 규정한 것으로는 다음의 것들이 있다. ① 감사는 이사가 주주총회에 제출할 의안 및 서류를 조사하여 법령 또는 정관에 위반하거나 현저하게 부당한 사항이 있는지의 여부에 관하여 주주총회에 그 의견을 진술하여야 한다(상법 제413조). ② 감사는 이사가 법령 또는 정관에 위반한 행위를 하거나 그 행위를 할 염려가 있다고 인정한 때에는 이사회에 이를 보고하여야 한다(상법 제391조의2 제2항). ③ 감사는 감사에 관하여 감사록을 작성하여야 하며, 감사록에는 감사의 실시요령과 그 결과를 기재하고, 감사를 실시한 감사가 기명날인 또는 서명하여야 한다(상법 제413조의2). ④ 감사는 이사로부터 정기총회회일의 6주간 전에 재무제표와 그 부속명세서(상법 제447조) 및 영업보고서(상법 제447조의2)의 제출을 받아 이를 받은 날로부터 4주간 내에 감사보고서를 이사에게 제출하여야 한다(상법 제447조의4 제1항). ⑤ 감사는 재임 중 뿐만 아니라 퇴임 후에도 직무상 알게 된 회사의 영업상 비밀을 누설하여서는 안된다(상법 제415조, 제382조의4).

2. 감사의 임무해태로 인한 책임

(1) 책임의 유형

이상에서 언급한 것처럼 감사는 회계감사를 비롯하여 이사의 업무집행 전반을 감사할 권한을 가진다. 감사도 이사와 마찬가지로 회사의 수임인의 지위에 있으므로(상법 제415조, 제382조 제2항) 그 감독직무를 수행함에 있어서 선량한 관리자의 주의의무를 부담한다(민법 제681조). 감사가 그 임무를 해태한 때에는 회사에 대하여 연대하여 손해를 배상할 책임이 있다(상법 제414조 제1항).

상법은 한편으로는 감사의 권한을 강화하면서 다른 한편으로는 감사에게 무거운 민사책임을 과하고 있다. 상법상 감사가 부담하는 책임으로는 회사에 대한 손해배상책임(상법 제414조 제1항)과 제3자에 대한 손해배상책임(상법 제414조 제2항)이 있고, 또 이러한 책임 외에 엄중한 벌칙의 제재가 따를 수 있다.

(2) 감사의 제3자에 대한 책임

1) 책임의 법적 성질

상법 제414조 제2항에 의한 감사의 제3자에 대한 책임의 법적 성질에 대해 학설은 대체적으로 법정책임설과 불법행위책임설로 나누어지고 있다. 먼저 상법 제414조 제2항의 책임은 정책적 배려차원에서 민법상의 불법행위책임과는 달리 법률이 정한 특별책임이라고 하는 법정책임설이 있다. 즉, 상법은 정책적으로 제3자를 철저히 보호하기 위하여 감사가 직접 제3자에 대하여 손해배상의 책임을 부담하도록 하고 있다는 것이다. 이 견해에 의하면 감사의 제3자에 대한 책임은 민법상의 불법행위책임과의 경합이 인정되며, 책임의 소멸시효기간은 일반채권과 같이 10년이다.

그 다음으로 불법행위책임설은 상법 제414조 제2항에 의한 책임을 민법상의 불법행위책임의 성질을 가지는 것으로 본다. 이러한 불법행위책임설은 다시 불법행위특칙설과 특수불법행위설로 다시 나누어진다. 불법행위특칙설은 상법 제414조 제2항의 감사의 제3자에 대한 책임이 그 본질에 있어서 일반적인 불법행위책임과 다르지 않지만, 경과실을 제외한다는 점에서 일반적인 불법행위의 특칙이라고 한다. 말하자면, 상법 제414조 제2항의 입법취지는 감사가 악의·중과실인 경우에 한하여 책임을 부담하도록 하여 감사의 책임경감을 도모하는 것에 있다는 입장이다. 이 견해에 따르면 민법상 불법행위책임을 배제하므로 그와의 청구권 경합은 인정되지 않는다. 책임의 소멸시효기간은 불법행위의 그것과 같이 3년이라고 주장한다.

특수불법행위책임설은 상법 제414조 제2항의 책임을 제3자를 보호하기 위하여 감사의 책임 성립요건을 가중한 특수한 불법행위책임이라고 본다. 즉, 상법 제414조 제2항의 이사의 책임은 민법 제750조의 불법행위책임과 요건을 달리하고 있어 민법 제755조 내지 제759조에 정한 민법상의 특수불법행위책임과 유사한 것으로 풀이한다. 이 견해에 의하는 경우 감사의 책임소멸시효기간이 3년이고 민법상의 불법행위책임과의 경합을 인정하는 것을 제외하고는 법정책임설과 큰 차이가 없다.

이상의 견해 중에서 상법 제414조 제2항의 책임이 법이 정책적으로 인정한 특별책임이라고 해석하는 경우 책임의 성질이 막연하고 불명확하다는 단점이 있기는 하지만, 회사법관계에서 발생하는 감사의 제3자에 대한 손해배상책임은 기존의 불법행위책임의 틀 속에 편입시켜 해석하기보다는 제3자보호 차원에서 법률이 책임의 성립요건을 특별히 정한 법정책임으로 풀이하는 것이 타당하다. 대법원도 상법 제414조 제2항의 감사의 제3자에 대한 손해배상책임의 법적 성질을 법정책임으로 보고 일반 채권으로서 민법 제162조 제1항에 따라 그 소멸시효기간은 10년이라고 판시하고 있다.[1]

2) 책임의 발생요건

상법은 제3자를 보호하고 감사로 하여금 이사의 업무집행을 충실하게 감시하도록 하기 위하여 다음의 요건 하에 감사의 제3자에 대한 책임을 규정하고 있다. 즉, 감사가 악의 또는 중대한 과실로 인하여 그 임무를 해태한 때에는 그 감사는 제3자에 대하여 연대하여 손해를 배상할 책임을 부담한다(상법 제414조 제2항). 이를 나누어서 살펴보면 감사의 제3자에 대한 책임발생요건은 ① 상법상 감사일 것, ② 악의 또는 중대한 과실이 있을 것, ③ 임무를 해태하였을 것, ④ 제3자에게 손해가 발생하였을 것, ⑤ 임무해태와 발생한 손해 사이에 상당한 인과관계가 존재할 것의 다섯 가지이다.

첫 번째 요건과 관련하여서 상법상 감사인 경우에는 그가 비상임이든 상임이든 간에 차별 없이 상법 제414조 제2항의 책임부담자가 될 수 있다.[2]

두 번째 요건에서 '악의'라 함은 그것이 임무해태임을 알고 있는 것을 뜻하며, 중대한 과실은 임무해태임을 알 수 있었음에도 불구하고 현저히 주의를 결하였기 때문에 이를 알지 못한 것을 의미한다. 예컨대, 주식회사의 감사가 직무 수행 의사 없이 명의만 빌려줌으로써 이사로 하여금 분식된 재무제표 등을 작성·이용하게 하여 제3자에게 손해를 입히도록 묵인·방치한 경우, 악의 또는 중대한 과실이 인정된다.[3]

셋째, '임무해태'라 함은 감사가 선량한 관리자의 주의의무를 다하지 않은 것을 의미한다.[4] 감사의 구체적인 주의의무의 내용과 범위는 회사의 종류나 규모, 업종, 지배구조 및 내부통제시스템, 재정상태, 법령상 규제의 정도, 감사 개개인의 능력과 경력, 근무 여건 등에 따라 다를 수 있다 하더라도, 대규모 상장기업에서 일부 임직원의 전횡이 방치되고 있거나 중요한 재무정보에 대한 감사의 접근이 조직적·지속적으로 차단되고 있는 상황이라면, 감사의 주의의무는 경감되는 것이 아니라 오히려 현격히 가중된다.[5]

---

1) 대법원 2008.9.11. 선고 2006다68834 판결.
2) 대법원 2007.12.13. 선고 2007다60080 판결.
3) 대법원 2008.2.14. 선고 2006다82601 판결; 대법원 2009.11.12. 선고 2007다53785 판결.
4) 참고로 이사의 제3자에 대한 책임과 관련된 대법원 1985.11.12. 선고 84다카2490 판결에서 대법원은 임무해태행위를 "이사의 직무상 충실 및 선관의무위반의 행위로서 위법한 사정이 있어야 하고 …"라고 정의한 바 있다.
5) 대법원 2008.9.11. 선고 2006다68636 판결.

네 번째 요건과 관련하여 상법 제414조 제2항에 의하여 감사가 손해배상을 부담하여야 할 대상인 제3자에 주주가 포함되는지에 대하여는 견해가 나누어진다. 학자들의 통설에 따르면 주주는 제3자로서 감사에 대하여 책임을 추궁할 수 있다(포함설). 이와는 달리 주주가 대표소송을 통해 그의 간접적 손해를 회복시킬 수 있으므로 제3자에는 주주가 포함되지 않는다는 견해도 있다(불포함설). 대법원 판례는 이사의 제3자에 대한 책임과 관련하여 직접손해가 아닌 간접손해에 한하여 그 제3자에 주주가 포함되지 않는다는 불포함설의 입장을 취하고 있다.[6]

상법 제414조 제2항은 제3자의 범위에 대하여 법문상 아무런 제한을 두고 있지 않다. 또한 대표소송은 소수주주만이 제기할 수 있고 담보제공의무 등의 절차적인 부담으로 인하여 그것만으로는 주주의 보호에 충분하지 않다. 따라서 상법 제414조 제2항의 입법취지에 맞게 주주의 간접손해에 대하여도 감사의 책임을 긍정하는 주주포함설이 타당하다.

다섯 번째 요건은 상당한 인과관계의 문제는 "감사가 임무를 해태하지 않았다면 손해의 발생을 저지할 수 있었을까"라는 이른바 저지가능성에 연계되어 있다. 말하자면, 저지가능성이 존재하지 않는다면 설령 감사의 임무해태로 인하여 손해가 발생하였다고 할 수 없을 것이며 그 결과 감사에게 그 손해에 대한 배상책임을 부담시킬 수 없을 것이기 때문이다. 감사가 제대로 감시의무를 이행하였더라도 손해발생의 원인이 된 행위 내지 사실을 발견할 수 없는 경우라면 임무해태와 손해발생 사이에는 상당인과관계가 없는 것으로 보아야 한다. 또한 감사가 손해발생의 원인사실을 발견하여 이를 대표이사 등에게 보고하였더라도 대표이사 등이 원인사실을 성실하게 제거하지 않음으로써 제3자의 손해가 발생하였다면 그 감사에게 제3자에 대한 손해배상책임을 부담시킬 수 없다.[7]

3. 대상판결의 검토

대상판결의 사실관계에서 살펴볼 때 甲회사의 분식결산이 조직적이면서도 교묘하게 이루어진 바람에 감사가 그 분식사실을 쉽게 발견할 수 없었다. 이 때문에 감사의 임무해태와 손해발생의 원인이 된 행위 사이에 상당한 인과관계가 존재하지 않아 감

6) 대법원 1993.1.26. 선고 91다36093 판결; 대법원 2003.10.24. 선고 2003다29661 판결; 대법원 2012.12.13. 선고 2010다77743 판결.

7) 김기원, "감사의 제3자에 대한 책임 －대법원 1988.10.25. 선고 87다카1370 판결(법원공보 제837호, 1473면)－," 실무논단(서울지방법원, 1997), 121－122면.

사의 손해배상책임을 인정할 수 없다는 식으로 풀이할 수도 있었다. 그러나 대법원은 대상판결에서 애당초부터 감사의 중대한 과실이 없는 것으로 보고 있다는 점이 특징이다. 말하자면, 상법상 감사는 자신의 직무를 수행하기 위하여 다양한 권한을 행사할 수 있음에도 불구하고 대상판결은 감사를 대표이사가 작성하고 그로부터 제출받은 재무제표를 감사하는 정도의 수동적인 기관으로 평가하고 있는 것이다. 이처럼 대상판결이 손해발생의 저지가능성에 많은 비중을 두지 않고 있다는 점에 대해서는 아쉬움이 남는다.

(권재열)

현물출자와 주주의 신주인수권

대법원 1989.3.14. 선고 88누889 판결

Ⅰ. 판결개요

1. 사실관계

X(원고, 피상고인)는 A주식회사의 주주 겸 대표이사로서 A회사를 운영하고 있고, 개인기업체인 B사도 운영하고 있다. A회사는 자본금이 7,000만원(발행주식총수 70,000주, 1주의 금액 1,000원)이고, 상속세법시행령상의 특수관계에 있는 자신을 포함한 주주 13명으로 구성되어 있다. 1983. 10. 15. X는 B사를 A회사에 현물출자하여 통합하기로 하고, 자신이 A회사의 대표이사로서 그리고 B사의 대표로서 사업양수도계약을 맺고, A회사의 임시주주총회를 개최하여 A회사와 B사의 통합을 승인하면서 A회사의 정관을 변경하여 그 발행할 주식의 총수를 240,000주로 변경하였고, 같은 날 이사회를 개최하여 A회사의 신주 17만주를 발행하고 X가 현물출자하는 B사의 재산의 가액을 17,000만원으로 평가하여 발행주식 전부를 X에게 배정하기로 결의하였다. 이사회의 청구에 따라 현물출자의 조사를 위하여 1983. 12. 26. 선임된 검사인 C는 현물출자의 가액은 841,556,259원에 해당하므로 X에게 발행주식 17만주를 부여하는 이사회의 결의는 상당하다는 조사보고를 하였다.

세무서장인 Y(피고, 상고인)는 A회사가 발행하는 신주 17만주에 대해서는 X를 비롯한 주주 13명이 그 주식보유 비율에 따라 신주인수권을 가짐에도 불구하고, X와 특수관계에 있는 나머지 주주 12명이 신주인수권을 포기하여 신주 17만주가 모두 X에게 배정됨으로써 X가 그 주식보유 비율을 초과하여 인수한 주식은 다른 주주들의 신주인수권 포기에 따라 증여받은 것으로 간주하여 그 증여가액에 대해 상속세법(현재의 상속세 및 증여세법)에 의한 증여세 및 방위세를 부과하였다. 이 과세처분에 대하여 X는 현물출자에 대해서는 다른 주주의 신주인수권이 발생할 여지가 없으므로 다른 주주의 신주인수권 포기를 전제한 과세처분은 부적법하다는 등의 이유로 과세처분의 취소를 구하였다. 이에 대해 원심은[1] X를 제외한 나머지 주주들에게 신주인수권이 있음을 전제하는 이 사건 과세처분은 위법하다고 하여 X의 청구를 인용하였다.

2. 판결요지

주주의 신주인수권은 주주가 종래 가지고 있던 주식의 수에 비례하여 우선적으로 신주의 배정을 받을 수 있는 권리로서 주주의 자격에 기하여 법률상 당연히 인정되는 것이지만 현물출자자에 대하여 발행하는 신주에 대하여는 일반주주의 신주인수권이 미치지 않는다.

3. 관련판례

(1) 대법원 2015.12.10. 선고 2015다202919 판결

상법 제418조 제1항, 제2항은 회사가 신주를 발행하는 경우 원칙적으로 기존 주주에게 배정하고 정관에 정한 경우에만 제3자에게 신주배정을 할 수 있게 하면서 사유도 신기술의 도입이나 재무구조의 개선 등 경영상 목적을 달성하기 위하여 필요한 경우에 한정함으로써 기존 주주의 신주인수권을 보호하고 있다. 따라서 회사가 위와 같은 사유가 없음에도 경영권 분쟁이 현실화된 상황에서 경영진의 경영권이나 지배권 방어라는 목적을 달성하기 위하여 제3자에게 신주를 배정하는 것은 상법 제418조 제2항을 위반하여 주주의 신주인수권을 침해하는 것이다(동지: 대법원 2009.1.30. 선고 2008다50776 판결). 그리고 이러한 법리는 신주인수권부사채를 제3자에게 발행하는 경우에도 마찬가지로 적용된다(상법 제516조의2 제4항 후문, 제418조 제2항 단서).

(2) 서울남부지방법원 2010.11.26. 선고 2010가합3538 판결

기업이 제3자가 가지고 있는 현물자산을 필요로 하여 제3자로부터 현물출자를 받고 그에 대하여 신주배정을 하는 경우에도 기존 주주가 보유한 주식의 가치 하락이나 회사에 대한 지배권 상실 등의 불이익을 끼칠 우려는 여전히 존재하는 것인데, 단지 그 방식이 금전출자가 아니라 현물출자라는 이유만으로 그와 같은 불이익을 입을 우려가 있는 기존 주주의 신주인수권에 대한 보호가 약화된다고 볼 근거가 없고, 상

1) 서울고등법원 1987.12.8. 선고 86구501 판결.

법 제416조 제4호의 규정만으로 현물출자에 의한 신주발행에는 상법 제418조가 배제된다고 해석할 수도 없는 것이므로, 현물출자에 의한 신주발행의 경우에도 상법 제418조 제2항의 요건을 갖추어야 한다고 봄이 상당하다.

(3) 청주지방법원 2014.11.20. 선고 2014가합1994 판결

금전채권의 출자에 의한 신주발행 당시 피고 회사의 상황, 신주발행을 전후한 피고 회사의 지배구조의 변동내역, 현물출자된 채권의 성격, 현물출자의 필요성 및 긴급성 등에 비추어 볼 때, 현물출자에 의한 신주발행이 회사의 경영권 분쟁이 현실화된 상황에서 피고 회사의 경영진의 경영권이나 지배권 방어라는 목적을 달성하기 위하여 경영상 목적 달성에 필요하지 않거나 기존 주주의 이익을 고려할 때 그 필요성이 희박함에도 불구하고 경영권 및 지배권을 방어할 수 있는 우호적인 제3자에게 현물출자라는 형식으로 신주를 배정한 것에 불과하다면, 이는 결과적으로 현물출자제도를 이용하여 기존 주주들의 신주인수권을 침해한 것으로 그 신주발행은 무효이다.

Ⅱ. 판결의 평석

1. 판결의 의의

대상판결은 과세처분의 적법 여부를 판단하면서 그 전제로서 제기된 현물출자에 대한 주주의 신주인수권 여부에 관하여 현물출자자에 발행하는 신주에 대해서는 일반주주의 신주인수권이 미치지 않는다는 점을 분명히 밝힌 최초의 대법원 판결이라는 데 의의가 있다. 이 판결에서는 현물출자시 발행하는 신주에 대해서는 일반주주의 신주인수권이 미치지 않는 이유를 제시하고 있지 않다. 다행히 원심이 그 결론을 뒷받침하는 근거를 비교적 상세히 밝히고 있는 점에서 대법원은 원심의 논리를 그대로 받아들인 것으로 짐작되고 있다.[2)]

현물출자에 대해 주주의 신주인수권이 미치지 않는가 하는 문제는 신주발행사항은 원칙적으로 이사회가 결정한다고 규정하고 있는 상법 제416조를 주주의 신주인수권을 보장하고 있는 상법 제418조와 관련하여 어떻게 해석할 것인지에 달려 있다. 현물출자에 대해 주주의 신주인수권을 배제하기 위해서는 이를 정당화할 수 있는 사유가 필요하다는 논의가 있다.

---

2) 김건식, "현물출자와 신주인수권," 법학 제31권 1·2호(서울대 법학연구소, 1990), 200면.

2. 현물출자의 의의와 규제

현물출자란 금전 이외의 재산으로 하는 출자를 말하는데, 이 사건에서는 양수도 계약을 통하여 개인기업의 영업 전부가 출자의 대상이 되고 있다.

현물출자는 금전출자와 달리 그 출자재산의 평가가 문제되고, 이를 과대평가하게 되면 회사의 자본금충실을 해치기 때문에 현물출자에 대해서는 엄격한 규제를 하고 있다. 회사의 성립후 신주를 발행하는 경우에는 정관에 정함이 있거나 주주총회에서 결정하기로 정한 경우를 제외하고 현물출자를 하는 자의 성명과 그 목적재산의 종류, 수량, 가액과 이에 대하여 부여할 주식의 종류와 수는 이사회가 결정하여야 한다(상법 제416조 제4호). 이 경우 현물출자에 관한 사항은 이사의 청구에 따라 법원이 선임한 검사인의 조사와 법원의 심사를 거쳐야 하는데, 이 경우 공인된 감정인의 감정으로 검사인의 조사에 갈음할 수 있다(상법 제422조 제1항 2문). 일정한 경우에는 현물출자의 검사절차가 면제된다(상법 제422조 제2항). 현물출자자는 납입기일에 그 출자를 이행함으로써 그 다음 날부터 주주가 되지만, 이를 이행하지 아니한 때에는 주식인수인의 권리를 잃게 된다(상법 제423조 제2항).

3. 현물출자와 주주의 신주인수권

(1) 주주의 신주인수권과 그 제한

주주는 그 소유주식수에 비례하여 회사로부터 이익배당을 받거나 잔여재산의 분배를 받을 수 있는 재산적 이익을 가지고, 그 소유주식수에 비례하여 의결권을 행사함으로써 회사의 운영에 참여할 수 있는 지배적 이익을 갖는다. 회사가 주주 이외의 제3자에게 신주를 발행하게 되면 기존 주주는 보유주식의 가치 하락이나 회사에 대한 지배권 상실 등의 불이익을 받을 우려가 있다. 따라서 기존 주주의 이익을 보호하기 위해서는 신주를 주주의 주식보유 비율에 따라 배정할 필요가 있다. 이를 위해 주주에게 부여된 권리가 바로 주주의 신주인수권이다. 주주의 구체적 신주인수권은 회사가 주주총회 또는 이사회의 결의로 신주를 발행하는 경우에 발생하는데, 이 신주인수권은 회사가 정한 배정기준일에 주주명부에 기재된 주주에게 귀속된다.[3)]

그런데 주주에게만 신주를 기계적으로 배정해야 한다면 대량의 자금을 적시에 조달할 수 없는 경우도 있기 때문에 수권자본제도의 취지에 맞게 주주의 신주인수권을 제한할 필요가 있다.

3) 대법원 2016.8.29. 선고 2014다53745 판결.

그래서 이 사건 당시의 상법 제418조 제1항은 "주주는 정관에 다른 정함이 없으면 그가 가진 주식의 수에 따라서 신주의 배정을 받을 권리가 있다"고 규정하여, 주주의 신주인수권을 인정하면서도 회사가 자금조달의 기동성과 편의성을 위하여 정관에 의해 주주의 신주인수권을 제한할 수 있는 길을 열어 놓았다. 이 규정의 해석과 관련하여, 학설은 주주의 신주인수권을 제한하기 위해서는 형식적으로 정관에 이에 관한 규정을 두고, 주주평등의 원칙을 준수하여야 하며, 그 제한은 회사의 사업목적 달성에 필요하고, 적합하며 비례적이어야 하는 것으로 보았다.[4)]

그럼에도 불구하고 제3자에게 신주인수권을 부여하는 형식적인 정관의 규정을 통하여 또는 전환사채나 신주인수권부사채의 발행을 통하여 주주의 신주인수권이 무력화되는 사태가 발생하게 되자, 2001년 개정상법은 기업지배구조의 개선 차원에서 주주의 신주인수권을 강화하였다. 즉 상법 제418조 제1항은 주주의 신주인수권을 명시하고, 제2항은 정관에 정하는 바에 따라 주주 외의 자에게 신주를 배정할 수 있게 하되, 반드시 "신기술의 도입, 재무구조의 개선 등 회사의 경영상의 목적을 달성하기 위하여 필요한 경우"에 한정하였다. 이 규정은 회사의 자금조달의 편의성에서 문제가 있고 또한 그 내용이 추상적이어서 제한의 실효성도 없다는 지적이 있으나,[5)] 이 규정의 입법취지는 분명히 주주의 신주인수권에 대한 보호를 강화하는 데 있고, 주주의 신주인수권을 배제하기 위한 실질적 요건을 엄격하게 요구하는 데 있다고 할 것이다. 따라서 경영상 목적을 달성하기 위하여 필요한 범위 안에서 정관이 정한 사유가 없는데도, 회사의 경영권 분쟁이 현실화된 상황에서 경영진의 경영권이나 지배권 방어라는 목적을 달성하기 위하여 제3자에게 신주를 배정하는 것은 상법 제418조 제2항을 위반하여 주주의 신주인수권을 침해하는 것으로 허용되지 않는다.[6)] 이 경영상 목적 요건에 관한 규정은 전환사채 또는 신주인수권부사채의 발행에 준용되고 있다(상법 제513조 제3항 2문, 제516조의2 제4항 2문).

회사가 주주배정방식에 의하여 신주를 발행하려는데 주주가 인수를 포기하거나 청약을 하지 아니함으로써 그 인수권을 잃은 때에는(상법 제419조 제4항) 회사는 이사회결의로 인수가 없는 부분에 대하여 자유로이 이를 제3자에게 처분할 수 있고, 이 경우 실권된 신주를 제3자에게 발행하는 것에 관하여 정관에 반드시 근거 규정이 있어야 하는 것은 아니다.[7)]

---

4). 정동윤, 상법(상), 제6판, 박영사, 2012, 691면.

5) 정찬형, "2000년 정부의 상법개정안에 대한 검토의견," 상사법연구 제20권 제1호(한국상사법학회, 2001. 5), 128면.

6) 대법원 2009.1.30. 선고 2008다50776 판결; 대법원 2015.12.10. 선고 2015다202919 판결.

(2) 현물출자와 신주인수권의 배제

상법 제416조는 회사가 신주를 발행하는 경우 정관에 다른 규정이 없는 한 이사회가 현물출자에 관한 사항을 결정하는 것으로 하고 있으나, 현물출자시에 주주의 신주인수권이 배제되는지에 대해서는 명시하고 있지 않다. 형식적으로 보면 정관에 다른 정함이 없는 한 이사회가 현물출자의 실시 여부를 결정할 수 있기 때문에 주주 외의 자를 현물출자자로 할 수 있는 것으로 보이기도 한다.

학설로서 다수설은 현물출자자에게 발행하는 신주에 대해서는 기존 주주의 신주인수권이 미치지 않는다고 본다. 왜냐하면 현물출자의 성질상 신주인수인으로 될 자가 미리 특정되어 있기 때문이다. 그러나 일부 견해는 이것이 주주의 신주인수권을 배제한 채 이루어지는 주주 외의 자에 의한 현물출자를 정당화하지는 못한다고 하면서, 정관에 의한 주주의 신주인수권 배제의 경우와 같이 현물출자의 경우에도 주주의 신주인수권을 배제하기 위해서는 현물출자는 회사의 경영상 목적 달성을 위하여 필요하고, 적합하며 비례적이어야 한다는 정당성의 요건을 갖추어야 하는 것으로 본다.[8)]

이에 대하여 소수설은 현물출자를 하기 위해서 형식상의 요건으로서 정관의 규정 또는 이에 갈음하는 주주총회의 특별결의를 거쳐야 하며 상법 제418조 제2항의 경영상의 목적도 구비하여야 한다고 한다.[9)] 이렇게 보는 이유는 상법 제416조에 의하여 원칙적으로 이사회의 결의만으로 아무런 제한 없이 주주의 신주인수권을 제한할 수 있다고 해석하면, 주주의 신주인수권은 법률이나 정관의 규정에 의해서만 제한할 수 있다는 원칙을 이사회의 결의로 무력화시키는 중대한 예외가 생기기 때문이다.

대상판결은 "현물출자자에 대하여 발행하는 신주에 대하여는 일반주주의 신주인수권이 미치지 않는다"고 하여 다수설을 따르고 있다. 대법원은 주주의 신주인수권이 법률상 보장되는 권리임을 인정하지만, 현물출자의 성질상 주주의 신주인수권이 배제되어야 하는 것으로 보고 있다. 대상판결의 원심은 당시의 상법 제418조 제1항은 수권자본제도 하에서 이사회의 전횡을 방지하고 기존 주주의 이익을 보호하기 위한 것이지만, ① 특정한 재산의 확보라는 회사의 편의와 보유현물의 출자라는 출자자의 편

---

7) 대법원 2012.11.15. 선고 2010다49380 판결.

8) 정동윤, 전게서, 692면; 김건식, 전게논문, 205면. 동지: 송옥렬, 상법강의, 제6판, 홍문사, 2016, 1099면에서는 경영상의 목적이 요구될 뿐만 아니라, 이에 더하여 주주에 대한 공시의 필요성도 인정되기 때문에 상법 제418조 제4항도 적용된다고 한다.

9) 이철송, 회사법강의, 제24판, 박영사, 2016, 879면; 김홍기, 상법강의, 제3판, 박영사, 2018, 657면. 현물출자의 경우에도 정관의 규정 또는 이에 갈음하는 주주총회의 특별결의가 있어야 한다고 보는 견해, 즉 주주의 신주인수권을 배제할 수 없다는 견해(장덕조, 상법강의, 제2판, 법문사, 2017, 625면)는 당연히 경영상의 목적도 구비하는 것을 전제하고 있다고 이해된다.

의를 도모할 수 있는 현물출자제도의 존재이유 및 ② 신주발행에서는 주주 외의 자도 현물출자를 할 수 있고 정관의 규정이 없는 한 현물출자의 사항은 이사회에서 결정하는 점에 비추어 볼 때 현물출자의 경우에는 기존의 주주는 신주인수권을 가지지 아니한다고 하였다.[10] 대상판결은 상법 제418조의 적용을 고려함이 없이 상법 제416조를 문리적으로 해석하여 이사회(신주발행을 주주총회가 결의하기로 정관에 정한 때에는 주주총회)의 결의만으로 현물출자자와 이에 대해 부여할 주식의 종류와 수가 확정되므로 현물출자에는 주주의 신주인수권이 미치지 못한다고 해석하고 있다.

생각건대 상법은 현물출자의 과대평가가 기존의 주주 및 회사채권자의 보호에 중대한 영향을 끼칠 수 있다는 점에 초점을 맞추어 자본금충실의 원칙에서 현물출자를 규제하고 있다고 해석된다. 그러나 그 전제로서 주주 또는 주주 이외의 자에 대해 현물출자를 하기 위해서는 형식적 요건으로서 주주의 신주인수권을 배제하는 정관의 규정까지 둘 필요는 없다고 하더라도 주주 외의 제3자에 대해 현물출자에 의한 신주를 발행하는 경우에는 상법 제418조 제2항이 적용된다고 본다.

4. 현물출자의 정당성 심사와 주주의 보호

현물출자가 주주의 소유주식수에 따라 이루어질 수는 없는 것이므로 현물출자를 하는 일부 주주 또는 주주 외의 제3자에 대해 신주를 발행하기 위해서는 이를 정당화할 수 있는 실질적 요건이 필요하다고 본다. 따라서 현물출자는 먼저 재무구조의 개선, 신기술의 도입 등 회사의 경영상의 목적을 달성하기 위하여 필요한 한도에서 최소한으로 이루어져야 한다. 회사로서는 현물출자의 대상인 재산을 확보하는 것이 회사의 영업수행에 필요한지, 다른 주주들의 소유주식 비율을 유지한 채 현금출자에 의해서는 그 목적을 달성할 수 없는지 여부가 검토되어야 한다. 이 사건에서는 X의 개인사업을 양수하는 것이 A주식회사의 경영상의 목적을 달성하기 위하여 필요한 것이라면 X 이외의 주주에게는 신주인수권이 주어지지 아니하기 때문에 다른 주주의 신주인수권의 포기 문제는 발생하지 않는다. 회사가 현물출자의 필요성이 충족되지 아니한 상태에서 특정 주주의 지주비율을 저하시킬 목적으로써만 주주 외의 자에게 신주를 발행하거나 그 필요한 한도를 넘어서 현물출자가 이루어지는 경우에는 기존 주주의 이익을 보호하기 위해 신주발행유지청구와 신주발행무효의 소를 제기할 수 있다.

(강대섭)

---

10) 서울고등법원 1987.12.8. 선고 86구501 판결.

85

실권주 처리에 있어서 이사의 선관주의의무

대법원 2009.5.29. 선고 2007도4949 전원합의체 판결

Ⅰ. 판결개요

1. 사실관계

X주식회사(비상장회사)는 1996. 10. 30. 전환사채 발행을 위한 이사회결의를 함에 있어, 상법 및 X회사의 정관에 의하여 재적이사 과반수의 출석과 출석이사의 과반수로 이사회결의를 하여야 함에도 17명의 이사 중 과반수에 미달하는 8명만이 참석한 상태에서 X회사 주식의 거래가액으로서 최소한의 1주당 실질 주식가치인 85,000원보다 현저하게 낮은 가액인 7,700원으로 전환가액을 정하고, “표면이율: 연 1%, 만기보장수익률: 연 5%, 전환청구기간: 사채발행일 익일부터”로 발행조건을 정한 전환사채를 주주배정의 방식으로 발행하되, 실권시 이사회결의에 의하여 제3자 배정 방식으로 발행할 것을 결의하였다. 위 이사회 개최 당시까지 X회사의 주식은 1주당 85,000원 내지 89,290원에 매도한 거래실례가 있었으며, 1주당 가치를 최저 125,000원부터 최고 234,985원까지 평가한 전례가 있었고, 그 당시 상속세법상 보충적 평가방법에 의하면 1주당 가치는 127,755원으로 산정되었다.

X회사는 주주에 대하여 1996. 11. 17. 또는 같은 달 18.경에 전환사채 배정기준일 통지서 및 실권예고부 최고서를 발송하였는데 “청약기일인 1996. 12. 3.까지 위 전환사채에 대한 청약을 하지 아니하면 그 인수권을 잃는다”는 뜻을 통지하였다. 1996. 12. 3. 16:00경까지 A회사를 제외한 B 등 법인주주들 및 개인주주들이 각 주식보유 비율에 따라 배정된 전환사채의 청약을 하지 않자, 1996. 12. 3. 16:00경 위 실권 전환사채 배정을 위한 이사회를 개최하여, C 등과의 사이에 X회사의 지배권을 획득함으로써 얻게 되는 프리미엄에 상응한 전환가격 및 그에 기초한 전환사채 발행

총액을 결정하기 위한 아무런 흥정과정도 거치지 아니한 채, 1996. 10. 30.의 이사회 결의로 정한 발행조건과 동일하게, X회사의 1주당 최소한의 실질주식가치인 85,000원보다 낮은 가액인 7,700원으로 전환가액을 정하고, "표면이율: 연 1%, 만기보장수익률: 연 5%, 전환청구기간: 사채발행일 익일부터"로 발행조건을 정하여 위 실권 전환사채를 C와 D, E, F(이하 'C 등')에게 각 배정한다는 내용의 결의를 하였다.

C 등은 1996. 12. 3. 자신 등에게 배정된 실권 전환사채 인수대금 전액을 납입한 후, C 등이 1996. 12. 17. 그 전환사채를 1주당 7,700원의 전환가격에 주식으로 각 전환하여 X회사 주식의 약 64%에 해당하는 주식을 취득하게 하였다.

2. 판결요지

① [다수의견] 신주 등의 발행에서 주주배정방식과 제3자배정방식을 구별하는 기준은 회사가 신주 등을 발행하는 때에 주주들에게 그들의 지분비율에 따라 신주 등을 우선적으로 인수할 기회를 부여하였는지 여부에 따라 객관적으로 결정되어야 할 성질의 것이지, 신주 등의 인수권을 부여받은 주주들이 실제로 인수권을 행사함으로써 신주 등을 배정받았는지 여부에 좌우되는 것은 아니다. 회사가 기존 주주들에게 지분비율대로 신주 등을 인수할 기회를 부여하였는데도 주주들이 그 인수를 포기함에 따라 발생한 실권주 등을 제3자에게 배정한 결과 회사 지분비율에 변화가 생기고, 이 경우 신주 등의 발행가액이 시가보다 현저하게 낮아 그 인수권을 행사하지 아니한 주주들이 보유한 주식의 가치가 희석되어 기존 주주들의 부(富)가 새로이 주주가 된 사람들에게 이전되는 효과가 발생하더라도, 그로 인한 불이익은 기존 주주들 자신의 선택에 의한 것일 뿐이다. 또한 회사의 입장에서 보더라도 기존 주주들이 신주 등을 인수하여 이를 제3자에게 양도한 경우와 이사회가 기존 주주들이 인수하지 아니한 신주 등을 제3자에게 배정한 경우를 비교하여 보면 회사에 유입되는 자금의 규모에 아무런 차이가 없을 것이므로, 이사가 회사에 대한 관계에서 어떠한 임무에 위배하여 손해를 끼쳤다고 볼 수는 없다.

[반대의견][1] 신주 등의 발행이 주주배정방식인지 여부는, 발행되는 모든 신주 등을 모든 주주가 그 가진 주식 수에 따라서 배정받아 이를 인수할 기회가 부여되었는지 여부에 따라 결정되어야 하고, 주주에게 배정된 신주 등을 주주가 인수하지 아니함으로써 생기는 실권주의 처리에 관하여는 상법에 특별한 규정이 없으므로 이사는

1) 대법관 김영란, 대법관 박시환, 대법관 이홍훈, 대법관 김능환, 대법관 전수안의 반대의견.

그 부분에 해당하는 신주 등의 발행을 중단하거나 동일한 발행가액으로 제3자에게 배정할 수 있다. 그러나 주주배정방식으로 발행되는 것을 전제로 하여 신주 등의 발행가액을 시가보다 현저히 저가로 발행한 경우에, 그 신주 등의 상당 부분이 주주에 의하여 인수되지 아니하고 실권되는 것과 같은 특별한 사정이 있는 때에는, 그와 달리 보아야 한다. 주주배정방식인지 제3자배정방식인지에 따라 회사의 이해관계 및 이사의 임무 내용이 달라지는 것이므로, 회사에 대한 관계에서 위임의 본지에 따른 선관의무상 제3자배정방식의 신주 등 발행에 있어 시가발행의무를 지는 이사로서는, 위와 같이 대량으로 발생한 실권주에 대하여 발행을 중단하고 추후에 그 부분에 관하여 새로이 제3자배정방식에 의한 발행을 모색할 의무가 있고, 그렇게 하지 아니하고 그 실권주를 제3자에게 배정하여 발행을 계속할 경우에는 그 실권주를 처음부터 제3자배정방식으로 발행하였을 경우와 마찬가지로 취급하여 발행가액을 시가로 변경할 의무가 있다고 봄이 상당하다. 이와 같이 대량으로 발생한 실권주를 제3자에게 배정하는 것은, 비록 그것이 주주배정방식으로 발행한 결과라고 하더라도, 그 실질에 있어 당초부터 제3자배정방식으로 발행하는 것과 다를 바 없고, 이를 구별할 이유도 없기 때문이다. 그러므로 신주 등을 주주배정방식으로 발행하였다고 하더라도, 상당 부분이 실권되었음에도, 이사가 그 실권된 부분에 관한 신주 등의 발행을 중단하지도 아니하고 그 발행가액 등의 발행조건을 제3자배정방식으로 발행하는 경우와 마찬가지로 취급하여 시가로 변경하지도 아니한 채 발행을 계속하여 그 실권주 해당부분을 제3자에게 배정하고 인수되도록 하였다면, 이는 이사가 회사에 대한 관계에서 선관의무를 다하지 아니한 것에 해당하고, 그로 인하여 회사에 자금이 덜 유입되는 손해가 발행하였다면 업무상배임죄가 성립한다.

② [다수의견] 상법상 전환사채를 주주배정방식에 의하여 발행하는 경우에도 주주가 그 인수권을 잃은 때에는 회사는 이사회의 결의에 의하여 그 인수가 없는 부분에 대하여 자유로이 이를 제3자에게 처분할 수 있는 것인데, 단일한 기회에 발행되는 전환사채의 발행조건은 동일하여야 하므로, 주주배정으로 전환사채를 발행하는 경우에 주주가 인수하지 아니하여 실권된 부분에 관하여 이를 주주가 인수한 부분과 별도로 취급하여 전환가액 등 발행조건을 변경하여 발행할 여지가 없다. 주주배정의 방법으로 주주에게 전환사채인수권을 부여하였지만 주주들이 인수청약하지 아니하여 실권된 부분을 제3자에게 발행하더라도 주주의 경우와 같은 조건으로 발행할 수밖에 없고, 이러한 법리는 주주들이 전환사채의 인수청약을 하지 아니함으로써 발생하는 실권의 규모에 따라 달라지는 것은 아니다.

[반대의견][2) 상법에 특별한 규정은 없지만, 일반적으로 동일한 기회에 발행되는 전환사채의 발행조건은 균등하여야 한다고 해석된다. 그러나 주주에게 배정하여 인수된 전환사채와 실권되어 제3자에게 배정되는 전환사채를 '동일한 기회에 발행되는 전환사채'로 보아야 할 논리필연적인 이유나 근거는 없다. 실권된 부분의 제3자 배정에 관하여는 다시 이사회결의를 거쳐야 하는 것이므로, 당초의 발행결의와는 동일한 기회가 아니라고 볼 수 있다. 그 실권된 전환사채에 대하여는 발행을 중단하였다가 추후에 새로이 제3자배정방식으로 발행할 수도 있는 것이므로, 이 경우와 달리 볼 것은 아니다. 그리고 주주 각자가 신주 등의 인수권을 행사하지 아니하고 포기하여 실권하는 것과 주주총회에서 집단적 의사결정 방법으로 의결권을 행사하여 의결하는 것을 동일하게 평가할 수는 없는 것이므로, 대량의 실권이 발생하였다고 하여 이를 전환사채 등의 제3자배정방식의 발행에 있어서 요구되는 주주총회의 특별결의가 있었던 것으로 간주할 수도 없다.

3. 관련판례

대법원 2012.11.15. 선고 2010다49380 판결

① 신주 등의 발행에서 주주배정방식과 제3자배정방식을 구별하는 기준은 회사가 신주 등을 발행하면서 주주들에게 그들의 지분비율에 따라 신주 등을 우선적으로 인수할 기회를 부여하였는지 여부에 따라 객관적으로 결정되어야 하고, 신주 등의 인수권을 부여받은 주주들이 실제로 인수권을 행사함으로써 신주 등을 배정받았는지 여부에 좌우되는 것은 아니다.

② 회사가 주주배정방식에 의하여 신주를 발행하려는데 주주가 인수를 포기하거나 청약을 하지 아니함으로써 그 인수권을 잃은 때에는(상법 제419조 제4항) 회사는 이사회결의로 인수가 없는 부분에 대하여 자유로이 이를 제3자에게 처분할 수 있고, 이 경우 실권된 신주를 제3자에게 발행하는 것에 관하여 정관에 반드시 근거 규정이 있어야 하는 것은 아니다.

2) 대법관 김영란, 대법관 박시환, 대법관 이홍훈, 대법관 김능환, 대법관 전수안의 반대의견.

Ⅱ. 판결의 평석

1. 쟁점사항

위 사안은 업무상배임죄(형법 제356조)가 성립하는가의 형사법 문제로 다투어졌으나, 그 전제로 회사법적 판단을 요한다. 위 사안에서 쟁점이 되는 것은 ① 전환사채를 저가 발행한 것이 이사의 회사에 대한 임무해태와 회사의 손해로 되는지 여부, ② 전환사채의 발행 및 실권 처리에 관한 이사회결의상 하자의 존부, ③ 주주배정과 제3자배정을 구분하는 기준, ④ 실권주의 처리에 있어서 이사의 선관주의의무 및 발행가 변경의무가 인정되는지 등이다. 이하에서는 ③과 ④의 쟁점만을 다룬다. 전환사채는 주식으로 전환될 수 있으므로 신주발행에서와 대체로 동일한 법리의 적용을 받는다. 전환사채의 인수권에 관해서도 신주에서와 마찬가지로 주주배정을 원칙으로 하고, 제3자배정의 경우에는 정관에 근거를 두거나 주주총회의 특별결의를 거치도록 하고 경영상의 목적을 요한다(상법 제513조 제3항).

2. 주주배정인지 제3자배정인지의 판단

(1) 주주배정과 제3자배정 구분의 실익

신주를 발행하는 경우에는 주주배정이 원칙이고 주주 아닌 자에 대한 제3자배정을 하려면 엄격한 요건을 충족한 경우에 한하여 예외적으로 인정된다. 즉, 신주의 발행은 기존 주식의 비례적 가치에 영향을 미치기 때문에 기존 주주가 보유하고 있는 주식 수에 비례하여 우선적으로 인수할 수 있는 권리를 가지는 것은 당위적 요청에 의한 것이라 보고(상법 제418조 제1항), 예외적으로 제3자에게 신주를 발행하려면 법률 또는 정관에 그 근거가 있어야 하고, 회사의 경영상의 목적으로 달성하기 위하여 필요하여야 하고, 주주에게 사전에 공시하고, 발행가가 공정하여야 하는 등(상법 제418조 제2항 · 제3항) 엄격한 법정요건을 충족할 것을 요한다.

이는 잠재 주식으로서의 성격을 가지는 전환사채나 신주인수권부사채를 발행하는 경우에도 기본적으로 동일하다(상법 제513조 제3항 · 제4항, 제516조의2 제4항). 신주의 발행가에 있어서도 주주배정의 경우에는 액면가 이상이기만 하면 특별한 제한이 없으나, 제3자배정의 경우에는 액면가 이상의 시가에 근접한 공정한 가격이어야 한다(상법 제424조의2 참조). 주주배정에 해당하는 경우에는 저가발행을 하는 때에도 형법상 배임죄가 성립하지 않는다. 이처럼 주주배정인가, 제3자배정인가에 따라 법적 규율이 달라지기 때문에 위 사안이 이 중에서 어느 것에 해당하는가에 대한 판단이 먼저 필요하다.

(2) 주주배정과 제3자배정의 구분방법

주주배정인지, 제3자배정인지를 구분하는 방법에 관하여, 대법원의 다수의견은 회사가 주주들에게 그들의 지분비율에 따라 신주 등을 우선적으로 인수할 기회를 부여하였는지 여부에 따라 객관적으로 결정되어야 할 성질의 것이지, 신주 등의 인수권을 부여받은 주주들이 실제로 인수권을 행사함으로써 신주 등을 배정받았는지 여부에 좌우되는 것은 아니라고 한다(형식설, 주주기회부여충분설). 반대의견은 기본적으로는 다수의견과 같으나, 다만 형식적으로 주주배정방식으로 발행하였다고 하더라도 매우 유리한 발행조건이었음에도 불구하고 상당 부분이 실권되는 특이한 사정이 있는 때에는 그 실질에 따라 제3자배정으로 보아야 한다는 입장이다(실질설, 특이사정고려설).

일반적이고 통상적인 경우라면 형식설이 타당하다. 위의 대법원 반대의견도 이 점은 긍정한다. 그러나 위 사안에서와 같이 통상적으로 있기 어려운 특별한 사정이 있는 이례적인 경우에는 주주배정인지, 제3자배정인지를 실질에 입각하여 판단할 필요가 있다. 그것이 사적 이익을 조정하는 데 그치는 민사사건이 아니라 사회적 반규범성과 공익을 위하여 실체적 진실을 밝혀야 하는 형사사건인 경우라면 더욱 그러하다.

3. 실권주 처리에 있어서 이사의 주의의무

(1) 실권주 처리에 관하여 소극적으로 실권부분을 포기하여 발행을 마감하건, 적극적으로 제3자에게 배정하건, 이는 이사회의 경영판단에 맡겨져 있음이 원칙이다. 이때 이사들이 어느 정도의 주의를 기울여야 하는지 문제된다. 위 사안에서는 발행절차를 중단하거나 재배정을 하여야 하는지, 주주 아닌 제3자에게 배정하려면 당초의 발행조건을 변경하여야 하는지가 문제된다.

(2) 대법원 판결의 다수의견은 위 사안과 같은 경우에 발행절차를 중단하거나 발행조건을 변경할 의무가 없다고 한다. 그 이유로, 실권주의 처리방식은 기본적으로 이사회의 자유로운 처분에 맡겨져 있다는 점, 동일기회 동일조건의 원칙상 실권된 부

분에 관하여 이를 주주가 인수한 부분과 별도로 취급하여 전환가액 등 발행조건을 변경하여 발행할 필요가 없다는 점, 실권의 규모에 따라 이들 법리를 달리 적용할 수 없다는 점을 들고 있다. 이에 대하여 대법원 판례의 반대의견은 그 실질이 제3자배정에 해당하는 특별한 사정이 있는 경우에는 발행절차를 중단하거나 제3자에 배정하려면 발행조건을 변경할 의무가 있고, 이를 다하지 못한 것은 회사에 대한 임무해태로 보아야 한다고 한다.

(3) 판결의 다수의견은 주주배정과 제3자배정을 형식적 관점에서 구분한 결과에 의한 것인데, 실권주 처분이 제3자배정의 실질을 지니고 있음에도 불구하고 형식적으로 주주배정에 해당한다고 처리하면 제3자배정에 관한 상법의 엄격한 법적 규율을 벗어나는 것을 용인하는 문제점이 생긴다. 이런 이유에서 자본시장법에서는 주권상장법인에 대하여 원칙적으로 실권주의 발행을 철회하고 새로운 발행절차를 거치도록 법 개정을 함으로써 실권주 처리에 있어서 악용의 문제를 입법적으로 해결하였다(동법 제165조의6 제2항 본문). 그러나 실제에 있어서 그 악용이 더욱 문제되는 비상장회사에 대해서는 여전히 해석의 문제로 남겨져 있다. 위 사안에서 실권주 처리를 주주배정 또는 제3자배정 그 어느 것에 해당하는 것으로 보건, 실권주 처리도 이사회결의를 요하는 이상 그 결의내용에 있어서 이사는 선관주의의무와 충실의무를 진다고 보아야 한다.

4. 그 밖의 검토사항

위 판결은 형사법 문제로 다투어졌으나 회사법상의 문제로 다투어지는 경우 다음 사항에 대한 추가적인 검토가 있어야 한다.

(1) X회사에 있어서 이사의 임무해태로 인한 손해배상책임(상법 제399조)

만일 위 사안을 대법원 판례의 반대의견과 같이 제3자배정으로 본다면 저가 발행시에는 시가를 감안한 적정한 가격과 비교하여 그 차이에 상당한 만큼 회사자산을 증가시키지 못하므로 그 차액만큼 회사에 손해를 입힌 것이 된다. 그러나 대법원 판례의 다수의견과 같이 주주배정으로 파악하면 회사에 손해가 없는 것으로 된다.

(2) C 등의 X회사에 대한 차액반환책임(상법 제424조의2)

(3) 위 전환사채 발행에 대하여 신주발행 무효의 소에 관한 규정(상법 제429조)의 유추적용에 의한 전환사채발행무효의 소를 제기할 수 있는 사유가 되는지 여부

(4) X회사의 법인주주 B 등에 있어서 유리한 조건임에도 불구하고 전환사채를 인

수하지 아니하고 실권하기로 결정한 B 등의 이사에 대하여 임무해태를 이유로 당해 법인에 대한 손해배상책임(상법 제399조)을 추궁하는 것[3]

(5) X회사에 있어서 전환사채 발행에 관한 이사회결의의 적법 여부(상법 제391조 제1항)

(김성탁)

3) 대구고등법원 2012.8.22. 선고 2011나2372 판결.

신주발행의 무효

대법원 2009.1.30. 선고 2008다50776 판결

Ⅰ. 판결개요

1. 사실관계

X는 Y회사의 주식 24.25%를 보유하게 된 2007. 1.경 Y회사의 정기주주총회에서 X 및 X측 인사를 이사와 감사로 추가하는 안건이 상정되게 한 바 있다. 또한 2007. 2. 9. 주주로서 Y회사에 회계장부 등의 열람, 등사를 신청하였다가 거절되자 법원에 회계장부열람 및 등사 가처분 신청을 하여 인용결정을 받은 바 있는 등 X와 Y회사의 현 경영진 사이에 회사경영 등에 관한 분쟁이 발생하였다. Y회사의 정관에는 "긴급한 자금의 조달을 위하여 국내외 금융기관에게 신주를 발행하거나 기술도입의 필요상 그 제휴회사에게 신주를 발행하는 경우에만 주주의 신주인수권을 배제하고 제3자에게 신주를 배정할 수 있다."라고 규정되어 있었다. 당시 Y회사에는 소외 A회사로부터 기술을 도입할 필요성이 별달리 없었을 뿐 아니라 제3자배정방식의 신주발행을 통하여 재무구조를 개선할 긴급한 필요성 또한 없었다. 그럼에도 불구하고 Y회사는 2007. 4. 19. 이사회를 개최하여 기 발행 주식의 약 30%를 납입기일을 그 다음날로 정하여 A회사의 이사들과 긴밀한 협의 아래 현저하게 저렴한 가격으로 발행하기로 결의하면서 그 주식 전부를 계열회사인 A회사에 배정하였다. A회사는 그 납입기일에 인수대금 전액을 납입하여 Y회사 발행주식총수의 23.08%를 보유한 최대주주가 되었고 이로써 X의 지분율은 18.65%로 감소하였다. Y회사는 위 신주발행으로부터 얼마 지나지 않은 2007. 6. 9. 주주총회를 개최하여 X에게 우호적이던 이사 B, 감사 C 등을 해임하는 내용 등의 안건을 상정하였다가 특별결의에 필요한 정족수가 미달하였다는 이유로 안건이 부결되었다.

X는 Y회사의 신주발행에 대하여 신주발행무효의 소를 제기하였다.

2. 판결요지

상법 제418조 제1항 및 제2항의 규정은 주식회사가 신주를 발행하면서 주주 아닌 제3자에게 신주를 배정할 경우 기존 주주에게 보유주식의 가치 하락이나 회사에 대한 지배권 상실 등 불이익을 끼칠 우려가 있다는 점을 감안하여, 신주를 발행할 경우 원칙적으로 기존 주주에게 이를 배정하고 제3자에 대한 신주배정은 정관이 정한 바에 따라서만 가능하도록 하면서, 그 사유도 신기술의 도입이나 재무구조 개선 등 기업 경영의 필요상 부득이한 예외적인 경우로 제한함으로써 기존 주주의 신주인수권에 대한 보호를 강화하고자 하는 데 그 취지가 있다. 따라서 주식회사가 신주를 발행함에 있어 신기술의 도입, 재무구조의 개선 등 회사의 경영상 목적을 달성하기 위하여 필요한 범위 안에서 정관이 정한 사유가 없는데도, 회사의 경영권 분쟁이 현실화된 상황에서 경영진의 경영권이나 지배권 방어라는 목적을 달성하기 위하여 제3자에게 신주를 배정하는 것은 상법 제418조 제2항을 위반하여 주주의 신주인수권을 침해하는 것이다.

신주발행을 사후에 무효로 하는 경우 거래의 안전과 법적 안정성을 해할 우려가 큰 점을 고려할 때 신주발행무효의 소에서 그 무효원인은 가급적 엄격하게 해석하여야 한다. 그러나 신주발행에 법령이나 정관의 위반이 있고 그것이 주식회사의 본질 또는 회사법의 기본원칙에 반하거나 기존 주주들의 이익과 회사의 경영권 내지 지배권에 중대한 영향을 미치는 경우로서 주식에 관련된 거래의 안전, 주주 기타 이해관계인의 이익 등을 고려하더라도 도저히 묵과할 수 없는 정도라고 평가되는 경우에는 그 신주의 발행을 무효라고 보지 않을 수 없다.

3. 관련판례

(1) 대법원 2010.4.29. 선고 2008다65860 판결

신주발행 무효의 소는 사후에 이를 무효로 함으로써 거래의 안전과 법적 안정성을 해칠 위험이 큰 점을 고려할 때, 그 무효원인은 가급적 엄격하게 해석하여야 하고, 따라서 법령이나 정관의 중대한 위반 또는 현저한 불공정이 있어 그것이 주식회사의 본질이나 회사법의 기본원칙에 반하거나 기존 주주들의 이익과 회사의 경영권 내지 지배권에 중대한 영향을 미치는 경우로서 신주와 관련된 거래의 안전, 주주 기타 이해관계인의 이익 등을 고려하더라도 도저히 묵과할 수 없는 정도라고 평가되는 경우에 한하여 신주의 발행을 무효로 할 수 있을 것이다.

신주발행을 결의한 갑 회사의 이사회에 참여한 이사들이 하자 있는 주주총회에서 선임된 이사들이어서, 그 후 이사 선임에 관한 주주총회결의가 확정판결로 취소되었고, 위와 같은 하자를 지적한 신주발행금지가처분이 발령되었음에도 위 이사들을 동원하여 위 이사회를 진행한 측만이 신주를 인수한 사안에서, 위 신주발행이 신주의 발행사항을 이사회결의에 의하도록 한 법령과 정관을 위반하였을 뿐만 아니라 현저하게 불공정하고, 그로 인하여 기존 주주들의 이익과 회사의 경영권 내지 지배권에 중대한 영향을 미쳤으므로 무효이다.

(2) 대법원 2003.2.26. 선고 2000다42786 판결

주식의 양수인이 이미 제기된 신주발행무효의 소에 승계참가하는 것을 피고 회사에 대항하기 위하여는 주주명부에 주주로서 명의개서를 하여야 하는바, 주식양수인이 명의개서절차를 거치지 않은 채 승계참가를 신청하여 피고 회사에 대항할 수 없는 상태로 소송절차가 진행되었다고 할지라도, 승계참가가 허용되는 사실심 변론종결 이전에 주주명부에 명의개서를 마친 후 소송관계를 표명하고 증거조사의 결과에 대하여 변론을 함으로써 그 이전에 행하여진 승계참가상의 소송절차를 그대로 유지하고 있다면, 명의개서 이전의 소송행위를 추인한 것으로 봄이 상당하여 그 이전에 행하여진 소송절차상의 하자는 모두 치유되었다고 보아야 한다.

대표이사와 통모하여 회사자금을 횡령하여 신주인수대금을 지급한 신주발행은 선량한 풍속 기타 사회질서에 반하여 현저히 불공정한 방법으로 이루어진 것으로서 무효이다.

(3) 대법원 2004.6.25. 선고 2000다37326 판결

상법 제429조는 신주발행의 무효는 주주·이사 또는 감사에 한하여 신주를 발행한 날로부터 6월 내에 소만으로 이를 주장할 수 있다고 규정하고 있는데, 이는 신주발행에 수반되는 복잡한 법률관계를 조기에 확정하고자 하는 것이므로, 새로운 무효사유를 출소시간의 경과후에도 주장할 수 있도록 하면 법률관계가 불안정하게 되어 위 규정의 취지가 몰각된다는 점에 비추어 위 규정은 무효사유의 주장시기도 제한하고 있는 것이라고 해석함이 상당하고, 한편 상법 제429조의 유추적용에 의한 전환사채발행무효의 소에 있어서도 전환사채를 발행한 날로부터 6월의 출소기간이 경과한 후에는 새로운 무효사유를 추가하여 주장할 수 없다고 보아야 한다.

Ⅱ. 판결의 평석

1. 판결의 의의

이 판결에서는 Y회사의 A회사에 대한 제3자배정 신주발행이 유효한지 여부가 쟁점이며, 신주발행무효의 소를 제기하는 경우 무효원인이 쟁점이다.

주식회사가 신주를 발행하면서 신기술의 도입, 재무구조의 개선 등 회사의 경영상 목적을 달성하기 위하여 필요한 범위 안에서 정관이 정한 사유가 없는데도 경영진의 경영권이나 지배권 방어의 목적으로 제3자에게 신주를 배정한 경우, 기존 주주의 신주인수권을 침해한다고 보았다. 또한 신주발행무효의 소에서 무효의 판단기준을 제시하였다.

2. 신주발행의 무효

(1) 신주발행무효의 의의

신주발행의 무효란 "신주발행이 법령이나 정관에 위반한 하자가 있는 경우에 새로이 발행되는 주식의 전부를 무효로 하는 것"으로서, 개개의 주식인수의 무효와 구별된다. 신주발행의 무효는 법률관계의 안정과 획일적인 처리를 위하여 민법상 무효의 일반원칙과는 달리 일정한 기간 내에 소로써만 주장할 수 있게 하고(상법 제429조), 또 판결의 효력에 대세적 효력을 인정하며 소급효를 제한하고 있다(상법 제430조, 제190조 본문, 제431조). 신주발행무효의 소의 법적 성질은 형성의 소이다.

(2) 신주발행의 무효원인 및 무효의 판단기준

신주발행의 무효원인에 관하여는 상법에 규정이 없고, 학설은 일반적으로 신주발행에 법령 또는 정관에 위반한 하자가 있어야 한다고 한다. 그런데 이때 법령이나 정관에 위반한 신주발행이라도 이미 그 신주가 유통되어 신주발행의 유효성을 전제로 하여 많은 행위가 진전된 경우도 있으므로, 신주발행 유지청구의 대상으로 할 수 있거나(상법 제424조) 이사의 손해배상책임(상법 제399조, 제401조) 등에 의하여 해결될 수 있는 비교적 가벼운 위법행위는 이를 모두 무효로 할 필요가 없다. 신주발행이 사후에 무효로 되면 거래의 안전과 법정 안정성을 해할 우려가 크므로 무효원인은 가급적 엄격하게 해석한다.[1)]

판례가 제시한 신주발행 무효원인의 판단기준은 "신주발행에 법령이나 정관의 위반이 있고 그것이 주식회사의 본질 또는 회사법의 기본원칙에 반하거나[2] 기존 주주들의 이익과 회사의 경영권 내지 지배권에 중대한 영향을 미치는 경우로서 주식에 관련된 거래의 안전, 주주와 이해관계인의 이익 등을 고려하더라도 도저히 묵과할 수 없는 정도라고 평가되는 경우"이다.[3]

1) 수권자본제의 한계 일탈

(가) 발행예정주식총수를 초과하는 신주발행

(나) 정관이 인정하지 않는 종류의 신주발행

(다) 이사회의 결의 없이 대표이사가 신주를 발행한 경우

유효설(다수설, 판례): 위법한(전단적) 대표행위로서 대외적 행위이므로 거래의 안전을 중시하여 유효로 본다. 신주발행을 대표이사의 업무집행에 준하는 것으로 보아 신주발행의 효력에는 영향이 없다고 한다.[4]

무효설(소수설): 수권자본제의 한계를 넘는 것이라고 하여 무효로 본다. 신주발행은 중요한 조직법적 변화를 가져오므로 일상의 업무집행과 동일하게 볼 수 없다. 이사회결의가 없으면 회사에 신주발행의 의사가 존재하지 않는다고 보아야 하므로 무효이다.

2) 자본금충실의 위반

(가) 법정의 절차를 밟지 않고 한 액면미달의 신주발행은 무효이다(통설). 소수설은 미달금액이 근소하여 이사의 손해배상책임으로 전보가 가능한 경우 유효로 본다.[5]

(나) 현물출자가 과대하게 평가된 경우는 무효원인이 된다. 제424조의2 제1항의 요건에 해당하지 않는 한 주식인수인(현물출자자)에게 추가출자를 청구하여 전보시킬 방법이 없기 때문이다. 단, 현물출자시 검사절차를 거치지 아니하였다 하여도, 자본금충실을 해하지 않는 한 무효원인은 아니다.[6]

---

1) 정찬형, 상법강의(상), 제18판, 박영사, 2015, 1099면; 정동윤, 상법(상), 제6판, 법문사, 2012, 712면.

2) 수권자본제, 자본충실 및 주주의 신주인수권에 관한 법익의 본질적인 부분이 침해되었을 때 무효원인이 된다는 견해가 제기된다(이철송, 회사법강의, 제20판, 박영사, 2012, 887면).

3) 대법원 2010.4.29. 선고 2008다65860 판결.

4) 대법원 2007.2.22. 선고 2005다77060,77077 판결.

5) 이철송, 전게서, 903면; 정동윤, 전게서, 712면.

6) 대법원 1980.2.12. 선고 79다509 판결.

3) 신주인수권을 해한 경우

(가) 주주의 신주인수권을 무시한 신주발행은 무효이다(통설). 그러나 신주인수권의 일부를 무시한 경우에는 유효라는 소수설도 있다. 회사지배에 대한 영향력에 변동을 줄 정도에 이르면 무효이고 그렇지 않은 경우에는 유효이다.

(나) 배정기준일(상법 제418조 제3항)을 공고하지 않거나, 신주인수권자에게 최고(상법 제419조)를 하지 아니하고 청약기일에 청약이 없었다고 실권시킨 경우는 신주인수권을 무시한 것과 다름이 없으므로 그 결과에 따라 효력을 다루어야 한다.

4) 신주발행유지청구의 무시

신주발행의 유지청구를 무시하고 한 신주발행은 유지청구의 무시 자체를 무효의 원인으로 볼 수는 없다. 그러나 유지가처분이나 유지판결을 무시한 것은 무효의 원인이 된다고 본다.

5) 현저하게 불공정한 방법에 의한 신주발행

현저하게 불공정한 방법에 의하여 신주가 발행된 경우(예컨대 공모의 경우 특정인에게 집중적으로 배정을 한 경우 등)에 대하여, 이를 무효로 보는 견해와 거래의 안전을 위하여 이를 유효로 보는 견해가 있으나, 이를 언제나 무효 또는 유효로 볼 수는 없고 일정한 경우(예컨대 회사지배에 변동을 가져오는 경우 등)에만 이를 무효로 보아야 할 것이다(일부무효설－다수설).

(3) 다른 소송과의 관계

신주발행을 위한 이사회결의 또는 주주총회결의에 하자가 있는 경우, 신주발행이 효력을 발생하기 전에는 이러한 결의하자의 소를 제기할 수 있으나, 신주발행이 효력을 발생한 후에는 이러한 결의의 하자는 신주발행의 무효원인에 흡수되어 이러한 결의의 하자의 소를 별도로 제기할 수 없다고 본다. 그러나 신주발행절차의 하자가 아니라 이의 전제요건(예컨대 수권주식총수 등을 변경하기 위한 정관변경 등)을 위한 주주총회결의에 하자가 있는 경우에는, 이는 신주발행의 무효원인에 흡수될 수 없다. 따라서 이러한 하자의 소는 별도로 제기되어야 하는데, 편의상 신주발행무효의 소와 동시에 제기되어 병합심리될 수 있다고 본다.[7] 왜냐하면 결의하자의 소를 제기하여 판결을 받은 후 다시 신주발행무효의 소를 제기하여야 한다면 대부분 상법 제429조의 제소기간을 경과하는 문제가 있기 때문이다. **(김순석)**

7) 이철송, 전게서, 906면; 정찬형, 전게서, 1101면; 최준선, 회사법, 제9판, 삼영사, 2014, 645면.

87

이사회결의 없는 신주발행과 신주발행 무효 주장

대법원 2007.2.22. 선고 2005다77060,77077 판결

Ⅰ. 판결개요

1. 사실관계

甲은 1997. 7.경부터 '드림테크'라고 하는 상호로 소프트웨어 개발사업을 하고 있던 중, 원고 X로부터 동업 제의를 받고 각자의 지분을 50%로 하여 1998. 12. 9. 위성 영상정보 서비스 장비개발업과 의료 영상기기 소프트웨어 개발업 등을 목적으로 하는 피고 회사 Y를 설립하였다. 甲은 대표이사, 원고 X는 감사이면서 마케팅부장이라는 직함으로 법인통장 및 회계장부·서류를 관리하였고 원고 X_1과 $甲_1$은 각각 피고회사 Y의 이사로 선임되었다. 피고 Y회사의 최초 발행주식총수 중 甲은 2,000주, $甲_1$은 500주, 원고 X는 2,000주, 원고 X_1은 500주를 소유하였으나, 그 후 증자하여 甲은 6,000주, $甲_1$은 1,500주, 원고 X는 6,000주, 원고 X_1은 1,500주를 소유하게 되었다.

甲은 원고 X에 대하여 회계가 불투명하다는 의심을 제기하면서 2000. 6.경부터 수차례 법인통장 거래내역과 회계장부의 공개를 요구하였으나 원고 X가 이에 응하지 않았고, 피고 회사 Y는 2000. 7. 26. 회계불투명과 회계장부 미공개를 이유로 원고 X를 마케팅부장에서 해고하였다.

한편 피고 회사 Y의 대표이사인 甲은 원고들에게 이사회 소집통지를 하지 아니하고, 2001. 2. 9. 11:00 피고 회사 사무실에서 대표이사 甲과 이사 $甲_1$이 참석한 가운데 이사회를 개최하여 유상증자 및 이사·감사의 해임·선임을 위한 임시주주총회의 개최에 관한 결의를 하였다. 이에 따라 피고 회사 Y는 신주발행을 하였고 甲은 2,000주, $甲_1$은 500주를 배정받았다. 그 결과 Y의 발행주식총수 중 甲은 8,000주, $甲_1$

은 2,000주, 원고 X는 6,000주, 원고 X_1은 1,500주를 소유하게 되었다.

원고들은 주장하기를, 피고 회사 Y의 2001. 2. 9. 이사회결의는 피고 Y회사의 감사와 이사인 원고들에 대한 적법한 소집통지가 없었고 이사와 감사가 참석하지 않은 상태에서 이루어진 것으로서 효력이 없고, 따라서 그 후 이루어진 신주발행도 무효라고 하였다.

2. 판결요지

(1) 제1심 및 원심의 판단

제1심과 원심에서는 원고의 청구를 기각하였다. 법원은 판단하기를, 주식회사의 신주발행의 효력을 사후적으로 판단함에 있어서는 주주들의 이익뿐만 아니라 회사 자체의 자본금충실도, 주식인수인이나 회사채권자의 신뢰보호 및 거래의 안전을 함께 고려하여야 할 것이므로, 그 신주발행이 법령이나 정관규정에 현저하게 위반한 중대한 흠이 있는 경우에 한하여 그 효력을 부인하여야 할 것이라고 보았다. 그리고 회사의 대표이사가 이사회결의 없이 또는 하자 있는 이사회결의에 기하여 신주를 발행한 경우라고 하더라도 이사회결의는 회사 내부의 의사결정에 불과한 점에 비추어 대표이사의 신주발행행위를 신뢰한 신주인수인이나 회사채권자들을 보호하여야 할 필요성이 더 크다고 하였다. 더욱이 이 사건에서 피고 회사의 이사 3인 중 2인이 출석하였고 출석이사의 찬성으로 신주발행에 관한 의결을 하였으므로 피고 회사 정관에 규정된 의결정족수를 갖추었다는 점에서 신주발행의 효력을 부인할 수 없다고 하였다.

이러한 법원의 결정에 대하여 원고들은 甲과 X가 50:50의 비율로 동업하던 관계에서 甲이 불법적으로 주식보유비율을 높이기 위해 원고들을 배제한 채 신주발행에 관한 이사회결의를 한 후 기존 주주 중 원고들을 제외하고 甲과 $甲_1$이 신주인수를 한 것은 주식평등의 원칙에 위배된 신주발행으로서 그 흠이 중대하고 명백하여 무효임에도 불구하고 원심이 이와 달리 판단한 것은 잘못이라고 주장하였다.

(2) 대법원의 판단

대법원은 주식회사의 신주발행은 주식회사의 업무집행에 준하는 것으로서 대표이사가 그 권한에 기하여 신주를 발행한 이상 신주발행은 유효하고, 설령 신주발행에 관한 이사회의 결의가 없거나 이사회의 결의에 하자가 있더라도 이사회의 결의는 회사의 내부적 의사결정에 불과하므로 신주발행의 효력에는 영향이 없다고 하였다. 대법원은 상고를 기각하면서, 본 사안에서 문제된 신주발행과 관련되어 주장된 흠이 원고들이 신주발행무효의 사유로써 주장한 주식평등의 원칙에 위배되지 않았기 때문에 기각한 것인지는 분명하지 않으며, 단지 신주발행무효의 소의 출소기간이 경과한 후에 새로운 무효사유를 추가하는 것이 허용되지 않는다는 취지로 청구를 기각하였다.

3. 관련판례

(1) 대법원 2010.4.29. 선고 2008다65860 판결

이사를 선임한 주주총회결의가 위법한 것인 이상 신주발행을 결의한 이사회결의는 신주발행사항을 이사회결의로 정하도록 한 법령과 정관에 위반한 것으로 볼 수 있을 뿐만 아니라, 주주총회결의의 위법사유에 주된 책임이 있는 당시 대표이사가 하자 있는 결의로 선임된 이사들을 동원하여 위 이사회결의를 하였다는 점에서 그 위반을 중대한 것으로 볼 수 있고, 위 이사회결의에 위와 같은 하자가 존재한다는 이유로 신주발행을 금지하는 가처분이 발령되고 모든 주주들에게 그 사실이 통지되었음에도 신주발행을 진행하는 바람에 일부 주주들만이 신주를 인수하게 되어 현저하게 불공정한 신주발행이 되었으며 그로 인하여 경영권 다툼을 벌이던 피고의 지배권을 확고히 할 수 있도록 그 지분율이 크게 증가하는 결과가 초래되었다. 그리고 신주발행을 무효로 하더라도 거래의 안전에 중대한 영향을 미칠 것으로 보이지도 않는바 결국 신주발행은 무효로 보아야 할 것이다.

(2) 대법원 2009.3.26. 선고 2006다47677 판결

주식회사의 대표이사가 이사회의 결의를 거쳐야 할 대외적 거래행위에 관하여 이를 거치지 아니한 경우라도, 이와 같은 이사회결의 사항은 회사의 내부적 의사결정에 불과하므로 그 거래상대방이 그와 같은 이사회결의가 없었음을 알았거나 알 수 있었을(이 부분은 최근 판례에서 '중대한 과실로 알 수 없었을'으로 변경됨)[1] 경우가 아니라면 그 거래행위는 유효하고, 이때 거래상대방이 이사회결의가 없음을 알았거나 알 수 있었던('중대한 과실로 알 수 없었던'으로 변경됨) 사정은 이를 주장하는 회사가 주장·증명하여야 할 사항에 속하므로, 특별한 사정이 없는 한 거래상대방으로서는 회사의 대표자가 거래에 필요한 회사의 내부절차는 마쳤을 것으로 신뢰하였다고 보는 것이 일반 경험칙에 부합하는 해석이다.

---

1) 대법원 2021.2.18. 선고 2015다45451 전원합의체 판결.

Ⅱ. 판결의 평석

1. 신주발행과 주주의 신주인수권

신주인수권은 회사의 성립후 신주를 발행하는 경우에 신주의 전부 또는 일부를 다른 자에 우선하여 인수하는 권리이다. 주주 유한책임의 원칙상 신수인수권은 주주의 권리일 뿐 의무는 아니므로 주주가 반드시 신주인수권을 행사하여야 하는 것은 아니다. 상법상 주주는 당연히 신주인수권을 가지는 것이지만(추상적 신주인수권, 상법 제418조 제1항), 정관에 의하여 주주의 신주인수권을 제한하여 특정한 제3자에게 부여할 수 있도록 하고 있다.

기존의 주주는 그가 가진 주식의 수(持株數)에 따라 신주의 배정을 받을 권리가 있다(상법 제418조 제1항). 즉 주주의 신주인수권은 정관의 규정이나 이사회의 결정에 의해서 생기는 것이 아니라, 법률에 의해서 당연히 가지는 권리이다. 신주인수권은 주식의 과실이 아니므로 신주에 대하여는 질권의 효력이 미치지 아니한다.

신주인수권은 추상적 신주인수권과 구체적 신주인수권으로 나뉜다. 추상적 신주인수권(抽象的 新株引受權)은 주식과 분리하여 양도하거나 기타 처분을 하지 못하며 주식의 이전에 따라 당연히 이전된다. 구체적 신주인수권(具體的 新株引受權)은 신주발행에 관한 이사회의 결의가 있는 때에 주주가 취득하는 권리로써, 이사회의 결의에 따라 신주인수권증서를 교부받아 주식과 독립하여서 양도될 수 있다.

2. 신주발행의 무효

(1) 의 의

신주발행의 조건이나 절차에 관하여 위법이 있기 때문에 신주발행절차가 전체로서 하자가 있게 되는 것이고 결국 신주발행을 무효로 하는 것이지만, 개개의 주식인수에 하자가 있어서 인수가 취소되는 경우에는 그 주식의 발행만이 무효로 되는 것에 그친다. 왜냐하면 개개의 주식인수의 취소에 대하여는 이사에게 인수담보책임이 인정되기 때문이다(상법 제428조).

신주발행의 하자에 있어서 법의 일반원칙에 따라서 무효로 처리한다면 법률관계의 안정과 거래안전을 기할 수가 없게 된다. 따라서 일정한 경우에 신주발행무효의 소(訴)에 의하도록 하고 있는 것이다. 만약 신주발행의 실체와 형식이 전혀 없는 경우에는 신주발행의 무효가 아닌 부존재이므로 소에 의하지 않고서도 누구라도 그 부존재를 주장할 수 있다고 본다.

(2) 무효의 원인과 소의 절차

정관소정의 발행예정주식의 총수를 초과하여 신주를 발행한 경우(초과분뿐만 아니라 전체가 무효가 된다고 보는 것이 다수설의 입장이다), 정관에서 인정되어 있지 않은 종류의 주식을 발행한 경우, 정관에서 인정되어 있는 신주인수권을 무시하고 신주를 발행한 경우, 소정의 절차를 무시하고 액면미달발행을 한 경우 등이 있다.

이사회의 결의 없이 신주발행을 한 경우에 대하여는 무효설과 유효설 외에도 악의의 양수인 및 첫 인수인 사이에서는 무효이고, 선의의 양수인 사이는 유효로 보는 상대적 무효설이 있다.

신주발행무효의 소의 제기는 주주·이사 또는 감사에 한정되어 있고, 제소기간도 신주발행일로부터 6월 내로 제한되어 있다. 피고는 회사이다.

(3) 판결의 효력

먼저 대세적 효력으로서 당사자 이외의 제3자에게도 효력이 있다. 그리고 무효가 된 주식은 이를 배제하여 원상회복하여야 하나, 그렇게 되면 그동안 진전된 법률관계, 예컨대 신주의 양도, 신주주를 포함한 주주총회의 결의, 신주주에 대한 이익배당 등을 전부 번복하면 법적 안전을 해치게 되므로 무효는 소급하지 않는다. 따라서 신주는 장래에 대하여 효력을 잃는다(상법 제431조 제1항).

회사는 신주실효(新株失效)의 뜻과 일정 기간(3개월 이상) 내에 신주의 주권을 회사에 제출할 것을 공고하고, 주주명부에 기재된 주주와 질권자에 대하여는 각각 통지하여야 하며(상법 제431조 제2항), 또 한편으로는 신주의 주주에게 납입한 금액(현물출자이면 그 평가액)을 반환하여야 한다(상법 제432조 제1항). 반환되는 금액이 판결 확정시의 회사재산상태에 비추어 현저하게 부당한 때에는 법원은 신주의 주주 또는 회사의 청구에 의하여 그 금액의 증감을 명할 수 있다(상법 제432조 제2항, 제3항).

3. 대상판결의 검토

(1) 신주발행과 신주발행무효의 주장

신주의 발행은 그 배정과 인수 및 납입의 결과에 따라서 기존 주주의 지분비율의 변동을 초래할 가능성이 있으며, 이는 곧 회사지배권의 취득과 상실을 의미하는 것이다. 더욱이 현행 상법상 신주의 발행은 주주총회의 결의가 아닌 이사회의 결의로 이루어지는 것이 원칙이기 때문에 불공정한 발행이 이루어질 우려가 있다. 상법은 공정한 신주발행을 담보하기 위한 방법으로서 사전적인 신주발행유지청구권과 사후적인 신주발행 무효의 소를 인정하고 있다.

신주발행의 무효를 소로만 주장하게 하고 제소 당사자와 제소기간도 제한하는 이유는 무효원인이 있는 신주발행을 기초로 하여 전개된 각종 법률관계의 조속한 안정을 꾀하고 다수 이해관계인의 법률관계를 획일적으로 처리하기 위한 것이다. 판례는 이사회나 주주총회의 신주발행 결의에 취소 또는 무효가 될 정도의 하자가 있다고 하더라도 그 하자가 극히 중대하여 신주발행이 존재하지 아니하는 정도에 이르는 등의 특별한 사정이 없는 한 신주발행의 효력이 발생한 후에는 신주발행무효의 소에 의해서만 다툴 수 있다고 하고 있다.[2)]

(2) 신주발행의 무효원인

신주발행의 무효원인에 대하여는 상법의 명문규정은 없다. 법령 또는 정관에 위반된 경우가 무효원인의 대상이 된다고 보겠지만 모든 경우가 무효원인이 되는 것은 아니고 유지청구의 대상(상법 제424조)이나 이사의 책임(상법 제401조)을 발생시키는 것일 수도 있다. 결과적으로 위반의 정도와 신주발행의 효력이 발생한 후 이해관계인의 상황 등을 고려하여 판단하는 것이므로 무효원인은 좁게 인정하는 것이 일반적인 견해이다.

이 사건에서는 이사회소집절차가 문제되었는데, 법에 규정된 절차를 준수하는 것이 당연히 요구되므로 결의에 필요한 법적 요건을 충족하지 못하였다면 그 이사회의 결의는 무효가 되는 것이 원칙이다. 그런데 이사회결의로 인하여 이루어진 신주발행의 효력을 무효로 볼 것인가에 대하여는 견해의 대립이 있다. 즉 이사회결의 없이 또는 이를 무시하고 대표이사가 신주를 발행한 경우에, 먼저 회사의 신주발행은 업무집행의 하나이므로 거래의 안전을 중시하여 이사회결의가 없다 하더라도 대표이사의 대표권을 신뢰한 상대방의 보호를 위하여 또는 획일적인 처리를 위하여 유효한 것으로 보아야 한다는 유효설의 입장이 있다. 유효설에서는 이사회결의는 회사 내부의 의사결정에 불과하므로 이사회결의의 유무를 불문하고 유효한 것으로 보아야 한다고 한다. 이에 반하여 무효설의 입장에서는 자본금증가의 권한을 이사회에 부여한 대신 이사회의 결의라고 하는 절차적 신중성을 요구하고 있다는 점과 대표이사의 개인적

---

2) 대법원 2004.8.20. 선고 2003다20060 판결.

결정에 의한 신주발행을 유효하게 본다면 기존 주주의 지위를 불안정하게 할 우려가 있기 때문에 무효로 보아야 한다고 주장한다. 절충적인 입장에서는 원칙적으로 신주발행은 유효하게 보고 거래안전의 보호필요성이 없는 경우, 예컨대 최초의 인수인 또는 그 자로부터 취득한 악의의 양수인이 소지한 신주는 무효라고 보아야 한다고 보고 있다.

신주가 발행된 경우 주주의 이익보다는 신주발행을 신뢰한 주식인수인이나 회사채권자의 이익을 보호할 필요성이 더 크다는 점과 이사회결의는 회사 내부의 의사결정에 불과하여 그 상대방이 그와 같은 이사회결의가 없었음을 알았거나 알 수 있었을 경우가 아니라면 그 거래행위는 유효하다고 보는 대법원의 입장[3)]에 따른다면 신주발행에 비추어 이사회결의가 없거나 이사회결의에 하자가 있다고 하더라도 이미 효력이 발생한 신주발행에는 영향이 없다고 보는 것이 본 판결의 입장이다. 다만 이러한 결정이 법이 정한 절차적 요건의 준수 자체를 사실상 무시하는 결과를 가져올 수 있는 행위를 촉발시킨다는 점에서는 재론의 여지는 있다 하겠다.

(김병연)

---

3) 대표이사가 이사회결의를 거쳐야 할 대외적 거래행위에 관하여 이를 거치지 않은 경우에 거래상대방인 제3자가 보호받기 위해서는 선의 이외에 무과실이 필요하다고 본 법원 2005.7.28. 선고 2005다3649 판결 등은 최근 대법원 2021.2.18. 선고 2015다45451 전원합의체 판결에 의하여 '중대한 과실이 없다면 보호된다'로 변경됨.

자본금감소와 주주총회결의

대법원 2010.2.11. 선고 2009다83599 판결

Ⅰ. 판결개요

1. 사실관계

Y회사는 1971. 11. 22. 설립 이후 알미늄 박 및 연포장재 등을 제조·판매해 오고 있으나, 2005년 사업연도 이후 매출이 지속적으로 감소하였으며, 수익성도 악화되었다. Y회사는 2008. 4. 24. 임시주주총회를 개최하였는데, 이를 위해 Y회사의 명의개서 대리인인 甲은행 증권대행 부장 앞으로 '임시주주총회 소집계획서'를 송부하였고, 甲은행 증권대행부는 X들을 포함한 Y회사의 주주 9,441명에게 임시주주총회 소집계획 통보서를 발송하였고 이 통보서에는 부의안건 내용으로 자본금감소의 건 및 정관일부 변경의 건이 기재되었다. 동 주주총회는 총주주 9,441명(총 발행주식수 79,041,000주) 중 101명의 주주(29,311,701주)가 참석하였다. 출석한 주주의 전원찬성으로 재무구조 개선을 위해 자본금을 39,520,500,000원에서 3,952,500,000원으로 감액하고, 주식을 10:1로 병합(발행주식수를 79,041,000주에서 7,904,100주로 감소)하는 자본금감소결의를 하였다. 그리고 채권자 보호절차, 주식병합절차를 모두 완료한 후 2008. 5. 28. 발행주식수, 자본금의 변경등기를 경료하였다. 그런데 위 주주총회에서 소외 A가 X의 명의로 Y회사를 대리인으로 하는 위임장을 작성한 후 X들을 대신하여 권한 없이 서명하였으므로 실제로 출석한 주식수는 25,674,701주로 총 발행주식수의 1/3에 미달(32%)하게 되었다. X는 주주총회와 관련한 일체의 통지를 받지 않았으며, 참석하지도 않았음에도 Y회사가 위임장을 위조하였다고 주장하면서 주주총회에 실제 출석한 주식수는 총 발행주식수의 1/3에 미달하므로 이 사건 주주총회의 자본금감소의 결의는 요건을 충족하지 못하여 무효라고 주장하였다.

2. 판결요지

상법 제445조는 자본금감소의 무효는 주주 등이 자본금감소로 인한 변경등기가 있은 날로부터 6월 내에 소만으로 주장할 수 있다고 규정하고 있으므로, 설령 주주총회의 자본금감소 결의에 취소 또는 무효의 하자가 있다고 하더라도 그 하자가 극히 중대하여 자본금감소가 존재하지 아니하는 정도에 이르는 등의 특별한 사정이 없는 한 자본금감소의 효력이 발생한 후에는 자본금감소 무효의 소에 의해서만 다툴 수 있다. 그리고 청구취지에서는 자본금감소 결의의 무효확인을 구하였으나, 사건명을 "감자무효의 소"라고 표시하였을 뿐 아니라, 당사자들이 변론과정에서 근거조문까지 명시하면서 상법 제445조의 자본금감소 무효의 소를 제기한 것임을 전제로 재량기각 여부를 주된 쟁점으로 삼아 변론하였다면, 청구취지의 기재에도 불구하고 상법 제445조의 자본금감소 무효의 소를 제기한 것으로 볼 여지가 충분한데도, 석명권을 행사하여 이를 분명히 하고 그에 따른 청구취지와 청구원인을 정리하지 아니한 채 자본금감소 결의의 무효확인 판결을 선고한 원심판결은 위법하다.

민사소송법 제136조 제4항은 "법원은 당사자가 명백히 간과한 것으로 인정되는 법률상 사항에 관하여 당사자에게 의견을 진술할 기회를 주어야 한다."라고 규정하고 있으므로, 당사자가 부주의 또는 오해로 인하여 명백히 간과한 법률상의 사항이 있거나 당사자의 주장이 법률상의 관점에서 보아 모순이나 불명료한 점이 있는 경우 법원은 적극적으로 석명권을 행사하여 당사자에게 의견진술의 기회를 주어야 하고 만일 이를 게을리한 경우에는 석명 또는 지적의무를 다하지 아니한 것으로서 위법하다.

3. 관련판례

(1) 대법원 1993.5.27. 선고 92누14908 판결

회사합병에 있어서 합병등기에 의하여 합병의 효력이 발생한 후에는 합병무효의 소를 제기하는 외에 합병결의무효확인청구만을 독립된 소로서 구할 수 없다.

(2) 대법원 1989.7.25. 선고 87다카2316 판결 참조; 대법원 2004.8.20. 선고 2003다20060 판결

상법 제429조는 신주발행의 무효는 주주·이사 또는 감사에 한하여 신주를 발행한 날로부터 6월 내에 소만으로 이를 주장할 수 있다고 규정하고 있으므로, 설령 이사회나 주주총회의 신주발행 결의에 취소 또는 무효의 하자가 있다고 하더라도 그

하자가 극히 중대하여 신주발행이 존재하지 아니하는 정도에 이르는 등의 특별한 사정이 없는 한 신주발행의 효력이 발생한 후에는 신주발행무효의 소에 의하여서만 다툴 수 있다.

Ⅱ. 판결의 평석

1. 사안의 쟁점

자본금감소, 합병·분할 등의 절차에 있어서 주주총회 특별결의가 필요한 바, 이 주주총회에 하자가 있는 경우 주주총회결의의 하자를 다투는 소와 특수절차에 대한 특수한 소 중 어느 소를 제기하여야 하는지가 문제된다. 그 밖에 본 사안에서 석명권의 행사가 문제되었으나 이에 관한 고찰은 상법상의 쟁점이 아니어서 간단히 판례입장만 살펴본다.

2. 판례 검토

(1) 자본금의 감소

자본금의 감소란 회사의 발행주식의 액면총액으로 계산되는 자본금액을 감소하는 것을 말한다. 자본금은 등기사항이고, 1주의 금액과 발행주식총수는 정관의 절대적 기재사항으로 되어 있어 이들 사항이 변경될 경우 정관변경이 요구된다. 또한 자본금은 채권자에 대한 유일한 담보이므로 자본금의 감소시에는 주주총회 특별결의와 같이 내부적으로 엄격한 절차가 필요할 뿐만 아니라 대외적으로 채권자를 보호하기 위해 채권자보호절차를 규정하고 있다(상법 제439조 제2항, 제232조). 감자절차를 완료한 후에는 자본금의 총액, 1주의 금액 또는 발행주식총수가 감소하고 이는 등기사항이므로 자본금감소의 효력이 생긴 때로부터 2주(본점소재지) 또는 3주(지점소재지) 내에 변경등기하여야 한다. 감자는 원칙적으로 감자의 모든 절차(주주총회결의, 채권자보호절차, 주식에 대한 조치)가 모두 완료한 때에 효력이 발생한다(상법 제441조).

(2) 자본금감소의 무효

자본금감소는 주주, 채권자 및 이해관계인에게 중대한 영향이 있으므로 그 내용이나 절차에 하자가 있으면 당연히 무효이지만, 상법은 법률관계의 획일적 처리를 위해 일정한 자가 일정한 기간 내에 소만으로써 감자의 무효를 주장할 수 있게 하고 있다(상법 제445조). 감자무효의 소의 무효의 원인은 감자절차 또는 그 내용의 하자가 있는 경우인데, 예를 들어 주주총회 특별결의가 소에 의하여 취소되거나 또는 무효가 확인된 경우, 종류주주총회를 개최하지 않은 경우, 채권자 보호절차를 이행치 않은 경우 등이 원인이 된다. 감자무효의 소의 절차를 보면 소의 당사자는 주주, 이사, 감사, 청산인, 파산관재인, 채권자(이상 원고), 회사(피고)이고 제소기간은 변경등기 있은 날로부터 6월 이내이며, 소의 법적 성질은 형성의 소로 이해된다.

(3) 주주총회결의 취소의 소 등과의 관계

감자를 위한 주주총회결의에 하자가 있을 경우 이는 주총결의의 하자를 다툴 수도 있고 감자무효의 소를 제기할 수도 있다. 그러나 주주총회결의의 하자를 다투는 것도 감자절차의 무효 주장을 위한 수단이라는 점에서 감자무효의 소 이외에 감자에 관한 주주총회결의의 하자를 다투는 것이 가능한가에 관해 견해가 대립되고 있다.

양자의 관계에 관해 흡수설은 후속행위에 주어진 효력에 의해 분쟁이 궁극적으로 해결될 수 있으므로 주주총회결의의 하자는 후속행위의 하자로 흡수되는 것으로 본다. 다만, 결의하자에 관한 소의 제기기간(2월)이 경과한 후에는 하자가 치유되었으므로 이를 이유로 감자무효의 소도 제기할 수 없다고 본다. 이에 반해 병용설(병존설)은 양 소송제도 중 어느 것이나 자유로이 선택하여 제기할 수 있으며 그중 어느 하나라도 확정되면 자본금감소가 무효가 된다고 이해한다. 생각건대 특수절차는 일반절차를 포함하는바, 감자무효의 소에 의해 하자를 다투어야 하나, 다만 결의취소의 소의 제소기간이 결의의 날로부터 2월 내이므로 결의의 절차상의 하자를 이유로 하는 감자무효의 소는 위 기간 내에 제기하여야 한다고 본다.

판례는 신주발행 무효의 소와 주주총회결의하자의 소의 관계에 관해 대법원은 상법 제429조는 신주발행의 무효는 주주·이사 또는 감사에 한하여 신주를 발행한 날로부터 6월 내에 소만으로 이를 주장할 수 있다고 규정하고 있으므로, 설령 이사회나 주주총회의 신주발행 결의에 취소 또는 무효의 하자가 있다고 하더라도 그 하자가 극히 중대하여 신주발행이 존재하지 아니하는 정도에 이르는 등의 특별한 사정이 없는 한 신주발행의 효력이 발생한 후에는 신주발행무효의 소에 의하여서만 다툴 수 있다.[1] 그리고 합병결의와 관련해서도 대법원은 회사합병에 있어서 합병등기에 의하여 합병의 효력이 발생한 후에는 합병무효의 소를 제기하는 외에 합병결의무효확인

1) 대법원 1989.7.25. 선고 87다카2316 판결 참조; 대법원 2004.8.20. 선고 2003다20060 판결.

청구만을 독립된 소로서 구할 수 없다고 보았다.[2)]

(4) 석명권의 행사

본 사안에서는 청구취지에서는 자본금감소 결의의 무효확인을 구하여 원심에서는 자본금감소결의 무효확인판결을 하였으나 이는 부적절하고 석명권을 행사하여야 한다고 보았다. 즉 사건명을 감자무효의 소라고 표시하였고, 당사자들이 변론과정에서 근거조문까지 명시하면서 상법 제445조의 자본금감소 무효의 소를 제기한 것임을 전제로 재량기각 여부를 주된 쟁점으로 삼아 변론하였다는 사실을 들어 청구취지의 기재에도 불구하고 상법 제445조의 자본금감소 무효의 소를 제기한 것으로 볼 수 있다면, 이러한 경우에는 석명권을 행사하여야 한다고 보았다. 즉 석명권을 행사하여 청구취지와 청구원인을 분명하게 정리하도록 하였는데 이는 석명권의 범위를 적절하게 해석한 타당한 판결이라 본다.

3. 대상판결의 검토

대상판결은 자본금감소결의의 무효확인을 구했으나 법원이 석명권을 행사하여 감자무효의 소로 정리한 후 주주총회결의취소의 소와 감자무효의 소와의 관계에서 자본금감소의 효력이 발생한 후에는 흡수설의 입장에서 감자무효의 소에 따라야 한다고 판단하였다. 석명권의 행사범위에 관한 법원의 판단이나 흡수설을 따른 법원의 판단 모두 적절하다고 판단된다.

(정경영)

2) 대법원 1993.5.27. 선고 92누14908 판결.

89

주식병합의 절차 흠결과 그 효력

대법원 2009.12.24. 선고 2008다15520 판결

Ⅰ. 판결개요

1. 사실관계

Y주식회사(피고, 상고인)는 1976. 9. 10. 자본(금) 총액을 3,000,000원(발행주식총수 3,000주, 1주의 금액 1,000원)으로 하여 설립되었다. Y회사는 1978. 4. 7. 자본(금) 총액을 73,500,000원으로 증자하고, 발행주식총수를 73,500주(1주의 금액 1,000원)로 변경하는 내용의 등기를 한 후, 같은 날 Y회사 명의의 주권을 발행하였다. 그 후 Y회사는 1989. 6. 9. 총 73,500주의 주식을 10주당 신 주식 1주의 비율로, 1주의 금액이 10,000원인 총 7,350주의 신 주식으로 병합하는 내용의 주식병합을 하고, 이에 관하여 1989. 6. 12. 등기를 마쳤다. 그런데 Y회사는 주식의 병합을 하면서 상법 제440조의 규정에 따른 주식병합의 공고를 하지 않았다.

X(원고, 피상고인)는 Y회사가 주식병합 전에 발행한 주권 중 일부를 1993년경 Y회사의 주주인 B로부터 교부받아 소지하고 있었는데, Y회사 및 그 주주임을 주장하는 Y_1(공동피고)에 대하여 주식병합의 공고 등의 절차를 거치지 아니한 채 이루어진 주식병합은 무효이며, 주식병합 전의 구 주식의 주주임을 확인하는 소를 제기하였다. 이에 대해 Y회사는 X가 보유한 주식은 주식병합에 의하여 실효되었다고 주장하고, Y_1은 B로부터 Y회사의 주식을 모두 양수한 C의 사망으로 그 주식을 상속받았기 때문에 Y회사의 유일한 주주이며 X가 B의 주권을 절취하였다고 주장하였다. 원심은 주식병합의 공고와 통지의 절차를 거치지 아니한 주식병합은 무효이며, 따라서 구 주식이 유효하고, X는 구 주권을 절취하였다는 증명이 없는 한 구 주권을 점유함으로써 구 주권의 적법한 소지인으로 추정된다고 하여 X의 청구를 인용하였다.[1)]

2. 판결요지

상법 부칙(1984. 4. 10.) 제5조 제2항이 구 상법(1991. 5. 31. 법률 제4372호로 개정되기 전의 것) 제440조를 준용하여 주식병합에 일정한 기간을 두어 공고와 통지의 절차를 거치도록 한 취지는 신 주권을 수령할 자를 파악하고 실효되는 구 주권의 유통을 저지하기 위하여 회사가 미리 구 주권을 회수하여 두려는 데 있다. 회사가 주식병합의 공고 등의 절차를 거치지 아니한 경우에는 특별한 사정이 없는 한 주식병합의 무효사유가 존재한다. 상법 부칙 제5조 제2항의 주식병합에 관하여 공고누락의 하자만을 이유로 주식병합의 무효를 주장하기 위해서는 구 상법 제445조에 따라 주식병합의 등기일로부터 6월 내에 주식병합 무효의 소를 제기하여야 한다.

3. 관련판례

대법원 2014.7.24. 선고 2013다55386 판결

주식병합의 효력이 발생하면 구주권은 실효되고 회사는 신주권을 발행하여야 하며, 주주는 병합된 만큼 감소된 수의 신주권을 교부받게 되는데, 이에 따라 교환된 주권 역시 병합 전의 주식을 여전히 표창하면서 그와 동일성을 유지하는 것이고(대법원 2012.2.9. 선고 2011다62076,62083 판결 등 참조), [회사에 대하여 효력이 있는] 주권발행 전 주식을 양수한 사람은 특별한 사정이 없는 한 양도인의 협력을 받을 필요 없이 단독으로 자신이 주식을 양수한 사실을 증명함으로써 회사에 대하여 그 명의개서를 청구할 수 있으므로, 주식병합 전 주식을 양수하였다가 주식병합 후 6개월이 경과할 때까지 신주권이 발행되지 않은 경우 양수인은 구주권 또는 신주권의 제시 없이 자신의 주식 양수 사실을 증명하여 회사에 대하여 명의개서를 청구할 수 있다.

Ⅱ. 판결의 평석

1. 판결의 의의

상법은 주식병합의 절차와 효력에 관하여 규정하고 있으나, 그 절차를 위반한 경우 주식병합의 효력을 정하고 있지 아니하였다. 다만 상법 제445조는 주식병합이 자본금감소의 방법으로 이용된 경우에는 자본금감소무효의 소를 제기할 수 있나고 규

1) 서울동부지방법원 2008.1.16. 선고 2006나2331 판결.

정하고 있다. 이 판결은 상법이 주식병합의 공고와 통지의 절차를 거치도록 한 취지를 명확히 하면서, 구 상법 부칙(1984. 4. 10.) 제5조 제2항에 따라 주식의 액면을 인상하기 위하여 주식을 병합하는 경우 주식병합의 공고절차를 흠결한 때에는 그 주식병합은 무효이며, 주식병합의 무효는 상법 제445조를 유추적용하여 주식병합의 등기가 있은 날로부터 6월 내에 소만으로 주장할 수 있다고 하여, 주식병합의 절차를 위반한 경우 주식병합의 효력을 다루었다는 점에서 그 의의가 있다.

이 외에도 이 판결에서는 단순히 주식병합의 공고가 누락된 경우 외에 주식병합의 절차적·실체적 하자가 극히 중대한 경우에는 이를 다투는 방법으로서 주식병합 부존재확인의 소를 제기하거나 선결문제로서 주식병합의 부존재를 주장할 수 있음을 인정하고 있다.

2. 주식의 병합의 의의

주식의 병합이란 여러 개의 주식을 합하여 그보다도 적은 수의 주식으로 하는 것을 말한다. 주식을 병합하게 되면 경우에 따라서는 1주로 할 수 없는 주식, 즉 단주가 발생할 수 있기 때문에 주식병합은 자본금감소(상법 제440조), 회사의 합병(상법 제530조 제3항) 및 분할합병(상법 제530조의11 제1항)의 경우에 한하여 인정된다. 그러나 그 예외로서 주식의 금액(액면)의 인상을 위한 주식병합이 인정되었다. 즉 1984년 상법을 개정하여 주식회사의 자본(금)은 5천만원 이상으로 하고 1주의 금액은 5,000원 이상으로 하도록 하면서, 부칙 제5조에서 주식의 액면이 5천원 미만인 주식회사는 개정상법 시행일로부터 3년 이내에 그 주식을 액면 5천원 이상의 주식으로 하기 위하여 주주총회의 특별결의에 의하여 주식을 병합하도록 하고, 이 경우 주식병합에 관한 상법 제440조 내지 제444조의 규정을 준용하도록 하였다.

이와 같이 주식의 병합은 주로 자본금감소의 방법으로 주식수를 감소시키거나 또는 합병을 하는 경우에 해산회사의 다수의 주식에 대하여 존속회사 또는 신설회사의 소수의 주식을 배정하는 경우에 발생한다. 자본금감소의 방법으로서는 발행주식수를 감소시키거나 발행주식수는 감소시키지 않으면서 주식의 금액을 인하하거나 또는 양자를 병행하는 방법이 있다. 주식병합은 주식수를 감소시킨다는 점에서는 특정한 주식을 소멸시키는 주식의 소각과 실질적으로 차이가 없다. 주식을 병합하는 경우 주식의 수는 감소되지만, 자본금감소의 절차를 밟지 않는 한 회사의 자본금과 재산은 변함이 없다.

3. 주식병합의 절차와 효력

주식병합의 결과 단주가 발생하는 경우에는 주주의 지분율이 감소하는 등 주주의 이익을 해할 염려가 크기 때문에 상법은 자본금감소의 방법으로서 행해지는 주식병합의 구체적 절차를 규정하고, 이를 회사의 합병과 분할시 주식의 병합과 분할에 준용하고 있고(상법 제530조 제3항, 제530조의11 제1항), 신주권의 교부와 단주의 처리에 관한 규정은 주식의 포괄적 교환과 이전에도 준용되고 있다(상법 제360조의8 제2항과 제360조의19 제2항).

주식의 병합에 의하여 1주의 금액이 변경되는 때에는 정관변경을 위한 주주총회의 특별결의가 있어야 한다(상법 제289조 제1항 제4호, 제433, 제434조). 주식의 금액의 변경에 관한 의안의 요령은 주주총회의 소집통지에 기재하여야 한다(상법 제433조 제2항). 주식병합을 할 경우에는 회사는 1월 이상의[2] 기간을 정하여 그 뜻과 그 기간내에 주권을 회사에 제출할 것을 공고하고 주주명부에 기재된 주주와 질권자에 대하여 각별로 그 통지를 하여야 한다(상법 제440조).

회사가 주식병합을 위한 주권제출의 공고와 통지를 하지 아니한 경우에도 주식병합의 효력이 발생하는가 하는 문제가 있다. 주식병합의 효력은 주권제출기간이 만료한 때에 발생하고(상법 제441조 본문), 주권제출기간 내에 주권이 제출된다고 하여 그 자체로서 주식병합의 효력이 발생하지 아니한다. 채권자이의절차가 종료하지 아니한 때에는 그 절차가 종료한 때에 효력이 발생한다(상법 제441조 단서). 주식병합의 효력이 발생함으로써 구 주식은 소멸하고 또한 구 주권도 그 효력을 상실한다.

이와 같이 주식병합의 효력은 주주의 주권제출 유무와 관계없이 발생하지만, 실효된 구 주권이 임의로 유통되면 이를 유효한 것으로 믿고 취득한 자는 불의의 손해를 볼 염려가 있기 때문에 주식병합 전에 구 주권을 미리 회수할 필요가 있다. 아직 명의개서를 하지 않고 있는 주식양수인은 명의개서를 위해 주권을 회사에 제출할 필요성이 있다. 판례는 주권제출의 공고와 통지를 하게 하는 이유는 새로 발행하는 신주권을 수령할 자를 파악하고 실효되는 구 주권의 유통을 저지하기 위하여 회사가 미리 구 주권을 회수하여 두는데 있기 때문에 이러한 절차를 거치지 아니한 경우에는 주식병합은 무효라고 보면서도, 1인 회사의 경우에는 그 특수성을 고려하여 주식병합의 공고 등의 절차를 거치지 아니한 때에도 주권제출기간이 만료한 때라고 보여지는 주식병합에 관한 변경등기시에 주식병합의 효력이 발생한다고 하였다.[3] 이 판

2) 1995년 개정 전의 상법에서는 '3월 이상'이었음.

결도 주식병합의 공고와 통지의 절차를 거치지 아니한 경우에는 특별한 사정이 없는 한 주식병합의 무효사유가 존재한다고 하여 선례를 따르고 있다.

주식병합의 효력이 발생하면 회사는 주권을 제출한 주주에게 신 주권을 교부한다. 신 주권은 병합 전의 주식을 계속 표창하면서 동일성을 유지한다.[4)] 주권을 제출할 수 없는 자가 있는 때에는 회사는 그 자의 청구에 의하여 3월 이상의 기간을 정하고 이해관계인에 대하여 그 주권에 대한 이의가 있으면 그 기간 내에 제출할 뜻을 공고하고 그 기간이 경과한 후에 신 주권을 청구자에게 교부할 수 있다(상법 제442조 제1항). 병합에 적합하지 아니한 주식은 단주의 처리를 하게 된다(상법 제443조).

주식병합의 효력이 발생하였으나 회사가 신 주권을 발행하지 않은 때에는 주권발행 전의 주식양도의 법리가 적용된다. 병합 전의 주식과 병합 후의 주식은 그 동일성을 유지한다고 보기 때문에, 주식병합 전에 주식의 양도약정을 하였으나 그 주권을 교부받지 못한 상대방은 주식병합 후에 다시 주식양도의 합의를 할 필요는 없고, 주식병합 후 6개월이 경과할 때까지 회사가 신 주권을 발행하지 않은 때에는 그 의사표시만으로 주식양도의 효력이 발생한다.[5)]

4. 액면인상을 위한 주식병합의 무효를 주장하는 방법

자본금감소의 절차나 내용에 하자가 있을 경우에는 법률관계의 획일적 확정을 위하여 자본금감소무효의 소로써만 이를 주장할 수 있는데, 자본금감소무효의 소는 자본금감소로 인한 변경등기가 있은 날로부터 6월 내에 제기하여야 한다(상법 제445조). 주식병합에 의한 자본금감소를 하는 경우 주식병합의 절차를 위반한 경우에는 주식병합 자체가 무효로 되기 때문에 상법 제445조에 의한 자본금감소무효의 소를 제기할 수 있다.

그런데 구 상법은 주식의 금액의 인상을 위하여서는 주주총회의 특별결의에 의하여 주식을 병합하도록 하면서 자본금감소시의 주식병합에 관한 구 상법 제440조 내지 제443조의 규정을 준용하고 있다(구 상법 부칙 제5조 제2항). 그러나 자본금감소무효의 소에 관한 구 상법 제445조를 준용하고 있지 아니하여 주식의 금액 인상을 위한 주식병합에 무효사유가 있는 경우에 이를 어떠한 방법으로 주장할 수 있는가 하

3) 대법원 2005.12.9. 선고 2004다40306 판결. 1인 회사의 경우에는 실질상의 1인 주주가 주식병합의 통지를 알았다고 볼 수 있고 주식병합에 관한 변경등기가 이루어졌다면 그 전에 주권제출기간이 정해져 있었다고 보여질 뿐만 아니라 1인 주주가 회사에 주권을 굳이 제출할 필요가 없기 때문이다.

4) 대법원 2012.2.9. 선고 2011다62076,62083 판결.

5) 대법원 2012.2.9. 선고 2011다62076,62083 판결.

는 점이 문제된다. 대상판결은 이 점에 대해 자세히 밝히고 있다. 주식의 금액 인상을 위한 주식병합은 자본금의 감소가 수반되지 않는다는 점에서 자본금의 감소를 위한 주식병합과는 다르지만 주식병합에 의하여 구 주식이 실효되고 신 주식이 발행되는 점에서는 동일하다. 따라서 주식을 둘러싼 법률관계를 신속하고 획일적으로 확정할 수 있도록 주식의 금액 인상을 위하여 주식을 병합하는 경우에는 그 성질에 반하지 않는 한도 내에서 구 상법 제445조의 규정을 유추적용하여 주식병합으로 인한 변경등기가 있은 날로부터 6월 내에 주식병합의 무효의 소로써 주식병합의 무효를 주장할 수 있다고 한다. 이 소는 형성의 소에 해당하므로 다른 방법에 의하여 무효를 주장하는 것이 원칙적으로 허용되지 않지만, 주식병합의 절차적·실체적 하자가 극히 중대하여 주식병합이 존재하지 않는다고 볼 수 있는 경우에는 주식병합 무효의 소와는 달리 출소기간의 제한에 구애됨이 없이 그 외관을 제거하기 위하여 주식병합의 부존재확인의 소를 제기하거나 다른 법률관계에 관한 소송에서 선결문제로서 주식병합의 부존재를 주장할 수 있다고 한다. 주식병합의 공고를 누락한 때에는 주식병합의 무효사유가 존재한다고 할 수 있지만, 회사가 주식병합에 관한 주주총회의 결의 등을 거쳐 주식병합의 등기까지 마쳤다면 주식병합의 공고만을 누락한 사정만으로 주식병합의 절차적·실체적 하자가 극히 중대하여 주식병합이 부존재한다고 볼 수는 없다고 한다. 그렇다면 주식의 금액 인상을 위한 주식병합의 공고를 누락하였다는 하자만을 이유로 주식병합의 무효를 주장하기 위해서는 구 상법 제445조에 따라 주식병합의 등기일로부터 6월 내에 주식병합 무효의 소를 제기하여야 한다.

5. 대상판결의 검토

대상판결은 원고가 주식병합의 등기일인 1989. 6. 12.로부터 6월 내에 주식병합의 무효의 소를 제기한 바가 없으므로, 주식병합이 부존재한다고 볼 수 있는 사정이 없음에도 주식병합의 등기일로부터 6월이 경과한 후 제기된 주식병합 무효확인청구 또는 주주지위확인청구의 소는 부적법하거나 확인의 이익을 인정할 수 없다고 하여 원심을 파기환송하고 있다. 대상판결은 주식의 금액을 인상하기 위하여 주식을 병합하면서 주식병합의 공고 등을 하지 아니한 경우에는 주식병합은 무효이고, 주식병합의 무효는 구 상법 제445조를 유추적용하여 주식병합의 등기일로부터 6월 내에 소만으로 주장할 수 있음을 분명히 하고 있는 점에서 선례적 가치가 있다. 이 판지는 주식수의 감소를 초래하는 주식의 소각에도 적용할 필요가 있다.

(강대섭)

90 소수주주 축출 목적의 주식병합

대법원 2020.11.26. 선고 2018다283315 판결

Ⅰ. 판결개요

1. 사실관계

A회사(이하 'A'라 함)는 토목, 건축공사업 등을 목적으로 하는 회사로서 2014. 10. 22. 회생절차개시결정을 받고 2015. 7. 1. 회생계획인가결정을 받았다. 회생계획인가결정 전 발행된 보통주 및 우선주에 대하여 회생계획에 따라 액면가 주식 4주를 주식 1주로 병합하여 자본금감소를 하고, 회생채권 5,000원을 액면가 5,000원의 주식 1주로 출자전환 완료후 잔여주식 전체에 대하여 주식 5주당 1주로 재병합하였다. 2016. 3. 21. A는 B회사(이하 'B'라 함)와 투자계약을 체결하였고, 2016. 7. 20. 회생계획 변경인가결정을 받았다. 위 투자계약에 의해 B회사는 A에 주금을 납입하고 보통주 4,168,400주를 인수하였고, 변경된 회생계획에 따라 A의 보통주 및 우선주를 대상으로 주식 4주를 1주로 병합하고 병합 후 주식에 대하여 주식 32주를 1주로 재병합(주식병합 비율을 모두 곱하면 2,560:1이다)하였다. 새로 투자계약을 체결한 B가 A의 발행주식 97.73.%를 보유한 지배주주가 된 상황에서 회생절차가 종결되었다.

A는 회생절차가 종결된 후 2016. 9. 26. 이사회를 개최하여 10,000:1의 주식병합 및 이에 부수하는 자본금감소(이하 '이 사건 주식병합 및 자본금감소'라 함)의 승인을 위한 임시주주총회 소집을 통지하였고, 당시 A의 1주당 액면가는 5,000원이었는데 이를 50,000,000원으로 인상하는 10,000:1의 주식병합을 하고, 10,000주에 미치지 못하는 주식을 보유한 주주에게 액면가인 5,000원을 지급한다는 내용을 통지하였다. 2016. 11. 4. 개최된 주주총회에서 A의 발행주식총수 4,309,209주 중 97%인 4,180,486주의 찬성으로 이 사건 주식병합 및 자본금감소 안건은 가결되었다(출석 주식수 기준 99.99%).

참석한 주주 가운데 X만 해당 안건에 반대하였고, X는 2016. 10. 11. 기준으로 A의 소수주주로 보통주 147주, 우선주 31주를 보유하였었다.

A는 주주총회결의대로 이 사건 주식병합 및 자본금감소의 절차를 진행하였고, 주식병합의 효력발생일인 2016. 12. 8.자로 10,000주 미만의 주식을 보유한 주주들은 1주당 액면가 5,000원에 해당하는 현금을 받고 주주의 지위를 상실하였다. 결과적으로 416주를 보유한 B와 3주를 보유한 건설공제조합 C센터를 제외하고, X를 포함한 나머지 주주는 주주의 지위를 상실하였다. A는 2017. 8. 31. 주택건설 및 주택관리업 등을 목적으로 하는 주식회사인 Y에게 흡수합병되었다. X는 Y를 상대로 자본금감소 무효확인의 소를 제기하였다.

제1심(서울중앙지방법원 2018.2.1. 선고 2017가합16957 판결)은 이 사건 주식 병합은 동일한 주식 병합의 비율로 이루어졌고, 단주에 대한 보상도 충분하였으며, 이 사건 주식 병합 및 자본 감소는 자본 감소보다는 주식 병합을 통한 소수주주를 배제하기 위한 목적으로 이루어졌다고 봄이 상당하지만 우선주주에게 실질적으로 불이익한 결과를 가져오는 경우라고 볼 수 없다고 하였다. 또한 이 사건 주식 병합 및 자본 감소는 별다른 경영상 목적을 달성할 수 없음에도 오로지 소수주주의 축출을 목적으로 한 것이라는 사실을 인정할 증거가 없는 점, 원고 등에게 충분한 보상이 이루어진 점 등에 비추어 주주평등의 원칙, 신의성실의 원칙 및 권리남용금지의 원칙에 위반된다고 보기 어렵다고 보았다. 원심(서울고등법원 2018.10.12. 선고 2018나2008901 판결)은 기존 보통주주와 우선주주에 대하여 동일한 기준에 따라 주식 병합 및 보상이 이루어진 이상, 기존 우선주주에게 실질적으로 불이익한 결과를 가져오는 경우라고 볼 수는 없으나, 이 사건 주식 병합은 엄격한 요건 하에서 허용되는 소수주주 축출제도를 탈법적으로 회피하는 것이며, 이 사건 주식 병합 및 자본 감소는 주주평등의 원칙에 반할 뿐만 아니라 신의성실의 원칙, 권리남용금지의 원칙에도 위배되므로 무효라고 보았다. 대법원은 주식병합이 절차에 따라 모든 주식에 동일한 비율로 이루어진 이상 단주 처리과정에서 소수주주가 지위를 상실하는 것은 상법에서 명문으로 인정한 주주평등 원칙의 예외이고, 이 사건의 경우 지배주주뿐만 아니라 소수주주 대다수가 주식병합 및 자본금감소 결의에 찬성하고 단주의 보상금액도 적정한 것으로 보이는 등 제반사정에 비추어 보면 무효라고 보기 어렵다고 판단하여 원심을 파기·환송하였다.

2. 판결요지

[1] 주식병합을 통한 자본금감소에 이의가 있는 주주 · 이사 · 감사 · 청산인 · 파산관재인 또는 자본금의 감소를 승인하지 않은 채권자는 자본금감소로 인한 변경등기가 된 날부터 6개월 내에 자본금감소 무효의 소를 제기할 수 있다(상법 제445조). 상법은 자본금감소의 무효와 관련하여 개별적인 무효사유를 열거하고 있지 않으므로, 자본금감소의 방법 또는 기타 절차가 주주평등의 원칙에 반하는 경우, 기타 법령 · 정관에 위반하거나 민법상 일반원칙인 신의성실의 원칙에 반하여 현저히 불공정한 경우에 무효소송을 제기할 수 있다. 즉 주주평등의 원칙은 그가 가진 주식의 수에 따른 평등한 취급을 의미하는데, 만일 주주의 주식수에 따라 다른 비율로 주식병합을 하여 차등감자가 이루어진다면 이는 주주평등의 원칙에 반하여 자본금감소 무효의 원인이 될 수 있다. 또한 주식병합을 통한 자본금감소가 현저하게 불공정하게 이루어져 권리남용금지의 원칙이나 신의성실의 원칙에 반하는 경우에도 자본금감소 무효의 원인이 될 수 있다.

[2] 우리 상법이 2011년 상법 개정을 통해 소수주식의 강제매수제도를 도입한 입법 취지와 그 규정의 내용에 비추어 볼 때, 엄격한 요건 아래 허용되고 있는 소수주주 축출제도를 회피하기 위하여 탈법적으로 동일한 효과를 갖는 다른 방식을 활용하는 것은 위법하다. 그러나 소수주식의 강제매수제도는 지배주주에게 법이 인정한 권리로 반드시 지배주주가 이를 행사하여야 하는 것은 아니고, 우리 상법에서 소수주식의 강제매수제도를 도입하면서 이와 관련하여 주식병합의 목적이나 요건 등에 별다른 제한을 두지 않았다. 또한 주식병합을 통해 지배주주가 회사의 지배권을 독점하려면, 단주로 처리된 주식을 소각하거나 지배주주 또는 회사가 단주로 처리된 주식을 취득하여야 하고 이를 위해서는 법원의 허가가 필요하다. 주식병합으로 단주로 처리된 주식을 임의로 매도하기 위해서는 대표이사가 사유를 소명하여 법원의 허가를 받아야 하고(비송사건절차법 제83조), 이때 단주 금액의 적정성에 대한 판단도 이루어지므로 주식가격에 대해 법원의 결정을 받는다는 점은 소수주식의 강제매수제도와 유사하다. 따라서 결과적으로 주식병합으로 소수주주가 주주의 지위를 상실했다 할지라도 그 자체로 위법이라고 볼 수는 없다.

[3] 갑 주식회사가 임시주주총회를 개최하여 1주당 액면가를 5,000원에서 50,000,000원으로 인상하는 10,000:1의 주식병합을 하고, 10,000주에 미치지 못하는 주식을 보유한 주주에게 1주당 액면가 5,000원을 지급하기로 하는 내용의 '주식병합 및 자본금

감소'를 결의하였고, 이에 따라 을을 포함하여 10,000주 미만의 주식을 보유한 주주들이 주주의 지위를 상실한 사안에서, 위 주식병합은 법에서 정한 절차에 따라 주주총회 특별결의와 채권자보호절차를 거쳐 모든 주식에 대해 동일한 비율로 주식병합이 이루어졌고, 단주의 처리 과정에서 주식병합 비율에 미치지 못하는 주식수를 가진 소수주주가 자신의 의사와 무관하게 주주의 지위를 상실하게 되지만, 이러한 단주의 처리 방식은 상법에서 명문으로 인정한 주주평등원칙의 예외이므로, 위 주식병합의 결과 주주의 비율적 지위에 변동이 발생하지 않았고, 달리 을이 그가 가진 주식의 수에 따라 평등한 취급을 받지 못한 사정이 없는 한 이를 주주평등원칙의 위반으로 볼 수 없으며, 위 주식병합 및 자본금감소는 주주총회 참석주주의 99.99% 찬성(발행주식 총수의 97% 찬성)을 통해 이루어졌는데, 이러한 회사의 결정은 지배주주뿐만 아니라 소수주주의 대다수가 찬성하여 이루어진 것으로 볼 수 있고, 이와 같은 회사의 단체법적 행위에 현저한 불공정이 있다고 보기 어려우며, 또한 해당 주주총회의 안건 설명에서 단주의 보상금액이 1주당 5,000원이라고 제시되었고, 이러한 사실을 알고도 대다수의 소수주주가 주식병합 및 자본금감소를 찬성하였으므로 단주의 보상금액도 회사가 일방적으로 지급한 불공정한 가격이라고 보기 어려운데도, 이와 달리 위 주식병합 및 자본금감소가 주주평등의 원칙, 신의성실의 원칙 및 권리남용금지의 원칙에 위배된다고 본 원심판단에 법리오해 등의 위법이 있다고 한 사례.

3. 관련판례: 생략

Ⅱ. 판결의 평석

1. 판결의 의의

대상판결의 쟁점은 주식의 병합은 자본금감소와 합병·분할·분할합병·주식교환·주식이전 등의 경우에 할 수 있고, 상법에서는 특히 자본금감소의 수단으로 주식의 병합과 주식의 소각을 규정하고 있는데, 오히려 소수주주 축출을 목적으로 주식병합을 통하여 자본금을 감소시키는 것이 허용되는지, 이러한 방법이 주주평등의 원칙, 신의성실의 원칙 등에 위배되어 무효인지 여부이다. 이는 결국은 지배주주가 경영의 효율성 제고 등 경영상 필요에 따라 소수주주를 축출하고자 할 경우 반드시 소수주식에 대한 매수청구절차에 따라야 하는지 아니면 주식병합 등을 통해서도 할 수 있

는지의 여부로도 볼 수 있다

대상판결은 주식병합의 절차에 따라 모든 주주에게 동일한 비율로 주식병합이 이루어졌고 주주총회결의에서 대다수의 소수주주가 찬성하여 이루어진 주식병합이라면 무효라고 볼 수 없다고 판단하였다. 실제로 소수주주에게 손해가 발생하지 않았고, 주식병합 및 자본금감소를 위한 주주총회에서 참석주주의 99.99%가 찬성하였으며, 그 찬성주주가 발행주식총수의 97%에 해당하는 등 대주주 외에도 대부분의 소수주주가 찬성하였다는 점에서 당해 주식병합을 유효로 보았다고 할 수 있다. 또한 대상판결은 상법에서 자본금감소의 목적에 제한을 두고 있지 아니하고 주식병합 목적과 비율에 대해서도 회사의 자율적 경영판단으로 정할 수 있도록 하고 있으므로 주식병합을 목적으로 하는 자본금감소도 허용될 수 있다고 보았다. 이러한 점은 주식병합과 소수주주 축출과 관련하여 제기되었던 우려에 대하여 어느 정도 방향을 제시하였다고 할 수 있지만, 상법상의 지배주주의 소수주식 매도청구권을 행사하지 않고 소수주주축출만을 위한 탈법적 회피의 주식병합이라면 위법하다고 보아야 할 것이다. 또한 가결요건은 충족하였으나 많은 소수주주의 찬성을 받지 못한 경우에도 그 효력을 어떠한 기준으로 인정할 것인지 문제가 남는다.

2. 종류주주총회가 필요한 경우

회사가 종류주식을 발행한 경우 정관변경 등의 사유로 어느 종류의 주주에게 손해를 미치게 될 때에는 주주총회의 결의외에 추가로 그 종류의 주식을 가진 주주들만의 결의가 필요하며(제435조 제1항), 이를 종류주주총회라 한다. 종류주주총회의 결의를 요하는 경우는 ① 정관을 변경함으로써 어느 종류의 주주에게 손해를 미치게 될 때(제435조 제1항), ② 신주인수, 주식의 병합, 분할, 소각, 합병, 분할을 하는 경우 신주배정으로 주식의 종류에 따라 특수하게 정하는 경우(제436조, 제344조 제3항), ③ 합병, 분할 또는 분할합병, 주식의 포괄적 교환 또는 이전으로 어느 종류의 주주에게 손해를 미치게 될 때(제436조) 등이다. 종류주주총회의 결의가 필요한 경우는 어느 종류의 주주에게 손해를 미치게 될 때이다. 어느 종류의 주주에게 손해를 미치게 될 때라 함에는 어느 종류의 주주에게 직접적으로 불이익을 가져오는 경우는 물론이고, 외견상 형식적으로는 평등한 것이라고 하더라도 실질적으로는 불이익한 결과를 가져오는 경우도 포함되며, 나아가 어느 종류의 주주의 지위가 정관의 변경에 따라 유리한 면이 있으면서 불이익한 면을 수반하는 경우도 이에 해당된다.[1] 위의 ②의 경우에도 특수하게 정하기만 하면 손해가 없어도 종류주주총회를 거쳐야 하는 것은 아니고, 손해가 발생하는 경우에만 그 손해가 발생하는 종류주식의 주주총회가 필요하다.

대상판결의 제1심과 원심은 기존 보통주주와 우선주주에 대하여 동일한 기준에 따라 주식 병합 및 보상이 이루어진 이상, 기존 우선주주에게 실질적으로 불이익한 결과를 가져오는 경우라고 볼 수는 없으므로 종류주주총회를 거치지 않은 것에 대한 하자는 없다고 보았다.

3. 주식의 병합

주식의 병합이란 여러 개의 주식을 합하여 그보다 적은 수의 주식으로 감소시키는 회사의 행위이다. 주식의 병합은 통상 단주(端株)를 발생시켜 각 주주의 이해에 영향을 줄 수 있으므로 예외적인 경우, 자본금감소(제440조)와 합병·분할·분할합병·주식교환·주식이전(제530조 제3항, 제530조의11, 제360조의8, 제360조의22) 등의 경우에 한하여 할 수 있다. 상법은 자본금감소의 경우 주식병합을 할 수 있다고 규정할 뿐, 자본금감소의 목적과 주식병합의 비율에 대해서는 규제하지 않고 있으며, 주식병합의 목적이나 요건 등에 대하여도 별다른 제한을 두지 않고 있다.

주식의 병합은 자본금감소와 합병·분할·분할합병·주식교환·주식이전 등의 경우에 한하여 할 수 있으므로 주주총회의 특별결의가 필요하다(제438조 제1항). 주식을 병합할 경우에는 회사는 1월 이상의 기간을 정하여 그 뜻과 그 기간 내에 주권을 회사에 제출할 것을 공고하고 주주명부에 기재된 주주와 질권자에 대하여는 각별로 그 통지를 하여야 하며(제440조), 이 기간이 만료한 때에 그 효력이 생긴다(제441조 본문). 그러나 채권자보호절차가 종료하지 아니한 때에는 그 종료한 때에 효력이 생긴다(제441조 단서, 제232조). 회사가 주식의 병합으로 신주를 발행하는 경우 회사의 재산에는 아무런 변동이 없으나 자본금은 감소한다. 실질적 감자를 위하여 주식을 병합하는 경우에는 회사재산도 감소한다. 주식의 병합의 효력이 발생하면 회사는 신주권을 발행하고(제442조 제1항), 주주는 병합된 만큼 감소된 수의 신주권을 교부받게 되는바, 이에 따라 교환된 주권은 병합 전의 주식을 여전히 표창하면서 그와 동일성을 유지한다.[2)]

주식의 병합에 있어서도 주주평등의 원칙이 적용되며 모든 주식에 대해서 평등하게 병합이 이루어져야 한다. 만약 자본금감소를 위하여 주식병합의 방법을 결의한 주

1) 대법원 2006.1.27. 선고 2004다44575,44582 판결.
2) 대법원 2005.6.23. 선고 2004다51887 판결; 대법원 2012.2.9. 선고 2011다62076,62083 판결.

주총회의 결의가 주주평등원칙을 위반하는 때에는 무효의 원인이 될 수 있다. 주식의 병합에 하자가 있는 경우에는 주식의 병합으로 인한 변경등기가 있는 날로부터 6월 내에 주식병합 무효의 소로써만 주식병합의 무효를 주장할 수 있다.

주식의 병합에서는 극단적으로 1,000주를 1주로 병합하는 등의 경우 소액주주를 축출하는 형상이 나타날 수 있다. 2011년 하급심은 10,000대1의 주식병합의 적법성을 인정한 바 있다.[3] 단주는 경매나 거래소에서 매각 등의 방법으로 종전의 주주에게 대가를 지급(제443조)하지만, 소액주주 축출의 경우에는 결과적으로 종전의 주주는 그 지위를 상실할 우려가 크다.

4. 소수주주 축출 목적의 주식병합

소수주주의 축출이란 회사의 지배주주가 회사의 소수주주들의 의사와 무관하게 소수주주들의 지분을 박탈하는 것을 말한다. 소수주주 축출은 내용상 소수주주의 재산권을 침해할 우려가 있고, 소수주주의 의사에 반하여 이루어지는 것으로서 분쟁가능성이 내재되어 있다. 상법상 지배주주의 매도청구권(제360조의24), 교부금합병(제523조 제4호) 및 주식병합(제438조 제1항) 등을 통해서도 어느 정도 소수주주의 축출이라는 목적을 달성할 수 있다고 보고 있으며, 지배주주의 매도청구권이 가장 직접적인 소수주주 축출방안이라 할 수 있다.

주식병합을 통하는 경우 이는 주식을 병합하여 1주당 액면가를 높임으로써 소수주주가 병합 이후 교부받는 주식이 1주 미만인 단주가 되게 하여 소수주주를 축출하는 것으로서 주주평등원칙 위반 또는 권리남용 내지 신의칙 위반에 해당하는지가 문제될 수 있다. 대상판결의 원심은 현행 상법상 소수주식의 강제매수제도가 도입된 이상 소수주주 축출제도의 엄격한 요건을 회피하기 위하여 이와 동일한 효과를 갖는

3) 서울동부지방법원 2011.8.16. 선고 2010가합22628 판결은 ① 우리 상법은 자본감소의 원인에 대하여 특별한 규정을 두고 있지 아니하여 원칙적으로 자유롭게 자본감소가 허용되는 점, ② 피고 회사의 최대주주로서는 안정적인 경영권 유지를 위하여 피고 회사의 소유지분을 최대한 확보할 필요가 있는바, 이 사건 감자 이전과 같이 1주당 액면 500원의 구 주식을 피고 회사의 주식으로 사용하는 경우에는 주당 액면가액이 너무 낮아 쉽게 외부로부터의 주식 매입을 허용할 가능성이 있는 점, ③ 또한 피고 회사의 규모에 비하여 주식 수(18,915,320주) 및 주주 수(피고 회사의 주식을 매입하기 시작할 무렵에는 242명, 이 사건 감자 당시에는 98명)가 너무 많아 회사의 운영에 과도한 인력 및 비용이 발생하고 있어 이를 개선할 필요가 있는 점, ④ 따라서 주식병합을 통하여 주당 액면가액을 높일 상당한 이유가 있다고 보이는 점, ⑤ 회사의 주주 관리비용을 절감하고 경영의 효율성을 제고하기 위하여 개정된 상법에서 회사의 지분 95% 이상을 소유한 지배주주에게 주주총회의 승인만 얻으면 소수주주의 지분을 취득할 권리를 부여한 점 등에 비추어 보면, 개정된 상법과 같은 제도가 없는 상황에서 피고 회사가 이 사건과 같이 주주 관리비용을 절감하고 경영의 효율성을 제고하고자 주식병합을 통한 자본감소를 통하여 주주 수를 줄이는 조치를 취하였다 하여 이를 권리남용이나 신의성실의 원칙에 반하는 행위로 보기는 어렵다고 판시하였다.

주식병합 등을 활용하는 것은 신의성실의 원칙 및 권리남용금지의 원칙에 위배한다고 판시하였으나, 대상판결은 "우리 상법이 2011년 상법 개정을 통해 소수주식의 강제매수제도를 도입한 입법 취지와 그 규정의 내용에 비추어 볼 때, 엄격한 요건 아래 허용되고 있는 소수주주 축출제도를 회피하기 위하여 탈법적으로 동일한 효과를 갖는 다른 방식을 활용하는 것은 위법하다. 그러나 소수주식의 강제매수제도는 지배주주에게 법이 인정한 권리로 반드시 지배주주가 이를 행사하여야 하는 것은 아니고, 우리 상법에서 소수주식의 강제매수제도를 도입하면서 이와 관련하여 주식병합의 목적이나 요건 등에 별다른 제한을 두지 않았다. 또한 주식병합을 통해 지배주주가 회사의 지배권을 독점하려면, 단주로 처리된 주식을 소각하거나 지배주주 또는 회사가 단주로 처리된 주식을 취득하여야 하고 이를 위해서는 법원의 허가가 필요하다. 주식병합으로 단주로 처리된 주식을 임의로 매도하기 위해서는 대표이사가 사유를 소명하여 법원의 허가를 받아야 하고(비송사건절차법 제83조), 이때 단주 금액의 적정성에 대한 판단도 이루어지므로 주식가격에 대해 법원의 결정을 받는다는 점은 소수주식의 강제매수제도와 유사하다. 따라서 결과적으로 주식병합으로 소수주주가 주주의 지위를 상실했다 할지라도 그 자체로 위법이라고 볼 수는 없다"고 하여 이를 받아들이지 않았다.

(박수영)

91

주주명부 열람 · 등사청구권

대법원 2017.11.9. 선고 2015다235841 판결

Ⅰ. 판결개요

1. 사실관계

원고인 경제개혁연대는 피고 D주식회사의 주식을 소유하고 있는 주주이다. 피고 회사의 이사들이 건설공사 입찰 담합에 참여하여 과징금 상당의 손해를 입게 하였기 때문에 원고는 피고 회사 주주들에 대하여 피고 회사의 이사들을 상대로 주주대표소송의 제기를 권유할 목적을 가지고 피고 회사의 상법상 주주명부 및 자본시장법상 실질주주명부에 대한 열람과 등사를 청구하였다. 주주대표소송의 제기를 권유하기 위해서는 피고 회사의 주주 현황을 파악하는 것이 필요하였기 때문에 피고 회사의 상법상 주주명부 및 피고 회사가 보유중인 2014. 12. 31. 기준의 자본시장법상 실질주주명부의 열람 및 등사를 청구한 것이다.

2. 판결요지

(1) 원심(서울고법 2015.8.13. 선고 2014나2052443 판결)의 입장

피고 회사는 ① 자본시장법은 상법과 달리 실질주주명부에 대한 열람 및 등사청구권을 인정하는 규정이 없고, 실질주주명부에 기재된 실질주주는 폐쇄기간 내지 기준일을 기준으로 한 주주로서 주주대표소송에 필요한 제소 당시의 주주 현황을 반영하지 못하므로 상법상 주주명부에 대한 열람·등사청구권 규정을 실질주주명부에 대하여 유추적용하는 것은 부당하고, ② 2015. 1. 1.부터 2015. 6. 23.까지 피고회사 발행주식총수인 3,480만 주를 초과하는 약 4,692만 주 이상에 대한 거래가 이루어졌는데, 대주주와 기관투자자를 제외하면 개인주주들은 대부분 변경되었다고 볼 수 있으

므로 2014. 12. 31. 기준 실질주주명부상 실질주주 중 대부분의 개인주주들은 현재 더 이상 피고 회사의 주주가 아니므로 현재 주주가 아닌 과거 주주들의 개인정보가 포함된 2014. 12. 31. 기준 실질주주명부는 과거의 주주명부이므로 원고의 열람 · 등사청구권의 대상이 될 수 없으며, ③ 원고는 이미 주주대표소송 제기에 필요한 주주를 모집하였거나 모집할 수 있음에도 불구하고 주주대표소송과 관계없이 피고를 괴롭히기 위한 목적으로 소송을 제기한 것이므로 청구의 정당한 목적이 없고, ④ 만약 상법상 주주명부의 열람 · 등사청구권을 유추적용하여 자본시장법상 실질주주명부의 열람 · 등사청구권을 허용한다면 제3자에 대한 개인정보 제공을 금지하고 있는 개인정보 보호법을 위반하게 된다고 주장하였다.

피고의 주장에 대하여 원심법원은 상법 제396조의 취지에 따라 주주는 주주명부 등의 열람 · 등사청구를 할 수 있고 회사는 청구에 정당한 목적이 없는 등의 특별한 사정이 없는 한 이를 거절할 수 없고, 이 경우 정당한 목적이 없다는 증명책임은 회사가 부담한다는 대법원의 기존 입장(대법원 2010.7.22. 선고 2008다37193 판결 등)을 취하였다. 따라서 원고는 주주이므로 주주명부에 대한 열람 및 등사청구(사진촬영 및 컴퓨터 파일의 복사를 포함)를 할 수 있고, 다만 주주의 권리행사는 회사 운영에 중대한 지장을 초래하는 방법으로 행사될 수 없는 내재적인 한계가 있으므로 피고회사의 본점 또는 그 서류의 보관장소에서 영업시간 내에 한하여 허용된다고 하였다. 그리고 원고가 행사한 주주명부 등의 열람 · 등사청구권의 행사목적이 부당한 것이라고 볼 여지가 없다고 보아 피고 회사의 주장을 받아들이지 않았다.

(2) 대법원의 판결

주주는 영업시간 내에 언제든지 주주명부의 열람 또는 등사를 청구할 수 있고(상법 제396조 제2항), 자본시장과 금융투자업에 관한 법률(이하 '자본시장법')에서 정한 실질주주 역시 이러한 주주명부의 열람 또는 등사를 청구할 수 있다(자본시장법 제315조 제2항). 이는 주주가 주주권을 효과적으로 행사할 수 있게 함으로써 주주를 보호함과 동시에 회사의 이익을 보호하려는 데에 그 목적이 있다. 그와 함께 소수주주들로 하여금 다른 주주들과의 주주권 공동행사나 의결권 대리행사 권유 등을 할 수 있게 하여 지배주주의 주주권 남용을 방지하는 기능도 담당한다. 그런데 자본시장법에 따라 예탁결제원에 예탁된 상장주식 등에 관하여 작성되는 실질주주명부는 상법상 주주명부와 동일한 효력이 있으므로(제316조 제2항), 위와 같은 열람 · 등사청구권의 인정 여부와 필요성 판단에서 주주명부와 달리 취급할 이유가 없다. 따라서 실질주주가 실질주주명부의 열람 또는 등사를 청구하는 경우에도 상법 제396조 제2항이 유추적용된다.

열람 또는 등사청구가 허용되는 범위도 위와 같은 유추적용에 따라 '실질주주명부상의 기재사항 전부'가 아니라 그중 실질주주의 성명 및 주소, 실질주주별 주식의 종류 및 수와 같이 '주주명부의 기재사항'에 해당하는 것에 한정된다. 이러한 범위 내에서 행해지는 실질주주명부의 열람 또는 등사가 개인정보의 수집 또는 제3자 제공을 제한하고 있는 개인정보 보호법에 위반된다고 볼 수 없다.

주주 또는 회사채권자가 상법 제396조 제2항에 의하여 주주명부 등의 열람·등사청구를 한 경우 회사는 그 청구에 정당한 목적이 없는 등의 특별한 사정이 없는 한 이를 거절할 수 없고, 이 경우 정당한 목적이 없다는 점에 관한 증명책임은 회사가 부담한다. 이러한 법리는 상법 제396조 제2항을 유추적용하여 실질주주명부의 열람·등사청구권을 인정하는 경우에도 동일하게 적용된다.

3. 관련판례

(1) 대법원 1997.3.19. 자 97그7 결정

상법 제396조 제2항에서 규정하고 있는 주주 또는 회사채권자의 주주명부 등에 대한 열람등사청구는 회사가 그 청구의 목적이 정당하지 아니함을 주장·입증하는 경우에는 이를 거부할 수 있다.

(2) 대법원 2010.7.22. 선고 2008다37193 판결

주주 또는 회사채권자가 상법 제396조 제2항에 의하여 주주명부 등의 열람등사청구를 한 경우 회사는 그 청구에 정당한 목적이 없는 등의 특별한 사정이 없는 한 이를 거절할 수 없고, 이 경우 정당한 목적이 없다는 점에 관한 증명책임은 회사가 부담한다.

(3) 대법원 2023.5.23. 자 2022마6500 결정

[1] 상법이 주주에게 회사에 대한 각종 서류 등 열람·등사 청구권을 부여하는 규정을 둔 취지와 체계, 상법 제396조 문언의 내용, 명의개서대리인의 지위와 업무 내용 등을 종합적으로 고려하면, 주주는 회사를 상대로 상법 제396조 제2항에 따라 주주명부 열람·등사를 청구할 수 있고, 회사의 이행보조자 또는 수임인에 불과한 명의개서대리인에게 직접 주주명부 열람·등사를 청구할 수는 없다.

[2] 민사집행법 제300조 제2항에서 정한 임시의 지위를 정하기 위한 가처분은 그

가처분의 성질상 주장 자체에 의하여 다툼이 있는 권리관계에 관한 정당한 이익이 있는 자가 그 가처분을 신청할 수 있고, 그 경우 주장 자체에 의하여 신청인과 저촉되는 지위에 있는 자를 피신청인으로 하여야 한다.

주주명부 열람·등사 청구권이라는 권리관계에 관하여 임시의 지위를 정하기 위한 가처분 신청 사건에서 주주와 저촉되는 지위에 있는 자는 주주명부 열람·등사를 허용할 것인지를 결정하는 이사를 기관으로 하는 회사이고, 회사의 요청에 따라 필요한 조치를 취할 뿐인 명의개서대리인은 그 주장 자체로 주주와 저촉되는 지위에 있는 자라고 할 수 없다. 따라서 주주는 회사를 채무자로 하여 회사 본점 또는 명의개서대리인의 영업소에 비치된 주주명부의 열람·등사 가처분 신청을 할 수 있을 뿐이고, 직접 명의개서대리인을 채무자로 하여 그 가처분을 신청할 수는 없다.

Ⅱ. 판결의 평석

1. 실질주주명부에 관한 열람 · 등사청구권의 인정 여부

(1) 쟁 점

상법의 경우 주주와 회사채권자는 영업시간 내에 언제든지 주주총회의사록과 주주명부 등의 열람 또는 등사를 청구할 수 있다(제396조 제2항). 이에 반해 자본시장법의 경우 실질주주명부에 대한 열람·등사청구권에 관한 근거규정이 없다. 따라서 주주의 주주명부 열람·등사청구권에 관한 상법의 규정을 유추적용하여 실질주주명부에 관한 열람·등사청구권을 인정할 수 있을 것인가가 문제된다.

(2) 주주명부의 열람 · 등사청구권을 인정하는 목적과 기능

상법이 주주에게 주주명부에 대한 열람·등사청구권을 인정하고 있는 이유는 주주를 보호함과 동시에 간접적으로는 회사의 기관을 감시함으로써 회사의 이익을 보호하려는데 있다. 또한 소수주주들로 하여금 다른 주주들과의 주주권 공동행사나 의결권 대리행사 권유 등을 가능하게 함으로써 지배주주의 주주권 남용을 방지하는 기능도 있다. 이러한 이유로 상법은 주주명부 열람·등사청구권의 경우 주주의 보유주식 수와 관계없이 인정하고 있는 것이다.

(3) 실질주주명부에 대한 열람·등사청구권 인정필요성

주권상장법인의 경우 빈번한 주주교체의 상황과 자본시장법상 대체결제제도의 운용 결과 상법상 주주명부는 사실상 형해화되어 주주명부로서의 기능을 발휘하지 못하고 있다. 따라서 자본시장법은 주주권 행사의 보호와 주권발행회사의 사무처리의 편의성을 위하여 실질주주명부제도를 둠으로써 상법상 주주명부제도의 목적과 기능을 달성하도록 하고 있다. 그 결과 예탁결제원에 예탁된 주식의 경우 실질주주명부에의 기재는 상법상 주주명부에의 기재와 동일한 효력을 가지며(자본시장법 제316조 제2항), 이는 곧 실질주주명부에 상법상 주주명부와 동일한 대항력, 자격수여적 효력, 면책적 효력이 있다는 것을 의미한다.

자본시장법은 실질주주가 상법상 주주명부에 대한 열람·등사청구권을 행사할 수 있다고 하고 있으므로(제315조 제2항), 만일 실질주주명부에 대한 열람·등사청구권에 관한 직접적인 명문규정이 없다고 하여 실질주주가 실질주주명부에 대한 열람·등사청구를 할 수 없다고 한다면 정작 자신의 이름이 없는 상법상 주주명부는 열람·등사청구를 하면서 자신이 주주로 기재되어 있는 실질주주명부는 열람·등사청구할 수 없게 되어 불합리한 결과가 되기 때문에 이는 상법상 주주명부와 실질주주명부제도의 효력을 동일하게 가져가려는 입법자의 의도에 맞지 않는 결과가 된다. 결국 주주명부에 대한 열람·등사청구권을 인정함에 있어서 상법상 주주명부와 자본시장법상 실질주주명부를 상이하게 취급할 이유는 없다.

2. 실질주주명부의 열람·등사청구권의 인정범위

(1) 주주명부와 실질주주명부의 기재사항

상법상 주주명부의 기재사항은 '주주의 성명과 주소, 각 주주가 가진 주식의 종류와 그 수, 각 주주가 가진 주식의 주권을 발행한 때에는 그 주권의 번호, 각 주식의 취득연월일'이다(제352조). 반면 자본시장법상 실질주주명부에는 '실질주주번호, 실질주주의 명칭, 주민등록번호 및 주소, 실질주주의 전자우편주소, 실질주주별 주식의 종류와 수, 실질주주 통지 연월일, 외국인인 실질주주가 상임대리인을 선임한 경우에는 해당 상임대리인의 명칭 및 주소, 실질주주가 외국인인 경우 해당 외국인의 국적, 그 밖에 실질주주 관리에 필요한 사항'을 기재하도록 되어 있다(자본시장법 제315조 제3항, 예탁업무규정 제43조, 동규정 시행규칙 제32조).

(2) 실질주주명부의 기재사항 중 열람 · 등사의 범위

상법상 주주명부의 기재사항과 자본시장법상 실질주주명부의 기재사항 중 차이가 나는 부분은 실질주주의 전자우편주소와 주민등록번호, 상임대리인의 명칭 및 주소라고 할 수 있다.

전자우편주소의 경우 원심법원은 실질주주의 주소가 기재사항인 이상 실질적으로 상법상 주주명부와 동일하고 전자우편주소가 일반화된 사정에 비추어보면 실질주주의 전자우편주소도 열람 · 등사청구의 대상이 된다고 보는 것이 합리적이라고 판단하였다. 그러나 대법원은 실질주주명부의 열람 · 등사에 관한 법리를 오해하였다고 하여 실질주주 전자우편주소에 대하여 열람 및 등사를 허용한 부분을 파기하였다.

한편 원심은 실질주주의 주민등록번호나 상임대리인의 명칭 및 주소는 개인정보 보호법상 보호되어야 할 개인정보일 뿐만 아니라, 주주대표소송 등 주주권 행사를 위해 필요한 필수적인 정보로 보기도 어렵다고 보았다. 따라서 주주의 주주명부 열람 · 등사청구권에 관한 상법 제396조 제2항을 유추적용하여 원고에게 실질주주명부의 열람 · 등사를 허용하는 경우 그 대상은 '실질주주명부상의 기재사항 전부'가 아니라 그 중 실질주주의 성명 및 주소, 실질주주별 주식의 종류 및 수와 같이 '주주명부의 기재사항'에 해당하는 것에 한정된다고 보았다.

3. 실질주주명부의 열람 · 등사청구 목적의 정당성

상법 제396조 제2항에 의하면 주주 또는 회사채권자의 주주명부 등에 대한 열람 · 등사청구는 회사가 그 청구의 목적이 정당하지 아니함을 증명하는 경우에는 이를 거부할 수 있다고 보는 것이 판례의 입장[1]이고, 이러한 법리는 자본시장법상 실질주주명부의 열람 · 등사청구권의 경우에도 적용된다고 봄이 상당하다.

부당한 목적의 유무는 실질주주명부에 관한 열람 · 등사청구를 한 구체적인 사정에 따라 개별적으로 판단하여야 한다. 이 사건 원심법원은 ① 원고의 열람 · 등사청구는 주주명부와 실질주주명부의 열람 · 등사 그 자체에 목적이 있는 것이 아니라, 다른 실질주주에게 주주대표소송을 권유하기 위한 것으로서 회사 및 주주의 이익 보호와 무관하다고 보기 어려운 점, ② 실제로 원고는 공정거래위원회가 피고회사와 담합을 하였다고 판단하여 과징금을 부과한 다른 건설회사의 이사들을 상대로 주주대표소송

---

1) 대법원 2010.7.22. 선고 2008다37193 판결 등.

을 제기하기도 한 점, ③ 피고회사는 공정거래위원회의 과징금 부과처분 취소소송을 제기하였으나 이미 패소 확정판결을 받은 상태이므로, 이를 이유로 한 주주대표소송 준비 및 권유행위가 단순히 원고의 주관적 신념에 의한 것일 뿐이라고 단정할 수 없는 점, ④ 이 사건 실질주주명부가 비록 위 기준일(2014. 12. 31) 당시의 실질주주에 관한 정보만을 담고 있을 뿐이지만, 원고는 그에 기초하여서라도 일응 실질주주로 파악된 사람들을 대상으로 주주대표소송 참가를 권유하겠다는 뜻을 밝히고 있으므로 열람·등사청구가 전혀 실익이 없는 것이라고 보기는 어려운 점을 들어 정당한 목적이 없다고 보기 어렵다고 하였고, 대법원도 그 입장을 같이하였다.

4. 대상판결의 검토

대상판결은 상법상 주주명부의 열람·등사청구권에 관한 규정을 자본시장법상 실질주주명부에 유추적용함에 있어서 그 범위를 제시하였다는 점에서 의미가 있다. 비록 자본시장법에 실질주주명부의 열람·등사청구권에 관한 근거규정이 없지만, 상법이 인정하고 있는 주주명부의 열람·등사청구권이 주주들의 의결권행사와 주주권행사를 확보하기 위해서 주주 보호라는 측면에서 인정되는바 이를 자본시장법상 실질주주명부에 달리 적용할 이유가 없다고 보았고, 다만 실질주주명부의 열람·등사청구권의 범위는 실질주주명부의 기재사항 전부에 적용되는 것은 아니고 상법상 주주명부의 기재사항에 준하여 실질주주의 성명 및 주소, 실질주주별 주식의 종류 및 수와 같이 '주주명부의 기재사항'에 해당하는 것에 한정된다고 보았다. 이러한 법원의 입장은 주주명부와 실질주주명부의 기능이 실질적으로 동일하다는 점을 확인하였고, 회사의 근본규제법인 상법의 기준에 따라서 실질주주명부의 열람·청구를 인정하였다는 점에서 적절한 판단이라고 보여진다.

(김병연)

92 회계장부 등에 대한 열람·등사청구권

대법원 2018.2.28. 선고 2017다270916 판결

Ⅰ. 판결개요

1. 사실관계

1997. 7.경 2인에 의해 설립된 Y주식회사는 콘크리트 혼합제 제조·도소매업을 주로 하는 회사이고, X는 Y회사의 감사였으며(2010. 3. 25.~2013. 1. 20.), 2009. 2.부터 2011. 6.까지 합계 247,000,000원을 Y회사에 대여하였고, Y회사의 발행주식 총 482,000주 중 100분의 3 이상에 해당하는 10만 주를 보유하고 있었다.

Y회사는 2015. 12. 4. 제조업을 포기하고 판매법인으로 전환하기 위해 회사의 부지와 공장시설 등 부동산 양도를 안건으로 한 임시주주총회를 2015. 12. 18. 소집하겠다는 내용의 통지를 X를 포함한 주주들에게 보냈다. X는 2015. 12. 15. Y회사에게 부동산 양도에 반대한다는 내용증명 우편을 보냈고, 임시주주총회에서 발행주식 총 482,000주 중 2/3를 넘는 322,000주의 주식을 보유한 주주들이 안건에 찬성함으로써 안건이 가결되었고, 2015. 12. 29. 위 부동산에 대한 소유권이전등기가 경료되었다.

X는 2015. 12. 23. Y회사에 대해 자신이 소유하고 있는 주식 10만 주의 매수를 청구하는 내용증명 우편을 보냈고, X와 Y회사 사이에 주식의 매수가액에 관한 협의가 이루어지지 않자 2016. 1. 25. X는 법원에 주식 매수가액 결정 신청을 하였으며, 2016. 2. 29. Y회사를 상대로 주식매수대금의 지급을 구하는 소를 제기하였다. 이러한 소제기 전인 2013년과 2014년에 X는 이미 Y회사를 상대로 감사보수금청구 소송, 주주총회결의부존재확인·취소·무효확인의 소 등 다수의 소를 제기한 상태였다.

X는 2016. 11. 29. Y회사 이사 등을 상대로 위 부동산을 염가로 매각하여 회사에 손해를 끼쳤다는 것을 이유로 주주대표소송을 제기하였고, 2016. 12. 15. Y회사를 상

대로 사해행위취소소송을 제기하였으며, 양소의 소송이 계속 중인 가운데 X는 Y회사를 상대로 회계의 장부 및 서류에 대하여 열람 및 등사를 청구하였다.

2. 판결요지

상법 제466조 제1항에서 규정하고 있는 주주의 회계장부와 서류 등에 대한 열람·등사청구가 있는 경우 회사는 청구가 부당함을 증명하여 이를 거부할 수 있고, 주주의 열람·등사권 행사가 부당한 것인지는 행사에 이르게 된 경위, 행사의 목적, 악의성 유무 등 제반 사정을 종합적으로 고려하여 판단하여야 한다. 특히 주주의 이와 같은 열람·등사권 행사가 회사업무의 운영 또는 주주 공동의 이익을 해치거나 주주가 회사의 경쟁자로서 취득한 정보를 경업에 이용할 우려가 있거나, 또는 회사에 지나치게 불리한 시기를 택하여 행사하는 경우 등에는 정당한 목적을 결하여 부당한 것이라고 보아야 한다.

한편 주식매수청구권을 행사한 주주도 회사로부터 주식의 매매대금을 지급받지 아니하고 있는 동안에는 주주로서의 지위를 여전히 가지고 있으므로 특별한 사정이 없는 한 주주로서의 권리를 행사하기 위하여 필요한 경우에는 위와 같은 회계장부열람·등사권을 가진다. 주주가 주식의 매수가액을 결정하기 위한 경우뿐만 아니라 회사의 이사에 대하여 대표소송을 통한 책임추궁이나 유지청구, 해임청구를 하는 등 주주로서의 권리를 행사하기 위하여 필요하다고 인정되는 경우에는 특별한 사정이 없는 한 그 청구는 회사의 경영을 감독하여 회사와 주주의 이익을 보호하기 위한 것이므로, 주식매수청구권을 행사하였다는 사정만으로 청구가 정당한 목적을 결하여 부당한 것이라고 볼 수 없다.

다만 사해행위취소소송은 소를 제기한 자가 회사에 대한 금전 채권자의 지위에서 제기한 것이지 주주의 지위에서 제기한 것으로 보기 어려우므로 사해행위취소소송을 제기한 것을 내세워 회계장부 열람·등사청구를 하는 것은 부당하다.

3. 관련판례

(1) 대법원 1999.12.21. 선고 99다137 판결

상법 제466조 제1항 소정의 소수주주의 회계장부 열람·등사청구권을 피보전권리로 하여 당해 장부 등의 열람·등사를 명하는 가처분이 실질적으로 본안소송의 목적을 달성하여 버리는 면이 있다고 할지라도, 나중에 본안소송에서 패소가 확정되면 손해배상청구권이 인정되는 등으로 법률적으로는 여전히 잠정적인 면을 가지고 있기 때문에 임시적인 조치로서 이러한 회계장부 열람 · 등사청구권을 피보전권리로 하는 가처분도 허용된다고 볼 것이고, 이러한 가처분을 허용함에 있어서는 피신청인인 회사에 대하여 직접 열람 · 등사를 허용하라는 명령을 내리는 방법뿐만 아니라, 열람 · 등사의 대상 장부 등에 관하여 훼손, 폐기, 은닉, 개찬이 행하여질 위험이 있는 때에는 이를 방지하기 위하여 그 장부 등을 집행관에게 이전 보관시키는 가처분을 허용할 수도 있다.

(2) 대법원 2004.12.24. 자 2003마1575 결정

상법 제391조의3 제3항, 제466조 제1항에서 규정하고 있는 주주의 이사회의 의사록 또는 회계의 장부와 서류 등에 대한 열람 · 등사청구가 있는 경우, 회사는 그 청구가 부당함을 증명하여 이를 거부할 수 있는바, 주주의 열람 · 등사권 행사가 부당한 것인지 여부는 그 행사에 이르게 된 경위, 행사의 목적, 악의성 유무 등 제반 사정을 종합적으로 고려하여 판단하여야 할 것이고, 특히 주주의 이와 같은 열람 · 등사권의 행사가 회사업무의 운영 또는 주주 공동의 이익을 해치거나 주주가 회사의 경쟁자로서 그 취득한 정보를 경업에 이용할 우려가 있거나, 또는 회사에 지나치게 불리한 시기를 택하여 행사하는 경우 등에는 정당한 목적을 결하여 부당한 것이라고 보아야 한다.

(3) 대법원 2001.10.26. 선고 99다58051 판결

회계장부 열람 · 등사청구권을 피보전권리로 하는 가처분신청서에 열람 · 등사청구 이유의 기재가 있고, 이 서면이 피선청인에게 송달되면 피신청인에 대하여 이유를 붙인 서면으로 그 열람 · 등사를 청구한 것으로 볼 수 있다(대법원 1999.12.21. 선고 99다137 판결).

상법 제466조 제1항에서 정하고 있는 소수주주의 열람 · 등사청구의 대상이 되는 '회계의 장부 및 서류'에는 소수주주가 열람 · 등사를 구하는 이유와 실질적으로 관련이 있는 회계장부와 그 근거자료가 되는 회계서류를 가리키는 것이다.

열람 · 등사청구의 대상이 되는 회계서류는 그 작성명의인이 반드시 열람 · 등사제공의무를 부담하는 회사로 국한되어야 하거나, 원본에 국한되는 것은 아니다.

열람 · 등사제공의무를 부담하는 회사의 출자 또는 투자로 성립한 자회사의 회계장부라 할지라도 그것이 모자관계에 있는 모회사에 보관되어 있고, 또한 모회사의 회계상황을 파악하기 위한 근거자료로서 실질적으로 필요한 경우에는 모회사의 회계서

류로서 모회사 소수주주의 열람·등사청구의 대상이 될 수 있다.

(4) 대법원 2017.11.9. 선고 2015다252037 판결

발행주식의 총수의 100분의 3 이상에 해당하는 주식을 가진 주주는 상법 제466조 제1항에 따라 이유를 붙인 서면으로 회계의 장부와 서류의 열람 또는 등사를 청구할 수 있다. 열람과 등사에 시간이 소요되는 경우에는 열람·등사를 청구한 주주가 전 기간을 통해 발행주식총수의 100분의 3 이상의 주식을 보유하여야 하고, 회계장부의 열람·등사를 재판상 청구하는 경우에는 소송이 계속되는 동안 위 주식 보유요건을 구비하여야 한다.

(5) 대법원 2020.10.20. 자 2020마6195 결정

소수주주의 회계장부 등에 대한 열람·등사청구권은 회사에 대하여 채무자 회생 및 파산에 관한 법률(이하 '채무자회생법'이라 한다)에 따른 회생절차가 개시되더라도 배제되지 않는다고 보아야 한다.

(6) 대법원 2022.5.13. 선고 2019다270163 판결

주주가 제출하는 열람·등사청구서에 붙인 '이유'는 회사가 열람·등사에 응할 의무의 존부를 판단하거나 열람·등사에 제공할 회계장부와 서류의 범위 등을 확인할 수 있을 정도로 열람·등사청구권 행사에 이르게 된 경위와 행사의 목적 등이 구체적으로 기재되면 충분하고, 더 나아가 그 이유가 사실일지도 모른다는 합리적 의심이 생기게 할 정도로 기재하거나 그 이유를 뒷받침하는 자료를 첨부할 필요는 없다. 이와 달리 주주가 열람·등사청구서에 이유가 사실일지도 모른다는 합리적 의심이 생기게 할 정도로 기재해야 한다면, 회사의 업무 등에 관하여 적절한 정보를 가지고 있지 않는 주주에게 과중한 부담을 줌으로써 주주의 권리를 크게 제한하게 되고, 그에 따라 주주가 회사의 업무 등에 관한 정보를 확인할 수 있도록 열람·등사청구권을 부여한 상법의 취지에 반하는 결과가 초래되어 부당하다.

다만 이유 기재 자체로 그 내용이 허위이거나 목적이 부당함이 명백한 경우 등에는 적법하게 이유를 붙였다고 볼 수 없으므로 이러한 열람·등사청구는 허용될 수 없다. 또 이른바 모색적 증거 수집을 위한 열람·등사청구도 허용될 수 없으나, 열람·등사청구권이 기본적으로 회사의 업무 등에 관한 정보가 부족한 주주에게 필요한 정보 획득과 자료 수집을 위한 기회를 부여하는 것이라는 사정을 고려할 때 모색

적 증거 수집에 해당하는지는 신중하고 엄격하게 판단해야 한다. 주주로부터 열람·등사청구를 받은 회사는 상법 제466조 제2항에 따라 열람·등사청구의 부당성, 이를테면 열람·등사청구가 허위사실에 근거한 것이라든가 부당한 목적을 위한 것이라든가 하는 사정을 주장·증명함으로써 열람·등사의무에서 벗어날 수 있다.

Ⅱ. 판결의 평석

1. 회계장부 열람 · 등사청구권의 의의

주식회사에 있어서 주주는 회사에 대한 출자자로서 실질적인 소유자의 지위에 있으면서 자기의 이익을 옹호하기 위하여, 주주총회에 출석하여 의결권을 행사함으로써 회사의 중요사항의 결정에 참가하고, 일반적으로 대표소송을 제기하여 이사의 책임을 추궁할 수 있을 뿐만 아니라(상법 제403조), 이사에 대한 해임청구권(상법 제385조), 이사의 위법행위에 대한 유지청구권(상법 제402조), 신주발행유지청구권(상법 제424조) 등을 행사하여 이사의 업무집행을 감독·시정할 수 있는 한편, 회사의 경영상태가 어려워 투자금을 회수할 필요가 있을 때에는 주식을 양도하여 손실을 사전에 방지할 수도 있다.

주주가 이러한 권리들을 시기에 맞추어 적절히 행사하기 위하여서는 회사의 경영상태에 대하여 미리 알아볼 수 있어야 하는데 주주총회의사록, 이사회의사록, 영업보고서, 재무제표나 감사보고서 등의 열람과 등사만으로는 충분하지 않고 회계의 장부와 서류에 대한 열람·등사청구권을 보장할 필요가 있다.

2. 회계장부 열람 · 등사청구권 행사요건

주주에게 회계장부 열람·등사청구권을 무제한적으로 허용할 경우 회사의 영업에 지장을 줄 수 있고, 주주가 열람·등사로 인하여 얻은 회계정보를 경쟁관계에 있는 회사에 누설하거나, 유상으로 양도하는 등 부당하게 이용할 가능성이 있으므로 주주의 회사경영상태에 대한 알 권리로서 회계장부 열람·등사청구권을 인정하되 위와 같은 부작용을 방지하기 위하여 일정한 제한이 따른다.

첫째, 비상장회사의 경우 발행주식총수의 100분의 3 이상에 해당하는 주식을 보유하고 있는 주주(상법 제466조 제1항), 상장회사의 경우 발행주식총수의 1만분의 10

(자본금 1,000억 미만) 또는 1만분의 5(자본금 1,000억 이상) 이상에 해당하는 주식을 6개월전부터 보유하고 있는 주주에(상법 제542조의6 제4항) 대해서만 회계장부 열람·등사청구권이 인정된다(소수주주권). 열람과 등사에 시간이 소요되는 경우에는 열람·등사를 청구한 주주가 전 기간을 통해 주식 보유요건을 충족하여야 하고, 회계장부의 열람·등사를 재판상 청구하는 경우에는 소송이 계속되는 동안 주식 보유요건을 구비하여야 한다.[1] 회사에 대한 관계에서 회계장부 열람·등사청구권이라는 (소수)주주권을 행사하기 위해서는 보유요건 혹은 보유요건과 보유기간을 충족한 주주라도 자신의 명의로 명의개서를 하고 있어야 한다.[2]

둘째, 절차에 대한 신중을 기하고 회사로 하여금 열람·등사청구가 주주로서의 권리확보를 위한 정당한 목적에 의한 것인지를 판단할 수 있도록 하며, 열람·등사의 대상인 장부 및 서류를 한정할 수 있도록 이유를 구체적으로 기재한 서면에 의하여만[3] 회계장부 열람·등사청구권을 행사할 수 있다. 구두에 의한 청구나 이유를 기재하지 않은 서면에 의한 청구 또는 추상적 이유만을 기재한 서면에 의한 청구는 효력이 없다. 주주가 제출하는 열람·등사청구서에 붙인 '이유'는 회사가 열람·등사에 응할 의무의 존부를 판단하거나 열람·등사에 제공할 회계장부와 서류의 범위 등을 확인할 수 있을 정도로 열람·등사청구권 행사에 이르게 된 경위와 행사의 목적 등이 구체적으로 기재되면 충분하고, 더 나아가 그 이유가 사실일지도 모른다는 합리적 의심이 생기게 할 정도로 기재하거나 그 이유를 뒷받침하는 자료를 첨부할 필요는 없다.[4] 이와 달리 주주가 열람·등사청구서에 이유가 사실일지도 모른다는 합리적 의심이 생기게 할 정도로 기재해야 한다면, 회사의 업무 등에 관하여 적절한 정보를 가지고 있지 않는 주주에게 과중한 부담을 줌으로써 주주의 권리를 크게 제한하게 되고, 그에 따라 주주가 회사의 업무 등에 관한 정보를 확인할 수 있도록 열람·등사청구권을 부여한 상법의 취지에 반하는 결과가 초래되어 부당하다.[5]

셋째, 열람·등사의 대상이 되는 것은 회계장부와 회계서류인데, 회계장부란 재무제표작성의 기초가 되는 것으로 원장, 분개장 등이 이에 속하며, 회계서류란 회계장부의 기록을 위한 자료로서 계약서, 영수증, 납품서, 서신 등이 이에 포함된다. 자회

---

1) 대법원 2004.12.24. 자 2003마1575 결정.

2) 대법원 2017.12.5. 선고 2016다265351 판결. 상장회사의 주주가 소수주주권을 행사하기 위해 필요한 6개월 보유요건 충족 여부는 명의개서와 상관없이 실질적 보유기간을 기준으로 판단하고, 다만 소수주주권을 행사하기 위해서는 주주 자신의 명의로 명의개서를 하여야 한다.

3) 대법원 1999.12.21. 선고 99다137 판결.

4) 대법원 2022.5.13. 선고 2019다270163 판결.

5) 대법원 2022.5.13. 선고 2019다270163 판결.

사의 회계장부라도 모회사에 보관되어 있고, 모회사의 회계상황을 파악하기 위한 근거자료로서 실질적으로 필요한 경우에는 모회사의 회계서류로 본다.[6)]

3. 회계장부 열람·등사청구에 대한 거부

회사는 주주의 청구가 부당한 것임을 증명하여 회계장부 열람·등사청구를 거부할 수 있다(상법 제466조 제2항). 청구가 부당한지 여부는 회사의 경영상태를 확인하여야 하는 주주의 이익과 열람·등사로 인하여 침해되는 회사의 이익(영업비밀 유출 등)을 비교형량하여 판단한다. 주주의 열람·등사의 청구가 회사업무의 운영 또는 주주 공동의 이익을 해치거나, 주주가 회사의 경쟁자로서 그 취득한 정보를 경업에 이용할 우려가 있거나, 회사에 지나치게 불리한 시기를 택하여 행사하는 경우에 부당한 청구에 해당하여 회사는 열람·등사청구를 거부할 수 있다.[7)]

정당한 이유 없이 회사가 열람·등사를 거부하는 경우 주주는 열람·등사청구의 소를 제기할 수 있고, 은닉·변경할 염려가 있는 경우 회계장부 등의 보전을 위한 가처분이 가능하며, 회계장부 열람·등사청구권을 피보전권리로 하는 가처분도 가능하다.[8)]

4. 판결의 의의

판례는 주주가 주식의 매수가액을 결정하기 위한 경우뿐만 아니라 회사의 이사에 대하여 대표소송을 통한 책임추궁이나 유지청구, 해임청구를 하는 등 주주로서의 권리를 행사하기 위하여 필요하다고 인정되는 경우에는 특별한 사정이 없는 한 회계장부 열람·등사청구는 회사의 경영을 감독하여 회사와 주주의 이익을 보호하기 위한 것이므로 정당한 목적을 위한 청구라고 본다. 주식매수청구권을 행사한 주주도 회사로부터 주식의 매매대금을 지급받지 아니하고 있는 동안에는 주주로서의 지위를 여전히 가지고 있으므로 특별한 사정이 없는 한 주주로서의 권리를 행사하기 위하여 필요한 경우에는 회계장부 열람·등사청구권을 가지고, 주식매수청구권을 행사하였다는 사정만으로 청구가 정당한 목적을 결하여 부당한 것이라고 볼 수 없다고 판례는 타당한 결론을 내리고 있다.

다만 사해행위취소소송은 제소권자가 회사에 대한 금전 채권자의 지위에서 제기

6) 대법원 2001.10.26. 선고 99다58051 판결.
7) 대법원 2004.12.24. 자 2003마1575 결정.
8) 대법원 1999.12.21. 선고 99다137 판결.

한 것이지 주주의 지위에서 제기한 것으로 보기 어려우므로 사해행위취소소송을 제기한 것을 이유로 회사에 대해 회계장부 열람·등사청구를 하는 것은 부당하다고 본 점도 주주로서의 권리 행사와 기타의 권리 행사를 구분하는 대법원의 입장에[9] 비추어 타당한 결론이다.

(정대익)

9) 대법원 2017.1.12. 선고 2015다68355 판결.

93

회계장부 열람 · 등사 허용 가처분

대법원 1999.12.21. 선고 99다137 판결

Ⅰ. 판결개요

1. 사실관계

1971. 6. 17. 신청인 X와 소외 A, 소외 B 3인은 공동출자하여 피신청인 회사 Y 주식회사를 설립하였다. 이후 B의 주식이 이전되어 현재는 X와 A만이 Y회사의 실질 주주로서 각 50%씩의 지분을 소유하고 있다. 그런데 X는 1990. 3. 5. Y회사의 이사회 승인 없이 Y회사와 사업목적이 동일한 소외 甲주식회사를 설립하고 위 회사의 대표이사로 취임하자, A는 X가 상법상 경업금지의무를 위반하였음을 들어 법원에 이사 등직무집행정지가처분신청과 이사해임청구의 소를 제기하여 승소하였고, 이후 A가 단독으로 Y회사를 경영하여 왔다. 1994년 이후 주주총회가 개최되지 않고 있으며, 이익배당도 실시된 바 없고, 1994. 1. 31. Y회사의 중요 자산인 레미콘 트럭 50대를 주주총회의 특별결의 없이 제3사에게 이전하였다. 이에 X가 회계장부 등의 열람 및 등사가처분을 신청하였고 신청인의 회계의 장부와 서류의 열람 및 등사청구가 회사의 경영에 부당하게 관여하여 회사를 파탄으로 몰고 가려는 의도에 따른 것이라 하여 Y는 이에 대해 이의를 제기하였다.

2. 판결요지

상법 제466조 제1항 소정의 소수주주의 회계장부 열람 · 등사청구권을 피보전권리로 하여 당해 장부 등의 열람 · 등사를 명하는 가처분이 실질적으로 본안소송의 목적을 달성하여 버리는 면이 있다고 할지라도, 나중에 본안소송에서 패소가 확정되면 손해배상청구권이 인정되는 등으로 법률적으로는 여전히 잠정적인 면을 가지고 있기 때문에 임시적인 조치로서 이러한 회계장부 열람·등사청구권을 피보전권리로 하는 가처분도 허용된다고 볼 것이고, 이러한 가처분을 허용함에 있어서는 피신청인인 회사에 대하여 직접 열람·등사를 허용하라는 명령을 내리는 방법뿐만 아니라, 열람·등사의 대상 장부 등에 관하여 훼손, 폐기, 은닉, 개찬이 행하여질 위험이 있는 때에는 이를 방지하기 위하여 그 장부 등을 집행관에게 이전 보관시키는 가처분을 허용할 수도 있다.

주식회사 소수주주가 상법 제466조 제1항의 규정에 따라 회사에 대하여 회계의 장부와 서류의 열람 또는 등사를 청구하기 위하여는 이유를 붙인 서면으로 하여야 하는바, 회계의 장부와 서류를 열람 또는 등사시키는 것은 회계운영상 중대한 일이므로 그 절차를 신중하게 함과 동시에 상대방인 회사에게 열람 및 등사에 응하여야 할 의무의 존부 또는 열람 및 등사를 허용하지 않으면 안 될 회계의 장부 및 서류의 범위 등의 판단을 손쉽게 하기 위하여 그 이유는 구체적으로 기재하여야 한다.

상법 제466조 제1항 소정의 소수주주의 회계장부 및 서류의 열람·등사청구권이 인정되는 이상 그 열람·등사청구권은 그 권리행사에 필요한 범위 내에서 허용되어야 할 것이지, 열람 및 등사의 횟수가 1회에 국한되는 등으로 사전에 제한될 성질의 것은 아니다.

3. 관련판례

(1) 대법원 1997.3.19. 자 97그7 결정

가처분 결정에 대한 이의신청 또는 가처분 판결에 대한 상소의 제기가 있고, 장차 그 가처분 재판이 취소 또는 변경되어질 가능성이 예견되는 경우라고 하더라도 원칙적으로 그 집행의 정지는 허용될 수 없으나, 구체적인 가처분의 내용이 권리보전의 범위에 그치지 아니하고 소송물인 권리 또는 법률관계의 내용이 이행된 것과 같은 종국적 만족을 얻게 하는 것으로서, 그 집행에 의하여 채무자에게 회복할 수 없는 손해를 생기게 할 우려가 있는 때에는 예외적으로 민사소송법 제474조, 제473조를 유추적용하여 채무자를 위하여 일시적인 응급조치로서 그 집행을 정지할 수 있다(채권자들에게 회계장부 등의 열람·등사를 허용하는 것이 본안의 소송물인 열람등사청구권이 이행된 것과 같은 종국적 만족을 얻게 하는 것과 같은 것으로서 채무자에게 회복할 수 없는 손해를 생기게 할 우려가 있다고 본 사례). 그리고 상법 제396조 제2항에서 규정하고 있는 주주 또는 회사채권자의 주주명부 등에 대한 열람등사청구는 회사가 그 청구의 목적이 정당하지 아니함을 주장 · 입증하는 경우에는 이를 거부할 수 있다.

(2) 대법원 2021.6.24. 선고 2016다268695 판결

[1] 민사집행법 제45조, 제30조 제2항, 제31조에 의하면, 집행문부여에 대한 이의의 소는 판결을 집행하는 데에 조건이 붙어 있어 그 조건이 성취되었음을 채권자가 증명하여야 하는 때에 이를 증명하는 서류를 제출하여 집행문을 내어 준 경우와 판결에 표시된 채권자의 승계인을 위하여 내어 주거나 판결에 표시된 채무자의 승계인에 대한 집행을 위하여 집행문을 내어 준 경우에, 채무자가 집행문부여에 관하여 증명된 사실에 의한 판결의 집행력을 다투거나 인정된 승계에 의한 판결의 집행력을 다투는 때에 제기할 수 있다.

[2] 채권자가 부대체적 작위채무에 대한 간접강제결정을 집행권원으로 하여 강제집행을 하기 위해서는 집행문을 받아야 한다. 부대체적 작위채무로서 장부 또는 서류의 열람 · 등사를 허용할 것을 명하는 집행권원에 대한 간접강제결정의 주문에서 채무자가 열람 · 등사 허용의무를 위반하는 경우 민사집행법 제261조 제1항의 배상금을 지급하도록 명하였다면, 그 문언상 채무자는 채권자가 특정 장부 또는 서류의 열람 · 등사를 요구할 경우에 한하여 이를 허용할 의무를 부담하는 것이지 채권자의 요구가 없어도 먼저 채권자에게 특정 장부 또는 서류를 제공할 의무를 부담하는 것은 아니다. 따라서 그러한 간접강제결정에서 명한 배상금 지급의무는 그 발생 여부나 시기 및 범위가 불확정적이라고 봄이 타당하므로, 그 간접강제결정은 이를 집행하는 데 민사집행법 제30조 제2항의 조건이 붙어 있다고 보아야 한다. 채권자가 그 조건이 성취되었음을 증명하기 위해서는 채무자에게 특정 장부 또는 서류의 열람 · 등사를 요구한 사실, 그 특정 장부 또는 서류가 본래의 집행권원에서 열람 · 등사의 허용을 명한 장부 또는 서류에 해당한다는 사실 등을 증명하여야 한다. 이 경우 집행문은 민사집행법 제32조 제1항에 따라 재판장의 명령에 의해 부여하되 강제집행을 할 수 있는 범위를 집행문에 기재하여야 한다.

[3] 가처분결정에서 특정 장부 또는 서류에 대한 열람 · 등사의 허용을 명하였다면 이는 그 해당 장부 또는 서류가 존재한다는 사실이 소명되었음을 전제로 한 판단이다. 따라서 그 가처분결정에 기초한 강제집행 단계에서 채무자가 해당 장부 또는 서류가 존재하지 않기 때문에 열람 · 등사 허용의무를 위반한 것이 아니라고 주장하려면 그 장부 또는 서류가 존재하지 않는다는 사실을 증명하여야 한다.

Ⅱ. 판결의 평석

1. 사안의 쟁점

본 사건에서는 먼저 상법 제466조 제1항의 소수주주의 회계장부 열람·등사청구권을 피보전권리로 하여 당해 장부 등의 열람 및 등사를 명하는 가처분을 허용할 수 있는지 여부가 문제된다. 특히 회사의 장부 등의 열람·등사를 명하는 가처분은 실질적으로 본안소송의 목적을 달성하여 버리는 측면이 있다는 점에서 문제된다. 그리고 위 회계장부 열람·등사청구권 행사에 요구되는 이유기재의 정도가 어느 정도이어야 하는지 그리고 위 회계장부 열람·등사청구권의 행사범위 및 열람·등사의 횟수가 1회로 제한되는지 여부 등이 문제된다.

2. 판례 검토

(1) 회계장부열람권

주주가 재무제표와 그 부속명세서·영업보고서 및 감사보고서만으로 그 내용을 정확히 알 수 없는 경우, 주주는 다시 원시기록인 회계장부와 서류의 열람·등사를 청구할 수 있다. 발행주식총수의 100분의 3 이상에 해당하는 주식을 가진 소수주주의 경우에는 서면으로 이유를 첨부한 경우 회계장부와 서류의 열람·등사를 청구할 수 있고(상법 제466조 제1항), 회사는 소수주주의 청구가 부당함을 증명하지 아니하면 이를 거부할 수 없다(상법 제466조 제2항). 이는 회계장부의 공개가 회계운영에 큰 영향을 미치므로 열람권의 남용을 방지할 뿐만 아니라, 회사에 있어서도 열람·등사에 응하여야 할 의무를 분명히 하기 위함이다. 상장회사의 경우 회계장부열람권에 관해 6개월 전부터 계속하여 상장회사 발행주식총수의 1만분의 10(최근 사업연도 말 자본금이 1천억원 이상인 상장회사의 경우에는 1만분의 5) 이상에 해당하는 주식을 보유한 자는 회계장부열람권을 행사할 수 있다고 정하고 있다(상법 제542조의6 제4항).

(2) 열람대상

열람·등사의 대상인 회계의 장부는 재무제표와 그 부속명세서의 작성에 기초가 되는 장부로서(상법 제29조) 원장·전표 등을 말한다. 회계의 서류는 회계장부기재의 원재료가 되는 서류로서 계약서·영수증·납품서 등을 의미하며, 이때 회계장부 및 서류에는 자회사의 회계장부도 포함한다. 회계장부열람의 청구에 대하여, 회사는 주주의 청구가 부당함을 증명하지 못하면 이를 거부할 수 없다(상법 제466조 제2항). 이사가 정당한 이유 없이 주주의 열람청구를 거부한 때에는 주주는 열람·등사청구의 소를 제기할 수 있고, 회사 또는 당해 이사를 상대로 손해배상청구를 할 수 있다. 이때 이사는 500만원 이하의 과태료의 제재를 받는다(상법 제635조 제1항 제4호). 주주의 열람전 이사에 의하여 장부와 서류의 변경·은닉·훼손 등의 염려가 있을 경우에는 본안소송제기전이라도 증거보전의 신청(민사소송법 제375조) 또는 회계장부열람청구권을 피보전권리로 하여 당해 서류 등의 열람·등사를 명하는 가처분신청을 할 수 있다.

(3) 회계장부 열람 · 등사 허용 가처분

회계장부 열람·등사 허용 가처분이 허용되는가에 관해 본안소송의 판결확정전 또는 그 집행전에 가처분 신청인에게 소송물인 권리 또는 법률관계의 내용의 전부 또는 일부가 실현된 것과 같은 결과를 주는 이른바 만족적 가처분이 권리보전을 위한 응급적 조치라고 하는 성격, 즉 가처분의 가정성 내지 부수성에 반하지 않는가 하는 견해의 대립이 있다.[1]

부정설은 장부 서류의 열람·등사청구의 소를 본안으로 하여서는 장부 서류의 집행관보관 기타 그 현상을 변경하여서는 아니 된다는 뜻의 가처분만이 허용되고, 적극적으로 그 열람 및 등사를 허용하는 가처분은 허용되지 않는다고 한다. 이는 만일 이러한 가처분을 허용한다면 이에 의하여 본안소송의 목적을 완전히 달성해 버리는 것이 되어 본안소송을 제기할 필요가 없게 될 뿐 아니라, 사실상은 물론 법률상으로도 전혀 원상회복의 가능성이 없는 가처분을 인정하는 것으로서 가처분의 가정성 내지 잠정성에 반하는 것이 된다는 것을 그 이유로 한다. 이에 대해 긍정설은 장부 서류의 열람·등사권은 다른 권리의 행사를 위한 전제로서 사용되는 수단적인 것에 불과하고 그 자체로 독립한 가치를 가지는 것이 아니므로 이러한 만족적 가처분을 인정하지 않으면 장부 서류의 열람·등사가 거부된 경우 주주에게는 그 권리를 강제적으로 실현할 적절한 수단이 없다거나, 가처분의 가정성은 위와 같이 엄격하게 해석할 필요가 없고 나중에 채권자가 본안소송에서 패소한다면 적어도 손해배상의무는 생기는 것이므로 원상회복의 법률적 가능성이 전혀 없는 것은 아니라는 이유로 보전의 필요

---

1) 이하 내용은 최성호, "주주의 회계장부 열람·등사청구권에 대한 가처분의 허용 여부 및 방법," 판례월보 제355호(판례월보사, 1999. 12. 21), 22면 참조.

성이 인정되는 한 이를 허용하여야 할 것이라고 한다. 판례도 긍정설에 따라 회계장부의 열람·등사청구의 가처분을 허용하였는데 이는 타당하다.

(4) 회계장부열람 청구방법

주식회사의 재무제표는 공개된 서류로서 이사는 정기총회 회일의 1주간 전부터 재무제표와 감사보고서를 본점에 5년간, 그 등본을 지점에 3년간 비치하여야 하고, 주주와 회사채권자는 영업시간 내에 언제든지 위 서류를 열람할 수 있다(상법 제448조). 이에 반해 주식회사의 회계서류는 비공개 서류로서 일반 주주나 회사채권자가 열람할 수 없고 주식회사 소수주주만이 상법 제466조 제1항의 규정에 따라 열람·등사를 신청할 수 있다. 소수주주가 열람·등사를 신청함에 있어 그 구체적인 방법에 관해서는 이유를 붙인 서면으로 하여야 한다고만 정하고 있다. 동조에서 규정하는 '이유를 붙인 서면'이 구체적으로 무엇을 의미하는가가 불명확한데 이에 관해 본 판결은 회계의 장부와 서류를 열람 또는 등사시키는 것은 회계운영상 중대한 일이므로 그 절차를 신중하게 함과 동시에 상대방인 회사에게 열람 및 등사에 응하여야 할 의무의 존부 또는 열람 및 등사를 허용하지 않으면 안 될 회계의 장부 및 서류의 범위 등의 판단을 손쉽게 하기 위하여 그 이유는 구체적으로 기재하는 것으로 보았다. 이렇게 볼 때 회계장부열람청구를 함에 있어서는 회계장부를 열람하여야 하는 목적을 비롯하여 목적과 관련성을 가지는 회계의 장부 및 서류의 범위를 구체적으로 기재할 필요가 있다.

(5) 열람 횟수

동일한 주주들에 의해 회계장부열람의 청구가 있었을 경우 회사는 이를 1회만 허용하여야 하는 것인지 아니면 필요한 범위 내에서 계속적으로 허용할 수 있는 것인지 문제된다. 이에 관해 본 판결에서 상법 제466조 제1항 소정의 소수주주의 회계장부 및 서류의 열람·등사청구권이 인정되는 이상 그 열람·등사청구권은 그 권리행사에 필요한 범위 내에서 허용되어야 할 것이지, 열람 및 등사의 횟수가 1회에 국한되는 등으로 사전에 제한될 성질의 것은 아니다고 보았고 이는 회계장부열람권의 성질에 부합되는 해석이라 판단된다.

3. 대상판결의 검토

상법은 주식회사의 주주가 회사에 대해 가지는 감독권한으로서 재무제표 등의 열람권, 검사인 선임권 외에 위 권리를 실질적으로 보장하는 회계장부 열람·등사청구권을 보장하고 있다. 본 판결은 이러한 상법의 취지가 구현되기 위해서는 다소 가처분의 성질과 충돌하는 면이 없지 않지만 가처분을 통한 권리 실현이 요구된다고 판단하고 있는데, 가처분의 개념을 주주의 권익보호를 위해 다소 확장할 경우 타당한 판결이라 본다.

(정경영)

주주권 행사에 관한 이익공여의 금지와 총회 결의의 하자

대법원 2014.7.11. 자 2013마2397 결정

Ⅰ. 결정개요

1. 사실관계

주식회사 A컨트리클럽(이하 'A회사'라고 한다)은 주주 1인당 1주를 소유하면서 주주 회원제로 운영되는 회사이다. A회사의 정관에는 대표이사는 주주총회에서 선임하고, 주주는 주주총회 개최 1일전 17시까지 사전투표의 방법으로서도 의결권을 행사할 수 있고, 선거관리위원회는 사전투표함을 주주총회일 2주전부터 주주총회 개최 1일전 17시까지 비치하도록 규정하고 있다.

A회사는 이사회를 개최하여, ① 2013. 3. 25. 14:00 클럽하우스에서 정기주주총회를 개최하여 차기 임원들을 선임하고, ② 임원 선임을 위하여 선거관리위원회를 구성하며 ③ 임원선임결의에 관한 사전투표의 시기(始期)를 주주총회일로부터 '2주전'에서 '24일 전'으로 연장하여 2013. 3. 1.부터 2013. 3. 24.까지 24일간 사전투표를 실시하기로 하고, ④ 사전투표에 참여하거나 총회에서 직접 의결권을 행사하는 주주회원에게는 20만원 상당의 상품교환권과 골프장 우선예약권(이하 '상품권 등'이라 한다)을 제공하기로 결의하였다. 실제로 사전투표나 주주총회에 참가한 주주들은 A회사로부터 상품권 등을 제공받았다.

임원 입후보자 등록 공고에 따라 甲(당시의 대표이사)과 乙이 1명을 선임하는 대표이사 후보자로 등록하였는데, 주주총회의 대표이사 선임 투표의 결과 甲은 사전투표에서 乙보다 많은 찬성표를 얻어 甲이 대표이사로 선임되었다.

이에 대하여 乙은 회사를 상대로 주주총회결의취소의 소를 제기하면서, 이를 본안으로 하여 대표이사의 직무집행정지 및 직무대행자의 선임 가처분을 신청하였다.

제1심 법원은 채권자 乙 등의 신청을 받아들여 본안 판결 확정시까지 대표이사 등의 직무집행정지 및 직무대행자 선임 가처분을 하였으나, 원심은 1심 가처분결정을 취소하였다. 이에 乙 등이 재항고하였다.

2. 결정요지

대법원은 사전투표에 참여하거나 현장투표(총회일에 출석하여 투표)를 한 주주회원들에게 무상으로 사회통념상 허용되는 범위를 넘어서는 거액의 상품권 등을 제공하는 것은 주주의 권리행사에 관련하여 이를 공여한 것으로 추정될 뿐만 아니라, ① 기존 임원들인 채무자들과 반대파 주주들인 채권자들 사이에 이 사건 주주총회결의를 통한 경영권 다툼이 벌어지고 있는 상황에서 대표이사인 채무자 甲 등의 주도로 사전투표기간 중의 의결권행사를 조건으로 주주들에게 상품권 등이 제공된 점, ② 사전투표기간에 이익공여를 받은 주주들의 투표결과가 대표이사 후보들의 당락을 좌우한 요인이 되었다고 보이는 점 등에서 볼 때, 이러한 이익은 단순히 투표율제고나 정족수 확보를 위하여 제공된 것이 아니라 의결권이라는 주주권의 행사에 영향을 미치기 위한 의도로 공여된 것으로 보이고, 상법에 위반하는 이익공여에 따른 의결권행사를 기초로 주주총회의 결의가 이루어졌으므로 이 사건 주주총회는 그 결의방법이 법령에 위반한다고 결정하였다.

3. 관련판례

(1) 대법원 2017.1.12. 선고 2015다68355,68362 판결

상법 제467조의2 제1항에서 정한 '주주의 권리'란 법률과 정관에 따라 주주로서 행사할 수 있는 모든 권리를 의미하고, 주주총회에서의 의결권, 대표소송 제기권, 주주총회결의에 관한 각종 소권 등과 같은 공익권뿐만 아니라 이익배당청구권, 잔여재산분배청구권, 신주인수권 등과 같은 자익권도 포함하지만, 회사에 대한 계약상의 특수한 권리는 포함되지 아니한다. 그리고 '주주의 권리행사와 관련하여'란 주주의 권리행사에 영향을 미치기 위한 것을 의미한다.

(2) 대법원 2018.2.8. 선고 2015도7397 판결

주주의 권리행사와 관련된 재산상 이익의 공여라 하더라도 그것이 의례적인 것이라거나 불가피한 것이라는 등의 특별한 사정이 있는 경우에는, 법질서 전체의 정신이나 그 배후에 놓여 있는 사회윤리 내지 사회통념에 비추어 용인될 수 있는 행위로서 '사회상규에 위배되지 아니하는 행위'에 해당하여 상법 제634조의2에 정한 '주주의 권리행사에 관한 이익공여의 죄'는 성립하지 아니한다.

Ⅱ. 결정의 평석

1. 결정의 의의

이 결정은 주주총회에서 임원의 선임에 영향을 미치기 위하여 사전투표기간을 연장한 것은 정관에 위반하고, 사회통념상 허용될 수 없는 이익을 주주들에게 제공하였으며 실제로 그것이 투표결과에 영향을 미쳤다고 볼 수 있는 때에는 그에 따른 주주총회의 결의에는 취소사유가 존재한다고 한 점에서 선례로서의 가치를 갖는다. 이렇게 판단한 이유로서는 주주총회의 결의를 통한 경영권 분쟁이 있는 상황에서 이에 영향을 미칠 수 있는 사전투표기간의 연장과 사전투표 참가자에 대한 이익공여가 임원 후보자인 대표이사에 의하여 주도되고 이들 행위가 실제로 투표결과에 영향을 미쳤다고 볼 수 있는 사정이 있었기 때문이다.

2. 사전투표기간 연장의 위법성

상법은 주주의 의결권 행사의 편의를 도모하기 위해 의결권의 대리행사, 서면투표 및 전자투표를 인정하고 있고, 소규모회사에서는 서면결의도 인정하고 있다. 반면에 상법은 사전투표에 대해서는 규정하지 않고 있다.

정관에 의한 사적 자치의 원칙상 주식회사는 정관에 의하여 사전투표제도를 채택할 수 있다고 본다.[1)] 정관에 정한 사전투표기간을 함부로 연장하는 것은 정관에 위반하고, 이에 따른 주주총회의 결의는 그 결의방법이 정관을 위반한 점에서 결의취소의 대상이 된다.

3. 주주의 권리행사에 관한 이익공여의 금지

(1) 이익공여 금지의 입법취지

회사는 누구에게든지 주주의 권리행사와 관련하여 재산상의 이익을 공여할 수 없

---

1) 창원지방법원 2013.6.14. 자 2013카합139 결정.

고(상법 제467조의2 제1항), 이에 위반하여 이익을 얻은 자는 그 이익을 회사에 반환하여야 한다(동조 제3항).

상법이 정한 이익공여의 금지 규정의 입법취지에 관해서는 이른바 총회꾼과 회사의 불건전한 거래를 근절시키고자 하는데 있다는 견해, 회사자산의 낭비 방지에 있다는 견해, 주주총회의 운영의 정상화와 회사(다른 주주)의 이익 보호에 있다는 견해 및 회사 운영의 공정성 확보에 있다는 견해로 다양하다.

(2) 이익공여 금지의 당사자

상법이 금지하는 이익공여는 '회사에 의한 이익공여'에 한정된다. '회사에 의한' 이익공여란 누구의 명의로 하든지 회사의 계산(부담)으로 이익을 공여하는 것을 말한다. 이사 또는 주주 등이 자기의 계산으로 이익을 공여하는 것은 이익공여의 금지 규정과는 무관하다. 상법은 이익공여의 상대방을 '누구에게든지'라고 하여 특별히 제한하지 않고 있으므로 이익공여를 받는 자는 권리를 행사하는 주주 또는 그 대리인에 한정되지 아니한다.

(3) 재산상의 이익의 공여

재산상의 이익이란 금전·물품·신용·용역의 제공이나 채무의 면제, 채권의 포기, 신주인수권의 부여, 재산상의 이익이 따르는 지위의 부여가 이에 포함된다. 골프장 예약권도 경제적 가치가 있는 한 재산상의 이익에 해당한다.

주주총회 출석주주에게 의례적인 선물이나 식사권 등을 제공하는 것은 사회통념상 허용되는 답례의 범위에 해당하는 정도라면[2] 예외적으로 허용된다고 볼 필요가 있다. 그러나 경영권 분생이 발생하고 있는 상황에서는 의례적인 선물 등도 주주의 권리행사에 영향을 미칠 수 있기 때문에 이 경우에는 공여자의 주관적 의도를 고려하여 그 평가를 달리해야 한다.

이익공여의 금지는 주주평등의 원칙에 위반하는 경우만을 규제대상으로 하는 것은 아니므로 주주의 권리행사와 관련하여 주주평등의 원칙에 위반하지 않는 방법으로 이익을 제공하는 경우에도 이익공여에 해당한다.

---

2) 송옥렬, 상법강의, 제6판, 홍문사, 2016, 915면.

(4) 주주의 권리행사와의 관련성

1) 주주의 권리행사

재산상의 이익은 '주주의 권리'의 행사와 관련하여 공여되어야 한다. '주주의 권리'란 주주의 지위에서 법률상 인정되는 개별적인 권리로서 주주총회에서 의결권, 대표소송 제기권, 주주총회결의에 관한 각종 소권 등과 같은 공익권뿐만 아니라 이익배당청구권, 신주인수권 등과 같은 자익권 모두를 포함한다. 판례는 주주가 회사와 체결한 계약에 따라 갖게 되는 특수한 권리는 주주의 권리에 포함되지 않는 것으로 본다.[3)]

현재 주주가 아니라면 주주의 권리행사의 문제는 발생하지 않는다고 보아야 하지만, 주주가 아닌 자가 주식을 취득하여 장차 회사 또는 경영진에게 적대적인 세력이 될 것을 우려하여 회사의 주식을 취득하지 않을 것을 조건으로 이익을 제공하는 것은 일반적으로 주주의 권리행사와 관련하여 이익을 공여한 것으로 해석하고 있다.[4)] '주식의 양도' 자체는 '주주의 권리행사'로 볼 수 없지만, 주식을 양도하거나 양도하지 아니할 것을 조건으로 이익을 제공하는 것은 주주의 권리행사에 관한 이익공여에 해당한다.[5)]

2) 권리행사와 관련하여

주주의 권리행사와 '관련하여'란 주주의 권리행사에 영향을 미치는 모든 경우를 의미한다. 주주권의 행사·불행사 및 행사방법 등을 합의하고 이에 대해 이익을 공여하는 것은 주주의 권리행사와 관련하여 이익을 공여하는 것이 된다. 이익공여와 권리행사의 관련성은 회사가 주주의 권리행사에 영향을 주려는 의도를 가지고 있는 때에 인정된다.[6)] 주주총회의 정족수 확보라는 정당한 목적을 위한 경우에도 주주의 권리행사에 영향을 미칠 염려가 있는 때에는 비록 의례적인 선물조차 이익공여에 해당한다. 주주의 권리행사와 관련하여 사전에 또는 사후에 이익을 공여하는 것이면 이익공여에 해당하기 때문에, 이익의 공여 또는 이에 관한 합의가 실제로 권리의 행사에 영향을 미치는지는 여부는 문제되지 아니한다.[7)]

---

3) 대법원 2017.1.12. 선고 2015다68355,68362 판결.

4) 정동윤, 상법(상), 제6판, 법문사, 2012, 797면; 이철송, 회사법강의, 제24판, 박영사, 2016, 1001면; 최준선, 회사법, 제9판, 삼영사, 2014, 401면.

5) 김선정, "주주의 권리행사에 관한 이익공여의 금지—소위 총회꾼의 횡포에 대한 법적 대응—," 개발논총 제2집(동국대학교 지역개발대학원, 1992), 31면; 강위두·임재호, 상법강의(상), 제4전정판, 형설출판사, 2009, 1071면.

6) 한국상사법학회, 주식회사법대계 II, 법문사, 2016, 254면 참조.

3) 이익공여의 추정

상법은 회사가 특정의 주주에 대하여 무상으로 재산상의 이익을 공여한 경우 또는 회사의 특정의 주주에 대하여 유상으로 재산상의 이익을 공여한 경우에 있어서 회사가 얻은 이익이 공여한 이익에 비하여 현저하게 적은 때에도 주주의 권리행사와 관련하여 이익을 공여한 것으로 추정한다(상법 제467조의2 제2항).

4. 이익공여의 금지 규정의 위반

(1) 이익의 반환

회사가 이익공여 금지의 규정에 위반하여 주주의 권리행사와 관련하여 재산상 이익을 공여한 때에는 이를 받은 자는 회사에 반환하여야 하고, 이 경우 회사에 대하여 대가를 지급한 것이 있는 때에는 그 반환을 받을 수 있다(상법 제467조의2 제3항). 이익의 반환을 청구하는 소에 대해서는 대표소송이 인정된다(상법 제467조의2 제4항).

(2) 이익공여에 따른 주주의 권리행사의 효력과 주주총회의 결의의 하자

주주의 권리행사와 관련하여 재산상의 이익이 공여되더라도 주주의 권리행사 자체의 효력에는 영향이 없다고 보는 것이 통설이었다.

이익공여에 따른 의결권의 행사가 주주총회의 결의에 영향을 미치는가에 관해서는 우리나라의 학설은 대체로 이익을 얻은 대가로 의결권을 행사하였다고 하더라도 이익공여는 의결권행사의 동기에 불과하므로 주주총회의 결의 자체의 효력에는 영향을 미치지 않는다고 한다.[8] 주주총회의 적정한 운영을 위하여서는 위법한 이익공여가 있었고 주주의 의결권행사가 그 영향을 받았다고 볼 수 있거나 그 결의의 결과에 영향을 미쳤다고 볼 수 있는 때에는 주주총회의 결의의 하자가 있다고 보아야 한다.

총회꾼 등 주주가 회사 측의 의사진행에 협력하고 다른 주주의 발언이나 질문기회를 봉쇄한 채 결의가 이루어졌다면 결의방법이 현저하게 불공정한 경우로 인정된다.[9] 이익공여 여부가 분명하지 아니한 상황에서, 판례는 주주총회에서 의결정족수와 상정 안건에 대한 찬성 여부를 확인하지 않고 총회꾼을 동원하여 상정된 안건을 박수로 통과시킨 주주총회의 결의는 취소의 대상이 된다고 판시한 바 있다.[10]

---

7) 권재열, "상법상 이익공여죄에 대한 소고," 법학연구 18권 3호(연세대학교 법학연구원, 2008), 138면.

8) 정동윤, 전게서, 799면; 최준선, 전게서, 402면; 한국상사법학회, 주식회사법대계 II, 260면.

9) 이철송, 전게서, 594면.

10) 서울민사지방법원 1997.12.12. 선고 97가합32890 판결; 서울고등법원 1998.8.25. 선고 98나5267 판결(1심 법원과는 달리 취소사유가 됨을 인정하면서도 재량기각을 하고 있다).

이 사건에서 대법원은 경영진과 반대주주들 사이에서 주주총회의 결의를 통한 경영권다툼이 벌어지고 있는 상황에서 정관에 위반하여 사전투표기간이 연장되고 사전투표자 및 현장투표자에게만 사회통념상 허용되는 범위를 넘어서는 상품권 등이 제공되었으며 이를 제공받은 주주의 투표성향이 투표결과에 영향을 미쳤다고 볼 수 있는 사정 하에서 이루어진 주주총회의 결의는 그 결의방법이 법령에 위반하여 취소의 원인이 된다고 판단하였다.

(강대섭)

95

상법 제467조의2 제1항의 '주주의 권리'의 의미

대법원 2017.1.12. 선고 2015다68355,68362 판결

Ⅰ. 판결개요

1. 사실관계

원고(X 주식회사, 이하 'X'라 함)는 보통여객(합승)자동차사업 등을 목적으로 하는 회사이다. X는 2001년 회사의 부도로 근로자들이 회사를 인수하여 경영하고 있었다. 피고$_1$(Y_1)은 X의 사주(社主)인 甲의 아들로서 어느 국립대학의 교수이며, 피고$_2$(Y_2)는 Y_1의 부인이다. 피고들(Y_1과 Y_2)은 X의 발행주식총수 143,812주 중 각 20,000주씩을 보유하고 있는 주주이다.

2001년경 甲이 근로자들에게 경영권을 이전하면서부터 X가 발행한 주식총수의 대부분을 인수한 근로자들이 X를 경영하여 왔다. X가 2005년경 심각한 자금난에 처하여 경영이 어려워지자 2005년 7월 13일 X, X의 경영진 중 이사 5명과 감사 1명 및 우리사주조합은 Y_1으로부터 운영자금을 조달하기 위하여 Y_1과 사이에 이 사건 주식매매약정을 체결하였다. 이 사건 주식매매약정은 ① Y_1이 대금 2억원으로 우리사주조합원들이 보유한 주식 중 40,000주를 액면가인 1주당 5,000원에 매수하여 피고들 명의로 하며(제1항), ② X에 별도로 4억원을 대여하면 우리사주조합이 보유하는 주식을 우선 매수할 권리를 가지며(제3항), ③ Y_1은 'X의 임원 1명을 추천할 권리'(이하 '임원추천권'이라 함)를 가지며 X는 Y_1이 추천한 임원에게 그가 설령 비상근이라 하더라도 상근임원에 해당하는 보수를 지급하기로 한다(제5항)는 것을 내용으로 하였다. X와 Y_1은 이 사건 주식매매약정 직후 무렵 Y_1이 이 사건 주식매매약정에 정한 임원추천권을 행사하지 않는 대신 X가 피고들에게 매월 200만원을 지급하기로 하는 내용의 지급약정(이하 '이 사건 지급약정'이라 함)을 체결하였다. 그에 따라 X는 피고들에

게 2005년 7월 31일에 200만원을 지급한 것을 시작으로 2013년 8월경 지급을 중단하기 전까지 지급약정에 따라 피고들에게 지급한 돈은 합계 201,500,000원에 이르렀다. X는 2008년 9월경까지 차용금 4억원을 Y_1에게 순차적으로 상환하였고, 이를 차용한 기간 동안 이자조(利子條)로 차용금 1억원당 월 83만원을 Y_1 또는 Y_2에게 지급하였다. 이 사건 판결에서는 피고들이 임원추천권을 행사하지 아니하는 대가로 돈을 지급하기로 하는 내용의 지급약정이 상법 제467조의2 제1항에 위배되는지가 다투어졌다.

2. 판결요지

(1) 원심 판결: 대구고등법원 2015.10.21. 선고 2014나1448(본소), 1455(반소) 판결

피고들이 주주로서 당연히 갖는 임원추천권을 행사하지 않는 대가로 이 사건 지급금을 수수한 경우 상법 제467조의2 제1항에 위배되므로, 피고들은 상법 제467조의2 제3항에 의하여 X에게 이 사건 지급금을 반환하여야 한다.

(2) 대법원의 판결요지

이 사건 지급약정은 Y_1이 이 사건 주식매매약정에 정한 임원추천권을 행사하지 아니하는 대신 X가 피고들에게 매월 200만원을 지급하기로 하는 것이다. Y_1이 임원추천권을 가지게 된 것은 자금난에 처한 X에게 이 사건 주식매매약정에 따라 합계 6억원의 운영자금을 조달하여 준 것에 대한 대가이므로, 임원추천권 대신 피고들이 매월 200만원을 지급받기로 한 것도 그러한 운영자금 조달에 대한 대가라고 볼 수 있다. 이러한 사정을 종합하면 Y_1이 가지는 임원추천권은 이 사건 주식매매약정에 정한 계약상의 특수한 권리라고 할 것이고 이를 주주의 자격에서 가지는 공익권이나 자익권이라고 볼 수는 없으므로 상법 제467조의2 제1항에 정한 '주주의 권리'에 해당하지 아니한다. 그리고 동항의 '주주의 권리행사와 관련하여'란 주주의 권리행사에 영향을 미치기 위한 것을 의미한다. 나아가 위에서 살핀 것처럼 이 사건 지급약정은 주주의 권리행사에 영향을 미치기 위하여 돈을 공여하기로 한 것이라고 할 수 없다. 따라서 이 사건 지급약정은 상법 제467조의2 제1항에 위배된다고 볼 수 없다. 따라서 이러한 원심의 판단에는 상법 제467조의2 제1항에 관한 법리를 오해함으로써 판결 결과에 영향을 미친 위법이 있다.

3. 관련판례

대법원 2018.2.8. 선고 2015도7397 판결

상법상 주주의 권리행사에 관한 이익공여의 죄는 주주의 권리행사와 관련 없이 재산상 이익을 공여하거나 그러한 관련성에 대한 범의가 없는 경우에는 성립할 수 없다. 피고인이 재산상 이익을 공여한 사실은 인정하면서도 주주의 권리행사와 관련 없는 것으로서 그에 대한 범의도 없었다고 주장하는 경우에는, 상법 제467조의2 제2항, 제3항 등에 따라 회사가 특정 주주에 대해 무상으로 또는 과다한 재산상 이익을 공여한 때에는 관련자들에게 상당한 법적 불이익이 부과되고 있음을 감안하여야 하고, 증명을 통해 밝혀진 공여행위와 그 전후의 여러 간접사실들을 통해 경험칙에 바탕을 두고 치밀한 관찰력이나 분석력에 의하여 사실의 연결상태를 합리적으로 판단하여야 한다.

한편 주주의 권리행사와 관련된 재산상 이익의 공여라 하더라도 그것이 의례적인 것이라거나 불가피한 것이라는 등의 특별한 사정이 있는 경우에는, 법질서 전체의 정신이나 그 배후에 놓여 있는 사회윤리 내지 사회통념에 비추어 용인될 수 있는 행위로서 형법 제20조에 정하여진 '사회상규에 위배되지 아니하는 행위'에 해당한다. 그러한 특별한 사정이 있는지 여부는 이익공여의 동기, 방법, 내용과 태양, 회사의 규모, 공여된 이익의 정도 및 이를 통해 회사가 얻는 이익의 정도 등을 종합적으로 고려하여 사회통념에 따라 판단하여야 한다.

Ⅱ. 판결의 평석

1. 상법 제467조의2 제1항의 '주주의 권리'의 의미

국내 학설은 대체적으로 상법 제467조의2 제1항의 '주주의 권리'에 법률과 정관에 따라 주주로서 행사할 수 있는 모든 권리가 포함되는 반면에 회사에 대한 계약상의 특수한 권리는 이에 포함되지 않는다고 풀이하는 쪽으로 모아지고 있다. 이 경우 그 법률이 반드시 상법에 한정되어야 하는 것도 아니다.[1] 따라서 상법 및 여타 법률

---

1) 여기에 해당하는 법률의 예로서 자본시장과 금융투자업에 관한 법률, 벤처기업육성에 관한 특별조치법, 그리고 기업 활력 제고를 위한 특별법 등을 들 수 있다. 이늘 각각의 법은, 예컨대 상법에 대한 특례로서 주식매수청구권에 관한 규정을 두고 있다(자본시장과 금융투자업에 관한 법률 제165조의5, 벤처기업육성에 관한 특별조치법 제15조의3 제4항, 기업 활력 제고를 위한 특별법 제20조).

내지 정관에 의하여 인정된 주주의 공익권·자익권은 모두 이에 포함된다. 현실에 있어서는 주주의 권리 중에서 주주총회에서의 질문권과 의결권의 행사가 가장 흔하게 이익공여의 대상이 되겠지만, 대표소송 등 각종의 소제기권, 이익배당청구권, 주주제안권, 회계장부열람청구권, 주식매수청구권, 잔여재산분배청구권 등도 그 대상에서 벗어나지 않는다.

2. 임원추천권의 주주의 권리 해당 여부

(1) 학 설

임원추천권이 이익공여금지 규정의 적용대상인 '주주의 권리'에 해당하는지 여부에 관해서는 학설이 나누어진다. 먼저 임원추천권이 주주의 지위에 연계되지 않는다면 그 정당성을 부여받을 수 없다면서 주주의 권리에 해당한다는 견해[2]가 있다. 그 근거로서는, 첫째 상법이 임원의 선임을 주주총회의 전속권한으로 규정(제382조 제1항, 제409조 제1항)하는 점에 비추어 주주만이 임원후보자를 추천할 수 있다고 보아야 하며, 둘째 임원의 선임은 주식회사의 기관을 구성하는 것이어서 주주가 아닌 채권자의 개입을 허용할 수 없다는 점을 주장하고 있다.

반면에 일반적인 주주의 권리로서의 주주제안권에 포섭되지 않는 임원추천권이 현실적으로 존재할 수 있다는 견해[3]도 제시되어 있다. 즉, 임원추천권이 회사로 하여금 '그 추천에 따르도록 할 의무'를 부담하게 하는 것이라면 반드시 주주의 권리에 속하는 것으로 볼 필요는 없다는 논리이다. 이에 회사와 채권자 간의 약정에 의해서도 임원추천권이 존재할 수 있다는 것이다.

(2) 대상판결의 입장

이 사건의 원심은 X가 Y_1이 주식매매약정에 정해져 있는 임원추천권을 행사하지 않은 것에 대한 대가로서 피고들에게 일정한 금액을 지급하였다고 보아 상법 제467조의2 제1항에 위배된다고 풀이한 것은 임원추천권이 일반적인 주주의 권리에 포함된다는 것을 전제로 한다. 그러나 대법원은 이 사건에서의 임원추천권은 주주의 지위에서가 아니라 채권자의 지위에서 보유하는 권리이므로 이 사건 지급약정은 상법 제

2) 정준우, "상법상 이익공여금지규정의 주요쟁점 검토－최근의 대법원 판례를 중심으로－,"「상사판례연구」제30집 제2권(한국상사판례학회, 2017), 21면.

3) 황남석, "주주에 대한 이익공여금지 규정의 적용범위－대법원 2017.1.12. 선고 2015다68355,68362 판결－,"「법조」Vol.722(법조협회, 2017), 771면.

467조의2 제1항에 위배된다고 볼 수 없다고 판단하였다.

3. 대상판결의 검토

문리적으로 볼 때 임원추천권은 임원이 될 후보자를 주주총회에 추천하는 권리를 의미한다. 추천된 임원후보자가 반드시 주주총회에서 임원으로 선임된다는 등식이 성립되지 않는 한 임원추천권을 주주 이외의 자가 행사한다고 하더라도 상법에 따라 주주총회에 부여된 임원선임권을 훼손하는 것은 아니다. 특히 채권자로서는 채무자에게 금전을 대여하면서 장래 자신의 채권을 제대로 변제받기 위해 채무자를 감시할 자를 임원으로 추천할 수 있는 권한을 요구하는 약정을 두고자 하는 유인이 있을 수 있다. 만약에 이러한 약정을 법률적으로 무효라고 본다면 채권자로서는 효율적으로 채무자를 감시하는 수단이 마땅하지 않아 대출행위를 꺼리게 될 것이고 그 결과 대출희망자는 자금조달의 어려움에 직면하게 될 것이라는 점에서 사회후생적으로는 바람직하지 않다. 그러므로 임원추천권을 주주의 전속물로 볼 수 없다.[4] 따라서 주주가 주주제안권을 통해 임원추천권을 행사하는 경우 외에도 채권자에게 약정에 따라 이 권리를 인정하는 것이 가능하다고 본다.

대상판결은 상법 제467조의2가 적용되는 범위를 구체적으로 제시하고 있다. 대상판결은 상법상 이익공여금지 규정에 의하여 금지되는 이익공여는 주주의 권리행사에 견련되어야 하는 것이므로 채권자의 권리는 원천적으로 그 적용의 대상에서 제외됨을 밝히고 있다. 특히 상법 제467조의2가 이익공여죄를 정한 상법 제634조의2와 연동되어 있다는 점을 감안한다면 대법원이 이익공여금지 규정의 확대적용을 경계한 것은 지당하므로 비난받을 여지가 없다.

(권재열)

4) F.H. Buckley, *The Termination Decision*, 61 UMKC Law Review 243, 256(1992).

96

주식양수인의 임원추천권을 대체하는 금전지급약정과 주주평등의 원칙

대법원 2018.9.13. 선고 2018다9920,9937 판결

Ⅰ. 판결개요

1. 사실관계

X(원고)는 보통여객(합승)자동차사업 등을 목적으로 하며 발행주식총수는 143,812주인데, 2001년경 사주인 C(피고 Y_1의 부친)로부터 그 주식 대부분을 인수한 근로자들이 원고를 경영하여왔다. 원고가 2005년경 자금난에 처하자 2005. 7. 13. 원고, 원고의 경영진 중 이사 5명과 감사 1명 및 우리사주조합은 운영자금을 조달하기 위하여 Y_1(피고)과 이 사건 주식매매약정을 체결하였다. 그 주된 내용은 ① Y_1은 우리사주 조합원들의 주식 중 40,000주를 액면가인 1주당 5,000원에 매수하여 그 대금 2억 원을 X에게 지급하고, ② Y_1이 X에게 2005. 7. 28.부터 2005. 11. 14.까지 합계 4억 원을 대여하며, ③ Y_1이 4억 원을 X에게 대여하면 우리사주조합이 보유하는 주식을 우선 매수할 권리를 가지고, ④ Y_1은 'X의 임원 1명을 추천할 권리'(이하 '임원추천권'이라 한다)를 가지며, X는 Y_1이 추천한 임원에게 상근임원에 해당하는 보수를 지급하기로 하는 것이다. Y_1은 주식매매대금 2억 원을 X에게 지급하여 Y_1과 Y_2(피고, Y_1의 처) 명의로 보통주 각 20,000주를 취득하였고, 2005년도에 합계 4억 원을 순차적으로 X에게 대여하였다. X와 Y_1은 이 사건 주식매매약정 직후 무렵 Y_1이 위 임원추천권을 행사하지 아니하는 대신 X가 Y_1과 Y_2에게 매월 200만 원을 지급하기로 하는 내용의 이 사건 지급약정을 체결하였고, 그에 따라 X는 Y_1과 Y_2에게 2005. 7. 31. 200만 원을 시작으로 2013. 4. 12.까지 매월 200만 원을 지급하였고, 2013. 5. 11.부터 2013. 7. 11.까지는 매월 250만 원을 지급하였다. X가 2013년 8월경 지급을 중단하기 전까지 Y_1과 Y_2에게 지급한 돈은 합계 201,500,000원에 이른다. X는 2008년 9

월경까지 차용금 4억 원을 Y_1에게 순차적으로 상환하였고, 이를 차용한 기간 동안 이자 조로 차용금 1억 원당 월 83만 원을 Y_1 또는 Y_2에게 지급하였다.

원고 X는 위 임원추천권과 금전지급약정은 상법 제467조의2 제1항에 위배됨을 이유로 지급된 금전에 대하여 부당이득반환을 청구하여 인용되지 않자(판결(1)), 다시 위 지급약정이 주주평등의 원칙에 반하여 무효임을 주장하면서 약정금의 지급을 중단하고 부당이득반환을 청구하였다(판결(2)).

2. 판결요지

대법원은 판결(1)에서 피고의 상고를 인용하였고, 판결(2)에서는 원고의 상고를 인용하였다.[1)]

판결(1): 대법원 2017.1.12. 선고 2015다68355,68362 판결.[2)] ① 상법 제467조의2 제1항에서 정한 '주주의 권리'란 법률과 정관에 따라 주주로서 행사할 수 있는 모든 권리를 의미하고, 주주총회에서의 의결권, 대표소송 제기권, 주주총회결의에 관한 각종 소권 등과 같은 공익권뿐만 아니라 이익배당청구권, 잔여재산분배청구권, 신주인수권 등과 같은 자익권도 포함하지만, 회사에 대한 계약상의 특수한 권리는 포함되지 아니한다. 그리고 '주주의 권리행사와 관련하여'란 주주의 권리행사에 영향을 미치기 위한 것을 의미한다. ② X주식회사가 운영자금을 조달하기 위해 Y_1과 체결한 주식매매약정에서 Y_1이 X회사의 주식을 매수하는 한편 X에게 별도로 돈을 대여하기로 하면서 Y_1이 'X회사의 임원 1명을 추천할 권리'를 가진다고 정하였는데, 주식매매약정 직후 Y_1이 임원추천권을 행사하지 아니하는 대신 X가 Y_1에게 매월 돈을 지급하기로 하는 내용의 지급약정을 체결한 사안에서, Y_1이 가지는 임원추천권은 주식매매약정에 정한 계약상의 특수한 권리이고 이를 주주의 자격에서 가지는 공익권이나 자익권이라고 볼 수는 없으므로 상법 제467조의2 제1항에서 정한 '주주의 권리'에 해당하지 아니하고, 지급약정은 Y_1이 X에게 운영자금을 조달하여 준 것에 대한 대가를 지급하기로 한 것일 뿐 주주의 권리행사에 영향을 미치기 위하여 돈을 공여하기로 한 것이라고 할 수 없으므로, 지급약정이 상법 제467조의2 제1항에 위배된다고 볼 수 없다.

판결(2): 대법원 2018.9.13. 선고 2018다9920,9937 판결. Y_1이 임원추천권을 가지게 된 것은 자금난에 처한 X회사에 주식매매약정에 따라 주식매매대금과 대여금으로 운영자금을 조달해 준 대가이므로, 임원추천권 대신 Y_1 등에게 약정금을 지급하

1) 환송판결인 판결(1)에 따른 원심판결에 대한 상고심 판결이 판결(2)이다.
2) 판결(1)에 관한 상세한 검토는 '95. 상법 제467조의2 제1항의 주주의 권리의 의미'를 참조.

기로 한 위 지급약정도 그러한 운용자금 조달에 대한 대가라고 볼 수 있고, 이와 같이 Y_1 등이 지급약정에 기해 매월 약정금을 받을 권리는 주주 겸 채권자의 지위에서 가지는 계약상 특수한 권리인 반면, Y_1 등은 주식매매대금을 지급하고 주식을 매수한 때부터 현재까지 X회사의 주주이고, 이러한 주주로서의 권리는 주식을 양도하지 않는 이상 변함이 없으므로, Y_1 등이 X회사로부터 적어도 운영자금을 조달해 준 대가를 전부 지급받으면 X회사 채권자로서의 지위를 상실하고 주주로서의 지위만을 가지게 되는데, 채권자의 지위를 상실하여 주주에 불과한 Y_1 등에게 X회사가 계속해서 지급약정에 의한 돈을 지급하는 것은 X회사가 다른 주주들에게 인정되지 않는 우월한 권리를 주주인 Y_1 등에게 부여하는 것으로 주주평등의 원칙에 위배된다.

3. 관련판례

- 사전투표 또는 직접투표 주주에 대한 골프장예약권 등 제공과 주주총회결의취소의 원인: 대법원 2014.7.11. 자 2013마2397 결정

Ⅱ. 판결의 평석

1. 판결의 의의

위 사례에서 자금난에 빠진 원고의 경영진, 감사 및 우리사주조합과 피고가 약정하였는데, 피고가 원고회사의 주식을 매수하고 자금을 대여하면 원고는 피고에게 임원추천권을 주기로 하였다. 그런데 위 약정 직후 원고는 피고에게 임원추천권 대신 매월 일정액의 금전을 지급하기로 하였고, 이 금전지급약정이 상법 제467조의2 제1항의 '주주의 권리행사와 관련'된 것이어서 동 조항을 위반한 것인지 여부(판결(1))와 원고가 빌린 대금을 모두 반환하여 피고가 원고에 대한 채권자 지위를 벗어난 후에도 피고는 약정대로 금전을 지급받을 권리가 있는지에 관하여는 주주평등 원칙의 위반 여부(판결(2))가 문제되었다.

2. 주주에 대한 이익공여금지 규정 등의 위반 여부

(1) 임원추천권약정 및 금전지급약정의 효력

판결(1)에서는 위 약정 중 임원추천권의 교부 및 그 직후 이를 대체하는 금전지

급약정이 유효한지 여부가 문제되었다. 원심은 임원추천권에 관하여 피고들이 상법 제363조의2 제1항의 주주제안권을 행사하여 임원 후보를 추천하는 것을 의미하고, 피고들이 주주로서 당연히 가지는 권리를 행사하지 아니하는 대가로 돈을 지급하기로 하는 내용의 이 사건 지급약정은 상법 제467조의2 제1항에 위배된다고 보아 동약정을 무효로 보았지만, 대법원은 임원추천권을 이 사건 주식매매약정에 정한 계약상의 특수한 권리라고 보고, 이를 주주의 자격에서 가지는 공익권이나 자익권이라고 볼 수는 없으므로 상법 제467조의2 제1항에 정한 '주주의 권리'에 해당하지 아니하며, 이 사건 지급약정은 피고 Y_1이 원고에게 합계 6억 원의 운영자금을 조달하여 준 것에 대한 대가를 지급하기로 한 것일 뿐, 주주의 권리행사에 영향을 미치기 위하여 돈을 공여하기로 한 것이라고 할 수 없다고 보았다.

위 임원추천권과 금전지급의 약정이 장차 피고의 주주권행사에 영향을 줄 목적을 가진 것인지 여부가 관건이다. 사안에서 임원추천권을 약정금으로 대신하면서 장차 피고가 주주권을 행사하지 않는다거나 특히 임원후보를 추천해서는 안된다는 내용이 합의되었다고 볼 수 없다. 원고와 피고는 임원추천권의 행사보다는 약정금 지급이라는 방법을 선호한 것으로 이해되고, 합의가 구두로 이루어진 것을 보면 장차 피고의 권리행사에 대한 제한의 의도가 있는 것으로 판단되지 않는다.

(2) 위 약정이 주주총회의 권한을 침해하는지 여부

판결(2)에서 원고는 상고이유로 이 사건 지급약정이 주주총회의 이사 선임권한을 규정한 상법 제382조 제1항 또는 주주총회가 이사 보수액을 정할 권한을 규정한 상법 제388조에 위반한다는 주장을 하였다. 그러나 대법원은 피고 Y_1이 추천한 인원이 주주총회결의를 거치지 아니하고 곧바로 이사로 선임된다거나, 피고 Y_1이 추천한 임원에게 지급할 구체적 보수액을 정한 내용이라고 볼 수는 없다는 이유로 이를 인정하지 않았다. 위 약정에는 피고가 임원추천권을 가지며 상임임원의 보수를 지급한다고만 규정되었으므로 이 규정이 상법의 주주총회권한을 침해한다고 볼 수는 없다. 위와 같은 법원의 판단에는 문제가 없다.

3. 주주평등의 원칙과 납입금 환급의 문제

(1) 주주평등원칙의 적용

주주평등의 원칙은 회사는 동일한 사정 하에서 모든 주주를 동등하게 대우하고

자의적인 차별을 하지 않을 것을 요구한다. 이 원칙이 적용되려면 회사가 주주에 대한 업무집행으로부터 성립하는 법률관계, 즉 사원관계에서 문제되므로 회사가 개별주주의 토지를 매수하는 경우처럼 주주 자격과 상관이 없는 계약관계에는 적용되지 않는다.

대법원은, 피고들은 주식을 매수한 때부터 현재까지 원고 회사의 주주이고, 피고가 운영자금을 조달해 준 대가를 전부 지급받으면 원고 회사 채권자로서의 지위를 상실하고 주주로서의 지위만을 가지게 되는데, 원고 회사가 피고들에게 계속해서 지급약정에 의한 돈을 지급하는 것은 다른 주주들에게 인정되지 않는 우월한 권리를 주주인 피고들에게 부여하는 것으로 주주평등의 원칙에 위배되어 위 약정은 특별한 사정이 없는 한 무효라고 보았다.

이 판단은 다른 주주에게는 지급되지 않은 금전이 피고에게만 주어졌다는 점에 주목한 것이다. 그러나 주주평등원칙의 적용에는 문제가 있다. 첫째, 위 계약 당시 피고는 주주가 아니었다는 점에서 회사와 주주 사이의 사원관계를 전제로 하는 위 원칙의 적용요건이 충족되지 않는다. 자금조달계약에서 피고는 주주 자격에 근거하여 당사자가 된 것이 아니므로 이 거래관계에 위 원칙은 적용되지 않는다(판결(2)의 원심은 사원관계를 부정하면서 위 원칙의 적용을 부인하였다). 둘째, 장래 주주가 될 자(피고)에게 이 원칙의 적용을 인정하더라도 이는 차별적 불이익을 받는 주주의 동의가 있는 경우 문제되지 않는데,[3] 위 사안에서 원고회사의 주식소유관계가 밝혀지지 않았지만 원고 회사의 주식을 우리사주조합이 모두 가지고 있는 경우라면 위 거래에 대하여 우리사주조합원인 주주 모두가 찬성하는 것으로 볼 수 있으므로 위 약정에 반대하는 주주가 없다는 전제 하에서 위 거래는 주주평등의 원칙에 반하지 않는 것으로서 유효하다. 위 판결에 따라 주주평등원칙의 적용을 검토할 환송심에서 확인되어야 할 사항이다.

(2) 납입금의 환급과 자본금충실의 원칙

자금대여를 한 채권자인 피고에게 임원추천권을 대신하여 약정금을 지급하는 것은 이자 외에 자금대여에 대한 보상금의 의미를 가지고 이는 사적 자치의 영역이므로 문제되지 않는다. 그러나 주식양수인의 지위도 가지는 피고에게 약정금을 주는 것은 그 원인이 임원추천권을 대신하는 것이라도 자본금충실의 원칙과 관련하여 문제의 소지가 있다.

---

3) 대법원 1980.8.26. 선고 80다1263 판결.

회사가 주식발행으로 자금을 조달하는 경우 상법은 자본금충실을 꾀하기 위하여 전액납입 또는 현물출자의 전부이행과 변태설립사항의 엄격한 규제 등 여러 가지 제도를 두고 있는데, 회사가 주식인수인에게 주식인수와 관련하여 금전지급을 약정하는 것은 자본금충실의 원칙에 반하는 것으로 위법하다. 금전지급은 주식발행으로 납입된 자금의 일부를 납입한 주주에게 돌려주는 것이므로 당연히 회사법에 반한다. 이러한 법리는 사안처럼 다른 주주로부터 주식을 양수하는 자에게 회사가 금전지급을 약속하는 경우에도 동일하게 적용된다. 따라서 위 금전지급 약정은 주식양수인인 피고에게 무효로 판단된다. 이렇게 본다면 임원추천권을 내용으로 주식을 양수하고 자금을 대여한 위 약정은 유효하지만, 그 직후 임원추천권 대신 금전지급을 약정한 것은 주식양수인의 지위에서는 무효이고,[4] 채권자의 지위에서는 유효하다고 볼 수 있다. 피고가 주주와 채권자의 지위를 동시에 가지고 있으므로 약정금의 지급 및 수령은 피고가 채권자의 지위를 갖는 동안은 유효한 거래로 볼 수 있다.

4. 약정금지급의무의 소멸시기 및 임원추천권의 존속 여부

피고가 언제까지 채권자의 지위를 가지는지에 관하여 판결(2)에서 대법원은 피고가 원고로부터 6억 원의 운영자금을 조달해 준 대가를 전부 지급받으면 피고는 채권자로서의 지위를 상실하고 주주의 지위만 가진다고 보았다. 원고 회사는 피고로부터 4억 원, 우리사주조합으로부터 2억 원을 조달하여 합계 6억 원의 채무를 부담하는데, 대법원은 우리사주조합을 제외하고 원고가 피고에 대하여 6억 원을 반환하면 채무자의 지위를 벗어나는 것으로 법리를 구성하였다. 그러나 이는 거래의 형식을 무시한 판단이다. 피고가 채권자의 지위를 상실하는 시점은 6억 원이 아니라 대여금 4억 원 및 그 이자가 반환된 시점이고, 주식양수대금에 해당하는 2억 원은 피고의 채권자 지위와 상관이 없다. 따라서 4억 원이 반환된 2008. 9.경에 피고의 채권자 지위가 소멸하고, 자금조달의 대가로 약정되었던 약정금지급의무도 소멸한다.

또한 피고는 원고가 약정금을 주지 않자 반소(판결(2))로써 임원추천권을 행사하여 임원추천권의 존속 여부가 쟁점이 되었다. 대법원은 이 사건 지급약정으로써 피고의 임원추천권은 확정적으로 소멸하였다고 보았다. 이 문제는 위 약정의 해석으로 해

4) 대법원은 판결(2)에서 피고 Y_1 등이 지급약정에 기해 매월 약정금을 받을 권리는 '주주 겸 채권자의 지위에서 가지는 계약상 특수한 권리'라고 보았다. 채권자의 지위에서 약정금을 받을 권리는 계약상의 권리이지만, 주주의 지위에서는 계약을 맺었더라도 주식양수와 관련하여 회사로부터 금전을 받는 것은 회사법에 반한다.

결하여야 한다. 원고의 의사는 위 지급약정이 임원추천권에 관한 약정을 대체한 것으로 보아도 무리가 없다. 피고로서는 자금지급약정이 임원추천권을 완전히 대체하는 것으로 생각하지 않았을 것으로 보인다. 피고가 원고 회사에 투자하고 자금을 대여하게 된 배경인 부친이 소유했던 회사라는 점, 그리고 주주 지위에서 위 자금지급약정은 무효라고 본다면 더욱 더 그러하다. 피고는 자금지급약정은 채권자의 지위에서는 기한이 있지만, 주주의 지위를 갖는 한 기한이 없는 것으로 인식했을 수 있다. 원·피고의 관점에서 벗어나서 임원추천권은 투자금을 회수하기 어려운 폐쇄회사에서 주주가 자신의 이익을 지킬 수 있는 수단이므로 이를 대체하는 금전지급약정이 무효라면 당연히 임원추천권은 존속하는 것으로 보아야 한다.

5. 대상판결의 검토

위 사안은 회사가 자금을 조달하면서 주식을 교부하고 임원추천권을 약정했다가 그 대신 약정금을 주기로 하였는데, 차용금을 모두 갚은 후 발생한 약정금의 반환청구에 관한 분쟁이다. 대법원은 원고 회사가 차용금을 모두 갚은 후에는 피고는 채권자의 지위를 상실하고 주주의 지위만 갖는데, 약정금을 계속 지급하면 주주평등의 원칙에 반한다고 보았다. 그러나 자금조달계약의 당사자는 주주 지위를 전제로 하지 않으므로 주주평등의 원칙이 적용될 수 없고, 이를 인정하더라도 위 금전지급약정에 대하여 우리사주조합이 동의하였으므로 원고 회사에서 이에 반대하는 주주가 없다는 전제하에서는 주주평등원칙의 위반이 없다.

위 금전지급약정의 당사자인 피고는 주식의 양수인이므로 주주에게 주식인수를 대가로 금전을 지급하는 것은 자본금충실의 원칙에 반한다. 피고는 원고 회사에 대하여 주주와 채권자의 지위를 겸하는데, 주주 지위에서 파악되는 금전지급약정은 무효이지만 채권자 지위에서는 유효하므로 피고가 채권자 지위를 상실하는 시점부터는 위 약정금을 수령할 권리는 없다고 보아야 한다.

대상판결에서 대법원은 출자 또는 주식양수의 대가로서 회사가 주주에게 금전을 지급하는 행위는 자본금충실의 원칙에 반하여 허용되지 않는다는 법리를 검토했어야 했다.

위처럼 주식양수인에 대한 자금지급약정을 무효로 본다면 피고에게 약정된 임원추천권은 존속하는 것으로 보아야 적정하다.

(김재범)

97

주주의 이익배당청구권과 이익배당 우선주식

대법원 2022.8.19. 선고 2020다263574 판결

Ⅰ. 판결개요

1. 사실관계

보통주 106,000주를 발행하고 있는 A주식회사는 정관을 개정하여 그중의 일부인 31,800주를 이익배당에 관하여 우선권이 있는 종류주식으로 변경하였다.

A회사의 정관은 이익배당 우선주에 관하여 다음과 같이 정하고 있다. 1) 회사가 발행할 우선주식은 기명식 이익배당 우선주식이고, 발행하는 우선주식의 수는 31,800주로 한다(제8조의2). 2) 우선주식의 주주는 주식 1주당 보통주와 동일하게 1개의 의결권을 갖는다(제8조의3 제1항). 3) 우선주식의 주주는 우선주식을 보유하는 동안 1주당 당기순이익 중 106,000분의 1을 우선적으로 현금으로 배당받고, 우선주식에 대한 배당은 정기주주총회(결산승인의 총회)일로부터 7일 이내에 지급되어야 하고, 당해 회계연도에 당기순이익이 있는 경우 반드시 정기주주총회(결산승인의 총회)의 결의를 통하여 그때부터 7일 이내에 지급되어야 한다(제8조의4).

A회사는 2018년과 2019년에 개최된 각 정기주주총회에서 전년도에 당기순이익이 발생하였음에도 이익배당에 관하여 아무런 기재가 없는 잉여금처분계산서가 승인되자, 회사는 이를 이유로 이익배당금을 지급하지 않았다. 이에 이익배당 우선주를 소유하고 있는 주주가 회사로부터 배당받을 수 있었던 금액 상당의 손해를 입었음을 이유로 회사에 대해 손해배상청구를 하였다.

2. 판결요지

회사는 이익의 배당, 잔여재산의 분배, 주주총회에서의 의결권의 행사, 상환 및

전환 등에 관하여 내용이 다른 종류의 주식을 발행할 수 있다(상법 제344조 제1항). 회사가 이익배당에 관하여 내용이 다른 종류주식을 발행하는 때에는 정관에 그 종류주식의 주주에게 교부하는 배당재산의 종류, 배당재산의 가액의 결정방법, 이익을 배당하는 조건 등 이익배당에 관한 내용도 정하여야 한다(상법 제344조 제2항, 제344조의 2 제1항). 주주의 이익배당청구권은 장차 이익배당을 받을 수 있다는 의미의 권리에 지나지 아니하여 이익잉여금처분계산서가 주주총회에서 승인됨으로써 이익배당이 확정될 때까지는 주주에게 구체적이고 확정적인 배당금지급청구권이 인정되지 아니한다. 다만 정관에서 회사에 배당의무를 부과하면서 배당금의 지급 조건이나 배당금액을 산정하는 방식 등을 구체적으로 정하고 있어 그에 따라 개별 주주에게 배당할 금액이 일의적으로 산정되고, 대표이사나 이사회가 경영판단에 따라 배당금 지급 여부나 시기, 배당금액 등을 달리 정할 수 있도록 하는 규정이 없다면, 예외적으로 정관에서 정한 지급조건이 갖추어지는 때에 주주에게 구체적이고 확정적인 배당금지급청구권이 인정될 수 있다. 그리고 이러한 경우 회사는 주주총회에서 이익배당에 관한 결의를 하지 않았다거나 정관과 달리 이익배당을 거부하는 결의를 하였다는 사정을 들어 주주에게 이익배당금의 지급을 거절할 수 없다.

3. 관련판례

(1) 대법원 2010.10.28. 선고 2010다53792 판결 [주식배당금]

주주의 이익배당청구권은 이익잉여금 처분계산서가 주주총회에서 승인됨으로써 이익배당이 확정되기 전에는 장차 이익배당을 받을 수 있다는 추상적 권리에 지나지 않는 것이어서 그때까지는 주주에게 구체적이고 확정적인 배당금지급청구권이 인정되지 아니한다. 한편 주주총회에서 특정 주주를 제외한 나머지 주주들에 대하여만 배당금을 지급하기로 하는 내용으로 이익배당 결의가 이루어졌을 경우 그와 같은 결의는 주주평등의 원칙에 반하는 것으로서 무효인 것이지, 이익배당에서 제외된 주주가 주주평등의 원칙을 내세워 회사를 상대로 다른 주주에게 지급된 이익배당금과 동일한 비율로 계산된 이익배당금의 지급을 구할 수는 없다.

(2) 대법원 2021.6.24. 선고 2020다208621 판결

[1] 부당이득반환청구권이라도 그것이 상행위인 계약에 기초하여 이루어진 급부 자체의 반환을 구하는 것으로서, 그 채권의 발생 경위나 원인, 당사자의 지위와 관계

등에 비추어 그 법률관계를 상거래 관계와 같은 정도로 신속하게 해결할 필요성이 있는 경우 등에는 5년의 소멸시효를 정한 상법 제64조가 적용된다.

그러나 이와 달리 부당이득반환청구권의 내용이 급부 자체의 반환을 구하는 것이 아니거나, 위와 같은 신속한 해결 필요성이 인정되지 않는 경우라면 특별한 사정이 없는 한 상법 제64조는 적용되지 않고 10년의 민사소멸시효기간이 적용된다.

[2] 회사는 대차대조표의 순자산액으로부터 자본의 액, 그 결산기까지 적립된 자본준비금과 이익준비금의 합계액, 그 결산기에 적립하여야 할 이익준비금의 액을 공제한 액을 한도로 하여 이익의 배당을 할 수 있고(상법 제462조 제1항), 일정한 요건을 갖추면 중간배당을 할 수 있지만 이때에도 배당 가능한 이익이 있어야 한다(상법 제462조의3 제1항, 제2항). 만약 회사가 배당 가능한 이익이 없음에도 이익의 배당이나 중간배당을 하였다면 위 조항에 반하는 것으로 무효라 할 것이므로 회사는 배당을 받은 주주에게 부당이득반환청구권을 행사할 수 있다.

이익의 배당이나 중간배당은 회사가 획득한 이익을 내부적으로 주주에게 분배하는 행위로서 회사가 영업으로 또는 영업을 위하여 하는 상행위가 아니므로 배당금지급청구권은 상법 제64조가 적용되는 상행위로 인한 채권이라고 볼 수 없다. 이에 따라 위법배당에 따른 부당이득반환청구권 역시 근본적으로 상행위에 기초하여 발생한 것이라고 볼 수 없다. 특히 배당가능이익이 없는데도 이익의 배당이나 중간배당이 실시된 경우 회사나 채권자가 주주로부터 배당금을 회수하는 것은 회사의 자본충실을 도모하고 회사 채권자를 보호하는 데 필수적이므로, 회수를 위한 부당이득반환청구권 행사를 신속하게 확정할 필요성이 크다고 볼 수 없다. 따라서 위법배당에 따른 부당이득반환청구권은 민법 제162조 제1항이 적용되어 10년의 민사소멸시효에 걸린다고 보아야 한다.

Ⅱ. 판결의 평석

1. 의 의

주주는 회사의 재산적 이익에 참가할 수 있는 권리로서 이익배당청구권과 잔여배산분배청구권 등을 가진다. 회사의 존속 중에 회사가 매 결산을 하고 이익이 있으면 각 주주가 가진 주식이 수에 따라 이익배당을 받을 수 있는 권리(상법 제464조)는 주주의 가장 중요한 재산권으로 이해되어 왔다.

그러나 종전에는 주주의 이익배당청구권은 회사가 재무제표의 승인을 통하여 배당가능이익을 확정하고 이를 처분하는 결의에 의하여 비로소 구체화되는 권리에 지나지 않는다고 보았다. 즉 주주총회(이사회가 정관으로 정하는 바에 따라 재무제표를 승인하는 경우에는 이사회)에서 이익잉여금 처분계산서가 승인됨으로써 이익배당이 확정되기 전에는 주주는 구체적이고 확정적인 이익배당청구권을 갖지 않는 것으로 보았다.

그런데 대상판결은 정관에 이익배당에 관한 사항이 구체적으로 기재되어 있어 그 내용이 일의적으로 확정될 수 있는 경우에는 주주가 주주총회의 결의 없이 곧바로 회사를 상대로 배당금의 지급을 청구할 수 있음을 인정하고 있다. 대상판결은 회사에 이익이 있으면 주주는 주주총회의 결의 없이도 이익배당청구권을 행사할 수 있음을 인정한 것이 아니고, 다만 종류주식과 관련하여 그 권리의 내용이 정관에 의하여 확정될 수 있는 때에는 그에 따른 권리를 행사할 수 있다는 의미에서 그 의의를 찾을 수 있다.

2. 주주의 이익배당청구권

회사는 상행위 그 밖의 영리를 목적으로 한다는 점에서 회사는 영리성을 갖는다. 회사의 영리성을 회사가 대외적인 영리사업을 통하여 얻은 이익을 사원에게 분배하는 것으로 이해하는 한, 주식회사의 주주는 회사로부터 그 이익을 분배받을 권리를 갖는다.

상법은 주주는 그가 가진 주식의 수에 따라 이익배당과 잔여재산의 분배를 받을 수 있음을 인정하고 있다(상법 제464조 및 제538조). 주주가 회사의 존속 중에 이익의 분배를 받고 회사의 소멸 시에는 잔여재산의 분배를 받을 권리를 갖는다는 것은 회사의 영리성이란 속성으로부터 당연히 도출되는 원리로 이해된다.[1] 회사가 주주의 이익배당청구권을 박탈하거나 장기간 제한하는 것은 주주의 고유권을 침해하는 것으로 볼 수 있다. 그래서 회사는 회사의 존속 중에 주주가 갖는 이익배당에 관한 기대에 부응하기 위하여 배당정책을 펴고 안정적인 배당을 위하여 이익금을 모두 배당하지 않고 회사 내에 유보해 두기도 한다.

3. 이익배당의 결정과 이익배당청구권의 성질

회사는 매 결산기에 재무제표를 작성하고 이사회의 승인을 거친 다음, 주주총회

1) 이철송, 회사법강의 제29판, 박영사, 2021, 45면 주1.

에서 재무제표를 확정하고 이익잉여금 처분계산서를 승인함으로써 이익을 배당하게 된다(상법 제447조 제1항, 제449조 제1항). 회사의 결산과 관련하여 주주총회의 의제 또는 의안에 관한 결정권을 갖는 이사회는 회사의 이익률과 자금 사정, 채권자의 이익 등을 고려하는 경영판단에 따라 배당 여부, 배당의 종류와 금액, 지급시기와 방법 등을 결정할 수 있다. 배당가능이익을 모두 배당하는 대신에 회사 내에 유보해 둘 수도 있고, 이익준비금을 더 적립하거나 이를 이용하여 회사의 채무를 상환하거나 시설설비에 투자할 수도 있다.

이처럼 이익배당 여부 및 배당액 결정은 이사회를 거쳐 주주총회에서 다수결에 의하여 결정되는 경영정책에 속한 문제로서 어떠한 법적 구속도 받지 아니한다고 본다면, 주주권에 속하는 이익배당청구권은 회사가 이익배당을 결의하기 전에는 추상적 권리에 지나지 않게 된다. 즉 주주가 갖는 추상적 이익배당청구권은 주주총회의 배당결의와 그 내용에 따라 구체적인 이익배당청구권으로 현실화된다. 판례는 이 점에 관하여 이익배당의 결정은 주주총회의 권한에 전속하기 때문에 주주총회의 결의에 의하여 비로소 그 내용이 구체적으로 확정되는 것이고, 이익배당이 확정되기 전에는 주주의 이익배당청구권은 일종의 기대권을 내용으로 하는 추상적 권리에 지나지 않는다고 판시하였다. 왜냐하면 법기술적 관점에서 보더라도, 법원이 주주총회에 갈음하여 이사회에서 제출한 이익잉여금처분안을 수정하여 주주의 구체적 이익배당을 확정지을 길이 없고, 주주가 이익배당에 관한 주주총회의 결의를 강요할 수도 없기 때문이다.

이와 같이 회사의 이익잉여금은 배당결의를 거쳐 비로소 배당될 수 있기 때문에, 배당결의가 있기 전에는 구체적인 권리로서 주주의 이익배당청구권은 존재하지 않게 되고, 주주는 회사에 대해 이익배당금의 지급을 청구할 수 없게 된다.

4. 정관에 정한 이익배당 우선주식의 경우

회사가 종류주식을 발행하고자 하는 때에는 정관에 종류주식의 내용과 수를 정하여야 하고, 특히 이익배당에 관하여 내용이 다른 종류주식을 발행하는 때에는 정관에 그 종류주식의 주주에게 교부하는 배당재산의 종류, 배당재산의 가액의 결정방법, 이익을 배당하는 조건 등 이익배당에 관한 내용도 정하여야 한다(상법 제344조 제2항, 제344조의2 제1항).

이처럼 정관에 정하는 방법에 따라서는 회사가 주주에게 배당할 배당의 조건, 배당률 및 배당액, 배당금의 지급시기 등이 기계적으로 정해질 수 있다. 정관에 의하여 배당금액이 자동적·확정적으로 산출되는 형태로 정해진 경우에는 배당가능이익이 있는 한 이익배당의 결의 없이 주주는 정관에서 정한 배당금의 지급을 회사에 청구할 여지가 있다.

대상판결은 이 점을 인정하고 있다. 주주의 이익배당청구권은 장차 이익배당을 받을 수 있다는 의미의 권리에 지나지 아니하여 이익잉여금 처분계산서가 주주총회에서 승인됨으로써 이익배당이 확정될 때까지는 주주에게 구체적이고 확정적인 배당금지급청구권이 인정되지 아니한다. 그러나 정관에서 회사에 배당의무를 부과하면서 배당금의 지급조건이나 배당금액을 산정하는 방식 등을 구체적으로 정하고 있어 그에 따라 개별 주주에게 배당할 금액이 일의적으로 산정되고, 대표이사나 이사회가 경영판단에 따라 배당금 지급 여부나 시기, 배당금액 등을 달리 정할 수 있도록 하는 규정이 없다면, 예외적으로 정관에서 정한 지급조건이 갖추어지는 때에 주주에게 구체적이고 확정적인 배당금지급청구권이 인정될 수 있다. 이 경우 회사는 주주총회에서 이익배당에 관한 결의를 하지 않았다거나 정관과 달리 이익배당을 거부하는 결의를 하였다는 사정을 들어 주주에게 이익배당금의 지급을 거절할 수 없게 된다.

액면주식을 발행하는 회사의 정관에는 이익배당 우선주에 대하여는 "1주의 금액을 기준으로 연 ○○% 이상 ○○% 이내에서 발행 시에 이사회가 정한 배당률에 따라 현금으로 지급한다"라는 정함이 있게 된다.[2] 이 경우에는 적어도 이사회는 배당가능이익의 범위 내에서 최저 배당률 이상의 배당을 결의해야 할 것이다. 이사회의 결의가 없어 배당을 받지 못한 주주라면 적어도 최저배당율에 해당하는 배당금의 지급을 청구할 수 있을 것이다.

5. 대상판결의 검토

A회사의 정관은 이익배당 우선주에 관한 배당의무를 명시하면서 배당금 지급조건 및 배당금액 산정과 관련한 사항을 구체적으로 규정하고 있으므로, A회사의 정기주주총회에서 재무제표가 승인됨으로써 당기순이익이 확정되기만 하면 해당 우선주에 관하여 회사가 지급할 의무가 있는 배당금액이 곧바로 계산된다. 대상판결은 이 점을 들어 해당 우선주의 주주는 A회사의 정기주주총회에서 당기순이익이 포함된 재무제표를 승인하는 결의가 있는 때에 구체적이고 확정적인 이익배당청구권이 인정되고,

2) 예컨대 코스닥상장법인 표준정관(2018. 12) 제9조의2 제3항. 무액면주식을 발행하는 경우 '○○%'를 '○○원'으로, '배당률'을 '배당액'으로 수정해야 한다.

다른 특별한 사정이 없는 한 상법 제462조 제1항에 따른 배당가능이익의 범위 내에서 회사를 상대로 정관규정에 따라 계산된 배당금의 지급을 청구할 수 있다고 판시하였다.

대상판결이 정관에 정한 우선주식에 관한 이익배당청구권은 주주총회의 이익배당결의에 의하지 않고서도 그 내용이 확정될 수 있는 권리임을 인정하고, 사안과 관련하여 주주총회에서 2017년도 2018년도에 당기순이익이 발생하였다는 내용의 재무제표가 승인되었는지 여부 및 각 배당가능이익이 얼마인지 등에 관하여 심리할 것을 요구하여 사건을 파기환송한 것은 타당하다.

대상판결은 원칙적으로 주주가 추상적 이익배당청구권을 갖지만 이를 구체화하는 주주총회의 배당결의 없이는 배당금의 지급을 청구할 수 없음을 인정하고 있다. 다만 예외적으로 주주총회의 배당결의가 없더라도 배당가능이익이 확정되고 그 범위 내에서 정관에 정한 구체적 내용에 따라 배당재산의 종류, 배당률, 배당액 및 배당금의 지급시기 등이 확정적으로 정해질 수 있는 경우라면 주주는 그에 따라 정해지는 배당금의 지급을 청구할 수 있음을 인정하고 있을 뿐이다. 이와 같은 정관의 정함이 없이도 회사에 배당가능이익이 있다고 하여 주주가 주주총회의 결의 없이 배당금의 지급을 청구하거나 소구할 수 있음을 인정하고 있지는 않다.

(강대섭)

98

전환사채발행의 무효와 무효사유

대법원 2004.6.25. 선고 2000다37326 판결

Ⅰ. 판결개요

1. 사실관계

Y주식회사는 전자, 전기, 기계기구 및 관련기기와 그 부품제작, 판매, 수금대행, 임대·서비스업 등을 목적으로 하는 상장법인으로 1997. 6. 현재 자본금은 6천억원, 발행주식총수는 1억 천오백만주이고, 1주의 액면금액은 5천원이다. A는 이 사건 전환사채발행 당시 Y회사의 지분 3.8%를 소유하는 지배주주이고, B는 A의 장남이며, C는 Y회사와 함께 A가 지배주주로 있는 S그룹의 계열회사이다.

Y회사의 정관에는 전환사채발행과 관련하여 발행총액이 1조원을 초과하지 않는 범위 내에서의 제3자에게 발행할 수 있고(상법 제16조 제1항), 이사회는 그 일부에 대해서만 전환권을 부여하는 조건으로 발행할 수 있으며(동조 제2항), 금 5천억원은 보통주식으로 금 5천억원은 우선주식으로 하고 전환가액은 주식의 액면금액 또는 그 이상의 가액으로 사채발행시 이사회가 정한다(동조 제3항)는 등의 발행사항에 관하여 정하고 있다.

Y회사는 1997. 3. 24. 이사회를 개최하여 사모(私募)의 방법으로 발행총액 600억원, 만기 2002. 3. 24, 전환가격 금 5만원, 전환기간 1997. 9. 25.부터 2002. 3. 23.까지, 이자율은 발행일로부터 2002. 3. 24.까지 연 7%의 조건으로 금 150억원 상당은 C에게, 금 450억원 상당은 B에게 무기명식 전환사채 발행을 결의하였다. 이 사건 전환사채 발행당시 Y회사 주가는 1주당 56,700원이고, 2개월 후 1997. 5. 17. 미화 3억 달러 상당의 전환사채를 발행할 당시 전환조건은 1주당 금 123,635원이었다. B와 C는 1997. 9. 29. 위 이사회결의로 인수한 전환사채 전부에 대해 전환권을 행사

하여 신주를 취득하였다.

Y회사의 주주인 X는 주주총회결의의 흠결, 신주인수권과 주주평등권의 침해, 이사회결의의 하자 및 부당한 방법에 의한 전환사채발행이라는 이유를 들어 전환사채발행과 그 전환권행사에 의한 신주발행을 무효라고 주장하고 있다.

2. 판결요지

(1) 전환사채발행무효의 소 허용 여부 및 무효원인의 판단

신주발행유지청구권과 불공정한 가액으로 주식을 인수한 자의 책임에 관한 규정은 전환사채발행의 경우에 준용하면서도 신주발행무효의 소를 전환사채발행무효의 소에 준용한다는 규정은 두고 있지 않으나, 전환사채는 전환권행사에 의해 주식으로 전환될 수 있는 권리가 부여된 사채로서 이러한 전환사채발행은 회사의 물적 기초와 기존 주주들의 이해관계에 영향을 미친다는 점에서 사실상 신주발행과 유사하므로 전환사채발행의 경우에도 신주발행무효의 소에 관한 상법 제429조가 유추적용된다.

(2) 제3자배정에 관한 정관규정의 구체성

이 사건 전환사채발행 당시 적용된 구 상법[1] 제513조 제3항은 제3자에게 전환사채를 발행하는 경우 전환사채총액, 전환조건, 전환으로 발행되는 주식의 내용, 전환청구기간에 관하여 정관규정이 없는 경우 주주총회 특별결의로 이를 정하고 있는데 전환조건 등이 정관에 이미 규정되어서 주주총회 특별결의가 필요가 없다고 하기 위해서는 전환조건 등이 상당한 정도로 특정되어 있을 것을 요한다. 주식회사가 자금수요에 대비한 자금조달 방법 중 제3자에게 전환사채를 발행하여 자금을 조달하는 경우에는 전환가액 등 전환조건을 필요자금규모와 긴급성, 발행회사 주가, 이자율과 시장상황 등 구체적인 경제사정에 즉응하여 신축적으로 결정할 수 있도록 하여야 한다. 정관에 일응의 기준을 정해 놓은 다음 이에 기하여 실제로 발행할 전환사채의 구체적인 전환조건 등은 그 발행시마다 정관에 벗어나지 않는 범위에서 이사회결정으로 위임하는 방법을 취할 수 있다.

(3) 신주발행무효의 소 출소기간 경과 후 새로운 무효사유의 추가 여부

신주발행무효는 주주·이사 또는 감사에 한하여 신주발행일로부터 6월 내에 소만

1) 2001.7.24. 법률 제6488호로 개정되기 전의 상법.

으로 이를 주장할 수 있는데(상법 제429조) 이는 신주발행에 수반되는 복잡한 법률관계를 조기에 확정하고자 하는 취지이므로 출소기간 경과 후 새로운 무효사유를 주장할 수 있도록 하면 법률관계가 불안정하게 된다는 점에 비추어 위 규정은 무효사유의 주장시기를 제한하는 것으로 해석하여 출소기간 경과 후에는 새로운 무효사유를 추가하여 주장할 수 없다.

(4) 전환사채발행무효의 소에 있어서 무효원인

신주발행무효의 소에 관한 상법 제429조에 무효원인이 규정되어 있지 않고 다만 전환사채발행의 경우에 준용되는 상법 제424조에 '법령이나 정관의 위반 또는 현저하게 불공정한 방법에 의한 주식발행'이 신주발행유지청구의 요건으로 규정되어 있어서 위와 같은 요건을 전환사채발행의 무효원인으로 일응 고려할 수 있다. 전환사채가 일단 발행되면 그 인수인의 이익을 고려할 필요가 있고 또 전환사채나 전환권행사에 의해 발행된 주식은 유가증권으로서 유통되는 것이므로 거래안전을 보호할 필요가 크기 때문에 전환사채발행유지청구권은 위법한 발행에 대한 사전구제수단임에 반하여, 전환사채발행무효의 소는 사후에 이를 무효로 함으로써 거래안전과 법적 안정성을 해칠 위험이 큰 점을 감안하여 가급적 엄격하게 해석해야 한다.

전환사채 인수인이 회사의 지배주주와 특별한 관계에 있는 자라거나 그 전환가액이 발행시점의 주가 등에 비추어 다소 낮은 가격이라는 것과 같은 사유는 일반적으로 전환사채발행유지청구의 원인이 될 수 있음은 별론으로 하고 이미 발행된 전환사채 또는 그 전환권행사로 발행된 주식을 무효화할 만한 원인이 되지는 못한다.

3. 관련판례

대법원 2004.8.16. 선고 2003다9636 판결

전환사채발행의 경우에도 신주발행무효의 소에 관한 상법 제429조가 유추적용되므로 전환사채발행무효확인의 소에 있어서도 상법 제429조 소정의 6월의 제소기간의 제한이 적용된다 할 것이나 이와 달리 전환사채발행의 실체가 없음에도 전환사채발행의 등기가 되어 있는 외관이 존재하는 경우 이를 제거하기 위한 전환사채발행부존재확인의 소에 있어서는 상법 제429조 소정의 6월의 제소기간의 제한이 적용되지 않는다.

Ⅱ. 판결의 평석

1. 쟁 점

대상판결은 입법불비로 인한 법해석상의 오류가 극명하게 드러난 경우이다. 상법은 신주발행시 기존 주주의 우선적 신주배정(상법 제418조 제1항), 제3자배정의 경우 제한사항(상법 제418조 제2항), 신주발행유지청구권(상법 제424조) 및 불공정한 가액으로 주식을 인수한 자의 책임(상법 제424제의2) 등 비교적 상세한 규정을 두고 있지만(상법 제416조~제432조), 전환사채발행에서는 기존 주주에 대한 우선인수권을 법정하지도 않았고, 전환사채발행무효의 경우 신주발행무효의 소를 준용한다는 언급도 없다. 따라서 본안에서는 X의 주장대로 주주총회결의 흠결, 신주인수권, 주주평등권, 이사회결의 하자 및 부당한 사채발행 등이 쟁점으로 부각되었고, 이에 관하여 대법원의 유권해석이 입법불비를 보충해야 하는 시대적 요청을 떠안고 있었다.

2. 의 의

전환사채란 발행회사의 주식으로 전환할 수 있는 권리(전환권)가 부여된 사채이다. 따라서 전환사채를 발행하고 전환시기를 정하여 전환권을 행사할 경우 사채원금 상환과 자금조달효과를 동시에 확보할 수 있다. 하지만 사채권자 권리보호와 함께 주주보호도 중요하다. 왜냐하면 전환사채는 사채로 발행되지만 전환될 경우 신주발행과 동일한 효과가 있으므로 기존 주주의 신주인수권을 잠식하기 때문이다. 전환사채발행은 일반사채와 같이 이사회에서 결정하지만(상법 제469조), 주주외의 자(이하 제3자)에게 전환사채를 발행할 경우에는 주주총회 특별결의를 거치도록 하여(상법 제513조 제3항) 이사회결의와 주주의 신주인수권 보호를 위한 주주총회의결권과의 균형을 유지하고 있다.

3. 발 행

(1) 발행사항

전환사채발행과 발행사항은 정관규정에 의하고, 정관규정이 없는 경우 이사회가 결정하지만 정관으로 주주총회의 결의사항으로 할 수 있다(상법 제513조 제1항). 전환조건은 전환사채와 전환에 의해 발행되는 주식의 비율을 의미하는 것으로 본안에서의 전환가액은 보통주 1주당 금 123,635원이었다. 또 우선주, 보통주, 의결권 유무 등 전환으로 인하여 발행할 주식의 내용을 정해야 하고, 전환청구기간, 주주에게 전환사채를 발행하는 경우 전환사채액과 제3자에게 전환사채를 발행하는 경우 전환사채액을 각각 결정해야 한다.

그렇지만 전환조건이 구체적으로 결정되지 않은 상태에서 이사회에 포괄적으로 발행사항에 관한 결정을 위임하고, 더구나 이사회 회의록과는 달리 과반수의 이사가 출석하지 않은 증거가 채집된 정황이라면[2] 이사회결의가 없는 전환사채발행이므로 무효원인으로 충분하다. 왜냐하면 법문의 해석상 주식의 액면가 이하로의 전환은 불가능하므로(상법 제417조) Y회사의 정관에서 정하고 있는 주식의 액면금액 또는 그 이상으로 전환가액을 결정할 수 있도록 이사회에 위임하는 것은 사실상 백지위임과 다를 바 없다. 사채발행의 경우에도 상법이 사채권자보호 못지않게 주주보호를 이념으로 하는 이상 기존 판례입장에서 벗어난[3] 대상판결요지 (2), (3)의 설시로는 설득력이 부족하다. 또 원심은 이사회결의 없는 전환사채발행은 원칙적으로 무효이나 거래안전을 보호하기 위해 선의의 제3자에 대해서는 유효로 보자는 논지이다. 그러나 법령에 위반한 사실이 명명하고 전환사채발행으로 기존 주주에 대한 손해가 백백한 경우에도 보호해야 할 법익이 있다면 그것은 거래안전이라는 추상적인 개념을 오려내어 주주보호라는 실상을 오도하려는 만큼의 이익정도일 것이다.

(2) 제3자발행

전환사채를 제3자에게 발행하는 것은 신주인수권보다 더 큰 이익을 부여하는 것과 같다. 대상판결에서는 1주의 액면금액이 5천원이고, 전환사채발행 당시 주가는 1주당 금 56,700원이고, Y회사가 발행한 신주는 1주당 금 68,500원, 종전의 전환조건이 1주당 123,635원인 경우라면 제3자에게 신주를 발행하는 경우보다 더 유리한 가액으로 신주를 배정하는 것과 같으므로 기존 주주는 전환으로 인하여 발행하는 주식의 발행가액의 총액과 주식의 시가총액의 차액만큼 손해를 본다. 따라서 제3자에게 전환사채를 발행하는 경우에는 전환사채발행총액, 전환조건, 전환으로 인하여 발행할

---

2) Y회사의 이사회 관련 정관규정 제31조에 따르면 이사회결의는 이사 과반수의 출석과 출석이사 과반수로 하며 이사회의 결의에 관하여 특별이해관계가 있는 이사는 의결권을 행사하지 못한다. 이 사건 전환사채발행 당시 Y회사의 재적이사는 대표이사를 포함 59명으로 30명 이상의 이사가 참석해야 적법한 이사회가 성립한다. 그러나 회의록에는 이사회에 참석한 이사의 수가 32명으로 기재되고, 4명은 해외체류 중으로 확인되어서 실제로는 28명이 참석하였으므로 정족수에 미달한 이사회결의가 된다.

3) 서울고등법원 2000.5.9. 자 2000라77 결정 및 서울고등법원 2008.7.30. 선고 2007나66271 판결 참조.

주식의 내용과 전환청구기간에 관하여 정관에 규정하거나 주주총회 특별결의를 거치도록 법정한 것이다(상법 제513조 제3항).

전환사채발행시 주주에게 우선인수권을 부여하는 문제는 2001년 상법 제513조 제3항의 개정으로 상법 제418조 제2항 단서를 준용한다고 하였으나 신주인수권에서와 같이 명시적으로 주주에게 우선인수권을 보장하는 규정을 두지 않은 상태여서 논란이 있다. 그렇지만 ① 미국, 독일, 프랑스 등에서는 우선인수권을 신주발행과 전환사채발행에서 구별을 두지 않고 적용하고 있는 점,[4] ② 주주의 이해관계에 중대한 영향을 미치는 전환사채발행의 경우 이사회결의만으로는 기존 주주의 신주인수권을 침해할 소지가 다분한 점, ③ 전환사채 관련 조항이 미비할 경우 신주발행에 관한 법리를 준용하고 있다는 점을 들어 전환사채인수권도 원칙적으로 주주에게 우선적으로 인정되어야 하고, 제3자발행의 경우에도 구체적인 정관규정과 주주총회 특별결의를 필요로 한다고 새겨야 타당하다.

4. 전환사채발행무효

(1) 주장방법

대상판결요지 (1)의 설시에 따라 전환사채발행이 사실상 신주발행과 동일하므로 무효원인이 있는 경우 신주발행무효의 소에 관한 규정(상법 제429조)을 유추적용하여 전환사채발행무효의 소를 제기할 수 있다. 따라서 주주·이사 또는 감사에 한하여 전환사채를 발행한 날로부터 6월 내에 소만으로 주장할 수 있고,[5] 그 무효판결은 형성판결로서 대세적 효력을 가지지만 판결확정전에 생긴 회사와 사원 및 제3자간의 권리의무에 영향을 미치지 아니한다(상법 제190조).[6]

(2) 무효사유

상법 규정을 위반한 전환사채발행의 경우와 신주발행무효의 원인에 해당하는 무효원인이 있는 경우 무효사유에 해당한다. 특히 합리적인 이유 없이 회사의 경영권분쟁 상황에서 열세에 처한 舊 지배세력이 경영권방어를 위해 기존 주주를 배제한 채 제3자인 우호세력에게 집중적으로 신주를 배정하기 위한 방편으로 전환사채를 발행

4) 미국 모범회사법 6. 30, 독일주식법 제221조, 프랑스회사법 제195조 참조.

5) 6월의 제소기간이 제소기간의 제한인가 무효원인 주장시기의 제한인가 하는 구분에 관한 학설·판례의 검토는 장덕조, "전환사채발행의 무효," 민주법학 제27호, 2005, 429-431면 참조.

6) 대법원 2004.8.16. 선고 2003다9636 판결 참조.

한 경우 무효라고 한 판단례가 있다.[7)]

5. 검 토

대상판결은 '이 사건 전환사채발행에 있어 달리 앞서 본 법리에 의한 무효원인이 있다고 볼만한 사정이 없다면 설령 이 사건 전환사채의 발행이 사전 상속이나 증여 또는 회사경영권 내지 지배권의 이양이라는 목적이나 의도아래 이루어진 것이라고 의심할 여지가 있다고 하더라도 그러한 사유만으로는 전환사채의 발행을 무효로 볼 수는 없다'고 판시하고 있다. 이외에도 쟁점이 되고 있는 사안에 대한 대법원의 판시이유를 정리해보면 무효원인을 일부 인정하면서도 그 정도로는 무효로 볼 수 없다는 논지가 대부분이다.

그러나 대상판결이 이 사건을 횡단하면서 판단근거로 내세우고 있는 거래안전보호와 자금조달의 기동성 확보라는 판결이유는 ① 상법 규정을 위반한 사실관계에 터 잡은 거래안전이라는 이념은 종국에는 국가경제질서를 혼란에 빠뜨릴 수 있다는 점, ② 제3자발행의 수혜자는 오로지 B와 C라는 점, ③ 전환조건에 관한 정관규정이 구체적으로 명시되어 있지 않아 주주총회 특별결의가 필요하다는 점, ④ 이사회결의 하자사유가 명백한 점, ⑤ Y회사는 이 사건 전환사채발행 당시 1996. 10.부터 1997. 2.까지 매월 천억원 정도의 회사채를 발행하여 유동성을 조절하고 있었다는 점 등의 이유로 수긍할 수 없다. 또 이 사건 전환사채발행 당시 Y회사는 경영권분쟁이나 그러한 조짐이 없었다고 제시한 대법원의 기초사실은 실체법적 근거로는 충분하지 않아서, 가사 그 사실을 받아들여 경영권분쟁의 조짐이 없었다고 인정한다 할지라도 이 사건 전환사채발행은 상속세를 탈피하기 위한 사전 상속이나 증여 또는 회사경영권 내지 지배권이양이라는 목적이나 의도로 이루어진 사실을 감출 수 없을 것이다. 대상판결에 동조하는 주장도 없지 않으나[8)] 그러한 주장에서도 이 사건 상고심의 판시이유와 같이 본안의 쟁점에 관한 입법불비를 보정할 만큼 엄정한 판단기준을 제시하지 못하고 있다.

(김선광)

---

7) 서울고등법원 1997.5.13. 자 97라36 결정.

8) 전삼현, "전환사채발행시의 주주보호," 상장협 제48호, 2003. 9, 102면 이하 참조.

99 신주인수권부사채의 신주인수권 행사로 인한 신주발행의 효력을 다투는 방법과 무효사유

대법원 2022.10.27. 선고 2021다201054 판결

Ⅰ. 판결개요

1. 사실관계

피고 회사(주식회사 퀀타매트릭스)는 2016. 6. 20. 이사회결의를 통해 2016. 6. 30. 신주인수권부사채를 발행하였다. 피고 회사의 대표이사 Y는 2016. 9. 12. 이 사건 신주인수권부사채의 인수인인 A(유한회사 구담파트너스)로부터 이 사건 신주인수권부사채 중 1,542,000,000원 상당에 부여된 신주인수권(60,000주)을 분리하여 권면금 총액의 3%인 46,260,000원을 대가로 지급하고 양수하였고, 2016. 9. 21. 이 사건 신주인수권부사채의 인수인인 B(파트너스 제4호 Growth 투자조합)로부터 이 사건 신주인수권부사채 중 1,028,000,000원 상당에 부여된 신주인수권(40,000주)을 분리하여 권면금 총액의 3%인 30,840,000원을 대가로 지급하고 양수하였다. 그 후 Y는 2019. 10. 21. 이 사건 신주인수권(100,000주)을 행사하면서 주식납입금 2,570,000,000원(신주인수권의 행사가격: 주당 25,700원)을 피고 회사에게 납입하였고, 피고 회사는 피고 회사의 보통주식 100,000주(액면금 500원, 이하 '이 사건 신주'라고 한다)를 소외인에게 발행하였다.[1)]

이에 피고 회사의 발행주식총수의 8.78%를 보유한 원고는, (i) 이 사건 신주인수권부사채의 발행은 피고의 대표이사인 Y의 경영권이나 지배권강화 등 사적 이익을 취하기 위한 것이고, (ii) 발행 당시 기존주주들에게 그 발행사실을 통지하거나 공고

1) 한편 피고 회사의 정관은 제23조(신주인수권부사채) 제1항에서 "회사는 사채의 액면 총액이 최종의 재무상태표에 의하여 현존하는 순자산액의 4배를 초과하지 않는 범위 내에서 다음 각호의 경우 이사회의 결의로 주주 이외의 자에게 신주인수권부사채를 발행할 수 있다."라고 규정하고, 제5호에서 "경영상 긴급한 자금조달을 위하여 이사회의 결의로 금융기관, 법인 또는 개인에게 사채를 발행하는 경우"를 열거하고 있다.

하지도 않았으며, (iii) 이 사건 신주인수권부사채의 발행과 Y의 이 사건 신주인수권 행사로 인한 이 사건 신주발행은 모두 주주인 원고의 신주인수권을 침해하여 무효라고 주장하면서 신주발행 무효의 소를 제기하였다

2. 판결요지

대법원은 신주인수권부사채 발행의 무효를 다투는 경우 신주발행무효의 소에 관한 상법 제429조가 유추적용된다는 점을 분명히 하면서 다음과 같이 판시하였다.

가. 신주인수권부사채는 미리 확정된 가액으로 일정한 수의 신주 인수를 청구할 수 있는 신주인수권이 부여된 사채로서, 신주인수권부사채 발행의 경우에도 주식회사의 물적 기초와 기존 주주들의 이해관계에 영향을 미친다는 점에서 사실상 신주를 발행하는 것과 유사하므로, 신주발행무효의 소에 관한 상법 제429조가 유추적용된다. 신주인수권부사채 발행의 무효는 주주 등이 신주인수권부사채를 발행한 날로부터 6월 내 소만으로 주장할 수 있고, 6월의 출소기간이 지난 뒤에는 새로운 무효 사유를 추가하여 주장할 수 없다(대법원 2015.12.10. 선고 2015다202919 판결, 대법원 2004.6.25. 선고 2000다37326 판결 등 참조). 따라서 신주인수권부사채 발행일로부터 6월 내에 신주인수권부사채발행무효의 소가 제기되지 않거나 6월 내에 제기된 신주인수권부사채 발행무효의 소가 적극적 당사자의 패소로 확정되었다면, 이후에는 더 이상 신주인수권부사채 발행의 무효를 주장할 수 없다.

나. 1) 다만 신주인수권부사채에 부여된 신주인수권의 행사나 그로 인한 신주 발행에 대해서는 상법 제429조를 유추적용하여 신주발행무효의 소로써 다툴 수 있다. 이때에는 특별한 사정이 없는 한 신주인수권 행사나 그에 따른 신주 발행에 고유한 무효 사유만 주장할 수 있고, 신주인수권부사채 발행이 무효라거나 그를 전제로 한 주장은 제기할 수 없다.

2) 한편 상법 제418조 제1항, 제2항은 회사가 신주를 발행하는 경우 원칙적으로 기존 주주에게 배정하되 정관에 정한 경우에만 제3자에게 신주배정을 할 수 있게 하면서 그 사유도 신기술의 도입이나 재무구조의 개선 등 경영상 목적을 달성하기 위하여 필요한 경우에 한정함으로써 기존 주주의 신주인수권을 보호하고 있다. 따라서 주식회사가 신주를 발행할 때 회사의 경영상 목적을 달성하기 위하여 필요한 범위 안에서 정관이 정한 사유가 없는데도, 회사의 경영권 분쟁이 현실화된 상황에서 대주주나 경영진 등의 경영권이나 지배권 방어라는 목적을 달성하기 위하여 제3자에게

신주를 배정하는 것은 상법 제418조 제2항을 위반하여 주주의 신주인수권을 침해하는 것이고, 그로 인하여 회사의 지배구조에 심대한 변화가 초래되고 기존 주주들의 회사에 대한 지배권이 현저하게 약화되는 중대한 결과가 발생하는 경우에는 그러한 신주발행은 무효이다(대법원 2009.1.30. 선고 2008다50776 판결, 대법원 2019.4.3. 선고 2018다289542 판결 등 참조). 이러한 법리는 신주인수권부사채를 제3자에게 발행하는 경우에도 마찬가지로 적용된다(상법 제516조의2 제4항 후문, 제418조 제2항 단서, 대법원 2015.12.10. 선고 2015다202919 판결 참조).

3) 신주인수권부사채의 경우 경영상 목적 없이 대주주 등의 경영권이나 지배권 방어 목적으로 제3자에게 발행되더라도 그 자체로는 기존 주주의 신주인수권을 침해하지 않고, 이후 대주주 등이 양수한 신주인수권을 행사하여 신주를 취득함으로써 비로소 기존 주주의 신주인수권이 침해되고 대주주 등의 경영권이나 지배권 방어 목적이 현실화된다. 이에 의하면 회사가 대주주 등의 경영권이나 지배권 방어 목적으로 제3자에게 신주인수권부사채를 발행하였다면 신주인수권부사채의 발행은 무효가 될 수 있고, 이런 사유는 그 발행일로부터 6월 이내에 신주인수권부사채 발행무효의 소로써 다툴 수 있다. 나아가 대주주 등이 위와 같은 경위로 발행된 신주인수권부사채나 그에 부여된 신주인수권을 양수한 다음 신주인수권부사채 발행일부터 6월이 지난 후 신주인수권을 행사하여 신주를 취득하였다면, 이는 실질적으로 회사가 경영상 목적 없이 대주주 등에게 신주를 발행한 것과 동일하므로, 신주인수권 행사나 그에 따른 신주발행에 고유한 무효 사유에 준하여 신주발행무효의 소로도 신주발행의 무효를 주장할 수 있다. 이로써 위법한 신주인수권부사채 발행이나 그에 기한 신주발행을 다투는 주주의 제소권이 실질적으로 보호될 수 있다.

4) 위에서 본 경우 신주발행무효의 소의 제소기간은 신주발행일로부터 기산하여야 하고, 설령 신주발행이 신주인수권부사채에 부여된 신주인수권의 행사 결과에 따른 것이라 할지라도 신주인수권부사채 발행일부터 기산되는 것은 아니다.

3. 관련판례

대법원 2022.11.17. 선고 2021다205650 판결(미공간)

피고 회사는 전환사채를 발행한 회사이고, 원고들은 피고 회사의 소수주주이다. 전환사채발행일로부터 6월 내에 전환사채발행 무효의 소를 제기하였으나 1심에서 패소하였고 이 판결은 확정되었다. 그 이후 전환사채를 인수한 회사들 중 5개 회사는 전환권을 행사하였고 그에 따라 신주가 발행되었다. 그러자 다시 원고들은 신주발행일로부터 6월 내에 신주발행무효의 소를 제기하면서, 무효사유로서 경영상 목적 없이 오로지 지배주주의 경영권 방어 목적으로 제3자에게 발행된 것이라는 점, 사채발행 이후 전환권 행사에 따라 발행된 이 사건 신주 역시 앞선 목적과 같이 경영상 목적 없이 위법하게 발행되었음을 주장하였다.

일반 법리로서, 회사가 경영상 목적 없이 대주주 등의 경영권이나 지배권 방어 목적으로 제3자에게 전환사채를 발행하였다면 전환사채의 발행은 무효가 될 수 있고 전환사채발행일로부터 6월이 지난 후 전환권을 행사하여 신주를 취득하였다면 이는 실질적으로 그에 따른 신주발행에 고유한 무효사유에 준하여 신주발행무효의 소로도 신주발행 무효를 주장할 수 있다고 판시하였다. 이 점은 대상판결[대법원 2022.10.27. 선고 2021다201054 판결]의 법리와도 같다.

다만 대상판결과 사실관계 면에서 다른 점은 전환사채를 인수하고 전환권을 행사한 자들이 주주가 아닌 제3자라는 점이다. 대상판결에서는 애초에 분리형 신주인수권부사채를 발행한 뒤 Y가 사채권자들로부터 신주인수권만을 양수하였다는 점에서 구별된다. 대법원 역시 이 점에 주목하여, 주주가 아닌 자들(회사들)이 전환사채를 인수한 후 그중 일부가 전환권을 행사하여 신주를 발행받은 이 사건의 경우에는 경영상 목적 없이 발행되었다는 원고들의 주장은 전환사채 발행과 관련한 무효사유에 대한 것일 뿐, (전환권 행사로 인한) 이 사건 신주발행과 관련한 고유한 무효사유나 그에 준하는 무효사유에 대한 것이 아니므로 전환사채발행무효의 소로써 다투어야 하고, 신주발행무효의 소로써는 다툴 수 없다고 판시하였다(원고들의 청구를 각하한 1심 판결을 원심과 대법원 모두 수긍하였다). 대법원의 판단은 타당하다고 보여진다.

Ⅱ. 판결의 평석

1. 쟁 점

주식과 사채의 중간영역에 해당하는 것으로 신주인수권부사채(상법 제516조의2)나 전환사채(상법 제513조)를 떠올릴 수 있다. 특히 이 경우에는 사채발행과 관련한 무효사유와 신주발행과 관련한 무효사유를 구별하여 생각해 볼 수 있다. 이 판결에서는 이러한 무효사유를 구별한 다음 사채 발행에 대해서는 사채발행무효의 소로써, 그리고 신주인수권의 행사로 인하여 신주가 발행된 경우에는 그 신주에 대한 신주발행무효의 소를 제기할 수 있다고 보았다.

이하 신주인수권부사채가 발행되고 신주인수권을 행사하여 신주가 발행된 경우 사채 혹은 신주의 발행을 무효라고 다투는 것이 가능한지, 이때의 구제수단은 무엇인지를 살펴보고, 신주인수권부사채가 발행된 경우 사채발행의 무효사유와 그 이후 제소기간 도과로 더 이상 사채발행무효를 다툴 수 없게 된 상황에서도 신주인수권의 행사로 인해 신주가 발행되었다면 그 신주발행의 '고유한' 무효사유를 별도로 다툴 수 있는지, 다툴 수 있다면 언제까지 다툴 수 있는지 등을 살펴본다.

2. 신주인수권부사채 발행의 무효를 다투기 위한 방법

(1) 신주인수권부사채 발행과 신주발행무효의 소(상법 제429조)의 유추적용

신주인수권부사채가 위법하게 발행된 경우에 대한 구제수단에 관하여 상법상 별도의 정함을 두고 있지는 않다. 위법하게 신주인수권부사채가 발행되기 이전 단계라면 유지청구를 하는 방안도 고려할 수 있지만, 신주인수권부사채가 위법하게 발행된 상황에서는 어떻게 대응하면 되는지 명문의 규정이 없어 구제수단을 놓고 이견이 있었다.

이 점과 관련하여 대법원은 신주인수권부사채는 미리 확정된 가액으로 일정한 수의 신주 인수를 청구할 수 있는 신주인수권이 부여된 사채로서, 신주인수권부사채 발행의 경우에도 주식회사의 물적 기초와 기존 주주들의 이해관계에 영향을 미친다는 점에서 사실상 신주를 발행하는 것과 유사하므로 신주발행무효의 소에 관한 상법 제429조를 유추적용하여 신주인수권부사채 발행무효의 소를 제기할 수 있음을 판시함으로써,[2] 명문의 근거규정이 없음에도 불구하고 신주인수권부사채 발행에 대해 신주발행무효의 소를 유추하여 신주인수권부사채 발행무효의 소로써 당사자들이 다툴 수 있다는 법리를 확립하였다.

여기서 '신주발행무효의 소를 유추적용한다'는 의미는 신주인수권부사채 발행의 무효는 오로지 소로써만 다툴 수 있을 뿐이며, 그 발행 무효에 관하여 소송상의 공격·방어 방법으로 주장하는 것을 허용하지 않는다는 의미이기도 하다.[3] 따라서 사채 발행 후 6월을 도과하게 되면 그 효력을 다투는 소를 제기할 수 없음은 물론이고

---

2) 대법원 2015.12.10. 선고 2015다202919 판결에서 이 점을 분명하게 밝혔다. 참고로 전환사채의 경우에도 신주발행무효의 소를 유추적용한다는 취지로 대법원 2004.6.25. 선고 2000다37326 판결.

3) 심태신, "신주인수권부사채 발행의 무효 – 대법원 2015.12.10. 선고 2015다202919 판결의 평석을 겸하여", 기업법연구 제32권 제3호, 한국기업법학회 (2018), 115면에서 이 점을 지적하였다.

무효사유의 추가도 허용되지 않는다.[4)]

다만 절차적, 실체적 하자가 매우 중대하여 도저히 신주인수권부사채의 발행이 존재한다고 보기 어려울 정도의 사정이 있는 경우라면, 신주인수권부사채 발행부존재 확인의 소를 제기하는 것은 여전히 일반 민사소송의 법리상 가능하다고 본다.

(2) 신주인수권의 행사로 인한 신주발행과 신주발행무효의 소의 적용 여부

그런데 신주인수권부사채의 신주인수권이 행사되어 신주가 발행된 경우 그 후속 신주발행에 대해 별도로 신주발행무효의 소를 제기할 수 있는지가 문제된다. 이를 제한 없이 허용하면 법률관계를 장기간 불안정하게 할 수 있고, 금지된다고 보면 침해받은 당사자를 구제하지 못하게 되는 결과가 된다. 이 점을 조화롭게 해석할 필요가 있다.

이 판결 및 위 관련 판결을 통해 대법원은, 다음과 같이 3가지 경우로 나누어 판단하고 있다.

① 우선 신주인수권(혹은 전환권) 행사나 그에 따른 신주발행에 고유한 무효사유가 있다면 그러한 신주발행에 대해서는 별도의 신주발행무효의 소를 제기할 수 있다. ② 반면에 신주인수권부사채(혹은 전환사채) 발행이 무효라거나 그를 전제로 한 주장은 해당 사채발행무효사유로서 다투어질 성질의 것이므로 후속의 신주발행무효의 소에서는 주장할 수 없다.

③ 그렇다면 신주인수권부사채(혹은 전환사채)의 발행 당시에 이미 존재하는 하자에 대해서는 원칙적으로는 신주인수권부사채 발행무효사유로 포섭하고 후속 신주발행무효의 소를 제기할 수 없다고 볼 여지가 있다. 전환사채권자 및 신주인수권부사채권자는 주식으로서의 전환 또는 신주인수를 기대하고 매우 낮은 이율에 사채를 인수한 자이므로 주식발행이 무효가 되면 심각한 손해를 입기 때문에 후속신주발행의 효력을 다투는 소가 남용적으로 제기되는 것을 막기 위해서는 신주발행무효의 소를 제기할 수 있는 경우를 제한할 필요가 있다.[5)]

다만 경영권 분쟁상황에서 회사가 경영상 목적 없이 오로지 특정 주주의 지배권 강화나 경영권 확보 목적으로 신주인수권부사채(혹은 전환사채)를 발행하는 경우에도 이러한 해석을 관철하는 것이 타당한지 의문이 생긴다.

회사가 신주인수권부사채(혹은 전환사채)를 발행하면서 형식상 제3자에게 전환권

4) 천경훈, "2022년 회사법 판례 회고", 상사판례연구 제36권 제1호, 한국상사판례학회 (2023), 112면.
5) 천경훈, 위의 논문, 114면.

을 부여하거나 제3자에게 신주인수권을 부여하지만, 분리형 신주인수권부사채처럼 신주인수권만을 대주주 등이 취득하여 행사할 것을 염두에 둔 경우가 많으므로, 전환사채에서 전환권을 행사하여 주식으로 전환하거나 신주인수권부사채에서 신주인수권을 행사하여 주식이 발행된 시점에 여전히 경영상 목적 없이 대주주 등의 지배권 강화 혹은 경영권 방어 목적을 위하여 신주를 발행하는 것과 동일하다면 일반적인 신주발행의 경우와 마찬가지로 주주의 신주인수권을 침해하는 위법한 신주발행의 실질에는 차이가 없으므로 신주발행무효의 소를 제기할 수 있다고 보아야 한다.[6)]

대법원의 입장 또한 이 판결을 통해 나타난 내용으로 짐작건대, 신주인수권부사채의 발행시에는 제3자가 인수한 것이어서 지배권 방어 목적임을 알기 어려웠으나, 신주인수권부사채의 발행 후 대주주 등이 신주인수권을 취득한 다음 신주인수권부사채 발행무효의 소의 제소기간 경과 후 신주인수권을 행사하여 신주가 발행된 이 사건의 사실관계를 고려하여, 비록 그 하자는 사채발행시 이미 존재하던 것이기는 하지만, 이는 그 신주발행에 고유한 무효사유가 있는 경우에 '준하는' 사유로 인정하여 신주발행무효의 소를 제기할 수 있는 사유로 인정한 것으로 이해된다.

3. 경영권 분쟁상황下 신주인수권부사채와 후속 신주의 발행 무효사유

제3자에 대한 신주발행과 관련해서, 판례는 경영권 분쟁이 현실화된 상황에서 경영권 방어를 위해 제3자에게 신주를 배정하였다면 이는 상법 제418조 제2항에 위반하여 주주의 신주인수권을 침해하는 위법한 신주발행으로 본다[7)].

사안의 경우 비록 1차적으로는 재무적 투자자인 A, B 등이 신주인수권부사채를 인수하였으나 결국은 Y가 이들로부터 신주인수권을 양수함으로써 실질적으로는 피고회사가 대주주인 Y에게 제3자배정방식으로 신주를 발행한 것과 마찬가지의 결과가 되었다.

대주주 등이 경영상 목적 없이 경영권이나 지배권 방어 목적을 위해 분리형 신주인수권부사채를 발행한 다음, 그에 부여된 신주인수권만을 양수하고 신주인수권부사채 발행일로부터 6월이 지난 후 신주인수권을 행사하여 신주를 취득하였더라도 이는 사실상 회사가 경영상 목적 없이 대주주 등에게 신주를 발행해 준 것과 동일하므로,

6) 같은 취지로 김태진, 앞의 논문, 124−125면. 다만 이에 대해 '고유한 하자로 보아 후속 신주발행에 대한 무효의 소를 인정하는 것으로 보이나, 그보다는 전환권 또는 신주인수권을 대주주 등이 취득하는 과정에서 회사의 적극적이고 의도적인 관여가 있는 경우와 같이 일정한 경우에 한하여 후속 신주발행에 대한 무효의 소를 인정함이 타당하다'는 지적도 있다(천경훈, 앞의 논문, 114면).

7) 대법원 2019.4.3. 선고 2018다289542 판결 등 다수.

이 때에는 주주의 신주인수권을 침해한 위법한 신주발행으로 보아야 하며, 바로 이 점이 대상판결에서 밝히고 있는, '신주인수권 행사나 그에 따른 신주발행에 고유한 무효사유'라 할 것이다.

따라서 경영상 목적요건을 흠결한 위법한 제3자배정방식의 신주발행에 해당한다면 그 신주발행에는 무효사유가 존재하는 것이고, 후속신주발행의 경우에도 발행무효사유가 된다.

4. 신주인수권 행사로 인한 후속 신주발행무효의 소의 제소기간

신주인수권 행사로 인한 신주발행시에도 고유한 무효사유가 존재한다고 보는 법리에 따라 이 사건 신주발행무효의 소의 제소기간은 신주인수권 행사에 따른 신주발행일로부터 기산되어야 한다고 보았다. 단 신주인수권부사채가 발행된 경우 그 신주인수권을 행사한 자는 납입을 한 때에 주주가 되므로 신주발행일은 납입일을 의미한다. 일반적인 신주발행의 효력발생일이 납입기일의 다음 날인 것과는 다르다.

이 사안을 통해 대법원은, 원심으로서는 피고 회사가 Y의 경영권이나 지배권 방어에 도움을 줄 목적으로 이 사건 신주인수권부사채를 발행함으로써 실질적으로 경영상 목적 없이 Y에게 신주를 발행한 것과 동일하게 평가될 수 있는지, 이로 인하여 피고 회사의 지배구조에 심대한 변화가 초래되고 기존 주주인 원고의 회사에 대한 지배권이 현저하게 약화되는 중대한 결과가 발생하였는지 등을 심리한 후 이 사건 신주발행의 무효 여부를 판단하였어야 한다고 판시하면서, 특히 원고가 신주인수권부사채 발행무효사유를 주장한다는 이유로 원심이 이 사건 신주인수권부사채의 발행일로부터 제소기간을 기산하여 이 사건 신주발행무효의 소가 부적법하다고 판단한 것은 제소기간에 관한 법리를 오해한 잘못이 있다고 보아 원심판결을 판기환송하였다.

5. 판결의 의의

상법상 신주인수권부사채, 전환사채의 경우 그 발행의 무효를 다툴 수 있는 회사소송에 관한 규정은 없지만 신주발행무효의 소에 관한 규정을 유추적용하여 무효를 다툴 수 있다는 것이 판례의 입장이다.

이 판결은 이러한 판례의 태도에서 더 나아가 경영상 목적 없이 대주주 등의 경영권이나 지배권 방어 목적으로 제3자에게 신주인수권부사채가 발행된 경우 사채발행일로부터 6월 내에 신주인수권부사채 발행무효의 소를 제기할 수 있을 뿐만 아니라, 사채에 부착된 신주인수권의 행사로 인한 위법한 신주발행에 대해서도 신주발행일로부터 6월 내에 신주발행무효의 소로써 다툴 수 있음을 명확히 하였다는 데에 큰 의의를 찾을 수 있다.

또한 신주인수권부사채 발행 자체의 무효원인을 들어 주주 등이 신주인수권부사채를 발행한 날로부터 6월 내에 신주인수권부사채 발행무효의 소를 제기할 수 있고, 여기에 보태어 신주인수권이 행사된 경우 주주권을 침해당한 주주가 그 신주발행무효의 소를 제기할 때의 무효사유에 대해서도 구체적인 판시를 했다는 점도 매우 중요하다. 이 판결을 통해 대법원은 “이때에는 특별한 사정이 없는 한 신주인수권 행사나 그에 따른 신주발행에 고유한 무효사유만 주장할 수 있고, 신주인수권부사채 발행이 무효라거나 그를 전제로 하는 주장은 제기할 수 없다”고 판시하였다.

위 판시내용의 취지는, 사채 발행에 고유한 무효사유가 아니라, 상법 제516조의2 제4항 제2문에 반하여 경영상 목적 없이 제3자에게 신주인수권부사채를 발행하였다는 사유는 신주인수권부사채 발행의 무효사유가 될 수 있음과 동시에 특별한 사정이 없는 한 신주인수권 행사나 그에 따른 신주발행에 고유한 무효사유가 될 수 있다고 보았다는 점이다. 경영상 목적 없이 오로지 대주주 등의 경영권이나 지배권 방어 목적으로 발행되는 위법한 신주인수권부사채에 대해 대법원이 신주발행시에도 다툴 수 있다는 점을 명확히 함으로써 결과적으로 경영상 목적을 결한 위법한 신주인수권부사채의 발행에 대해 경종을 울리고 주주의 신주인수권을 보호하겠다는 대법원의 의지가 반영된 판결로서 매우 중요한 의미가 있다.[8)]

(김태진)

8) 홍복기, “최근 대법원 회사법 판례의 동향과 과제”, 상사판례연구 제36권 제1호, 한국상사판례학회(2023), 58-59면.

회사의 합병

대법원 2008.1.10. 선고 2007다64136 판결

Ⅰ. 판결개요

1. 사실관계

풍만제지 주식회사, 계성제지 주식회사 및 피고 남한제지 주식회사(Y회사)는 계성그룹에 속해 있었다. 계성그룹의 최대주주 및 경영진 등은 풍만제지의 재무구조를 개선하여 자본잠식상태를 해소한 후 풍만제지를 Y회사에게 흡수합병시키기로 풍만제지의 채권금융기관과 합의하였다. 풍만제지의 대부분 주식을 무상으로 감자하고, 계성제지 및 계성그룹 지배주주 일가 등이 풍만제지의 278억원 유상증자에 참여하였다. 풍만제지의 채권금융기관들은 93억원의 채권을 출자전환함으로써 풍만제지는 자본잠식상태를 벗어나게 되었다.

합병전(2004. 12. 31. 기준) Y회사는 총 주식수 3,100,000주, 자본금 155억원, 자본총계 74,124,676,297원, 순자산가액 73,941,682,816원, 주당 자산가치는 23,852.16원이었으며(73,941,682,816원/3,100,000주), 경영실적이 양호한 상태였다. 풍만제지는 총주식수 7,430,000주, 자본금 371.5억원, 자본총계 196,133,829원, 순자산가액 15,370,620원, 주당 자산가치 2.07원(15,370,620원/7,430,000주)이었으며, 경영실적은 계속기업으로의 존속능력이 불확실한 상태였다.

Y회사는 2005. 5. 10. 이사회를 개최하여 풍만제지와의 흡수합병에 관한 결의를 한 후 같은 날 풍만제지와 사이에 합병계약을 체결하고 아래와 같이 합병계약서를 작성하였다.

i) Y회사는 이 사건 합병을 함에 있어 1주당 액면가 5,000원인 기명식 보통주 3,742,764주의 합병신주를 발행하여 납입자본금을 합병전의 155억원에서 합병후

34,213,820,000원으로 증가시킨다. ii) Y회사는 풍만제지의 보통주(액면가 5,000원) 1주당 Y회사의 기명식 보통주 0.5037368주의 비율로 합병신주를 교부한다.

합병비율의 산정근거는 Y회사와 풍만제지의 합병가액이 각각 6,921.69원 및 3,486.71원으로 산정됨에 따라 그 비율이 '6,291.69원 : 3,486.71원 = 1 : 0.5037368'로 산정된 것이다. Y회사의 합병가액은 주권상장법인이라는 이유로 증권거래법시행령(현 자본시장법시행령) 등을 적용하여 6,291.69원으로 산정하였다. 풍만제지 합병가액은 비상장법인이라는 이유로 증권거래법시행령 등을 적용하되, 당시 주당 자산가치가 2.07원이고 주당 수익가치가 5,809.81원으로 계산됨을 전제로 하여 이를 1 : 1.5의 비율로 가중산술평균한 본질가치 3,486.71원{(2.07원+5,809.81원×1.5) / 2.5} 상당을 합병가액으로 산정하였다. 다만, 풍만제지의 경우 경상손실 발생으로 인하여 상대가치를 산출할 수 없어서 합병가액 산정에 상대가치를 참작하지 않았다.

Y회사는 2005. 5. 11.경 위 합병계획과 관련하여 외부평가기관인 회계법인의 '적정' 평가를 거쳐 금융감독위원회에 합병신고서를 제출하고, 2005. 6. 28. 임시주주총회를 개최하여 참석주주 전원의 찬성으로 위 합병계약을 승인하였다. Y회사는 2005. 6. 29.부터 2005. 7. 29.까지로 공고된 채권자이의 제출기간 및 구주권 제출기간을 거쳐 2005. 8. 1.경 풍만제지와의 흡수합병을 종료하고 합병등기를 마쳤다.

Y회사의 주주인 X는 상법 제529조에 따라 위 합병계약의 무효를 주장한다. 그 근거는 (i) 존속회사의 자본금증가액이 소멸회사로부터 승계하는 순자산가액을 초과하였으므로 상법 제523조 제2호에 위반하고, (ii) 채무초과 상태였던 풍만제지가 재무제표의 조작을 통해 순자산을 보유한 것으로 평가되었으므로, 채무초과회사를 소멸회사로 하는 합병은 자본충실의 원칙에 반하며, (iii) 합병비율 자체가 위헌, 위법한 기준에 의하여 Y회사 및 그 주주에게 현저하게 불리하도록 불공정하게 산정되었다는 것이다.

2. 판결요지

상법 제523조 제2호가 흡수합병계약서의 절대적 기재사항으로 '존속하는 회사의 증가할 자본금'을 규정한 것은 원칙적으로 자본충실을 도모하기 위하여 존속회사의 증가할 자본액(즉, 소멸회사의 주주들에게 배정·교부할 합병신주의 액면총액)이 소멸회사의 순자산가액 범위 내로 제한되어야 한다는 취지라고 볼 여지가 있다. 그러나 합병당사자의 전부 또는 일방이 주권상장법인인 경우 그 합병가액 및 합병비율의 산정에 있어서는 증권거래법(현 자본시장법)과 그 시행령 등이 특별법으로서 일반법인 상법에 우선하여 적용되고, 이 기준에 따르면 주당 자산가치를 상회하는 가격이 합병가액으로 산정될 수 있고, 주권비상장법인도 합병가액을 자산가치·수익가치 및 상대가치를 종합하여 산정한 가격에 의하는 이상 역시 주당 자산가치를 상회하는 가격이 합병가액으로 산정될 수 있으므로, 소멸회사가 주권상장법인이든 주권비상장법인이든 어느 경우나 존속회사가 발행할 합병신주의 액면총액이 소멸회사의 순자산가액을 초과할 수 있게 된다. 따라서 증권거래법(현 자본시장법) 및 그 시행령이 적용되는 흡수합병의 경우에는 존속회사의 증가할 자본액이 반드시 소멸회사의 순자산가액의 범위 내로 제한된다고 할 수 없다.

합병비율을 정하는 것은 합병계약의 가장 중요한 내용이고, 그 합병비율은 합병할 각 회사의 재산 상태와 그에 따른 주식의 실제적 가치에 비추어 공정하게 정함이 원칙이며, 만일 그 비율이 합병할 각 회사의 일방에게 불리하게 정해진 경우에는 그 회사의 주주가 합병전 회사의 재산에 대하여 가지고 있던 지분비율을 합병후에 유지할 수 없게 됨으로써 실질적으로 주식의 일부를 상실케 되는 결과를 초래하므로, 현저하게 불공정한 합병비율을 정한 합병계약은 사법관계를 지배하는 신의성실의 원칙이나 공평의 원칙 등에 비추어 무효이고, 따라서 합병비율이 현저하게 불공정한 경우 합병할 각 회사의 주주 등은 상법 제529조에 의하여 소로써 합병의 무효를 구할 수 있다.

흡수합병시 존속회사가 발행하는 합병신주를 소멸회사의 주주에게 배정·교부함에 있어서 적용할 합병비율은 자산가치 이외에 시장가치, 수익가치, 상대가치 등의 다양한 요소를 고려하여 결정되어야 하는 만큼 엄밀한 객관적 정확성에 기하여 유일한 수치로 확정할 수 없고, 그 제반 요소의 고려가 합리적인 범위 내에서 이루어졌다면 결정된 합병비율이 현저하게 부당하다고 할 수 없으므로, 합병당사자 회사의 전부 또는 일부가 주권상장법인인 경우 증권거래법(현 자본시장법)과 그 시행령 등 관련 법령이 정한 요건과 방법 및 절차 등에 기하여 합병가액을 산정하고 그에 따라 합병비율을 정하였다면 그 합병가액 산정이 허위자료에 의한 것이라거나 터무니없는 예상수치에 근거한 것이라는 등의 특별한 사정이 없는 한, 그 합병비율이 현저하게 불공정하여 합병계약이 무효로 된다고 볼 수 없다.

3. 관련판례

(1) 대법원 2003.2.11. 선고 2001다14351 판결

회사의 합병이라 함은 두 개 이상의 회사가 계약에 의하여 신회사를 설립하거나 또는 그중의 한 회사가 다른 회사를 흡수하고, 소멸회사의 재산과 사원(주주)이 신설회사 또는 존속회사에 법정 절차에 따라 이전·수용되는 효과를 가져오는 것으로서, 소멸회사의 사원(주주)은 합병에 의하여 1주 미만의 단주만을 취득하게 되는 경우나 혹은 합병에 반대한 주주로서의 주식매수청구권을 행사하는 경우 등과 같은 특별한 경우를 제외하고는 원칙적으로 합병계약상의 합병비율과 배정방식에 따라 존속회사 또는 신설회사의 사원권(주주권)을 취득하여, 존속회사 또는 신설회사의 사원(주주)이 된다.

(2) 대법원 2009.4.23. 선고 2005다22701,22718 판결

현저하게 불공정한 합병비율을 정한 합병계약은 사법관계를 지배하는 신의성실의 원칙이나 공평의 원칙 등에 비추어 무효이고, 따라서 합병비율이 현저하게 불공정한 경우 합병할 각 회사의 주주 등은 상법 제529조에 의하여 소로써 합병의 무효를 구할 수 있다. 다만, 합병비율은 자산가치 이외에 시장가치, 수익가치, 상대가치 등의 다양한 요소를 고려하여 결정되어야 할 것인 만큼 엄밀한 객관적 정확성에 기하여 유일한 수치로 확정할 수 없고, 그 제반요소의 고려가 합리적인 범위 내에서 이루어진 것이라면 결정된 합병비율이 현저하게 부당하다고 할 수 없다. 따라서 합병당사회사의 전부 또는 일부가 주권상장법인인 경우 증권거래법과 그 시행령 등 관련 법령이 정한 요건과 방법 및 절차 등에 기하여 합병가액을 산정하고 그에 따라 합병비율을 정하였다면 그 합병가액 산정이 허위자료에 의한 것이라거나 터무니없는 예상 수치에 근거한 것이라는 등의 특별한 사정이 없는 한, 그 합병비율이 현저하게 불공정하여 합병계약이 무효로 된다고 볼 수 없다.

(3) 대법원 2021.12.10. 선고 2021후10855 판결

상법상 주식회사의 유한회사로의 조직변경은 주식회사가 법인격의 동일성을 유지하면서 조직을 변경하여 유한회사로 되는 것이고(대법원 2012.2.9. 선고 2010두6731 판결 등 참조), 이는 유한회사가 주식회사로 조직변경을 하는 경우에도 동일한바, 그와 같은 사유로는 소송절차가 중단되지 아니하므로 조직이 변경된 유한회사나 주식회사가 소송절차를 수계할 필요가 없다.

Ⅱ. 판결의 평석

1. 판결의 의의

흡수합병 당사자의 전부 또는 일방이 주권상장법인인 경우, 존속회사의 증가할 자본액이 소멸회사의 순자산가액의 범위 내로 제한되는 것은 아니다. 흡수합병시 합병비율이 현저하게 불공정한 경우, 합병할 각 회사의 주주 등은 상법 제529조에 의한 합병무효의 소를 제기할 수 있다. 흡수합병시 합병비율이 현저하게 불공정하여 합병계약이 무효인지 여부의 판단 방법을 제시하였다.

2. 회사의 합병

합병에 관해서는 회사법 통칙(상법 제174조, 제175조), 합명회사(상법 제230조~제240조), 합자회사(상법 제269조), 유한책임회사(상법 제287조의41), 주식회사(상법 제522조~제530조) 및 유한회사(상법 제598조~제603조)에서 각각 규정하고 있다. 주식회사와 유한회사의 합병에 관한 법규정은 통칙에 일부 규정을 두고, 합명회사의 합병에 관한 규정을 준용하는 한편 주식회사와 유한회사에 특유한 절차를 각각 규정함으로써 세 군데에 걸쳐 산재하고 있다.

합병이란 2개 이상의 회사가 상법의 절차에 따라 청산절차를 거치지 않고 합쳐져 그중 한 회사가 다른 회사를 흡수하거나(흡수합병) 신회사를 설립함으로써(신설합병), 1개 이상의 회사의 소멸과 권리의무(및 사원)의 포괄적 이전을 생기게 하는 회사법상의 법률요건이다.

흡수합병이란 수개의 합병당사회사 중 하나의 회사만이 존속하고 나머지 회사는 모두 소멸하며, 존속회사가 소멸회사의 권리·의무를 포괄적으로 승계하고 사원을 수용하는 방법이다. 이에 대해 신설합병은 당사회사 전부가 소멸하고, 이들에 의해 신설된 회사가 소멸회사의 권리·의무를 포괄적으로 승계하고 사원을 수용하는 방법이다.[1]

3. 합병무효의 소

(1) 의 의

합병으로 인해 각종 단체법상의 효과가 발생하여 다수의 이해관계인이 생기므로

1) 이철송, 회사법강의, 제23판, 박영사, 2015, 116면.

설혹 합병에 하자가 있다 하더라도 이해관계인에게 개별적인 무효주장을 허용한다면 단체법률관계의 불안정을 초래한다. 그러므로 이해관계인 모두의 권리관계를 획일적으로 확정하기 위하여 합병의 무효는 소에 의해서만 주장할 수 있다. 따라서 합병무효의 소는 형성의 소이다.[2)]

(2) 무효의 원인

합병이 무효로 되는 전형적인 예로는 ① 합병을 제한하는 법규정에 위반한 경우(상법 제174조 제2항, 제600조 제1항), ② 합병계약서가 법정요건을 흠결하여 합병계약이 무효 또는 최소된 경우(상법 제523조, 제524조), ③ 합병결의가 부존재, 무효 또는 취소된 때, ④ 채권자 이의절차를 거치지 아니한 때, ⑤ 필요한 종류주주총회의 승인을 받지 아니한 때, ⑥ 채무초과회사가 해산회사로 되는 경우, ⑦ 합병보고총회(창립총회)의 개최나 이에 갈음하는 이사회의 공고를 모두 하지 아니한 때, ⑧ 합병정보를 공시하지 아니한 때, ⑨ 신설합병시 설립위원에 의한 정관작성이 없는 때, ⑩ 주식매수청구권을 부여하여야만 하는 경우에 이를 부여하지 아니한 때 등이다.

합병비율이 현저하게 불공정한 경우에는 무효의 원인으로 되는지 여부가 문제된다. 학설은 합병비율은 사적 자치의 문제이므로 무효의 원인이 될 수 없다는 소수설과, 합병비율은 주주와 채권자의 이해관계에 직접적으로 영향을 미치며 주주의 지분가치는 합병을 전후하여 변동이 없어야 하므로 그 불공정은 무효의 원인이 된다는 견해가 다수설과 판례이다.

생각건대 주주총회에서의 의사결정은 다수결의 원칙에 따르는 단체법적 행위로서 불공정한 합병을 지지하는 데 현실적인 한계가 있으므로 합병비율의 결정은 순수한 사적 자치론을 적용할 문제가 아니다. 주주의 지분가치 역시 합병을 전후하여 변동이 없어야 하며 합병비율의 공정(즉 주주의 지분가치의 동일성 유지)은 합병의 본질을 이루는 것이라 하겠고, 그 불공정은 합병의 본질에 반하는 것으로 당연히 합병의 무효원인이 된다고 해야 할 것이다. 대법원판례도 현저하게 불공정한 합병비율을 정한 합병계약은 신의성실의 원칙이나 공평의 원칙에 비추어 무효로 보고 있다.[3)] 불공정 여부는 자산상태뿐만 아니라 기업의 수익력, 주가, 기타 정책적·비계량적인 요인을 종합적으로 고려하여 판단하여야 한다.

---

2) 상게서, 126면.
3) 대법원 2008.1.10. 선고 2007다64136 판결.

(3) 제소권자

피고는 존속회사나 신설회사가 될 것이나, 제소권자는 회사마다 다르다(상법 제236조 제1항, 제269조, 제529조 제1항, 제603조). 인적회사의 경우에는 각 회사의 사원, 청산인, 파산관재인 또는 합병을 승인하지 아니한 회사채권자(상법 제236조 제1항, 제269조), 물적회사의 경우에는 각 회사의 주주, 이사, 감사, 청산인, 파산관재인 또는 합병을 승인하지 않은 채권자(상법 제529조 제1항, 제603조)에 한하여 소만으로 주장할 수 있다(상법 제529조 제1항). 여기서 각 회사란 해산회사까지 포함하여 합병의 모든 당사회사를 말한다고 본다. 공정거래법에 위반하여 합병한 때에는 공정거래위원회가 합병무효의 소를 제기할 수 있다(공정거래법 제16조 제2항). 한편 주식매수청구권을 행사하고 그 대금까지 취득하여 주주의 지위를 상실한 자도 소를 제기할 수 있는지 여부가 문제된다. 해산회사의 주주였던 자도 제소권이 있는 것으로 보는 한[4] 주식매수청구권을 행사한 주주에게도 원고적격을 부여하는 것이 타당하다.

(4) 소송절차

합병무효의 소는 합병등기 후 6월 내에 제기하여야 한다(상법 제236조 제2항, 제269조, 제529조 제2항, 제603조). 기타관할, 소제기의 공고, 소의 병합심리, 하자가 보완된 경우의 재량기각판결, 패소원고의 책임 등은 회사설립무효의 소에서와 같다(상법 제240조→제186조~제191조, 제530조 제2항, 제603조). 합병무효의 소송에서는 청구인낙이 허용되지 아니한다.[5] 그리고 회사채권자가 합병무효의 소를 제기한 때에는 회사가 채권자의 악의를 소명하여 상당한 담보를 제공하게 할 것을 법원에 청구할 수 있다(상법 제237조→제176조 제3항·4항, 제530조 제2항, 제603조).

(5) 무효판결의 효과

1) 대세적 효력과 불소급효

합병무효판결은 대세적 효력이 있으므로 당사자 이외에 제3자에게도 효력이 미친다(상법 제240조→제190조 본문, 제269조, 제530조 제2항, 제603조). 따라서 무효판결이 확정된 후에는 누구도 새로이 그 효력을 다투지 못한다.

합병무효의 판결은 소급효가 제한되고 장래에 향해서만 효력이 있다(상법 제240조→제190조 단서, 제269조, 제530조 제2항, 제603조). 따라서 합병 이후 무효판결확정시

---

4) 권기범, 현대회사법론, 제5판, 삼영사, 2014, 169면; 정찬형, 상법강의(상), 제18판, 박영사, 2015, 505면.
5) 대법원 1993.5.27. 선고 92누14908 판결.

까지 존속회사나 신설회사에서 이루어진 조직법상 행위(주주총회의 결의, 이사의 책임, 신주발행, 사채발행 등)나 대외적 거래행위는 모두 유효하고 그 회사 주식의 양도도 유효하다. 이에 따라 회사설립무효의 판결이 확정되었을 때와 마찬가지로 합병후 판결 확정시까지 존속회사 또는 신설회사는 '사실상의 회사'로서 존재한다.

2) 합병무효의 등기

합병무효의 판결이 확정되면 합병전의 당사회사로 환원하게 되므로, 본점과 지점의 소재지에서 존속회사는 변경등기, 소멸회사는 회복등기, 신설회사는 해산등기를 하여야 한다(상법 제238조, 제269조, 제530조 제2항, 제603조).

3) 합병전의 상태로 환원

합병무효의 판결의 확정으로 당사회사들은 합병전의 상태로 환원된다. 즉 흡수합병의 경우에는 소멸한 회사가 부활하여 존속회사로부터 분할되고, 신설합병의 경우에는 소멸한 당사회사들이 모두 부활되면서 분할된다.

(가) 합병으로 승계한 권리 · 의무

존속회사 또는 신설회사가 소멸회사로부터 승계한 권리 · 의무는 당연히 부활된 소멸회사에게로 복귀한다. 그러나 합병무효판결은 소급효가 없는 관계로 합병 이후 존속회사나 신설회사가 권리를 처분하였거나 의무를 이행한 때에는 그 가액에 따른 현존가치로 환산하여 청산하여야 할 것이다.

(나) 합병후에 취득한 재산이나 부담하는 채무

합병후 존속회사나 신설회사가 부담한 채무에 관해서는 분할된 회사들이 연대책임을 지며, 반면 합병후 취득한 재산은 공유로 간주한다(상법 제239조 제1항 및 제2항, 제269조, 제530조 제2항, 제603조). 각 회사의 협의로 그 부담부분 및 지분을 정하지 못한 때에는 청구에 의하여 법원이 정한다. 이때에는 합병 당시의 각 회사의 재산상태 기타의 사정을 참작하여 정한다(상법 제239조 제3항, 제269조, 제530조 제2항, 제603조). 이는 비송사건으로서 합병무효의 소에 관한 제1심 수소법원(受訴法院)의 관할에 전속한다(비송사건절차법 제99조 → 제98조).[6]

원고가 패소한 경우 악의 또는 중대한 과실이 있으면 회사에 대하여 손해를 배상할 책임을 진다(상법 제240조, 제191조, 제269조, 제530조 제2항, 제603조).

6) 이철송, 전게서, 127면.

4. 합병무효의 소와 합병승인결의 부존재·무효·취소의 소와의 관계

주주총회의 합병승인결의를 다투는 소와 합병무효의 소가 동시에 문제되는 경우에는 합병등기가 이루어진 이후에는 합병승인결의의 하자를 다툴 수 없고 단지 합병무효만을 다툴 수 있다고 하는 흡수설이 통설과 판례의 입장이다.[7] 그러므로 합병승인결의의 하자를 다투는 소송을 계속하는 중 합병등기가 경료되면, 소변경(민사소송법 제262조)에 의하여 합병무효의 소로 변경할 수 있을 것이다.[8]

(김순석)

7) 대법원 1993.5.27. 선고 92누14908 판결.
8) 권기범, 전게서, 171면; 정동윤, 상법(상), 제6판, 법문사, 2012, 589면.

합병비율과 합병시 주주인 회사의 이사의 주의의무

대법원 2015.7.23. 선고 2013다62278 판결

Ⅰ. 판결개요

1. 사실관계

Y_1, Y_2, Y_3, Y_4, Y_5(이하 'Y_1 등')는 A주식회사의 이사이고 Y_6는 A회사의 감사이다. A회사는 B주식회사(비상장회사) 주식 74.5%를 갖고 있는 대주주인바, B회사는 2008. 8. 22. C주식회사(A회사와 동일한 기업집단에 소속된 비상장회사임)와의 사이에 B회사를 소멸회사로 하는 합병계약서를 작성하였다.

합병에 이르게 된 경위와 합병비율 산정방식은 다음과 같다. 이 사건 합병 당시 C회사는 방송위원회로부터 C회사와 B회사간 통합을 재허가 조건으로 부과받은 상태였고, B회사는 가입자 수가 C회사의 약 1/4까지 감소하는 등 재무적으로 어려운 형편이어서 상호간 합병의 필요성은 있었다. 합병비율의 산정방식으로서 B회사, C회사는 회계법인, 법무법인의 검토보고서, 국세청에 대한 질의회신 내용을 토대로 구 법인세법 제52조 및 동법 시행령 제89조에 의하였다.

A회사는 위 합병에 관한 B회사 주주총회에 주주로 참석하여 위 합병 건을 찬성하였다. 다만 A회사는 위 합병승인 안건에 관하여 A회사 자체적으로 별도 이사회를 개최한 적은 없었다.

X는 A회사의 주주인바, A회사의 이사 Y_1 등은 이사회를 개최하지 아니하여 법령을 위반하였고, 감사 Y_6은 위 Y_1 등의 행위에 대하여 그 임무를 해태하였다는 이유로 손해배상청구의 소를 제기하였다.

2. 판결요지

흡수합병 시 존속회사가 발행하는 합병신주를 소멸회사의 주주에게 배정·교부함에 있어서 적용할 합병비율을 정하는 것은 합병계약의 가장 중요한 내용이고, 만일 합병비율이 합병할 각 회사의 일방에게 불리하게 정해진 경우에는 그 회사의 주주가 합병 전 회사의 재산에 대하여 가지고 있던 지분비율을 합병 후에 유지할 수 없게 됨으로써 실질적으로 주식의 일부를 상실하게 되는 결과를 초래하므로, 비상장법인 간 흡수합병의 경우 소멸회사의 주주인 회사의 이사로서는 합병비율이 합병할 각 회사의 재산 상태와 그에 따른 주식의 실제적 가치에 비추어 공정하게 정하여졌는지를 판단하여 회사가 합병에 동의할 것인지를 결정하여야 한다.

다만 비상장법인 간 합병의 경우 합병비율의 산정방법에 관하여는 법령에 아무런 규정이 없을 뿐만 아니라 합병비율은 자산가치 이외에 시장가치, 수익가치, 상대가치 등의 다양한 요소를 고려하여 결정되어야 하는 만큼 엄밀한 객관적 정확성에 기하여 유일한 수치로 확정할 수 없는 것이므로, 소멸회사의 주주인 회사의 이사가 합병의 목적과 필요성, 합병 당사자인 비상장법인 간의 관계, 합병 당시 각 비상장법인의 상황, 업종의 특성 및 보편적으로 인정되는 평가방법에 의하여 주가를 평가한 결과 등 합병에 있어서 적정한 합병비율을 도출하기 위한 합당한 정보를 가지고 합병비율의 적정성을 판단하여 합병에 동의할 것인지를 결정하였고, 합병비율이 객관적으로 현저히 불합리하지 아니할 정도로 상당성이 있다면, 이사는 선량한 관리자의 주의의무를 다한 것이다.

3. 관련판례

(1) 대법원 2009.1.10. 선고 2007다64136 판결

흡수합병시 존속회사가 발행하는 합병신주를 소멸회사의 주주에게 배정·교부함에 있어서 적용할 합병비율은 자산가치 이외에 시장가치, 수익가치, 상대가치 등의 다양한 요소를 고려하여 결정되어야 하는 만큼 엄밀한 객관적 정확성에 기하여 유일한 수치로 확정할 수 없고, 그 제반 요소의 고려가 합리적인 범위 내에서 이루어졌다면 결정된 합병비율이 현저하게 부당하다고 할 수 없으므로, 합병당사자 회사의 전부 또는 일부가 주권상장법인인 경우 증권거래법과 그 시행령 등 관련 법령이 정한 요건과 방법 및 절차 등에 기하여 합병가액을 산정하고 그에 따라 합병비율을 정하였다면 그 합병가액 산정이 허위자료에 의한 것이라거나 터무니없는 예상 수치에 근거한 것이라는 등의 특별한 사정이 없는 한, 그 합병비율이 현저하게 불공정하여 합병계약이 무효로 된다고 볼 수 없다.

(2) 대법원 2005.10.28. 선고 2003다69638 판결

이사가 회사가 보유하고 있는 비상장주식을 매도하면서 그 매도에 따른 회사의 손익을 제대로 따져보지 않은 채 당시 시행되던 상속세법 시행령만에 근거하여 주식의 가치를 평가함으로써 적정가격보다 현저히 낮은 가액으로 거래가액을 결정하기에 이른 것은 회사의 손해를 묵인 내지는 감수하였던 것이라 할 것이므로, 이러한 이사의 행위는 상법 제450조에 의하여 책임이 해제될 수 없는 부정행위에 해당한다고 한 사례.

(3) 대법원 2022.4.14. 자 2016마5394,5395,5396 결정

주권상장법인의 주식매수가격 결정 시 자본시장과 금융투자업에 관한 법률 시행령 제176조의7 제3항 제1호에서 합병계약 체결에 관한 이사회결의일 전일 무렵의 시장주가를 기초로 가격을 산정하도록 하는 것은 주식의 가치가 합병에 의하여 영향을 받기 전의 시점을 기준으로 공정한 가액을 산정하기 위한 것이다. 일반적으로 서로 독립된 상장법인 사이의 합병 사실은 합병계약 체결에 관한 이사회결의 등이 공시됨으로써 비로소 대외적으로 명확하게 알려질 것이기 때문이다.

따라서 합병 사실이 공시되지는 않았으나 자본시장의 주요 참여자들이 합병을 예상함에 따라 시장주가가 이미 합병의 영향을 받았다고 인정되는 경우까지 반드시 이사회결의일 전일을 기준으로 주식매수가격을 산정하여야 한다고 볼 수 없다. 무엇보다도 합병이 대상회사에 불리함을 이유로 반대하는 주주에 대하여 합병의 영향으로 공정한 가격보다 낮게 형성된 시장주가를 기준으로 주식매매대금을 산정하는 것은 합병에 반대하여 주식매수청구권을 행사한 주주에게 지나치게 불리하여 합리적이지 않기 때문이다.

갑 기업집단 내 계열회사인 주권상장법인 을 주식회사와 병 주식회사가 경영권 승계작업의 일환으로 합병을 하였는데, 이에 반대하는 을 회사의 주주인 정 등이 자본시장과 금융투자업에 관한 법률 제165조의5 제3항에 따라 법원에 주식매수가격의 결정을 청구한 사안에서, 다수의 금융투자업자들이 적어도 병 회사의 상장 무렵부터는 병 회사와 계열회사의 합병을 통한 경영승계 방안을 예상하기도 하는 등 병 회사와 유력한 합병 상대회사였던 을 회사의 시장주가는 적어도 병 회사의 상장 무렵부터는 합병의 영향을 받은 것이라고 볼 여지가 충분하고, 계열회사 사이의 합병에서 주식매수가격을 산정할 때는 합병 사실의 영향을 받는 시점을 보다 엄격하게 판단할 필요가 있으므로, 을 회사의 합병계약에 관한 이사회결의일 전일 무렵은 을 회사 주

식의 공정한 매수가격을 산정하기 위한 기준으로 합리적이지 않고, 정 등의 주식매수 청구권 행사 시기와 가장 가까운 시점으로서 합병의 영향을 최대한 배제할 수 있는 때는 합병 가능성이 구체화된 병 회사의 상장 시점이라고 보는 것이 합리적이라는 이유로, 병 회사의 상장일 전일을 기준일로 주식매수가격을 결정한 원심판단이 정당하다고 한 사례.

Ⅱ. 판결의 평석

1. 사안의 쟁점

사안에서 문제된 것은 합병비율의 공정성이었다. 통상적으로 합병비율의 공정성은 합병당사회사인 존속회사와 소멸회사 및 그 이사들에 관해 문제된다. 합병비율이 현저하게 불공정한 경우 합병무효사유가 되고,[1] 존속회사 또는 소멸회사의 이사가 불리한 합병비율로 합병을 진행하였다면 임무해태가 문제될 수 있다.[2] 본건이 특이한 점은 존속회사, 소멸회사의 이사가 아니라 '소멸회사의 주주인 회사의 이사(및 감사)'의 임무해태가 문제되었다는 점이다. 이 경우 소멸회사 주식을 보유한 주주로서 의사결정(합병승인 투표)을 하는 것이므로, 소멸회사의 이사로서 의사결정(합병계약 체결 및 실행)을 하는 것과는 다소 차이가 있다. 다만 어느 경우이든 합병비율이 불공정한 때에 비로소 임무해태 문제가 발생하는 것이므로, 이하에서는 먼저 합병비율 산정에 관한 일반론을 살펴보기로 한다. 이는 곧 존속회사와 소멸회사의 주식가치 평가의 문제이기도 하다.

2. 합병비율: 주식가치의 평가

주식가치의 평가는 합병비율의 산정뿐 아니라 주식매수청구권 행사시 매수대금 산정(상법 제374조의2), 소수주주의 축출(상법 제360조의24), 세법상 상속주식의 평가 등에 있어서도 문제가 된다. 이하에서는 합병의 경우를 중심으로, 당사회사가 상장회사인 경우와 비상장회사인 경우로 나누어 살펴본다.

1) 대법원 2008.1.10. 선고 2007다64136 판결.

2) 상세는 노혁준, "합병비율의 불공정성과 소수주주 보호: 유기적 제도설계를 향하여", 경영법률 제26집 제2호, 경영법률학회, 2016 참조.

(1) 상장회사인 경우

자본시장과 금융투자업에 관한 법률("자본시장법") 및 시행령은 상장회사의 경우 합병비율을 산정하는 방법을 직접 규정한다. 위 시행령 제176조의5 제1항에 의하면 상장회사의 주식가액은 합병계약체결일을 기준으로 다음 ① 최근 1개월간 평균종가, ② 최근 1주일간 평균종가, ③ 최근일의 종가를 산술평균하여 30% 범위(계열사간 합병인 경우 10%)에서 할인 또는 할증한 금액으로 한다. 즉 상장회사인 경우 주식은 합병계약체결일을 기준으로 한 시가로 평가하는 것이다.

(2) 비상장회사인 경우

비상장회사인 경우 상장회사와 같은 시가가 없으므로 주식평가에 어려움이 있다. 이론적으로는 자산가치법(보유 순자산의 총합으로 평가함), 수익가치법(장차 발생할 현금흐름의 현가를 총합하여 평가함), 상대가치법(해당 비상장회사와 유사한 상장회사의 주가를 기준으로 평가함) 등이 있다. 자본시장법 및 그 시행령은 상장회사와 합병하는 비상장회사인 경우 원칙적으로 자산가치와 수익가치를 1:1.5로 가중평균한 값을 비상장회사의 주식가액으로 평가하고 있다(자본시장법 시행령 제176조의5 제1, 2항).

자본시장법이 적용되지 않는 경우, 예컨대 비상장회사간의 합병인 경우 법령상 일률적인 기준이 규정되어 있지 않다. 이때에는 해당 주식에 대하여 객관적 교환가치가 적정하게 반영된 정상적인 거래의 실례가 있으면 그 가격이 일응의 기준이 될 것이지만, 이러한 기준이 없는 경우 당해 회사의 상황이나 업종의 특성 등을 종합적으로 고려하여 공정하게 합병비율을 산정하여야 할 것이다.[3)]

(3) 법령상 기준의 구속력

앞서 살펴본 바와 같이 상장회사가 관련된 합병에 대하여는 자본시장법이 별도의 규정을 두고 있다. 실제 상장회사가 관련된 모든 합병은 위 산식에 의해 실행된다. 위 산식에 의하지 않는 경우 감독당국이 합병신고서를 수리하지 않고 있을 뿐 아니라, 판례도 위 산식에 의한 경우 허위자료나 터무니없는 예상수치에 근거한 것이라는 등 특별한 사정이 없는 이상 적법한 합병비율로 보기 때문이다.[4)] 다만 위 산식을 벗어났다고 하여 곧바로 불공정한 합병비율이라고 단정할 수는 없을 것이다.

3) 주식매수청구권에 관한 대법원 2006.11.24. 자 2004마1022 결정 참조.
4) 대법원 2008.1.10. 선고 2007다64136 판결.

3. 구체적인 검토

본건에서 주로 문제된 것은 소멸회사의 주식을 보유한 회사에 이사로 재직하는 Y_1 등의 의무위반 여부이다. 회사 감사인 Y_6의 임무해태 역시 문제되었으나, 이는 Y_1 등의 위법행위를 제대로 감시, 견제하지 못했다는 것이므로 Y_1 등의 위법행위가 인정되지 않으면 받아들여지기 어려운 주장이었다.

만약 소멸회사에 불리한 합병비율에 따른 합병이 실행된다면 소멸회사 주주들은 기존 주식평가액이 감소하는 불이익을 입게 된다. 이는 소멸회사 주식을 관리하던 자(즉 소멸회사 주식을 보유한 회사의 이사)가 이를 염가에 매각하는 경우와 유사하다. 따라서 가장 중요한 쟁점은 과연 본건 합병비율이 소멸회사에 불리하였는지 여부이다. 사안으로 돌아와 보면, B회사의 악화된 재무상태 및 사업전망, 전문가들의 평가 등을 종합하여 볼 때 본건 합병비율이 현저히 불공정하다고 보기는 어려웠다.

이렇듯 합병비율이 현저히 불공정하다고 보기 어려운 이상, 설사 Y_1 등이 이사회를 개최하지 않아서 법령을 위반하고 Y_6가 이러한 위법행위를 제대로 감시하지 않았다고 하더라도, A회사에 손해가 없어서 Y_1 등 및 Y_6에 대한 청구는 이유 없는 것이 된다.

법원이 합병비율의 공정성을 판단하면서 언급한 여러 요소는 (소멸회사의 주주인 이사에 대하여뿐 아니라) 합병당사회사의 이사에 대하여도 마찬가지로 적용된다고 볼 것이다. 즉 존속회사와 소멸회사의 이사들은 합병의 목적과 필요성, 합병 당시 각 회사의 상황, 업종의 특성, 보편적인 주식평가결과 등 합당한 정보를 가지고 합병비율을 산정하여야 할 것이다.

4. 판결의 의의

이 판결은 비상장회사간 합병에 있어서 합병비율의 공정성을 판단하는 일응의 기준을 명시하였다는 점에서 의의가 있다. 충분한 정보를 갖고 객관적으로 판단한 것이라면 현저하게 불리한 합병비율은 아니다. 나아가 본건은 합병당사회사의 주주인 회사의 이사로서의 임무해태에 관하여 판단하였다는 점에도 의미가 있다. 본건에서는 이사의 책임이 인정되지 않았지만, 만약 보유주식 가치가 떨어질 것이 명확함에도 합병결의에 찬성하였다면 마치 보유주식을 염가에 매각한 것과 마찬가지로 이사의 민사상 손해배상책임과 형사상 업무상배임죄가 인정될 여지가 있다.

(노혁준)

회사의 분할과 연대책임의 배제

대법원 2010.8.26. 선고 2009다95769 판결

Ⅰ. 판결개요

1. 사실관계

X(원고·피상고인)는 A주식회사의 대주주이자 채권자이고, B는 Y주식회사(피고·상고인)의 대표이사이다. B는 2006. 11. 28. A회사를 분할하여 Y회사에 합병시키기로 하는 분할합병계약서를 작성하였다. 분할합병계약서에는 "Y회사는 A회사의 영업 일부인 전기공사업 부문의 제반 면허, 장비 및 인원, 계약상의 권리 및 하자보수 등의 권리의무를 포괄적으로 승계하기로 한다"고 규정하고(계약서 제1조 제2항), 그 외 Y회사는 A회사로부터 재산목록을 기초로 하여 분할합병기일에 분할되는 영업에 관한 권리의무를 승계한다는 규정을 두고 있다.

B는 2006. 11. 28. A회사의 총 발행주식을 보유하고 있던 X와 C로부터 위임을 받아 분할합병계약서에 대하여 A회사의 주주총회 승인결의가 있었다는 내용의 주주총회의사록을 작성하고, 2006. 12. 초에 두 개의 일간신문에 "Y회사는 상법 제530조의9 제3항의 결의의 절차를 밟아 상법 제530조의9 제1항의 출자재산 이외의 채무에 대하여는 연대책임을 부담하지 않기로 결의하였으므로 회사분할합병에 이의가 있는 채권자는 공고게재일로부터 1개월 이내에 회사에 이의를 제출하라"는 취지의 분할합병공고를 하였다. 이 과정에서 원고를 포함한 A회사의 채권자들에 대한 개별적인 최고절차는 이루어지지 않았고, A회사와 Y회사는 2007. 3. 12. 회사분할 및 분할합병 등기를 마쳤다.

X는 A회사의 채권자로서 Y회사에 대하여 분할합병회사인 Y회사는 상법 제530조의9 제1항에 따라 A회사와 연대하여 A회사의 X에 대한 채무를 변제할 책임이 있다고 주장하였다.

2. 판결요지

분할 또는 분할합병으로 인하여 설립되는 회사 또는 존속하는 회사(이하 '분할당사회사'라고 한다)는 특별한 사정이 없는 한 상법 제530조의9 제1항에 의하여 각자 분할계획서 또는 분할합병계약서에 본래 부담하기로 정한 채무 이외의 채무에 대하여 연대책임을 지는 것이 원칙이다. 이 연대책임은 채권자에 대하여 개별 최고를 거쳤는지 여부와 관계없이 부담하게 되는 법정책임이다.

분할당사회사가 상법 제530조의9 제1항에 의한 연대책임을 면하고 각자 분할합병계약서에 본래 부담하기로 정한 채무에 대한 변제책임만을 지는 분할채무관계를 형성하기 위해서는, 분할합병에 따른 출자를 받는 존립 중의 회사가 분할되는 회사의 채무 중에서 출자한 재산에 관한 채무만을 부담한다는 취지가 기재된 분할합병계약서를 작성하여 주주총회의 승인을 얻어야 한다.

분할합병계약서에 아무런 기재가 없고 주주총회의 승인을 얻은 적이 없는데도 A회사가 출자한 재산에 관한 채무만을 Y회사가 부담한다는 취지가 일간신문에 공고되었다고 하여 그에 따른 효력이 발생한다고 볼 수 없고, 채권자가 분할합병에 동의한 관계로 개별 최고를 생략하였다는 사정 등 역시 Y회사가 상법 제530조의9 제1항에 의하여 부담하게 되는 연대책임의 성부에 아무런 영향을 미치지 못한다.

3. 관련판례

(1) 대법원 2004.8.30. 선고 2003다25973 판결

분할되는 회사와 신설회사가 분할 전 회사의 채무에 대하여 연대책임을 지지 않기 위해서는 (신설회사는 분할되는 회사의 채무 중에서 '승계하기로 정한 채무에 대한 책임만'[1]을 부담할 것을 정한 분할계획서가 주주총회에서 승인되고) 분할되는 회사가 알고 있는 채권자에게 개별적으로 이를 최고하여야 한다. 개별적인 최고를 누락한 경우에는 그 채권자에 대하여 분할채무관계의 효력이 발생하지 않고 분할되는 회사와 신설회사가 연대책임을 진다.

---

1) 2015년 개정 전의 상법은 '출자한 재산에 관한 채무만'을 부담할 것을 정할 수 있다고 하여, 분할회사의 채무 중에서 출자한 재산에 관한 채무에 관하여서는 책임을 면할 수 없었는데, 개정상법은 출자한 재산에 관한 채무 중에서 분할계약서 또는 분할합병계약서에 승계하기로 정하지 않은 채무에 대해서는 책임을 면할 수 있게 하고 있다.

(2) 대법원 2010.2.25. 선고 2008다74963 판결

채권자가 회사분할에 관여되어 있고 회사분할을 미리 알고 있는 지위에 있으며, 사전에 회사분할에 대한 이의제기를 포기하였다고 볼만한 사정이 있는 등 예측하지 못한 손해를 입을 우려가 없다고 인정되는 경우에는 개별적인 최고를 누락하였다고 하여 그 채권자에 대하여 신설회사와 분할되는 회사가 연대하여 변제할 책임이 되살아난다고 할 수 없다.

(3) 대법원 2011.9.29. 선고 2011다38516 판결

분할 또는 분할합병으로 인하여 회사의 책임재산에 변동이 생기게 되는 채권자를 보호하기 위하여 상법이 채권자의 이의제출권을 인정하고 그 실효성을 확보하기 위하여 알고 있는 채권자에게 개별적으로 최고하도록 한 입법 취지를 고려하면, 개별 최고가 필요한 '회사가 알고 있는 채권자'란 채권자가 누구이고 채권이 어떠한 내용의 청구권인지가 대체로 회사에게 알려져 있는 채권자를 말하는 것이고, 회사에 알려져 있는지 여부는 개개의 경우에 제반 사정을 종합적으로 고려하여 판단하여야 할 것인데, 회사의 장부 기타 근거에 의하여 성명과 주소가 회사에 알려져 있는 자는 물론이고 회사 대표이사 개인이 알고 있는 채권자도 이에 포함된다.

(4) 대법원 2013.12.12. 선고 2011두4282 판결

분할하는 회사가 분할계획서에 대한 주주총회의 승인을 얻기 전에 미리 노동조합과 근로자들에게 회사 분할의 배경, 목적 및 시기, 승계되는 근로관계의 범위와 내용, 신설회사의 개요 및 업무 내용 등을 설명하고 이해와 협력을 구하는 절차를 거쳤다면 그 승계되는 사업에 관한 근로관계는 해당 근로자의 동의를 받지 못한 경우라도 신설회사에 승계된다.

(5) 대법원 2017.5.30. 선고 2016다34687 판결

상법 제530조의9 제1항은 회사분할로 채무자의 책임재산에 변동이 생겨 채권 회수에 불리한 영향을 받는 채권자를 보호하기 위하여 부과된 법정책임을 정한 것으로, 분할합병신설회사 등과 분할 또는 분할합병 전의 회사는 분할 또는 분할합병 전의 회사채무에 대하여 부진정연대책임을 진다.

채권자를 분할 또는 분할합병 이전의 상태보다 더욱 두텁게 보호할 필요는 없다. 분할합병신설회사 등이 채권자에게 연대하여 변제할 책임을 부담하는 채무는 분할

또는 분할합병 전의 회사가 채권자에게 부담하는 채무와 동일한 채무이다. 따라서 이들 회사가 채권자에게 부담하는 연대채무의 소멸시효기간과 기산점은 분할 또는 분할합병 전의 회사가 채권자에게 부담하는 채무와 동일한 것으로 봄이 타당하다. 결국, 채권자는 해당 채권의 시효기간 내에서 분할로 인하여 승계되는 재산의 가액과 무관하게 연대책임을 물을 수 있다.

부진정연대채무에서는 채무자 1인에 대한 이행청구 또는 채무자 1인이 행한 채무의 승인 등 소멸시효의 중단사유나 시효이익의 포기가 다른 채무자에게 효력을 미치지 않는다. 따라서 채권자가 분할 또는 분할합병이 이루어진 후에 분할회사를 상대로 분할 또는 분할합병 전의 분할회사 채무에 관한 소를 제기하여 분할회사에 대한 관계에서 시효가 중단되거나 확정판결을 받아 소멸시효기간이 연장된다고 하더라도 그와 같은 소멸시효 중단이나 연장의 효과는 다른 채무자인 분할 또는 분할합병으로 인하여 설립되는 회사 또는 존속하는 회사에 효력이 미치지 않는다.

(6) 대법원 2023.4.27. 선고 2020두47892 판결

원심은 원고회사의 청구를 인용했다. 원심은 벌점 부과행위가 피고의 내부적 행위에 불과할 뿐 그 자체로 어떠한 법률효과를 발생시키지는 않는다는 점을 들어, 승계대상인 분할회사의 '권리, 의무'가 아니라고 보았다. 즉 시정조치에 따라 발생한 분할회사의 과징금 납부의무 등 권리, 의무만이 신설회사에 승계되는 것이지, 분할회사가 법위반행위를 하였고 시정조치를 받았다는 사실관계가 신설회사 또는 이를 흡수합병한 존속회사에 승계되지는 않는다고 보았다.

대법원은 이를 파기환송하였다. 다음의 점에 비추어 벌점이 원고회사에 승계되었다고 봄이 타당하다고 설시했다. ① 하도급법령상 피고에게 벌점 부과 여부나 그 범위에 관한 재량이 없다는 점을 고려할 때 위 벌점은 피고의 법령상 의무인 입찰참가자격제한 등 요청의 법적 요건인바, 따라서 "하도급법에 따른 벌점 부과를 단순한 사실행위에 불과하다고만 볼 수는 없고, 공법상 지위 내지 의무·책임이 구체화된 경우라고 볼 여지가 크다." ② 이 사건 회사분할은 벌점 누적으로 인한 후속처분인 이 사건 처분 및 그에 따른 공법상 의무 내지 책임의 발생이 임박한 상태에서 이루어졌다. ③ 이 사건 회사분할이 실질 및 분할계획서의 취지에 따르더라도, 구 한화에스앤씨에 부과된 벌점은 분할회사의 공법상 의무 또는 이와 관련한 재산적 가치가 있는 사실관계이므로 신설회사로 승계되었다고 봄이 타당하다. ④ 이 사건 처분을 해당 사업과 분리하여 따로 평가하기 어렵고, 이 사건 처분과 관련한 공법상 의무가 일신전속적인 것은

아니다. ⑤ 벌점누적에 따라 후속처분이 임박하였음에도 회사분할이 이루어짐으로 인해 후속처분을 불가능하게 되면 벌점부과 제도의 실효성을 확보하기 어렵게 된다.

(7) 대법원 2023.6.15. 선고 2021두55159 판결

회사 분할 시 특별한 규정이 없는 한 신설회사에 대하여 분할하는 회사의 분할 전 하도급거래 공정화에 관한 법률(이하 '하도급법'이라 한다) 위반행위를 이유로 하도급법 제25조 제1항에 따른 시정조치를 명하는 것은 허용되지 않는다. 구체적인 이유는 아래와 같다.

① 대법원은 2007.11.29. 선고 2006두18928 판결에서 법률 규정이 없는 이상 분할하는 회사의 분할 전 독점규제 및 공정거래에 관한 법률(이하 '공정거래법'이라 한다) 위반행위를 이유로 신설회사에 대하여 과징금을 부과하는 것은 허용되지 않는다고 판시하였다. 공정거래법에 따른 과징금 부과처분과 하도급법 제25조 제1항에 따른 시정조치명령 모두 해당 법 규정을 위반한 사업자를 처분 상대방으로 하는 점, 회사분할 전에 공정거래법 위반이나 하도급법 위반이 있는 경우 시정조치의 제재사유는 이미 발생하였고 신설회사로서는 제재사유를 제거할 수 있는 지위에 있지 않는 점(예를 들어 분할하는 회사가 목적물 등의 수령일부터 60일 이내에 하도급대금을 지급하지 않았다면 그 사실만으로 하도급법상 시정조치의 제재사유가 발생하고, 이후 신설회사가 이를 지급하였다고 하여 위 제재사유가 소멸하지는 않는다. 신설회사가 하도급대금 지급채무를 승계하였음에도 그로부터 일정 기한 내에 이를 지급하지 아니하는 경우 이것이 별도의 위반사실이 될 여지가 있을 뿐이다), 공정거래위원회는 사업자에게 하도급법 위반 제재사유가 있는 경우 시정조치 또는 과징금을 선택적으로 부과할 수 있고, 과징금 부과처분의 성격이 공정거래법상의 그것과 다르지 않은바, 제재사유 승계에 관한 특별한 규정이 없음에도 법 위반사유에 대한 처분의 선택에 따라 제재사유의 승계 여부가 달라지는 결과를 초래하는 것은 형평에 맞지 않은 점 등에 비추어 볼 때, 공정거래법상 과징금 부과처분에 관한 위 법리는 아래에서 보는 바와 같이 제재사유의 승계에 관하여 법률 규정을 두고 있지 않은 하도급법상 시정조치명령의 경우에도 그대로 적용되어야 한다.

② 현행 공정거래법은 분할하는 회사의 분할 전 공정거래법 위반행위를 이유로 신설회사에 과징금 부과 또는 시정조치를 할 수 있도록 규정을 신설하였다. 현행 하도급법은 과징금 부과처분에 관하여는 신설회사에 제재사유를 승계시키는 공정거래법 규정을 준용하고 있으나 시정조치에 관하여는 이러한 규정을 두고 있지 않다. 이

와 같이 공정거래법과 하도급법이 회사분할 전 법 위반행위에 관하여 신설회사에 과징금 부과 또는 시정조치의 제재사유를 승계시킬 수 있는 경우를 따로 규정하고 있는 이상, 그와 같은 규정을 두고 있지 아니하는 사안, 즉 회사분할 전 법 위반행위에 관하여 신설회사에 시정조치의 제재사유가 승계되는지가 쟁점이 되는 사안에서는 이를 소극적으로 보는 것이 자연스럽다.

(8) 대법원 2023.6.29. 선고 2021다285090 판결

[1] 회생회사의 분할로 인하여 설립되는 신설회사는 회생계획이 정하는 바에 따라 회생회사의 권리와 의무를 승계하는지 여부(적극)

[2] 채무를 면하는 경우와 같이 어떠한 사실의 발생으로 당연히 발생하였을 손실을 보지 않는 것이 부당이득이 성립하기 위한 요건인 '이익'에 해당하는지 여부(적극) 및 채권의 취득도 '이익'에 해당하는지 여부(적극)

[3] 갑 주식회사의 회생절차에서 을 주식회사 등을 분할신설하고 자산을 이전하기로 하였으나 회생계획의 인가 및 을 회사의 설립등기 전에 을 회사에 이전하기로 한 자산 중 일부가 인출되거나 상계되었고, 을 회사의 설립 후에는 갑 회사의 분할 전까지 미변제된 공익채권에 해당하는 병의 임금채권이 추심되었는데, 을 회사가 분할존속회사인 정 주식회사를 상대로 위 금원 상당의 부당이득반환을 구한 사안에서, 을 회사는 이전받을 것으로 예정되었던 예금 등을 수익하지 못하는 손해를 입었고 정 회사는 갑 회사 명의 예금 채권을 취득하거나 존속할 것으로 예상되었던 갑 회사 명의 채무를 면하는 등의 이익을 보유하게 되었다고 볼 여지가 있으며, 회생계획의 해석상 병의 별개의 임금채권에 대하여 을 회사 등이 채무를 부담한다고 단정하기 어려운데도, 을 회사의 부당이득반환청구를 배척한 원심판단에 법리오해의 잘못이 있다고 한 사례

Ⅱ. 판결의 평석

1. 판결의 의의

대상판결은 분할합병의 상대방회사로서 존속하는 회사(분할승계회사)가 분할합병 전의 회사채무에 관하여 분할되는 회사(분할회사)의 채권자에 대하여 지는 연대책임을 법정책임으로 이해하고, 이 연대책임을 배제하기 위해서는 분할승계회사가 분할회

사의 채무 중에서 승계하기로 정한 채무에 대한 책임만을 부담하기로 하는 분할합병 계약서를 작성하여 주주총회의 승인을 얻을 것을 요구하고 있다. 그리고 분할승계회사가 분할회사의 채무 중에서 승계하기로 정한 채무에 대한 책임만을 부담하는 경우에 분할회사의 채권자 중 알고 있는 채권자에 대하여 개별 최고를 하지 아니한 경우에 연대책임을 진다는 점을 명백히 하고 있다.

2. 회사분할의 의의

회사의 분할이란 회사 영업의 전부 또는 일부를 둘 이상으로 분리한 후 이를 출자하여 새로운 회사를 설립하거나 존립 중의 회사에 승계시켜 합병시키는 회사조직법상의 행위이다. 주식회사는 회사의 설립에 의한 분할(단순분할)을 하거나 존립 중인 다른 회사와의 합병에 의한 분할(분할합병)을 할 수도 있고, 이를 혼용할 수도 있다(상법 제530조의2 제1항 내지 제3항). 회사의 분할은 새로운 회사의 설립 여부에 따라 신설분할과 흡수분할로, 신설분할은 분할하는 회사의 소멸 여부에 따라 소멸분할과 존속분할로 나누어진다. 또한 분할의 대가로서 발행되는 주식이 분할회사에 배정되는가 아니면 분할회사의 주주에게 배정되는가의 여부에 따라 물적 분할과 인적 분할로 나누어진다.

상법은 회사의 재산을 분할의 대상으로 보는 듯한 규정을 두고 있으나(상법 제530조의5 제1항 제7호, 제530조의6 제2항 등), 판례는 분할의 대상이 되는 회사의 '재산'이란 분할되는 회사의 특정재산을 의미하는 것이 아니라 조직적 일체성을 가진 영업, 즉 특정의 영업과 그 영업에 필요한 재산을 의미하는 것으로 보고 있다.[2)]

3. 분할의 절차와 주주 및 채권자의 보호

(1) 주주보호의 절차

상법은 분할계획서(신설분할의 경우) 또는 분할합병계약서(분할합병의 경우)를 작성하여 주주총회의 특별결의를 거치도록 하는 등 분할회사의 주주를 보호하는 절차를 규정하고 있다.

먼저 회사가 분할하고자 할 때에는 일정한 사항을 기재한 분할계획서 또는 분할합병계약서를 작성하여 주주총회의 특별결의에 의한 승인을 얻어야 하고(상법 제530조의3 제1항과 제2항, 제530조의5와 제530조의6), 이들 서류는 분할되는 부분이 대차대

2) 대법원 2010.2.25. 선고 2008다74963 판결.

조표 등과 함께 일정 기간 동안 본점에 비치하여 주주 및 회사채권자의 열람에 제공되고 등·초본의 교부청구의 대상이 된다(상법 제530조의7). 분할계획 또는 분할합병계약의 요령은 그 승인을 위한 주주총회의 소집통지와 공고에 기재하여야 한다(상법 제530조의3 제4항). 분할 또는 분할합병의 결의시에는 의결권이 배제되는 주주도 의결권을 행사할 수 있고, 분할 또는 분할합병에 관련되는 각 회사의 주주 부담이 가중되는 경우(예컨대 추가출자를 하는 경우)에는 주주총회와 종류주주총회의 결의 외에 그 주주 전원의 동의가 있어야 한다(상법 제530조의3 제3항과 제6항). 분할합병에 반대하는 주주는 주식매수청구권을 행사할 수 있다(상법 제530조의11 제2항).

(2) 채권자보호의 절차

회사채권자의 보호를 위한 제도로는 앞서 설명한 분할관계서류의 열람권도 들 수 있으나, 이의제출권과 분할당사회사의 책임이 중요한 기능을 한다. 이상은 단순분할과 분할합병에 따라서 그 내용을 달리한다.

① 단순분할의 경우

단순분할의 경우에는 분할 후의 분할회사, 단순분할신설회사는 분할 전의 분할회사의 채무에 대하여 연대책임을 지는 것이 원칙이다(제530조의9 제1항). 예컨대 甲회사가 분할하여 乙회사를 설립하는 경우 甲과 乙 양 회사는 분할 전의 甲회사의 채무에 관하여 연대하여 변제할 책임이 있다. 합명회사의 사원의 책임(제212조 제1항)과 같은 법정책임이지만, **완제불능의 요건이 없다. 따라서 단순분할의 경우에는 채권자에게 불리한 것이 없으므로 채권자의 이의권이 인정되지 않는다.**

그러나 예외적으로 단순분할에 있어서도 채권자보호가 필요한 경우가 있다. 회사는 분할승인결의(제530조의3 제1항)에서 분할 후의 단순분할신설회사가 분할회사의 채무 중에서 분할계획서에 승계하기로 정한 채무에 대한 책임만을 부담하는 것으로 정할 수 있고, 이 경우 분할회사가 분할 후에 존속하는 경우에는 단순분할신설회사가 부담하지 아니하는 채무에 대한 책임만을 부담한다(제530조의9 제2항). 이 경우 甲회사의 채권자는 분할의 결과 불리한 위치에 놓이게 되고, 따라서 상법은 채권자에게 분할에 대한 이의를 제출할 수 있는 권리를 인정하고 있다(제530조의9 제4항). 이 이의는 합병의 경우의 이의(제527조의5)와 동일하다.

② 분할합병의 경우

분할합병의 경우 분할합병당사회사(분할합병후의 신설회사 또는 존속회사)가 분할합병전의 회사채무에 관하여 연대책임을 지는 것이 원칙이다(제530조의9 제1항). 분할합병의 경우에 분할회사는 제530조의3 제2항에 따른 결의로 분할합병에 따른 출자를 받는 분할승계회사 또는 분할합병신설회사가 분할회사의 채무 중에서 분할합병계약서에 승계하기로 정한 채무에 대한 책임만을 부담하는 것으로 정할 수 있고, 그 효력도 단순분할의 경우와 동일하다(제530조의9 제3항).

그러나 **분할합병의 경우에는 단순분할의 경우와는 달리 분할승계회사 또는 분할합병신설회사가 승계하는 분할회사의 채무를 제한하든 아니하든 상관없이 채권자의 이의권을 인정하고 있다**(제530조의11 제2항, 제527조의5). 즉 분할승계회사 또는 분할합병신설회사가 연대책임을 지는 경우(제530조의9 제1항)에도 분할합병의 상대방회사의 경영상태 내지 재무구조 등으로 채권자에게 불리하게 전개되는 수도 있다고 보며 따라서 이의를 인정할 필요가 있다고 보는 것이다.

4. 분할 등의 효력발생

(1) 권리의무 승계의 효과와 신설회사 등의 연대책임

회사의 분할·분할합병은 분할 등의 등기를 함으로써 그 효력이 발생한다(상법 제530조의11 제1항, 제234조). 회사가 분할하더라도 합병의 경우와 같은 법인격의 완전한 승계 현상은 발생하지 않는다. 그 대신 단순분할신설회사, 분할승계회사 또는 분할합병신설회사는 분할하는 회사의 권리와 의무를 분할계획서 또는 분할합병계약서에 정하는 바에 따라 승계한다(상법 제530조의10). 권리의무의 승계는 법률상 당연히 발생하므로 별도의 이전행위를 요하지 않는다. 회사의 분할·분할합병으로 분할회사의 주주는 분할계획서 또는 분할합병계약서에 정한 바에 따라 신설회사 또는 분할승계회사의 주식을 취득하며, 분할회사의 소멸 또는 자본금감소의 여부에 따라 분할회사의 주주권을 상실하거나 주주권의 변동이 생긴다. 분할하는 회사의 근로관계도 승계되는 권리의무에 포함된다.[3)]

회사가 분할·분할합병을 하는 경우 분할회사, 단순분할신설회사, 분할승계회사 또는 분할합병신설회사는 원칙적으로 분할·분할합병 전의 분할회사의 채무에 관하여 연대하여 변제할 책임을 진다(상법 제530조의9 제1항). 이 규정은 회사의 담보재산이 변동하더라도 채권자의 이익을 해치지 않도록 배려한 것이다. 연대책임의 성질과 관련하여 대상판결은 분할당사회사의 연대책임은 채권자에 대한 개별최고 여부와 관계없이 부담하는 법정책임이므로 채권자가 개별최고에 대해 이의제출을 하지 않았다

3) 대법원 2013.12.12. 선고 2011두4282 판결.

거나 채권자가 분할 또는 분할합병에 동의하였기 때문에 개별최고를 생략하였다는 사정은 연대책임의 성부에 영향을 미치지 않는다는 점을 명백히 하였다.

(2) 신설회사 등이 연대책임을 지는 채무의 동일성과 시효 등

단순분할신설회사 등이 연대책임을 지는 채무는 분할 또는 분할합병 전의 회사가 그 채권자에 대하여 부담하는 채무와 동일한 채무이다. 따라서 단순분할신설회사 등이 분할 또는 분할합병 전의 회사 채권자에 대해 부담하는 연대채무의 소멸시효 기간과 기산점은 분할 또는 분할합병 전의 채무와 동일하다.

그리고 분할회사와 단순분할신설회사 등이 분할 또는 분할합병 전의 회사채무에 대하여 부담하는 연대책임은 부진정연대책임이기 때문에 그 성질상 채무자 1인에 대한 소멸시효의 중단사유 등은 다른 채무자에게 효력을 미치지 아니한다. 따라서 채권자가 분할 또는 분할합병이 이루어진 후에 분할회사를 상대로 분할 또는 분할합병 전의 분할회사 채무에 관한 소를 제기하여 분할회사에 대한 관계에서 시효가 중단되기나 확정판결을 받아 소멸시효기간이 연장되었다고 하더라도, 다른 채무자인 단순분할신설회사 등에 대한 관계에서는 그 채무는 원래의 채권 변제기로부터 상사채무로서 5년의 기간이 경과하면 소멸시효가 완성되어 소멸한다.

(3) 책임의 제한(분할채무)

상법은 원칙적으로 분할당사회사에게 분할 전의 회사 채무 전체에 대하여 연대책임을 지도록 하면서도, 회사분할제도가 활성화될 수 있도록 하기 위해 그 예외로서 분할 또는 분할합병의 결의로 연대책임을 배제할 수 있음을 정하고 있다. 즉 분할계획서 또는 분할합병계약서에 단순분할신설회사, 분할승계회사 또는 분할합병신설회사가 분할회사의 채무 중에서 승계하기로 정한 채무에 대한 책임만을 부담할 것을 정하여 분할회사의 주주총회의 승인을 얻은 때에는 분할당사회사의 연대책임을 배제할 수 있다(상법 제530조의5 제1항 제8호, 제530조의6 제1항 제7호, 제530조의9 제2항 1문). 대상판결이 밝히고 있는 바와 같이 분할승계회사 또는 분할합병신설회사가 연대책임을 면하기 위해서는 반드시 상법 제530조의9 제3항의 규정 내용을 분할합병계약서에 명시하여 주주총회의 승인을 얻어야 한다. 분할합병계약서에 단지 '분할회사가 분할합병의 상대방회사에 이전할 재산과 그 가액'을 기재한 것만으로는 분할합병계약서에 승계하기로 정한 채무 이외의 채무에 대하여 연대책임을 면할 수 없다. 이에 관한 주주총회의 승인이 없는 한 연대책임을 지지 않는다는 뜻의 공고를 하였다고 하여 그

효력이 발생하는 것은 아니다.

이와 같은 방법으로 연대책임이 배제되는 경우에는 단순분할신설회사, 분할승계회사 또는 분할합병신설회사는 분할회사의 채무 중에서 승계하기로 정한 채무에 대한 책임만을 부담하고, 이 경우 분할회사가 분할 후에 존속하는 때에는 단순분할신설회사 또는 분할승계회사나 분할합병신설회사가 부담하지 아니하는 채무에 대한 책임만을 부담하게 된다(상법 제530조의9 제2항 후단 2문, 제530조의9 제3항 후단). 여기서 '분할회사의 채무'란 분할 또는 분할합병의 효력발생 전에 발생한 채무를 말하지만, 분할 또는 분할합병 당시에는 아직 그 변제기가 도래하지 아니한 채무도 포함된다.[4)]

분할당사회사가 연대책임을 지지 않는 경우에는 채권자의 보호를 위하여 분할회사는 알고 있는 채권자에게 개별적으로 이를 최고하는 등 채권자보호절차를 거쳐야 한다(상법 제530조의9 제4항, 제527조의5 제1항). 여기서 '알고 있는 채권자'의 범위가 문제되는데, 판례는 회사의 장부 기타 근거에 의하여 회사 자신이 그 성명과 채권의 내용을 알고 있는 채권자뿐만 아니라 회사의 대표이사 개인이 알고 있는 채권자도 이에 포함되는 것으로 보고 있다.[5)] 국내의 다수 견해도 소송이 계류 중인 채권자도 알고 있는 채권자로 보고 회사 대표이사 개인이 알고 있는 경우도 회사가 아는 것으로 볼 수 있다고 하여 같은 입장을 취하고 있다. 알고 있는 채권자에게 개별적인 최고를 누락한 때에는 분할당사회사는 분할회사의 채권자에 대하여 연대책임을 면하지 못한다. 그러나 채권자가 회사분할을 알 수 있는 지위에 있고 사전에 회사분할에 대한 이의제기를 포기하였다고 볼만한 사정이 있는 등 예측하지 못한 손해를 입을 우려가 없다고 인정되는 경우에는 분할회사가 개별적인 최고를 하지 않았다고 하더라도 그 채권자에 대하여 단순분할신설회사와 분할회사가 연대하여 변제할 책임이 되살아나지는 않는다.[6)] 이 사건 사안에서는 애당초 분할당사회사의 연대책임 배제에 관한 사항이 분할합병계약서에 기재되지 않았기 때문에 이 점은 문제되지 않는다.

(강대섭)

4) 대법원 2008.2.14. 선고 2007다73321 판결.
5) 대법원 2011.9.29. 선고 2011다38516 판결.
6) 대법원 2010.2.25. 선고 2008다74963 판결.

분할합병무효의 소와 재량기각

대법원 2010.7.22. 선고 2008다37193 판결

Ⅰ. 판결개요

1. 사실관계

2005. 11. 2. Y_1 주식회사(이하 'Y_1')는 사업의 일부(투자부분)를 분할하여 Y_2 주식회사(이하 'Y_2')와 합병하는 분할합병계약을 체결하였고, Y_1, Y_2 양 회사는 분할합병승인을 위한 임시주주총회를 2005. 11. 25. 소집하였다. Y_1(주주의 수 239명) 발행주식의 91.78%를 보유한 甲, 乙, 丙 3인에게 구두로 소집통지를 하여 이들 주주 전원이 출석하여 전원 찬성으로 분할합병계약을 승인하는 결의를 하였으나, 발행주식의 9.22%를 보유한 X_1을 포함한 소수주주들(236명)에게 소집통지를 하지 아니하였다. 역시 주주 전원에게 구두로 주주총회 소집을 통지하여 당일 동시에 개최된 Y_2(주주의 수 7명)의 임시주주총회에서는 발행주식의 약 58%를 보유한 주주 4명이 출석하여 전원 분할합병 계약을 승인하였고, Y_1, Y_2의 이와 같은 임시주주총회 승인결의에 기하여 2005. 12. 30. 양 회사의 법인등기부에 분할합병등기가 완료되었다.

X_1이 보유하고 있는 Y_1의 주식은 Y_1 또는 Y_1이 지정하는 자에게만 양도한다는 양도제한 특약이 X_1과 Y_1 사이에 체결되어 있었는데, Y_1이 장기간(6개월 이상) 주권을 발행하지 않고 있는 상태에서 2006. 2. 7. X_1으로부터 주식을 양수받은 X_2는 주식양수도계약서와 X_1이 작성한 주식양도통지서, X_1의 인감증명서 등을 첨부하여 주식양수사실을 Y_1에게 통지하고, X_1의 위임장을 첨부하여 2006. 2. 8. Y_1에 대해 명의개서를 청구하였으나 X_1의 X_2에 대한 주식양도는 양도제한 특약을 위반하였고, 경쟁관계에 있는 회사에 대한 주식양도로서 무효임을 들어 Y_1은 명의개서를 거절하였다.

분할합병계약을 승인한 2005. 11. 25. Y_1의 임시주주총회에서 소집통지를 받지 못한 X_1과 X_1에게서 2006. 2. 7. 주식을 양수한, Y_1과 경쟁관계에 있으며 Y_1으로부터 경영권 위협을 받고 있던 X_2(백화점업을 영위하는 주식회사)는 Y_1, Y_2를 피고로 하여 2006. 6. 2. 분할합병무효의 소를 제기하였다. 분할합병등기후 1년 3개월이 흐른 2007. 3. 30. 서면으로 주주에게 소집통지를 한 Y_1, Y_2 양 회사의 정기주주총회에서 특별결의 요건을 훨씬 상회하는 찬성으로 분할합병 이후 합병에 따른 효과를 승인하였다(2005. 11. 25. 이루어진 분할합병계약 승인결의를 추인하는 결의).

2. 판결요지

주주가 회사를 상대로 분할합병계약을 승인한 주주총회결의의 부존재를 이유로 제기한 분할합병무효의 소에서 주주총회결의 자체가 있었다는 점에 관해서는 회사가 증명책임을 부담하고 그 결의에 이를 부존재로 볼 만한 중대한 하자가 있다는 점에 관해서는 주주가 증명책임을 부담하는 것이 타당하다. Y_1과 Y_2가 분할합병계약을 체결한 후 Y_1이 임시주주총회를 개최하여 분할합병계약을 승인하는 결의를 하였는데 발행주식의 9.22%를 보유한 소수주주들에게 소집통지를 하지 아니한 하자만으로 당해주주총회결의가 부존재한다고 할 수 없고 이는 결의 취소사유에 해당한다.

상법 제530조의11 제1항 및 제240조는 분할합병무효의 소에 관하여 상법 제189조를 준용하므로 법원이 분할합병무효의 소를 재량기각하기 위해서는 원칙적으로 그 소 제기 전이나 그 심리 중에 원인이 된 하자가 보완되어야 할 것이나, 그 하자가 추후 보완될 수 없는 성질의 것인 경우에는 그 하자가 보완되지 아니하였다고 하더라도 회사의 현황 등 제반 사정을 참작하여 분할합병무효의 소를 재량기각할 수 있다.

분할합병계약의 승인을 위한 주주총회를 개최하면서 소수주주들에게 소집통지를 하지 않음으로 인하여 위 주주들이 주식매수청구권 행사 기회를 갖지 못하였으나, 주식매수청구권은 분할합병에 반대하는 주주로 하여금 투하자본을 회수할 수 있도록 하기 위해 부여된 것인데 분할합병무효의 소를 제기한 소수주주가 자신이 보유하고 있던 주식을 제3자에게 매도함으로써 그 투하자본을 이미 회수하였다고 볼 수 있고, 분할합병의 목적이 독점규제 및 공정거래에 관한 법률상 상호출자관계를 해소하기 위한 것이어서 분할합병을 무효로 함으로 인하여 당사자 회사와 그 주주들에게 이익이 된다는 사정이 엿보이지 아니하는 점 등을 참작해 분할합병무효청구를 기각할 수 있다.

회사와 경쟁관계에 있거나 분쟁중에 있어 그 회사의 경영에 간섭할 목적을 가지고 있는 자에게 주식을 양도하였다고 하여도 그러한 사정만으로 이를 반사회질서 법률행위라고 할 수 없다. 주주 또는 회사채권자가 상법 제396조 제2항에 의하여 주주명부 등의 열람·등사청구를 한 경우 회사는 그 청구에 정당한 목적이 없는 등의 특별한 사정이 없는 한 이를 거절할 수 없고, 이 경우 정당한 목적이 없다는 점에 관한 증명책임은 회사가 부담한다.

3. 관련판례

(1) 대법원 2004.4.27. 선고 2003다29616 판결

주주총회의 감자결의에 결의방법상의 하자가 있으나 그 하자가 감자결의의 결과에 아무런 영향을 미치지 아니하였고, 감자결의를 통한 자본금감소후에 이를 기초로 채권은행 등에 대하여 부채의 출자전환 형식으로 신주발행을 하고 수차례에 걸쳐 제3자에게 영업을 양도하는 등의 사정이 발생하였다면, 자본금감소를 무효로 할 경우 부채의 출자전환 형식으로 발행된 신주를 인수한 채권은행 등의 이익이나 거래의 안전을 해할 염려가 있으므로 자본금감소를 무효로 하는 것이 부적당하므로 재량기각할 수 있다.

(2) 대법원 1997.3.19. 자 97그7 결정

상법 제396조 제2항에서 규정하고 있는 주주 또는 회사채권자의 주주명부 등에 대한 열람·등사청구는 회사가 그 청구의 목적이 정당하지 아니함을 주장·입증하는 경우에는 이를 거부할 수 있다.

Ⅱ. 판결의 평석

1. 판결의 의의

입증책임에 관한 법률요건분류설(규범설, 통설, 판례[1])에 의하면 각 당사자는 자기에게 유리한 법규의 요건사실의 존부에 대해 입증책임을 지므로 분할합병승인을 위한 주주총회특별결의의 존재 여부는 분할합병의 유효를 주장하는 피고인 회사가 입증하여야 하고, 분할합병을 위한 주주총회특별결의 부존재사유는 분할합병의 효력을

1) 대법원 1964.9.30. 선고 64다34 판결; 대법원 1981.5.28. 선고 90다19770 판결 등 참조.

부인하는 원고인 제소주주가 입증책임을 부담하여야 한다.

발행주식의 9.22%를 보유한 소수주주들에게 소집통지를 하지 아니한 하자만으로 주주총회결의가 부존재한다고 할 수 없고, 결의 취소사유에 불과하다고 판시하고 있는데, 일부 주주에 대한 소집통지 누락이라는 절차상 하자는 주주총회의 결의 자체가 없었다고 볼 만한 중대한 절차상의 하자가 아니란 점에서 취소사유로 본 판례의 결론은 타당하다.[2)]

분할합병무효의 소를 재량기각하기 위해서는 상법 제530조의11 제1항, 제240조 및 제189조에 의해 원칙적으로 소 제기 전이나 심리중에 원인이 된 하자가 보완되어야 하나, 하자가 추후 보완될 수 없는 성질의 것인 경우에는 하자가 보완되지 아니하였다고 하더라도 회사의 현황 등 제반 사정을 참작하여 분할합병무효의 소를 재량기각할 수 있다고 봄으로써 하자보완이 재량기각을 위한 요건이 아닌 것과 같은 판시를 하고 있는데, 판례의 이러한 입장은 제한적으로 해석하여야 한다. 판례처럼 분할합병계약의 승인을 위한 주주총회결의 취소사유를 이유로 분할합병무효의 소가 제기된 경우(주주총회결의 취소의 소는 분할합병등기로 인해 독립적인 소로 다툴 수 없고 분할합병무효의 소에 흡수) 하자보완의 대상이 되는 주주총회결의는 그 성질상 사후적인 보완이 불가능하므로 다른 무효사유(하자 보완이 가능한 무효사유)를 이유로 제기된 분할합병 무효의 소와는 달리 하자보완이 재량기각의 요건이 아닌 것으로 보는 것은 타당하다.[3)]

분할합병계약의 승인을 위한 주주총회를 개최하면서 소수주주들에게 소집통지를 하지 않음으로 인하여 위 주주들이 주식매수청구권 행사 기회를 갖지 못하였는데, 판례는 그것이 분할합병의 무효사유가 되지 않음을 밝히고 있다. 특히, 주식매수청구권은 분할합병에 반대하는 주주로 하여금 투하자본을 회수할 수 있도록 하기 위해 부여된 것인데 분할합병무효의 소를 제기한 소수주주가 자신이 보유하고 있던 주식을 제3자에게 매도함으로써 그 투하자본을 이미 회수하였다고 볼 수 있는 경우 분할합병

2) 판례를 보면 41%의 주식을 보유한 주주에게 소집통지를 하지 않은 경우(대법원 1993.1.26. 선고 92다11008 판결), 발행주식총수 200,000주 중 6,300주(3.15%)의 주식을 소유한 주주에게 소집통지를 하지 않은 경우(대법원 1993.12.28. 선고 93다8719 판결) 취소사유에 해당한다. 반면 주주의 전부 또는 대부분의 주주에게 소집통지를 발송하지 않고 개최된 주주총회(대법원 1978.11.14. 선고 78다1269 판결), 발행주식총수 20,000주식 중 12,000주(60%)를 소유한 주주에게 소집통지를 하지 않은 경우(대법원 1980.12.9. 선고 80나128 판결), 주식 대부분을 지배주주가 소유하고 있더라도 소집절차 없이 개최된 주주총회(대법원 2007.2.22. 선고 2005다73020 판결)는 부존재사유에 해당한다.

3) ㅗ 이외의 부효사유를 이유로 한 분할합병 무효의 소에서 하자보완은 재량기각의 요건으로 보아야 한다. 아래의 '2. 회사법상 소송과 재량기각' 부분 참조.

의 무효를 다툴만한 실익이 없으므로 비록 주식매수청구권 행사의 기회를 잃었어도 그것이 분할합병 무효사유가 되지 않는다고 본 판례의 입장은 타당하다. 주주총회 소집통지 누락으로 주식매수청구권을 행사할 기회를 박탈당한 주주는 회사나 대표이사에 대해 불법행위로 인한 손해배상책임을 묻거나(상법 제389조 제3항, 제210조), 고의나 중과실이 있는 (대표)이사에 대해 임무해태로 인한 손해배상책임(상법 제401조)을 물을 수 있다. 주주가 주식매수청구권을 행사하였음에도 불구하고 회사가 주식매수절차를 이행하지 않은 경우 합병무효사유로 보지 않는 것과[4] 같은 선상의 해석이다.

주식양도가 사회질서에 반하는 행위로서 무효가 되는 경우란 배임적 이중양도 등 특단의 사정이 있는 경우에 한하고, 주주는 원칙적으로 자유로이 주식을 양도할 수 있다. 본 사안과 같이 경쟁관계에 있거나 분쟁중에 있어 그 회사의 경영에 간섭할 목적을 가지고 있는 자에게 주식을 양도하여도 사회질서에 반하는 주식양도가 되지는 않는다.[5] 원하지 않는 자에게 주식이 양도될 위험을 원천적으로 방지하려면 상법이 정한 방식, 즉 정관에 규정을 두어 주식양도시 이사회 승인을 받도록 하여야 한다(상법 제335조 제1항 단서).[6]

주주 또는 회사채권자가 상법 제396조 제2항에 의하여 주주명부 등의 열람·등사청구를[7] 한 경우 회사는 그 청구에 정당한 목적이 없는 등의 특별한 사정이 없는 한 이를 거절할 수 없고, 이 경우 정당한 목적이 없다는 점에 관한 증명책임은 회사가 부담한다. 회계장부 열람·등사청구에서와 마찬가지로[8] 주주명부에 대한 열람·등사의 청구가 회사업무의 운영이나 주주 공동의 이익을 해치거나, 주주가 회사의 경쟁자로서 그 취득한 정보를 경업에 이용할 우려가 있거나, 회사에 지나치게 불리한 시기를 택하여 행사하는 경우는 부당한 청구에 해당하여 회사는 열람·등사청구를 거부할 수 있다고 본다.

---

4) 정찬형, 상법강의(상), 제20판, 박영사, 2017, 514면. 참고로 소수주주들에게 주주총회 소집통지를 하지 않는 등으로 주식매수청구권 행사 기회를 주지 않은 경우 합병무효사유가 아니라고 본 하급심 판례는 서울서부지방법원 2007.6.15. 선고 2006가합5550 판결.

5) 이철송, 회사법강의, 제26판, 박영사, 2018, 351면.

6) 본 판례와 같이 계약적(채권법적) 방법(주주와 주주 간 또는 주주와 회사 간 계약)을 통해 주식양도의 자유를 제한할 수 있으나 이러한 제한은 당사자 사이의 채권적 효력밖에 없어 양도인이 타인에게 양도하는 것을 원칙적으로 막을 수는 없다. 이에 관해서는 대법원 2000.9.26. 선고 99다48429 판결. 이철송, 상게서, 380면.

7) 주주명부 열람·등사청구권(상법 제396조 제1항)과 재무제표 등 열람·등사청구권(상법 제448조 제1항)은 단독주주권이며 채권자에게도 인정된 권리이고, 이사회의사록 열람·등사청구권도 단독주주권이나 채권자에게는 인정되지 않고, 회계장부 열람·등사청구권(상법 제466조 제1항, 제542조의6 제4항)은 주주에게만 인정되며 소수주주권이다.

8) 대법원 2001.10.26. 선고 99다58051 판결; 대법원 2004.12.24. 자 2003마1575 결정.

2. 회사법상 소송과 재량기각

상법은 회사법상 소송(회사관련 형성의 소)에서 원고의 주장이 이유가 있어도 법원이 제반 사정을 참작하여 재량으로 청구를 기각할 수 있는 규정을 두고 있다. 기업유지의 관점과 이미 형성된 단체법적 법률관계에 이해관계를 맺고 있는 다수의 이해를 고려하여 기존 법률관계의 효력을 유지시키는 것이 하자를 이유로 무효화시키는 것보다 더 공정한 결과를 가져올 수 있을 때 인정되는 제도이다.[9] 주주총회결의 취소의 소에 있어서는 상법 제379조가 결의의 내용, 회사의 현황과 제반사정을 참작하여 그 취소가 부적당하다고 인정한 때에는 청구를 기각할 수 있다고 규정함으로써 하자의 보완 없이 재량기각이 가능하다. 취소사유 있는 주주총회결의가 이루어지게 되면 이미 결의는 역사적 사건이 되어 그 하자의 보완이 성질상 불가능하기 때문에 하자의 보완을 재량기각의 요건으로 두고 있지 않다.[10] 회사의 설립무효·취소의 소에서 재량기각에 관한 상법 제189조는 주주총회결의 취소의 소 이외의 기타의 회사법상 소(합병무효의 소, 분할·분할합병 무효의 소, 신주발행 무효의 소, 주식의 포괄적 교환·이전 무효의 소, 감자 무효의 소 등)의 재량기각에 준용되는데, 재량기각을 위해서 하자가 보완될 것을 요건으로 하고 있다. 그러나 주주총회결의 취소사유를 이유로 위와 같은 회사법상 소가 제기된 경우에는 주주총회결의 자체의 속성으로 인해 그 하자의 보완이 불가능하므로 하자보완 없는 재량기각을 예외적으로 인정할 필요가 있다.[11] 기타의 사유를 이유로 한 회사법상의 소에서는 법문언에 충실하게 하자의 보완이 있어야만 재량기각이 가능하다고 해석하여야 한다.

3. 분할합병(합병) 반대주주의 주식매수청구권

분할합병에 반대하는 주주(무의결권 주주 및 종류주식 주주도 포함)는 분할합병승인

---

9) 이철송, 전게서, 106면. 재량기각이 인정되는 회사법상 소에는 주주총회결의 취소의 소(상법 제379조), 회사의 설립무효·취소의 소(상법 제189조, 제269조, 제287조의6, 제382조 제2항, 제552조 제2항), 합병무효의 소(상법 제240조, 제269조, 제287조의41, 제530조 제2항, 제603조), 분할무효의 소(상법 제530조의11 제1항), 신주발행무효의 소(상법 제430조), 감자무효의 소(상법 제446조)가 있다.

10) 이철송, 전게서, 108면.

11) 주주총회결의 취소사유를 이유로 분할합병 무효의 소를 제기하는 경우 제소기간의 기산점은 주주총회결의일이고, 제소기간도 주주총회결의일로부터 2개월 이내인 점을 보면 형식적으로는 분할합병무효의 소이나 실질적으로는 주주총회결의 취소의 소에 관한 법규정이 적용된다는 점을 고려하면 주주총회결의 취소의 소에서 재량기각과 마찬가지로 하자가 보완되지 않아도 재량기각이 가능하다고 볼 수 있다. 판례는 주주총회결의 취소사유를 이유로 한 감자무효의 소에서도 하자의 보완 없는 재량기각을 인정하고 있다(대법원 2004.4.27. 선고 2003다29616 판결).

을 위한 주주총회 결의일 전에 서면으로 반대의 의사를 통지하여야 하고, 주주총회일로부터 20일 이내에 서면으로 회사에 주식매수를 청구하여야 한다(상법 제530조의11, 제374조 제2항, 제374조의2 제1항). 반대의 의사를 서면으로 통지한 이상 주주총회에 출석하여 반대투표를 할 필요가 없으며, 반대의 의사를 표시하였어도 주주총회에 출석하여 찬성투표를 할 수 있다(반대의사의 철회). 분할회사의 주주와 분할합병으로 존속하는 회사(분할승계회사)의 주주 모두 주식매수청구권을 가진다. 주식매수청구권은 형성권으로서 반대주주가 매수청구를 하면 즉시 매매계약이 성립하여 회사에게는 주식매수의무가 발생하며, 회사는 매수청구기간(주주총회종료일로부터 20일 이내)이 종료한 날로부터 2개월 이내(상법 제374조의2 제2항) 또는 1개월 이내에(상장회사, 자본시장법 제165조의5 제2항) 매매대금을 지급할 의무가 있으며, 이 기간은 매매대금 지급의무의 이행기이다.[12] 반대주주가 매수청구를 한 주식은 회사가 매매대금을 지급한 경우에 회사로 이전하며, 매수청구권을 행사하였으나 매매대금이 지급되기 전에는 반대주주가 여전히 주주의 지위를 가지며,[13] 신주배정이나 이익배당의 경우 반대주주가 그 귀속주체가 된다. 주식매수청구권을 행사한 주주라도 회사로부터 주식의 매매대금을 아직 받지 못한 경우에는 주주로서의 지위를 여전히 가지고 있으므로 분할합병무효의 소의 원고가 될 수 있다. 반대통지를 한 주주가 회사에 대해 매수청구를 하기 전에 주식을 제3자에게 양도한 경우 양도인(반대통지를 한 주주)과 양수인 모두 회사에 대해 주식매수청구를 할 수 없다.[14]

(정대익)

---

12) 대법원 2011.4.28. 선고 2009다72667 판결; 대법원 2011.4.28. 선고 2010다94953 판결.

13) 참고로 지배주주(발행주식총수의 100분의 95 이상을 자기의 계산으로 보유하고 있는 자, 상법 제360조의24)가 소수주주에 대해 그 주식의 매도를 청구한 경우(소위 squeeze out) 매매가액을 소수주주에게 지급하여야 주식이 지배주주에게 이전되는 것으로 본다(상법 제360조의26 제1항).

14) 대법원 2010.7.22. 선고 2008다37193 판결.

104 무한책임사원의 회사채권자에 대한 책임의 발생 시기

대법원 2009.5.28. 선고 2006다65903 판결

Ⅰ. 판결개요

1. 사실관계

합자회사 C의 무한책임사원인 A는 대표사원으로 재직하고 있었는데, 2000. 8. 18. 합자회사 C에 부도가 발생하였다.

무한책임사원 A와 그 사돈인 Y(피고)는 부도 발생 하루 전인 2000. 8. 17.자로 무한책임사원 A 소유 부동산의 소유권을 무한책임사원 A의 Y(피고)에 대한 대여금채무 변제에 갈음하여 Y(피고)에게 이전하기로 하는 대물변제계약을 체결하고, 이를 원인으로 하여 2000. 8. 22. Y(피고) 명의의 소유권이전등기절차를 마쳤다.

X(원고)는 합자회사 C에 대하여 6,454,250,000원의 약속어음금 채권을 가지고 있어, X(원고)의 대표이사인 B가 2001. 1. 4.경 위 약속어음금 채권에 관하여 어음금 청구소송을 제기하여 2001. 5. 15. 승소판결을 받았고, 동 판결이 확성되었다.

합자회사 C는 2002. 3. 22. 화의개시신청을 하여 2002. 5. 2. 화의개시결정을 받고 2002. 7. 15. 채권자집회를 거쳐 2002. 7. 29. 화의인가결정을 받았으며, 그 과정에서 X(원고)도 자신의 약속어음금 채권을 화의채권으로 신고하였다. 화의조건에 의하면 금융기관 이외의 자에 대한 화의채권은 그 원금을 35% 탕감하여 2006년부터 2011년까지 균등 분할변제하고, 그 이자는 면제하기로 되었다.

이러한 사실관계를 기초로 X(원고)는, 합자회사 C의 부도로 인하여 무한책임사원인 A가 합자회사 C의 모든 채무를 연대하여 부담하게 되어 채무초과상태가 되었음에도 부도 직전인 2000. 8. 17. 사돈인 Y(피고)와 대물변제계약을 체결하고 이를 원인으로 부동산에 관하여 소유권이전등기를 마친 행위는 사해행위에 해당한다고 주장하여

이를 취소하는 소송을 제기하였고, 이에 대하여 Y(피고)는 합자회사 C에 대하여 화의인가결정이 확정되었으므로 합자회사 C의 무한책임사원으로서 A가 부담하는 책임이 발생하지 않아 사해행위 취소소송의 피보전채권이 존재하지 않는다고 주장하였다.

2. 판결요지

합명회사는 실질적으로 조합적 공동기업체여서 회사의 채무는 실질적으로 각 사원의 공동채무이므로, 합명회사 사원의 책임은 회사가 채무를 부담하면 법률의 규정에 기해 당연히 발생한다.

무한책임사원의 책임은 "회사의 재산으로 회사의 채무를 완제할 수 없는 때" 또는 "회사재산에 대한 강제집행이 주효하지 못한 때"에 비로소 발생하는 것은 아니며, 이는 회사 채권자가 그와 같은 경우에 해당함을 증명하여 합명회사의 사원에게 보충적으로 책임의 이행을 청구할 수 있다는 책임이행의 요건을 정한 것으로 보아야 한다.

합자회사의 장에 다른 규정이 없는 사항은 합명회사에 관한 규정을 준용하므로(상법 제269조), 합자회사의 무한책임사원의 회사 채권자에 대한 책임은 합명회사의 사원의 책임(상법 제212조)과 동일하다.

합자회사 C가 X(원고)에게 약속어음들을 발행함과 동시에 X(원고)는 합자회사 C의 무한책임사원인 A에 대하여도 합자회사 C에 대한 약속어음금채권과 동일한 내용의 채권을 가지는 것이므로, 대물변제계약 체결 이전에 X(원고)의 무한책임사원 A에 대한 채권이 성립되어 있었다고 할 것이고, 합자회사 C에 대한 화의인가결정이 확정됨에 따라 X(원고)의 무한책임사원 A에 대한 채권도 구 화의법 제299조에 의해 화의조건에서 정한 바와 같이 원금은 35%가 탕감되어 변제기가 유예되고, 이자는 면제된 채권으로 변경된 상태로 원심 변론종결일 당시까지 존재하였다고 할 것이다.

원심판결은 변제기 유예로 합자회사 C의 X(원고)에 대한 채무 이행기가 도래하지 않은 상태이므로 합자회사 C의 재산으로 채무를 완제할 수 없거나 합자회사 C의 재산에 대한 강제집행이 주효하지 못한 경우에 해당하지 않아 무한책임사원 A의 X(원고)에 대한 채무변제 책임이 발생하지 않았고, 따라서 사해행위 취소소송의 피보전채권이 성립되지 않은 경우에 해당한다고 보았는데, 이러한 원심판결은 합자회사 무한책임사원의 책임의 발생시기 및 채권자취소권의 피보전채권에 관한 법리를 오해하여 판결에 영향을 미친 위법이 있다.

3. 관련판례

(1) 대법원 2021.7.8. 선고 2018다225289 판결

[1] 합자회사에서 업무집행권한 상실선고제도(상법 제269조, 제205조)의 목적은 업무를 집행함에 현저하게 부적임하거나 중대한 의무위반행위가 있는 업무집행사원의 권한을 박탈함으로써 그 회사의 운영에 장애사유를 제거하려는 데 있다. 업무집행사원의 권한상실을 선고하는 판결은 형성판결로서 그 판결 확정에 의하여 업무집행권이 상실되면 그 결과 대표권도 함께 상실된다. 합자회사에서 무한책임사원이 업무집행권한의 상실을 선고하는 판결로 인해 업무집행권 및 대표권을 상실하였다면, 그 후 어떠한 사유 등으로 그 무한책임사원이 합자회사의 유일한 무한책임사원이 되었다는 사정만으로는 형성판결인 업무집행권한의 상실을 선고하는 판결의 효력이 당연히 상실되고 해당 무한책임사원의 업무집행권 및 대표권이 부활한다고 볼 수 없다.

[2] 합자회사에서 업무집행권한의 상실을 선고받은 무한책임사원이 다시 업무집행권이나 대표권을 갖기 위해서는 정관이나 총사원의 동의로 새로 그러한 권한을 부여받아야 한다(상법 제273조, 제269조, 제201조 제1항, 제207조). 합자회사에서 무한책임사원들만으로 업무집행사원이나 대표사원을 선임하도록 정한 정관의 규정은 유효하고, 그 후의 사정으로 무한책임사원이 1인이 된 경우에도 특별한 사정이 없는 한 여전히 유효하다. 다만 유한책임사원의 청구에 따른 법원의 판결로 업무집행권한의 상실을 선고받아 업무집행권 및 대표권을 상실한 무한책임사원이 이후 다른 무한책임사원이 사망하여 퇴사하는 등으로 유일한 무한책임사원이 된 경우에는 업무집행권한을 상실한 무한책임사원이 위 정관을 근거로 단독으로 의결권을 행사하여 자신을 업무집행사원이나 대표사원으로 선임할 수는 없다고 봄이 옳다. 이렇게 해석하는 것이 판결에 의한 업무집행권한 상실선고제도의 취지와 유한책임사원의 업무감시권의 보장 및 신의칙 등에 부합한다. 결국 이러한 경우에는 유한책임사원을 포함한 총사원의 동의에 의해서만 해당 무한책임사원이 업무집행사원이나 대표사원으로 선임될 수 있을 뿐이다.

(2) 대법원 1996.2.9. 선고 95다719 판결

합자회사가 회사 재산으로 채무를 완제할 수 없거나 또는 회사 재산에 대한 강제집행이 주효하지 못하여 결국 합자회사의 무한책임사원이 근로자들에 대한 회사의 임금채무를 변제할 책임을 지게 되었다 하더라도, 보충적인 위 책임의 성질이나 일반

담보권자의 신뢰보호 및 거래질서에 미치는 영향 등을 고려할 때 이를 회사가 사업주로서 임금채무를 부담하는 경우와 동일하다고 보아 무한책임사원 개인 소유의 재산까지 임금 우선변제권의 대상이 되는 "사용자의 총재산"에 포함된다고 해석할 수는 없다.

(3) 대법원 2012.4.12. 선고 2010다27847 판결

합자회사의 무한책임사원이 한 대물변제계약 등 법률행위가 사해행위에 해당하는지를 판단할 때, 무한책임사원 고유의 채무 총액과 합자회사의 부채 총액을 합한 액이 무한책임사원 고유의 재산 총액을 초과하는 경우에는 그 법률행위는 특별한 사정이 없는 한 사해행위에 해당한다고 볼 수 있지만, 합자회사의 무한책임사원 책임이 보충성을 갖고 있는 점 등에 비추어 법률행위 당시 합자회사가 그 재산으로 채무를 완제할 수 있었다는 점이 주장·입증된 경우에는 합자회사의 채무를 고려함이 없이 무한책임사원 고유의 채무 총액과 고유의 재산 총액을 비교하여 법률행위가 사해행위에 해당하는지를 판단하여야 한다.

(4) 대법원 2017.8.23. 선고 2015다70341 판결

합자회사가 정관으로 정한 존립기간의 만료로 해산한 경우에도(상법 제269조, 제227조 제1호), 사원의 전부 또는 일부의 동의로 회사를 계속할 수 있다(상법 제269조, 제229조 제1항). 이 경우 존립기간에 관한 정관의 규정을 변경 또는 폐지할 필요가 있는데, 특별한 사정이 없는 한 합자회사가 정관을 변경함에는 총사원의 동의가 있어야 할 것이나(상법 제269조, 제204조), 합자회사가 존립기간의 만료로 해산한 후 사원의 일부만 회사계속에 동의하였다면 그 사원들의 동의로 정관의 규정을 변경하거나 폐지할 수 있다. 그리고 회사계속 동의 여부에 대한 사원 전부의 의사가 동시에 분명하게 표시되어야만 회사계속이 가능한 것은 아니므로, 일부 사원이 회사계속에 동의하였다면 나머지 사원들의 동의 여부가 불분명하더라도 회사계속의 효과는 발생한다.

Ⅱ. 판결의 평석

1. 판결의 의의

본 판례는 상법 제269조로 인해 합자회사의 무한책임사원에 준용되는 상법 제212

조의 합명회사 무한책임사원의 책임은 회사의 채무가 발생하면 자동적으로 발생하는 것으로(부종성) 정확하게 파악하였다. 또한 동 조문의 "회사의 재산으로 회사의 채무를 완제할 수 없는 때(상법 제212조 제1항)" 또는 "회사재산에 대한 강제집행이 주효하지 못한 때(상법 제212조 제2항)"에 무한책임사원은 변제할 책임이 있다는 것과 관련하여, 무한책임사원의 책임이 이때 비로소 발생하는 것이 아니라 회사의 책임발생과 동시에 무한책임사원의 책임도 발생하였으나, 다만 책임의 이행과 관련하여 회사의 이행책임이 1차적이고, 무한책임사원의 이행책임은 보충적인(2차적인) 것이라고 역시 타당하게 판시하고 있다.[1)]

무한책임사원의 책임(이행)이 보충적이므로 상법 제212조 제3항은 회사의 변제자력이 있으며 집행이 용이함을 증명하여 회사의 책임과 동시에 이미 발생한 자신의 채무의 이행을 거절할 수 있는 항변권을 무한책임사원에게 부여하고 있다. 이는 보증채무의 보충성과 유사한데, 보증계약시 보증채무는 이미 발생하고, 다만 보증인은 주채무자가 변제자력이 없거나 주채무자에 대한 집행이 용이하지 않은 경우에만 변제책임을 진다(최고·검색의 항변권, 민법 제437조).

본 판례의 대상이 된 사실관계를 기초로 하면, 합자회사 C가 약속어음금채무를 부담한 시점에 이미 무한책임사원 A도 동일한 채무(약속어음금채무)를 부담한다. 무한책임사원 A가 합자회사 C의 발행어음에 대한 부도결정 하루 전(2000. 8. 17) Y(피고)와 대물변제계약을 체결한 후 이를 원인으로 Y(피고)에게 기존채무의 변제에 갈음하여 소유부동산 이전등기를 하였는데 이 행위를 사해행위로 보아 그 취소를 구하려면 X(원고)가 무한책임사원 A에 대한 채권자여야 한다. 합자회사 C의 약속어음 발행 시점에 무한책임사원 A의 X(원고)에 대한 어음금채무도 발생하므로 무한책임사원 A의 채권자로서 X(원고)는 A의 사해행위 취소를 구할 수 있는 채권(피보전채권)을 가지고 있고, 따라서 사해행위 취소로 보전할 X(원고)의 피보전채권이 있다고 본 대법원의 판단은 정당하다.

합자회사 C가 발행한 어음에 대한 부도결정(2000. 8. 18)으로 인해 상법 제212조 제1항 또는 제2항의 "회사재산으로 회사 채무를 완제할 수 없는 경우"라는 요건이 충족되어 원고 X가 무한책임사원 A에 대해 이미 발생한 채무에 대한 보충적 책임의 이행을 청구할 수 있다. 화의절차에서 합자회사 C의 채무 일부 면제와 이행기 유예는 부종성으로 인해 무한책임사원 A의 이미 발생한 채무 일부 면제와 이행기 유예라

---

1) 동지: 대법원 2012.4.12. 선고 2010다27847 판결.

는 효과를 가져올 뿐이지 무한책임사원 A의 책임발생과는 무관하다.

다만, 판례가 무한책임사원의 책임발생 근거를 법률의 규정으로 본 것은 정확하지 않다. 인적회사에서 무한책임사원의 책임발생 근거에 대해서는 부종성설과 이중대리설이 대립하고 있는데, 전자는 합명(합자)회사의 책임발생에 부종하여(akzessorisch) 무한책임사원의 책임이 당연히 발생한다고 보는 반면, 후자는 합명(합자)회사의 기관(대표사원)이 회사를 대표(대리)할 때 동시에(이중으로) 무한책임사원도 대리하기 때문에 무한책임사원의 책임도 발생한다고 보는데, 전자의 견해가 유력하다.

2. 무한책임사원의 책임의 성격

무한책임사원의 회사채권자에 대한 책임은 직접·연대·무한책임이다. 따라서 무한책임사원은 자기의 전재산을 가지고 책임을 지게 되고(인적책임), 회사채권자는 직접 사원에 대하여 채무이행을 청구할 수 있다. 그러나 합명회사는 그 사원과는 법률상 별개의 인격체이므로, 회사에 대한 집행권원을 가지고 직접 무한책임사원의 개인재산에 대하여 강제집행을 할 수는 없다. 무한책임사원은 다른 무한책임사원과 연대하여 책임을 지나 무한책임사원과 회사 사이에는 연대관계가 없다(통설).

무한책임사원의 책임은 회사의 채무에 대하여 부종성을 가진다. 즉, 회사채무의 존재를 전제로 하고, 회사의 채무가 시효 등의 사유로 소멸하면 무한책임사원의 책임도 소멸한다. 그리고 이 부종성으로 인해 무한책임사원은 자신의 항변을 주장할 수 있을 뿐만 아니라, 회사의 항변(예컨대 동시이행의 항변)으로 채권자에게 대항할 수 있고(상법 제214조 제1항), 회사가 채권자에 대하여 상계권, 취소권 또는 해제권을 가지는 경우에는 무한책임사원은 변제를 거부할 수 있다(상법 제214조 제2항).

무한책임사원은 회사재산으로 채무를 완제할 수 없거나 또는 회사재산에 대한 강제집행이 주효하지 못한 때에만 회사의 채무를 이행할 책임이 있으므로(상법 제212조 제1항, 제2항) 무한책임사원의 책임(이행)은 보충적(2차적)이다.

회사재산으로 회사채무를 완제할 수 없는 때라 함은 채무초과상태, 즉 회사의 대차대조표상 부채의 합계액이 자산의 합계액을 초과하는 경우를 의미한다.[2] 회사채무는 그 종류와 발생원인을 묻지 아니하므로 계약상의 채무이든 법정채무(부당이득반환

---

2) 대법원 2012.4.12. 선고 2010다27847 판결(채무초과 상태 여부는 회사가 실제 부담하는 채무 총액과 실제 가치로 평가한 자산 총액을 기준으로 판단하여야 하고, 대차대조표 등 재무제표에 기재된 명목상 부채 및 자산 총액을 기준으로 판단할 것은 아니며, 나아가 회사의 신용·노력·기능(기술)·장래 수입 등은 원칙적으로 회사의 자산 총액을 산정하면서 고려할 대상이 아니다).

채무, 불법행위로 인한 채무 등)이든, 사법상의 채무이든 공법상의 채무(조세채무)이든 무방하다.

채무초과상태는 아니어도 회사재산에 대한 강제집행 불주효 사실을 증명하여 채권자는 무한책임사원에 대한 책임이행을 청구할 수 있으며, 채권자 자신의 강제집행이 주효하지 못한 경우뿐만 아니라, 제3자의 강제집행이 주효하지 못한 경우도 동일하다. 무한책임사원은 회사에 변제 자력이 있으며 집행이 용이한 것을 증명하여 그 책임의 이행을 거절할 수 있다(상법 제212조 제3항).

3. 무한책임사원의 책임 내용

합명(합자)회사의 무한책임사원은 대표사원인지 업무집행사원인지 여부와는 관계없이 회사의 채무에 대한 책임이 있다. 회사성립후에 가입한(입사한) 무한책임사원(신입사원)도 가입전에 생긴 회사채무에 대하여 다른 사원과 동일한 책임을 지며(상법 제213조), 퇴사한 무한책임사원 또는 지분의 전부를 양도한 무한책임사원은 본점소재지에 퇴사등기를 하기 전에 생긴 회사채무에 대하여 책임을 지며, 이 책임은 퇴사등기 후 2년이 경과하면 소멸한다(상법 제225조).

무한책임사원은 채권자에 대하여 회사의 채무의 내용인 급부와 동일한 급부를 이행하여야 한다고 보는 견해(이행설)와, 회사와 동일한 급부를 이행할 의무는 없고 회사의 채무불이행에 따른 손해를 금전으로 배상하면 충분하다고 보는 견해(책임설)가 대립하나, 무한책임사원은 원칙적으로 회사와 동일한 급부를 이행할 의무가 있고, 회사의 채무가 불대체적인 경우 등 예외적인 경우에만 금전배상의 책임이 있다고 보아야 한다.[3)]

(정대익)

3) 대법원 1956.7.5. 선고 4289민상147 판결.

제 3 편

어음법 · 수표법

1

어음교부의 흠결과 어음채무의 성립요건

대법원 1999.11.26. 선고 99다34307 판결

Ⅰ. 판결개요

1. 사실관계

(1) Y의 약속어음 분실과 X은행의 어음할인 취득

Y는 물품대금의 지급에 사용하기 위하여, 금액, 수취인, 발행지, 지급지는 모두 백지로 하고 발행인란에 날인만 한 상태의 약속어음 1장을 보관하고 있다가 1997. 7. 경 이를 분실하였다. X은행은 발행인 Y, 수취인 A, 발행일 1997. 7. 1., 액면금 15,873,000원, 지급기일 1997. 11. 13., 발행지 및 지급지 각 거제시로 된 약속어음 1매를 B로부터 배서·교부받았다(이하 '이 사건 약속어음'이라고 한다). 이 사건 약속어음은 1배서인 A, 2배서인 B의 순서로 배서가 되어 있었다.

(2) X은행의 어음금청구와 원심의 판단

X은행은 지급기일에 약속어음금의 지급이 거절되자, Y를 상대로 어음금소송을 제기하였다. Y는 위 약속어음은 발행인(Y)의 교부행위가 없었으므로 발행된 것이 아니고 유효한 어음이 아니므로 어음금을 지급할 의무가 없다고 주장하였다.

원심[1]은 "피고의 교부행위가 없었다 할지라도 피고가 물품대금의 지급을 위하여 약속어음의 발행인란에 날인을 한 상태로 보관하였다는 점은 피고 스스로 자인하고 있는 바이므로 어음의 유통증권성에 비추어, 원고은행이 위 어음을 취득함에 있어 악의 또는 중과실이 없는 한, 피고는 어음법 제16조, 제77조에 의하여 발행인으로서 어음상의 채무를 부담한다고 봄이 상당하다"고 하면서 Y의 주장을 배척하였다. Y는 대

1) 창원지방법원 1999.5.28. 선고 98나9841 판결.

법원에 상고하였다.

대법원 1999.11.26. 선고 99다34307 판결

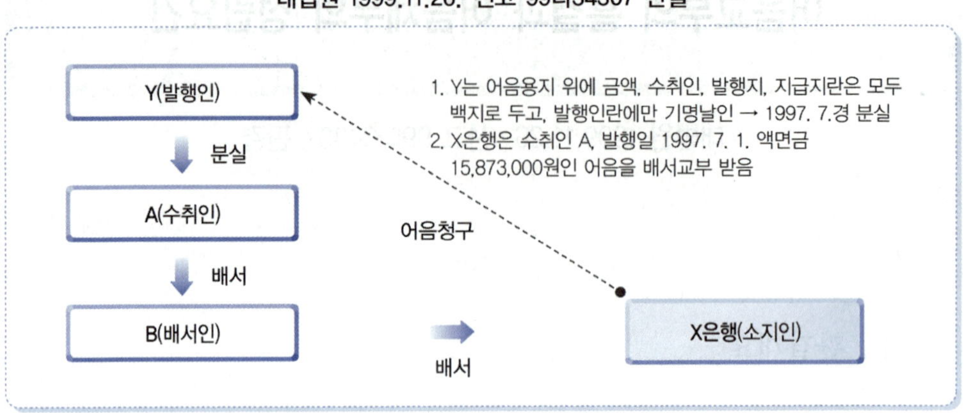

2. 판결요지

대법원은 Y의 상고를 기각하였다.

어음을 유통시킬 의사로 어음상에 발행인으로 기명날인하여 외관을 갖춘 어음을 작성한 자는 그 어음이 도난·분실 등으로 인하여 그의 의사에 의하지 아니하고 유통되었다고 하더라도, 배서가 연속되어 있는 그 어음을 외관을 신뢰하고 취득한 소지인에 대하여는 그 소지인이 악의 내지 중과실에 의하여 그 어음을 취득하였음을 주장·입증하지 아니하는 한 발행인으로서의 어음상의 채무를 부담한다.

3. 관련판례

대법원 1989.10.24. 선고 88다카24776 판결

변호사들이나 공증인이 공정증서를 작성하기 위하여 촉탁을 받아 어음을 접수한 경우에는 비록 그 어음발행인이 작성된 어음을 수취인에게 교부하지 않았더라도 그 접수시에 공증인이 수취인의 기관으로서 교부받은 것으로 보는 것이 옳으므로 그 어음은 발행된 것으로 보아야 한다.

Ⅱ. 판결의 평석

1. 어음이론

(1) 의 의

위의 사례에서 쟁점은 어음채무는 어음을 작성한 시점에서 즉시 발생하는 것인지, 아니면 어음을 작성하여 수취인 등에게 교부하여야만 그때 비로소 발생하는지에 대한 판단이다. 만일 어음채무의 성립에 수취인 등에 대한 교부행위가 반드시 필요하다고 해석하면, 위의 사례에서처럼 어음의 교부가 없이 분실유통되었다면 유효한 어음발행이 없는 것이므로 어음작성자는 어음상 책임을 부담하지 않기 때문이다.

어음이론 또는 어음학설은 어음채무(또는 어음상의 권리의무)가 언제 어떻게 성립하는지에 관한 논의이다. 즉 위의 사례는 어음이론 중 어떠한 입장을 따르는지에 따라서 그 판단이 달라질 수 있다. 아래에서는 창조설, 발행설, 교부계약설, 권리외관이론 등 주요한 어음이론을 살펴보고 이를 바탕으로 대상판결의 타당성을 검토한다.

(2) 학 설

1) 창조설

창조설은 어음채무의 성립을 위해서는 어음증권의 작성, 즉 어음의 창조만 있으면 충분하다는 견해이다. 어음채무는 어음증권의 작성만으로 성립하며, 어음증권의 교부는 요구되지 않는다고 한다. 창조설은 어음거래의 안전을 위한 측면에서는 타당하지만, 어음이 작성(창조)된 후 상대방에게 교부되기 전까지는 누가 어음상의 권리를 취득하는지 권리관계가 분명치 않고, 실제로 발행인이 어음을 작성하여 수취인 등에게 교부하기 전에 어음증권을 찢어버리는 것도 가능하므로 어음의 작성만으로 어음채무가 성립한다고 보는 것은 문제가 있다.

2) 발행설

발행설은 어음채무의 성립을 위해서는 어음증권의 작성, 즉 어음의 창조 이외에도 어음발행인이 해당 어음을 교부하는 행위가 필요하다는 견해[2)]이다. 어음발행의 법적 성격을 어음채무자로 될 자가 채무부담의 의사표시를 함으로써 성립하는 단독행위로 보는 점에서는 창조설과 같지만, 어음발행인의 의사에 기한 어음의 교부를 요

2) 이철송, 어음·수표법, 박영사, 2012, 100면.

구하는 점에서는 창조설과 다르다. 그리고 어음의 교부를 요구하는 점에서는 교부계약설과 같지만, 어음발행인이 어음을 교부하는 행위로 충분하며 수취인 등 상대방의 승낙의 의사표시를 필요로 하지 않는다는 점에서는 교부계약설과 다르다.

3) 교부계약설

어음채무의 성립을 위해서는 어음발행인과 상대방 사이에 교부계약이 필요하다는 견해[3]이다. 교부계약설은 어음의 발행행위를 계약의 일종으로 보므로[4] 상대방의 승낙의 의사표시가 있어야 하는 점에서 발행설과 다르다. 다만 수취인의 승낙의 의사표시는 어음증권의 수령만으로 가능하므로(민법 제532조) 실제에 있어서 발행설과 큰 차이는 없다.

4) 권리외관이론

권리외관이론은 어음채무의 성립에는 원칙적으로 어음의 발행(또는 교부계약)이 필요하지만, 어음의 발행(또는 교부계약)이 없는 경우에도 어음에 기명날인 또는 서명한 자는 외관을 창출하고 제3자의 신뢰를 야기하였으므로 외관을 믿고 어음을 취득한 선의의 제3자에 대해서 어음상의 책임을 부담한다는 견해[5]이다. 권리외관이론은 어음채무의 성립에 발행 또는 교부계약이 필요하다는 기존의 어음이론을 채택하면서도, 일정한 경우에는 기명날인 또는 서명한 자는 어음발행의 요건을 충족하지 못하더라도 권리외관에 따른 책임을 부담한다고 한다. 외관책임의 요건으로는 ① 어음작성자가 유통에 둘 의사로 해당 어음을 작성하였을 것, ② 어음취득자에게 악의 또는 중과실이 없을 것 등이 제시되고 있다.[6]

(3) 판 례

1) 대법원 1989.10.24. 선고 88다카24776 판결

이 판결은 "약속어음의 작성자가 어음요건을 갖추어 유통시킬 의사로 그 어음에 자기의 이름을 서명날인하여 상대방에게 교부하는 단독행위를 발행이라 일컫는(다)" 고 판시하는데, 이는 어음발행의 법적 성질을 단독행위로 보는 발행설의 입장을 취한

---

3) 최준선, 어음 · 手票法, 삼영사, 2013, 101면.

4) 미국 통일상법전은 약인(consideration)이 없는 경우의 유통증권(negotiable instruments)의 효력에 대해서 규정하는데, 보통법상 약인은 유효한 계약의 성립을 위하여 요구되는 것이므로 이는 어음관계를 계약의 일종으로 파악하는 입장으로 볼 수 있다(UCC §3－303(b)).

5) 김문재, 어음 · 수표법, 동방문화사, 2013, 84면; 김홍기, 상법강의, 박영사, 2018, 915면; 이기수 · 최병규, 어음 · 手票法, 박영사, 2007, 119면; 정찬형, 어음 · 手票法講義, 박영사, 2009, 116면.

6) 김홍기, 상게서, 915면.

것이다. 발행설에서도 어음발행인의 의사에 기한 어음의 교부가 요구되므로 "상대방에게 교부하는"의 표현은 발행설로 보는 것에 장애가 되지 않는다. 다만, 이 판결에서는 "상대방에게 교부하는" 또는 "변호사들이나 공증인이 공정증서를 작성하기 위하여 촉탁을 받아 어음을 접수한 경우에는 비록 그 어음발행인이 작성된 어음을 수취인에게 교부하지 않았더라도 그 접수시에 공증인이 수취인의 기관으로서 교부받은 것으로 보는 것이 옳으므로 그 어음은 발행된 것으로 보아야 한다"고 하면서 '교부'라는 표현을 자주 사용하고 있는데, 이를 중시하면 교부계약설의 입장을 취한 것으로 볼 여지도 있다.

2) 대법원 1999.11.26. 선고 99다34307 판결 (대상판결)

대상판결은 "어음을 유통시킬 의사로 어음상에 발행인으로 기명날인하여 외관을 갖춘 어음을 작성한 자는 그 어음이 도난·분실 등으로 인하여 그의 의사에 의하지 아니하고 유통되었다고 하더라도, 배서가 연속되어 있는 그 어음을 외관을 신뢰하고 취득한 소지인에 대하여는 그 소지인이 악의 내지 중과실에 의하여 그 어음을 취득하였음을 주장·입증하지 아니하는 한 발행인으로서의 어음상의 채무를 부담한다"고 하면서, 어음작성자의 의사에 관계없이 도난·분실 등으로 인하여 어음이 유통된 경우에도 어음상의 책임을 묻고 있다. 이는 외관을 신뢰하고 어음을 취득한 선의의 제3자를 보호하기 위하여 어음교부의 흠결이 있음에도 불구하고 어음발행인으로 기명날인한 자의 책임을 인정하는 것으로써 단순하게 발행설이나 교부계약설을 취했다고 볼 수는 없고, 발행설을 원칙으로 하되 외관의 창출에 따른 책임을 인정하는 취지의 권리외관이론을 도입한 것이다.[7)]

3) 일본의 판례

일본은 초기에는 교부계약설의 입장에서 어음교부에 흠결이 있는 경우에 어음작성자의 책임을 부정하였으나 그 후 어음거래가 활발해지면서 어음작성자의 책임을 긍정하는 방향으로 판례가 변천되어 왔다.

일본 최고재판소 1971.11.16. 판결[8)]은 "어음의 유통증권으로서의 성질에 비추어

---

7) 동지: 양명조, 어음·수표법, 법문사, 2006, 92면.

8) 日本 最高裁判所 昭和 46.11.16. 判決, 民集 25卷 8號, 1173頁. 어음발행인이 물품대금지급을 위하여 수취인란은 백지로 한 약속어음을 미리 작성한 뒤 채권자가 오면 교부하라고 경리직원에게 보관시켰는데 그 어음이 도난되어 유통된 사안이다. 일본의 판례를 상세하게 소개한 문헌으로는 김희동, "어음의 교부흠결과 어음채무의 성립요건 -대법원 1999.11.26. 선고 99다34307 판결-," 대법원판례해설, 법원도서관, 1999년 하반기, 237-238면 참조.

보면 유통에 둘 의사로 약속어음 발행인으로서 서명 또는 기명날인한 자는 우연히 도난 · 분실 등으로 그자의 의사에 의하지 아니한 채 어음이 유통되었을 경우에도 연속된 배서가 있는 그 어음의 소지인에 대하여는 그가 그 어음을 악의 또는 중대한 과실에 의하여 취득하였음을 주장 · 입증하지 않는 한 발행인으로서의 어음채무를 부담한다"고 하였다. 이 판결은 권리외관이론을 채택한 것인데, 이 사건 대상판결의 판시에도 상당한 영향을 미친 것으로 보인다.

2. 대상판결의 검토

(1) 권리외관이론에 의한 어음채무의 성립

1) 발행설의 타당성

어음이론에 대해서는 각 설마다 비판이 제기되어 있다. 창조설에 의하면 어음의 작성만으로 어음상 책임을 부담하므로 교부 내지 유통의 의사가 없는 어음작성자에게 너무 가혹하다. 교부계약설에 의하면 어음의 작성 외에도 교부계약이 필요하므로 교부계약이 없이 도난이나 분실 등으로 유통된 어음을 신뢰하고 취득한 어음취득자의 보호가 어렵게 된다.

결국 어음채무의 성립을 위해서는 어음발행인에 의한 어음증권의 작성 및 이에 더하여 어음발행인에 의한 어음교부가 필요하다는 발행설이 가장 타당하다. 어음발행이 가지는 단독행위적 특성[9]을 반영할 수 있을 뿐 아니라 어음의 교부를 요구함으로써 어음거래의 안전을 도모할 수도 있기 때문이다.

2) 외관책임의 요건

위의 사례에서 피고(Y)는 약속어음(백지어음)을 작성하였으나 보관 중에 분실한 것으로 어음의 교부가 흠결되어 있다. 이 경우 어음채무의 성립을 위해서 어음교부를 요구하는 발행설 또는 교부계약설의 입장을 엄격하게 채택하면, 피고에 대한 어음상의 책임추궁이 어렵게 된다.

그러나 위의 사례에서 Y는 해당 어음을 사용할 목적으로 발행인란에 날인을 하여서 외관을 창출하였고, 이를 보관하던 중 분실하여 해당 어음의 유통을 초래하였으므

---

9) 어음행위자와 상대방은 일방은 의무만을 부담하고 다른 일방은 권리만을 취득하는 관계로서 민법상 당사자가 동시에 권리를 취득하고 의무를 부담하는 계약관계는 아니다. 정찬형, 전게서, 115면. 한편 어음법관계는 이해관계 있는 양당사자의 권리의무관계를 기초로 설정되는 것이므로 계약적 구조에 훨씬 가깝다는 견해도 있다. 이성웅, "교부흠결발행과 어음채무의 귀속," 상사판례연구 제19집 제3권(상사판례학회, 2006. 9), 136면.

로 선의로 해당 어음을 취득한 제3자에 대해서는 어떠한 형식으로든 어음상 책임을 묻는 것이 타당하다. 따라서 발행설 또는 교부계약설을 취하더라도 어음의 교부 전에 분실·도난 등으로 어음이 유통되는 상황에서는 선의의 제3자를 보호하기 위해서 일정한 요건 하에 어음에 기명날인 또는 서명한 자에게 외관상의 책임을 인정할 필요가 있다(권리외관이론에 의하여 수정된 발행설).

이와 관련하여 어음작성자가 외관책임을 부담하는 요건이 무엇인지가 문제된다. 예를 들어 위의 사례에서 X은행이 외관을 신뢰하고 해당 어음을 취득하였다고 하더라도, 제3자가 Y의 이름을 위조하여 어음을 발행한 경우와 같이 Y가 외관의 생성 대해서 아무런 잘못이 없다면 어음상 책임을 부담할 이유가 없기 때문이다. 외관책임의 요건에 대해서는 여러 가지 기준이 제시되고 있지만 ① 어음작성자가 유통에 둘 의사로 어음을 작성하였을 것, ② 어음취득자는 악의 또는 중과실이 없이 취득하였을 것이 요구된다고 볼 것이다.[10] 대상판결도 같은 입장이다. 아래에서는 위의 사례가 이러한 요건을 충족하였는지를 살펴본다.

(2) 어음작성자(Y)가 유통에 둘 의사로 어음을 작성하였는지[11]

위의 사례에서 Y는 이 사건 약속어음을 교부하지는 않았다고 주장하나 유통에 둘 의사로 어음에 날인하였다는 것은 스스로 인정하고 있다. 즉 Y는 유통에 둘 의사를 가지고 이 사건 약속어음을 날인하여서 어음채무를 부담한 것과 같은 외관을 스스로 창출하였고, 이를 보관 중 분실함으로써 제3자인 X은행의 신뢰를 야기하였으므로 외관상 책임을 부담할 요건 중 하나가 충족되었다.

---

10) 외관법리의 불명확성 때문에 외관법리로 접근하기보다는 선의취득이나 항변절단 규정 등을 통해서 해결할 필요가 있다는 견해가 있다. 이성웅, 전게논문, 136-137면. 그러나 인적항변의 절단은 일단 성립한 어음상의 채무에 대해 원인관계를 반영하는 문제이고, 이 사건과 같이 어음채무의 성립 자체가 문제되는 상황에서는 어음이론을 원칙으로 하되 외관법리를 보충함으로써 구체적 타당성을 기할 필요가 있다.

11) 어음의 외관을 작출하였다는 것만으로 귀책성이 인정되고 구체적인 채무부담의 의사는 필요 없다고 설명하는 견해도 있다. 강봉수, "어음의 교부흠결의 경우 기명날인자의 책임," 재판자료 제30집 어음수표법에 관한 제문제(상), 법원행정처, 1986, 383면. 어음작성자의 유책성을 요건으로 제시하는 견해도 있다. 임재호, 상법판례연습, 법문사, 2009, 477면. 그러나 어음작성자의 유책성을 기준으로 하는 것은 지나치게 외관적 측면에 경도된 해석이라고 생각한다. 어음채무의 부담은 기본적으로 어음행위의 성질에서 출발한 것이므로 어음작성자가 유통에 둘 의사로 어음을 작성하였는지, 아니면 유통 의사가 없이 단순한 교육의 목적으로 어음을 작성하였는지와 같이 어음발행자의 어음행위적 측면에서 어음상 책임을 부담시키는 근거를 찾을 필요가 있다.

(3) 어음취득자(X은행)는 악의 또는 중과실 없이 어음을 취득하였는지[12)]

Y가 어음상 책임을 부담하기 위해서는 어음취득자인 X가 악의 또는 중과실이 없이 어음을 취득하였어야 한다. 이 사건에서 피고(Y)는 어음거래에 정통한 X은행으로서는 이 사건 약속어음을 취득함에 있어서 발행인(Y)에게 발행 및 사고 여부의 확인은 물론 1배서인(A)과 2배서인(B)의 거래관계 등을 확인하였어야 하며, 이를 게을리한 것은 X은행에게 악의 또는 중과실이 있는 것이라고 주장하였다.[13)]

그러나 어음을 취득함에 있어서 양도인이나 그 어음 자체에 의하여 어음상의 권리가 발생하지 아니하였다고 의심할 만한 특별한 사정이 있음에도 불구하고 이를 게을리하여 해당 어음을 만연히 양수한 경우에는 악의 또는 중과실이 있다고 볼 것이나, 그렇지 않고 배서가 연속된 외형상 정상적인 어음을 통상적인 어음할인의 과정을 통해서 취득한 경우에는 특별한 사정이 없는 이상 중대한 과실을 인정하기는 어렵다고 본다.[14)] 이는 금융기관이 어음을 취득하는 경우라고 하여서 달리 볼 것은 아니다. 더욱이 배서가 연속된 어음의 외관을 신뢰하고 해당 어음을 취득한 자는 선의·무중과실이 추정되는바,[15)] 어음발행인(Y)이 어음취득자(X은행)의 악의나 중과실을 입증하지 못하는 이상 어음발행인(Y)의 어음상 책임을 인정할 것이다. 대상판결의 판시에 찬성한다.

(김홍기)

12) 이에 대한 근거로는 어음법 제10조 단서와 제16조 제2항의 유추적용이 제시되고 있다. 원심도 "원고은행이 위 어음을 취득함에 있어 악의 또는 중과실이 없는 한, 피고는 어음법 제16조, 제77조에 의하여 발행인으로서 어음상의 채무를 부담한다고 봄이 상당하다"고 하면서 책임의 근거로 어음법 제16조를 들고 있다. 그러나 어음법 제16조는 배서의 연속이 있는 어음소지인의 어음상 권리취득에 관한 조항이므로 위의 사례에서와 같이 어음의 발행 단계에서 어음의 교부흠결이 문제되는 경우에 어음상의 채무를 부담하는 근거로 하기에 적절한지는 의문이다.

13) 제3자가 백지어음을 취득한 경우에도 기명날인 또는 서명자에게 어음상 책임을 인정할 것인지의 문제가 있다. 백지어음의 경우에는 유효한 어음외관을 인정할 수 없다는 견해(김희동, 전게 평석, 236면)가 있으나, 백지어음은 그 경제적 실질이 완성어음과 같고 어음법도 백지어음의 유효성을 인정하고 유통성을 보호하고 있음에 비추어 제3자가 악의 또는 중과실이 없이 백지어음을 취득한 경우에는 어음채무자의 어음상 책임을 인정할 수 있다고 본다.

14) 김희동, 전게 평석, 240면.

15) 대법원 1999.11.26. 선고 99다34307 판결.

2 어음행위의 무인성, 통정허위표시와 증명책임

대법원 2017.8.18. 선고 2014다87595 판결

Ⅰ. 판결개요

1. 사실관계

(1) 이 사건 약속어음들의 발행 경위

A회사(주)는 2002. 8. 26. 피고 앞으로 액면금 150억 원인 약속어음을 발행하였고, 그로부터 약 8년 후인 2010. 9. 6.경 위의 약속어음을 대신하는 새로운 약속어음 1장(제1약속어음)을 발행하여 공증한 후에 피고에게 건네주었다.

한편 A회사는 S에게 84억 원의 토지매매 잔금채무를 부담하고 있었는데, 피고는 이를 대위변제하고 A회사의 부동산에 채권최고액 80억 원의 근저당권을 설정하였다. A회사는 피고가 대위변제한 84억 원을 담보하기 위하여 2010. 12. 20.경 약속어음 1장(제2약속어음)을 발행하고 공정증서를 작성하여 주었다.

(2) 피고의 강제집행과 원고의 청구이의의 소 제기

피고는 A회사의 자금난이 악화되자 약속어음 공정증서에 집행문을 부여받고 A회사의 재산에 대한 강제집행절차를 개시하였다.

원고는 A회사의 채권자인데, 강제집행 개시의 근거인 제1약속어음과 제2약속어음(이하 '이 사건 약속어음들'이라고 한다)은 무효라고 주장하면서 피고를 상대로 청구이의의 소를 제기하였다. 원고의 주장은 다음과 같다.

첫째, A회사는 원고를 비롯한 채권자의 추심이나 강제집행을 피하기 위하여 ① 원인채무가 존재하지 않거나 또는 ② 원인채무가 존재하더라도 원인채무 금액(* 피고가 대위변제한 84억 원)을 훨씬 넘어서는 이 사건 약속어음들을 피고에게 발행하여 주

었는바 이에 기초한 이 사건 강제집행절차는 하자가 있다.

둘째, 이 사건 약속어음들은 원고를 비롯한 채권자의 추심이나 강제집행을 피하기 위하여 A회사(발행인)와 피고(수취인)가 서로 짜고 발행한 것으로서 통정허위표시로서 무효이다.

(3) 원심법원[1]의 판단

원심법원은 약속어음 발행경위 등에 비추어 A회사는 피고에게 약속어음 금액에 해당하는 150억 원을 실제 지급하기로 약속하였다고 보았고, 어음채무는 원인채무와 별개의 것이라는 이유로 원고의 주장을 받아들이지 않았다.

또한 A회사가 ① 2010. 9. 6.자로 발행한 제1약속어음은 2002. 8. 26.자 약속어음 채무와 관련이 있고, ② 2010. 12. 20.자로 발행한 제2약속어음은 토지의 잔금채무와 관련이 있어서 통정허위표시로도 볼 수 없다고 보았다.

원고는 대법원에 상고하였다.

2. 판결요지

대법원은 원고의 상고를 기각하였다.

(1) 어음소지인이 어음상 권리를 행사하는 경우, 자신이 갖는 실제적 이익을 증명하여야 하는지(소극) 및 어음발행의 원인관계가 존재하지 않거나 원인채무가 변제 등으로 소멸하였다는 사실에 관한 증명책임의 소재(=이를 주장하는 자).

(2) 발행인과 수취인이 통모하여 채권 추심이나 강제집행을 회피하기 위하여 형식적으로만 약속어음의 발행을 가장한 경우, 어음발행행위가 통정허위표시로서 무효인지 여부(적극) 및 이때 무효 사유에 해당하는 사실에 관한 증명책임의 소재(=통정허위표시를 주장하는 자).

3. 관련판례

(1) 대법원 2010.6.24. 선고 2010다12852 판결 [청구이의]

확정된 지급명령에 대한 청구이의 소송에서 원고가 피고의 채권이 성립하지 아니하였음을 주장하는 경우에는 피고에게 채권의 발생원인 사실을 증명할 책임이 있고 (채권의 발생원인 사실에 대한 증명책임 = 피고),[2] 원고가 그 채권이 통정허위표시로서

---

1) 서울고등법원 2014.11.7. 선고 2013나72444 판결.

무효라거나 변제에 의하여 소멸되었다는 등 권리 발생의 장애 또는 소멸사유에 해당하는 사실을 주장하는 경우에는 원고에게 그 사실을 증명할 책임이 있다(권리 장애 또는 소멸사유 사실에 대한 증명책임 = 원고).

(2) 대법원 2007.9.20. 선고 2007다36407 판결 [약속어음금]

어음은 원인관계와 상관없이 일정한 어음상의 권리를 표창하는 증권이므로, 어음의 소지인은 소지인이라는 사실만으로 어음상의 권리를 행사할 수 있고 그가 어떠한 실제적 이익을 가지는지 증명하여야 하는 것이 아니다. 따라서 약속어음의 수취인이 그 발행인을 상대로 어음금 청구를 하는 경우 원인채무가 이미 변제되었다는 사정은 이를 주장하는 발행인 측에서 증명하여야 한다.

Ⅱ. 판결의 평석

이 사건은 A회사의 피고에 대한 어음발행행위가 통정허위표시임을 밝히려면 누가 증명하여야 하는지, 이 과정에서 어음행위의 무인성이 어떠한 역할을 하는지가 쟁점이다.

1. 어음행위의 무인성

(1) 무인성의 의의

어음행위자가 발행, 인수, 배서, 보증 등의 어음행위에 의하여 어음채무를 부담하는 경우, 어음소지인의 권리는 그 원인관계인 매매나 소비대차 등의 부존재, 무효, 취소, 해제 등 어음 외의 법률관계의 영향을 받지 않으며, 소지인이라는 사실만으로 어음상의 권리를 행사할 수 있는데,[3] 이를 '어음행위의 무인성(無因性)'이라고 한다.[4]

어음행위 무인성은 유인증권(有因證券)인 주권과 비교하면 잘 알 수 있다. 예를 들어, A회사가 주주가 아닌 甲에게 주권을 발행한 경우에는 권리발생에 필요한 원인관

---

2) 이 사건(2010다12852)은 어음소지인이 아니라 일반채권자가 청구이의의 소를 제기한 경우로서 대상판결의 사실관계와는 차이가 있다. 대상판결에서처럼 어음소지인이 어음상의 권리를 행사하는 경우에는 적법한 권리자로 추정되므로 자신이 갖는 실제적 이익을 증명할 필요가 없다(대상판결 판결요지(1)).

3) 대법원 2007.9.20. 선고 2007다36407 판결 [약속어음금]. 수표행위에 대해서도 같은 취지의 판결이 있다. 대법원 1998.5.22. 선고 96다52205 판결 [수표금].

4) 김문재, "2018년도 어음·수표에 관한 대법원 판례의 동향과 분석", 「상사판례연구」 제32집 제1권(상사판례학회, 2019.3), 205면.

계가 존재하지 않으므로 그 주권은 무효이고, 乙이 甲에게 주식대금을 지급하고 해당 주권의 점유를 취득하였다고 하여서 주주가 될 수 없을 뿐 아니라, 외관을 신뢰하여 주식을 매수하였어도 선의취득의 대상이 되지 않는다. 주권은 주주에게 발행되어야 하고 주주 외의 자에게 발행되면 유효한 주권이 될 수 없기 때문이다. 즉, 주권의 발행은 실체와 부합하여야 한다.

그러나 A회사가 매매대금의 지급을 위하여 또는 지급을 담보하기 위하여 甲에게 약속어음을 발행한 경우에는 그 원인인 매매계약이 무효 또는 취소되어도 어음상의 권리와 의무는 영향을 받지 않으며, 甲으로부터 약속어음을 취득한 乙은 A회사를 상대로 어음상의 권리를 청구할 수 있다. 약속어음의 발행을 비롯한 어음행위는 무인성을 가지고 매매 등 그 원인관계에 영향을 받지 않기 때문이다. 원인관계인 매매계약에 무효 또는 취소의 사유가 있다는 사정은 어음행위의 직접적인 당사자간, 즉 甲이 A회사를 상대로 어음금을 청구할 경우에 A회사가 항변으로 주장할 수 있을 뿐이다.

(2) 무인성의 근거 및 효과

그렇다면 어음행위 무인성의 근거는 무엇인가? 어음행위에 조건을 붙일 수 없도록 하는 어음법상의 각종 규정,[5] 배서양도 시에 인적항변을 제한하는 어음법상의 규정(어음법 제17조) 등은 모두 원인관계에 영향을 받지 않고 어음이나 수표를 취득·유통하기 위한 것으로서 어음행위 무인성의 근거라고 할 것이다.[6]

어음행위의 무인성으로 인하여, 어음취득자는 배서의 연속 등 형식적인 요건만을 조사하면 충분하고, 그 원인관계인 매매, 소비대차 등이 실제로 존재하는지, 무효나 취소 사유 등이 있는지 등을 조사할 필요가 없으며,[7] 원인관계의 부존재, 무효 또는 취소에 관계없이 어음상의 권리를 주장할 수 있다.

(3) 무인성의 한계

위와 같이 어음소지인의 어음상 권리는 원인관계의 부존재, 무효, 취소 등에 영향을 받지 않지만, 그렇다고 원인관계에서 완전하게 자유로운 것은 아니다. 어음의 발행, 배서, 보증 등 어음행위는 실제 거래의 수단적 성질을 가지는 것으로서 원인관계

5) 발행(어음법 제1조 2호), 배서(어음법 제12조 제1항) 등은 무조건이어야 하므로 원인관계가 유효할 것을 조건으로 하여서 어음행위를 할 수 없다. 정찬형, 「어음·수표법강의」 제7판(박영사, 2009), 118면; 장덕조, 「상법강의」 제3판(법문사, 2019), 857면.

6) 같은 취지로 김문재, 앞의 논문, 206면; 이철송, 「어음·수표법」 제12판(박영사, 2012), 56면 등 참조.

7) 대상판결 판결요지(1).

에서 완전하게 자유로울 수 없고, 어음행위의 직접 당사자간에서는 원인관계를 반영하는 것이 오히려 타당하기 때문이다.

이 때문에 대상판결은 "어음소지인이 어음상 권리를 행사하는 경우, 자신이 갖는 실제적 이익을 증명하여야 할 필요는 없다(소극)"고 하여 어음행위의 무인성을 인정하면서도, 원인관계의 무효나 취소를 주장하여 이득을 얻으려는 자는 "어음발행의 원인관계가 존재하지 않는다거나 원인채무가 변제 등으로 소멸하였다는 사실을 증명하여야 한다."(대상판결 판결요지(1))고 하면서 원인관계를 반영할 수 있도록 하고 있다. 이 경우 외관을 신뢰하여 어음을 취득한 제3자는 선의취득(어음법 제16조), 인적항변의 절단(어음법 제17조) 등에 의하여 보호된다.

2. 어음행위의 통정허위표시와 증명책임

위의 "1. 어음행위의 무인성"에서는 어음소지인은 원인관계에 영향을 받지 않고 어음상의 권리를 행사할 수 있음을 살펴보았다. 여기에서는 서로 짜고 어음의 발행 등을 가장하거나 통모하는 행위의 효력을 살펴본다. 어음행위의 무인성은 어음행위가 원인관계에 영향을 받는 것을 차단하는 것이지만, 어음행위의 통정허위표시 등은 통정한 어음행위 자체의 효력 문제이다.

(1) 어음행위의 법적 성격과 민 · 상법상 일반규정의 적용

어음행위는 「형식적으로는 기명날인 또는 서명을 요건으로 하는 요식의 서면행위이고, 실질적으로는 어음상의 채무 부담의 원인이 되는 법률행위」를 말한다.[8] 즉, 어음행위는 법률행위의 일종으로서 의사표시를 불가결의 요소로 하기 때문에, 어음행위가 유효하기 위해서는 어음법상 발행, 배서 등 어음행위의 형식적 요건을 구비하고, 그와 더불어 어음행위의 당사자에게 의사능력이 있을 것, 어음행위에 무효나 취소의 사유가 없을 것 등 법률행위의 요건들을 구비하여야 한다. 따라서 어음행위자의 의사표시에 흠결이나 하자가 있는 경우에는 어음행위의 효력도 영향을 받을 수밖에 없다.

그런데 어음행위의 효력에 대해서는 어음법상에 직접적인 규정이 없기 때문에, 의사표시에 하자가 있거나 흠결이 있는 경우의 효력에 대해서는 민법상 비진의 의사표시(민법 제107조), 통정허위표시(민법 제108조), 사기나 강박에 의한 의사표시(민법 제110조) 등의 규정을 준용할 수밖에 없다. 그렇다면 민법상의 규정들을 그대로 적용

8) 김홍기, 「상법강의(4판)」(박영사, 2019), 896면.

할 것인가, 수정하여 적용할 것인가?

이에 대해서 일본에서는 적용부정설과 수정설이 있으나,[9] 어음행위도 민법상의 법률행위의 일종이므로 민법상의 규정들을 원칙적으로 적용하되,[10] 어음행위의 특징을 반영하여 해석할 것이다. 예를 들어, 어음행위는 추상적, 정형적, 무인적인 행위이므로 어음행위 자체는 선량한 풍속 기타 사회질서에 반하거나(민법 제103조), 불공정법률행위(민법 제104조)에 해당할 수 없다.[11] 또한 어음법이나 수표법상의 특칙이 민법에 우선하여 적용되는 것은 당연하다.[12]

대상판결도 "발행인과 수취인이 통모하여 진정한 어음채무 부담 등의 의사 없이 채권 추심이나 강제집행을 회피하기 위하여 형식적으로만 약속어음의 발행을 가장한 경우, 해당 어음발행행위는 통정허위표시로 무효이다."(대상판결 판결요지(2))고 하면서 민법상 통정허위표시 규정을 그대로 적용하고 있다. 즉, 어음행위의 통정허위표시는 당사자간에는 무효이나 선의의 제3자에게는 대항할 수 없다.

(2) 어음행위의 통정허위표시와 증명책임

위와 같이 어음행위의 통정허위표시에도 민법상의 법리가 원칙적으로 적용된다. 그렇다면 어음행위가 통정허위표시인 사실은 누가 증명하여야 하는가?

위에서 살펴본 것처럼 어음행위는 무인행위로서 어음수수의 원인관계로부터 분리하여 다루어져야 하고,[13] 어음소지인은 소지인이라는 사실만으로 어음상의 권리를 행사할 수 있으므로 그가 어떠한 실제적 이익을 가지는지 입증하여야 하는 것은 아니다.[14] 따라서 어음상의 권리를 행사하는 어음소지인은 어음발행의 원인관계가 존재한다는 사실을 입증할 필요는 없고, 해당 어음행위가 통정허위표시로서 무효인지는 민사소송법의 일반원칙상 그 사실을 주장하여 이익을 얻으려는 자가 증명하여야 한다.[15]

대상판결도 "발행인과 수취인이 통모하여 진정한 어음채무 부담 등의 의사 없이

---

9) "적용부정설"은 어음을 인식하고 기명날인 또는 서명하면 어음채무는 유효하게 성립하므로 의사표시의 하자 또는 흠결의 문제는 발생할 여지는 없다고 하고(前田庸, 「手形法 · 小切手法」(有斐閣, 1999), 132面), "수정설"은 민법상 비진의 의사표시, 통정허위표시 등 표시주의에 따른 규정은 어음행위에 그대로 적용되지만, 착오나 강박 등 의사주의에 따른 규정은 어음행위에 대해서는 적용되지 않는다고 한다(平出慶道/神崎克郎/村重慶一, 「手形 · 小切手法」 注解法律學全集25(青林書院, 1997), 24－25面). 자세한 내용은 김문재, 앞의 논문, 209－210면.

10) 같은 취지로 이철송, 「어음 · 수표법」(박영사, 2012), 89면; 정찬형, 앞의 책, 108면.

11) 김홍기, 앞의 책, 902면.

12) 홍복기 · 박세화, 「어음 · 수표법」(법문사, 2017), 31면.

13) 대법원 1997.7.25. 선고 96다52649 판결.

14) 대법원 1998.5.22. 선고 96다52205 판결.

15) 대법원 2006.3.10. 선고 2002다1321 판결.

채권 추심이나 강제집행을 회피하기 위하여 형식적으로만 약속어음의 발행을 가장한 경우, 어음발행행위가 통정허위표시로서 무효인지는 통정허위표시를 주장하는 자에게 있다."(판결요지(2))[16]고 하면서 같은 태도를 취하고 있다. 즉, A회사의 피고에 대한 이 사건 약속어음들의 발행행위가 통정행위로서 무효라는 사실은 강제집행절차를 취소하여 이익을 얻으려는 원고에게 그 입증책임이 있고, 만일 원고가 통정허위표시임을 증명하지 못한 경우에는 이 사건 약속어음들에 기초한 강제집행절차는 유효하다.

3. 대상판결의 검토

어음은 사람들 간에 유통되는 유가증권이므로 어음소지인의 권리를 확보하기 위한 장치가 필요하다. 이를 위하여 어음법은 어음행위독립의 원칙, 인적항변의 절단, 선의취득 등의 장치를 마련하고, 어음소지인은 원인관계에 영향을 받지 않고 어음상의 권리를 행사할 수 있도록 하고 있다.

그러나 어음소지인의 권리는 어음상의 기재에 의하여 추정되는 것이지 확정되는 것은 아니다. 발행, 배서, 보증 등의 어음행위는 법률행위의 일종이고, 원인관계에 바탕하여 행하여지는 것으로서 원인관계에서 완전하게 자유로울 수 없고 직접적인 당사자 간에서는 원인관계를 반영하는 것이 오히려 타당하기 때문이다. 결국 어음행위의 무인성은 배서의 연속 등 외관을 신뢰하여 취득한 자를 보호하는데 적용되고 직접 당사자간에서는 실질관계(원인관계)가 반영되어야 한다.

한편 어음행위는 법률행위의 일종으로서 의사표시를 불가결의 요소로 하기 때문에, 민법상 의사표시에 관한 규정들이 원칙적으로 적용되고, 어음행위가 유효하기 위해서는 법률행위에 요구되는 실질적인 요건들을 구비하여야 한다. 따라서 발행인과 수취인이 진정한 어음채무 부담의 의사 없이 채권을 추심하거나 강제집행을 면탈하기 위하여 약속어음의 발행을 가장하였다면 해당 어음발행행위는 통정허위표시로 무효가 된다. 다만, 해당 어음행위가 통정허위표시임은 그 사실을 주장하여 이익을 얻으려는 자가 증명하여야 한다.

위와 같은 법리를 이 사건에 적용하면, 피고는 어음소지인이라는 사실만으로 어음상의 권리를 행사할 수 있고 실제 어떠한 이익을 가지는 지를 증명하여야 하는 것은 아니다. 따라서 A회사의 피고에 대한 이 사건 약속어음 발행행위가 통정허위표시로서 무효라는 사정은 이를 주장하여 이익을 얻으려는 원고에게 있다. 대법원은 발행

16) 같은 취지로 대법원 2010.6.24. 선고 2010다12852 판결; 대법원 2017.8.18. 선고 2014다87595 판결 등 참조.

경위 등에 비추어 A회사의 피고에 대한 이 사건 약속어음 발행행위는 통정허위표시로 인정되기 어렵다고 판단하였으나, 다른 한편 원고가 A회사와 피고가 채권자의 추심이나 강제집행을 면탈하기 위하여 서로 짜고 약속어음의 발행을 가장한 사실을 입증하였다면 승소할 수 있었다는 뜻이기도 하다.

(김홍기)

3

어음의 위조와 사용자책임

대법원 1994.11.8. 선고 93다21514 판결

Ⅰ. 판결개요

1. 사실관계

소외 Z주식회사는 1990. 10. 27.부터 같은 해 12. 8.까지 사이에 원고 X 상호신용금고로부터 발행인이 A 또는 B로 된 합계 8매의 약속어음을 할인받았다. 그런데 위 어음 중 3매의 약속어음에는 수취인 겸 제1배서인으로 피고 Y(朝鮮貿藥合資會社)가 기재되어 있으나 위 배서는 피고 Y의 총무담당 상무이사인 소외 C가 소외 Z주식회사의 대표이사인 소외 D의 부탁을 받고 Y의 대표사원인 E의 승낙 없이 임의로 하여준 것이다. 한편 D는 나머지 5매의 약속어음에 Y의 명칭에서 약(藥)자가 락(樂)자로 바뀐 朝鮮貿樂合資會社(Y)라는 명판과 朝鮮貿樂合資會社(Y) 대표사원인 E의 대표사원직인을 조각한 후 이를 이용하여 자기가 발행한 수 매의 어음에 위 '朝鮮貿樂合資會社(Y) 대표사원 E'라는 이름으로 된 배서를 위조한 다음 이 어음을 가지고 원고 X 상호신용금고로부터 할인을 받았다. 원고 X의 할인담당직원은 어음에 기명날인된 글자가 '藥'자가 아니고 '樂'자라는 사실을 깨닫지 못하고 각 약속어음을 할인해 주었는데, 그때마다 Y의 경리과 소속 F, G 등에게 Y의 배서 여부를 확인하였다. 그러나 F, G는 Y의 총무담당 상무이사 C로부터 Z가 할인의뢰한 어음에 기재된 Y의 명의의 배서의 진정성립 여부에 관하여 조회가 오면 Y회사가 배서를 하였다고 답변하라는 지시를 받고 이에 따라 거짓 답변을 한 것이고, 결국 X의 할인담당직원은 이를 믿고 위 어음을 할인하여 준 것이다. 그런데 원고 X는 위 8매의 약속어음 중 2매의 약속어음에 대하여는 지급기일 내에 지급제시를 하지 아니하였다.

이에 원고 X는 피고 Y의 담당직원들이 Y회사 명의의 배서가 진정하게 이루어진 것이라고 답변한 행위는 허위사실을 고지하여 원고를 기망한 불법행위에 해당하고 이는 외형상 그들의 직무범위 내라고 주장하며 발행인인 Z에게 지급제시를 함이 없이 Y에게 사용자배상책임을 물었다.

2. 판결요지

원심판결[1)]은 배서가 위조된 약속어음의 소지인이 위조된 어음배서를 진정한 것으로 믿고 그 어음을 취득하기 위하여 금원을 출연함으로써 입은 손해란 배서인에게 소구의무[2)]의 이행을 구할 수 없는 어음을 취득함으로써 입은 손해라 할 것이므로 어음소지인으로서는 적법한 제시기간 내에 제시를 하여 소구권보전절차를 취함으로써 그 소구책임을 물을 수 있는 범위 내에서만 손해를 주장할 수 있을 것이나, 위 각 어음에 대하여 적법한 지급제시 기간 내에 지급제시된 바 없으므로 그 할인금 상당의 손해배상을 구할 수 없다고 판단하였다.

이에 대해 대법원은 "피용자가 어음위조로 인한 불법행위에 관여한 경우에 그것이 사용자의 업무집행과 관련한 위법한 행위로 인하여 이루어졌으면 그 사용자는 민법 제756조에 의한 손해배상책임을 지는 경우가 있고, 이 경우에 사용자가 지는 책임은 어음상의 책임이 아니라 민법상의 불법행위책임이므로 그 책임의 요건과 범위가 어음상의 그것과 일치하는 것이 아니다. 따라서 민법 제756조 소정의 사용자 책임을 논함에 있어서는 어음소지인이 어음법상 소구권을 가지고 있느냐는 등 어음법상의 권리 유무를 따질 필요가 없으므로, 어음소지인이 현실적으로 지급제시를 하여 지급거절을 당하였는지의 여부가 어음배서의 위조로 인한 손해배상책임을 묻기 위하여 필요한 요건이라고 할 수 없고, 어음소지인이 적법한 지급제시기간 내에 지급제시를 하지 아니하여 소구권 보전의 절차를 밟지 않았다고 하더라도 이는 어음소지인이 이미 발생한 위조자의 사용자에 대한 불법행위책임을 묻는 것에 장애가 되는 사유라고 할 수 없다"고 판시하였다.

1) 서울고등법원 1993.3.26. 선고 92나23171 판결.

2) 판례에서는 '소구'라고 표기하고 있으나 어음법의 개정(2010. 3. 31.)에서는 제43조 이하에서 '상환청구'라고 하고 있으므로 이하에서도 판례에서의 표기는 소구를 그대로 사용하지만 그 밖의 기술부분에서는 상환청구라는 표현을 쓰기로 한다.

3. 관련판례

(1) 대법원 2003.1.10. 선고 2001다37071 판결

위조된 약속어음을 취득함으로써 입은 손해는 다른 특별한 사정이 없는 한 이를 취득하기 위하여 현실적으로 출연한 할인금 상당액일 뿐, 그 어음이 진정한 것이었다면 어음소지인이 지급받았을 것이라고 인정되는 그 어음액면 상당액이라고는 할 수 없고, 이러한 법리는 정당한 작성자에 의하여 남발된 약속어음을 할인의 방법으로 취득함으로써 입은 손해의 경우에도 동일하다.

(2) 대법원 1999.1.29. 선고 98다27470 판결

어음상의 배서가 피용자에 의하여 위조된 경우 피위조자인 배서명의인이 사용자로서 부담하는 불법행위책임과 다른 배서인이 부담하는 어음법상의 책임은 각 별개의 독립된 책임으로서 어음소지인으로서는 어음의 발행인이나 다른 배서인에 대하여 어음법상의 권리를 행사할 수 있는지의 여부를 불문하고 피위조자인 배서명의인에 대하여 손해배상청구권을 행사할 수가 있고, 이때 배서가 위조된 어음을 취득함으로써 입은 손해는 그 액면 금액이 아니라 그 어음을 취득하기 위하여 지급한 금원이다.

(3) 대법원 1994.11.22. 선고 94다20709 판결

어음의 할인요청을 받은 자가 할인금을 지급하고 어음을 할인, 취득하였으나 그에 대한 양도배서가 위조된 경우에는 특별한 사정이 없는 한 그 위조된 배서를 믿고 할인금을 지급하는 즉시 그 어음의 액면금 상당이 아닌 그 지급한 할인금 상당액의 손해를 입었다고 할 것이고, 배서인에 대한 소구권행사의 요건을 갖추지 못하였다 하여 위조된 배서를 진정한 것으로 믿고 그 어음취득의 대가로 할인금을 지급한 자에게 손해가 없다고 할 수 없다.

Ⅱ. 판결의 평석

1. 판결의 쟁점

이 판결에서 쟁점은 어음이 위조된 경우에는 그 피위조자는 원칙적으로 어음상의 책임을 지지 않지만, 다만 예외적으로 표현대리에 의한 어음상 책임을 질 수도 있고,

또 어음상의 책임을 부담하지 않는다 하더라도 그 피용자가 어음위조에 관여하는 경우에는 민법상의 사용자책임을 부담할 수 있다. 그런데 어음배서의 위조로 인하여 피고회사의 사용자책임을 물을 때에 어음의 소지인이 그 어음상의 지급제시일까지 적법하게 지급제시를 하여 상환청구권보전절차를 밟아야 하느냐가 문제되었다. 이 점에 관하여 본 판결은 배서위조의 경우에 피위조자에게 사용자책임을 물을 수 있는 요건이 갖추어졌다면 어음소지인이 적법한 지급제시기간 내에 지급제시를 하지 아니하여 상환청구권을 보전하기 위한 절차를 밟지 않았다고 하더라도 이는 어음소지인이 이미 발생한 불법행위책임을 묻는 것에 장애가 되는 사유라고 할 수 없다고 판시하였다.

2. 관련 이론의 검토

(1) 어음 피위조자의 책임

1) 원 칙

피위조자는 누구에 대하여도 책임을 부담하지 않는다. 즉 위조의 항변은 물적항변 사유이므로 어음 소지인의 선의·악의를 불문하고 누구에게나 대항할 수 있다.[3] 그러나 예외적으로 다음과 같이 피위조자에게 위조에 관한 귀책사유가 있는 때에는 어음거래의 안전을 위하여 표현대리의 규정에 따라 책임을 지는 경우가 있고, 이와 별도로 민법 제756조에 따라 손해배상책임을 지는 경우가 있다. 그 밖에 피위조자가 위조의 어음행위를 추인할 수 있는가가 문제되는데, 만일 이를 긍정한다면 위 세 가지 경우에는 예외적으로 어음상 또는 민사상 책임을 지게 된다.

2) 예 외

피위조자는 예외적으로 위조어음을 추인한 경우 및 피위조자 자신에게 귀책사유가 있는 경우 책임을 진다.

(가) 추인에 의한 책임

위조된 어음을 추인할 수 있느냐에 관하여는 무권대리인의 추인에 관해서는 민법의 규정이 있으나(민법 제130조, 제133조), 어음의 경우 그러한 규정이 없으므로 견해가 대립한다. 다수설인 긍정설에서는, 첫째 어음의 무권대리와 위조는 대리방식을 취하였느냐 대행방식을 취하였느냐의 차이밖에 없고, 둘째 행위자의 의사에 비추어 볼

---

3) 대법원 1965.10.19. 선고 65다1726 판결(약속어음을 다른 사람이 그 기명날인을 위조하여 발행한 경우에 있어서는 그 발행인으로서 표시된 사람은 그 약속어음의 발행인으로서의 의무를 부담하지 않는다); 同旨: 대법원 1992.7.28. 선고 92다18535 판결.

때 무권대리의 경우도 반드시 본인을 위한다고 할 수 없을 뿐만 아니라 어음상의 표시에서 보면 위조의 경우가 무권대리의 경우보다도 더욱 명료하게 본인을 위한 것으로 되어 있으며, 셋째 위조의 추인은 피위조자, 어음소지인, 위조자의 의사에 반하지 않는다는 점을 들어 추인을 긍정한다.[4] 반면 부정설에서는, 첫째 타인을 위한 의사가 없으며, 둘째 어음법상 근거규정이 없고, 셋째 위조는 절대적 무효이고 비윤리적인 것으로 추인을 인정할 수 없다고 한다.[5]

(나) 표현책임

어음의 위조의 경우에도 표현대리에 관한 민법의 규정을 유추적용하여 피위조자의 어음상 책임을 인정할 수 있다고 보는 것이 통설이다. 대법원 판례에 의하면 피위조자의 표현책임이 인정되는 경우는 주로 다른 사람이 권한 없이 직접 본인 명의로 기명날인하여 어음행위를 한 경우에도 제3자가 그 다른 사람에게 그와 같은 어음행위를 할 수 있는 권한이 있는 것이라고 믿을만한 사유가 있고, 본인에게 책임을 질만한 사유가 있는 경우에는 거래의 안전을 위하여 표현대리에 있어서와 같이 본인의 책임이 인정된다고 한다.[6]

(다) 사용자배상책임

피용자에 의하여 어음이 위조된 경우에는 민법 제756조에 의하여 피위조자가 사용자로서 손해배상책임을 지는 경우가 많다. 예컨대, 회사의 직원이 자신의 개인적 채무를 변제하기 위하여 대표이사의 기명날인 또는 서명을 도용하여 어음을 발행하거나 배서하는 경우, 피용자(위조자)의 위조행위는 예외 없이 불법행위가 될 것이므로(민법 제750조) 피위조자가 사용자배상책임(민법 제756조)을 져야 할 경우가 있다(통설). 그리하여 소지인은 피위조자에게 어음상의 책임을 물을 수 없는 경우 사용자배상책임에 의해 손해를 전보받을 수 있을 것이며, 어음상의 책임을 물을 수 있다면 선택적으로 사용자배상책임을 물을 수 있다.[7] 그러나 이때의 피위조자 책임은 어음상 책임이 아닌 일종의 불법행위책임이므로 어음상의 책임과는 다르다. 따라서 어음소지인의 손해액이 어음금액의 상당액이면 동일한 결과가 되나, 만일 어음소지인이 어음

4) 김홍기, 상법강의, 박영사, 2015, 930면; 양승규, 어음・수표법, 삼지원, 1994, 146면; 이기수・최병규, 어음・수표법, 제6판, 박영사, 2006, 156－157면; 이철송, 어음・수표법, 제13판, 박영사, 2014, 143면; 정동윤, 상법(하), 제4판, 법문사, 2011, 100면; 정찬형, 상법강의(하), 제17판, 박영사, 2015, 112－113면; 최준선, 어음・수표법, 제9판, 2013, 135－136면 외.

5) 서돈각・정완용, 상법강의(하), 제4전정, 법문사, 1996, 89면; 손주찬, 상법(하), 제11정 증보판, 박영사, 2005, 102면.

6) 대법원 1969.9.30. 선고 69다964 판결; 대법원 2000.3.23. 선고 99다50385 판결.

7) 김홍기, 전게서, 931면; 이철송, 전게서, 146면.

을 할인하여 준 경우라면 그가 어음채무자에게 청구할 수 있는 금액은 어음금액이 아닌 할인금액이며, 어음소지인에게 과실이 있는 경우 과실상계가 허용된다.[8)]

한편, 어음행위 중 배서가 위조된 경우에 어음소지인이 지급제시기간 내에 지급제시를 하지 못하여 상환청구권을 상실한 때에도 배서를 위조한 자의 사용자에 대하여 손해배상책임을 물을 수 있는지가 문제된다.[9)] 과거의 판례에서는 어음소지인이 상환청구권을 보전하기 위한 절차를 해태하여(지급제시기간 내에 지급제시를 하지 아니하고 지급거절증서를 작성하지 아니한 것) 상환청구권을 상실한 경우에는 그의 손해가 피용자의 위조와의 사이에 인과관계가 없다는 이유로 피위조자의 책임을 부정하였다(상환청구권보전절차 필요설; 부정설).[10)]

3. 대상판결의 검토

판례는 어음이 위조된 경우에 피위조자는 원칙적으로 책임을 부담하지 않으나 예외적으로 피위조자의 피용자가 어음위조에 관여하는 경우에 그것이 사용자의 업무집행과 관련한 위법한 행위로 인하여 이루어졌으면 그 사용자는 민법 제756조에 의한 손해배상책임을 지는 경우가 있다고 보았다. 그러나 이 경우에 사용자가 지는 책임은 어음상의 책임이 아니라 민법상의 불법행위 책임이므로 그 책임의 요건과 범위가 어음상의 그것과 일치하지 않는다고 보았다. 따라서 민법 제756조 소정의 사용자책임을 논함에 있어서는 어음소지인이 어음법상 상환청구권을 갖고 있느냐 등 어음법상 권리유무를 따질 필요가 없을 뿐만 아니라, 어음소지인으로서는 위조된 배서를 진정한 것으로 믿고 할인금을 지급하는 즉시 그 할인금 상당의 손해를 입었다고 할 것이므로 그 후에 어음소지인이 현실적으로 지급제시를 하여 지급거절을 당하였는지 여부가 어음배서의 위조로 인한 손해배상책임을 묻기 위하여 필요한 요건이라고 할 수 없고, 어음소지인이 적법한 지급제시기간 내에 지급제시를 하지 아니하여 상환청구권

---

8) 표현대리가 성립하는 경우 본인은 과실상계를 주장할 수 없는 것과 구별된다(대법원 1996.7.12. 선고 95다49554 판결 참조).

9) 예컨대 위조어음의 취득자가 어음상의 권리를 행사하지 않고도 사용자에 대하여 손해배상을 청구를 할 수 있는가 하는 것으로, 어음상의 권리를 취득하지 못하게 된 것이 사용자책임에서의 손해라고 한다면 지급기일에 지급제시를 하여 지급거절이 된 점을 입증하지 못하여 손해가 발생하였다고 할 수 없을 것이므로 손해의 유무를 밝히기 위하여 어음상의 권리가 존재하는지, 그 권리를 먼저 적법하게 행사하였는지 여부를 따져야 할 것이라고 한다(대법원 1992.6.12. 선고 91다40146 판결).

10) 대법원 1974.12.24. 선고 74다808 판결(약속어음 소지인이 지급제시기간을 경과한 관계로 발행인의 지급거절로 손해를 입었다고 하더라도 소지인은 어음법 제77조 제1항 제4호, 제53조 제1항의 규정에 의하여 배서인 등에 대한 소구권을 상실하므로 그 손해는 배서부분을 위조한 피용자의 행위와 이해관계가 없으니 배서인에게 사용자책임을 물을 수 없다).

을 보전하기 위한 절차를 밟지 않았다고 하더라도 이는 어음소지인이 이미 발생한 위조자의 사용자에 대한 불법행위책임을 묻는 것에 장애가 되지 않는다고 판시하였다(상환청구권 보전절차불요설; 긍정설). 배서가 위조된 경우에 어음소지인이 피위조자에게 사용자배상책임을 물을 수 있는 권리는 어음상의 권리가 아니라 민법상 불법행위책임의 일종이라고 본다면 어음소지인은 피위조자인 사용자에 대하여 상환청구권을 상실하더라도 원인관계에서 사용자배상책임을 물을 수 있다고 보아야 할 것이다. 만일 그렇지 않으면 어음의 만기 이전에 그 배서가 위조된 것이 밝혀지더라도 어음소지인으로서는 어음법상 책임을 부담하지 않는 불법행위자의 사용자에 대한 관계에 있어서도 만기까지 기다려 적법한 지급제시를 하여야만 위조로 인한 사용자책임을 물을 수 있게 될 것이다. 따라서 판지에 찬동한다.

(맹수석)

4

융통어음(수표)의 성질과 재차(再次)사용의 항변

대법원 2001.12.11. 선고 2000다38596 판결

Ⅰ. 판결개요

1. 사실관계

(1) 1차 차용

서울건업(주)의 대표이사인 A는 1994. 11. 28. X로부터 금 1억원을 차용하면서 서울건업 발행의 발행일 및 발행지 각 백지, 액면금 1억원으로 기재된 소지인출급식 수표를 발행・교부하여 주었다(이하 '1차 차용'이라고 한다). 당시 Y는 A, B 등과 함께 보증의 의미로 위 수표의 뒷면에 서명날인하였다.[1)]

서울건업은 1995. 9. 28. X에게 원금 1억원을 변제하면서 해당 수표를 회수하고 그와 같은 사실을 Y에게 통지하였다.

(2) 2차 차용

A는 서울건업의 자금사정이 어려워지자 회수 후 보관하고 있던 위 수표를 다시 사용하기로 하고, 1996. 1. 25. B를 통하여 X에게 위 수표를 교부하면서 금 1억원을 다시 차용하였다(이하 '2차 차용'이라고 한다). 이때 X는 B에게 Y도 2차 차용사실을 아는지를 확인하였고 B는 Y도 알고 있다고 대답하였으나, 사실은 A가 2차 차용사실을 Y에게 알리지 아니하고 임의로 위 수표를 다시 사용하였다.

(3) 어음소지인의 어음금소송제기

서울건업은 1997. 11. 27.자로 부도가 발생하였다. X는 1997. 12. 9.경 위 수표의

1) 서술을 위해서 일부 사실관계를 생략하였다.

발행일을 1997. 12. 9.로 보충한 다음, 1997. 12. 13. 지급제시하였으나 무거래를 이유로 지급이 거절되자, Y를 상대로 이 사건 수표금 청구를 제기하였다.

대법원 2001.12.11. 선고 2000다38596 판결

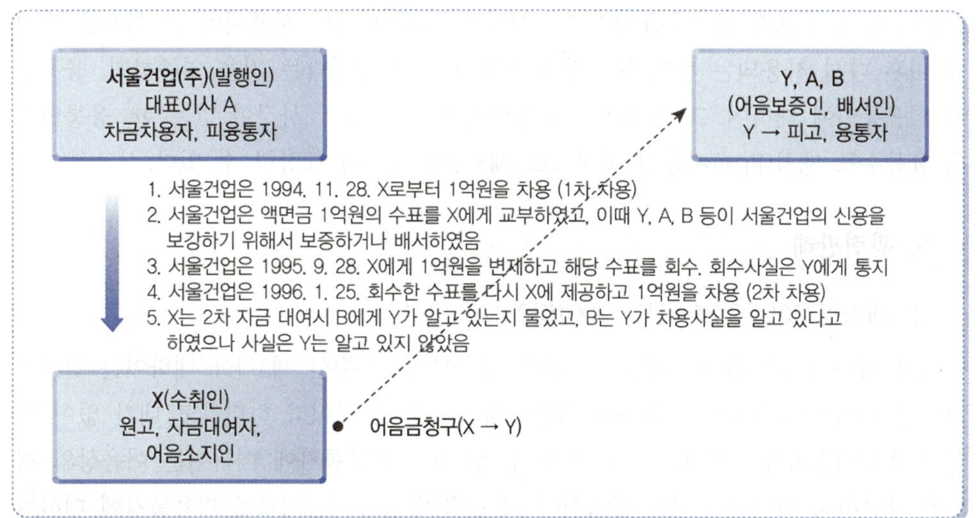

(4) 원심의 판단[2)]

원심은 X의 수표금 청구를 인용하였다.

원심은 Y가 수표소지인(X)에게 대항하기 위하여서는 수표소지인(X)이 수표채무자(Y)를 해할 의사가 있어야 하지만, 이 사건에 있어서 X는 대가관계 없이 수표를 취득한 것도 아니고, 2차 자금을 대여하면서 B를 통하여 Y가 2차 차용사실을 알고 있는지를 확인하였으므로 X에게 해의가 있었다고 보기도 어렵다고 판단하였다.

2. 판결요지

대법원은 원심판결을 파기환송하였다.

융통인(Y)이 피융통인(서울건업)에게 신용을 제공할 목적으로 수표에 배서한 경우, 특별한 사정이 없는 한 융통인과 피융통인 사이에 당해 수표에 의하여 자금융통의 목적을 달성한 때는 피융통인이 융통인에게 지급자금을 제공하든가 혹은 당해 수표를 회수하여 융통인의 배서를 말소하기로 합의한 것이라고 보아야 할 것이므로, 피융

2) 춘천지방법원 2000.6.28. 선고 99나5457 판결.

통인이 당해 수표를 사용하여 금융의 목적을 달성한 다음 이를 반환받은 때에는 위 합의의 효력에 의하여 피융통인은 융통인에 대하여 융통인의 배서를 말소할 의무를 부담하고, 이것을 다시 금융의 목적을 위하여 제3자에게 양도하여서는 아니 된다.

그럼에도 불구하고 피융통인(서울건업)이 이를 다시 제3자(X)에게 사용한 경우, 융통인이 당해 수표가 융통수표이었고, 제3자가 그것이 이미 사용되어 그 목적을 달성한 이후 다시 사용되는 것이라는 점에 관하여 알고 있었다는 것을 입증하면, 융통인이 피융통인에 대하여 그 재사용을 허락하였다고 볼 만한 사정이 없는 한, 융통인은 위 융통수표 재차(再次)사용의 항변으로 제3자에 대하여 대항할 수 있다.

3. 관련판례

(1) 대법원 2001.8.24. 선고 2001다28176 판결

융통어음의 발행자는 피융통자로부터 그 어음을 양수한 제3자에 대하여는 선의이거나 악의이거나, 또한 그 취득이 기한후배서에 의한 것이라 하더라도 대가 없이 발행된 융통어음이라는 항변으로 대항할 수 없으나, 피융통자에 대하여는 어음상의 책임을 부담하지 아니한다. 어음발행인이 그 어음이 융통어음이므로 피융통자에 대하여 어음상의 책임을 부담하지 아니한다고 항변하는 경우 융통어음이라는 점에 대한 입증책임은 어음발행자가 부담한다.

(2) 대법원 1996.5.14. 선고 96다3449 판결

어떠한 어음이 융통어음에 해당하는지는 당사자의 주장만에 의할 것은 아니고 구체적 사실관계에 따라 판단하여야 하는데, 어음의 발행인이 할인을 의뢰하면서 어음을 교부한 경우, 이는 원인관계 없이 교부된 어음에 불과할 뿐이고 악의의 항변에 의한 대항을 인정하지 아니하는 이른바 융통어음이라고 할 수는 없다.

(3) 대법원 1995.1.20. 선고 94다50489 판결

피융통자가 융통어음과 교환하여 그 액면금과 같은 금액의 약속어음을 융통자에게 담보로 교부한 경우에 있어서는 융통어음을 양수한 제3자가 양수 당시 그 어음이 융통어음으로 발행되었고 이와 교환으로 교부된 담보어음이 지급거절되었다는 사정을 알고 있었다면, 융통어음의 발행자는 그 제3자에 대하여도 융통어음의 항변으로 대항할 수 있다.

(4) 대법원 1979.10.30. 선고 79다479 판결

타인의 금융 또는 채무담보를 위하여 약속어음(이른바 융통어음)을 발행한 자는 피융통자에 대하여 어음상의 책임을 부담하지 아니하나, 그 어음을 양수한 제3자에 대하여는 선의이거나 악의이거나, 또한 그 취득이 기한후배서에 의한 것이었다 하더라도 대가없이 발행된 융통어음이었다는 항변으로 대항할 수 없다.

Ⅱ. 판결의 평석

1. 융통어음(수표)[3]의 개념과 융통계약

(1) 융통어음의 개념

융통어음은 좁은 의미에서는 자금융통의 목적으로 어음을 발행(기본적 어음행위)하는 것만을 의미하지만, 넓은 의미에서는 자금융통을 목적으로 인수·배서·보증 등의 어음행위를 하는 경우를 모두 포함한다.[4]

판례는 “융통어음은 상업어음과는 달리 상거래에 기하지 않고 단지 타인으로 하여금 어음에 의하여 제3자로부터 금융을 얻게 할 목적으로 수수되는 어음을 말한다”[5]고 서술하는데, 이는 융통어음의 개념을 폭넓게 파악한 것이다. 이 사건 대상판결도 융통수표의 개념을 폭 넓게 파악하고 있다. 자금융통을 위해서 배서인들(Y, A, B 등)[6]이 배서한 것도 융통수표라고 부르고 있기 때문이다.

(2) 융통계약

융통자와 피융통자 사이에는 명시적 또는 묵시적으로 융통계약이 존재한다. 융통계약은 일반적으로 ① 피융통자가 만기까지 어음을 융통목적에 이용할 수 있도록 하는 내용의 신용제공의 합의와 ② 피융통자가 어음의 지급기일까지 어음금 결제자금을 마련하여 융통자에게 제공하거나 융통을 받지 못할 경우 어음을 회수하여 반환하는 내용으로 구성된다.[7] 이 사건의 경우에도 대법원은 “특별한 사정이 없는 한 융통

---

3) 이 사건은 융통수표에 관한 것이지만 대부분의 논의와 판례가 융통어음을 중심으로 이루어지고 있고, 어음관계는 수표관계에도 기본적으로 적용되므로 아래에서는 융통어음을 위주로 설명한다.

4) 김홍기, 상법강의, 박영사, 2018, 962면.

5) 대법원 1996.5.14. 선고 96다3449 판결.

6) 위의 사례에서 융통자는 배서인(Y, A, B)이고, 피융통자는 수표발행인(서울건업)이다.

7) 이홍권, “융통어음의 항변,” 상사판례연구 제Ⅲ권, 박영사, 1996, 206면.

인과 피융통인 사이에는 당해 수표에 의하여 자금융통의 목적을 달성한 때는 피융통인이 융통인에게 지급자금을 제공하든가 혹은 당해 수표를 회수하여 융통인의 배서를 말소하는 합의(가 포함되어 있다)"고 판단하고 있다(위 Ⅰ.2. 판결요지 참조).

2. 융통어음 항변의 성질과 효력

(1) 어음상 권리의 행사와 융통어음의 항변

어음항변은 어음채무자로서 청구를 받은 자가 어음금 청구자에게 제출할 수 있는 일체의 방어방법을 말한다. 이는 민법상 일반적인 항변의 법리와 같다. 다만, 어음항변은 그 효력에 따라서 물적항변과 인적항변으로 구분되는데, 물적항변은 어음채무자가 '모든 어음소지인'에 대해서 대항할 수 있는 항변을 가리키고, 인적항변은 어음채무자가 '특정한 어음소지인'에 대해서만 대항할 수 있는 항변을 가리킨다. 양자를 구분하는 실익은 인적항변에 한하여 어음항변이 제한(절단)되기 때문이다(어음법 제17조). 이와 관련하여 융통어음의 항변이 인적항변에 해당하는지, 그 효력은 어떠한지가 문제된다.

(2) 융통어음 항변의 성질

1) 학설의 태도

다수설은 융통어음의 항변을 어음법 제17조에 해당하는 인적항변의 일종으로 본다. 다만, 통상적인 인적항변과는 달리 융통어음이 제3자에게 양도된 경우에는 제3자가 그러한 사정을 알았더라도 어음법 제17조의 "어음채무자를 해할 것을 알고" 취득한 것이라고 볼 수 없으므로 어음채무자는 지급을 거절할 수 없다고 한다.[8)]

그러나 융통어음의 항변은 엄밀한 의미에서는 인적항변이 아니라는 설명들도 있다. 구체적으로 (i) 융통어음은 배제불요의 항변이지 인적항변은 아니라는 견해,[9)] (ii) 어음채무자는 융통어음의 항변은 당사자간에서만 주장할 수 있고 어떠한 경우에도 제3자에 대해서는 주장할 수 없는 점에서 어음항변의 어디에도 속하지 않는다는 견해[10)]가 있다. 융통어음의 항변은 피융통자에게만 대항할 수 있고 제3자에게는 그 선의와 악의에 관계없이 승계되지 않기 때문에 일반적인 인적항변과는 다르다고 한다.

---

8) 김문재, 어음·수표법, 동방문화사, 2013, 389면; 김홍기, 전게서, 963면; 양명조, 어음·수표법, 법문사, 2006, 302면; 최준선, 어음·手票法, 삼영사, 2013, 186면.

9) 배제불요의 항변이란 성질상 항변의 제한 또는 배제가 필요하지 않은 항변을 가리키며, 이 경우에는 어음소지인은 항변이 존재하더라도 어음금을 청구할 수 있다고 한다. 정동윤, 어음·수표법, 법문사, 2004, 185면.

10) 정찬형, 어음·수표법강의, 박영사, 2009, 619면.

2) 판례의 태도

판례는 융통어음을 취득한 제3자가 선의이거나 악의이거나에 관계없이, 융통자는 피융통자에 대한 융통어음의 항변으로 그 어음을 취득한 제3자에게 원칙적으로 대항할 수 없다[11]고 한다. 다만 ① 융통어음이 재차(再次)사용된 경우,[12] ② 제3자가 양수 당시 융통어음과 교환으로 교부된 담보어음의 지급거절 사실 등을 알고 있었던 경우[13] 등 융통어음의 발행과 관련하여 특별한 사정이 있고, 제3자가 그러한 사정을 알고서 그 어음을 취득한 경우에는 어음법 제17조 단서 해의의 항변으로 대항할 수 있다고 한다.

(3) 융통어음 항변의 효력

위와 같이 융통어음 항변의 성질에 대해서는 견해가 나뉘지만, 융통자는 제3자가 융통어음인 것을 알고서 취득하였다는 사실만으로는 대항할 수 없다. 이에 대해서는 학설과 판례가 일치하고 있다.

3. 대상판결의 검토

(1) 인적항변으로서의 융통어음 항변

융통어음을 피융통자가 소지하고 있는 동안에는 피융통자가 비록 만기에 어음금을 지급청구를 하더라도 융통자는 이를 거절할 수 있다.[14] 이러한 측면에서는 융통어음의 항변은 인적항변의 일종이다. 어음채무자(융통자)가 특정한 어음소지인(피융통자)에 대해서만 대항할 수 있는 항변이기 때문이다. 다만 통상적인 인적항변과는 달리, 제3자가 융통어음인 사정을 알고서 그 어음을 취득하였어도 그것은 채무자(융통자)를 해(害)할 것을 알고 어음을 취득한 것으로 볼 수는 없고(어음법 제17조), 융통자는 어음금 지급을 거절할 수 없다. 그 이유는 융통자는 피융통자의 자금융통을 위하여 자신이 지급책임을 부담할 가능성을 감내하고 융통어음을 발행하거나 배서·보증한 것이기 때문이다.

그러나 융통어음이라고 하여서 어음법 제17조 단서의 해의의 항변이 언제나 배제되는 것은 아니다. 융통어음의 발행 등과 관련하여 자금융통의 목적을 넘어서는 특별

11) 대법원 1979.10.30. 선고 79다479 판결.
12) 대법원 2001.12.11. 선고 2000다38596 판결.
13) 대법원 1995.1.20. 선고 94다50489 판결.
14) 이는 좁은 의미의 융통어음을 전제로 한 설명이다. 약속어음의 배서인이 융통자이고 발행인이 피융통자인 경우에는 발행인이 배서인을 상대로 어음금청구를 한다는 것은 상정하기 어렵기 때문이다.

한 사정이 있고, 제3자가 그러한 사정을 알고서 그 어음을 취득하였다면 해의가 인정될 수 있다. 이러한 경우에는 채무자(융통자)는 어음법 제17조 단서의 해의의 항변으로 융통어음을 취득한 제3자에게 대항할 수 있다.

(2) 융통어음의 재차(再次) 사용은 어음법 제17조 단서의 해의의 항변사유에 해당

위와 같이 융통어음의 발행 등과 관련하여 자금융통의 목적을 넘어서는 특별한 사정이 있고, 제3자가 그러한 사정을 알고서 그 어음을 취득하였다면 해의가 인정될 수 있다. 이 사건의 경우 해당 융통어음이 재차 사용되는 특별한 사정이 있고, X는 그러한 사정을 알면서도 융통어음을 취득한 것이므로 어음법 제17조 단서의 어음 소지인(X)이 그 채무자(Y)를 해할 것을 알면서도 어음을 취득한 경우에 해당한다.

그 이유는 융통자와 피융통자 사이에서는 당해 융통어음(수표)에 의해서 자금융통의 목적을 달성한 이상 피융통자가 당해 어음(수표)을 회수하여 융통자에게 반환하거나 융통자의 배서를 말소하는 내용의 명시적 또는 묵시적인 융통계약이 존재한다고 볼 것이고, 피융통자가 융통자의 허락을 받지 않고 융통어음을 다시 사용하는 것은 당초 융통어음이 발행된 자금융통의 목적을 넘어서는 것이기 때문이다. 즉, 이 사건에서는 어음소지인(X)에게 해의가 인정된다. 대상판결에 찬성한다.

(김홍기)

5

제3자의 항변(2중무권의 항변)

대법원 2003.1.10. 선고 2002다46508 판결

Ⅰ. 판결개요

1. 사실관계

Y(피고)는 소외 A에게 이 사건 각 어음을 발행하고, A는 B에게, B는 X(원고)에게 이 사건 각 어음을 순차 배서, 양도하였다. 이 사건 각 어음이 지급기일에 지급제시되었으나 모두 지급거절되고, X가 이 사건 어음을 회수하여 소지하고 있었다. 그 후 Y는 1998. 5. 25. 서울지방법원 동부지원 97거15호로 화의개시결정을 받은 다음, 1998. 8. 3. 화의인가결정을 받고 위 인가결정이 1998. 8. 24. 확정되었는데, 화의조건 제2항은, 금융기관 이외의 자에 대한 화의채권 중 1,000만원을 초과하는 채권은 화의인가결정 확정일로부터 24개월 동안 매 3개월마다 균등 분할하여 말일에 상환하며, 기발생이자 및 장래발생이자는 면제받는다고 규정하고, 화의조건 제6항은, 제2항의 지급이 이행되면 화의채권자는 나머지 이자 및 손해배상금의 지급을 면제한다고 규정하고 있다. X는 이 사건 어음의 소지인으로서 발행인인 Y에게 이 사건 어음금 571,868,560원 및 이에 대한 지연손해금의 지급을 구하였다. 이에 대하여 Y는 이 사건 어음과 상환하지 아니한 채 B에게 이 사건 어음금 및 이에 대한 이자를 모두 지급하였으나, 소외 B는 X에게 이 사건 어음금에 대한 변제조로 그중 일부인 합계 292,368,410원만 지급하였으므로 Y는 소외 B에 대한 자신의 인적항변으로써 X에게 대항하여 어음금의 지급을 거절하였다.

이에 대하여 원심[1]에서는 Y가 이 사건 각 어음과 상환하지 아니한 채, B에게 이 사건 어음금 및 이에 대한 이자를 모두 지급하고, B는 X에게 이 사건 어음금에 대한

---

1) 서울고등법원 2002.7.12. 선고 2001나45548 판결.

변제조로 292,368,410원을 지급한 사실을 인정하면서, Y의 주장은 292,368,410원의 범위 내에서 이유 있으므로 Y는 X에게 그 나머지 어음금 279,500,110원(571,868,560원−292,368,410원)을 지급할 의무가 있다고 판단하였다.

2. 판결요지

어음에 의하여 청구를 받은 자는 종전의 소지인에 대한 인적 관계로 인한 항변으로써 소지인에게 대항하지 못하는 것이 원칙이지만, 이와 같이 인적항변을 제한하는 법의 취지는 어음거래의 안전을 위하여 어음취득자의 이익을 보호하기 위한 것이므로 자기에 대한 배서의 원인관계가 흠결됨으로써 어음소지인이 그 어음을 소지할 정당한 권원이 없어지고 어음금의 지급을 구할 경제적 이익이 없게 된 경우에는 인적항변 절단의 이익을 향유할 지위에 있지 아니하다고 보아야 할 것이다.

어음의 배서인이 발행인으로부터 지급받은 어음금 중 일부를 어음 소지인에게 지급한 경우, 어음소지인은 배서인과 사이에 소멸된 어음금에 대하여는 지급을 구할 경제적 이익이 없게 되어 인적항변 절단의 이익을 향유할 지위에 있지 아니하므로 어음의 발행인은 그 범위 내에서 배서인에 대한 인적항변으로써 소지인에게 대항하여 그 부분 어음금의 지급을 거절할 수 있다.

3. 관련판례

(1) 대법원 2012.11.15. 선고 2012다60015 판결

어음에 의하여 청구를 받은 자는 종전의 소지인에 대한 인적 관계로 인한 항변으로써 소지인에게 대항하지 못하는 것이 원칙이지만, 이와 같이 인적항변을 제한하는 법의 취지는 어음거래의 안전을 위하여 어음취득자의 이익을 보호하기 위한 것이므로 자기에 대한 배서의 원인관계가 흠결됨으로써 어음소지인이 그 어음을 소지할 정당한 권원이 없어지고 어음의 지급을 구할 경제적 이익이 없게 된 경우에는 인적항변 절단의 이익을 향유할 지위에 있지 아니하다고 보아야 한다.

(2) 대법원 1987.12.22. 선고 86다카2769 판결

특정채권담보용으로만 사용한다는 조건으로 甲이 乙에게 약속어음을 발행하고 어음소지인인 丙 역시 그러한 사정을 알면서 특정채무의 담보용으로만 사용한다는 조건으로 수취인인 乙로부터 위 약속어음을 배서양도 받았다가 위 약속어음으로 담보된 채무가 모두 이행되어 피담보채권이 모두 소멸되었다면 丙은 특단의 사정이 없는 한 乙에게 그 어음을 반환할 의무가 있을 뿐, 甲에게 어음상의 권리를 행사할 수 없다 할 것이므로 이러한 사유는 甲도 丙에게 대항할 수 있는 항변사유가 된다고 할 것이다.

(3) 대법원 1984.1.24. 선고 82다카1405 판결

어음행위는 무인행위로서 어음수수의 원인관계로부터 분리하여 다루어져야 하고 어음은 원인관계와 상관없이 일정한 어음상의 권리를 표창하는 증권이라 할 것인바, 원인채무가 변제된 백지약속어음을 소지함을 기화로 이를 부당보충하여 실질적 원인관계 없이 배서양도하였다 하더라도 무인성의 법리에 비추어 그 양수인의 약속어음금청구가 바로 신의성실의 원칙에 어긋나는 것으로서 권리남용에 해당한다고 볼 수 없다.[2)]

Ⅱ. 판결의 평석

1. 판결의 쟁점

대상판결은 어음소지인이 자기에 대한 배서의 원인관계가 흠결됨으로써 그 어음을 소지할 정당한 권원이 없어지고 어음금의 지급을 구할 경제적 이익이 없게 된 경우 인적항변의 절단을 인정할 수 있는가 하는 점이 쟁점이었다. 즉 어음의 발행인이 원인관계 및 배서의 원인관계의 소멸을 이유로 어음소지인에 대하여 자신의 인적항변을 주장할 수 있느냐 하는 점인데, 이는 이른바 제3자의 항변 가운데 2중무권의 항변에 관한 문제이다. 법원은 판결요지와 같이 최초의 어음채무자인 Y가 자신의 후자 B에 대한 항변을 원용하여 어음소지인 X의 청구를 거절할 수 있다고 함으로써 결론적으로 2중무권의 항변을 인정하고 있다. 이는 어음행위의 무인성만을 강조한 나머지 당사자의 권리구제를 소홀히 한 종래의 입장을 변경하여 형평의 관점 내지는 권리남용의 제한이라는 측면에서 판시한 점에서 의미가 있다 할 것이다.

---

2) 이는 어음의 무인성을 중시하여 2중무권의 항변부인론의 입장에 선 판결이다. 이와 같은 취지로 판시한 것으로 대법원 1997.7.25. 선고 96다52649 판결(어음행위는 무인행위로서 어음수수의 원인관계로부터 분리하여 다루어져야 하고 어음은 원인관계와 상관없이 일정한 어음상의 권리를 표창하는 증권이라 할 것인바, 원인채무가 이미 변제된 약속어음을 소지함을 기화로 그 발행인을 상대로 어음금 청구를 하였다 하더라도 어음행위의 무인성의 법리에 비추어 그 소지인의 어음금 청구가 바로 신의성실의 원칙에 어긋나는 것으로서 권리의 남용에 해당한다고 볼 수는 없다) 등이 있다.

2. 제3자의 항변의 의의와 종류

어음의 인적항변은 원칙적으로 그 어음채무자만 주장할 수 있고 다른 어음채무자는 이를 원용할 수 없으며, 항변사유의 당사자가 아닌 소지인은 전자에 대한 항변으로 대항 받지 아니한다. 그러나 그와 같은 원칙만을 고집하면 오히려 불공정한 결과를 가져올 수 있기 때문에 예외적으로 항변사유의 당사자가 아니더라도 인적 항변을 인정해야 하는 경우가 있다. 그러한 것으로는 어음채무자가 항변사유의 당사자이나 소지인이 항변사유의 당사자가 아닌 경우와, 반대로 어음채무자가 항변사유의 당사자가 아니나 소지인이 항변사유의 당사자인 경우가 있다. 전자의 경우를 악의의 항변(어음법 제17조 단서, 제77조 제1항 제1호, 수표법 제22조 단서)이라 하고, 후자의 경우를 제3자의 항변이라 한다. 제3자의 항변 유형에는 후자의 항변, 전자의 항변, 2중무권의 항변 등이 있다.

제3자의 항변을 인정할 것인지, 인정한다면 그 근거는 무엇인지에 대하여 학설이 나뉘어 있으나,[3] 우리나라의 통설은 제3자의 항변을 인정하는 근거를 권리남용론에서 구한다.[4] 즉 어음행위는 원인관계의 영향을 받지 아니하는 무인행위이나, 배서인과 피배서인인 소지인간의 원인관계가 무효 · 취소 · 부존재 · 불법인데도 소지인이 어음을 반환하지 아니하고 자기가 보유하고 있는 것을 기화로 자기의 형식적 권리를 이용하여 어음금의 지급을 청구하는 것은 권리의 남용이 되기 때문에 소지인의 어음상의 권리의 행사를 인정할 수 없다는 것이다.

3. 2중무권의 항변의 인정 여부

2중무권의 항변은 어음의 교부가 두 단계에 걸쳐 연속적으로 이루어진 경우, 2중

---

3) 제3자의 항변의 인정근거에 대한 여러 견해 가운데 (i) 인적항변의 개별성론에 의하면 어음채무자의 인적항변은 각 어음행위자가 자기의 원인관계에 기하여 주장하는 것이므로 직접 당사자간에서만 인적항변으로 주장할 수 있고, 타인의 인적항변을 원용할 수 없다고 하므로 제3자의 항변을 부인하게 된다. (ii) 권리남용론에 의하면 어음소지인이 어음을 소지할 하등의 정당한 권한이 없어 어음상의 권리를 행사할 실질적 이유가 없음에도 불구하고 어음을 반환하지 않고 자기가 어음을 소지하고 있는 것을 기화로 자기의 형식적 권리를 이용하여 어음채무자에게 어음상 권리를 행사하는 것은 권리남용이 되므로 어음채무자는 자기의 항변이 아니지만 타인의 항변을 원용할 수 있다고 한다(통설). (iii) 교부유인론에 의하면 어음행위를 권리의 발생면과 권리의 이전면으로 나누어 권리의 발생은 무인행위로 이루어지나 권리의 이전은 유인행위이므로 배서의 원인관계가 소멸한 것은 당사자에게만이 아니고 제3자도 주장할 수 있는 것이므로 어음채무자도 자기의 후자 또는 전자의 항변사유를 원용할 수 있다고 한다(제3자의 항변에 대한 학설에 대해서는 정동윤, 상법(하), 제4판, 법문사, 2011, 130－131면; 최준선, 어음 · 수표법, 제9판, 2013, 188－189면 참조).

4) 이에 대한 상세한 설명은 송진현, "후자의 항변과 이중무권의 항변," 어음 · 수표법에 관한 제문제(상)(재판자료 30)(법원행정처, 1986), 461면 이하 참조.

의 교부단계에서 원인관계가 모두 흠결되어 있을 때 어음채무자가 어음소지인의 주장에 대하여 대항할 수 있는 어음항변을 말한다. 즉 어음의 소지인과 그 전자 간의 원인관계 및 그 전자와 그 전전자 간의 원인관계가 흠결되어 있는 경우에 어음채무자인 전전자가 소지인에 대하여 이 원인관계의 흠결로 대항할 수 있는가 하는 것이 2중무권의 항변이다. 이를 인정할 것인가에 대해 긍정설과 부정설이 있는데, 긍정설이 타당하다고 본다. 판례 역시 2중무권의 항변을 인정하고 있다.[5] 예컨대, 생산자 C가 중간도매상 B에게 물건을 공급하고 B는 소매상 A에게 공급하는 관계에서 A가 B에게 약속어음을 발행하여 결제하였는데, B는 이 어음에 배서하여 C에게 교부하였다. 그런데 물건에 하자가 있어서 A는 B에게, 다시 B는 C에게 반품을 하였음에도 C가 A에게 어음금을 청구할 경우 A는 B의 항변을 원용하여 지급을 거절할 수 있다는 것이 2중무권의 항변이다.

2중무권의 항변은 어음소지인과 그 배서인 간의 원인관계가 소멸되었다는 점에서 후자의 항변과 유사한 점이 있다. 그러나 후자의 항변은 어음채무자가 제3자(후자)의 항변을 원용하여 어음소지인에게 대항하는 것임에 비하여, 2중무권의 항변은 어음채무자가 어음소지인에게 독립된 경제적 이익을 가지고 있지 않다는 항변, 즉 어음채무자가 자신의 항변을 주장하는 것이라는 점에서 양자는 구별된다.[6] 또 2중무권의 항변은 어음소지인 C가 어음상 무권리자라는 것을 문제삼고 있다는 점에서는 무권리의 항변과 유사하나, 2중무권의 항변은 어음소지인이 어음상 무권리자라는 것이 아니라 다만 원인관계가 소멸되었기 때문에 어음을 보유할 정당한 이익이 없음을 문제삼고 있다는 점에서 무권리의 항변과 구별된다.[7]

2중무권의 항변의 인정근거에 대한 학설에는 제3자의 항변의 인정근거에서 살펴본 바와 같이 인적항변 개별성론, 권리남용론, 교부유인론이 있고, 그 밖에 2중무권의 항변부인론에서는 위의 예에서 A·B 간의 원인관계의 흠결은 단지 인적항변 사유에 지나지 않으므로 A는 C의 청구를 거부할 수 없다는 견해[8] 및 고유의 경제적 이익론이 있는바, 특히 고유의 경제적 이익론에서는 어음소지인 자신이 어음을 소지할 경제적 이익이 없을 때에는 인적항변 절단의 이익을 향유할 수 없다[9]고 한다.

5) 대법원 1987.12.22. 선고 86다카2769 판결; 대법원 2003.1.10. 선고 2002다46508 판결.

6) 정동윤, 전게서, 131－132면; 최준선, 전게서, 191면.

7) 정찬형, 상법강의(하), 제17판, 박영사, 2015, 394면.

8) 이와 같이 C의 청구를 인정할 경우 그 해결책으로, B는 C에게 부당이득의 반환을 청구할 수 있고 다시 A는 B에 대하여 부당이득의 반환을 청구하면 된다고 한다(최기원, 상법학신론(하), 제15판, 박영사, 2008, 416면).

9) 대상판결 대법원 2003.1.10. 선고 2002다46508 판결 참조.

생각건대 어음관계에 있어서 인적항변의 개별성과 피지급성의 확보를 통한 어음소지인 보호 등의 측면에서 인적항변을 제한할 필요가 있다 하더라도, 부당이득의 법리에 의하여 개별적으로 해결하는 것보다 2중무권의 항변을 허용하게 되면 당사자간의 관계를 일거에 해결할 수 있다는 실질적인 효용의 측면도 있기 때문에 이를 허용하는 것이 타당하다고 본다. 이때 논리적 근거는 당사자간의 형평성 내지는 어음소지인의 권리남용에서 구하는 것이 옳을 것이다.

4. 대상판결의 검토

대상판결에서 어음채무자(발행인)인 Y가 중간 소지인 B에게 어음과 상환하지 아니한 채 어음금(571,868,560원) 및 이에 대한 이자 전부를 지급하였다고 주장하고 있고, 특히 B가 최종 소지인 X에게 이 사건 어음금에 대한 변제조로 그중 일부를 지급하였으므로 Y는 소외 B에 대한 자신의 인적항변으로써 어음소지인 X에게 대항하여 어음금의 지급을 거절하고 있다. 이에 대해 판례는 최소한 X는 B로부터 어음금의 일부(292,368,410원)를 지급받은 점을 인정한 후, 이 부분에 대해서만큼은 X의 어음금청구에 대해 B가 가지고 있던 항변권을 Y 자신이 행사하여 어음금의 지급을 거절할 수 있다고 하였다. 따라서 Y의 X에 대한 항변은 Y 자신이 X에 대해 가지는 사유에 의한 것이 아니라, B가 X에 대해 가지는 사유를 Y 자신이 X에게 원용하는 것이므로, 이는 전형적인 '2중무권의 항변'이라 할 것이다.

2중무권의 항변을 인정할 것인가에 대해 어음행위의 무인성을 중시하여 2중무권의 항변을 부인하는 견해나 인적항변 개별성론에 의하면 Y는 어음소지인 X의 어음금지급의 청구에 대해 대항할 수 없게 된다. 그러나 어음소지인이 권리를 남용하는 경우 등에도 2중무권의 항변을 부정하는 것은 지나친 형식논리라 할 것이고, 당사자의 권리구제를 위해서는 어음행위의 무인성을 제한적으로 해석하여야 할 것이다.

이에 대해 대법원은 "어음행위는 무인행위로서 어음수수의 원인관계로부터 분리하여 다루어져야 하고 어음은 원인관계와 상관없이 일정한 어음상의 권리를 표창하는 증권이기 때문에, 원인채무가 변제된 백지약속어음을 소지함을 기화로 이를 부당보충하여 실질적 원인관계없이 배서양도하였다 하더라도 무인성의 법리에 비추어 그 양수인의 약속어음금청구가 바로 신의성실의 원칙에 어긋나는 것으로서 권리남용에 해당한다고 볼 수 없다"[10]고 판시한 바 있고, 후속 판결[11]에서도 계속하여 어음의 무

10) 대법원 1984.1.24. 선고 82다카1405 판결.
11) 대법원 1989.10.24. 선고 89다카1398 판결; 대법원 1997.7.25. 선고 96다52649 판결; 대법원 1998.5.22.

인성을 중시하여 2중무권의 항변부인론의 입장을 고수해 왔다. 그 후 대상판결에서는 2중무권의 항변부인론의 입장을 변경하기에 이르렀다. 즉 "어음금지급을 구할 경제적 이익이 없게 된 경우에는 인적항변의 절단의 이익을 향유할 지위에 있지 아니하다"고 하여 2중무권의 항변을 인정하였다.

대상판결이 어음채무자 Y가 어음소지인 X의 어음금 청구를 거절할 수 있는 근거를 분명히 밝히지 않은 점은 있지만, 판시와 같이 X가 B로부터 어음금의 지급을 받은 범위 내에서는 X에게 어음을 보유할 정당한 이익이 없고 따라서 X는 해당 어음에 관하여 독립된 경제적 이익도 가지고 있지 아니하다 할 것이다. 그럼에도 불구하고 X가 단지 어음을 소지하고 있음을 기화로 Y에게 어음금의 지급을 청구한 것은 권리의 남용에 해당하기 때문에, X의 청구에 대해 인적항변 절단의 이익을 부인한 대상판결은 타당하다고 본다.

(맹수석)

선고 96다52205 판결 등.

6 어음관계가 원인관계에 미치는 영향

대법원 1996.11.8. 선고 95다25060 판결

Ⅰ. 판결개요

1. 사실관계

(1) 이 사건 약속어음 8매의 발행경위

X는 건설업에 종사하는 회사이고, Y는 Y개발(주) 및 Y콘도(주)의 대주주이다. Y는 Y개발이 X에 부담하는 공사대금채무를 연대보증하였다. Y는 Y콘도의 주식을 매각하여 공사대금채무를 변제하기로 하고 1991. 10. 10. 그 소유의 Y콘도 주식을 A에게 매도하였다. A는 매수한 주식매매대금을 지급하기 위하여 자신이 대표이사로 있는 B주택(주)이 발행한 약속어음 8매 액면 합계 39억원 상당(이하 '이 사건 약속어음 8매'라고 한다)을 Y에게 교부하였다. Y는 Y콘도를 1배서인, 자신이 2배서인으로 위 약속어음들상에 각 배서한 후, 공사대금 채무를 충당하기 위하여 X에게 교부하였다.

(2) 재발행 약속어음 3매의 발행경위

X는 위 약속어음 8매 중 4매(1~4)는 지급제시하여 금 16억원 상당의 공사대금을 변제받았으나 나머지 4매(5~8)에 대해서는 발행인인 B주택으로부터 지급기일을 연장시켜 달라는 부탁을 받고 이를 승낙하였다. 이에 따라 B주택은 ① 5, 6약속어음에 대하여는 지급기일이 1992. 9. 30.로 연장된 액면 금 10억원의 약속어음 1매를, ② 7약속어음에 대하여는 지급기일 1992. 9. 30., ③ 8약속어음에 대하여는 지급기일 1992. 9. 8.자로 각 연장된 액면 합계 금 23억원 상당의 약속어음 3매를 새로이 발행하여 X에게 교부하였다(이하 '재발행 약속어음 3매'라고 한다. 반환된 5~8 약속어음은 폐기되었다). 재발행 약속어음에 대해서는 Y개발이 1배서인, A가 2배서인으로 각 배서하였다.

대법원 1996.11.8. 선고 95다25060 판결

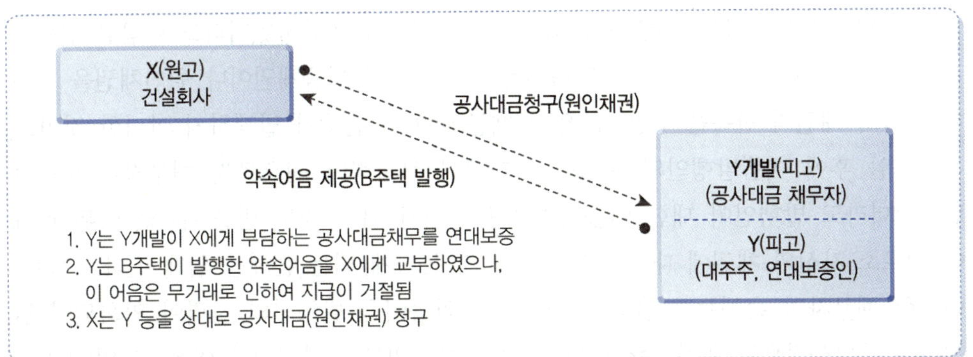

(3) 원심의 판결[1)]

B주택이 재발행한 위 약속어음 3매는 1992. 8. 28. 무거래로 지급거절되었고, X는 공사대금 채무자인 Y개발 및 그 연대보증인인 Y를 상대로 이미 지급받은 공사대금을 제외한 나머지 공사대금의 지급을 구하는 소송을 제기하였다.

원심은 X의 청구를 받아들였다. Y 및 Y개발(이하 'Y'로 통칭한다)은 대법원에 상고하였다.

2. 판결요지

대법원은 Y의 상고를 기각하였다.

[1] 기존 채무의 이행에 관하여 채무자가 채권자에게 어음을 교부함에 있어서, 당사자 사이에 특별한 의사표시가 없으면 해당 어음은 단지 그 '지급을 위하여' 또는 그 '담보를 위하여' 교부된 것으로 추정할 것이며, 특별한 사정이 없는 한 기존의 원인채무는 소멸하지 아니하고 어음상의 채무와 병존한다. 이 경우 어음상의 주채무자가 원인관계상의 채무자와 동일하지 아니한 때에는 제3자인 어음상의 주채무자에 의한 지급이 예정되고 있으므로 이는 '지급을 위하여' 교부된 것으로 추정된다.

[2] 어음이 '지급을 위하여' 교부된 경우에는 채권자는 어음채권을 우선 행사하고, 그에 의하여서는 만족을 얻을 수 없을 때 비로소 원인채권을 행사할 수 있다. 이러한 경우 채권자가 채무자에 대하여 원인채권을 행사하기 위해서는 어음을 채무자에게 반환하여야 하므로, 채권자가 채무자에 대하여 자기의 원인채권을 행사하기 위해서는 그 전제로서 지급기일에 어음을 적법하게 제시하여 소구권 보전절차를 취할 의무가

1) 서울고등법원 1995.4.11. 선고 94나25492 판결.

있다고 보는 것이 양자의 형평에 맞는다.

[3] 위 [2]항의 경우, 채권자가 소구권 보전의무를 위반하였더라도 어음을 반환받은 채무자는 어음의 주채무자인 약속어음 발행인에게 어음채권이나 원인채권을 행사하여 자기 채권의 만족을 얻을 수 있기 때문에 아직 손해가 발생하지 아니한 것이고, 지급기일 후에 어음발행인의 자력이 악화되어 무자력이 됨으로써 채무자가 어음을 반환받더라도 발행인이 대한 어음채권과 원인채권 어느 것도 받을 수 없게 된 때에야 비로소 자신의 채권에 대하여 만족을 얻지 못하게 되는 손해를 입게 된다. 그리고 이러한 채무자의 손해는 어음의 주채무자인 약속어음 발행인의 자력이 악화되어 발생하는 특별사정으로 인한 손해로써, 소구권 보전의무를 불이행한 어음소지인(채권자)이 그 채무불이행 당시인 어음의 지급기일에 장차 어음발행인의 자력이 악화될 것을 알았거나 알 수 있었을 때에만 그 배상을 청구할 수 있다.

3. 관련판례

(1) 대법원 2010.12.23. 선고 2010다44019 판결

식품제조공장에 관한 매매계약에서 매수인이 매도인에게 제3자가 발행한 약속어음을 교부한 것이 매매대금의 '지급에 갈음하여' 이루어진 것이라고 볼 여지가 많음에도, 이를 매매대금의 '지급을 위하여' 이루어진 것이라고 보아 어음 교부로 매매대금 채무가 소멸하지 않았다고 판단한 원심판결을 파기하였다.

(2) 대법원 2003.1.24. 선고 2002다59849 판결

금융기관이 어음할인으로 취득한 어음에 대한 소구권을 보전하지 아니하여 어음환매자가 지급기일후 어음발행인의 자력 악화로 인하여 입은 손해가 특별사정으로 인한 손해인지 여부(적극).

(3) 대법원 1998.3.13. 선고 97다52493 판결

금전소비대차계약으로 인한 채무에 관하여 제3자가 채무자를 위하여 어음이나 수표를 발행하는 것은 특별한 사정이 없는 한 동일한 채무를 중첩적으로 인수한 것으로 봄이 타당하다.

(4) 대법원 1990.5.22. 선고 89다카13322 판결

기존채무에 관하여 채무자가 약속어음을 발행하거나 타인이 발행한 약속어음을 교부한 때에는 당사자간에 특별한 의사표시가 없는 한 기존채무의 변제확보를 위하여, 또는 그 지급방법으로 발행하거나 교부한 것으로 추정할 것이다.

Ⅱ. 판결의 평석

1. 어음관계와 실질관계

어음관계는 추상적인 법률관계이지만 어음이 수수되는 그 배후에는 반드시 그 실질적인 원인이 있다. 이러한 어음거래의 근저에 있는 관계가 어음의 실질관계이며 그 종류로는 원인관계(대가관계), 자금관계 등이 있다.

어음은 그 배후에 있는 원인관계를 바탕으로 수수(授受)되지만, 어음법은 어음의 유통성을 확보하기 위하여 어음관계와 그 바탕인 원인관계를 엄격히 분리하고 있다. 따라서 어음상 권리의 발생이나 의무의 부담은 원인관계의 존부나 유·무효에 의해서 영향을 받지 않는 것이 원칙이다. 어음관계에서는 인적항변이 절단(어음법 제17조)되는데 이는 원인관계가 어음관계에서 분리되는 대표적인 사례이다.

그러나 어음행위의 직접 당사자간에는 어음관계와 원인관계를 반드시 분리할 필요는 없다. 어음행위의 직접 당사자간에서는 구체적 형평에 맞는 결과가 도출되는 것이 타당하며, 이를 위해서는 원인관계가 어음관계에 영향을 미칠 수 있어야 하기 때문이다. 따라서 원인관계와 어음관계의 분리는 절대적인 것은 아니고 양자 간에는 어느 정도의 견련성이 인정된다.

위의 사례에서는 어음관계가 원인관계에 영향을 미치는 중요한 쟁점들이 대부분 논의되고 있다. 먼저 ① Y는 제3자인 B주택이 발행한 이 사건 약속어음 8매를 공사대금채무를 변제하기 위하여 X에게 건네주었는바 이로 인하여 Y의 X에 대한 공사대금채무(정확하게는 공사대금 연대보증채무이다)가 소멸되는지가 문제가 된다. ② 만일 공사대금채무가 소멸되지 않는다면, 약속어음을 건네받은 X는 Y에게 공사대금채권을 가지면서 동시에 약속어음을 발행한 B에 대해서 어음금채권을 가지게 되는데, 원인채권(Y에 대한 공사대금채권)과 어음금채권(B에 대한 어음금채권) 중 어느 것을 우선하여야 행사할 것인지가 문제가 된다. 그리고 ③ 어음채권 보다 원인채권인 공사대금채권을 먼저 청구하여야 한다면, X가 Y를 상대로 하여서 원인채권(공사대금채권)을 행사함에 있어서 해당 어음을 채무자에게 반환하여야 하는지, 그리고 그 선제로서 어음에 대한 상환청구권보전절차를 취해두어야 하는지도 문제가 된다. 마지막으로 ④ 만일 X가 원인채권(공사대금채권)을 행사하면서 해당 어음을 채무자인 Y에게 반환하더라도 어음에 대한 상환청구권보전의무를 위반하여 채무자인 Y가 손해를 입은 경우에 X는 손해배상책임을 부담하는지도 문제가 된다. 아래에서는 위와 같은 어음의 수수(授受)가 원인관계에 미치는 영향을 살펴보고 대상판결의 타당성을 검토한다.

2. 어음의 수수가 원인관계에 미치는 영향

기존채무(원인채무)의 이행에 관하여 어음이 수수되는 경우에 있어서, 원인채무의 소멸 여부, 원인채권과 어음채권의 행사 순서, 원인채권을 행사함에 있어서 어음을 반환해야 하는지, 상환청구권(소구권) 보전절차를 취하지 않은 경우 손해배상책임을 부담하는지 등은 어음을 수수(授受)하는 당사자의 의사가 무엇인지에 따라서 달라진다. 그리고 당사자의 의사가 분명하지 않은 경우 어떻게 해석할 것인지도 문제가 된다. 아래에는 원인채무에 대해서 어음이 수수되는 관계를 4가지로 유형으로 나누어 구체적인 법률관계를 살펴본다.

(1) 기존채무의 '지급에 갈음하여' 어음이 수수되는 경우(원인채무 소멸)

당사자가 기존채무(원인채무)의 지급에 갈음하여 또는 지급으로써 어음을 수수하는 경우에는 어음의 수수와 동시에 기존채무는 소멸하고 어음채무만이 존재하게 된다. 특약이 없는 한 기존채무에 부착되었던 질권, 저당권, 보증 등은 그 효력을 잃게 되며, 채권자는 어음에 의해서만 권리를 행사할 수 있게 된다.

은행 등 금융기관이 발행한 자기앞수표나 은행의 지급보증이 있는 수표를 수수하는 경우에는 기존채무의 지급에 갈음한 것으로 볼 것이다.[2] 그러나 당좌수표의 수수는 특별한 사정이 없는 한 지급에 갈음한 것으로 볼 수 없다.[3]

기존채무의 지급에 갈음하여 어음을 수수하는 행위의 법적 성질에 대해서는 경개설, 대물변제설 등이 있으나 대물변제설이 타당하다. 만일 경개(更改)[4]로 풀이한다면 구채무(원인채무)가 존재하지 아니하면 신채무(어음채무)도 발생하지 않는 것이 되어서, 어음의 무인성과 배치되기 때문이다.[5]

---

2) 대법원 1960.5.19. 선고 4292민상784 판결.
3) 대법원 1997.3.25. 선고 96다51271 판결.
4) 채무의 중요한 부분을 변경함으로써 신채무를 성립시킴과 동시에 구채무를 소멸시키는 계약이다(민법 제500조~제505조). 경개의사에 의하여 구채무를 신채무로 변경시키는 점에서 대물변제와 비슷하지만, 현실적 급부를 요하지 않는 낙성계약이며 요물계약이 아니라는 점에서 다르다.
5) 동지: 최준선, 어음·手票法, 삼영사, 2013, 72면.

(2) 기존채무의 '지급을 위하여' 어음이 수수되는 경우(원인채무와 어음채무는 병존)

당사자가 기존채무(원인채무)의 지급을 위하여 어음을 수수하는 경우에는 기존채무는 소멸하지 않으며 어음채무와 병존한다.[6] 기존채권과 어음채권의 행사순서는 당사자의 의사에 따를 것이지만, 당사자 사이에 특약이 없는 경우에는 어음채권을 먼저 행사하여야 한다. 어음채권에 의하여 만족을 얻을 수 없을 때 비로소 기존의 원인채권을 행사할 수 있다.[7] 채권자가 채무자를 상대로 원인채권을 행사하는 경우에는 어음을 반환하여 한다.[8] 채권자는 어음의 시효가 소멸하지 않도록 하고 상환청구권 보전절차를 취할 의무가 있으며, 어음의 지급기일 당시에 주채무자인 어음발행인 등의 자력이 악화될 것을 알았거나 알 수 있었음에도 상환청구권 보전절차를 취하지 아니하였다면 그로 인하여 채무자가 입은 손해에 대한 배상책임을 부담한다.[9]

(3) 기존채무의 '담보를 위하여' 어음이 수수되는 경우(원인채무와 어음채무는 병존)

당사자가 기존채무(원인채무)의 담보를 위하여 어음을 수수하는 경우에는 기존채무는 소멸하지 않으며 어음채무와 병존한다.[10] 채권자는 원인채권과 어음채권 중 어느 것에 의해서 만족을 얻을 것인지는 자유롭게 선택할 수 있다. 채무자로서는 원인채권이나 어음채권 중 어느 것이 먼저 행사된다고 하여서 어떠한 불이익을 받는 것은 아니기 때문이다. 그러나 채권자가 어음을 양도한 경우에는 원인채권만을 따로 행사할 수 없다. 채무자가 2중지급의 위험에 놓이기 때문이다.[11] 채권자가 채무자를 상대로 원인채권을 행사하는 경우 어음반환이 필요하다는 견해(반환필요설), 필요없다는 견해(반환불요설)가 있으나, 어음이 담보로 제공된 취지를 고려할 때 채무자는 어음과 상환으로 지급할 것을 주장할 수 있다(동시이행항변설).[12] 채권자가 시효 또는 상환청구권 보전절차의 흠결 등으로 인하여 어음상의 권리를 상실한 때에는 채무자가 손해를 입지 않도록 조치하여야 한다.[13]

---

6) 대법원 1996.11.8. 선고 95다25060 판결.
7) 대법원 1996.11.8. 선고 95다25060 판결.
8) 반환필요설, 대법원 1996.11.8. 선고 95다25060 판결.
9) 대법원 1996.11.8. 선고 95다25060 판결.
10) 대법원 1996.11.8. 선고 95다25060 판결.
11) 대법원 1977.3.8. 선고 75다1234 판결.
12) 동지: 김정호, 어음・수표법, 법문사, 2010, 175면; 이철송, 어음・수표법, 박영사, 2012, 177면.
13) 대법원 1996.11.8. 선고 95다25060 판결.

(4) 당사자의 의사가 명확하지 아니한 경우(지급 또는 담보를 위한 것으로 추정)

위에서 살펴본 3가지 유형은 채무자가 채권자에게 어음을 교부하면서 어음교부의 취지를 분명히 한 경우이다. 그러나 현실에서는 당사자의 의사가 분명하지 않은 경우가 대부분인데, 이러한 경우에 당사자의 의사를 어떻게 해석할 것인지가 문제된다.

기존채무의 이행에 관하여 채무자가 채권자에게 어음을 교부함에 있어서 당사자의 의사가 명확하지 않은 경우에는 해당 어음은 기존채무의 '지급을 위하여' 또는 그 '담보를 위하여' 교부된 것으로 추정할 것이다.[14] 왜냐하면 어음은 금전 자체가 아니기 때문에 부도의 위험이 있고, 어음의 수수가 기존채무를 소멸시킨다고 해석하는 것은 당사자의 의사에 반할 가능성이 높기 때문이다. 따라서 '지급에 갈음하여' 수수한 것으로 보기는 어려우며, 특별한 사정[15]이 없는 이상 '지급을 위하여' 또는 '담보를 위하여' 어음이 수수되는 것으로 볼 것이다.

3. 대상판결의 검토

(1) 특별한 사정이 없는 한 '지급을 위하여' 수수한 것으로 추정할 것

판례는 기존채무의 이행에 관하여 채무자가 채권자에게 어음을 교부함에 있어서 당사자의 의사가 명확하지 않은 경우에는 해당 어음은 기존채무의 '지급을 위하여', 또는 그 '담보를 위하여' 교부된 것으로 추정한다.[16]

이와 관련하여 지급을 위한 것인지, 아니면 담보를 위한 것인지의 구분이 반드시 필요한 경우에는 어느 것으로 볼 것인가? 이에 대해서는 원인관계상의 채무자가 어음상의 유일한 채무자인 경우에는 어음수수는 기존채무의 '담보를 위한 것'으로 추정하고, 원인관계상의 채무자가 어음상의 유일한 채무자가 아닌 경우에는 어음수수는 기존채무의 '지급을 위하여' 행하여진 것으로 볼 것이라는 견해[17]가 있다. 실제의 경우에는 이렇게 보는 것이 당사자의 의사에 합치하는 경우가 많을 것이나, 지나치게 기교적이고 당사자의 의사가 반드시 그러하지 않을 수도 있다. 따라서 특별한 사정이 없다면 기존채무의 '지급을 위하여' 어음을 수수한 것으로 보아도 무방하다고 생각한다.

판례는 어음상의 주채무자가 원인관계상의 채무자와 동일하지 아니한 때에는 제3

---

14) 대법원 1990.5.22. 선고 89다카13322 판결; 대법원 1996.11.8. 선고 95다25060 판결 등.

15) 어음의 수수가 '지급에 갈음하여' 이루어진 것으로 볼 것이라는 특별한 사정을 인정한 판례가 있다. 대법원 2010.12.23. 선고 2010다44019 판결. 이에 대한 평석으로는 홍복기, "어음관계가 원인관계에 미치는 영향-대법원 2010.12.23. 선고 2010다44019 판결-," 상사판례연구 제24집 2권(상사판례학회, 2011. 6) 참조.

16) 대법원 1990.5.22. 선고 89다카13322 판결; 대법원 1996.11.8. 선고 95다25060 판결 등.

17) 정동윤, 어음·수표법, 법문사, 2004, 231면.

자인 어음상의 주채무자에 의한 지급이 예정되고 있으므로 '지급을 위하여' 교부된 것으로 추정된다는 입장이다.[18] 이를 적용하면 위의 사례에서는 어음상의 주채무자(발행인 B주택)와 원인관계상의 주채무자(공사대금채무자인 Y개발과 그 보증인 Y)는 동일하지 않으므로, 해당 어음은 원인채무인 공사대금채무의 '지급을 위하여' 교부된 것으로 추정될 것이다. 이 사건 대상판결도 수수된 어음이 제3자인 B주택이 발행한 어음임을 고려하여 지급을 위하여 교부된 것으로 추정하고 있다.

(2) 채권자가 원인채권을 행사하는 경우에는 어음반환이 필요

기존채무의 지급을 위하여 어음이 수수되는 경우에는 원인채무와 어음채무는 병존한다. 기존채권과 어음채권의 행사순서는 당사자의 의사에 따를 것이지만, 당사자 사이에 특약이 없는 경우에는 어음채권을 먼저 행사하여야 한다. 어음채권에 의하여 만족을 얻을 수 없을 때 비로소 기존의 원인채권을 행사할 수 있다. 채권자가 채무자를 상대로 원인채권을 행사하는 경우에 어음을 반환하여 한다(반환필요설).[19]

채권자가 채무자에 대하여 원인채권을 행사하는 경우에는 어음을 반환하여야 하므로, 원인채권을 행사하기 위한 전제로서 또는 신의칙상 채권자는 지급기일에 어음을 적법하게 제시하여 상환청구권 보전절차를 취할 의무가 있다고 볼 것이다.[20] 채권자가 원인채권을 행사하기 위하여 어음을 반환함에 있어서, 어음의 상환청구권 보전절차를 취하여 어음의 가치를 유지하는 것은 신의칙상 당연하기 때문이다. 대상판결도 같은 취지이다.[21]

(3) 채무자가 입은 손해를 민법 제393조 제2항에 규정된 특별손해로 볼 것인지?

위의 사례에서는 채권자인 X가 상환청구권 보전의무를 게을리하였는데 이로 인하여 채무자인 Y가 손해를 입었다면 이를 어떠한 방법으로 해결할 것인지가 문제된다. 이에 대해서는 채권자인 X가 기존채권(원인채권) 자체를 행사할 수 없다는 견해(기존채권행사불가설)도 있으나, 기존채권의 행사는 허용하되 상환청구권 보전절차의 해태로 인하여 '채무자가 입은 손해'가 있다면 이에 대하여 손해배상책임을 진다고 보는 것이 타당하다(손해배상책임설).[22] 상환청구권 보전절차의 해태만으로 기존채권까지

18) 대법원 2010.12.23. 선고 2010다44019 판결; 대법원 1996.11.8. 선고 95다25060 판결.

19) 김홍기, 상법강의, 박영사, 2018, 982면.

20) 동지: 김문재, 어음·수표법, 동방문화사, 2013, 306면; 송옥렬, 상법강의, 홍문사, 2015, 676면; 이철송, 전게서, 180면.

21) 대법원 1996.11.8. 선고 95다25060 판결.

22) 김홍기, 전게서, 984면; 임재호, 상법판례연습, 법문사, 2009, 617면.

상실하게 하는 것은 너무 가혹하고, 위의 사례에서 보는 것처럼 채권자인 X가 어음에 대한 권리보전절차를 해태하여 채무자의 상환청구권이 상실되었어도, 채무자인 Y는 어음상 주채무자인 B를 상대로 어음금청구 혹은 이득상환청구권을 행사할 수 있기 때문이다.

대상판결도 같은 입장이다. 다만 대상판결은 채무자(Y)가 상환청구권의 상실로 인하여 입게 된 손해는 약속어음 발행(B주택)의 자력이 악화되어 발생하는 민법 제393조 제2항의 '특별한 사정으로 인한 손해'로 보고, 상환청구권 보전의무를 불이행한 어음소지인(X)이 그 채무불이행 시점인 어음의 지급기일 당시에 주채무자인 어음발행인(B주택)의 자력이 악화될 것을 알았거나 알 수 있었을 때에만 그 배상을 청구할 수 있다는 입장이다. 그러나 특별손해로 보는 판례의 태도에는 의문이 있다. 기존채무의 이행과 관련하여 어음을 배서양도받은 채권자는 특별한 사정이 없는 한 자기의 원인채권을 행사하기 위한 전제로서 지급기일에 어음을 적법하게 제시하여 상환청구권 보전절차를 취할 의무가 있으며, 이러한 권리보전의무를 해태하였다면 이로 인하여 어음을 교부한 채무자가 손해를 입을 수 있다는 것은 어느 정도 예측할 수 있을 것이기 때문이다. 따라서 채무자가 입은 손해는 민법 제393조 제2항의 특별 손해라기보다는 동조 제1항의 통상적인 손해로 보는 것이 타당하다.

(김홍기)

7 물품대금으로 받은 약속어음의 지급기일과 물품대금 지급채무의 이행기

대법원 2014.6.26. 선고 2011다101599 판결

Ⅰ. 판결개요

1. 사실관계

(1) X전자의 물품공급과 Y보증보험의 이행보증보험 제공

X전자(주)는 A회사와 전자제품 공급계약을 체결하면서 X전자가 매월 공급한 물품에 관하여 A회사는 그 다음달 25일경 어음을 발행하여 결제하되, 해당 어음의 지급기일은 3개월 후로 하기로 약정하였다. X전자(주)는 2008. 9. 12. A회사에 약 1.4억원 상당의 전자제품을 공급하기로 하고, 그중 1억원에 대해서는 상품판매지급보증을 받기로 하였다. 이에 따라 A회사는 Y보증보험(주)과의 사이에 위 납품계약을 주계약, 피보험자 X전자, 보험가입금액 1억원, 보험기간 2008.9.19.~2009.1.31.인 이행보증보험계약을 체결한 뒤, Y보증보험으로부터 받은 보증보험증권을 X전자에게 교부하였다. 이 사건 보증보험증권에는 “이 사건 물품공급계약에서 정한 채무(이행기일이 보험기간 안에 있는 채무에 한함)를 이행하지 아니함으로써 X전자가 입은 손해를 보상” 한다는 내용이 기재되어 있다.

(2) A회사의 부도

X전자는 2008. 10. 1.경 A회사에게 전자제품을 공급한 뒤에 1.4억원의 세금계산서를 발급하였고, A회사는 2008. 11. 28. X전자에게 지급기일이 2009. 2. 28.로 된 1억원짜리 약속어음을 발행·교부하였다. A회사는 위 약속어음의 지급기일 전에 회생절차를 신청하였고 당좌거래정지 처분을 받았다.

(3) X전자의 보험금 청구

X전자는 납품대금 중 1억원에 대한 약속어음이 결제되지 않았으므로 이는 이 사건 보증보험계약에서 정한 보험사고에 해당하고, 따라서 Y보증보험은 X전자에게 보험금 1억원 및 이에 대한 지연손해금을 지급해야 한다고 주장하였다.

이에 대해서 Y보증보험은 X전자가 교부받은 약속어음의 지급기일은 이 사건 보증보험에서 정한 보험기간을 지난 2009. 2. 28.이므로, A회사의 X전자에 대한 납품대금 지급채무의 이행기는 이 사건 보증보험에서 정한 보험기간(2008.9.19.~2009.1.31.)에 속하지 않고, 따라서 A회사가 X전자에게 약속어음을 결제하지 못한 사실은 보험사고에 해당하지 않는다고 항변하였다.

대법원 2014.6.26. 선고 2011다101599 판결

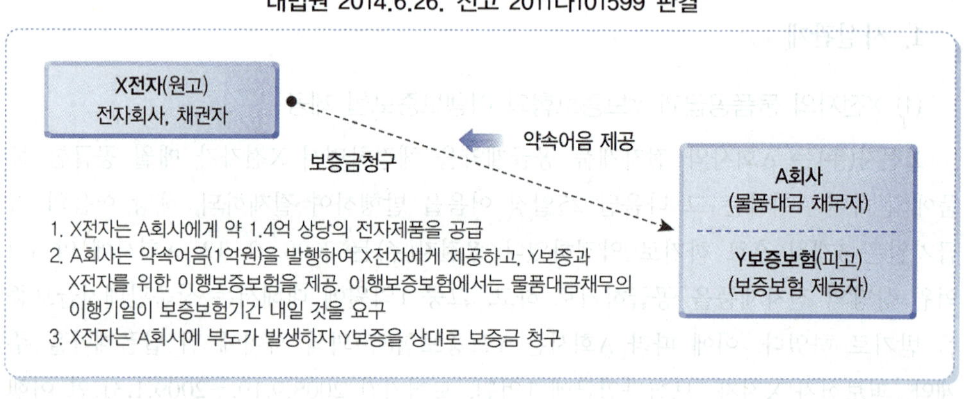

(4) 원심의 판단

원심은 A건설의 납품대금 채무의 변제기는 위 약속어음의 지급기일인 2009. 2. 28.이고, 그 지급기일이 이 사건 보증보험에서 정한 보험기간(2008.9.19.~2009.1.31.)에 속하지 않음이 분명한 이상 A회사가 그 지급기일(2009.2.28.)에 약속어음을 결제하지 못하였다고 하더라도 이 사건 보증보험 계약에서 정한 보험사고에 해당한다고 볼 수 없다고 하였다.

한편 X전자는 A회사가 회생절차 개시신청(2009.1.8.)을 함으로써 그 무렵 납품대금 지급채무의 이행기가 도래하였다고 주장하였으나, 원심은 X전자와 A회사 사이에 체결된 전자제품 납품계약에서는 A회사의 회생절차 개시신청을 기한이익 상실사유로 정하고 있지 않을 뿐 아니라 달리 이를 인정할 증거가 없다고 하면서 X전자의 주장을 배척하였다.

2. 판결요지

원고(X전자)는 대법원에 상고하였다. 대법원은 원고의 상고를 기각하였다.

매수인이 매도인과의 약정에 따라 대금 지급을 위하여 지급기일이 물품공급일자 이후로 된 약속어음을 발행·교부한 경우, 물품대금 지급채무의 이행기는 다른 특별한 사정이 없는 한 약속어음의 지급기일이고, 위 약속어음이 발행인에게 발생한 지급정지사유로 지급기일이 도래하기 전에 지급거절되었더라도 지급거절된 때에 물품대금 지급채무의 이행기가 도래하는 것은 아니다.

그리고 물품공급채무에 대한 '이행보증보험계약'의 내용이 "이행기일이 보험기간 안에 있는 채무의 불이행"으로 인한 손해를 보장하는 경우에는 채무자의 지급거절 등 사유의 발생으로 바로 보험계약에서 정해진 '이행기일'이 도래한다고 할 수 없다.

3. 관련판례

(1) 대법원 2000.9.5. 선고 2000다26333 판결

매수인이 물품대금의 지급을 위하여 물품 매도인에게 지급기일이 물품 공급일자 이후로 된 약속어음을 발행·교부한 경우 물품대금 지급채무의 이행기는 그 약속어음의 지급기일이고, 위 약속어음이 발행인의 지급정지의 사유로 그 지급기일 이전에 지급거절되었더라도 물품대금 지급채무가 그 지급거절된 때에 이행기에 도달하는 것은 아니다.

(2) 대법원 1999.8.24. 선고 99다24508 판결

채권자가 기존 채무의 지급을 위하여 그 채무의 변제기보다 후의 일자가 만기로 된 어음의 교부를 받은 때에는 묵시적으로 기존 채무의 지급을 유예하는 의사가 있었다고 보는 것이 상당하므로 기존 채무의 변제기는 어음에 기재된 만기일로 변경된다고 볼 것이다.

(3) 대법원 1990.6.26. 선고 89다카32606 판결

기존채무의 지급과 관련하여 만기를 백지로 하여 약속어음이 발행된 경우에는 어음이 수수된 당사자 사이의 의사해석으로서는 특별한 사정이 없는 한 기존채무의 변제기는 그보다 뒤의 날짜로 보충된 백지어음의 만기로 유예한 것으로 풀이함이 상당하다.

Ⅱ. 판결의 평석

1. 어음관계가 원인관계에 영향을 미치는 경우

어음(수표)행위의 추상성과 독립성에 비추면 어음관계와 원인관계는 분리되는 것이 원칙이나, 원래 양자는 밀접한 관계에 있으므로 어음관계가 원인관계에 어느 정도 영향을 미치는 것은 불가피하다.

먼저 앞의 판례평석 "6. 어음관계가 원인관계에 미치는 영향(대법원 1996.11.8. 선고 95다25060 판결)"에서 살펴본 것처럼 기존채무의 지급과 관련하여 어음을 교부한 경우에 지급에 갈음한 것인지, 지급을 위한 것인지, 지급을 담보하기 위한 것인지를 살펴보아야 하고, 그에 따라 원인채권과 어음채권의 병존 여부, 채권의 행사 순서 등은 달라지게 된다.

한편 어음관계가 원인관계에 영향을 미치는 경우도 있다. 예를 들어, 판례는 제3자가 소비대차상의 채무를 담보하기 위하여 차용증서에 갈음하여 발행된 약속어음에 배서하거나 어음이나 수표를 발행하는 경우 원인채무에 대하여 민법상의 보증책임을 인정하고 있다.[1] 또한 어음상의 배서일자를 원인채권의 발생일로 보거나,[2] 어음의 만기일이 기존채무의 이행기보다 후일인 경우에는 당사자 사이에 기한유예의 묵시적 합의가 있다고 보아 기존채무의 이행기가 어음의 만기일까지 유예한 것으로 간주하고 있다.[3]

2. 대상판결의 검토

(1) 쟁점의 정리

위의 사례에서는 매수인(A회사)이 공급받은 전자제품에 관하여 직접 약속어음을 발행하여 매도인(X전자)에게 교부하였는데, 이와 관련하여 A회사가 X전자에게 교부한 약속어음이 원인채권(물품대금채권)의 지급을 위한 것인지, 지급을 담보하기 위한 것인지 등이 문제가 된다. 또한 Y보증보험은 "이 사건 물품공급계약에서 정한 채무(이행기일이 보험기간 안에 있는 채무에 한함)를 이행하지 아니함으로써 X가 입은 손해

---

1) 대법원 1986.9.9. 선고 86다카1088 판결; 대법원 1989.7.25. 선고 88다카19460 판결 등.
2) 대법원 1992.6.23. 선고 92다886 판결.
3) 대법원 1998.11.27. 선고 97다54512,54529 판결; 대법원 1999.9.7. 선고 98다47283 판결 등.

를 보상"하는 내용의 보증보험을 제공하였는데, 물품대금 지급채무의 이행기일이 분명하지 않은 상태에서, 이 사건 약속어음의 지급기일(2009.2.28.)을 물품대금의 지급기일로 볼 것인지도 문제가 된다.

(2) 기존채무의 지급을 담보하기 위하여 교부된 것으로 추정

A회사가 X전자에게 건네 준 약속어음이 기존채무(물품대금채무)에 어떠한 영향을 미치는가? 이 사건에서는 기존채무의 채무자인 A회사가 직접 약속어음을 발행하여 채권자(X전자)에게 교부한 것으로 기존채무(원인채무)의 채무자와 어음채무의 주채무자가 같은데, 이는 기존채무의 '지급을 담보하기 위하여' 교부한 것으로 볼 것이다. 따라서 기존채무(물품대금채무)와 어음채무는 병존하고, 채권자(X전자)는 물품대금채권과 어음채권 중 어느 것이나 행사 가능하나 물품대금채권을 먼저 행사하는 경우에는 어음을 반환하여야 한다(반환필요설). 자세한 내용은 앞의 판례평석 "6. 어음관계가 원인관계에 미치는 영향(대법원 1996.11.8. 선고 95다25060 판결)"에서 살펴보았다.

(3) 약속어음의 지급기일과 물품대금 지급채무의 이행기

어음거래의 안전과 외관을 보호하기 위해서 어음관계와 원인관계는 서로 분리되는 것이 원칙이지만, 어음관계와 원인관계는 서로 연결되어 있으므로 어음관계가 원인관계에 일정한 영향을 미치는 경우가 있다. 예를 들어, 위의 사례에서 Y보증보험은 "물품공급계약에서 정한 채무(이행기일이 보험기간 안에 있는 채무에 한함)를 이행하지 아니함으로써 X가 입은 손해를 보상"하는데, 위의 사례에서는 물품대금의 이행기일이 분명하지 않은 상황이므로 이 사건 약속어음의 지급기일을 물품대금의 지급기일로 볼 것인지가 문제된다.

이와 관련하여 판례는 채권자가 기존채무의 지급을 위하여 기존채무의 변제기 보다 후의 일자가 만기로 된 어음을 교부받은 때에는 묵시적으로 기존채무의 지급을 유예하는 의사가 있다고 보고 있으며,[4] 기존채무의 지급과 관련하여 만기를 백지로 하여 약속어음이 발행된 경우에는 특별한 사정이 없는 한 기존채무의 변제기는 그보다 뒤의 날짜로 보충된 백지어음의 만기로 유예한 것으로 보는[5] 등 기존채무의 지급과 관련하여 약속어음 등을 받은 경우에 그 지급기일의 변경에 관한 합의를 적극적으로 인정하고 있다. 대상판결에서도 물품대금으로 받은 약속어음의 지급기일과 관련

---

4) 대법원 1999.8.24. 선고 99다24508 판결.
5) 대법원 1990.6.26. 선고 89다카32606 판결.

하여 기존채무의 지급기일 변경이나 추정에 대해서 적극적인 태도를 취하고 있다. 대상판결에 찬성한다. 물품매매의 당사자가 물품대금의 지급과 관련하여 약속어음을 주고받은 경우에는 특별한 사정[6]이 없는 한 약속어음의 지급기일을 물품대금의 지급기일로 하는 묵시적인 약정이 있었다고 보는 것이 타당하기 때문이다. 상치되는 사정을 주장하는 자는 그에 대해서 입증하여야 할 것이다.

(김홍기)

6) 예를 들어, 물품대금계약서에서· 물품대금의 지급일자를 약속어음의 지급기일과 달리 별도로 분명하게 정해둔 경우에는 그에 의할 것이다.

백지어음 청구에 의한 소멸시효 중단과 백지보충권

대법원 2010.5.20. 선고 2009다48312 판결

Ⅰ. 판결개요

1. 사실관계

(1) 이 사건 백지어음의 발행 및 어음금소송의 제기 경위

Y는 액면 4억 9천만원, 발행일 2004. 6. 23., 지급기일 2004. 10. 1., 지급장소 주식회사 제일은행, 발행지, 지급지 및 수취인 각 백지로 된 백지어음을 발행하였다(이하 '이 사건 약속어음'이라고 한다). X는 제1배서인 A, 제2배서인 B로 배서된 이 사건 약속어음을 소지하다가 그 지급기일로부터 3년이 경과하기 전인 2007. 9. 7. 발행인 Y를 상대로 어음금소송을 제기하였다. X는 제1심 변론 종결 후인 2008. 6. 23.경 변론재개 신청을 하면서 이 사건 약속어음의 지급지를 서울시, 수취인을 A로 각 보충하

대법원 2010.5.20. 선고 2009다48312 판결

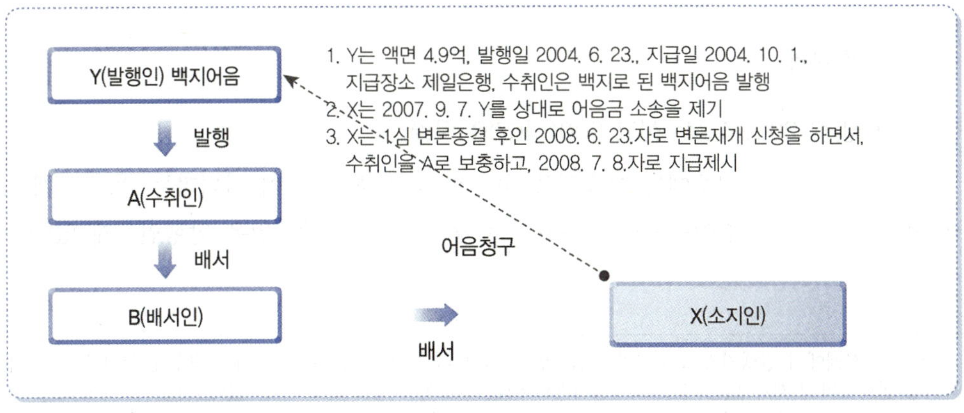

고,[1] 변론이 재개 된 제1심 제2차 변론기일인 2008. 7. 8. 위와 같이 보충한 약속어음을 지급제시하였다.

(2) 1심 및 원심의 판단

1심은 X의 백지보충은 '백지보충권 소멸시효기간'인 만기로부터 3년이 경과된 후에 이루어진 것이므로 X의 약속어음금 청구는 받아들여질 수 없다고 판단하였다.

원심[2]은 백지어음의 백지부분을 보충하지 않은 채 재판상 청구를 하는 경우에도 어음상의 청구권에 관한 소멸시효는 중단되고, X가 소멸시효 완성 전에 이 사건 어음금소송을 제기한 이상 그 청구는 적법하다고 하면서 X의 어음금 청구를 인용하였다. Y는 대법원에 상고하였다.

2. 판결요지

대법원은 Y의 상고를 기각하였다.

만기는 기재되어 있으나 지급지, 수취인 등과 같은 어음요건이 백지인 약속어음의 소지인이 그 백지 부분을 보충하지 않은 상태에서 어음금을 청구하는 것은 어음상의 청구권에 관하여 잠자는 자가 아님을 객관적으로 표명한 것이고 그 청구로써 어음상의 청구권에 관한 소멸시효는 중단된다.

이 경우 백지에 대한 보충권은 그 행사에 의하여 어음상의 청구권을 완성시키는 것에 불과하여 그 보충권이 어음상의 청구권과 별개로 독립하여 시효에 의하여 소멸한다고 볼 것은 아니므로 어음상의 청구권이 시효중단에 의하여 소멸하지 않고 존속하고 있는 한 이를 행사할 수 있다.

3. 관련판례

(1) 대법원 2001.4.24. 선고 2001다6718 판결

백지약속어음의 경우에는 보충권을 줄 의사로 발행한 것이 아니라는 점, 즉 백지어음이 아니고 불완전어음으로서 무효라는 점에 관한 입증책임은 발행인에게 있다.

---

1) 위의 사례에서 발행지가 보충되었는지는 알 수 없으나 "국내어음으로 인정되는 경우에 있어서는 그 어음면상 발행지의 기재가 없는 경우라고 할지라도 이를 무효의 어음으로 볼 수는 없다"(대법원 1998.4.23. 선고 95다36466 판결)는 판례의 태도에 비추어 발행지 미기재는 문제가 되지 아니한다.

2) 서울고등법원 2009.5.21. 선고 2008나86937 판결.

(2) 대법원 1998.4.23. 선고 95다36466 판결

어음면의 기재 자체로 보아 국내어음으로 인정되는 경우에 있어서는 그 어음면상 발행지의 기재가 없는 경우라고 할지라도 이를 무효의 어음으로 볼 수는 없다.

(3) 대법원 1994.11.18. 선고 94다23098 판결

수취인이 백지인 채로 발행된 어음은 인도에 의하여 어음법적으로 유효하게 양도될 수 있다. 위 어음이 인도에 의해서 양도된 경우 최종소지인이 수취인으로 자기를 보충하였다고 하더라도 그 소지인이 발행인을 해할 것을 알고 취득한 경우가 아니라면 원인관계 등 인적항변의 대항을 받지 아니한다.

Ⅱ. 판결의 평석

1. 백지어음 일반론

(1) 의의 및 성질

백지어음(incomplete instrument)은 기명날인 또는 서명 이외의 어음요건의 일부를 기재하지 않은 상태에서, 후일 그 소지인으로 하여금 백지부분을 보충케 할 의사를 가지고 유통상태에 둔 미완성어음을 말한다. 백지어음은 완성어음으로 발행하였으나 필수적기재사항인 어음요건이 흠결되어 무효인 불완전어음과는 구별하여야 한다.

백지어음의 법적 성질에 대해서는 어음의 일종으로 보는 견해도 있지만, 어음요건을 모두 갖춘 것이 아니므로 엄격한 의미에서는 어음이라고 볼 수 없고 백지보충권을 행사하면 언제든지 완전한 어음이 될 수 있다는 기대권이 표창된 특수한 유가증권으로 보는 것이 타당하다.[3)4)]

(2) 백지어음의 요건

1) 기명날인 또는 서명의 존재

백지어음에는 적어도 1개 이상의 기명날인 또는 서명이 있어야 한다. 발행인의

---

3) 같은 취지로는 김홍기, 상법강의, 박영사, 2018, 1018면; 이철송, 어음·수표법, 박영사, 2010, 260면; 정동윤, 어음·수표법, 법문사, 2004, 303면; 정찬형, 어음·수표법강의, 박영사, 2009, 210면; 최준선, 어음·手票法, 삼영사, 2013, 269면.

4) 백지보충권은 어음상에 표창되기 어렵다는 이유로 백지보충을 정지조건으로 하는 어음금지급청구권만을 표창하는 특수한 유가증권이라고 보는 견해도 있다. 김문재, 어음·수표법, 동방문화사, 2013, 259면.

기명날인 또는 서명에 한정된다는 견해도 있으나 인수인, 배서인, 보증인 등 누구의 기명날인 또는 서명이 있더라도 상관이 없다.

2) 어음요건의 전부 또는 일부의 흠결

기명날인 또는 서명을 제외한 나머지 어음요건(어음금액, 수취인, 지급기일, 지급지 등)의 전부 또는 일부의 흠결이 있어야 백지어음에 해당한다.

3) 백지보충권의 존재

기명날인자 또는 서명자가 후일 그 소지인으로 하여금 백지 부분을 보충하게 할 의사를 가지고 유통상태에 둔 것이어야 한다. 즉 백지보충권이 있어야 한다.

백지보충권의 존재 여부를 판단하는 기준에 대해서는 주관설,[5] 객관설, 절충설이 있으나, 기명날인자 또는 서명자의 의사를 기준으로 하되 특별한 사정이 없는 한 백지보충권이 수여된 것으로 추정하고, 기명날인 또는 서명을 한 자가 보충권을 수여할 의사가 없었다는 점을 증명하면 면책이 되는 것으로 해석할 것이다(절충설, 백지어음 추정설).[6] 판례도 백지어음추정설의 입장이다.[7]

4) 미완성인 채로 유통되었을 것

기명날인자 또는 서명자가 어음상의 책임을 지는 것은 어음행위에 준하는 행위를 하였기 때문인데 어음행위는 어음증권의 작성과 교부로서 성립한다고 볼 것이므로 백지어음으로 인정되기 위해서는 미완성인 채로 상대방에게 교부하여 유통상태에 둔 것이어야 한다.

(3) 백지어음에 의한 권리행사, 양도 및 선의취득 등

백지어음은 그 자체로는 미완성어음이므로 백지를 보충하기 전에는 어음상의 권리를 행사할 수 없다. 백지어음을 제시하였어도 적법한 지급제시가 될 수 없고 배서인 등 상환의무자에 대한 상환청구권을 보전할 수 없다.[8]

백지어음은 백지를 보충하기 전까지는 그 자체로는 어음상의 권리를 행사할 수 없다. 따라서 백지어음에 의한 청구에 어음상 청구권에 대한 시효중단의 효력이 인정되는지가 문제된다. 이 사건 대상판결에서 논의되는 쟁점이다.

---

5) 최준선, 전게서, 268면.
6) 김홍기, 전게서, 1019면.
7) 대법원 2001.4.24. 선고 2001다6718 판결; 대법원 1984.5.22. 선고 83다카1585 판결 등.
8) 대법원 1995.9.15. 선고 95다23071 판결.

백지어음은 어음요건의 일부가 흠결된 것이지만 그 경제적 실질은 완성어음과 같다. 이에 따라 어음법은 백지어음의 유효성을 인정하고 그 유통성을 보호하고 있다(어음법 제10조). 완성어음과 동일한 방법에 의한 양도가 인정되고,[9] 선의취득(어음법 제16조 제2항) 및 인적항변의 절단(어음법 제17조)이 인정되며 그 상실의 경우에는 공시최고에 의한 제권판결이 인정된다.

(4) 백지보충권

백지보충권은 백지인 어음요건 부분을 보충하여 백지어음을 완성어음으로 변환시킬 수 있는 권리를 말한다. 어음소지인이 보충권을 일방적으로 행사하여 미완성의 어음을 완성시키는 것을 내용으로 하므로 형성권의 일종이다.

보충권자가 행사할 수 있는 보충권의 범위는 보충계약에 의하여 정하여진다. 합의된 사항과 다른 내용을 보충한 경우에는 합의 위반을 이유로 소지인에게 대항하지 못한다. 그러나 소지인이 악의 또는 중과실[10]로 인하여 해당 어음을 취득한 경우에는 그러하지 아니하다(어음법 제10조).

백지보충권의 소멸시효기간에 대해서는 어음법에 아무런 규정이 없다. 형성권의 일종임을 중시하여 10년의 제척기간에 걸린다는 견해도 있으나, 백지보충권의 성격을 감안하여 형성권으로 이해하더라도 반드시 10년의 제척기간이 적용된다고 해석할 필요는 없고, 보충권의 종속적 성질과 그 행사에 의해서 발생하는 주채무자에 대한 어음상 청구권의 시효기간이 3년인 점 등을 감안하면 '백지보충권을 행사할 수 있는 때'로부터 3년의 시효기간이 적용된다고 볼 것이다.[11]

판례는 만기를 백지로 발행된 약속어음의 백지보충권의 소멸시효기간은 '백지보충권을 행사할 수 있는 때'[12]로부터 3년,[13] 발행일을 백지로 발행된 수표의 백지보충

9) 대법원 1994.11.18. 선고 94다23098 판결 등.

10) 어음금액이 백지인 백지어음을 취득한 자가 그 어음금액을 보충하면서 보충권의 내용에 관하여 백지어음행위자에게 직접 조회하지 않는 경우에는 취득자에게 중과실이 인정된다(대법원 1995.8.22. 선고 95다10945 판결). 이 경우에 악의 또는 중과실 여부의 판단시기는 백지어음 취득시이고 보충시가 아니다.

11) 동지: 김문재, 전게서, 278면; 최준선, 전게서, 288면.

12) 백지보충권을 행사할 수 있는 때, 즉 백지보충권 소멸시효의 기산점은 만기가 기재되어 있는 경우와 만기가 백지인 경우인가에 따라서 다르다. 만기가 기재되어 있는 경우에는 보충권의 소멸시효는 만기로부터 진행하는 것이 원칙이다(대법원 2003.5.30. 선고 2003다16214 판결). 다만 이 경우 백지보충권은 그 행사에 의하여 어음상의 청구권을 완성시키는 것에 불과하여 그 보충권이 어음상의 청구권과 별개로 독립하여 시효에 의하여 소멸한다고 볼 것은 아니므로 어음상의 청구권이 시효중단에 의하여 소멸하지 않고 존속하고 있는 한 이를 행사할 수 있다(대법원 2010.5.20. 선고 2009다48312 판결). 이에 반하여 만기가 백지인 경우에는 백지보충권을 행사할 수 있는 때, 즉 어음상의 권리를 행사할 수 있는 때로부터 진행한다고 볼 것이다. 예컨대 장래의 계속적인 물품거래로 발생할 채무의 지급을 위하여 만기가 백지인 약속어음을 발행한 경우에는 물품거래가 종료한 때로부터 보충권의 소멸시효가 진행한다(대법원 1997.5.28. 선고 96다25050 판결).

권의 소멸시효기간은 백지보충권을 행사할 수 있는 때로부터 6개월로 보고 있다.[14)15)]

보충권자에 의해서 흠결된 어음요건이 보충되면 백지어음은 완전한 어음으로서, 백지어음상에 기재된 발행, 배서, 보증 등 모든 어음행위는 보충된 문언에 따라서 그 효력을 발생한다. 다만 그 효력은 백지를 보충한 때로부터 장래를 향하여 효력을 발생한다(불소급설).[16)]

2. 백지어음에 의한 어음금청구와 소멸시효중단

(1) 시효중단에 관한 일반론

1) 관련규정

어음의 시효기간은 어음소지인의 주채무자에 대한 청구권은 3년(어음법 제70조 제1항, 제77조 제1항 제8호), 어음소지인의 전자에 대한 상환청구권은 1년(어음법 제70조 제2항, 제77조 제1항 제8호), 상환자의 전자에 대한 재상환청구권은 6월(어음법 제70조 제3항, 제77조 제1항 제8호) 3가지로 규정되어 있다. 수표의 시효기간은 6월(수표법 제51조)로서 어음의 경우보다 더 단축되어 있다.

이와 관련하여 어음상 청구권의 시효중단이 문제되는데, 어음법은 독자적인 시효중단사유를 규정한 바 없기 때문에 어음상 청구권의 소멸시효 중단 여부는 민법상의 일반적인 해석에 의한다. 민법은 소멸시효의 중단사유로써 청구, 압류 또는 가압류, 가처분, 승인을 규정하는데(민법 제168조), 이 사례에서 문제되는 것은 '청구'[17)]에 의한 소멸시효의 중단 여부와 그 범위이다.

2) 학설과 판례

청구에 시효중단의 효력을 인정하는 근거로는 권리자가 권리 위에 잠자지 않고 권리를 행사한 것에서 찾는 견해(권리행사설)가 유력하다.

판례는 재판상 청구에 대해서는 일찍부터 권리행사설에 의해서 시효중단의 효력을 인정하여 왔다. 재판상 청구는 자기의 권리를 자각하여 행사하는 것이면 족하고 기판력이 미치는 범위와 일치시켜 고찰할 필요는 없다.[18)] 응소행위에 대해서는 부정

---

13) 대법원 2003.5.30. 선고 2003다16214 판결; 대법원 2002.2.22. 선고 2001다71507 판결.

14) 일본에서는 어음에 관한 행위가 절대적 상행위로 되어 있으므로 5년설이 통설 · 판례이다. 정동윤, 전게서, 317면.

15) 대법원 2001.10.23. 선고 99다64018 판결; 대법원 2002.1.11. 선고 2001도206 판결.

16) 대법원 1976.7.13. 선고 75다1751 판결.

17) 청구에는 재판상의 청구 이외에도 파산절차 · 회생절차 참가, 지급명령, 화해를 위한 소환, 임의출석, 재판외의 최고, 재판상의 최고 등이 포함된다.

적인 입장을 취하다 판례변경을 통하여 시효중단을 긍정하고 있다.[19] 행정처분의 취소나 무효확인을 구하는 행정소송을 제기하는 경우에 그 바탕이 되는 사권에 대해서도 시효중단을 인정하고 있으며,[20] 위법한 납세고지에 대해서도 일관되게 권리행사설에 근거하여 시효중단을 인정하고 있다.

(2) 완성어음 청구에 의한 시효중단

1) 재판상 청구

완성어음에 기한 청구가 재판상 청구인 경우에는, 소의 제기에 의하여 소멸시효의 진행은 중단되고 그 외에 어음의 제시나 소장의 송달은 요구되지 않는다. 이 점에 대해서는 이론이 없다.[21]

2) 재판외 청구(최고)

완성어음에 기한 청구가 재판외 청구(최고)인 경우에도 시효중단의 효력은 인정된다. 시효중단을 위해서 최고를 함에 있어서는 권리행사의 명백한 의사통지가 상대방에게 도달하면 족하고 어음의 제시는 요구되지 않는다.[22]

3) 어음의 소지가 필요한지 여부

시효중단을 위한 소제기, 최고 등에 어음의 제시가 불필요하다 하더라도 당시 어음을 소지하고 있어야 하는지 문제된다. 일본에서는 소지불요설을 취한 최고재판소 판례가 있으나, 이에 관한 우리나라의 대법원 판례는 보이지 아니한다.[23]

(3) 백지어음 청구에 의한 시효중단

1) 문제의 제기

백지어음은 미완성의 어음이므로 백지를 보충하기 전에는 어음상의 권리를 행사할 수 없다. 따라서 백지어음에 의한 청구에 시효중단의 효력을 인정할 것인지가 문제된다. 이 사건 대상판결에서 쟁점이 된 부분이다.

---

18) 대법원 1979.7.10. 선고 79다569 판결.

19) 대법원 1993.12.21. 선고 92다47861 전원합의체 판결.

20) 대법원 1992.3.31. 선고 91다32053 전원합의체 판결.

21) 대법원 1962.1.31. 선고 4294민상110,111 판결.

22) 어음은 유통증권이기 때문에 어음채권에 대해서 채무자를 지체에 빠뜨리기 위해서는 청구에는 어음의 제시가 수반될 필요가 있지만, 단지 시효중단을 위한 최고에 관해서는 최고의 의의를 충족하는 이상 반드시 어음의 제시를 수반할 필요가 없다. 日本 最高裁 1963.1.30. 判決, 民集 17卷 1號, 99頁.

23) 우리나라 및 일본 판례의 상세한 분석으로는 오영준, "백지어음 소지인의 어음금청구에 의한 소멸시효 중단 – 2010.5.20.선고 2009다48312–," 대법원판례해설 83호(법원도서관, 2010년 상반기), 491–493면 참조.

2) 재판상 청구

우리나라에서는 백지어음에 의한 재판상 청구, 즉 소제기에 시효중단의 효력을 인정하여야 한다는 견해[24]가 유력하다.

우리나라의 판례는 권리행사설에 기초하여 시효중단을 인정하는 범위를 넓혀 왔다(위 Ⅱ.2.(1) 참조). 이러한 판례의 태도에 따르면 백지어음에 의한 소제기에도 시효중단의 효력이 인정될 가능성이 높은 실정이었으나, 시효중단의 효력을 부정하는 취지의 판례[25]도 있어서 정리되지 못한 느낌이 있었다.[26] 이 사건 대상판결은 이러한 혼란을 정리하고 백지어음에 의한 소제기에 어음상 청구권에 대한 시효중단의 효력이 있음을 분명히 하였다.

3) 재판외 청구(최고)

백지어음에 기하여 재판외 청구를 한 경우에도 시효중단의 효력을 인정할 것인가? 백지어음이 완성어음과 동일한 기능을 수행하고 유통되는 거래계의 실정을 감안하면, 완성어음에 기한 청구에 시효중단의 효력을 인정하는 것과 달리 볼 이유는 없다고 생각한다.[27] 대상판결은 백지어음의 재판상 청구에 시효중단의 효력을 인정하는 근거로 권리위에 잠자는 자가 아님을 객관적으로 표명한 것을 들고 있는데, 이러한 판시는 백지어음에 기한 재판외 청구(최고)에 대해서도 동일하게 적용되기 때문이다. 다만, 재판외의 청구는 6월내에 재판상의 청구, 파산절차의 참가, 압류 또는 가압류, 가처분 등을 하지 않으면 시효중단의 효력이 없다(민법 제174조).

4) 어음금액이 백지인 어음의 시효중단 가부

어음금액이 백지인 백지어음에 의하여 어음금소송을 제기한 경우에도 시효중단의 효력이 인정되는지가 문제된다. 수취인 등 다른 어음요건이 흠결된 백지어음과는 달리 어음금액이 백지인 경우에는 시효중단의 효력을 원칙적으로 부정할 것이다. 어음금액이 백지인 어음금 청구에서는 얼마만큼의 청구를 하는지를 알기 어렵고 이러한 경우까지 '권리행사'가 있었다고 보기는 어렵기 때문이다.[28]

---

24) 정동윤, 전게서, 309면; 정찬형, 전게서, 233면.

25) 대법원 1962.12.20. 선고 62다680 판결.

26) 일본의 초기 판례는 백지어음에 기한 재판상 청구와 백지어음에 대한 채무승인은 모두 소멸시효 중단의 효력이 생기지 않는다는 입장을 취하였으나, 최고재판소 1966.11.2. 판결에서 수취인 백지의 어음에 기한 어음금소송에서부터 시효중단의 효력을 인정하기 시작하였다. 오영준, 전게 논문, 494-497면 참조.

27) 김홍기, 전게서, 1021면; 송옥렬, 상법강의, 홍문사, 2015, 539면.

28) 김홍기, 전게서, 1021면; 오영준, 전게 논문, 506면.

3. 대상판결의 검토

(1) 백지어음에 의한 어음금청구와 소멸시효 중단

백지어음에 의한 소제기는 어음소지인의 권리행사의 취지가 객관적으로 명백하게 표시된 점, 백지어음에 의한 어음금청구와 완성어음에 의한 어음금청구는 경제적 실질이 동일한 점, 백지어음에 표창되어 있는 백지보충을 조건으로 하는 어음금청구권은 일반적인 조건부 권리와는 차이가 있는 점[29)] 등을 고려할 때, 백지어음에 의한 소제기에 의해서 어음상 청구권의 소멸시효는 중단된다고 보는 것이 타당하다.

대상판결은 만기는 기재되어 있으나 지급지, 수취인 등이 백지인 약속어음의 소지인이 그 백지 부분을 보충하지 않은 상태에서 어음금을 청구하는 것은 어음상의 청구권에 관하여 잠자는 자가 아님을 객관적으로 표명한 것이라고 할 수 있고 그 청구로써 어음상의 청구권에 관한 소멸시효는 중단됨을 분명히 하였다. 기존 판례의 혼란을 정리하고 백지어음에 의한 소제기에 시효중단의 효력을 분명히 하였다는 점에서 의의가 있다.

대상판결에 따르면, 백지어음의 소지인이 어음요건의 일부를 오해하거나 그 흠결을 알지 못하는 등의 사유로 백지 부분을 보충하지 아니한 채 어음금을 청구하였다가 뒤늦게 백지 부분을 보충하더라도 보호를 받을 수 있게 된다. 백지어음이 완성어음과 동일한 기능을 수행하고 있고, 여러 가지 이유에서 백지어음의 백지 부분을 보충할 수 없는 거래상황이 있다는 점을 고려하면 이와 같은 대상판결의 결론은 이론적인 측면에서 타당함은 물론이고 거래실정에도 부합한다.[30)] 대상판결에 찬성한다.

(2) 백시보충권의 송속성과 그 행사기간

그런데 위와 같이 백지어음에 의한 소제기에 의하여 어음상 청구권에 대한 소멸시효가 중단된다고 하여도 그와 별개로 백지보충권은 독자적으로 소멸시효가 완성된다고 보면 더 이상의 보충이 불가능한 것인지 의문이 있을 수 있다. 그러나 백지보충권은 그 속성상 백지보충권의 행사에 의하여 어음상의 권리를 완성시키는 것에 불과

29) 일반적인 조건부 권리는 조건 미성취 동안에는 시효가 진행되지 않으나 백지어음의 경우에는 백지미보충기간 동안에도 시효가 진행된다. 일반 조건부 권리는 조건미성취의 상태에서 제기한 소송에서 패소 확정된 경우에는 그 기판력이 조건 성취후 제기된 후소에는 미치지 못하지만, 백지어음에 기한 소송에서 패소 확정된 경우에 보충한 후의 후소 청구는 기판력에 의해서 배치되는 점 등에서 양자는 차이가 있다(대법원 2008.11.27. 선고 2008다59230 판결). 따라서 백지어음이 조건부 권리의 특성을 가진다는 점은 시효중단을 부정하는 근거로 하기에는 불충분하다.

30) 오영준, 전게 논문, 507면.

하기 때문에, 백지어음 청구에 의해서 어음금청구권의 시효가 중단된 이상 백지보충권만이 별개로 독립하여 시효소멸한다고 볼 수 없고, 어음상의 권리가 소멸되지 않는 한 여전히 백지보충권을 행사할 수 있다고 볼 것이다. 대상판결도 같은 입장이다.

이 사건의 경우에 1심은 X의 백지보충은 보충권 소멸시효기간인 만기로부터 3년이 경과된 후에 이루어진 것이라고 하면서 X의 약속어음금 청구를 배척하였다. 그러나 X가 지급기일로부터 3년 이내에 소제기를 하여 어음금 청구권의 소멸시효가 중단된 이상 백지보충권의 종속적인 성질상 어음상 청구권과 별개로 독자적으로 소멸시효가 진행한다고 볼 것은 아니다. 즉, 백지어음에 기한 소제기로 인하여 어음금 청구권에 대한 소멸시효의 진행이 중단되었다면 어음소지인은 만기로부터 3년이 경과하였어도 여전히 백지보충권을 행사할 수 있다.

(김홍기)

9 지명채권 양도방법에 의한 어음상 권리의 양도

대법원 1996.4.26. 선고 94다9764 판결

Ⅰ. 판결개요

1. 사실관계

(1) 이 사건 어음의 발행과 어음상 권리의 이전

Y는 금액, 만기, 수취인란을 백지로 한 약속어음 1매를 A에게 발행하였다(이하 '이 사건 어음'이라고 한다). A는 동업관계에 있던 B에게 백지보충권을 부여하고 할인을 위하여 동 어음을 교부하였다. B는 동 어음상의 백지부분을 금액 15,900,000원, 만기 1992. 9. 20. 수취인을 B로 보충한 후, 제1배서인란에 날인 없이 서명만을 하여 C에게 교부하였다. C는 동 어음을 X에게 배서양도하였다.

대법원 1996.4.26. 선고 94다9764 판결

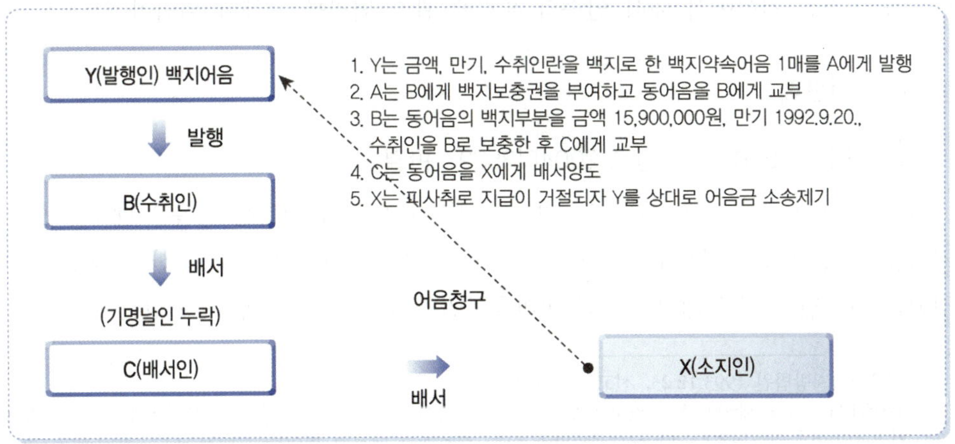

(2) X의 어음금 소송제기

X는 만기에 지급제시를 하였으나 피사취를 이유로 지급이 거절되자, Y를 상대로 이 사건 어음금소송을 제기하였다.

(3) 원심법원의 판단[1]

원심은 B의 배서는 날인이 누락되어 무효이고 배서의 형식적 연속은 흠결되었으나,[2] C는 B로부터 이 사건 어음상의 권리를 실질적으로 양수받았고, C로부터 이 사건 어음을 배서양도받은 X는 적법한 어음소지인에 해당한다고 하면서 X의 어음금 청구를 받아들였다. Y는 대법원에 상고하였다.

2. 판결요지

대법원은 원심판결을 파기환송하였다.

배서의 연속에 흠결이 있는 경우 어음소지인이 실질적인 권리이전 사실을 증명하면 어음상의 권리를 행사할 수 있으나, 원심의 판단은 어음양도인과 양수인 사이에 어음의 교부만으로 어음상의 권리양도가 이루어졌다고 인정하는 취지인지, 아니면 지명채권 양도방식에 의한 어음상의 권리이전이 이루어졌다는 취지인지가 불분명하다.

만일 원심이 지명채권 양도방식에 의한 어음상의 권리양도를 인정한 것이라면, 어음상의 권리를 지명채권 양도방식에 따라 양도함에 있어서는 민법 제450조의 대항요건을 갖추지 아니하면 어음채무자에게 대항할 수 없는바, 원심판결은 채무자에 대한 대항요건이 갖추어졌는지 여부를 심리하지 아니한 채 지명채권 양도방식에 의한 양도를 인정한 것이어서 배서 연속의 흠결에 관한 법리를 오해한 위법이 있다.

3. 관련판례

(1) 대법원 2006.12.7. 선고 2004다35397 판결

수취인이 백지인 백지어음 또는 백지식배서에 의하여 취득한 어음은 배서에 의하지 않고 어음의 교부만으로 양도할 수 있고, 유가증권의 교부에도 동산의 경우에 인정되는 간이인도, 점유개정, 목적물반환청구권의 양도 등의 방법이 인정된다.

1) 서울민사지방법원 1993.12.23. 선고 93나31947 판결.

2) 1995.12.6. 법률 제5009호로 일부개정되기 이전의 당시 구어음법 제13조(배서의 방식)는 배서의 방식으로 기명날인만이 인정되었다. 따라서 서명만을 하는 경우에는 배서의 형식을 갖추지 못한 것이 된다. 현행 어음법은 배서의 방식으로 기명날인 또는 서명을 규정함으로써 서명을 추가하였다(어음법 제13조 제1항).

(2) 대법원 1997.7.22. 선고 96다12757 판결

원심의 취지가 어음의 단순 교부만으로 어음상의 권리양도가 이루어졌다는 뜻이라면, 이는 교부(인도)만으로써 어음상의 권리를 이전할 수 있는 경우를 수취인란이 백지로 된 어음과 기명식 혹은 지시식으로 발행되었으나, 최후의 배서가 소지인출급식 또는 백지식으로 배서된 어음에 한정하고 있는 어음법의 규정에 반하여, 수취인이 기명식으로 되어 있는 어음까지도 단지 교부만으로 양도할 수 있다고 인정하는 것이어서 부당하다.

(3) 대법원 1995.9.15. 선고 95다7024 판결

어음에 있어서의 배서의 연속은 형식상 존재함으로써 족하고 또 형식상 존재함을 요한다 할 것이나, 형식상 배서의 연속이 끊어진 경우에 딴 방법으로 그 중단된 부분에 관하여 실질적 관계가 있음을 증명한 소지인이 한 어음상의 권리행사는 적법하다.

(4) 대법원 1989.10.24. 선고 88다카20774 판결

배서금지의 문언을 기재한 약속어음은 양도성 자체까지 없어지는 것이 아니고 지명채권의 양도에 관한 방식에 따라서, 그리고 그 효력으로써 이를 양도할 수 있는 것인데 이 경우에는 민법 제450조의 대항요건(통지 또는 승낙)을 구비하는 외에 약속어음을 인도(교부)하여야 하고 지급을 위하여서는 어음을 제시하여야 하며 또 어음금을 지급할 때에는 이를 환수하게 되는 것이다.

약속어음의 배서금지는 양도성 자체를 박탈하는 것은 아니므로 다른 의사표시 없이 배서금지의 문언을 기재한 사실만 가지고서 당연히 그 어음상의 권리를 지명채권 양도의 방법으로 양도하는 것을 금지하는 특약이 포함되어 있다고 보기는 어렵다.

약속어음상의 권리를 지명채권의 양도에 관한 방식에 따라서 양도함에 있어서는 민법 제450조 제1항 소정의 대항요건을 갖추지 아니하면 어음채무자에게 대항할 수 없다고 할 것이나 주채무자인 발행인에 대하여 그 대항 요건을 갖추었으면 보증인에 대하여 별도의 대항요건(통지, 승낙)을 갖추지 아니하였어도 주된 채권양도의 효력으로써 보증인에 대하여 이를 주장할 수 있다.

Ⅱ. 판결의 평석

어음을 양도하는 방법에는 크게 두 가지가 있다. 하나는 어음법에 규정된 배서와 교부(최후의 배서가 백지식인 경우)에 의한 양도방법이고, 다른 하나는 민법에 규정된 지명채권양도의 방법이다.[3)]

1. 배서와 교부에 의한 어음상의 권리이전

(1) 배서에 의한 양도

배서는 어음의 수취인이나 그 후자가 보통 어음의 이면(배면)에 어음상의 권리를 양도한다는 취지의 기재를 하고 기명날인 또는 서명을 하여 이를 교부하는 행위를 말한다(어음법 제13조). 이러한 배서는 어음법이 특히 인정하는 어음의 유통방법이며, 피배서인은 배서에 의해서 어음상의 권리를 취득한다. 이 경우 배서는 권리이전의 요건이며 단순한 대항요건이 아니다.

(2) 단순한 교부(인도)에 의한 양도

수취인란이 백지로 된 어음과 최후의 배서가 소지인출급식 배서 또는 백지식 배서의 경우에는 어음소지인은 배서 없이 어음의 교부만으로 제3자에게 양도할 수 있다(어음법 제12조 제3항, 제13조 제2항, 제14조 제2항).[4)]

(3) 지시금지어음의 양도방법

어음은 법률상 당연한 지시증권이므로 지시식으로 발행하지 아니한 경우에도 배서에 의하여 양도할 수 있다(어음법 제11조 제1항). 그러나 이러한 어음의 지시증권성은 제한될 수 있다. 예컨대, 발행인이 어음에 '지시금지'라를 글자 또는 같은 뜻이 있는 문구를 적은 경우에는 그 어음은 지명채권 양도방식으로만, 그리고 그 효력으로써만 양도할 수 있다(어음법 제11조 제2항).

---

3) 어음상의 권리는 상속 · 합병과 같은 포괄승계, 전부명령 · 경매 등과 같은 특정승계의 방법에 의해서도 이전될 수 있다. 여기에서는 배서와 지명채권 양도에 의한 어음상 권리의 양도방법을 위주로 살펴본다.

4) 대법원 1997.7.22. 선고 96다12757 판결.

2. 지명채권 양도방법에 의한 어음상의 권리이전

(1) 지명채권 양도방법에 의한 어음상의 권리이전이 인정되는지?

간단한 배서 방식에 의하여 양도할 수 있는 어음을 민법상 지명채권 양도방식으로 양도하는 것이 가능한지에 관하여는 학설이 대립되나, 우리나라의 다수설과 판례[5]는 긍정설[6]을 취하고 있다. 독일 및 일본의 판례도 같다.

(2) 어음의 교부를 필요로 하는지?

지명채권 양도방식에 의한 어음상의 권리이전을 인정하는 경우에도, 양도인과 양수인 사이의 합의 이외에 어음의 교부가 필요한지에 대해서는 견해의 대립이 있다. 어음상 권리이전에 관한 합의 이외에 어음의 교부는 필요하지 아니하며 양수인은 어음상의 권리행사를 위하여 필요한 경우 어음교부청구권이 있을 뿐이라는 견해[7]가 있으나, 유가증권인 어음의 특성을 고려할 때 양수인은 어음을 소지하고 있어야만 어음상의 권리를 행사할 수 있으므로 지명채권 양도의 합의 이외에도 어음의 교부가 필요하다.[8] 판례도 어음의 교부를 요구하고 있다.[9]

(3) 채권자의 통지나 채무자의 승낙 등이 필요한지?

지명채권 양도방식에 의한 어음상의 권리이전을 인정하는 경우에 어음의 교부만으로 충분한지, 채권자의 통지 또는 채무자의 승낙 등 대항요건을 갖출 것이 추가로 요구되는지에 대해서 견해의 대립이 있다. 채권자의 통지나 채무자의 승낙이 필요하다고 본다(대항요건필요설).[10] 어음법상 어음상 권리의 양도방식으로 간편한 배서제도를 규정하고 있음에도 불구하고 민법상 지명채권 양도방식에 따라서 어음상의 권리이전을 허용하는 이상, 어음법상 요구되는 배서요건 보다도 그 방법을 수월하게 하여서는 곤란하기 때문이다. 판례도 채권자의 통지나 채무자의 승낙 등 대항요건을 갖출

---

5) 대법원 2000.2.11. 선고 99다58877 판결; 대법원 1997.7.22. 선고 96다12757 판결; 대법원 1995.9.15. 선고 95다7024 판결; 대법원 1989.10.24. 선고 88다카20774 판결.

6) 고재종, 어음·수표법, 동방문화사, 2014, 177면; 김문재, 어음·수표법, 동방문화사, 2013, 175면; 김홍기, 상법강의, 박영사, 2018, 1028면; 이기수·최병규, 어음·手票法, 박영사, 2007, 176면; 송옥렬, 상법강의, 홍문사, 2015, 587면; 최준선, 어음·手票法, 삼영사, 2013, 293면.

7) 독일과 일본의 소수설이다. Knur/Hammerschlag, Kommentar zum Wechselgesetz, Art. 11 Anm. 1; 竹田 省, 手形法·小切手法, 1956, 99頁.

8) 김문재, 전게서, 176면; 김홍기, 전게서, 1028면; 이기수·최병규, 전게서, 176면; 송옥렬, 전게서, 587면; 최준선, 전게서, 293면.

9) 대법원 1989.10.24. 선고 88다카20774 판결; 대법원 1996.4.26. 선고 94다9764 판결 등 다수.

10) 김문재, 전게서, 176면; 김홍기, 전게서, 1028면.

것을 요구하고 있다.[11] 다만 주채무자인 약속어음의 발행인에 대하여 대항요건을 갖추었으면 보증채무의 특성상 보증인에 대하여는 별도의 대항요건을 갖추지 아니하였어도 이를 주장할 수 있다.[12]

(4) 지명채권 양도방법에 의한 양도의 효과

지명채권 양도방법에 의한 어음상의 권리의 양도는 권리이전의 합의나 어음의 교부 및 발행인에 대한 양도통지가 언제 이루어졌는지(지급거절증서 작성 전후 또는 지급거절증서 작성기간 경과 전후)에 상관없이 기한후배서와 동일한 효과를 가진다. 따라서 지명채권 양도방법에 의한 경우는 어음법에 규정된 담보적 효력 및 자격수여적 효력은 인정되지 않고, 인적항변의 단절이나 선의취득도 인정되지 않는다.[13]

3. 대상판결의 검토

(1) 총 평

대상판결은 지명채권 양도방법에 의해서도 어음상 권리의 양도가 가능하고, 지명채권 양도방법으로 어음상 권리를 양도할 때에는 반드시 어음을 교부하여야 하며, 어음채무자에게 대항하기 위해서는 민법 제450조 소정의 대항요건을 갖출 것을 요구한다. 대상판결의 판시에 원칙적으로 찬성한다. 다만 아래에서는 향후 어음상 권리의 양도방식과 관련하여 제기될 수 있는 몇 가지 관련논점에 대해서 해석의 방향을 제시한다.

(2) 목적물반환청구권의 양도에 의한 어음의 교부(인도)를 인정할 것인지?

대상판결은 지명채권 양도방식으로 어음상 권리를 양도함에 있어서는 반드시 어음을 교부할 것을 요구하고 있다. 주의할 것은 어음법상 배서방식에 의하는 경우에도 어음의 교부(인도)는 당연히 필요하다는 사실이다.[14] 이와 관련하여 간이인도(민법 제188조), 점유개정(민법 제189조), 목적물반환청구권의 양도(민법 제190조)에 의한 어음의 교부(인도)를 인정할 것인가?

이를 부정할 필요는 없다고 생각한다. 간이인도, 점유개정, 목적물반환청구권 양

11) 대법원 1996.4.26. 선고 94다9764 판결; 대법원 1989.10.24. 선고 88다카20774 판결 등.
12) 대법원 1989.10.24. 선고 88다카20774 판결 등.
13) 정동윤, 어음·수표법, 법문사, 2004, 360면; 정찬형, 어음·수표법강의, 박영사, 2009, 450면.
14) 어음상 권리의 양도에 있어서 어음의 교부를 요구하는 이유는 (i) 어음상 권리의 귀속과 어음증권에 대한 소유권의 귀속을 일치시켜 어음의 유통성을 확보하고(유통증권성), (ii) 어음양수인이 어음상의 권리를 행사하기 위해서는 어음에 대한 소지가 필요하기 때문이다(상환증권성).

도의 방법은 어음에 대한 점유를 전제한 것으로서 어음의 교부(인도)로 인정하는 것이 우리법의 체계에 맞고, 현실의 점유와 괴리됨으로 인하여 발생할 수 있는 문제점은 민법과 어음법의 체계 내에서 해결이 가능하기 때문이다.[15] 판례도 간이인도, 점유개정, 목적물반환청구권의 양도 등에 의한 교부를 인정하고 있다.[16]

목적물반환청구권 양도 등과 관련하여 어음상 권리의 이전 시점을 언제로 볼 것인지도 문제가 된다. 어음상 권리의 이전 시점은 목적물반환청구권의 양도 등 어음의 현실적 교부에 갈음하는 방법에 의하여 어음이 교부된 시점이 될 것이다.

(3) 지명채권 양도방식에 있어서 대항요건의 구비를 요구하는 것이 타당한지?

지명채권 양도방식에 의해서 어음상 권리를 양도할 때에는 반드시 어음의 교부가 요구되고, 어음채무자는 어음의 교부와 상환으로써만 채무를 지급할 의무가 있으므로, 굳이 대항요건까지 갖출 것을 요구할 필요가 없다는 견해[17]도 일리가 있다. 그러나 배서불연속인 어음의 어음소지인이 대항요건도 갖추지 아니한 상태에서 지명채권 양도방법에 따른 양수를 주장하는 경우에도 어음채무자의 지급이 요구된다면 배서가 불연속된 어음이 널리 유통이 되어서 혼란이 야기될 수 있다.[18] 더구나 어음법상 어음상 권리의 양도방식으로 간편한 배서제도를 규정하고 있음에도 불구하고 민법상 지명채권 양도방식에 따라서 어음상의 권리이전을 허용하는 이상, 어음법상 요구되는 배서요건보다도 그 방법을 수월하게 하는 것은 곤란하다. 따라서 어음상의 권리를 지명채권 양도방식에 따라서 양도하는 경우에는 어음채무자에게 대항하기 위해서는 채권자의 통지나 채무자의 승낙 등 대항요건을 구비할 필요가 있다.

(4) 민법상 지명채권 양도방식과 어음법상 교부(인도)에 의한 양도형식을 모두 갖춘 경우에 어떻게 해석할 것인지?

앞서와 같이 수취인란이 백지로 된 어음과 최후의 배서가 소지인출급식 배서 또는 백지식 배서의 경우에는 어음소지인은 배서 없이 어음을 교부만으로 제3자에게

---

15) 어음의 직접 점유자가 어음을 제3자에게 양도해 버린 경우에 있어서 제3자를 어떻게 보호할 것인가는 어음의 선의취득 규정에 의하여 해결이 가능하고(어음법 제16조 제2항), 목적물반환청구권의 양도방법에 의하여 어음을 교부한 자가 다시 제3자에게 동일한 방법으로 어음을 교부한 경우에 어음에 대한 소유권을 취득한 자들 사이의 우위의 문제는 확정일자 있는 양도통지의 여부에 의하여 해결이 가능할 것이다(민법 제450조 제2항).

16) 대법원 2006.12.7. 선고 2004다35397 판결.

17) 배준현, "배서의 연속이 흠결된 어음의 지명채권 양도방법에 의한 권리이전시 대항요건 요구," 재판실무연구 2권(수원지방법원, 1997), 302면.

18) 최준선, "지명채권양도방법에 의한 어음채권의 양도," 고시연구(2001. 7), 105－106면.

양도할 수 있다. 그런데 이러한 어음이 지명채권 양도방법으로 양도된 경우에는 민법상 지명채권 양도방식과 단순한 교부에 의한 어음법상 권리이전 방식을 모두 갖춘 것으로 보여질 수 있다.[19] 이는 민법상 지명채권 양도방식과 어음법상 양도방식이 인적항변의 절단, 선의취득 등 그 효력에서 차이가 있기 때문에 중요하다.

이러한 경우 어떻게 해석할 것인가? 최후의 소지인이 백지식 배서등인 어음을 지명채권 양도방법에 의하여 취득한 양수인은 지명채권 양도의 효력과 어음법상 양도의 효력을 모두 주장할 수 있다고 본다. 다만 어음상 권리를 취득한 방법에 관한 주장은 요건사실이므로 어음소지인의 주장이 불분명한 경우에는 법원은 필요한 경우에는 석명권을 행사할 수는 있으나, 어음소지인이 주장하지 않은 방법에 대해서는 당부를 판단할 수 없을 것이다.

(김홍기)

19) 위의 사례에서 B의 C에 대한 배서가 백지식 배서인 경우에 이와 같은 상황이 발행할 수 있다. 다만 배서의 형식적 흠결이 보완된 경우에 한한다.

10

배서의 위조와 어음의 선의취득

대법원 1995.2.10. 선고 94다55217 판결

Ⅰ. 판결개요

1. 사실관계

(1) 이 사건 어음의 발행 및 배서위조의 경위

Y는 A회사에게 발행일 1993. 3. 3., 지급일 1993. 6. 25., 발행지 및 지급지 각 서울, 액면 금 86,200,000원의 약속어음 1매를 발행·교부하였다('1어음'). 1어음은 A회사에서 X에게로 순차로 배서양도되었다.

Y는 A회사에게 발행일 1993. 3. 31., 지급일 1993. 7. 2., 발행지 및 지급지 각 서울, 액면 금 25,160,000원의 약속어음 1매를 발행·교부하였다('2어음'). 2어음은 A회사에서 X_1에게로 순차로 배서양도되었다.[1)] A회사 명의의 배서는 A회사의 총무부장 K가 위조한 것이다.

이 사건 어음들은 각 지급기일에 지급제시되었으나 지급이 거절되었다. X 및 X_1(이하 'X'라고 통칭한다)은 Y를 상대로 어음금소송을 제기하였다.

(2) 당사자의 주장

Y는 A회사 명의의 배서는 총무부장인 K가 업무상 보관 중이던 A회사 대표이사 명의의 도장을 부정사용하여 위조한 것으로 무효이고, X는 적법하게 이 사건 어음들을 취득하였다고 볼 수 없다고 하면서 어음금 지급을 거절하였다.

이에 대하여 X는 위 어음들을 취득할 당시 K의 신분을 확인하였고 Y에 대해서도 사고어음인지의 여부를 조회하였으므로 동 어음을 선의취득하였다고 주장하였다.

1) 서술을 위해서 중간배서인 등 쟁점과 관련이 없는 일부 사실관계는 생략하였다.

대법원 1995.2.10. 선고 94다55217 판결

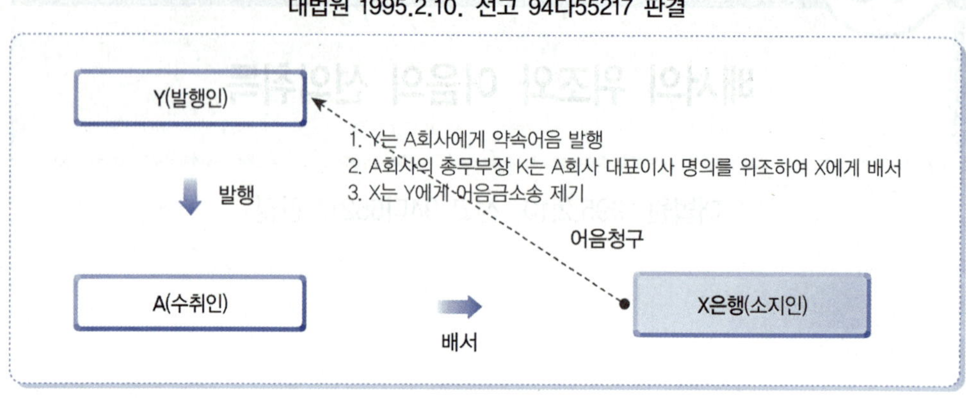

(3) 원심판결[2)]

원심은 X의 선의취득을 인정하고 어음금 지급을 명하였다. Y는 대법원에 상고하였다.

2. 판결요지

대법원은 Y의 상고를 기각하였다.

어음의 선의취득으로 인하여 치유되는 하자의 범위 즉, 양도인의 범위는 양도인이 무권리자인 경우뿐만 아니라 대리권의 흠결이나 하자 등의 경우도 포함한다.

3. 관련판례

(1) 대법원 1997.12.12. 선고 95다49646 판결

주권의 선의취득은 양도인이 무권리자인 경우뿐만 아니라 무권대리인인 경우에도 인정된다.

(2) 대법원 1996.11.26. 선고 96다30731 판결

상호신용금고가 상업어음만을 할인하여야 하는 규정에 위반하여 담보용으로 발행된 어음이나 융통어음을 잘못 할인하였다고 하여 곧바로 악의 또는 중대한 과실로 어음을 취득한 때에 해당한다고는 볼 수 없다.

2) 서울민사지방법원 1994.9.30. 선고 94나22322 판결.

(3) 대법원 1995.6.29. 선고 94다22071 판결

동산의 선의취득은 양도인이 무권리자라고 하는 점을 제외하고는 아무런 흠이 없는 거래행위이어야 성립한다.

Ⅱ. 판결의 평석

1. 문제의 소재

이 사건 대상판결에서는 ① 총무부장인 K가 A회사 명의로 배서할 대리권이 없다는 사실, 즉 대리권 흠결이 어음의 선의취득 대상에 포함되는지, 그리고 ② 어음양수인인 X에게 악의 또는 중대한 과실이 없다고 볼 것인지의 여부가 쟁점이 되어 있다. 이 사건에서 직접 다투어지지는 않았지만 ③ A회사 및 K의 어음상 책임도 문제가 될 수 있다. X가 배서인인 A회사 및 이를 대행한 K를 상대로 어음금소송을 제기하는 경우도 상정할 수 있기 때문이다. 아래에서는 어음의 선의취득에 관한 법리를 살펴본 후 이 사건 대상판결의 타당성을 검토한다.

2. 어음의 선의취득

(1) 의 의

어음의 선의취득은 어음소지인이 배서의 연속에 의해서 그 권리를 증명한 때에는 설사 양도인이 무권리자, 무권대리인 또는 무처분권자 등인 경우에도 어음상의 권리를 취득하는 제도를 말한다(어음법 제16조 제1항, 수표법 제21조). 그러나 어음소지인이 악의 또는 중대한 과실로 인하여 어음을 취득한 경우에는 그러하지 아니하다(어음법 제16조 제2항 단서, 수표법 제21조).

어음의 선의취득은 동산의 선의취득과 그 취지를 같이하지만 그 범위가 상대적으로 넓다. 예컨대 동산의 선의취득은 선의·무과실이어야 하므로 경과실이 있으면 선의취득이 부정되지만(민법 제249조), 어음·수표의 선의취득[3]은 악의 또는 중과실이 없어야 하므로 경과실이 있어도 선의취득이 인정된다(어음법 제16조 제2항, 수표법 제21조). 그리고 동산의 선의취득에서는 도품·유실물이 선의취득의 대상에서 제외되어 있으나(민법 제250조, 제251조), 어음의 선의취득에서는 이러한 특칙이 없다. 어음의

3) 수표의 선의취득에 관한 규정은 주권의 선의취득에 준용된다(상법 제359조, 수표법 제21조).

선의취득에 있어서 강화된 보호는 어음의 유통성을 감안한 것이다.

(2) 요 건

1) 형식적 자격이 있는 자로부터 취득하였을 것

어음의 선의취득이 인정되기 위해서는 배서의 연속이 있는 자로부터 어음을 취득하였어야 한다. 즉 배서가 형식적으로 연속되어 있거나 또는 최후의 배서가 백지식 배서인 경우이어야 한다. 배서의 연속은 흠결되어 있으나 흠결된 부분을 쉽게 가교할 수 있는 증거가 있다면 이를 믿고 어음을 취득한 자는 보호할 필요가 있다(가교설).

2) 무권리자, 무권대리, 무처분권자 등으로부터 어음을 취득하였을 것

어음의 선의취득으로 인하여 치유되는 하자의 범위, 즉 양도인의 범위에는 양도인이 무권리자인 경우만을 포함하는지, 아니면 양도인이 무권대리, 무처분권, 무능력, 의사표시 하자(사기, 강박, 착오) 등이 있는 경우도 포함하는지가 문제가 된다. 위의 사례에서는 총무부장인 K가 대리권이 없이 A회사 대표이사 명의로 배서한 행위가 문제되고 있다.

학설은 ① 양도인이 무권리인 경우에 한하여 선의취득이 인정된다는 견해(무권리자 한정설),[4] ② 양도인이 무권리인 경우 및 무권대리, 무처분권인 경우 등 제한적인 범위 내에서만 선의취득이 인정된다는 견해(절충설),[5] ③ 양도인이 무권리인 경우 및 무권대리, 무처분권, 무능력, 의사표시의 하자 등 양도행위의 전부를 포함한다는 견해(무제한설)[6]가 대립되어 있다.

대상판결은 "양도인이 무권리자인 경우뿐만 아니라 대리권의 흠결이나 하자 등의 경우도 포함한다"고 판시하고 있는데, 이는 절충설에 가까운 태도를 취하는 것이다.

3) 어음법적 유통방법에 의하여 취득하였을 것

어음취득자는 배서(최후의 배서가 백지식인 경우에는 교부) 등 어음법이 정하는 방법에 의하여 어음을 취득하였어야 한다. 따라서 상속, 합병, 지명채권 양도, 전부명령 등에 의하여 어음을 취득한 경우에는 선의취득 규정이 적용되지 아니한다. 기한후배서는 지명채권양도의 효력밖에 없고(어음법 제20조 제1항), 지시금지어음도 지명채권의 양도방식으로만 양도할 수 있는 것이므로 선의취득이 인정되지 아니한다(어음법

---

4) 이철송, 어음·수표법, 박영사, 2012, 337면.

5) 김홍기, 상법강의, 박영사, 2015, 948면; 정찬형, 어음·手票法講義, 박영사, 2009, 528면; 최준선, 어음·手票法, 삼영사, 2013, 164면.

6) 김정호, 어음·수표법, 법문사, 2010, 119면; 송옥렬, 상법강의, 홍문사, 2015, 625면.

제11조 제2항). 그러나 백지어음은 보충 전이라도 완성된 어음과 같이 배서에 의해서 유통되므로 선의취득이 인정된다.

4) 취득자에게 악의 또는 중과실이 없을 것

어음의 선의취득이 인정되기 위해서는 취득자에게 악의 또는 중대한 과실이 없어야 한다(어음법 제16조 제2항). 여기서 악의라 함은 양도인이 적법한 권리자가 아님을 알고 있는 것을 말하며, 중대한 과실은 그러한 사실을 모르는 것에 대한 부주의한 정도가 현저한 것을 말한다. 이 사건 대상판결에서도 취득자인 X에게 중과실이 있는지가 쟁점이 되어 있다.

악의·중과실의 입증책임은 어음반환을 청구하는 자가 부담한다. 어음취득자가 형식적 자격을 구비한 이상 어음소지인은 적법하게 어음상의 권리를 취득한 것으로 추정되기 때문이다(어음법 제16조 제1항, 수표법 제19조 제1항).

(3) 선의취득의 효과

선의취득자는 어음을 반환할 의무가 없다(어음법 제16조 제2항). 선의취득자는 어음상의 권리를 원시취득[7]하고 이에 따라 본래의 권리자는 권리를 잃게 된다. 선의취득자로부터 어음상의 권리를 승계취득한 자는 설사 선의취득자의 전자가 무권리자, 무권대리인 등이라는 사실을 알고 있었다고 하더라도 어음상의 권리취득에는 영향이 없다(엄폐물의 법칙).

3. 대상판결의 검토

(1) 어음의 선의취득으로 인하여 치유되는 하자의 범위(양도인의 범위)

선의취득으로 인하여 치유되는 하자의 범위와 관련해서는 절충설이 타당하다. 선의취득제도의 취지를 감안할 때 무제한설도 일리가 있지만, 무능력자 보호제도 등 상치되는 각 제도의 입법취지 및 보호범위를 고려해서 가장 타당한 결론이 도출될 수 있는 접점을 찾는 것이 중요하기 때문이다. 아래에서는 문제되는 항목별로 좀더 자세히 살펴본다.

양도인이 '무권대리'인 경우에는 선의취득을 인정할 것이다. 선의취득제도는 양도인의 형식적 자격을 신뢰한 자를 보호하기 위한 제도이므로, 양도인이 대리자격을 표

7) 어음상의 권리를 취득하는 방법으로는 크게 원시취득과 승계취득의 2가지가 있다. 어음의 발행, 선의취득에 의한 어음상 권리의 취득은 원시취득에 해당하고, 배서, 교부, 지명채권 양도, 상속 등에 의한 어음상 권리의 취득은 승계취득에 해당한다.

시하여 어음행위를 하고 양수인이 그의 대리권을 믿은 경우에는 외관신뢰에 대한 보호를 인정하여야 할 것이기 때문이다. 이때에는 무권대리에 관한 민법과 어음·수표법의 규정도 중첩적으로 적용될 수 있다(어음법 제8조, 수표법 제11조). 판례도 같은 입장이다.[8)]

양도인이 '무처분권'인 경우에도 선의취득을 인정할 것이다. 여기서 처분권이라 함은 타인의 권리를 자기의 이름으로 처분할 수 있는 권한을 말하며, 파산관재인, 위탁매매인 등에서 문제가 된다. 생각건대 어음취득자가 처분자의 처분권한을 믿고서 어음을 취득한 경우에는 외관보호의 차원에서 선의취득이 인정되어야 한다.

양도인이 '무능력자'인 경우에는 선의취득을 부정할 것이다. 어음양도인이 무능력자인 경우에는 어음거래의 안전과 무능력자 보호 중 어느 것을 우선시킬 것인지의 판단이 불가피한데, 어음의 선의취득을 무제한으로 인정하면 무능력 보호제도의 취지가 크게 훼손될 우려가 있기 때문이다.[9)]

양도인의 의사표시에 하자가 있는 때에는 경우에 따라서 달리 해석할 것이다. 예컨대 양도인의 양수인에 대한 어음양도에 관하여 제3자가 양도인에게 사기나 강박을 행한 경우에, 상대방(양수인)이 그 사실을 알았거나 알 수 있었을 경우에는 그 의사표시를 취소할 수 있다(민법 제110조 제1항, 제2항). 이 경우에는 선의취득을 인정할 필요성이 적다. 다만 사기 또는 강박에 의한 어음행위라도 이를 전득한 제3취득자에 대하여는 대항할 수 없다(민법 제110조 제3항). 그러나 양도인에게 착오가 있는 경우에는 선의취득이 인정되어야 할 것이다.[10)] 착오에 의한 의사표시는 양도인에게 과실이 인정된다고 볼 수 있고 거래의 안전을 위해서는 선의취득제도의 취지가 우선되어야 할 상황이기 때문이다.

결국 어음의 선의취득은 양도인이 무권리자, 무권대리인, 무처분권자인 경우 등에 한정하여 인정하는 것이 타당하다. 대상판결은 양도인이 무권대리인 경우에도 선의취득이 가능하다고 판시하고 있다. 대상판결의 태도에 찬성한다.

(2) X가 이 사건 어음의 취득에 있어서 중과실이 있는지?

어음의 선의취득이 인정되기 위해서는 취득자에게 악의 또는 중대한 과실이 없어야 한다(어음법 제16조 제2항). 악의라 함은 양도인이 무권리자, 무권대리인, 무처분권

8) 대법원 1995.2.10. 선고 94다55217 판결.
9) 최준선, "배서의 위조와 선의취득," 법률신문 제2431호(1995. 2. 10), 14면 이하.
10) 위의 평석, 14면 이하.

자 등임을 알고 있는 것을 말하고, 중대한 과실은 그것을 모르는 것에 대한 부주의한 정도가 현저한 것을 말한다. 대상판결에서도 취득자인 X에게 중과실이 있었는지가 쟁점으로 되어 있다.

X에게 중과실이 없다고 본 대상판결에 대해서 의문을 표시하는 견해[11)]도 있으나, 악의 또는 중과실과 같은 주관적인 쟁점에 대한 법원의 판단은 사안에 따라 다를 수 있고, 이 사건에서와 같이 X가 K의 신분을 확인하였고 Y에게 전화를 걸어서 사고어음인지를 확인까지 하였다면 중과실을 인정하기 어렵다고 생각한다.[12)] 더욱이 X의 악의 또는 중과실을 입증할 책임은 Y에게 있다.

(김홍기)

11) 고액인 이 사건 수표에 관하여 X에게 중과실이 없다고 본 것은 다른 판례(대법원 1988.10.25. 선고 86다카2026 판결; 대법원 1993.9.24. 선고 93다32118 판결)들과 대비하여 잘못이라고 한다. 최기원, "고액어음의 신의취득과 중과실," 법률신문 제2439호(1995. 9.), 14면 이하.

12) 김교창, 전게 평석, 15면.

11 어음의 제권판결과 선의취득자와의 관계

대법원 1990.4.27. 선고 89다카16215 판결

Ⅰ. 판결개요

1. 사실관계

(1) X은행의 어음금 청구

Y물산(주)은 1987. 5. 중순경 A무역(주)에게 약속어음 1매를 액면, 발행일, 만기, 수취인란을 각 백지로 하여 발행교부하였다. A무역은 액면금을 47,800,000원, 발행일을 1987. 6. 8., 만기를 1987. 9. 7., 수취인을 A무역으로 각 보충하고 제1배서인으로서 배서한 후, 1987. 6. 10. X은행에 약속어음의 할인을 요청하였다. X은행 담당직원인 △△△는 Y물산과 A무역이 적격업체임을 확인한 후 어음을 할인해 주었다. X은행은 어음을 한국은행에 배서양도하였고 한국은행은 1987. 9. 7. 지급제시하였으나 어음변조를 이유로 지급거절되었다. X은행은 위 어음을 환수한 후에, 발행인인 Y물산을 상대로 어음금의 지급을 청구하였다.

(2) Y물산의 항변

Y물산은 이 사건 약속어음은 Y물산이 A회사에게 원료를 납품하면서 그에 따른 하자담보용으로 어음금, 발행일, 만기 등을 백지로 하여서 발행한 것인데, A무역과의 거래관계가 종료되어서 약속어음의 반환을 요구하였으나 A무역은 이를 분실하였다고 하면서 반환을 거부하였고, 이에 1987. 9. 1. 서울민사지방법원 87카40763호로 이 사건 약속어음에 대해서 공시최고를 신청하고 1987. 12. 19. 제권판결을 받았다고 하면서, 위 약속어음은 공시최고 및 제권판결로 무효가 되었고 이에 기한 X은행의 어음금청구는 부당하다고 항변하였다.

대법원 1990.4.27. 선고 89다카16215 판결

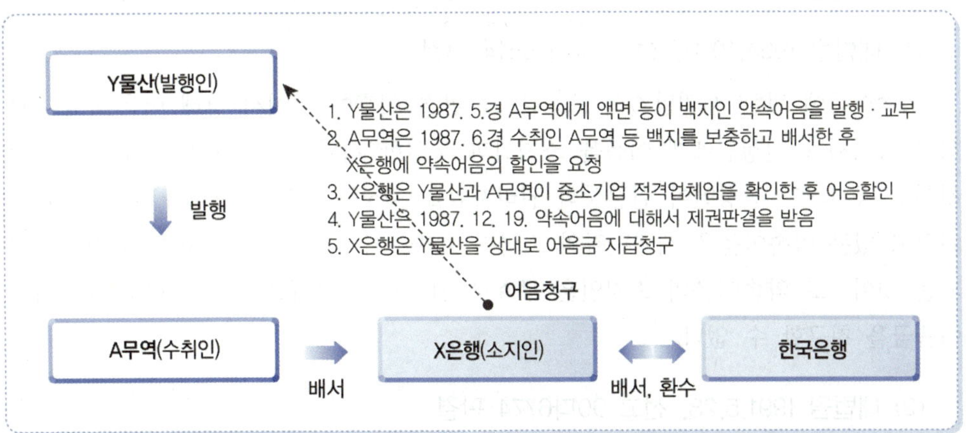

(3) 원심법원의 판단[1]

원심법원은 약속어음의 권리자인 피배서인 등의 신청에 의해서 제권판결이 선고된 경우와는 달리, 주채무자인 약속어음 발행인의 신청에 의하여 제권판결이 선고된 경우에는 어음을 취득한 실질적 권리자는 제권판결 당시에 어음의 적법한 소지인이었음을 주장 · 입증하여 그 권리를 행사할 수 있다고 하였다. 이 사건의 경우 X은행은 제권판결 선고 이전인 1987. 6. 10. 악의 또는 중대한 과실없이 이 사건 약속어음을 취득하였고 제권판결 당시에도 그 어음을 적법하게 소지하고 있었으므로 제권판결에 관계없이 어음상의 권리를 행사할 수 있다고 판단하였다. Y물산은 대법원에 상고하였다.

2. 판결요지

대법원은 원심판결을 파기환송하였다.

약속어음에 관하여 일단 제권판결이 선고되면 약속어음상의 실질적 권리자라고 하더라도 제권판결의 효력을 소멸시키기 위하여 제권판결에 대한 불복의 소를 제기하여 취소판결을 받지 아니하는 한 그 약속어음상의 권리를 주장할 수 없다.

약속어음 발행인의 신청에 의하여 제권판결이 선고된 경우에도, 제권판결의 소극적 효력에 의해서 해당 약속어음이 효력을 상실하는 것은 마찬가지이다.

---

1) 서울민사지방법원 1989.5.16. 선고 88나32304 판결.

3. 관련판례

(1) 대법원 1994.10.11. 선고 94다18614 판결

약속어음에 관한 제권판결의 효력은 그 판결 이후에 있어서 당해 어음을 무효로 하고 공시최고 신청인에게 어음을 소지함과 동일한 지위를 회복시키는 것에 그치는 것이고 공시최고 신청인이 실질상의 권리자임을 확정하는 것은 아니나, 취득자가 소지하고 있는 약속어음은 제권판결의 소극적 효과로서 약속어음으로서의 효력이 상실되는 것이므로 약속어음의 소지인은 무효로 된 어음을 유효한 어음이라고 주장하여 어음금을 청구할 수 없다.

(2) 대법원 1991.5.28. 선고 90다6774 판결

제권판결 이전에 주식을 선의취득한 자는 위 제권판결에 하자가 있다 하더라도 제권판결에 대한 불복의 소에 의하여 그 제권판결이 취소되지 않는 한 회사에 대하여 적법한 주주로서의 권한을 행사할 수 없으므로 회사의 주주로서 주주총회 및 이사회결의무효확인을 소구할 이익이 없다.

(3) 대법원 1989.6.13. 선고 88다카7962 판결

갑이 을이 수표의 소지인임을 알면서도 그 소재를 모르는 것처럼 공시최고기일에 출석, 그 신청의 원인과 제권판결을 구하는 취지를 진술하여 공시최고법원을 기망하고 이에 속은 법원으로부터 제권판결을 얻었다면 그 제권판결의 소극적 효과로서 을이 소지하고 있는 수표는 무효가 되어 을은 그 수표상의 권리를 행사할 수 없게 되고 적법한 수표소지인임을 전제로 한 이득상환청구권도 발생하지 않게 된 손해를 입었다고 할 것이므로 갑은 을에게 불법행위로 인한 손해배상책임이 있다.

Ⅱ. 판결의 평석

1. 어음의 상실과 제권판결

(1) 의　의

어음의 상실은 소실 등에 의한 어음의 절대적 상실, 유실 · 도난 등에 의하여 어음의 소재가 불분명하게 된 상대적 상실, 그리고 어음이라고 인정할 수 없을 정도로 어음이 말소 · 훼손된 경우를 포함하는 개념이다.

어음이 상실된 경우에도 어음상의 권리가 당연히 소멸하는 것은 아니다. 그러나 어음상의 권리자는 어음을 상실함으로써 어음상의 권리를 행사할 수 없게 되고, 동시에 선의의 제3자가 해당 어음을 선의취득함으로써 어음상의 권리를 상실할 염려가 있다.

이러한 경우 어음을 상실한 권리자는 공시최고에 의한 제권판결 제도를 이용할 수 있다. 제권판결에 의하여 상실된 어음의 효력을 박탈하고(민사소송법 제496조), 어음을 상실한 어음상의 권리자로 하여금 어음증권 없이 그 권리를 행사할 수 있도록 한 것이다(민사소송법 제497조).

(2) 공시최고

공시최고는 일정한 기간 내에 권리 또는 청구의 신고를 하지 아니하면 그 권리를 잃게 된다는 것을 내용으로 하는 법원의 공고를 말한다(민사소송법 제475조). 공시최고는 권리자의 보통재판적이 있는 곳의 지방법원이 관할하지만, 증권의 무효를 선고하기 위한 공시최고의 경우에는 증권이나 증서에 표시된 이행지의 지방법원이 관할한다(민사소송법 제476조 제1, 2항). 공시최고 신청인은 증서가 도난·분실되거나 없어진 사실과 그 밖에 공시최고를 신청할 수 있는 이유가 되는 사실 등을 소명하여야 한다(민사소송법 제494조 제2항). 공시최고기간은 3개월 이상이다(민사소송법 제481조).

공시최고기간 중에도 제3자가 어음을 선의취득하는 것은 가능하고, 어음소지인에게 어음의 채무자가 선의로 지급하면 그 지급은 유효하다. 다만 공시최고신청인은 채무자로 하여금 어음금액을 공탁하게 할 수 있고 상당한 담보를 제공하고 지급을 받을 수도 있다(상법 제65조, 민법 제522조).

(3) 제권판결

법원은 공시최고신청이 이유가 있다고 인정할 때에는 제권판결을 선고하여야 한다(민사소송법 제487조). 제권판결에는 소극적, 적극적 효력이 있다.

1) 소극적 효력

제권판결에 의하여 어음은 무효가 된다(민사소송법 제496조). 이를 제권판결의 소극적 효력이라고 한다. 주의할 점은 제권판결은 상실된 어음증서만을 무효로 하는 것이고 어음상의 권리 자체를 무효로 하는 것은 아니다.

2) 적극적 효력

제권판결이 선고된 때에는 신청인은 증권 또는 증서에 따라 의무를 지는 사람에게 증권 또는 증서에 따른 권리를 주장할 수 있다(상법 제497조). 이를 제권판결의 적극적 효력이라고 한다.

2. 제권판결과 선의취득의 관계

상실한 어음 등에 관해서는 공시최고가 행하여져도 그 공시최고기간 중에는 제3자가 어음을 선의취득하는 것이 가능하다. 일단 제권판결이 선고되면 해당 어음은 무효가 되므로 선의취득의 대상 자체가 될 수 없으나, 제권판결이 있기 전까지는 여전히 선의취득이 가능하기 때문이다. 그런데 어음의 선의취득자가 공시최고기간 동안에 권리를 신고[2]하지 않은 경우에 제권판결로 인하여 선의취득자의 권리도 상실되는지가 문제가 된다. 이에 관하여는 크게 3가지의 견해가 대립된다.

(1) 제권판결취득자우선설

선의취득자라고 하여도 권리신고를 하지 않으면 그 권리를 상실한다고 보는 견해[3]이다. 만일 이렇게 해석하지 않으면 제권판결취득자가 비용과 시간을 소비하여 공시최고를 한 것이 무용지물이 되어서 부당하다고 한다.

(2) 선의취득자우선설

제권판결은 자격을 부여할 뿐 신청인에게 권리를 확인 또는 부여하는 효력이 있는 것이 아니므로 선의취득자의 권리가 우선한다고 보는 견해[4]이다. 즉 제권판결은 어음의 실질적 권리에는 아무런 영향을 미치는 것이 아니므로 제권판결 선고 전에 어음을 선의취득한 자의 어음상 권리는 제권판결 후에도 존속한다고 한다. 공시최고가 최고로서 사실상 불충분한 점을 근거로 들고 있다.

(3) 제한적 선의취득자우선설

선의취득자 가운데 제권판결 선고 전에 적법하게 권리를 행사한 경우에는 제권판결취득자에게 우선하고, 그렇지 않으면 선의취득자는 제권판결에 의하여 그 권리를 상실한다는 견해이다. 여기서 권리를 행사한 자라 함은, 제권판결 전에 은행에 적법

2) 동경지방재판소는 공시최고기간 중에 공시최고신청인을 피고로 하여 공시최고를 신청한 법원에 대하여 최고된 어음은 어음금청구소송이 제기되고 그 어음이 제출된 때에는 권리의 신고가 있는 것과 동일하다고 판시하고 있다. 東京地裁, 昭 46.4.12. 判決(判時 639號, 101頁).

3) 이철송, 어음·수표법, 박영사, 2012, 352면.

4) 김문재, 어음·수표법, 동방문화사, 2013, 368면; 김홍기, 상법강의, 박영사, 2018, 953면; 정찬형, 어음·手票法講義, 박영사, 2009, 693면; 최준선, 어음·手票法, 삼영사, 2013, 207면.

한 지급제시를 한 수표의 소지인, 약속어음 발행인에게 어음금의 지급을 구한 어음소지인 등을 가리킨다.

(4) 판 례

판례가 제권판결취득자 또는 선의취득자 중 누구의 권리를 우선하는지는 확실치 않지만 판례의 내용 자체는 일관적이다. 즉 판례는 "어음·수표 등에 관하여 일단 제권판결이 선고되면 제권판결의 효과로서 해당 어음·수표의 효력은 상실되는 것이므로, 어음·수표상의 정당한 권리자(선의취득자 등)라고 하더라도 제권판결에 대한 불복의 소를 제기하여 취소판결을 받지 아니하는 한 어음·수표상의 권리를 주장할 수 없다"는 일관적인 판시를 하고 있다. 이러한 판례의 태도에 대해서는 제권판결우선설을 취한 것으로 보는 견해[5]도 있으나, 선의취득자우선설을 취하였다고 보는 견해[6]도 있다.

3. 대상판결의 검토

(1) 제권판결취득자, 선의취득자 중 누구를 우선할 것인지?

1) 판례의 태도

판례가 제권판결취득자, 선의취득자 중 누구의 권리를 우선하는 것인지는 분명치 않다. "선의취득자는 공시최고신청기일까지 권리의 신고를 하지 아니하였어도 당연히 실질적 권리가 상실되는 것은 아니다"[7]는 판시를 중시하면 판례가 선의취득자의 권리를 우선한다고 볼 수도 있을 것이나, "어음의 선의취득자라고 하더라도 제권판결에 대한 불복의 소를 제기하여 취소판결을 받지 않는 이상 어음상의 권리를 주장할 수 없다"는 판시는 결국 제권판결의 효력으로 선의취득자의 권리행사가 제한을 받는다는 뜻이므로 판례는 제권판결취득자를 우선한다고 보는 것이 옳다. 이러한 판례의 태도는 이 사건 대상판결에서도 일관되고 있다.

2) 대상판결의 검토

생각건대 제권판결은 그 신청인에게 형식적 자격을 회복시킬 뿐이고 실질적 권리에는 전혀 손을 대지 아니하는 제도이다. 즉 제권판결은 그 신청인에게 증권을 소지

5) 송상현, 민사소송법, 박영사, 1997, 722-723면; 박우동, "제권판결취득자와 선의취득자와의 관계," 법조 제26권 8호(법조협회, 1977), 78면.

6) 정동윤, 어음·수표법, 법문사, 2004, 210면.

7) 대법원 1965.7.27. 선고 65다1002 판결 참조.

한 것과 동일한 지위를 회복하는데 그치고, 신청인을 어음상의 권리자로 확정하는 것은 아니다. 그리고 공시최고절차는 매우 불완전하고 형식적이므로 선의취득자 등 어음의 적법한 소지인이 권리신고를 하지 아니하였다고 하여서 이를 상실시키거나 그 권리의 행사를 지나치게 제한하는 것은 너무나 가혹하다. 따라서 선의취득자 우선설이 타당하다.

(2) 약속어음 발행인의 신청에 의하여 제권판결이 선고된 경우에는 달리 볼 것인지?

1) 판례의 태도

이 사건 대상판결에서 대법원은 원심판결을 파기환송하면서, 약속어음 발행인인 Y물산의 신청에 의해서 제권판결이 선고된 경우에도 제권판결의 소극적 효력에 의해서 해당 약속어음의 효력이 상실하는 것은 마찬가지라고 판시하였다.[8] 결국 공시최고 신청인이 누구인지에 관계없이, 선의취득자(X은행)라고 하여도 제권판결 불복의 소를 제기하여 취소판결을 받은 후에야 권리를 행사할 수 있다.

2) 대상판결의 검토

판례의 태도에 대해서는 의문이 있다. 대법원은 약속어음 발행인(Y물산)이 공시최고 신청을 하여 제권판결을 얻은 경우에도 배서인 등이 공시최고 신청을 한 경우와는 구분하지 아니하고 제권판결의 효력을 우선하고 있다. 그러나 위의 사례는 주채무자인 약속어음 발행인(Y물산)이 자신의 어음채무를 면하기 위하여 공시최고를 통해서 제권판결을 받은 것으로 어음상 권리행사의 자격 회복을 목적으로 하는 것이 아니고 (제권판결의 적극적 효력의 취지), 제권판결 이전에 그 어음을 선의취득한 X은행과 공시최고를 신청하여 제권판결을 받은 Y물산 사이에 어음상 권리의 경합상태가 발생할 염려(제권판결의 소극적 효력의 취지)가 있는 것도 아니므로, 선의취득자인 X은행을 우선시키는 것이 타당하다고 생각한다(원심판결에 찬성).

(김홍기)

---

8) 대법원 1990.4.27. 선고 89다카16215 판결.

12 기한후환배서에 있어서 인적항변의 절단 여부

대법원 2002.4.26. 선고 2000다42915 판결

Ⅰ. 판결개요

1. 사실관계

(1) Y의 약속어음 발행과 지급거절

Y는 이 사건 약속어음을 발행하여 A(수취인)에게 교부하였다. X는 동 약속어음을 A로부터 배서·양도받은 후 피배서인을 백지로 하여 배서한 후, 자신의 거래금융기관인 농협 모라동지점에 보관하다가 Y를 상대로 지급을 청구하였으나 거절되었다(그림의 ① 지급청구).

(2) X의 어음금청구소송 제기

X는 약속어음의 지급이 거절되자 이를 되찾은 후 백지배서가 있는 그대로 A에게

대법원 2002.4.26. 선고 2000다42915 판결

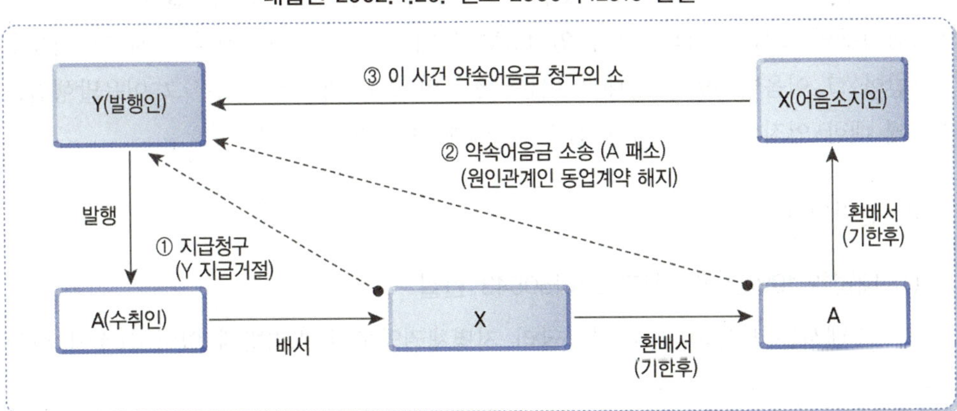

교부하여 A로 하여금 어음금청구소송을 제기토록 하였으나 패소하였다(그림의 ② 약속어음금 소송). X(어음소지인)는 A가 패소하자 다시 이를 반환받아서 어음발행인 Y를 상대로 직접 어음금청구소송을 제기하였다(그림의 ③ 이 사건 약속어음금 청구의 소).

(3) 원심법원의 판단[1]

원심법원은 어음채무자인 Y는 A가 제기한 약속어음금 소송(그림의 ②)에서 원인관계에 기한 인적항변을 주장하여 승소판결을 받은 바 있으며, X(어음소지인)가 제기한 이 사건 어음금소송(그림의 ③)에서도 Y는 A에 대하여 가지는 항변으로 X에 대해서도 대항할 수 있다고 하면서 X의 청구를 기각하였다. X는 대법원에 상고하였다.

2. 판결요지

대법원은 X의 상고를 기각하였다.

약속어음 발행인으로부터 인적항변의 대항을 받는 어음소지인은 당해 어음을 제3자에게 배서·양도한 후 환배서에 의하여 이를 다시 취득하여 소지하게 되었다고 할지라도 발행인으로부터 여전히 위 항변의 대항을 받는다고 할 것이고, 한편 기한후배서는 보통의 배서와는 달리 지명채권양도의 효력밖에 없어 그것에 의하여 이전되는 권리는 배서인이 배서 당시 가지고 있던 범위의 권리라 할 것이므로 어음채무자는 그 배서 당시 이미 발생한 배서인에 대한 모든 항변사실을 피배서인에 대하여도 대항할 수 있다 할 것인데, 이러한 이치는 환배서인 기한후배서라도 마찬가지라고 할 것이다.

약속어음의 소지인이 그 어음이 지급기일에 지급거절되자 자기의 전자에게 피배서인이 백지인 배서가 되어 있는 상태로 교부하여 전자가 그 어음발행인을 상대로 어음금청구의 소를 제기하였으나 인적항변의 대항을 받아 패소하자 다시 그 어음을 교부받아 그 어음발행인을 상대로 어음금청구의 소를 제기한 경우, 그 어음발행인은 전자에 대한 인적항변으로 그 어음소지인에게 대항할 수 있다.

3. 관련판례

(1) 대법원 1994.1.25. 선고 93다50543 판결

기한후배서는 보통의 배서와는 달리 지명채권양도의 효력밖에 없어 그것에 의하

---

1) 부산지방법원 2000.7.20. 선고 2000나2174 판결.

여 이전되는 권리는 배서인이 배서 당시 가지고 있던 범위의 권리라 할 것이므로 어음채무자는 그 배서 당시 이미 발생한 배서인에 대한 항변사실을 피배서인에 대하여도 대항할 수 있으나 그 배서 후 비로소 발생한 배서인에 대한 사유는 피배서인에 대하여 주장할 수 없다.

(2) 대법원 1982.4.13. 선고 81다카353 판결

기한후배서에 지명채권양도의 효력만이 있다 함은 그 배서 당시 이미 발생한 배서인에 대한 항변사실을 피배서인에 대하여도 대항할 수 있다는 것이고 배서 후 비로소 발생한 배서인에 대한 사유까지도 피배서인에 대하여 이를 주장할 수 있다는 것은 아니다.

Ⅱ. 판결의 평석

이 사건의 쟁점은 Y(발행인)가 A(수취인)에 대하여 가지는 인적항변[2]이 '기한후환배서(X→A, A→X)'의 경우에는 어떻게 승계되는지 여부이다. 이 사건은 환배서와 기한후배서의 법적 쟁점을 모두 가지고 있으므로, 환배서와 어음항변, 기한후배서와 어음항변, 기한후환배서와 어음항변의 개념과 효력을 차례로 살펴보고 대상판결의 타당성을 검토한다.

1. 환배서와 어음항변

(1) 환배서의 의의 및 효력

환배서(還背書)는 이미 어음상의 채무자로 되어 있는 자를 피배서인으로 하는 배서를 말한다. 역배서(逆背書)라고도 한다. 어음의 발행인뿐만 아니라 이 사건에서와 같은 배서인에 대한 배서도 포함된다.

채권과 채무가 동일한 주체에 귀속하는 때에는 채권은 민법상 '혼동'의 법리에 의하여 소멸되는 것이 원칙이지만(민법 제507조), 환배서의 경우에는 어음의 유통증권성, 추상성 등으로 인하여 어음채권은 혼동의 법리에 의하여 소멸되지 않는다.[3] 어음법은 이러한 어음관계의 특성을 반영하여 당사자 자격의 겸병(어음법 제3조, 수표법 제6조)과

2) Y는 이 사건 약속어음 발행원인이 되었던 Y와 A 사이의 동업계약이 해지되었다고 주장하고 있다.
3) 정찬형, 어음·수표법강의, 박영사, 2009, 648면.

환배서(어음법 제11조 제3항, 제77조 제1항, 수표법 제14조 제3항)를 인정하고 있으며, 환배서를 통해서도 권리이전적 효력, 자격수여적 효력 및 선의취득이 인정된다.[4)]

(2) 환배서의 성질

환배서의 성질에 대해서는 ① 어음소지인이 어음을 배서양도하였으면 일단 어음상의 권리를 상실하는 것이고, 환배서에 의해서 다시 어음을 취득하는 자는 어음상의 권리를 재취득하는 것이라는 견해('권리재취득설')[5)]와 ② 환배서에 의하여 어음을 다시 취득하는 자는 배서양도 이전의 지위를 다시 회복하는 것에 불과하다고 보는 견해('권리부활설')가 있다. 환배서의 법적 성질을 어떻게 보는지에 따라서 인적항변의 절단이나 선의취득 등과 관련해서 차이가 있을 수 있다. 권리재취득설이 자연스러울 뿐 아니라 타당하다.

(3) 환배서와 인적항변

1) 피배서인이 원래 어음채무자로부터 인적항변의 대항을 받았던 경우

환배서에 의하여 어음상의 권리가 피환배서인에게 이전되는 경우 그 피환배서인은 원래 부착되었던 항변사유의 대항을 받는다. 예를 들어 위의 사례와 같이 어음발행인이 수취인에게 인적항변사유를 가지고 있는 경우, 수취인(A)이 어음을 배서양도하였다가 환배서에 의해서 다시 어음을 취득하더라도, 어음채무자(발행인, Y)는 중간배서인(X)이 선의인지의 여부를 불문하고 피환배서인(수취인, A)에 대하여 가지고 있던 당초의 인적항변을 주장할 수 있다.

인적항변은 어음 자체에 부착되는 것이 아니고 사람에게 부착되는 것이어서, 인적항변의 대항을 받는 자가 어음을 배서양도한 후에도 인적항변은 권리의 이전과 함께 이전되거나 소멸되는 것은 아니며 원래의 소지인에게 그대로 남게 된다고 보는 것이 타당하기 때문이다(인적항변의 성질에 착안한 설명).[6)]

---

4) 정동윤, 어음 · 수표법, 법문사, 2004, 391면; 손주찬 · 정동윤 편, 주석 어음 · 수표법(Ⅰ), 한국사법행정학회, 1993, 468면.

5) 김문재, 어음 · 수표법, 동방문화사, 2013, 210면; 김홍기, 상법강의, 박영사, 2018, 1047면; 정동윤, 전게서, 444면; 정찬형, 전게서, 490면; 前田用, 手形法 · 小切手法, 有斐閣, 1999, 358頁; 伊澤和平, "手形の澤求における償還者の地位 1, 2," 法學協會雜誌 94卷 5號 (1977), 607頁; 法學協會雜誌 95卷 10號 (1978), 1609頁.

6) 같은 결론을 도출하면서도, 환배서의 피배서인은 배서 전의 지위를 회복하기 때문이라고 설명하는 견해(환배서의 성질에 착안), 선의자가 중간에 개입하더라도 어음채무자가 환배서를 받은 자에 대하여 인적항변을 주장하는 것을 인정할 필요가 있다고 설명하는 견해(원인관계를 중시) 등이 있다. 어떠한 견해를 취하든 환배서에 의하여 어음을 취득한 자에게 원래 부착되었던 인적항변사유는 소멸하지 않는다는 내용은 동일하다. 상세한 내용은 大澤康孝, "裏書と人的抗弁," ジュリスト(別冊): 手形小切手判例百選(第5版) 144號 (1997), 53頁; 蓮井抗憲, "人的抗弁 戻裏書," ジュリスト(別冊)(24號): 手形小切手判例百選(1969), 93頁 이하 참조.

2) 피배서인이 원래 어음채무자로부터 인적항변의 대항을 받지 않았던 경우

환배서의 피배서인이 원래 어음채무자로부터 아무런 항변의 대항을 받지 않았던 경우에는, 비록 어음채무자가 피환배서인의 전자(환배서인)에 대하여 인적항변을 가지고 있었다고 할지라도 피환배서인에게 악의가 없는 이상 여전히 대항을 받지 아니한다.[7] 이는 환배서 역시 배서의 일종으로 어음법 제17조(인적항변의 절단)가 적용되는 당연한 결과이다. 다만 기한 후에 이루어진 기한후환배서의 경우에는 결론이 달라질 수 있다. 기한후환배서의 효력에 대해서는 뒤에서 살펴본다.

2. 기한후배서와 어음항변

(1) 기한후배서의 의의 및 효력

기한후배서(期限後背書)라 함은 지급거절증서작성후 또는 그 작성기간경과후의 배서를 말한다. 기한후배서는 지명채권양도의 효력만이 있다(어음법 제20조 제1항 후단). 이 사건의 경우 X의 A에 대한 환배서, 그 이후에 이루어진 A의 X에 대한 환배서는 모두 기한후배서이다.

(2) 기한후배서와 인적항변

기한후배서는 지명채권양도의 효력밖에 없으므로 피배서인은 배서인이 가지는 이상의 권리를 취득할 수 없으며 인적항변은 절단되지 않는다. 그 결과 어음채무자는 배서인에 대하여 가지는 모든 항변을 피배서인에 대해서도 주장할 수 있다. 피배서인의 선의·악의를 불문한다. 판례도 같은 입장을 취하고 있다.[8] 다만 기한전배서에 의해서 이미 절단된 항변에 관하여는 그 후에 기한후배서가 이루어졌다고 할지라도 어음채무자는 이를 원용하여 기한후배서의 피배서인에게 대항할 수 없다.[9] 우리나라의 판례[10] 및 일본의 판례[11]도 같은 입장이다.

3. 기한후환배서와 어음항변

위에서는 환배서 및 기한후배서의 법리를 각 검토하였다. 그런데 이 사건의 경우

---

7) 손주찬·정동윤, 전게서, 469면.
8) 대법원 1994.1.25. 선고 93다50543 판결.
9) 손주찬·정동윤, 전게서, 626면.
10) 대법원 2001.4.24. 선고 2001다5272 판결; 대법원 1994.5.10. 선고 93다58721 판결 등.
11) 日最高裁判 昭和 29(1954).3.11., 昭和27(オ) 1263號; 最高裁判 昭和 57(1982).9.30., 昭和 57(オ) 296號 등.

에는 환배서이자 동시에 기한후배서인 기한후환배서의 효력이 문제되고 있다. 아래에서는 기한후환배서의 효력을 살펴본다.

(1) 피배서인이 원래 어음채무자로부터 인적항변의 대항을 받았던 경우

인적항변이 이미 절단되어 있는 배서인으로부터 기한후배서가 이루어지는 경우, 피배서인은 어음채무자에 대하여 항변의 절단을 여전히 주장할 수 있다(엄폐물의 법칙).[12] 그런데 그 기한후배서가 환배서이고 환배서의 피배서인이 원래부터 어음채무자로부터 인적항변의 대항을 받고 있었던 경우에는, 그러한 항변은 피배서인 개인에 대해서 원래부터 부착되어 있었던 것이므로 피배서인은 인적항변의 대항을 받게 된다.[13]

위의 사례에서 X가 A에 대하여 환배서(기한후)를 하는 경우가 이에 해당한다. 대법원은 약속어음 발행인으로부터 인적항변의 대항을 받는 어음소지인(수취인으로서의 A)은 당해 어음을 제3자(X)에게 배서 · 양도한 후 환배서에 의하여 이를 다시 취득하여 소지하게 되었다고 할지라도 발행인(Y)으로부터 여전히 위 항변의 대항을 받는다고 하고 있다(대상판결 판결요지 Ⅰ.2. 참조). 일본의 판례도 같은 입장이다.[14]

(2) 피배서인이 원래 어음채무자로부터 인적항변의 대항을 받지 않았던 경우

기한후환배서에 의하여 어음을 취득하게 된 피배서인이 처음의 배서양도시에는 어음채무자로부터 아무런 항변의 대항을 받지 않았던 경우라 할지라도, 기한후환배서에 의하여 다시 이를 취득할 때 환배서인(중간배서인)이 인적항변의 대항을 받고 있었던 경우에는, 피환배서인은 환배서인이 가지는 이상의 권리를 취득할 수 없으며, 어음채무자는 환배서인에 대하여 가지는 모든 항변을 피배서인에 대해서도 주장할 수 있다. 기한후환배서 역시 기한후배서임이 틀림이 없고 지명채권양도의 효력만을 가지기 때문이다.

위의 사례에서 A가 X에 대하여 환배서(기한후)를 하는 경우가 이에 해당한다. 대법원은 기한후환배서를 받은 자는 최초의 어음취득시에는 어음발행인 등의 채무자에 대하여 무조건적 권리를 취득하고 있었다고 할지라도, 이를 타에 배서양도하였다가

---

12) 대법원 2001.4.24. 선고 2001다5272 판결.

13) 이러한 논리는 기한전 환배서의 경우에도 동일하다고 볼 것이다. 앞의 Ⅱ.1. 환배서와 어음항변 참조.

14) 日最高裁判 昭和 45(1970).3.27., 昭和 42(才) 848號. 형식상 환배서가 아니라도 실질적으로 환배서와 동일하다고 평가할 수 있으면 단절되었던 인적항변이 되살아난다는 취지의 판결도 있다(日最高裁判 昭和 52(1977).9.22., 昭和 50(才) 766號). 기한후배서가 환배서와 동일하게 평가할 수 있는 특별한 사정이 있으면 위 배서인의 전자에 대한 항변으로도 대항할 수 있다고 해석하는 것이 상당하고 한다(日最高裁判 昭和 57(1982).9.30., 昭和 57(才) 296號).

기한후환배서에 의하여 다시 취득하게 되면 기한후환배서를 행한 전자의 인적항변의 부담을 그대로 이어 받는다고 판시하고 있다(대상판결 판결요지 Ⅰ.2. 참조).

4. 대상판결의 검토

(1) X의 A에 대한 기한후환배서의 검토

위의 사례에서 X가 A에게 기한후환배서에 의해서 어음상의 권리를 이전한 부분이 이에 해당한다. 이와 관련하여 X의 어음상 권리가 기한후환배서에 의해서 A에게 양도된 경우, A(후자)는 양도인 X가 가지는 어음상의 권리를 그대로 양수하는지, 아니면 A(수취인)의 지위로 복귀하여 Y(발행인)의 A(수취인)에 대한 인적항변이 부활하는지 문제가 된다.

대법원은 약속어음의 발행인(Y)으로부터 인적항변의 대항을 받는 A는 당해 어음을 제3자(X)에게 배서·양도한 후 환배서에 의하여 이를 다시 취득하여 소지하게 되었다고 할지라도 발행인으로부터 여전히 위 항변의 대항을 받는다고 한다.

대상판결의 태도에 찬성한다. 위의 사례에서 A가 해당 어음을 제3자에게 배서양도한 후 환배서에 의하여 다시 소지하게 된 경우라고 하더라도, 어음발행인(Y)이 어음소지인(수취인 A)에 대하여 처음부터 대항할 수 있었던 이상, A는 어음상의 권리행사에 관하여 배서양도 전의 법률상 지위보다도 불리한 상태에 놓이게 되었다고 볼 수 없기 때문이다. 즉, 인적항변의 속인적 성격상 발행인 Y가 수취인 A에 대해서 가지는 인적항변은 A(후자)가 이 사건 약속어음을 환배서에 의하여 새로이 취득한 후에도 여전히 존속한다.

(2) A의 X에 대한 기한후환배서의 검토

위의 사례에서 A(후자)가 X(어음소지인)에게 기한후환배서에 의해서 어음상의 권리를 이전한 부분에 대해서 살펴본다. 이 경우 A(후자)의 X(어음소지인)에 대한 환배서는 기한후배서이고 지명채권양도의 효력만이 있다. 이와 관련하여 X(어음소지인)는 양도인 A(후자)가 가지고 있던 인적항변이 부착된 제한적인 어음채권을 양수하는지, 아니면 X(전자)가 가졌던 선의취득자로서의 지위가 부활하는지가 문제된다.

대법원은 기한후배서는 지명채권양도의 효력밖에 없고 기한후배서에 의하여 이전되는 권리는 배서인(A 후자)이 배서 당시 가지고 있던 권리라 할 것이므로, 어음채무자(Y)는 그 배서 당시 이미 발생한 배서인(A 후자)에 대한 모든 항변사실을 가지고 피배서인(X 어음소지인)에 대하여도 대항할 수 있다 할 것인데, 이러한 이치는 그 기한후배서가 환배서인 경우라도 마찬가지라고 판시하고 있다.

대상판결에 찬성한다. 환배서로서 어음을 취득하는 자는 어음상의 권리를 다시 취득하는 것이고(권리재취득설), 그 환배서가 기한 후에 이루어진 것이라면 기한후배서의 이론에 따라 지명채권양도의 효력만을 가지는 것은 당연하기 때문이다. 위의 사례에서 X가 A(수취인)로부터 처음에 배서양도를 받을 당시에는 선의이어서 어음채무자(Y)에게 아무런 항변의 부담을 받지 않았던 경우라고 하더라도, 악의 혹은 인적항변의 대항을 받는 A(후자)에게 어음상의 권리를 배서양도한 후 그 자(A 후자)로부터 기한 후에 해당 어음을 환배서 받았다면, 기한후배서가 가지는 지명채권양도효력에 의하여 그 전자에 부착된 인적항변의 제한을 승계한다.

(3) 정당성의 문제

이와 관련하여 X는 이 사건 어음을 처음 양수받았을 당시에 직접 어음금소송을 제기하였다면 선의취득자로서 어음채무자인 Y에게 대항할 수 있었을 것인데, 이 사례에서는 인적항변의 대항을 받는 A를 내세워서 소송을 제기하였기 때문에 결과적으로 어음법의 법리에 따라 패소하게 되었는바 이것이 부당한 결론에 이르는 것은 아닌지가 문제가 된다.

대상판결의 결론에 찬성한다. 만일 X의 어음금청구를 받아들이게 되면, 어음소지인이 어음발행인을 상대로 한 소송에서 패소한 경우 해당 어음을 제3자에게 양도한 후 이들을 내세워 지속적으로 소송을 제기할 우려가 있게 된다. 어음채무자가 이러한 모든 경우에 대응하여야 한다고 하면 매우 부당하다. 그리고 이 사건의 경우에는 X는 전자인 A에게 소구권을 행사하는 등 권리행사를 할 길이 있으므로 정의에 반하는 것도 아니다.

(김홍기)

숨은 어음(수표)보증과 민사상 보증책임의 성립요건

대법원 2007.9.7. 선고 2006다17928 판결

Ⅰ. 판결개요

1. 사실관계

(1) 이 사건 수표의 발행경위

Y는 그 형인 K로부터 K가 운영하는 A회사가 X로부터 수표를 할인받는데 견질용으로 사용할 수표를 빌려달라는 부탁을 받고, 2003. 6. 말경 A회사에게 발행일 및 액면금이 백지로 된 당좌수표 1장('이 사건 수표')을 발행해 주었다. A회사는 2003. 7. 2. 경 A회사가 발행한 액면금 5천만원의 당좌수표 2장을 X로부터 할인받으면서, 이 사건 수표의 발행일을 2003. 12. 3., 액면금을 1억원으로 각 보충한 다음 X에게 담보

대법원 2007.9.7. 선고 2006다17928 판결

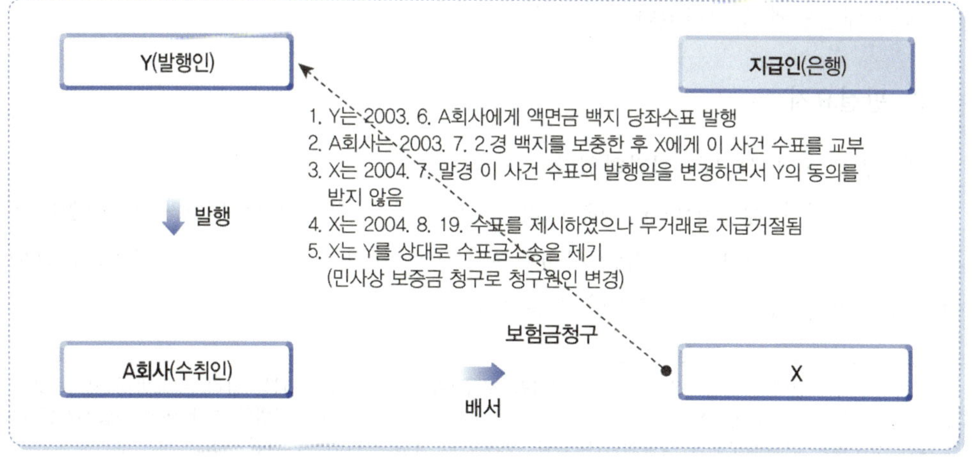

조로 이 사건 수표를 교부하였다. X는 2003. 11. 말경 A회사의 부탁으로 이 사건 수표의 발행일을 2004. 8. 3.로 변경하면서 Y로부터 발행일 변경에 관하여 정정날인을 받았으나, 2004. 7. 말경 A회사의 부탁으로 이 사건 수표의 발행일을 2004. 9. 3.로 재차 변경하면서는 Y의 동의나 추인을 받지는 아니하였다. X는 2004. 8. 19. 이 사건 수표를 지급제시하였으나 무거래로 지급거절되었다.

(2) X의 소제기 및 원심법원의 판결

1) 1심법원의 판결

X는 Y를 상대로 수표금소송을 제기하였다.

1심은 이 사건 수표는 수표발행인 Y의 동의 없이 2004. 9. 3.자로 변경되었으므로 Y는 변조 전의 수표문언에 따라서만 그 책임을 부담한다(수표법 제50조)고 전제한 후, 그런데 X는 변조전 발행일인 2004. 8. 3.로부터 10일이 지난 2004. 8. 19.에서야 이 사건 수표를 지급제시하였는바 이는 적법한 지급제시[1]로 볼 수 없다고 하면서 X의 수표금청구를 기각하였다.

2) 원심법원의 판결[2]

X는 Y가 이 사건 수표를 담보로 제공한 것은 A의 X에 대한 원인관계상의 채무도 보증할 의사가 있었던 것이라고 하면서 민사상 보증채무금 청구로 청구원인을 변경하였다.

원심은 수표발행인은 수표법상의 채무를 부담할 뿐 특별한 사유가 없는 한 수표거래에 관한 원인채무를 보증한 것으로 볼 수는 없다고 하면서 X의 청구를 기각하였다. X는 대법원에 상고하였다.

2. 판결요지

대법원은 X의 상고를 기각하였다.

수표발행인이 채권자의 요구에 따라 그 앞에서 직접 수표를 발행·교부하였다는 사정이 있었다 하더라도, 그러한 사실로부터 바로 수표발행인과 채권자 사이에 민사상 보증계약이 성립한다고 추단할 수는 없다.

---

1) 환어음 인수인이나 약속어음 발행인이 절대적 지급의무를 부담하는 것과는 달리, 수표발행인은 수표가 지급거절된 경우 소구의무를 부담할 뿐이므로(수표법 제39조) 수표소지인이 적법한 기간 내에 지급제시를 하지 않는 경우에는 상환청구권을 상실한다(대법원 1994.9.30. 선고 94다8754 판결 등).

2) 부산고등법원 2006.2.9. 선고 2005나10746 판결.

수표발행인에게 민사상의 보증채무까지 부담할 의사가 있었다고 인정하기 위해서는 채권자 및 채무자와 수표발행인 사이의 관계, 수표발행에 이르게 된 동기, 수표발행인과 채권자 사이의 교섭과정 및 방법, 수표발행으로 인한 실질적 이익의 귀속 등 수표발행을 전후한 제반 사정과 거래계의 실정에 비추어 민사상 보증계약의 성립을 인정할 정도가 되어야 하고 그에 미치지 못하는 경우에는 수표법상의 채무만을 부담할 뿐이다.

3. 관련판례

(1) 대법원 2015.5.14. 선고 2013다49152 판결

특정인의 채무를 담보하기 위하여 약속어음을 발행하거나 배서하였다는 사정만으로 어음의 발행인이나 배서인과 채권자 사이에 민사상 보증계약이 성립하였다고 추단할 수는 없고, 채권자에게는 민사상 보증책임을 부담할 것까지도 요구하는 의사가 있었고, 어음의 발행인이나 배서인도 채권자의 그러한 의사와 채무의 내용을 인식하면서 어음을 발행 또는 배서하였다는 점이 인정되어야 어음의 발행인 또는 배서인과 채권자 사이에 민사상 보증계약이 성립하였다고 볼 수 있다.

(2) 대법원 2009.10.29. 선고 2009다44884 판결

약속어음의 배서인이 채무자(어음발행인)와 채권자의 대여관계의 내용을 잘 알고 배서하였다는 점 등은 배서인에게 민사상 보증채무까지 부담지우는 근거가 되기에 부족하다.

(3) 대법원 2004.9.24. 선고 2004다29538 판결

민사상의 채무까지 보증하겠다는 뜻에서 배서한 것으로 볼 만한 특별한 사정의 유무는 이익의 실질적 귀속, 원인채무의 채권자 및 채무자와 어음배서인의 관계, 배서에 이르게 된 경위와 배서 당시의 정황 등 관계된 제반 사정을 종합하여 판단할 것이다.

(4) 대법원 1998.12.8. 선고 98다39923 판결

보증은 이를 부담할 특별한 사정이 있을 경우 이루어지는 것이므로, 보증의사의 존재나 보증범위는 이를 엄격하게 제한하여 인정하여야 할 것이다.

(5) 대법원 1988.3.8. 선고 87다446 판결

수표발행인은 수표법상의 채무를 부담할 뿐 특별한 사유가 없는 한 수표거래에 관한 원인채무를 보증한 것으로 볼 수는 없다.

Ⅱ. 판결의 평석

1. 어음보증과 숨은 어음보증

(1) 어음보증

어음보증은 어음상의 채무를 담보할 목적으로 하는 종적인 어음행위를 말한다. 즉 발행인, 배서인 등의 신용만으로는 불충분한 경우에 피보증인에 의한 어음금의 지급을 담보하기 위하여 보증인이 동일한 내용의 어음채무를 부담할 것을 내용으로 하는 주된 어음행위에 부수하는 어음행위이다. 어음보증인은 피보증인과 합동하여 피보증인의 모든 의무에 대하여 책임을 진다(어음법 제30조 내지 제32조, 제47조, 수표법 제25조 내지 제27조).

수표보증은 어음보증과 대체로 같으나 다만 지급인이 보증인이 될 수 없다는 점에서 어음보증과 구별된다(수표법 제25조 제2항).

(2) 숨은 어음보증과 민사상 보증책임

숨은 어음(수표)보증은 실질은 보증을 목적으로 하면서 형식은 발행, 배서, 인수 등의 어음행위를 하는 것을 말한다. 어음보증을 하게 되면 해당 어음의 신용에 대한 의구심을 주게 되므로 실무에서는 숨은 어음보증의 방법이 많이 행하여진다. 숨은 어음보증의 경우에는 어음행위자는 발행인, 배서인, 인수인으로서의 책임을 지는 것이지, 어음보증인으로서 책임을 지는 것은 아니다.

숨은 어음(수표)보증을 하는 경우에 그 기명날인 또는 서명자는 어음상의 채무 이외에 당해 어음거래의 원인관계상의 채무(예컨대 소비대차상의 채무)도 보증할 의사가 있는지가 문제된다. 제3자가 보증의 목적으로 어음을 발행한 경우도 같다. 이러한 논의는 소구요건 미비, 단기시효완성 등으로 어음상 채권을 상실한 경우에 민사상 보증책임을 청구할 수 있는지와 연결되기 때문에 의미가 크다. 아래에서는 우리나라를 비롯한 각국의 입법례 및 판례를 살펴보고 대상판결의 타당성을 검토한다.

2. 입법례와 판례

(1) 우리나라

숨은 어음(수표)보증과 관련하여 1970년대 이전의 판례에서는 보증책임을 긍정하는 사례들[3])이 있었으나, 1980년도 이후에는 보증책임을 부정하는 사례들[4])이 대부분이다. 이처럼 현재 우리나라의 판례는 원칙적으로 민사상 보증책임의 성립을 부정하고 있다. 학설상으로도 민사책임을 부정하는 견해가 지배적이다.[5])

그러나 특별한 사정이 있는 경우에는 민사상 보증책임이 인정될 가능성은 여전히 존재한다. 민사상 보증책임의 성립을 인정한 최근의 판례로는 대법원 2004.9.24. 선고 2004다29538 판결 사건이 있는데 이 판결은 민사상 보증책임의 성립을 인정하기 위한 특별한 사정에 대한 판단기준을 제시하고 있어서 주목할 만하다. 이와는 대조적으로 대상판결은 판단기준은 제시하고 있으나 민사상 보증책임의 성립은 부정하고 있다.

(2) 일 본

일본의 다수설은 어음보증과 민법상의 보증은 그 목적 및 효과의 점에 있어서 상당한 차이가 있으므로 어음보증인이 민법상의 채무까지 보증한 것으로 볼 수 없다는 민사상 보증책임 부정설의 입장에 있다.

일본 판례도 초기에는 배서인에게 원인채무에 대한 보증책임을 쉽사리 인정하는 경향이 있었으나, 최고재판소 1977.11.15. 판결[6]) 이후 배서인의 원인채무에 대한 보증책임을 엄격히 제한하는 방향으로 선회하였다. 그러나 특별한 사정이 있는 경우에는 민사상 보증책임의 가능성이 인정된다.[7])

---

3) 금융상의 편의를 얻도록 하기 위하여 수표를 발행한 경우(대법원 1965.9.28. 선고 65다1268 판결), 채무자의 부탁을 받고 지급담보방법으로 사용할 수 있도록 수표를 발행한 경우(대법원 1974.5.14. 선고 74다278 판결) 민사상 보증책임을 긍정하였다.

4) 대법원 1988.3.8. 선고 87다446 판결; 대법원 2003.4.22. 선고 2000다63950 판결; 대법원 1997.12.9. 선고 97다37005 판결; 대법원 2009.10.29. 선고 2009다44884 판결 등 다수.

5) 이철송, 어음·수표법, 박영사, 2012, 185면; 임재호, 상법판례연습, 법문사, 2009, 680면; 정동윤, 어음·수표법, 법문사, 2004, 351면; 최기원, 어음·수표법, 박영사, 2001, 585면.

6) "금원을 차용함에 있어 누군가 확실한 보증인의 배서를 받아오라는 요구를 받고 그 어음에 배서를 받은 후 이를 교부하고 금전을 수령하였다는 사실관계만으로는, 어음발행의 원인이 된 소비대차상의 채무를 보증한 것이라고 추인할 수는 없다." 日最判 1977.11.15. 民集 31.6.900. 이 판결의 평석으로서, 이후 하급심의 긍정사례와 부정사례를 소개한 글로는, 今泉惠子, "隠れた手形保證と原因債務についての保證 1," ジュリスト 別册 173號(2004. 10.): 手形小切手判例百選, 131頁.

7) 일본의 판례와 학설의 동향에 대하여는 김영태, "어음배서와 원인관계상의 채무의 보증," 대법원판례해설 29호(법원도서관, 1998), 76－82면 참조.

(3) 미국 등

위와 같은 논의는 민사상 보증계약이 구두 또는 묵시적으로도 성립될 수 있다는 것을 전제로 하는 것이다. 따라서 이러한 문제는 '보증계약의 서면주의(statute of fraud; 일명 '사기방지법')'[8]를 취하는 미국에서는 상정하기가 어렵다. 미국은 대부분의 주가 구두의 보증계약을 인정하지 않으므로 보증의사를 표시한 서면이 없이는 보증계약이 성립될 가능성이 낮기 때문이다. 독일 민법 역시 서면 보증을 요구하고 있어서 이러한 문제가 발생할 소지가 거의 없다.

3. 대상판결의 검토

(1) 민사상 보증책임의 성립은 원칙적으로 부정

어음행위자가 발행·배서·인수 등의 어음행위를 하는 것은 어음상의 책임을 부담하겠다는 의사를 표시한 것이지, 민사상 보증책임을 부담하겠다는 의사로 볼 것은 아니다. 어음상의 책임을 부담하겠다는 의사와 민사상 보증책임을 부담하겠다는 의사는 엄연히 구별되는 것이기 때문이다. 구두약정이나 묵시적 약정을 쉽사리 인정하는 것은 가능한 자제할 필요가 있고, 계약해석상 엄격해석이 원칙인 점에 비추어도 숨은 어음보증을 민사상 보증책임의 근거로 인정하는 것은 가능한 억제할 필요가 있다.[9] 위의 사례에서도 X는 자신이 게을리하여 담보로 제공받은 수표상의 권리행사에 실기하였는데, 민사상 보증책임을 인정하면서까지 X를 구제할 필요성은 없다고 본다.

(2) 민사상 보증책임이 인정되기 위한 특별한 사정의 판단기준

그러나 숨은 어음보증에 있어서 민사상 보증책임의 성립을 무조건 부정할 필요는 없다. 구두 및 묵시적인 계약상 책임을 인정하는 것이 우리나라의 법체계이고, 보증계약 서면주의(statute of fraud)을 채택하는 미국에서도 묵시적 보증(implied warranty)이 인정되는 다양한 상황들이 존재하기 때문이다. 따라서 특별한 사정이 있는 경우에 숨은 어음보증인에게 민사상 보증책임을 인정할 가능성은 예외적으로 열어두는 것이 타당하다.

결국 민사상 보증책임이 인정될 수 있는 특별한 사정이 존재하는지에 대한 '판단

---

8) 일정금액 이상의 매매, 보증 등 일정한 계약은 서면으로 체결될 것을 요구하는 것이다. UCC 제2편에 규정되어 있다(UCC §2). 이 원칙은 Maryland, New Mexico, Louisiana를 제외한 미국의 모든 주에서 주 법률로 제정되었으며, Louisiana를 제외하고 Maryland와 New Mexico의 경우는 판례법으로 이 원칙을 수용하고 있다.

9) 대법원 1998.12.8. 선고 98다39923 판결.

기준'이 중요한데, 이 사건 대상판결은 ① 채권자 및 채무자와 수표발행인 사이의 관계, ② 수표발행에 이르게 된 동기, ③ 수표발행인과 채권자 사이의 교섭과정 및 방법, ④ 수표발행으로 인한 실질적 이익의 귀속 등을 그 판단기준으로 제시하고 있다. 사견으로는 ⑤ 원인관계와 관련하여 별도의 처분문서가 있었는지 여부, ⑥ 거래의 실정, ⑦ 사전 또는 사후에 원인채무에 대하여 책임질 듯한 태도나 언동이 있었는지 여부 등도 특별한 사정을 판단하는 기준에 포함될 수 있다고 생각한다. 다만 이러한 판단기준은 절대적인 것은 아니고 구체적인 사례에 따라서 변경 또는 수정이 있을 수 있다.[10)]

(3) 이 사건의 경우 특별한 사정을 인정할 것인지?

숨은 어음보증인에 대해서 민사상 보증책임을 인정할 것인지는 원인채무의 보증에 대한 숨은 어음(수표)보증인의 의사 판단의 문제라고 할 것이어서, 일반적인 판단기준을 제시하는 것만으로는 해결에 한계가 있다. 따라서 다양한 사례를 통하여 판례법리를 축적시켜 나갈 필요가 있다. 다만 앞서 살펴본 우리나라 판례의 태도 및 의사해석에 있어서 엄격성 등을 고려할 때, 이 사건 대상판결에서의 사례는 '특별한 사정'이 인정될 정도는 아니라고 생각한다. 민사상 보증책임의 성립을 부정한 대상판결에 찬성한다.

(김홍기)

10) 김홍기, 상법강의, 박영사, 2018, 1061면.

14 지급인의 조사의무

대법원 2002.2.26. 선고 2000다71494 판결

Ⅰ. 판결개요

1. 사실관계

원고 X버스운송연합회(이하 'X연합회'라 한다)의 총무과장 B와 그의 친구이며 Z회사의 대표이사 C는 대전 소재의 피고 Y은행 역전지점에 예치되어 있는 X연합회의 예금을 인출하여 횡령하기로 공모하였다. 그 무렵 X연합회의 총무부장 A가 B에게 Y은행 역전지점에 예치되어 있는 예금 중 20억원을 인출하여 다른 은행에 10억원씩 나누어 예금하라는 지시를 기화로, B는 위 지점에서 20억원에 해당하는 액면 1억원짜리 자기앞 수표 20매를 발행받아 C에게 교부하였다. C는 이를 Y은행 은행동지점에 17매, 대흥동지점에 3매를 지급제시하였고, 각 지점은 전산으로 C가 제시한 위 자기앞 수표가 사고수표인지의 여부 및 C의 실명 등을 확인하고는 곧장 C에게 현금 20억원을 지급하였다. 이에 X연합회는 Y은행의 위 지점들이 수표금을 지급함에 있어 지급인으로서의 주의의무를 다하지 않았다 하여, Y은행에 대하여 수표금 20억원의 지급을 청구하였다. 이에 대해 원심이 Y은행의 면책을 인정하자,[1] X연합회가 상고한 것이다.

---

1) 원심(대전고등법원 2000.11.16. 선고 99나6607 판결)은, C는 Z회사의 대표이사로서 위 자기앞수표를 제시하기 6일 전부터 피고 은행 전직 행원이던 F를 통하여 미리 Y은행의 은행동지점과 대흥동지점에 밀린 임금 등의 지급을 위하여 필요하니 현금을 준비하여 줄 것을 부탁하면서 Z회사 명의로 예금계좌까지 개설하였고, 교환 당일 위 은행동지점에서는 그 계좌로 자기앞수표를 입금한 뒤 이를 현금으로 인출하였던 이상, Y은행 은행동지점 및 대흥동지점의 직원들은 위 자기앞수표를 현금으로 지급하여 줌에 있어 사고수표인지 여부의 확인 내지 실명확인을 거침으로써 자신들의 주의의무를 다하였다고 할 것이고, 달리 Y은행으로서 공동피고 C가 무권리자임을 의심할 만한 특별한 사정이 있었다고 볼 수는 없다고 판단하였다.

2. 판결요지

수표지급인인 은행이 수표상 배서인의 기명날인 또는 서명, 혹은 수표소지인이 적법한 원인에 기하여 수표를 취득하였는지 등 실권리관계를 조사할 의무는 없다고 할 것이지만, 수표금 지급사무를 처리하는 은행에게 선량한 관리자로서의 주의를 기울여 그 사무를 처리할 의무가 있다고 할 것인 이상, 통상적인 거래기준이나 경험에 비추어 당해 수표가 분실 혹은 도난·횡령되었을 가능성이 예상되거나 또는 수표소지인이 수표를 부정한 방법으로 취득하였다고 의심할 만한 특별한 사정이 존재하는 때에는 그 실질적 자격에 대한 조사의무를 진다.

고액 수표의 전액 현금지급요청은 정상적인 자기앞수표 소지인이라면 매우 이례적인 것이어서 그 수표가 혹시 분실·도난·횡령된 것이거나 혹은 수표제시자가 그 수표를 부정한 방법으로 취득하였다고 의심할 만한 사유가 있었다고 할 것이므로, 초면의 내방객으로부터 고액의 현금 지급을 요청받은 은행으로서는 마땅히 발행지점에 그 수표의 발행경위와 발행의뢰인 등을 확인하고 발행의뢰인 또는 발행지점을 통하여 그 수표를 사용하거나 타에 양도한 경위 등에 관하여 파악하려는 노력을 기울여 보았어야 함에도 불구하고 단지 사고수표인지 여부와 실명 여부만을 확인하여 고액의 현금을 지급한 것은 수표금 지급에 있어서의 지급인으로서의 주의의무를 다하였다고 할 수 없다.

3. 관련판례

(1) 대법원 2002.5.28. 선고 2000다50299 판결

화환어음 매입은행은 그 매입서류를 조사함에 있어서 실질적 조사의무가 면책되어 있는 것이지만 제시된 서류가 신용장에 기재된 사항과 문면상으로 일치되는지 여부 혹은 관계서류가 상태성과 정규성을 갖추었는지 여부를 조사할 의무까지 면제되는 것은 아니다.

(2) 대법원 1995.8.22. 선고 95다19980 판결

어음, 수표를 취득함에 있어서 통상적인 거래 기준으로 판단하여 볼 때 양도인이나 그 어음, 수표 자체에 의하여 양도인의 실질적 무권리성을 의심하게 할 만한 사정이 있는데도 불구하고 이와 같이 의심할 만한 사정에 대하여 상당하다고 인정될 만한 조사를 하지 아니하고 만연히 양수한 경우에는 중대한 과실이 있다.

(3) 대법원 1993.12.24. 선고 93다15632 판결

신용장거래에 있어 신용장개설은행은 상당한 주의로써 그 선적서류가 문면상 신용장의 조건과 일치하는지 여부만 확인하면 되고 그 선적서류에 대한 실질적 심사의무를 부담하지는 아니하나, 그 선적서류의 문면 자체에 하자가 있거나 또는 그 선적서류가 위조된 문서라는 사실을 사전에 알았거나 위조된 문서라고 의심할 만한 충분한 이유가 있는 경우에는 그 신용장대금을 지급하여서는 안된다.

Ⅱ. 판결의 평석

1. 지급인의 조사의무의 의의

민법의 일반원칙상 채무는 진정한 권리자 또는 그 자로부터 권리행사의 권한을 부여받은 변제수령권자에게 변제하지 않으면 그 효력이 발생하지 않기 때문에(민법 제472조), 채무자는 진정한 권리자에게 변제를 하여야 면책이 되므로 청구자가 진정한 권리자인가의 여부를 조사하여야 한다. 그러나 어음의 경우에도 이러한 원칙을 적용한다면 어음거래의 피지급성과 유통성이 크게 위협받게 될 것이다. 이에 따라 어음법 제40조 제3항은 지급인의 조사의무에 대하여 만기에 지급하는 지급인은 사기 또는 중대한 과실이 없으면 책임을 면하는 것으로 하고 있고, 수표법 제35조는 배서로 양도할 수 있는 수표의 지급인은 배서의 연속이 제대로 되어 있는지를 조사하여야 한다고 규정하여, 민법상 지시채권 채무자의 조사의무(민법 제518조)와 다르게 규정하고 있다.

2. 지급인의 조사의무의 범위

(1) 형식적 자격의 조사(지급인이 조사할 내용)

만기에 어음금을 지급하는 자는 어음의 형식적 자격자[2]에게 지급하면 면책된다. 그런데 지급인이 2중변제의 책임을 면하려면 자기에게 사기 또는 중대한 과실이 없어야 하며, 배서 연속의 정부(整否)를 조사하여야 하지만, 배서인의 기명날인 또는 서명까지 조사할 의무는 없다(어음법 제40조 제3항). 따라서 지급인이 조사하여야 할 사항은 소지인의 형식적 자격의 유무이다. 이러한 지급인의 조사의무의 법적 성질은 간

2) 지시어음에 있어서는 연속된 배서의 최후의 피배서인, 백지식배서가 있는 때에는 그 점유자, 배서금지어음에 있어서는 그 수취인 등이다.

접의무라고 보는 것이 일반적이다.[3]

1) 배서의 연속의 정부

지급인은 어음의 수취인으로부터 소지인에 이르기까지 배서가 연속되어 있는지를 조사하여야 할 의무가 있다. 백지식 배서가 있는 때에는 어음법 제16조 제1항에 의해 연결되는지를 조사하여야 한다. 배서가 형식적으로 연속하지 않은 경우라 하더라도 그 부분에 관해 실질적 권리이전(상속·합병 및 민사적 승계)이 있었다는 것을 어음소지인이 입증하여 어음상 권리를 행사할 수 있다.[4] 그러나 이러한 경우에도 지급인으로서는 자기의 위험부담 하에서만 어음금을 지급할 수 있기 때문에(통설), 배서가 연속하지 않은 어음의 소지인이 실질적 권리를 입증함에 따라 지급인이 지급을 하는 경우에는 어음법 제40조 제3항이 적용되지 않는다.[5]

2) 어음의 기재사항

지급인은 어음의 형식의 적합 여부를 조사하여야 한다(통설).[6] 왜냐하면 어음이 그 법정형식을 갖추지 않은 경우에는 불완전어음으로서 그 어음에 대한 지급은 당연히 무효이기 때문이다.[7] 자기의 기명날인 또는 서명의 진부의 경우에 있어서 그 진부를 가리어 낸다는 것은 어려운 내용이 아니고, 또 당연히 자기 자신이 하여야 할 것이기 때문에 지급하는 자의 조사사항이다(통설).[8]

(2) 실질적 자격의 조사

1) 실질적 자격에 대한 조사권 인정 여부

지급인이 어음소지인의 형식적 자격을 조사하여야 하는 것은 당연하지만, 소지인의 실질적 자격까지 조사할 권리가 있는가? 어음법 제40조 제3항은 민법 제518조와

3) 이강용·배상오, "支給人의 調査義務," 법학연구(충남대학교 법학연구소) 제4권 제1호(1993. 12), 97면; 정찬형, "어음·수표의 지급인의 조사의무," 논문집(충북대학교 법학연구소) 제22집(1981. 12), 304면; 주기종, "어음의 지급인(支給人)의 조사의무(調査義務)," 청주법학(청주대학교 법학연구소) 제11권(1996), 130면.

4) 대법원 1969.12.9. 선고 69다995 판결.

5) 정찬형, 전게논문, 307면.

6) 그러나 소수설에서는 어음의 '방식의 적합 여부'나 '자기의 기명날인 또는 서명의 진부(眞否)' 등은 어음소지인의 형식적 자격에 관한 사항으로 볼 수 없기 때문에 어음법 제40조 제3항 2문의 형식적 자격의 조사의무 내용으로 볼 수 없고, 차라리 어음법 제40조 제3항 1문의 실질적 자격에 관한 사항에 해당하므로 어음요건의 흠결 등이 지급인에게 인식될 수 있음에도 불구하고 지급인이 지급한 경우에는 지급인은 어음법 제40조 제3항 2문의 조사의무 불이행에 의한 책임을 부담한다기보다는 어음법 제40조 제3항 1문의 중과실에 의한 책임을 부담하는 것으로 보아야 한다고 한다(정찬형, 상법강의(하), 제17판, 박영사, 2015, 339-340면).

7) 다만 구제 규정(어음법 제2조 제2항 내지 제4항)에 의해 법정 보완될 수 있는 사항은 예외이며, 백지어음은 백지가 보충되지 않으면 지급제시가 불가능하므로 지급인이 백지어음임을 알면서 지급할 수 없다.

8) 대법원 1980.1.15. 선고 78다1015 판결; 대법원 2002.5.28. 선고 2000다50299 판결.

달리 지급인이 어음소지인의 실질적 자격에 대한 조사권을 갖는지에 대해 규정하고 있지는 않지만, 어음법에서도 그러한 조사권을 인정할 수 있는가에 대하여 견해가 대립하고 있다.

(i) 긍정설(다수설)에서는 민법 제518조를 지시채권의 일종인 어음에도 유추적용할 수 있고(상법 제65조, 민법 제524조), 어음법 제40조 제3항은 지급인 보호를 위한 규정인데 지급인에게 중과실이 있으면 면책될 수 없으므로 그러한 중과실을 방지하기 위하여도 실질적 자격에 대한 조사권을 인정할 필요가 있다고 한다. (ii) 부정설(소수설)에서는 실질적 조사권을 인정하는 어음법상 규정이 없고, 실질적 조사권을 인정하면 지급인이 이를 남용하여 지급을 지연시킬 수 있기 때문에 실질적 조사권을 부인한다. 생각건대 비록 어음소지인에 이르기까지 배서가 연속되었더라도 지급인이 소지인의 실질적 자격에 관하여 사기 또는 중과실이 없어야 면책을 받을 수 있기 때문에 지급인에게 사기 또는 중과실이 없기 위해서는 어음소지인의 실질적 자격에 관해 조사가 필요하다고 본다. 그러한 측면에서 지급인이 스스로 중과실을 방지하기 위해 소지인의 실질적 자격에 관한 조사권은 긍정되어야 할 것이다.[9] 판례가 수표소지인 C가 무권리자인지의 여부 등에 대해 조사권을 충실히 행사하지 아니 한 것을 이유로 Y은행의 면책을 인정하지 않은 것은 타당하다고 본다.

2) 지급인의 사기 또는 중과실

만기에 지급을 하는 지급인은 어음제시자의 형식적 자격만 보고 지급하면 면책되지만, 지급인이 면책되기 위하여는 자신에게 사기 또는 중과실이 없어야 한다(어음법 제40조 제3항). 따라서 배서의 연속으로 형식적 자격이 있는 자에 대한 지급이라 하더라도 지급인에게 '사기 또는 중과실'이라는 주관적 요소가 없어야 한다. 여기서 '사기'란 어음제시자가 무권리자임을 알고(악의) 더 나아가 이 사실을 용이하게 입증할 수 있는 방법이 있음에도 불구하고 지급함을 뜻한다(통설). 선의지급에 대한 면책이 제한되는 주관적 요소를 사기로 하고 있는 이유는 지급인이 어음제시자가 무권리자라는 것을 알고 있더라도 확실한 증거방법을 가지지 아니한 이상, 경솔하게 지급을 거절할 때에는 어음소송에서 패소하여 적지 않은 신용상의 손실을 입을 수 있기 때문이다. 그리고 '중과실'이란 지급인이 보통의 조사를 하기만 하면 어음소지인이 무권리자라는 사실과 이를 증명할 수 있는 용이한 입증방법이 있음에도 이러한 조사를 하

---

9) 김홍기, 상법강의, 박영사, 2015, 1089면; 이강용 · 배상오, 전게논문, 101면; 정찬형, 전게서, 340면; 주기종, 전게논문, 141면.

지 않아 무권리자라는 사실을 알지 못한 경우를 뜻한다.

그런데 수표법 제35조는 수표소지인에 대한 형식적 자격에 대해서만 규정하고 있을 뿐, 수표소지인의 실질적 자격에 관한 '사기 또는 중과실'에 대하여는 규정하고 있지 않다.[10] 따라서 수표의 지급인이 면책을 받기 위한 주관적 요건으로 어느 정도의 주의로써 지급을 하여야 하는지가 문제된다. 여기에 대하여는 (i) 악의 또는 중과실이 없어야 한다는 견해와 (ii) 사기 또는 중과실이 없어야 한다는 견해가 있는데, 후설이 통설이다. 생각건대 어음법 제40조 제3항의 지급인의 범위에 어음채무자가 아닌 지급인과 지급담당자가 포함되는 것으로 보면, 후설이 타당하다고 본다.[11] 대상판결에서 Y은행의 C에 대한 자기앞 수표금의 지급에 있어 주관적 요건인 사기는 존재한다고 보기 어렵지만, 판지와 같이 통상적인 거래기준이나 경험에 비추어 C의 거액의 현금인출은 매우 이례적인 것이므로 부정취득 등 특별한 사정의 존재에 대해 X연합회에 확인해보지도 않고 지급하였다면 Y은행에 대해 중과실이 있는 것으로 볼 수 있을 것이다.

3) 치유되는 하자의 범위

어음법 제40조 제3항에 의하여 사기 또는 중과실이 없는 지급이기 때문에 지급인이 면책되는 경우, 소지인이 무권리자인 경우로 한정되는지 아니면 그 외의 하자(소지인의 수령능력의 흠결·대리권이나 처분권의 흠결·동일성의 흠결 등)까지도 포함되는지에 대한 논의가 있다.[12] 통설은 선의지급으로 치유되는 하자의 범위를 넓게 해석하여, 소지인 측의 무권리 외에 대리권이나 처분권의 흠결 등이 있는 경우에도 사기 또는 중과실만 없다면 면책된다고 해석하고 있다. 생각건대 이러한 사항에 대해 지급인이 조사할 의무는 없지만 조사권은 인정되므로 이에 기해 그 흠결 여부에 대해 조사한 후에도 지급인에게 사기 또는 중과실이 없다면 어음의 유통보호와 지급인의 보호를 위해 무권리 이외의 하자도 치유된다고 보아야 할 것이다.

3. 대상판결의 검토

대상판결에서 쟁점이 된 것은 수표의 지급인이 수표소지인의 실질적 자격을 조사할 의무는 없더라도 객관적으로 보아 수표소지인의 실질적 자격에 관하여 의심할 만

10) 즉 어음법 제40조 제3항 1문과 같은 규정이 수표법 제35조에는 없다.

11) 김홍기, 전게서, 1144면; 이강용·배상오, 전게논문, 104면; 정찬형, 전게논문, 317-318면; 최준선, 어음·수표법, 제9판, 2013, 377면.

12) 송인방, "어음의 선의지급에서 치유되는 하자의 범위," 비교사법 제16권 2호(2009. 6), 592면 이하 참조.

한 합리적인 근거가 있는 때에는 이를 조사할 수 있느냐 하는 점이었다. 어음법은 어음의 유통성 강화를 위해 어음법적 유통방법인 배서 등 간편한 방법으로 어음이 양도될 수 있도록 하고 있고, 어음채권의 피지급성 확보를 위해 어음금을 지급할 때에도 민법과 달리 지급인의 책임을 경감시켜주고 있다. 즉 어음금의 지급에 있어 지급인은 어음소지인이 비록 무권리자라 하더라도 형식적 자격을 갖춘 자에 대한 지급이면 면책된다. 그러나 이때 사기 또는 중과실이 없어야 면책되므로, 판례가 지급인에게 실질적 자격에 대한 조사권을 인정한 것은 타당하다고 본다.

대법원은 은행이 고액 수표에 대하여 단지 사고수표인지 여부와 실명만을 확인하여 고액의 현금을 지급한 것은 제반 사정에 비추어 수표금지급에 있어서의 지급인으로서의 주의의무를 다하였다고 할 수 없다고 보았다. 특히 사례에서 Y은행의 지점들은 수표소지인 C와는 종전에 거래관계를 맺은 적이 전혀 없어 C의 신용상태 · 재산상태 · 영업활동 등을 알 수 없었고, 일시에 20억원을 인출하면 그 부피가 엄청나고 취급이 번잡하며 위험이 매우 큰 점 등을 고려하면, C가 무권리자인지 즉 위의 수표가 도난 · 분실 · 횡령 기타 부정한 방법으로 취득된 것인지 등 C의 실질적 자격에 관하여 의심할 만한 합리적 근거가 되므로, 위 지점들은 발행지점인 역전지점에 그 발행경위와 발행의뢰인 등을 확인할 필요가 있었는데도, 이를 이행하지 않은 것은 지급인으로서의 주의의무를 다하지 않은 중대한 과실이 있다고 하여 원심을 파기환송하였다. 생각건대 Y은행의 C에 대한 자기앞 수표금의 지급에 있어 전산조회 및 실명확인 등을 한 것에 비추어 볼 때 면책이 제한되는 주관적 요건인 '사기'는 존재한다고 보기 어렵지만, 판지와 같이 통상적인 거래기준이나 경험에 비추어 C의 거액의 현금인출은 매우 이례적인 것이므로 부정취득 등 특별한 사정의 존재에 대해 X연합회에 확인해보면 쉽게 알 수 있었으리라는 점에서 Y은행의 지급은 중과실에 기한 것으로 면책을 주장하기 어렵다 할 것이다.

(맹수석)

만기전 상환청구와 소멸시효

대법원 2003.3.14. 선고 2002다62555 판결

Ⅰ. 판결개요

1. 사실관계

A주식회사는 1999. 5. 28. 약속어음 1장을 작성·교부하였고, 이 사건 어음의 수취인인 주식회사 B는 주식회사 C에게, 주식회사 C는 피고 Y에게, Y는 원고 X에게, 각 이 사건 약속어음의 지급거절증서 작성의무를 면제한 채 배서·양도하였다. 위 약속어음의 발행인인 주식회사 A는 위 약속어음의 지급기일 전인 2000. 1. 24. A가 발행하여 지급제시된 다른 어음을 결제하지 못하여 부도처리되었다. X는 2000. 6. 17. 위 약속어음의 지급장소에서 지급을 위한 제시를 하였으나, 무거래를 이유로 지급거절되었다. 이에 X는 자신의 배서인인 Y에 대해 상환청구하였으나, Y는 X가 이 사건 어음의 만기 전에 Y에게 어음금의 지급을 청구한 바 없으므로 이 사건 소로써 어음금의 지급을 청구하는 것은 만기 후의 소구권을 행사하는 것인데, 만기 후의 소구가 적법하기 위해서는 만기일 또는 이에 이은 제2거래일 이내에 지급제시를 하여야 하나, X가 위 어음의 만기 전인 2000. 6. 17. 한 지급제시는 적법하지 아니하여 만기 후 소구권 행사를 위한 요건을 결하였으므로, 상환청구권행사로서의 이 사건 어음금 청구는 이유없다고 주장하였다.

2. 판결요지

어음법은 환어음의 경우 만기 전 소구와 만기 후 소구에 관한 규정을 모두 두고 있고, 환어음 소지인의 배서인, 발행인에 대한 청구권의 소멸시효에 관한 어음법 제70조 제2항은 "소지인이 배서인과 발행인에 대한 청구권은 적법한 기간 내에 작성시킨 거절증서의 일자로부터, 무비용상환의 문언이 기재된 경우에는 만기의 날로부터 1년간 행사하지 아니하면 소멸시효가 완성한다"고만 규정하고 있을 뿐 만기 후 소구권의 행사의 경우에만 위 조항을 적용한다고는 규정하고 있지 아니하고 있으므로 위 규정은 환어음의 만기 전의 소구권의 행사의 경우에도 당연히 적용된다고 보아야 할 것이고, 한편 어음법상 약속어음에 관하여는 환어음의 경우와 같은 만기 전 소구에 관한 규정을 두고 있지 않으나 약속어음에 있어서도 발행인의 파산이나 지급정지 기타 그 자력을 불확실하게 하는 사유로 말미암아 만기에 지급거절이 될 것이 예상되는 경우에는 만기 전의 소구가 가능하다고 할 것이므로 만기 전의 소구가 가능한 약속어음의 경우에도 역시 만기 전·후의 소구권 행사 여부를 불문하고 그 소멸시효에 관하여는 모두 어음법 제77조 제1항 제8호에 의하여 준용되는 같은 법 제70조 제2항이 적용된다고 해석하여야 한다.

3. 관련판례

(1) 대법원 1992.5.26. 선고 92다6471 판결

어음법은 약속어음에 관하여는 지급거절로 인한 소구만을 인정하고 만기 전의 소구에 관하여는 규정하고 있지 아니하나, 약속어음에 있어서도 만기전에 발행인의 파산이나 지급정지 기타 그 자력을 불확실하게 하는 사유로 말미암아 만기에 지급거절이 될 것이 예상되는 경우에는 만기 전이라도 소구할 수 있다고 보아야 한다.

약속어음 소지인이 그 약속어음을 만기 2일 전에 지급제시를 한 것이라면 특별한 사정이 없는 한 만기 전에 소구권을 행사하기 위한 것이라고 볼 수있는 것이므로, 원심으로서는 위 약속어음의 지급을 위한 제시가 지급기일에 된 것이 아니라는 이유만으로 막바로 배척할 것이 아니라, 이것이 만기 전의 소구로서의 요건을 충족한 것인지 여부를 심리하였어야 한다.

(2) 대법원 1984.7.10. 선고 84다카424 판결

어음법은 약속어음의 경우에 환어음의 경우와 같은 만기 전 소구에 관한 정을 두고 있지 않으나 약속어음에 있어서도 발행인의 파산이나 지급정지 기타 그 자력을 불확실케 하는 사유로 말미암아 만기에 지급거절이 될 것이 예상되는 경우에는 만기 전의 소구가 가능하다고 보아야 할 것인바 이 사건 약속어음과 동일인 발행명의의 다른 약속어음이 모두 부도가 된 상황이라면 특별한 사정이 없는 한 이 사건 약속어음도 만기에 지급거절이 될 것이 예상된다고 하겠으므로 그 소지인은 만기 전이라고 할지라도 일단 지급제시를 한 후 배서인에게 소구권을 행사할 수 있다.

Ⅱ. 판결의 평석

1. 판결의 쟁점

어음법은 환어음의 경우 만기 전 상환청구와 만기 후 상환청구에 관한 규정을 모두 두고 있고(어음법 제43조), 환어음 소지인의 배서인, 발행인에 대한 청구권의 소멸시효에 관하여도 규정하고 있지만(어음법 제70조 제2항), 약속어음의 경우에는 지급거절로 인한 상환청구만을 인정하고 있을 뿐이다(어음법 제77조 제1항 제4호). 이에 대해 대상판결은 약속어음의 만기 전의 상환청구권의 행사의 경우에도 환어음 조항을 적용하여야 할 뿐만 아니라, 만기 전·후의 상환청구권 행사 여부를 불문하고 그 소멸시효에 관하여는 환어음에 관한 규정을 적용하여야 한다고 하였다.

2. 상환청구의 의의 및 당사자

상환청구는 만기에 어음금의 지급이 없거나 또는 만기 전에 지급 가능성이 현저히 감소한 경우 환어음의 소지인이 자기의 전자인 배서인과 발행인에 대해 본래의 지급에 갈음하여 어음금과 기타의 비용(상환청구금액)의 지급을 청구할 수 있는 것으로, 어음부도의 가장 일반적인 구제방법이다. 이는 민법상 매도인의 하자담보책임과 같은 취지에서 실질관계를 어음관계에 반영하여 인정된 제도라 할 것이다.

상환청구권자는 1차적으로는 어음의 최후의 정당한 소지인이다(어음법 제43조, 제77조 제1항 제4호, 수표법 제39조). 따라서 어음의 보관자와 같은 단순한 점유자는 상환청구권자가 아니다. 그리고 2차적으로는 상환의무를 이행하고 어음을 환수하여 새로이 어음소지인이 된 자(배서인, 의무를 이행한 보증인, 참가지급인 등)이다(어음법 제47조 제3항, 제49조, 제77조 제1항 제4호, 수표법 제43조 제3항, 제45조).[1] 상환의무자는 환어음에 있어서는 발행인·배서인 및 이들을 위한 보증인이고, 약속어음의 경우에는 배서인 및 이들을 위한 보증인이다. 그리고 수표의 경우 발행인, 배서인 및 이들을 위한 보증인 등이 상환의무자이다.

1) 대법원 2003.1.24. 선고 2000다37937 판결.

3. 상환청구 요건의 확대 적용 문제

(1) 만기 전의 상환청구 요건

환어음의 만기 전의 상환청구를 위한 실질적 요건으로 (i) 인수의 전부 또는 일부의 거절(어음법 제43조 제1호), (ii) 지급인의 파산(어음법 제43조 제2호 전단) 또는 인수제시금지어음의 발행인의 파산(어음법 제43조 제3호), (iii) 지급인의 지급정지 또는 그 재산에 대한 강제집행의 부주효(어음법 제43조 제2호 후단)를 들 수 있다. 여기서의 '지급정지'란 채무자회생 및 파산에 관한 법률상의 지급정지(파산법 제305조 제2항)를 기준으로 결정하는데, 채무자의 지급불능을 외부에서 인식할 수 있는 정도를 말한다.[2)]

형식적 요건으로 인수의 전부 또는 일부의 거절이 상환청구원인이 된 경우에는 어음소지인은 지급인이 인수거절한 사실을 인수제시기간[3)] 내에 공정증서인 거절증서를 작성하여 입증할 것을 요한다(어음법 제44조 제1항). 따라서 거절증서가 작성되지 아니하는 한 다른 방법으로 인수거절의 사실이 증명되더라도 상환청구권을 행사할 수 없다. 그러나 지급인 또는 인수인의 파산이 상환청구원인인 경우에는 거절증서의 작성을 요하지 아니하고 파산결정서를 제출하면 되고(어음법 제44조 제6항), 채무자회생절차의 개시결정이 있는 경우에는 채무자회생절차개시결정서(파산법 제49조 제2항)를 제출하면 된다(통설).

그런데 어음법은 약속어음의 경우 지급거절로 인한 상환청구에 관한 환어음 규정만을 준용하고 있기 때문에(어음법 제77조 제1항 제4호), 환어음의 만기 전의 상환청구에 관한 규정을 약속어음에도 적용할 수 있는가 하는 문제가 있다. 이에 대해 통설은 약속어음에는 인수제도가 없기 때문에 인수거절로 인한 만기 전의 상환청구의 문제가 발생할 수 없지만, 약속어음의 경우에도 만기 전에 발행인이 파산한 경우에는 만기에 지급이 거절될 것이 확실하므로 당연히 만기 전의 상환청구를 인정해야 한다고 하고 있다. 대상판결에서도 X의 Y에 대한 약속어음금의 만기 전 상환청구에 대해 통설과 같이 어음법상 약속어음에 대해 만기 전 상환청구를 인정하는 규정을 두고 있지는 않다 하더라도 채무자의 지급불능을 외부에서 인식할 수 있는 정도의 요건을

---

2) 예컨대 채무자가 발행한 은행도 어음이 부도처리된 경우 등이다(대법원 1984.7.10. 선고 84다카424,425 판결).

3) 인수제시기간은 확정일출급 · 발행일자후정기출급어음의 경우는 발행일로부터 만기의 전날까지이고(어음법 제21조), 일람후정기출급어음의 경우는 제시된 때가 만기가 된다(어음법 제34조 제1항 1문). 다만 이러한 기간의 말일에 한 인수제시에 대하여 지급인이 고려기간을 요구한 때에는 인수거절증서는 그 다음 날에 작성될 수 있다(어음법 제44조 제2항).

갖추고 있다면 약속어음의 경우에도 만기 전 상환청구를 인정해야 한다는 입장을 밝히고 있다.

(2) 만기 후의 상환청구 요건

만기 후의 상환청구의 실질적 요건으로 (i) 지급제시와 (ii) 지급거절을 들 수 있다. 즉 어음소지인이 지급제시기간 내에 적법하게 지급세시를 하였으나, 이에 대해 환어음의 지급인(인수인) 또는 지급담당자가 지급거절을 하여야 한다(어음법 제43조 1문).[4] 약속어음의 경우에도 어음소지인의 지급제시와 발행인의 지급거절이 있어야 상환청구를 할 수 있다(어음법 제77조 제1항 제4호).

형식적 요건으로는 지급거절의 사실이 거절증서의 작성에 의하여 증명되어야 한다(어음법 제44조 제1항, 제77조 제1항 제4호). 지급거절증서의 작성은 확정일출급어음, 발행일자후정기출급어음 및 일람후정기출급어음의 경우에는 지급할 날에 이은 2거래일 내이고(어음법 제44조 제3항, 제77조 제1항 제4호), 일람출급어음의 경우에는 어음법 제34조에서 정하는 제시기간(원칙적으로 1년) 내이다. 그러나 지급거절증서의 작성이 면제된 경우(어음법 제46조, 제77조 제1항 제4호),[5] 인수거절증서를 작성한 경우(어음법 제44조 제4항), 불가항력이 만기로부터 30일이 지나도 계속되는 경우(어음법 제54조 제4항 및 제5항, 제77조 제1항 제4호)에는 그 작성을 요하지 않는다.

---

4) 어음면상 지급거절의 사실이 명백한 경우에도 지급거절증서 작성 전으로서 지급거절증서 작성기간 경과 전에 한 만기후배서는 만기전배서와 동일한 효력이 있다. 따라서 만기후배서의 피배서인이 어음의 최종소지인의 지위에서 어음의 배서인 등 소구의무자에 대한 소구권을 보선하기 위하여는 그에게 만기후배서를 한 배서인이 지급제시를 하였는지 여부와 관계없이 다시 스스로 적법한 지급제시기간 내에 지급제시를 하여야 한다. 이때 만기후배서의 피배서인이 배서인이 지급제시하여 지급거절된 사실을 알고 있었다면, 그 배서인이 지급제시함으로써 보전한 소구권을 지명채권 양도와 같은 효력으로 승계하였음을 주장하여 이를 행사할 수 있다(대법원 2000.1.28. 선고 99다44250 판결).

5) 거절증서의 작성을 면제할 수 있는 자는 상환의무자(발행인, 배서인 또는 보증인 등)인데, 이들은 "무비용상환", "거절증서불필요"의 문자 또는 이와 동일한 뜻을 가진 문구를 환어음에 기재하고 기명날인 또는 서명하여야 한다(어음법 제46조 제1항). 그렇다고 하여 이러한 면제의 문언이 소지인에 대하여 법정기간내의 어음의 지급제시와 지급거절의 통지의무까지 면제하는 것은 아니다(동조 제2항). 그리고 서명은 반드시 무비용상환문구 자체에 서명을 하여야 한다는 의미가 아니고 배서인이 배서를 하는 문구 중에 무비용상환의 문구를 기재하고 배서서명만을 하였을 경우에도 적법한 무비용상환문구의 기재가 있는 것으로 볼 수 있고 반드시 배서서명 외에 별도로 무비용상환문구에 배서인의 서명을 필요로 하는 것은 아니다(대법원 1962.6.14. 선고 62다171 판결). 또한 약속어음의 소지인은 특단의 사정이 없는 한 적법한 지급제시를 한 경우에만 그 배서인에 대한 소구권을 행사할 수 있는데, 그 어음배서인이 지급거절증서 작성을 면제한 경우에는 그 어음 소지인은 적법한 지급제시를 한 것으로 추정되어 적법한 지급제시가 없었다는 사실은 이를 원용하는 자에게 주장·입증책임이 있고, 어음배서인에 대한 지급제시는 적법한 지급제시의 요건이 아니므로 어음소지인이 그 배서인에게 지급제시하지 않았다 하더라도 소구권이 상실되는 것은 아니다(대법원 1984.4.10. 선고 83다카1411 판결).

4. 시효 규정의 적용 문제

어음상의 권리도 채권이므로 민법상 일반채권의 소멸원인(변제, 공탁, 상계, 경개, 면제 등) 이외에, 어음법상의 소멸원인에 의해서도 소멸하게 된다. 특히 어음법은 어음의 소멸시효에 관한 규정(어음법 제70조, 제77조 제1항 제8호, 수표법 제51조)을 두고 있는데, 이러한 범위에서는 민법의 해당 규정의 적용이 배제된다. 어음채권의 시효에 있어서 첫째, 환어음의 인수인 또는 약속어음의 발행인에 대한 어음소지인의 어음상의 청구권은 '만기의 날'로부터 3년이 경과하면 소멸시효가 완성된다(어음법 제70조 제1항, 제77조 제1항 제8호, 제78조 제1항). 둘째, 어음소지인의 상환의무자에 대한 상환청구권은 거절증서작성일자 또는 거절증서의 작성이 면제된 경우[6]에는 만기의 날로부터 1년이 경과하면 소멸시효가 완성한다(어음법 제70조 제2항, 제77조 제1항 제8호). 셋째, 상환자의 그 전자에 대한 청구권은 그가 어음을 환수한 날 또는 제소된 날로부터 6월이 경과하면 소멸시효가 완성한다(어음법 제70조 제3항, 제77조 제1항 제8호).

대상판결에서는 환어음 소지인의 배서인과 발행인에 대한 청구권의 소멸시효기간을 규정한 어음법 제70조 제2항이 만기 전·후를 불문하고 환어음 및 약속어음의 상환청구에 모두 적용되는지 여부가 문제되었는데, 이것은 만기 전의 상환청구이든 만기 후의 상환청구이든 동일하다 할 것이고,[7] 판례도 준용을 인정하고 있다.

5. 대상판결의 검토

대상판결의 쟁점은 환어음의 만기 전 상환청구 요건 및 만기 후 소멸시효에 관한 규정을 약속어음의 만기 전 상환청구의 경우 및 만기 전 소멸시효에 대하여도 적용할 수 있는가에 관한 것이다. 즉, 첫 번째의 쟁점은 어음법상 지급거절로 인한 상환청구에 관한 환어음 규정만을 약속어음에 준용하고 있기 때문에(어음법 제77조 제1항 제4호), 환어음의 만기 전의 상환청구에 관한 규정을 약속어음에도 적용할 수 있는가 하는 점이었다. 대상판결은 X의 Y에 대한 약속어음금의 만기 전 상환청구에 대해 통설과 같이 어음법상 약속어음에 대해 만기 전 상환청구를 인정하는 규정을 두고 있지는 않다 하더라도 발행인의 파산이나 지급정지 기타 그 자력을 불확실하게 하는 사유로 말미암아 만기에 지급거절이 될 것이 예상되는 경우에는 약속어음에 대해서

---

6) 대법원 1962.2.22. 선고 4294민상636 판결.

7) 이철송, 어음·수표법, 제13판, 박영사, 2014, 210면; 정동윤, 상법(하), 제4판, 법문사, 2011, 136면; 정찬형, 상법강의(하), 제17판, 박영사, 2015, 398면.

도 만기 전 상환청구를 인정해야 한다는 입장을 밝히고 있다.

생각건대 약속어음의 경우에도 만기 전에 발행인이 파산한 경우에는 만기에 지급이 거절될 것이 확실하므로 당연히 만기 전의 상환청구를 인정해야 할 것이다. 따라서 약속어음의 발행인인 A주식회사가 해당 약속어음의 지급기일 전에 다른 어음을 결제하지 못하여 부도 처리되었다면 이는 채무자의 지급불능을 외부에서 인식할 수 있는 정도의 요건을 갖추고 있기 때문에 X는 Y에게 어음법 제77조 제1항 제4호에 기하여 만기전 상환청구가 가능하다 할 것이다.

두 번째의 쟁점은 어음법 제70조 제2항은 환어음의 만기 후 상환청구에 대해서만 적용되는가 하는 것이었는데, 대상판결은 위 규정은 환어음의 만기 전의 상환청구권의 행사의 경우에도 적용되는 것으로 보고 있다. 이러한 입장은 위 규정을 만기 후 상환청구권의 행사의 경우에만 적용한다고 규정하고 있지 아니할 뿐만 아니라, 이를 구별하여 소멸시효기간을 달리 적용할 실익도 없기 때문에 타당하다고 본다.

(맹수석)

제4편

보 험 법

승낙전 보험사고와 소급보험

대법원 2008.11.27. 선고 2008다40847 판결

Ⅰ. 판결개요

1. 사실관계

상수도공사 중 철근콘크리트공사를 시행하던 X회사는 2005. 4. 4. Y보험자에게 보험기간을 2005. 1. 20.부터 2005. 5. 31.까지로 하고 X회사 및 원도급업체를 피보험자로 하여 사용자배상책임을 담보하는 국내근로자재해보장책임보험계약을 청약하고 보험료 전액을 납입한 후 Y로부터 보험료영수증을 교부받았다. A는 2005. 4. 13. X회사와 근로계약을 체결하고 같은 날 17:50경 공사현장의 도로에서 수신호로 차량통제를 하고 있었는데 같은 차로에서 작업중이다가 후진하던 포크레인의 바퀴 부분에 부딪혀 상해를 입는 사고가 발생하였다. 그런데 X회사는 2005. 4. 14. Y에게 관련 서류를 제출하면서 "당사는 2005. 1. 20. ~ 2005. 4. 14. 현재까지 무사고임을 확인합니다."라고 기재된 무사고확인서를 제출하였고, Y는 X회사로부터 위 무사고확인서 등 관련서류를 받은 후 이 사건 보험계약의 청약을 승낙하고 X회사에게 보험증권을 발급하였다. X회사가 Y에게 보험금을 청구하자 Y는 상법 제644조에 근거하여 보험금지급을 거절하고 있다.

2. 판결요지

대법원은 Y의 보험금지급을 명하였다. 상법 제638조의2 제3항에 의하면 보험자가 보험계약자로부터 보험계약의 청약과 함께 보험료 상당액의 전부 또는 일부를 받은 경우에 그 청약을 승낙하기 전에 보험계약에서 정한 보험사고가 생긴 때에는 그 청약을 거절할 사유가 없는 한 보험자는 보험계약상의 책임을 진다고 할 것인데, 여기에서 청약을 거절할 사유란 보험계약의 청약이 이루어진 바로 그 종류의 보험에 관하여 해당 보험회사가 마련하고 있는 객관적인 보험인수기준에 의하면 인수할 수 없는 위험상태 또는 사정이 있는 것으로서 통상 피보험자가 보험약관에서 정한 적격 피보험체가 아닌 경우를 말하고, 이러한 청약을 거절할 사유의 존재에 대한 증명책임은 보험자에게 있다.[1] 그리고 이른바 승낙전 보험사고에 대하여 보험계약의 청약을 거절할 사유가 없어서 보험자의 보험계약상의 책임이 인정되면, 그 사고발생사실을 보험자에게 고지하지 아니하였다는 사정은 청약을 거절할 사유가 될 수 없고, 보험계약 당시 보험사고가 이미 발생하였다는 이유로 상법 제644조에 의하여 보험계약이 무효로 된다고 볼 수도 없다.

3. 관련판례

(1) 대법원 1991.11.8. 선고 91다29170 판결

보험회사가 보험모집인을 통하여 위험보장배수 10배인 '태양보험'(生命保險) 가입청약을 받고 제1회 보험료를 납부받은 직후 피보험자가 오토바이 운전중 교통사고로 사망하는 보험사고가 발생하였으나 피보험자가 오토바이 사용자인 위험직종으로서 그 약관에 정한 적격피보험체가 아님을 사유로 보험회사가 그 승낙을 거절함으로써 위 보험계약이 성립되지 아니하였다.

(2) 대법원 2002.2.5. 선고 99다39982 판결

이 판례는 원고(택시회사)가 택시공제계약의 청약과 함께 피고(전국택시운송사업조합연합회) 산하 공제조합 대전지부장 甲에게 제1회 분할분담금을 송금하였는데 甲이 청약을 거절하면서 분담금을 반환하였는데, 다시 원고가 분담금을 위 대전지부에 무통장입금하였고, 그 다음날 교통사고가 발생하였으며 사고발생 이후 같은 날 위 대전지부가 원고에게 위 제1회 분할분담금 상당을 변제 공탁한 사안에서, 피고가 원고에게 원고의 공제계약 청약을 거절할 것이라는 의사를 미리 표시한 바 있고, 그에 불구하고 원고가 피고에게 공제계약 청약의 취지로 제1회 분할분담금을 무통장으로 입금하자 피고가 즉시 청약을 거절하는 취지로 위 금원 중 추가분담금을 제외한 나머지 분담금을 반환한 이상, 그 후 원고가 반환받은 위 금원을 즉시 다시 피고에게 송금하

---

1) 이 점과 관련하여 "이 사건 사고가 2005. 4. 13. 발생하였음에도 불구하고 2005. 1. 20.부터 2005. 4. 14.까지 무사고임을 확인하는 허위의 무사고확인서를 제출하였다는 사정은 그 청약을 거절할 사유에 해당하지 않고 달리 청약을 거절할 사유에 대한 증명이 없다"고 하였다.

였다 하더라도 원고의 공제계약 청약에 대하여 피고가 청약거절의 의사를 표시한 것으로 보기에 충분하므로 피고는 원고에게 위 상법 규정 또는 통합공제약관 규정에 의하여 공제계약상의 책임이행을 구할 수는 없다.

Ⅱ. 판결의 평석

1. 판결의 의의

이 판결은 소급보험과 승낙전사고담보를 다룬 드문 판결이면서도 중요한 의의가 있다. 상법 제638조의2 제3항의 청약을 거절할 사유에 대한 입증책임이 보험자에게 있다는 것, 청약을 거절할 사유에 대한 판단은 최초보험료와 청약 시점에서 하므로 최초보험료 납입 이후 보험자의 승낙 이전까지 발생하는 사고에 대하여는 청약을 거절할 사유가 없는 한 보험자가 책임을 진다는 것, 결과적으로 소급보험이라 함은 최초보험료를 납입하는 시점 이전의 보험이라는 것이다. 이는 타당한 것으로 보이고 향후에도 이러한 판례의 입장은 유지되리라 본다.

2. 승낙전 사고담보제도

(1) 의의와 성립요건

보험계약의 청약을 받은 보험자가 청약서를 검토하고 필요한 경우 위험측정을 위한 조사 또는 신체검사를 실시한 후 승낙을 통지 또는 보험증권을 교부하기까지는 상당한 시간이 걸리게 된다. 그 결과 보험자가 보험계약의 청약과 함께 보험료상당액을 미리 받고 있는 경우에 청약과 함께 보험료 상당액을 지급한 보험계약자가 그 단계에서 보험계약이 성립하는 것으로 믿고 있다면, 보험계약자의 보호차원에서 이를 합리적인 기대로서 법률상 보호할 필요가 있다는 점이다. 그 성립요건으로는 다음이 필요하다.

첫째, 최초보험료의 지급이 있어야 한다. 법문상으로는 '보험료 상당액의 전부 또는 일부'라고 표현하고 있으나 이는 최초보험료를 전액 지급한 것으로 해석하여야 한다.[2)] 이 사건에서는 최초보험료를 납입하여 이 요건은 충족하였다.

둘째, 적격피보험체일 것이 요구된다. 여기서 청약을 거절할 사유란 보험계약의

2) 장덕조, 보험법, 제2판, 법문사, 2015, 111면.

청약이 이루어진 바로 그 종류의 보험에 관하여 해당 보험회사가 마련하고 있는 객관적인 보험인수기준에 의하면 인수할 수 없는 위험상태 또는 사정이 있는 것을 말한다고 본다.

셋째, 승낙전 보험사고의 발생이다. 보험자가 청약을 승낙하기 전에 보험계약에서 정한 보험사고가 발생하여야 한다. 이 사건은 보험자가 최초보험료를 납입한 이후 보험자가 승낙하기 하루 전에 보험사고가 발생한 경우이다. 다만 보험계약의 성립은 청약과 승낙이 있어야 하는 것으로 승낙이 있기 전의 사고이므로 소급보험에 해당하는 것은 아닌가 하는 의문이 있을 수 있고, 이 점에 대해서는 아래에서 다룬다.

(2) 적격피보험체

당 사건에서 보험자는 무사고확인서를 발행한 것이 허위기재이고 이는 청약을 거절할 사유에 해당하는 것이라고 주장하였다. 하지만 대법원은 사고발생사실을 알리지 않았다고 하는 점이 청약을 거절할 사유에 해당하는 것은 아니라고 하면서, 청약을 거절할 사유란 보험계약의 청약이 이루어진 바로 그 종류의 보험에 관하여 해당 보험회사가 마련하고 있는 객관적인 보험인수기준에 의하면 인수할 수 없는 위험상태 또는 사정이 있는 것을 말한다고 판시한다.

생각건대, 청약을 거절할 사유를 보험회사가 마련하고 있는 객관적인 보험인수기준이라고 한 설시는 타당한 것으로 보여진다. 따라서 보험회사는 이 사건 사고에 대하여는 보험기간 중의 보험사고로서 법령에 의하여 원칙적으로 책임을 지는 것이고, 무사고확인서와 같은 허위기재의 사정은 보험자가 위험을 측정하여 보험계약의 체결 여부 또는 보험료액을 결정하는 데 영향을 미치는 사실에 관한 것으로 볼 수 없어 '청약을 거절할 사유'에 해당하지 않는다.

(3) 입증의 문제

대상판결은 적격피보험체가 아님을 누가 입증하여야 하는 것인지에 대한 판단도 하였다. 과거 이에 관하여는 "승낙전 보험보호제도는 선의의 보험가입자 측을 보호하려는 취지에서 예외적으로 계약의 성립 전에도 보험자의 책임을 인정하는 것이므로, 보호를 주장하는 보험가입자 측이 적극적으로 부보적격체였음을 입증하도록 함이 형평에 맞다"고 하면서 보험가입자 측에 입증책임이 있다고 하는 견해, 그 반면 입증책임은 보험자가 진다고 하는 견해가 대립되어 있었다.

이에 대하여 대법원은 청약을 거절할 사유의 존재에 대한 증명책임은 보험자에게 있음을 선언한 것이다. 법문이 '청약을 거절할 사유가 없는' 이라고 규정하는 점, 적격피보험체의 의미를 해당 보험회사가 마련하고 있는 객관적인 보험인수기준에 바탕하고 있는 점 등을 근거로 본다면, 보험자에게 입증책임이 있다고 한 대상판결은 타당한 것으로 평가된다.

3. 소급보험

(1) 소급보험의 의의

소급보험은 보험계약의 성립 전의 어느 시기부터 보험기간이 시작되는 것으로 정한 보험을 이른다(상법 제643조). 보험계약에서 보험사고의 불확정성을 객관적인 것으로 요구하면 이미 사고가 발생한 때에는 그 보험계약의 효력을 인정할 수 없으나, 당사자가 그 사고의 발생사실을 알지 못하고 보험계약을 체결하여 주관적으로 불확정한 때에는 그 효력이 인정되므로 소급보험을 인정할 수 있다(상법 제644조). 소급보험은 계약 전의 시기를 보험기간이 시작되는 것으로 정하므로, 원칙적으로 최초보험료의 납입 여부와는 관련이 없는 것이다.

(2) 승낙전사고담보제도와 소급보험

최초보험료를 납입한 이후 보험자의 승낙 이전에 사고가 발생하는 경우, 계약이 체결되기 이전이므로 소급보험으로 볼 여지는 있지 않은지 하는 점을 검토할 필요가 있다. 이에 관하여는 다음 두 가지의 해석이 일견 가능해 보인다.

첫째, 보험계약도 청약과 승낙에 의하여 계약이 성립하는 것으로 보고 '계약전'이라고 하는 상법 제643조를 문리대로 해석하는 경우 승낙이 아직 없었으므로, 이 사건은 소급보험에 해당하는 것이다. 따라서 이 사건 보험자가 승낙을 하는 당시에는 보험계약자가 사고발생을 알고 있었으므로 상법 제644조에 의하여 무효라고 할 여지도 있겠다. 이와 유사한 견해로 "소급보험은 보험자의 승낙에 의한 보험계약의 성립을 전제하기 때문에 보험자의 승낙이 없는 한 원칙적으로 승낙전의 사고에 대하여 보험자가 소급하여 책임을 지지는 않는다. 이러한 사정에서 계약법의 일반원칙에 따라 보험자가 청약의 승낙 여부를 자유롭게 결정할 수 있다고 한다면 책임소급조항의 실질적 의미는 상실될 것이다. 왜냐하면 이미 보험사고가 발생한 사실을 알고 있는 보험자는 승낙하지 아니할 가능성이 높기 때문이다"고 한다.[3] 이 견해에 의하면 대

3) 권기범, "소급보험", 보험법연구 1, 삼지원, 1995, 95면.

상사건 보험계약은 무효가 되고 보험자는 보상책임이 없다.

둘째, 승낙전사고담보제도에 관한 상법 제638조의2 제3항을 우선적으로 해석하는 것이다. 따라서 최초보험료 납입 이후 승낙 이전까지 발생하는 사고에 대하여는 청약을 거절할 사유가 없는 한 보험자가 책임을 진다고 보게 되고, 결과적으로 소급보험이라 함은 최초보험료를 납입하는 시점 이전을 보험기간의 개시시점으로 정하는 보험이라는 견해이다. 대상판결은 둘째 견해의 입장이다. 따라서 이 사건 보험계약에 있어서는 보험계약의 청약과 함께 보험료의 전부를 납입받은 2005. 4. 4. 이후로부터 승낙이 있은 4. 14. 전에 발생한 사고에 대하여는 그 '청약을 거절할 사유'가 없는 한 보험자는 승낙전사고담보제도에 의하여 책임을 지는 것이고, 최초보험료 납입 이전에 해당하는 2005. 1. 20.부터 2005. 4. 3.까지 사이에 발생한 보험사고에 대하여는 소급보험에 해당하게 된다.

(3) 소 결

상법 제638조의2 제3항이 문리해석에 있어서도, 또한 승낙전사고담보제도의 입법취지에서 볼 때에도 후자의 견해가 타당하다. 즉 최초보험료 납입 이전의 일정 시점으로 기산되는 것으로 정한다면 이는 소급보험이 되고, 그렇지 않다면 승낙전사고담보제도가 된다. 그리하여, 보험자는 2005. 4. 13.에 발생한 이 사건 사고에 대하여 그 '청약을 거절할 사유'가 없는 한 보험계약상의 책임을 지게 되고, '청약을 거절할 사유'란 보험자가 위험을 측정하여 보험계약의 체결 여부 또는 보험료액을 결정하는 데 영향을 미치는 사실에 관한 것으로 봄은 타당하다.[4)]

(장덕조)

---

4) 장덕조, 전게서, 111－112면.

2 보험약관의 설명의무

대법원 2007.4.27. 선고 2006다87453 판결

Ⅰ. 판결개요

1. 사실관계

피고 Y_1은 원고 X보험회사와의 사이에 그 소유 승합차에 관하여 유효기간을 2004. 5. 12.부터 2005. 5. 12.로 정한 '가족안심업무용 자동차종합보험계약'을 체결하였다. Y_1은 검도장을 운영하면서 검도장 수련생들의 운송을 위하여 이 사건 자동차를 이용하여 오다가, 2005년 1월 초순경 위 검도장의 사범인 피고 Y_2에게 위 검도장을 양도하면서 이 사건 자동차도 함께 양도하였다. Y_2는 2005. 5. 6. 15:50경 이 사건 자동차를 운행하다가 앞서 가던 소외 A가 운전하는 차량의 뒷부분을 추돌하였다. Y_1과 Y_2는 X에게 위 보험계약에 기초한 계약내용의 이행을 청구하였으나, X는 보험계약 약관상의 피보험자동차의 양도에 관한 통지의무 위반을 이유로, 이 사건 자동차의 양도 이후에 발생한 이 사건 교통사고에 관하여 보험금을 지급할 의무가 없다고 주장하였고, 피고 Y_1은 원고 X에 대하여 중요사항의 설명의무 위반을 주장하였다.

2. 판결요지

원심판결[1]은 위 약관상 피보험자동차의 양도에 관한 통지의무에 관한 내용이 거래상 일반적인 것으로서 별도의 설명 없이도 충분히 예상할 수 있다거나, 법령에 정해진 것을 부연하는 정도에 불과한 사항이라고 보기 어렵고 피고들이 위 약관의 내용을 잘 알고 있었다고 인정할 증거도 없으므로, 원고는 보험금지급의무가 있다고 판시하였다. 이에 X가 상고한 것이다.

---

1) 인천지방법원 2006.11.24. 선고 2006나5031 판결.

이에 대해 대법원은 "일반적으로 보험자 및 보험계약의 체결 또는 모집에 종사하는 자는 보험계약을 체결함에 있어 보험계약자 또는 피보험자에게 보험약관에 기재되어 있는 보험상품의 내용, 보험료율의 체계 및 보험청약서상 기재사항의 변동사항 등 보험계약의 중요한 내용에 대하여 구체적이고 상세한 명시·설명의무를 지고 있으므로, 보험자가 이러한 보험약관의 명시·설명의무를 위반하여 보험계약을 체결한 때에는 그 약관의 내용을 보험계약의 내용으로 주장할 수 없다. 약관에 정하여진 사항이라고 하더라도 거래상 일반적이고 공통된 것이어서 보험계약자가 별도의 설명 없이도 충분히 예상할 수 있었던 사항이거나, 이미 법령에 의하여 정하여진 것을 되풀이하거나 부연하는 정도에 불과한 사항이라면, 그러한 사항에 관하여까지 보험자에게 명시·설명의무가 있다고는 할 수 없다. 피보험자동차의 양도에 관한 통지의무를 규정한 보험약관은 거래상 일반인들이 보험자의 개별적인 설명 없이도 충분히 예상할 수 있었던 사항인 점 등에 비추어 보험자의 개별적인 명시·설명의무의 대상이 되지 않는다"고 판시하여 원심을 파기 환송하였다.

3. 관련판례

(1) 대법원 2005.10.28. 선고 2005다38713,38720 판결

보험계약 체결 당시 오토바이 운전자에게는 보험금의 지급이 제한된다는 약관의 내용에 관하여 보험계약자에게 구체적이고 상세한 설명을 하지 않은 경우, 보험자는 명시·설명의무를 다 하지 못하였으므로 위 약관의 내용을 보험계약의 내용으로 주장할 수 없다.

(2) 대법원 1998.11.27. 선고 98다32564 판결

보험약관의 기재 사항이 거래상 일반적이고 공통된 것이어서 보험계약자가 별도의 설명 없이도 충분히 예상할 수 있는 것이거나 이미 법령에 의하여 정하여진 것을 되풀이하거나 부연하는 정도에 불과한 경우에는 보험자에게 명시·설명의무가 없다.

(3) 대법원 1997.9.26. 선고 97다4494 판결

보험자 및 보험계약의 체결 또는 모집에 종사하는 자는 보험계약의 체결에 있어서 보험계약자 또는 피보험자에게 보험약관에 기재되어 있는 보험상품의 내용, 보험료율의 체계 및 보험청약서상 기재 사항의 변동 사항 등 보험계약의 중요한 내용에 대하여 구체적이고 상세한 명시·설명의무를 지고 있다고 할 것이어서 보험자가 이러한 보험약관의 명시·설명의무에 위반하여 보험계약을 체결한 때에는 그 약관의 내용을 보험계약의 내용으로 주장할 수 없다 할 것이므로, 보험계약자나 그 대리인이 그 약관에 규정된 고지의무를 위반하였다 하더라도 이를 이유로 보험계약을 해지할 수는 없다.

Ⅱ. 판결의 평석

1. 판결의 쟁점

이 판결은 보험계약의 효력과 관련하여 자주 발생하는 보험약관의 중요사항에 대한 설명의무에 관한 판결이다. 특히 보험자가 보험약관의 교부·설명의무를 위반하여 보험계약을 체결한 경우 그 약관의 내용을 보험계약의 내용으로 주장할 수 있는지 여부와, 보험약관의 기재 사항이 별도의 설명 없이 보험계약자가 충분히 예상할 수 있는 것이거나 이미 법령에 의하여 정하여진 것인 경우에도 보험자에게 명시·설명의무가 있는지 여부에 대해 판단한 것이다.

2. 관련 이론의 검토

(1) 보험약관의 교부 · 설명의무의 의의

보험약관의 교부·설명의무란 보험자가 보험계약을 체결할 때에 보험계약자에게 보험약관을 교부하고 그 약관의 중요한 내용을 알려 주어야 할 의무를 말한다(상법 제638조의3 제1항). 보험약관이란 보험자가 동질적인 다수의 보험계약을 체결하기 위하여 미리 작성한 보험계약의 내용이 될 정형적인 계약조항을 말하는데, 이와 같이 보험약관은 보험계약의 일반적·정형적·표준적인 계약조항으로, 보통거래약관의 일종이다. 보험계약의 체결에 있어서 보험자에게 교부·설명의무를 지우는 것은 약관이 보험자에 의해 정형적으로 작성되고, 보험계약의 내용이 대부분 약관에 의해 정해지기 때문에, 보험계약자가 약관의 내용을 정확히 이해하고 보험계약을 체결함으로써 불측의 불이익을 받게 되는 것을 막고자 하는 데 있다.

(2) 보험약관의 교부 · 설명의무의 내용

1) 법률상의 근거

보험자는 자기가 작성한 계약조항인 보통보험약관을 보험계약자에게 제시하는 것이 형평의 관념상 타당하다 할 것이다. 이에 따라 1991년 개정상법은 보험자는 보험계약을 체결할 때에 보험계약자에게 보험약관을 교부하고 그 약관의 중요한 내용을 설명하여야 한다는 규정을 신설하였다(상법 제638조의3 제1항). 보험약관의 교부 · 설명의무는 이러한 상법상의 규제 이외에도 보험업법[2] 및 약관규제법[3]에 의해 규율되기도 한다.

2) 교부 · 설명의무의 내용

보험약관의 교부 · 설명의무자는 보험자 및 보험계약의 체결 또는 모집에 종사하는 자이다. 따라서 보험설계사, 보험대리점 또는 보험중개사를 통해서 보험모집이 이루어지는 경우에는, 이들이 보험약관의 교부 · 설명의무자로 된다.[4]

설명하여야 할 사항은 보험계약의 내용을 이루는 중요한 사항이다. 여기서 중요한 사항이란 객관적으로 보아 보험계약자가 그러한 사실을 알았더라면 보험회사와 보험계약을 체결하지 아니하였으리라고 인정할 만한 사항을 말한다. 이러한 사항으로는 보험의 종류에 따라 다를 수 있으나, 예컨대 보험상품의 내용, 보험료율의 체계 및 보험청약서상 기재사항의 변동사항, 보험료와 그 지급방법, 보험금액,[5] 보험기간(특히 보험자의 책임개시시기를 정한 경우에는 그 시기),[6] 보험사고의 내용, 보험계약의 해지사유, 보험자의 면책사유[7] 등이다.

---

2) 보험자가 보험계약자 또는 피보험자에 대하여 보험계약의 계약조항 중 중요한 사항을 알리지 않는 행위를 금지하고 있다(동법 제97조 제1항 제1호).

3) 사업자는 계약을 체결할 때에는 고객에게 약관의 내용을 계약의 종류에 따라 일반적으로 예상되는 방법으로 분명하게 밝히고, 고객의 요구가 있는 경우 약관 사본을 고객에게 교부해 주어야 한다(동법 제3조 제2항). 이와 같이 약관규제법은 약관의 교부의무는 특히 고객이 요구한 경우에만 부담하는 것으로 하고 있으나, 상법 제638조의3 제1항은 보험계약자의 요구가 없더라도 보험자는 보험약관 교부의무를 지는 것으로 하고 있어, 상법의 규정이 오히려 보험계약자 등의 보호에 유리하다.

4) 보험대리점(체약대리점)은 보험자를 대리하여 보험계약체결권을 갖고 있기 때문에 당연히 설명의무자로 된다. 그런데 보험설계사, 보험중개대리점 또는 보험중개사는 비록 보험계약체결권을 갖고 있지는 않지만, 보험계약자는 이들을 통해 보험계약을 청약하고 보험료를 지급하는 것이 일반적이기 때문에, 설명의무자로 되는 것이다(양승규, 보험법, 제5판, 삼지원, 2004, 114면).

5) 무보험자동차에 의한 상해보상특약에 있어서 보험금액의 산정기준이나 방법은 보험약관의 중요한 내용이 아니어서 명시 · 설명의무의 대상에 해당하지 아니한다(대법원 2004.4.27. 선고 2003다7302 판결).

6) 최초의 보험료를 받은 때부터 보험책임이 개시된다는 상법 제656조와 다르게 정한 보험기간의 개시 시기는 보험회사가 고객에게 명시 · 설명할 의무가 있는 보험계약의 중요한 내용이므로 이러한 보험약관의 명시 · 설명의무에 위반해 보험계약을 체결한 때에는 그 약관의 내용을 보험계약의 내용으로 주장할 수 없다고 할 것이다(서울고등법원 2005.5.25. 선고 2004나84339 판결).

그러나 보험자는 약관내용 전부를 설명할 필요는 없다. 따라서 보험약관의 기재사항이 거래상 일반적이고 공통된 것이어서 보험계약자가 별도의 설명 없이도 충분히 예상할 수 있는 것이거나 이미 법령에 의하여 정하여진 것[8]을 되풀이하거나 부연하는 정도에 불과한 경우에는 보험자에게 명시·설명의무가 없다.[9]

보험약관의 중요사항에 대한 설명 시기는 늦어도 보험계약 청약시까지라 할 것이고, 설명방법은 구두 기타의 방법으로 할 수 있다. 설명의 정도와 관련하여서는, 보험자는 보험계약자가 약관의 중요한 내용을 고객이 이해할 수 있도록 구체적이고 상세하게 설명하여야 한다.[10] 따라서 형식적인 설명만으로는 설명의무를 다한 것으로 볼 수 없다.[11]

3) 위반의 효과

보험자가 약관의 교부·설명의무에 위반한 때에는, 보험계약자는 보험계약이 성립한 날로부터 3개월 이내에 그 계약을 취소할 수 있다(상법 제638조의3 제2항). 여기서 3월은 제척기간이므로, 이 기간 내에 보험계약자가 해당 보험계약을 취소하지 않으면 그 계약은 그대로 유지된다. 보험계약이 취소된 때에는 처음부터 그 계약은 무효로 되므로(민법 제141조), 보험자는 보험계약자에게 수취한 보험료를 모두 반환하여야 한다(상법 제648조 참조).

그런데 보험자가 약관의 교부·설명의무를 위반하였음에도 불구하고 보험계약자가 이를 취소하지 않은 경우 그 약관의 효력을 인정할 수 있을 것인지와 관련하여, 견해의 대립이 있다.[12] 판례는 의사설의 입장에서 보험자가 보험약관의 교부·명시의

---

7) 자동차종합보험계약상 가족운전자 한정운전특약은 보험자의 면책과 관련되는 중요한 내용에 해당하는 사항으로서 일반적으로 보험자의 구체적이고 상세한 명시·설명의무의 대상이 되는 약관이다(대법원 2003.8.22. 선고 2003다27054 판결); 보험약관에서 피보험자의 폭행 또는 구타에 기인하는 배상책임은 보상하지 아니한다는 면책조항을 규정하고 있는 경우에 그 면책조항이 상법 제659조 제1항의 내용을 초과하는 범위에서 보험자의 명시·설명의무의 대상이 된다(대법원 2006.1.26. 선고 2005다60017 판결).

8) 자동차종합보험계약에 적용되는 보험약관에서 보험계약을 체결한 후 피보험자동차의 구조변경 등의 중요한 사항에 변동이 있을 때 또는 위험이 뚜렷이 증가하거나 적용할 보험료에 차액이 생기는 사실이 발생한 때에는 보험계약자 등은 지체 없이 이를 보험자에게 알릴 의무를 규정하고 있다고 하더라도 이는 상법 제652조에서 이미 정하여 놓은 통지의무를 자동차보험에서 구체적으로 부연한 정도의 규정에 해당하여 그에 대하여는 보험자에게 별도의 설명의무가 인정된다고 볼 수가 없다(대법원 1998.11.27. 선고 98다32564 판결).

9) 대법원 1998.11.27. 선고 98다32564 판결; 대법원 2000.7.4. 선고 98다62909,62916 판결; 대법원 2001.7.27. 선고 99다55533 판결; 대법원 2003.5.30. 선고 2003다15556 판결; 대법원 2004.7.9. 선고 2003다15297 판결.

10) 대법원 1996.4.12. 선고 96다4893 판결; 대법원 1999.3.9. 선고 98다43342 판결.

11) 김성태, 보험법강론, 법문사, 2001, 194면.

12) 약관의 구속력의 근거와 관련하여, 규범설에서는 그 약관의 내용도 보험계약자를 구속한다고 보나(양승규, 전게서, 114-115면; 김성태, 전게서, 190면), 의사설에서는 보험자는 이러한 약관의 내용을 보험계약

무에 위반한 경우에는 보험자는 이러한 약관의 내용을 보험계약의 내용으로 주장할 수 없다고 하여, 상법은 물론 약관규제법의 규정[13]을 중첩 적용하고 있다.[14] 즉 보험자가 약관의 교부 및 설명의무를 위반한 때에 보험계약자가 이를 취소하지 않았다 하더라도 보험자의 설명의무 위반의 법률효과가 소멸되는 것도 아니고, 보험자의 설명의무 위반의 하자가 치유되는 것도 아니다. 따라서 보험계약자는 보험자의 설명의무 위반의 법률효과를 계속 주장할 수 있다.[15]

3. 대상판결의 검토

대상판결의 쟁점사항인 설명의 범위 및 설명의무 위반의 효력 문제에 있어서, Y_1의 Y_2에 대한 피보험자동차의 양도에 관한 내용은 설명의무의 대상이 되는 중요한 사항인가? 생각건대 피보험자동차의 양도에 따른 통지를 게을리한 경우에는 보험보호를 받을 수 없기 때문에 중요한 사항이라 할 것이다. 그러나 보험자는 약관내용의 전부를 설명할 필요는 없다. 즉 보험자가 설명하여야 할 사항은 '중요한 사항'이므로, 판례에 설시된 것과 같이 보험약관의 기재 사항이 이미 법령에 의하여 정하여진 것을 되풀이하거나 부연하는 정도에 불과한 경우에는 보험자에게 명시·설명의무가 없다할 것이다.

Y_1이 X보험회사와 체결한 자동차종합보험계약약관에는 피보험자동차의 양도시 피보험자 등의 보험계약상의 권리가 원칙적으로 피보험자동차의 양수인(Y_2)에게 승계되지 아니하고, 다만 X에게 통지·청구하여 X가 승인한 경우에만 승인시부터 효력이 있는 것으로 규정하고 있는데, 이는 상법 제726조의4에서 정하고 있는 내용을 다시 부연한 것에 불과하다. 결국 이와 같은 경우에는 보험계약자는 약관의 내용을 알고 보험계약을 체결한 것으로 볼 수 있다. 따라서 Y_1에게 이에 관한 사항을 설명하지 않았다 하더라도 설명의무 위반에는 해당하지 않는다 할 것이다.

그리고 보험자가 보험약관의 명시·설명의무를 위반한 경우에는 그 약관의 내용

의 내용으로 주장할 수 없다고 본다(박세민, 보험법, 제4판, 박영사, 2017, 180－182면; 장덕조, 보험법, 제3판, 법문사, 2016, 69면; 정찬형, 상법강의(하), 제19판, 박영사, 2017, 539면; 한창희, 보험법, 개정3판, 국민대학교 출판부, 2016, 195－196면).

13) 사업자가 약관의 작성 및 설명의무를 위반하여 계약을 체결한 경우에는 해당 약관을 계약의 내용으로 주장할 수 없다(동법 제3조 제4항).

14) 대법원 1996.6.25. 선고 96다12009 판결; 대법원 1997.3.14. 선고 96다53314 판결; 대법원 1997.9.9. 선고 95다45873 판결; 대법원 1998.4.10. 선고 97다47255 판결; 대법원 1999.3.9. 선고 98다43342 판결.

15) 정동윤, 상법(하), 제4판, 법문사, 2011, 470면; 정찬형, 전게서, 550면; 최준선, 보험법·해상법·항공운송법, 제9판, 삼영사, 2015, 73－74면.

을 보험계약의 내용으로 주장할 수 없지만,[16] 대상판결에서는 살핀 것과 같이 설명의무 위반에 해당하지 않기 때문에 X는 Y_1, Y_2의 보험금지급청구에 대해 그 지급을 거절할 수 있다.

(맹수석)

16) 대법원 1996.4.12. 선고 96다4893 판결; 대법원 1997.9.26. 선고 97다4494 판결 등.

3 고지의무

대법원 2010.10.28. 선고 2009다59688 판결

Ⅰ. 판결개요

1. 사실관계

원고 X(보험자)는 2006. 5. 29. 피고 Y(보험계약자)와 보험계약을 체결하였다. 보험계약 체결 당시 "최근 5년 이내에 의사로부터 진찰, 검사를 받고 그 결과 입원, 수술, 정밀검사(심전도, 방사선, 건강진단 등)를 받았거나 계속하여 7일 이상의 치료 또는 30일 이상의 투약을 받은 적이 있습니까?"라는 질문이 기재되어 있었던바, Y는 위 질문에 대하여 '아니오'란에 '∨'표시를 하였다. 그 후 보험사고가 발생하여 보험금지급청구를 하였는데, X는 Y가 A의원에서 2003. 6. 12.부터 2003. 8. 20. 사이에 총 26일간 추간판탈출증의증으로 치료받았다는 내용의 진료확인서를 B손해사정사로부터 교부받고, 2007. 10. 24. Y에게 고지의무 위반을 이유로 하여 보험계약 해지를 통보하였고, X의 위 의사표시는 2007. 10. 25. Y에게 도달하였다. 그런데 Y가 A의원에서 2003. 6. 12.부터 2003. 8. 20. 사이에 치료받은 위 26일 중 추간판탈출증의증으로 치료받은 기간은 2003. 8. 7.부터 같은 달 20. 사이로 총 6일이다. X는, 이 사건 질문의 '계속하여 7일 이상'이라는 문구는 연속적인 통원치료기간이 아니라 실제 총 치료기간이 7일 이상인 경우를 의미하는 것이라고 하여 고지의무위반을 이유로 보험계약의 해지는 물론 보험금지급채무가 존재하지 아니한다고 주장하였다.

2. 판결요지

원심은 피고의 병증은 추간판탈출증으로 의심이 들뿐 확정할 수 없는 의증에 불과하고, 위 병증에 따른 치료기간도 6일에 불과한바, 피고가 요추간판탈출증으로 계속하여 7일 이상 치료를 받았음을 인정하기에 부족하다고 하여, 원고 X의 보험금지급채무 부존재청구의 소를 기각하였다.[1)]

이에 대해 대법원은 보험계약자나 피보험자가 보험계약 당시에 보험자에게 고지할 의무를 지는 상법 제651조의 '중요한 사항'에 대한 정의를 내리면서, 보험자가 계약 체결에 있어서 서면으로 질문한 사항은 보험계약에 있어서 중요한 사항에 해당하는 것으로 추정되고(상법 제651조의2) 여기의 서면에는 보험청약서도 포함된다고 보았다. 그리고 보험청약서에 기재된 질문내용의 해석 방법을 제시하면서, 상해보험계약에 있어서 보험청약서에 기재된 "최근 5년 이내에 계속하여 7일 이상의 치료를 받은 적이 있습니까?"라는 질문은 '동일한 병증'에 관하여 7일 이상의 계속 치료 등을 받은 일이 있는지 여부를 묻는 것이라는 취지로 해석되지만, 그 증상이 신체의 여러 부위에 나타남으로써 그에 대한 치료가 그 각 발현부위에 대하여 행하여졌다는 것만으로 이를 '동일한 병증'이 아니라고 단정할 수는 없다고 하여, 원심판결을 파기 환송하였다.

3. 관련판례

(1) 대법원 2017.4.7. 선고 2014다234827 판결

보험계약을 체결하면서 중요한 사항에 관한 보험계약자의 고지의무 위반이 사기에 해당하는 경우에는 보험자는 상법의 규정에 의하여 계약을 해지할 수 있음은 물론 보험계약에서 정한 취소권 규정이나 민법의 일반원칙에 따라 보험계약을 취소할 수 있다. 따라서 보험금을 부정취득할 목적으로 다수의 보험계약이 체결된 경우에 민법 제103조 위반으로 인한 보험계약의 무효와 고지의무 위반을 이유로 한 보험계약의 해지나 취소는 그 요건이나 효과가 다르지만, 개별적인 사안에서 각각의 요건을 모두 충족한다면 위와 같은 구제수단이 병존적으로 인정되고, 이 경우 보험자는 보험계약의 무효, 해지 또는 취소를 선택적으로 주장할 수 있다.

(2) 대법원 2013.6.13. 선고 2011다54631 판결

보험계약 당시에 보험계약자 또는 피보험자가 고의 또는 중대한 과실로 인하여 중요한 사항을 고지하지 아니하거나 부실의 고지를 한 때에는 보험자는 일정 기간 안에 그 계약을 해지할 수 있다(상법 제651조). 여기서 중대한 과실이란 현저한 부주

---

1) 부산고등법원 2009.7.10. 선고 2008나19553 판결.

의로 중요한 사항의 존재를 몰랐거나 중요성 판단을 잘못하여 그 사실이 고지하여야 할 중요한 사항임을 알지 못한 것을 의미하고, 그와 같은 과실이 있는지는 보험계약의 내용, 고지하여야 할 사실의 중요도, 보험계약의 체결에 이르게 된 경위, 보험자와 피보험자 사이의 관계 등 제반 사정을 참작하여 사회통념에 비추어 개별적·구체적으로 판단하여야 하고, 그에 관한 증명책임은 고지의무 위반을 이유로 보험계약을 해지하고자 하는 보험자에게 있다.

(3) 대법원 2010.10.28. 선고 2009다59688 판결

보험자가 계약 체결에 있어서 서면으로 질문한 사항은 보험계약에 있어서 중요한 사항에 해당하는 것으로 추정되고(상법 제651조의2) 여기의 서면에는 보험청약서도 포함된다. 따라서 보험청약서에 일정한 사항에 관하여 답변을 구하는 취지가 포함되어 있다면 그 사항은 상법 제651조에서 말하는 '중요한 사항'으로 추정된다.

(4) 대법원 2004.6.11. 선고 2003다18494 판결

보험자가 다른 보험계약의 존재 여부에 관한 고지의무 위반을 이유로 보험계약을 해지하려면 보험계약자 또는 피보험자가 다른 보험계약의 존재를 알고 있는 외에 그것이 고지를 요하는 중요한 사항에 해당한다는 사실을 알고도, 또는 중대한 과실로 알지 못하여 고지의무를 다하지 아니한 사실을 입증하여야 한다.

Ⅱ. 판결의 평석

1. 판결의 쟁점

이 판결의 쟁점은 상법 제651조에 정한 고지의무의 대상인 '중요한 사항'의 의미 및 같은 법 제651조의2에서 규정하는 '서면'에 보험청약서도 포함되는지 여부, 보험청약서에 기재된 질문내용의 해석 방법, 특히 상해보험계약에 있어서 보험청약서에 기재된 "최근 5년 이내에 계속하여 7일 이상의 치료를 받은 적이 있습니까?"라는 질문과 관련하여 '동일한 병증'이 무엇을 의미하는가에 대한 것이다. 보험계약체결시 간접의무로 인정되는 보험계약자 등의 고지의무에 관한 법적 쟁점은 보험계약법에 있어서 중요한 내용이다.

2. 관련 이론의 검토

(1) 고지의무의 의미

고지의무란 보험계약자 또는 피보험자가 보험계약의 체결당시에 보험자에 대하여 중요한 사항을 고지하거나 또는 부실고지를 하지 아니할 의무를 말한다(상법 제651조 본문).[2] 보험계약의 선의성과 기술성의 반영에 의해 인정되는 고지의무는[3] 보험계약의 성립전에 지는 의무라는 점에서[4] 계약 성립후에 지는 통지의무(상법 제657조)와 구별된다.

고지의 시기는 보험체약 당시(상법 제651조), 즉 보험계약이 성립할 때까지이다. 그러므로 보험계약을 청약할 때에는 고지의무를 다하지 아니하여도 보험자가 그 청약을 승낙할 때까지는 추가 또는 정정할 수 있고, 청약후 계약성립시까지 발생 또는 변경된 사항이 있으면 이를 고지하여야 한다. 고지의 방법에는 법률상 특별한 제한이 없다.[5]

(2) 고지사항

1) 중요한 사항

고지의무의 대상으로 되는 사항은 위험측정에 관한 중요한 사항(material facts)이다(상법 제651조). 여기서 '중요한 사항'이란 보험자가 위험을 측정하여 보험계약의 체결 여부 또는 보험료액 등을 결정하는 데 영향을 미치는 사실을 의미한다. 즉, 보험자가 그러한 사실을 알았더라면 보험계약을 체결하지 않았을 것으로 객관적으로 인정되는 사실을 말한다.[6]

2) 보험실무상으로는 보험약관에 이를 '계약전 알릴 의무'라고 하여, 보험가입청약서에 질문표를 인쇄하여 두고 청약자로 하여금 대답하도록 하고 있다. 그리고 이러한 고지의무는 보험계약자 등이 자기의 불이익을 방지하기 위한 자기의무이지만, 보험계약의 효과로서 부담하는 의무가 아니고 단지 보험계약의 전제요건으로서 지는 간접의무이다(통설).

3) 고지의무의 인정 근거에 대해서는 위험측정설(또는 기술설)과 선의계약설(또는 사행계약설)이 대립하고 있지만, 고지의무는 위 학설 중 어느 하나에 의하여 완전히 설명하기 어렵기 때문에 여러 가지 근거가 복합적으로 작용하고 있다고 보아야 할 것이다(김성태, 전게서, 209면; 정동윤, 전게서, 512면).

4) 보험계약자 또는 피보험자는 상법 제651조에서 정한 중요한 사항이 있는 경우 이를 보험계약의 성립시까지 보험자에게 고지하여야 하고, 고지의무 위반 여부는 보험계약 성립 시를 기준으로 판단하여야 한다(대법원 2012.8.23. 선고 2010다78135 판결).

5) 따라서 구두로 하든 서면으로 하든 상관이 없으나, 실무거래계에서는 보험청약서에 질문란을 두어 그에 기재하도록 하는 것이 일반적이다(이기수·최병규·김인현, 보험·해상법, 제9판, 박영사, 2015, 89면; 최기원, 상법학신론(하), 제15판, 박영사, 2008, 644면).

6) '중요한 사항'이란 보험자가 보험사고의 발생과 그로 인한 책임부담의 개연율을 측정하여 보험계약의 체결 여부 또는 보험료나 특별한 면책조항의 부가와 같은 보험계약의 내용을 결정하기 위한 표준이 되는 사항으로서 객관적으로 보험자가 그 사실을 안다면 그 계약을 체결하지 아니하든가 또는 적어도 동일한 조건으

어떠한 사실이 중요한 사항에 해당하는가는 보험의 종류에 따라 달라질 수밖에 없는 사실인정의 문제로서, 보험의 기술성에 비추어 객관적으로 관찰하여 판단되어야 한다. 보험종류에 따른 특성에 비추어 볼 때, 손해보험에서는 보험의 목적의 물리적 성상 · 구조 · 사용의 목적 · 장소 등이 문제로 되고, 인보험에서는 피보험자의 병력 기타 건강상태, 피보험자의 부모의 생존 여부와 건강한가의 여부,[7] 피보험자의 나이 · 신분 · 직업 등에 관한 사항이 중요한 사항이 될 것이다. 중요한 사항인지 여부에 대하여는 보험자가 이를 증명하여야 한다(통설).[8]

2) 질문표

질문표란 보험자가 보험계약의 체결에 있어서 보험계약청약서에 미리 중요하다고 생각되는 고지할 사항을 열거하여 둔 질문란의 형태를 말한다. 보험계약자나 피보험자는 전문가가 아니어서 무엇이 고지사항에 해당하는지 모르는 것이 보통이기 때문에, 실제 보험거래에서는 고지의무의 대상이 되는 중요한 사항을 기재한 질문표를 이용하고 있다. 보험자가 서면으로 질문한 사항은 중요한 사항으로 추정한다(상법 제651조의2). 따라서 보험계약자가 질문표 기재사항에 대하여 허위의 내용을 기재한 때에는 그것이 중요사항이 아님을 입증하지 않는 한 고지의무위반이 된다.

(3) 고지의무위반

1) 고지의무위반의 요건

보험자가 고지의무위반을 이유로 계약을 해지하기 위해서는 보험계약자 등이 중요사항을 고지하지 않았거나 부실하게 고지하였을 것(객관적 요건), 보험계약자 등에게 중요사항에 대한 불고지 또는 부실고지에 대한 고의 또는 중대한 과실이 있을 것(주관적 요건)을 요한다(상법 제651조).[9]

로는 계약을 체결하지 아니하리라고 평가되는 사항을 말한다(대법원 2001.11.27. 선고 99다33311 판결 외).

7) 대법원 1969.2.18. 선고 68다2082 판결.

8) 대법원 2004.6.11. 선고 2003다18494 판결.

9) 객관적 요건에서 불고지란 중요한 사항을 알면서 이를 알리지 않는 것을 말하고, 부실고지란 중요사실에 대한 고지를 하면서 사실과 다르게 거짓으로 알리는 것을 말한다. 주관적 요건에서 고의란 중요사항의 존재를 알고 또한 그것이 고지사항인 것을 인식하는 것을 말하고, 중대한 과실이란 보험계약자 등이 중요사실의 불고지 또는 부실고지에 대해서 알지 못했지만, 그것을 알지 못했던 것에 대해서 조금만 주의를 기울였다면 제대로 고지할 수 있었는데 주의를 다하지 않음으로써 불고지 또는 부실고지를 한 것을 말한다(대법원 2004.6.11. 선고 2003다18494 판결; 대법원 2011.4.14. 선고 2009다103349 판결; 대법원 2013.6.13. 선고 2011다54631 판결 참조).

2) 고지의무위반의 효과

의무위반이 있는 경우 보험자는 원칙적으로 보험계약을 해지하고, 보험금의 지급을 면할 수 있다(상법 제651조). 해지의 효과는 장래를 향하여 발생한다. 즉 보험사고가 발생하지 않은 채 계약이 해지된 경우에는 보험자는 보험금지급의무는 물론 해지시까지 영수한 보험료의 반환의무도 지지 않고, 나아가 보험기간 종료시까지의 미경과기간에 관한 보험료를 청구할 수 있다. 또한 보험사고발생 후에 계약이 해지된 경우에는 보험자는 보험금지급의무를 지지 않고, 이미 지급한 경우에는 그 반환을 청구할 수 있다(상법 제655조).[10]

그러나 해지권은 보험자가 해지의 원인을 알았던 때부터 1월, 계약을 체결한 날로부터 3년을 경과한 경우(상법 제651조 본문), 보험자가 고지의무위반의 대상으로 되었던 사항을 보험계약 체결 시에 알았거나 중대한 과실로 알지 못한 경우(상법 제651조 단서),[11] 고지의무위반이 있다고 하더라도 고지하여야 할 사실과 보험사고의 발생 사이에 인과관계가 없음이 입증[12]된 경우(상법 제655조 단서)[13]에는 보험자는 보험금지급책임을 면하지 못한다(상법 제655조 단서).[14] 그리고 보험자의 보험약관의 교부·설명의무를 위반한 경우에는 비록 보험계약자 등이 고지의무를 위반하여도 보험자는 보험계약자 등의 고지의무위반을 이유로 보험계약을 해지할 수 없다.[15]

---

10) 그러나 생명보험의 경우에는 보험수익자를 위한 적립금을 보험계약자에게 지급하여야 한다(상법 제736조).

11) 보험자의 파일에 담겨있는 일반정보에 대하여서는 고지를 포기한 것으로 본다(장덕조·한창희, 보험법 판례연구집, 법영사, 2010, 57－58면).

12) 보험계약을 체결함에 있어 고지의무 위반사실이 보험사고의 발생에 영향을 미치지 아니하였다는 점에 관한 입증책임은 보험계약자에게 있다(대법원 2001.1.5. 선고 2000다40353 판결 외). 그러나 생명보험표준약관에서는 보험계약자를 보호하기 위하여 인과관계에 관한 입증책임을 보험자에게 지우고 있다(동 약관 제10조 제2항 제2호).

13) 개정전 상법 제655조 단서에서는 고지의무에 위반한 사실이 보험사고의 발생에 영향을 미치지 아니하였음이 증명된 경우에는 '그러하지 아니하다'고 규정하고 있었다. 여기서 '그러하지 아니하다'의 의미와 관련하여, 보험계약을 해지할 수 없다는 견해(보험계약해지부정설(다수설); 대법원 1994.2.25. 선고 93다52082 판결; 대법원 2001.1.5. 선고 2000다40353 판결 외)와, 보험자는 보험계약을 해지할 수 있지만 발생한 보험사고에 대한 보험금지급책임은 부담한다는 견해(보험계약해지긍정설(소수설))로 나뉘어 있다. 생각건대 상법 제655조의 인과관계는 보험금 지급에 관한 것으로만 해석하여야 할 것이고, 해지부정설에 의할 때 고지의무위반이 있어도 발생한 보험사고와의 사이에 인과관계가 없으면 보험금의 지급 이외에 보험계약도 자동 유지되어 고지의무를 위반한 불량보험계약자 측을 계속적으로 보호하게 되는 문제가 발생함으로써 보험계약의 최대선의성에 반하는 등의 문제가 있기 때문에, 해지긍정설이 타당하다고 본다(동지: 이기수·최병규·김인현, 전게서, 110－111면; 정찬형, 전게서, 599－600면; 대법원 2010.7.22. 선고 2010다25353 판결). 그런데 2014년 3월 개정상법에서는 제655조 단서를 "다만, 고지의무를 위반한 사실 또는 위험이 현저하게 변경되거나 증가된 사실이 보험사고 발생에 영향을 미치지 아니하였음이 증명된 경우에는 보험금을 지급할 책임이 있다"고 규정함으로써, 고지의무를 위반한 사실이 보험사고 발생에 영향을 미치지 아니하였을 때에는 보험금지급책임만 인정될 뿐, 보험계약의 해지는 가능한 것으로 함으로써 이를 입법적으로 해결하였다.

14) 대법원 2001.1.5. 선고 2000다40353 판결.

15) 대법원 1995.8.11. 선고 94다52492 판결; 대법원 1996.3.8. 선고 95다53546 판결; 대법원 1996.4.12.

3. 대상판결의 검토

대상판결은 보험자가 계약 체결에 있어서 서면으로 질문한 사항은 보험계약에 있어서 중요한 사항에 해당하는 것으로 추정되고(상법 제651조의2), 여기의 서면에는 보험청약서도 포함되는데, 보험청약서에 일정한 사항에 관하여 답변을 구하는 사항은 상법 제651조에서 말하는 '중요한 사항'으로 추정된다고 보았다. 따라서 X가 교부한 청약서상의 병력에 대한 질문 사항은 중요한 사항으로 추정되므로, Y가 이에 대한 부실고지를 하였다면 고지의무위반이 된다.

그런데 X는 Y의 추간판탈출증의증으로 인한 치료기간이 26일간인 것을 이유로 해지하였으나, Y가 실제 추간판탈출증의증으로 치료받은 기간은 6일간이다. 여기서 '계속하여 7일 이상'이라는 의미를 어떻게 해석하여야 하는가 하는 문제가 있다. 대법원은 보험청약서에서 답변을 구하는 사항에 관한 해석은 평균적인 보험계약자의 이해가능성을 기준으로 하여 객관적·획일적으로 이루어져야 한다고 하면서, '동일한 병증'에 관하여 7일 이상의 계속 치료 등을 받은 일이 있는지 여부를 묻는 것이라는 취지로 해석하고 있다.[16]

생각건대 추간판탈출증의증이라는 동일한 병증으로 치료받은 기간이 7일을 도과한 경우에만 이에 대한 고지의무가 있다 할 것인데, 동일한 병증인지 여부에 대해 고도의 의학적 제반 사정을 종합하여 판단한 것은 Y에 대하여 과도한 의무를 요한 것이라 할 것이다. 그리고 보험약관의 해석에 있어서 그 조항이 불명확한 경우에는 고객보호의 측면에서 고객에게 유리하게 해석하여야 하기 때문에,[17] 그 조항의 표현이 모호한 경우에는 보험계약자 측에 유리하게 해석하여야 한다. 그럼에도 불구하고 Y에 대하여 고지의무 위반을 인정한 것은 부당하다고 보며, 원심의 판지에 동의한다.

(맹수석)

선고 96다4893 판결; 대법원 1997.9.9. 선고 95다45873 판결 외.

16) 그러면서도 '동일한 병증'인지 여부는 그 병증의 원인, 경과, 구체적 발현증상, 치료방법, 그에 대한 의학 등에서의 질병분류 등의 제반 사정을 종합적으로 고려하여 평균적인 보험계약자의 이해가능성을 기준으로 객관적·획일적으로 정하여져야 한다고 설시하고 있다.

17) 대법원 2007.9.6. 선고 2006다55005 판결; 대법원 2009.5.28. 선고 2008다81633 판결 외.

4

보험설계사의 법적 지위

대법원 2008.8.21. 선고 2007다76696 판결

Ⅰ. 판결개요

1. 사실관계

보험계약자인 원고 X는 피고 Y보험주식회사와 보험계약 체결 당시까지 현직 보험설계사로 근무하여 왔을 뿐만 아니라, 이 사건 피보험자인 A의 사망에 따른 보험금의 지급이 문제되는 총 8건의 생명보험계약을 직접 체결한 계약당사자이다. 특히 X는 이 사건 보험계약의 경우 피보험자 서면동의 요건이 명시된 보험청약서 작성 당시 보험설계사 소외 B가 제시한 보험조건 등 특약사항을 세밀히 파악하고 있었을 뿐만 아니라, 피보험자인 A의 서면동의를 얻지 아니하면 보험계약이 무효로 된다는 사정을 잘 알고 있었으면서도, A의 자필서명을 받기 위한 어떤 노력도 없이 무단으로 위 보험청약서의 피보험자 동의란에 A의 서명을 대신하였다.[1] 그런데 A가 술에 취한 나머지 병적인 명정으로 인하여 심신상실 상태에서 충동적으로 베란다에서 뛰어내려 사망하자, Y는 A의 서면동의가 없음을 이유로 보험금 지급을 거절하였다. 이에 X는 서면동의 요건에 대한 B의 설명의무 위반을 이유로 Y에게 보험업법상의 손해배상청구권을 행사하였다.

2. 판결요지

원심은, 보험계약 체결 당시 피고 Y가 소속 보험설계사인 소외 B로 하여금 보험계약이 유효하게 성립할 수 있도록 A의 서면동의를 받아야 한다는 점을 원고 X에게

1) 이 사건 보험은 X가 경제적 궁핍 속에서도 월 평균 300만원의 수입에 견주어 지나치게 과다한 월 합계 2,265,663원의 보험료를 납입하여 오던, 합계 9억원에 이르는 일련의 생명보험계약 중 A의 사망일(2005. 4. 27.) 직전인 2005. 4. 26.자로 가입한 것이다.

설명하여 A의 서면동의 하에 보험계약을 체결하도록 할 주의의무가 있음에도 이를 게을리하여 X가 피보험자 동의란에 A의 서명을 대신하는 것을 방치함으로써 보험계약이 무효로 되어 보험금을 지급받지 못하는 손해를 입게 한 이상, Y는 보험업법 제102조 제1항에 따라 위 보험금 상당의 손해를 배상할 책임이 있다고 판단하였다.[2)]

그러나 대법원은, 피보험자의 서면동의의 유효요건을 결하여 보험계약이 무효가 됨에 따라 보험사고의 발생에도 불구하고 보험계약자가 보험금을 지급받지 못하게 된 것이 전적으로 보험계약자의 책임 있는 사유에 의한 것이고, 보험설계사에게 보험계약자 배려의무위반의 잘못이 있다 하더라도 손해발생과 인과관계가 없다고 판시하여, 원심을 파기 환송하였다.[3)]

3. 관련판례

(1) 대법원 2014.10.27. 선고 2012다22242 판결

보험회사 또는 보험모집종사자는 고객과 보험계약을 체결하거나 모집할 때 보험료의 납입, 보험금·해약환급금의 지급사유와 금액의 산출 기준은 물론이고, 변액보험계약인 경우 투자형태 및 구조 등 개별 보험상품의 특성과 위험성을 알 수 있는 보험계약의 중요사항을 명확히 설명함으로써 고객이 정보를 바탕으로 보험계약 체결 여부를 합리적으로 판단을 할 수 있도록 고객을 보호하여야 할 의무가 있고, 이러한 의무를 위반하면 민법 제750조 또는 구 보험업법(2010.7.23. 법률 제10394호로 개정되기 전의 것) 제102조 제1항에 따라 이로 인하여 발생한 고객의 손해를 배상할 책임을 부담한다.

(2) 대법원 2013.8.22. 선고 2012다91590 판결

소속 구성원의 사망 또는 상해를 보험사고로 하는 단체보험계약을 체결할 때 보험모집인으로서는 보험계약자가 단체보험 유효요건을 몰라 보험계약체결 당시에 그 체결된 보험계약이 무효가 되지 않도록 보험계약자에게 단체보험의 유효요건에 관하여 구체적이고 상세하게 설명하여 적어도 보험계약자로 하여금 그 요건을 구비할 수

---

2) 서울고등법원 2007.9.21. 선고 2006나74497 판결.

3) 그러나 피보험자가 정신질환 등으로 자유로운 의사결정을 할 수 없는 상태에서 사망의 결과를 발생케 한 경우에는 자살에 포함되지 않기 때문에 보험자 면책사유에서 제외된다고 하면서, 보험계약의 피보험자가 심신을 상실한 상태에서 충동적으로 베란다에서 뛰어내려 사망한 것은 우발적인 외래의 사고로서 보험약관에서 재해의 하나로 규정한 '추락'에 해당하여 사망보험금의 지급대상이 된다고 판단한 원심을 수긍하여, 일부 피고 보험회사에 대하여 보험금지급책임을 인정하였다.

있는 기회를 주어 유효한 보험계약이 체결되도록 조치할 주의의무가 있고, 그럼에도 보험모집인이 보험계약의 유효요건에 관하여 충분히 설명을 하지 아니하는 바람에 요건의 흠결로 보험계약이 무효가 되고 그 결과 보험사고의 발생에도 불구하고 보험계약자가 보험금을 지급받지 못하게 되었다면 보험자는 보험업법 제102조 제1항에 기하여 보험계약자에게 그 보험금 상당액의 손해를 배상할 의무가 있다.

(3) 대법원 2007.9.6. 선고 2007다30263 판결

타인의 사망을 보험사고로 하는 보험계약의 체결에 있어서 보험모집인은 보험계약자에게 피보험자의 서면동의 등의 요건에 관하여 구체적이고 상세하게 설명하여 보험계약자로 하여금 그 요건을 구비할 수 있는 기회를 주어 유효한 보험계약이 체결되도록 조치할 주의의무가 있고, 그럼에도 보험모집인이 위와 같은 설명을 하지 아니하는 바람에 위 요건의 흠결로 보험계약이 무효가 되고 그 결과 보험사고의 발생에도 불구하고 보험계약자가 보험금을 지급받지 못하게 되었다면 보험자는 보험업법 제102조 제1항에 기하여 보험계약자에게 그 보험금 상당액의 손해를 배상할 의무가 있다.

Ⅱ. 판결의 평석

1. 판결의 쟁점

대상판결은 타인의 사망을 보험사고로 하는 보험계약의 체결에서 보험설계사가 보험계약자에게 피보험자의 서면동의 등의 요건에 관하여 설명의무를 이행하지 아니하여 보험계약이 무효로 된 경우 보험자가 보험업법에 기한 손해배상책임을 부담하는지 여부 및 피보험자의 서면동의의 유효요건을 결하여 보험계약이 무효가 됨에 따라 보험사고의 발생에도 불구하고 보험계약자가 보험금을 지급받지 못하게 된 것이 전적으로 보험계약자의 책임 있는 사유에 의한 경우에 보험설계사에게 보험계약자 배려의무위반이 인정되는지 여부에 관한 사례이다.

2. 관련 이론의 검토

(1) 보험자의 보조자

1) 보험대리상

보험대리상이란 일정한 보험자를 위하여 상시 그 영업부류에 속하는 보험계약의 체

결을 대리(체약대리상)하거나, 중개(중개대리상)하는 것을 영업으로 하는 독립된 상인을 말한다(상법 제87조). 보험체약대리상은 보험자의 대리인으로서 보험계약체결권을 가지므로 고지수령권, 보험료의 감액·유예·면제 및 수령권,[4] 계약의 변경·해지권 등을 가지며, 그 대리상이 안 사유는 보험자가 안 것과 같은 효력이 있다(상법 제90조).

2) 보험중개인

보험중개인이란 독립적으로 보험자와 보험계약자 사이의 보험계약의 체결을 중개하는 것을 영업으로 하는 자이다(상법 제93조). 보험중개인은 보험계약체결의 중개라는 사실행위를 하는 자이므로, 보험계약의 체결권이 없음은 물론 고지수령권 및 보험료수령권도 없다.

3) 보험설계사

보험설계사란 보험자에 종속되어 보험자를 위하여 보험계약의 체결을 중개하는 자를 말한다.[5] 보험설계사는 보험계약의 체결을 권유하고 중개하는 사실행위만을 하는 자이므로, 보험자를 대리하여 계약을 체결하거나 고지를 수령할 권한이 없다.[6] 그러나 실무상 이러한 권한이 없는 보험설계사에게 그러한 권한이 있는 것으로 오인하여 보험계약을 체결함으로써 부당하게 이익을 침해당한 보험계약자를 보호할 필요가 있다는 점에서,[7] 학설과 판례는 보험설계사에게도 1회 보험료의 수령권한은 있다고 보았다.[8] 이와 관련하여 2014년 3월 개정상법에서는 보험설계사에 대해 보험자가 작

---

4) 보험대리점의 보험료수령권에 관해 보험회사를 대리하여 보험료를 수령할 권한이 부여되어 있는 보험대리점이 보험계약자에 대하여 보험료의 대납 약정을 하였다면 그것으로 곧바로 보험계약자가 보험회사에 대하여 보험료를 지급한 것과 동일한 법적 효과가 발생한다(대법원 1995.5.26. 선고 94다60615 판결).

5) 보험설계사를 보험모집인 또는 보험외판원이라고도 한다. 종래 보험모집인이라고 불렀으나, 보험업법의 개정(2003.5.29. 법률 제6891호)에서 보험설계사라는 명칭으로 개칭되었다(동법 제2조 제8호).

6) 대법원 1979.10.30. 선고 79다1234 판결; 대법원 1998.11.27. 선고 98다32564 판결; 대법원 2006.6.30. 선고 2006다19672 판결. 그런데 실무상 보험설계사가 회사의 묵인 하에 다양한 명칭을 사용하면서(예컨대, 지사장, 지부장 등) 보험계약의 체결을 권유하고 있는데, 만일 이 경우 보험계약자가 보험설계사에게 대리권이나 고지수령권이 있는 것으로 오인한 때에는 표현대리의 법리에 의해 보험회사에게 책임을 물을 수 있을 것이며, 보험업법 제102조는 민법 제756조의 사용자배상책임의 특칙으로 보험업자의 손해배상책임을 규정하고 있기 때문에 이에 의해서도 책임을 추궁할 수 있을 것이다(정동윤, 전게서, 487면). 또한 생명보험계약이라 하더라도 무진단보험의 경우 등에는 보험자의 위험인수에 대한 별도의 절차 없이 계약이 체결되므로, 보험설계사에게 고지수령권을 인정하여 보험계약자를 보호하여야 할 것이다(동지: 양승규, 전게서, 97면; 최기원, 전게서, 608면).

7) 대법원 1979.10.30. 선고 79다1234 판결.

8) 박세민, 보험법, 제4판, 박영사, 2017, 110－111면; 양승규, 전게서, 97－98면; 이기수·최병규·김인현, 전게서, 75면; 장덕조, 보험법, 제3판, 법문사, 2016, 98면; 정동윤, 전게서, 488면; 정찬형, 전게서, 574면; 최준선, 전게서, 93면; 한창희, 보험법, 개정3판, 국민대학교 출판부, 2016, 152면; 대법원 1989.11.28. 선고 88다카33367 판결 외.

성한 영수증을 보험계약자 등에게 교부하는 경우에 한하여 보험료수령권을 인정함으로써 입법적으로 해결하고 있다(상법 제646조의2 제3항).

그리고 보험설계사가 보험계약체결의 중개와 관련하여 보험계약자에게 손해를 가한 때에는 그 설계사를 고용하고 있는 보험자가 보험계약자에게 배상할 책임을 지게 된다(보험업법 제102조). 즉 보험모집인의 주의의무 위반으로 인하여 보험계약자가 보험금을 지급받지 못하게 된 경우 보험회사는 보험계약자에게 그 손해를 배상할 의무가 있고, 그 손해의 범위는 보험금 상당액이다.[9] 이때 보험계약자에게 과실이 있는 경우에는 보험자의 손해배상책임 및 그 금액의 산정시에 이를 참작하여야 한다.[10]

4) 보험의

보험의(保險醫)란 생명보험계약에서 피보험자의 신체·건강상태 그 밖의 위험측정상의 중요한 사항에 대하여 조사하여 이를 보험자에게 제공하여 주는 의사로서, 진사의(診査醫)라고도 한다. 이러한 보험의는 보험계약체결권은 없으나, 보험자에게 위험판단의 자료를 제공한다는 점에서 보험자를 대리하여 피보험자가 고지하는 사항을 수령할 권한이 있으며, 반대로 보험의의 고의·중과실은 보험자의 그것과 같은 효력을 갖는다(통설).[11]

(2) 관련 문제(타인의 생명보험)

1) 의의와 제한

타인의 생명보험이란 보험계약자 이외의 제3자를 피보험자로 한 생명보험을 말하며, 타인보험이라고도 한다. 타인의 생명보험, 특히 타인의 사망을 보험사고로 하는 보험을 무제한으로 인정하면 보험이 도박화될 우려가 있고 또 피보험자의 생명을 해할 위험이 있으므로,[12] 이에 대한 어떤 제한이 필요하게 된다. 이에 대해 우리 상법은 동의주의를 취하고 있다(상법 제731조 제1항).

---

9) 대법원 1999.4.27. 선고 98다54830 판결.

10) 장덕조·한창희, 전게서, 215면; 정동윤, 전게서, 487면; 정찬형, 전게서, 574면; 최준선, 전게서, 93면; 대법원 2006.6.29. 선고 2005다11602 판결.

11) 보험자에게 소속된 의사가 보험계약자 등을 검진하였다고 하더라도 그 검진이 위험측정자료를 보험자에게 제공하는 보험자의 보조자로서의 자격으로 행해진 것이 아니라면 그 의사가 보험자에게 소속된 의사라는 사유만으로 그 의사가 검진 과정에서 알게 된 보험계약자 등의 질병을 보험자도 알고 있으리라고 보거나 그것을 알지 못한 것이 보험자의 중대한 과실에 의한 것이라고 할 수는 없다고 할 것이며, 이와 같이 해석하는 것이 환자에 대한 비밀의 누설이나 기록의 공개를 원칙적으로 금지하고 있는 의료법의 취지에도 부합한다(대법원 2001.1.5. 선고 2000다40353 판결).

12) 대법원 2010.2.11. 선고 2009다74007 판결.

2) 피보험자의 동의

우리 상법상 타인의 사망을 보험사고로 하는 타인의 생명보험에서는 그 타인의 동의를 얻어야 한다.[13] 피보험자의 동의는 보험계약의 성립요건으로 볼 수 없고, 효력요건으로 보아야 할 것이다(통설).[14] 그 동의는 각 보험계약에 대하여 개별적으로 반드시 서면에 의하여 하여야 한다(상법 제731조 제1항).[15] 또한 15세 미만자 · 심신상실자 또는 심신박약자 등의 사망보험은 허용하지 않고 있으나(상법 제732조 본문), 심신박약자가 보험계약을 체결하거나 단체보험계약의 피보험자가 될 때에 의사능력이 있는 경우에는 그 보험계약은 유효하다(상법 제732조 단서).

3. 대상판결의 검토

판시와 같이 타인의 사망을 보험사고로 하는 보험계약의 체결에서 피보험자의 서면동의 요건은 보험계약의 중요한 요소이므로, 보험설계사는 보험계약자에게 피보험자의 서면동의 등의 사항에 관하여 설명의무를 부담한다. 그런데 보험설계사가 그러한 설명의무를 이행하지 아니하여 보험계약이 무효로 된 경우에는, 보험자가 보험업법상의 손해배상책임을 부담한다(보험업법 제102조 제1항). 따라서 원고 X가 자신의 남편인 A의 사망보험계약을 체결함에 있어서, 보험설계사 B가 피보험자인 A의 서면동의가 없는 경우에는 보험보호를 받을 수 없다는 설명을 하지 않음으로써 요건 흠결로 보험계약이 무효가 되고 그 결과 A의 사망이라는 보험사고의 발생에도 불구하고 X가 보험금을 지급받지 못하게 되었다면, 보험업법에 기하여 Y는 X에게 그 보험금 상당액의 손해를 배상할 의무를 지게 될 것이다.[16]

---

13) 타인의 동의를 얻어야 하는 경우는 ① 타인의 사망을 보험사고로 한 사망보험 또는 혼합보험의 보험계약을 체결하는 경우(상법 제731조 제1항), ② 타인의 사망에 관한 보험계약으로 인하여 생긴 권리를 피보험자가 아닌 자에게 양도하는 경우(동조 제2항), ③ 타인의 사망에 관한 보험계약에서 보험기간중 보험계약자가 보험수익자를 지정 · 변경하는 경우(상법 제734조 제2항)이다.

14) 동지: 김성태, 전게서, 838면; 박세민, 전게서, 910면; 양승규, 전게서, 453면; 이기수 · 최병규 · 김인현, 전게서, 406면; 장덕조, 전게서, 443－444면; 정동윤, 전게서, 710면; 정찬형, 전게서, 831면; 최준선, 전게서, 347면 외. 그러나 판례는 사전 동의만을 인정하고, 사후 동의 그 자체를 무효로 보기 때문에 추인도 불가능하다(대법원 2006.9.22. 선고 2004다56677 판결; 대법원 2010.2.11. 선고 2009다74007 판결). 그런데 보험계약은 불요식 · 낙성계약이므로 피보험자의 서면 동의가 없어도 보험계약은 일단 성립하는 것으로 보아야 하지만, 상법의 규정과 배치되기 때문에 법률을 개정하여야 할 것이다(동지: 최준선, 전게서, 348면).

15) 그런데 타인으로부터 특정한 보험계약에 관하여 서면동의를 할 권한을 구체적 · 개별적으로 수여받았음이 분명한 사람이 권한 범위 내에서 타인을 대리 또는 대행하여 서면동의를 한 경우에는 유효하다(대법원 2006.12. 21. 선고 2006다69141 판결).

16) 대법원 1999.4.27. 선고 98다54830 판결; 대법원 2001.11.9. 선고 2001다55499 판결; 대법원 2007.9.6. 선고 2007다30263 판결.

그러나 보험설계사에게 보험계약자 배려의무위반의 잘못이 있다고 하더라도 보험계약자가 보험금을 지급받지 못하게 된 것이 전적으로 보험계약자의 책임 있는 사유에 의한 것이라면, 보험자에게 손해배상책임이 생기지 않는다. 사실관계에 비추어 볼 때, A의 자필서명 혹은 현실적 입회와 동의가 있었다는 것에 대한 X의 주장이 거짓인 점, B가 X에게 자필서명의 요건에 관해 굳이 설명하지 않은 것은 X가 현직 보험설계사이기 때문에 이에 대해 당연히 알고 있을 것으로 믿었기 때문이라는 점, 일반적으로 보험약관 등 보험계약의 중요한 내용에 해당하는 사항이라 하더라도 보험계약자가 그 내용을 충분히 잘 알고 있는 경우에는 그에 대해 따로 설명할 필요가 없다는 점[17] 등을 인정할 수 있는데, 이에 기하여 대법원은 Y의 손해배상책임을 부인하였다.

생각건대, 보험청약서의 피보험자 동의란에 A의 서명을 대신하는 것을 보험설계사인 B가 적극 제지하는 등 이를 바로잡지 아니하고 방치하였기 때문에, 이는 Y의 보험설계사가 피보험자에 대한 배려의무 등을 다하지 아니한 잘못을 저지른 것으로 볼 수 있다. 그러나 현직 보험설계사로서 위 서면동의의 요건을 누구보다 잘 알고 있던 X가 A의 자필서명을 받기 위한 어떤 노력도 없이 무단으로 A의 서명을 대행하면서까지 보험계약을 체결하였을 뿐만 아니라, 허위 주장까지 한 바 있는 등의 사정에 비추어 보면, X로서는 보험계약 체결 당시 위 보험계약이 피보험자 서면동의의 유효요건을 갖추지 아니하여 무효로 돌아갈 수밖에 없음을 잘 알면서 보험계약을 체결한 것이라고 보아야 할 것이다. 따라서 B의 의무위반에도 불구하고, X의 전적인 귀책사유에 의해 보험계약이 무효로 된 것에 대하여 Y에게 손해배상책임을 인정할 수는 없다고 본다. 따라서 원심을 파기한 대법원의 판지에 동의한다.

(맹수석)

17) 대법원 2005.8.25. 선고 2004다18903 판결 등 참조.

5

보험자의 면책사유

대법원 2010.11.11. 선고 2010다62628 판결

Ⅰ. 판결개요

1. 사실관계

A는 혈중알콜농도 0.133%의 음주상태로 피고 Y보험회사와 자동차종합보험계약을 체결하고 피보험차량을 운전하던 중 뒤에서 진행해 오던 B와 서행운전 문제로 시비가 일자 차에서 내려 말다툼을 하다가 B로부터 술냄새가 난다는 말을 듣고서, 자신의 음주운전 사실이 발각될 것이 두려워 급하게 위 가해차량을 출발시켰으나, B가 자신의 상체를 위 가해차량의 보닛에 엎드려 매달리자 그를 떼어버릴 생각으로 시속 50km 속도로 약 200m 구간을 지그재그로 운전하다가 급히 좌회전함으로써, B로 하여금 위 가해차량에서 떨어지게 하여 같은 날 뇌간기능마비 등의 원인으로 사망에 이르게 하였다. 이에 망 B의 처 X 등은 Y보험회사에게 이 사건에 대한 보험금을 청구하였으나, Y는 상법 및 자동차보험표준약관에서 규정하고 있는 피보험자 등의 고의로 인한 손해를 이유로 면책을 주장하였다.

2. 판결요지

1심 법원은, 면책조항에서 말하는 '고의에 의하여 발생한 손해'란 상해의 고의로 상해의 결과가 발생하였거나 사망의 고의로 사망의 결과가 발생한 경우에 한정되고, 상해의 고의에 의한 행위로 사망이라는 결과가 생긴 경우까지 '고의에 의하여 발생한 손해'로 볼 수 없다고 하여, Y의 손해배상책임을 인정하였다.[1] 이에 대해 항소심 판결은, 자동차보험약관에서 규정하고 있는 '고의'라 함은 자신의 행위에 의

---

1) 서울중앙지방법원 2009.12.29. 선고 2009가단194848 판결.

하여 일정한 결과가 발생하리라는 것을 알면서 이를 행하는 심리 상태를 말하고, 여기에는 확정적 고의는 물론 미필적 고의도 포함된다고 보아, Y의 손해배상책임을 부정하였다.[2)]

이에 대법원은, 자동차보험약관에서 '보험계약자 또는 피보험자의 고의에 의한 손해'를 보험자가 보상하지 아니하는 사항으로 규정하고 있는 경우 이러한 면책약관은 이를 엄격히 제한적으로 해석함이 원칙인 점, 상해와 사망 또는 사망에 준하는 중상해 사이에는 그 피해의 중대성 및 손해배상책임의 범위에도 커다란 차이가 있으므로 통상의 예상 범위를 넘어서 사망 등과 같은 중대한 결과가 생긴 경우에까지 보험계약자 등이 고의로 초래한 보험사고로 취급되어 면책약관이 적용되리라고는 생각하지 않는 것이 보험계약자 등의 일반적인 인식이라는 점 등에 기하여, 보험계약자 등이 피해자의 사망 등 중대한 결과에 대하여는 이를 인식·용인하였다고 볼 수 없는 경우에는 면책약관이 적용되지 아니하는 것으로 보아야 한다고 판시하여, 원심을 파기환송하였다.

3. 관련판례

(1) 대법원 2014.9.4. 선고 2012다204808 판결

상법 제732조의2, 제739조, 제663조의 규정에 의하면 사망이나 상해를 보험사고로 하는 인보험에 관하여는 보험사고가 고의로 인하여 발생한 것이 아니라면 비록 중대한 과실에 의하여 생긴 것이라 하더라도 보험금을 지급할 의무가 있다고 할 것인바, 위 조항들의 입법 취지 등에 비추어 보면, 피보험자의 사망이나 상해를 보험사고로 하는 보험계약에서는 보험사고 발생의 원인에 피보험자에게 과실이 존재하는 경우뿐만 아니라 보험사고 발생 시의 상황에 있어 피보험자에게 안전띠 미착용 등 법령위반의 사유가 존재하는 경우를 보험자의 면책사유로 약관에 정한 경우에도 그러한 법령위반행위가 보험사고의 발생원인으로서 고의에 의한 것이라고 평가될 정도에 이르지 아니하는 한 위 상법 규정들에 반하여 무효이다.

(2) 대법원 2011.4.28. 선고 2009다97772 판결

상법 제659조 제1항 및 제732조의2의 입법 취지에 비추어 볼 때, 사망을 보험사고로 하는 보험계약에서 자살을 보험자의 면책사유로 규정하고 있는 경우, 그 자살은

2) 서울고등법원 2010.7.2. 선고 2010나16542 판결.

사망자가 자기의 생명을 끊는다는 것을 의식하고 그것을 목적으로 의도적으로 자기의 생명을 절단하여 사망의 결과를 발생케 한 행위를 의미하고, 피보험자가 정신질환 등으로 자유로운 의사결정을 할 수 없는 상태에서 사망의 결과를 발생케 한 경우는 포함되지 않는다. 피보험자가 자살하였다면 그것이 정신질환 등으로 자유로운 의사결정을 할 수 없는 상태에서 사망의 결과를 발생케 한 경우에 해당하지 않는 한 원칙적으로 보험자의 면책사유에 해당하는데, 여기서 말하는 정신질환 등으로 자유로운 의사결정을 할 수 없는 상태의 사망이었는지 여부는 자살자의 나이와 성행(性行), 자살자의 신체적·정신적 심리상황, 정신질환의 발병 시기, 진행 경과와 정도 및 자살에 즈음한 시점에서의 구체적인 상태, 자살자를 에워싸고 있는 주위 상황과 자살 무렵의 자살자의 행태, 자살행위의 시기 및 장소, 기타 자살의 동기, 그 경위와 방법 및 태양 등을 종합적으로 고려하여 판단하여야 한다.

(3) 대법원 2001.3.9. 선고 2000다67020 판결

자동차보험약관상 면책사유인 '고의'에 있어서, 고의와 같은 내심의 의사는 이를 인정할 직접적인 증거가 없는 경우에는 사물의 성질상 고의와 상당한 관련성이 있는 간접사실을 증명하는 방법에 의하여 입증할 수밖에 없고, 무엇이 상당한 관련성이 있는 간접사실에 해당할 것인가는 사실관계의 연결상태를 논리와 경험칙에 의하여 합리적으로 판단하여야 한다.

Ⅱ. 판결의 평석

1. 판결의 쟁점

이 판결은 보험계약자 등이 피해자의 상해에 대하여는 이를 인식·용인하였으나, 피해자의 사망 등 중대한 결과에 대하여는 이를 인식·용인하였다고 볼 수 없는 경우, 그 사망 등으로 인한 손해가 자동차보험의 면책약관에서 정한 보험계약자 등의 고의에 의한 손해에 해당하는지 여부에 대한 것이다. 고의면책조항은 고의 개념의 명확한 파악과 적용이 쟁점인데, 특히 자동차보험의 경우 무면허·음주운전 등에 대한 관련판례가 다수 집적되어 있다.

2. 관련 이론의 검토

(1) 보험자의 면책사유의 의의

보험자는 보험사고의 발생원인이 무엇이냐를 묻지 않고 보험계약에서 정한 보험사고가 발생하는 경우 보험금지급책임을 부담하는 것이 원칙이다. 그러나 일정한 경우에는 보험기간 안에 보험사고가 발생하더라도 보험자의 보험금지급책임이 면제되는데, 이를 보험자의 면책사유라 한다. 면책사유에는 고의·중과실로 인한 보험사고, 전쟁 등으로 인한 보험사고, 보험약관에 의한 보험사고가 있다.

(2) 인위적인 보험사고

1) 고의·중과실의 의미

보험사고가 보험계약자 또는 피보험자나 보험수익자의 고의 또는 중대한 과실로 인하여 생긴 때에는 보험자는 보험금을 지급할 책임이 없다(상법 제659조). 이와 같이 피보험자 등의 고의 또는 중과실로 인한 보험사고의 경우 보험자의 면책사유를 인정한 이유는 피보험자 등에 의한 인위적 사고는 보험사고의 우연성이 결여되어 보험사고의 본질에 반할 뿐만 아니라, 인위적 보험사고에 대해 보험자의 책임을 인정하는 것은 신의칙 및 보험계약의 선의성에도 반하기 때문이다.

그러나 사망보험과 상해보험의 경우에는 보험사고가 보험계약자 또는 피보험자나 보험수익자의 고의로 인하여 생긴 보험사고만을 면책사유로 하고, 중대한 과실로 보험사고가 발생한 때에는 보험자의 보험금지급책임을 인정하고 있다(상법 제732조의2, 제739조). 사망보험의 경우 특히 유족 등 보험수익자를 보호해 줄 필요가 있기 때문이다.[3] 또한 둘 이상의 보험수익자 중 일부가 고의로 피보험자를 사망하게 한 경우에는 보험자가 다른 보험수익자에 대한 보험금을 지급하도록 하고 있다(상법 제732조의2 제2항).

인위적 보험사고에 있어서, 고의란 보험사고가 발생하리라는 것을 인식하면서 감히 그러한 행위를 하는 것, 즉 자신의 행위에 의하여 일정한 결과가 발생하리라는 것

3) 특히 사망보험에서 자살은 고의에 의한 보험사고의 유발이지만, 생명보험약관에서는 피보험자가 심신상실 등으로 자유로운 의사결정을 할 수 없는 상태에서 자신을 해친 경우, 일정한 기간(보통 2년)이 경과한 후 자살을 한 경우는 생명보험의 저축적 기능 등의 측면에서 보험자의 면책사유에서 제외하고 있다(생명보험표준약관 제17조 제1항). 또한 피해자보호를 위한 정책적 측면에서 자동차책임보험의 의무보험(대인배상 I)의 경우 피보험자의 고의로 인한 손해에 대해서도 피해자가 직접청구를 하는 때 이를 피해자에게 일단 보상해주고 그 부분을 피보험자에게 구상하도록 하고 있고(자동차보험표준약관 제14조 제1항 제1호), 보험의 특성에 기해 보증보험의 경우 보험계약자의 고의·중과실로 생긴 보험사고에 대하여도 보험자의 보험금지급책임이 인정된다(대법원 1995.7.14. 선고 94다10511 판결; 대법원 1998.3.10. 선고 97다20403 판결).

을 알면서 이를 행하는 심리상태를 말한다. 여기에는 확정적 고의는 물론 미필적 고의가 포함된다.[4] 보험사고의 발생에 기여한 복수의 원인이 존재하는 경우에는 피보험자 등의 고의행위가 보험사고 발생에 유일하거나 결정적인 원인이었음을 보험자가 증명하여야만 비로소 보험자가 면책될 수 있다.[5] 또한 중대한 과실이란 현저하게 주의를 다하지 아니한 것을 말한다.[6] 따라서 피보험자 등의 경과실로 인하여 보험사고가 발생한 경우에는 보험자는 면책을 주장할 수 없다.[7] 고의·중과실에 대한 입증책임은 보험자가 부담한다.[8]

2) 대표자책임이론

보험사고가 보험계약자 등과 법률상 또는 경제상 특별한 관계에 있는 자에 의해 고의 또는 중과실로 발생한 경우 보험자의 책임을 인정할 것인가 하는 문제가 있는데, 보험계약자 등과 특수관계에 있는 제3자의 행위로 보험사고가 일어난 경우 보험자는 면책된다는 이론(대표자책임이론)이 있다. 우리나라 화재보험표준약관에도 이러한 취지의 규정이 포함되어 있는데,[9] 일반적인 보험계약에 있어서도 이 이론을 받아들일 것인가에 대하여 학설의 대립이 있다.

보험자가 보험금 지급책임을 면하기 위해서는 면책사유에 해당하는 사실을 증명할 책임이 있고, 그 증명은 법관의 심증이 확신의 정도에 달하게 하는 것을 말하는데, 그 확신이란 자연과학이나 수학의 증명과 같이 반대의 가능성이 없는 절대적 정확성을 말하는 것은 아니지만 통상인의 일상생활에 있어 진실하다고 믿고 의심치 않는 정도의 고도의 개연성을 말하는 것이기 때문에, 막연한 의심이나 추측을 하는 정도에 이르는 것만으로는 부족하다.[10] 따라서 피보험자와 밀접한 생활관계를 가진 친족이나 고용인이 피보험자를 위하여 보험사고를 일으킨 때에는 피보험자가 이를 교사 또는 공모하거나 감독상 과실이 큰 경우 등과 같이 일단 그 보험사고 발생에 피보험자의 고의 또는 중대한 과실이 개재된 경우로 한정하여 보험자를 면책할 수 있

---

4) 대법원 1991.3.8. 선고 90다16771 판결; 대법원 2001.3.9. 선고 2000다67020 판결.

5) 대법원 2004.8.20. 선고 2003다26075 판결.

6) 특히 대법원은 사회보장적 성격이 있는 건강보험 급여의 제한과 관련하여, '중대한 과실'이라는 요건은 되도록 엄격하게 해석하고 있다(대법원 2003.2.28. 선고 2002두12175 판결).

7) 경과실로 인하여 보험사고가 발생한 경우 보험자는 지급할 보험금에서 과실상계를 주장하지 못한다(김성태, 전게서, 269면).

8) 대법원 2009.3.26. 선고 2008다72578 판결; 대법원 2009.12.10. 선고 2009다56603 판결 등.

9) 화재보험계약의 약관에서는 "보험계약자, 피보험자 또는 그 법정대리인의 고의 또는 중대한 과실로 발생한 손해, 피보험자에게 보험금을 받도록 하기 위하여 피보험자와 세대를 같이 하는 친족 및 고용인이 고의로 일으킨 손해에 대하여는 보상하지 아니한다"고 규정하고 있다(제8조 제1호 및 제2호 참조).

10) 대법원 1984.1.17. 선고 83다카1940 판결; 대법원 2010.6.10. 선고 2009다94315 판결.

을 것이다.[11)]

3) 특약에 의한 배제

보험사고가 인위적 원인에 의해 일어난 경우 특약으로 보험금의 지급책임을 부담하도록 하는 것이 가능한 것인지가 문제된다. 이는 그 특약의 내용이 신의성실 또는 공익(반사회질서)에 반하느냐의 여부에 따라 결정되어야 할 것이다(상법 제663조 단서 참조). 따라서 특약에 의하여 고의에 의한 경우에도 보험금지급을 약정하는 것은 상법 제659조의 입법취지로 보아 무효이나, 중과실로 인한 경우는 보험계약자 등의 이익보호를 위하여 특약으로 보험금지급을 약정하는 것은 신의칙에 위배되지 않는 한 유효로 보아야 할 것이다.[12)]

(3) 전쟁 등으로 인한 보험사고

보험사고가 전쟁 기타의 변란으로 인하여 생긴 때에는 당사자 사이에 다른 약정이 없는 한 보험자는 보험금을 지급할 책임이 없다(상법 제660조). 여기서 전쟁이란 선전포고의 유무를 불문하고, 변란이란 내란·폭동, 소요[13)] 등과 같이 전쟁에 준하는 비상사태를 말한다.[14)]

(4) 보험약관에 정한 보험사고

각종 보통보험약관에서 정한 면책사유에 해당하는 때에는 보험자는 보험금을 지급할 책임이 없다.[15)] 다만, 면책약관은 보험계약자 또는 피보험자나 보험수익자의 불

11) 동지: 김성태, 전게서, 279면; 박세민, 전게서, 281－282면; 양승규, 전게서, 144면; 장덕조·한창희, 전게서, 96면; 정찬형, 전게서, 619－620면; 최준선, 전게서, 111면.

12) 동지: 박세민, 전게서, 269면: 양승규, 전게서, 143면; 정동윤, 전게서, 534면; 정찬형, 전게서, 615면; 최준선, 전게서, 140면.

13) 법원은 화재보험보통약관에서 면책사유로 규정하고 있는 '소요'는 폭동에는 이르지 아니하나 한 지방에서의 공공의 평화 내지 평온을 해할 정도로 다수의 군중이 집합하여 폭행, 협박 또는 손괴 등 폭력을 행사하는 상태를 말하므로, 화재 당시 집회에 참석한 군중들이 단순히 집회 참가를 봉쇄하려는 경찰의 저지선을 뚫기 위하여 화염병을 투척함으로써 일어난 화재는 그 요건을 결하여 면책사유가 아니라고 판시하고 있다(대법원 1994.11.22. 선고 93다55975 판결).

14) 이러한 면책규정의 취지는 전쟁 등의 사태 하에서는 보험사고 발생의 빈도나 그 손해정도를 통계적으로 예측하는 것이 거의 불가능하여 타당한 보험료를 산정하기 어렵고, 사고발생시에는 사고의 대형화와 손해액의 누적적인 증대로 보험자의 인수능력을 초과할 우려가 있다는 데에 있다(대법원 1991.11.26. 선고 91다18682 판결).

15) 예컨대 자동차보험에서 유상운송 중의 사고로 인한 손해, 피보험차량에 싣고 있거나 운송중인 물품에 생긴 손해 등의 사유가 있다(자동차보험표준약관 제14조 제1항 제3호 참조). 그런데 화재보험계약의 약관에서 고의 또는 중과실 면책을 규정하고 있는 경우에 보험자가 보험금 지급책임을 면하기 위해서는 면책사유에 해당하는 사실을 증명할 책임이 있고, 여기에서의 증명은 법관의 심증이 확신의 정도에 달하게 하는 것을 가리키고, 그 확신이란 통상인의 일상생활에 있어 진실하다고 믿고 의심치 않는 정도의 고도의 개연성을 말하

이익으로 변경하지 않는 범위 내에서 유효하다.

3. 대상판결의 검토

고의에 의해 보험사고가 생긴 경우에는 보험사고의 우연성이나 보험계약의 선의성에 반하기 때문에, 보험자가 면책된다. 대상판결은 음주운전중인 상태에서 타인을 사망하게 한 사고에 대한 것인데, 음주운전은 판단력 저하 등으로 사고유발가능성이 매우 높기 때문에 무면허운전과 함께 범법행위로 규제하고 있을 뿐만 아니라, 보험보호의 대상에서도 배제하고 있다. 그렇다면 음주운전을 하는 경우 곧 고의가 성립하는가 하는 문제가 있다.

고의에는 확정적 고의는 물론 미필적 고의도 포함된다. 고의는 원인행위에 관하여 인정되면 족하고 결과에 관해서까지 존재할 필요는 없다고 본다.[16] 또한 미필적 고의라 함은 범죄사실의 발생 가능성을 불확실한 것으로 표상하면서 이를 용인하고 있는 경우를 말한다. 고의를 인정할 직접적인 증거가 없는 경우에는 사물의 성질상 고의와 상당한 관련성이 있는 간접사실을 증명하는 방법에 의하여 입증할 수밖에 없고, 무엇이 이에 해당할 것인가는 사실관계의 연결상태를 논리와 경험칙에 의하여 합리적으로 판단하여야 할 것이다. 따라서 사람을 보닛 위에 매단 채 시속 50km 속도로 지그재그로 운전한다든가, 특히 중앙선을 넘어 반대차로로 급히 좌회전하는 등의 행위에 의해 그 상대방이 떨어졌을 때에는, 일반적으로 보아 중상 내지는 사망에 이르게 할 수 있다는 것을 인식할 수 있다고 하여야 할 것이다.[17]

이와 같이 A에게는 처음부터 B를 살해하고자 하는 직접적인 의도는 없었다고 하더라도, 위와 같은 A의 일련의 행위는 미필적 고의와 상당한 관련성이 있음을 인정할 수 있다고 본다. 그럼에도 불구하고 사망에 대한 직접적인 고의가 없다고 하여 Y에게 보험금 지급책임을 인정하고 있는 판결의 결론은 타당성을 수긍하기 어렵다 할 것이다.

(맹수석)

는 것이고, 막연한 의심이나 추측을 하는 정도에 이르는 것만으로는 부족하다(대법원 2009.12.10. 선고 2009다56603 판결).

16) 김성태, 전게서, 269－270면.

17) 대법원 2001.3.9. 선고 2000다67020 판결(출발하려는 승용차 보닛 위에 사람이 매달려 있는 상태에서 승용차를 지그재그로 운행하여 도로에 떨어뜨려 상해를 입게 한 경우, 운전자에게 상해 발생에 대한 미필적 고의가 있다).

6 보험금지급의무의 소멸시효

대법원 2009.11.12. 선고 2009다52359 판결

Ⅰ. 판결개요

1. 사실관계

보험자인 원고 X는 피고 Y의 처 A와 피보험자 및 입원·장해시의 피보험자를 각 Y로 하고 특약에 관한 보험기간은 80세로 정하여 이 사건 보험계약을 체결하였는데, 무배당 재해장해보장특약 약관 제11조 제2항에는 보장을 받을 수 있는 기간 중에 장해상태가 더 악화된 경우에는 그 악화된 장해상태를 기준으로 장해등급을 결정한다고 규정되어 있었다. Y는 2002. 10. 3. 오토바이를 타고 가다가 교통사고를 당하였고, X는 2003. 5. 15. 피고의 장해등급을 제5급으로 인정하고 그에 따른 보험금 2,500만원을 지급하였다. 그런데 Y는 2006. 1. 11. 자신이 2004. 10. 23.경 야유회에서 운동을 하다가 하반신 통증이 재발하는 등 당초의 장해상태가 악화되었다고 주장하면서, 특히 상해는 이 사건 사고 및 그에 따른 수술 후에 악화된 것이고, 특히 척추관협착증은 이 사고로 인한 추간판탈출증에 의하여 발병 또는 악화되었음을 이유로, X에게 장해등급 제3급에 해당하는 보험금의 지급을 청구하였다. 이에 X는, Y의 상해, 특히 척추관협착증은 선천성 또는 퇴행성 질환일 뿐이고, 또한 보험계약에 기한 Y의 X에 대한 보험금청구권은 시효로 소멸하였으므로 보험금지급채무는 존재하지 아니한다고 하였다.

2. 판결요지

원심 판결은, 보험금청구권은 보험사고의 발생으로 인하여 구체적인 권리로 확정되어 그때부터 그 권리를 행사할 수 있게 되는 것이므로, 특별한 사정이 없는 한 원

칙적으로 보험금청구권의 소멸시효는 보험사고가 발생한 때로부터 진행한다고 해석함이 상당하다고 하여, 이 사건 사고가 2002. 10. 3. 발생한 사실 및 피고가 위 보험사고 발생일로부터 2년이 경과하였음이 역수상 명백한 2006. 1. 11. 원고에게 보험금을 청구하였기 때문에, 보험금청구권은 소멸시효 완성으로 인하여 이미 소멸하였다고 판시하였다.[1)]

대법원은 이에 대해, "보험사고가 발생하여 그 당시의 장해상태에 따라 산정한 보험금을 지급받은 후 당초의 장해상태가 악화된 경우 추가로 지급받을 수 있는 보험금청구권의 소멸시효는 그와 같은 장해상태의 악화를 알았거나 알 수 있었을 때부터 진행한다고 보아야 한다"고 하면서, "원심으로서는, 피고가 주장하는 현재의 장해상태가 이 사건 교통사고로 인한 장해상태가 악화된 것인지 아니면 이 사건 교통사고와는 별개의 보험사고가 새로 발생한 경우에 해당하는지, 만일 이 사건 교통사고로 인한 장해상태가 악화된 것이라면 현재의 장해상태가 어느 등급에 해당하는지, 나아가 장해상태의 악화를 알았거나 알 수 있었을 때부터 2년의 소멸시효기간 내에 악화된 장해상태 부분에 해당하는 보험금청구권을 행사하였는지 등을 심리·판단하였어야 함에도 불구하고, 단지 피고가 이 사건 교통사고 발생일부터 2년이 경과한 후 악화된 장해상태 부분에 관한 보험금청구권을 행사하였다는 이유만으로 위 보험청구권의 소멸시효가 완성되었다고 판단하고 말았기 때문에 판결에 영향을 미친 위법이 있다"고 하여, 원심을 파기 환송하였다.

3. 관련판례

(1) 대법원 2005.12.23. 선고 2005다59383 판결

보험금청구권은 보험사고가 발생하기 전에는 추상적인 권리에 지나지 아니할 뿐 보험사고의 발생으로 인하여 구체적인 권리로 확정되어 그때부터 그 권리를 행사할 수 있게 되는 것이므로, 특별한 다른 사정이 없는 한 원칙적으로 보험금액청구권의 소멸시효는 보험사고가 발생한 때로부터 진행한다고 해석해야 할 것이고, 다만 보험사고가 발생한 것인지의 여부가 객관적으로 분명하지 아니하여 보험금청구권자가 과실 없이 보험사고의 발생을 알 수 없었던 경우에도 보험사고가 발생한 때로부터 보험금청구권의 소멸시효가 진행한다고 해석하는 것은, 보험금청구권자에게 너무 가혹하여 사회정의와 형평의 이념에 반할 뿐만 아니라 소멸시효제도의 존재이유에 부합

1) 서울고등법원 2009.6.5. 선고 2007나69850 판결.

된다고 볼 수도 없으므로 이와 같이 객관적으로 보아 보험사고가 발생한 사실을 확인할 수 없는 사정이 있는 경우에는 보험금청구권자가 보험사고의 발생을 알았거나 알 수 있었던 때로부터 보험금액청구권의 소멸시효가 진행한다.

(2) 대법원 1997.11.11. 선고 97다36521 판결

피해자가 스스로 자동차를 운전하다가 사망한 사고에 관해 보험회사가 보험금청구권자에게 그 사고는 면책 대상이어서 보험금을 지급할 수 없다는 내용의 잘못된 통보를 하였다고 하더라도 그와 같은 사유는 보험금청구권을 행사하는 데 있어서 법률상의 장애사유가 될 수 없고, 또 이로 인하여 보험금청구권자가 보험사고가 발생하였다는 것을 알 수 없게 되었다고 볼 수도 없으므로 보험회사의 보험계약상의 보험금 지급채무는 사고 발생시로부터 2년의 기간이 경과함으로써 시효소멸한다.

Ⅱ. 판결의 평석

1. 판결의 쟁점

보험자의 보험금지급의무의 소멸시효의 기산점은 보험사고 발생시로부터 하는 것이 원칙이지만, 보험금청구권자가 과실 없이 보험사고의 발생사실을 알 수 없었던 특별한 사정이 있는 경우에도 이러한 원칙이 그대로 적용되는가 하는 점이 판결의 쟁점이다.

2. 관련 이론의 검토

(1) 보험계약의 성립과 효과

보험계약이 성립하면 보험계약의 직접 당사자인 보험자와 보험계약자 그리고 보험관계자인 피보험자와 보험수익자에게 일정한 법률상의 권리와 의무가 생긴다. 그 중에서 가장 중요한 것은 이른바 기본적 의무라고 할 수 있는 보험자의 보험금지급의무와 보험계약자의 보험료지급의무이다. 그 밖에도 부수적 의무로서 당사자는 보험자의 보험증권교부의무와 보험료 반환의무, 보험계약자 등의 각종 통지의무와 위험변경·증가의 금지의무 등을 부담한다.

(2) 보험자의 보험금지급의무

1) 의 의

보험자는 보험기간 안에 보험사고가 발생한 경우에 피보험자 또는 보험수익자에게 보험금을 지급할 의무를 진다(상법 제638조). 보험자의 보험금지급의무는 보험계약에서 보험자가 부담하는 가장 중요한 의무로서 보험계약자의 보험료지급에 대한 반대급부이다. 여기서 보험금이라 함은 손해보험에서는 보험금액의 한도에서 그 보험사고로 말미암아 피보험자가 실제 입은 재산상의 손해액이고, 생명보험과 같은 정액보험에서는 계약에서 정한 보험금액을 말한다.

2) 보험금 지급책임의 발생요건

보험금지급의무의 발생요건은 ① 약정한 보험사고가 보험기간 내에 발생하여야 하고,[2] ② 보험계약자는 보험자에게 보험료를 지급하여야 하며, ③ 보험자에게는 면책사유가 없어야 한다. 보험자의 책임은 다른 약정이 없는 한 보험계약자로부터 최초의 보험료를 지급받은 때로부터 개시되므로(상법 제656조), 보험계약이 성립되어 있다고 하더라도 보험계약자가 최초의 보험료를 지급하기 전에 생긴 사고에 대하여는 보험자는 보험금지급책임을 지지 않는다.[3] 그리고 보험자가 보험계약자로부터 보험계약의 청약과 함께 보험료 상당액의 전부 또는 일부를 받은 경우, 그 청약을 승낙하기 전에 보험사고가 발생한 때에도 보험자는 보험청약을 거절할만한 사유[4]가 없는 한 보험자는 보험계약상의 책임을 지므로(상법 제638조의2 제3항) 보험금을 지급하여야 한다.

3) 보험금의 지급방법과 지급시기

(가) 지급방법

보험자의 보험금의 지급방법은 금전으로 지급하는 것이 원칙이다. 그러나 당사자 사이에 특약이 있는 경우에는 현물(예컨대 유리보험) 또는 기타의 급여(예컨대 치료행위 등)로써 할 수 있다(상법 제638조 참조). 보험금은 원칙적으로 채권자인 보험수익자 또는 피보험자의 영업소에서 지급하여야 하나(민법 제467조 제2항), 보험약관 또는 거

---

2) 따라서 보험기간이 개시되기 전 또는 보험기간이 경과한 뒤에는 보험사고가 발생하여도 원칙적으로 보험자에게 보험금지급의무가 없다. 다만, 보험사고의 발생이 보험기간 안에 생긴 이상 보험기간 후에 손해가 발생하였더라도 보험자는 그에 대한 보험금지급책임을 진다.

3) 그러나 보험자와 보험계약자가 보험기간이 개시된 후에 보험료를 받기로 약정하였다면, 보험자는 보험료 지급 전에 발생한 보험사고에 대하여 보험금지급의무를 부담한다(대법원 1991.12.10. 선고 90다10315 판결).

4) 예컨대 보험계약자 등의 고지의무위반이거나 피보험자가 신체검사를 받아야 하는 인보험계약의 경우임에도 피보험계약자 신체검사를 받지 않은 경우(상법 제638조의2 제3항 단서)이다.

래의 관행에 의하여 보험자의 영업소에서 지급된다(추심채무).[5)]

(나) 지급시기

보험금의 지급시기는 약정이 있는 경우에는 그 기간 내에, 약정이 없는 경우에는 보험사고발생의 통지를 받은 후 지체 없이 지급액을 결정하여 10일 이내에 보험금을 피보험자 등에게 지급하여야 한다(상법 제658조).[6)]

(다) 소멸시효

보험자의 보험금지급의무는 3년의 시효로 소멸한다(상법 제662조). 이 시효기간의 기산점은 보험금지급시기가 정하여지는 경우에는(상법 제658조) 그 기간이 경과한 다음 날이라고 본다. 그러나 그러한 기간이 없는 경우에는 보험사고가 발생한 날부터 기산하여야 하나, 보험사고의 발생통지를 한 때에는 보험자가 그 통지를 받은 후 지급할 보험금액이 정해지고 보험금지급유예기간(10일)이 경과한 다음 날로부터 기산한다고 풀이한다.[7)]

보험금액청구권의 소멸시효의 기산점은 특별한 사정이 없는 한 보험사고가 발생한 때이지만,[8)] 약관 등에 의하여 보험금액청구권의 행사에 특별한 절차를 요구하는 때에는 그 절차를 마친 때, 채권자가 그 책임 있는 사유로 그 절차를 마치지 못한 경우에는 그러한 절차를 마치는 데 소요되는 상당한 기간이 경과한 때로부터 진행한다고 보아야 할 것이다.[9)]

그런데 보험사고가 발생한 것인지의 여부가 객관적으로 분명하지 아니하여 보험

5) 박세민, 전게서, 257면; 정찬형, 전게서, 622면; 최준선, 전게서, 133면; 한창희, 전게서, 273면.

6) 여기서 보험금을 결정한다고 하는 것은 주로 손해보험의 경우에 손해액을 산정하여 보험금액을 결정하는 것을 말하는데, 그 산정 기간이 정하여져 있지 않기 때문에 이 기간이 길어지면 10일이라는 시한은 무의미해질 수 있다(정동윤, 전게서, 531면; 정찬형, 전게서, 590면; 최준선, 전게서, 133면).

7) 박세민, 전게서, 261－262면; 양승규, 전게서, 147면; 정동윤, 전게서, 536면; 정찬형, 전게서, 622－623면; 최준선, 전게서, 133면; 한창희, 전게서, 275면. 그렇다고 하여 피보험자와 보험자 사이의 보험금지급기한 유예의 합의는 보험금지급청구권에 관한 소멸시효의 이익을 미리 포기하는 것에 해당하지 아니한다(대법원 1981.10.6. 선고 80다2699 판결).

8) 대법원 1993.7.13. 선고 92다39822 판결; 대법원 1997.11.11. 선고 97다36521 판결; 대법원 2001.4.27. 선고 2000다31168 판결; 대법원 2001.12.28. 선고 2001다61753 판결 등.

9) 따라서 보험금액청구금의 소멸시효기산점을 판단함에 있어서는 그 보험사고가 무엇인지와 보험금액청구권을 행사하는 데 특별한 제한이 있는지를 확정하는 것이 중요한 전제가 된다. 예컨대 복합운송주선업인·허가보증보험계약상의 보험사고가 발생한 경우에 보험금액청구권을 행사하기 위하여는 화물유통촉진법 등의 관계 규정에 따라 마련된 '복합운송주선업 영업보증금 및 보증보험가입금 운영규정'에서 정한 보험금의 확정절차를 마쳐야 하므로, 그 보험금액청구권의 소멸시효는 위 절차를 마쳤거나, 채권자가 그 책임 있는 사유로 이를 마치지 못하였다면 위 절차를 거치는 데 필요하다고 볼 수 있는 시간이 경과한 때로부터 진행한다(대법원 2006.1.26. 선고 2004다19104 판결). 그러나 이와 달리 보험금 지급유예기간을 정하고 있더라도 보험금청구권의 소멸시효는 보험사고가 발생한 때로부터 진행하고, 위 지급유예기간이 경과한 다음날부터 진행한다고 볼 수는 없다고 본 판결도 있다(대법원 2005.12.23. 선고 2005다59383 판결).

금청구권자가 과실 없이 보험사고의 발생을 알 수 없었던 경우에도 보험사고가 발생한 때로부터 보험금청구권의 소멸시효가 진행한다고 해석할 수 있는가 하는 문제가 있다. 생각건대 이러한 경우까지 보험사고가 발생한 때로부터 소멸시효가 진행한다고 보는 것은, 보험금청구권자에게 너무 가혹하여 사회정의와 형평의 이념에 반할 뿐만 아니라, 권리위에 잠자는 자를 보호하지 않는다는 소멸시효제도의 존재이유에 부합된다고 볼 수도 없다 할 것이다. 따라서 이와 같이 객관적으로 보아 보험사고가 발생한 사실을 확인할 수 없는 사정이 있는 경우에는 보험금청구권자가 보험사고의 발생을 알았거나 알 수 있었던 때로부터 보험금액청구권의 소멸시효가 진행한다고 본다.[10)]

3. 대상판결의 검토

보험금지급의무의 소멸시효의 기산점에 대해 상법은 특별한 규정을 두고 있지 아니하므로, 소멸시효는 권리를 행사할 수 있는 때로부터 진행한다는 원칙이 적용될 수밖에 없다고 본다(민법 제166조 제1항). 따라서 보험금액청구권의 소멸시효의 기산점은 특별한 사정이 없는 한 보험사고가 발생한 때라고 할 것이다. 그런데 보험사고가 발생한 것인지의 여부가 객관적으로 분명하지 아니하여 보험금청구권자가 과실 없이 보험사고의 발생을 알 수 없었던 경우에도 보험사고가 발생한 때로부터 보험금청구권의 소멸시효가 진행한다고 해석할 수는 없다고 본다. 왜냐하면 이렇게 보면 보험금청구권자에게 너무 가혹하고, 소멸시효제도의 존재이유에 부합된다고 볼 수도 없기 때문이다.

사안에서 살핀 것과 같이 X와 Y 사이에 체결된 보험계약의 '무배당재해장해보장특약약관' 제11조 제2항은 장해상태의 등급의 결정이 있고 난 후에도, 보장을 받을 수 있는 기간 중에 장해상태가 더 악화된 경우에는 그 악화된 장해상태를 기준으로 장해등급을 결정하는 것으로 규정하고 있다. 따라서 Y가 주장하는 현재의 장해상태가 해당 보험사고로 더 악화된 것인지 아니면 별개의 보험사고가 새로 발생한 경우에 해당하는지를 밝힐 필요가 있음에도 원심은 이를 간과하고, 단지 Y가 이 사건 교통사고 발생일부터 2년이 경과한 후 악화된 장해상태 부분에 관한 보험금청구권을 행사하였다는 이유만으로 위 보험청구권의 소멸시효가 완성되었다고 판단하였기 때문에 문제가 있다고 본다.

특별한 다른 사정이 없는 한 원칙적으로 보험금액청구권의 소멸시효는 보험사고

---

10) 대법원 2005.12.23. 선고 2005다59383 판결 등.

가 발생한 때로부터 진행한다고 해석하는 것이 상당하지만, 객관적으로 보아 보험사고가 발생한 사실을 확인할 수 없는 사정이 있는 경우에는, 보험금액청구권자가 보험사고의 발생을 알았거나 알 수 있었던 때로부터 보험금액청구권의 소멸시효가 진행한다고 해석하는 것이 타당하다.[11] 생각건대 대상판결의 판시에서 밝힌 것과 같이, 현재의 장해상태가 교통사고로 인한 장해가 악화된 것인지 아니면 교통사고와는 별개로 보험사고가 새로 발생한 경우에 해당하는지 등을 먼저 판단했어야 함에도 단지 피고가 교통사고 발생일로부터 2년이 경과한 후 악화된 장해상태부분에 관한 보험금청구권을 행사했다는 이유만으로 보험청구권의 소멸시효가 완성됐다고 판단한 원심의 결론은 무리가 있다고 본다.

(맹수석)

11) 대법원 1993.7.13. 선고 92다39822 판결; 대법원 2005.12.23. 선고 2005다59383 판결 등.

7 선일자수표에 의한 최초보험료의 지급과 보험자의 책임개시시기

대법원 1989.11.28. 선고 88다카33367 판결

Ⅰ. 판결개요[1)]

1. 사실관계

보험계약자 X는 Y보험회사의 보험설계사에게 생명보험계약의 청약을 하면서, 제1회 보험료 상당액에 해당하는 금액의 선일자수표를 교부하고 보험료가수증을 받았다. 그 후 Y보험회사가 X의 청약에 대해 승낙하기 전에 피보험자가 사망하였다. 그런데 Y보험회사의 생명보험약관 제1조 제1항은 "보험계약은 보험계약자의 청약과 보험회사의 승낙으로 성립한다"고 규정하였고, 제1조 제2항은 "보험회사가 청약시 제1회 보험료를 받고 승낙하기 전에 보험금지급사유가 발생한 경우에는 제1회 보험료를 지급한 날로부터 소급하여 보험금지급책임을 진다"고 규정하였다. 이 약관조항에 따라 X는 보험계약이 성립하기 전에 보험사고가 발생했더라도 보험계약의 청약과 동시에 제1회 보험료를 지급했음을 이유로 보험금을 청구하였다. 그러나 Y보험회사는 선일자수표를 받았더라도 그 지급기일이 도래하여 지급제시하기 전에는 보험료지급의 효력이 생기지 아니한다는 이유로 보험금지급을 거절하였다. 이에 X가 보험금청구의 소를 제기하였다.

2. 판결요지

대법원은 최초보험료가 아직 지급되지 아니한 것으로 보아 X의 보험금지급을 거절하였다. 선일자수표는 대부분의 경우 당해 발행일자 이후의 제시기간 내의 제시에 따라 결제되는 것이라고 보아야 하므로 선일자수표가 발행·교부된 날에 액면금의

---

1) 이 사건 사실관계는 단체보험의 쟁점도 있으나 최초보험료의 쟁점으로 축소 정리하였다.

지급효과가 발생된다고 볼 수 없으니, 보험약관상 보험자가 제1회 보험료를 받은 후 보험청약에 대한 승낙이 있기 전에 보험사고가 발생한 때에는 제1회 보험료를 받은 때에 소급하여 그때부터 보험자의 보험금지급책임이 생긴다고 되어 있는 경우에 있어서, 보험모집인이 청약의 의사표시를 한 보험계약자로부터 제1회 보험료로서 선일자수표를 발행받고 보험료가수증을 해 주었더라도 그가 선일자수표를 받은 날을 보험자의 책임발생시점이 되는 제1회 보험료의 수령일로 보아서는 안 된다.

3. 관련판례

(1) 대법원 1996.11.8. 선고 95다25060 판결

기존 채무의 이행에 관하여 채무자가 채권자에게 어음을 교부할 때의 당사자의 의사는 기존 원인채무의 '지급에 갈음하여', 즉 기존 원인채무를 소멸시키고 새로운 어음채무만을 존속시키려고 하는 경우와, 기존 원인채무를 존속시키면서 그에 대한 지급방법으로서 이른바 '지급을 위하여' 교부하는 경우 및 단지 기존 채무의 지급 담보의 목적으로 이루어지는 이른바 '담보를 위하여' 교부하는 경우로 나누어 볼 수 있는데, 당사자 사이에 특별한 의사표시가 없으면 어음의 교부가 있다고 하더라도 이는 기존 원인채무는 여전히 존속하고 단지 그 '지급을 위하여' 또는 그 '담보를 위하여' 교부된 것으로 추정할 것이며, 따라서 특별한 사정이 없는 한 기존의 원인채무는 소멸하지 아니하고 어음상의 채무와 병존한다고 보아야 할 것이고, 이 경우 어음상의 주채무자가 원인관계상의 채무자와 동일하지 아니한 때에는 제3자인 어음상의 주채무자에 의한 지급이 예정되고 있으므로 이는 '지급을 위하여' 교부된 것으로 추정하여야 한다.

(2) 대법원 2010.12.23. 선고 2010다44019 판결

기존 채무의 이행에 관하여 채무자가 채권자에게 어음을 교부할 때의 당사자의 의사는 기존 원인채무의 '지급에 갈음하여', 즉 기존 원인채무를 소멸시키고 새로운 어음채무만을 존속시키려고 하는 경우와, 기존 원인채무를 존속시키면서 그에 대한 지급방법으로서 이른바 '지급을 위하여' 교부하는 경우 및 단지 기존 채무의 지급 담보의 목적으로 이루어지는 이른바 '담보를 위하여' 교부하는 경우로 나누어 볼 수 있는데, 어음상의 주채무자가 원인관계상의 채무자와 동일하지 아니한 때에는 제3자인 어음상의 주채무자에 의한 지급이 예정되어 있으므로 이는 '지급을 위하여' 교부된 것으로 추정되지만, '지급에 갈음하여' 교부된 것으로 볼 만한 특별한 사정이 있는 경우에는 그러한 추정은 깨진다.

Ⅱ. 판결의 평석

1. 판결의 의의

X는 당해 생명보험약관 제1조 제2항에 따라 Y보험회사의 승낙전(보험계약의 성립전)에 발생한 보험사고를 이유로 보험금을 청구할 수 있는지는, 선일자수표의 교부에 의해 최초보험료가 지급되었다고 볼 수 있는지에 달려 있다. 이 판결은 선일자수표는 일반적으로 그 기재된 발행일 이전에는 지급제시를 하지 않겠다는 발행인(X)과 수취인(Y) 사이의 약속이 인정되고 대부분의 경우 그 발행일까지 기다렸다가 제시되어 결제되므로, X가 보험설계사에게 그 수표를 교부한 날이 최초보험료를 지급한 날로 되지 않고 따라서 Y보험회사의 보험금지급책임이 없다고 한 것이다. 하지만 이 판결은 타당한 것으로 보이지 않고 향후 이러한 판례의 입장이 지속될 것인지는 의문이다.

2. 최초보험료

(1) 최초보험료의 의의

최초보험료라 함은 그 지급이 없으면 보험자의 책임이 개시되지 아니하는 보험료를 말한다. 즉 위험보장의 개시를 위하여 그 지급이 요구되는 일시납 보험료 또는 분납 보험료의 제1회분을 말하는 것으로, 보험자의 책임이 개시된 후에 지급되는 제1회 보험료나 일시지급보험료는 최초보험료가 아니다. 그리고 최초보험료가 아닌 일체의 보험료를 계속보험료라 하고, 계속보험료는 그 지급이 없으면 이미 개시된 보험자의 책임이 더 이상 계속되지 아니하는 보험료이다. 이와 같이 최초보험료와 계속보험료의 구별은 보험자의 위험보장의 개시 여부를 기준으로 한다.[2)]

다음은 최초보험료와 계속보험료의 구분이 문제되는 몇 가지의 경우이다.

(i) 위험담보의 특약 하에 보험료의 지급이 유예된 소위 외상보험의 경우 제1회로 지급되는 보험료는, 이미 보험자의 위험보장이 개시되었으므로 계속보험료이다.

---

2) 이에 비해 제1회 보험료란 보험료분할지급의 약정이 있는 경우의 최초의 지급분을 의미한다. 즉 보험기간 전체에 대해 보험료를 한꺼번에 지급하는가 또는 분할지급하는가에 따라 보험료는 일시지급보험료와 분할지급보험료로 나눌 수 있으므로 제1회 보험료란 분할지급보험료의 제1회 지급분을 말한다.

(ii) 신계약으로 종전의 보험계약을 갱신하는 경우 예컨대 자동차보험이 만기가 되어 갱신하는 경우, 그 신계약상 처음으로 지급하게 되는 보험료는 최초보험료이다.

(iii) 계속보험료의 지급지체로 말미암아 해지되거나 실효된 보험계약을 부활하는 경우 지급하는 연체보험료와 이자는, 구 계약이 해지된 후 부활될 계약의 연체보험료와 이자의 지급이 있기 전까지는 보험자가 위험을 담보하지 않으므로 최초보험료로 파악된다.

(iv) 최초보험료를 지급하지 아니한 때에는 다른 약정이 없는 한 계약성립후 2월이 경과하면 계약은 해제된 것으로 의제되고(상법 제650조 제1항), 계속보험료의 지급을 지체한 경우에는 상당한 기간을 정하여 보험계약자에게 최고한 후 계약해지할 수 있다(상법 제650조 제2항).

(2) 최초보험료 해태의 효과

최초보험료의 지급이 없으면, 보험자의 책임이 개시되지 않는다. 보험자의 책임은 특약이 없으면 최초보험료를 지급받는 때로부터 개시하기(상법 제656조) 때문에, 최초보험료의 지급 이전에는 보험사고가 발생하는 경우에도 보험자가 보상책임을 지지 아니한다. 어음이나 수표가 최초보험료로 교부된 경우에는 위 각 이론에 따라 보험자의 책임개시가 달라진다. 그리고 보험계약의 성립후 2월이 경과할 때까지 최초보험료의 지급이 없으면 그 계약은 해제된 것으로 본다(상법 제650조 제1항). 따라서 그 보험계약은 소급하여 무효로 된다.

3. 어음·수표에 의한 최초보험료의 지급

(1) 문제점

보험료를 현금으로 지급하지 아니하고 어음·수표로 지급하는 경우 보험료의 지급시기를 어음·수표의 교부시로 볼 것인가, 아니면 어음·수표의 결제시로 볼 것인가가 문제된다. 그 시기에 따라 최초보험료의 경우 보험자의 책임개시 여부가, 계속보험료의 경우 책임계속 여부가 좌우된다.

(2) 학설과 판례

1) 해제조건부대물변제설(解除條件附代物辨濟說)

해제조건부대물변제설에 의하면 부도를 해제조건으로 하여 어음이나 수표를 현금의 지급에 갈음하여 교부한 것, 즉 대물변제한 것으로 보고 그 교부일로부터 보험자의 책임이 개시되는 것으로 한다. 다만 부도시에는 대물변제의 효과가 증권의 교부시로 소급하여 소멸되고, 그 결과 보험료채무가 다시 생겨나는 등 보험료지급에 따른 모든 효과가 처음부터 발생하지 않는 것이 된다.

2) 유예설(猶豫說)

유예설에 의하면 보험계약자가 교부한 어음수표를 보험자가 수령한 때에는 보험료지급을 유예하면서 보험위험을 인수한 것으로 본다. 즉 그 교부일로부터 보험자의 책임이 개시되고, 어음수표의 교부는 지급을 위하여 한 것으로 추정하는 동시에 보험료채무에 대한 지급을 어음수표의 만기나 지급제시시까지 유예한다는 당사자 사이의 합의가 존재하는 것으로 추정한다. 부도시 보험자는 어음의 지급이 거절된 때까지 일어나는 보험사고에 대하여 그 책임을 지고, 부도시부터 다시 보험계약상의 책임을 지지 않는다고 본다.

3) 어음 · 수표 구별설

어음의 경우에는 유예설, 수표의 경우에는 해제조건부대물변제설을 따르는 견해이다.[3] 수표는 지급증권으로서 돈의 지급에 갈음하여 사용하고 있으나, 어음은 신용증권으로서 그 교부는 보험료 자체의 지급이라고 볼 수는 없으므로 이 경우에 보험자의 책임관계를 구별하여 보아야 한다는 논지이다.

4) 어음 · 수표 일반법리설

판례가 취하는 견해로서 어음수표의 교부가 보험료의 지급에 갈음하여 이루어졌다면 이는 어음·수표의 교부시가 바로 보험료의 지급시기가 될 것이지만, 그 교부에 있어서 당사자간의 의사가 분명하지 않는 때에는 어음수표의 일반법리에 의하면 보험료의 지급을 위하여 또는 담보를 위한 것으로 보므로 어음수표금의 지급이 있는 때(결제시)에 보험료가 지급되는 것이고 비로소 보험자의 책임이 개시된다는 견해이다. 대상판결도 이러한 입장에 서있다.

(3) 소결(유예설)

유예설이 타당하다고 본다. 판례가 취하는 어음·수표일반법리설과 해제조건부대물변제설을 비판하면서 유예설이 타당한 근거들을 살핀다.

---

3) 정동윤, "선일자수표에 의한 보험료지급과 승낙전 사고에 대한 보험자의 책임," 판례연구 제5집, 서울지방변호사회, 1992, 299면.

1) 어음 · 수표일반법리설(판례의 입장) 비판

최초보험료를 선일자수표로 지급한 위 판결이 있은 후, 해제조건부대물변제설이나 유예설 등에 관한 이론이 소개되었고 아울러 판결의 부당성이 지적되고 있다. 그러나, 그 이후 이를 쟁점으로 다룬 사건은 대법원 판결은 아직 없다. 판례의 가장 큰 문제는 만약 어음이나 수표로 최초보험료를 지급하는 경우 그 교부시가 아니라 결제시가 되어야만 보험료 지급이 있는 것으로 본다면, 보험계약자로서는 어음이나 수표를 교부할 이유가 없다는 점이다. 또한 어음수표교부시로부터 보험보호를 받을 것이라는 보험계약자 측의 합리적 기대에 반하는 문제도 있다. 그리고 판례와 같이 어음수표상의 일반법리를 보험에 그대로 적용하여 해결하면, 어음이나 수표를 교부받은 보험자가 지급제시를 하는 시점에 의하여 보험자의 책임 발생시기가 좌우되어 그 결제 이전에는 보험보호를 받지 못하는 결과가 초래되고, 또한 최초보험료의 명목으로 어음이나 수표를 교부할 이유가 없게 되어, 판결은 부당하다는 비판을 면하기 어렵다.

이러한 점에서 어음수표의 교부일로부터 보험자의 책임이 개시된다고 보는 해제조건부대물변제설 또는 유예설이 타당하다.

2) 해제조건부대물변제설과 유예설의 비교

그렇다면 해제조건부대물변제설과 유예설을 비교하여 본다. 양 이론의 공통점으로는 어음이나 수표의 교부시부터 보험자의 책임이 개시(또는 계속)되게 함으로써, 보험거래의 관행이나 보험계약자의 보호에 충실한 이론이다. 따라서 어음이나 수표의 교부 후에 보험사고가 발생하면 보험자의 보험금지급책임을 인정한다.

그러나 해제조건부대물변제설(전자)과 유예설(후자)의 차이점으로는 다음이 있다. (i) 보험료채무의 병존 여부이다. 전자는 어음수표의 교부시에 보험료채무가 대물변제에 의하여 이행되어 소멸되는 것으로 보는데 반하여, 후자는 보험료채무가 병존하는 것으로 하되 보험료채무의 이행이 어음수표의 결제시 또는 부도시까지 유예된 것으로 본다. (ii) 보험료의 공제 여부이다. 양 설은 어음수표의 교부후 보험사고가 발생하면 보험자의 보험금지급책임을 인정하고는 있으나, 전자에 의하면 보험료채무가 소멸되었기 때문에 상법 제677조에 따라 보험금에서 당해 보험료를 공제할 수 없으나, 후자에 의하면 보험금에서 당해 보험료를 공제할 수 있다. (iii) 부도의 효과이다. 전자는 해제조건의 성취로 대물변제의 효과가 어음수표의 교부시에 소급함에 반하여, 후자는 그 효과가 장래에 향하여만 인정된다. (iv) 보험사고 발생후 부도가 난 경우이다. 전자에서는 보험사고발생시에 생겨났던 보험금청구권이 부도로 인하여 소급하여 소멸하게 되어 보험금을 다시 환급받을 수 있음에 반하여, 후자에서는 보험사고발생시에 보험금청구권이 확정적으로 발생하여 결과적으로 보험자는 보상책임을 진다.

위 공통점과 차이점들을 검토하여 보면 보험제도에 기반하면서도 유가증권의 법리에 보다 충실한 이론은 유예설로 파악된다. 유예설이 타당하다.[4)]

(장덕조)

4) 장덕조, 보험법, 제2판, 법문사, 2015, 173－176면.

8

보험자대위

대법원 2010.8.26. 선고 2010다32153 판결

Ⅰ. 판결개요

1. 사실관계

A는 2005. 1. 20. 원고 X(보험자)와 피보험자를 자신으로 하고 보험기간을 1년으로 하는 영업배상책임보험계약을 체결하였다. 한편, 피고 Y(파견근로 사업주)는 A와 업무위탁(간병)계약을 체결하고, 그 계약에 따라 A가 운영하는 시설에 간병인 C를 파견하였다. 그런데 A가 운영하는 시설에서 간병인의 도움을 받으며 생활하던 소외 B는 2005. 2. 20. 11:40경 위 실버센터 202호실에서 C의 부축을 받아 점심을 먹으러 가던 중 C가 보지 못하는 사이에 넘어져 '외상성 뇌실질내 출혈, 경막하수종' 등의 상해를 입게 되었다. 이에 B는 A와 Y를 상대로 손해배상청구를 하였고, 법원의 조정에 갈음하는 결정에 따라 X는 A와 체결한 보험계약에 의거 B에게 28,177,428원을 지급하였다. 이 사건에서 A와 Y 사이에 체결된 업무위탁계약 제19조 제2항에 따르면 Y는 자신의 파견근로자 C의 과실로 발생한 사고에 대해서는 A를 면책시키도록 되어 있었으므로 X는 A와의 보험계약에 따라 이 사건 보험금을 B에게 지급하고 나서 상법 제682조의 보험자대위에 의해 A가 Y에 대하여 가지는 구상권에 근거하여 Y에게 대위지급금 28,177,428원 및 이에 대한 지연손해금의 지급을 청구하였다.

2. 판결요지

원심은 이사건 보험계약의 '피보험자'에는 그 피보험자(A)가 운영하는 시설을 위해 업무를 수행하는 직원뿐만 아니라 A와의 업무위탁계약에 따라 Y로부터 파견 받아 환자 간병업무에 종사하도록 한 간병인 C도 포함된다고 보아, 이 사건 보험사고는 C의 행위로 발생한 경우로서 보험자 X는 보험자대위의 법리에 따라 피보험자인 A가 C에 대해 가지는 권리를 취득할 수 없다고 판단하였다.[1)]

이에 대해 대법원은, 보험사고가 피보험자인 파견근로자의 행위로 인하여 발생한 경우로서 보험자가 보험자대위의 법리에 따라 피보험자인 업무위탁자가 또 다른 피보험자인 파견근로자 본인에 대하여 가지는 권리를 취득할 수는 없다고 하더라도, 업무수탁자가 피보험자인 업무위탁자에 대하여 파견근로자의 사용자로서 별도로 손해배상책임을 지는 이상, 보험자는 보험자대위의 법리에 따라 피보험자인 업무위탁자가 파견근로자의 사용자에 대하여 가지는 권리를 취득할 수 있으며, 설령 업무수탁자가 파견근로자에 대하여 구상권을 행사할 수 있다고 하더라도 제반 사정에 따라 구상권의 행사가 부인되거나 제한될 수도 있고, 보험사고에 대하여 과실이 큰 파견근로자에게 일정한 정도의 손해를 분담시키는 것이 반드시 부당하다고 할 수도 없으므로, 업무위탁자가 보험사고를 유발한 파견근로자의 사용자인 업무수탁자에 대하여 가지는 사용자책임에 기한 손해배상청구권 등에 대하여 보험자대위를 인정하는 것이 반드시 불합리하다고 볼 수 없다고 하여, 원심판결을 파기 환송하였다.

3. 관련판례

(1) 대법원 2005.9.15. 선고 2005다10531 판결

자동차종합보험보통약관상 '각 피보험자를 위하여 피보험자동차를 운전중인 자(운행보조자를 포함함)'의 경우 당해 운행에 있어서의 기명피보험자의 구체적이고 개별적인 승낙의 유무에 관계없이 약관상의 피보험자에 해당하고, 기명피보험자가 근로자파견계약에 의하여 근로자 파견회사로부터 파견받아 피보험자동차의 운전업무에 종사하도록 한 자도 당해 피보험자동차의 운행에 관하여 기명피보험자의 구체적이고 개별적인 승낙을 얻었는지를 불문하고 자동차종합보험계약상 운전피보험자에 해당하고, 기명피보험자가 보험사고를 유발한 파견근로자의 사용자인 파견사업주에 대하여 가지는 사용자책임에 기한 손해배상청구권 등에 대하여 보험자대위가 인정된다.

(2) 대법원 2002.9.6. 선고 2002다32547 판결

무면허운전 면책약관부 자동차종합보험계약에서 무면허 운전자가 보험계약자 또는 피보험자의 동거가족인 경우, 상법 제682조 소정의 보험자대위권 행사의 대상인

1) 서울중앙지방법원 2010.3.25. 선고 2009나31177 판결.

제3자에 포함되지 않는다.

(3) 대법원 2001.11.27. 선고 2001다44659 판결

피보험차량의 소유자로부터 그 주차관리를 위탁받아 관리 중에 있는 자나 그 피용자는 보험자가 보험자대위권을 행사할 수 있는 상법 제682조 소정의 '제3자'에 해당하지 않는다.

Ⅱ. 판결의 평석

1. 판결의 쟁점

상법 제682조에서 정한 제3자에 대한 보험자대위에서 제3자란 보험계약자 또는 피보험자 이외의 자를 말하는바, 이때의 '제3자의 범위'에 대하여 통설적 견해는 보험계약자 또는 피보험자와 공동생활을 하는 가족 또는 사용인은 제3자에서 제외된다고 보았고, 종래의 판례는 보험사고를 일으킨 자가 피보험자의 피용운전사이거나[2] 기명피보험자의 승낙을 얻어 자동차를 사용 또는 관리중인 자는 피보험자의 범위에 포함되므로 보험자는 이러한 자에 대하여는 보험자대위권을 행사할 수 없다고 보았다.[3] 그런데 이 판례에서는 보험사고가 피보험자인 파견근로자의 행위로 인하여 발생한 경우 또 다른 피보험자인 업무위탁자가 보험사고를 유발한 파견근로자의 사용자인 업무수탁자에 대하여 가지는 사용자책임에 기한 손해배상청구권 등에 대하여 보험자대위가 인정되는지 여부가 문제되었다.

2. 관련 이론의 검토

(1) 제3자에 대한 보험자대위의 의의

제3자에 대한 보험자대위란 피보험자의 손해가 제3자의 행위로 인하여 생긴 경우에 보험금액을 지급한 보험자가 지급한 보험금액의 한도에서 그 제3자에 대한 보험계약자 또는 피보험자의 권리를 법률상 당연히 취득하는 제도를 말한다(상법 제682조 본문). 이를 청구권대위라고도 하는데, 피보험자가 제3자의 행위로 인한 보험금청구권과 손해배상청구권을 동시에 행사함으로써 이중의 이득을 방지하려는 것이다.[4]

---

2) 대법원 2001.6.1. 선고 2000다33089 판결.
3) 대법원 2001.11.27. 선고 2001다44659 판결.

(2) 제3자에 대한 보험자대위의 요건과 효과

1) 요 건

제3자에 대한 보험자대위가 성립하기 위하여는 첫째, 제3자의 행위로 인하여 보험사고가 발생하고 또한 이로 인하여 피보험자가 손해를 입었어야 한다. '제3자'란 일반적으로 피보험자 이외의 사람을 말한다. 따라서 보험사고에 의해 배상책임을 지는 자가 보험계약의 내용에 따라 피보험자의 개념에 포함되는 경우에는 보험자는 그 자에 대하여 대위권을 행사할 수 없다. 또한 피보험자와 공동생활을 하는 가족도 고의에 의한 보험사고가 아닌 경우에는 제3자에 포함되지 않는다는 것이 통설과 판례이다.[5] 왜냐하면 이러한 피보험자 등의 가족이나 사용인에게도 보험자대위를 인정하면 실제로 피보험자로부터 보험의 이익을 박탈하는 것과 동일한 결과를 가져오기 때문이다.[6] 보험계약자가 제3자에 포함되느냐에 대하여 학설은 긍정설[7]과 부정설[8]로 나뉜다. 생각건대 보험계약자는 형식적으로 보험계약의 당사자이지만, 타인을 위한 보험계약에서 실질적으로는 피보험이익과 상관없이 제3자의 지위에 있는 것이 보통이다. 따라서 형식과 실질 양면을 고려하여 보험계약자는 원칙적으로 제3자에 해당하지 않지만, 실질적으로 책임보험과 같은 목적을 달성하기 위해 보험계약을 체결하는 경우에는 제3자에 해당하는 것으로 보아야 할 것이다.[9] 그리고 '행위'란 광범위한 개념으로 보험사고의 발생요인이 되는 모든 사건을 말한다.[10]

둘째, 비록 피보험자의 손해가 제3자의 행위로 인해 발생하였다 하더라도 보험자는 보험계약에 따라 피보험자에게 그 손해를 보상하여야 청구권대위가 인정된다. 일단 보험금이 지급되면 피보험자는 보험계약의 무효나 보험금지급의무의 부재를 이유

---

4) 대법원 1989.4.25. 선고 87다카1669 판결.

5) 대법원 2002.9.6. 선고 2002다32547 판결. 2014년 3월 개정상법에 따르면, 보험계약자 및 피보험자와 생계를 같이하는 가족의 경우 고의로 인하여 발생한 경우를 제외하고 제3자에 포함되지 않는다(상법 제682조 제2항).

6) 그러나 가족 등이 제외되는 것은 과실로 인하여 그러한 손해가 발생한 경우에 한하고, 그들의 고의로 인하여 손해가 발생한 경우에는 보험자를 면책하거나 또는 보험자의 구상권을 인정하여야 할 것이다(김성태, 전게서, 449면; 장덕조·한창희, 전게서, 125면; 양승규, 전게서, 249면; 정동윤, 전게서, 595-2면; 정찬형, 전게서, 687-688면; 최준선, 전게서, 230면).

7) 김성태, 전게서, 452면

8) 박세민, 전게서, 385-386면; 양승규, 전게서, 247면; 장덕조, 전게서, 249-250면; 정찬형, 전게서, 687-688면; 최준선, 전게서, 229면; 한창희, 전게서, 370-371면.

9) 동지: 정동윤, 전게서, 595-1면; 대법원 1990.2.9. 선고 89다카21965 판결; 대법원 2000.11.10. 선고 2000다29769 판결.

10) 따라서 불법행위뿐만 아니라 채무불이행에 의하여 손해배상의무를 부담하는 경우 또는 적법행위도 포함된다(박세민, 전게서, 484면; 양승규, 전게서, 246면; 정동윤, 전게서, 595면; 정찬형, 전게서, 690면; 최준선, 전게서, 230면).

로 보험자의 청구권대위에 대항할 수 없음은 잔존물대위에서와 마찬가지이다.[11]

셋째, 제3자에 대한 보험자대위가 성립하기 위하여는 마지막으로 보험계약자 또는 피보험자가 제3자에 대하여 권리를 가지고 있어야 한다.[12] 보통 피보험자가 제3자에 대하여 가지고 있는 불법행위 또는 채무불이행으로 인한 손해배상청구권이 청구권대위의 대상이 된다. 따라서 제3자에 의하여 보험사고가 발생한 후 보험자가 보험금을 지급하기 전에 피보험자 등이 제3자에 대한 권리를 행사하거나 처분한 경우라면 청구권이 없으므로, 보험자는 청구권대위를 할 수 없다.[13]

2) 효 과

제3자에 대한 보험자대위권이 성립하면 피보험자 등의 제3자에 대한 권리는 법률의 규정에 의하여 당연히 보험자에게 이전된다. 보험자대위권은 보험자가 피보험자에게 손해보상을 함으로써 법률상 당연히 생기는 것이므로 대항요건인 권리이전의 통지 또는 승낙을 필요로 하지 아니한다. 이때 보험자는 피보험자가 제3자에 대하여 행사할 수 있는 권리의 한도에서만 대위권을 행사할 수 있으며, 또한 자기가 지급한 보험금액의 한도에서만 대위권을 행사할 수 있는 것이 원칙이다. 따라서 나머지 권리는 계속하여 보험계약자나 피보험자가 행사한다.[14]

한편 보험금지급에 의하여 보험자대위권이 발생하면 보험계약자 또는 피보험자는 보험금을 지급받은 한도에서 그 권리를 잃게 되므로, 임의로 그 제3자에 대한 권리를 행사하거나 처분할 수 없고, 보험자만이 그 권한을 갖는다. 그렇기 때문에 피보험자 등이 보험자로부터 보험금을 지급받은 후에 제3자에 대한 권리를 행사하거나 또는 처분한 경우에는, 피보험자 등은 보험자의 대위권을 침해한 것이 되어 부당이득반환 또는 불법행위에 기한 손해배상책임을 부담할 것이고,[15] 이 경우 제3자는 무권리자에 대한 변제가 되므로 원칙적으로 무효이나(민법 제472조), 예외적으로 제3자가 선의·무과실이면 채권의 준점유자에 대한 변제로 유효가 될 수 있다(민법 제470조).

11) 그런데 보험자가 피보험자에게 지급한 보험금은 보험계약에 의해 정당하게 보상해야 할 손해에 대한 것이어야 한다. 판례는 보험약관상 보험자가 면책되는 무면허운전시에 생긴 사고에 대하여 보험회사가 보험금을 지급한 것은 보험약관을 위배하여 이루어진 적법하지 못한 보험금의 지급이므로 이로 인하여 보험자는 구상권을 대위행사할 수 없다고 보았다(대법원 1994.4.12. 선고 94다200 판결).

12) 대법원 1988.12.13. 선고 87다카3166 판결.

13) 대법원 1981.7.7. 선고 80다1643 판결.

14) 예컨대 자동차보험에서 보험사고가 피보험자의 과실과 경합하여 발생한 경우에 그 상대방은 피보험자에 대하여 과실상계를 주장할 수 있으므로, 보험자의 대위권행사는 상계된 금액만큼 제한되고, 보험자가 대위권을 행사하여 제3자로부터 회복한 금액이 피보험자에게 지급한 금액을 초과하는 경우에는 그 초과부분을 피보험자에게 돌려주어야 한다.

15) 대법원 1999.4.27. 선고 98다61593 판결.

그 밖에 보험자가 보상할 보험금액의 일부를 지급한 때에는 피보험자의 권리를 해하지 않는 범위 내에서만 그 권리를 행사할 수 있다(상법 제682조 단서). 보험의 목적에 대한 보험자대위(상법 제681조 단서)와는 달리 상법은 제3자에 대한 보험자대위에서는 일부보험에 관하여는 규정하고 있지 않다. 이에 관하여는 보험자는 보험금액을 지급한 한도에서 대위한다는 견해(절대설, 한도주의), 상법 제681조 단서를 유추하여 보험자는 보험금액의 보험가액에 대한 비율에 따라 대위한다는 견해(상대설, 비례주의) 및 상법 제682조 단서의 취지에서 보험자는 피보험자의 권리를 해하지 아니하는 범위에서 대위한다는 견해(차액설, 손해초과주의)가 대립하고 있는데, 제3자에 대한 보험자대위를 보험목적에 대한 보험자대위와 동일시 할 수 없는 점, 그리고 보험자대위란 원래 피보험자의 이중이득을 방지하기 위하여 인정된 것인 점 등을 고려하면 차액설이 타당할 것이다.[16)]

3. 대상판결의 검토

제3자에 대한 보험자대위가 성립되기 위해서는 제3자에 의해 보험사고가 발생하고 이로 인하여 피보험자가 손해를 입어야 하는데, 여기서의 제3자는 보통 피보험자 이외의 자를 말한다. 그런데 보험사고가 피보험자의 범주에 포함되는 파견근로자 C의 행위로 인하여 발생한 경우로서 보험계약상 피보험자인 업무위탁자 A가 보험사고를 유발한 파견근로자의 사용자인 업무수탁자 Y에 대하여 가지는 사용자책임에 기한 손해배상청구권 등에 대하여 X에 의한 보험자대위가 인정되는지 여부, 즉 파견근로자의 경우에도 제3자의 범주에 포함되어 보험자에 의한 대위가 인정되는지가 문제된 사안에서, 판례는 파견근로자인 간병인 C는 업무위탁자인 A의 지시·감독을 받아 근로를 제공하기는 하지만 A와 C 사이에는 고용관계가 존재하지 않고, 오히려 업무수탁자인 Y가 계약상 사용자로서 임금을 지급함은 물론 구체적 업무상의 지휘·명령권을 제외한 근로계약에 근거한 모든 권한을 행사할 수 있어서 일반적으로 C를 지휘·감독할 지위에 있다고 보아, Y는 파견업무와 관련한 C의 불법행위에 대하여는 민법 제756조의 사용자로서의 책임을 진다고 보았다. 이 사건 보험사고가 C의 행위로 발생한 경우로서 보험자인 X가 보험자대위의 법리에 따라 A가 C에 대하여 가지는 권리를 직접 취득할 수는 없다고 하더라도 업무수탁자인 Y가 피보험자인 A에 대하여 파견 간병인의 사용자로서 별도의 손해배상책임을 지는 이상, X는 보험자대위의 법

16) 동지: 김성태, 전게서, 481면; 박세민, 전게서, 506－507면; 양승규, 전게서, 254면; 장덕조, 전게서, 257면; 정찬형, 전게서, 697면; 한창희, 전게서, 380－381면.

리에 따라 피보험자 A가 Y에 대해 가지는 권리를 취득할 수 있다고 판단한 것이다.

이는 종래의 대법원의 판례[17]의 입장을 재확인하는 것으로서 제3자에 대한 보험자대위에 있어서 파견근로자 자체를 보험계약자 또는 피보험자 이외의 제3자성을 긍정한 것은 아니지만, 파견근로자와 파견사업자의 계약상 고용관계, 그리고 업무상이 아닌 일반적인 지휘·감독관계를 인정하여 피보험자와의 관계에서 파견사업주가 파견근로자의 사용자로서의 책임에 근거한 손해배상청구권에 대하여는 보험자대위를 인정하였는데, 이는 파견근로관계의 실질을 고려하였다는 점에서 판례의 취지에 동의한다.

(맹수석)

17) 대법원 2005.9.15. 선고 2005다10531 판결.

9 보험자대위와 구상의 범위 (손해배상청구에 있어 보험금 공제 범위)

대법원 2015.1.22. 선고 2014다46211 전원합의체 판결

Ⅰ. 판결개요

1. 사실관계

X는 공장을 소유·운영하는 자, Y는 X공장에 인접한 공장을 운영하는 자, A는 X공장 건물, 기계, 동산 등을 보험 목적으로 하여 화재보험을 인수한 보험자이다. Y의 과실로 인하여 Y乙공장에 화재가 발생하였고, 인접한 X공장에도 불이 옮겨 붙어 X의 공장에 총 금 662,043,106원 상당의 손해가 발생하였다. X는 화재보험자 A로부터 동 사고로 인한 화재보험금 금 324,240,778원을 수령하였다.

X는 Y를 상대로 위 사고와 관련한 손해배상청구소송을 제기하였다. 원심법원은 Y의 과실을 60%로 인정하고, Y의 손해배상책임을 X의 총 손해액 662,043,106원의 60%인 금 397,225,863원으로 제한한 다음, 동 금액에서 A로부터 수령한 보험금 324,240,778원을 공제한 72,985,085원(= 397,225,863원 − 324,240,778원)을 Y의 X에 대한 손해배상액으로 인용하였다. 이에 X가 B의 손해배상액에서 A가 지급한 보험금을 공제하여서는 안 된다는 취지로 불복하여 상고를 제기하였다.

2. 판결요지

손해보험의 보험사고에 관하여 동시에 불법행위나 채무불이행에 기한 손해배상책임을 지는 제3자가 있어 피보험자가 그를 상대로 손해배상청구를 하는 경우에, 피보험자가 손해보험계약에 따라 보험자로부터 수령한 보험금은 보험계약자가 스스로 보험사고의 발생에 대비하여 그때까지 보험자에게 납입한 보험료의 대가적 성질을 지니는 것으로서 제3자의 손해배상책임과는 별개의 것이므로 이를 그의 손해배상책임

액에서 공제할 것이 아니다.

3. 관련판례

(1) 대법원 1995.6.9. 선고 94다4813 판결

상법 제682조 소정의 보험자대위는 보험사고로 인한 손해가 보험계약자 또는 피보험자 아닌 제3자의 행위로 인하여 생긴 경우에 보험금액을 지급한 보험자가 보험계약자 또는 피보험자의 그 제3자에 대한 권리를 취득하는 제도이므로, 보험계약의 해석상 보험사고를 일으킨 자가 상법 소정의 "제3자"가 아닌 "피보험자"에 해당될 경우에는 보험자는 그 보험사고를 일으킨 자에 대하여 보험자대위권을 행사할 수 없다.

(2) 대법원 2009.8.20. 선고 2009다27452 판결

피보험자의 동거친족에 대하여 피보험자가 배상청구권을 취득한 경우, 통상은 피보험자는 그 청구권을 포기하거나 용서의 의사로 권리를 행사하지 않은 상태로 방치할 것으로 예상되는바, 이러한 경우 피보험자에 의하여 행사되지 않는 권리를 보험자가 대위취득하여 행사하는 것을 허용한다면 사실상 피보험자는 보험금을 지급받지 못한 것과 동일한 결과가 초래되어 보험제도의 효용이 현저히 해하여진다 할 것이다.

(3) 대법원 1990.2.9. 선고 89다카21965 판결; 대법원 2000.11.10. 선고 2000다29769 판결

손해보험계약에 있어 제3자의 행위로 인하여 생긴 손해에 대하여 제3자의 손해배상에 앞서 보험자가 먼저 보험금을 지급한 때에는 그 보험금의 지급에도 불구하고 피보험자의 제3자에 대한 손해배상청구권은 소멸되지 아니하고 지급된 보험금액의 한도에서 보험자에게 이전될 뿐이며, 이러한 법리는 손해를 야기한 제3자가 타인을 위한 손해보험계약의 보험계약자인 경우에도 마찬가지이다.

(4) 대법원 2016.5.27. 선고 2015다237618 판결

상법 제724조 제2항에 의하여 피해자에게 인정되는 직접청구권의 법적 성질은 보험자가 피보험자의 피해자에 대한 손해배상채무를 병존적으로 인수한 것으로서 피해자가 보험자에 대하여 가지는 손해배상청구권이므로, 이와 같은 피해자의 직접청구권도 역시 상법 제682조의 보험자대위에 의하여 보험자가 취득하는 권리에 당연히 포함된다.

(5) 대법원 1993.6.29. 선고 93다1770 판결

상법 제682조 규정은 피보험자 등의 제3자에 대한 손해배상청구권이 있음을 전제로 하여 지급한 보험금액의 한도에서 그 청구권을 취득한다는 취지에 불과한 것이므로 피보험자 등의 제3자에 대한 손해배상청구권이 시효로 인하여 소멸하였다면 보험자가 이를 대위할 여지가 없다고 할 것이고, 이때에 보험자가 취득할 손해배상청구권의 소멸시효의 기산점과 기간은 그 청구권 자체를 기준으로 판단하여야 할 것이다.

(6) 대법원 1997.11.11. 선고 97다37609 판결

화재보험의 피보험자가 보험금을 지급받은 후 화재에 대한 책임 있는 자로부터 손해배상을 받으면서 나머지 손해배상청구권을 포기하였다 하더라도, 피보험자의 화재에 대한 책임 있는 자에 대한 손해배상청구권은 피보험자가 보험자로부터 보험금을 지급받음과 동시에 그 보험금액의 범위 내에서 보험자에게 당연히 이전되므로, 이미 이전된 보험금 상당 부분에 관한 손해배상청구권의 포기는 무권한자의 처분행위로서 효력이 없고, 따라서 보험자가 이로 인하여 손해를 입었다고 볼 수 없다).

Ⅱ. 판결의 평석

1. 제3자에 대한 보험자대위(請求權代位)와 쟁점

청구권대위란 피보험자의 손해가 제3자의 행위로 인하여 생긴 경우에 보험금액을 지급한 보험자는 지급한 금액의 한도에서 제3자에 대한 피보험자의 권리를 취득하는 것을 말한다. 청구권대위의 인정 취지는 피보험자가 보험사고로 인한 이득을 보게 되는 결과를 방지하는 것과 동시에, 보험사고의 발생에 책임이 있는 자는 누구도 책임을 면할 수 없도록 하려는 데 있다. 그리고 보험자가 피보험자에게 보상할 금액의 일부를 지급한 때에는 피보험자의 권리를 해하지 않는 범위 내에서 대위권을 행사할 수 있다(상법 제682조 단서).

이 사건 쟁점은 일부보험으로 인하여 피보험자가 손해액 전액을 보험금으로 보상받지 못한 경우 보험자대위권과 피보험자의 손해배상청구권의 관계에 관한 것이다. 일부보험에 관하여는 보험자대위에 관한 상법상 규정이 없다.[1)]

---

1) 상법 제682조는 보험자가 피보험자에게 보상할 금액의 '일부'를 지급한 때에 관한 규정이어서 이 사건과 같이 보험금 전액을 지급하는 경우에 관한 상법 규정은 없다.

2. 일부보험 등에서의 보험자대위와 그 범위

이 사건과 같은 예를 간단히 들어본다. 甲은 500만원의 차량을 300만원은 자기부담으로 하고 나머지 200만원에 대하여 乙보험회사와 차량보험계약을 체결하였다. 甲의 차량은 丙의 차량과 충돌하여 전손되는 사고가 발생하였고 당시 과실은 丙이 60%이었다. 이후 乙이 甲에게 200만원의 보험금을 지급한 경우의 사건이다. 丙의 300만원 배상책임에 대하여, 乙은 200만원의 보험금을 지급하였으니, 그 범위에서 丙에 대하여 보험자대위권을 행사하고, 甲은 그 잔액인 100만원에 대하여만 丙에 대하여 지급청구할 수 있는가? 이 사건 甲이 丙에 대하여 300만원을 지급을 청구하였더니, 丙은 甲이 乙로부터 수령한 보험금을 공제한 100만원만 지급하겠다는 것은 바로 이러한 논리이다.

이에 대한 학설로는 ① 절대설(보험자우선설)이다. 바로 丙이 주장하는 논리로써, 보험자는 그가 지급한 보험금의 범위 내에서 피보험자에 우선하여 대위권을 행사할 수 있다는 견해로서 피보험자에게 가혹하고, 피보험자가 가해자와 보험자 중 누구로부터 먼저 손해전보를 받는가에 따라 지급받는 금액에 차이가 있어 타당한 견해로 보기 어렵다. 위 사례에서는 乙이 丙에 대하여 200만원을 모두 차지하게 되고 피보험자는 100만원에 대하여만 청구권을 가진다. ② 상대설(비례설)이다. 보험자와 피보험자의 부보비율에 따라 분배하여야 한다는 견해로서 청구권비례설이라고도 한다. 피보험자 보호에 미흡하다는 단점이 있다. 위 사례에서 상대설에 의하는 경우 甲이 180(300×3/5)만원을 乙이 120(300×2/5)만원을 차지하게 된다. ③ 차액설(피보험자우선설)이다. 피보험자가 제3자로부터 우선적으로 손해를 배상받고 나머지가 있으면 보험자가 이를 대위할 수 있다는 견해로서 피보험자우선설이라고도 한다. 위 사례에서 甲은 우선적으로 300만원에 대하여 권리를 가지고, 나머지 차액이 없으므로 乙은 아무런 권리를 가지지 못한다.

최근 판례[2)]는 차액설의 입장에서 "보험자대위권의 범위는 상법 제682조에 의하

---

2) 대법원 2013.9.12. 선고 2012다27643 판결; 대법원 2012.8.30. 선고 2011다100312 판결(상법 제682조는 "손해가 제3자의 행위로 인하여 생긴 경우에 보험금액을 지급한 보험자는 그 지급한 금액의 한도에서 그 제3자에 대한 보험계약자 또는 피보험자의 권리를 취득한다. 그러나 보험자가 보상할 보험금액의 일부를 지급한 때에는 피보험자의 권리를 해하지 아니하는 범위 내에서 그 권리를 행사할 수 있다"고 규정하고 있다. 이러한 손해보험에서의 보험자대위권은 피보험자의 이중이득을 방지하기 위하여 정책적으로 인정되는 것인 점 등을 고려할 때, 이른바 '일부보험'의 경우 보험자가 대위할 수 있는 피보험자의 제3자에 대한 권리의 범위는 그 보험약관 등에 이에 관한 명시적인 규정이 있다면 이에 따라야 할 것이나, 그렇지 않다면 약관의 해석에 관한 일반원칙에 따라 고객에게 유리하게 해석하여, 피보험자가 실제로 입은 손해 이상의 이득을 취하는 것이 아닌 이상, 피보험자의 권리를 해하지 아니하는 범위 내로 제한된다고 봄이 타당하다).

여 피보험자가 제3자에 대하여 가지는 전체 손해배상청구권 중 미보상손해액을 공제한 나머지 부분에 대하여만 행사할 수 있는 것으로 정해지는 것이고, 피보험자의 제3자에 대한 손해배상청구권 중 미보상손해액 범위 내의 권리는 피보험자의 온전한 권리이므로, 피보험자의 행사 또는 처분 여부에 관계없이 보험자는 그 부분에 대하여 보험자대위권을 행사할 수 없는 것이다"고 하여 차액설의 입장을 취하였다. 그런데 그 판결들은 절대설을 채택하였던 종전 폐기 판결[3]의 결론과 달리하는 것임에도 불구하고 전원합의체가 아닌 소부 판결이었고 폐기 판결에 대한 언급도 없었다. 종전의 대법원 판결(2008다27721)은 "보험금을 지급한 보험자는 상법 제682조 소정의 보험자대위제도에 따라 그 지급한 보험금의 한도 내에서 피보험자가 제3자에게 갖는 손해배상청구권을 취득하는 결과 피보험자는 보험자로부터 지급을 받은 보험금의 한도 내에서 제3자에 대한 손해배상청구권을 잃고 그 제3자에 대하여 청구할 수 있는 손해배상액이 지급된 보험금액만큼 감소되므로,[4] 제3자의 피보험자에 대한 손해배상액에서는 피보험자가 지급받은 보험금을 공제하여야 한다. 한편 그 손해발생에 피보험자의 과실이 있다면 제3자의 피보험자에 대한 손해배상액을 산정함에 있어 과실상계를 먼저 한 다음 위와 같은 보험금을 공제하여야 한다"고 판시하였다. 원심법원[5]의 판단은 본 전원합의체 판결의 변경 대상이 된 종전 대법원 판결[6]의 설시를 그대로 따른 것이다.

3. 판결의 의의

보험자대위권은 피보험자의 이중이득을 방지하기 위한 것으로 보험자는 보험료의 대가로서 보험금액을 지급하는 것이므로 반대의 약정이 없는 한 피보험자의 손해액을 우선적으로 전보받도록 하는 차액설(피보험자우선설)이 타당하다. 대상 전원합의체 판결에서는 종전 판결을 명시적으로 변경하였을 뿐만 아니라, '피보험자가 손해보험계약에 따라 보험자로부터 수령한 보험금은 보험계약자가 스스로 보험사고의 발생에 대비하여 그때까지 보험자에게 납입한 보험료의 대가적 성질을 지니는 것으로서 제3자의 손해배상책임과는 별개의 것'이라는 이유와 근거를 명확하게 제시하였다는 점에서 의의가 있다. 그 이전 판결인 대법원 2012.8.30. 선고 2011다100312 판결에서도 차액설

3) 대법원 2009.4.9. 선고 2008다27721 판결.
4) 대법원 1988.4.27. 선고 87다카1012 판결 참조
5) 서울고등법원 2014.6.25. 선고 2013나69431 판결.
6) 대법원 2009.4.9. 선고 2008다27721 판결.

을 취하였으나 그 판결은 절대설을 채택하였던 종전 폐기 판결[7]의 결론과 달리하는 것임에도 불구하고 전원합의체가 아닌 소부 판결이었고 폐기 판결에 대한 언급이 없었다. 2015년 전원합의체 판결에서는 종전 판결을 변경함을 명시하였을 뿐만 아니라, 차액설을 채택하는 근거에 대해서도 '피보험자가 손해보험계약에 따라 보험자로부터 수령한 보험금은 보험계약자가 스스로 보험사고의 발생에 대비하여 그때까지 보험자에게 납입한 보험료의 대가적 성질을 지니는 것으로서 제3자의 손해배상책임과는 별개의 것'이라는 이유와 근거를 명확하게 제시하였다는 점에서 의의가 있었다.

결론적으로 이 사건에서는 甲이 乙을 상대로 337,802,328원(총손해액 662,043,106원 – 보험금수령액 324,240,778원)의 배상을 청구할 수 있고 따라서 甲으로서는 전 손해액을 보상받을 수 있다. 그리고 A는 乙의 배상 책임액 397,225,863원에서 피보험자 甲이 乙로부터 구상하는 액수 337,802,328원을 공제한 금액인 59,423,535원을 보험자대위권에 의하여 행사할 수 있는 결과가 된다.

(장덕조)

7) 대법원 2009.4.9. 선고 2008다27721 판결.

10 손해방지비용과 방어비용

대법원 2006.6.30. 선고 2005다21531 판결

Ⅰ. 판결개요

1. 사실관계

X증권사는 Y보증보험사와 X회사 임직원에 대한 신원보증보험계약을 체결하였다. 이때 그 약관에는 손해방지비용에 관하여 보통약관 제3조는 '손해의 방지 또는 경감을 위하여 지출한 비용은 Y의 동의를 얻은 경우에 한하여 보상한다'고 규정하고 있는바, 상법의 규정과는 달리 보험자의 동의가 있는 경우에 한하여 보험자가 부담하는 것으로 정하고 있었다. X증권사의 직원들의 불법행위로 말미암아 그 피해자들이 X회사에 소송을 제기하게 되고 그 과정에서 甲은 변호사비용 등을 지급하게 되었다. 그리고 X는 Y에 대하여 방어비용의 명목으로 그 변호사비용을 청구하였다. 즉 상법 제720조 제1항에 규정된 '피보험자가 제3자의 청구를 방어하기 위하여 지출한 재판상 또는 재판외의 필요비용'에 해당하므로 피고가 사전에 동의하였는지 여부에 관계없이 피고는 원고에게 위와 같이 원고가 지출한 변호사 보수를 보험금으로 지급할 의무가 있다고 주장하였다. 이에 대하여 Y는, X가 지출한 변호사 비용은 보통약관 제1조에서 보상하는 손해에 포함되는 재산상의 직접손해가 아닐 뿐만 아니라, X가 위와 같이 지출한 변호사 보수는 불법행위로 인하여 X가 입게 될 손해의 방지 또는 경감을 위하여 지출한 비용에 해당하는데 보통약관 제3조는 '손해의 방지 또는 경감을 위하여 지출한 비용은 피고의 동의를 얻은 경우에 한하여 보상한다'고 규정하고 있는바, 이 사건의 경우 X가 Y의 동의를 얻지 아니하고 위와 같이 변호사 보수를 지출하였으므로 X의 청구에 응할 수 없다고 주장하였다.

2. 판결요지

대법원은 X의 청구를 부정하였다.

첫째, "상법 제663조에 규정된 '보험계약자 등의 불이익변경 금지원칙'은 보험계약자와 보험자가 서로 대등한 경제적 지위에서 계약조건을 정하는 이른바 기업보험에 있어서의 보험계약 체결에 있어서는 그 적용이 배제된다."

둘째, "상법 제680조 제1항에 규정된 '손해방지비용'은 보험자가 담보하고 있는 보험사고가 발생한 경우에 보험사고로 인한 손해의 발생을 방지하거나 손해의 확대를 방지함은 물론 손해를 경감할 목적으로 행하는 행위에 필요하거나 유익하였던 비용을 말하는 것이고, 같은 법 제720조 제1항에 규정된 '방어비용'은 피해자가 보험사고로 인적·물적 손해를 입고 피보험자를 상대로 손해배상청구를 한 경우에 그 방어를 위하여 지출한 재판상 또는 재판외의 필요비용을 말하는 것으로서, 위 두 비용은 서로 구별되는 것이므로, 보험계약에 적용되는 보통약관에 손해방지비용과 관련한 별도의 규정을 두고 있다고 하더라도, 그 규정이 당연히 방어비용에 대하여도 적용된다고 할 수는 없다."

3. 관련판례

(1) 대법원 1993.1.12. 선고 91다42777 판결

손해보험에서 피보험자가 손해의 확대를 방지하기 위하여 지출한 필요·유익한 비용은 보험자가 부담하게 되는바(상법 제680조 제1항), 이는 원칙적으로 보험사고의 발생을 전제로 하는 것이므로, 손해보험의 일종인 책임보험에 있어서도 보험자가 보상책임을 지지 아니하는 사고에 대하여는 손해방지의무가 없고, 따라서 이로 인한 보험자의 비용부담 등의 문제도 발생할 수 없다 할 것이나, 다만 사고발생시 피보험자의 법률상 책임 여부가 판명되지 아니한 상태에서 피보험자가 손해확대방지를 위한 긴급한 행위를 하였다면 이로 인하여 발생한 필요·유익한 비용도 위 법조에 따라 보험자가 부담하는 것으로 해석함이 상당하다.

(2) 대법원 2002.6.28. 선고 2002다22106 판결

상법 제680조 제1항이 규정한 손해방지비용이라 함은 보험자가 담보하고 있는 보험사고가 발생한 경우에 보험사고로 인한 손해의 발생을 방지하거나 손해의 확대를 방지함은 물론 손해를 경감할 목적으로 행하는 행위에 필요하거나 유익하였던 비용을 말하는 것으로서, 이는 원칙적으로 보험사고의 발생을 전제로 하는 것이므로, 손해보험의 일종인 책임보험에 있어서도 보험자가 보상책임을 지지 아니하는 사고에 대하여는 손해방지의무가 없고, 따라서 이로 인한 보험자의 비용부담 등의 문제도 발생할 수 없다 할 것이나, 다만 사고발생시 피보험자의 법률상 책임 여부가 판명되지 아니한 상태에서 피보험자가 손해확대방지를 위한 긴급한 행위를 하였다면 이로 인하여 발생한 필요·유익한 비용도 위 법조에 따라 보험자가 부담하는 것으로 해석함이 상당하다.

상법 제720조 제1항에서 규정한 '방어비용'은 피해자가 보험사고로 인적·물적 손해를 입고 피보험자를 상대로 손해배상청구를 한 경우에 그 방어를 위하여 지출한 재판상 또는 재판외의 필요비용을 말하는 것으로서, 방어비용 역시 원칙적으로는 보험사고의 발생을 전제로 하는 것이므로, 보험사고의 범위에서 제외되어 있어 보험자에게 보상책임이 없는 사고에 대하여는 보험자로서는 자신의 책임제외 또는 면책 주장만으로 피해자로부터의 보상책임에서 벗어날 수 있기 때문에 피보험자가 지출한 방어비용은 보험자와는 무관한 자기 자신의 방어를 위한 것에 불과하여 이러한 비용까지 보험급여의 범위에 속하는 것이라고 하여 피보험자가 보험자에 대하여 보상을 청구할 수는 없다고 할 것이나, 다만 사고발생시 피보험자 및 보험자의 법률상 책임 여부가 판명되지 아니한 상태에서 피해자라고 주장하는 자의 청구를 방어하기 위하여 피보험자가 재판상 또는 재판외의 필요비용을 지출하였다면 이로 인하여 발생한 방어비용은 바로 보험자의 보상책임도 아울러 면할 목적의 방어활동의 일환으로 지출한 방어비용과 동일한 성격을 가지는 것으로서 이러한 경우의 방어비용은 당연히 위 법조항에 따라 보험자가 부담하여야 하고, 또한 이때의 방어비용은 현실적으로 이를 지출한 경우뿐만 아니라 지출할 것이 명백히 예상되는 경우에는 상법 제720조 제1항 후단에 의하여 피보험자는 보험자에게 그 비용의 선급을 청구할 수도 있다.

(3) 대법원 1995.12.8. 선고 94다27076 판결

상법 제680조가 규정한 손해방지비용이라 함은 보험자가 담보하고 있는 보험사고가 발생한 경우에 보험사고로 인한 손해의 발생을 방지하거나 손해의 확대를 방지함은 물론 손해를 경감할 목적으로 행하는 행위에 필요하거나 유익하였던 비용을 말하는 것으로, 위 제680조는 손해방지 의무자인 보험계약자 또는 피보험자가 손해방지 및 그 경감을 위하여 지출한 필요하고 유익한 비용은 보험금액을 초과한 경우라도 보험자가 이를 부담하도록 규정하고 있다.

(4) 대법원 2000.11.14. 선고 99다52336 판결

상법 제663조 소정의 보험계약자 등의 불이익변경 금지원칙은 보험계약자와 보험자가 서로 대등한 경제적 지위에서 계약조건을 정하는 이른바 기업보험에 있어서의 보험계약의 체결에 있어서는 그 적용이 배제된다.

Ⅱ. 판결의 평석

1. 판결의 의의

이 판결에서 손해방지비용과 관련한 쟁점은 크게 두 가지이다. 하나는 상법의 규정과는 달리 보험자의 동의가 있는 경우에 한하여 보험자가 손해방지비용을 부담하도록 하는 약관이 유효한가 하는 점과, 방어비용과 손해방지비용의 관계에 관한 것이다. 그런데 전자의 문제는 이 사건 계약은 증권사라는 기업이 보험계약자로서 보험자와 서로 대등한 경제적 지위에서 계약을 체결하는 것으로 상법 제663조의 단서에서와 같이 사적자치의 원칙에 보장되는 분야이다. 따라서 상법 제663조와 달리 보험계약자인 증권사에 불리한 약관이라고 하여 무효가 되는 것은 아니라고 하였고, 이에 대하여는 기업보험의 명확한 한계를 정하는 것 이외에는 큰 쟁점이 없다. 여기서는 상법 제663조가 적용되지 않아 유효한 이 약관 조항은 손해방지비용에 관한 것인데, 이것이 방어비용에 적용되는가에 관한 쟁점이 부각된다. 만약 손해방지비용의 법적 성격을 방어비용과 동일한 것으로 본다면 이 조항이 방어비용에도 적용될 수 있고, 따라서 X는 그 비용을 Y로부터 받을 수 없게 된다. 그러나 판례는 양자는 서로 다른 것으로 파악하였고 이는 타당하다.

2. 손해방지비용

(1) 손해방지비용의 의의

손해방지비용은 보험자가 담보하고 있는 보험사고가 발생한 경우에 보험사고로 인한 손해의 발생을 방지하거나 손해의 확대를 방지함은 물론 손해를 경감할 목적으로 행하는 행위에 필요하거나 유익하였던 비용을 말하는 것이다.[1] 즉 손해방지의무

---

1) 대법원 1995.12.8. 선고 94다27076 판결; 대법원 2002.6.28. 선고 2002다22106 판결; 대법원 2003.6.27. 선고 2003다6958 판결 등.

를 이행함에 있어 소요된 비용을 손해방지비용이라 한다. 손해방지의무는 보험사고의 발생이 요건이므로, 이 의무는 '보험사고가 발생한 때'부터 개시되는 것이고, 손해방지비용은 보험사고가 발생한 이후 손해의 확대방지에 소요된 비용과 손해를 방지 또는 경감할 목적으로 한 행위에 필요 또는 유익하였던 비용이 된다.

(2) 손해방지비용의 부담

1) 보험자의 부담

손해방지비용은 보상액이 보험금액을 초과한 경우라도 보험자가 이를 부담한다(상법 제680조 단서). 즉 손해방지비용에 대하여는 그 비용과 지급하여야 할 보상액이 보험금액을 초과하더라도 이를 보험자에게 부담시키고 있다.[2] 보험자가 부담하도록 하는 취지는 손해방지의무의 이행을 장려하는 공익적 이유와 손해방지의무의 이행은 보험자의 이익을 위하여도 필요하다는 점에 기초한 것이다. 만약 보험약관으로 보험자가 손해방지비용을 부담하지 않는다거나 보험금액의 한도 내에서만 부담하기로 특약을 하는 것은 기업보험으로 인정되지 않는 한 보험계약자 등의 불이익변경금지원칙(상법 제663조)에 의하여 무효가 된다.

입법론으로는 보험자의 지시에 의한 것이 아닌 한 손해방지비용은 보험금액의 한도 내에서 보험자가 부담하도록 하는 것이 바람직하다.

2) 일부보험

일부보험에서는 제1차 위험보험이 아닌 한 손해방지비용은 보험자가 손해보상액의 비율에 따라 부담한다(상법 제674조). 상법 제674조는 손해보험통칙에 관한 규정이므로 준용규정이 없더라도 손해방지비용에 적용되는 것이다. 그리고 비율적으로 보상되지 않는 나머지 부분은 보험계약자 등이 부담하고, 그 계산에 따른 손해방지비용과 지급보험금의 합계액이 일정한 일부보험금액을 초과한 경우 상법 제680조 단서가 적용되어 보험자가 이를 부담한다.

3) 책임보험에서의 예외

판례는 책임보험에서는 손해방지의무의 개시시기와 손해방지비용의 산정과 관련한 예외를 둔다. 보험사고의 발생은 없었으나 피보험자의 책임 여부가 판명되지 아니한 상태에서 피보험자가 손해확대방지를 위한 비용을 지급하였다면 보험자는 그 비용도 부담하여야 한다는 것이다. 손해방지의무는 보험사고의 발생을 요건으로 하는

2) 대법원 2007.3.15. 선고 2004다64272 판결.

의무이므로, 보험사고가 발생한 이후 손해의 확대방지는 경감을 위한 행위에 필요 또는 유익하였던 비용이 손해방지비용에 해당하는 점에서 예외가 된다.[3)]

3. 방어비용

1) 방어비용의 의의

방어의무의 이행에서 소요된 비용을 방어비용이라 한다. 방어비용은 피해자가 보험사고로 인적·물적 손해를 입고 피보험자를 상대로 손해배상청구를 한 경우에 그 방어를 위하여 지출한 재판상 또는 재판외의 필요비용을 말한다.[4)] 방어비용은 보험자가 피보험자와 피해자의 책임소송에 개입하여 피보험자의 책임확정절차를 수행함에 있어 통상 소요되는 비용이고, 이는 보험자의 부담이다(상법 제720조).

상법 제720조 제1항이 피보험자가 제3자의 청구를 방어하기 위하여 지출한 비용을 방어비용이라 규정하고 있으므로 방어비용은 최소한 피해자의 청구를 전제로 한다. 따라서 피보험자가 피해자로부터 재판외의 청구조차 받지 않은 경우에는 그에 관한 방어비용이 인정될 여지가 없다. 요컨대 피해자가 피보험자에게 재판상 청구는 물론 재판외의 청구조차 일체 하지 않는 이상, 피보험자가 아닌 제3자를 상대로 제소한 경우에는 그 소송의 변호사 비용이 상법 제720조 소정의 방어비용에 포함된다고 볼 수 없다.[5)] 그런데 피해자로부터 손해배상청구가 없는 경우 방어비용이 인정될 여지가 없지만, 피해자가 반드시 재판상 청구한 경우에 한하여만 방어비용이 인정된다고 볼 것은 아니다.

2) 방어비용의 부담

제3자의 청구를 방어하기 위하여 피보험자가 지출한 재판상 또는 재판외의 필요비용도 보험목적에 포함된 것으로 한다(상법 제720조 제1항). 이 비용에 대하여는 선급을 청구할 수 있으며, 보험금액의 한도내에서 그 담보의 제공 또는 공탁을 청구할 수 있다(상법 제720조 제2항). 방어비용은 원칙상 보험금액을 넘을 수 없으나 예외적으로 보험자의 지시에 의한 때에는 보험금액을 초과하더라도 보험자가 부담한다(상법 제720조 제3항). 피보험자 및 보험자의 책임 여부를 판명하기 위한 소송과정에서 지출한 소송비용, 변호사비용도 방어비용에 해당한다.[6)]

---

3) 대법원 1993.1.12. 선고 91다42777 판결; 대법원 1994.9.9. 선고 94다16663 판결; 대법원 2002.6.28. 선고 2002다22106 판결; 대법원 2003.6.27. 선고 2003다6958 판결.

4) 대법원 2006.6.30. 선고 2005다21531 판결.

5) 대법원 1995.12.8. 선고 94다27076 판결.

4. 방어비용과 손해방지비용과의 관계

(1) 학 설

방어비용의 법적 성질에 관하여는 손해방지비용과의 관계에서 다음과 같은 몇 가지의 견해가 있다.

첫째, 손해방지비용설이다. 이 설은 방어비용을 손해방지비용과 같은 것으로 본다. 보험자의 방어비용 부담을 손해방지 또는 손해감소를 위한 비용의 보상이라고 보는 입장으로서 법이 정책적 필요에서 보험자에게 특별히 부과한 부담으로 본다. 이 설은 상법 제720조는 일반조항인 상법 제680조의 책임보험 분야에서의 특별조항이라는 입장이어서 특별규정설이라고도 한다.

둘째, 보험급여설이다. 책임보험에서 권리보호기능이 중요시됨에 따라 권리보호급여의 하나로서 보험자에게 방어의무에 따른 비용부담뿐 아니라 피보험자 보호를 위한 적극적 행위의무까지 요구된다고 보는 입장이다. 방어비용을 배상책임액의 종속적·제2차적인 것으로 보지 않고 하나의 통일적인 보험청구권에서 나온 것으로 본다. 따라서 방어비용은 손해방지비용이 아니라 순수한 보험급여라는 것이다.

셋째, 부수적 채무설이다. 보험자의 방어비용 지급채무는 책임보험제도의 합리적 운용을 위하여 법이 정책적으로 인정한 부수적 채무로서, 책임보험의 본질로부터 유래하는 것은 아니라는 입장이다. 따라서 방어비용은 손해 발생이 종료한 후에 생긴 비용으로서 손해방지비용일 수도 없다고 본다.

위 보험급여설과 부수적 채무설을 별개규정설이라고도 한다. 손해방지의무와 방어의무는 그 주체 및 인정 근거가 서로 다른 별개 의무로 보는 전제에 선다면, 위 두 규정의 관계를 일반규정과 특별규정의 관계라 할 수 없고, 별개규정으로 볼 수밖에 없다는 것으로 보험급여설 및 부수적 채무설은 이 입장에 있다.

(2) 판 례

판례는 방어비용은 손해방지비용과는 구별되는 별개의 것임을 명백히 하고 있어,[7)] 보험급여설을 따른 것으로 보인다. 즉 판례는 상법은 제680조와는 달리 제720조에서 방어비용을 보험의 목적으로 한다고 규정한다고 보아, 방어의무의 성질에 관하여 보험급여설의 입장이고 이 판결에서도 이러한 입장을 취한다.

---

6) 대법원 2002.6.28. 선고 2002다22106 판결.
7) 대법원 2006.6.30. 선고 2005다21531 판결.

(3) 방어비용과 손해방지비용의 차이점

손해방지비용과 방어비용은 별개의 규정으로 파악하는 보험급여설이 타당하다. 상법은 제680조와는 달리 제720조에서 방어비용을 보험의 목적으로 한다고 규정함으로써 방어의무의 성질에 관하여 보험급여설의 입장에 있다. 보험자의 방어비용 부담은 보험계약의 본질에 근거한 것으로 보므로, 법이 정책적 필요에서 특별히 인정한 손해방지비용 부담과는 그 인정근거를 달리한다.

방어비용과 손해방지비용은 다음의 점에서 차이가 있다. (i) 상법 제720조는 방어비용이 보험의 목적에 포함된 것으로 규정하고 있는 데 반하여, 상법 제680조는 단지 보험자가 손해방지비용을 부담하여야 함을 정하고 있을 뿐이다. (ii) 이에 따라 방어비용이 보험급여로서 지급되는 것과는 달리, 손해방지비용의 부담은 법이 손해방지라는 정책적 필요에서 보험자에게 특별히 부과한 의무이다. (iii) 방어비용이 보험급여로서 당연히 지급되는 것인데 반하여, 손해방지비용은 '필요 또는 유익'한 것임이 인정되는 한정된 경우에만 지급되는 것이어서 그 인정범위가 상대적으로 협소하다. (iv) 방어비용은 보험금액을 한도로 함에 반하여, 손해방지비용은 보험금액을 초과하더라도 보험자가 이를 부담하여야 하므로 한도가 없다. (v) 방어비용은 비용의 선급을 청구할 수 있음에 반하여(상법 제720조 제1항 후문), 손해방지비용은 일단 피보험자가 비용을 부담한 후 보험자에게 비용상환을 청구할 수 있을 뿐이다.

위와 같이 손해방지비용과 방어비용은 서로 다른 별개의 것이다. 따라서 상법 제720조와 제680조의 관계를 일반규정 및 특별규정의 관계로 볼 수는 없고, 별개규정으로 보아야 한다. 피보험자가 지출한 비용이 방어비용과 손해방지비용에 동시에 해당할 때에는 피보험자는 방어비용으로서든 손해방지비용으로서든 선택적으로 주장할 수 있다.

(장덕조)

11 중복보험

대법원 2006.11.10. 선고 2005다35516 판결

Ⅰ. 판결개요

1. 사실관계

보험자인 원고 X는 A와 그 소유의 차량(이하 '원고 피보험차량'이라 한다)에 관하여 무보험자동차상해담보특약부 자동차종합보험계약(이하 '원고 보험계약'이라 한다)을, 보험자인 피고 Y는 B와 그 소유의 차량(이하 '피고 피보험차량'이라 한다)에 관하여 기명피보험자를 B로 하는 무보험자동차상해담보특약부 자동차종합보험계약(이하 '피고 보험계약'이라 한다)을 각 체결하였다. 소외 C는 1996. 10. 31. 20:00경 D 소유의 포터 화물차량을 운전하던 중 반대차선에서 진행하여 오던 B가 운전하던 원고 피보험차량을 충격하여, 위 B는 약 14주의 치료를 요하는 상해를 입게 되었다. X는 위 포터화물차량이 무보험자동차였으므로 원고 보험계약에 따른 보험금지급기준에 의하여 1998. 5. 28.까지 피보험자인 B에게 61,192,550원의 보험금을 지급하였고, B가 X를 상대로 제기한 소송에 대한 응소를 위하여 3,728,900원을 지출하였다. X는, 원고 보험계약의 피보험자이자 피고 보험계약의 기명피보험자인 B의 보험계약은 중복보험이기 때문에 원고가 B에게 지급한 보험금 중 피고의 부담비율인 1/2을 지급할 의무가 있다고 주장하였고, 이에 Y는, 무보험자동차에 의한 상해담보특약은 인보험이기 때문에 피보험이익이 존재하지 않아 중복보험규정이 적용될 수 없고, 보험금청구권은 이 사건 소가 이 사건 사고 발생일로부터 2년 이상이 경과한 뒤 제기되었기 때문에 소멸시효가 완성되었다고 주장하였다.

2. 판결요지

원심은, 이 사건 각 무보험자동차특약보험이 상법 제672조 제1항이 준용되는 중복보험에 해당하지만, 원고의 청구권은 보험금청구권으로서 소멸시효가 완성되었다는 피고의 항변에 대하여, 원고의 청구는 보험자 상호간의 구상권에 기한 것이지 피보험자의 피고에 대한 보험금청구권을 대위행사하는 것이 아니라고 판단하여, 피고의 항변을 배척하였다.[1]

이에 대하여 대법원은, 무보험자동차에 의한 상해담보특약도 중복보험에 해당함을 전제로, 보험자가 그 부담비율에 따른 구상권을 행사하는 경우 각각의 보험계약은 상행위에 속하고, 보험자와 다른 보험자는 상인이므로 중복보험에 따른 구상관계는 가급적 신속하게 해결할 필요가 있는 점 등에 비추어 그 구상금채권은 상법 제64조가 적용되어 5년의 소멸시효에 걸린다고 보아, 피고의 주장을 배척한 원심 판결을 파기하였다.

3. 관련판례

(1) 대법원 2009.12.24. 선고 2009다42819 판결(대법원 2010.10.28. 선고 2010다50694 판결 참조)

두 개의 책임보험계약이 보험의 목적, 즉 피보험이익과 보험사고의 내용 및 범위가 전부 공통되지는 않으나 상당 부분 중복되고, 발생한 사고가 그 중복되는 피보험이익에 관련된 보험사고에 해당된다면, 이와 같은 두 개의 책임보험계약에 가입한 것은 피보험자, 피보험이익과 보험사고 및 보험기간이 중복되는 범위 내에서 상법 제725조의2에 정한 중복보험에 해당한다. 이 경우 각 보험자는 각자의 보험금액의 비율에 따른 보상책임을 연대하여 진다.

(2) 대법원 2007.10.25. 선고 2006다25356 판결

하나의 사고에 관하여 여러 개의 무보험자동차에 의한 상해담보특약보험이 체결되고 그 보험금액의 총액이 피보험자가 입은 손해액을 초과하는 때에는, 중복보험에 관한 상법 제672조 제1항의 법리가 적용되어 보험자는 각자의 보험금액의 한도에서 연대책임을 지고 피보험자는 각 보험계약에 의한 보험금을 중복하여 청구할 수 없다.

---

1) 대전지방법원 2005.5.27. 선고 2004나12880 판결.

(3) 대법원 2005.4.29. 선고 2004다57687 판결

두 개의 책임보험계약이 보험의 목적, 즉 피보험이익과 보험사고의 내용 및 범위가 전부 공통되지는 않으나 상당 부분 중복되고, 발생한 사고가 그 중복되는 피보험이익에 관련된 보험사고에 해당된다면, 이와 같은 두 개의 책임보험계약에 가입한 것은 피보험자, 피보험이익과 보험사고 및 보험기간이 중복되는 범위 내에서 상법 제725조의2에 정한 중복보험에 해당한다.

Ⅱ. 판결의 평석

1. 판결의 쟁점

대상판결은 무보험자동차에 의한 상해담보특약에도 중복보험에 관한 상법의 규정이 준용되는지와, 복수의 무보험자동차에 의한 상해보험특약의 보험자들 중 일방 보험자가 다른 보험자에 대하여 가지는 중복보험에 따른 구상금채권의 소멸시효기간에 관한 것이다.

2. 관련 이론의 검토

(1) 중복보험의 의의

중복보험이란 동일한 보험의 목적에 관하여 피보험이익 및 보험사고가 동일하고, 피보험자와 보험기간을 공통으로 하는 수인의 보험자와 수개의 손해보험계약이 병존하는 것으로, 각 계약의 보험금액의 합계가 보험가액을 초과하는 보험을 말한다. 중복보험의 경우는 이를 전부 유효로 하면 결과적으로 초과보험을 제한하는 취지에 어긋나므로, 상법은 이에 대하여 제한하고 있다(상법 제672조). 중복보험은 물건보험에 있어서 인정되지만, 책임보험이나 상해보험에 대하여도 수개의 보험계약이 체결되어 있을 때에는 중복보험으로 다루어야 할 것이다(상법 제725조의2).[2)]

피보험이익이 다르면 중복보험이 아니고, 따라서 수개의 보험계약이 보험의 목적·보험사고·보험기간·피보험자·피보험이익 등의 전부가 동일한 경우뿐만 아니라, 피보험이익을 제외하고 이들이 서로 다르지만 공통되는 부분이 있어서 보험사고가 발생했을 때 수개의 보험계약상 보험금청구가 가능한 경우에도 중복보험이 존재

2) 대법원 2006.11.23. 선고 2006다10989 판결; 대법원 2007.10.25. 선고 2006다25356 판결 등.

한다.[3]

(2) 요 건

첫째, 피보험이익이 동일하여야 한다. 그러므로 동일한 보험의 목적에 대하여 수개의 보험계약을 체결하여도 보험계약의 목적, 즉 그 피보험이익이 다르면 중복보험으로 되지 아니한다(상법 제672조 제1항).[4] 둘째, 보험사고가 동일하여야 한다. 손해보험자는 보험사고로 인한 피보험자의 재산상의 손해를 보상하는 것이므로 보험자가 담보하는 보험사고가 다르면 피보험이익이 같더라도 중복보험으로 될 수 없다.[5] 셋째, 보험기간이 동일 또는 중복되어야 한다. 보험자는 보험기간 중에 일어난 보험사고에 대해서만 책임을 지므로 보험기간이 동일하거나 적어도 부분적으로나마 중복되어 있어야 한다. 넷째, 수개의 보험계약을 2인 이상의 보험자와 체결하고, 그 보험금액의 총액이 보험가액을 초과하여야 한다. 중복보험은 보험자가 2인 이상이고, 또 각각의 보험금액을 합친 것이 보험가액을 초과하는 점에서 초과보험과 다르다.[6]

(3) 효 과

중복보험도 초과보험과 마찬가지로 피보험자에게 부당한 이익을 주어 인위적인 사고를 일으킬 우려가 있으므로 이를 제한할 필요가 있다. 상법은 그것이 사기적 의사로 체결한 경우에는 보험계약을 무효로 하고 있다(상법 제672조 제3항). 따라서 사기적 의사 없이 중복보험계약이 체결된 경우에는 각 보험계약은 유효하다.[7]

---

3) 중복보험이 발생되는 경우는 고가물에 대한 보험, 그 밖에 1인의 보험자와의 보험계약만으로는 보험자의 자력에서 판단하여 불안한 경우에 수인의 보험자와 보험계약을 체결하는 경우 또는 보험계약자가 자기를 위한 보험계약을 체결하였을 때 제3자가 그 보험계약자를 위하여 타인을 위한 보험계약을 체결한 경우 등이 대표적이다.

4) 예컨대, 창고에 들어 있는 물건에 대하여 소유자가 어떤 보험자와 화재보험계약을 체결하고 창고업자는 다른 보험자와 보관자의 책임보험계약을 체결한 경우, 비록 보험의 목적은 동일하더라도 보험계약의 목적이 다르므로 각각 별개의 보험계약으로 된다. 따라서 임가공업자가 공급받은 자재의 멸실 등으로 인한 손해배상책임을 담보할 목적으로 자재에 대해 보험에 가입한 경우, 이는 책임보험의 일종으로서 자재의 소유자가 동일 목적물에 대해 가입한 보험과는 피보험이익을 달리하므로 중복보험이 아니다(대법원 1997.9.5. 선고 95다47398 판결).

5) 예컨대, 동산보험에 있어서 동일한 피보험이익에 대하여 보험계약자가 한 보험자와는 화재보험계약을, 그리고 다른 보험자와는 도난보험계약을 체결한 경우 그것은 완전히 별개의 보험계약이다. 그러나 화재보험과 동산종합보험의 경우처럼 화재라는 보험사고가 중복되어 있을 때에는 비록 그 보험사고의 범위가 다르다고 하더라도 중복보험으로 될 수 있다.

6) 보험금액이 보험가액을 현저히 초과한다고 하여 중복보험이 되는 것은 아니므로, 수인의 보험자와 수개의 보험계약을 체결하는 경우 그 보험금액의 총액이 보험가액을 초과하지 아니하는 때(병존보험)에는 중복보험으로 되지 않는다. 그러나 이 경우에도 보험사고가 발생하여 각 보험자가 보상하여야 할 손해배상액의 총액이 실제의 손해액을 초과할 때에는 중복보험으로 취급할 필요가 있다(양승규, 전게서, 209면).

7) 중복보험의 경우 보험자의 손해보상방법에 관한 입법주의로는 선계약우선주의(우선책임주의), 비례보상

1) 보험계약자가 선의인 경우(단순 중복보험)

(가) 보험자의 보상책임

보험계약자가 선의인 중복보험의 경우 동시와 이시를 구별함이 없이 비례분담주의에 따라, 보험자는 각 계약에 의한 보상액의 한도에서 연대책임을 지지만, 각 보험자의 보상책임은 각자의 보험금 또는 각 계약에 의한 보상액의 비율에 따르고, 보험자의 책임에 관하여 다른 약정이 있는 경우에는 그 약정에 따른다(상법 제672조 제2항).[8] 보험자가 지급할 보상액의 범위는, 전손인 경우에는 보험가액을 한도로 하고, 분손인 경우에는 실손해액으로 한다.

(나) 보험자 1인에 대한 권리 포기

중복보험의 경우에 보험자 1인에 대한 권리의 포기는 다른 보험자의 권리의무에 영향을 미치지 않는다(상법 제763조). 이는 피보험자가 어느 한 보험자와 통모하여 다른 보험자를 해치는 것을 방지하기 위한 것이라 할 수 있다. 따라서 중복보험에 있어서 각 보험자는 보험금액의 비율에 따라 보상책임을 지게 되므로(상법 제672조 제1항), 보험사고가 발생한 때에는 각 보험자의 부담부분이 정해지고, 따라서 피보험자가 어느 보험자에 대한 권리를 포기하였을 때에는 그 부분에 대해서 다른 보험자에게도 권리를 주장할 수 없다.

(다) 중복보험의 통지의무

중복보험의 경우에는 동시중복보험이든 이시중복보험이든 보험계약자는 각 보험자에 대하여 각 보험계약의 내용을 통지하여야 한다(상법 제672조 제2항). 이것은 각 보험자에 대하여 연대책임의 발생원인이 되는 중요한 사항이기 때문이다. 통지의무위반에 대하여 상법상의 제재는 없지만, 보험계약자가 이를 게을리한 때에는, 사기로 인한 보험계약이 되어 무효로 될 수 있다(상법 제672조 제2항, 제669조 제4항).[9] 통지

주의, 연대책임주의가 있다. 우리 상법은 보험자가 선의인 경우에는 연대책임주의와 비례보상주의를 병용하는 절충주의인 연대비례보상책임주의를 취하고 있다(상법 제672조 제1항).

8) 예컨대, 보험가액이 1,000만원인 가옥에 대하여 X가 보험자 갑, 을, 병과 보험금액을 각각 1,000만원, 600만원, 400만원으로 하여 화재보험을 체결한 경우에 전손(全損)인 때에는 갑이 500만원, 을은 300만원, 병이 200만원을 지급하되, 피보험자가 1,000만원의 보상을 받을 때까지는 각 보험자는 보험금액인 1,000만원, 600만원, 400만원의 한도 내에서는 연대책임을 부담한다.

9) 양승규, 전게서, 212면; 장덕조, 전게서, 229－230면; 정동윤, 전게서, 579면; 정찬형, 전게서, 670－671면. 이에 반하여 상법상 통지의무 위반에 대한 제재규정이 전혀 없는 상황에서 단지 통지의무를 게을리하였다는 사유만으로 사기로 인한 중복보험계약이 체결되었다고 추정할 수는 없다는 견해가 있다(김성태, 전게서, 399면; 박세민, 전게서, 434－435면; 최준선, 전게서, 204면). 대법원은 보험계약자가 중복보험계약을 체결한 것이 상법 제652조 및 제653조의 통지의무 대상이 되는 '사고 발생의 위험이 현저하게 변경 또는 증가된 때'에 해당되지 않는다고 판시하고 있다(대법원 2003.11.13. 선고 2001다49630 판결; 대법원 2004.6.11. 선고 2003다18494 판결).

의무는 넓은 의미의 중복보험(병존보험)의 경우에도 인정된다.

2) 사기에 의한 중복보험

보험계약자가 사기에 의해 중복보험계약을 체결한 경우에는, 그 중복보험계약은 전부 무효로 된다. 사기로 인하여 체결된 중복보험계약이란 보험계약자가 보험가액을 넘어 위법하게 재산적 이익을 얻을 목적으로 중복보험계약을 체결한 경우를 말한다.[10] 사기에 의한 중복보험이 되어 계약의 전부가 무효로 되더라도, 보험계약자는 각 보험자가 그 사실을 안 때까지의 보험료를 지급하여야 한다(상법 672조 제3항, 제669조 제4항).[11]

3. 대상판결의 검토

무보험자동차특약보험은 상해보험으로서의 성질과 함께 손해보험으로서의 성질도 갖고 있는 손해보험적 상해보험이라 할 것이다. 따라서 하나의 사고에 관하여 여러 개의 무보험자동차특약보험계약이 체결되고 그 보험금액의 총액이 피보험자가 입은 손해액을 초과하는 때에는 손해보험에 관한 상법 제672조 제1항이 준용되어 보험자는 각자의 보험금액의 한도에서 연대책임을 지고, 이 경우 각 보험자는 각자의 보험금액의 비율에 따른 보상책임을 지게 된다. 이와 같이 무보험자동차특약보험의 상해에 대한 보험보호는 인보험적 요소가 있지만, 사망보험과는 달리 어디까지나 피보험자에게 이익을 주려는 것이 아니므로 실손보상적 보험이라 할 것이다. 따라서 대상판결에서 X에 대한 피보험자이면서 Y의 기명피보험자인 B의 무보험자동차특약보험은, 동일한 피보험이익과 동일한 보험사고에 관한 것이므로 중복보험 요건을 갖추고 있다고 보아야 한다.

그런데 복수의 무보험자동차특약보험이 중복보험에 해당함을 전제로 보험자가 다른 보험자에 대하여 그 부담비율에 따른 구상권을 행사하는 경우, 소멸시효기간은 얼마인가 하는 문제가 있다. 보험자의 손해보상의무는 3년의 단기소멸시효에 걸리지만(상법 제662조), 중복보험에서 어느 보험자가 피해자에게 보험금을 지급하게 되면 나머지 보험자의 보험금지급의무도 소멸하게 되기 때문에, 보험금을 지급한 보험자가 다른 보험자에게 구상권을 행사하는 것은 보험금지급청구권으로서 행사하는 것이 아

10) 대법원 2000.1.28. 선고 99다50712 판결.

11) 이것은 악의의 보험계약자를 제재하려는 취지이며, 여기의 사기는 민법 제110조와 같은 의미이지만, 그 효력을 무효로 하며 소급하지 않는다는 점에서 민법의 원칙에 대한 예외를 두고 있는 것이다(정동윤, 전게서, 579면).

니라 연대책임의 결과에 의한 것이다. 따라서 영리보험자 사이의 구상권은 상행위로 인한 것으로 보아야 할 것이다.

대상판결은 복수의 무보험자동차에 의한 상해보험특약의 보험자들 중 일방 보험자가 다른 보험자에 대하여 가지는 중복보험에 따른 구상금채권의 소멸시효기간을 5년으로 보고 있다. 즉 X의 Y에 대한 구상금청구는, 각각의 보험계약은 상행위에 속하고, 보험자와 다른 보험자는 상인이므로 중복보험에 따른 구상관계는 가급적 신속하게 해결할 필요가 있는 점 등에 비추어, 그 구상금채권은 상법 제64조가 적용되어 5년의 소멸시효에 걸린다고 하고 있다. 생각건대, X가 Y에 대하여 가지는 구상금청구권은 보험자의 손해보상의무 그 자체가 아니라 상행위로 인한 것이라 할 것이다. 따라서 X는 B에게 이미 지급한 보험금 및 응소비용의 합계액 중 피고의 부담비율인 1/2에 해당하는 32,460,725원 및 이에 대한 지연손해금을 지급할 의무가 있고, X의 이러한 청구권은 상사채권으로서 5년의 소멸시효기간이 적용된다고 보아야 하기 때문에, 원심판결을 파기한 대상판결의 취지는 타당하다고 본다.

(맹수석)

12 책임보험에서의 피해자직접청구권

대법원 2006.4.13. 선고 2005다77305,77312 판결

Ⅰ. 판결개요

1. 사실관계

X보험회사와 자동차보험계약을 체결하고 있는 피보험자인 Y는 2000. 11. 7. 그의 차량을 운행하던 중 자신의 과실로 B를 충격하여 상해를 입혔다. 2000. 11. 25. Y는 B에게 형사합의금으로 2,800만원을 지급하였다. 2002. 2. 1. 피해자 B와 그 가족은 X보험사를 상대로 소송을 제기하여, 법원은 손해배상액을 산정함에 있어 위 합의금 2,800만원을 손해배상금의 일부로 인정하여 이를 공제하였고, 위 판결은 2003. 7. 14. 확정되었다.

이후 X는 Y의 보험금청구권은 시효로 소멸하였다고 주장하면서 본소로서 그 부존재확인을 구함에 대하여, Y는 자신이 피해자 측에 손해배상금으로 2,800만원을 지급하였으므로 X에 대하여 부신성연대채무관계에 있어서의 구상금청구권 또는 부당이득반환청구권을 가지는데 이 청구권은 시효로 소멸하지 않았다고 다투면서 반소로 구상금청구권 또는 부당이득반환청구권을 청구원인으로 하여 2,800만원 및 이에 대한 지연손해금의 지급을 구하고 있다. Y는 2002. 2. 1. B가 X에 대하여 소송을 제기함으로써 자신의 보험금청구권의 소멸시효가 중단되었다고 주장하고, 또한 Y는 X에 대하여 보험금청구권 이외에 부진정연대채무관계에 있어서의 구상금청구권 또는 부당이득반환청구권을 가진다고 주장한다.

2. 판결요지

이에 대하여 대법원은 Y의 보험금청구권이 시효로 인하여 소멸되었다고 하고, 또한 Y는 보험금청구권 이외의 권리를 취득하지는 않는다고 하였다. 판결요지는 다음과 같다.

첫째, "Y는 보험금청구권 이외에 부진정연대채무관계에 있어서의 구상금청구권 또는 부당이득반환청구권을 갖지 않는다. 보험자는 상법 제724조 제2항에 의하여 피보험자의 피해자에 대한 손해배상채무를 병존적으로 인수한 지위에 있는 자로서 피해자에 대한 관계에 있어 피보험자와 부진정연대채무관계에 있는 것으로 본다 하더라도 상법 제723조에 의하여 피보험자가 제3자에게 손해배상금을 지급하였거나 상법 또는 보험약관이 정하는 방법으로 피보험자의 제3자에 대한 채무가 확정되면 피보험자는 보험자에 대하여 보험금청구권을 행사할 수 있으므로 피보험자인 Y가 위와 같은 보험금청구권 이외에 별도의 구상금청구권을 취득한다고 볼 수 없고, 한편 Y가 피해자 측에게 손해배상금 2,800만원을 지급한 것은 자신의 손해배상채무를 이행한 것으로서 법률상 원인 없는 행위가 아닐 뿐 아니라 피보험자인 Y에게 보험금을 지급할 채무를 부담하고 있는 X가 이로 인하여 어떠한 이익을 얻었다고 할 수도 없으므로 Y에게 부당이득반환청구권이 발생하였다고 할 수도 없다."

둘째, "자동차종합보험계약상의 피보험자가 주취상태로 차량을 운전하다가 피해자를 충격하여 상해를 입혀 보험회사가 손해배상액을 지급한 경우, 피보험자가 피해자 측에 이미 합의금으로 손해배상액을 지급한 시점부터 피보험자의 보험자에 대한 보험금청구권의 소멸시효가 진행된다."

셋째, "피해자가 보험자에게 갖는 직접청구권과 피보험자의 보험자에 대한 보험금청구권은 별개의 청구권이므로, 피해자의 보험자에 대한 손해배상청구에 의하여 피보험자의 보험자에 대한 보험금청구권의 소멸시효가 중단되는 것은 아니다."

3. 관련판례

(1) 대법원 1995.9.15. 선고 94다17888 판결

상법 제723조 제1항이 "피보험자가 제3자에 대하여 변제, 승인, 화해 또는 재판으로 인하여 채무가 확정된 때에는 지체 없이 보험자에게 그 통지를 발송하여야 한다."라고 규정하고, 같은 조 제2항이 "보험자는 특별한 기간의 약정이 없으면 전항의 통지를 받은 날로부터 10일내에 보험금액을 지급하여야 한다"고 규정하고 있으며,

한편 피고의 영업용자동차종합보험 보통약관 제6조 제1항이 “피보험자는 판결의 확정, 재판상의 화해, 중재 또는 서면에 의한 합의로 손해액이 확정되었을 때에 보험자에 대하여 보험금의 지급을 청구할 수 있다.”라고 규정하고, 같은 조 제2항이 “보험자는 보험금 청구에 관한 서류를 받은 때에는 지체 없이 필요한 조사를 마치고 보험금을 지급한다.”라고 규정하고 있는 이상, 피보험자가 제3자에게 손해배상금을 지급하였거나 상법 또는 보험약관이 정하는 방법으로 피보험자의 제3자에 대한 채무가 확정되면 피보험자는 상법 제724조 제1항의 규정에 불구하고 보험자에게 바로 보험금청구권을 행사할 수 있다고 할 것이므로, 보험자인 피고는 위 보험약관에 따라 보험금액의 지급을 구하는 피보험자인 원고에 대하여 상법 제724조 제1항에 기하여 보험금액의 지급을 거절할 수는 없다고 보아야 할 것이다.

(2) 대법원 2002.9.6. 선고 2002다30206 판결

책임보험의 성질에 비추어 피보험자가 보험자에게 보험금청구권을 행사하려면 적어도 피보험자가 제3자에게 손해배상금을 지급하였거나 상법 또는 보험약관이 정하는 방법으로 피보험자의 제3자에 대한 채무가 확정되어야 할 것이고, 상법 제662조가 보험금의 청구권은 2년간 행사하지 아니하면 소멸시효가 완성한다는 취지를 규정하고 있을 뿐, 책임보험의 보험금청구권의 소멸시효의 기산점에 관하여는 상법상 아무런 규정이 없으므로, “소멸시효는 권리를 행사할 수 있는 때로부터 진행한다”고 소멸시효의 기산점에 관하여 규정한 민법 제166조 제1항에 따를 수밖에 없는바, 약관에서 책임보험의 보험금청구권의 발생시기나 발생요건에 관하여 달리 정한 경우 등 특별한 다른 사정이 없는 한 원칙적으로 책임보험의 보험금청구권의 소멸시효는 피보험자의 제3자에 대한 법률상의 손해배상책임이 상법 제723조 제1항이 정하고 있는 변제, 승인, 화해 또는 재판의 방법 등에 의하여 확정됨으로써 그 보험금청구권을 행사할 수 있는 때로부터 진행된다고 봄이 상당하다.

(3) 대법원 2000.6.9. 선고 98다54397 판결

피해자의 보험자에 대한 손해배상채권과 피해자의 피보험자에 대한 손해배상채권은 별개 독립의 것으로서 병존하고, 피해자와 피보험자 사이에 손해배상책임의 존부 내지 범위에 관한 판결이 선고되고 그 판결이 확정되었다고 하여도 그 판결의 당사자가 아닌 보험자에 대하여서까지 판결의 효력이 미치는 것은 아니므로, 피해자가 보험자를 상대로 하여 손해배상금을 직접 청구하는 사건의 경우에 있어서는, 특별한 사

정이 없는 한 피해자와 피보험자 사이의 전소판결과 관계없이 피해자의 보험자에 대한 손해배상청구권의 존부 내지 범위를 다시 따져보아야 하는 것이다.

Ⅱ. 판결의 평석

1. 판결의 의의

판례는 책임보험에서 피보험자의 보험금청구권과 피해자의 직접청구권의 관계를 밝히고 있다. 양 청구권은 서로 별개의 독립된 것이므로 소멸시효도 별도로 진행하며 관련 법률관계를 별개의 것으로 판단하여야 한다는 것이다.

2. 책임보험과 피해자 보호

(1) 책임보험의 의의

책임보험이란 피보험자가 보험기간 중의 보험사고로 제3자에 대하여 손해를 가하여 배상책임을 지게 되는 경우에 그 손해를 보험자가 보상할 것을 목적으로 하는 손해보험계약이다(상법 제719조). 이는 피보험자에게 직접 발생한 손해를 배상하는 것이 아니고 피보험자의 책임으로 돌아갈 사고로 인하여 제3자에 대한 배상책임을 부담함으로써 생긴 손해, 즉 피보험자의 전재산에 대한 간접손해를 보상하는 것을 목적으로 하는 보험이다. 책임보험은 배상의무자인 피보험자의 경제적 손실을 막기 위한 보험이라 할 수 있으나, 또 한편으로는 배상의무자인 피보험자의 무자력으로 인하여 피해자가 배상을 받을 수 없게 되는 경우에 그 손해배상을 확보하여 최소한의 경제생활을 도모할 수 있도록 하는 기능도 가진다.

(2) 책임보험의 법적 성질

첫째, 책임보험은 손해보험이다. 책임보험은 제3자에 대한 배상책임을 부담함으로써 생긴 손해를 보상하는 보험이므로 손해보험이다.

둘째, 책임보험은 재산보험이다. 책임보험은 특정한 물건에 대하여 발생한 손해를 보상하는 물건보험이 아니고, 피보험자의 일반재산에서 생기는 손해를 보상하는 재산보험에 속한다.

셋째, 책임보험은 소극보험이다. 책임보험은 피보험자가 제3자에 대하여 지는 배상책임으로 인한 손해를 보상하는 소극보험에 속한다.

3. 피해자직접청구권

(1) 책임보험과 피해자 보호

보험자에 대한 보험금청구권을 피보험자만이 가지게 된다면 보험금을 지급받은 피보험자에 대하여 피해자는 일반적인 채권자로서의 지위를 가질 뿐이다. 이러한 지위만 인정한다면 보험사고 발생 이후 책임재산이 별로 없는 피보험자가 보험자로부터 수령한 보험금을 다른 목적으로 유용하거나, 피보험자가 파산하는 경우 등에 있어서 피해자의 보호를 기하기 어려운 면이 있다. 따라서 피해자에게 보험금에 대하여 배타적 권리를 갖도록 할 필요가 있으므로 보험금을 피해자에게 직접 지급하는 것이 가해자의 보험금유용을 방지하고 피해자를 보다 두텁게 보호하는 방안이 된다. 상법은 피해자는 피보험자가 가한 손해에 대하여 보험금액의 범위 내에서 보험자에게 직접 보상을 청구할 수 있도록 하고(상법 제724조 제1항), 이를 피해자의 직접청구권이라 한다.

또한 피보험자가 먼저 피해자에 대하여 손해배상을 하고 이를 조건으로만 보험금을 청구하도록 하는 방법은 피해자 보호에 일조하게 된다. 이러한 입장에서 "보험자는 피보험자가 책임질 사고로 인하여 생긴 손해에 대하여 제3자가 그 배상을 받기 전에는 보험금액의 전부 또는 일부를 피보험자에게 지급하지 못한다"고 규정하여(상법 제724조 제1항), 피해자에 대한 손해배상이 이루어진 경우에 한하여 보험자로 하여금 피보험자에게 보험금을 지급하도록 하고 있다.

(2) 직접청구권의 법적 성질

피해자 직접청구권의 법적 성질에 대하여는 손해배상청구권설과 보험금청구권설로 견해가 나뉜다.

1) 보험금청구권설

이 설은 보험자는 보험계약에 의하여 책임을 부담하는 것으로 이에 기초한 피해자의 직접청구권은 그 계약의 내용에 의하여 제약을 받는 보험금청구권이라는 견해이다. 책임보험계약에서의 피해자는 법의 규정에 따라 피보험자가 책임을 질 사고로 입은 손해의 보상을 청구하는 것이므로 보험자에 대한 피해자의 보험금청구권은 손해배상청구권이 아니라 보험금청구권이라 한다.[1)]

보험자는 보험계약자로부터 소정의 보험료를 받고 피보험자의 손해를 보상할 것

1) 양승규, 보험법, 제5판, 삼지원, 2004, 375면.

을 약정한 것이지 채무를 인수한 것이 아니고, 또한 만약 손해배상청구권으로 이해하는 경우 피보험자의 고의로 인한 사고는 면책임에도 불구하고 보험자가 보상책임을 면할 수 없게 되어 불합리한 결과가 초래된다는 점 등을 근거로 한다. 책임보험계약에서의 피해자는 보험자에 대하여 법의 규정에 따라 피보험자가 책임을 질 사고로 입은 손해의 보상을 청구하는 것이지, 손해의 배상을 청구하는 것은 아니라 한다. 이 설에 의하면 직접청구권의 시효기간은 보험금청구권과 같이 3년이 된다.

2) 손해배상청구권설

이 설은 직접청구권의 법적 성질을 보험자가 피보험자의 피해자에 대한 손해배상채무를 병존적으로 인수한 것인 손해배상청구권으로 파악한다. 통설과 판례의 입장이다.[2] 판례는 피해자의 직접청구권의 법적 성질은 보험자가 피보험자의 피해자에 대한 손해배상채무를 병존적으로 인수한 것으로서 피해자가 보험자에 대하여 가지는 손해배상청구권이고 피보험자의 보험자에 대한 보험금청구권의 변형 내지는 이에 준하는 권리가 아니라고 일관되게 판시한다.[3] 직접청구권의 법적성질을 이와 같이 파악함에 의하여 그 시효기간은 보험금청구권의 시효기간인 3년이 아니라, 불법행위의 시효기간인 안 날로부터 3년 또는 사고발생일로부터 10년의 기간에 의한다고 본다. 피해자 직접청구권을 손해배상청구권으로 파악하는 판례와 학설의 근거들은 다음과 같다.

첫째, 책임보험계약을 제3자를 위한 보험계약으로 이해하는 보험금청구권설에 대한 비판이다. 피해자는 책임보험계약에 있어서 피보험자가 아니라 제3자에 불과하고 책임보험계약은 피보험자가 제3자(피해자)에 대하여 손해배상책임을 지는 것을 전제하므로 제3자를 바로 피보험자로 파악하는 것은 제3자를 위한 일반의 손해보험계약과 책임보험계약을 동일하게 보는 것이 되어 책임보험계약의 성질에 반한다고 한다.

둘째, 피보험자의 보험금청구권을 피해자가 대위행사한다고 보는 견해에 대한 비판으로, "피보험자의 다른 채권자들의 압류, 피보험자 자신에 의한 처분, 또는 피보험자가 파산하는 경우 파산재단에 편입되어버릴 가능성을 남겨 두는 것이 되어, 직접청구권을 인정하게 된 입법목적에 맞지 않는다"고 하면서, 채권자대위권의 요건이 갖추어지는가에 따라 결과가 달라지는 문제점도 있다고 한다. 즉 그 보험금이 경제적으로는 피해자인 제3자에게 귀속되는 것이므로 피해자 보호를 위하여도 그 성질을 손해

2) 대법원 2000.12.8. 선고 99다37856 판결 등.
3) 대법원 1998.7.10. 선고 97다17544 판결; 대법원 1998.9.18. 선고 96다19765 판결; 대법원 2004.10.28. 선고 2004다39689 판결 등.

배상청구권으로 본다.

셋째, 직접청구권을 인정하는 취지는, "손해배상금의 지급을 1회적으로 해결하여 사고의 처리를 신속, 원활하게 하는 데 있는 것"이므로, 그 성질은 손해배상청구권이고, 다만 피해자는 가해자(피보험자)에 대한 손해배상청구권을 보험자에 대하여 독립하여 행사하는 것으로 이해하면 족하다고 한다.

넷째, 소멸시효에 있어서도 보험금청구권의 시효가 단기이어서 피해자 보호를 위하여는 보다 장기인 손해배상청구권으로 파악하여야 한다는 것이다.

3) 소 결

피해자의 보호를 위하여는 현재의 통설과 판례인 손해배상청구권설이 옳다고 본다. 판례상 손해배상청구권설이 확립되어 이를 기초로 하여 여러 다른 이론들이 발전되고 있는 실정이서 어느 학설이 보다 우수한 것인지 여부를 따지는 일은 실익이 없어 보이기도 한다. 그런데 몇 가지의 점에서 손해배상청구권설의 이론이 약점이 있어 보인다. 첫째, 보험자는 보험계약을 체결한 것이지 손해배상채무를 병존적으로 인수한 것이 아니라는 점이다. 그럼에도 불구하고 손해배상청구권으로 파악하는 것은 법률행위의 기본적 원칙과 반할 수 있다. 둘째, 손해배상채무의 병존적 인수라고 하면서도 피보험자의 고의 사고 등의 경우 보험자가 면책되는 점을 설명하기 어렵다. 셋째, 피해자는 보험자에 대하여 보험자와 피보험자 사이의 계약내용에 의하여 제한된다는 점이다. 지급의 한도나 면책사유 등이 그러하고, 이 점에서도 손해배상청구권설은 일관된 설명이 어렵다.

4. 피해자의 직접청구권과 피보험자의 보험금청구권의 관계

통설과 판례에 의하는 경우 피해자의 직접청구권을 손해배상청구권으로 파악하게 되어 피보험자의 보험금청구권과는 전혀 다른 별개의 것이 된다. 즉 양 청구권은 서로 별개 독립의 것으로 성립하고 병존한다. 따라서 피해자가 피보험자에 대한 손해배상청구소송에서 패소하더라도 보험자에 대하여 직접청구권에 기한 손해배상청구소송을 제기할 수 있으며, 법원은 이 소송에서 특별한 사정이 없는 한 손해배상채무의 성립과 범위에 관하여 피보험자에 대한 손해배상청구소송의 판결과 무관하게 다시 심리하여 판결하여야 하는 것과[4] 같은 취지에서, 양 청구권은 서로 달리 취급된다.

다만 이 사건의 쟁점은 아니나 피해자의 직접청구권과 피보험자의 보험금청구권

4) 대법원 2000.6.9. 선고 98다54397 판결.

의 우선순위의 문제를 보면, 상법은 보험자는 피보험자가 책임을 질 사고로 인하여 생긴 손해에 대하여 제3자가 그 배상을 받기 전에는 보험금액의 전부 또는 일부를 피보험자에게 지급하지 못한다고 규정한다(상법 제724조 제1항). 이와 같이 상법 제724조 제1항은 피해자 직접청구권의 우선을 규정하고 있어 양 규정의 조화로운 해석이 요구되고 있으나, 판례는 상법 제723조를 중요시하는 해석을 한다. 판례는 보험약관상 상법 제724조 제1항과 같은 원용조항을 두는 경우에 한하여 보험자가 피보험자의 보험금청구에 대하여 그 지급거절권을 행사할 수 있다고 한다. 이러한 대법원의 입장은 일관된 것으로 보인다.[5)]

(장덕조)

5) 대법원 2007.1.12. 선고 2006다43330 판결; 대법원 1995.9.29. 선고 95다24807 판결; 대법원 1995. 9.15. 선고 94다17888 판결 등.

13 타인의 사망보험과 피보험자의 동의

대법원 2015.10.15. 선고 2014다204178 판결

Ⅰ. 판결개요

1. 사실관계

보험계약자는 피보험자와 내연관계에 있었는데, 보험계약자의 딸이 보험계약자를 대리하여 2009. 12. 29. 피고 Y(보험자)의 보험대리점 소속 보험설계사를 통하여 만기수익자는 보험계약자로, 사망수익자는 법정상속인으로 하여 Y와 보험계약을 체결하였다. 보험계약은 보험기간 중 피보험자가 상해사고로 사망하는 경우 기본계약 및 일반상해사망 후유장해 추가담보계약에 따라 보험자가 법정상속인들에게 100,000,000원의 보험금을 지급하도록 되어 있다. 그런데 보험계약 체결 당시 보험청약서의 계약자 서명란 및 피보험자 서명란에 서명은 모두 대리인인 보험계약자의 딸이 대신 기재하였고, Y는 피보험자로부터 별도의 서면에 의한 동의를 받지 아니하였다. 피보험자는 2011. 2. 9. 주거지 안방에서 숯불로 난방을 한 상태에서 잠을 자던 중 일산화탄소에 중독되어 사망한 상태로 발견되었다. 법정상속인인 원고 X(피보험자의 처 및 자녀)는 Y에게 보험계약상의 보험사고가 발생하였음을 이유로 보험금을 청구하였으나, Y는 피보험자의 서면에 의한 동의 없이 보험계약이 체결되어 무효라는 이유로 보험금의 지급을 거절하였다. 이에 보험수익자인 X가 Y를 상대로 주위적으로 보험금을 청구하였고, 예비적으로 불법행위 또는 채무불이행으로 인한 손해배상청구권을 행사하였다.

이에 대해 원심은 이 사건 보험계약은 피보험자의 서면동의 없이 체결되어 무효라고 판단하여, 이 사건 보험계약이 유효임을 전제로 한 보험수익자인 X의 보험금 청구를 받아들이지 아니하였다.[1] 이에 X가 상고하였다.

---

1) 광주지방법원 2014.1.29. 선고 2013나51564 판결.

2. 판결요지

상법 제731조 제1항이 타인의 사망을 보험사고로 하는 보험계약의 체결 시 타인의 서면동의를 얻도록 규정한 것은 동의의 시기와 방식을 명확히 함으로써 분쟁의 소지를 없애려는 데 취지가 있으므로, 피보험자인 타인의 동의는 각 보험계약에 대하여 개별적으로 서면에 의하여 이루어져야 하고 포괄적인 동의 또는 묵시적이거나 추정적 동의만으로는 부족하다. 그리고 상법 제731조 제1항에 의하면 타인의 생명보험에서 피보험자가 서면으로 동의의 의사표시를 하여야 하는 시점은 '보험계약 체결 시까지'이고, 이는 강행규정으로서 이에 위반한 보험계약은 무효이므로, 타인의 생명보험계약성립 당시 피보험자의 서면동의가 없다면 보험계약은 확정적으로 무효가 되고, 피보험자가 이미 무효로 된 보험계약을 추인하였다고 하더라도 보험계약이 유효로 될 수는 없다.

보험계약자와 보험수익자가 다른 타인을 위한 보험계약은 제3자를 위한 계약의 일종인데, 위 보험계약이 강행규정인 상법 제731조 제1항을 위반하여 무효로 된 경우에, 보험수익자는 보험계약자가 아니므로 특별한 사정이 없는 한 보험회사를 상대로 보험계약의 무효로 인한 손해에 관하여 불법행위를 원인으로 손해배상청구를 할 수 없다.

3. 관련판례

(1) 대법원 1996.11.22. 선고 96다37084 판결

타인의 사망을 보험사고로 하는 보험계약에는 보험계약 체결시에 그 타인의 서면에 의한 동의를 얻어야 한다는 상법 제731조 제1항의 규정은 강행법규로서 이에 위반하여 체결된 보험계약은 무효이다. 상법 제731조 제1항의 입법취지에는 도박보험의 위험성과 피보험자 살해의 위험성 외에도 피해자의 동의를 얻지 아니하고 타인의 사망을 이른바 사행계약상의 조건으로 삼는 데서 오는 공서양속의 침해의 위험성을 배제하기 위한 것도 들어 있다고 해석되므로, 상법 제731조 제1항을 위반하여 피보험자의 서면 동의 없이 타인의 사망을 보험사고로 하는 보험계약을 체결한 자 스스로가 무효를 주장함이 신의성실의 원칙 또는 금반언의 원칙에 위배되는 권리 행사라는 이유로 이를 배척한다면, 그와 같은 입법취지를 완전히 몰각시키는 결과가 초래되므로 특단의 사정이 없는 한 그러한 주장이 신의성실 또는 금반언의 원칙에 반한다고 볼 수는 없다. 상법 제731조 제1항의 규정에 의하면 타인의 사망을 보험사고로 하는 보험계약에 있어서 피보험자가 서면으로 동의의 의사표시를 하여야 하는 시점은 보험계약 체결시까지이다.

(2) 대법원 1989.11.28. 선고 88다카33367 판결

타인의 사망을 보험사고로 하는 보험계약에는 피보험자의 동의를 얻어야 한다는 상법 제731조 제1항의 규정은 강행법규로 보아야 하므로 피보험자의 동의는 방식이야 어떻든 당해 보험계약의 효력발생 요건이 되는 것이고, 그 입법취지에는 도박보험의 위험성과 피보험자 살해의 위험성 외에도 피해자의 동의를 얻지 아니하고 타인의 사망을 이른바 사행계약상의 요건으로 삼는다는 데서 오는 공서양속 침해의 위험성을 배제하기 위한 것도 들어 있다고 할 것이므로 단체 대형보장보험의 경우 그 단체의 대표자 내지 사용자가 일괄적으로 그 구성원을 피보험자로 하여 보험계약을 체결하는 것이어서 도박보험이나 피보험자 살해의 위험성이 없다는 이유만으로는 피보험자의 서면에 의한 동의를 요구하고 있는 단체대형보장보험의 약관의 통용성을 부정할 수는 없다고 봄이 타당하다.

Ⅱ. 판결의 평석

1. 판결의 의미

이 판결은 타인의 사망을 보험사고로 하는 보험계약에서 요구되는 피보험자인 타인의 동의에 포괄적인 동의 또는 묵시적이거나 추정적 동의가 포함되지 않고, 피보험자의 서면동의 없이 체결된 타인의 사망을 보험사고로 하는 보험계약은 무효이며, 피보험자의 추인으로 보험계약이 유효로 될 수 없고, 타인을 위한 보험계약이 무효로 된 경우 보험수익자가 보험회사를 상대로 보험계약의 무효로 인한 손해에 관하여 불법행위를 원인으로 손해배상청구를 할 수 없다고 본 사례이다.

2. 판결의 검토

(1) 타인의 사망보험의 의의

타인의 생명보험이라 함은 보험계약자 이외의 제3자를 피보험자로 한 생명보험을 말하며, 타인보험이라고도 한다. 타인의 생명보험, 특히 타인의 사망을 보험사고로

하는 보험을 무제한으로 인정하면 보험이 도박화할 우려가 있고 또 피보험자의 생명을 해할 위험이 있으므로, 이에 대한 제한이 필요하게 된다.[2)] 이에 따라 우리 상법은 타인의 생명보험에 대해 동의주의를 취하고 있다(상법 제731조 제1항).

우리 상법상 타인의 사망을 보험사고로 하는 타인의 생명보험에서는 타인의 동의를 얻어야 하는데, 이와 같이 타인의 동의를 얻어야 하는 경우는 다음과 같다. 즉 타인의 사망을 보험사고로 한 사망보험 또는 혼합보험의 보험계약을 체결하는 경우(상법 제731조 제1항), 타인의 사망에 관한 보험계약으로 인하여 생긴 권리를 피보험자가 아닌 자에게 양도하는 경우(동조 제2항), 타인의 사망에 관한 보험계약에서 보험기간 중 보험계약자가 보험수익자를 지정 · 변경하는 경우(상법 제734조 제2항)이다.

(2) 피보험자의 동의

1) 효력요건

피보험자의 동의는 서면에 의하여 하여야 하는데(상법 제731조 제1항), 보험계약은 낙성계약이기 때문에, 피보험자의 동의는 보험계약의 성립요건이 아니라 효력발생요건으로 보아야 할 것이다.[3)] 따라서 피보험자의 서면에 의한 동의 없이 보험계약이 체결되었다 하더라도 보험계약은 유효하게 존속하게 된다. 그런데 이러한 동의 규정은 강행규정이기 때문에, 당사자간의 약정으로 이를 배제할 수 없다.[4)]

2) 동의방식과 시기

피보험자의 동의는 반드시 서면에 의하여야 한다.[5)] 따라서 구두 또는 묵시적인 동의는 불가하다. 그리고 타인의 동의에 포괄적인 동의 또는 묵시적이거나 추정적 동의가 포함되지 않는다.[6)] 즉, 피보험자인 타인의 동의는 각 보험계약에 대하여 개별적으로 서면에 의하여 이루어져야 하고 포괄적인 동의 또는 묵시적이거나 추정적 동의만으로는 부족하다.[7)]

---

2) 대법원 1999.12.7. 선고 99다39999 판결.

3) 상법 제731조 제1항에 의하면 타인의 생명보험에서 피보험자가 서면으로 동의의 의사표시를 하여야 하는 시점은 '보험계약 체결시까지'이고, 이는 강행규정으로서 이에 위반한 보험계약은 무효이므로, 타인의 생명보험계약 성립 당시 피보험자의 서면 동의가 없다면 그 보험계약은 확정적으로 무효가 되고, 보험계약의 당사자도 아닌 피보험자가 이미 무효가 된 보험계약을 추인하였다고 하더라도 그 보험계약이 유효로 될 수는 없다(대법원 2006.9.22. 선고 2004다56677 판결).

4) 대법원 1989.11.28. 선고 88다카33367 판결.

5) 2017.9.27. 상법이 개정되어 '서면'에는 전자문서에 의한 동의도 허용되었다. 따라서 종래 '종이' 서면에 의한 동의만을 유효로 보던 판례의 엄격한 태도는 변경이 불가피할 것으로 보인다.

6) 대법원 2015.10.15. 선고 2014다204178 판결.

7) 대법원 2006.9.22. 선고 2004다56677 판결.

여기서 말하는 피보험자인 타인의 서면 동의는 그 타인이 보험청약서에 자필 서명하는 것만을 의미하는 것은 아니다. 따라서 피보험자인 타인이 참석한 자리에서 보험계약을 체결하면서 보험계약자나 보험모집인이 그 타인에게 보험계약의 내용을 설명한 후 그 타인으로부터 명시적으로 권한을 수여받아 보험청약서에 그 타인의 서명을 대행하는 경우와 같이, 그 타인으로부터 특정한 보험계약에 대하여 서면 동의를 할 권한을 구체적·개별적으로 수여받았음이 분명한 자가 그 권한범위 내에서 그 타인을 대리 또는 대행하여 서면동의를 한 경우에도, 그 타인의 서면 동의는 적법한 대리인에 의하여 유효하게 이루어진 것으로 보아야 할 것이다.[8] 대상판결도 피보험자인 타인의 동의는 각 보험계약에 대하여 개별적으로 서면에 의하여 이루어져야 하고 포괄적인 동의 또는 묵시적이거나 추정적 동의만으로는 부족하다고 판시하고 있다.

타인의 사망을 보험사고로 하는 보험계약에서 동의의 시기는 보험계약 체결 시이다. 따라서 타인의 생명보험계약 체결 당시 피보험자의 서면동의가 없다면 보험계약은 확정적으로 무효가 되고, 피보험자가 이미 무효로 된 보험계약을 추인하였다고 하더라도 보험계약이 유효로 될 수는 없다. 상법 제731조 제1항이 동의의 방식과 시기를 엄격히 하고 있는 것은 분쟁의 소지를 없애려는 데 있다. 대상판결도 타인의 생명보험에서 피보험자가 서면으로 동의의 의사표시를 하여야 하는 시점은 '보험계약 체결 시까지'라고 하면서 추인의 효력을 인정하지 않고 있는데, 타당하다고 본다.

3) 동의의 철회

피보험자의 동의는 보험계약 성립 전에는 철회할 수 있지만, 보험계약의 효력이 발생한 후에는 제한이 따른다. 즉 보험계약자가 피보험자의 서면동의를 얻어 타인의 사망을 보험사고로 하는 보험계약을 체결하였으나 보험계약자 또는 보험수익자가 고의로 피보험자를 해치려고 하는 등 피보험자가 서면동의할 때 기초로 한 사정에 중대한 변경이 있는 경우에는 피보험자가 동의를 철회할 수 있다고 하여야 할 것이다.[9]

4) 동의능력

15세 미만자·심신상실자 또는 심신박약자 등의 사망보험은 허용하지 않고 있다(상법 제732조). 따라서 15세 미만자 등의 사망을 보험사고로 하는 보험계약은 비록 이들의 동의가 있다 하더라도 무효가 된다. 다만, 심신박약자가 보험계약을 체결하거

8) 대법원 2006.12.21. 선고 2006다69141 판결.
9) 대법원 2013.11.14. 선고 2011다101520 판결.

나 제735조의3에 따른 단체보험의 피보험자가 될 때에 의사능력이 있는 경우에는 심신박약자 등에 대한 사망보험은 예외적으로 허용된다(동조 단서).

3. 손해배상청구권 문제

대상판결에서는 타인의 사망보험계약이 강행규정인 상법 제731조 제1항을 위반하여 무효로 된 경우에, 보험수익자가 보험회사를 상대로 보험계약의 무효로 인한 손해에 관하여 불법행위를 원인으로 손해배상청구를 할 수 있는가가 쟁점이 되었다. 이에 대해 대법원은 보험계약자와 보험수익자가 다른 타인을 위한 보험계약은 제3자를 위한 계약의 일종인데, 타인의 사망보험계약이 강행규정인 상법 제731조 제1항을 위반하여 무효로 된 경우에는, 보험수익자는 보험계약자가 아니므로 특별한 사정이 없는 한 보험회사를 상대로 보험계약의 무효로 인한 손해에 관하여 불법행위를 원인으로 손해배상청구를 할 수 없다고 판시하였다.

(맹수석)

14

타인의 사망보험과 단체보험

대법원 2020.2.6. 선고 2017다215728 판결

Ⅰ. 판결개요

1. 사실관계

선박도장업 등을 영위하는 피고 Y_1주식회사는 2015. 6. 8.경 피고 Y_2보험 주식회사와 사이에 ▸보험종목: 상해보험New안전한 세상 ▸피보험자: 피고 Y_1 소속 직원 116명(망 소외 4 포함) ▸보장사항: 사망 시 2억 원 등 ▸보험기간: 2015. 6. 8.부터 2025. 6. 8.까지로 하는 단체보험계약을 체결하였다. 가입 당시 보험청약서의 '사망보험금수익자'란과 '사망 외 보험금수익자'란에 모두 'Y_1'이라고 기재되었다. 한편 피고 Y_1과 근로자 대표 사이에 이 사건 보험계약의 체결에 관한 단체협약이 체결되었는데, 수익자지정에 관한 단체협약 제6조에는 "보험계약의 수익자는 아래와 같이 별도로 정한다. 사망 외 수익자는 (□회사, □피보험자), 사망 시 수익자는 (□회사, □피보험자의 법정상속인)으로 한다."라고 되어 있을 뿐 아무런 선택도 되어 있지 않았다. 중화인민공화국인인 망 A는 2013. 7.경부터 피고 Y_1의 직원으로 근무하여 오던 중, 2015. 8. 2. 00:00경 울산에서 함께 숙소를 사용하던 B에 의하여 살해되었다. A의 유족으로는 처 X_1, 아들 X_2가 있다. 피고 Y_1은 이 사건 사고와 관련하여 피고 Y_2보험회사에게 이 사건 보험계약에 따른 보험금의 지급을 청구하였다. 이에 피고 Y2보험사는 2015. 8. 12.경 X_1으로부터 '이 사건 사고 관련 보험금 2억 원이 보험수익자인 피고 Y_1에게 지급됨을 피고 Y_2보험사로부터 안내받았으므로, 위 보험금을 보험수익자에게 지급해 달라.'라는 취지의 법정상속인 확인서 등을 징구한 다음, 피고 Y_1에게 보험금 명목으로 2억 원을 지급하였다. 이에 원고는 피고 Y_1에게 보험금의 반환을, 피고 Y_2 보험회사에는 보험금 지급을 청구하는 소송을 제기하였다.

2. 판결요지

구 상법(2017. 10. 31. 법률 제14969호로 개정되기 전의 것) 제735조의3 제3항은 '단체보험계약에서 보험계약자가 피보험자 또는 그 상속인이 아닌 자를 보험수익자로 지정할 때에는 단체의 규약에서 명시적으로 정하는 경우 외에는 그 피보험자의 서면 동의를 받아야 한다' 고 규정하고 있는바, 단체의 규약에서 피보험자 또는 그 상속인이 아닌 자를 보험수익자로 명시적으로 정하였다고 인정하기 위해서는 피보험자의 서면동의가 있는 경우와 마찬가지로 취급할 수 있을 정도로 그 의사가 분명하게 확인되어야 한다. 따라서 단체의 규약으로 피보험자 또는 그 상속인이 아닌 자를 보험수익자로 지정한다는 명시적인 정함이 없음에도 피보험자의 서면동의 없이 단체보험계약에서 피보험자 또는 그 상속인이 아닌 자를 보험수익자로 지정하였다면, 그 보험수익자의 지정은 구 상법 제735조의3 제3항에 반하는 것으로 효력이 없고, 이후 적법한 보험수익자 지정 전에 보험사고가 발생한 경우에는 피보험자 또는 그 상속인이 보험수익자가 된다.

3. 관련판례

(1) 대법원 1992.11.24. 선고 91다47109 판결

피보험자의 동의가 없는 타인의 생명보험계약은 무효이고, 보험계약이 피보험자에게 지급할 퇴직금의 적립을 위하여 체결된 것이라 하여 사정이 달라지지 아니한다.

(2) 대법원 1996.11.22. 선고 96다37084 판결

타인의 사망을 보험사고로 하는 보험계약에는 보험계약 체결시에 그 타인의 서면에 의한 동의를 얻어야 한다는 상법 제731조 제1항의 규정은 강행법규로서 이에 위반하여 체결된 보험계약은 무효이다.

(3) 대법원 2006.9.22. 선고 2004다56677 판결

상법 제731조 제1항이 타인의 사망을 보험사고로 하는 보험계약의 체결시 그 타인의 서면동의를 얻도록 규정한 것은 동의의 시기와 방식을 명확히 함으로써 분쟁의 소지를 없애려는 데 취지가 있으므로, 피보험자인 타인의 동의는 각 보험계약에 대하여 개별적으로 서면에 의하여 이루어져야 하고 포괄적인 동의 또는 묵시적이거나 추정적 동의만으로는 부족하다.

(4) 대법원 2006.4.27. 선고 2003다60259 판결

상법 제735조의3에서 단체보험의 유효요건으로 요구하는 '규약'의 의미는 단체협약, 취업규칙, 정관 등 그 형식을 막론하고 단체보험의 가입에 관한 단체내부의 협정에 해당하는 것으로서, 반드시 당해 보험가입과 관련한 상세한 사항까지 규정하고 있을 필요는 없고 그러한 종류의 보험가입에 관하여 대표자가 구성원을 위하여 일괄하여 계약을 체결할 수 있다는 취지를 담고 있는 것이면 충분하다 할 것이지만, 위 규약이 강행법규인 상법 제731조 소정의 피보험자의 서면동의에 갈음하는 것인 이상 취업규칙이나 단체협약에 근로자의 채용 및 해고, 재해부조 등에 관한 일반적 규정을 두고 있다는 것만으로는 이에 해당한다고 볼 수 없다.

(5) 헌법재판소 1999.9.16. 98헌가6 전원재판부

상법 제735조의3 제1항의 입법취지는, 타인의 생명보험계약을 체결함에 있어서 계약체결시 피보험자의 서면동의를 얻도록 하는 개별보험의 일반원칙에서 벗어나 규약으로써 동의에 갈음할 수 있게 함으로써 단체보험의 특성에 따른 운용상의 편의를 부여해 주어 단체보험의 활성화를 돕는다는 것이다. 이 사건 법률조항의 위와 같은 입법취지에 비추어 볼 때, 이 사건 법률조항은 단체구성원들의 복리증진 등 이익에 기여하는 바가 있고, 단체보험의 특성에 따라 개별적 동의를 집단적 동의로 대체하는 것에 불과하며 그 방법은 합리성을 가지고 있다. 그러므로, 이 사건 법률조항이 인간의 존엄성과 가치를 훼손하고 행복추구권을 침해하는 것이며, 국가의 기본권 보장의무에 위배되는 것이라고는 할 수 없다.

Ⅱ. 판결의 평석

1. 단체보험

(1) 의 의

단체보험은 단체 구성원의 전부 또는 일부를 포괄적으로 피보험자로 하여 그의 생사를 보험사고로 하는 보험계약이다(제735조의3 제1항). 단체보험은 보험자의 입장에서 보면 특정 회사의 근로자 단체에서와 같이 그 부보적합성이나 보험료에 영향을 미치는 요소들이 동질적인 것이어서, 단체가입사들에 대한 신체검사나 다른 조사의 필요가 없고 그럼으로써 비용을 절감할 수 있다. 이로 인하여 보험계약자로서도 개인

보험에 가입하는 경우와 비교하여 보험료가 저렴하고 보다 광범위한 담보범위를 가질 수도 있다.

단체보험계약이 체결된 때에는 보험자는 보험계약자에 대하여서만 보험증권을 교부한다(제735조의3 제2항).

(2) 성 질

1) 타인의 생명보험

일반적으로 단체보험은 그 단체의 대표자가 보험계약자이고 그 단체의 구성원 전부 또는 일부가 피보험자이므로 타인의 생명보험이 된다.

2) 타인을 위한 생명보험과 자기를 위한 생명보험

단체보험은 타인을 위한 생명보험계약과 자기를 위한 생명보험계약 양자의 형태 모두가 가능하다. 보험계약자인 단체의 대표는 단체의 구성원인 피보험자를 보험수익자로 하여 타인을 위한 보험계약으로 체결할 수도 있고, 보험계약자 자신을 스스로 보험수익자로 지정하여 자기를 위한 보험계약으로 체결할 수도 있어[1] 두 가지 형태가 모두 가능하다.

(3) 단체 구성원으로서 피보험자의 자격취득과 상실

1) 피보험자의 자격

피보험자의 자격은 단체 구성원이 됨으로써 취득하고, 피보험자가 보험사고 이외의 사고로 사망하거나 퇴직 등으로 단체의 구성원으로서의 자격을 상실하면 피보험자의 자격을 상실한다. 이 경우 단체가 그 구성원을 보험에 가입시키는 규약을 가지고 있어야 한다.

2) 단체 규약의 의미

단체보험의 대상이 되어 제735조의3이 적용되기 위하여는 그 단체가 규약을 가지고 있어야 한다. 만약 그러하지 않다면 타인의 사망보험에 관한 제731조의 규정이 적용된다.

---

1) 대법원 1999.5.25. 선고 98다59613 판결(단체보험의 경우 보험수익자의 지정에 관하여는 상법 등 관련 법령에 별다른 규정이 없으므로 보험계약자는 단체의 구성원인 피보험자를 보험수익자로 하여 타인을 위한 보험계약으로 체결할 수도 있고, 보험계약자 자신을 보험수익자로 하여 자기를 위한 보험계약으로 체결할 수도 있을 것이며, 단체보험이라고 하여 당연히 타인을 위한 보험계약이 되어야 하는 것은 아니므로 보험수익자를 보험계약자 자신으로 지정하는 것이 단체보험의 본질에 반하는 것이라고 할 수 없다).

이때 '규약'의 의미는 단체협약, 취업규칙, 정관 등 그 형식을 막론하고 단체보험의 가입에 관한 단체내부의 협정에 해당하는 것으로서, 단체가 가입하는 종류의 보험에 관하여 대표자가 구성원을 위하여 일괄하여 계약을 체결할 수 있다는 취지를 담고 있는 것으로 족하다.[2] 따라서 당해 보험가입과 관련한 상세한 사항까지 규정할 필요는 없다. 하지만 단순히 막연하게 근로자의 재해부조 등에 관한 일반적 규정이 있는 것만으로는 여기서의 규약에 해당하지 않는다.[3]

2. 단체보험의 특칙

(1) 피보험자 동의의 면제와 개정상법

단체가 규약에 따라 구성원의 전부 또는 일부를 피보험자로 하는 사망보험계약을 체결하는 경우 제731조의 동의요건을 면제한다(제735조의3 제1항). 그러나 단체보험에서도 보험계약자가 피보험자 또는 그 상속인이 아닌 자를 보험수익자로 지정할 때에는 단체의 규약에서 명시적으로 정하는 경우 외에는 그 피보험자의 서면 동의를 받아야 한다(제735조의 제3항). 단체의 대표자가 자신을 보험수익자로 지정하는 경우에 피보험자인 구성원의 동의가 필요한지 여부에 관하여 논란이 있었고, 단체보험에서도 보험계약자가 피보험자 아닌 자를 보험수익자로 지정하는 경우에는 단체의 규약에 명시적으로 정하지 아니하는 한 피보험자의 서면에 의한 동의를 받도록 하여 단체의 구성원과 그 유족의 이익을 보호할 수 있도록 한 것이다.

(2) 과거 단체보험의 문제점과 개선책

구법상으로는 단체가 규약에 따라 구성원의 전부 또는 일부를 피보험자로 하는 사망보험계약을 체결하는 경우 제731조의 동의요건을 면제하였고, 이는 구성원의 동의에 해당하는 규약이 있는 경우 일괄적 보험가입이 예정되어 있어 개별적 동의를 얻는 것이 사실상 어렵고, 규약에 의하여 보험가입이 예정되어 있다면 별도의 동의절

---

2) 일반적 규약의 예로는 '회사는 종업원들의 복리를 위해 산재보험 등에 가입하고, 예기치 않은 사고로 회사의 어려움에 대비하여 직장인생명보험에 가입할 수 있다'는 것이다.

3) 대법원 2006.4.27. 선고 2003다60259 판결(상법 제735조의3에서 단체보험의 유효요건으로 요구하는 '규약'의 의미는 단체협약, 취업규칙, 정관 등 그 형식을 막론하고 단체보험의 가입에 관한 단체내부의 협정에 해당하는 것으로서, 반드시 당해 보험가입과 관련한 상세한 사항까지 규정하고 있을 필요는 없고 그러한 종류의 보험가입에 관하여 대표자가 구성원을 위하여 일괄하여 계약을 체결할 수 있다는 취지를 담고 있는 것이면 충분하다 할 것이지만, 위 규약이 강행법규인 상법 제731조 소정의 피보험자의 서면동의에 갈음하는 것인 이상 취업규칙이나 단체협약에 근로자의 채용 및 해고, 재해부조 등에 관한 일반적 규정을 두고 있다는 것만으로는 이에 해당한다고 볼 수 없다).

차를 생략하여도 도덕적 위험의 우려가 낮다는 취지에서이다. 또한 근로자복지의 차원에서 근로자인 피보험자의 유족을 보험수익자로 하는 타인을 위한 생명보험계약의 형태로 체결되는 경우가 많기 때문이라는 근거에서이었다. 그런데 보험계약자인 기업주가 스스로를 보험수익자로 지정하는 경우 피보험자 사망시 그 유족과의 분쟁이 발생하고 있었다.

(3) 보험계약자가 보험수익자가 되는 경우의 도덕적 위험

단체보험 가입시 타인의 생명보험에서 요구되는 피보험자의 개별적 동의를 요건으로 하지 않은 것이, 인간의 존엄과 가치 등을 침해할 여지가 있다는 것으로 위헌제청된 바도 있다.[4] 위헌제청의 이유는 단체보험에서 보험계약자가 보험수익자가 될 수 있으면서도 피보험자의 동의요건을 면제한다면 도박보험이나 살해의 위험성과 같은 타인의 생명보험에 내재하는 위험성을 제거하지 않고 그 결과 자신들의 동의 없이 피보험자로 되어 계약이 체결된 단체구성원들은 타인의 사행보험의 대상이 되고, 피보험자의 사망이나 상해가 타인의 불로소득의 원인이 됨으로써 그 살해나 상해의 위험성이 있다는 것이다. 이는 단체구성원들의 인간의 존엄성과 가치를 훼손하고 그들의 행복추구권을 침해하는 결과가 되므로 "모든 국민은 인간으로서의 존엄과 가치를 가지며, 행복을 추구할 권리를 가지고, 국가는 개인이 가지는 불가침의 기본적 인권을 확인하고 이를 보장할 의무를 진다"고 규정한 헌법 제10조의 규정에 합치하지 아니한다는 의심이 있다는 것이다. 그리고 이 규정에 대한 비판은 자기를 위한 보험형태의 단체보험에서는 타인을 피보험자로 하는 생명보험계약을 그 당사자가 알지 못하는 사이에 용이하게 체결할 수도 있으므로 타인의 생명보험계약에 내재하는 가해 등 도덕적 위험도 더욱 커지게 되며, 각종 산업현장에서 재해방지대책이 소홀하게 될 우려도 있다는 비판이었다. 근로자의 생명이나 신체에 대한 침해가능성의 우려를 배제할 수 없고, 단체규약이 완전하지 못하며, 근로자복지의 증진이라는 단체보험의 본질적 기능을 왜곡하며, 기업주의 우월적 지위가 남용될 가능성이 있는 등의 문제점을 지적하면서 자기를 위한 보험 형태의 단체보험은 무효라는 것이다. 즉 자신들의 동의없이 피보험자로 계약이 체결된 근로자들은 사행보험의 대상이 되고 그들의 사망 혹은 상해가 기업의 불로소득의 취득원인이 될 수 있어 도덕적 위험이 크고,[5] 단

4) 대전고등법원이 1998. 6. 3.에 97나6184사건과 관련하여 상법 제735조의3 규정에 대하여 위헌제청한 바 있다.

5) 김문재, "단체보험계약의 법적성질과 피보험자의 동의", 상사판례연구 제20집 제2권, 한국상사판례학회, 2007, 117면.

체보험의 본질 또는 연혁은 근로자의 복리증진 등의 도모에 있어 구법은 비판을 받고 있었다.

(4) 과거 학설

단체보험에서 보험계약자가 피보험자 또는 그 상속인이 아닌 자를 보험수익자로 지정할 수 있는가에 관하여 다음과 같은 학설이 있었다.

첫째, 유효설(합헌론)이다. 판례는 단체보험의 경우 보험수익자의 지정에 관하여는 상법 등 관련 법령에 별다른 규정이 없으므로 보험계약자는 단체의 구성원인 피보험자를 보험수익자로 하여 타인을 위한 보험계약으로 체결할 수도 있고, 보험계약자 자신을 보험수익자로 하여 자기를 위한 보험계약으로 체결할 수도 있을 것이며, 단체보험이라고 하여 당연히 타인을 위한 보험계약이 되어야 하는 것은 아니므로 보험수익자를 보험계약자 자신으로 지정하는 것이 단체보험의 본질에 반하는 것이 아니라 한다.[6] 헌법재판소도 위헌이 아니라 하였다.[7] 단체보험에서의 피보험자의 동의면제는 단체보험의 특성에 따른 운용상의 편의를 부여해 주어 단체보험의 활성화를 돕는 것이어서 단체구성원들의 복리 증진 등 이익에 기여하는 바가 있고, 단체보험의 특성에 따라 개별적 동의를 집단적 동의로 대체하는 것에 불과하며 그 방법은 합리성을 가지고 있다는 것이다.

둘째, 무효설(위헌론)이다. 상법 제735조의3 제1항이 보험계약자인 기업주가 자신을 보험수익자로 지정하면서 피보험자를 근로자로 하는 보험계약의 체결을 허용하는 취지라면 이는 헌법 제10조에 위반된다는 것이다. 자기를 위한 보험의 형태의 단체보험에서는 타인을 피보험자로 하는 생명보험계약을 그 당사자가 알지 못하는 사이에 용이하게 체결할 수도 있으므로 타인의 생명보험계약에 내재하는 가해 등 도덕적 위험도 더욱 커지게 되며, 각종 산업현장에서 재해방지대책이 소홀하게 될 우려도 있다는 비판이다. 근로자의 생명이나 신체에 대한 침해가능성의 우려를 배제할 수 없고, 단체규약이 완전하지 못하며, 근로자복지의 증진이라는 단체보험의 본질적 기능

6) 대법원 1999.5.25. 선고 98다59613 판결; 대법원 2006.4.27. 선고 2003다60259 판결.

7) 헌법재판소 1999.9.16. 선고 98헌가6 전원재판부 결정(상법 제735조의3 제1항의 입법취지는, 타인의 생명보험계약을 체결함에 있어서 계약체결시 피보험자의 서면동의를 얻도록 하는 개별보험의 일반원칙에서 벗어나 규약으로써 동의에 갈음할 수 있게 함으로써 단체보험의 특성에 따른 운용상의 편의를 부여해 주어 단체보험의 활성화를 돕는다는 것이다. 이 사건 법률조항의 위와 같은 입법취지에 비추어 볼 때, 이 사건 법률조항은 단체구성원들의 복리 증진 등 이익에 기여하는 바가 있고, 단체보험의 특성에 따라 개별적 동의를 집단적 동의로 대체하는 것에 불과하며 그 방법은 합리성을 가지고 있다. 그러므로, 이 사건 법률조항이 인간의 존엄성과 가치를 훼손하고 행복추구권을 침해하는 것이며, 국가의 기본권 보장의무에 위배되는 것이라고는 할 수 없다).

을 왜곡하며, 기업주의 우월적 지위가 남용될 가능성이 있는 등의 문제점을 지적하면서 자기를 위한 보험형태의 단체보험은 무효라는 입장이다.[8)]

3. 개정상법

과거 합헌론의 입장에서는 그 근거로 내세우는 것이 상법상 고의면책의 원리(제732조의2)가 있으므로 단체보험에서도 도덕적 위험이 다소 억제될 수 있는 점, 근로자의 사망으로 기업주의 경제적 손실이 있을 것이므로 악용의 위험이 크지 않은 점, 문리해석상 가능하다고 보아야 한다는 점, 운용상 단체보험의 특성에 따라 개별적 동의를 집단적 동의로 대체하는 것에 불과하다는 점 등을 내세운다.[9)] 하지만 그 근거들이 다음과 같은 이유에서 그다지 설득력이 있어 보이지 않는다.

첫째, 개별적 동의를 집단적 동의로 대체하는 것이라고 하나 규약은 대표자가 구성원을 위하여 일괄하여 계약을 체결할 수 있다는 취지를 담고 있는 것으로 족하므로 근로자로서는 단체보험의 구체적 내용을 전혀 모르거나 부정확한 내용으로 아는 경우가 많다. 둘째, 자신들의 동의 없이 피보험자로 계약이 체결된 근로자들은 사행보험의 대상이 되고 그들의 사망 혹은 상해가 기업의 불로소득의 취득원인이 될 수 있어 도덕적 위험이 크다.[10)] 셋째, 단체보험의 본질 또는 연혁은 근로자의 복리증진 등의 도모에 있다. 넷째, 근로자가 보험료의 일부를 부담하는 경우에도 보험계약자인 기업주가 보험금을 수령하는 것은 불합리하다.

위와 같은 점들을 본다면, 타인을 위한 보험계약의 형태로 운영되도록 입법적 개선이 필요하였고, 금번 개정을 타당한 것으로 평가한다. 다만 개정법은 단체의 규약에서 명시적으로 정하는 경우에는 피보험자의 서면 동의가 필요 없다는 점에 있어 한계점도 있다. 규약에서 명시적으로 정한다고 하더라도 피보험자가 단체보험의 자격을 취득하는 시점에 있어 그 규약을 정확하게 인식하기 어려울 수 있으므로, 위 첫번째의 문제가 명확하게 해결되었다고 보기 어렵다. 또한 기업주와 근로자의 역학관계를 볼 때 규약에서 정해두는 경우 보험계약자가 피보험자의 서면 동의 없이 보험수익자가 될 수 있도록 하는 것이 공평 타당한 결과를 가져올지도 의문이다.

---

8) 김문재, 위의 논문, 79－118면.
9) 헌법재판소 1999.9.16. 선고 98헌가6 전원재판부 결정.
10) 김문재, 위의 논문, 117면.

4. 판결의 의의

대상판결은 개정된 상법을 최초로 적용한 판결로서의 의의가 있다. 개정상법이 "단체보험계약에서 보험계약자가 피보험자 또는 그 상속인이 아닌 자를 보험수익자로 지정할 때에는 단체의 규약에서 명시적으로 정하는 경우 외에는 그 피보험자의 서면 동의를 받아야 한다"고 규정하고 있는바, 단체의 규약에서 피보험자 또는 그 상속인이 아닌 자를 보험수익자로 명시적으로 정하였다고 인정하기 위해서는 피보험자의 서면 동의가 있는 경우와 마찬가지로 취급할 수 있을 정도로 그 의사가 분명하게 확인되어야 한다고 판시한 점도 의의가 있다.

(장덕조)

판례색인

사항색인

ㄱ

ㄴ

ㄷ

ㅁ

저자약력

■ **강대섭**

고려대학교 졸업(법학사)
고려대학교 대학원 졸업(법학석사)
고려대학교 대학원 졸업(법학박사)
한국경영법률학회 회장
현재, 부산대학교 법학전문대학원 명예교수

››› **주요논저**

- 「주식회사법대계」(공저)(제4판), 법문사, 2022
- "주주의 추상적 이익배당청구권의 보호", 「원광법학」 제36권 제3호(2020)
- "리픽싱조항과 반희석화조항의 효력에 관한 고찰", 「법학연구」 제57권 제4호(2016)

■ **권재열**

연세대학교 졸업(법학사)
연세대학교 대학원 졸업(법학석사)
University of California at Berkeley 법과대학원 졸업(LL.M.)
Georgetown University 법과대학원 졸업(S.J.D.)
법무부 상법 특별위원회 위원
대법원 재판연구관
한국상사판례학회 회장
현재, 경희대학교 법학전문대학원 교수

››› **주요논저**

- 「주식회사법대계」(공저)(제4판), 법문사, 2022
- 「회사법: 사례와 이론」(공저)(제7판), 박영사, 2021
- 「주주대표소송론」, 정독, 2021
- 「한국 회사법의 경제학」(제2판), 정독, 2019
- 「자본시장법」(공저)(제4판), 박영사, 2019

■ **김병연**

연세대학교 졸업(법학사)
연세대학교 대학원 졸업(법학석사)
Indiana University 법과대학원 졸업(LL.M.)
Indiana University 법과대학원 졸업(S.J.D.)
Georgetown University 법과대학원 Visiting Scholar
한국증권법학회 회장
금융투자업인가 외부평가위원
현재, 건국대학교 법학전문대학원 교수

››› **주요논저**

- 「주식회사 운영법률실무」(제3판), 피앤씨미디어, 2023
- 「주식회사법대계」(공저)(제4판), 법문사, 2022
- 「회사법: 사례와 이론」(공저)(제7판), 박영사, 2021
- 「자본시장법」(공저)(제4판), 박영사, 2019

■ **김선광**

한양대학교 졸업(법학사)
한양대학교 대학원 졸업(법학석사)
Juristische Fakultät der Eberhard Karls Universität Tübingen(Dr. jur.)
변호사시험 출제위원
국회 해외법률 자문위원
(사)한국지급결제학회 회장
현재, 원광대학교 법학전문대학원 교수

››› **주요논저**

- 「상법요해」(공저)(제10판), 정독, 2025
- "주주평등원칙과 소수주주보호", 「지급결제학회지」 제16권 제2호(2024)
- "가상자산거래 실명제에 관한 고찰", 「지급결제학회지」 제13권 제2호(2021)

■ **김성탁**

연세대학교 대학원 졸업(법학박사)
현재, 인하대학교 법학전문대학원 명예교수

››› **주요논저**

- 「회사법입문」(제14판), 법문사, 2024
- 「상법총론」, 법문사, 2021
- 「회사법: 사례와 이론」(공저)(제7판), 박영사, 2021
- 「판례분석 회사법(1권)」, 인하대학교출판부, 2012
- 「판례분석 회사법(2권)」, 인하대학교출판부, 2012
- 「사례 주식회사법」, 영남대학교출판부, 2006

■ **김순석**

성균관대학교 졸업(법학사)
성균관대학교 대학원 졸업(법학석사)
성균관대학교 대학원 졸업(법학박사)
Southern Methodist University 법과대학원 졸업(LL.M.)
University of Pennsylvania 법과대학원 졸업(LL.M.)
미국 뉴욕주 변호사
한국상사법학회 회장

법학전문대학원협의회 이사장
현재, 전남대학교 법학전문대학원 명예교수

››› 주요논저

- 「전자주주총회의 이론과 실무」, 전남대학교 출판문화원, 2024
- 「중소기업 경영승계의 법리」, 전남대학교출판문화원, 2021
- 「자기주식의 법리」, 전남대학교출판문화원, 2019

■ **김재범**

고려대학교 졸업(법학사)
고려대학교 대학원 졸업(법학석사)
고려대학교 대학원 졸업(법학박사)
현재, 경북대학교 법학전문대학원 명예교수

››› 주요논저

- 「주식회사법대계」(공저)(제4판), 법문사, 2022
- "자본금을 위장납입한 주식인수인의 지위", 「금융법연구」 제19권 제2호(2022)
- "전자주주총회에 관한 상법개정안 검토", 「IT와 법연구」 제30집(2025)

■ **김태진**

고려대학교 졸업(법학사)
New York University 법과대학원 졸업(LL.M.)
東京大学 大学院 法学政治学研究科(법학박사)
서울지방법원 예비판사
김&장 법률사무소 변호사
대법원 재판연구관
법무부 상법 특별위원회 위원
현재, 고려대학교 법학전문대학원 교수

››› 주요논저

- 「주식회사법대계」(공저)(제4판), 법문사, 2022
- 「주주 의결권의 법리」(공저), 한국기업법학회, 2015
- 「법경제학: 이론과 응용」(공저), 도서출판 해남, 2011

■ **김홍기**

연세대학교 졸업(법학사)
University of Pennsylvania Law School(LL.M.)
연세대학교 대학원 졸업(법학박사)
사법시험 제31회
미국 뉴욕주 변호사
대법원 재판연구관
한국경제법학회 회장
한국금융소비자학회 회장
현재, 연세대학교 법학전문대학원 교수

››› 주요논저

- 「상법강의」(제9판), 박영사, 2025
- 「자본시장법」(제2판), 박영사, 2024
- 「주식회사법대계」(공저)(제4판), 법문사, 2022

■ **노혁준**

서울대학교 졸업(법학사)
서울대학교 대학원 졸업(법학석사)
서울대학교 대학원 졸업(법학박사)
서울지방법원 남부지원 판사
법무법인 율촌 변호사
현재, 서울대학교 법학전문대학원 교수

››› 주요논저

- 「회사법」(공저)(제9판), 박영사, 2025
- 「지주회사와 법」(공저)(제3판), 도서출판 소화, 2023
- 「주식회사법대계」(공저)(제4판), 법문사, 2022

■ **맹수석**

충남대학교 졸업(법학사)
충남대학교 대학원 졸업(법학석사)
충남대학교 대학원 졸업(법학박사)
법무부 상법특별위원회 및 상법개정위원회 위원
전 대한상사중재원 원장
전 한국기업법학회 및 한국비교사법학회 회장
현재, 충남대학교 법학전문대학원 명예교수

››› 주요논저

- 「보험법」, 충남대학교 출판문화원, 2022
- 「주식회사법대계」(공저)(제4판), 법문사, 2022
- 「상법」(공저)(개정4판), 형설출판사, 2020
- 「주석 상법[보험(Ⅰ)]」(공저), 한국사법행정학회, 2015

■ **박수영**

전북대학교 졸업(법학사)
전북대학교 대학원 졸업(법학석사)
전북대학교 대학원 졸업(법학박사)
변호사시험 시험위원
공정거래위원회 경쟁정책자문위원회 위원
공정거래조정원 분쟁조정위원
현재, 전북대학교 법학전문대학원 교수

››› 주요논저

- 「주식회사법대계」(공저)(제4판), 법문사, 2022
- 「소비자법해설」(제4판), 도서출판 fides, 2019
- 「광고판례백선 소비자법해설」(공저), 한국인터넷광고재단, 2019
- "스타트업 인수의 현황과 분석", 「동북아법연구」 제15권 제1호(2021)

■ **박인호**

고려대학교 졸업(법학사)
고려대학교 대학원 졸업(법학석사)
교보생명보험(주) 법무총괄 변호사(법무팀장)
교보데이터센터(유) 법무담당 이사
금융감독원 자문위원
사학연금공단 자문위원
변호사시험 시험위원
현재, 전남대학교 법학전문대학원 교수

››› 주요논저

- 「상법총칙 · 상행위」, 전남대학교 출판문화원, 2024
- "손해보험계약상 태아의 지위와 보호범위의 확대 방안", 「상사판례연구」 제30권 제2호(2017)
- "타인명의 주식거래와 주식명의신탁", 「증권법연구」 제19권 제3호(2018)

■ **양기진**

서울대학교 졸업(법학사)
서울대학교 대학원 졸업(법학석사)
서울대학교 대학원 졸업(법학박사)
금융감독원 제재심의위원회 위원
대법원 재판연구관(상사조)
개인정보보호위원회 정책연구심의위원회 위원
현재, 전북대학교 법학전문대학원 교수

››› 주요논저

- 「자본시장법」(공저)(제4판), 박영사, 2019
- "합자회사에 관한 몇 가지 법적 쟁점 및 개선 방향", 「선진상사법률연구」 제72호(2015)

■ **윤성승**

서울대학교 졸업(법학사)
서울대학교 대학원 졸업(법학석사)
University of Washington 경영대학원(M.B.A.)
서울대학교 대학원 졸업(법학박사)
미국 캘리포니아주 및 뉴욕주 변호사
법무부 변호사시험 민사법 문제유형 연구위원회 위원
한국금융법학회 명예회장
현재, 아주대학교 법학전문대학원 교수

››› 주요논저

- 「신국제거래법 강의」, 도서출판 성득, 2022
- "기업지배구조와 주식회사 이사의 책임의 상관관계에 관한 비교법적 고찰", 「상사법연구」 제41권 제1호(2022)
- "이사와 회사의 형사책임에 관한 고찰", 「경찰법연구」 제20권 제2호(2022)

■ **윤은경**

고려대학교 졸업(법학사)
Columbia University 법과대학원 졸업(LL.M.)
고려대학교 대학원 졸업(법학박사)
Harvard University 법과대학원 방문연구원
법무법인 대륙아주 파트너 변호사
OECD 다국적기업 가이드라인 국내연락사무소 민간위원
법제처 법령해석심의위원
변호사시험, 사법시험, 입법고시 시험위원
현재, 제주대학교 법학전문대학원 교수

››› 주요논저

- 「기업의 조직재편－삼각조직재편을 중심으로－」, 제주대학교 출판부, 2017
- "이사회결의에서 기권의 해석", 「선진상사법률연구」 제91호(2020)
- "자기주식처분에 대한 규제", 「홍익법학」 제16권 제4호(2015)

■ **장덕조**

서울대학교 졸업(법학사)
서울대학교 대학원 졸업(법학석사)
서울대학교 대학원 졸업(법학박사)
한국보험학회 회장
한국금융법학회 명예회장
법무부 상법 특별위원회 위원
변호사시험, 공인회계사시험, 사법시험 시험위원
현재, 서강대학교 법학전문대학원 교수

››› 주요논저

- 「상법강의」(제6판), 법문사, 2025
- 「회사법」(제7판), 법문사, 2025
- 「보험법」(제7판), 법문사, 2025

■ **정경영**

서울대학교 졸업(법학사)
서울대학교 대학원 졸업(법학석사)
서울대학교 대학원 졸업(법학박사)
법무부 상법 특별위원회 위원
한국금융법학회 명예회장
한국비교사법학회 회장
한국상사법학회 회장
현재, 성균관대학교 법학전문대학원 교수

››› 주요논저

- 「회사법학」, 박영사, 2022
- 「상법학쟁점」(전정판), 박영사, 2022
- 「상법학강의」(개정판), 박영사, 2009
- 「전자금융거래와 법」, 박영사, 2007

■ **정대익**

고려대학교 졸업(법학사)
Rheinische Friedrich-Wilhelms-Universität Bonn 법과대학원 졸업(Magister)
Rheinische Friedrich-Wilhelms-Universität Bonn 법과대학원 졸업(Dr. jur.)
금융위원회 법률자문위원
한국금융법학회 회장
현재, 경북대학교 법학전문대학원 교수

››› **주요논저**

- "주주행동주의의 법적 한계", 「경영법률」 제27집 제2호(2017)
- "법률자문의 신뢰와 이사의 책임조각 가능성", 「비교사법」 제23권 제4호(2016)
- "타인명의 주식인수 시 주주결정에 관한 새로운 해석론", 「비교사법」 제21권 제1호(2014)

상법판례 백선 [제10판]

2011년 8월 25일 초 판 발행
2012년 8월 20일 제2판 발행
2014년 8월 10일 제3판 발행
2015년 8월 30일 제4판 발행
2017년 8월 30일 제5판 발행
2018년 8월 20일 제6판 발행
2019년 8월 20일 제7판 발행
2021년 8월 10일 제8판 발행
2023년 7월 25일 제9판 발행
2025년 9월 10일 제10판 1쇄 발행

저 자 법학전문대학원 상법교수 19인

발 행 인 배 효 선

발행처 도서출판 法 文 社

주 소 10881 경기도 파주시 회동길 37-29
등 록 1957년 12월 12일/제2-76호(윤)
전 화 (031)955-6500~6 FAX (031)955-6525
E-mail (영업) bms@bobmunsa.co.kr
(편집) edit66@bobmunsa.co.kr
홈페이지 http://www.bobmunsa.co.kr
조 판 법 문 사 전 산 실

정가 56,000원 ISBN 978-89-18-91616-3